Excel人力资源管理必须掌握的268个文件和248个函数

Excel 2013版

张军翔 邹县芳 汪洋慧 编著

北京希望电子出版社
Beijing Hope Electronic Press
www.bhp.com.cn

内 容 简 介

本书以人力资源管理工作为主线，介绍了人力资源管理常用的268个文件以及248个函数，共27章，主要包括人力资源规划管理表格、人员招聘管理表格、人员甄选管理表格、人员录用管理表格、人事档案管理表格、公司人员结构分析表格、员工培训管理表格、员工绩效考核管理表格、员工出勤情况管理、员工值班与加班管理表格、员工出差管理表格、员工福利管理表格、员工奖惩管理表格、员工意见调查与统计、员工薪酬管理表格、薪资统计与分析图表、人员调动管理表格、人员离职与流失统计分析表、员工安全管理表格、员工健康管理表格、人才测评管理表格、员工信息管理中的函数范例应用、员工培训与考核中的函数范例应用、工资统计中的函数范例应用、考勤管理中的函数范例应用、加班值班管理中的函数范例应用、日常工作中其他函数范例应用。

本书是从事人力资源管理的人员必备的工具书，也可作为大中专院校相关专业师生及社会培训机构的教材。本书的资源可通过云盘下载，读者可利用微博扫码浏览表格范例。

图书在版编目（CIP）数据

Excel人力资源管理必须掌握的268个文件和248个函数：Excel2013版 / 张军翔 邹县芳 汪洋慧编著. —北京：北京希望电子出版社，2015.6

ISBN 978-7-83002-204-4

Ⅰ. ①E… Ⅱ. ①张… ②邹… ③汪…Ⅲ. ①表处理软件—应用—人力资源管理 Ⅳ. ①F241-39

中国版本图书馆CIP数据核字(2015)第103677号

出版：北京希望电子出版社
地址：北京市海淀区中关村大街22号
中科大厦A座9层
邮编：100190
网址：www.bhp.com.cn
电话：010-62978181（总机）转发行部
010-82702675（邮购）
传真：010-82702698
经销：各地新华书店

封面：深度文化
编辑：李萌
校对：刘　伟
开本：889mm×1194mm 1/32
印张：22
印数：1-3500
字数：988千字
印刷：北京博图彩色印刷有限公司
版次：2015年8月1版1次印刷

定价：58.00元（网盘下载资源）

PREFACE 前言

本书的上一版《Excel人力资源管理必须掌握的208个文件与108个函数》自2013年1月出版以来，其务实的操作与丰富的案例素材深受广大读者的好评，两年间多次重印，并被当当网评为畅销好书。

Office 软件的更新带来了新的功能，读者、编辑的鼓励也鞭策着我们出版质量更高的作品。因此，我们编写了《Excel人力资源管理必须掌握的268个文件与248个函数（Excel 2013版）》。

本书坚持上一版图书的优势，充分结合读者意见进行修改与优化，删除了不实用的单据报表文件，大幅度增加了人力资源管理工作中的案例素材。为增加与读者的互动性，本书将通过微博、网盘等平台提供素材共享及技术答疑，以方便更多的读者学习使用本书。

在软件版本上也使用了最终的Excel 2013来写作，希望这本书能给更多的读者带来帮助。

本书能给读者带来什么?

本书全面地介绍了人力资源管理中涉及的各项分析操作，可以帮助人力资源管理人员获取较为精确的分析数据，为企业人事决策提供依据。

全书涵盖了人力资源管理中使用的各类数据管理与分析表格，当工作中需要制作人力资源规划、人员招聘管理表格、人员甄选管理表格、人员录用管理表格、人事档案管理表格、公司人员结构分析表格、员工培训管理表格、员工绩效考核管理表格、员工出勤情况管理表格等相关表格时可直接从本书中获取。而书中还汇集了人力资源管理中最常见的函数，可以灵活地对人力资源数据进行整理、计算、汇总、查询、分析等处理，熟练掌握应用它进行数据分析，可以自动得出所期望的结果，化解HR在工作中许多棘手的问题。

由于书中的每个案例都是来自人力资源管理的实际工作，所以读者可以稍加改动后应用到自己的工作中。不仅能够解决工作中实际问题，更能有效地提高人力资源管理的工作效率。

本书中二维码怎么用?

1 第一步：先登录自己的微博

2 第二步：扫书中的二维码进入官方微博

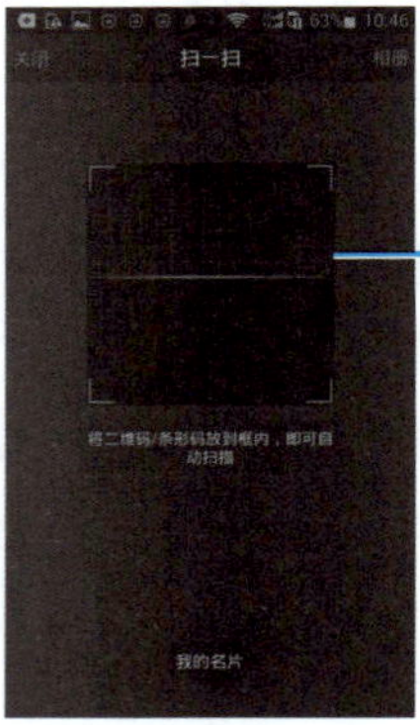

3 第三步：单击右上角“搜索”按钮，输入书中的搜索文件，如：住房公积金缴存限额表，即可看到搜索结果。

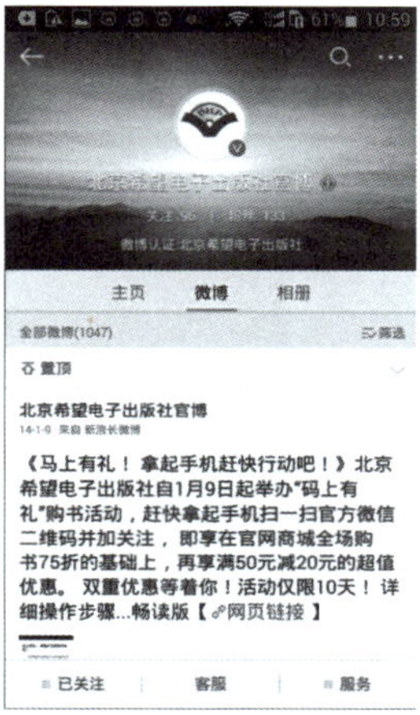

4 第四步：双击搜索到的文件，进入“微盘”下载界面。

5 第五步：用户根据需要选择文件保存方式。

如果读者有其他不理解的地方或者疑问，可以直接在微博与作者进行交流与解答。

本书资源下载

读者除了可以通过微博扫码方式下载本书的表格文件，还可以通过360网盘下载，下载链接与提取码为：

http://yunpan.cn/cV9WeK7AssLn9

（提取码：5e7d）

本书适合谁阅读？

本书主要针对人力资源管理人员编写，同时适用于企事业单位的管理者作为管理类案头工具书使用。

本书是由诺立文化策划，参与编写有邹县芳、张军翔、汪洋慧、陈媛、姜楠、彭志霞、彭丽、张万红、陈伟、童飞、陈才喜、杨进晋、姜皓、韦余靖、徐全锋、张铁军、陈永丽、高亚、李勇、沈燕、张发凌、杨红会、许琴、王涛、王正波、余杭、余曼曼等老师，在此对他们表示深深的谢意！

尽管作者对书中的案例精益求精，但疏漏之处仍然在所难免。如果读者发现书中的错误或某个案例有更好的解决方案，敬请登录售后服务网址向作者反馈。我们将尽快回复，且在本书再次印刷时予以修正。

再次感谢您的支持！

编著者

2015年6月

CONTENTS 目录

第1章 人力资源规划管理表格

第2章 人员招聘管理表格

第3章 人员甄选管理表格

第4章 人员录用管理表格

第5章 人事档案管理表格

第6章 公司人员结构分析图表

第7章 员工培训管理表格

第8章 员工绩效考核管理表格

第9章 员工出勤情况管理表格

第10章 员工值班与加班管理表格

第11章 员工出差管理表格

第12章 员工福利管理表格

第13章 员工奖惩管理表格

第14章 员工意见调查与统计

第15章 员工工资管理表格

第16章　薪资统计与分析图表

第17章　人员调整管理表格

第18章　人员离职与流失统计分析表

第19章　员工安全管理表格

第20章 员工健康管理表格

第21章 人才测评管理表格

第22章　员工信息中的函数范例应用

第23章　培训考核中的函数范例应用

第24章 函数在工资统计中的应用

第25章 考勤管理中的函数范例应用

第26章 加班值班管理中的函数范例应用

第27章 日常工作中其他函数范例应用

Excel

第 1 章

人力资源规划管理表格

人力资源规划是指企业根据规划和发展目标出发，根据自身和市场环境的变化，预测未来发展对人力资源的需求，以及为满足这种需求所要提供的人力资源的策划、安排。

在企业中常用的人力资源规划管理表格通常有各部门工作计划表、人力资源需求规划表、名额编制计划表、工作说明书、人力资源部工作分析描述表以及任职资格与环境分析表等。

编号	文件名称	对应的数据源	重要星级
文件1	各部门工作计划表	第1章\文件1 各部门工作计划表.xlsx	★★★★★
文件2	人力资源需求规划表	第1章\文件2 人力资源需求规划表.xlsx	★★★★★
文件3	名额编制计划表	第1章\文件3 名额编制计划表.xlsx	★★★★
文件4	工作说明书	第1章\文件4 工作说明书.xlsx	★★★★
文件5	人力资源部工作分析描述表	第1章\文件5 人力资源部工作分析描述表.xlsx	★★★★
文件6	任职资格与环境分析表	第1章\文件6 任职资格与环境分析表.xlsx	★★★
文件7	人力资源现状分析表	第1章\文件7 人力资源现状分析表.xlsx	★★★
文件8	人员需要预测表	第1章\文件8 人员需要预测表.xlsx	★★★
文件9	职务分析调查问卷	第1章\文件9 职务分析调查问卷.xlsx	★★★
文件10	各部门年度工作分配表	第1章\文件10 各部门年度工作分配表.xlsx	★★★

文件1　各部门工作计划表

各部门工作计划表用于罗列各个部门某一时期要完成的工作项目安排计划，它包括部门、工作序号、工作安排的具体内容，以及备注信息。

制作要点与设计效果图

- 新建工作簿
- 输入文本
- 合并单元格
- 设置文字格式
- 手动调整单元格列宽
- 设置单元格边框和底纹

各部门工作计划表

部门	序号	工作安排	备注
办公室	1	筹备各区销售主管季度工作总结座谈会	
	2	日常工作	
人事部	1	征求职工对人事制度改革的意见	
	2	职工住房档案管理信息系统和职工住房补贴资金管理系统的录入	
培训部	1	举办新员工培训班	
	2	筹备在职人员新产品知识培训	
	3	举办销售技巧提升培训班	
	4	筹备产品售后服务培训	
宣传部	1	产品促销宣传资料制作	
	2	筹备产品促销活动	

文件设计过程

步骤1：启动Excel 2013程序新建工作簿

在桌面上右键单击Excel 2013快捷方式图标，在弹出的菜单中单击“打开”命令（如图1-1所示），启动Excel 2013，即可自动创建“工作簿1”的Excel 2013表格，如图1-2所示。

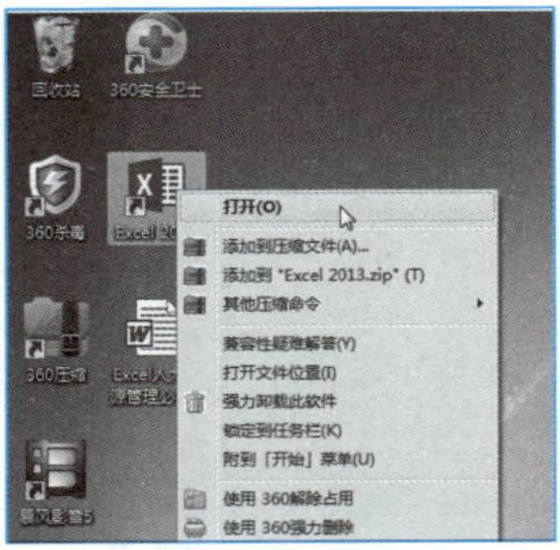

图1-1

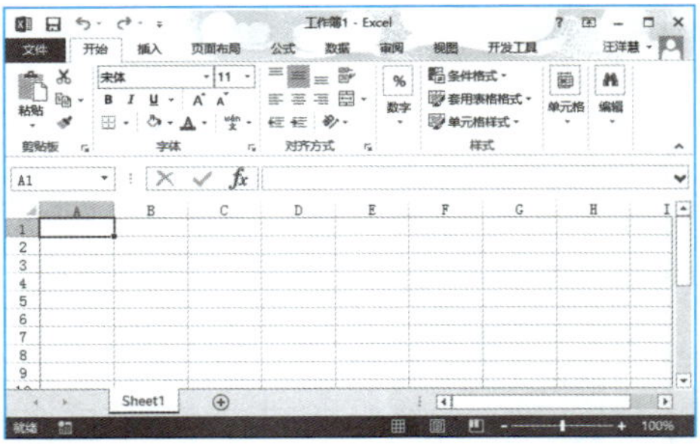

图1-2

步骤2：保存工作表

❶ 单击“🖫”（保存）按钮，切换到“另存为”界面，在“另存为”区域单击“计算机”，在“计算机”区域单击“我的文档”按钮（如图1-3所示），打开“另存为”对话框。

❷ 系统默认将工作簿保存到“我的文档”文件夹中，接着在“文件名”文本框中输入工作簿名称，单击“保存”按钮（如图1-4所示），即可将工作簿保存到指定位置。

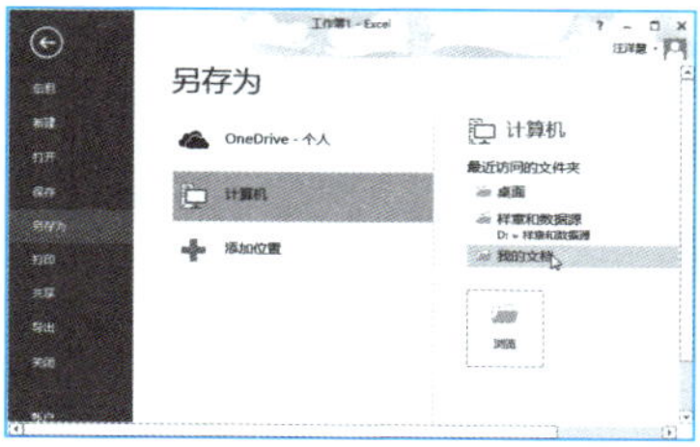

图1-3

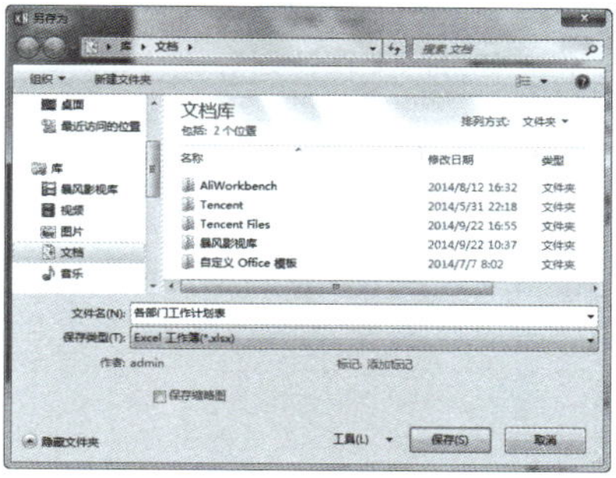

图1-4

步骤3：输入文本

重命名Sheet1 工作表为“各部门工作计划表”，并在表格中输入计划表内容，输入后效果如图1-5所示。

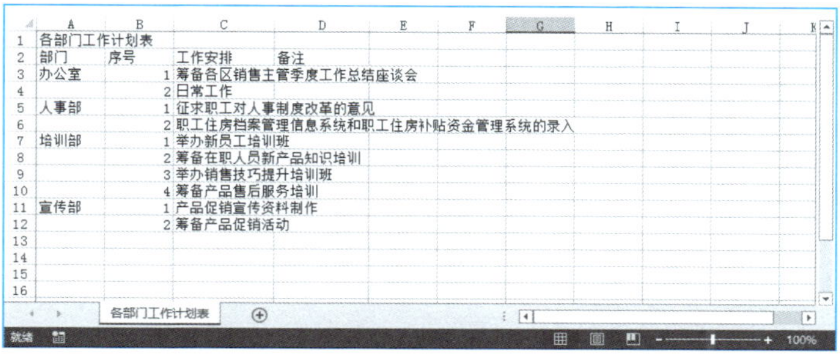

图1-5

步骤4：设置字体格式并合并单元格

❶ 选中表格内容，切换到“开始”选项卡，在“字体”组设置字体为“黑体”，选中标题所在单元格区域，设置字体为“黑体”、“22”号、“加粗”格式，接着在“对其方式”组中单击“合并后居中”按钮，即可合并标题所在单元格区域，如图1-6。

❷ 选中列标签所在单元格区域，在“字体”组中单击“填充颜色”下拉按钮，在下拉菜单中单击需要填充的颜色，如“白色，背景1，深色5%”，如图1-7所示。

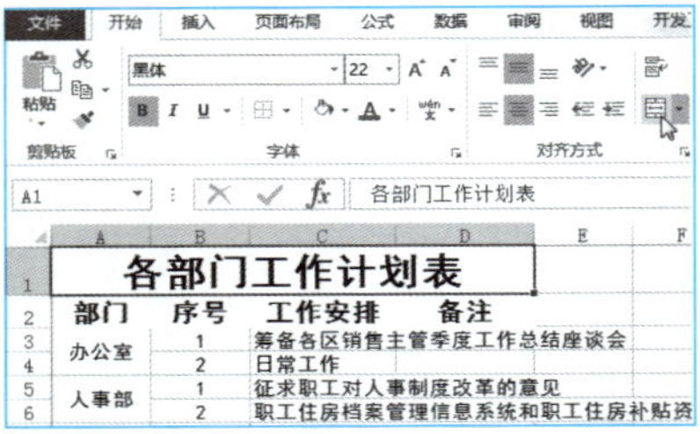

图1-6

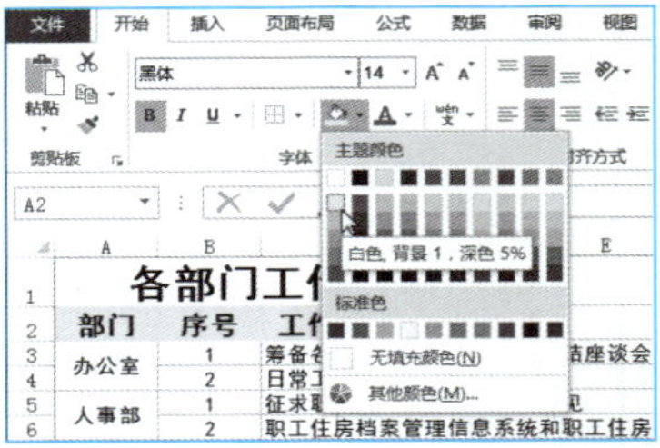

图1-7

步骤5：设置单元格自动换行

❶ 选中C3:C12单元格区域，在“对齐方式”组中单击“”（自动换行）按钮，如图1-8所示。

❷ 单击“”（自动换行）按钮后，此时系统自动根据单元格的列宽对单元格中的内容进行换行处理，如图1-9所示。

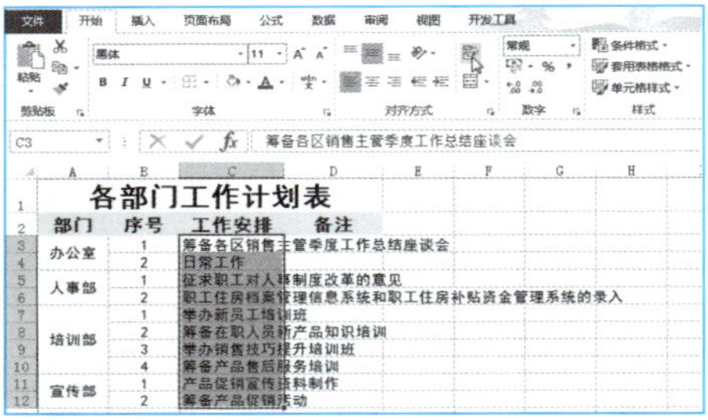

图1-8

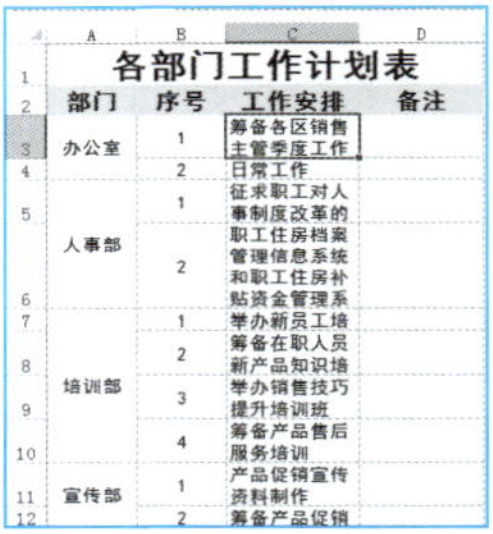

图1-9

步骤6：手动调整列宽

将鼠标指针置于C列列标识右边，当指针变为形状时，向右拖动鼠标（如图1-10所示），托至目标位置释放左键，即可调整至指定宽度，如图1-11所示。

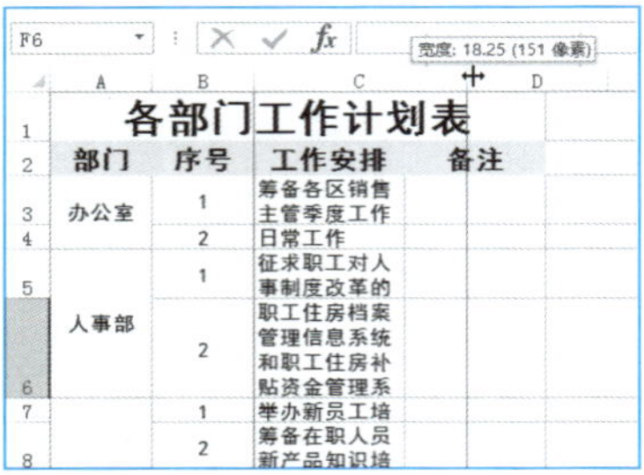

图1-10

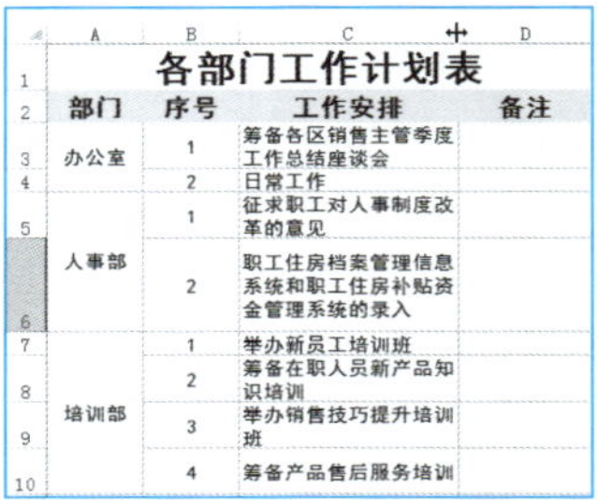

图1-11

步骤7：为单元格添加宽线

1 选中A2:D12单元格区域，在“字体”组中单击“↘”（设置单元格格式）按钮（如图1-12所示），打开“设置单元格格式”对话框。

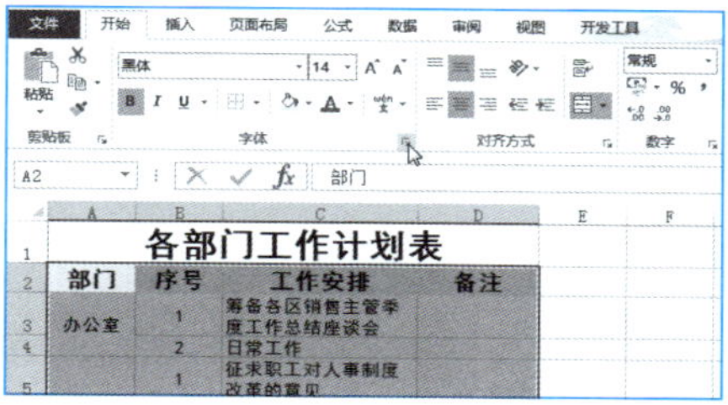

图1-12

2 单击“边框”标签，单击“颜色”下拉按钮，在下拉菜单中选择需要设置的边框颜色，如“白色，背景1，深色50%”如图1-13所示。

3 在“样式”列表框中选中外边框样式，接着在“预置”区域单击“外边框”（如图1-9所示），在“样式”列表框中选中内边框样式，接着在“预置”区域单击“内部”，如图1-14所示。

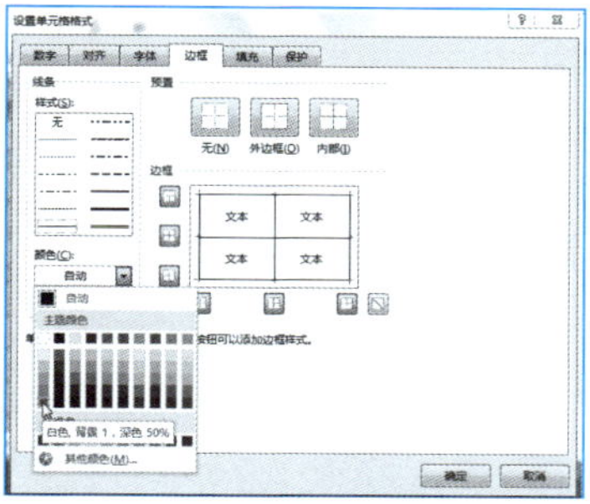

图1-13

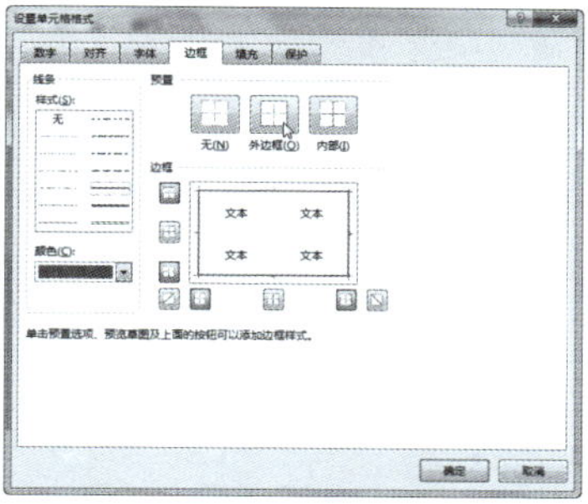

图1-14

4 设置完成后，在“边框”区域可以看到预览效果（图1-15所示），单击“确定”按钮，返回到工作表中，即可看到为选中单元格区域设置了预览的边框效果，如图1-16所示。

图1-15

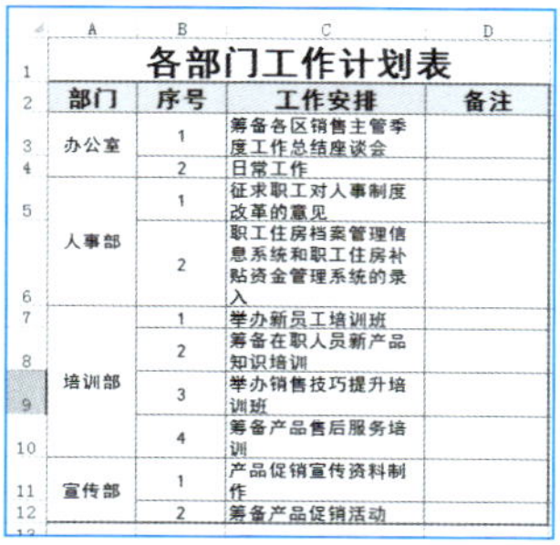

部门	序号	工作安排	备注
办公室	1	筹备各区销售主管季度工作总结座谈会	
	2	日常工作	
人事部	1	征求职工对人事制度改革的意见	
	2	职工住房档案管理信息系统和职工住房补贴资金管理系统的录入	
培训部	1	举办新员工培训班	
	2	筹备在职人员新产品知识培训	
	3	举办销售技巧提升培训班	
	4	筹备产品售后服务培训	
宣传部	1	产品促销宣传资料制作	
	2	筹备产品促销活动	

图1-16

提 示

选中自动换行的单元格区域后，单击“段落”选项组中的对话启动器，打开“设置单元格格式”对话框，在“对齐”标签下选中“自动换行”复选框，也可以实现所选单元格内容按列宽自动换行处理。

文件2 人力资源需求规划表

人力资源需求规划是根据企业发展规划，结合企业人力资源盘点报告，指定人员的配置计划，避免出现盲目招聘人员的问题。人力资源需求规划是记录企业人员配置安排内容的表格。

制作要点与设计效果图

- 更改工作表的名称。
- 更改字体方向
- 设置行高、列宽
- 关闭工作簿

人力资源需求规划表

需要补充人员类别			所需条件	招聘方式	人数	希望报道日期
类别		担任工作				
主管	行政部	经理	本科以上学历	社会招聘	2	2014/9/1
	销售部	片区经理	本科以上学历	社会招聘	1	2014/9/2
	生产部	经理	本科以上学历	社会招聘	3	2014/9/15
技术员	生产部	技术助理	大专以上学历	学校招聘	4	2014/9/1
	售后服务	技术助理	大专以上学历	社会与学校招聘	3	2014/9/10
	开发部	开发工程师	本科以上学历	学校招聘	2	2014/10/5
工作员	销售部	销售代表	大专以上学历	社会招聘	5	2014/10/5
	后勤部	后勤助理	大专以上学历	社会招聘	3	2014/10/15
	行政部	行政文员	大专以上学历	社会招聘	3	2014/10/16
其他	清洁部	清洁员	高中以上学历	社会招聘	2	2014/9/10
	安保部	安保员	高中以上学历	社会招聘	5	2014/9/15

文件设计过程

步骤1：重命名工作表

① 新建工作簿，选中“Sheet1”工作表标签，单击鼠标右键，在弹出的菜单中单击“重命名”命令，如图，如图1-17所示。

② 在标签区域输入新工作表名称为“人力资源需求规划表”，如图1-18所示。

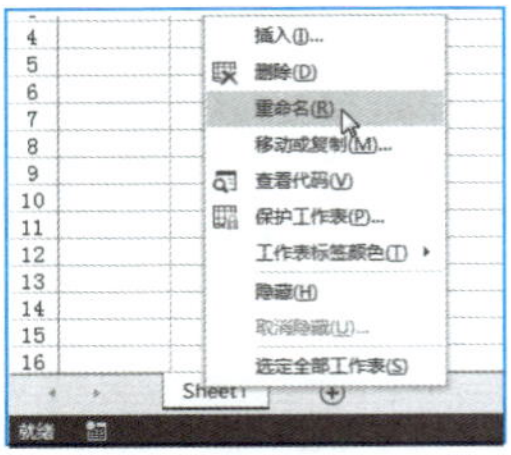

图1-17

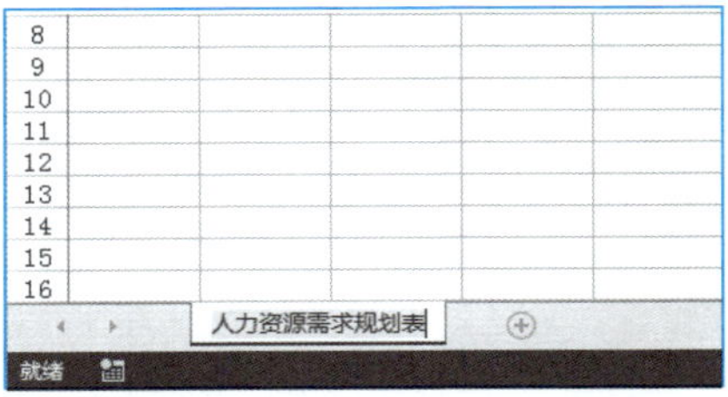

图1-18

步骤2：输入表格内容并设置字体格式

在工作表中输入人力资源需求内容，设置标题字体为“黑体”、“22”号、“加粗”格式，并合并单元格，设置列标签为“黑体”、“12”号、“加粗”，并设置底纹填充，效果如图1-19所示。

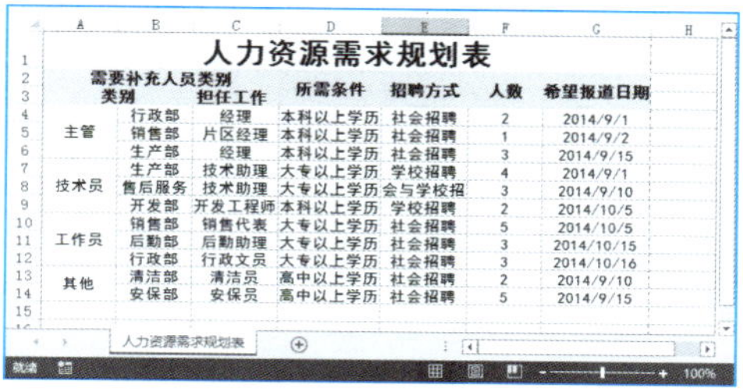

人力资源需求规划表

需要补充人员类别 类别		担任工作	所需条件	招聘方式	人数	希望报道日期
主管	行政部	经理	本科以上学历	社会招聘	2	2014/9/1
	销售部	片区经理	本科以上学历	社会招聘	1	2014/9/2
	生产部	经理	本科以上学历	社会招聘	3	2014/9/15
技术员	生产部	技术助理	大专以上学历	学校招聘	4	2014/9/1
	售后服务	技术助理	大专以上学历	会与学校招	3	2014/9/10
	开发部	开发工程师	本科以上学历	学校招聘	2	2014/10/5
工作员	销售部	销售代表	大专以上学历	社会招聘	5	2014/10/5
	后勤部	后勤助理	大专以上学历	社会招聘	3	2014/10/15
	行政部	行政文员	大专以上学历	社会招聘	3	2014/10/16
其他	清洁部	清洁员	高中以上学历	社会招聘	2	2014/9/10
	安保部	安保员	高中以上学历	社会招聘	5	2014/9/15

图1-19

步骤3：设置竖排文字

❶ 选中A4:A14单元格区域，在“对齐方式”组中单击“方向”下拉按钮，在下拉菜单中单击“竖排文字”命令，如图1-20所示。

❷ 单击“竖排文字”命令后，将选中单元格区域中的文本更改为竖排文字，如图1-21所示。

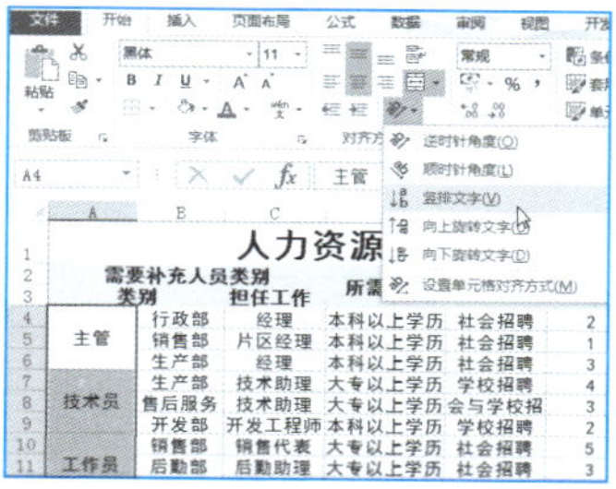

图1-20

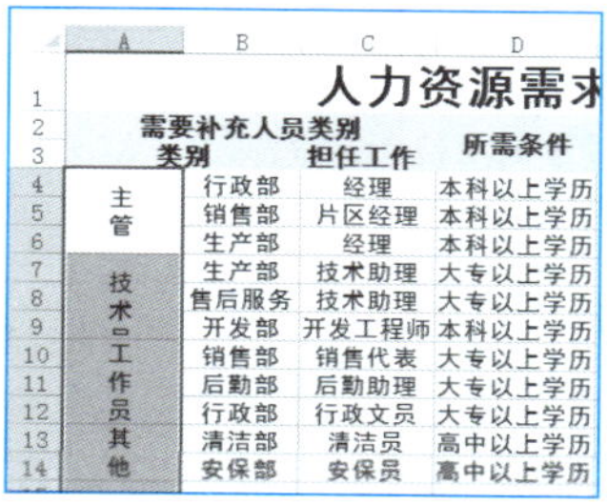

图1-21

提 示

在“方向”下拉列表中提供了“逆时针角度”、“顺时针角度”、“竖排文字”、“向上旋转文字”、“向下旋转文字”等常用的标准旋转角度。

如果想要自定义文本方向的角度，可以打开“设置单元格格式”对话框，在“对齐”标签下的“方向”选项组中自定义旋转角度即可。

步骤4：精确设置行高列宽

❶ 选中A2:G14单元格区域，在“单元格”组中单击“格式”下拉按钮，在

下拉菜单中单击“行高”命令（如图1-22所示），打开“行高”对话框。

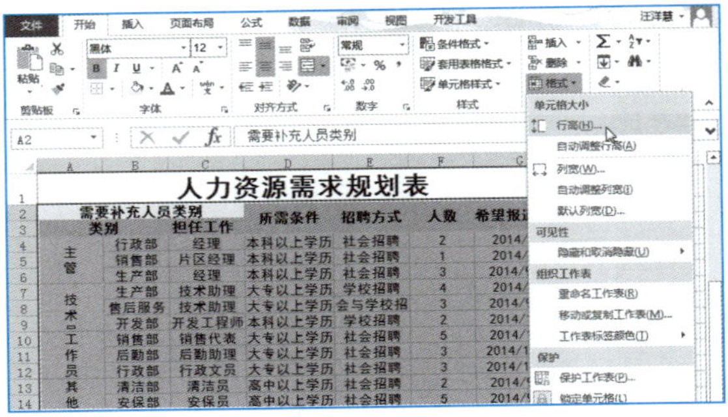

图1-22

2 在“行高”文本框中输入要设置的行高，如“20”，如图1-23所示。

3 选中A4:A14单元格区域，在“格式”下拉列表中单击“列宽”命令，打开“列宽”对话框，在“列宽”文本框中输入要设置的列宽，如“14”，如图1-24所示。

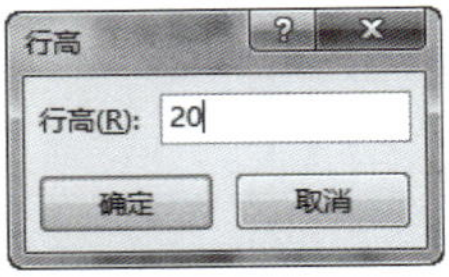

图1-23

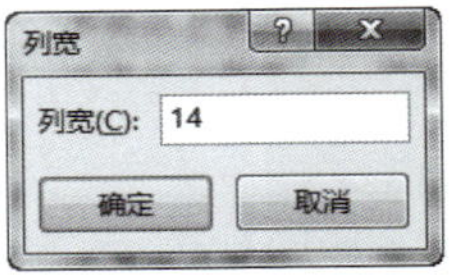

图1-24

4 再次选中A2:G14单元格区域，打开“设置单元格格式”对话框，为单元格区域设置如“文件1”一样的边框，设置后效果如图1-25所示。

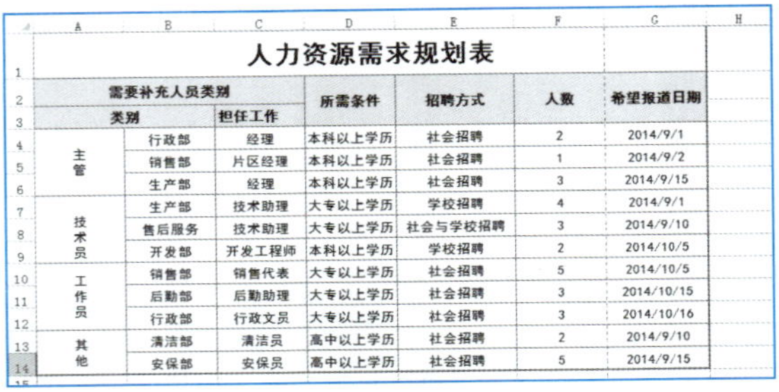

人力资源需求规划表

需要补充人员类别			所需条件	招聘方式	人数	希望报道日期
类别		担任工作				
主管	行政部	经理	本科以上学历	社会招聘	2	2014/9/1
	销售部	片区经理	本科以上学历	社会招聘	1	2014/9/2
	生产部	经理	本科以上学历	社会招聘	3	2014/9/15
技术员	生产部	技术助理	大专以上学历	学校招聘	4	2014/9/1
	售后服务	技术助理	大专以上学历	社会与学校招聘	3	2014/9/10
	开发部	开发工程师	本科以上学历	学校招聘	2	2014/10/5
工作员	销售部	销售代表	大专以上学历	社会招聘	5	2014/10/5
	后勤部	后勤助理	大专以上学历	社会招聘	3	2014/10/15
	行政部	行政文员	大专以上学历	社会招聘	3	2014/10/16
其他	清洁部	清洁员	高中以上学历	社会招聘	2	2014/9/10
	安保部	安保员	高中以上学历	社会招聘	5	2014/9/15

图1-25

步骤5：关闭文档

单击“文件”标签，在左侧窗格单击“关闭”按钮，即可关闭当前工作簿，如图1-26所示。

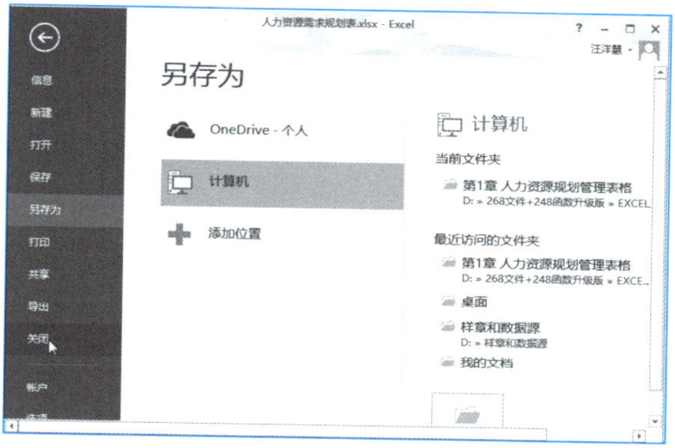

图1-26

提 示

在打开的工作簿中直接单击右上角的“×”按钮，即可关闭工作簿。

文件3　名额编制计划表

名额编制计划表用于记录企业人力资源人员规划名额数据，方便人力资源部门招聘和统筹安排人员，使企业正常运转。

制作要点与设计效果图

- 使用填充柄填充
- 插入行
- 缩小字体填充
- 设置双下划线

名额编制计划表

序号	区分	部门	经理	科长	组长	职员或专员
						单位：人
1	科室	秘书室	1		2	3
2		财务室	1		2	4
3	管理部	人事部	2		2	4
4		出纳科	1		3	6
5	营业部	营业科		2	5	20
6		开发科		1	2	8
7		业务科		1	4	12
8	生产部	生产调度科		1	2	5
9		采购科		1	2	3
10		设备管理科		2	2	2
11		质检科		1	1	5
12		储运科		1	1	3
13		车间	1	2	3	60

文件设计过程

步骤1：使用填充柄填充序列

❶ 创建新工作簿，重命名“Sheet1”工作表为“名额编制计划表”，在表格中输入名额编制计划表的内容，并设置表格边框格式，设置后效果如图1-27所示。

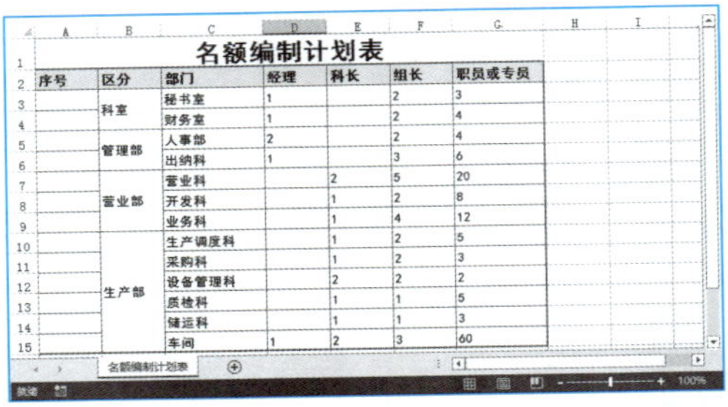

图1-27

2 在A3单元格中输入数字1，将鼠标移动到A3单元格右下角，当光标变为黑色十字形状时，拖动鼠标向下填充到A15单元格，单击“自动填充选项”下拉按钮，在下拉菜单中单击“填充序列”命令，如图1-28所示。

3 单击“填充序列”命令后，即可看到A3:A15单元格数据按照等差数列自动填充，如图1-29所示。

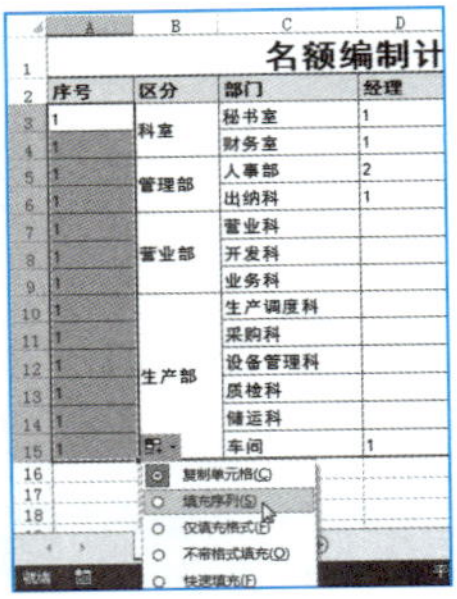

图1-28

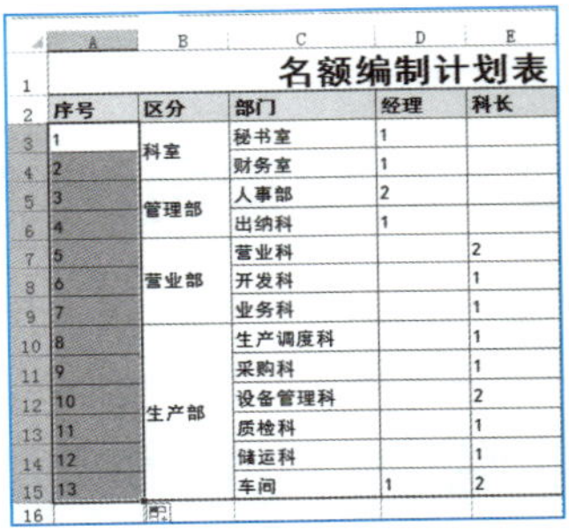

图1-29

步骤2：插入行

1 选中第3行，单击鼠标右键，在弹出的菜单中单击“插入”命令，如图1-30所示。

2 即可在第3行上方插入一行，在G3单元格中输入“单位：人”，如图1-31所示。

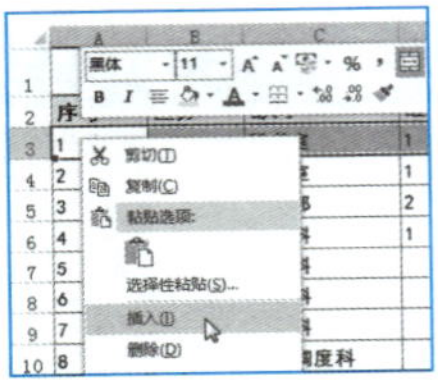

图1-30

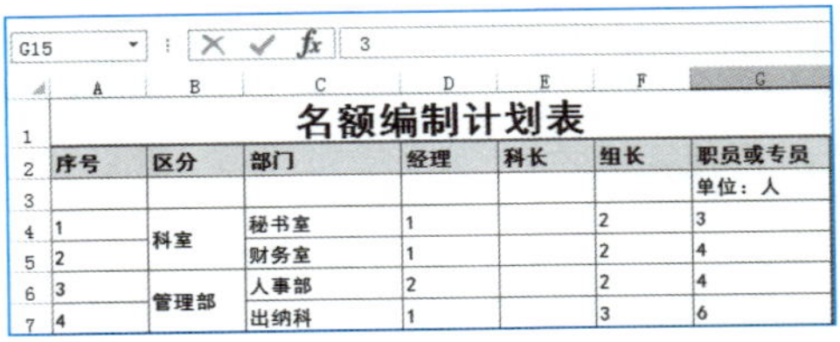

图1-31

步骤3：设置双下划线样式

❶ 在“字体”组中单击“↘”（设置单元格格式）按钮（如图1-32所示），打开“设置单元格格式”对话框。

❷ 单击“下划线”文本框下拉按钮，在下拉菜单中单击“会计用双下划线”，如图1-33所示。

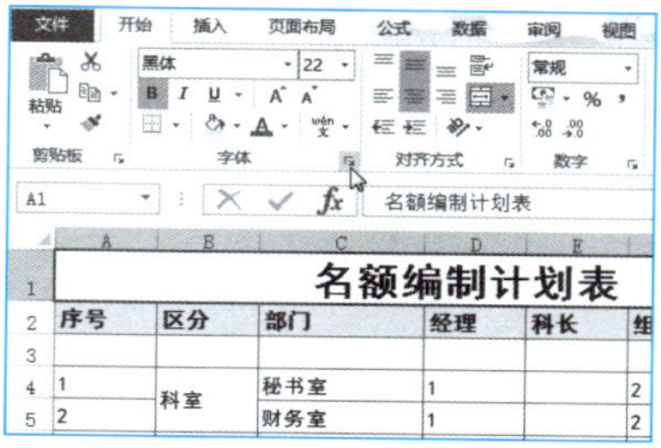

图1-32

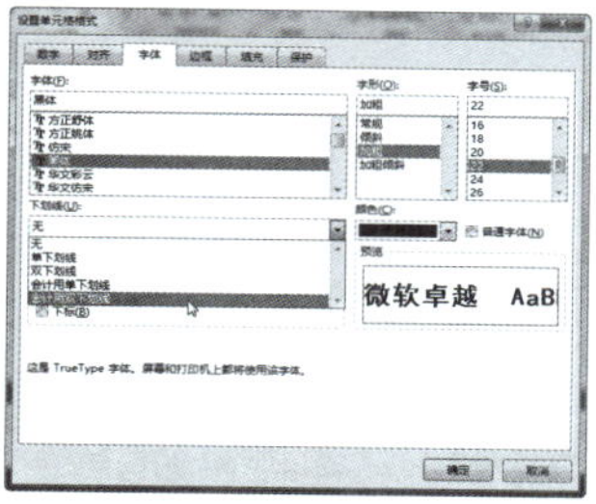

图1-33

❸ 单击“确定”按钮，返回工作表中，即可为标题添加双下划线，如图1-34所示。

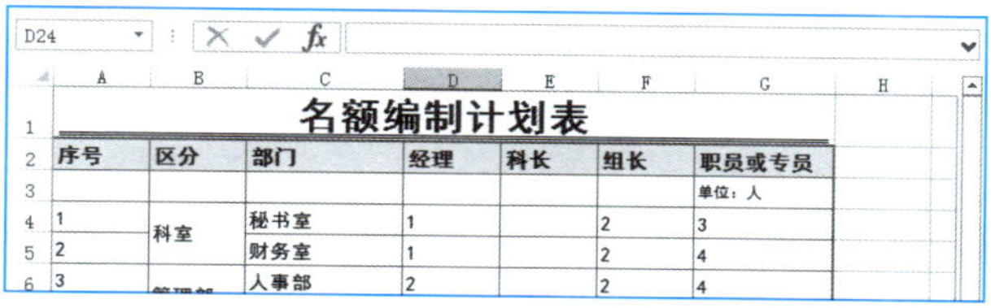

图1-34

❹ 选中A2:G16单元格区域，在“对齐方式”组中单击“≡”（居中对齐）按钮，如图1-35所示。

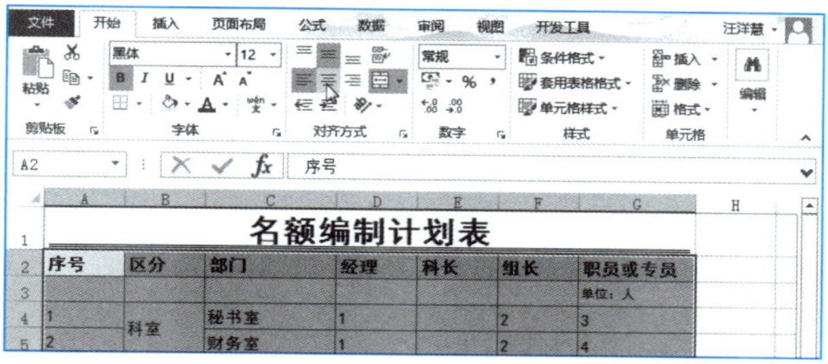

图1-35

❺ 单击“≡”（居中对齐）按钮，即可设置文本居中对齐，设置后效果如图1-36所示。

名额编制计划表						
序号	区分	部门	经理	科长	组长	职员或专员
						单位：人
1	科室	秘书室	1		2	3
2		财务室	1		2	4
3	管理部	人事部	2		2	4
4		出纳科	1		3	6
5	营业部	营业科		2	5	20
6		开发科		1	2	8
7		业务科		1	4	12
8	生产部	生产调度科		1	2	5
9		采购科		1	2	3
10		设备管理科		2	2	2
11		质检科		1	1	5
12		储运科		1	1	3
13		车间	1	2	3	60

图1-36

文件4　工作说明书

工作说明书是以书面形式对企业指定岗位的工作性质、工作任务、责任、权限、工作内容和方法，以及工作环境和条件进行描述的表格。大多数企业均采用表格来陈列这些内容。

制作要点与设计效果图

- 插入新工作表
- 跨越合并单元格
- 精确设置行高
- 自动调整列宽
- 自定义边框样式

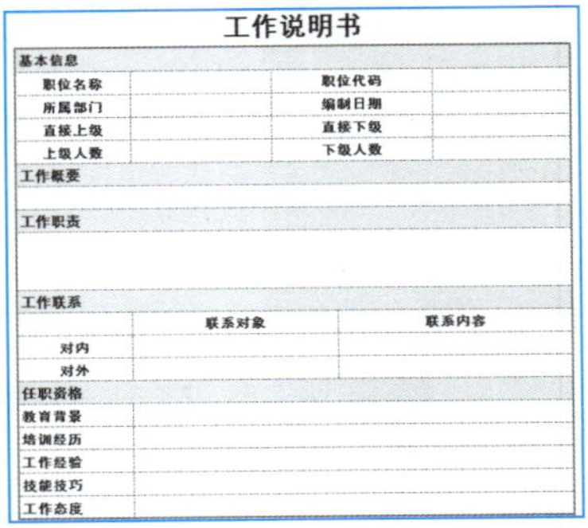

文件设计过程

步骤1：插入新工作表

❶ 鼠标右键单击“名额编制计划表”工作表标签，在弹出的菜单中单击“插入”命令（如图1-37所示），打开“插入”对话框。

❷ 在“常用”标签下单击“工作表”图标，如图1-38所示。

❸ 单击“确定”按钮，将新插入的工作表重命名为“工作说明书”接着单

击该工作表标签，按住鼠标左键将它移至最右侧，如图1-39所示。

❹ 在表格中输入表格项目，然后设置表格的字体格式，设置后效果如图1-40所示。

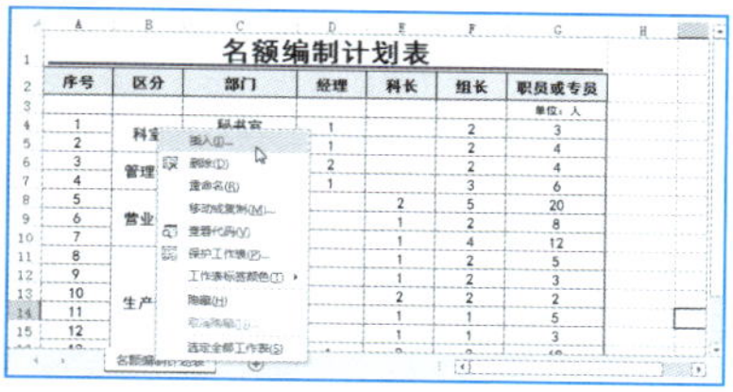

图1-37

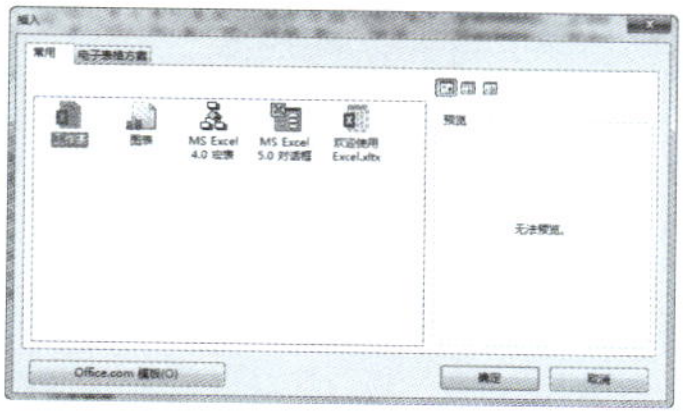

图1-38

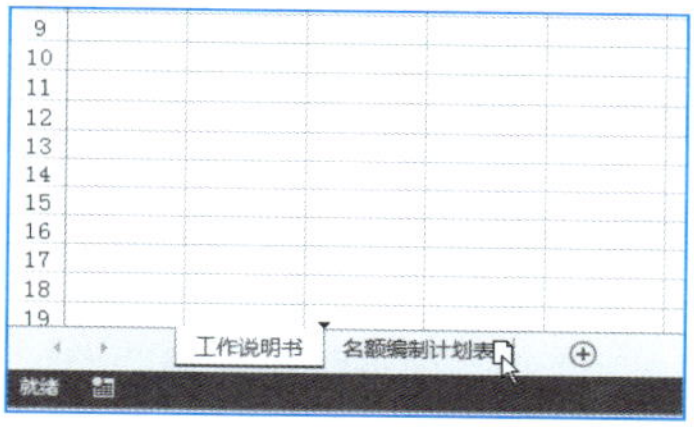

图1-39

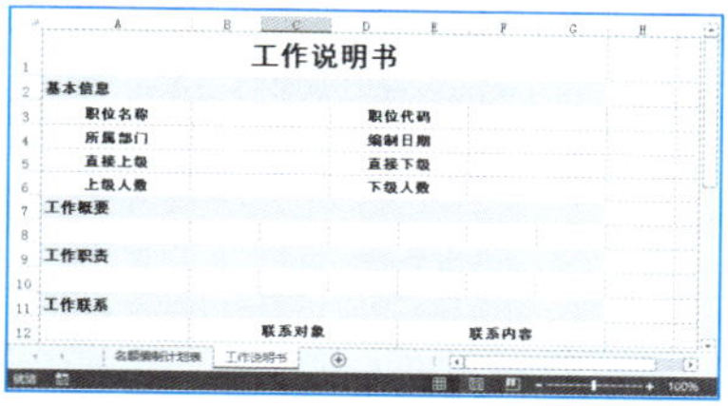

图1-40

步骤2：跨越合并单元格

❶ 依次选中A2:G2、A7:G10单元格区域，切换到“开始”选项卡，在“对齐方式”组中单击“合并后居中”下拉按钮，在下拉菜单中单击“跨越合并”命令，如图1-41所示。

❷ 单击“跨越合并”命令后，选中的单元格区域按行进行了跨越合并（如图1-42所示），接着为表格中其他需要合并的单元格区域设置合并。

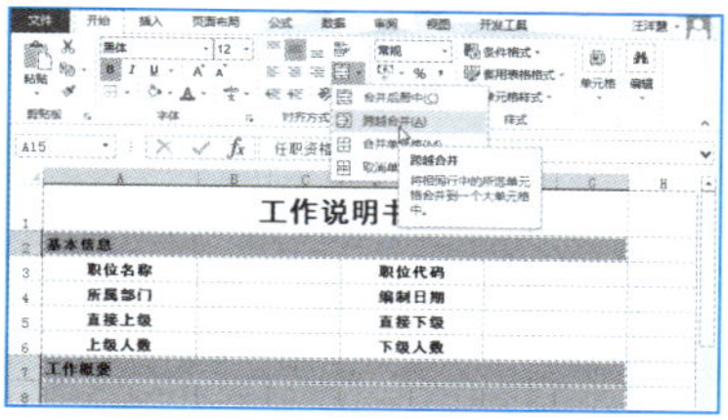

图1-41

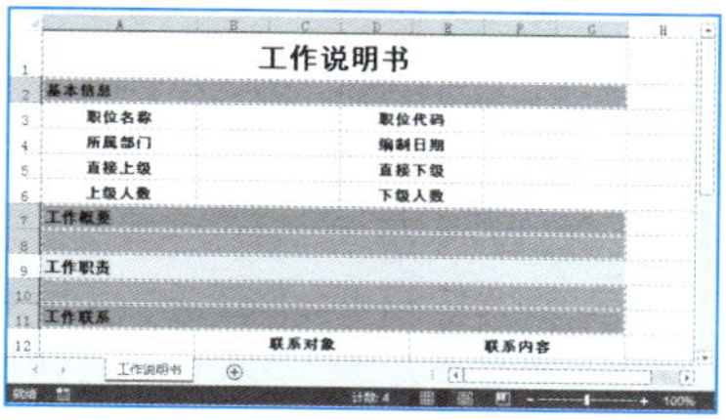

图1-42

步骤3：精确设置行高

❶ 选中A10:G10合并单元格，切换到“开始”选项卡，在“单元格”组中单击“格式”下拉按钮，在下拉菜单中单击“行高”命令（如图1-43所示），打开“行高”对话框。

❷ 在“行高”文本框中输入“50”，如图1-44所示。

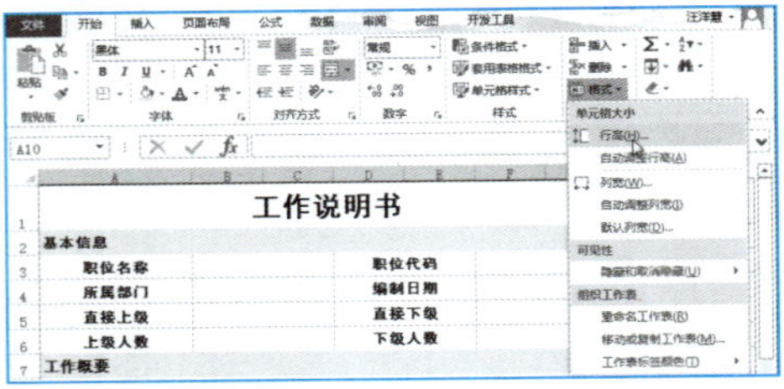

图1-43

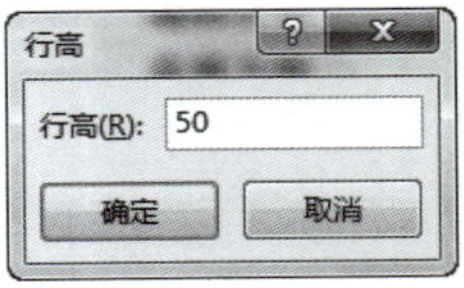

图1-44

❸ 单击“确定”按钮，返回工作表中，即可精准设置单元格的行高为50，效果如图1-45所示。

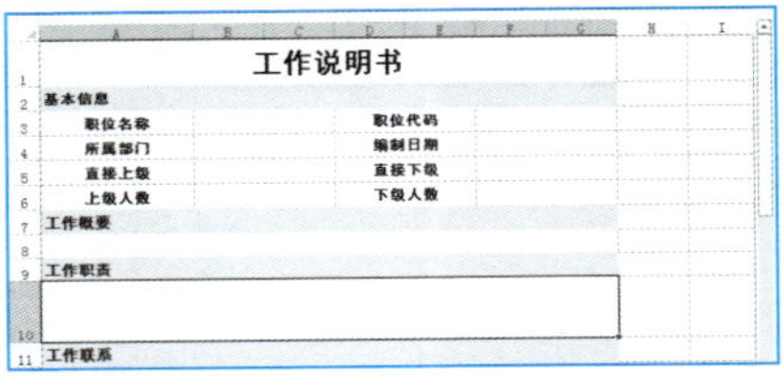

图1-45

步骤4：手动调整列宽

将光标放置在A列右侧，当光标变为✛形状时，向右拖动鼠标（如图1-46所示），即可手动设置列宽，如图1-47所示。

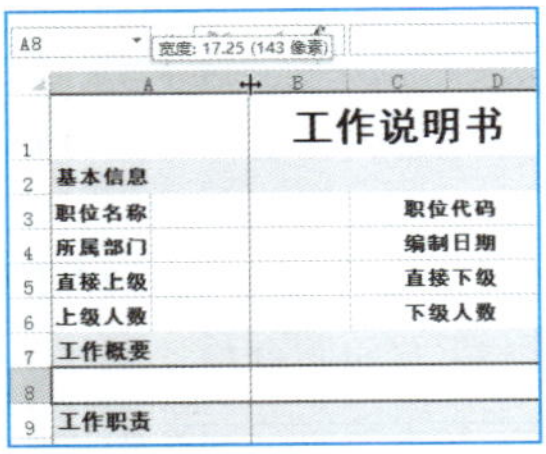

图1-46

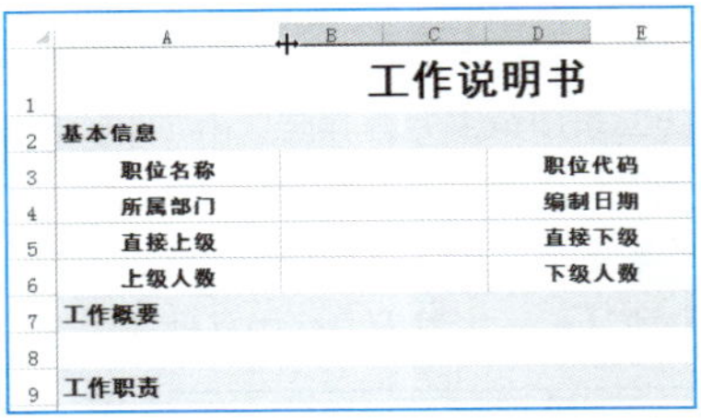

图1-47

步骤5：自定义边框样式

❶ 选中A2:G30单元格区域，切换到“开始”选项卡，在“字体”组中单击“⧉”（设置单元格格式）按钮，打开“设置单元格格式”对话框。

❷ 单击“边框”标签，单击“颜色”下拉按钮，在下拉菜单中单击要设置框线的颜色，如“白色，背景1，深色50%”，如图1-48所示。

❸ 在“样式”列表宽中单击内部框线，在预置区域单击“内部”，在“预览”区域可以看到内部边框样式（如图1-49所示），在“样式”列表宽中单击外部框线，在预置区域单击“外边框”，在“预览”区域可以看到外部边框样式，如图1-50所示。

4 单击“确定”按钮，返回工作表中，即可为表格设置自定义样式边框，设置后效果如图1-51所示。

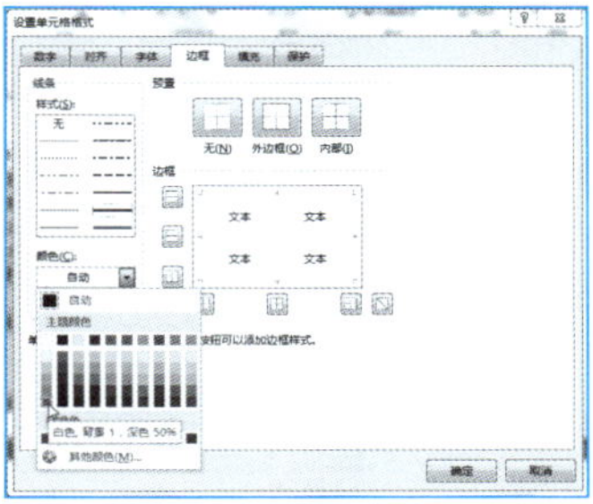

图1-48

图1-49

图1-50

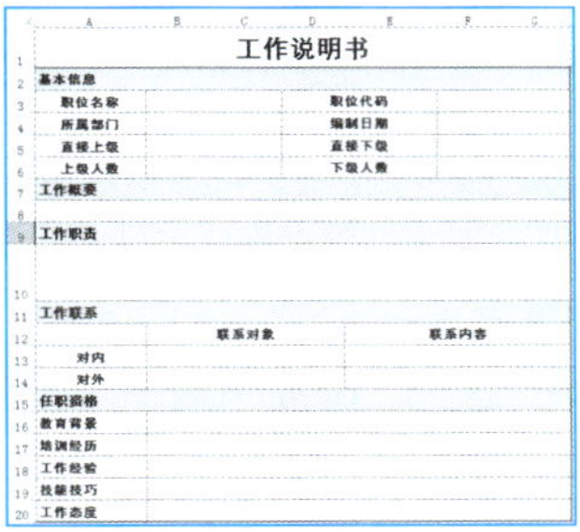

图1-51

文件5　人力资源部工作分析描述表

人力资源部门工作分析描述表是针对员工现担任职务的时间、工作内容和职责、职权等的详细描述。通过该表员工能更清楚地了解自己所承担的工作职责，以便更好地做好分内工作。

制作要点与设计效果图

- 插入符号
- 绘制边框
- 输入公式
- 隐藏网格线

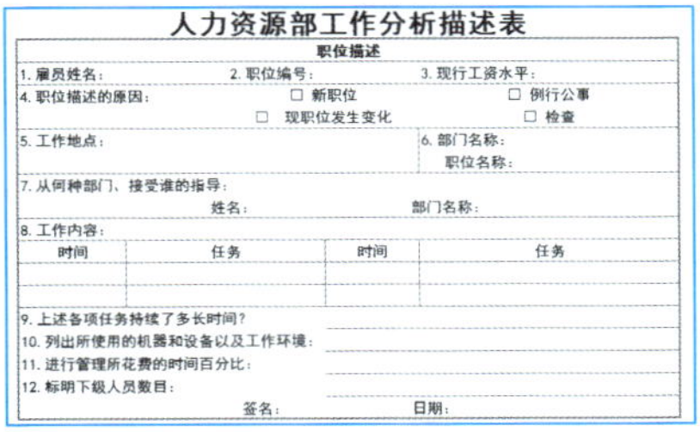
人力资源部工作分析描述表
职位描述
1. 雇员姓名：　2. 职位编号：　3. 现行工资水平：
4. 职位描述的原因：　□ 新职位　□ 例行公事　□ 现职位发生变化　□ 检查
5. 工作地点：　6. 部门名称：　职位名称：
7. 从何种部门、接受谁的指导：　姓名：　部门名称：
8. 工作内容：

时间	任务	时间	任务

9. 上述各项任务持续了多长时间？
10. 列出所使用的机器和设备以及工作环境：
11. 进行管理所花费的时间百分比：
12. 标明下级人员数目：
签名：　日期：

文件设计过程

步骤1：插入符号

❶ 新建工作簿，重命名“Sheet1”工作表为“人力资源部门工作分析描述表”，接着在表格中输入缴款单表格项目，然后分别设置标题和表格项目的字体格式，如图1-52所示。

❷ 选中C4单元格，切换到“插入”选项卡，在“符号”组中单击“符号”按钮（如图1-53所示），打开“符号”对话框。

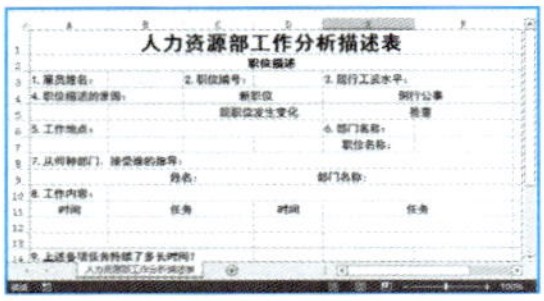

图1-52

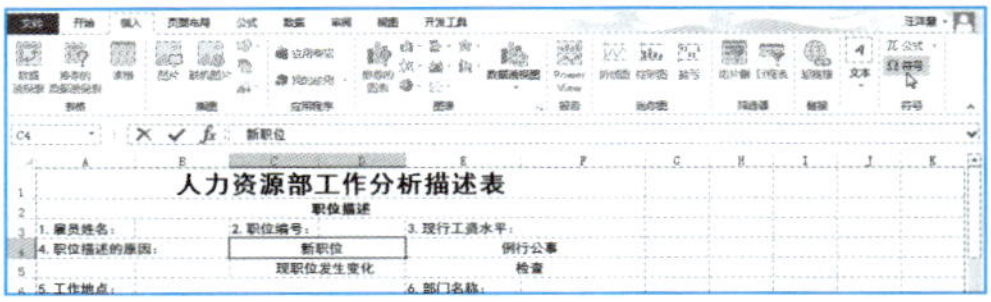

图1-53

❸ 在“字体”下拉列表中选择“Wingdings2”，接着在列表框中选择需要的符号，如图1-54所示。

❹ 单击“插入”按钮，关闭对话框，返回工作表中，在光标插入点插入了选定的符号，如图1-55所示。

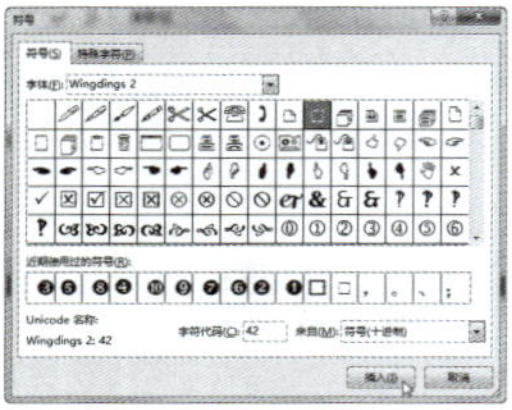

图1-54

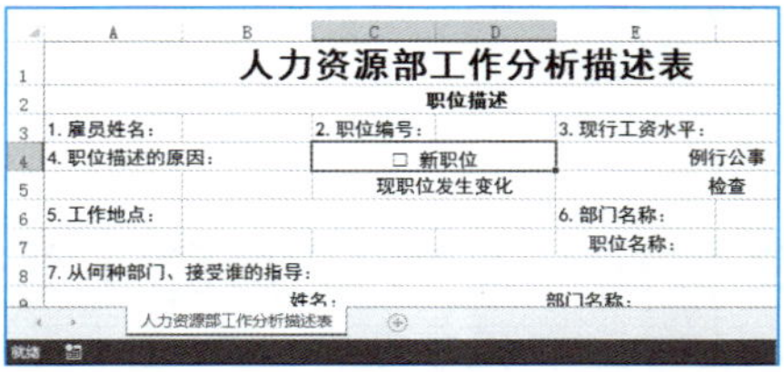

图1-55

❺ 选中E4单元格，再次打开“符号”对话框，可以在“最近使用过的符号”区域找到刚插入的符号（如图1-56所示）单击“插入”按钮，即可插入相同的符号。按类似的方法在C5和E5单元格中插入相同的符号，插入后的效果如图1-57所示。

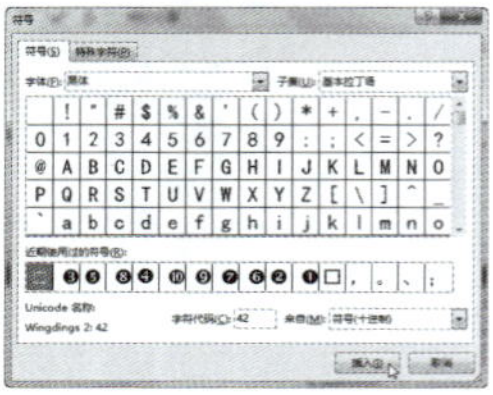

图1-56

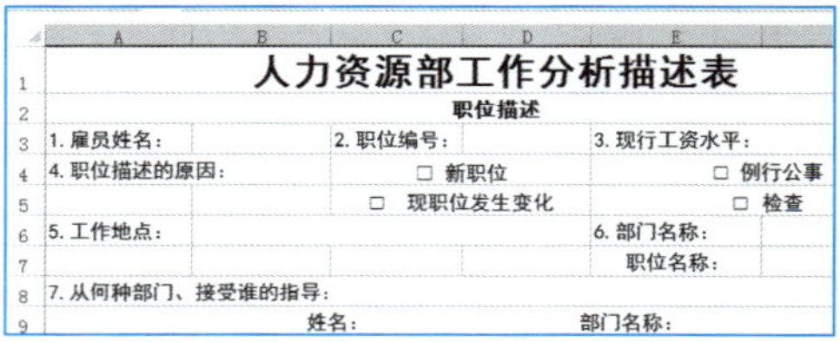

图1-57

提　示

在打开“符号”对话框没有单击“插入”按钮前，“插入”按钮右侧显示的是“取消”按钮，单击“插入”按钮后，该按钮更改为“关闭”，单击“关闭”按钮，即可关闭对话框。

步骤2：绘制框线

❶ 切换到“开始”选项卡，在“字体”组中单击“边框”下拉按钮（如图1-58所示），在弹出的菜单中单击“线条颜色”命令（如图1-59所示），在弹出的子菜单中单击“红色”，如图1-60所示。

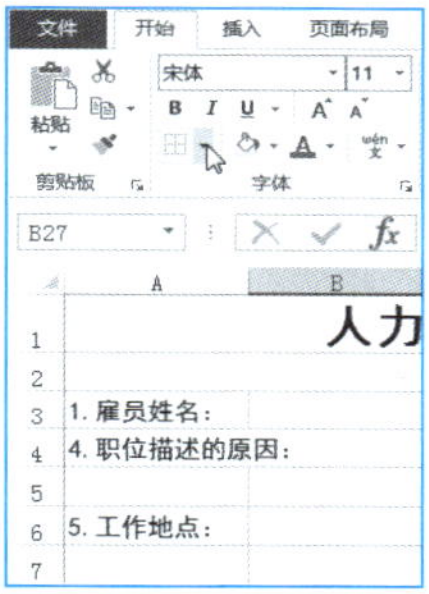

图1–58

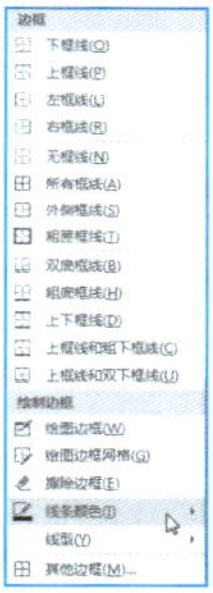

图1–59

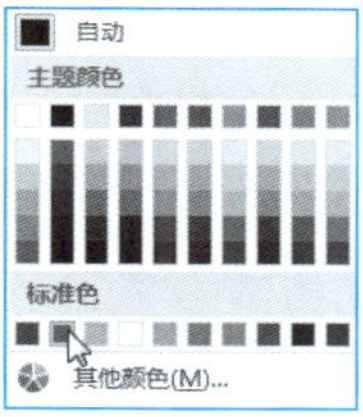

图1–60

❷ 单击“红色”后，返回工作表中，指针呈现铅笔状，在需要添加边框的单元格处单击，然后按住鼠标左键拖动即可绘制边框，如图1-61所示。

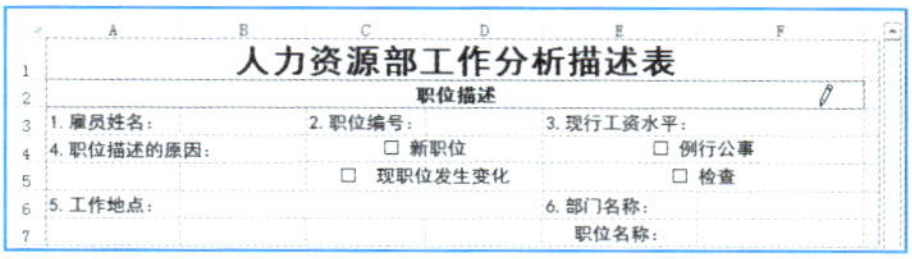

图1–61

❸ 选择颜色后，系统自动默认为绘制边框模式，按照相同的方法为表格绘制红色边框绘制边框，绘制后效果如图1-62所示。

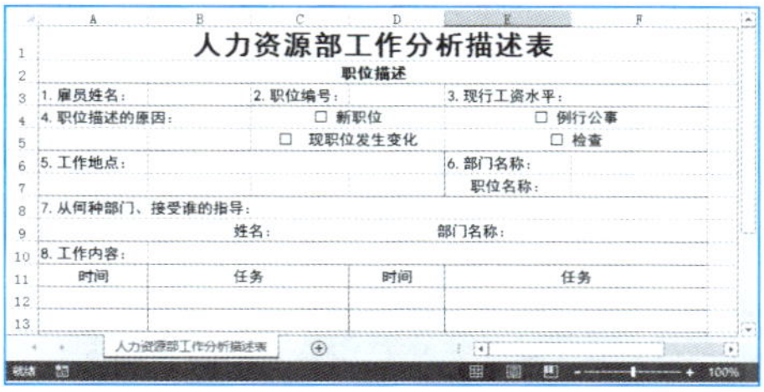

图1–62

4 选中A2:F18单元格区域，在“字体”组中单击“边框”下拉按钮，在其下拉菜单中单击“粗匣边框”命令（如图1-63所示），即可为表格区域添加外边框线。因为绘制表格时选择的是红色边框颜色，所以粗匣边框的颜色显示为红色，而不是默认的黑色。

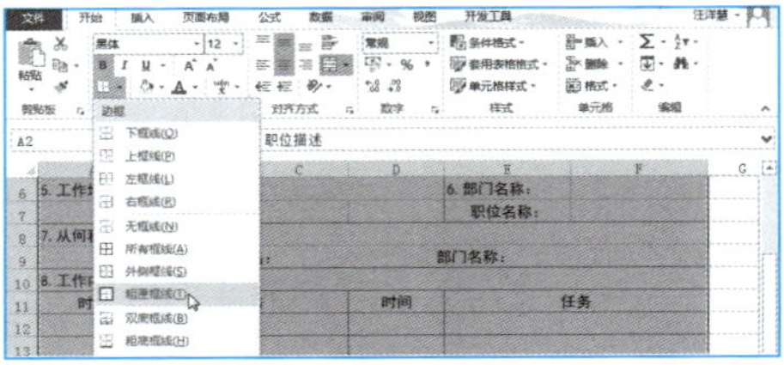

图1-63

5 单击“粗匣边框”命令后，即可为表格区域添加外边框线（如图1-64所示）。因为绘制表格时选择的是红色边框颜色，所以粗匣边框的颜色显示为红色，而不是默认的黑色。

提 示

因为在绘制表格时选择的是红色边框颜色，所以粗匣边框的颜色显示为红色，而不是默认的黑色。如果想要将颜色调整为默认颜色，只需在“边框”下拉列表单击选择“颜色线条”选项，在子菜单选中默认颜色即可。

步骤3：隐藏网格线

切换到“视图”选项卡，在“显示”组中取消选中“网格线”复选框，即可将工作表中的网格线隐藏起来，只显示手动绘制和添加的边框线，效果如图1-65所示。

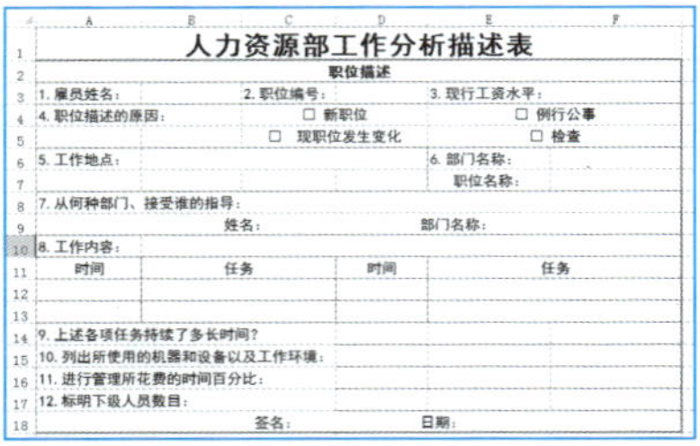

图1-64

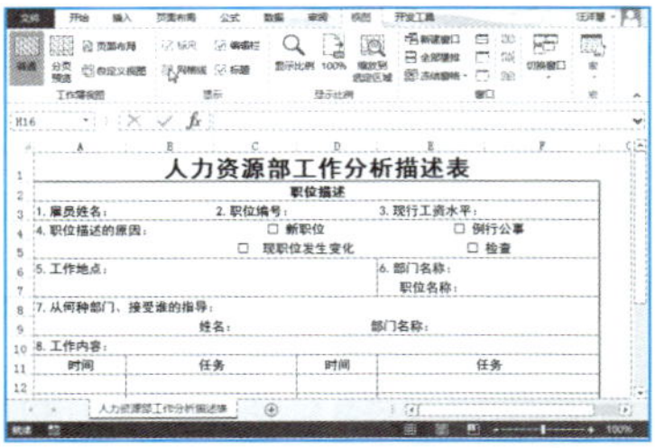

图1-65

文件6　任职资格与环境分析表

任职资格与工作环境分析表是企业任职资格管理体系中不可缺少的表格。

它明确提出了职员具备本职岗位必备的知识、能力及身体条件，以及职员工作的环境情况等信息。

制作要点与设计效果图

- 选择边框颜色
- 选择线条样式
- 添加双底框线
- 设置对齐方式

任职资格与工作环境分析表

年　月　日

工作分类编号		工作名称		填写人		审核人	
履行职务所需要的条件		最高度需要	高度需要	普通程度需要	稍微需要	几乎不要	附注
智力条件	基础知识						高中文化程度，看懂一般图纸
	专门知识						中等技术水平，熟悉机车配件
	规划能力						
	注意力						确定修理的重要依据之一，必须认真
	判断能力						要有较敏捷的判断能力
	交涉能力						
	领导能力						
身体条件	体力						
	运动能力						
	感觉能力						
其他条件	责任感						确定修理重要依据之一，责任重大
	熟练期	2年以上	1～2年	半年～1年	3～6个月	1～3个月	多为转化工种，一般工人需2年以上工龄
	身体疲劳程度	超重体力	重体力	稍重体力	一般体力	轻体力	
	精神疲劳程度	高度用脑极复杂精细	用脑复杂的判断	一般用脑经常判断	少量用脑偶需判断	几乎不需要用脑判断	
工作环境条件	温度						
	噪音						
	尘埃						
	臭味刺激性、有害气体						
	污秽						
	危险程度						

文件7　人力资源现状分析表

人力资源现状分析表主要用于记录企业当前拥有的职工人数、年龄分布、学历及当前员工的岗位情况等。通过对该表查看，能让企业管理者快速了解企业人力资源的现有情况。

制作要点与设计效果图

- 设置文本格式
- 合并单元格
- 自定义边框线

人力资源现状分析表

部门	现有总人数	岗位分布					年龄分布				学历分布			
		管理人员	财务人员	生产人员	销售人员	后勤服务人员	30岁以下	30-35岁	36-40岁	40岁以上	高中	专科	本科	硕士

文件8　人员需求预测表

对人力资源现状进行分析，了解企业现有人力资源情况，然后根据企业发展规划制定出职位人数需求以及人员流失预测的人员需求预测表，做好人力资源的统筹安排。

制作要点与设计效果图

- 更改字体颜色
- 设置竖排文字
- 自动调整列宽
- 自动换行

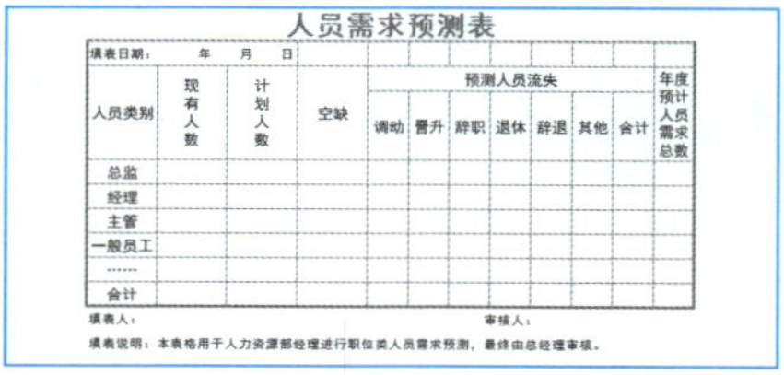

人员需求预测表

填表日期：　年　月　日

人员类别	现有人数	计划人数	空缺	预测人员流失							年度预计人员需求总数
				调动	晋升	辞职	退休	辞退	其他	合计	
总监											
经理											
主管											
一般员工											
……											
合计											

填表人：　审核人：

填表说明：本表格用于人力资源部经理进行职位类人员需求预测，最终由总经理审核。

文件9　职务分析调查问卷

企业管理人员想要掌握员工某个职务的职责、职权的了解程度，可以制作职务分析调查问卷进行问卷调查，然后通过调查结果分析员工对不同类型职位的工作产出、工作范围及特征的了解程度。

制作要点与设计效果图

- 绘制边框线
- 增加单元格内容的缩进量
- 隐藏网格线

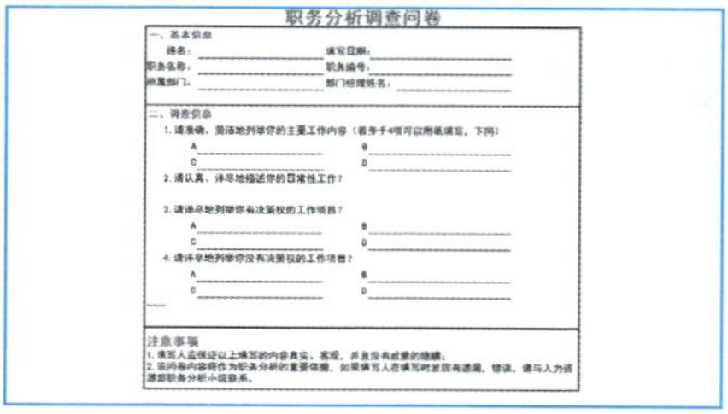

职务分析调查问卷

一、基本信息

姓名：　填写日期：

职务名称：　职务编号：

所属部门：　部门经理姓名：

二、调查信息

1. 请准确、简洁地列举你的主要工作内容（若多于4项可以附纸填写，下同）

A　B

C　D

2. 请认真、详尽地描述你的日常性工作？

3. 请详尽地列举你有决策权的工作项目？

A　B

C　D

4. 请详尽地列举你没有决策权的工作项目？

A　B

C　D

……

注意事项

1. 填写人应保证以上填写的内容真实、客观，并且没有故意的隐瞒。

2. 该问卷内容将作为职务分析的重要依据，如果填写人在填写时发现有遗漏、错误，请与人力资源部职务分析小组联系。

文件10　各部门年度工作分配表

工作分配表用于记录一定期限内企业的工作安排，以及该项工作完成和考评结果。各部门年度工作分配表则是记录企业各个部门在一年内每个月的工作安排及工作完成考评情况的表格。

制作要点与设计效果图

- 设置字体格式
- 合并单元格
- 手动调整行高与列宽

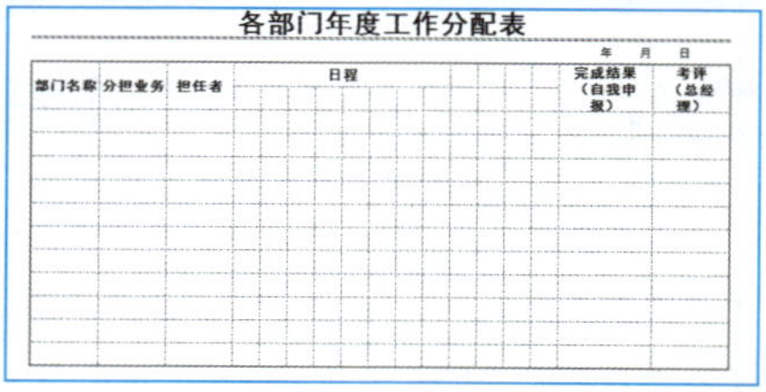

各部门年度工作分配表

年　月　日

部门名称	分担业务	担任者	日程												完成结果（自我申报）	考评（总经理）

Excel

第2章

人员招聘管理表格

人员招聘是企业为了填充岗位空缺，而通过劳动力或人才市场获取人力资源的活动。它是企业根据自身发展的需要，依照市场规则和本组织人力资源规划的要求，通过各种可行的手段及媒介，向目标公众发布招聘信息，并按照一定的标准来招募、聘用组织所需人力资源的全过程。人员招聘涉及规划、途径、组织和实施等许多方面。

在招聘工作中，常见人员招聘管理表格有：人员增补申请表、人员招聘计划表、招聘费用预算表以及招聘职位表等。

编号	文件名称	对应的数据源	重要星级
文件11	人员招聘流程图	第2章\文件11 人员招聘流程图.xlsx	★★★★★
文件12	人员增补申请表	第2章\文件12 人员增补申请表.xlsx	★★★★★
文件13	人员招聘计划报批表	第2章\文件13 人员招聘计划报批表.xlsx	★★★★★
文件14	招聘费用预算表	第2章\文件14 招聘费用预算表.xlsx	★★★★
文件15	招聘职位表	第2章\文件15 招聘职位表.xlsx	★★★★
文件16	员工资料统计表	第2章\文件16 员工资料统计表.xlsx	★★★★
文件17	各部门员工资料统计表	第2章\文件17 各部门员工资料统计表.xlsx	★★★★
文件18	招聘申请执行单	第2章\文件18 招聘申请执行单.xlsx	★★★
文件19	招聘进程表	第2章\文件19 招聘进程表.xlsx	★★★
文件20	应聘人员登记表	第2章\文件20 应聘人员登记表.xlsx	★★★
文件21	内部招聘工作流程图	第2章\文件21 内部招聘工作流程图.xlsx	★★★
文件22	内部岗位竞聘报名表	第2章\文件22 内部岗位竞聘报名表.xlsx	★★★
文件23	应聘人员统计表	第2章\文件23 应聘人员统计表.xlsx	★★★

文件11　人员招聘流程图

人员招聘流程图是以图示来表现公司的人力资源部门招聘员工的过程，包括招聘计划、审核、发出招聘、面试筛选、录取通知等过程。

制作要点与设计效果图

- 合并单元格
- 设置边框线
- 绘制图形
- 在图形中添加文字
- 美化图形

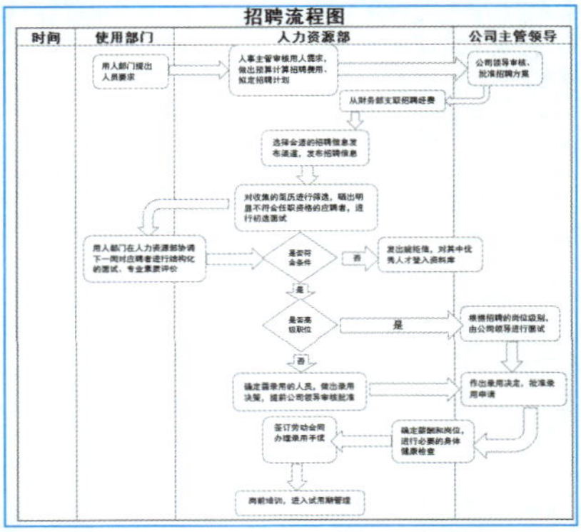

文件设计过程

步骤1：新建工作簿

新建工作簿，并保存为“人员招聘管理表”，将“Sheet1”工作表重命名为“招聘流程图”，并输入标题和列标识，如图2-1所示。

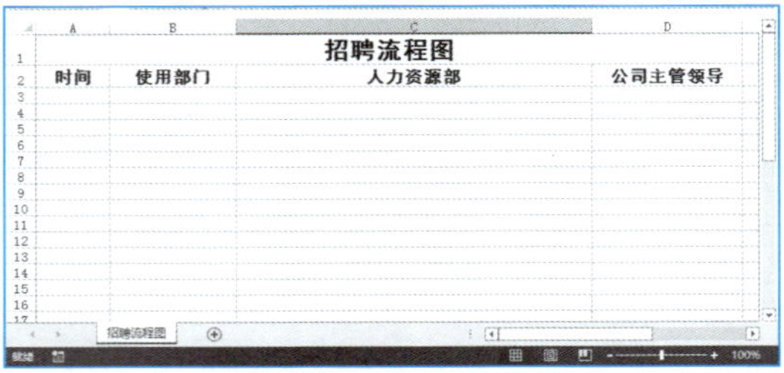

图2–1

步骤2：合并单元格

① 选中A2:A43单元格区域，切换到“开始”选项卡，在“对齐方式”组中单击“合并后居中”按钮（如图2-2所示），即可合并单元格区域。

② 将光标定位到A2:A43单元格区域右下角，当鼠标变成黑十字✚，拖动

鼠标至D2:D43单元格区域，效果如图2-3所示。

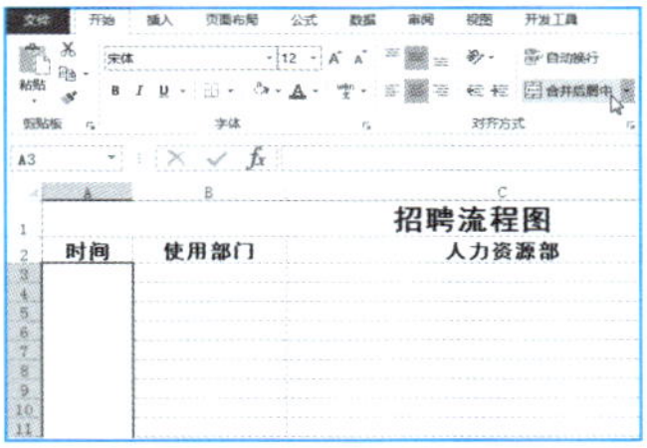

图2-2

图2-3

步骤3：自定义边框线

❶ 选中A2:A43单元格区域，切换到“开始”选项卡，在“数字”组中单击“⧉”（设置单元格格式）按钮，打开“设置单元格格式”对话框，单击“边框”标签，在“颜色”下拉菜单中单击边框颜色，在“样式”列表中单击边框线条，单击“外边框”与“内部”按钮可将设置的线条格式应用于选中区域的外边框与内边框，如图2-4所示。

❷ 设置完成后单击“确定”按钮，返回工作表中，即可看到应用效果，如图2-5所示。

图2-4

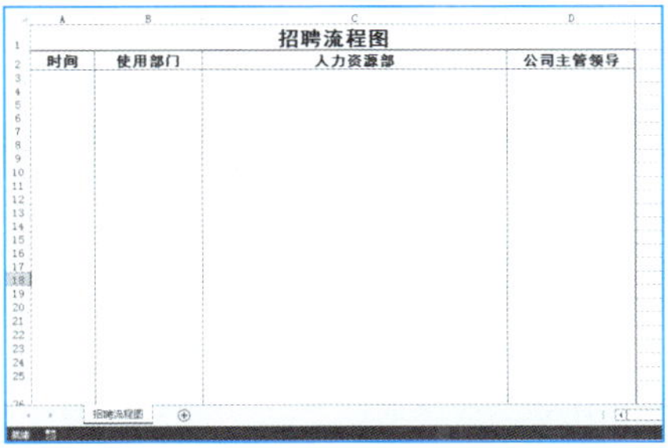

图2-5

步骤4：绘制可选图形

❶ 切换到“插入”选项卡，在“插图”组中单击“形状”下拉按钮（如图2-6所示），在下拉菜单中单击“流程图：可选过程”图形，如图2-7所示。

❷ 选中后光标变为十字形状，在工作表上任意位置拖动鼠标绘制一个“流程图：可选过程”图形，如图2-8所示。

❸ 按“Ctrl+C”组合键复制，按“Ctrl+V”组合键粘贴，即可连续复制“流程图：可选过程”形状，复制后效果如图2-9所示。

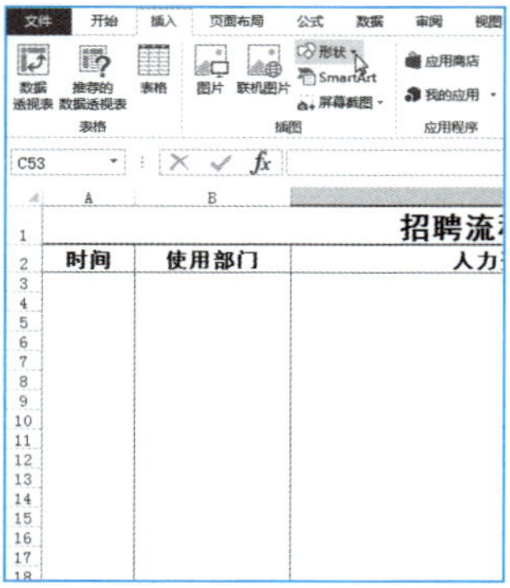

图2-6

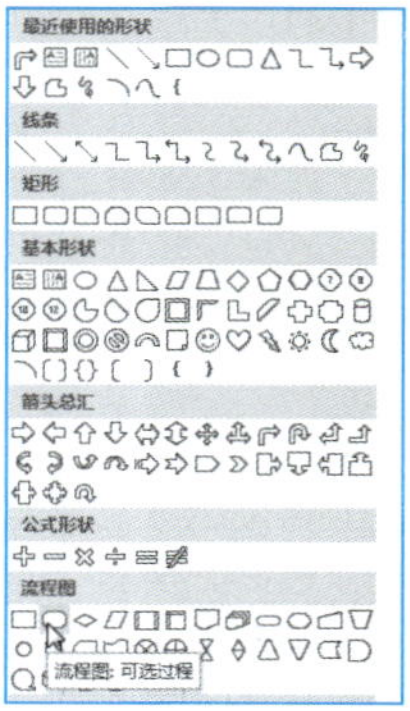

图2-7

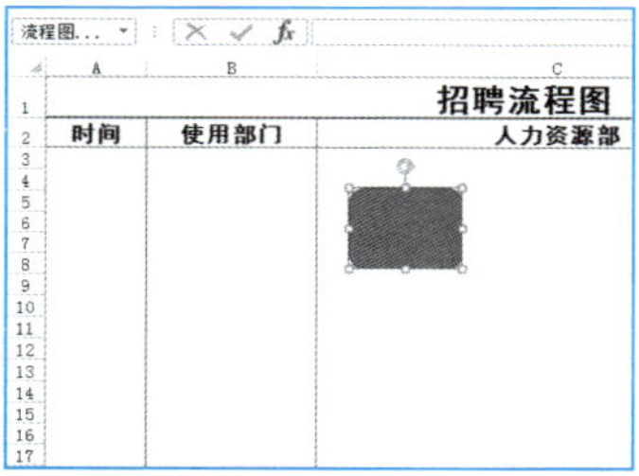

图2-8

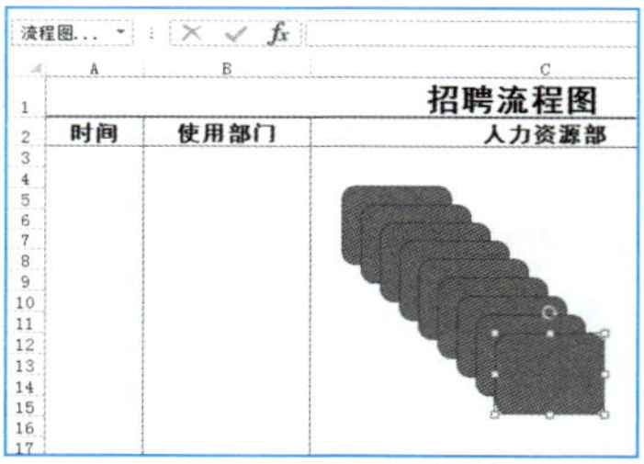

图2-9

步骤5：添加决策图形

接着在“插图”组中单击“形状”下拉按钮，在下拉菜单中单击“流程图：决策”图形，在工作表上任意位置单击，即可添加一个“流程图：可选过程”图形，按“Ctrl+C”组合键复制，按“Ctrl+V”组合键粘贴，复制后效果如图2-10所示。

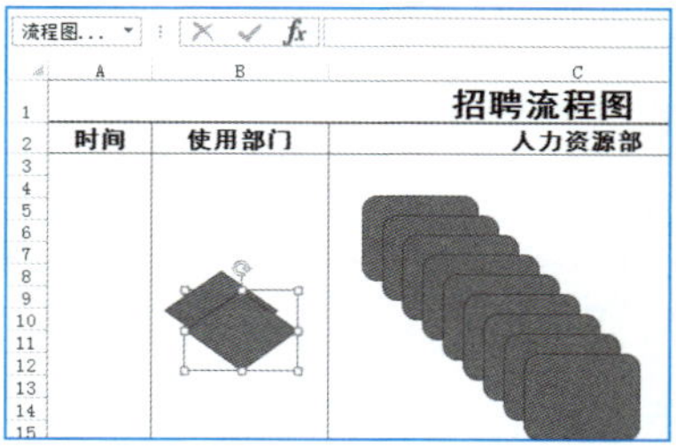

图2-10

步骤6：移动调整图形

❶ 选中“流程图：可选过程”图形，按住鼠标左键不放，拖动到需要放置的位置，即可移动图形，效果如图2-11所示。

❷ 选中图形，将光标移动到右下角处控制点，光标变成形状“↘”时按住鼠标左键，光标变为十字形状，如图2-12所示。

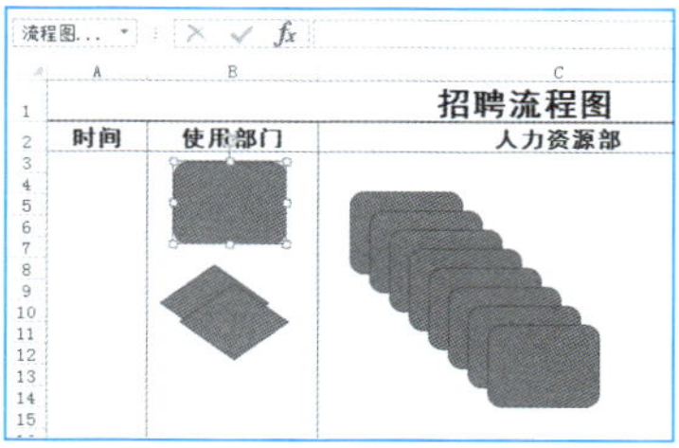

图2-11

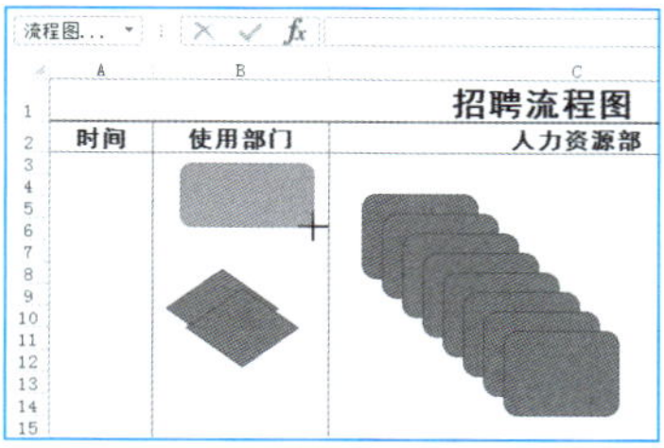

图2-12

❸ 此时按住鼠标左键不放向上或向下拖动，可以调整选中图形的高度，向左或向右移动，可以调整选中图形的宽度，按照需移动所有图形，并对其宽度和高度进行调整，调整后的效果如图2-13所示。

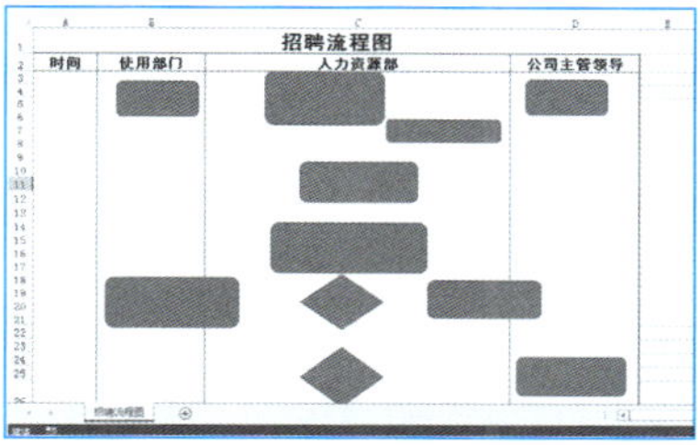

图2-13

步骤7：添加常规箭头

❶ 切换到“插入”选项卡，在“插图”组中单击“形状”下拉按钮，在下拉菜单中单击“右箭头”图形，在工作表上任意位置单击，即可添加一个右箭头图形，如图2-14所示。

❷ 按“Ctrl+C”组合键复制，按“Ctrl+V”组合键粘贴，连续复制右箭头，复制后效果如图2-15所示。

❸ 选中任意一个右箭头，将鼠标移动到右侧箭头处的控制点，当鼠标指针更改为“ ”形状时，向左180度旋转，即可得到一个左箭头，如图2-16所示。

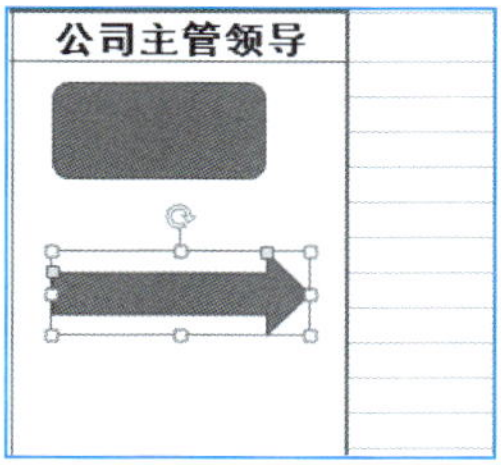

图2-14

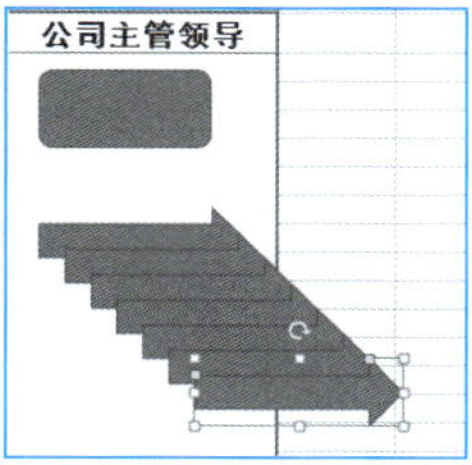

图2-15

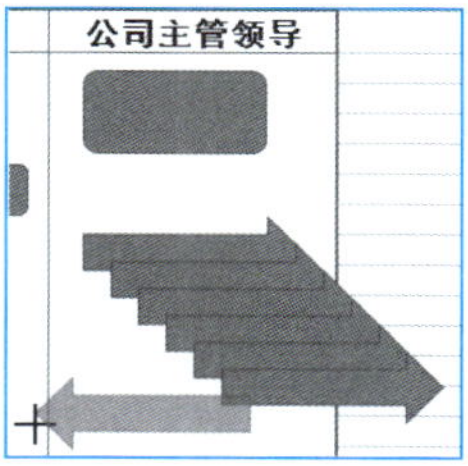

图2-16

❹ 在“形状”下拉菜单周公单击“下箭头”图形，按照相同的方法添加下箭头，并复制多个，复制后效果如图2-17所示。

❺ 将以上常规的箭头添加完毕后，将依次将这些箭头移动，调整到适当的

位置，调整后的效果如图2-18所示。

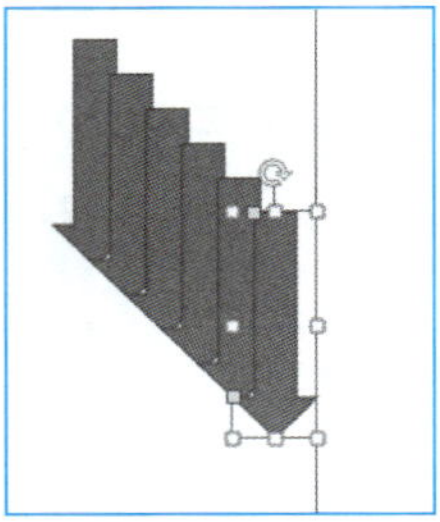

图2-17

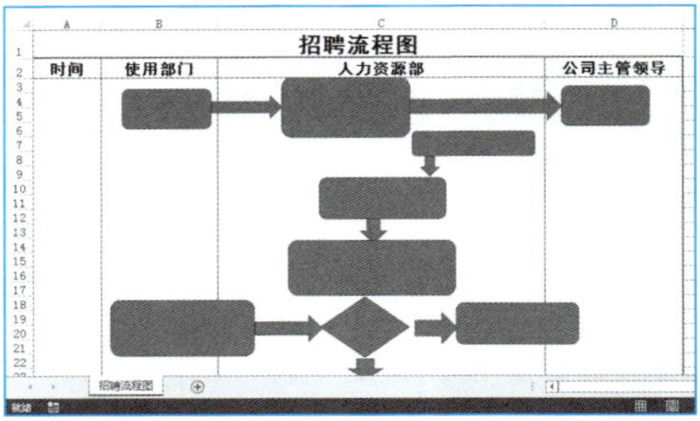

图2-18

步骤8：添加非常规图形

1 切换到“插入”选项卡，在“插图”组中单击“形状”下拉按钮，在下拉菜单中单击“圆角右箭头”图形，在工作表上任意位置单击，即可添加一个圆角右箭头图形，如图2-19所示。

2 将光标移动到“圆角右箭头”图形的白色小圆上（ ），光标在绿色小圆上变成“ ”形状，按住鼠标左键，光标变成“ ”形状后逆时针旋转光标90度，如图2-20所示。

3 旋转完毕，松开鼠标左键，移动光标到图形的下边框中间控制点，光标会变成“ ”形状，按住鼠标左键不放向上适当拖动，使图形呈180度翻转，即可得到最终需要的图形样式，如图2-21所示。

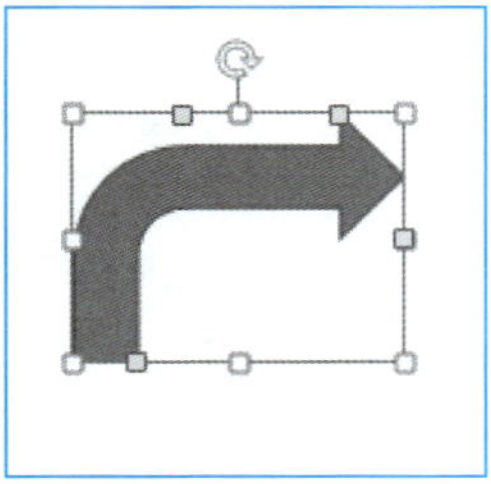

图2-19

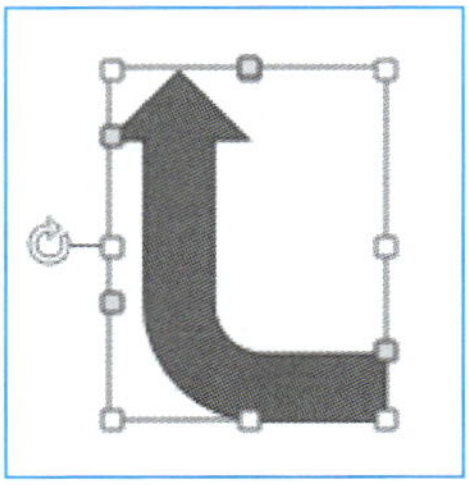

图2-20

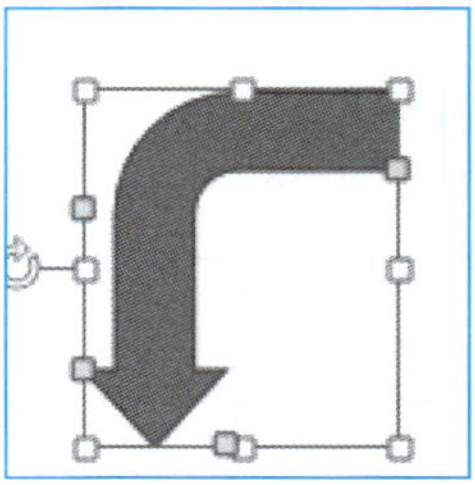

图2-21

4 按照相同的方法继续添加一个“圆角右箭头”图形，将光标移动到该图形的右边框上，当光标变成“ ”形状时，按住鼠标左键不放拖动使图形翻转180度，翻转效果如图2-22所示。

5 旋转完毕，松开鼠标左键，移动光标到图形的下边框中间控制点，光标会变成“ ”形状，按住鼠标左键不放向上适当拖动，使图形呈180度翻转，即可得到最终需要的图形样式，如图2-23所示。

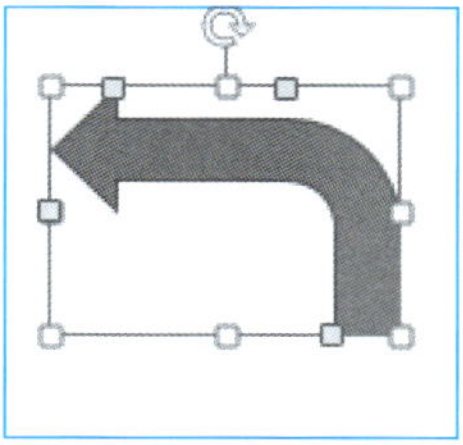

图2-22

图2-23

6 复制一个相同的图形样式，非常规图形添加完毕，将其移动到合适位置并调整它们的大小，如图2-24所示，至此员工招聘流程图的基本框架就制作完成了。

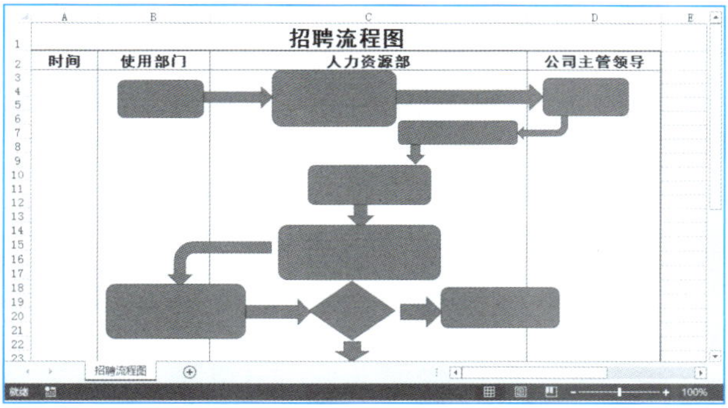

图2-24

步骤9：在图形中添加文字

1 选中图形，单击鼠标右键，在弹出的菜单中单击“添加文字”命令（如图2-25所示），该图形就处于编辑文字状态了，即可在该图形中输入文字信息，如：用人部门提出人员要求，如图2-26所示。

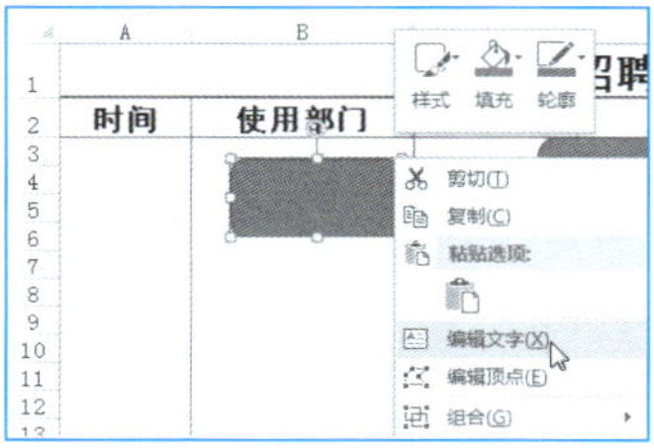

图2-25

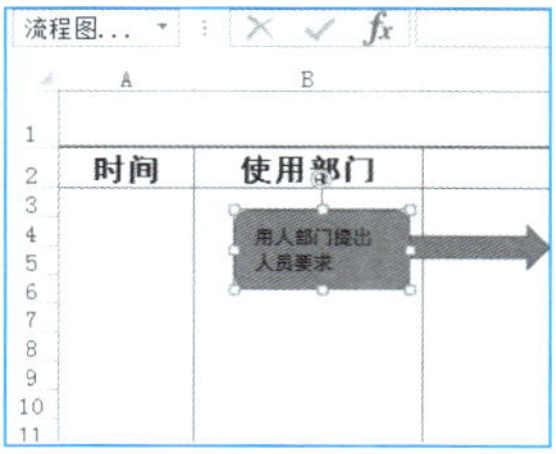

图2-26

2 再使用相同方法为其他自选图形添加所需要的文字信息，添加后的效果如图2-27所示，至此招聘流程图的制作就基本完成了。

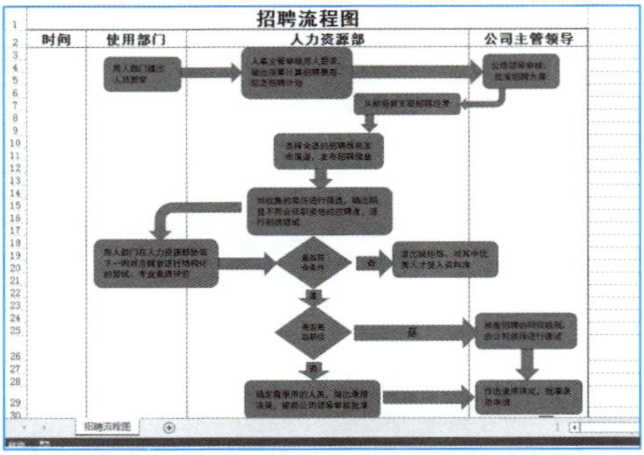

图2-27

步骤10：美化招聘流程图

❶ 按Shift键依次选中招聘流程图图形，切换到“绘图工具-格式”选项卡，在“形状样式”组中单击“▽”（其他）按钮（如图2-28所示），在弹出的菜单中单击适合的样式，如“彩色轮廓-橙色，强调颜色2”，如图2-29所示。

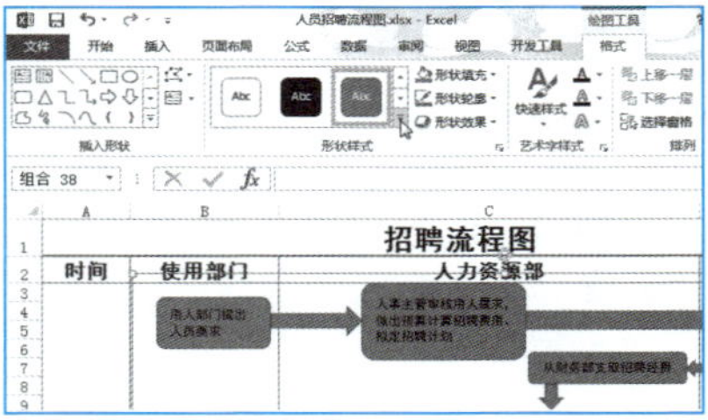

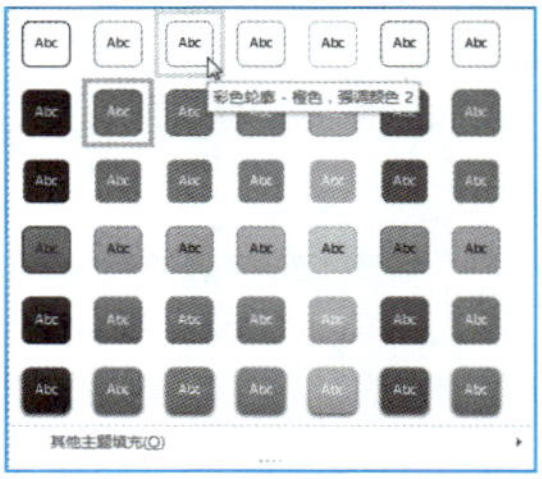

图2-28　　　　图2-29

❷ 单击“彩色轮廓-橙色，强调颜色2”样式后，系统自动为所有图形应用该样式，应用后效果如图2-30所示。

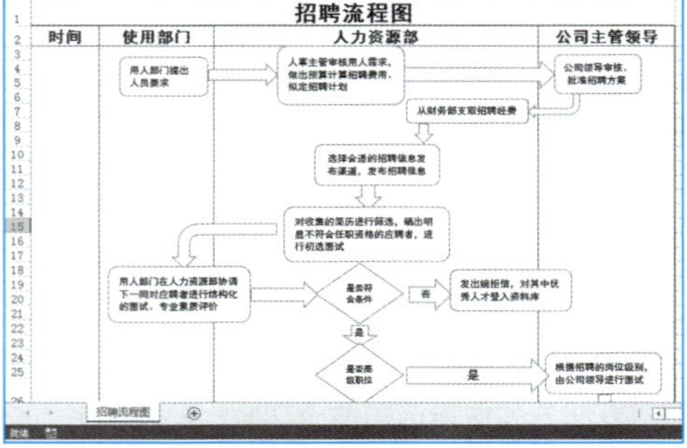

图2-30

文件12　人员增补申请表

当企业的某个部门需要增加员工时,需要向人力资源部门递交一份人员增补申请表。人员增补申请表包括申请部门、增补职位、申请增补的理由、增补人数以及增补人员需要的条件等。

制作要点与设计效果图

- 使用填充柄递增数字
- 强制换行
- 使用输入法添加特殊符号
- 擦除边框

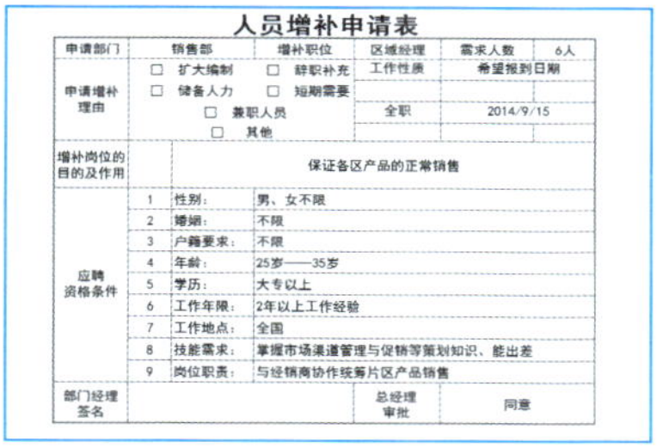

文件设计过程

步骤1：强制换行

❶ 创建新工作簿，重命名“Sheet1”工作表为“人员增补申请表”，在表格中输入内容并设置字体格式，如图2-31所示。

❷ 双击A3单元格，将光标放置在要强制换行的文本（理由）前，如图2-32所示。

❸ 按“Alt+Enter”组合键，即可将光标插入点后的文本换行显示，效果如图2-33所示。

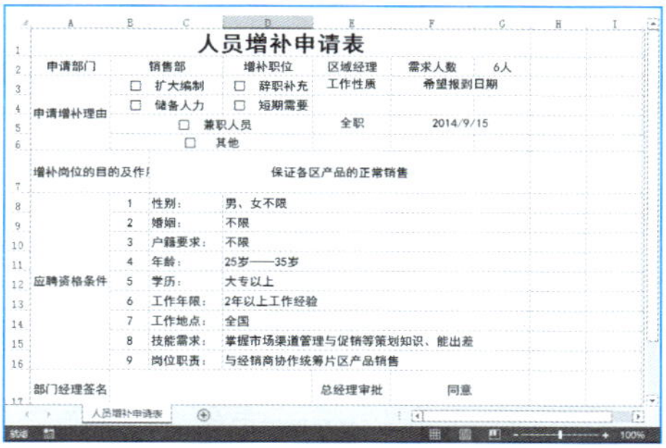

图2-31

❹ 按照相同的方法，根据实际需要对其他单元格的内容进行强制换行。

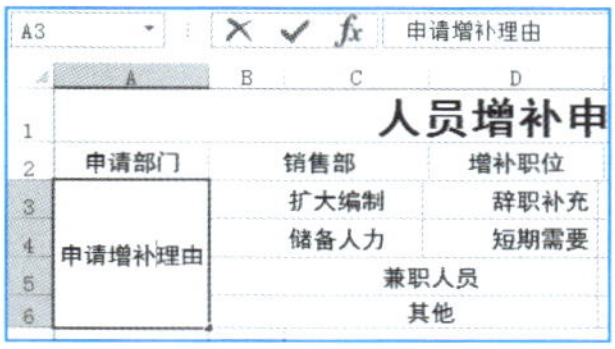

图2-32

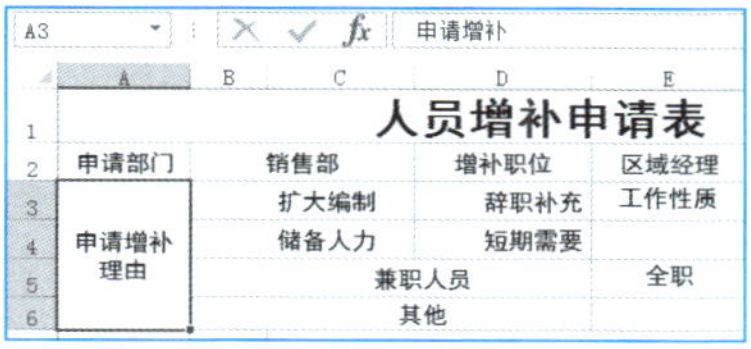

图2-33

步骤2：自动填充数据系列

❶ 在B8单元格中输入“1”，将鼠标移动到单元格右下角，拖动填充柄向下填充到B16单元格，接着单击“自动填充选项”下拉按钮，在下拉菜单中单击“填充序列”命令，如图2-34所示。

❷ 单击“填充序列”命令后，此时鼠标经过的单元格中以默认步长值为1进行数据的递增填充，如图2-35所示。

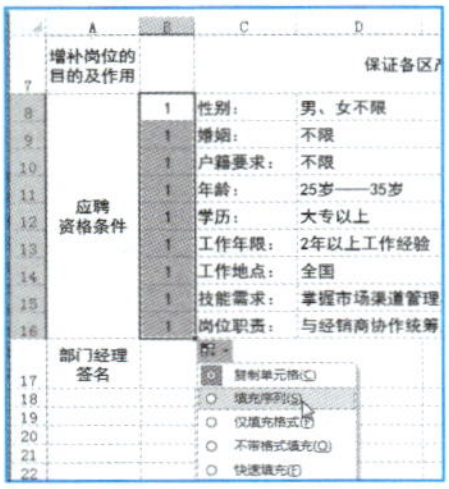

图2-34

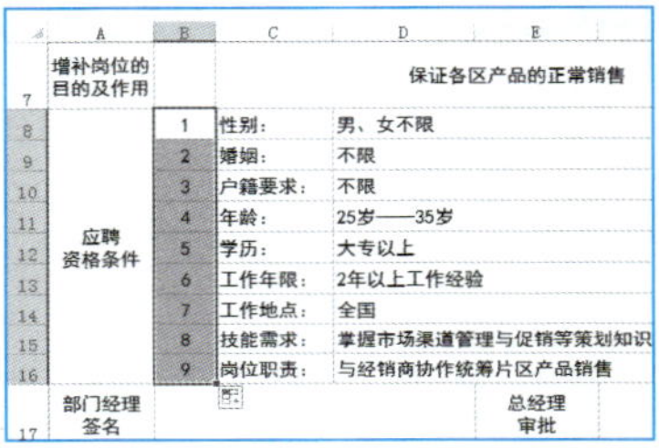

图2-35

步骤3：添加特殊符号

❶ 双击C3单元格，将光标放置在要插入符号的位置，在输入法区域单击鼠标右键，在弹出的菜单中单击“表情&符号”命令，在子菜单中单击“特殊符号”命令（如图2-36所示），打开“符号集成”对话框。

❷ 在“特殊符号”标签下单击“方框”符号，即可在指定区域插入符号，如图2-37所示。

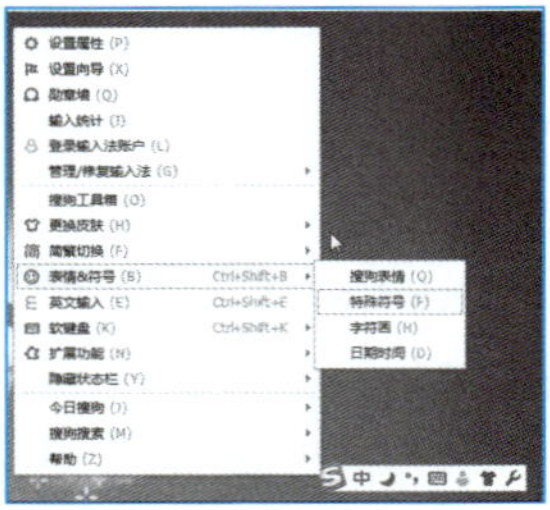

图2-36

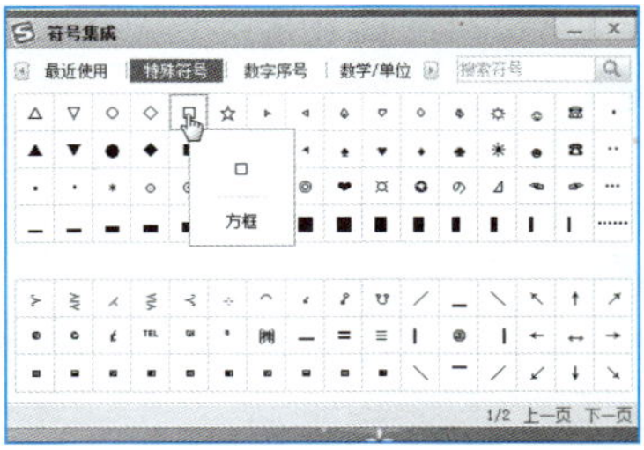

图2-37

❸ 按“Ctrl+C”组合键复制插入的符号，将其粘贴到需要插入特殊符号的单元格，效果如图2-38所示。

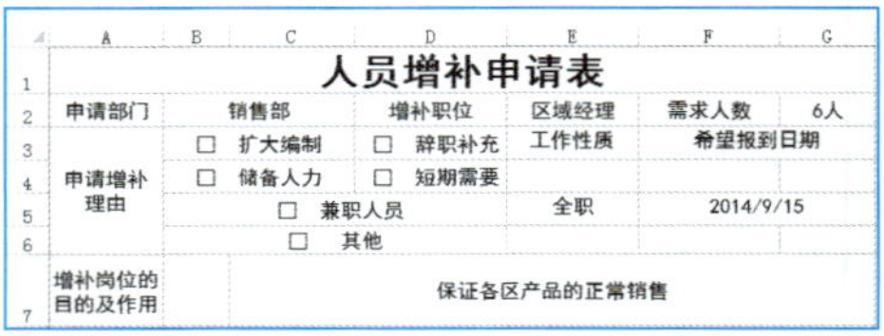
人员增补申请表
申请部门
销售部
增补职位
区域经理
需求人数
6人
□ 扩大编制
□ 辞职补充
工作性质
希望报到日期
申请增补理由
□ 储备人力
□ 短期需要
□ 兼职人员
全职
2014/9/15
□ 其他
增补岗位的目的及作用
保证各区产品的正常销售

图2-38

步骤4：擦除边框

❶ 选中A2:G17单元格区域，打开“设置单元格格式”对话框，为单元格区域设置框线，设置后效果如图2-39所示。

❷ 切换到“开始”选项卡，在“字体”组中单击“边框”下拉按钮，在下拉菜单中单击“擦除边框”命令，如图2-40所示。

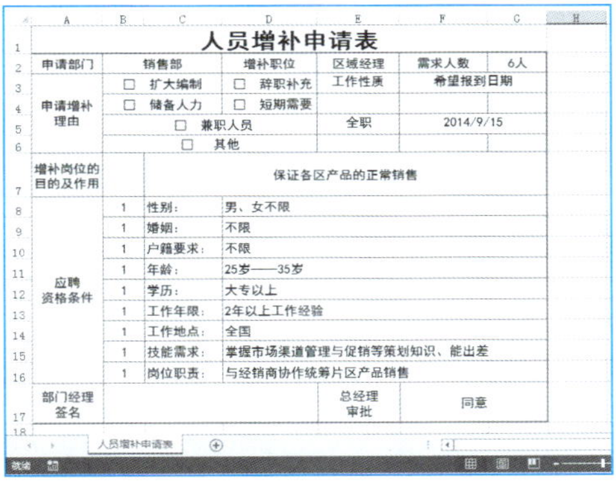

图2-39

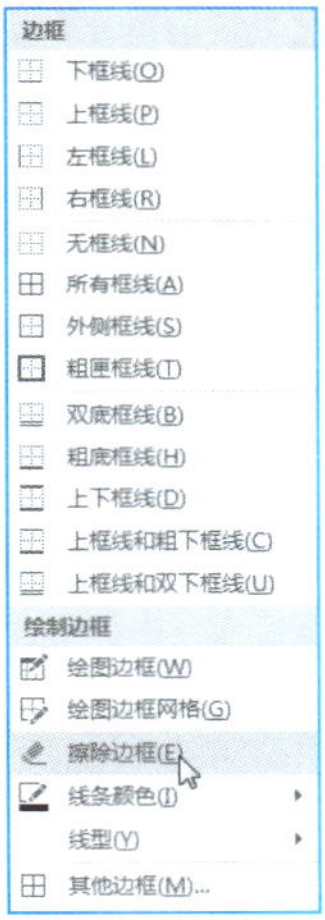

图2-40

❸ 单击“擦除边框”命令后，鼠标变为⌫形状，单击要擦除的边框线条即可擦除边框，如图2-41所示。

❹ 用相同的方法擦除其他多余的边框，擦除完成后按下Esc键，退出擦除边框状态，擦除后效果如图2-42所示。

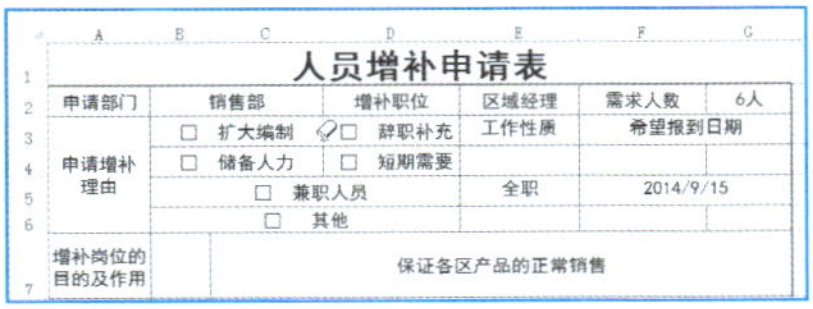

图2-41

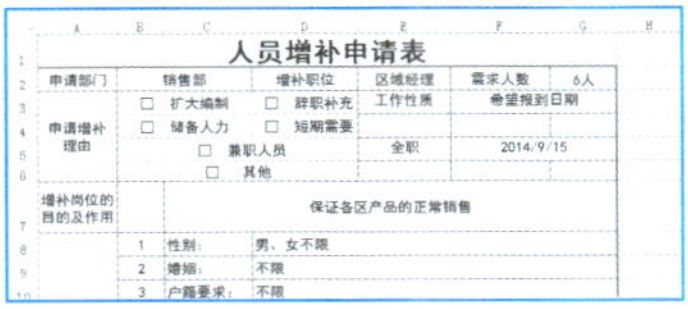

图2-42

文件13　人员招聘计划报批表

各个部门将人员增补申请表递交到人力资源部门，人力资源部门需要对增补表进行汇总，制作招聘计划表，明确一定时期内需招聘的职位、人数、资质要求等条件，上交给领导审批，才可以实施招聘工作。

制作要点与设计效果图

- 取消单元格合并
- 使用格式刷复制单元格格式
- 数据有效性设置
- 自动求和
- 绘制斜线边框

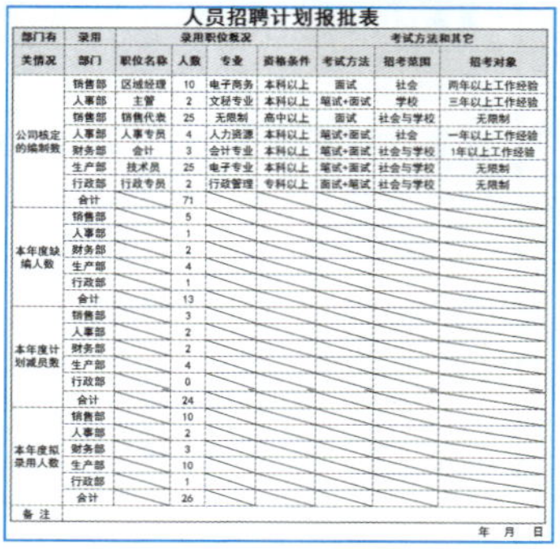

人员招聘计划报批表

部门有关情况	录用部门	职位名称	人数	专业	资格条件	考试方法	招考范围	招考对象
公司核定的编制数	销售部	区域经理	10	电子商务	本科以上	面试	社会	两年以上工作经验
	人事部	主管	2	文秘专业	本科以上	笔试+面试	学校	三年以上工作经验
	销售部	销售代表	25	无限制	高中以上	面试	社会与学校	无限制
	人事部	人事专员	4	人力资源	本科以上	笔试+面试	社会	一年以上工作经验
	财务部	会计	3	会计专业	本科以上	笔试+面试	社会与学校	1年以上工作经验
	生产部	技术员	25	电子专业	本科以上	笔试+面试	社会与学校	无限制
	行政部	行政专员	2	行政管理	专科以上	面试+笔试	社会与学校	无限制
	合计		71					
本年度缺编人数	销售部		5					
	人事部		1					
	财务部		2					
	生产部		4					
	行政部		1					
	合计		13					
本年度计划减员数	销售部		3					
	人事部		2					
	财务部		2					
	生产部		4					
	行政部		0					
	合计		24					
本年度拟录用人数	销售部		10					
	人事部		2					
	财务部		3					
	生产部		10					
	行政部		1					
	合计		26					
备注								

年 月 日

文件设计过程

步骤1：使用格式刷复制单元格格式

❶ 新建工作簿，重命名“Sheet1”工作表为“人员招聘计划报批表”，在表格中输入标题和行列标志，如图2-43所示。

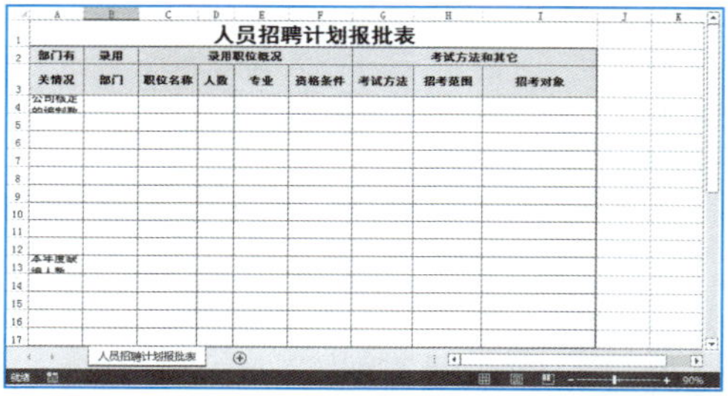

图2-43

❷ 选中B4:B12单元格区域，在“对齐方式”组中单击“合并后居中”命令，接着在“剪贴板”组中单击两次“✐”（格式刷）按钮，如图2-44所示。

❸ 此时鼠标指针呈现出♙形状，拖动刷子选中B13:B17单元格，即可将B4:B12单元格中的“合并后居中”格式用到当单元格区域（如图2-45所示），按相同的方法可以设置其他需要合并后居中单元格格式。

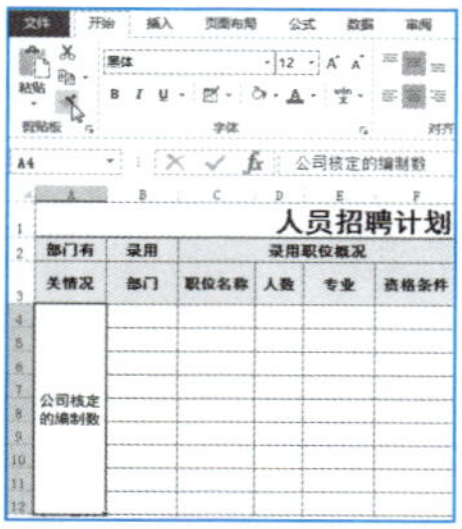

图2-44

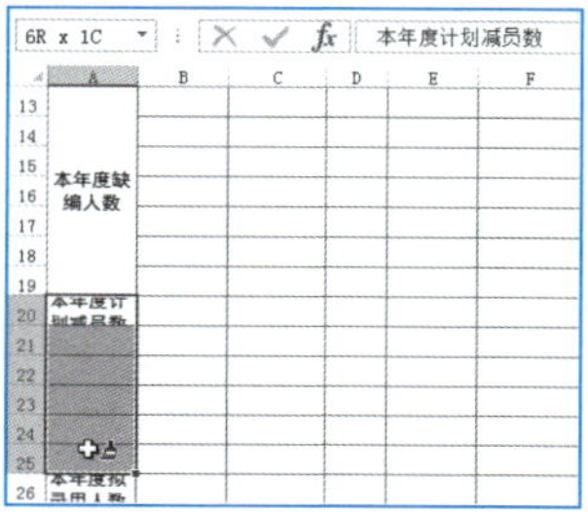

图2-45

步骤2：从下列列表中选择数据

❶ 分别在C5、C6单元格中输入“销售部”和“人事部”，选中C7单元格，单击鼠标右键，在弹出的菜单中单击“从下拉列表中选择”命令，如图2-46所示。

❷ 单击“从下拉列表中选择”命令后，在C7单元格展开的下拉类别中选择需要输入的数据，如“销售部”，即可将所选部门添加到C7单元格，如图2-47所示。

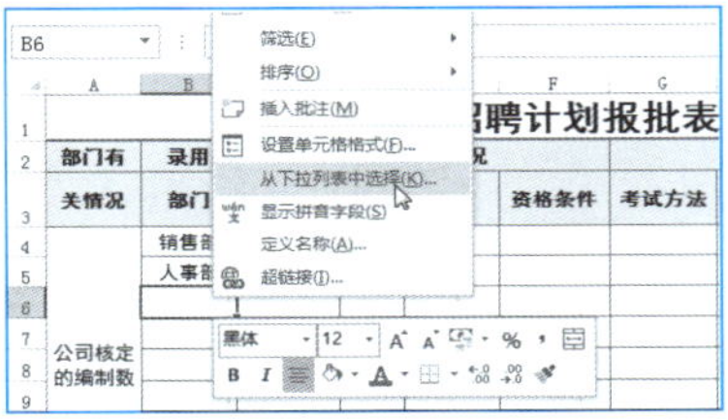

图2-46

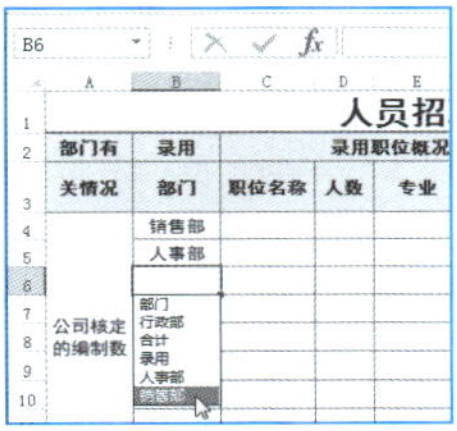

图2-47

❸ 按相同的方法在表格中输入人员招聘计划报批表的详细内容。

步骤3：设置自动求和

❶ 选中E12单元格，切换到“公式”选项卡，在“函数库”组中单击“自动求和”按钮，即可显示出自动求和的单元格区域，如图2-48所示。

❷ 按Enter键，即可计算出公司核定的编制总人数，如图2-49示。

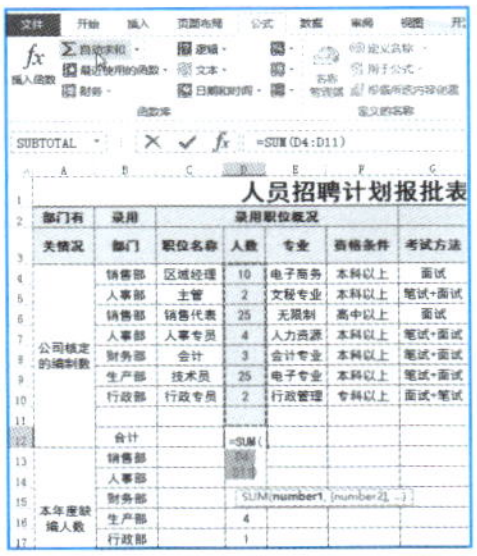

图2-48

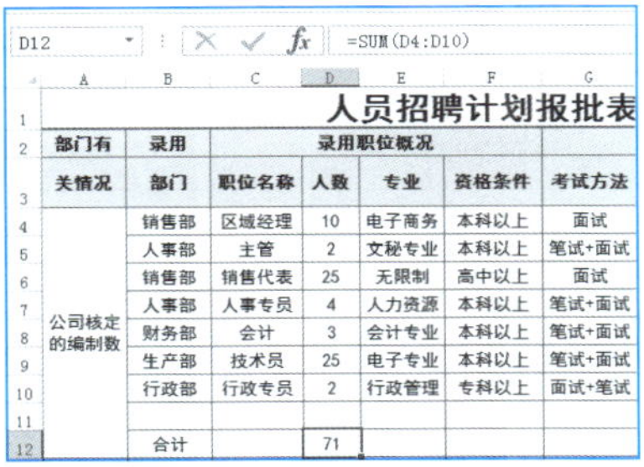

图2-49

❸ 按照相同的方法可以计算出“本年度缺编总人数”、“计划减员总人数”和“拟录用总人数。

步骤4：删除行

❶ 按Ctrl键依次选中不需要的行，单击鼠标右键，在弹出的菜单中单击“删除”命令，如图2-50所示。

❷ 单击“删除”命令后，即可将选中的行删除，并自动上移单元格数据，如图2-51所示。

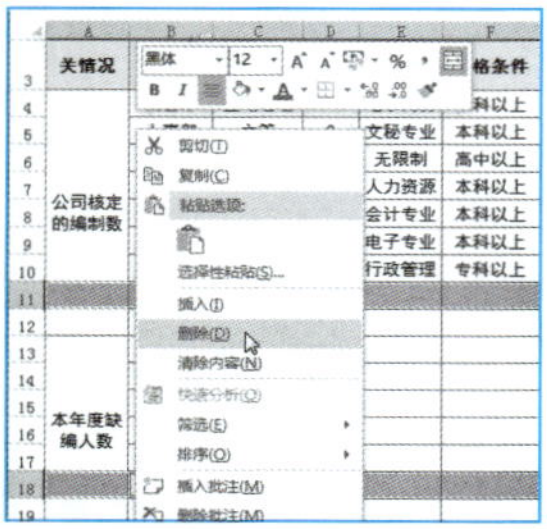

图2-50

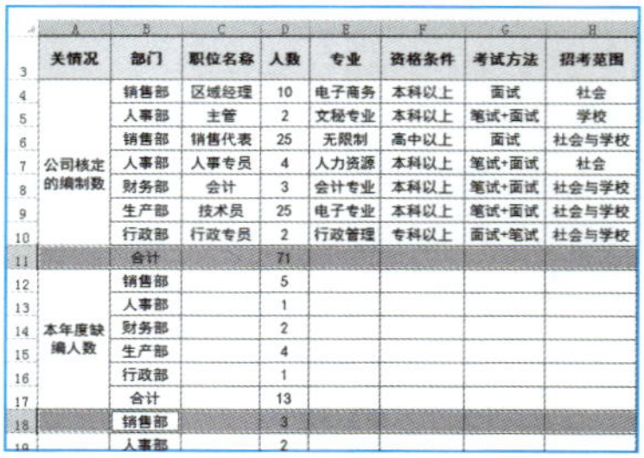

图2-51

步骤5：绘制斜线框线

❶ 切换到“开始”选项卡，单击“边框”下拉按钮，在下拉菜单中单击“绘制边框”命令，如图2-52所示。

❷ 沿着需要绘制斜线边框的单元格对角线绘制，即可绘制线性边框，如图2-53所示。

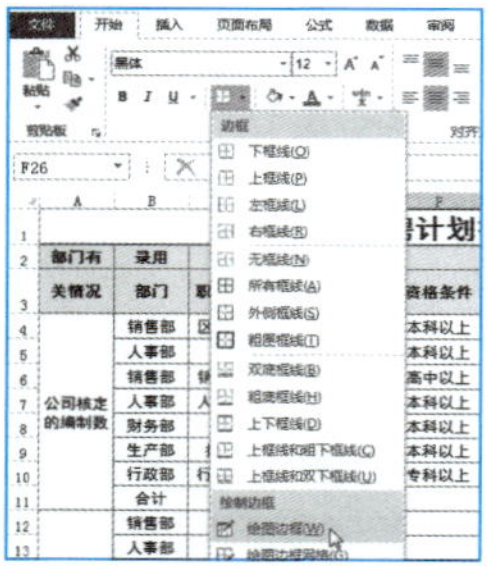

图2-52

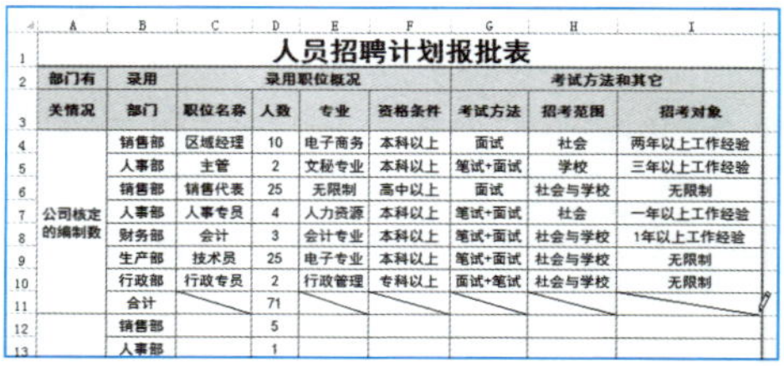

图2-53

❸ 按照相同的方法，在没有数据的单元格中绘制斜线边框，绘制完成后的效果如图2-54所示。

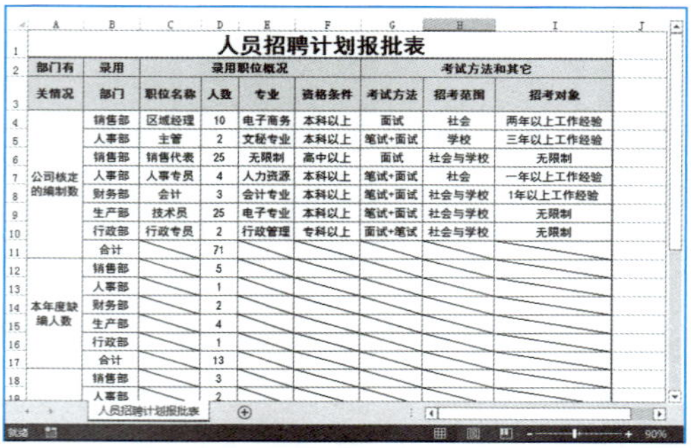

图2-54

文件14　招聘费用预算表

领导审批通过招聘报批表后，人力资源部门需要按照用工量和岗位需求选择合适的方式进行招聘、制定招聘计划并做出招聘费用的预算。常规的招聘费用包括广告宣传费、招聘场地租用费、表格资料打印复印费、招聘人员的午餐费和交通费等。

制作要点与设计效果图

- 使用“系列”对话框填充
- 应用会计专用格式
- SUM函数
- 设置单元格顶端对齐

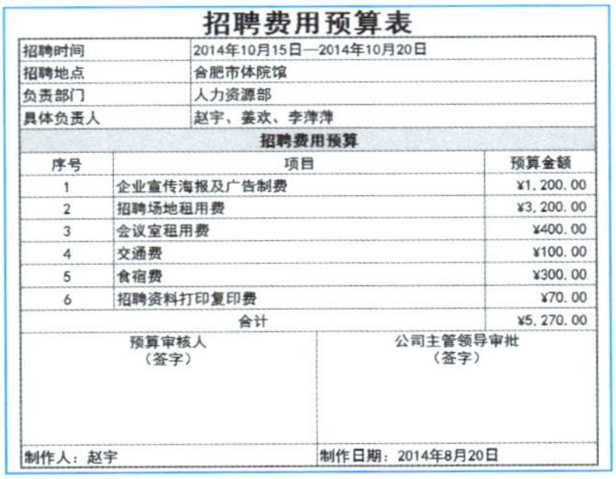

招聘费用预算表		
招聘时间	2014年10月15日—2014年10月20日	
招聘地点	合肥市体院馆	
负责部门	人力资源部	
具体负责人	赵宇、姜欢、李萍萍	
招聘费用预算		
序号	项目	预算金额
1	企业宣传海报及广告制费	¥1,200.00
2	招聘场地租用费	¥3,200.00
3	会议室租用费	¥400.00
4	交通费	¥100.00
5	食宿费	¥300.00
6	招聘资料打印复印费	¥70.00
合计		¥5,270.00
预算审核人（签字）	公司主管领导审批（签字）	
制作人：赵宇	制作日期：2014年8月20日	

文件设计过程

步骤1：选择填充方式

❶ 新建工作簿，重命名“Sheet1”工作表为“招聘费用预算表”。

❷ 在工作表中输入招聘费用预算的内容，合并单元格，设置字体格式，并设置边框颜色，设置后效果如图2-55所示。

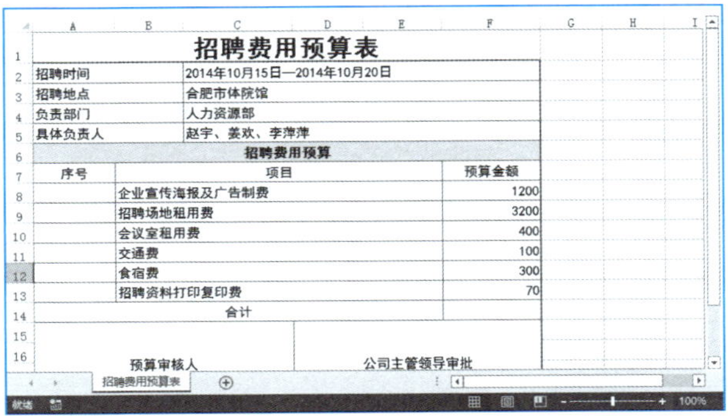

图2-55

❸ 在A8单元格中输入“1”，通过填充柄填充连续的序号，如图2-56所示。

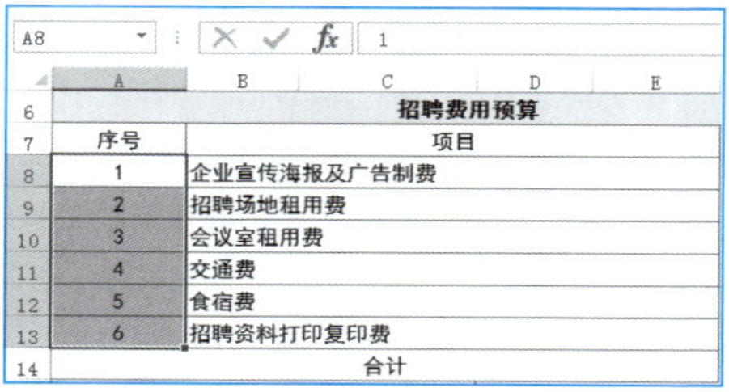

图2-56

步骤2：插入函数

选中F14单元格，切换到“公式”选项卡，在“函数库”组中单击“自动求和”按钮，即可显示出对F8：F13单元格区域求和的公式，如图2-57所示。

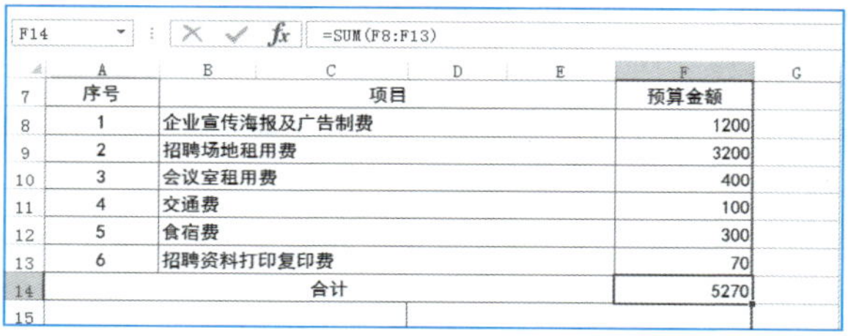

图2-57

步骤3：设置会计专用数字格式

选中F8:F14单元格区域，在“开始”选项卡的“数字”组中单击“数字格式”下拉按钮，在下拉菜单中单击“会计专用”（如图2-58所示），即可为选定单元格区域设置会计数字格式，如图2-59所示。

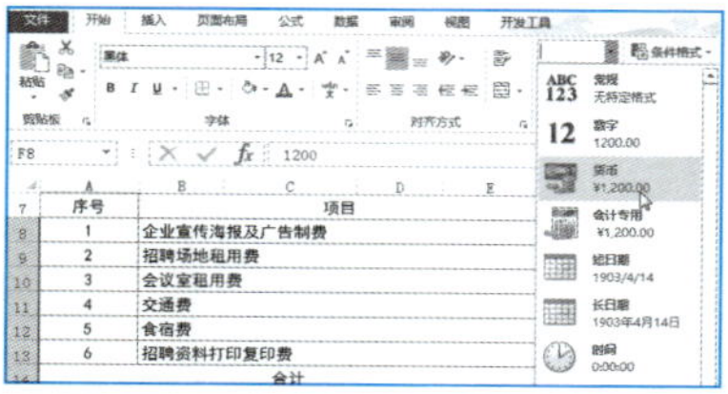

图2-58

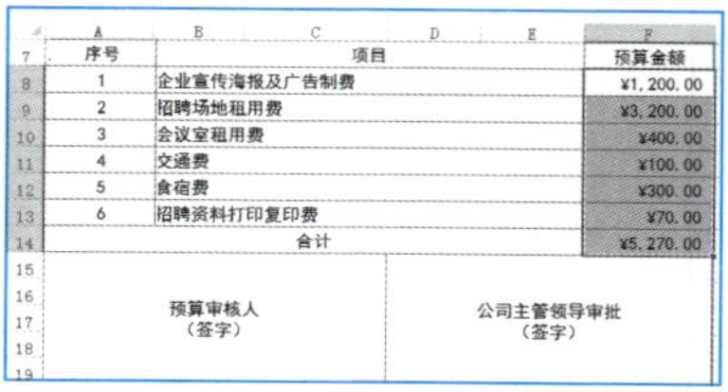

图2-59

步骤4：设置顶端对齐

选中A15:F19单元格区域，在“开始”选项卡的“对齐方式”组中单击“≡”（顶端对齐）按钮，即可为所选单元格设置顶端对齐方式，效果如图2-60所示。

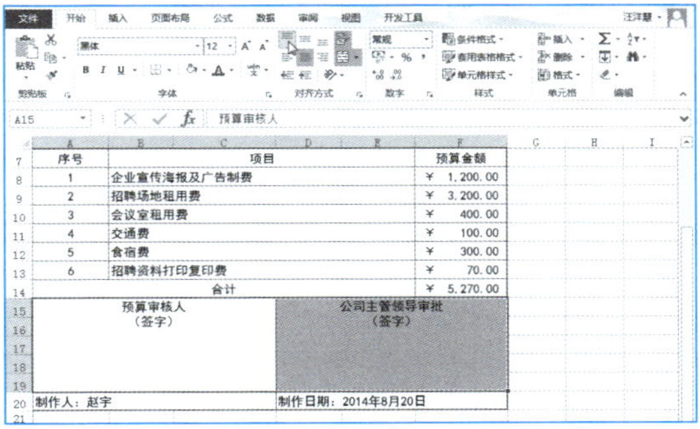

	序号	项目	预算金额
7	序号	项目	预算金额
8	1	企业宣传海报及广告制费	¥ 1,200.00
9	2	招聘场地租用费	¥ 3,200.00
10	3	会议室租用费	¥ 400.00
11	4	交通费	¥ 100.00
12	5	食宿费	¥ 300.00
13	6	招聘资料打印复印费	¥ 70.00
14		合计	¥ 5,270.00
15	预算审核人（签字）	公司主管领导审批（签字）	
20	制作人：赵宇	制作日期：2014年8月20日	

图2-60

文件15　招聘职位表

在准备招聘会之前，人力资源部门需要根据用工部门各职位申请的人数制作招聘职位表。招聘职位表包括招聘岗位名称、代码、人数以及招聘条件等信息，使应聘者对企业岗位要求有一定的了解。

制作要点与设计效果图

- 输入以0开头的数字
- 在多个单元格中同时输入相同的数据
- 开启记忆式键入快速输入
- 单元格底纹填充

招聘职位表

部门	职位代	职位名称	招聘人数	招考条件		
				学历	专业	其他
销售部	01	营销经理	1	本科及以上	电子商务	有两年或以上工作经验
	02	销售代表	5	专科及以上	市场营销	30周岁以下
	03	区域经理	2	本科及以上	市场营销	有两年或以上工作经验
	04	渠道/分销专员	3	专科及以上	电子商务/市场营销	有两年或以上工作经验
广告部	05	客户经理	1	本科及以上	企业管理	有两年或以上工作经验
	06	客户专员	4	专科及以上	企业管理专	25周岁以下
	07	文案策划	2	本科及以上	中文、新闻	有两年或以上工作经验
	08	美术指导	2	本科及以上	广告、设计	有两年或以上工作经验
财务部	09	财务经理	1	本科及以上	财务	有两年或以上工作经验
	10	会计师	2	本科及以上	财务	有一年或以上工作经验
	11	出纳员	3	专科及以上	财务	有一年或以上工作经验
生产部	12	生产主管	1	专科及以上	化工	有三年或以上工作经验
	13	采购员	4	专科及以上	市场营销	22周岁以上
	14	制造工程师	5	本科及以上	化工专业	有三年或以上工作经验

文件设计过程

步骤1：输入以0为开头的数字

❶ 新建工作簿，重命名“Sheet1”为“招聘职位表”，在工作表中输入表格内容，如图2-61所示。

❷ 选中B4单元格，在英文半角状态下输入“' ”，接着输入数字01，如图2-62所示。

❸ 按Enter键，即可在B4单元格中输入以0为开头的数字，如图2-63所示。

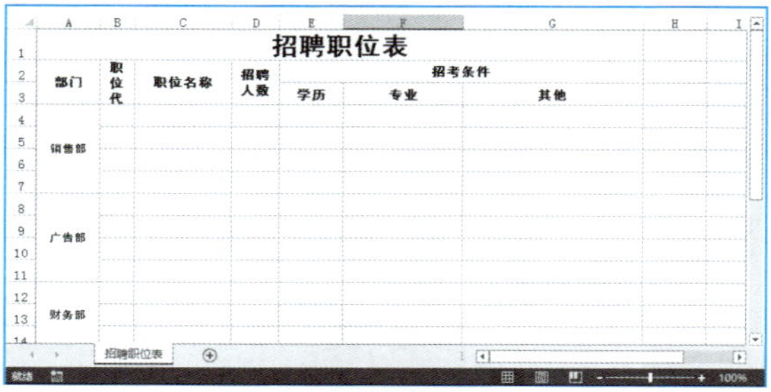

图2-61

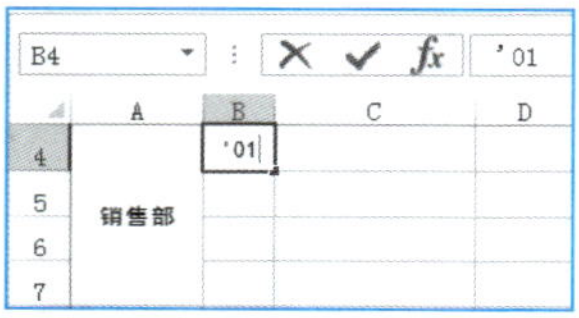

图2-62

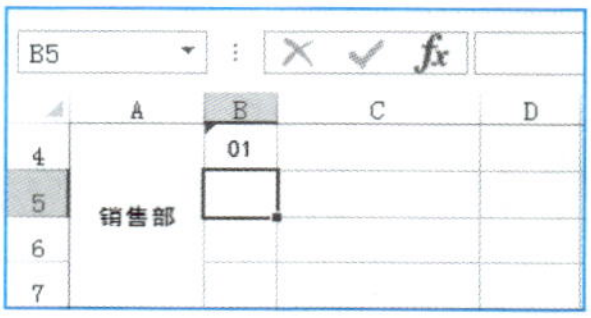

图2-63

提 示

直接在单元格中输入以0为开头的数字时，系统会自动隐藏开头的0，在输入以0为开头的数字时，先在半角状态下数以一个单引号“'”，则可保留0值，表示输入的数字为文本类型的数值，不能参与数字的求和计算。

步骤2：使用填充柄填充

1 选中B4单元格，将鼠标移动到单元格右下角，当光标变为黑色十字形状时，向下拖动填充柄填充至B17单元格，单击“填充选项”下拉按钮，在下拉菜单中单击“不带格式填充”命令，如图2-64所示。

2 单击“不带格式填充”命令，此时鼠标经过的单元格仅填充了递增数字，如图2-65所示。

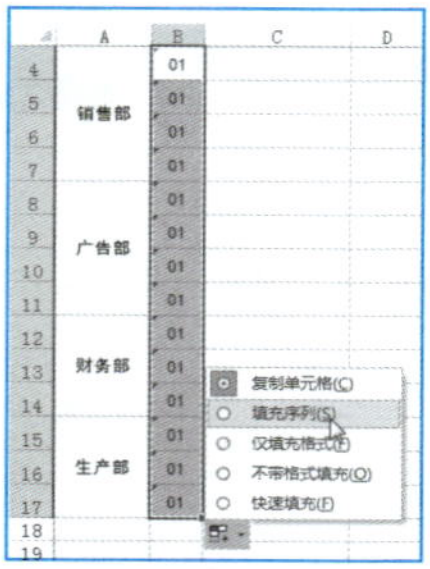

图2-64

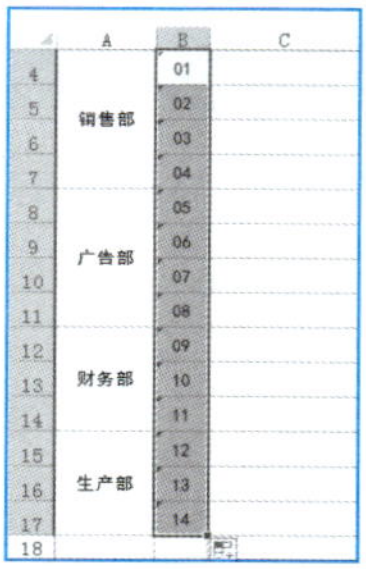

图2-65

步骤3：同时在多个单元格中输入数据

❶ 按Ctrl键依次单击要输入相同数据的多个单元格，接着在最后一个单元格输入“本科以上”，如图2-66所示。

❷ 按下“Ctrl+Enter”组合键，即可在选中的单元格中同时输入“本科以上”，如图2-67所示。

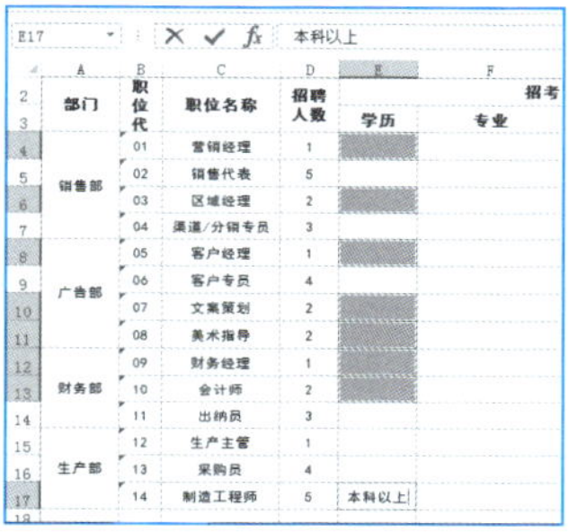

图2-66

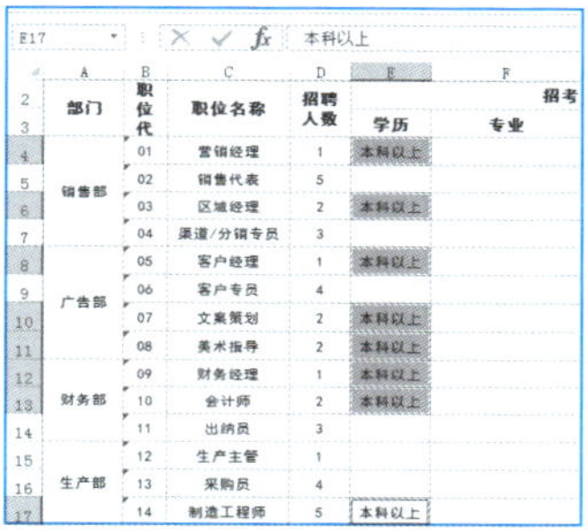

图2-67

❸ 按照相同的方法根据实际需求，快速输入各个岗位的学历要求条件。

步骤4：设置底纹填充

❶ 选中A3:G16单元格区域，打开“设置单元格格式”对话框，为单元格区域设置边框。

❷ 按Ctrl键依次选中B4:G4、B6:G6、B8:G8、B10:G10、B12:G12、B14:G14和B16:G16单元格区域，接着在“字体”组中单击“填充颜色”下拉按钮，在下拉菜单中单击“白色,背景,深色15%”图表，即可为选中的单元格区域添加底纹填充，如图2-68所示。

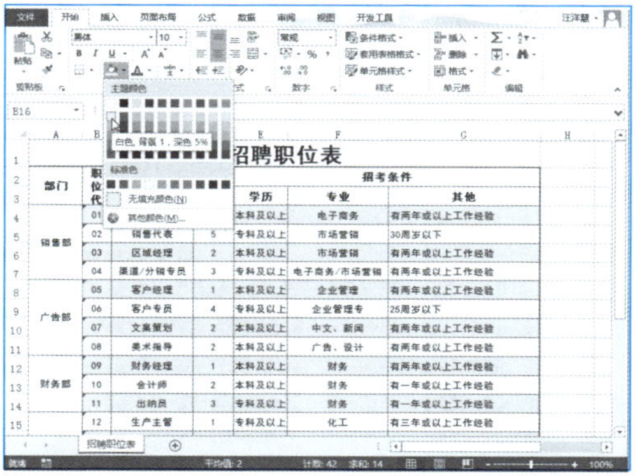

图2-68

文件16 员工资料统计表

在收集好员工基本资料后，可以在Excel中，把所有员工的基本资料汇总到一个表格中，形成员工资料统计表，这样可以方便随时查询员工的个人资料。

制作要点与设计效果图

- MID函数
- DATEVALUE函数
- 设置日期数据格式
- 套用表格样式

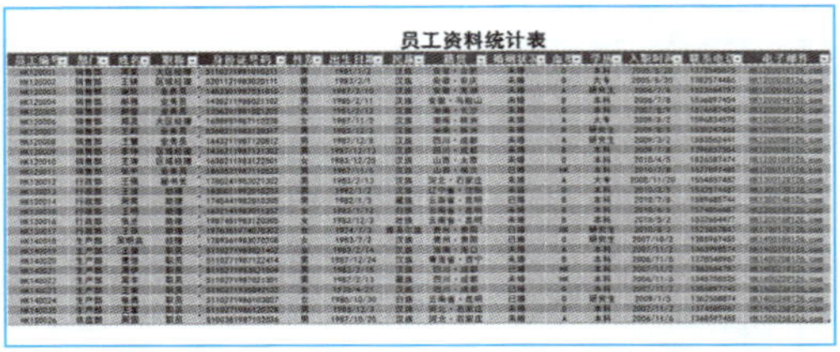

文件设计过程

步骤1：从身份证号码中获取出生日期

❶ 打开“员工资料统计表”，选中G4单元格，在公式编辑栏输入公式“=DATEVALUE(MID(E3,7,4)&”-”&MID(E3,11,2)&”-”&MID(E3,13,2))”，按Enter键，即可计算出周雯的出生日期，如图2-69所示。

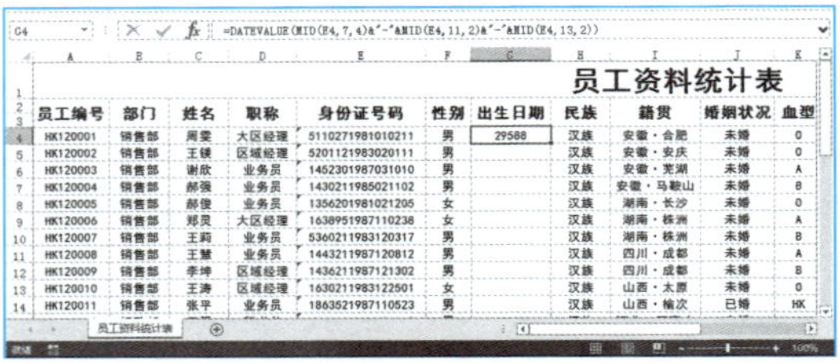

员工编号	部门	姓名	职称	身份证号码	性别	出生日期	民族	籍贯	婚姻状况	血型
HK120001	销售部	周雯	大区经理	5110271981010211	男	29588	汉族	安徽·合肥	未婚	O
HK120002	销售部	王镁	区域经理	5201121983020111	男		汉族	安徽·安庆	未婚	O
HK120003	销售部	谢欣	业务员	1452301987031010	男		汉族	安徽·芜湖	未婚	A
HK120004	销售部	郝强	业务员	1430211985021102	男		汉族	安徽·马鞍山	未婚	B
HK120005	销售部	郝俊	业务员	1356201981021205	女		汉族	湖南·长沙	未婚	O
HK120006	销售部	郑灵	大区经理	1638951987110238	女		汉族	湖南·株洲	未婚	A
HK120007	销售部	王莉	业务员	5360211983120317	男		汉族	湖南·株洲	未婚	B
HK120008	销售部	王慧	业务员	1443211987120812	男		汉族	四川·成都	未婚	A
HK120009	销售部	李坤	区域经理	1436211987121302	男		汉族	四川·成都	未婚	B
HK120010	销售部	王涛	区域经理	1630211983122501	女		汉族	山西·太原	未婚	O
HK120011	销售部	张平	业务员	1863521987110523	男		汉族	山西·榆次	已婚	HK

图2-69

❷ 选中G4单元格，将鼠标移动到单元格右下角，拖动填充柄向下复制公式。释放鼠标，计算出所有员工的出生日期，如图2-70所示。

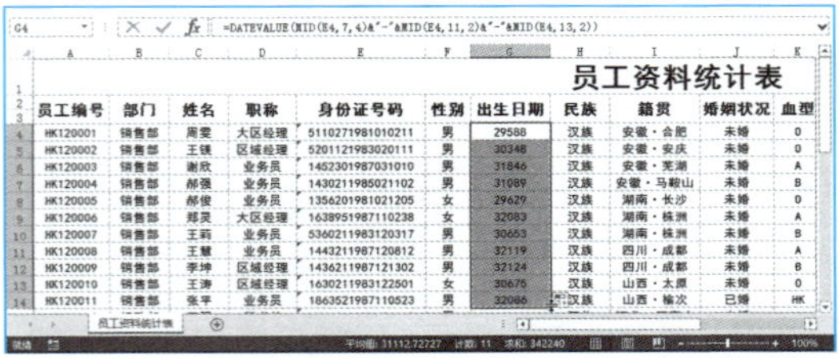

员工编号	部门	姓名	职称	身份证号码	性别	出生日期	民族	籍贯	婚姻状况	血型
HK120001	销售部	周雯	大区经理	5110271981010211	男	29588	汉族	安徽·合肥	未婚	O
HK120002	销售部	王镁	区域经理	5201121983020111	男	30348	汉族	安徽·安庆	未婚	O
HK120003	销售部	谢欣	业务员	1452301987031010	男	31846	汉族	安徽·芜湖	未婚	A
HK120004	销售部	郝强	业务员	1430211985021102	男	31089	汉族	安徽·马鞍山	未婚	B
HK120005	销售部	郝俊	业务员	1356201981021205	女	29629	汉族	湖南·长沙	未婚	O
HK120006	销售部	郑灵	大区经理	1638951987110238	女	32083	汉族	湖南·株洲	未婚	A
HK120007	销售部	王莉	业务员	5360211983120317	男	30653	汉族	湖南·株洲	未婚	B
HK120008	销售部	王慧	业务员	1443211987120812	男	32119	汉族	四川·成都	未婚	A
HK120009	销售部	李坤	区域经理	1436211987121302	男	32124	汉族	四川·成都	未婚	B
HK120010	销售部	王涛	区域经理	1630211983122501	女	30675	汉族	山西·太原	未婚	O
HK120011	销售部	张平	业务员	1863521987110523	男	32086	汉族	山西·榆次	已婚	HK

图2-70

步骤2：设置数字格式

❶ 选中G4:G30单元格区域，单击“数字格式”右侧下拉按钮（如图2-71所示），在下拉菜单中单击“短日期”命令，如图2-72所示。

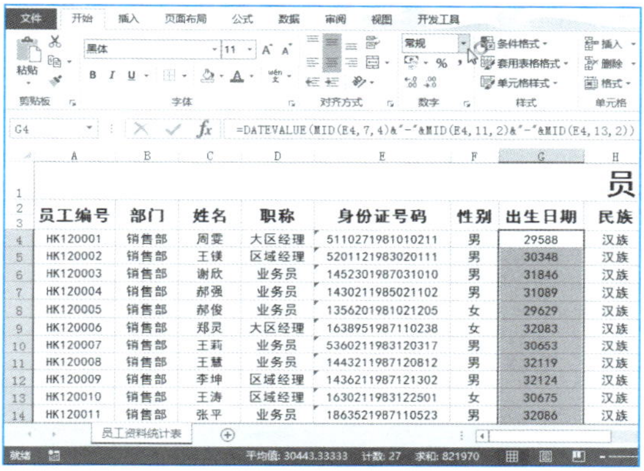

图2-71

图2-72

❷ 单击“短日期”命令后，选中单元格的数字格式更改为日期格式，如图2-73所示。

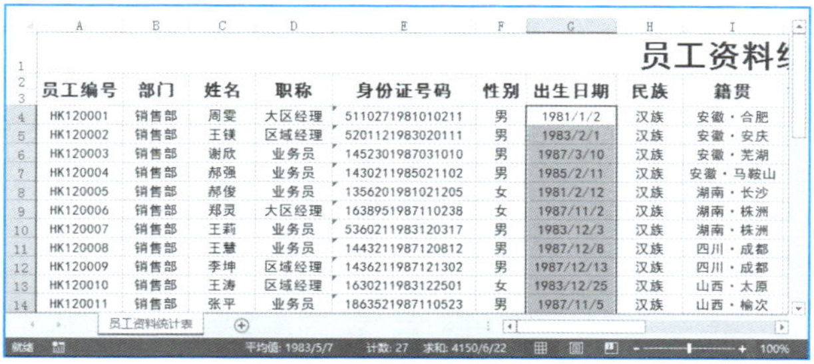

图2-73

步骤3：套用表格格式

❶ 选中A2:O30单元格区域，切换到“开始”选项卡，在“格式”组中单击“套用表格格式”按钮（如图2-74所示），在下拉菜单中单击需要的表格样式，如“表样式中等深浅12”（如图2-75所示），打开“套用表格式”对话框。

❷ 选中“表包含标题”复选框，如图2-76所示。

❸ 单击“确定”按钮，返回工作表中，选中表格，切换到“表格工具-设计”选项卡，在“工具”选项组单击“转换为区域”按钮，如图2-77所示。

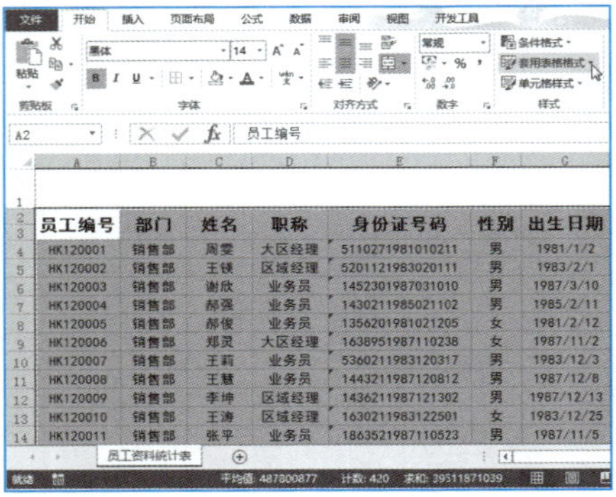

图2-74

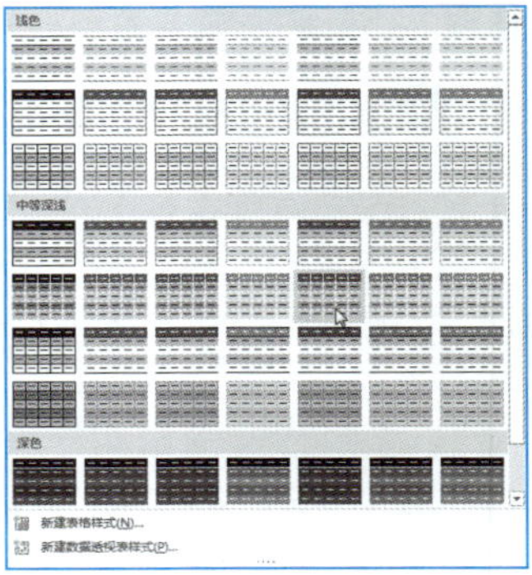

图2-75

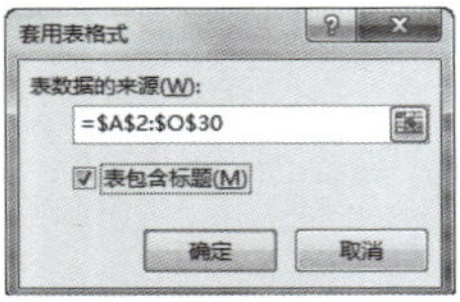

图2-76

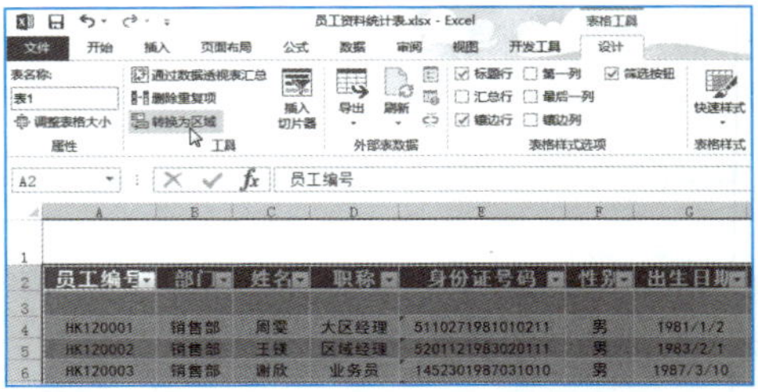

图2-77

4 弹出“Microsoft Excel”对话框进行询问，如图2-78所示。

5 单击“是”按钮，返回工作表中，即可看到将表格样式更改为区域，如图2-79所示。

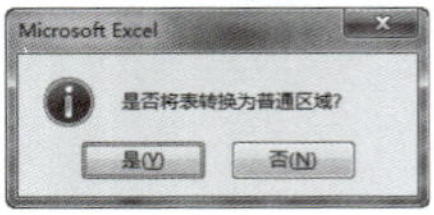

图2-78

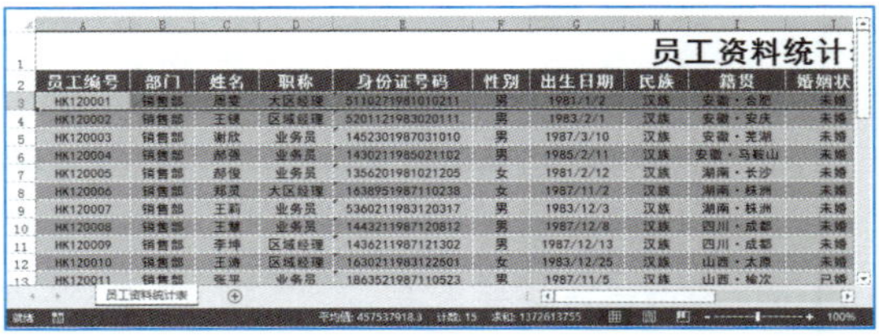

图2-79

文件17　各部门员工资料统计表

为了方便企业领导掌握各个部门的人员情况及学历情况，可以在Excel中建立各部门员工资料统计表。各部门员工资料统计表的数据来源于“员工资料统计表”，需要通过公式从此表中统计得到数据。

制作要点与设计效果图

- 重命名工作表
- COUNTIF函数的应用
- COUNTIFS函数的应用

各部门员工资料统计表

部门名称	人数		学历		
	人数	百分比	大专	本科	研究生
销售部	11	42.31%	2	6	3
行政部	6	23.08%	1	4	1
生产部	8	30.77%	0	6	2
供应部	1	3.85%	0	1	0

文件设计过程

步骤1：重命名工作表

在“员工资料统计表”后同插入新工作表，重命名工作表为“各部门员工资料统计”，输入表格固定文本。根据需要合并单元格，设置文本的字体格式并为表格添加边框，如图2-80所示。

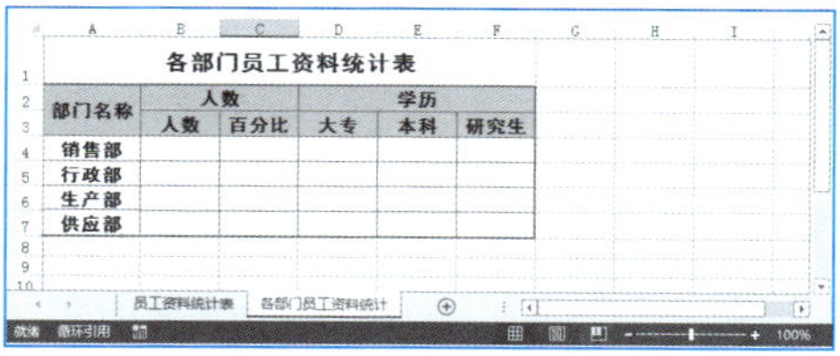

图2-80

步骤2：设置公式

❶ 选中B4单元格，在编辑栏中输入公式“=COUNTIF(‘员工资料统计表’!B3:B28,A4)”，按Enter键后向下复制公式，即可计算出各个部门人数，如图2-81所示。

❷ 选中C4单元格。在编辑栏中输入公式“=B4/SUM($B$4:$B$7)”，按下Enter键后向下复制公式，即可计算出各部门人数的百分比值，如图2-82所示。

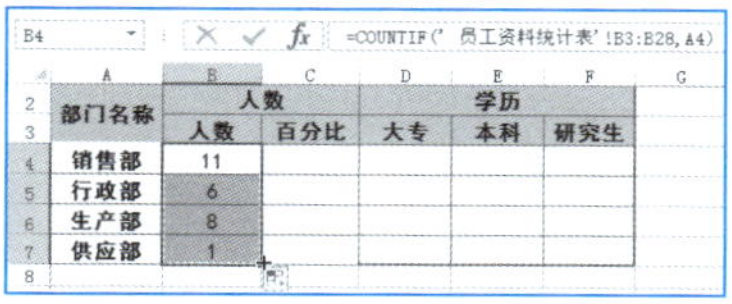

图2-81

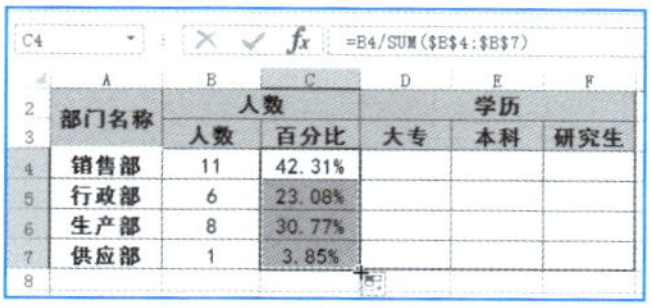

图2-82

❸ 选中D4单元格，在编辑栏中输入公式“=COUNTIFS(‘员工资料统计表’!$B$3:$B$28,$A4,’员工资料统计表’!$L$3:$L$28,D$3)”，按Enter键，向右复制到F4单元格，即可计算出销售部各个学历人数，如图2-83所示。

❹ 选中D3:F3单元格区域，将鼠标移动到单元格右下角，拖动填充柄向下

复制公式，即可得到各个部门不同学历的人数，如图2-84所示。

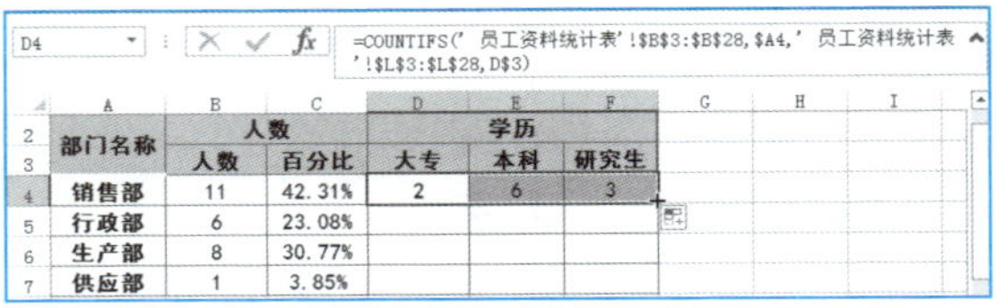
D4
=COUNTIFS('员工资料统计表'!$B$3:$B$28,$A4,'员工资料统计表'!$L$3:$L$28,D$3)

部门名称	人数		学历		
	人数	百分比	大专	本科	研究生
销售部	11	42.31%	2	6	3
行政部	6	23.08%			
生产部	8	30.77%			
供应部	1	3.85%			

图2-83

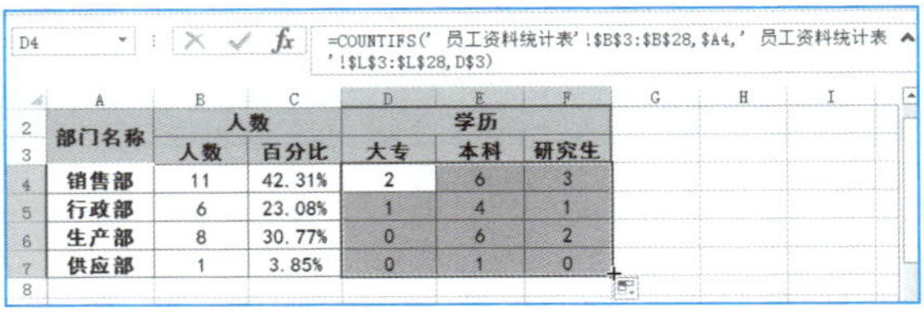
D4
=COUNTIFS('员工资料统计表'!$B$3:$B$28,$A4,'员工资料统计表'!$L$3:$L$28,D$3)

部门名称	人数		学历		
	人数	百分比	大专	本科	研究生
销售部	11	42.31%	2	6	3
行政部	6	23.08%	1	4	1
生产部	8	30.77%	0	6	2
供应部	1	3.85%	0	1	0

图2-84

文件18 招聘申请执行单

人力资源部门在确定招聘计划、招聘费用预算等工作后，要进行招聘前，还需要确定招聘的实施者，即制作一份招聘申请执行单，用于明确招聘部门、招聘人数、招聘原因、招聘条件以及实施招聘面试的人员名单等信息。

制作要点与设计效果图

- 自动填充序列
- 强制换行
- 插入特殊符号

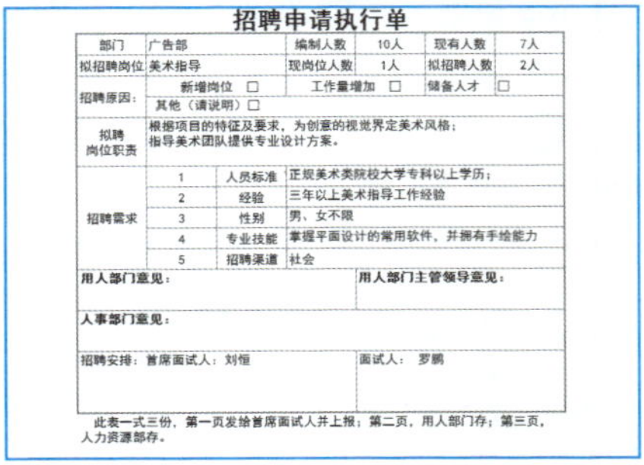
招聘申请执行单

部门	广告部		编制人数	10人	现有人数	7人
拟招聘岗位	美术指导		现岗位人数	1人	拟招聘人数	2人
招聘原因：	新增岗位 □		工作量增加 □		储备人才	□
	其他（请说明）□					
拟聘岗位职责	根据项目的特征及要求，为创意的视觉界定美术风格； 指导美术团队提供专业设计方案。					
招聘需求	1	人员标准	正规美术类院校大学专科以上学历；			
	2	经验	三年以上美术指导工作经验			
	3	性别	男、女不限			
	4	专业技能	掌握平面设计的常用软件，并拥有手绘能力			
	5	招聘渠道	社会			
用人部门意见：				用人部门主管领导意见：		
人事部门意见：						
招聘安排：首席面试人：刘恒				面试人： 罗鹏		

此表一式三份，第一页发给首席面试人并上报；第二页，用人部门存；第三页，人力资源部存。

文件19 招聘进程表

在招聘工作实施之前，人力资源部门还应创建一份招聘进行表，用于记录新员工招聘的进度，让相关部门及时了解招聘工作的进展。

制作要点与设计效果图

- 选择线条颜色
- 使用粗匣框线
- 自动求和

招聘进程表

日期： 年 月 日

部门		销售部	职位空缺	销售经理、大区经理、销售代表、文员、会计			
使用的媒体		网络、电视、招聘启事					
序号	发布招聘信息	收到求职信（封）	甄选面试名单（人）	面试邀请函（封）	面试（人）	不录用通知书（封）	录用通知书（封）
1	销售经理	45	10	10	8	7	1
2	大区经理	50	10	50	10	7	3
3	销售代表	100	60	60	60	30	12
4	文员	50	10	10	7	6	2
5	会计	30	5	5	5	4	1
总计		275	95	135	90	54	19

文件20 应聘人员登记表

人力资源部在招聘新员工时，会制作一份应聘人员登记表，在其中设计本企业的岗位条件，让应聘者有针对性地回答，以使面试官通过应聘人员登记的信息对应聘者有个初步的了解。

制作要点与设计效果图

- 调整行高和列宽
- 设置竖排文字
- 插入特殊符号

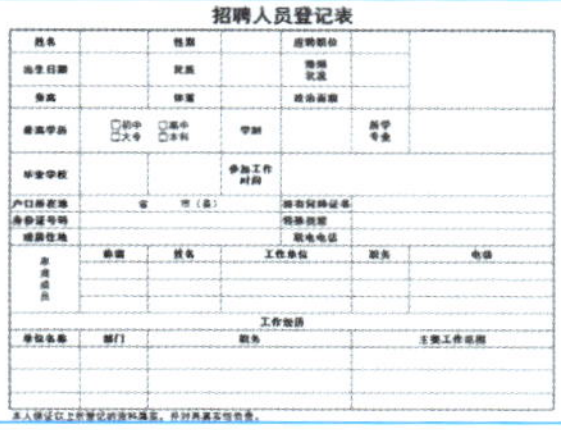

文件21 内部招聘工作流程图

企业除了校园招聘和社会招聘外，还可以从内部进行提拔。这样做不仅可以调动员工的工作积极性，还可以为员工创造一个公平竞争、公开选拔、健康有序的竞争氛围。

制作要点与设计效果图

- 自定义表格边框
- 设置图案填充单元格
- 设置个性化边框

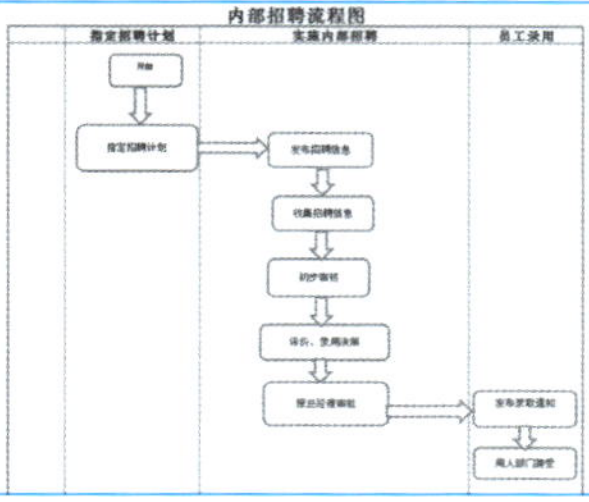

文件22　内部岗位竞聘报名表

为了更好地挑选人才，很多企业均采用竞聘上岗制度，为了员工能参加某个单位的内部竞聘，人力资源部门会根据岗位需要制作一份内部招聘报告表，给参与员工报名使用。

制作要点与设计效果图

- 合并单元格
- 绘制框线

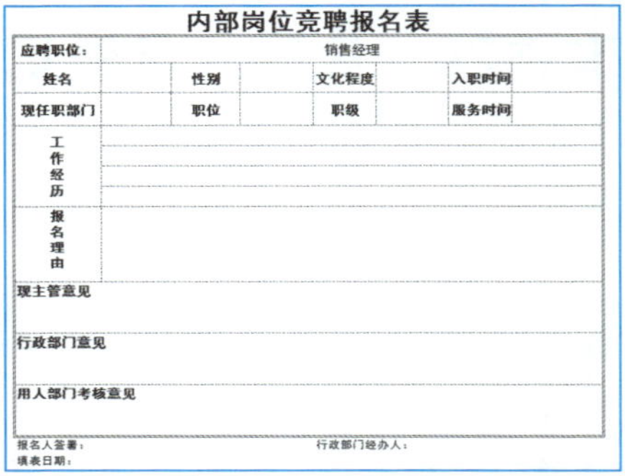

文件23　应聘人员统计表

人力资源部门需要对应聘人员进行统计，以对应聘人员中哪些人员合企业要求进行初试，初试后筛选出可以进行复试的员工，报批上级进行复试，并对复试成功的员工进行录用通知的发放。

制作要点与设计效果图

- 设置边框和底纹（参考文件1）
- 调整行高（参考文件2）
- 背景填充（参考文件15）

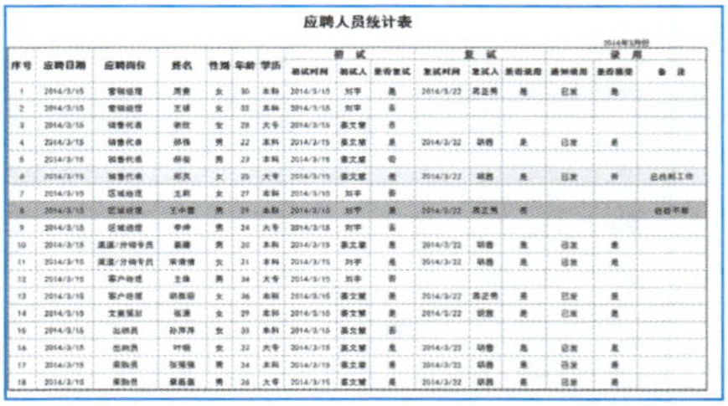

Excel

第3章

人员甄选管理表格

企业在发布招聘信息后，会收到很多应聘者投递的求职信以及个人资料。想要从这些应聘者中找出符合公司需求的员工，需要进一步进行人员甄选。常见的人员甄选方法主要有初步筛选、测试、笔试、面试、复试等。初步筛选是对应聘者是否符合职位基本要求的一种审查，测试则是对应聘者基本技能、基本知识、心理素质的一种考核，笔试、面试和复试主要对应聘者的知识和能力以及综合素质进行具体直观的考评。

常见的人员甄选管理表格主要有应聘者个人资料比较表、应聘人员甄选比较表、面试人员名单、面谈记录表等。

编号	文件名称	对应的数据源	重要星级
文件24	应聘者基本情况登记表	第3章\文件24 应聘者基本情况登记表.xlsx	★★★★★
文件25	应聘者个人资料比较表	第3章\文件25 应聘者个人资料比较表.xlsx	★★★★★
文件26	新员工甄选比较表	第3章\文件26 新员工甄选比较表.xlsx	★★★★★
文件27	应聘人员统计表	第3章\文件27 应聘人员统计表.xlsx	★★★★★
文件28	面试人员名单表	第3章\文件28 面试人员名单表.xlsx	★★★★★
文件29	面谈记录表	第3章\文件29 面谈记录表.xlsx	★★★★
文件30	应聘人员笔试成绩表	第3章\文件30 应聘人员笔试成绩表.xlsx	★★★★
文件31	面试、笔试成绩统计表	第3章\文件31 面试、笔试成绩统计表.xlsx	★★★★
文件32	应聘者情况表	第3章\文件32 应聘者情况表.xlsx	★★★
文件33	新员工甄选报告表	第3章\文件33 新员工甄选报告表.xlsx	★★★
文件34	面试评价表	第3章\文件34 面试评价表.xlsx	★★★
文件35	面试结果推荐表	第3章\文件35 面试结果推荐表.xlsx	★★★
文件36	应聘人员复试名单	第3章\文件36 应聘人员复试名单.xlsx	★★★
文件37	应聘人员复试记录表	第3章\文件37 应聘人员复试记录表.xlsx	★★★
文件38	聘约人员任用核定表	第3章\文件38 聘约人员任用核定表.xlsx	★★★

文件24 应聘者基本情况登记表

为了方便企业更加细致地了解应聘者的筛选信息，可以根据公司需求制作求职者填写的基本信息登记表。

制作要点与设计效果图

- 设置日期格式
- 插入符号
- 设置数据有效性

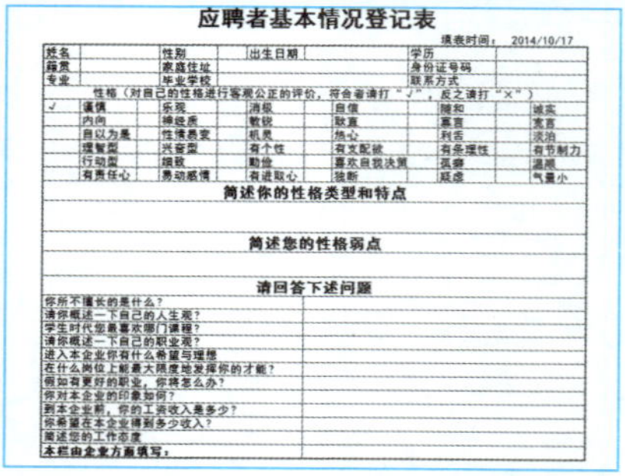
应聘者基本情况登记表
填表时间： 2014/10/17
姓名 性别 出生日期 学历
籍贯 家庭住址 身份证号码
专业 毕业学校 联系方式
性格（对自己的性格进行客观公正的评价，符合者请打“√”，反之请打“×”）
√ 谨慎 乐观 消极 自信 随和 诚实
内向 神经质 敏锐 耿直 寡言 宽容
自以为是 性情易变 机灵 热心 利舌 淡泊
理智型 兴奋型 有个性 有支配欲 有条理性 有节制力
行动型 细致 勤俭 喜欢自我决策 孤僻 温顺
有责任心 易动感情 有进取心 独断 疑虑 气量小
简述你的性格类型和特点
简述您的性格弱点
请回答下述问题
你所不擅长的是什么？
请你概述一下自己的人生观？
学生时代您最喜欢哪门课程？
请你概述一下自己的职业观？
进入本企业你有什么希望与理想
在什么岗位上能最大限度地发挥你的才能？
假如有更好的职业，你将怎么办？
你对本企业的印象如何？
到本企业前，你的工资收入是多少？
你希望在本企业得到多少收入？
简述您的工作态度
本栏由企业方面填写：

文件设计过程

步骤1：设置日期格式

打开“应聘者基本情况登记表”工作簿，选中K2:L2单元格，在公式编辑栏输入公式“=NOW()”，按Enter键获取当前日期，如图3-1所示。

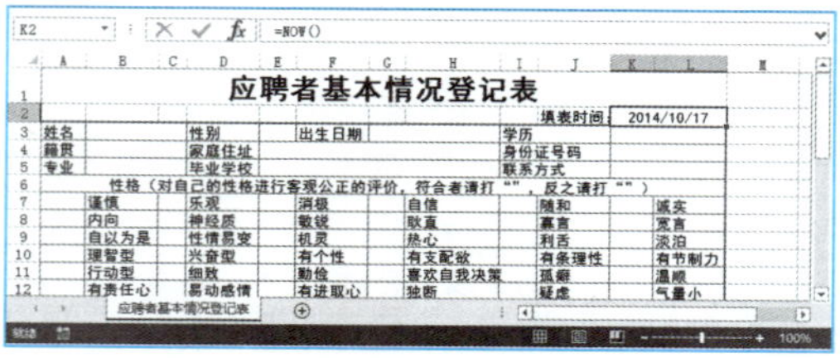

图3-1

步骤2：插入符号

❶ 双击A6单元格，将光标插入点置于第1个双引号内，切换到“插入”选项卡，在“符号”组中单击“符号”按钮（如图3-2所示），打开“符号”对话框。

❷ 在对话框中双击“√”图标，即可在光标处插入“√”符号，如图3-3所示。

❸ 将光标插入点置于第2个双引号内，再次打开“符号”对话框，双击插入“×”符号，如图3-4所示。

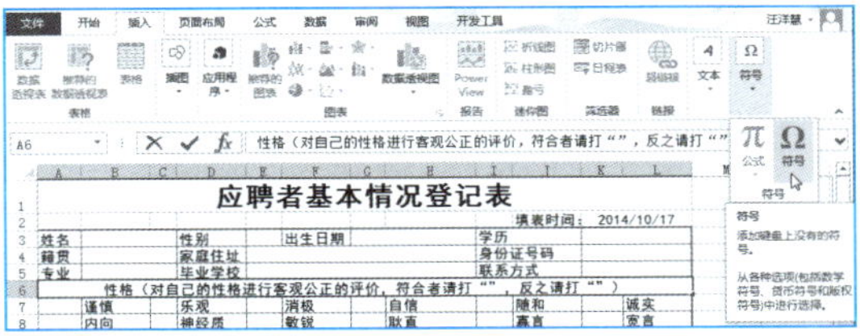

图3-2

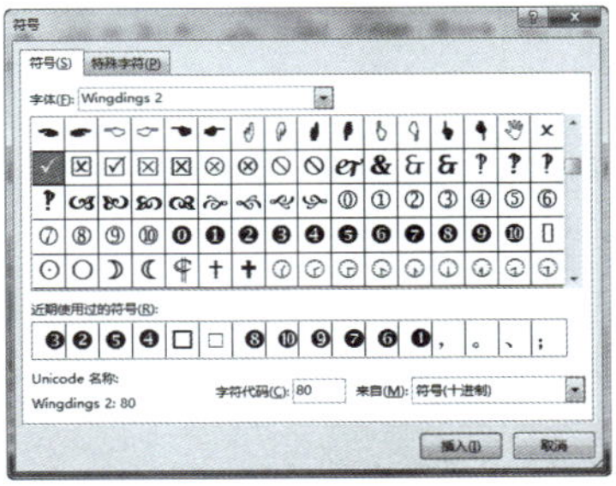

图3-3

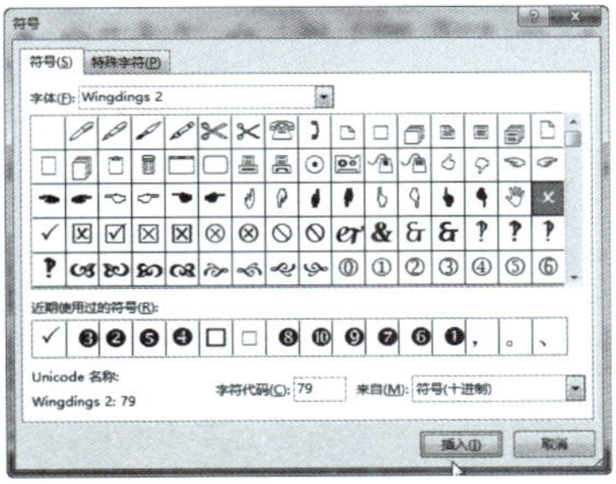

图3-4

4 设置完成后单击“关闭”按钮，返回工作表中，即可看到插入的符号，如图3-5所示。

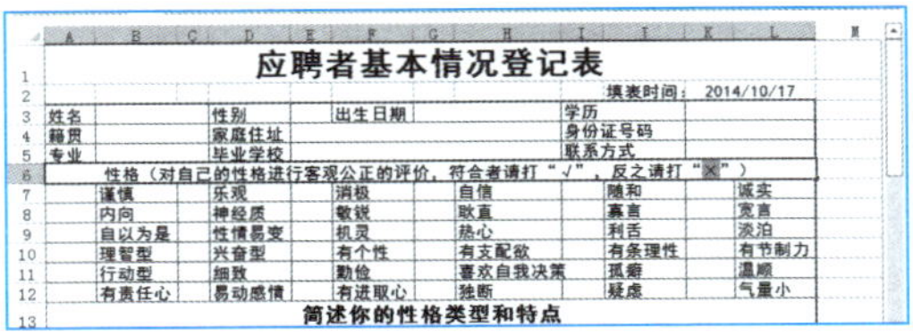

图3-5

步骤3：设置数据验证

1 选中K4:L4单元格区域，切换到“数据”选项卡，在“数据工具”组中的“数据验证”按钮（如图3-6所示），打开“数据验证”对话框。

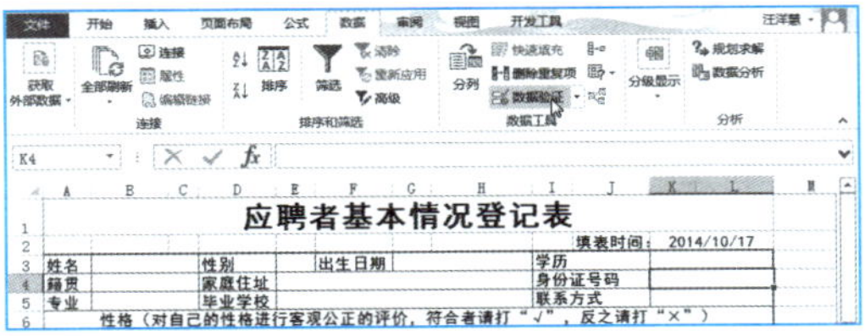

图3-6

❷ 在对话框中设置“允许”为“文本长度”，“数据”为“等于”，“长度”为“18”，如图3-7所示。

❸ 设置完后，单击“确定”按钮，在K4:L4单元格中输入不足18位的数字，将弹出Microsoft Excel对话框进行提示，如图3-8所示。

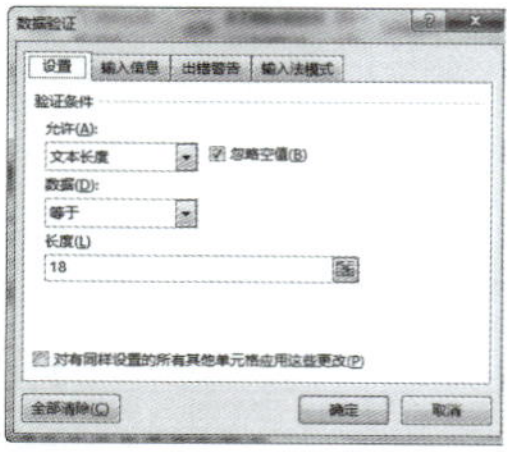

图3-7

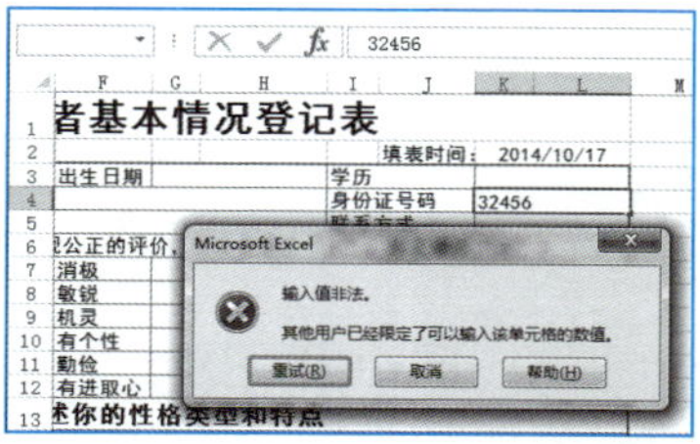

图3-8

❹ 选中A7:A12，C7:C12，E7:E12，G7:G12，I7:I12和K7:K12单元格区域。切换到“数据”选项卡，在“数据工具”组中的“数据验证”按钮（如图3-9所示），打开“数据验证”对话框。

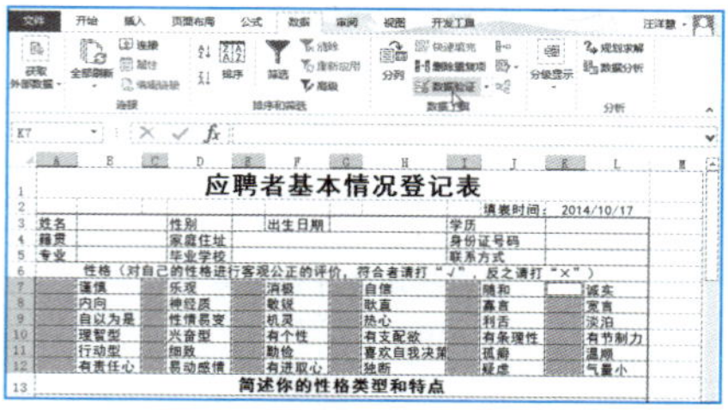

图3-9

❺ 打开“数据验证”对话框，在对话框中设置“允许”为“序列”，在“来源”文本框输入“√，×”，如图3-10所示。

❻ 单击“确定”按钮返回工作表中单击单元格右侧的下拉按钮，单击要填入单元格的项目选项。此时在单元格中显示相应的输入结果。这就完成了“应聘者基本情况登记表”的制作，如图3-11所示。

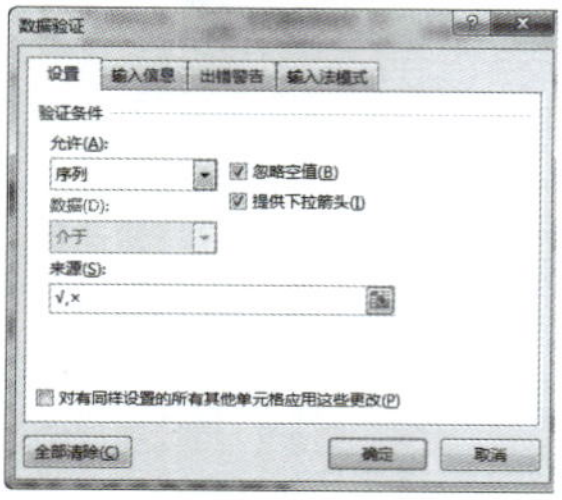

图3-10

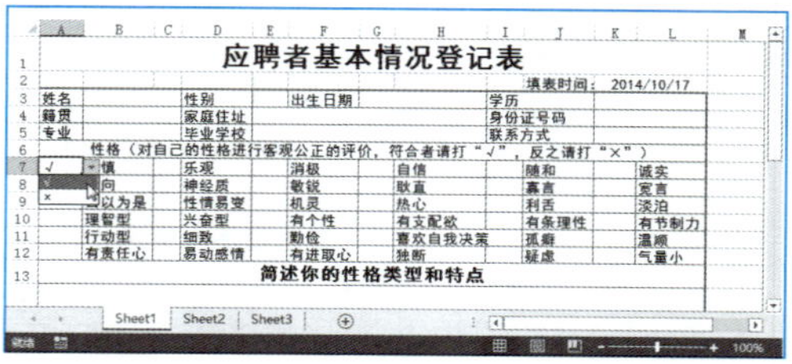

图3-11

文件25　应聘者个人资料比较表

人力资源部门需要从众多应聘者中找出最符合各个部门要求的应聘者，部门主管可以将登记的个人资料导入同一个Excel工作簿中，新建窗口来逐项比较。

制作要点与设计效果图

- 插入Word文档
- 新建窗口
- 全部重排

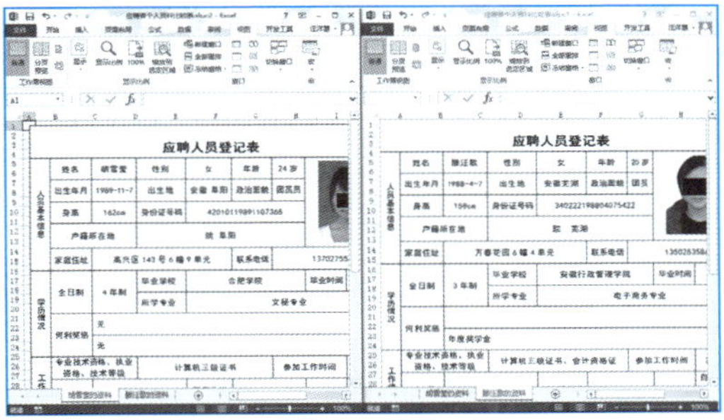

文件设计过程

步骤1：导入Word文档

❶ 新建工作簿，保存为“应聘者个人资料比较表”，重命名“Sheet1”工作表为“胡雪莹的个人资料”，切换到“插入”选项卡，在“文本”组中单击“对象”按钮（如图3-12所示），打开“对象”对话框。

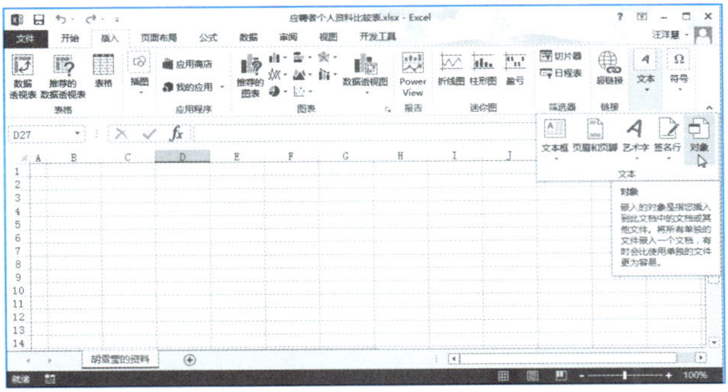

图3–12

❷ 单击“由文件创建”标签，接着单击“浏览”按钮（如图3-13所示），。打开“浏览”对话框

❸ 在左侧单击“文档”，在“文档”文件夹中选中要插入的对象，单击“确定”按钮，如图3-14所示。

图3-13

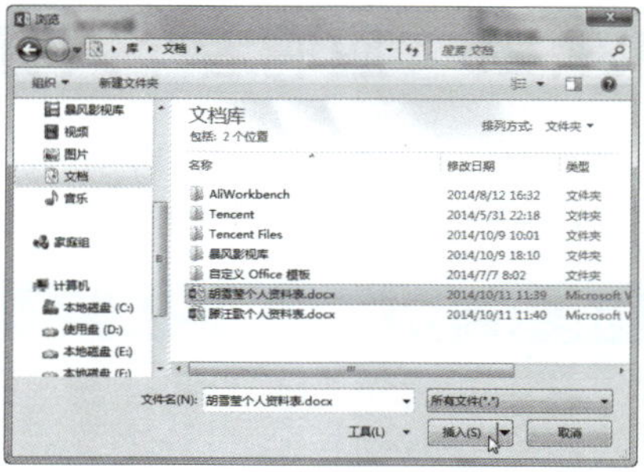

图3-14

4 返回“对象”文本框中，可以看到选定对象路径自动填写在“文件名”文本框中，再次单击“确定”按钮，如图3-15所示。

5 返回工作表中，系统会将所选的Word文档导入到当前工作表中，如图3-16所示。

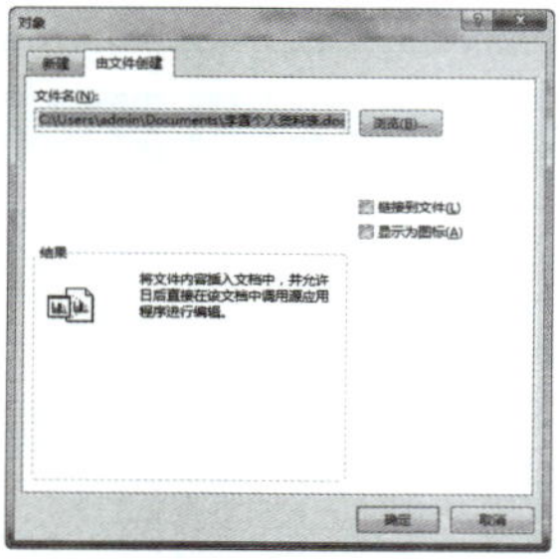

图3-15

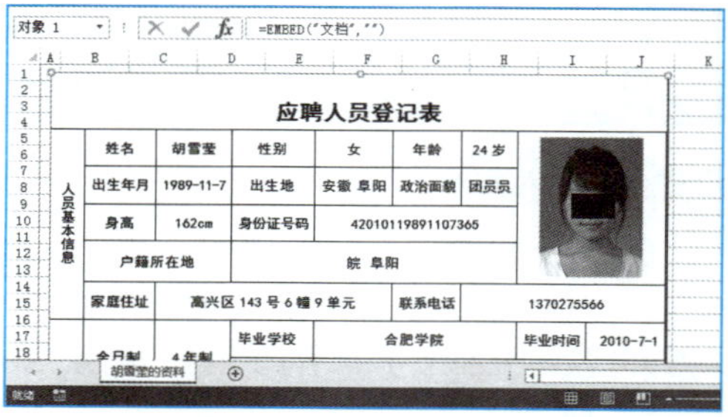

图3-16

提 示

单击插入的对象，可以调转到Word文档中对插入的文档进行编辑。

6 按照相同的方法在Sheet2工作表中导入下一个需要比较的个人资料，如图3-17所示。

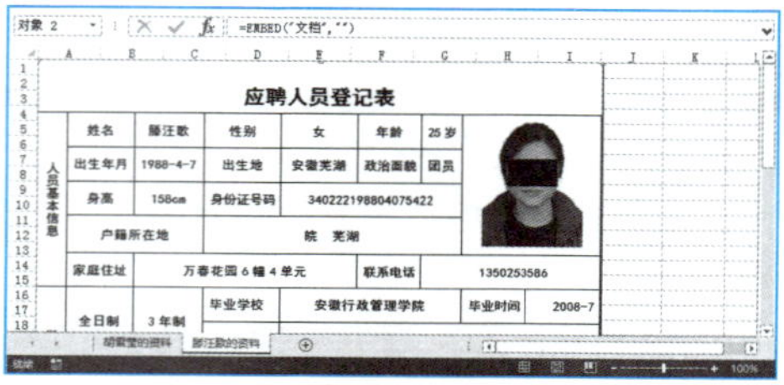

图3-17

步骤2：新建窗口

❶ 切换到“视图”选项卡，在“窗口”组中单击“新建窗口”按钮，如图3-18所示。

❷ 单击“新建窗口”按钮后，在电脑任务栏中单击Excel标签可以看到新建的窗口，如图3-19所示。

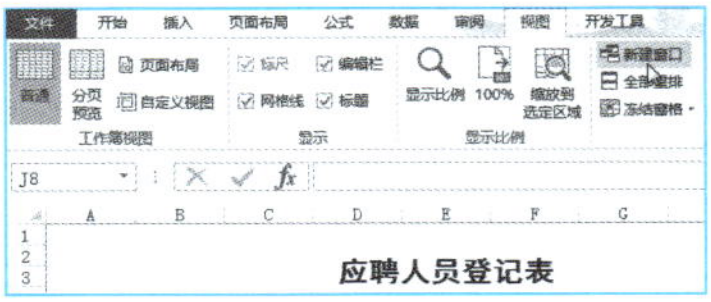

图3-18

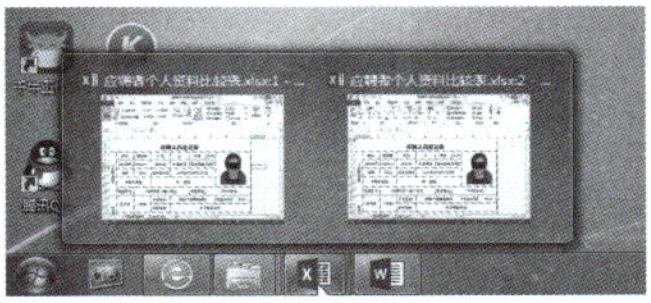

图3-19

步骤3：重排窗口

❶ 切换到“布局”选项卡，在“窗口”组中单击“全部重排”按钮（如图3-20所示），打开“重排窗口”对话框。

❷ 选中“垂直并排”单选按钮，单击“确定”按钮，如图3-21所示。

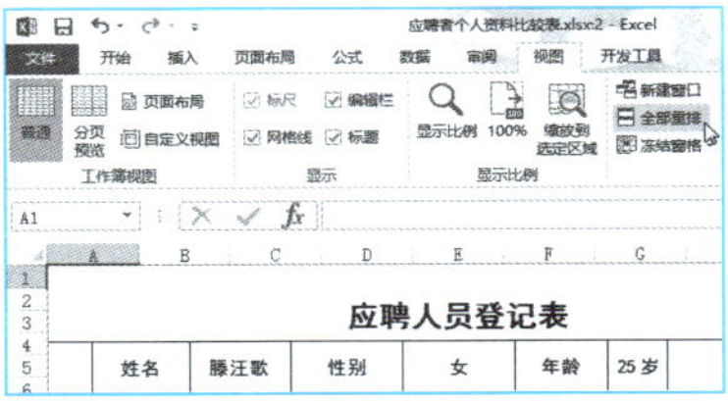

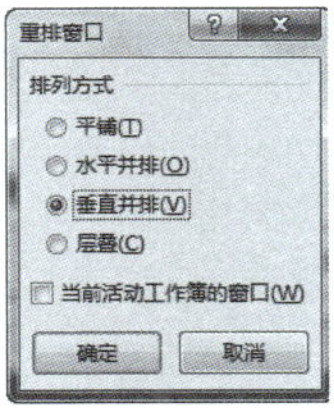

图3-20　　图3-21

❸ 此时工作簿中的所有窗格垂直并排显示在应用程序中，在第一个窗口中单击“胡雪莹的个人资料”工作标签，即可逐项对比两个应聘者的信息，如图3-22所示。

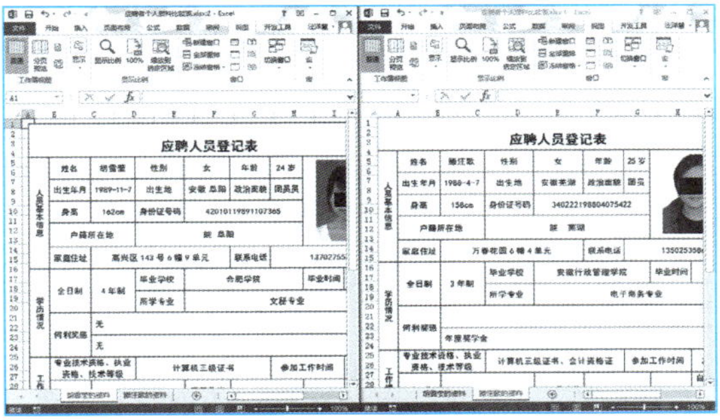

图3-22

提 示

在使用多窗口对比两个应聘者信息时，用户还可以在Excel的“窗口”选项组中单击“并排查看”按钮，并单击选中“同步滚动”按钮，即可实现在某个窗口中拖动滚动条翻阅时，与之并列的窗口信息会自动进行对比滚动查看，如下图所示。

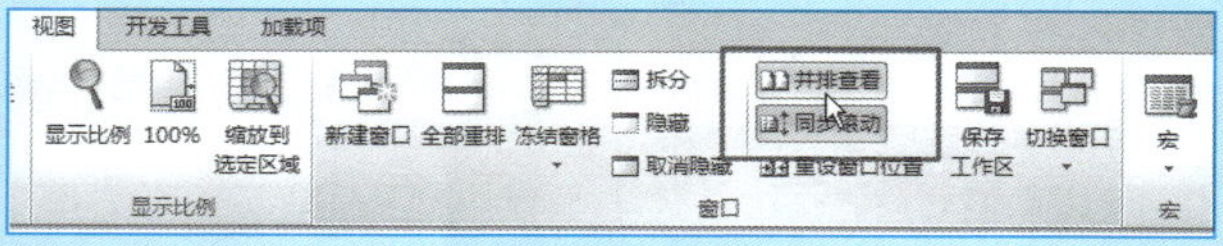

文件26　新员工甄选比较表

新员工甄选比较表主要用于记载甄选人员的相关信息，让招聘主管一目了然地了解应聘者的情况。

制作要点与设计效果图

- 添加命令到快速访问工具栏
- 绘制边框
- 设置单元格换行

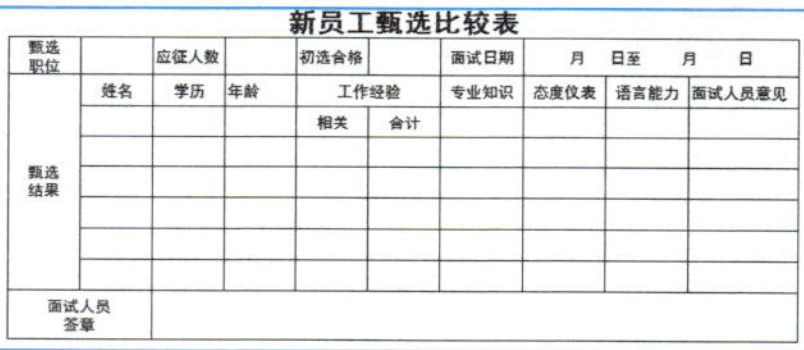

文件设计过程

步骤1：添加其他命令到快速访问工具栏

❶ 打开“新员工甄选比较表”，单击快速访问工具栏右侧的下拉按钮，在下拉菜单中单击“其他命令”命令（如图3-23所示），打开“Excel选项”对话框。

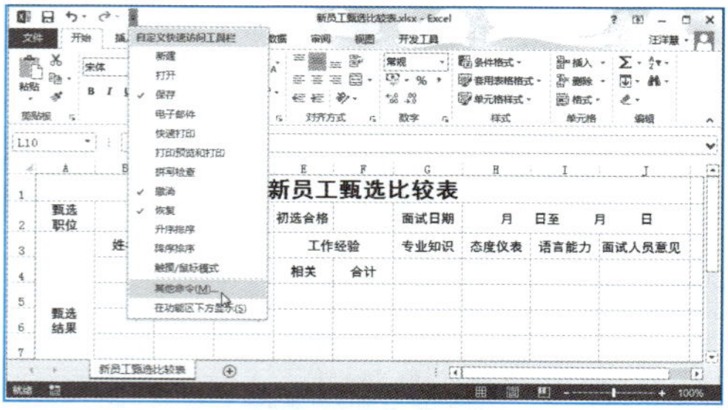

图3-23

❷ 单击“从下列位置选择命令”下拉按钮，在下拉菜单中单击“开始选项卡”（如图3-24所示），在“开始选项卡”命令下单击“绘制外侧框线”，接着单击“添加”按钮，如图3-25所示。

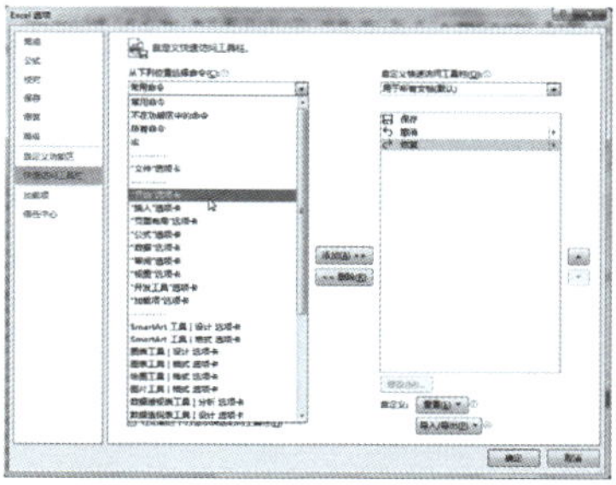

图3-24

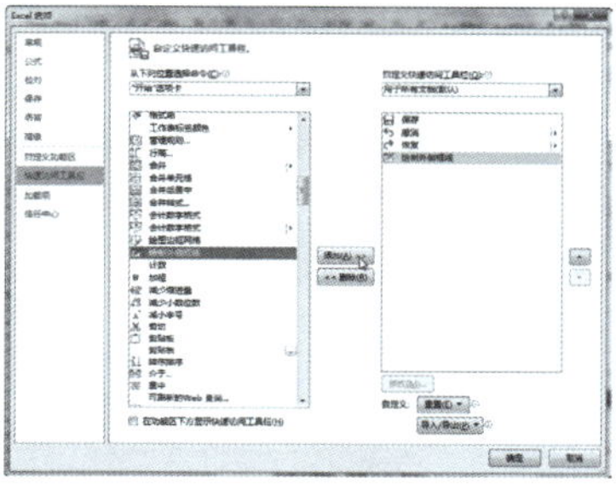

图3-25

❸ 单击“确定”按钮，返回工作表中，在“快速访问工具栏”中显示了添加的命令按钮，如图3-26所示。

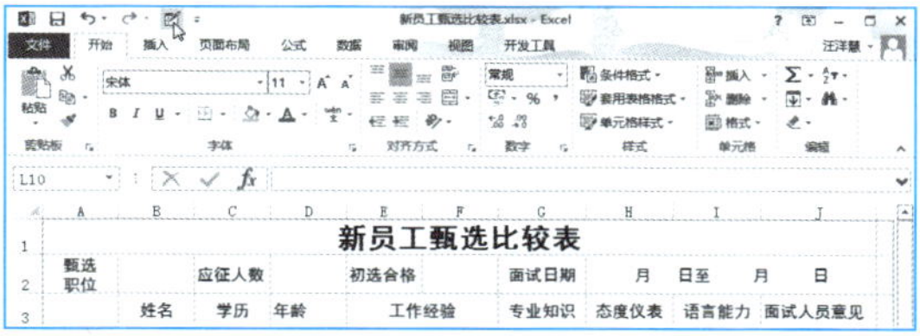

图3-26

步骤2：设置文本格式并合并单元格

根据需要合并单元格，调整文本格式，如图3-27所示。

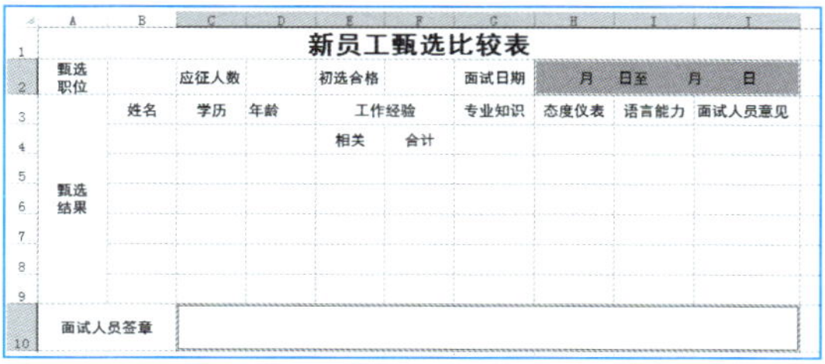

图3-27

步骤3：绘制边框线

❶ 单击快速访问工具栏中的“绘制边框线”按钮，此时鼠标指针呈铅笔状，在需要绘制边框的位置单击绘制，如图3-28所示。

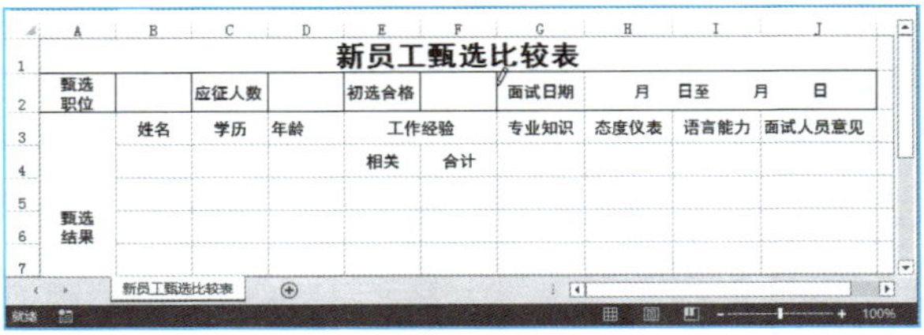

图3-28

2 单击要添加边框的单元格网格线，进行边框绘制，绘制完成后双击鼠标取消边框绘制，如图3-29所示。

图3-29

步骤4：设置文本换行

将鼠标定位到A10单元格中的“签章”前，按“Alt+Enter”组合键，即可自动换行，如图3-30所示。

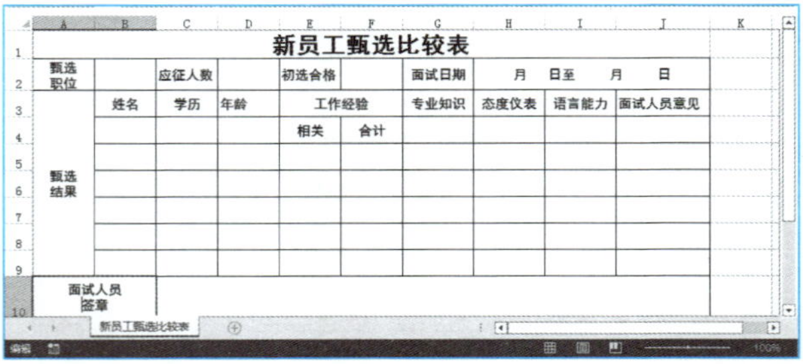

图3-30

提 示

按“Alt+Enter”组合键可以在单元格任意地方自动换行，而使用“自动换行”命令时，只有在单元格宽度不够时，才会自动换行。

文件27 应聘人员统计表

人力资源部门对应聘者投递的个人资料进行比较后，可以将甄选的结果填写在应聘人员统计表中，让面试官更好地掌握信息。

制作要点与设计效果图

- 插入单元格
- 删除单元格
- 数据有效性
- 保护工作表

应聘人员甄选比较表

甄选职位		销售代表	应聘人数	25	初选合格	16	面试日期	2014/8/22
甄选结果	姓名	学历	年龄	工作经验	专业知识	态度仪表	反应能力	其他
	刘晓明	本科及以上	25	2年	优	良好	快	
	张腾	本科及以上	26	4年	优	好	快	
	陈思思	本科及以上	28	6年	优	良好	较快	
	何晓东	大专	25	1年	优	优	较快	
	滕汪歌	大专	27	3年	优	良好	快	
	叶斌	高中	25	1年	优	好	快	
	钱峰峰	高中	28	4年	优	好	较快	
	李丽芬	高中	24	1年	优	良好	快	
	张旭东	大专	26	6年	优	良好	较快	
	王飞飞	大专	27	3年	优	好	较快	
	张天丽	大专	22	1年	优	优	快	
	周超	大专	23	6年	优	良好	较快	
	桃康	大专	24	2年	优	良好	较快	
	于正飞	本科及以上	25	1年	优	好	快	
	芳菲苑	本科及以上	25	2年	优	优	较快	
	吴越	本科及以上	25	2年	优	良好	较快	

文件设计过程

步骤1：插入、删除单元格

❶ 新建工作簿，重命名“Sheet1”工作表为“应聘人员甄选比较表”，在表格中输入行列标识，输入后效果如图3-31所示。

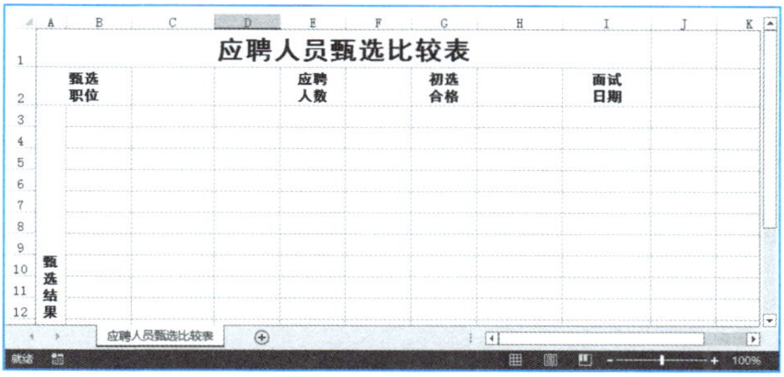

图3–31

❷ 如果漏输入了员工姓名，可以插入单元格，选中B5单元格，单击鼠标右键，在弹出的菜单中单击“插入”命令（如图3-32所示），打开“插入”对话框。

❸ 选中“活动单元格下移”单选按钮，单击“确定”按钮，如图3-33所示。

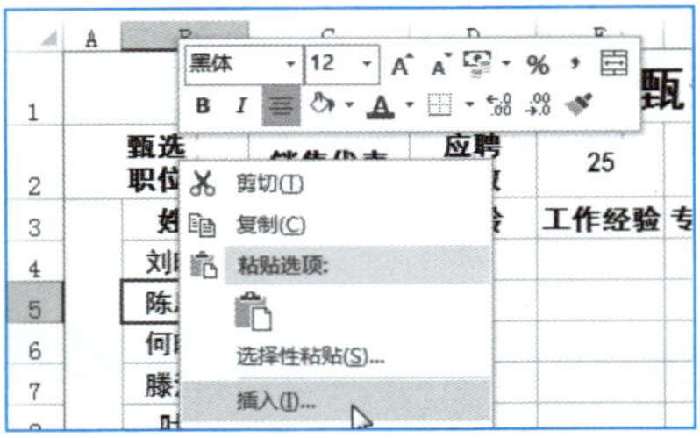

图3-32

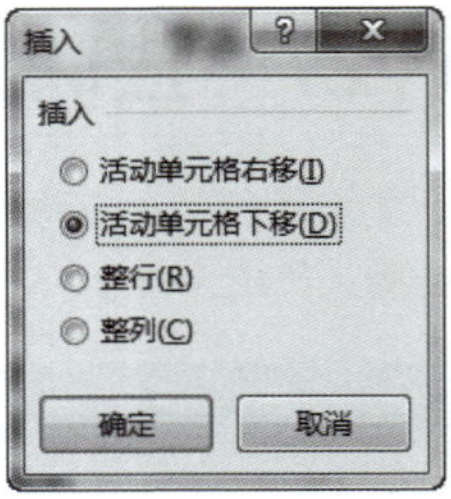

图3-33

❹ 返回工作表中，系统自动将B5单元格数据依次下移，自动生成空白单元格，如图3-34所示。

❺ 如果多空出了空白单元格需要删除，可以选中空白单元格，单击鼠标右键，在弹出的菜单中选择“删除”（如图3-35所示），打开“删除”对话框。

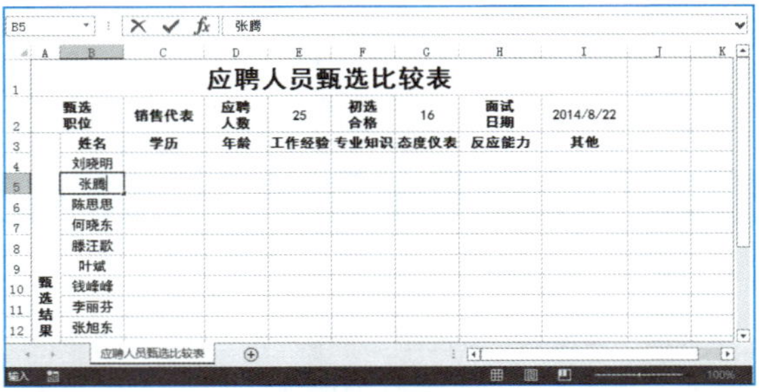

图3-34

❻ 选择删除单元格左侧单元格左移或右侧单元格上移，或者是选择删除整行、整列，如图3-36所示。

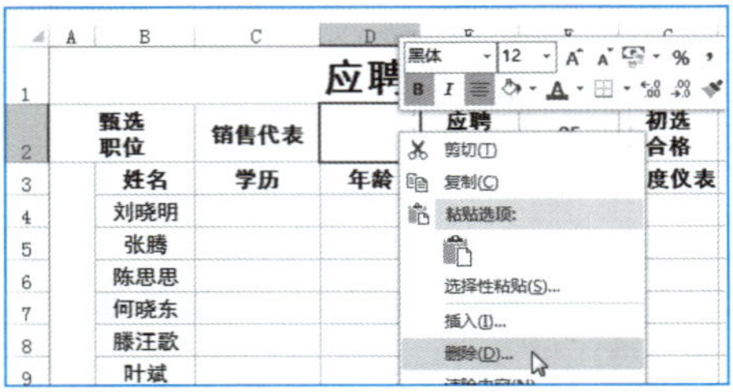

图3-35

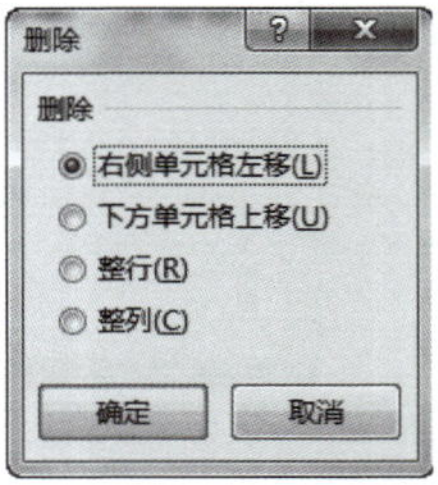

图3-36

步骤2：设置数据有效性

❶ 选中C4:C19单元格区域，切换到“数据”选项卡，在“数据工具”组中单击“数据验证”按钮（如图3-37所示），打开“数据有效性”对话框。

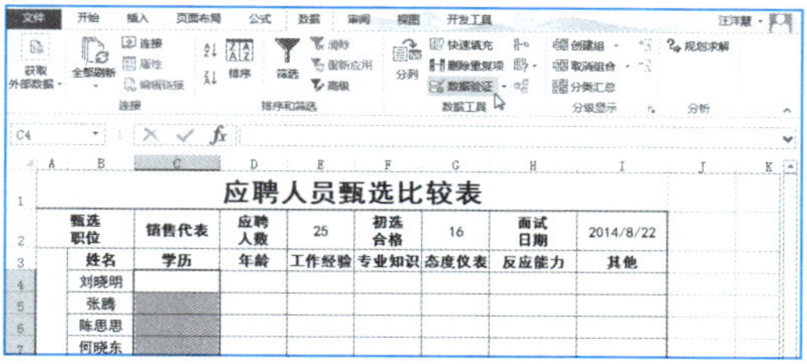

图3-37

2 在“允许”下拉菜单中选择“序列”，接着在“来源”文本框中输入“本科及以上,大专,高中,初中及以下”，单击“确定”按钮，如图3-38所示。

3 在返回工作表，选中区域任意单元格，单击其右侧的下拉按钮，即可在下拉菜单中选择需要输入的学历层次，如图3-39所示。

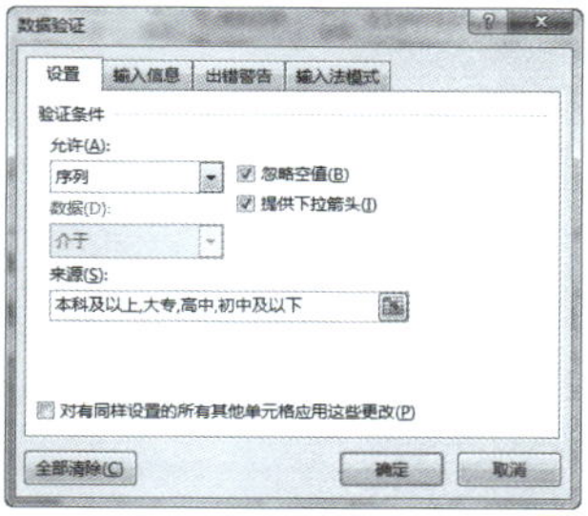

图3-38

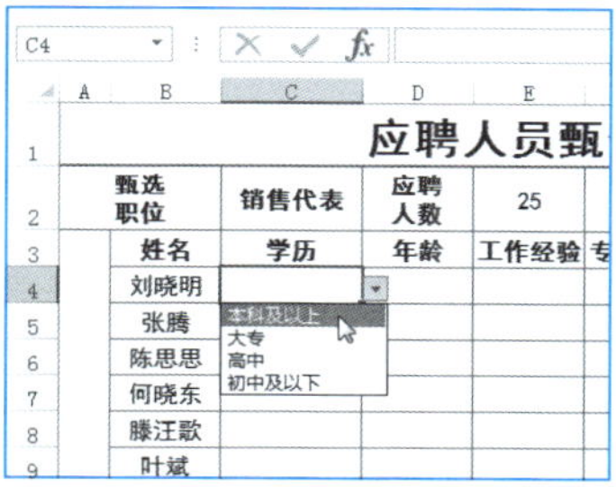

图3-39

4 根据实际需要在表格中输入应聘人员甄选信息，输入后效果如图3-40所示。

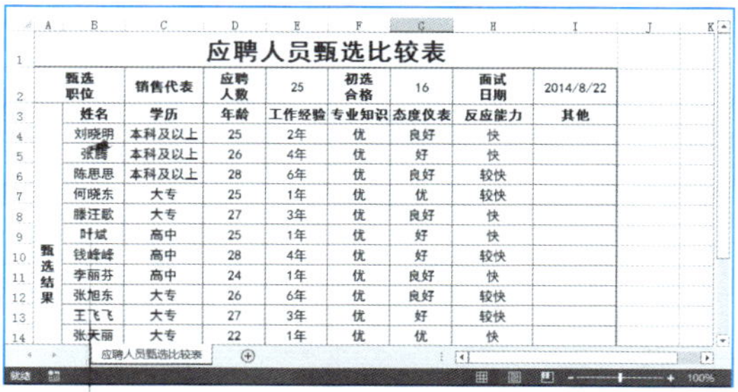

图3-40

步骤3：保护工作表

1 切换到“审阅”选项卡，在“更改”组中单击“保护工作表”按钮（如图3-41所示），打开“保护工作表”对话框。

2 在“取消工作表保护时使用密码”文本框中输入密码，如“123”，单击“确定”按钮（如图3-42所示），打开“确认密码”对话框。

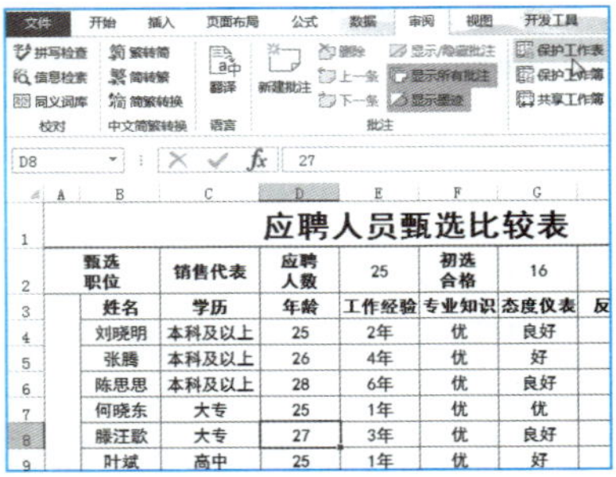

图3-41

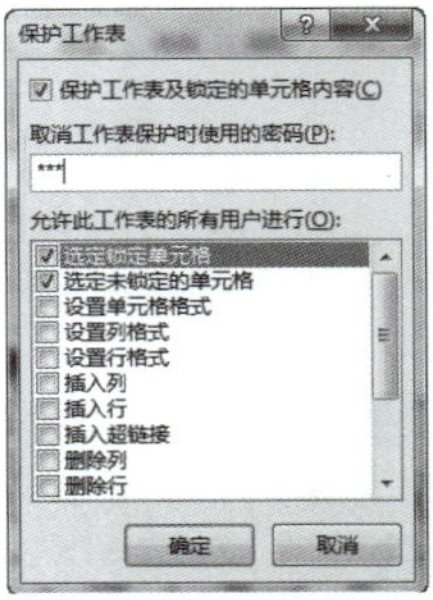

图3-42

3 在“重新输入密码”文本框中再次输入密码，单击“确定”按钮，如图3-43所示。

4 此时工作表处于保护状态，单击“文件”标签，可以在“保护工作簿”区域，可以看到提示，如图3-44所示。

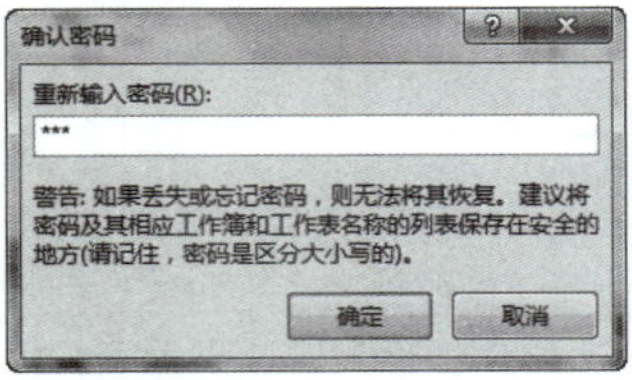

图3-43

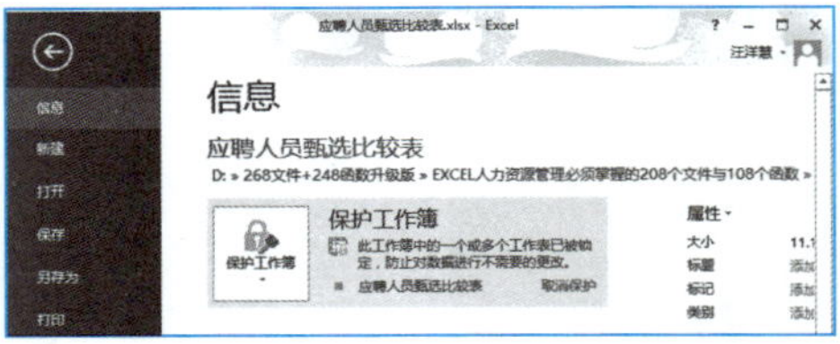

图3-44

5 如果要对单元格进行更改，如更员工年龄，系统会弹出工作表被保护提示，3-45所示。

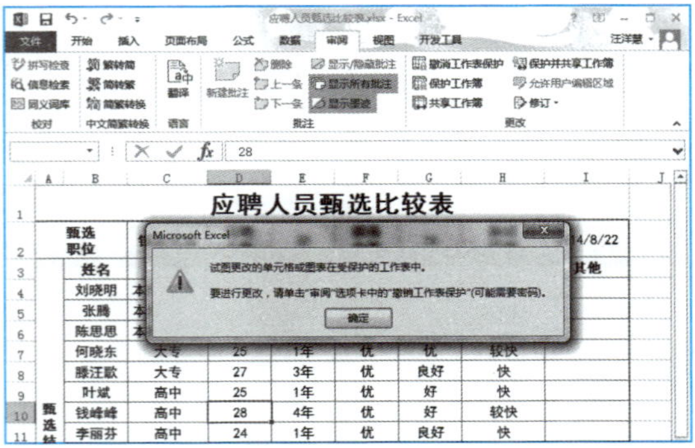

图3-45

文件28　面试人员名单表

当人力资源部门从简历库中甄选出符合用人部门要求的应聘者后，需要制作一份面试人员的名单，其中包括应聘者的姓名、应聘岗位、联系方式等信息，方便招聘专员通知应聘者前来面试。

制作要点与设计效果图

- 应用内置表格样式
- 修改表格样式
- 转换为普通表格

面试人员名单

序号	姓名	性别	年龄	应聘岗位	联系电话
1	刘晓明	男	25	销售经理	1354****265
2	张腾	男	26	销售经理	1367****589
3	陈思思	男	28	销售经理	1378****968
4	何晓东	女	25	销售代表	1398****748
5	滕汪歌	女	27	销售经理	1357****658
6	叶斌	男	25	销售代表	1347****748
7	钱峰峰	男	28	销售经理	1397****256
8	李丽芬	男	24	销售代表	1399****235
9	张旭东	男	26	销售代表	1354****639
10	王飞飞	女	27	销售经理	1587****659
11	张天丽	女	22	销售代表	1597****456
12	周超	男	23	销售代表	1365****478
13	杭康	男	24	销售代表	1374****569
14	于正飞	男	25	销售代表	1368****254
15	芳菲苑	女	25	销售代表	1358****125
16	吴越	女	25	销售代表	1368****015

文件设计过程

步骤1：套用表格格式

❶ 打开“面试人员名单”工作表，选中A2:F18单元格区域，在“开始”选项卡的“样式”组中单击“套用表格格式”下拉按钮（如图3-46所示），在打开的下拉菜单中选择需要应用的表格格式，如“表样式中等深浅16”（如图3-47所示），打开“套用表格式”对话框。

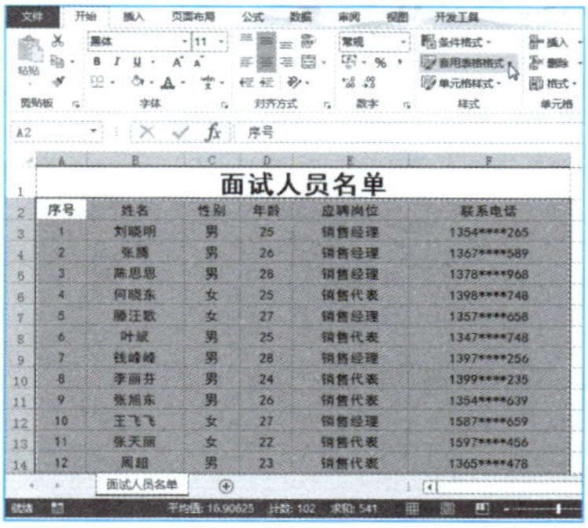

图3-46

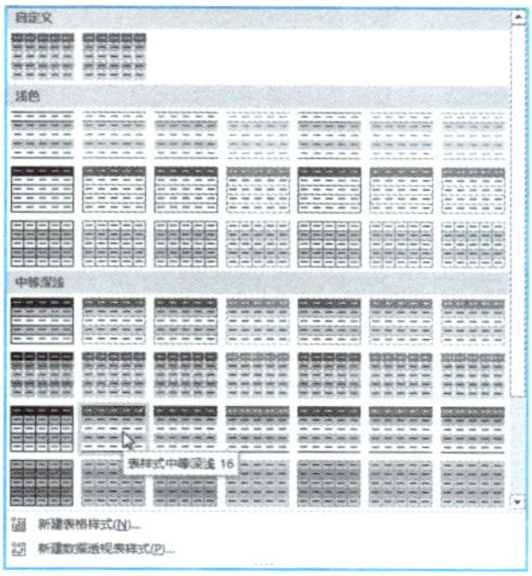

图3-47

❷ 在“表数据的来源”文本框中显示了选择的单元格区域的引用地址，选中“表包含标题”复选框，单击“确定”按钮，如图3-48所示。

3 返回工作表中，此时选中的单元格区域应用了选定的表格格式，如图3-49所示。

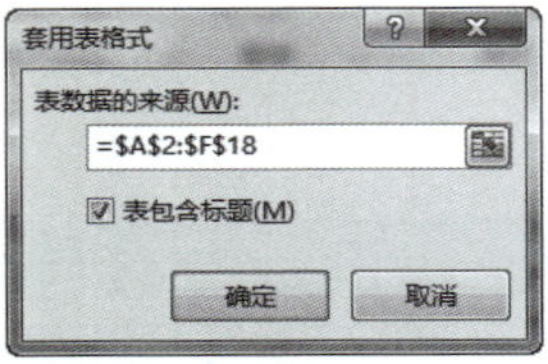

图3-48

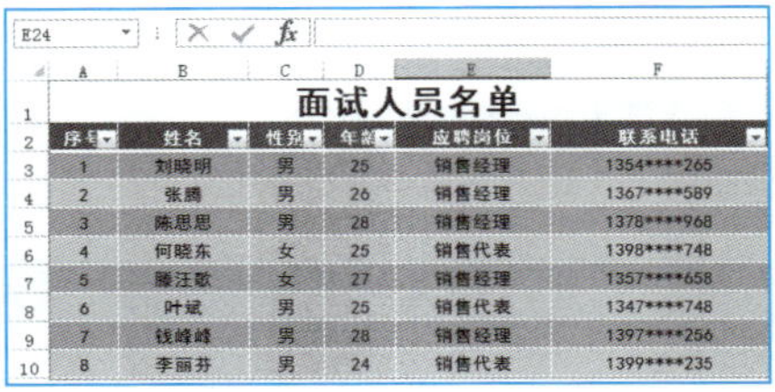

面试人员名单

序号	姓名	性别	年龄	应聘岗位	联系电话
1	刘晓明	男	25	销售经理	1354****265
2	张腾	男	26	销售经理	1367****589
3	陈思思	男	28	销售经理	1378****968
4	何晓东	女	25	销售代表	1398****748
5	滕汪歌	女	27	销售经理	1357****658
6	叶斌	男	25	销售代表	1347****748
7	钱峰峰	男	28	销售经理	1397****256
8	李丽芬	男	24	销售代表	1399****235

图3-49

提 示

内置表格样式是Office提供的方便用户快速更改数据表格外观的格式。在应用时，用户只能套用表格格式，不能对内置表格格式进行修改或删除。如果用户需要在内置表格样式上修改，需要先复制样式，再在复制的样式上进行修改。

步骤3：将表格转换为普通区域

1 选中表格中任意单元格，切换到“表格工具-设计”选项卡，在“工具”组中单击“转换为区域”按钮，如图3-50所示。

2 系统会弹出Microsoft Excel提示框，如图3-51所示。

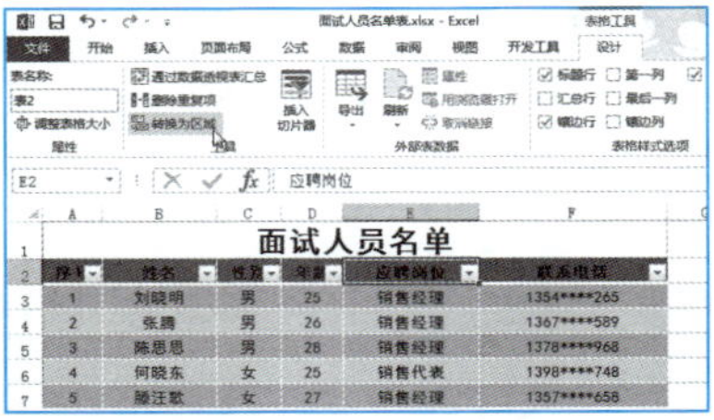

图3-50

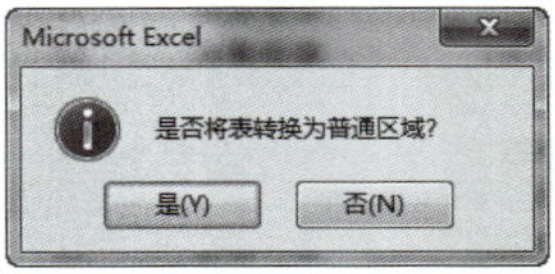

图3-51

3 单击“确定”按钮，返回工作表中，即可将表格转换为普通区域，去除了表格的筛选按钮，如图3-52所示。

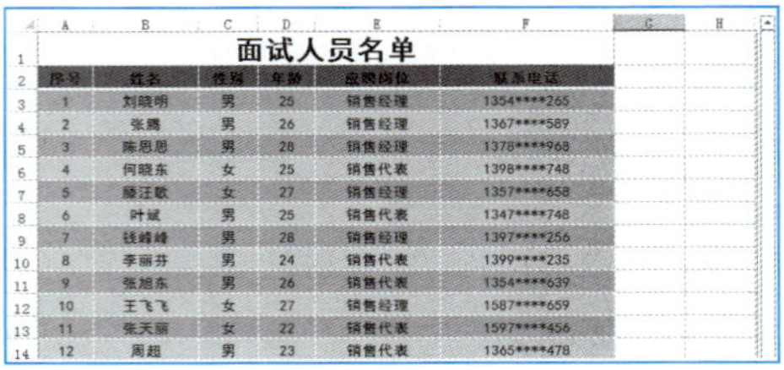

面试人员名单

序号	姓名	性别	年龄	应聘岗位	联系电话
1	刘晓明	男	25	销售经理	1354****265
2	张腾	男	26	销售经理	1367****589
3	陈思思	男	28	销售经理	1378****968
4	何晓东	女	25	销售代表	1398****748
5	滕汪歌	女	27	销售经理	1357****658
6	叶斌	男	25	销售代表	1347****748
7	钱峰峰	男	28	销售经理	1397****256
8	李丽芬	男	24	销售代表	1399****235
9	张旭东	男	26	销售代表	1354****639
10	王飞飞	女	27	销售经理	1587****659
11	张天丽	女	22	销售代表	1597****456
12	周超	男	23	销售代表	1365****478

图3-52

文件29　面谈记录表

在对应聘人员进行面试时，面试官会从与应聘者面谈的过程中获取一些想要的信息，如应聘者的仪表、举止、礼貌、反应等，记录在“面谈记录表”中，并给出客观、公正的建议，帮助后期更好地对应聘者进行选择。

制作要点与设计效果图

- 合并单元格样式
- 修改单元格样式
- 删除单元格

面谈记录表

姓名	张丽丽			应聘职位	销售代表	
用表提示	请面试考官在适当方格内画✓					
评分项目		评分				
		5	4	3	2	1
仪表、礼貌、精神态度、整洁、衣着		极佳	佳	平平	略差	差
			✓			
体格、健康		极佳	佳	平平	略差	差
			✓			
领悟、反应		特强	优秀	平平	稍慢	极差
					✓	
对其应聘工作及有关事项的了解		充分了解	很了解	尚了解	部分了解	了解极少
				✓		
工作阅历与本公司的配合程度		极配合	配合	尚配合	未尽配合	未能配合
			✓			
前来本公司服务的意向		极坚定	坚定	普通	犹豫	极低
				✓		
外文能力	区分	极佳	佳	平平	略通	不懂
	英文			✓		
	法文					✓
总评		拟予试用	面试官　蒋晓琳			
	✓	列入考虑				
		不予考虑	日期：　2012-8-22			

文件设计过程

步骤1：应用单元格样式

❶ 打开“面谈记录表”，选中标题所在单元格区域，在“开始”选项卡的“样式”组中单击“单元格格式”下拉按钮，如图3-53所示。

❷ 在打开的下拉菜单中选择需要的单元格样式，如“标题1”，如图3-54所示。

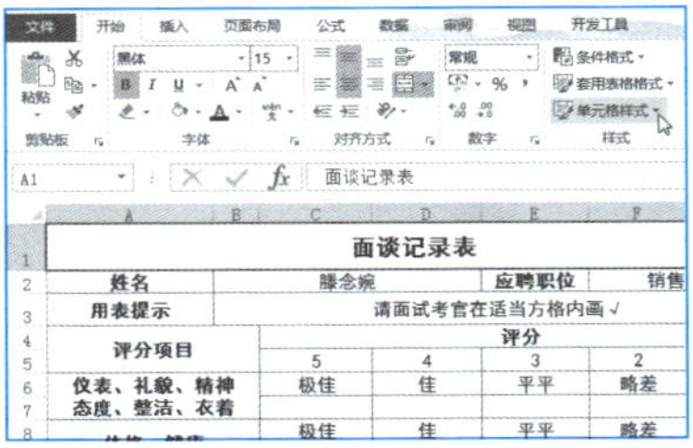

图3-53

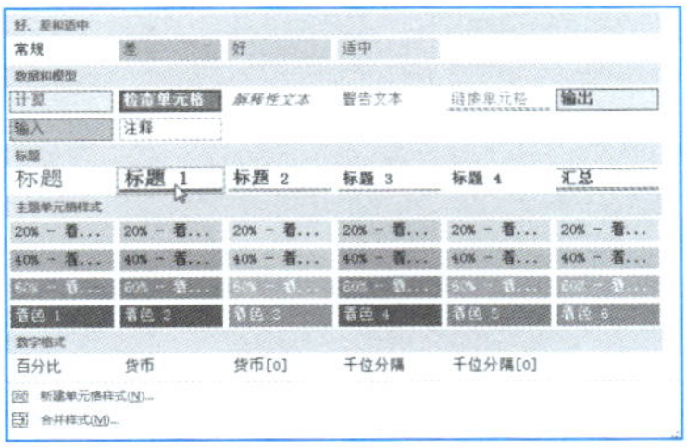

图3-54

❸ 此时标题所在单元格区域应用了“标题1”单元格样式，效果如图3-55所示。

❹ 在工作表中设置行列标志字体格式，并输入面谈详细信息，输入后效果如图3-56所示。

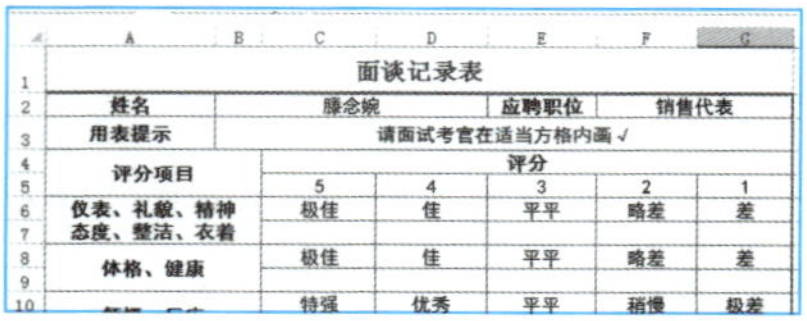

图3-55

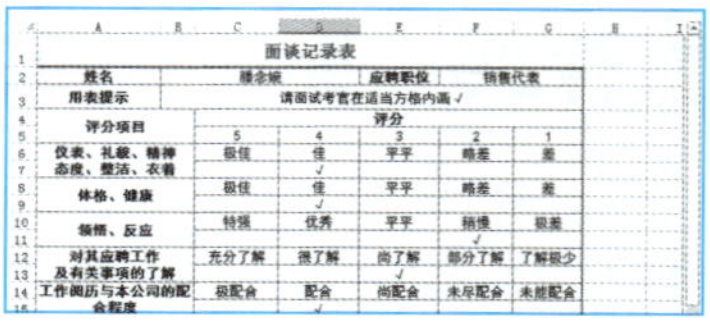

图3-56

步骤2：保护工作表

❶ 切换到“审阅”选项卡，在“更改”组中单击“保护工作表”按钮，如图3-57所示。

❷ 打开“保护工作表”对话框，在“取消工作表保护时使用密码”文本框中输入密码字符串，如“1234”，单击“确定”按钮，如图3-58所示。

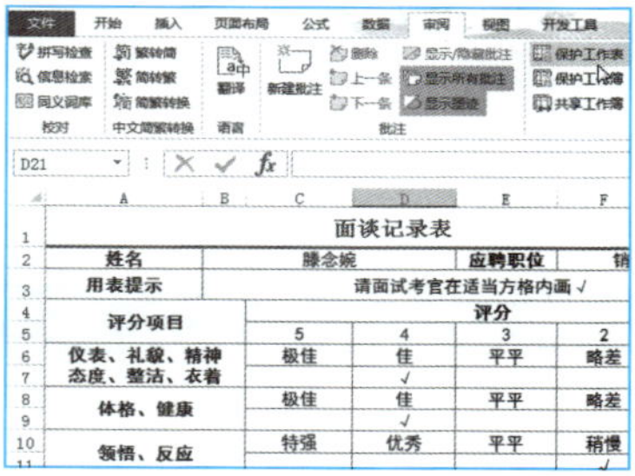

图3-57

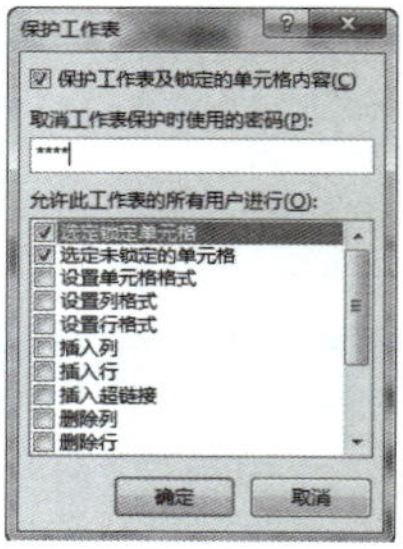

图3-58

❸ 打开“确认密码”对话框，在“重新输入密码”文本框中再次输入密码字符串，单击“确定”按钮，如图3-59所示。

❹ 此时工作表处于保护状态，如果要对单元格进行更改，如更改面试日期，系统会弹出工作表被保护提示，3-60所示。

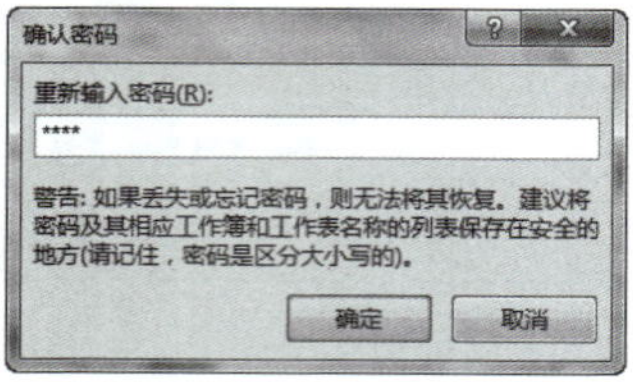

图3-59

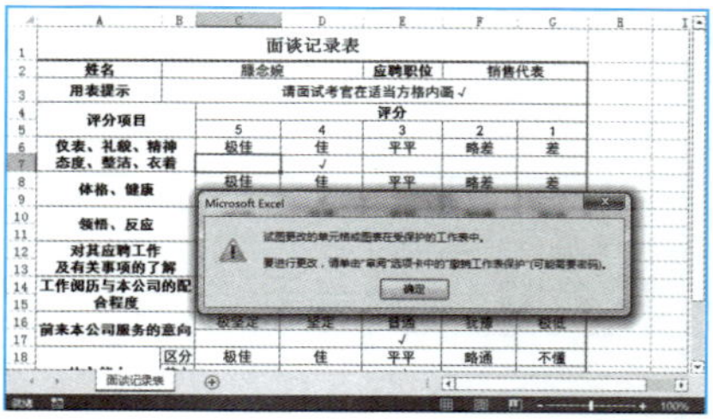

图3-60

步骤3：加密工作簿

❶ 单击“文件”标签，切换到Backstage视窗，在左侧窗格单击“信息”选

项，在右侧窗格单击“保护工作簿”下拉按钮，在其下拉菜单中选择“用密码进行加密”选项，如图3-61所示。

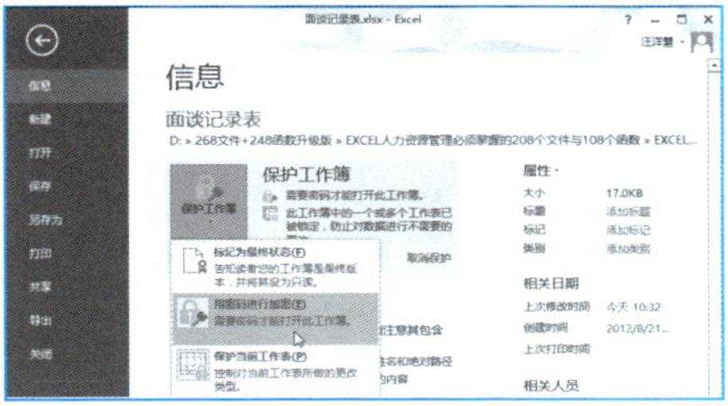

图3-61

2 打开“加密文档”对话框，在“密码”文本框中输入密码字串符，如“1234”，单击“确定”按钮，如图3-62所示。

3 打开“确认密码”对话框，在“重新输入密码”文本框中再次输入密码字符串，单击“确定”按钮，如图3-63所示。

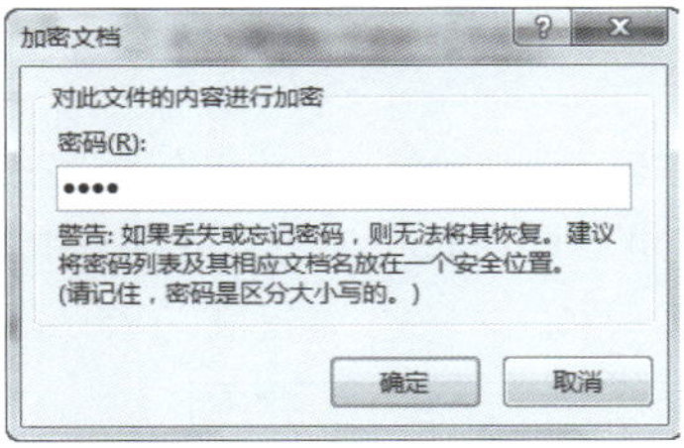

图3-62

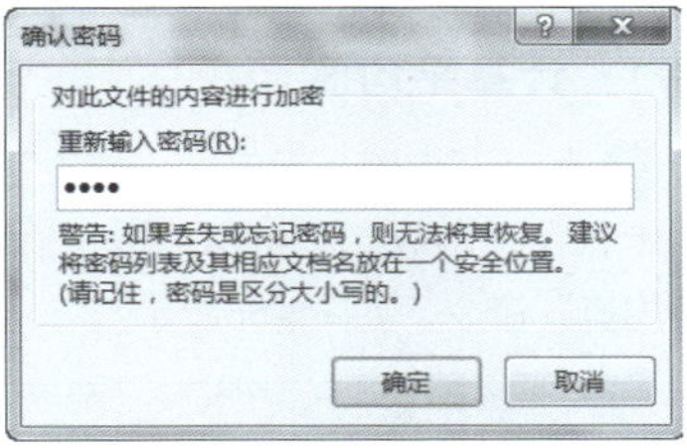

图3-63

4 关闭工作簿后，再次打开该工作簿时，系统会自动弹出密码提示，如图3-64所示，在“密码”文本框中输入正确的密码，才能打开工作簿。

5 如果想要取消工作簿的密码保护，在Backstage视窗，再次打开“加密文档”对话框，删除“密码”文本框中的密码，单击“确定”按钮，即可取消密码加密，如图3-65所示。

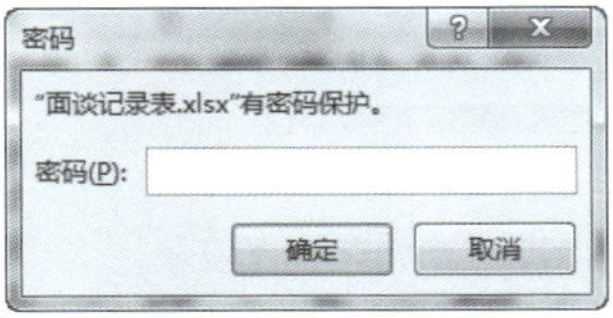

图3-64

图3-65

文件30　应聘人员笔试成绩表

为了更好地了解应聘者现在掌握的技能是否符合岗位要求，人力资源部门往往会根据岗位职责制作试卷，对应聘者的基本知识和操作技能进行考核择优选择应聘人员来胜任相应的岗位。

制作要点与设计效果图

- 求平均值
- 计算成绩排名
- 简单排序

应聘人员笔试成绩表

序号	姓名	性别	考试成绩	操作成绩	平均成绩	名次
10	刘晓明	女	95	96	95.5	1
8	张腾	男	97	87	92	2
9	陈思思	男	94	90	92	2
12	何晓东	男	91	87	89	4
4	滕汪歌	男	87	85	86	5
15	叶斌	男	93	78	85.5	6
1	钱峰峰	女	90	79	84.5	7
5	李丽芬	男	93	69	81	8
13	王飞飞	女	73	87	80	9
3	张旭东	男	62	97	79.5	10
14	张天丽	男	66	86	76	11
6	周超	男	90	59	74.5	12
2	桃康	男	83	60	71.5	13
11	于正飞	女	93	49	71	14
7	芳菲苑	男	53	86	69.5	15
16	吴越	女	65	70	67.5	16

文件设计过程

步骤1：计算平均值

❶ 打开“应聘人员笔试成绩表”工作表，选中F3单元格，切换到“公式”选项卡，在“函数库”组中单击“自动求和”下拉按钮，在其下拉菜单中单击“平均值”命令，如图3-66所示。

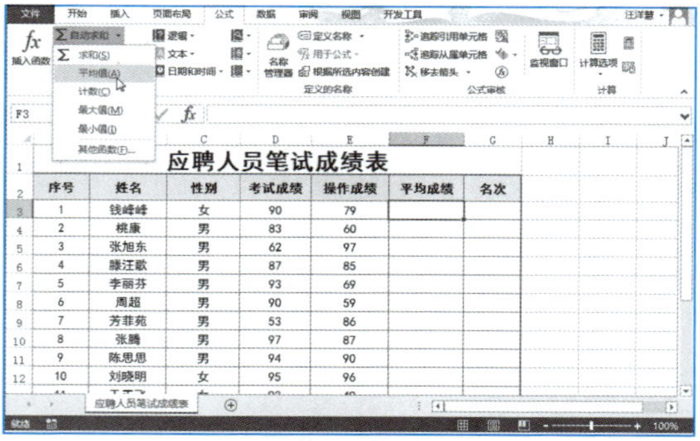

图3-66

❶ 单击“平均值”命令后，此时参数会自动被设定，如图3-67所示。

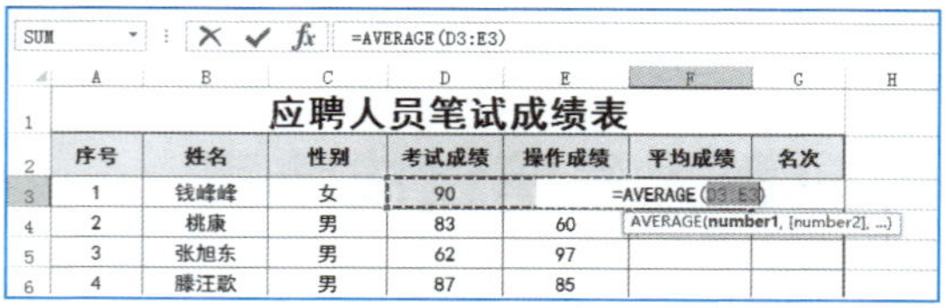

图3-67

❷ 按Enter键，即可计算出第1位应聘人员的平均成绩，如图3-68所示。

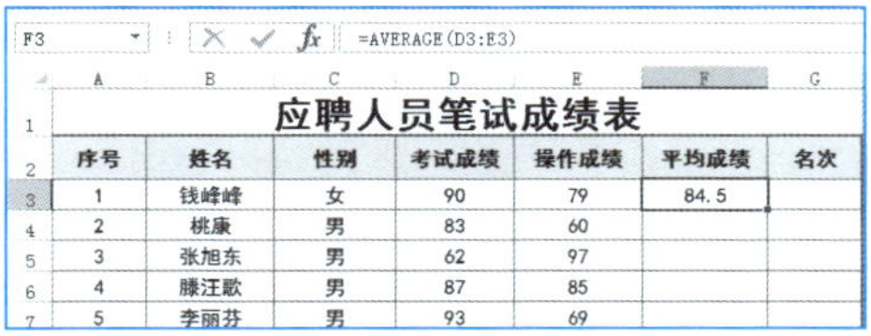

图3-68

步骤2：复制公式

❶ 选中F3单元格，单击鼠标右键，在弹出的菜单中单击“复制”命令，如图3-69所示。

❷ 选中F4:F18单元格区域，单击鼠标右键，在弹出的菜单中的“粘贴选项”区域单击“公式”按钮，即可将公式复制到所选区域，计算出每个应聘者的平均成绩，如图3-70所示。

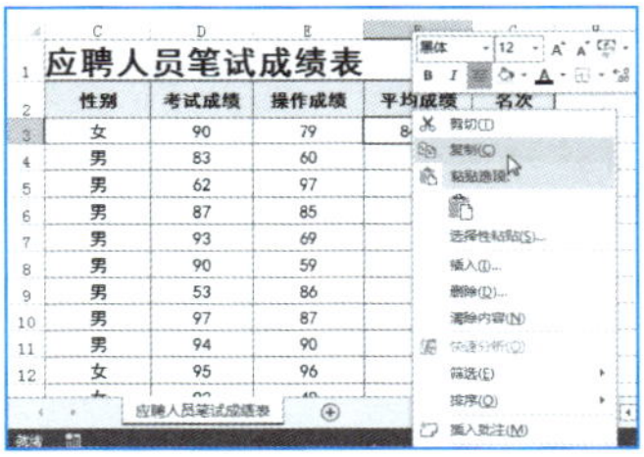

图3-69

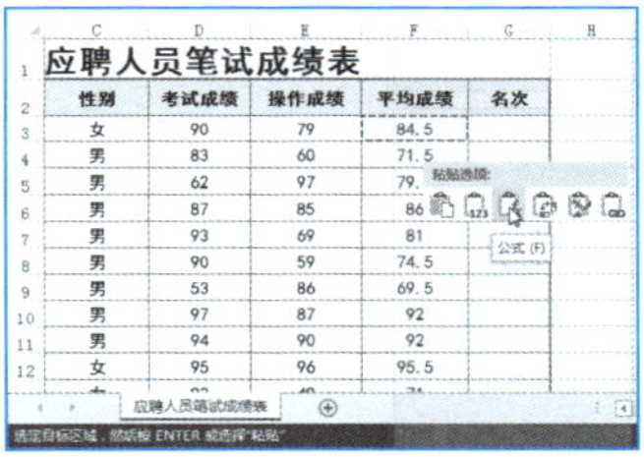

图3-70

步骤3：插入函数

❶ 选中G3单元格，在“函数库”组中单击“插入函数”按钮（如图3-71所示），打开“插入函数”对话框。

❷ 在“搜索函数”文本框中输入“排序”，单击“转到”按钮（如图3-72所示），系统自动搜索有关“排序”的函数，在“选择函数”列表框中单击“RANK.EQ”，单击“确定”按钮（如图3-73所示），打开“函数参数”对话框。

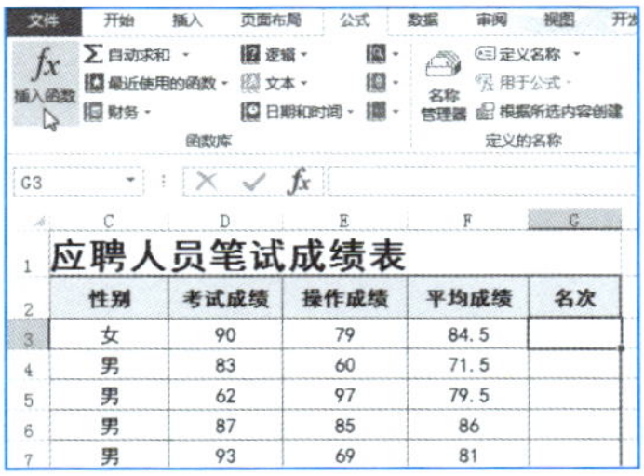

图3-71

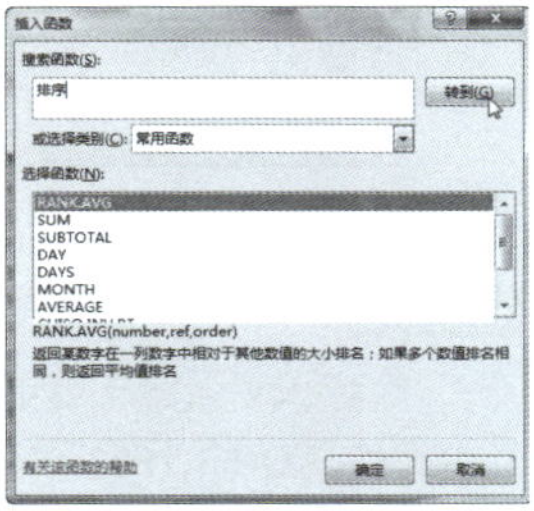

图3-72

3 在“Number”文本框中输入“F3”，在“Ref”文本框中输入“$F$3:$F$18”，如图3-74所示。

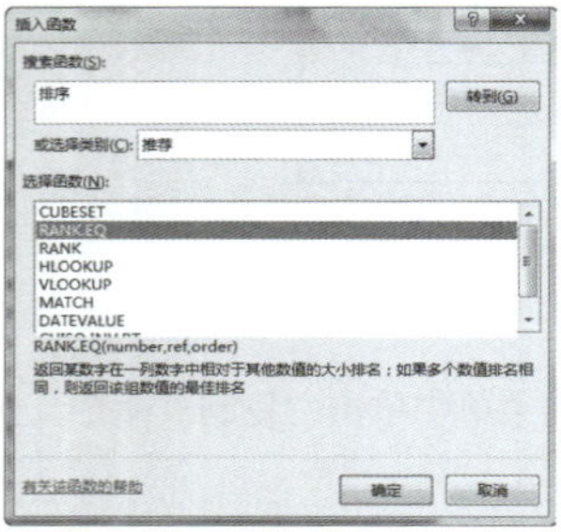

图3-73

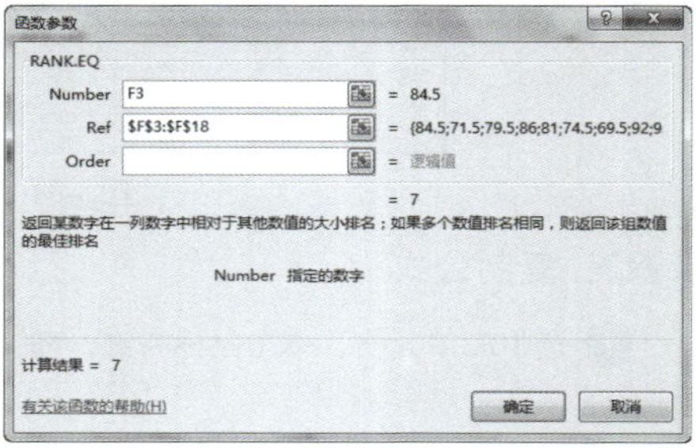

图3-74

4 单击“确定”按钮，返回工作表中，即可计算出第1位应聘者平均成绩排名，如图3-75所示。

G3 =RANK.EQ(F3,$F$3:$F$18)

应聘人员笔试成绩表

序号	姓名	性别	考试成绩	操作成绩	平均成绩	名次
1	钱峰峰	女	90	79	84.5	7
2	桃康	男	83	60	71.5	
3	张旭东	男	62	97	79.5	
4	滕汪歌	男	87	85	86	

图3-75

5 选中G3单元格，将鼠标移动到单元格右下角，拖动填充柄向下填充公式，可以计算出每位应聘者平均成绩的排名，如图3-76所示。

应聘人员笔试成绩表

序号	姓名	性别	考试成绩	操作成绩	平均成绩	名次
1	钱峰峰	女	90	79	84.5	7
2	桃康	男	83	60	71.5	13
3	张旭东	男	62	97	79.5	10
4	滕汪歌	男	87	85	86	5
5	李丽芬	男	93	69	81	8
6	周超	男	90	59	74.5	12
7	芳菲苑	男	53	86	69.5	15
8	张腾	男	97	87	92	2
9	陈思思	男	94	90	92	2
10	刘晓明	女	95	96	95.5	1

应聘人员笔试成绩表　平均值: 7.5　计数: 10　求和: 75

图3-76

公式分析:

公式“=RANK.EQ(F3,$F$3:$F$18)”

“=RANK.EQ(F3,$F$3:$F$18)”表示根据F3单元格数据的值，返回F3单元格数据在F3:F18单元格区域的值的排位情况。

步骤4：简单排序

❶ 选中名次列中的任意单元格，切换到“数据”选项卡，在“排序与筛选”组中单击“$\frac{A}{Z}\downarrow$”（升序）按钮，如图3-77所示。

❷ 单击“升序”按钮后，系统会自动将应聘者的成绩按名次进行升序排列，效果如图3-78所示。

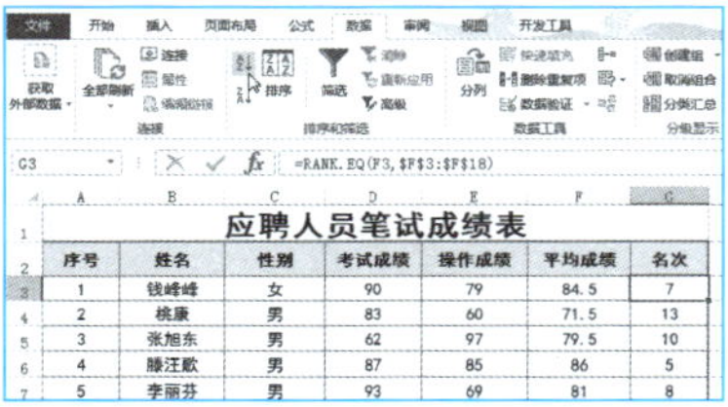

应聘人员笔试成绩表

序号	姓名	性别	考试成绩	操作成绩	平均成绩	名次
1	钱峰峰	女	90	79	84.5	7
2	桃康	男	83	60	71.5	13
3	张旭东	男	62	97	79.5	10
4	滕汪歌	男	87	85	86	5
5	李丽芬	男	93	69	81	8

图3-77

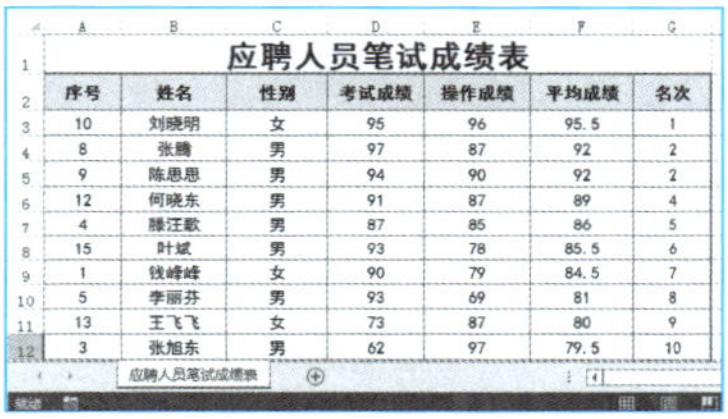

应聘人员笔试成绩表

序号	姓名	性别	考试成绩	操作成绩	平均成绩	名次
10	刘晓明	女	95	96	95.5	1
8	张腾	男	97	87	92	2
9	陈思思	男	94	90	92	2
12	何晓东	男	91	87	89	4
4	滕汪歌	男	87	85	86	5
15	叶斌	男	93	78	85.5	6
1	钱峰峰	女	90	79	84.5	7
5	李丽芬	男	93	69	81	8
13	王飞飞	女	73	87	80	9
3	张旭东	男	62	97	79.5	10

图3-78

文件31　面试、笔试成绩统计表

在Excel中制作出面试、笔试成绩统计表，可以给公司人事部门在甄选人员时提供有效依据。

制作要点与设计效果图

- 设置数据有效性
- IF函数
- 相对引用
- 绝对引用
- 复制公式计算

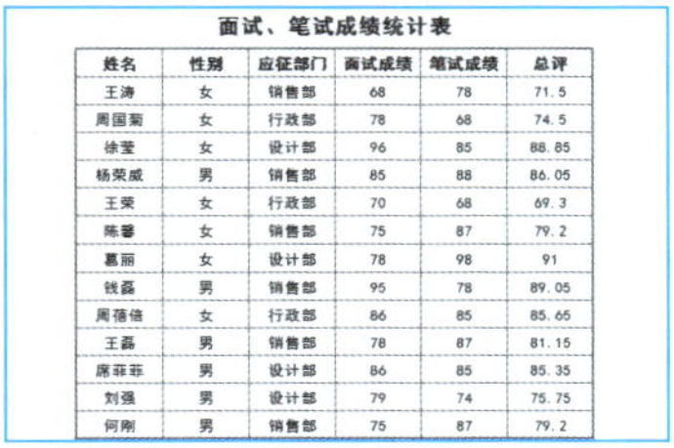

面试、笔试成绩统计表

姓名	性别	应征部门	面试成绩	笔试成绩	总评
王涛	女	销售部	68	78	71.5
周国菊	女	行政部	78	68	74.5
徐莹	女	设计部	96	85	88.85
杨荣威	男	销售部	85	88	86.05
王荣	女	行政部	70	68	69.3
陈馨	女	销售部	75	87	79.2
葛丽	女	设计部	78	98	91
钱磊	男	销售部	95	78	89.05
周蓓倍	女	行政部	86	85	85.65
王磊	男	销售部	78	87	81.15
席菲菲	男	设计部	86	85	85.35
刘强	男	设计部	79	74	75.75
何刚	男	销售部	75	87	79.2

文件设计过程

步骤1：设置数据验证

❶ 新建“面试、笔试成绩统计表”工作表，在表格中输入信息，并设置表格格式，设置后效果如图3-79所示。

❷ 选中C3:C15单元格区域，单击“数据”选项卡下“数据工具”组中“数据验证”按钮（如图3-80所示），打开“数据验证”对话框。

❸ 设置“允许”为“序列”选项，在“来源”文本框中输入“=$H$3:$H$5”，单击“确定”按钮，如图3-81所示。

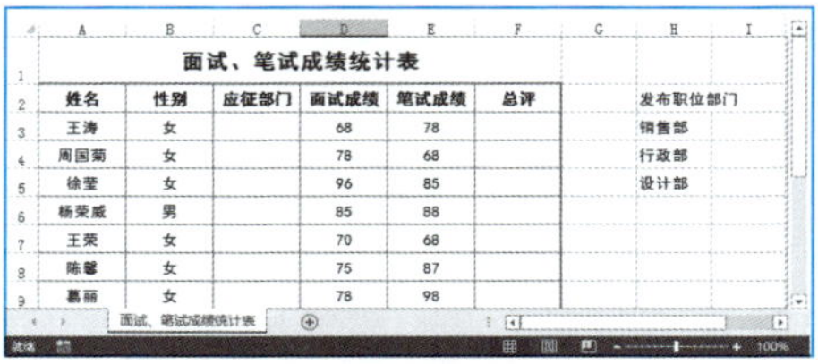

图3-79

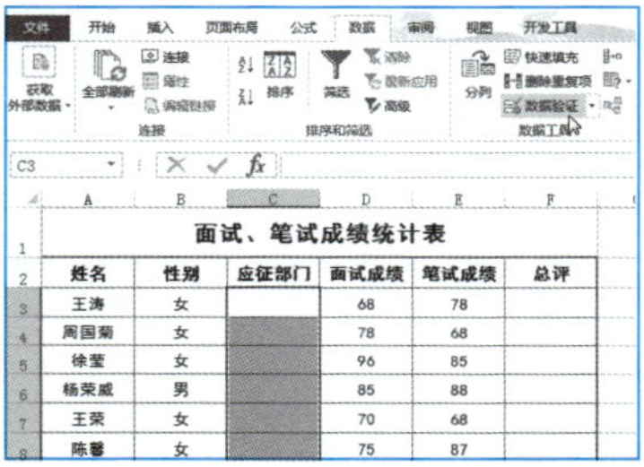

图3-80

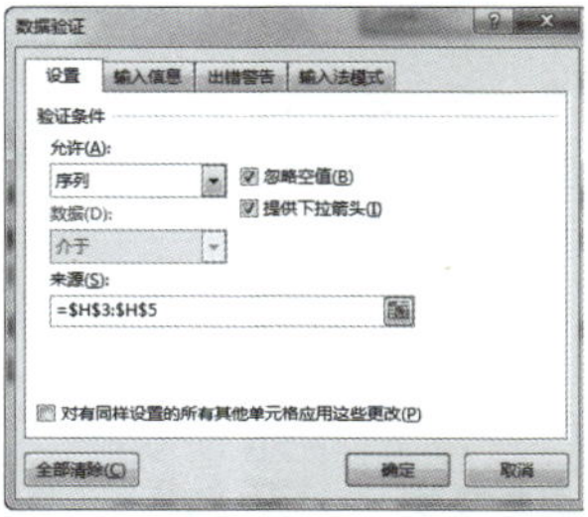

图3-81

步骤2：计算总评分数

❶ 假设“设计部”面试成绩点总评35%，笔试成绩占总成绩的65%，而“销售部”和“行政部”与之相反。

❷ 选中F3单元格，在公式编辑栏输入公式“=IF(C3=$H$5,D3*0.35+E3*0.65,D3*0.65+E3*0.35)”，按Enter键后即可计算出王涛的总评成绩，如图3-82所示。

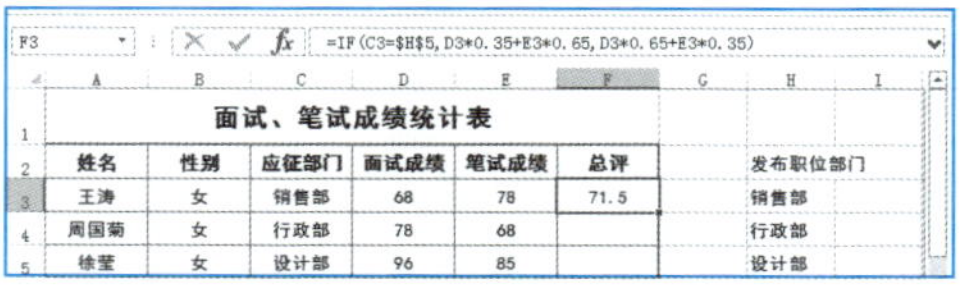

图3-82

❸ 将鼠标移动到F3单元格右下角，拖动填充柄向下复制公式，即可计算出各应聘者的总评成绩，完成面试、笔试成绩统计，如图3-83所示。

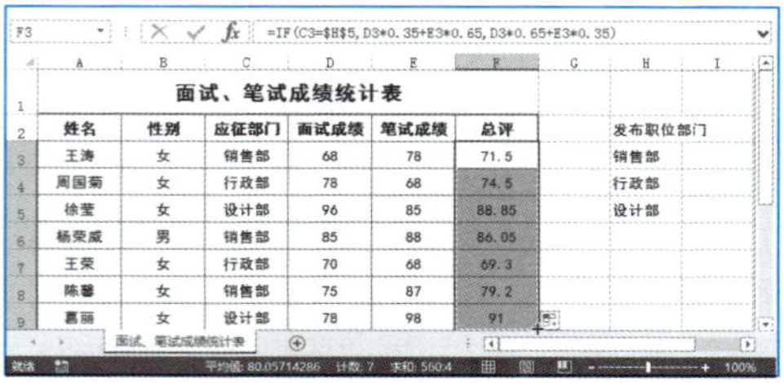

图3-83

文件32 应聘者情况表

想要了解公司员工的人数、各部门人数比例、男女比例等情况，可以根据员工工资统计表中的信息，利用Excel将其列成表格，让人一目了然。

制作要点与设计效果图

- 设置边框
- 设置图案颜色
- 设置图案填充

应聘者工作经历、社会关系情况表

填表日期：

姓名		性别		出生年月		应聘岗位	
应聘人员工作经历表							
时间	单位及职务		业绩		主管姓名	电话	
应聘人员社会关系情况表							
配偶	姓名		出生年月			籍贯	
	工作单位						
	职务			电话			
其他成员	姓名	与本人关系	单位		职务	电话	

文件33 新员工甄选报告表

新员工甄选报告表包括这次招聘的应聘人数、招聘过程中筛选的人数、最终录用人员名单等信息。

制作要点与设计效果图

- 设置边框
- 调整行高和列宽

新员工甄选报告表

甄选职位		应聘人数		初试合格		面试合格	
复试合格		需要名额		合格比率	初试　%	面试　%	录用　%
甄选结果比较	说明		预定		实际		
	具体条件						
	待遇						
录用人员名单							

文件34 面试评价表

在对求职人员进行面试时，面试考官会根据对每个应聘者提出的问题及应聘者面谈过程中的表现，填写面试评价表，以此作为用人部门选择员工的有力证据。

制作要点与设计效果图

- 应用单元格样式
- 设置数据有效性
- 保护工作表

面试评价表

面试编号	011	姓名	李丽	年龄	面试者分类		面试考官	蒋晓琳
				25	□转职者	R应届毕业生	面试时间	2014/8/22
居住地	A市天志路108号		籍贯	汉	户口所在地	C市新站区		
时间	毕业学校			专业			备注	
2011/7/1	A市天宇恪恒大学			经贸专业			成绩优异	
时间	就职经历			职务			备注	
面试记录								
问题		回答		评价（分数1-5分）				
谈谈你选择这份工作的动机？		喜欢这个岗位工作。		3				
				理由：	回答不充分，仅仅喜欢还不够。			
我怎样相信对这个职位你是最好的人选呢？		根据这个职位和我们刚才的谈话，我推断你需要的是工作积极，能设定目标的人，而我则是很好的选择。		5				
				理由：	自信、反应敏捷。			
综合评价（等级）	优	考官评语	良好	分数总计	8			

文件35 面试结果推荐表

面试考官在面试工作结束后，会针对每个应聘者的具体情况填写面试结果推荐表，为用人部门选择员工提供公平、客观的建议。

制作要点与设计效果图

- 设置日期格式
- 使用格式刷复制格式
- 应用会计数字格式

面试结果推荐表

姓名	李丽		日期	2014年9月1日		
外语水平	会话	英语口语流畅				
	阅读	英文六级证书				
智力水平	优秀					
专业知识	平平					
创造性思维	优秀					
性格特征	外向、开朗					
文字能力	强					
面试小组评语	总体情况比较好，适合做市场推广类岗位工作。					
推荐栏						
□ 录用			职位	市场代表		
			级别	一级	薪金	￥ 2,560.00
□ 待用						
□ 辞谢						
赞成此意见者（面试小组成员）签名：						
送达部门及主管：市场部						

文件36 应聘人员复试名单

人力资源部门在完成初试后，会将初试的评价结果递交到各用人部门，用人部门再根据部门自身需求筛选出复试人员并制作完成复试名单，再根据此通知应聘者参加复试。

制作要点与设计效果图

- 套用表格样式
- 表格样式选项显示
- 设置行高和列宽
- 设置文本格式
- 转换为普通区域

应聘人员复试名单

序号	复试者姓名	应聘岗位	性别	初试评价	联系方式
1	刘辉	销售经理	男	优秀	1357****856
2	张明	销售经理	男	合格	1389****587
3	陈成	销售经理	男	优秀	1396****457
4	何晓丽	销售代表	女	良好	1357****589
5	滕云	销售经理	女	合格	1367****574
6	胡斌	销售代表	男	良好	1368****201
7	钱诚	销售经理	男	优秀	1354****250
8	李明远	销售代表	男	优秀	1367****569
9	牧渔风	销售代表	男	合格	1375****478
10	王成婷	销售经理	女	良好	1369****574
11	张丽丽	销售代表	女	良好	1375****230
12	周学成	销售代表	男	合格	1375****257
13	陶毅	销售代表	男	优秀	1367****582
14	于泽	销售代表	男	优秀	1582****356
15	方小菲	销售代表	女	合格	1562****367
16	武宝宝	销售代表	女	合格	138****225

文件37　应聘人员复试记录表

应聘人员复制记录表与面试记录表类似，它是用于记录应聘者在复试过程中涉及的专业知识、个人能力情况及对薪资待遇要求的记录，帮助用人部门最后一次判断。

制作要点与设计效果图

- 设置公式
- 设置填充颜色
- 应用数字单元格样式
- 隐藏零值

应聘人员复试记录表

应聘职位	销售经理	复试人	刘辉	复试日期	2014/9/15
专业知识					
	优秀				
管理工作或看法					
		平平			
工作积极性及领导能力					
		优秀			
发展能力					
	优秀				
要求待遇	¥　2,568.00		其它	要求双休	
面试考官意见					
面试考官签名					

文件38　聘约人员任用核定表

确认录用人员后，可以将被录用者的信息填写在聘约人员任用核定表进行备份。聘约人员任用核定表包括的内容有被录用者的姓名、性别、出生日期、学历、专长、部门、职位、工作职责、拟支薪资。

制作要点与设计效果图

- 应用单元格样式
- 套用表格样式
- 调整行高
- 设置字符格式

聘约人员任用核定表

序号	姓名	性别	出生日期	学历	专长描述	部门	职位	工作职责	拟支薪资	批示
1	于晓明	女	1985-7-15	本科	目标规划	行政部	行政助理	领导日程安排	¥2,600.00	同意
2	刘辉	男	1986-6-12	本科	擅长销售规划	销售部	销售经理	A区销售渠道	¥3,100.00	同意
3	张明	男	1988-12-20	专科	擅长销售规划	销售部	销售经理	B区销售渠道	¥3,100.00	同意
4	陈成	女	1989-12-11	本科	擅长市场拓展	销售部	销售代表	C区销售渠道	¥3,100.00	同意
5	何晓丽	女	1983-5-26	专科	擅长销售规划	销售部	销售经理	D区销售渠道	¥3,100.00	同意
6	滕云	男	1984-5-14	专科	擅长谈判与协调	销售部	销售代表	A产品销售	¥1,800.00	同意
7	胡斌	男	1982-5-19	本科	擅长谈判与协调	销售部	销售经理	B产品销售	¥1,800.00	同意
8	钱诚	男	1986-5-9	本科	擅长谈判与协调	销售部	销售代表	C产品销售	¥1,800.00	同意
9	李明远	男	1987-8-9	本科	熟悉办公软件	行政部	行政助理	日常资料整理	¥1,900.00	同意
10	林风	女	1988-5-9	本科	会计资格证	财务部	出纳	资金流动记载	¥2,500.00	同意
11	魏长琴	女	1984-8-7	本科	会计资格证	财务部	会计	企业财务预算	¥2,800.00	同意
12	张蕙	女	1989-6-7	专科	熟悉接待礼仪	行政部	前台	接待拜访人员	¥1,800.00	同意
13	周婷	女	1985-11-3	本科	熟悉接待礼仪	行政部	前台	接待拜访人员	¥1,800.00	同意
14	陶毅	男	1985-6-12	专科	擅长沟通与协调	销售部	销售代表	A产品销售	¥2,400.00	同意
15	于泽	女	1989-5-5	本科	擅长沟通与协调	销售部	销售代表	B产品销售	¥2,400.00	同意

Excel

第 4 章

人员录用管理表格

人力资源部在经过初步筛选、测试、笔试等审查以及录用部门的复试后，判定应聘人员符合用人部门要求时，需要向应聘者发送录用通知单，通知应聘者在指定的日期到达公司办理入职手续。

新员工入职时，会得到人力资源部提供的人员试用标准表、填写员工履历登记表和新员工试用表，并领取员工工作证后，才能完成入职手续的办理。

编号	文件名称	对应的数据源	重要星级
文件39	人员录用通知单	第4章\文件39 人员录用通知单.xlsx	★★★★★
文件40	新员工报到手续表	第4章\文件40 新员工报到手续表.xlsx	★★★★★
文件41	新员工试用标准表	第4章\文件41 新员工试用标准表.xlsx	★★★★★
文件42	新员工试用表	第4章\文件42 新员工试用表.xlsx	★★★★★
文件43	员工履历表	第4章\文件43 员工履历表.xlsx	★★★★★
文件44	员工工作证	第4章\文件44 员工工作证.xlsx	★★★★★
文件45	人员试用考查表	第4章\文件45 人员试用考查表.xlsx	★★★
文件46	人员试用申请及核定表	第4章\文件46 人员试用申请及核定表.xlsx	★★★
文件47	员工转正申请表	第4章\文件47 员工转正申请表.xlsx	★★★
文件48	人员试用期鉴定表	第4章\文件48 人员试用期鉴定表.xlsx	★★★
文件49	新员工入职登记表	第4章\文件49 新员工入职登记表.xlsx	★★★

文件39　人员录用通知单

企业在确认录用应聘者后，会通过发送录用通知单来正式通知应聘者前来报到，一般录用通知单中的内容有时间、报到地点、行车路线报到内容及录用者需要携带的资料。

制作要点与设计效果图

- 设置特殊日期格式
- 设置文本方向
- 增大边框与单元格文本的距离
- 图案填充

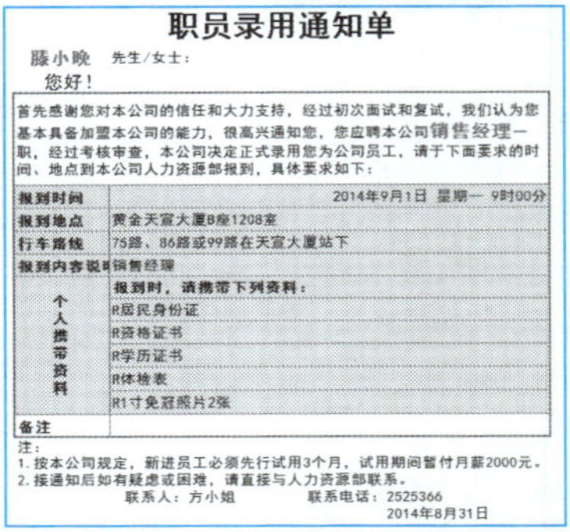

职员录用通知单

滕小晚　先生/女士：

您好！

首先感谢您对本公司的信任和大力支持，经过初次面试和复试，我们认为您基本具备加盟本公司的能力，很高兴通知您，您应聘本公司销售经理一职，经过考核审查，本公司决定正式录用您为公司员工，请于下面要求的时间、地点到本公司人力资源部报到，具体要求如下：

报到时间	2014年9月1日 星期一 9时00分
报到地点	黄金天宫大厦B座1208室
行车路线	75路、86路或99路在天宫大厦站下
报到内容说明	销售经理
个人携带资料	报到时，请携带下列资料：
	R居民身份证
	R资格证书
	R学历证书
	R体检表
	R1寸免冠照片2张
备注	

注：
1. 按本公司规定，新进员工必须先行试用3个月，试用期间暂付月薪2000元。
2. 接通知后如有疑虑或困难，请直接与人力资源部联系。

联系人：方小姐　　联系电话：2525366

2014年8月31日

文件设计过程

步骤1：增大字体

❶ 打开“职员录用通知单”工作表，选中A2单元格区域，在“开始”选项卡的“字体”组中单击“A˄”（增大字号）按钮，如图4-1所示。

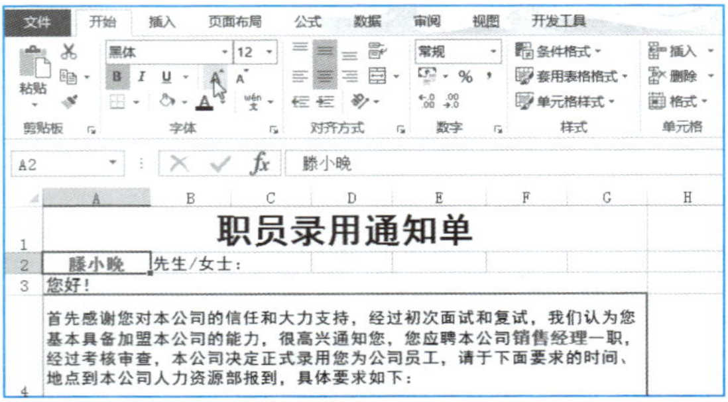

图4-1

❷ 单击“A˄”（增大字号）按钮，即可将“滕小晚”增大一个字号（如图4-2所示），按照相同的方法可以增大“您好”和“销售经理”字号，设置后效果如图4-3所示。

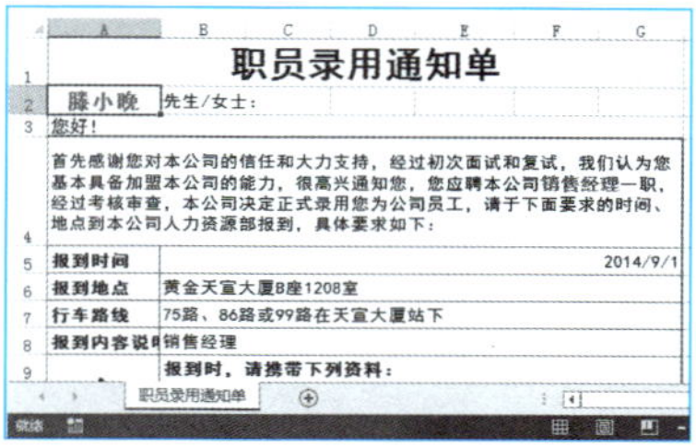

图4-2

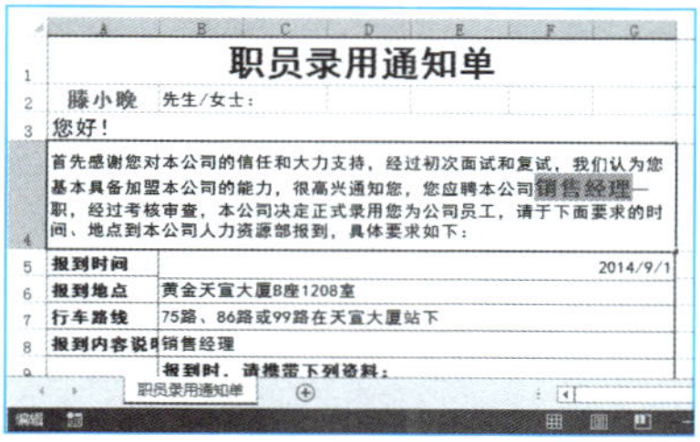

图4-3

步骤2：增大边框与单元格文本的距离

1 选中A3:G3单元格区域，在“对齐方式”组中单击“⇥”（增大缩进量）按钮，如图4-4所示。

2 单击“⇥”（增大缩进量）按钮后，所选单元格中的文本与左侧边框的距离增大了，如图4-5所示。

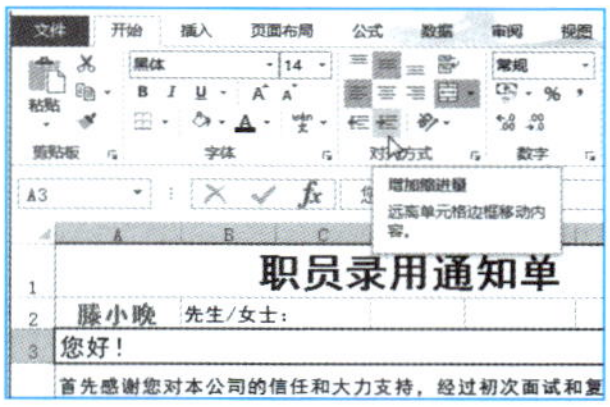

图4-4

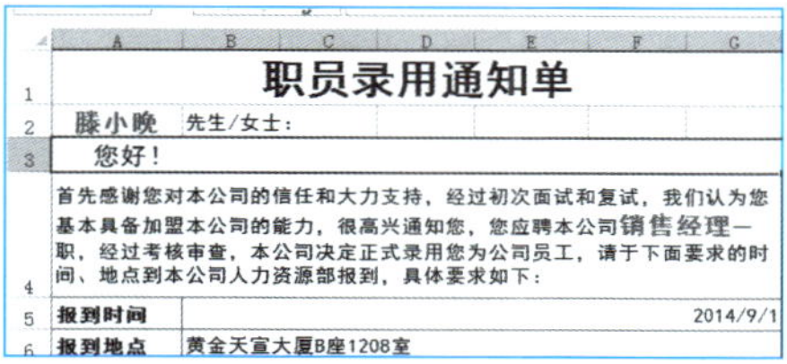

图4-5

步骤3：自定义单元格格式

1 选中B5:G5单元格区域，在“数字”组中单击“⌟”（设置单元格格式）按钮（如图4-6所示），打开“设置单元格格式”对话框。

2 在“分类”列表框中单击“自定义”，接着在类型文本框中输入“[$-804]yyyy”年”m”月”d”日” dddd h”时”mm”分””，如图4-7所示。

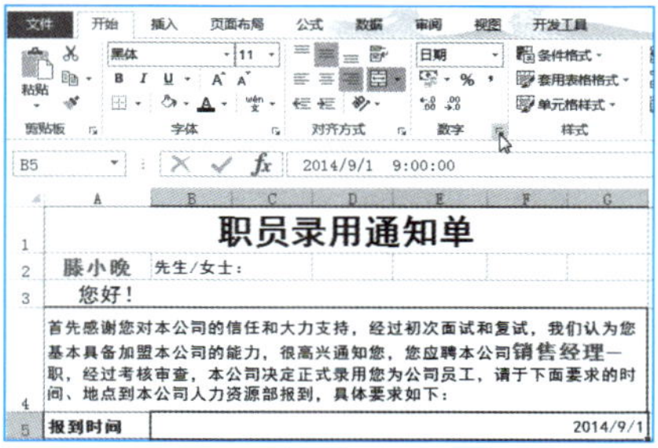

图4-6

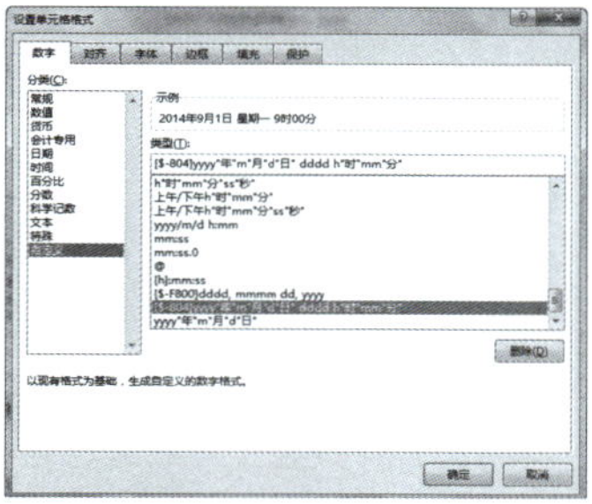

图4-7

③ 单击“确定”按钮，返回工作表中，可看到所选单元格中的日期格式显示为“2014年9月1日 星期一 9时00分”，如图4-8所示。

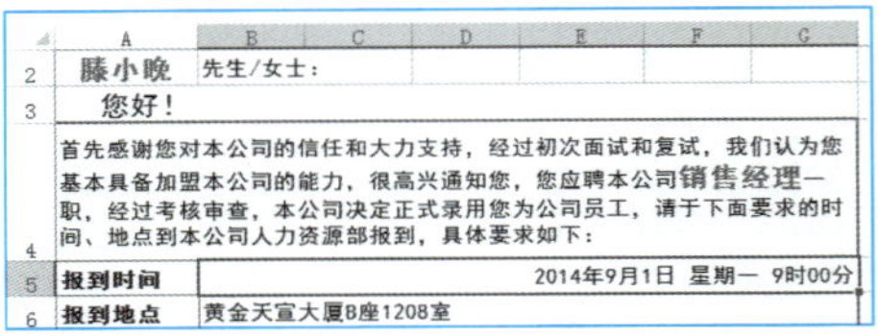

图4-8

步骤4：更改文本方向

① 选中A9:A14单元格区域，切换到“开始”选项卡，在“对齐方式”组中单击“ ”（方向）下拉按钮，在下拉菜单中单击“竖排文字”命令，如图4-9所示。

② 单击“竖排文字”命令后，即可将文字方向更改为竖排，如图4-10所示。

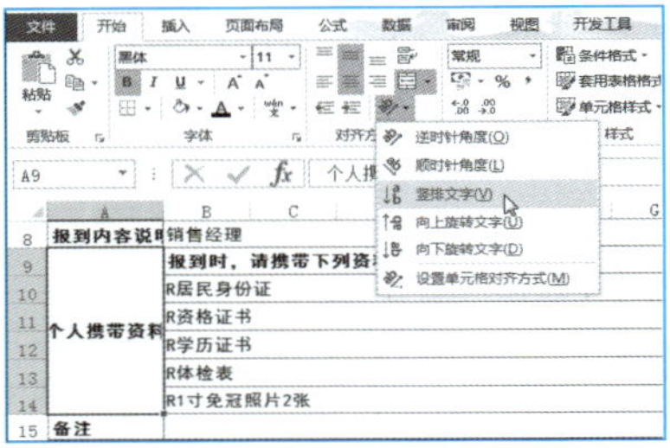

图4-9

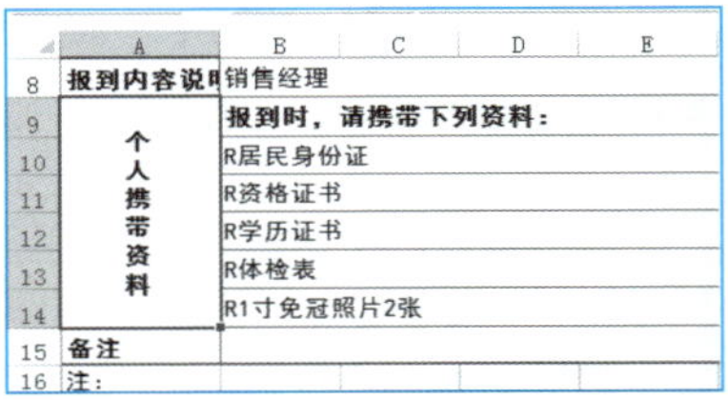

图4-10

步骤5：用图案填充单元格

① 选中A5:G15单元格区域，打开“设置单元格格式”对话框，单击“填充”标签，单击“图案样式”文本框下拉按钮，在下拉菜单中单击图案样式，如“12.5%灰色”，如图4-11所示。

② 单击“确定”按钮，返回工作表中，即可看到所选单元格区域的底纹以特定的图案填充，效果如图4-12所示。

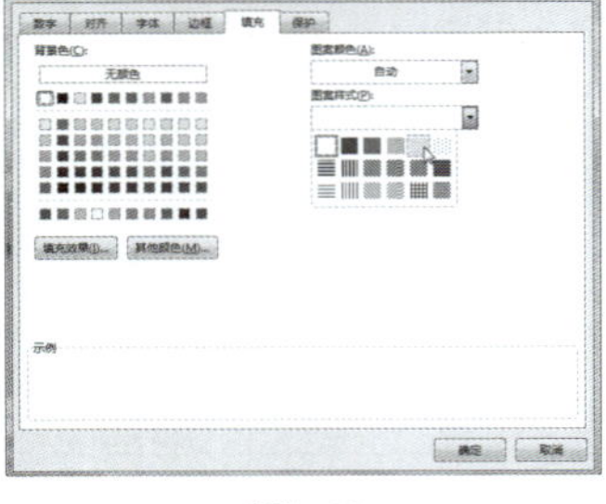

图4-11

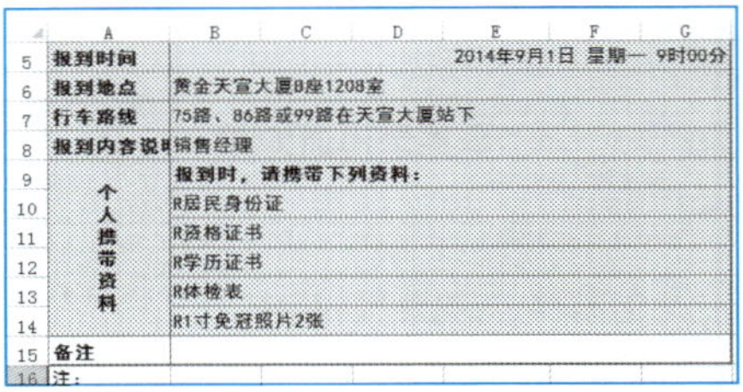

图4-12

文件40　新员工报到手续表

录用者来到企业报到时，需要办理一定的新员工报到手续，如缴纳个人资料（省份证、毕业证以及相关证书的复印件）和领取个人工作所需要物品，如工作证、员工手册、工作簿等。

制作要点与设计效果图

- 修改单元格样式
- 查找数据
- 替换数据

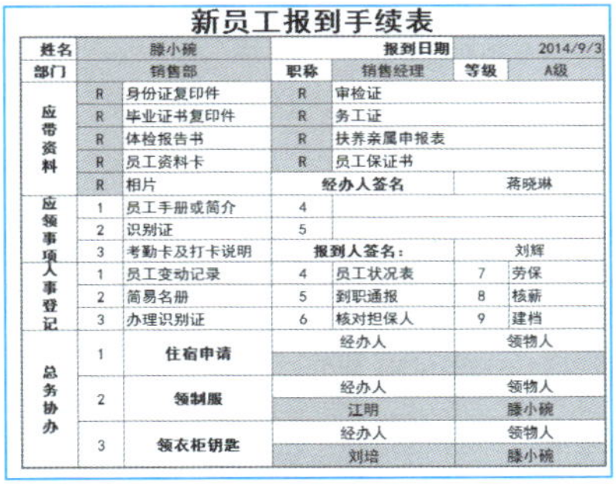

文件设计过程

步骤1：应用单元格样式

❶ 打开“新员工报到手续”工作表，按Ctrl键依次选中要设置单元格样式的单元格，在“开始”选项卡的“样式”组中单击“单元格样式”下拉按钮（如图4-13所示），在下拉菜单中单击要设置的样式，如在“数据和模型”区域单击“输入”，如图4-14所示。

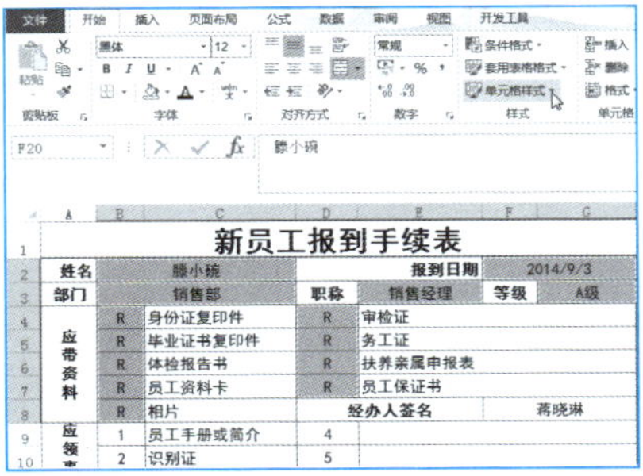

图4-13

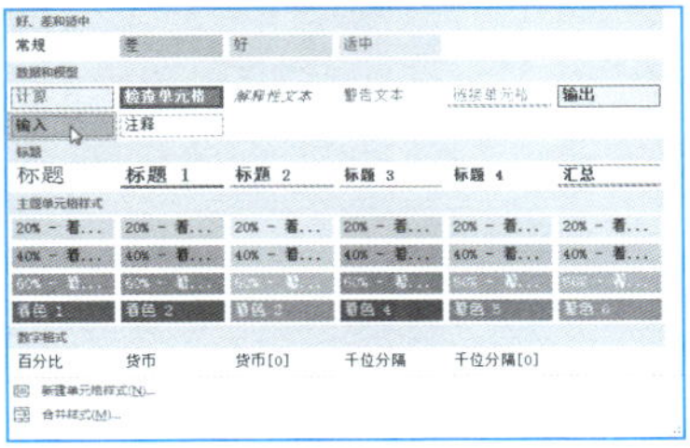

图4-14

❷ 单击“输入”单元格样式后，选中的单元格都应用了“输入”单元格样式，效果如图4-15所示。

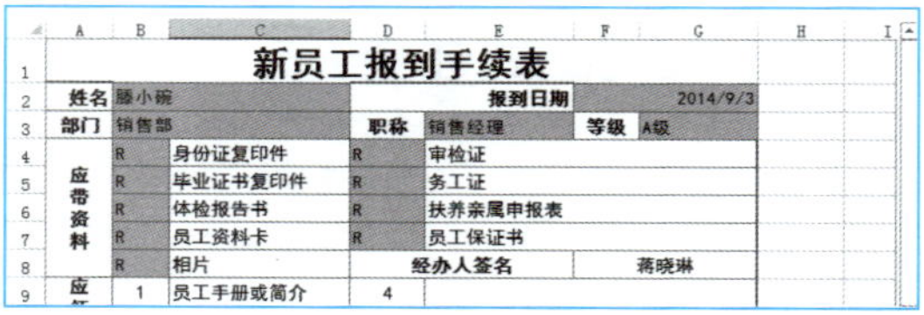

图4-15

步骤2：修改样式

❶ 在“单元格样式”下拉菜单中右键单击“输入”样式，弹出的菜单中单击“修改”命令（如图4-16所示），打开“样式”对话框。

❷ 单击“格式”按钮（如图4-17所示），打开“设置单元格格式”对话框。

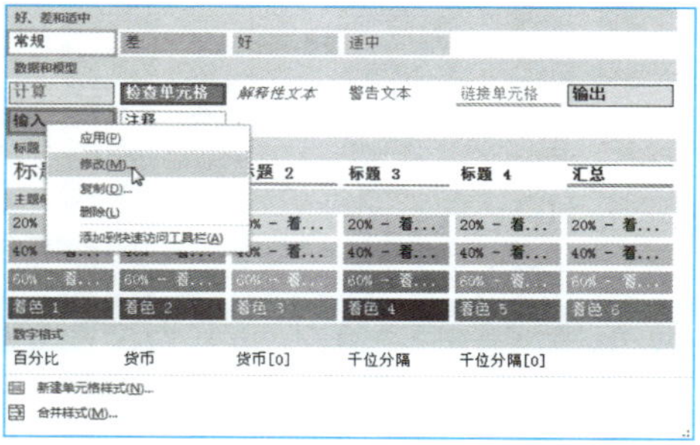

图4-16

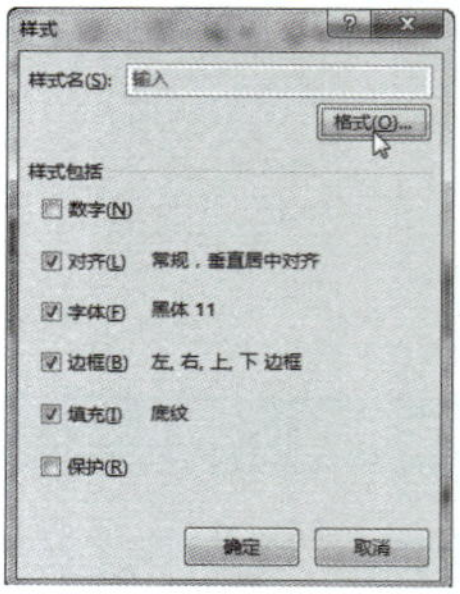

图4-17

❸ 单击“字体”标签，设置字体为“黑体”、“12号”，如图4-18所示。

❹ 切换到“填充”标签，设置填充颜色为灰色，如图4-19所示。

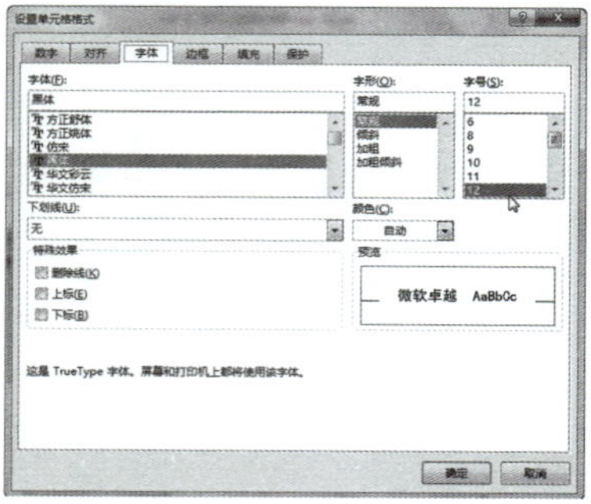

图4-18

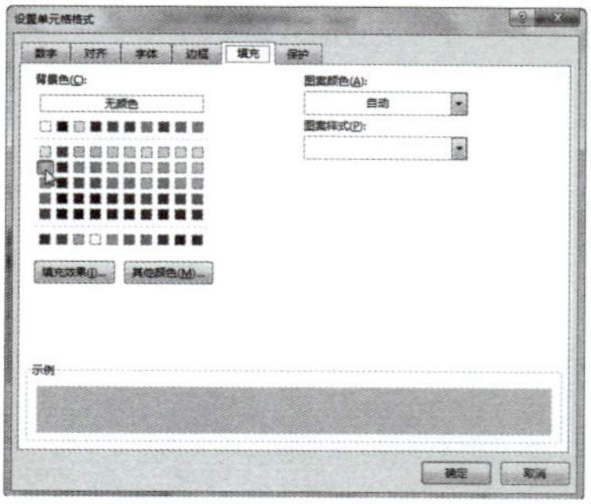

图4-19

❺ 单击“确定”按钮，返回“格式”对话框，再次单击“确定”按钮，返回工作表中，可以看到应用了单元格样式的单元格格式做了相应地修改，如图4-20所示。

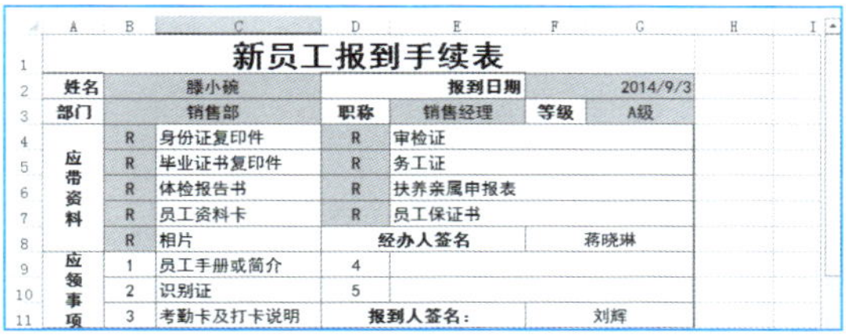

新员工报到手续表						
姓名	滕小碗		报到日期			2014/9/3
部门	销售部		职称	销售经理	等级	A级
应带资料	R	身份证复印件	R	审检证		
	R	毕业证书复印件	R	务工证		
	R	体检报告书	R	扶养亲属申报表		
	R	员工资料卡	R	员工保证书		
	R	相片	经办人签名		蒋晓琳	
应领事项	1	员工手册或简介	4			
	2	识别证	5			
	3	考勤卡及打卡说明	报到人签名：		刘辉	

图4-20

步骤3：查找和替换

❶ 切换到“开始”选项卡，在“编辑”组中单击“查找和选择”下拉按钮，在下拉菜单中单击“查找替换”命令（如图4-21所示），打开“查找和替换”对话框。

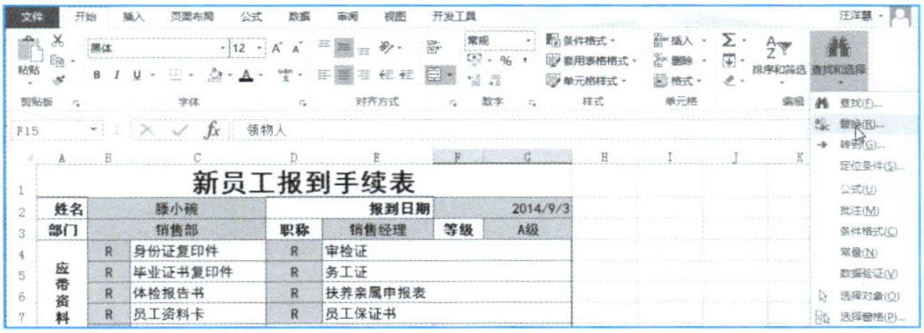

图4-21

❷ 在“查找内容”文本框中输入“人员”，“替换为”文本框中输入“员工”，单击“查找全部”按钮，如图4-22所示。

❸ 系统自动将表格中所有符合“人员”的记录显示出来，如图4-23所示。

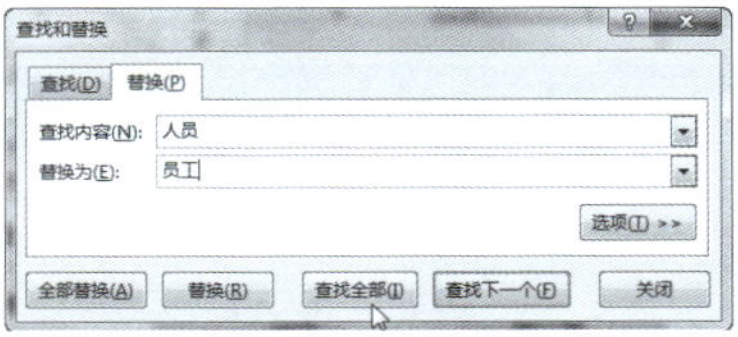

图4-22

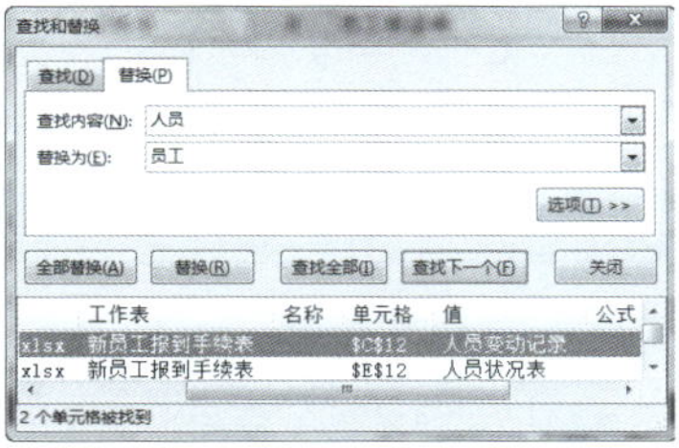

图4-23

❹ 单击“全部替换”按钮，系统会弹出提示，提示以替换的处数，如图4-24所示。

❺ 单击“确定”按钮，返回到“查找和替换”对话框，可以看到工作簿区域做了相应的替换（如图4-25所示），即在工作表中将“人员”字样替换“员工”为字样。

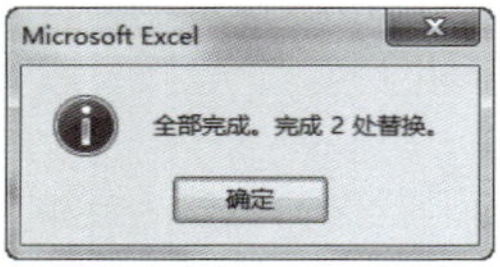

图4-24

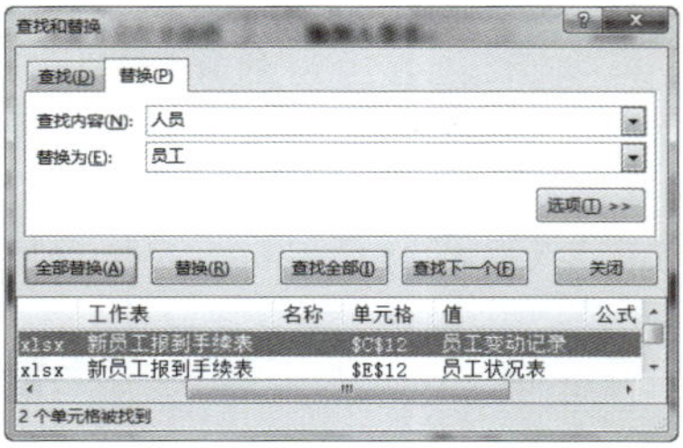

图4-25

文件41　新员工试用标准表

新员工入职后，会有一个试用的阶段，为了让在试用期的新员工了解自己的薪资情况，财务部门会根据人力资源部门的要求，制作人员试用标准表，根据新员工的专业知识、工作经验来划分工资等级。新员工试用标准表就是为了有效地反映上述情况而制定的表格。

制作要点与设计效果图

- 添加下划线
- 设置文本分数对齐
- 应用货币格式
- 快速调整小数位数
- 复制图表为图片

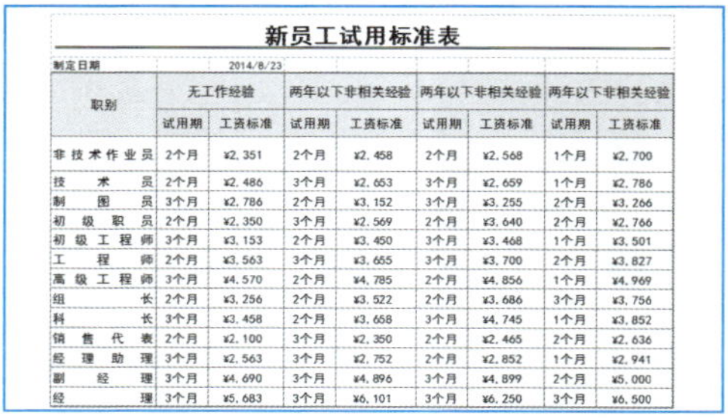

新员工试用标准表

制定日期　2014/8/23

职别	无工作经验		两年以下非相关经验		两年以下非相关经验		两年以下非相关经验	
	试用期	工资标准	试用期	工资标准	试用期	工资标准	试用期	工资标准
非技术作业员	2个月	¥2,351	2个月	¥2,458	2个月	¥2,568	1个月	¥2,700
技术员	2个月	¥2,486	3个月	¥2,653	3个月	¥2,659	1个月	¥2,786
制图员	3个月	¥2,786	2个月	¥3,152	3个月	¥3,255	2个月	¥3,266
初级职员	2个月	¥2,350	3个月	¥2,569	2个月	¥3,640	2个月	¥2,766
初级工程师	3个月	¥3,153	2个月	¥3,450	3个月	¥3,468	1个月	¥3,501
工程师	2个月	¥3,563	3个月	¥3,655	3个月	¥3,700	2个月	¥3,827
高级工程师	3个月	¥4,570	2个月	¥4,785	2个月	¥4,856	1个月	¥4,969
组长	2个月	¥3,256	2个月	¥3,522	2个月	¥3,686	3个月	¥3,756
科长	3个月	¥3,458	2个月	¥3,658	3个月	¥4,745	1个月	¥3,852
销售代表	2个月	¥2,100	3个月	¥2,350	2个月	¥2,465	2个月	¥2,636
经理助理	3个月	¥2,563	3个月	¥2,752	2个月	¥2,852	1个月	¥2,941
副经理	3个月	¥4,690	3个月	¥4,896	3个月	¥4,899	2个月	¥5,000
经理	3个月	¥5,683	3个月	¥6,101	3个月	¥6,250	3个月	¥6,500

文件设计过程

步骤1：添加下划线

❶ 打开“新员工试用标准表”工作表，选中标题所在单元格区域，切换到“开始”选项卡，在“字体”组中单击“⧉”（设置单元格格式）按钮（如图4-26所示），打开“设置单元格格式”对话框。

❷ 单击“下划线”下拉按钮，在下拉菜单中单击“会计用双下划线”，如图4-27所示。

❸ 单击“确定”按钮，返回工作表中，即可看到为标题添加双下划线，如图4-28所示。

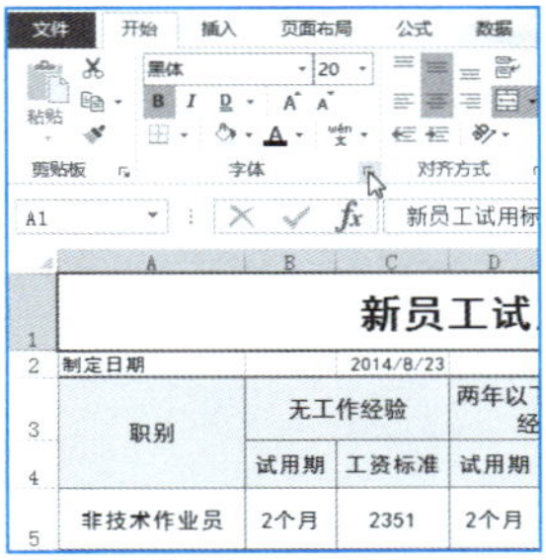

图4-26

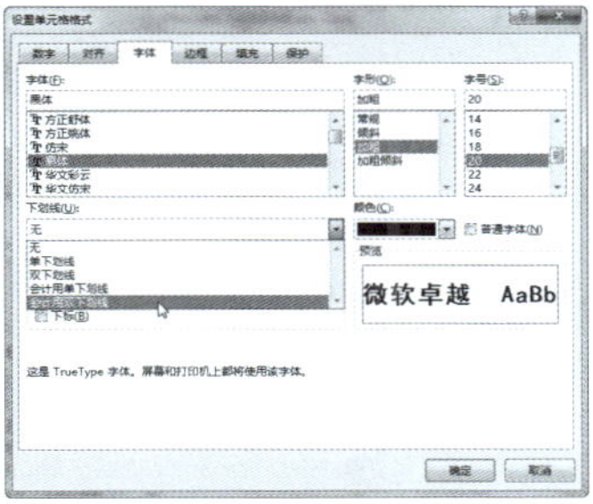

图4-27

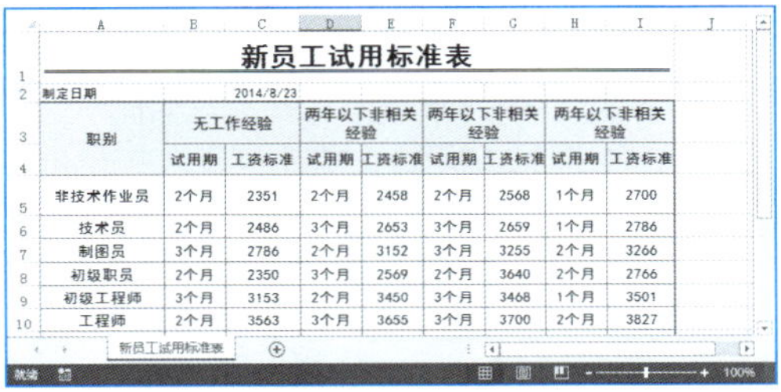

新员工试用标准表								
制定日期		2014/8/23						
职别	无工作经验		两年以下非相关经验		两年以下非相关经验		两年以下非相关经验	
	试用期	工资标准	试用期	工资标准	试用期	工资标准	试用期	工资标准
非技术作业员	2个月	2351	2个月	2458	2个月	2568	1个月	2700
技术员	2个月	2486	3个月	2653	3个月	2659	1个月	2786
制图员	3个月	2786	2个月	3152	3个月	3255	2个月	3266
初级职员	2个月	2350	3个月	2569	2个月	3640	2个月	2766
初级工程师	3个月	3153	2个月	3450	3个月	3468	1个月	3501
工程师	2个月	3563	3个月	3655	3个月	3700	2个月	3827

图4-28

步骤2：设置单元格文本分散对齐

❶ 选中A5:A17单元格，单击鼠标右键，在弹出的菜单中单击“设置单元格格式”命令（如图4-29所示），打开“设置单元格格式”对话框。

❷ 单击“对齐”标签，单击“水平对齐”下拉按钮，在下拉菜单中选择“分散对齐（缩进）”，如图4-30所示。

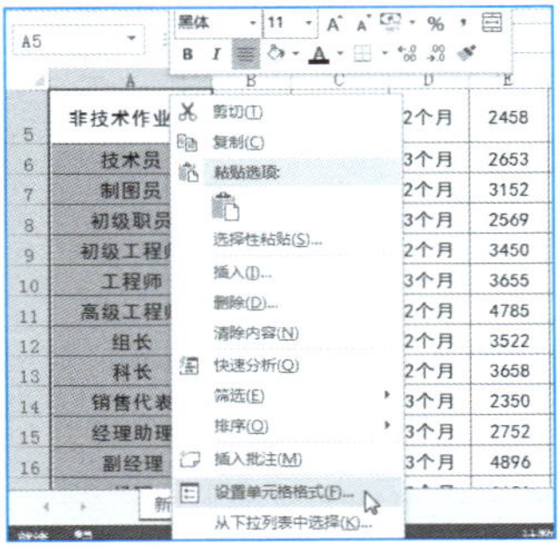

图4-29

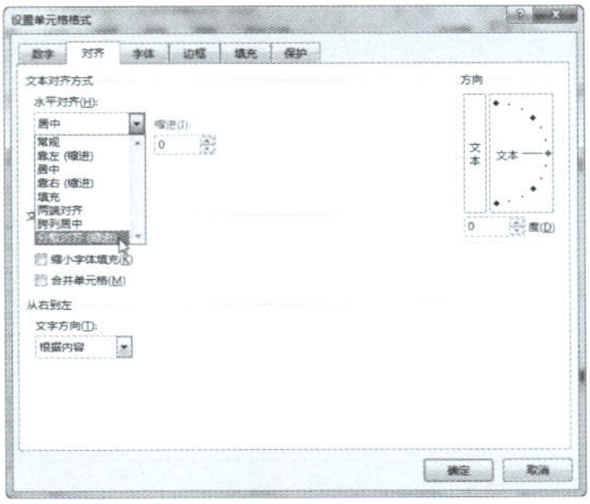

图4-30

❸ 单击“确定”按钮，返回工作表中，此时选中的文本以单元格列宽为基准进行分散对齐显示，如图4-31所示。

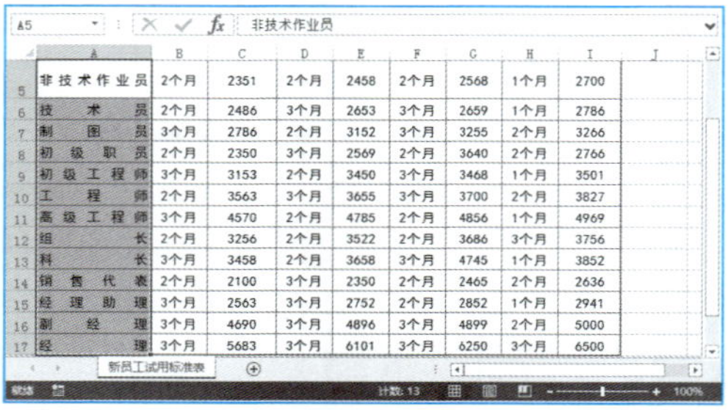

图4-31

步骤3：设置货币数据样式

按Ctrl键依次选中各项工资标准所在单元格区域，在“数字”选项卡中单击“数字格式”下拉按钮（如图4-32所示），在下拉菜单中选择单击“会计专用”数字格式，如图4-33所示。

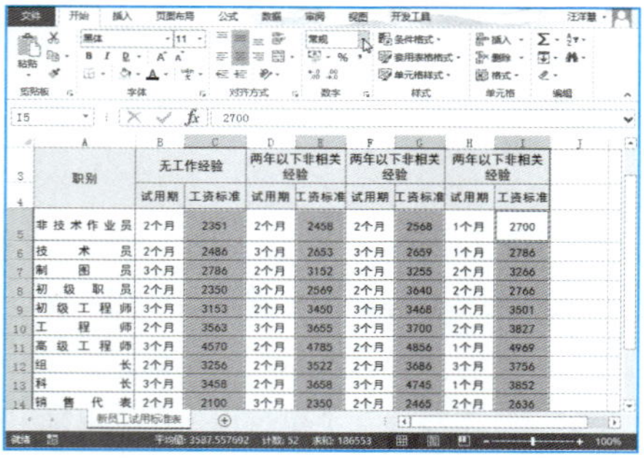

图4-32

图4-33

步骤4：快速调整小数位数

❶ 一般情况下，员工的基本工资均为整数。选中各项工资标准金额所在单元格区域，在“数字”组中单击两次“.00→.0”（减少小数位数）按钮，如图4-34所示。

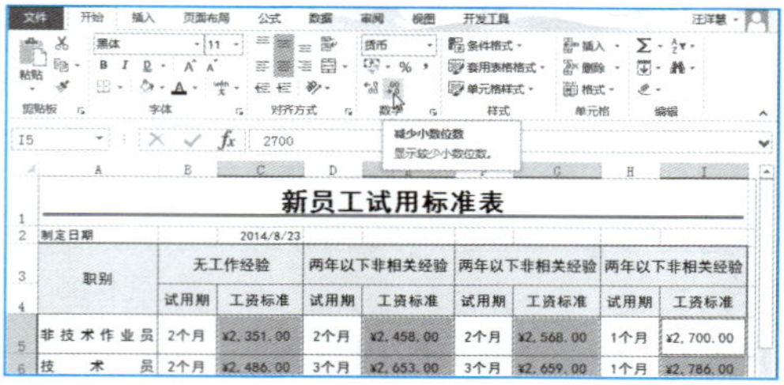

图4-34

❷ 单击两次“.00→.0”（减少小数位数）按钮后，系统自动对所选单元格金额进行四舍五入取整数，如图4-35所示。

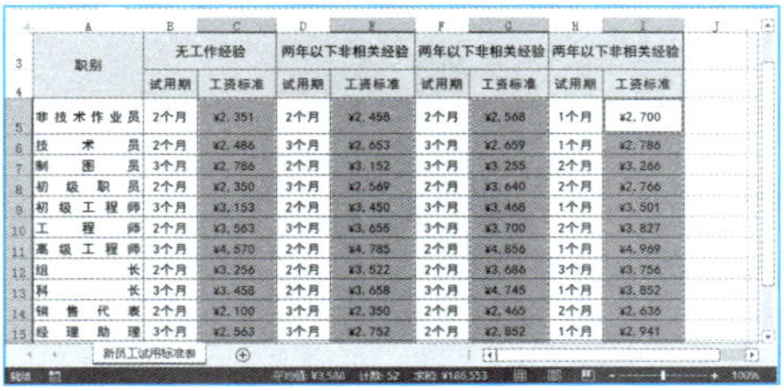

图4-35

步骤5：将表格复制为图片

❶ 选中A1:I17单元格区域，切换到“开始”选项卡，在“剪贴板”组中单击“复制”按钮，如图4-36所示。

❷ 接着在“剪贴板”组中单击“粘贴”下拉按钮，在下拉菜单中“其他粘贴选项”区域单击“图片”图标，如图4-37所示。

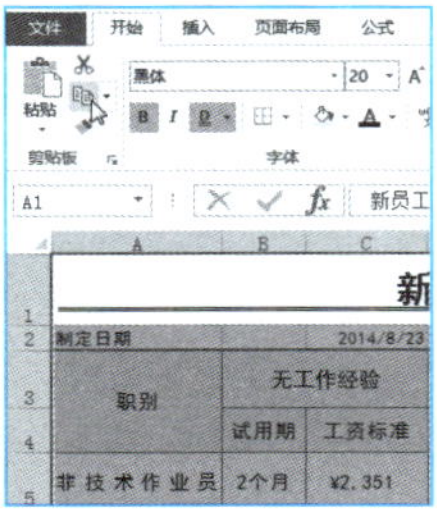

图4-36

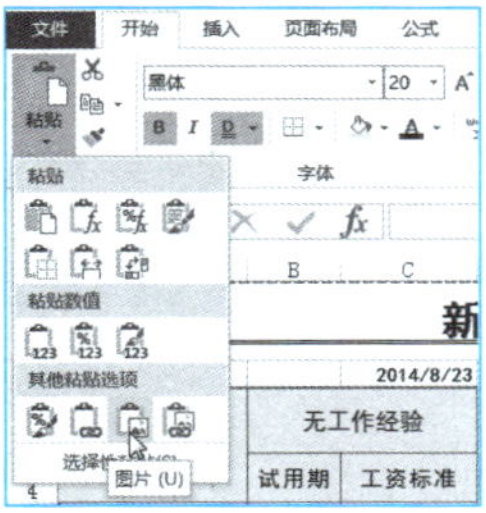

图4-37

❸ 此时复制到剪贴板中的数据，以图片的形式粘贴到目标单元格区域，如图4-38所示。

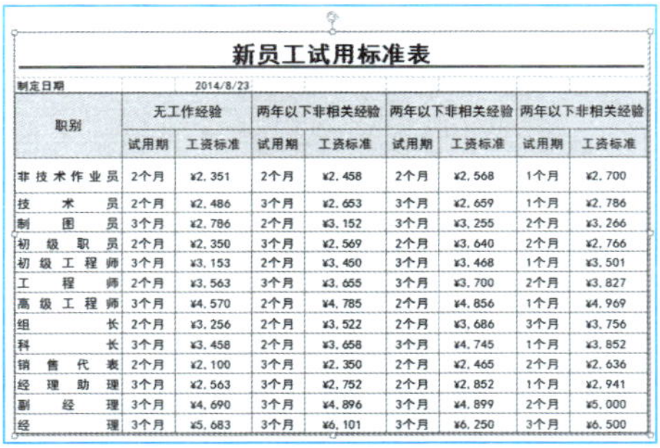

新员工试用标准表

制定日期 2014/8/23

职别	无工作经验		两年以下非相关经验		两年以下非相关经验		两年以下非相关经验	
	试用期	工资标准	试用期	工资标准	试用期	工资标准	试用期	工资标准
非技术作业员	2个月	¥2,351	2个月	¥2,458	2个月	¥2,568	1个月	¥2,700
技术员	2个月	¥2,486	3个月	¥2,653	3个月	¥2,659	1个月	¥2,786
制图员	3个月	¥2,786	2个月	¥3,152	3个月	¥3,255	2个月	¥3,266
初级职员	2个月	¥2,350	3个月	¥2,569	2个月	¥3,640	2个月	¥2,766
初级工程师	3个月	¥3,153	2个月	¥3,450	3个月	¥3,468	1个月	¥3,501
工程师	2个月	¥3,563	3个月	¥3,655	3个月	¥3,700	2个月	¥3,827
高级工程师	3个月	¥4,570	2个月	¥4,785	2个月	¥4,856	1个月	¥4,969
组长	2个月	¥3,256	2个月	¥3,522	2个月	¥3,686	3个月	¥3,756
科长	3个月	¥3,458	2个月	¥3,658	3个月	¥4,745	1个月	¥3,852
销售代表	2个月	¥2,100	3个月	¥2,350	2个月	¥2,465	2个月	¥2,636
经理助理	3个月	¥2,563	3个月	¥2,752	2个月	¥2,852	1个月	¥2,941
副经理	3个月	¥4,690	3个月	¥4,896	3个月	¥4,899	2个月	¥5,000
经理	3个月	¥5,683	3个月	¥6,101	3个月	¥6,250	3个月	¥6,500

图4-38

4 将表格数据复制为图片后，再次选中A1:I17单元格区域，按Delete键删除，仅保留粘贴生成的图片对象，可以防止人员试用标准被修改。

文件42　新员工试用表

新员工在办理入职手续时，还需要填写一份新员工试用表，新员工试用表包括他们的基本信息、试用计划、试用时间等，这样能方便管理者掌握新员工的试用情况。

制作要点与设计效果图

- TODAY函数
- 限制输入整数
- 设置提示消息
- 设置错误警告

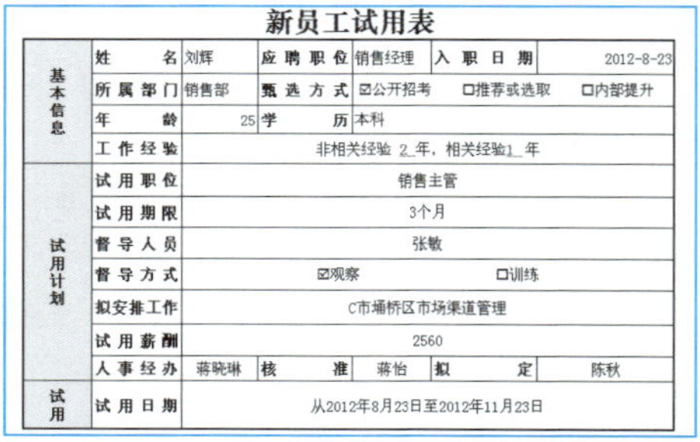

新员工试用表

基本信息	姓名	刘辉	应聘职位	销售经理	入职日期	2012-8-23
	所属部门	销售部	甄选方式	☑公开招考	□推荐或选取	□内部提升
	年龄	25	学历	本科		
	工作经验	非相关经验 2 年，相关经验1 年				
试用计划	试用职位	销售主管				
	试用期限	3个月				
	督导人员	张敏				
	督导方式	☑观察		□训练		
	拟安排工作	C市埇桥区市场渠道管理				
	试用薪酬	2560				
	人事经办	蒋晓琳	核准	蒋怡	拟定	陈秋
试用	试用日期	从2012年8月23日至2012年11月23日				

文件设计过程

步骤1：使用TODAY函数获取当前日期

1 打开“新员工试用表”工作表，选中G2单元格，在公式编辑栏中输入公式“=TODAY()”，按Enter键，即可获取当前日期，如图4-39所示。

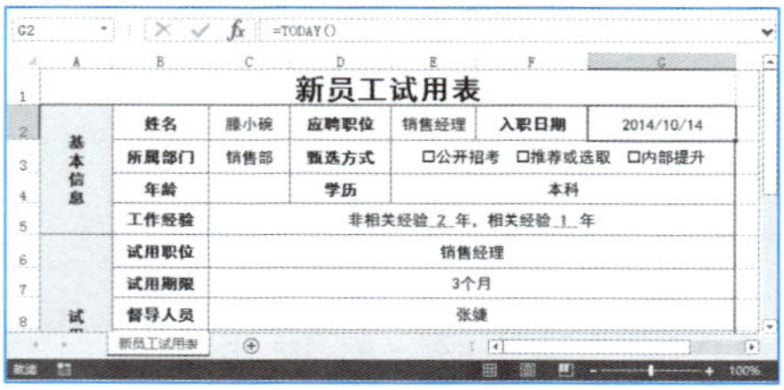

G2　=TODAY()

新员工试用表

基本信息	姓名	滕小婉	应聘职位	销售经理	入职日期	2014/10/14
	所属部门	销售部	甄选方式	□公开招考	□推荐或选取	□内部提升
	年龄		学历	本科		
	工作经验	非相关经验 2 年，相关经验 1 年				
	试用职位	销售经理				
	试用期限	3个月				
试	督导人员	张婕				

新员工试用表

图4-39

公式分析：

公式“=TODAY()”。TODAY函数是用于返回当前日期的序列号，且返回的序列号会跟随电脑日期的更改自动更新。TODAY函数没有参数。同时按下“Ctrl+；”键，也可以得到当前日期。

步骤2：设置数据有效性

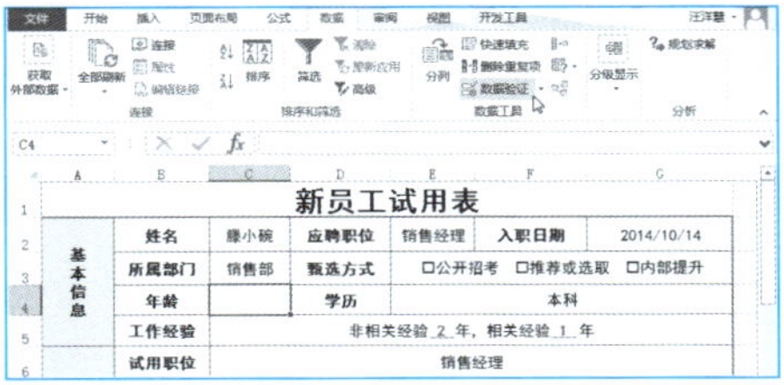

图4-40

❶ 选中C4单元格，切换到“数据”选项卡，在“数据工具”组中单击“数据验证”按钮（如图4-40所示），打开“数据验证”对话框。

❷ 在“允许”下拉菜单中选择“整数”（如图4-41所示），单击“数据”文本框下拉按钮，在下拉菜单中单击“大于或等于”，在“最小值”文本框中输入“20”，如图4-42所示。

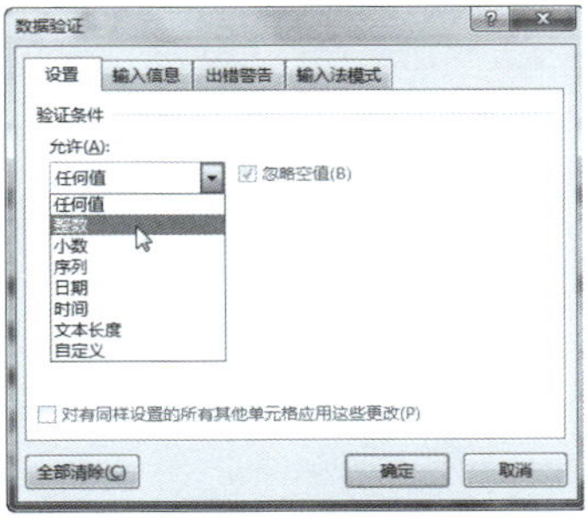

图4-41

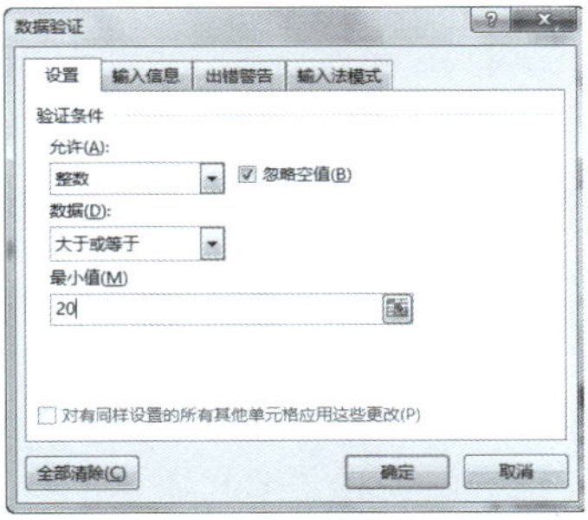

图4-42

❸ 单击“输入信息”标签，在“标题”和“输入信息”文本框中输入要提示的信息，如图4-43所示。

❹ 单击“出错警告”标签，在“样式”下拉菜单中选择“警告”（如图4-44所示），接着在“标题”和“错误信息”文本框中输入错误提示信息，如图4-45所示。

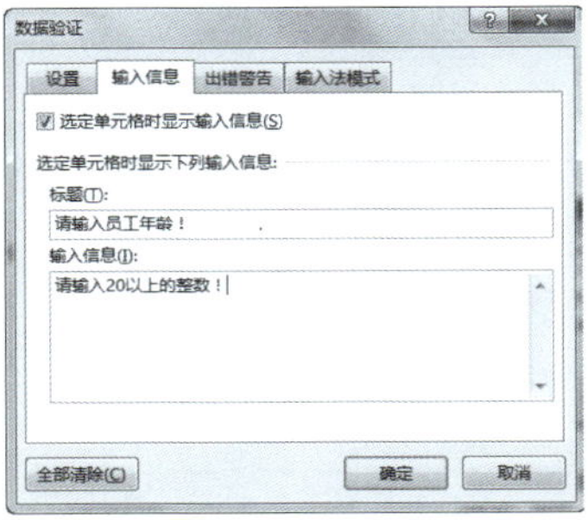

图4-43

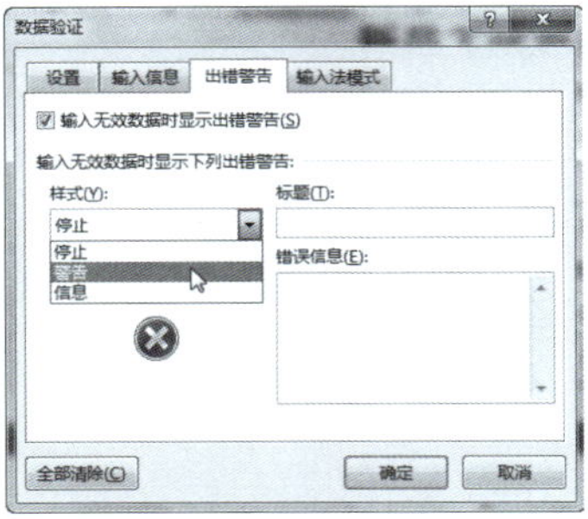

图4-44

5 单击“确定”按钮，返回工作表，单击C4单元格，即可显示提示信息，提示输入20岁以上的整数，如图4-46所示。

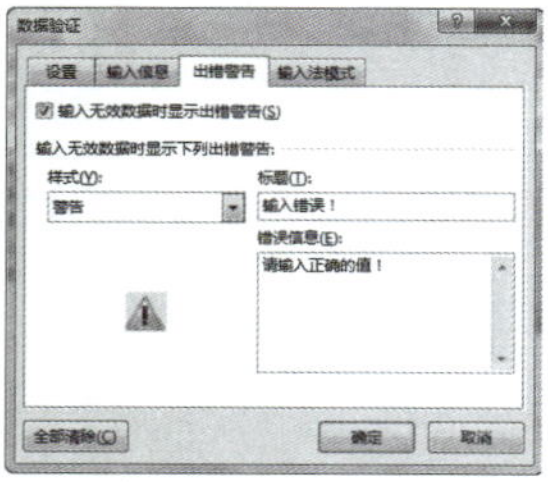

图4-45

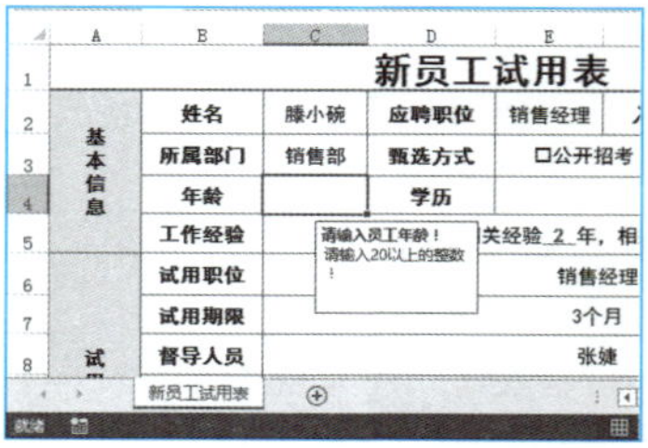

图4-46

6 在C4单元格中输入不满足条件的年龄数值，如“19”，按Enter键后，系统会弹出“输入错误”警告对话框，显示警告信息，如图4-47所示。

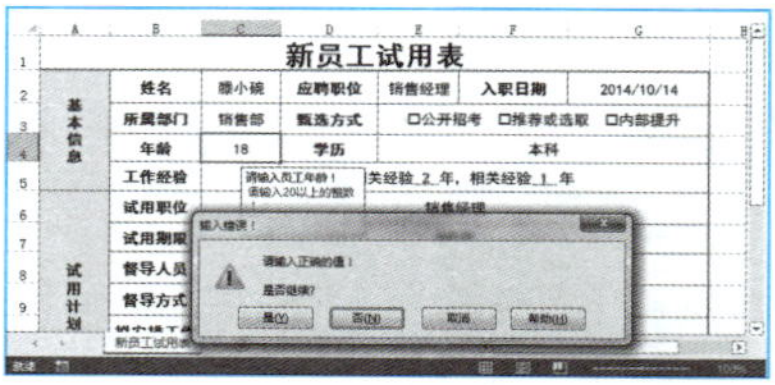

图4-47

提 示

上述的提示仅给用户一个警告提示，它不支持用户录入不符合的数值，如果输入了不符合的数值，在弹出警告对话框时，在对话框中单击“是”按钮，即可输入不合符的数值。

文件43 员工履历表

新员工在入职后，人力资源部门会为新员工制作一份员工履历表，用于存档。员工履历表真实地记录新员工的基本情况、教育程度以及工作经历等详细情况。

制作要点与设计效果图

- 插入图片
- 调整图片大小及位置
- 删除图片背景
- 调整图片亮度与对比度

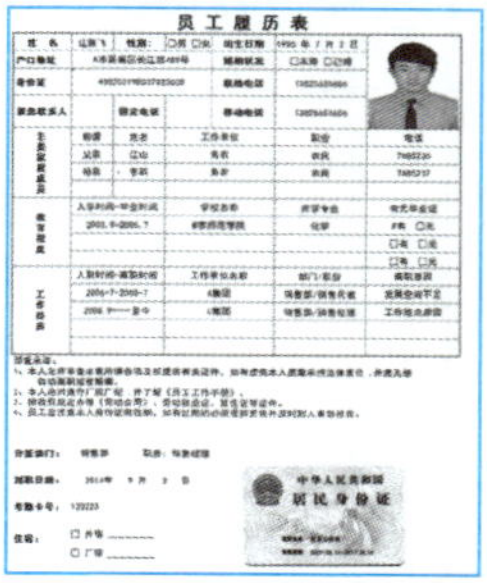

文件设计过程

步骤1：插入图片

❶ 打开“员工履历表”工作表，切换到“插入”选项卡，在“插图”组中单击“图片”按钮（如图4-48所示），打开“插入图片”对话框。

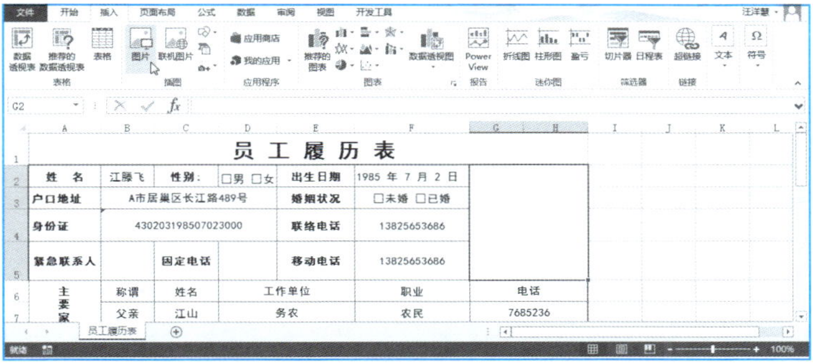

图4-48

❷ 在左侧单击保存员工照片的目标文件夹“文档”，选中要插入的图片，如图4-49所示。

❸ 单击“插入”按钮，返回工作表中，即可将选中的图片插入到工作表中，如图4-50所示。

图4-49

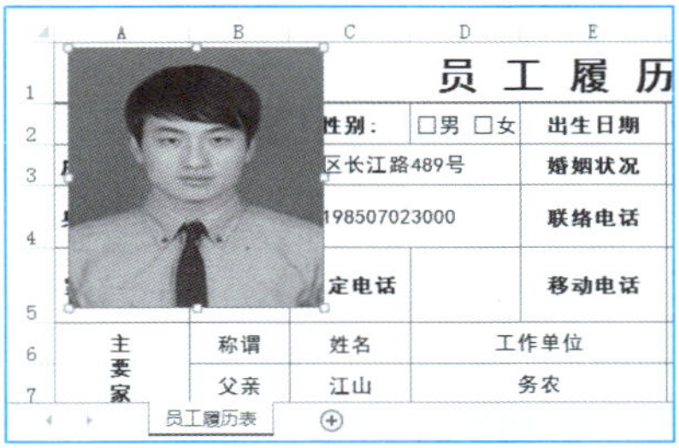

图4-50

步骤2：调整图片大小和位置

❶ 选中插入的图片，将光标放置在图片右下角的控制点，单击鼠标左键，向左上角拖动鼠标，拖动到适当的大小，释放左键，即可缩小图片，如图4-51所示。

❷ 将光标放置在图片上，当出现“✥”形状时，拖动图片移动到要放置的位置，如图4-52所示。

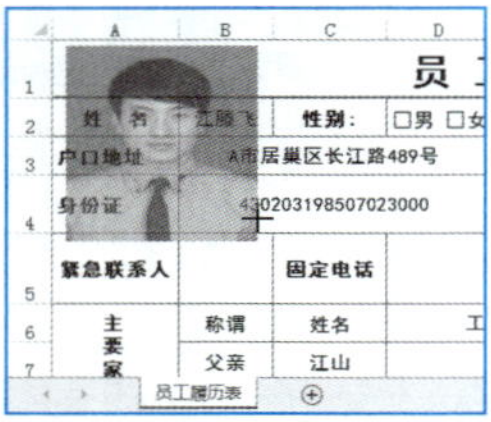

图4-51

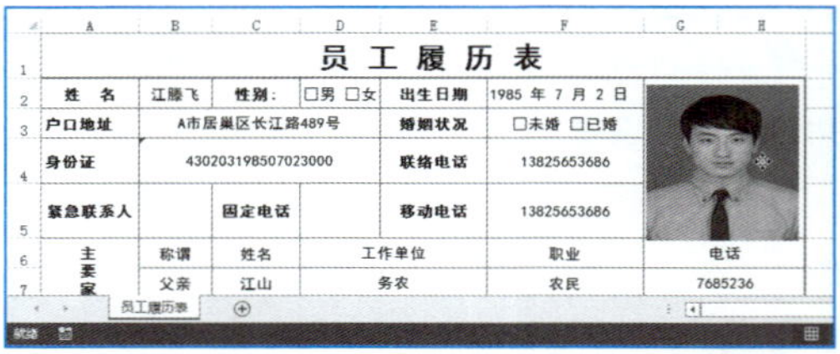

图4-52

步骤3：删除背景

❶ 选中图片，切换到“图片工具-格式”选项卡，在“调整”组中单击“删除图片”按钮，如图4-53所示。

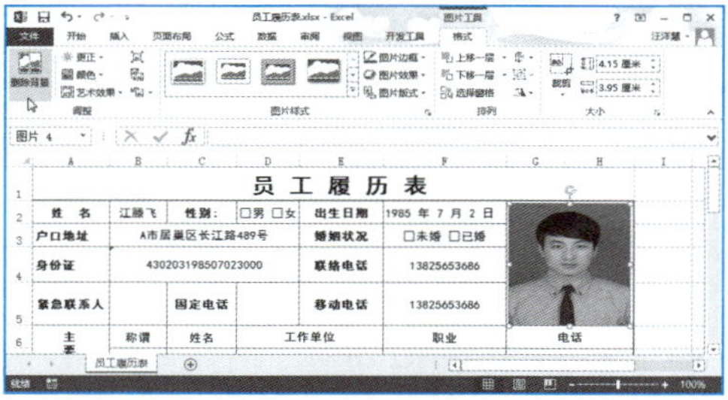

图4-53

❷ 系统会自动切换至“背景消除”选项卡，在“优化”组中单击“标记要保留的区域”按钮，如图4-54所示。

❸ 待指针变为铅笔状，绘制直线标记处要保留背景的部分，如人物的衣物，如图4-55所示。

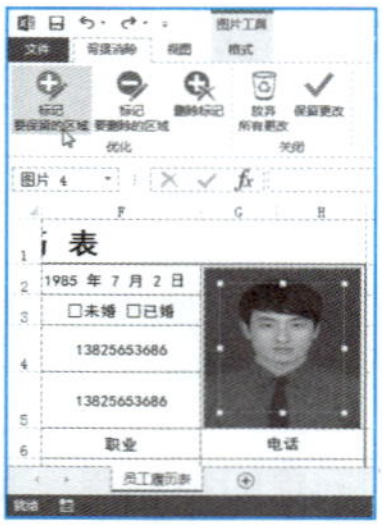

图4-54

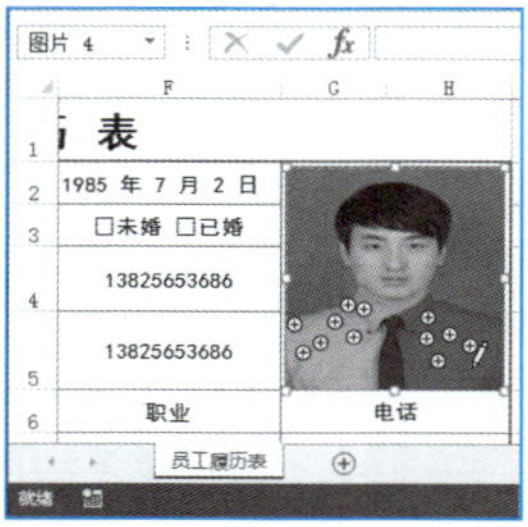

图4-55

❹ 完成保留图像的标记后，单击“标记要删除的区域”按照相同的方法标记。设置完成后，在“关闭”组中单击“保留更改”或单击图片对象以外的任何位置，如图4-56所示。

5 此时在“背景消除”状态下的紫色部分被清除了，仅保留人物主体对象，如图4-57所示。

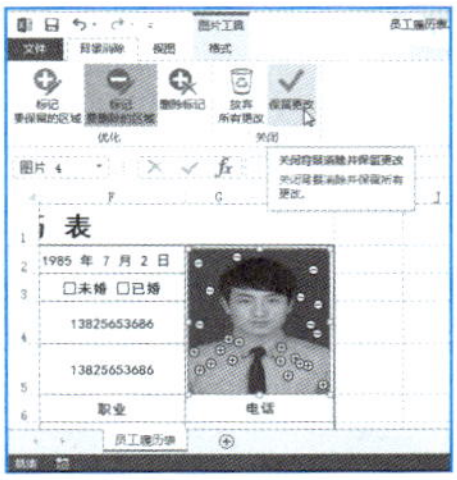

图4-56

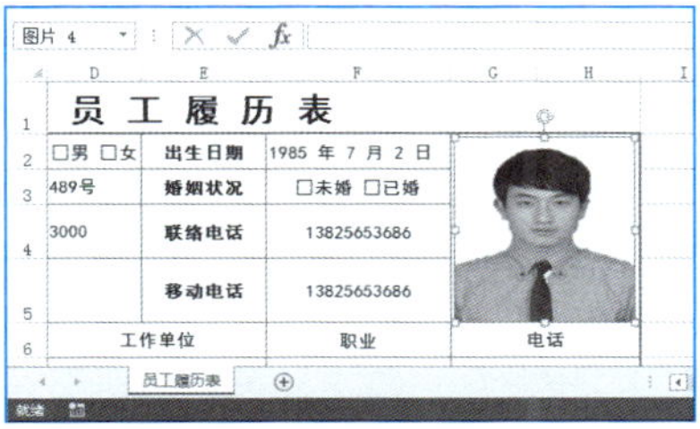

图4-57

6 按照相同的方法插入身份证图片，完成员工履历表的制作，如图4-58所示。

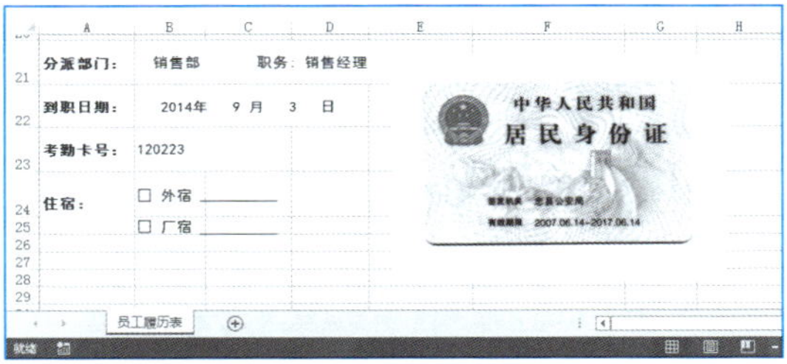

图4-58

文件44　员工工作证

新员工入职后，人力资源部门会为员工制作一份员工工作证，工作证包括员工的姓名、编号以及员工的照片。

制作要点与设计效果图

- 单元格纯色填充
- 插入图片
- 调整图片大小
- 裁剪图片

文件45 人员试用考查表

人员试用考查表时用于记录新员工试用期间的试用计划、试用结果考核的表格，通过对人员试用考查，可以了解新员工是否及时、有效地完成试用计划内容，为决策部门提供判断依据。

制作要点与设计效果图

- 竖排文字
- 插入符号
- 添加会计专用双下划线

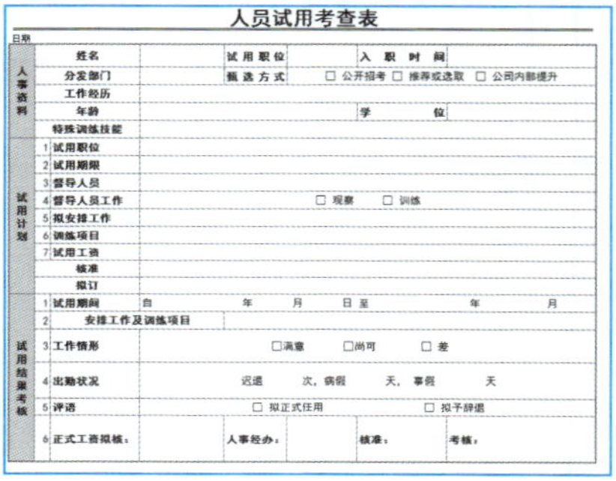

文件46 人员试用申请及核定表

人员试用申请及核定表是一个记录试用员工基本信息及试用部门、甄选主办部门、人事部门对员工试用的审核及员工试用期间表现考核的综合表格，为员工转正提供有力的判断依据。

制作要点与设计效果图

- 重命名工作表
- 删除多余的工作表
- 设置工作表标签颜色

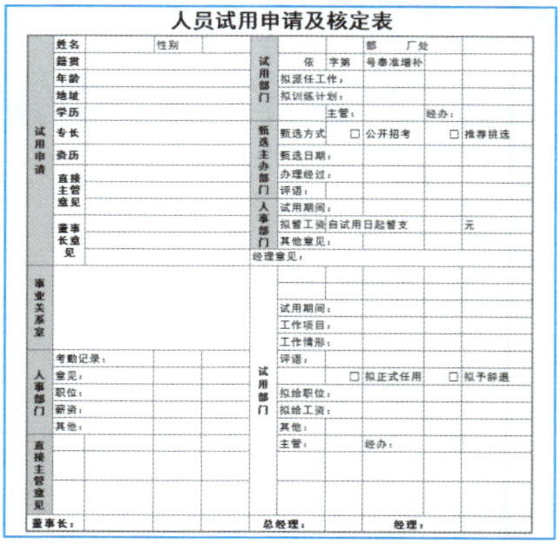

文件47　员工转正申请表

当员工试用期结束后，新员工会根据人事部的要求，填写一份员工转正申请表，再由领导对员工是否转正进行审批，审批通过则员工可以转为企业的正式员工。

制作要点与设计效果图

- 设置分散对齐
- 设置填充效果
- 设置单元格内容自动换行

新员工转正申请表

编号：　HK01002　　填表时间：　2014/12/20

<table>
<tr><td colspan="4">以下栏目由新员工填写</td></tr>
<tr><td>姓名</td><td>滕晓婉</td><td>职位</td><td>销售经理</td></tr>
<tr><td>部门</td><td>销售部</td><td>入职时间</td><td>2014/9/3</td></tr>
<tr><td>导师</td><td colspan="3">李丽</td></tr>
<tr><td colspan="4">新员工试用期间工作总结
工作认真，能按时按量完成个人业绩
签字：滕晓婉</td></tr>
<tr><td colspan="4">以下栏目由导师及相关负责人填写</td></tr>
<tr><td colspan="4">导师总结：
踏实、认真，能按时按量完成工作任务
签字：李丽</td></tr>
<tr><td colspan="4">部门领导意见（是否同意转正）
□提前转正　□按期转正　□延期转正　　签字：何琴</td></tr>
<tr><td>综合管理部意见</td><td colspan="3">同意　　签字：沈莉</td></tr>
<tr><td>副总经理意见</td><td colspan="3">同意　　签字：何久</td></tr>
<tr><td>总经理意见</td><td colspan="3">同意　　签字：王非</td></tr>
</table>

文件48　人员试用期鉴定表

新员工在试用期间，人力资源部门会定期对其工作进行考查，分析试用员工是否真正适合公司的需要，使决策部门更好地决定是否继续录用他们。

制作要点与设计效果图

- 设置字体格式
- 限制性别输入
- 货币格式的应用

员工试用期鉴定表

<table>
<tr><td>姓名</td><td colspan="2">滕晓婉</td><td>性别</td><td colspan="2">女</td><td>年龄</td><td colspan="2">27</td></tr>
<tr><td>籍贯</td><td colspan="2">C市</td><td>学历</td><td colspan="2">大学本科</td><td>经历</td><td colspan="2">曾任片区销售经理</td></tr>
<tr><td rowspan="2">试用部门</td><td rowspan="2">销售部</td><td>职务</td><td>销售经理</td><td rowspan="2">薪酬</td><td>工资</td><td>¥2,560</td><td rowspan="2">人力资源部</td><td rowspan="2">姜楠</td></tr>
<tr><td>试用期</td><td>3个月</td><td>津贴</td><td>¥500</td></tr>
<tr><td rowspan="8">试用结果</td><td rowspan="5">考核意见</td><td colspan="4">□ 试用期满意，请照原工资办理聘用手续。</td><td rowspan="8">试用部门</td><td rowspan="5">考核人</td><td rowspan="5">沈莉</td></tr>
<tr><td colspan="4">□ 试用期成绩优良，请以A等B级2800元工资办理录用手续</td></tr>
<tr><td colspan="4">□ 需继续试用</td></tr>
<tr><td colspan="4">□ 试用不合格，请另行安排</td></tr>
<tr><td colspan="4">□ 附鉴定报告一份</td></tr>
<tr><td rowspan="3">主管意见</td><td colspan="4">□ 同意考核意见，拟准以试用，按原工资（A等B级2800工资）</td><td rowspan="3">经理</td><td rowspan="3">王非</td></tr>
<tr><td colspan="4">□ 拟不予任用，25日再另行签约</td></tr>
<tr><td colspan="4">□ 延长试用期30天</td></tr>
<tr><td colspan="2" rowspan="2">批示</td><td rowspan="2">人力资源部意见</td><td colspan="4">□ 拟照使用单位意见自11月15日起以B等级工资2800元正式任用</td><td>人事专员</td><td>徐毅</td></tr>
<tr><td colspan="4">□ 使用不合格，除发给试用期间的斯蒂芬竿，拟　月　日起辞退</td><td>人力资源主管</td><td>姜楠</td></tr>
</table>

文件49　新员工入职登记表

为了方便公司了解新员工更多方面的信息，在新员工入职时，需要填写入职登记表。

制作要点与设计效果图

- 复制单元格格式
- 删除超链接
- 调整行高和列宽

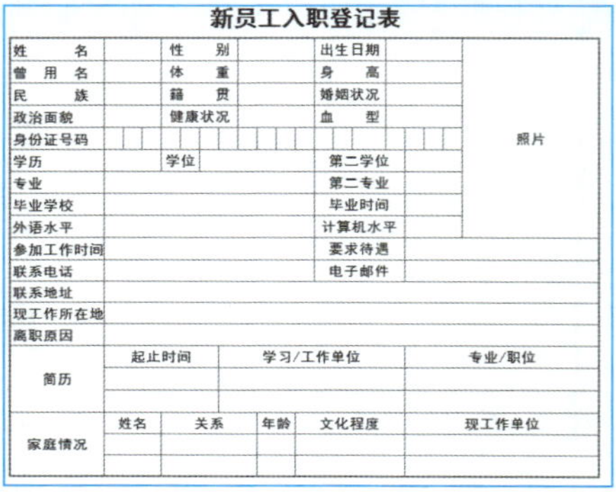

新员工入职登记表

姓　　名		性　　别		出生日期		照片
曾 用 名		体　　重		身　　高		
民　　族		籍　　贯		婚姻状况		
政治面貌		健康状况		血　　型		
身份证号码						
学历		学位		第二学位		
专业				第二专业		
毕业学校				毕业时间		
外语水平				计算机水平		
参加工作时间				要求待遇		
联系电话				电子邮件		
联系地址						
现工作所在地						
离职原因						
简历	起止时间		学习/工作单位		专业/职位	
家庭情况	姓名	关系	年龄	文化程度	现工作单位	

Excel

第5章

人事档案管理表格

人事档案管理就是人事档案的收集、整理、保管、鉴定和统计的活动。人事档案是在人事管理活动中形成的，记述和反映个人经历和德才表现，以个人为单位组合起来，以备考察的文件材料。

为了做好企业人事档案的管理，可以在这个管理过程中使用到人事信息管理表、人事资料查询表、人事变更报告单、人事通报表、管理人才储备表、公司现有人数一览表、员工内部调动申请表等。

编号	文件名称	对应的数据源	重要星级
文件50	人事信息管理表	第5章\文件50 人事信息管理表.xlsx	★★★★★
文件51	人事信息查询表	第5章\文件51 人事信息查询表.xlsx	★★★★★
文件52	合同到期提醒表	第5章\文件52 合同到期提醒表.xlsx	★★★★★
文件53	生日到期提醒表	第5章\文件53 生日到期提醒表.xlsx	★★★★★
文件54	公司组织结构图	第5章\文件54 公司组织结构图.xlsx	★★★★★
文件55	人事变更报告单	第5章\文件55 人事变更报告单.xlsx	★★★★
文件56	人事动态及费用资料表	第5章\文件56 人事动态及费用资料表.xlsx	★★★★
文件57	人事通报表	第5章\文件57 人事通报表.xlsx	★★★★
文件58	公司现有人数一览表	第5章\文件58 公司现有人数一览表.xlsx	★★★
文件59	管理人员一览表	第5章\文件59 管理人员一览表.xlsx	★★★
文件60	员工通讯簿	第5章\文件60 员工通信簿.xlsx	★★★
文件61	人员内部调动申请表	第5章\文件61 人员内部调动申请表.xlsx	★★★
文件62	管理人才储备表	第5章\文件62 管理人才储备表.xlsx	★★★
文件63	试用期到期提醒表	第5章\文件63 试用期到期提醒表.xlsx	★★★

文件50　人事信息管理表

人事信息管理表用于记录员工个人真实、完整的信息。其包括员工的姓名、年龄、出生日期、身份证号码、学历、入职时间以及公司拟定的基本工资额等。

制作要点与设计效果图

- 文本数据输入
- 自动返回性别
- 自动返回出生日期
- 设置货币数据格式

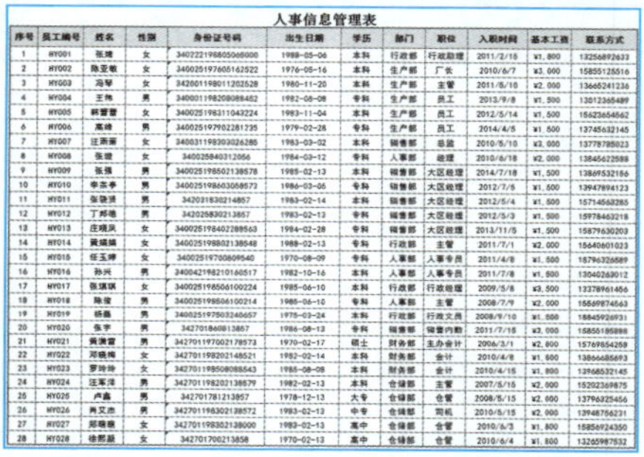

人事信息管理表

序号	员工编号	姓名	性别	身份证号码	出生日期	学历	部门	职位	入职时间	基本工资	联系方式
1	HY001	张靖	女	340222198805066000	1988-05-06	本科	行政部	行政助理	2011/2/15	¥1,800	13256892633
2	HY002	陈亚敏	女	340025197605162522	1976-05-16	本科	生产部	厂长	2010/6/7	¥3,000	15855125516
3	HY003	冯琴	女	342001198011202528	1980-11-20	本科	生产部	主管	2011/5/10	¥2,000	13665241236
4	HY004	王伟	男	340001198208088452	1982-08-08	专科	生产部	员工	2013/9/8	¥1,500	13012365489
5	HY005	韩蕾蕾	女	340025198311043224	1983-11-04	本科	生产部	员工	2012/5/14	¥1,500	15623654562
6	HY006	高峰	男	340025197902281235	1979-02-28	专科	生产部	员工	2014/4/5	¥1,500	13745632145
7	HY007	汪雨丽	女	340031198303026285	1983-03-02	本科	销售部	总监	2010/5/10	¥3,000	13778785023
8	HY008	张丽	女	340025840312066	1984-03-12	专科	人事部	经理	2010/6/18	¥2,000	13845622588
9	HY009	张强	男	340025198502138578	1985-02-13	本科	销售部	大区经理	2014/7/18	¥1,500	13869532156
10	HY010	李志季	男	340025198603058572	1986-03-05	专科	销售部	大区经理	2012/7/5	¥1,500	13947894123
11	HY011	张骁贤	男	342031830214857	1983-02-14	本科	销售部	大区经理	2012/5/4	¥1,500	15714563285
12	HY012	丁邦德	男	342025830213857	1983-02-13	专科	销售部	大区经理	2012/5/3	¥1,500	15978463218
13	HY013	庄晓风	女	340025198402288563	1984-02-28	专科	销售部	大区经理	2013/11/5	¥1,500	15879630203
14	HY014	黄媛媛	女	340025198802138548	1988-02-13	专科	行政部	主管	2011/7/1	¥2,000	15640601023
15	HY015	任玉婷	女	340025197008098540	1970-08-09	专科	人事部	人事专员	2011/4/8	¥1,500	15796326589
16	HY016	孙兴	男	340042198210160517	1982-10-16	本科	人事部	人事专员	2011/7/8	¥1,500	13040263012
17	HY017	张琪琪	女	340025198506100224	1985-06-10	本科	行政部	行政经理	2009/5/8	¥3,500	13378961456
18	HY018	陈俊	男	340025198506100214	1985-06-10	专科	人事部	主管	2008/7/9	¥2,000	15569874563
19	HY019	杨磊	男	340025197503240657	1975-03-24	本科	行政部	行政文员	2008/9/10	¥1,500	18845926931
20	HY020	张宇	男	342701860813857	1986-08-13	专科	销售部	销售内勤	2011/7/15	¥3,000	15855185888
21	HY021	黄渊富	男	342701197002178573	1970-02-17	硕士	财务部	主办会计	2006/3/1	¥2,800	15769854258
22	HY022	邓晓梅	女	342701198202148521	1982-02-14	本科	财务部	会计	2010/4/8	¥1,600	13866685693
23	HY023	罗玲玲	女	342701198508088543	1985-08-08	本科	财务部	会计	2010/4/15	¥1,800	13968532145
24	HY024	汪军洋	男	342701198202138579	1982-02-13	本科	仓储部	主管	2007/5/15	¥2,000	15202369875
25	HY025	卢鑫	男	342701781213857	1978-12-13	大专	仓储部	仓管	2008/5/15	¥2,000	13796325456
26	HY026	冉艾杰	男	342701198302138572	1983-02-13	中专	仓储部	司机	2010/5/15	¥2,000	13948756231
27	HY027	郑晓雅	女	342701198302138000	1983-02-13	高中	仓储部	仓管	2010/6/3	¥1,800	15856924350
28	HY028	徐熙颖	女	342701700213858	1970-02-13	高中	仓储部	仓管	2010/6/4	¥1,800	13265987532

文件设计过程

步骤1：创建人事信息管理表

新建工作簿，保存为“人事信息管理表”，为重命名Sheet1工作表为“人事信息管理表”，在表格中输入标题和行列标识，并设置表格格式，设置后效果如图5-1所示。

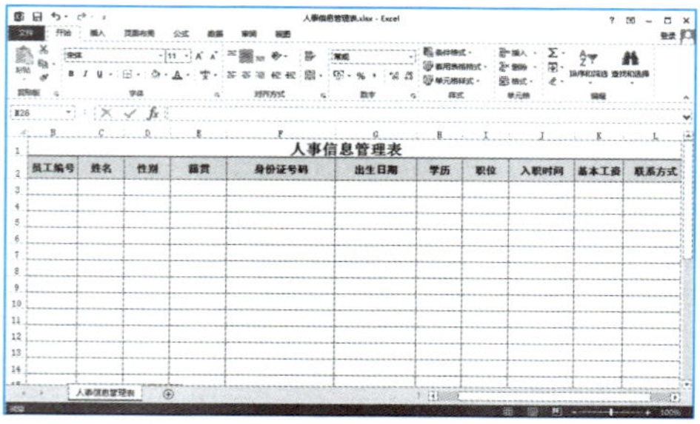

图5-1

步骤2：显示完整的身份证号码

❶ 选中E3:E30单元格区域，在“开始”选项卡的“数字”组中单击“↘”（设置单元格格式）按钮，打开“设置单元格格式”对话框，如图5-2所示。

❷ 在“分类”列表框中单击“文本”，如图5-3所示。

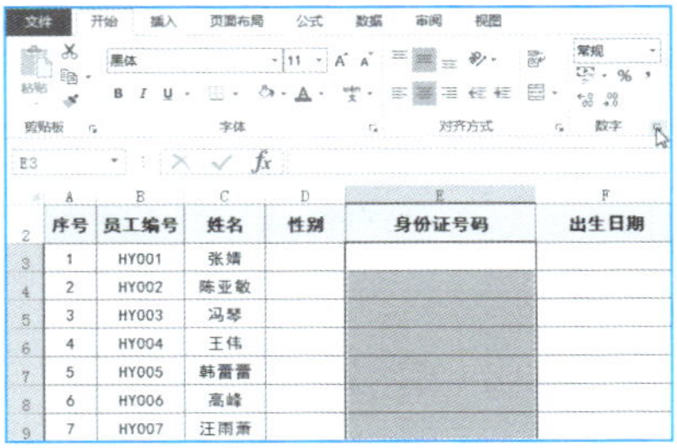

图5-2

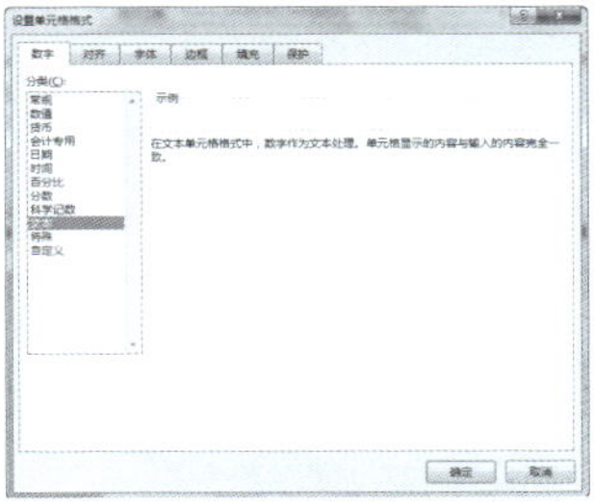

图5-3

❸ 单击“确定”按钮，返回工作表中，在E3单元格中输入员工身份号码（如图5-4所示），按Enter键后，可以显示出完整的身份证号码，单击单元格前面的 按钮，可以看到单元格中的数字是“以文本形式储存的数据”格式，如图5-5所示。

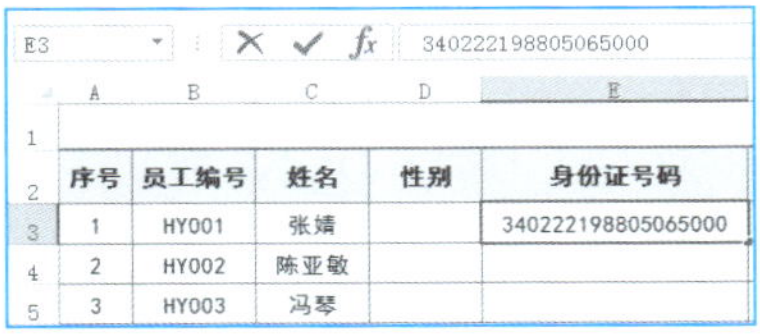

图5-4

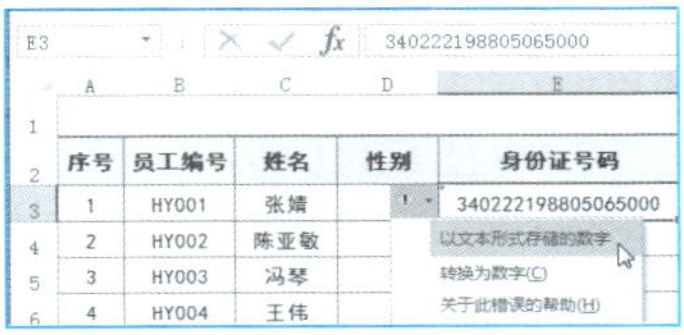

图5-5

❹ 在E4:E30单元格中手动输入其他员工的身份证号码，并输入员工的学历、部门、职位、入职时间等信息，输入后的效果如图5-6所示。

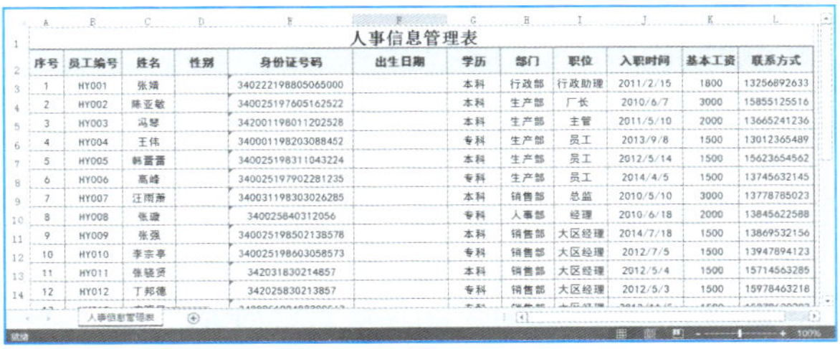

图5-6

步骤3：根据省份证号码自动返回性别和出生日期

❶ 选中D3单元格，在公式编辑栏中输入公式“=IF(LEN(E3)=15,IF(MOD(MID(E3,15,1),2)=1,"男","女"),IF(MOD(MID(E3,17,1),2)=1,"男","女"))”，按Enter键，即可从张婧的身份证号码中判断出其性别，如图5-7所示。

❷ 选中D3单元格，将鼠标移动到单元格右下角，拖动填充柄向下进行公式填充，从而快速得出每位员工的性别，如图5-8所示。

D3 =IF(LEN(E3)=15,IF(MOD(MID(E3,15,1),2)=1,"男","女"),IF(MOD(MID(E3,17,1),2)=1,"男","女"))

人事信息管理表										
序号	员工编号	姓名	性别	身份证号码	出生日期	学历	部门	职位	入职时间	基本工资
1	HY001	张婧	女	340222198805065000		本科	行政部	行政助理	2011/2/15	1800
2	HY002	陈亚敏		340025197605162522		本科	生产部	厂长	2010/6/7	3000

图5-7

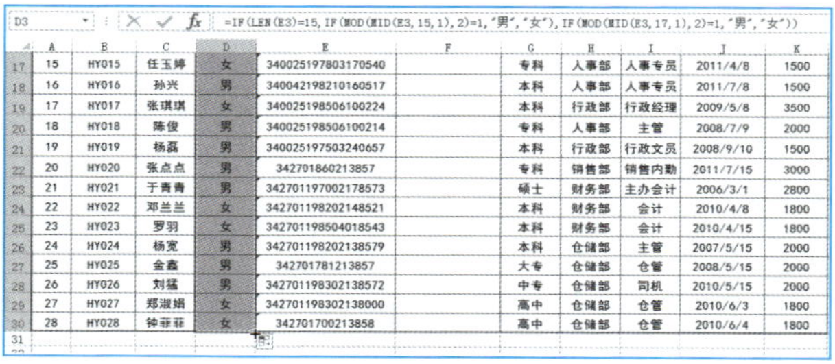

D3 =IF(LEN(E3)=15,IF(MOD(MID(E3,15,1),2)=1,"男","女"),IF(MOD(MID(E3,17,1),2)=1,"男","女"))

15	HY015	任玉婷	女	340025197803170540	专科	人事部	人事专员	2011/4/8	1500
16	HY016	孙兴	男	340042198210160517	本科	人事部	人事专员	2011/7/8	1500
17	HY017	张琪琪	女	340025198506100224	本科	行政部	行政经理	2009/5/8	3500
18	HY018	陈俊	男	340025198506100214	专科	人事部	主管	2008/7/9	2000
19	HY019	杨磊	男	340025197503240657	本科	行政部	行政文员	2008/9/10	1500
20	HY020	张点点	男	342701860213857	专科	销售部	销售内勤	2011/7/15	3000
21	HY021	于青青	男	342701197002178573	硕士	财务部	主办会计	2006/3/1	2800
22	HY022	邓兰兰	女	342701198202148521	本科	财务部	会计	2010/4/8	1800
23	HY023	罗羽	女	342701198504018543	本科	财务部	会计	2010/4/15	1800
24	HY024	杨宽	男	342701198202138579	本科	仓储部	主管	2007/5/15	2000
25	HY025	金鑫	男	342701781213857	大专	仓储部	仓管	2008/5/15	2000
26	HY026	刘猛	男	342701198302138572	中专	仓储部	司机	2010/5/15	2000
27	HY027	郑淑娟	女	342701198302138000	高中	仓储部	仓管	2010/6/3	1800
28	HY028	钟菲菲	女	342701700213858	高中	仓储部	仓管	2010/6/4	1800

图5-8

公式分析：

"=IF(LEN(E3)=15,IF(MOD(MID(E3,15,1),2)=1,"男","女"),IF(MOD(MID(E3,17,1),2)=1,"男","女"))" 公式解析

1. "LEN(E3)=15"，判断身份证号码是否为15位。如果是，执行"IF(MOD(MID(E3,15,1),2)=1,"男","女")"；反之，执行"IF(MOD(MID(E3,17,1),2)=1,"男","女")"。

2. "IF(MOD(MID(E3,15,1),2)=1,"男","女")"，判断15位身份证号码的最后一位是否能被2整除，即判断其是奇数还是偶数。如果不能整除返回"男"，否则返回"女"。

3. "IF(MOD(MID(E3,17,1),2)=1,"男","女")"，判断18位身份证号码的倒数第二位是否能被2整除，即判断其是奇数还是偶数。如果不能整除返回"男"，否则返回"女"。

3 选中F3单元格，在公式编辑栏输入公式："=IF(LEN(E3)=15,CONCATENATE("19",MID(E3,7,2),"-",MID(E3,9,2),"-",MID(E3,11,2)),CONCATENATE(MID(E3,7,4),"-",MID(E3,11,2),"-",MID(E3,13,2)))"按Enter键，即可从张婧的身份证号码中判断出其出生日期，如图5-9所示。

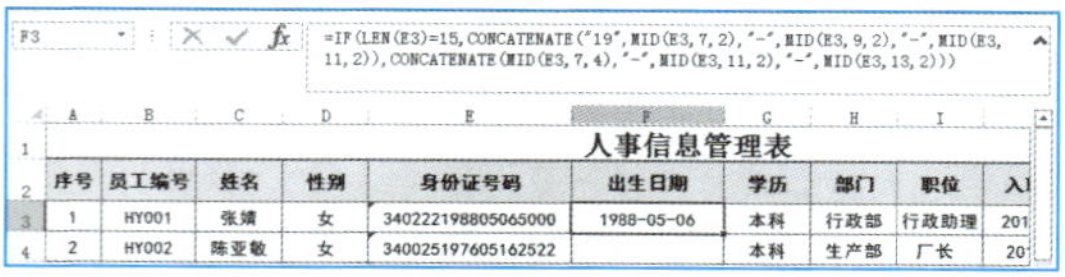

F3 =IF(LEN(E3)=15,CONCATENATE("19",MID(E3,7,2),"-",MID(E3,9,2),"-",MID(E3,11,2)),CONCATENATE(MID(E3,7,4),"-",MID(E3,11,2),"-",MID(E3,13,2)))

人事信息管理表									
序号	员工编号	姓名	性别	身份证号码	出生日期	学历	部门	职位	入I
1	HY001	张婧	女	340222198805065000	1988-05-06	本科	行政部	行政助理	201
2	HY002	陈亚敏	女	340025197605162522		本科	生产部	厂长	20

图5-9

4 选中F3单元格，将鼠标移动到单元格右下角，拖动填充柄向下进行公式填充，从而快速得出每位员工的出生日期，如图5-10所示。

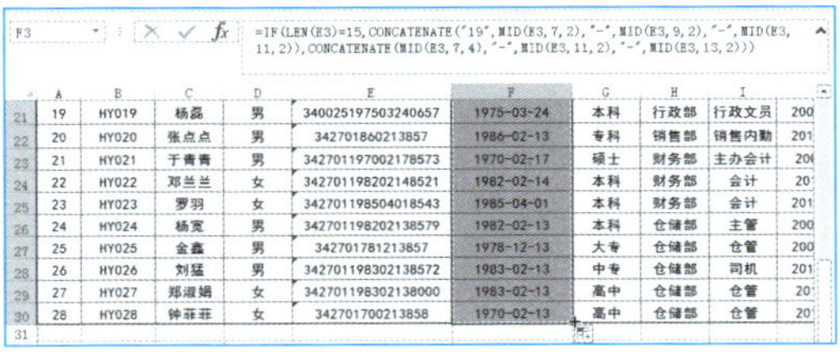

图5–10

公式分析：

“=IF(LEN(E3)=15,CONCATENATE("19",MID(E3,7,2),"-",MID(E3,9,2),"-",MID(E3,11,2)),CONCATENATE(MID(E3,7,4),"-",MID(E3,11,2),"-",MID(E3,13,2)))”公式解析：

1.“(LEN(E3)=15”，判断身份证是否为15位。如果是，执行“CONCATENATE("19",MID(E3,7,2),"-",MID(E3,9,2),” -” ,MID(E3,11,2))”；反之，执行“CONCATENATE(MID(JE3,7,4),"-",MID(E3,11,2),"-",MID(E3,13,2))”。

2.“CONCATENATE("19",MID(E3,7,2),"-",MID(E3,9,2),"-",MID(E3,11,2))”，对“19”和从15位身份证中提取的“年份”、“月”、“日”进行合并。因为15位身份让号码中出生年份不包含“19”，所以使用CONCATENATE函数“19”与函数求得的值合并。

步骤4：设置“基本工资”为货币格式

1 选中K3:K30单元格区域，在“开始”选项卡的“数字”组中单击“⊡”（设置单元格格式）按钮，打开“设置单元格格式”对话框。

2 在“分类”列表框中单击“货币”，在“小数位数”文本框中输入“0”，如图5-11所示。

3 单击“确定”按钮，返回工作表中，即可看到选中单元格区域数据更改为货币样式，如图5-12所示。

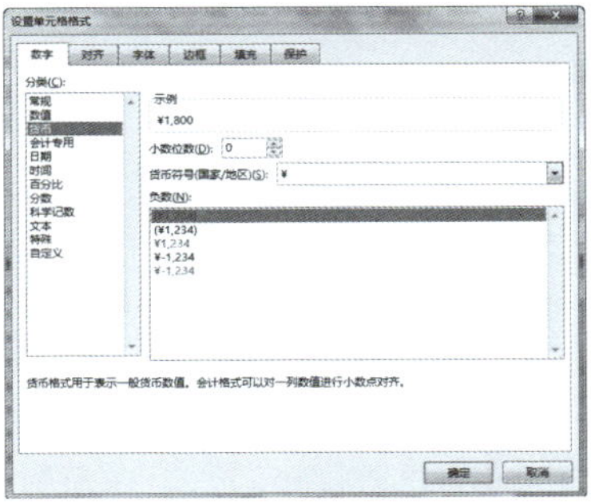

图5–11

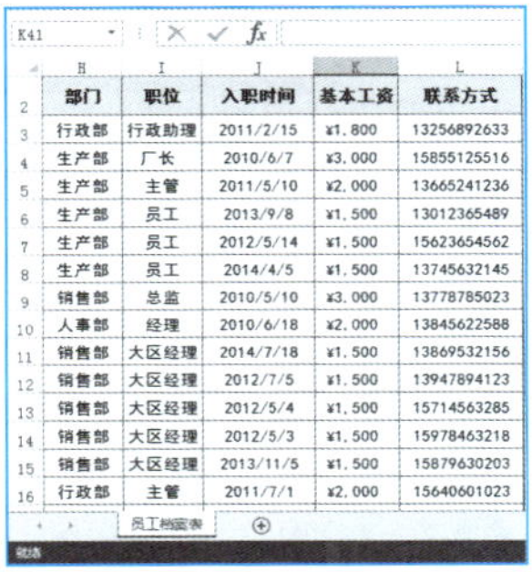

图5–12

文件51　人事信息查询表

建立了人事信息管理表之后，通常需要查询某位员工的档案信息，如果企业员工较多，那么查找起来则会非常不便。利用Excel中的函数功能可以建立一个查询表，当需要查询某位员工的档案，只需要输入其编辑即可快速查询。

制作要点与设计效果图

- 选择性粘贴
- 设置数据验证
- VLOOKUP函数
- 设置日期数据格式

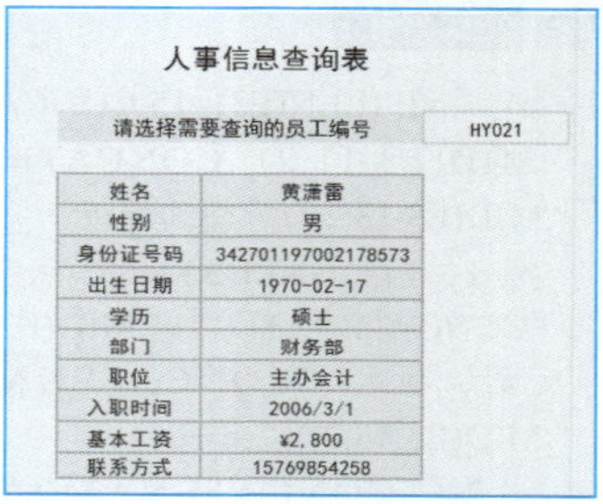

人事信息查询表

请选择需要查询的员工编号	HY021
姓名	黄潇雷
性别	男
身份证号码	342701197002178573
出生日期	1970-02-17
学历	硕士
部门	财务部
职位	主办会计
入职时间	2006/3/1
基本工资	¥2,800
联系方式	15769854258

文件设计过程

步骤1：转至粘贴

❶ 单击“⊕”（新工作表）按钮，重命名新工作表为“人事信息查询表”，在工作表中输入表头信息，如图5-13所示。

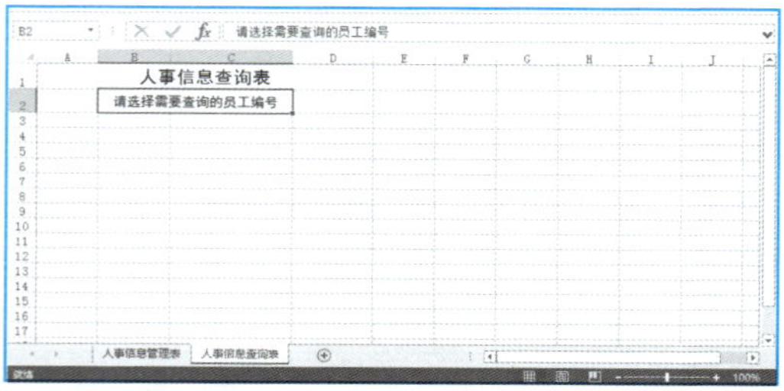

图5-13

❷ 在“人事信息管理表”中选中C2:L2单元格区域，在“开始”选项卡的“剪贴板”组中单击“复制”按钮，如图5-14所示。

❸ 切换到“人事信息查询表”，选中B4单元格，在“剪贴板”组中单击“粘贴”下拉按钮，在其下拉列表中选择“选择性粘贴”命令（如图5-15所示），打开“选择性粘贴”对话框。

❹ 在“粘贴”区域选中“数值”单选项，接着选中“转置”复选框，如图5-16所示。

5 单击“确定”按钮，返回工作表中，即可将复制的列标识转置为行标识显示，如图5-17所示。

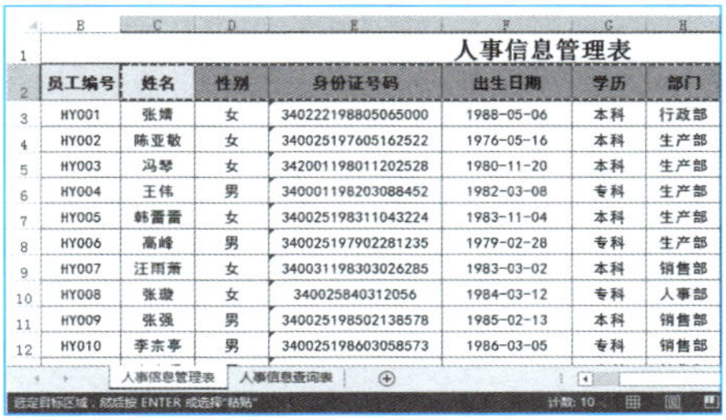

人事信息管理表

员工编号	姓名	性别	身份证号码	出生日期	学历	部门
HY001	张婧	女	340222198805065000	1988-05-06	本科	行政部
HY002	陈亚敏	女	340025197605162522	1976-05-16	本科	生产部
HY003	冯琴	女	342001198011202528	1980-11-20	本科	生产部
HY004	王伟	男	340001198203088452	1982-03-08	专科	生产部
HY005	韩蕾蕾	女	340025198311043224	1983-11-04	本科	生产部
HY006	高峰	男	340025197902281235	1979-02-28	专科	生产部
HY007	汪雨蒨	女	340031198303026285	1983-03-02	本科	销售部
HY008	张璇	女	340025840312056	1984-03-12	专科	人事部
HY009	张强	男	340025198502138578	1985-02-13	本科	销售部
HY010	李奈亭	男	340025198603058573	1986-03-05	专科	销售部

图5-14

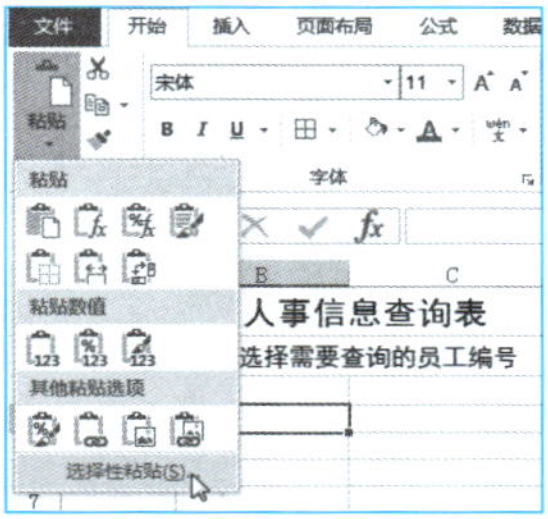

图5-15

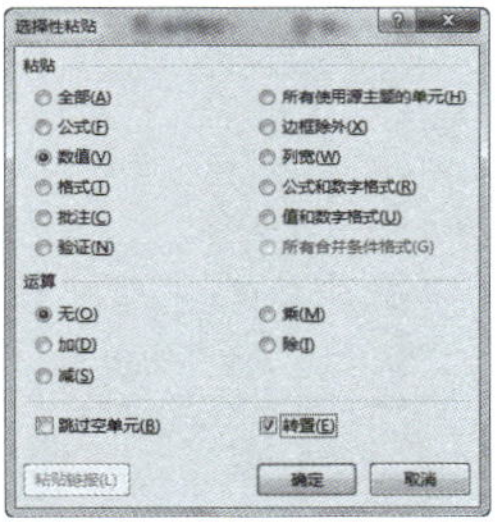

图5-16

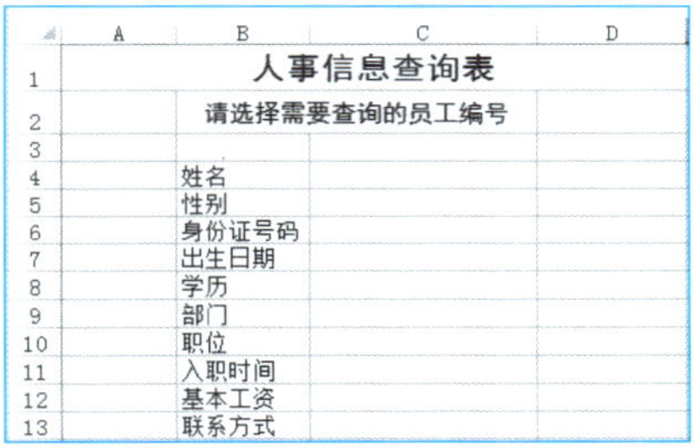

图5-17

6 在“字体”和“对齐方式”组中对表格中的字体和单元格格式进行设置，并设置单元格的背景填充及边框线，设置后的效果如图5-18所示。

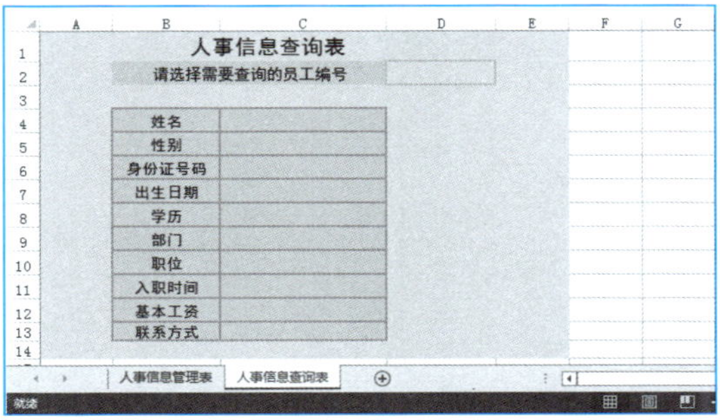

图5-18

步骤2：设置“员工编号”选择菜单

1 在“人事信息管理表”中选中B2:B30单元格区域，在“名称框”中输入“员工编号”（如图5-19所示），按Enter键，即可将单元格区域命名为“员工编号”。

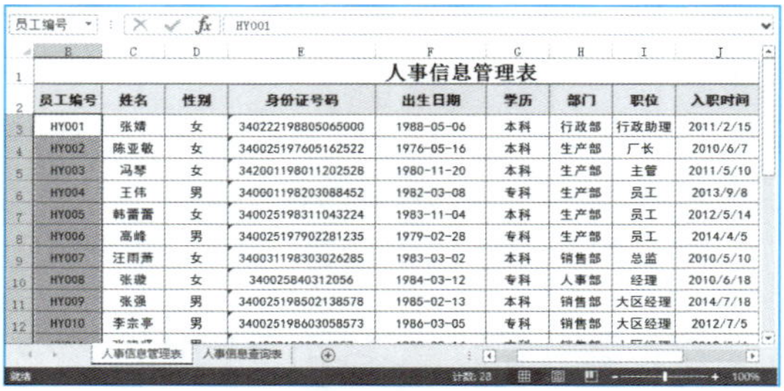

员工编号	姓名	性别	身份证号码	出生日期	学历	部门	职位	入职时间
HY001	张婧	女	340222198805065000	1988-05-06	本科	行政部	行政助理	2011/2/15
HY002	陈亚敏	女	340025197605162522	1976-05-16	本科	生产部	厂长	2010/6/7
HY003	冯琴	女	342001198011202528	1980-11-20	本科	生产部	主管	2011/5/10
HY004	王伟	男	340001198203088452	1982-03-08	专科	生产部	员工	2013/9/8
HY005	韩蕾蕾	女	340025198311043224	1983-11-04	本科	生产部	员工	2012/5/14
HY006	高峰	男	340025197902281235	1979-02-28	专科	生产部	员工	2014/4/5
HY007	汪雨燕	女	340031198303026285	1983-03-02	本科	销售部	总监	2010/5/10
HY008	张璐	女	340025840312056	1984-03-12	专科	人事部	经理	2010/6/18
HY009	张强	男	340025198502138578	1985-02-13	本科	销售部	大区经理	2014/7/18
HY010	李宗亭	男	340025198603058573	1986-03-05	专科	销售部	大区经理	2012/7/5

图5-19

2 切换到“人事信息查询表”，选中D2单元格，在“数据”选项卡的“数据工具”组中单击“数据验证”按钮（如图5-20所示），打开“数据验证”对话框。

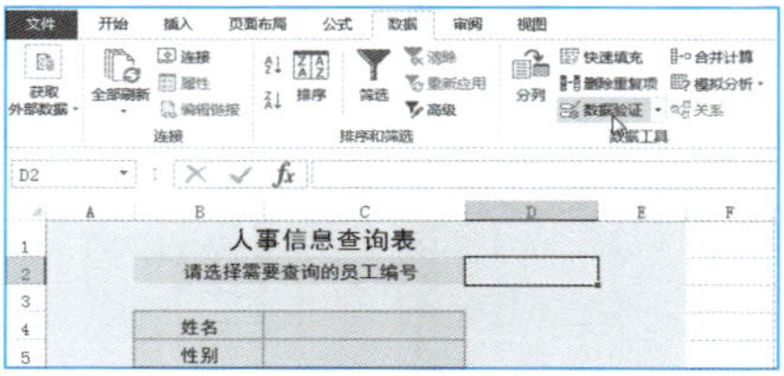

图5-20

3 在“允许”下拉列表中选择“序列”，接着在“来源”对话框中输入“=员工编号”（如图5-21所示），单击“输入信息”标签，在“标题”文本框中输入“选择员工编号”，在“输入信息”文本框中输入“请从下拉列表中选择需要查询的员工编号”，如图5-22所示。

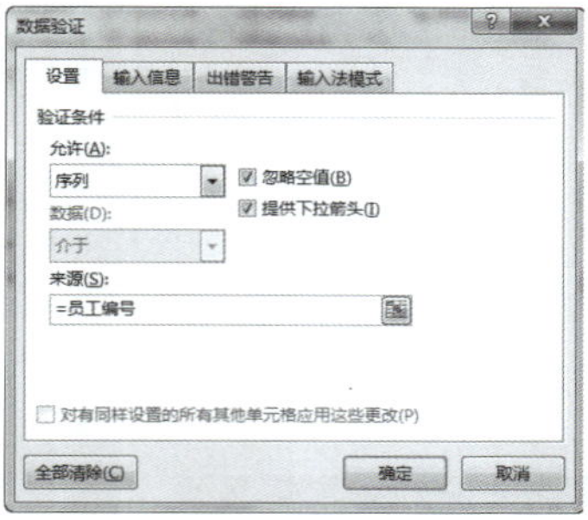

图5-21

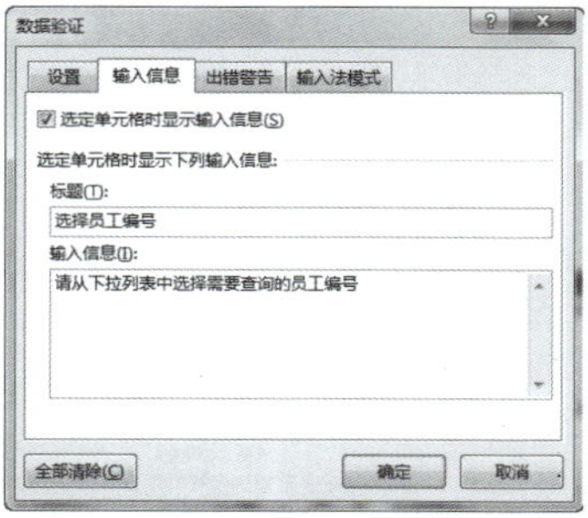

图5-22

4 单击“确定”按钮，返回工作表中，选中的单元格会显示提示信息，提示从下拉列表中选择员工编号，如图5-23所示。

5 单击D2单元格右侧的下拉按钮，即可在下拉列表中选择员工的编号，如“HY005”，如图5-24所示。

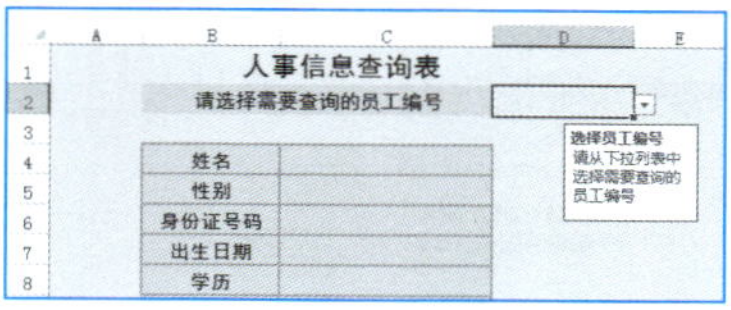

图5-23

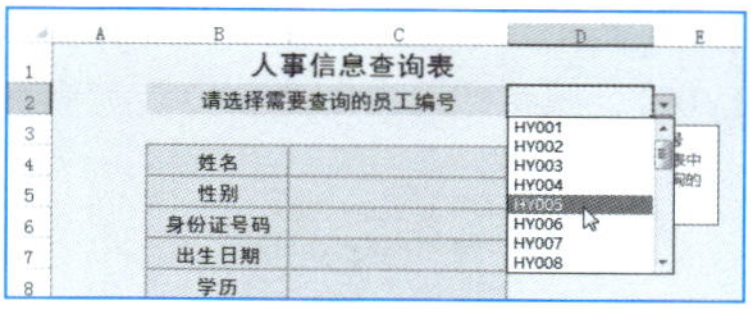

图5-24

步骤3：通过员工编号返回员工信息

1 选中C4单元格，输入公式：“=VLOOKUP($D$2,人事信息管理表!$B$3:$L$500,ROW(A2))”，按Enter键即可根据选择的员工编号返回员工姓名，如图5-25所示。

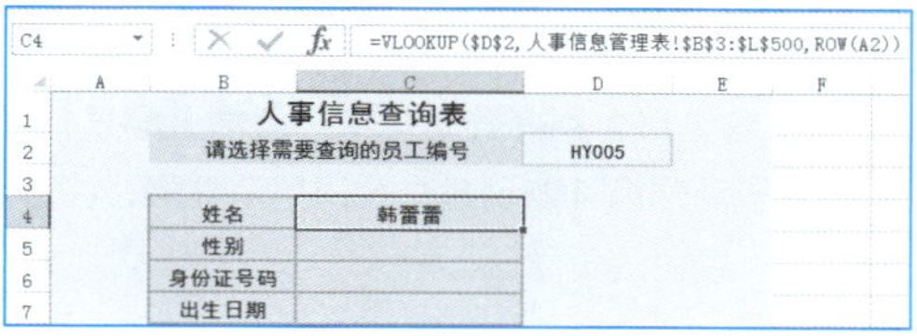

图5-25

公式分析：

“=VLOOKUP($D$2,人事信息管理表!$B$3:$L$500,ROW(A2))”公式分析：

1. “ROW(A2)”，返回A2单元格所在的行号，因此返回结果为2。

2. “=VLOOKUP($D$2,人事信息管理表!$B$3:$L$500,ROW(A2))”，在人事信息管理表的$B$3:$L$500单元格区域的首列中寻找与C2单格中相同的编号，找到后返回对应在第2列中的值，即对应的姓名。

此公式中的查找范围与查找条件都使用了绝对引用方式，即在向下复制公式时都是不改变的，唯一要改变的是用于指定返回档案记录表中$B$3:$L$500单元格区域哪一列值的参数，本例中使用了“ROW(A2)”来表示，当公式复制到C5单元格时，“ROW(B2)”变为“ROW(B3)”，返回值为3；当公式复制到C6单元格时，“ROW(B2)”变为“ROW(B4)”，返回值为4，依次类推。

2 选中C4单元格，将鼠标移动到单元格右下角，拖动填充柄填充至C13单元格中，释放鼠标即可返回各项对应的信息（如图5-26所示），设置“入职时间”为日期格式，设置“基本工资”为货币格式，设置后效果如图5-27所示。

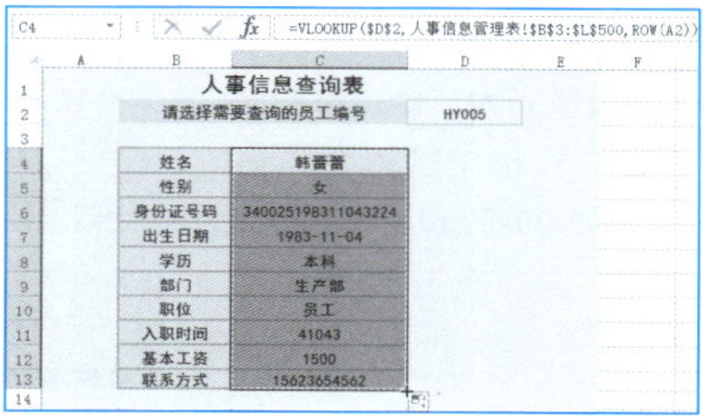

图5-26

③ 单击D2单元格右侧下拉按钮，在下拉列表中选择其他员工编号，如HY021，系统即可自动更新出员工信息，如图5-28所示。

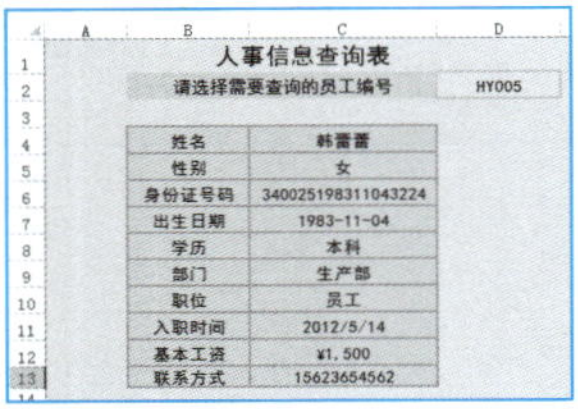

人事信息查询表	
请选择需要查询的员工编号	HY005
姓名	韩蕾蕾
性别	女
身份证号码	340025198311043224
出生日期	1983-11-04
学历	本科
部门	生产部
职位	员工
入职时间	2012/5/14
基本工资	¥1,500
联系方式	15623654562

图5-27

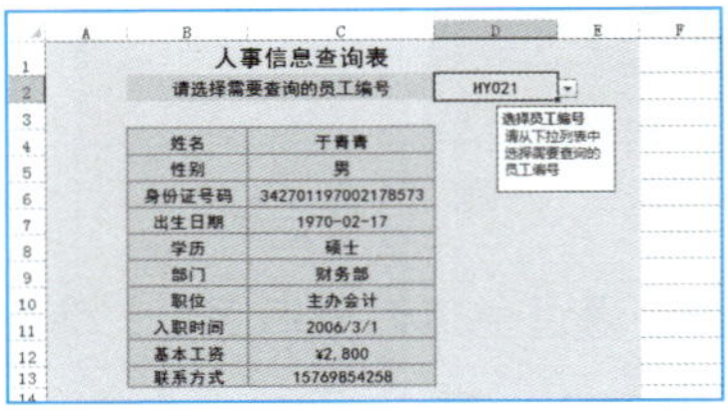

人事信息查询表	
请选择需要查询的员工编号	HY021
姓名	于青青
性别	男
身份证号码	342701197002178573
出生日期	1970-02-17
学历	硕士
部门	财务部
职位	主办会计
入职时间	2006/3/1
基本工资	¥2,800
联系方式	15769854258

图5-28

文件52　合同到期提醒

员工正式加入企业后，都会签订劳动合同，通常为期是1年,1年之后根据需要续签劳动合同，人力资源部门可以创建个合同到期提醒，在合同快到期的时间段里准备新的合同。

制作要点与设计效果图

- IF函数
- VALUE函数
- 新建规则
- 自定义规则

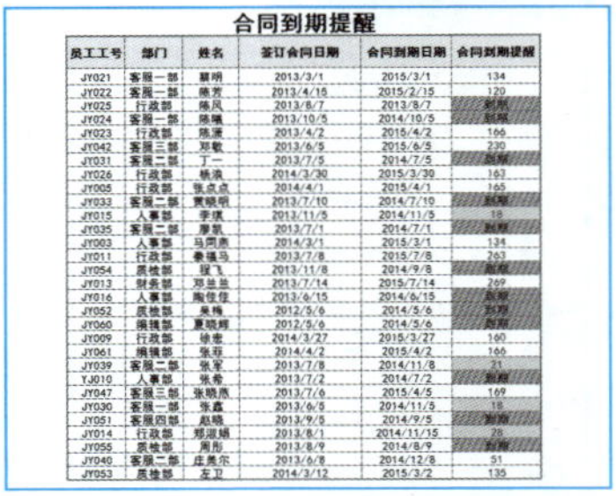

合同到期提醒

员工工号	部门	姓名	签订合同日期	合同到期日期	合同到期提醒
JY021	客服一部	蔡明	2013/3/1	2015/3/1	134
JY022	客服一部	陈芳	2013/4/15	2015/2/15	120
JY025	行政部	陈风	2013/8/7	2013/8/7	到期
JY024	客服一部	陈曦	2013/10/5	2014/10/5	到期
JY023	行政部	陈潇	2013/4/2	2015/4/2	166
JY042	客服三部	郑敏	2013/6/5	2015/6/5	230
JY031	客服二部	丁一	2013/7/5	2014/7/5	到期
JY026	行政部	杨浪	2014/3/30	2015/3/30	163
JY005	行政部	张点点	2014/4/1	2015/4/1	165
JY033	客服二部	黄晓明	2013/7/10	2014/7/10	到期
JY015	人事部	李琪	2013/11/5	2014/11/5	18
JY035	客服二部	廖凯	2013/7/1	2014/7/1	到期
JY003	人事部	马同燕	2014/3/1	2015/3/1	134
JY011	行政部	秦福马	2013/7/8	2015/7/8	263
JY054	质检部	程飞	2013/11/8	2014/9/8	到期
JY013	财务部	邓兰兰	2013/7/14	2015/7/14	269
JY016	人事部	陶佳佳	2013/6/15	2014/6/15	到期
JY052	质检部	吴梅	2012/5/6	2014/5/6	到期
JY060	编辑部	夏晓辉	2012/5/6	2014/5/6	到期
JY009	行政部	徐宏	2014/3/27	2015/3/27	160
JY061	编辑部	张菲	2014/4/2	2015/4/2	166
JY039	客服二部	张军	2013/7/8	2014/11/8	21
YJ010	人事部	张希	2013/7/2	2014/7/2	到期
JY047	客服三部	张晓燕	2013/7/6	2015/4/5	169
JY030	客服一部	张鑫	2013/6/5	2014/11/5	18
JY051	客服四部	赵晓	2013/9/5	2014/9/5	到期
JY014	行政部	郑淑娟	2013/8/1	2014/11/15	28
JY055	质检部	周彤	2013/8/9	2014/8/9	到期
JY040	客服二部	庄美尔	2013/6/8	2014/12/8	51
JY053	质检部	左卫	2014/3/12	2015/3/2	135

文件设计过程

步骤1：使用函数计算判断合同是否到期

新建工作簿，插入新工作表并重命名为“合同到期提醒”，在表格中输入合同信息，如图5-29所示。

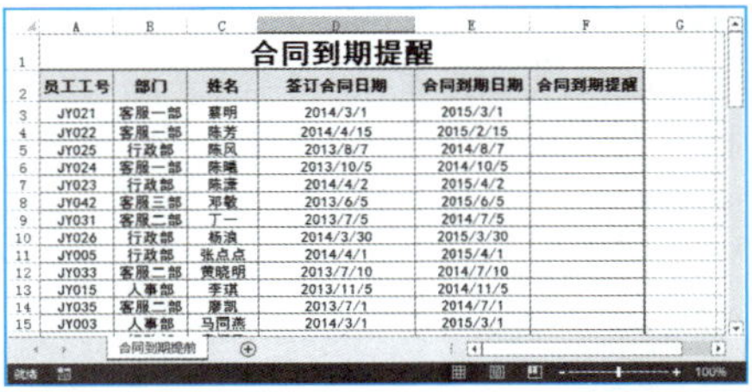

合同到期提醒

员工工号	部门	姓名	签订合同日期	合同到期日期	合同到期提醒
JY021	客服一部	蔡明	2014/3/1	2015/3/1	
JY022	客服一部	陈芳	2014/4/15	2015/2/15	
JY025	行政部	陈风	2013/8/7	2014/8/7	
JY024	客服一部	陈曦	2013/10/5	2014/10/5	
JY023	行政部	陈潇	2014/4/2	2015/4/2	
JY042	客服三部	郑敏	2013/6/5	2015/6/5	
JY031	客服二部	丁一	2013/7/5	2014/7/5	
JY026	行政部	杨浪	2014/3/30	2015/3/30	
JY005	行政部	张点点	2014/4/1	2015/4/1	
JY033	客服二部	黄晓明	2013/7/10	2014/7/10	
JY015	人事部	李琪	2013/11/5	2014/11/5	
JY035	客服二部	廖凯	2013/7/1	2014/7/1	
JY003	人事部	马同燕	2014/3/1	2015/3/1	

图5-29

步骤2：合并单元格并控制文本自动换行

❶ 选中F3单元格，在公式编辑栏输入公式“=IF(VALUE(E3-TODAY())<=0,"到期",VALUE(E3-TODAY()))”，按Enter键，即可判断第1位员工合同是否到期，如图3-30所示。

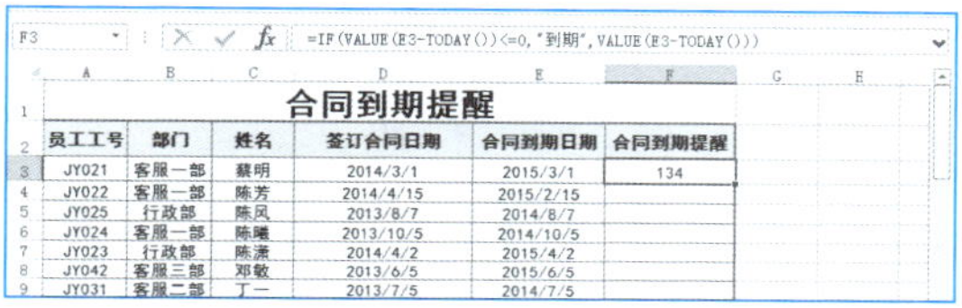

员工工号	部门	姓名	签订合同日期	合同到期日期	合同到期提醒
JY021	客服一部	蔡明	2014/3/1	2015/3/1	134
JY022	客服一部	陈芳	2014/4/15	2015/2/15	
JY025	行政部	陈风	2013/8/7	2014/8/7	
JY024	客服一部	陈曦	2013/10/5	2014/10/5	
JY023	行政部	陈潇	2014/4/2	2015/4/2	
JY042	客服三部	邓敏	2013/6/5	2015/6/5	
JY031	客服二部	丁一	2013/7/5	2014/7/5	

图5-30

❷ 选中F3单元格，将光标定位到F3单元格右下角，向下拖动鼠标填充公式，即可得到所有员工合同到期情况，如图3-31所示。

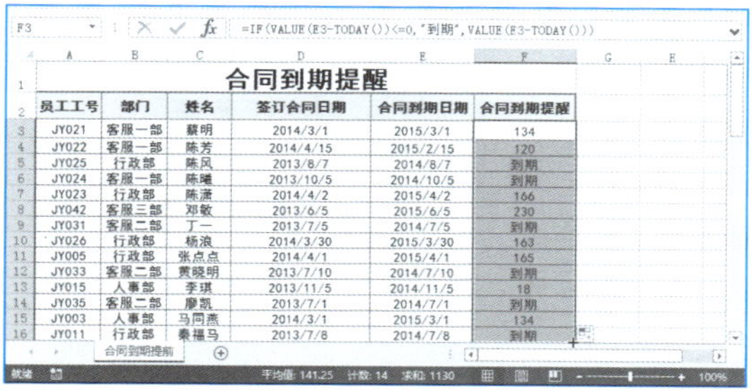

员工工号	部门	姓名	签订合同日期	合同到期日期	合同到期提醒
JY021	客服一部	蔡明	2014/3/1	2015/3/1	134
JY022	客服一部	陈芳	2014/4/15	2015/2/15	120
JY025	行政部	陈风	2013/8/7	2014/8/7	到期
JY024	客服一部	陈曦	2013/10/5	2014/10/5	到期
JY023	行政部	陈潇	2014/4/2	2015/4/2	166
JY042	客服三部	邓敏	2013/6/5	2015/6/5	230
JY031	客服二部	丁一	2013/7/5	2014/7/5	到期
JY026	行政部	杨浪	2014/3/30	2015/3/30	163
JY005	行政部	张点点	2014/4/1	2015/4/1	165
JY033	客服二部	黄晓明	2013/7/10	2014/7/10	到期
JY015	人事部	李琪	2013/11/5	2014/11/5	18
JY035	客服二部	廖凯	2013/7/1	2014/7/1	到期
JY003	人事部	马同燕	2014/3/1	2015/3/1	134
JY011	行政部	秦福马	2013/7/8	2014/7/8	到期

图5-31

公式分析：

“=IF(VALUE(E3-TODAY())<=0,"到期",VALUE(E3-TODAY()))”公式解析：

“=IF(VALUE(E3-TODAY())<=0,"到期",VALUE(E3-TODAY()))”，表示如果E3单元格的日期-今天日期小于等于0，则显示“到期”，否者显示出E3单元格日期-今天日期得到的天数。

步骤2：设置条件格式标记出合同到期

❶ 选中F3:F55单元格区域，切换到“开始”选项卡，在“样式”组中单击“条件格式”下拉按钮，在下拉菜单中单击“新建规则”命令（如图3-32所示），打开“新建格式规则”对话框。

❷ 在“选择规则类型”文本框中选择“使用公式确定要设置格式的单元格”，接着在“为符合此公式的值设置格式”文本框中输入公式“=IF(G3="到期",TRUE)”，单击“格式”按钮（如图3-33所示），打开“设置单元格格式”对话框。

❸ 在“背景色”区域选中蓝色，接着单击“图案样式”下拉按钮，在下拉菜单中选择一种样式，如图3-34所示。

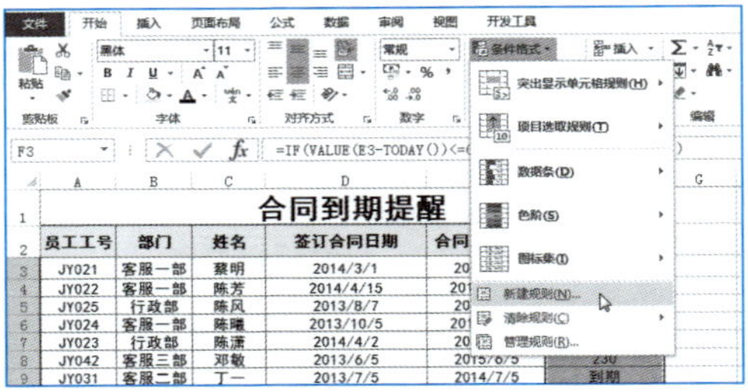

图5-32

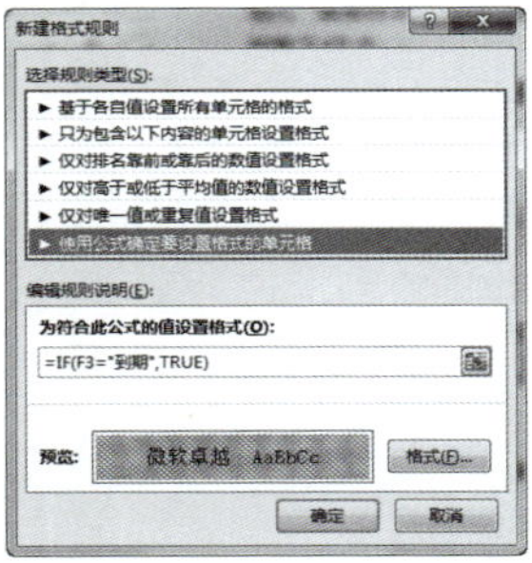

图5-33

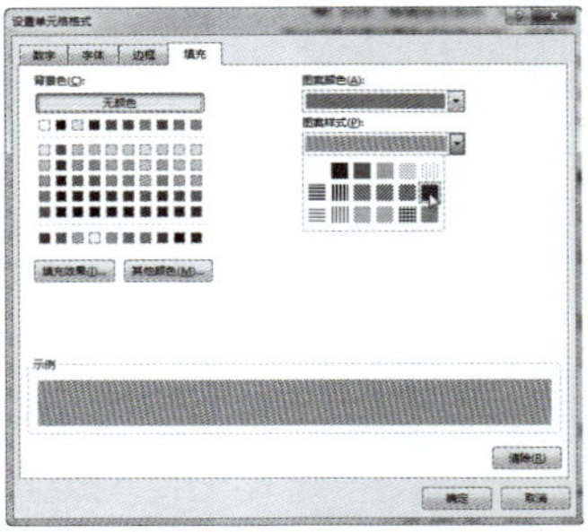

图5-34

❹ 单击“确定”按钮，返回工作表中，即可将“到期”单元格以特定样式标记出来，如图3-35所示。

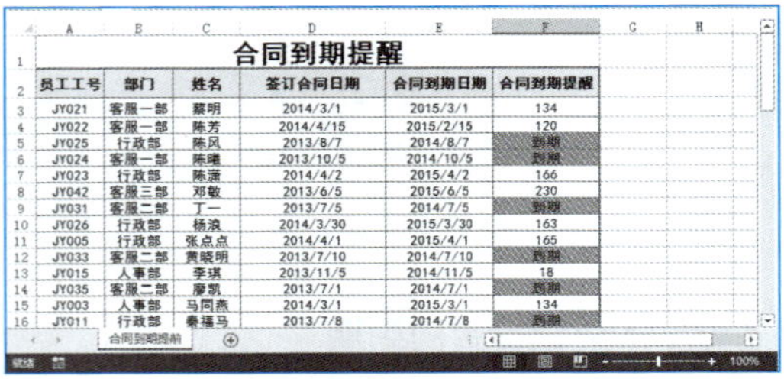

图5-35

步骤3：设置条件格式显示出一个月内合同一个月内到期

❶ 选中F3:F55单元格区域，单击“开始”选项卡，在“样式”组中单击“条件格式”下拉按钮，在下拉菜单中单击“突出显示单元格规则”命令，在子菜单中单击“小于”命令（如图3-36所示），打开“小于”对话框。

❷ 在文本框中输入“31”，接着单击“设置为”下拉按钮，在下拉菜单中单击“绿填充浅绿色文本”，如图3-37所示。

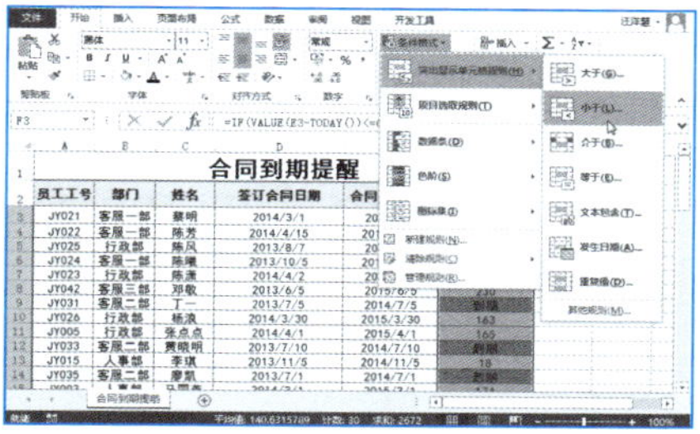

图5-36

图5-37

❸ 单击“确定”按钮，返回工作表中，即可将一个月以内合同到期的单元格标记出来，如图3-38所示。

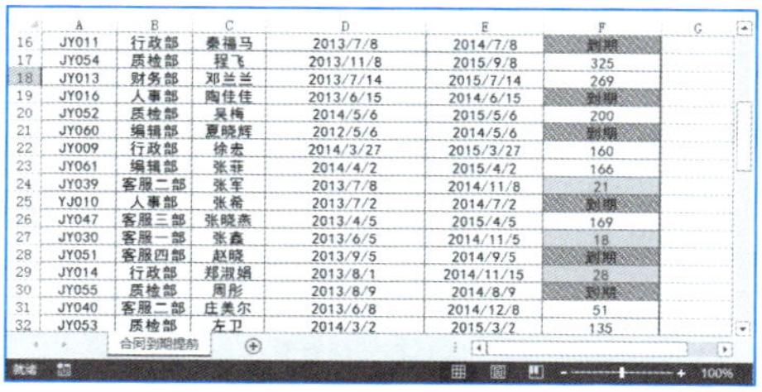

	A	B	C	D	E	F
16	JY011	行政部	秦福马	2013/7/8	2014/7/8	到期
17	JY054	质检部	程飞	2013/11/8	2015/9/8	325
18	JY013	财务部	邓兰兰	2013/7/14	2015/7/14	269
19	JY016	人事部	陶佳佳	2013/6/15	2014/6/15	到期
20	JY052	质检部	吴梅	2014/5/6	2015/5/6	200
21	JY060	编辑部	夏晓辉	2012/5/6	2014/5/6	到期
22	JY009	行政部	徐宏	2014/3/27	2015/3/27	160
23	JY061	编辑部	张菲	2014/4/2	2015/4/2	166
24	JY039	客服二部	张军	2013/7/8	2014/11/8	21
25	YJ010	人事部	张希	2013/7/2	2014/7/2	到期
26	JY047	客服三部	张晓燕	2013/4/5	2015/4/5	169
27	JY030	客服一部	张鑫	2013/6/5	2014/11/5	18
28	JY051	客服四部	赵晓	2013/9/5	2014/9/5	到期
29	JY014	行政部	郑淑娟	2013/8/1	2014/11/15	28
30	JY055	质检部	周彤	2013/8/9	2014/8/9	到期
31	JY040	客服二部	庄美尔	2013/6/8	2014/12/8	51
32	JY053	质检部	左卫	2014/3/2	2015/3/2	135

图5-38

文件53　生日到期提醒表

当员工过生日时，人力资源部门需要给员工发生日祝福或准备礼物，但是企业人员众多，不能记住每一个人的生日，此时可以使用函数和数据验证将今日过生日的员工以醒目的方式显示出来，方便查看。

制作要点与设计效果图

- DATEDIF函数
- DATE函数
- YEAR函数
- 设置条件格式

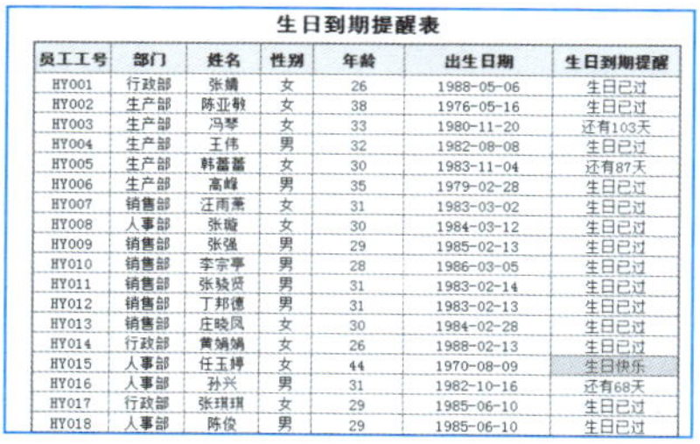

生日到期提醒表

员工工号	部门	姓名	性别	年龄	出生日期	生日到期提醒
HY001	行政部	张婧	女	26	1988-05-06	生日已过
HY002	生产部	陈亚敏	女	38	1976-05-16	生日已过
HY003	生产部	冯琴	女	33	1980-11-20	还有103天
HY004	生产部	王伟	男	32	1982-08-08	生日已过
HY005	生产部	韩蕾蕾	女	30	1983-11-04	还有87天
HY006	生产部	高峰	男	35	1979-02-28	生日已过
HY007	销售部	汪雨薰	女	31	1983-03-02	生日已过
HY008	人事部	张璇	女	30	1984-03-12	生日已过
HY009	销售部	张强	男	29	1985-02-13	生日已过
HY010	销售部	李宗亭	男	28	1986-03-05	生日已过
HY011	销售部	张骏贤	男	31	1983-02-14	生日已过
HY012	销售部	丁邦德	男	31	1983-02-13	生日已过
HY013	销售部	庄晓凤	女	30	1984-02-28	生日已过
HY014	行政部	黄娟娟	女	26	1988-02-13	生日已过
HY015	人事部	任玉婷	女	44	1970-08-09	生日快乐
HY016	人事部	孙兴	男	31	1982-10-16	还有68天
HY017	行政部	张琪琪	女	29	1985-06-10	生日已过
HY018	人事部	陈俊	男	29	1985-06-10	生日已过

文件设计过程

步骤1：使用公式计算员工年龄

❶ 新建Excel 2013工作表，重命名工作表为“生日到期提醒”，复制“人事信息管理表”工作表中基本信息。

❷ 选中E3单元格，在公式编辑栏输入公式“=DATEDIF(F3,TODAY(),"Y")”，按Enter键，即可计算出张婧的年龄，如图5-39所示。

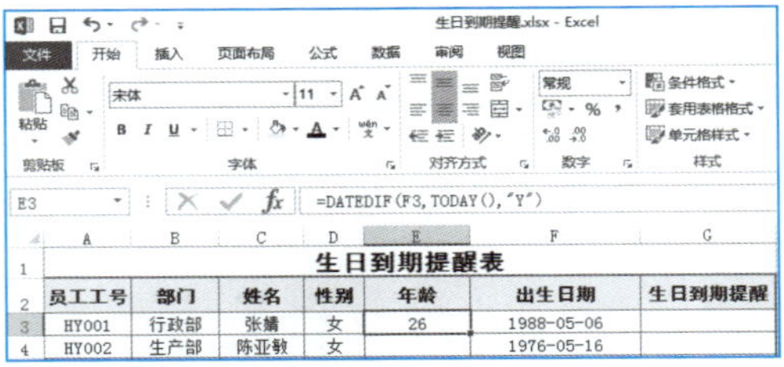

=DATEDIF(F3,TODAY(),"Y")

员工工号	部门	姓名	性别	年龄	出生日期	生日到期提醒
HY001	行政部	张婧	女	26	1988-05-06	
HY002	生产部	陈亚敏	女		1976-05-16	

图5-39

❸ 选中E3单元格，将鼠标移动到E3单元格右下角，拖动填充柄向下复制公式，即可得到所有员工年龄，如图5-40所示。

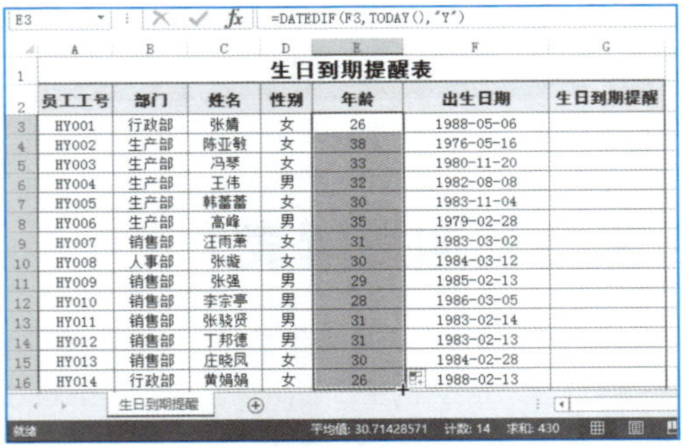

=DATEDIF(F3,TODAY(),"Y")

员工工号	部门	姓名	性别	年龄	出生日期	生日到期提醒
HY001	行政部	张婧	女	26	1988-05-06	
HY002	生产部	陈亚敏	女	38	1976-05-16	
HY003	生产部	冯琴	女	33	1980-11-20	
HY004	生产部	王伟	男	32	1982-08-08	
HY005	生产部	韩蕾蕾	女	30	1983-11-04	
HY006	生产部	高峰	男	35	1979-02-28	
HY007	销售部	汪雨萧	女	31	1983-03-02	
HY008	人事部	张璇	女	30	1984-03-12	
HY009	销售部	张强	男	29	1985-02-13	
HY010	销售部	李宗亭	男	28	1986-03-05	
HY011	销售部	张骏贤	男	31	1983-02-14	
HY012	销售部	丁邦德	男	31	1983-02-13	
HY013	销售部	庄晓凤	女	30	1984-02-28	
HY014	行政部	黄娟娟	女	26	1988-02-13	

图5-40

步骤2：使用公式计算员工生日情况

❶ 选中G3单元格，在公式编辑栏输入公式“=IF(DATE(YEAR(TODAY()),MONTH(F3),DAY(F3))-TODAY()>0,”还有”&DATE(YEAR(TODAY()),MONTH(F3),DAY(F3))-TODAY()&"天",IF(DATE(YEAR(TODAY()),MONTH(F3),DAY(F3))-TODAY()=0,"生日快乐","生日已过"))”，按Enter键，即可判断张婧的生日情况，如图5-41所示。

❷ 选中G3单元格，将鼠标移动到G3单元格右下角，拖动填充柄向下复制

公式，即可得到所有员工生日情况，如图5-42所示。

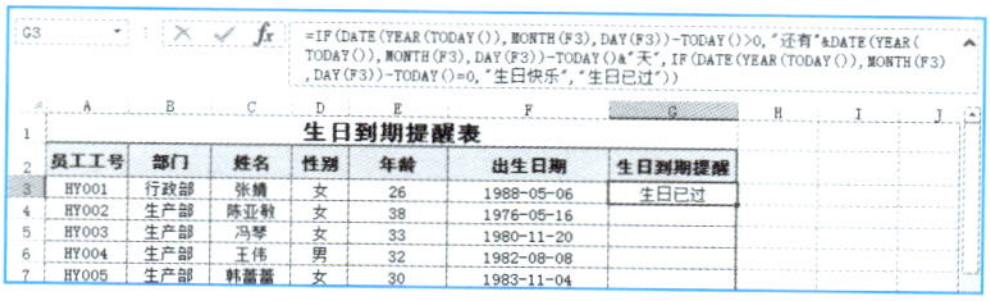

图5-41

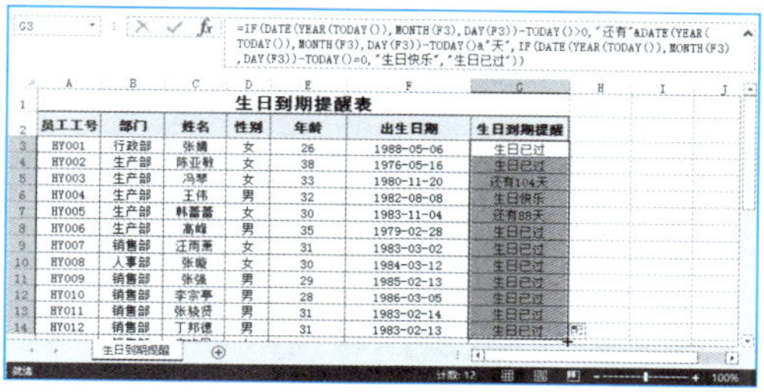

图5-42

步骤3：设置条件格式显示出过生日的员工

❶ 选中G3:G30单元格区域，单击“开始”选项卡，在“样式”组中单击“条件格式”下拉按钮，在下拉菜单中选择“突出显示单元格规则”命令，在弹出的子菜单中单击“等于”命令，（如图5-43所示），打开“等于”对话框。

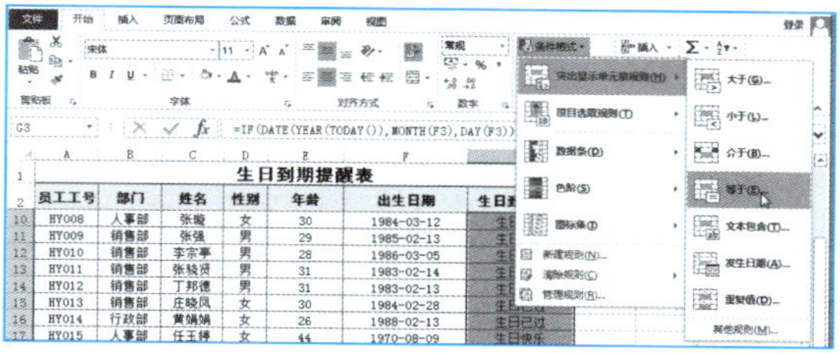

图5-43

❷ 在“为等于以下值的单元格设置格式”文本框中输入“生日快乐”，单击“设置为”文本框右侧下拉按钮，在下拉菜单中单击“绿填充色深绿色文本”，如图5-44所示。

图5-44

第1章 第2章 第3章 第4章 第5章

③ 单击“确定”按钮，返回工作表，即可看到今天生日的员工所在单元格格式变更为指定样式，如图5-45所示。

生日到期提醒表						
员工工号	部门	姓名	性别	年龄	出生日期	生日到期提醒
HY007	销售部	汪雨萧	女	31	1983-03-02	生日已过
HY008	人事部	张璇	女	30	1984-03-12	生日已过
HY009	销售部	张强	男	29	1985-02-13	生日已过
HY010	销售部	李宗亭	男	28	1986-03-05	生日已过
HY011	销售部	张骏贤	男	31	1983-02-14	生日已过
HY012	销售部	丁邦德	男	31	1983-02-13	生日已过
HY013	销售部	庄晓凤	女	30	1984-02-28	生日已过
HY014	行政部	黄娟娟	女	26	1988-02-13	生日已过
HY015	人事部	任玉婷	女	44	1970-08-09	生日快乐
HY016	人事部	孙兴	男	31	1982-10-16	还有68天
HY017	行政部	张琪琪	女	29	1985-06-10	生日已过
HY018	人事部	陈俊	男	29	1985-06-10	生日已过
HY019	行政部	杨磊	男	39	1975-03-24	生日已过
HY020	销售部	张宇	男	27	1986-08-13	还有4天

图5-45

文件54　公司组织结构图

组织结构图是用来显示公司层次关系的一种图示，是最常见的表现雇员、职称和群体关系的一种图表，它形象地反映了组织内各机构、岗位上下左右相互之间的关系。组织结构图是组织结构的直观反映，也是对该组织功能的一种侧面诠释，一般可以使用SmartArt图形来制作公司的组织结构图。

制作要点与设计效果图

- 插入SmartArt图形
- 添加形状
- 添加文字
- 套用形状样式
- 套用形状颜色

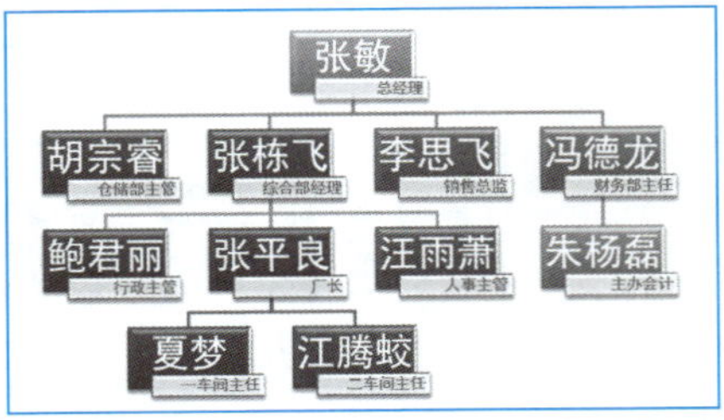

文件设计过程

步骤1：插入SmartArt图形

① 新建Excel 2013工作表，重命名工作表为“组织结构图”，切换到“视图”选项卡，在“显示”组中取消选中“网格线”复选框，隐藏工作表中的网格线，如图5-46所示。

② 单击“插入”选项卡，在“插图”组中单击“SmartArt”按钮，打开“选择SmartArt图形”对话框。

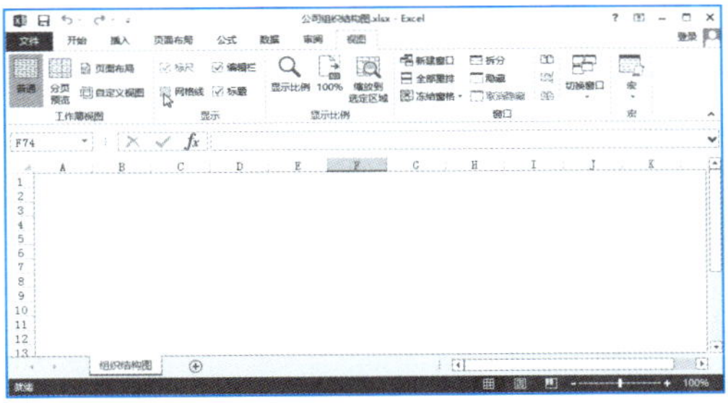

图5–46

3 单击“层次结构”，接着在右侧单击“姓名和职务组织结构图”子图形，如图5-47所示。

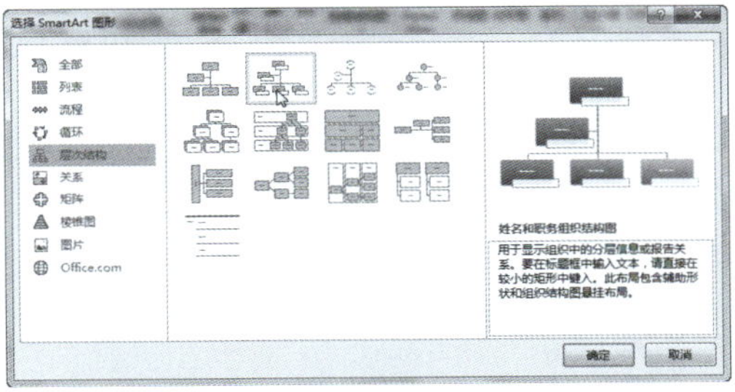

图5–47

4 单击“确定”按钮，返回工作表中，在工作表中插入选定样式的SmartArt图形，如图5-48所示。

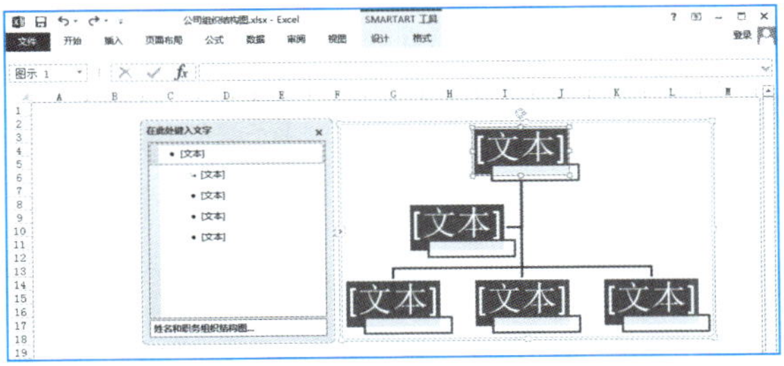

图5–48

步骤2：添加形状

1 选中要在在后面添加形状的形状，单击鼠标右键，在弹出的菜单中选择“添加形状”命令，在子菜单中选择“在后面添加形状”命令（如图5-49所示），系统自动在选中形状后添加一个相同的形状，效果如图5-50所示。

第1章
第2章
第3章
第4章
第5章

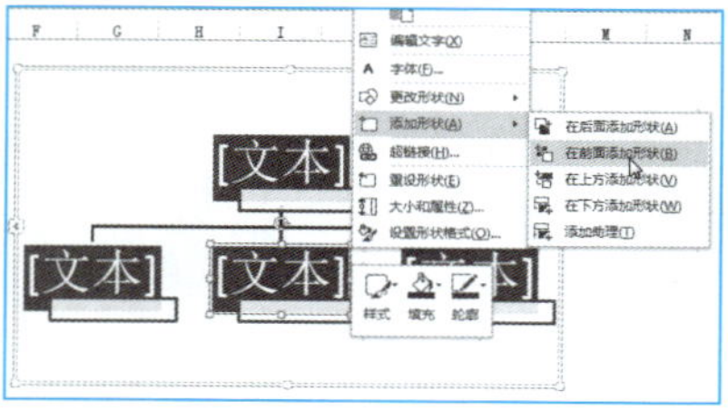

图5-49

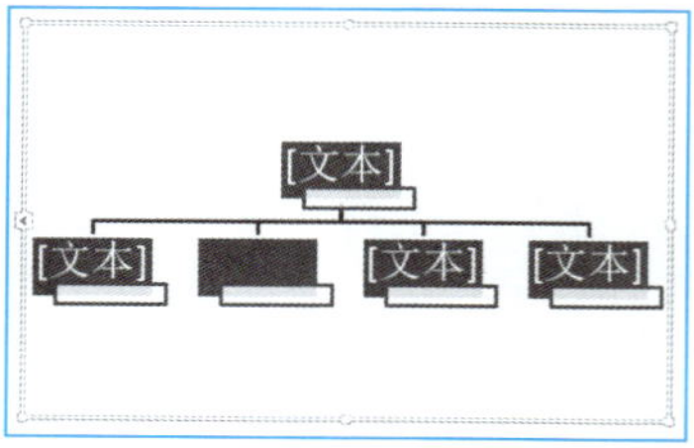

图5-50

❷ 按照相同的方法还可以在形状的上面、下面和前面添加相同的形状，在适当的位置添加形状后的效果如图5-51所示。

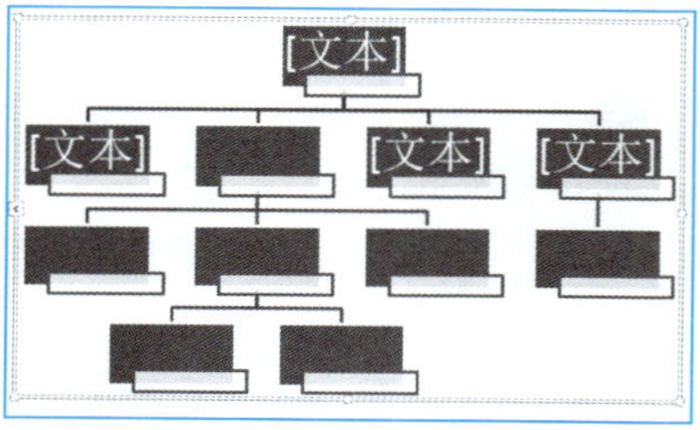

图5-51

步骤3：在形状中添加文字

❶ 单击形状中的“文本”字样（在添加的图形中，选中图形），即可输入各员工姓名，如图5-52所示。

❷ 单击各员工姓名右下角的白色填充图形，即可输入各个员工的职务，如图5-53所示。

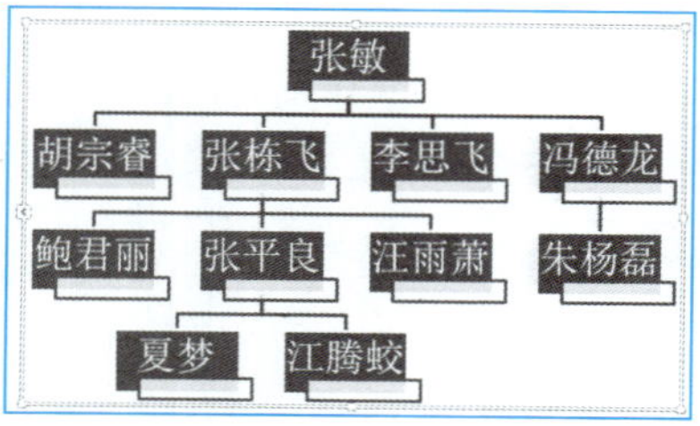

图5-52

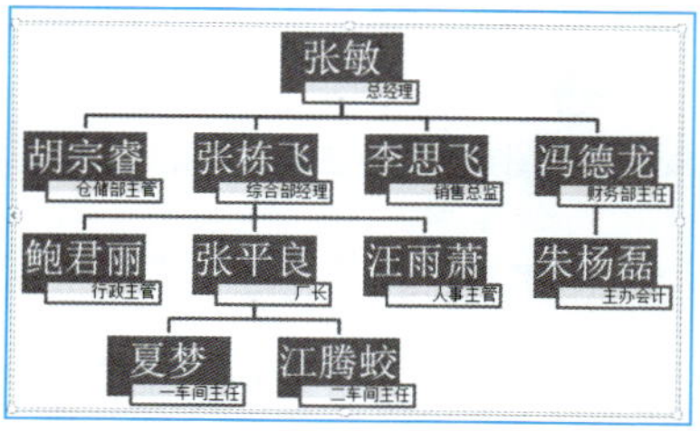

图5-53

步骤4：应用SmartArt样式

❶ 选中SmartArt图形，切换到“SMARTART工具-设计”选项卡，在“SmartArt样式”组中单击“▿”（其他）按钮，在打开的拉菜单中选择一种适合的样式，如“优雅”，如图5-54所示。

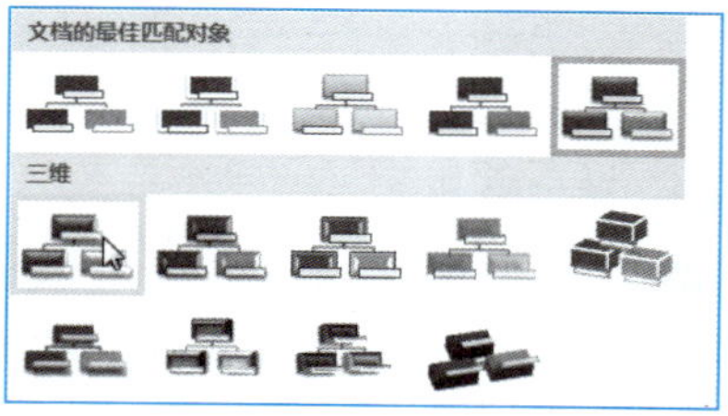

图5-54

❷ 单击“优雅”样式后，即可为SmartArt图形应用该样式，接着在“SmartArt样式”组中单击“颜色”下拉按钮（如图5-55所示），在下拉菜单中选择一种适合的颜色，如“彩色范围-着色4-5”，如图5-56所示。

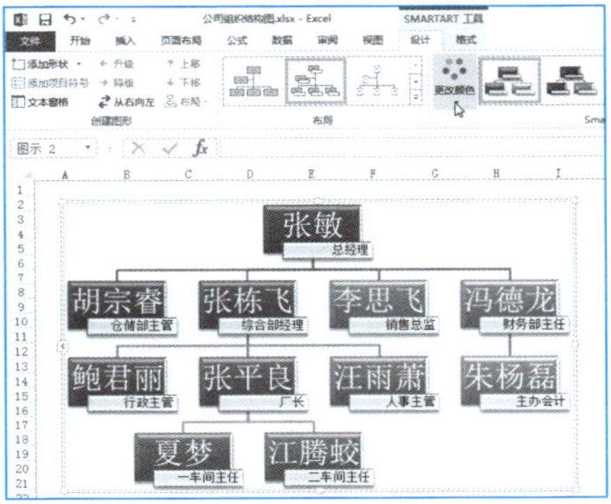

图5-55

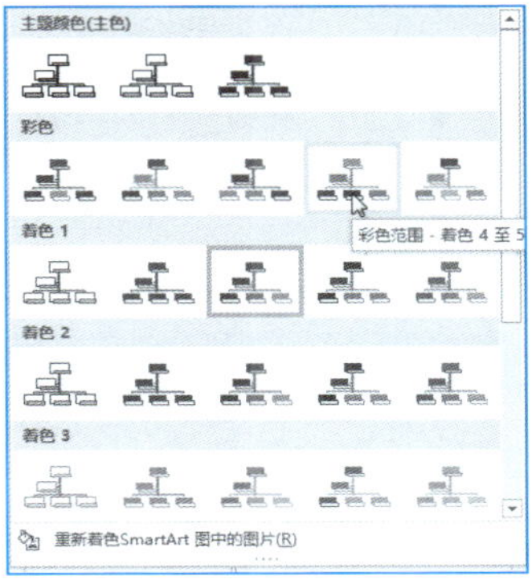

图5-56

❸ 单击“彩色范围-着色4-5”颜色后，即可为SmartArt图形应用选择颜色，在“开始”选项卡的“字体”组中，重新设置SmartArt图形的字体格式，设置效果如图5-57所示。

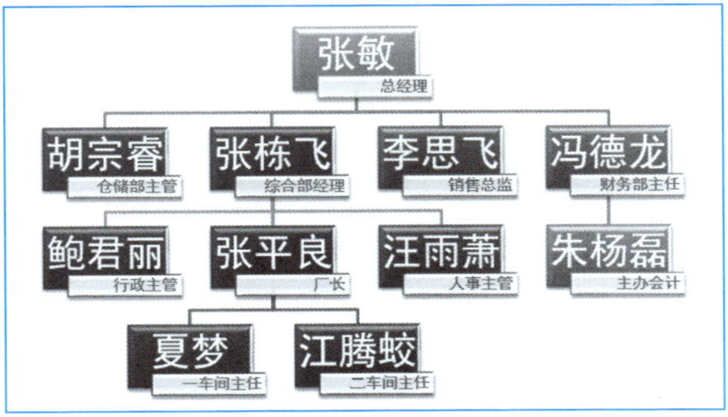

图5-57

文件55 人事变更报告单

涉及人事变更的任何信息，人力资源部都会作详细的记录，如变动人员的姓名、变动原因及变更信息的日期等。只有详细地记录这些数据，才能便于对公司人员的变动状况做更深入的分析。

制作要点与设计效果图

- 删除重复项
- 升序排列
- 条件规则的使用
- 共享工作簿

人事变更报告单

序号	姓名	人员编号	变动说明	资料变更	生效日期	备注
1	柳叶蒿	HY0101	试用期满	由试用转为正式	2014/8/5	
2	陈丽欣	HY0106	调职	由前台调至公关部	2014/8/9	
3	黄觉	HY0102	升职	由大区经理升为培训讲师	2014/8/15	
4	冯晓峰	HY0111	升职	由大区经理升为培训讲师	2014/8/15	
5	张蕾	HY0105	升职	由员工升为组长	2014/8/15	
6	吴敬	HY0111	升职	由人事专员调为人事主管	2014/8/15	
7	王笑笑	HY0103	调职	由行政助理调至销售内勤	2014/8/16	
8	张锋	HY0112	调职	由后勤部调至技术部	2014/8/20	
9	戴军	HY0107	试用期满	由试用转为正式	2014/8/25	
10	杨勤普	HY0108	开除	开除	2014/8/27	
11	李吉阳	HY0110	薪资调整	由1800元调至2000元	2014/9/1	
12	张兰	HY0109	薪金调整	由1800元调至2000元	2014/9/1	

文件设计过程

步骤1：删除重复项

① 打开“人事变更报告单”工作表，选中A2:G15单元格区域，切换到“数据”选项卡，在“数据工具”组中单击“删除重复项”按钮（如图5-58所示），打开“删除重复项”对话框。

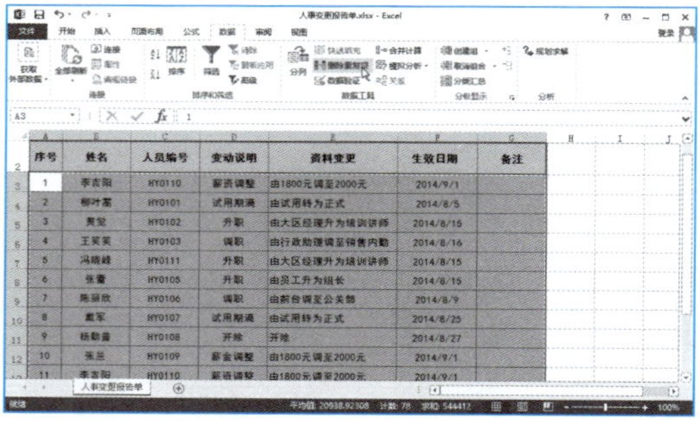

图5-58

② 单击“取消全选”按钮，接着选中“姓名”复选框，如图5-59所示。

③ 单击“确定”按钮，弹出Microsoft Excel对话框，提示发现了1个重复值，已将其删除，保留了1个唯一值（如图5-60所示），单击“确定”按钮，即可删除工作表中的重复值。

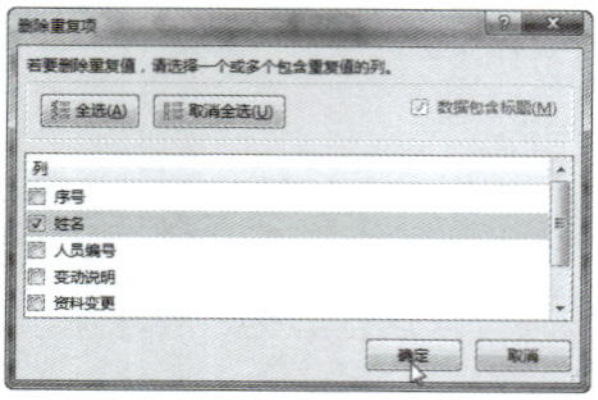

图5-59

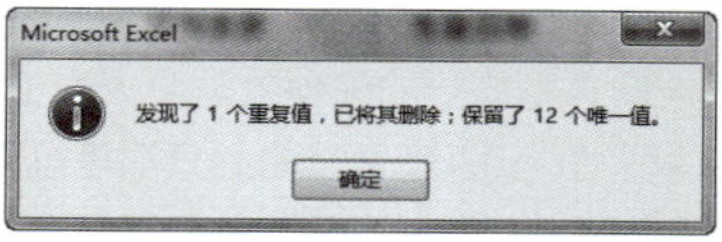

图5-60

提 示

使用“删除重复项”工具可以快速查看在工作表中输入数据时，是否存在重复数据。

步骤2：对数据进行排序

选中F2单元格，切换到“数据”选项卡，在“排序和筛选”组中单击“A↓Z”（升序）按钮（如图5-61所示），即可根据“生效日期”对工作表数据进行排序，效果如图5-62所示。

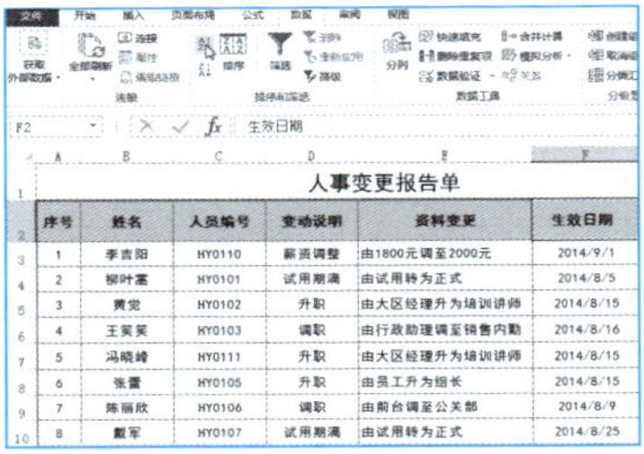

图5-61

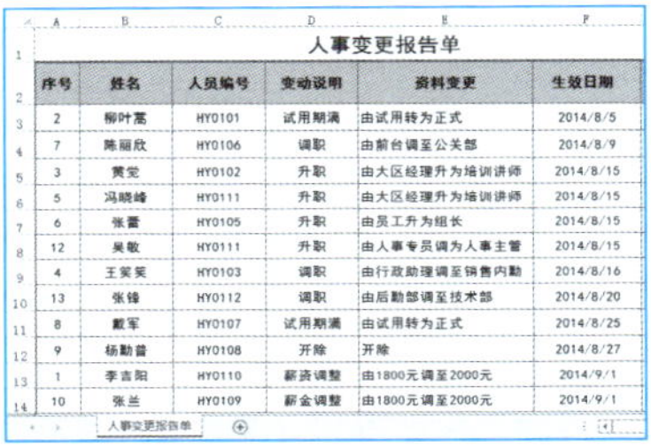

图5-62

步骤3：设置条件格式

❶ 选中A2:G15单元格区域，切换到“开始”选项卡，在“样式”组中单击“条件格式”下拉按钮，在下拉菜单中单击“新建规则”命令（如图5-63所示），打开“新建格式规则”对话框。

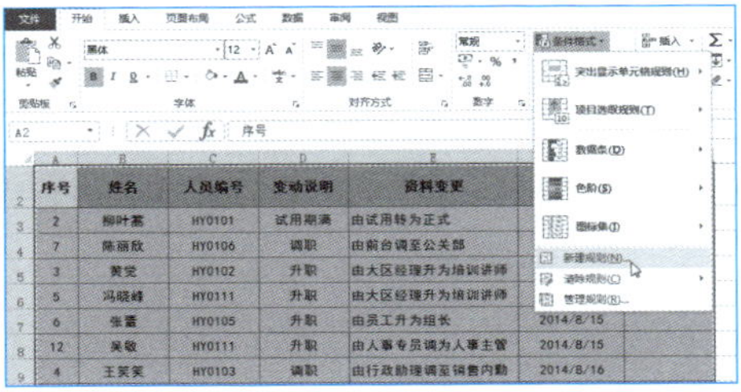

图5-63

提 示

在选中要设置条件格式的单元格区域后，在单元格区域可以单击“▤”（快速分析）工具按钮，在下拉菜单中可以快速为单元格区域设置条件格式，如图5-64所示。

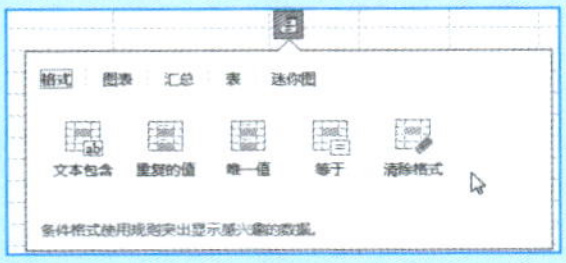

图5-64

② 在“选择规则类型”列表框中单击“使用公式确定要设置格式的单元格”，在“为符合此公式的值设置格式”文本框中输“=MOD(ROW(),2)=0”，单击“格式”按钮（如图5-65所示），打开“设置单元格格式”对话框。

③ 单击“填充”标签，在“背景色”区域单击需要填充的颜色，如“水绿色，着色5，淡色80%”，如图5-66所示。

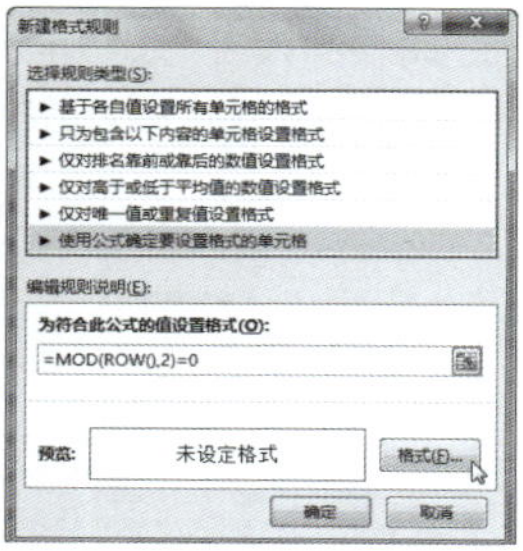

图5-65

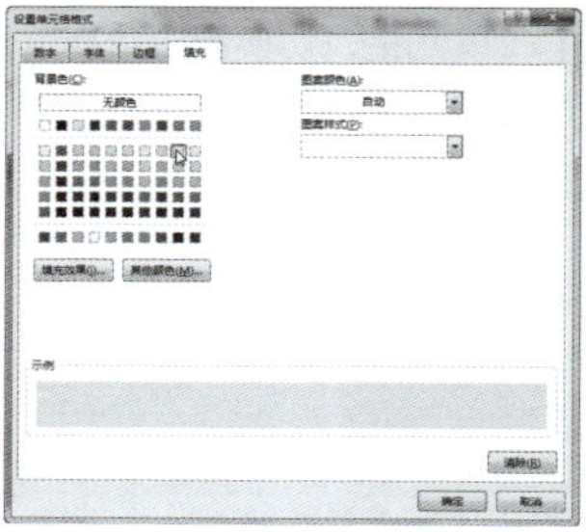

图5-66

④ 单击“确定”按钮，返回“新建规则”对话框中，再次单击“确定”按钮，返回工作表中，可以看到所选单元格区域中行标为偶数的，均填充了指定的格式，效果如图5-67所示。

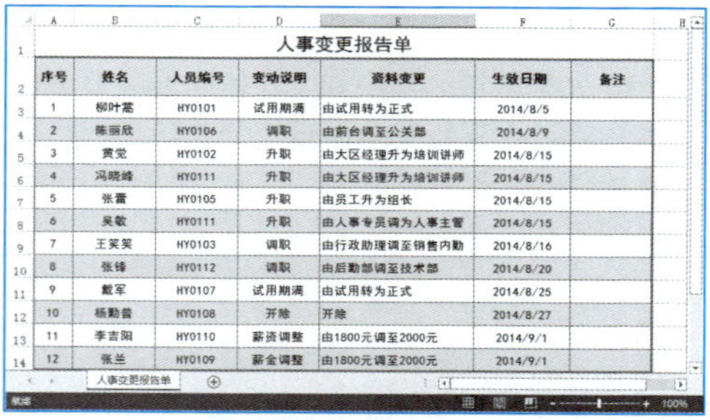

人事变更报告单

序号	姓名	人员编号	变动说明	资料变更	生效日期	备注
1	柳叶蒿	HY0101	试用期满	由试用转为正式	2014/8/5	
2	陈丽欣	HY0106	调职	由前台调至公关部	2014/8/9	
3	黄觉	HY0102	升职	由大区经理升为培训讲师	2014/8/15	
4	冯晓峰	HY0111	升职	由大区经理升为培训讲师	2014/8/15	
5	张蕾	HY0105	升职	由员工升为组长	2014/8/15	
6	吴敏	HY0111	升职	由人事专员调为人事主管	2014/8/15	
7	王笑笑	HY0103	调职	由行政助理调至销售内勤	2014/8/16	
8	张锋	HY0112	调职	由后勤部调至技术部	2014/8/20	
9	戴军	HY0107	试用期满	由试用转为正式	2014/8/25	
10	杨勤音	HY0108	开除	开除	2014/8/27	
11	李吉阳	HY0110	薪资调整	由1800元调至2000元	2014/9/1	
12	张兰	HY0109	薪金调整	由1800元调至2000元	2014/9/1	

图5-67

步骤4：共享工作簿

① 单击“审阅”选项卡，在“更改”组中单击“共享工作簿”按钮，打开“共享工作簿”对话框。

② 选中“允许多用户同时编辑，同时允许工作簿合并”复选框，如图5-68所示。

③ 单击“确定”按钮，弹出Microsoft Excel对话框，询问“此操作会将导致保存文档。是否继续？”如图5-69所示。

图5-68

4 单击“确定”按钮，自动共享工作簿，并在工作簿名称后显示“共享”字样（如图5-70所示），共享工作簿后，局域网内所有的电脑上都可以看到共享的工作簿。

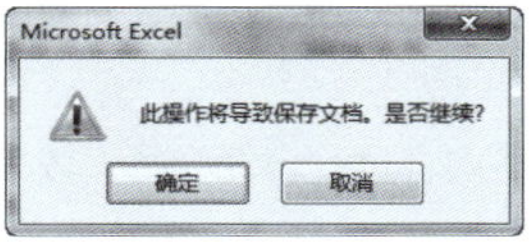

图5–69

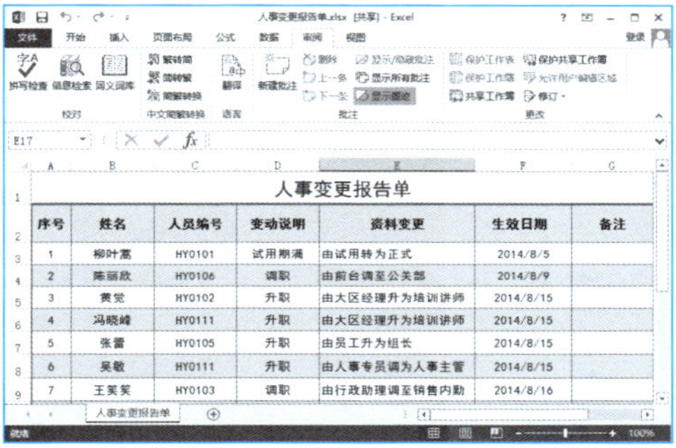

图5–70

文件56　人事动态及费用资料表

记录本月企业人员数量、新进、离职情况，员工劳保的交纳与受益情况，以及与人事变更相关的一系列数据记录的表格就是人事动态及费用资料表。

制作要点与设计效果图

- 合并单元格
- “自动换行”功能
- 设置文字方向
- 自定义数字格式

人事动态及费用资料表

填表日期：

本月人数	编制人数		计人	人事	月薪	编制内直接人员	25000元
	男		20			编制内间接人员	22000元
	女		15			编制外人员	18000元
	男女比例		1 1/3			合计（占人事费用比率）	19.37%
编制人员出勤概况	应工作日数		30日		津贴	职务津贴	5000元
	缺勤总日数		3日			加班津贴	2000元
	出勤率		90.00%			值勤津贴	1500元
	加班应时数		16时			夜勤津贴	1800元
人事动态	新进	男	2人			外勤津贴	2500元
		女	2人			特殊工作环境津贴	1700元
		合计	4人			其他津贴	2000元
		新进率	11.43%			合计（占人事费用比率）	4.92%
	离职	男	1人			年终奖金	100000元
		女	人			退职酬劳金提拨	20000元
		合计	1人			不休假代金	5000元
		离职率	2.22%			其出奖励金	8000元
	调动率	男	3.00%			合计（占人事费用比率）	39.64%
		女	4.00%			公伤医药费	20000元
		合计	7.00%			劳保费（公司负担）	54000元
预计劳保受佃率	公司负担部分		180元			抚恤金支出	5000元
	个人负担部分		80元				
	受益总数		2000元			退休金提拨	20000元
	负担及受益差额		-1920元				
	受益率		88.00%			福利金提拨	10000元
互助费运用	上月底累计结余		500元			互助金提拨	5000元
	本月互助费提拨		2000元			职业训练金提成	5000元
	本月互助费收入		3500元			训练图书费	2000元
	本月互助费支出		2800元				
	本月结余		3200元			合计（占人事费用比率）	36.07%
	累计结余		3200元		费用总计		335500元
	收支比率		1 2/5		平均人事		9586元

文件设计过程

步骤1：自动换行

1 新建工作簿，保存为“人事动态及费用资料表”在工作表中输入表格内容并设置表格格式，设置后效果如图5-71所示。

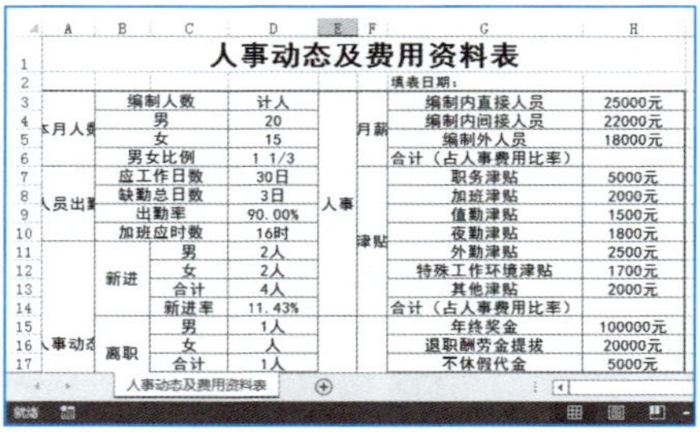

图5-71

2 选中A3:A33单元格区域，切换到“开始”选项卡，在“对齐方式”组中单击“自动换行”按钮，如图5-72所示。

3 单击“自动换行”按钮后，系统自动对单元格内容进行自动换行，效果如图5-73所示。

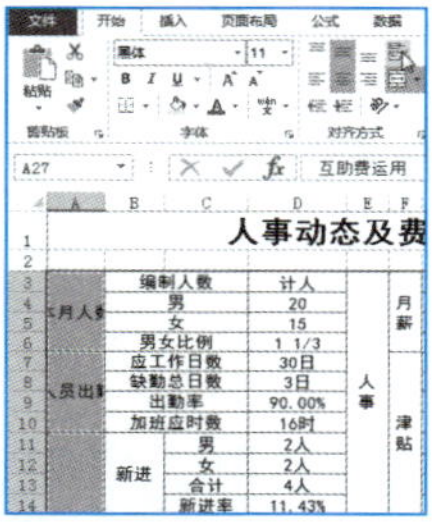

图5-72

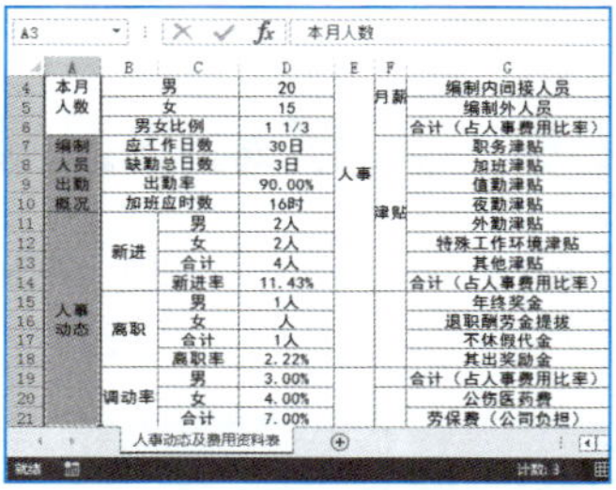

图5-73

步骤3：设置竖排文字

1 选中E3:F14单元格区域，切换到“开始”选项卡，在“对齐方式”组中单击“方向”下拉按钮，在下拉菜单中单击“竖排文字”命令，如图5-74所示。

2 单击“竖排文字”命令后。选中单元格区域的文本呈竖向排列，如图5-75所示。

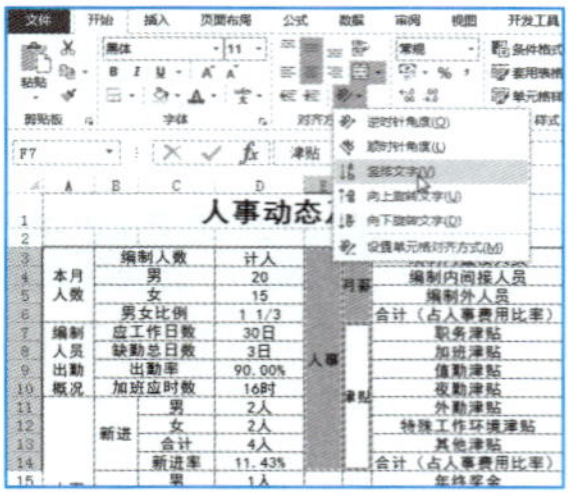

图5-74

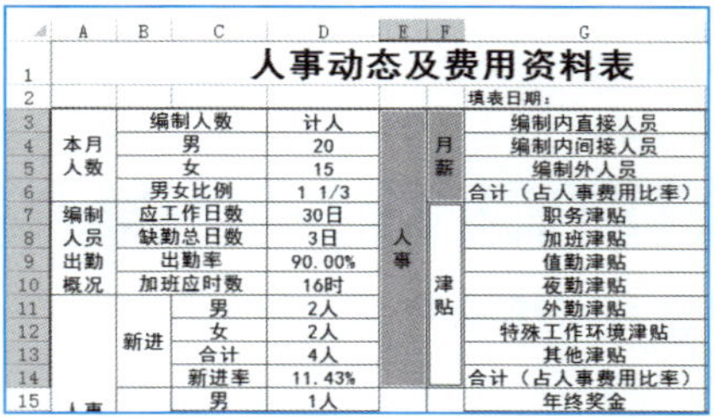

图5-75

步骤3：设置公式计算

❶ 选中H32单元格，在公式编辑栏输入公式“=SUM(H3:H5)+SUM(H7:H13)+SUM(H15:H18)+SUM(H20:H29)”，按Enter键，即可计算出总计金额，如图5-76所示。

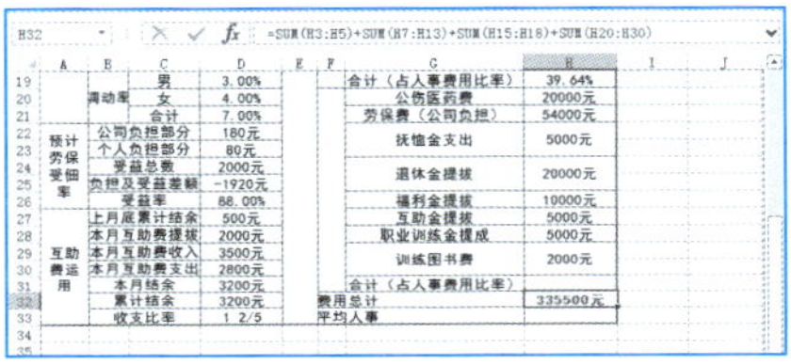

图5–76

❷ 选中H6单元格，在公式编辑栏输入公式“=SUM(H3:H5)/H32”，按Enter键，即可计算月薪占总金额的百分比，如图5-77所示。

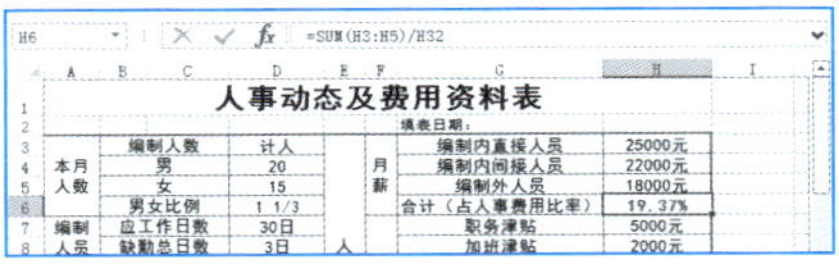

图5–77

❸ 按照相同的方法，可以计算出其他费用占总金额的百分比，如图5-78所示。

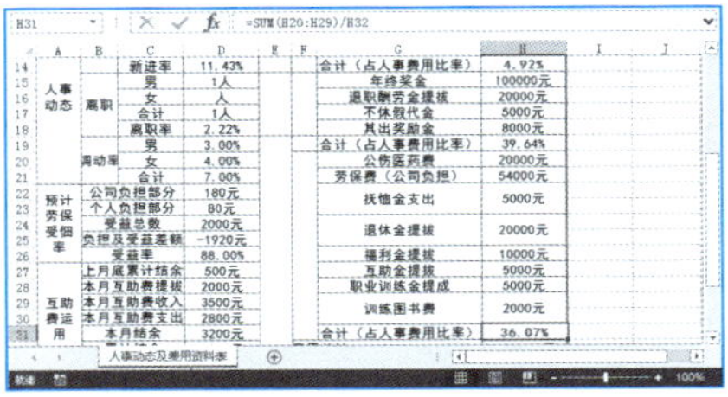

图5–78

❹ 选中H33单元格，在公式编辑栏输入公式“=H32/(D4+D5)”，按Enter键，即可计算出平均人事费用，如图5-79所示。

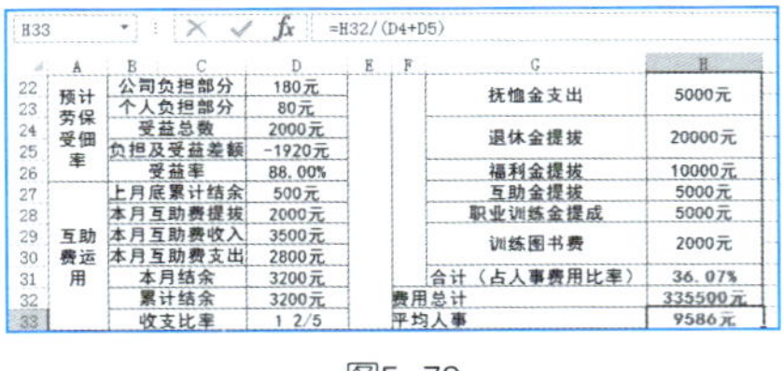

图5–79

文件57　人事通报表

人事通报表用于表扬好人好事，批评错误和歪风邪气，以及传达重要情况和需要各单位知道的事项。其目的是交流经验、吸取教训、推动工作的开展。

制作要点与设计效果图

- 设置字体
- 设置数字格式
- 利用下拉列表输入数据
- 设置边框
- 设置颜色填充

人事通报表

姓名	新任职务	生效日期	原任职务	备注
滕汪歌	销售经理	2014年8月10日	业务助理	
滕晓婉	大区经理	2014年8月11日	区域经理	
王飞	主管	2014年9月1日	职员	
张欣欣	大区经理	2014年9月11日	区域经理	
潘雷	销售经理	2014年9月13日	大区经理	
黄欣	经理	2014年9月13日	主任	

文件58　公司现有人数一览表

想要了解公司各部门有正式员工、临时员工的男女人数情况，人力资源部门可以根据等级的人事信息管理创建一份公司现有人数一览表。公司现有人数一览表包括各部正式员工、临时员工的男、女人数。

制作要点与设计效果图

- 绘制三栏斜线表头
- 插入文本框
- 设置文本框轮廓和填充为无颜色

公司现有人数一览表

职别 区分 部门	正式员工			临时员工			合计			备注
	现有		合计	现有		合计	现有		合计	
	男	女		男	女		男	女		

文件59　管理人员一览表

在企业里，为了让员工更快认识企业领导班子成员，往往需要人事部门制作管理人员一览表，将管理人员所任职务、负责工作内容及领导的照片粘贴出来。

制作要点与设计效果图

- 屏幕截图
- 调整图片大小和位置
- 删除图片背景

文件60　员工通信簿

为了方便员工之间的联系，人力资源部门会根据员工提供的联系方式，即电话号码、QQ号码、电子邮箱等制作一份员工通讯簿，发给各个部门或员工个人。

制作要点与设计效果图

- 限制电话号码长度
- 圈释无效数据
- 取消超链接

员工通信簿

员工姓名	职务	固定电话	移动电话	电子邮箱
程静	总经理	0218****789	1356****478	CJ2013@126.com
张云	行政助理	0218****689	1369****587	ZY2013@126.com
蔡静	厂长	0218***478	1347****259	CJ2013@126.com
于青青	财务总监	0218*****857	1367***478	YQQ2013@126.com
王琪	行政经理	0218****147	1389****658	WQ2013@126.com
廖晓	销售经理	0218*****256	1527****598	XX2013@126.com
黄鹂	人事部部长	0218*****356	1589****245	HL2013@.126.com

文件61　人员内部调动申请表

单位内部人员调动申请表是员工在职位调动时填写的一种表格。人员内部调动申请表记录了申请调动员工的个人信息、调动原因、调出部门意见、调入部门意见以及人力资源管理部意见等信息。

制作要点与设计效果图

- 清除自定义的自动更正功能
- 绘制边框
- 使用格式刷复制公式

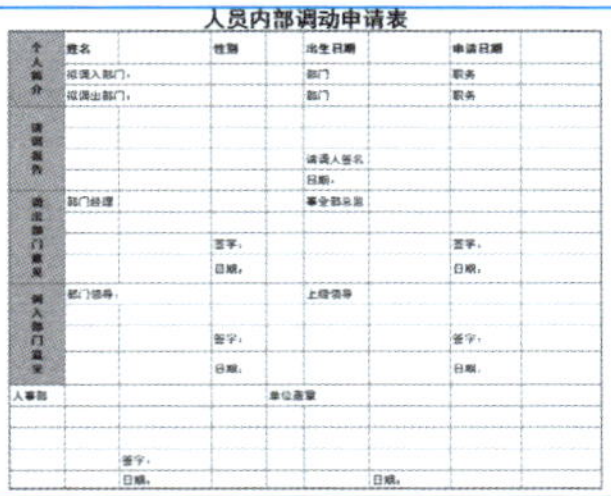

文件62　管理人才储备表

管理人才储备表是人力资源部门制作的一个组织结构管理表格。主要记录了人才的姓名、年龄、服务年限、现任职务、担任本职年数、工作绩效与他的优势、特长、劣势、缺点等情况，以及可升调的情况和所需参与的培训信息。

制作要点与设计效果图

- 限制输入整数的范围
- DAYS360函数
- TODAY函数

管理理人才储备表

姓名	王琪	国别	中国	年龄	30	服务年限	6
现任职务		升调时间	2010/7/25			担任本职年数	4
工作绩效							
优势或特长							
劣势或缺点							
进取情况							
可升调为				升调时间			
所需培训							
可升调为				升调时间			
所需培训							
可升调为				升调时间			
所需培训							

文件63　试用期到期提醒表

企业对新进员工都有一个试用期考核，试用期为1个月到3个月不等，人力资源部门可以创建一个试用期到期提醒，对试用期员工进行考核决定转正或是辞退。

制作要点与设计效果图

- DATEDIF函数
- 设置条件格式
- 自定义条件格式

试用期到期提醒

姓名	部门	员工工号	入职日期	是否到试用期
陈晓	客服部	JY059	2014/9/8	未到期
方亚杰	客服部	JY058	2014/6/9	到期
高亚丽	客服部	JY055	2014/8/22	未到期
何晓晓	行政部	JY052	2014/7/6	到期
胡娟娟	客服部	JY056	2014/8/7	到期
李云敏	人事部	JY053	2014/8/23	未到期
尚雪峰	客服部	JY057	2014/8/14	到期
王磊	客服部	JY054	2014/9/2	未到期
张翔	经理室	JY051	2014/9/5	未到期

Excel

第 6 章

公司人员结构分析图表

在分析企业的发展前景时，企业现有人员受教育程度、人员素质、年龄情况，以及企业的组织结构等都是很重要的参考因素。

对企业人员结构分析可以借助图表来实现，使用图表分析会更加直观。通常来说，人力资源部门可以借助一些Excel 常用图表来做这样的分析，如分析员工教育程度分布图、员工性别分布图、员工年龄结构分布图、公司人员职称结构图、公司管理人员替换图等。

编号	文件名称	对应的数据源	重要星级
文件64	员工学历层次分析图表	第6章\文件64 员工学历层次分析图表.xlsx	★★★★★
文件65	各部门员工性别分布图	第6章\文件65 各部门员工性别分布图.xlsx	★★★★★
文件66	员工年龄结构分布图	第6章\文件66 员工年龄结构分布图.xlsx	★★★★
文件67	企业管理人员替换图	第6章\文件67 企业管理人员替换图.xlsx	★★★★
文件68	员工职称结构图	第6章\文件68 员工职称结构图.xlsx	★★★★
文件69	公司各部门权限结构图	第6章\文件69 公司各部门权限结构图.xlsx	★★★★
文件70	员工性格调查分布图	第6章\文件70 员工性格调查分布图.xlsx	★★★★
文件71	员工工作能力和态度评定表	第6章\文件71 员工工作能力和态度评定表.xlsx	★★★★
文件72	上半年生产部入职情况分析	第6章\文件72 上半年生产部入职情况分析.xlsx	★★★
文件73	宝塔式企业管理结构	第6章\文件73 宝塔式企业管理结构.xlsx	★★★
文件74	员工总人数变化图	第6章\文件74 员工总人数变化图.xlsx	★★★
文件75	各部门员工人数条形图	第6章\文件75 各部门员工人数条形图.xlsx	★★★
文件76	员工工作年限分析	第6章\文件76 员工工作年限分析.xlsx	★★★
文件77	员工地域分析	第6章\文件77 员工地域分析.xlsx	★★★

文件64　员工学历层次分析图表

学历层次可以反映出一个企业的知识层次，当创建了人事信息管理表后，可以对员工的学历层次进行分析，分析出各个学历层次在企业中所占比重，还可以使用数据透视图进行直观显示学历层次。

制作要点与设计效果图

- 创建数据透视表
- 更改值显示方式
- 套用表格样式
- 创建数据透视图
- 美化图表

员工学历层次分析

学历	所占百分比
本科	46.43%
大专	39.29%
高中	7.14%
硕士	3.57%
中专	3.57%
总计	100.00%

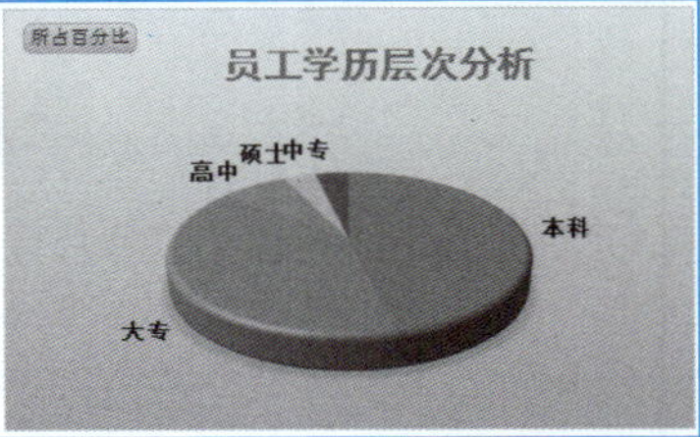

文件设计过程

步骤1：创建数据透视表

❶ 打开“人事信息管理表”工作表，选中B2单元格，切换到“插入”选项卡，在“表格”组中单击“数据透视表”按钮（图6-1所示），打开“创建数据透视表”对话框。

❷ 在“表/区域”显示出创建数据透视表的区域，在“选择放置数据透视表的位置”区域选中了“新工作表”单选框，（图6-2所示），保持默认设置。

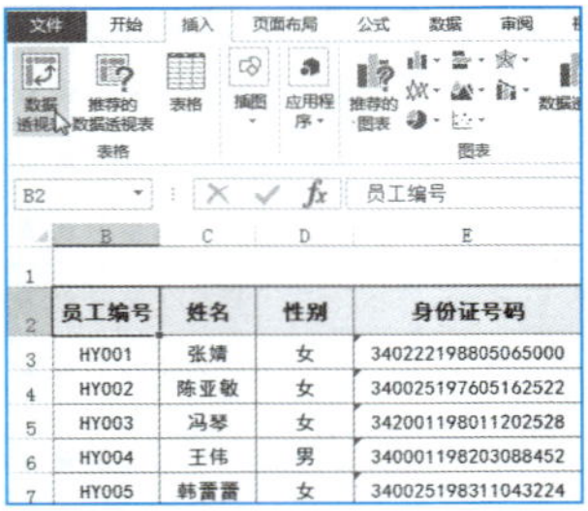

图6-1

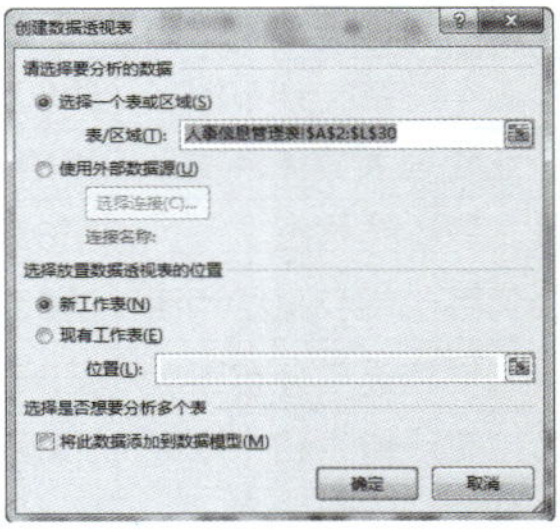

图6-2

提 示

系统默认创建的数据透视表是在新工作表中，在选择数据源的时候，如果数据源工作表包含表头区域，则不能选中标题所在单元格区域，否则不能正确地显示出字段。

❸ 单击“确定”按钮，即可在“人事信息管理表”工作表之前创建数据透视表，重命名工作表为“员工学历层次分析”，如图6-3所示。

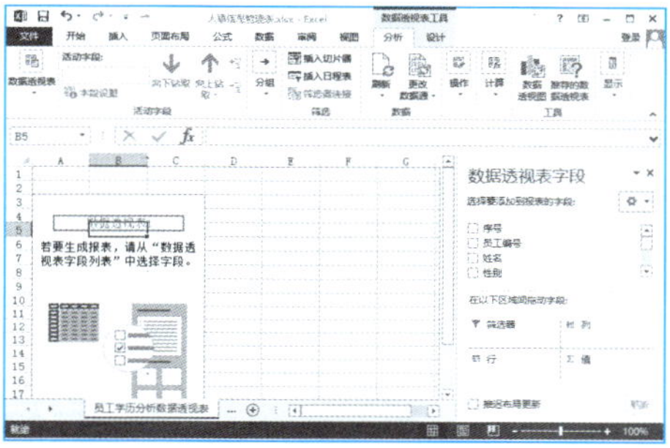

图6-3

步骤2：更改值显示方式

❶ 分别将“学历”字段拖动到“行标签”区域和“值”区域，即可在数据透视表中看到对添加的“学历”字段进行分析，如图6-4所示。

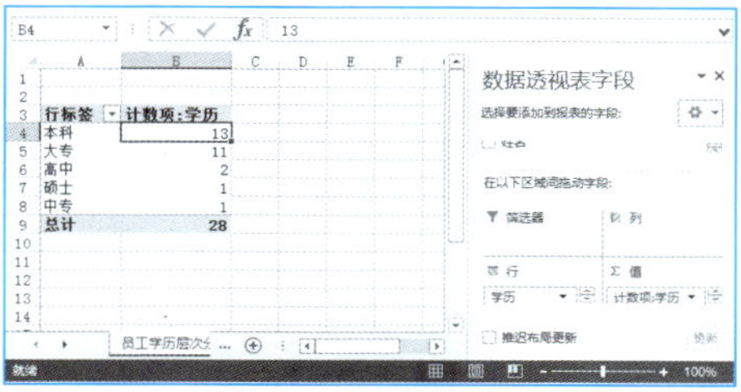

图6-4

❷ 选中“计数项：学历”字段任意单元格，单击鼠标右键，在弹出的菜单中单击“值显示方式”命令，在弹出的子菜单中单击“总计的百分比”命令，如图6-5所示。

❸ 单击“总计的百分比”命令后，即可看到“计数项：学历”字段显示方式更改为百分比样式，如图6-6所示。

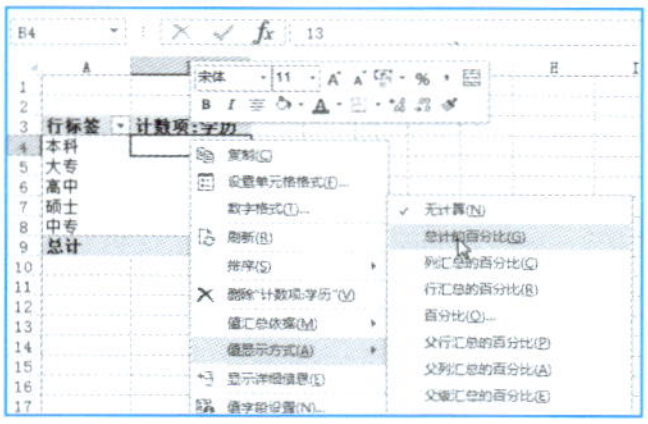

图6-5

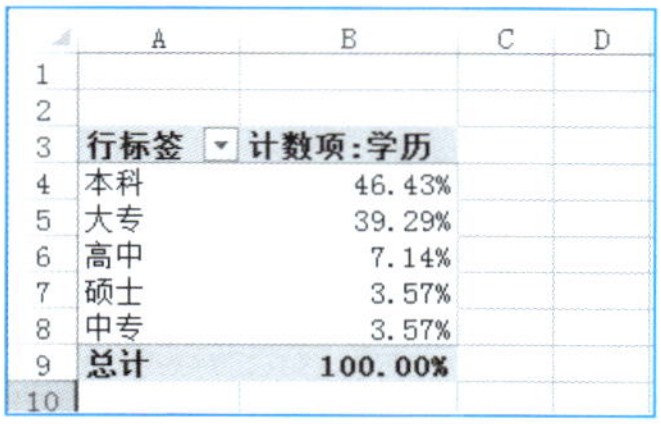

图6-6

步骤3：套用表格样式美化数据透视表

❶ 选中数据透视表中任意单元格、切换到“数据透视表工具-设计”选项卡，在“数据透视表样式”组中单击“▼”（其他）下拉按钮（图6-7所示），在下拉菜单中单击“数据透视表样式中等深浅3”，如图6-8所示。

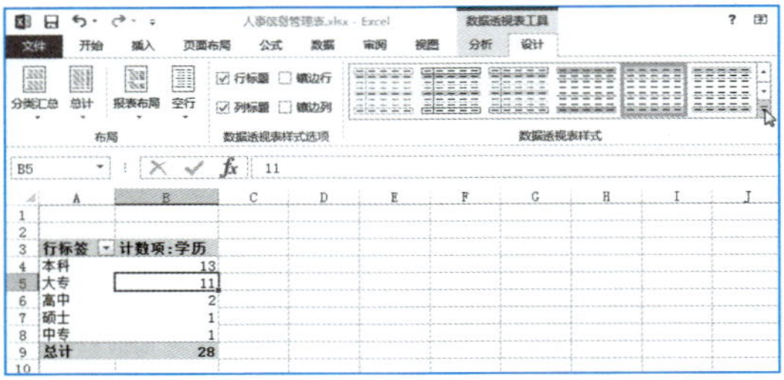

图6-7

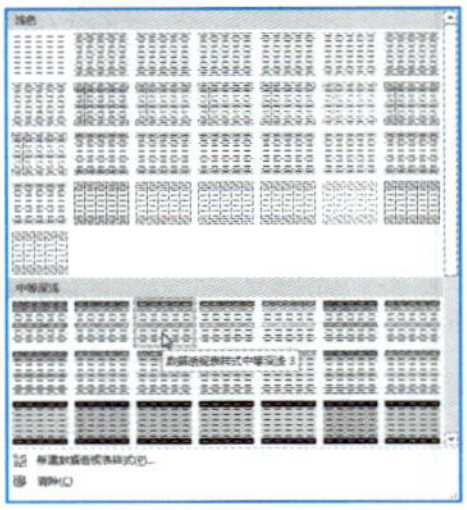

图6-8

❷ 单击“数据透视表样式中等深浅3”样式，即可为数据透视表应用该样式，效果图6-9所示。

❸ 为数据透视表添加标题，重新调整行高和列宽，“行标签”更改为“学历”，将“计数项：学历”更改为“所占百分比”，设置后效果图6-10所示。

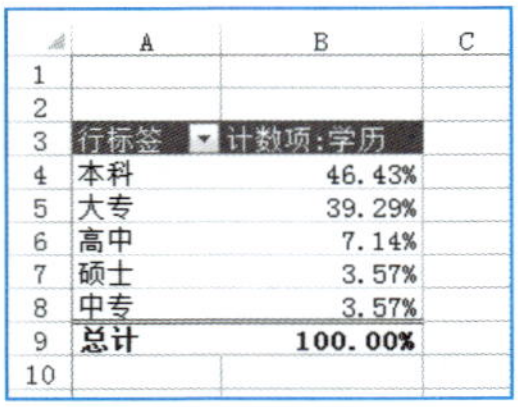

行标签	计数项:学历
本科	46.43%
大专	39.29%
高中	7.14%
硕士	3.57%
中专	3.57%
总计	100.00%

图6-9

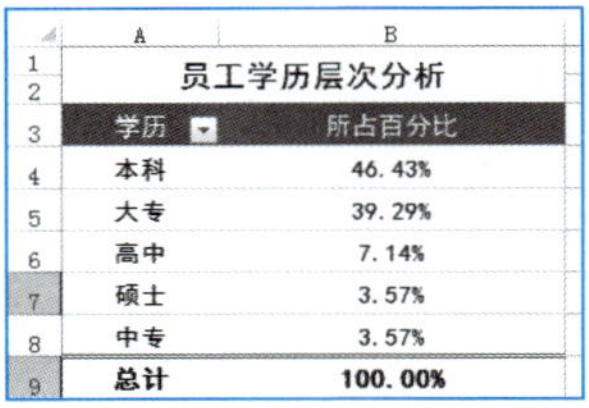

员工学历层次分析

学历	所占百分比
本科	46.43%
大专	39.29%
高中	7.14%
硕士	3.57%
中专	3.57%
总计	100.00%

图6-10

步骤4：创建数据透视图

❶ 选中数据透视表中任意单元格，如A4单元格，切换到“数据透视表工具-设计”选项卡，在“工具”组中单击“数据透视表”按钮（图6-11所示），打开“插入图表”对话框。

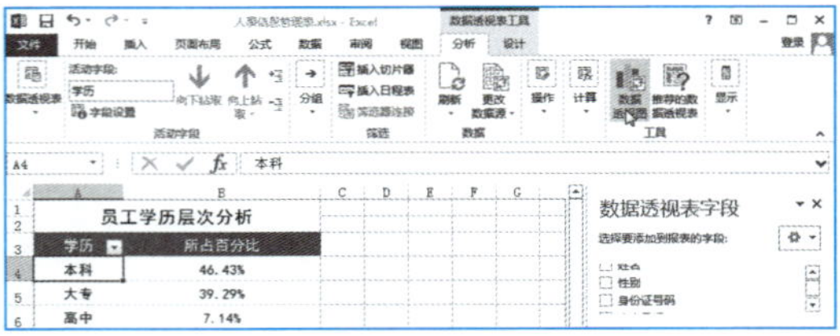

图6-11

❷ 在“所有图表”区域单击“饼图”，在右侧单击“三维饼图”子图表类型，如图6-12所示。

❸ 单击“确定”按钮，即可创建数据透视图，如图6-13所示。

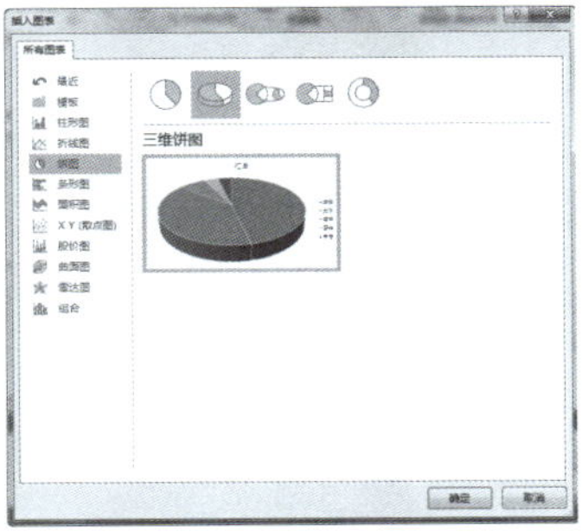

图6-12

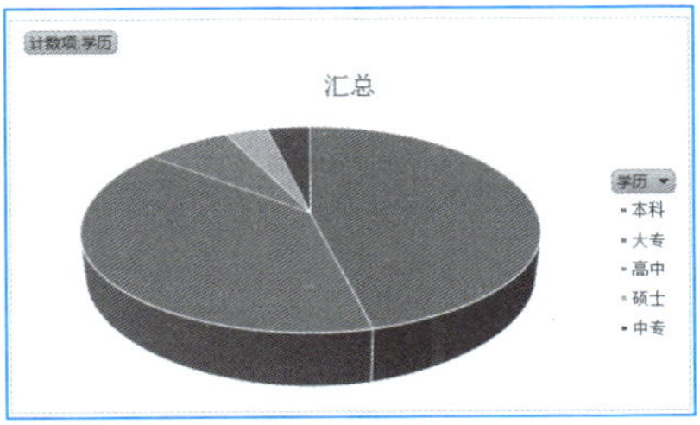

图6-13

步骤5：美化数据透视图

❶ 选中数据透视图，单击“图表样式”下拉按钮，在下拉菜单中单击“样式8”，即可为数据透视图应用该样式，如图6-14所示。

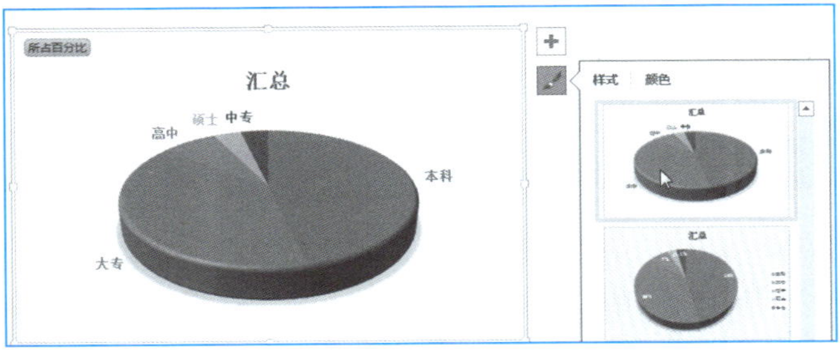

图6-14

提　示

Excel 2013中在选中数据透视图时，可以直接单击“图表样式”和“图表元素”按钮，快速对图表进行设置，这是Excel 2013的新功能。

❷ 打开“设置图表区域格式”窗格，单击“◇”（填充线条）标签，选中“渐变填充”单选项，单击“预设渐变”下拉按钮，在下拉菜单中单击“线色渐变-着色2”（如图6-15所示），从而为图表背景添加渐变效果。

❸ 在“开始”选项卡的“字体”组中重新设置图表字体格式，设置后效果图6-16所示。

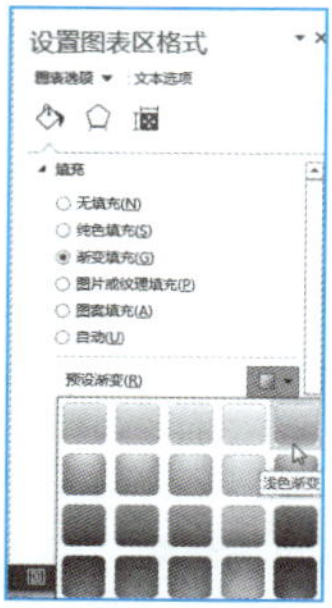

图6-15

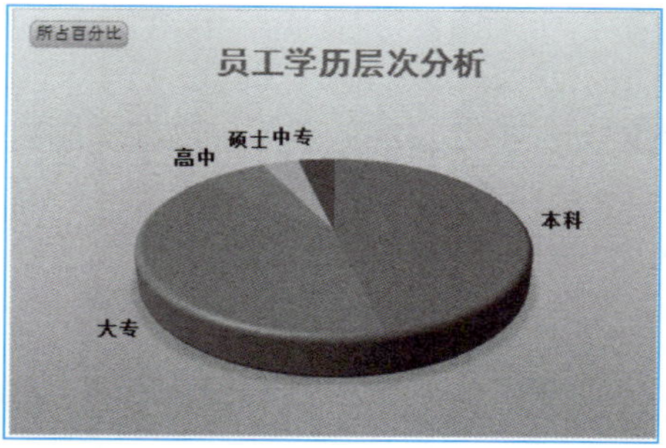

图6-16

提 示

从学历层析分析来看，企业大专和本科学历占据绝大多数，学历属于中等，需要引进一些高端人才。

文件65 各部门员工性别分布图

当企业想了解各部门男女员工的构成情况时，数据透视表分析各个部门员工男女分布情况，并借助柱形图比较各部门员工的性别情况进行分析。

制作要点与设计效果图

- 创建二维柱形图图
- 更改图表类型
- 设置分类间距

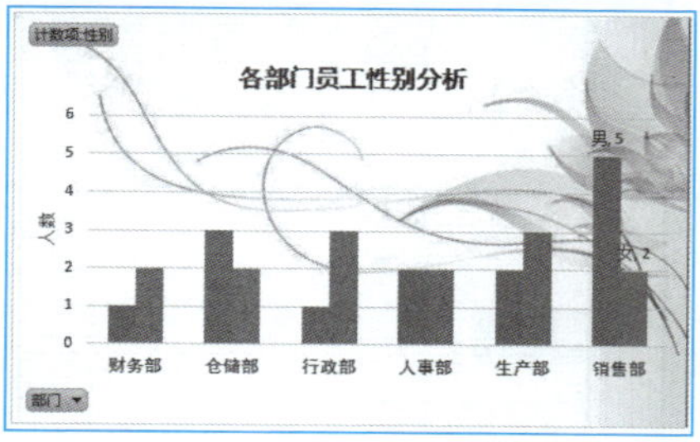

文件设计过程

步骤1：创建二维柱形图

❶ 打开“各部门员工性别数据透视表”工作表，在“数据透视表字段列表”窗口将“部门”字段添加到“行标签”区域，将“性别”字段添加到“列标签”和“数值”区域，如图6-17所示。

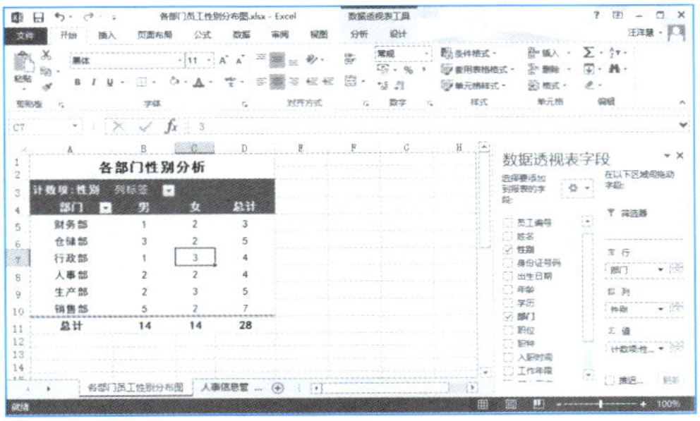

图6-17

2 选中数据透视表任意单元格，切换到“数据透视表工具-分析”选项卡，在“工具”组中单击“数据透视图”按钮（如图6-18所示），打开“插入图表”对话框。

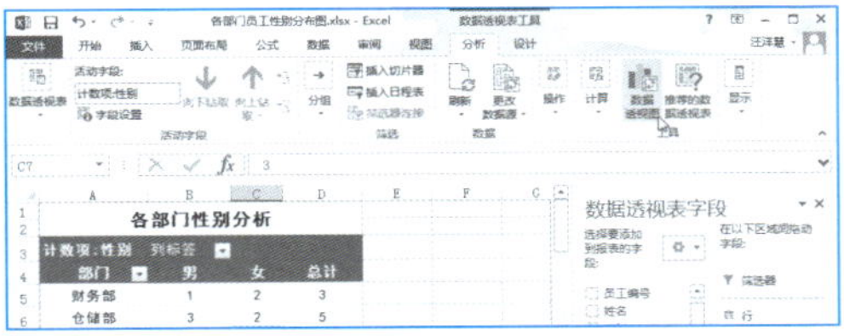

图6-18

3 在左侧单击“柱形图”，在右侧单击“二维柱形图”子图表类型，如图6-19所示。

4 单击“确定”按钮，返回工作表中，即可为数据透视表创建一个二维饼图，显示各个部门男女比例情况，如图6-20所示。

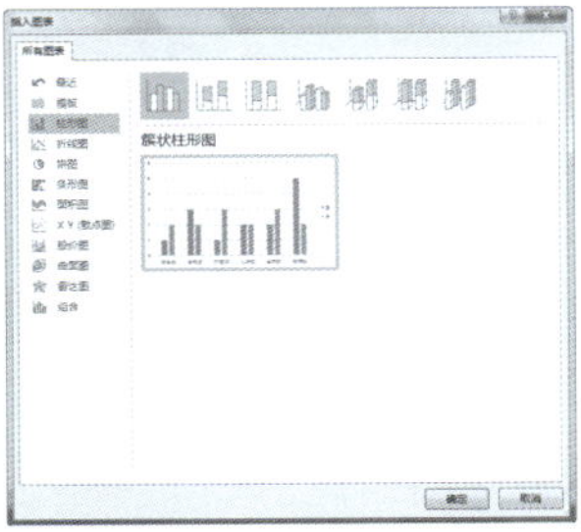

图6-19

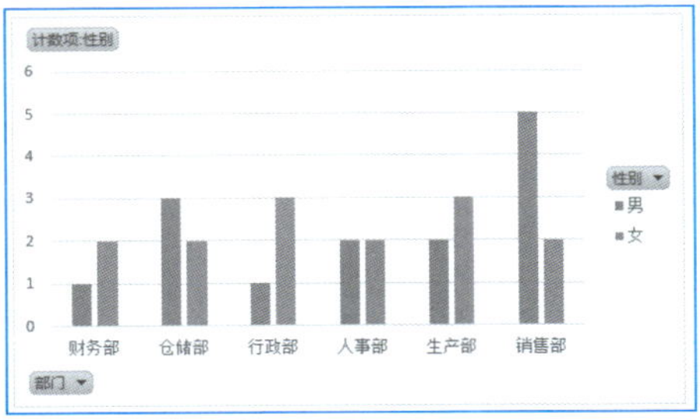

图6-20

步骤2：快速应用图表布局

1 选中图表，切换到“数据透视图工具-设计”选项卡，在“图表布局”组中单击“快速布局”下拉按钮，在下拉菜单中单击“布局6”，如图6-21所示。

2 单击“布局6”布局样式后，即可为图表应用该样式，如图6-22所示。

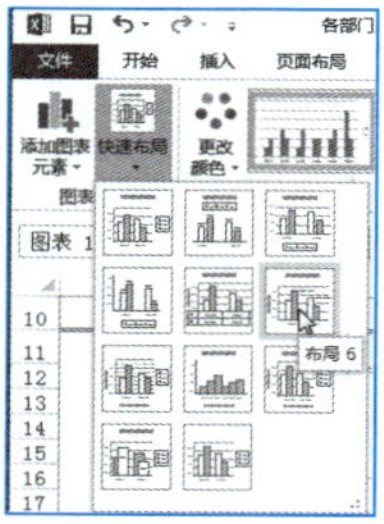

图6-21

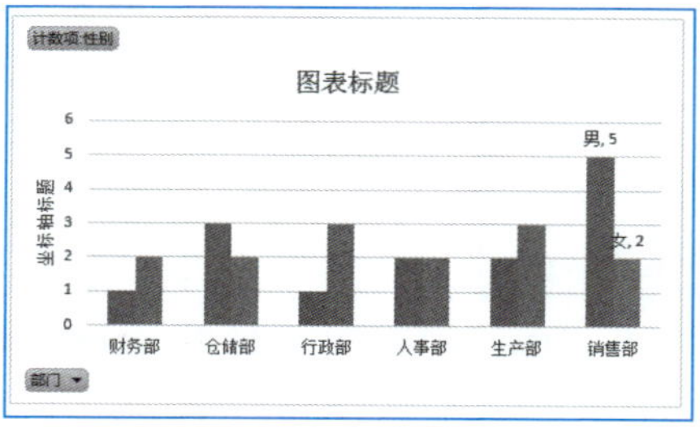

图6-22

3 重新命名图表标题和坐标轴标题，切换到“开始”选项卡，在“字体”组中设置图表字体格式，设置后效果如图6-23所示。

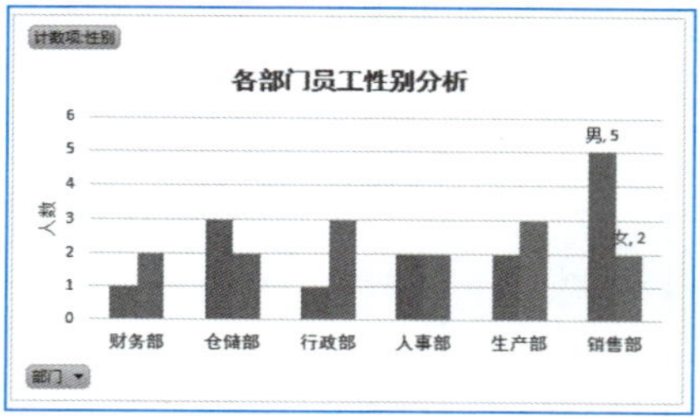

图6-23

步骤3：自定义数据系列颜色

1 单击“男”数据系列，切换到“数据透视表工具-格式”选项卡，在“形状样式”组中单击“形状填充”下拉按钮，在其下拉列表中选择“绿色”，即可为将数据系列填充为绿色，如图6-24所示。

2 单击“女”数据系列，在“形状样式”组中单击“形状填充”下拉按钮，在其下拉列表中选择“紫色”，即可为将数据系列填充为紫色，如图6-25所示。

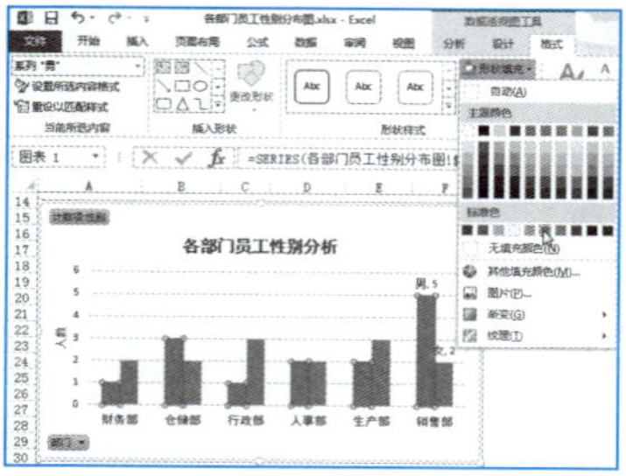

图6-24

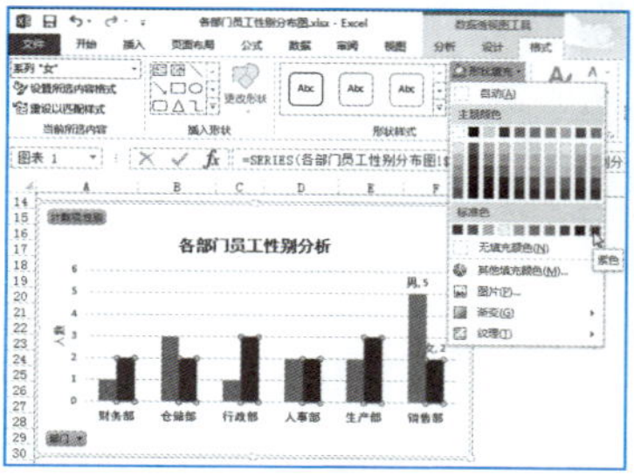

图6-25

步骤4：设置图片背景填充

1 选中图表，单击鼠标右键，在弹出的菜单中单击“设置图表区域格式”

命令（如图6-26所示）打开“设置图表区域格式”窗格。

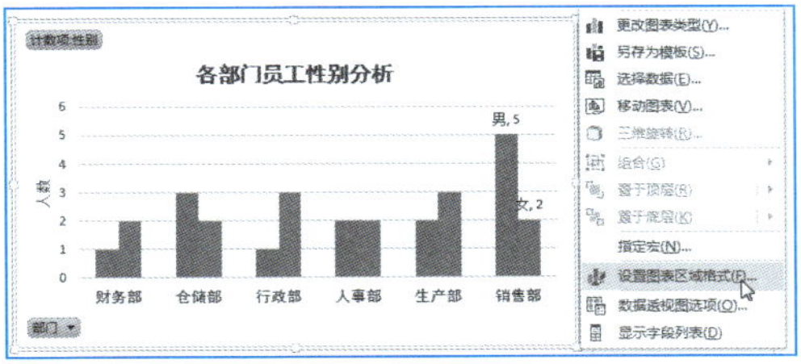

图6–26

2 单击“”（线条填充），选中“图片或文理填充”单选框，单击“文件”按钮（如图6-27所示），打开“插入图片”对话框。

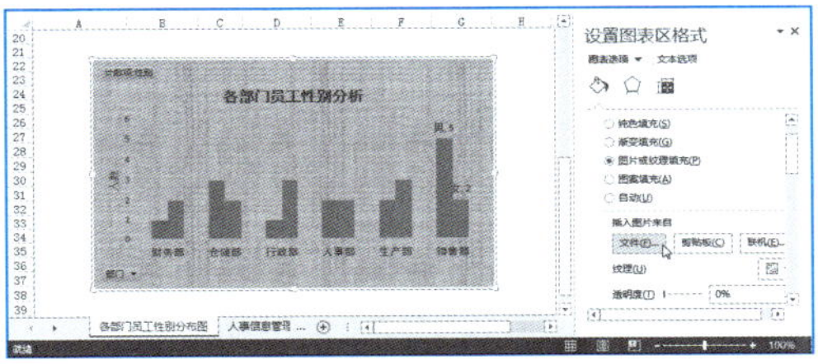

图6–27

3 在左侧单击图片所在文件夹保存的位置，打开文件夹并选中该图片，如图6-28所示。

4 单击“插入”按钮，返回到工作表，即可为图表添加背景填充，效果如图6-29所示。

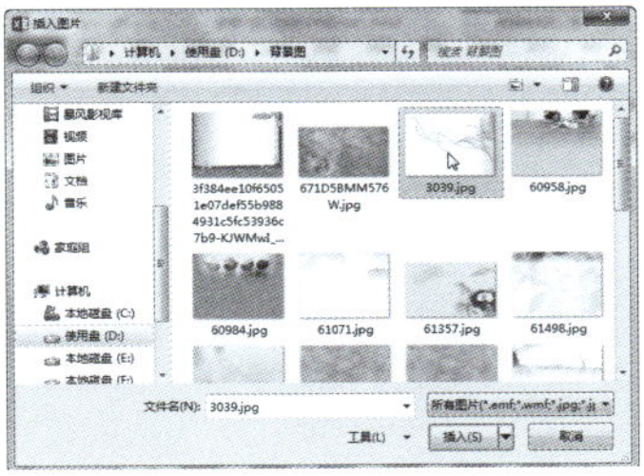

图6–28

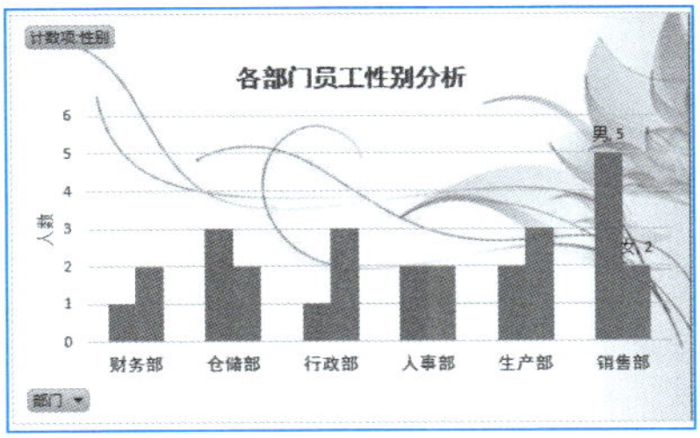

图6–29

文件66　员工年龄结构分布图

年龄是象征企业员工研究能力、市场开拓能力在内的综合素质高低的重要标志之一，想要了解企业年龄结构分布情况，可以借助Excel 中的数据透视表对企业员工年龄层次进行分段，并通过饼图来分析各个年龄段员工所占比例。

制作要点与设计效果图

- 添加年龄字段
- 创建数据透视表
- 设置分组
- 创建饼图

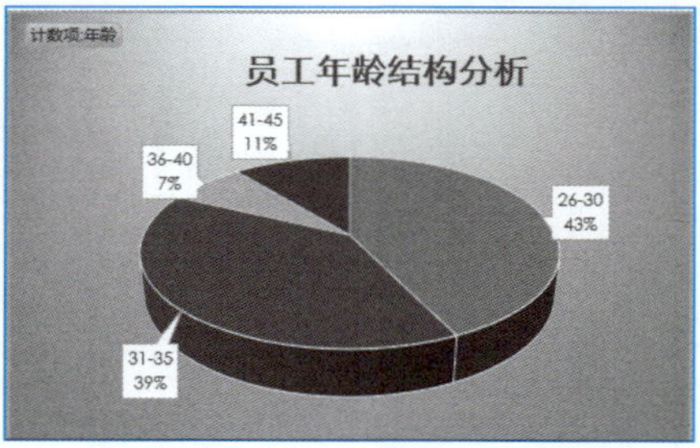

文件设计过程

步骤1：添加年龄行标签并计算出员工年龄

❶ 打开“人事信息管理表”工作表，在“出生日期”行标签后添加“年龄”行标签，选中G3单元格，在公式编辑栏输入公式“=DATEDIF(F3,TODAY(),"Y")”，按Enter键，即可计算出张婧的年龄，如图6-30所示。

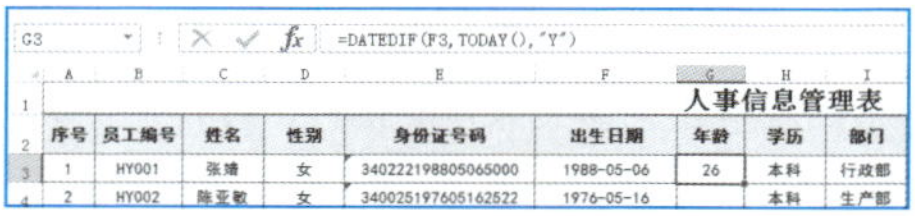

G3 =DATEDIF(F3,TODAY(),"Y")

人事信息管理表

序号	员工编号	姓名	性别	身份证号码	出生日期	年龄	学历	部门
1	HY001	张婧	女	340222198805065000	1988-05-06	26	本科	行政部
2	HY002	陈亚敏	女	340025197605162522	1976-05-16		本科	生产部

图6-30

❷ 选中G3单元格，拖动填充柄向下填充公式，即可得到所有员工的年龄，如图6-31所示。

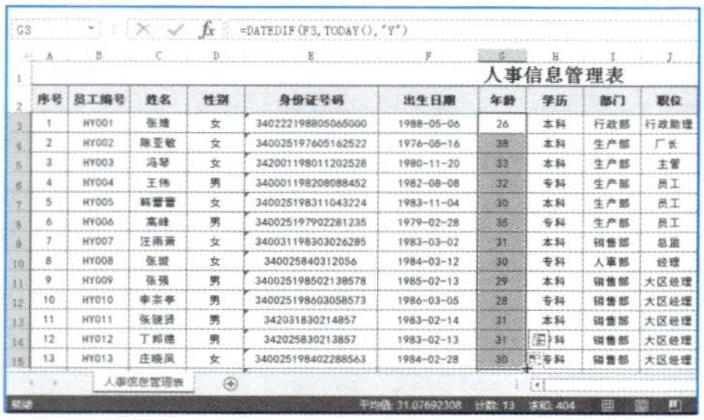

G3 =DATEDIF(F3,TODAY(),"Y")

人事信息管理表

序号	员工编号	姓名	性别	身份证号码	出生日期	年龄	学历	部门	职位
1	HY001	张婧	女	340222198805065000	1988-05-06	26	本科	行政部	行政助理
2	HY002	陈亚敏	女	340025197605162522	1976-05-16	38	本科	生产部	厂长
3	HY003	冯琴	女	342001198011202528	1980-11-20	33	本科	生产部	主管
4	HY004	王伟	男	340001198208088452	1982-08-08	32	专科	生产部	员工
5	HY005	韩雪雪	女	340025198311043224	1983-11-04	30	本科	生产部	员工
6	HY006	高峰	男	340025197902281235	1979-02-28	35	专科	生产部	员工
7	HY007	汪雨萧	女	340031198303026285	1983-03-02	31	本科	销售部	总监
8	HY008	张璇	女	340025840312056	1984-03-12	30	专科	人事部	经理
9	HY009	张强	男	340025198502138578	1985-02-13	29	本科	销售部	大区经理
10	HY010	李宗孝	男	340025198603058573	1986-03-05	28	专科	销售部	大区经理
11	HY011	张骁贤	男	342031830214857	1983-02-14	31	本科	销售部	大区经理
12	HY012	丁邦德	男	342025830213857	1983-02-13	31	[illegible]	销售部	大区经理
13	HY013	庄晓凤	女	340025198402288563	1984-02-28	30	专科	销售部	大区经理

人事信息管理表　平均值: 31.07692308　计数: 13　求和: 404

图6-31

步骤2：创建数据透视表

❶ 选中G2:G30单元格区域，切换到“插入”选项卡，在“表格”组中单击“数据透视表”按钮（如图6-32所示），打开“创建数据透视表”对话框。

❷ 此时在“表/区域”文本框中显示出选择的单元区域（如图6-33所示），保存默认设置。

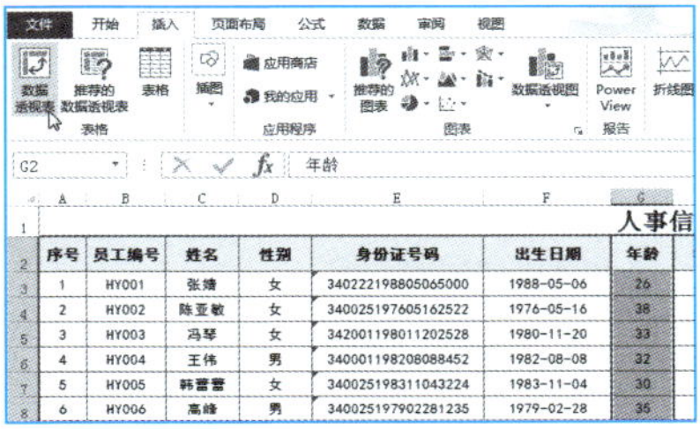

图6-32

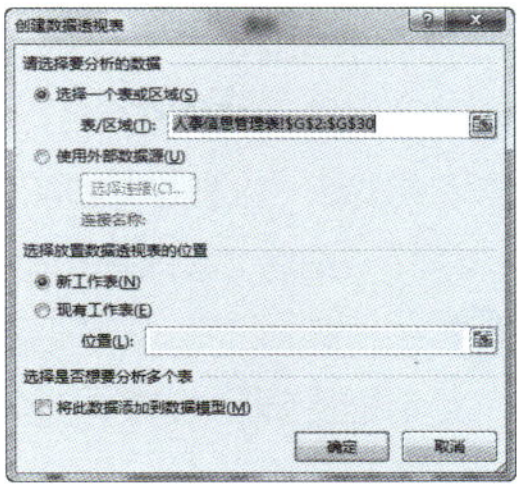

图6-33

❸ 单击“确定”按钮，系统自动在“人事信息管理表”工作表前插入一个新工作表，重命名为“员工年龄结构分析”，将“年龄”字段添加到“行标签”和“数值”区域，如图6-34所示。

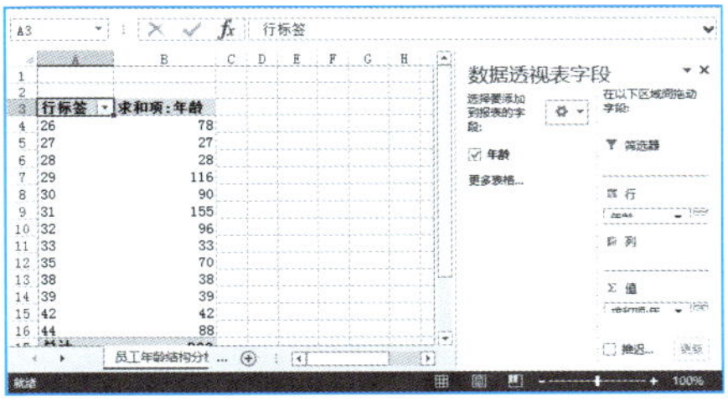

图6-34

步骤3：更改值字段显示方式

❶ 单击“求和项：年龄”区域任意单元格，单击鼠标右键，在弹出的菜单中单击“值汇总依据”命令，在弹出的子菜单中单击“计数”命令，如图6-35所示。

❷ 单击“计数”命令后，即可将“求和项：年龄”值字段显示方式更改为“计数项：年龄”，并以计数方式显示分析结果，如图6-36所示。

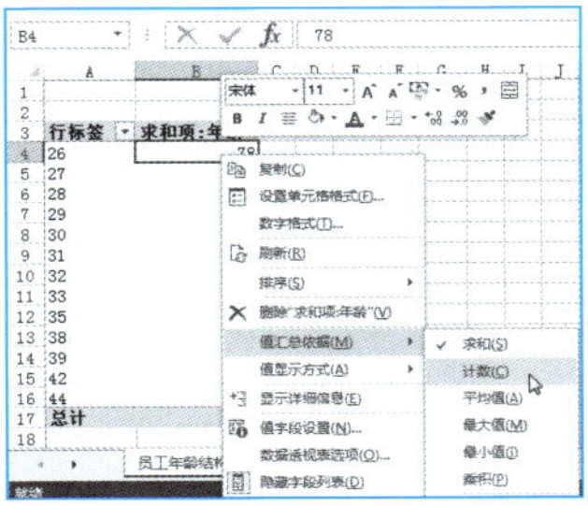

图6-35

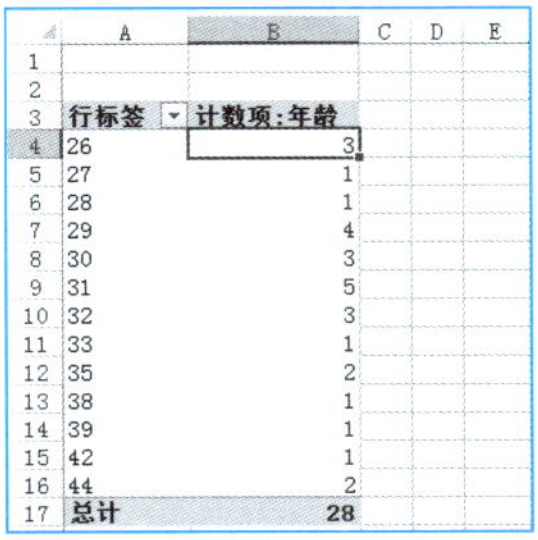

图6-36

步骤4：为行标签年龄设置分组

❶ 选中“计数项：年龄”区域任意单元格，切换到“数据透视表工具-分析”选项卡，在“分组”组中单击“组选择”按钮（如图6-37所示），打开“组合”对话框。

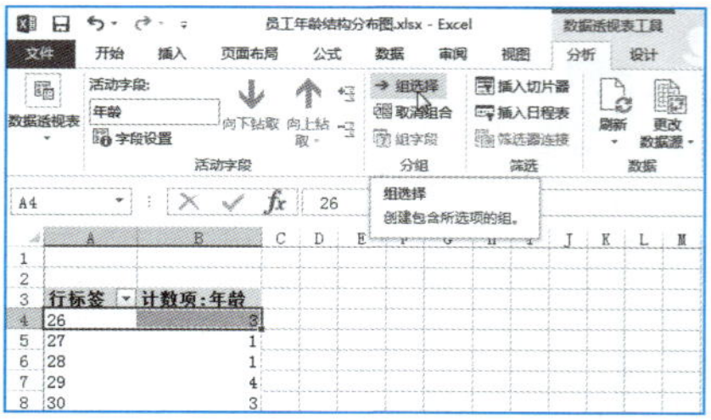

图6-37

❷ 在“起始于”文本框和“终止于”文本框中显示出数据透视表中的最小年龄和最大年龄，在“步长”文本框中输入5，如图6-38所示。

❸ 单击“确定”按钮，返回数据透视表，系统自动将行标签年龄按步长为5显示出来，如图6-39所示。

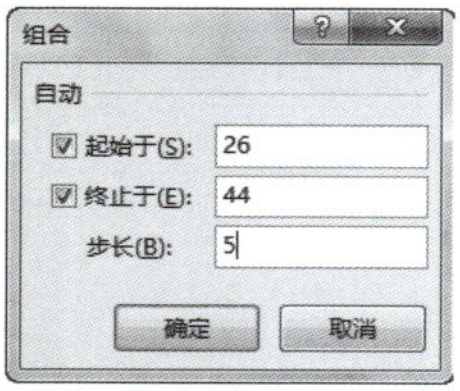

图6-38

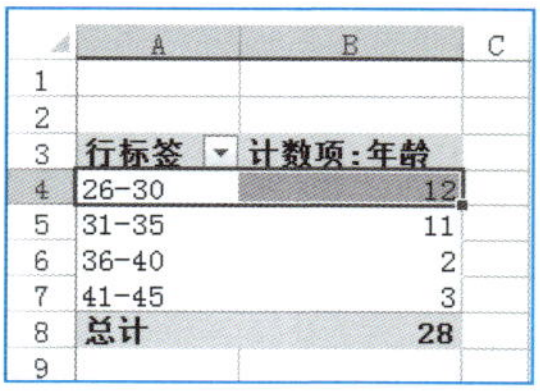

图6-39

步骤5：插入三维饼图

❶ 选中数据透视表单元格，切换到“插入”选项卡，在“图表”组中单击“◕”（插入饼图或圆环图）下拉按钮，在其下拉列表中单击“三维饼图”子图表类型，如图6-40所示。

❷ 单击“三维饼图”子图表类型，即可为数据透视表插入三维饼图，如图6-41所示。

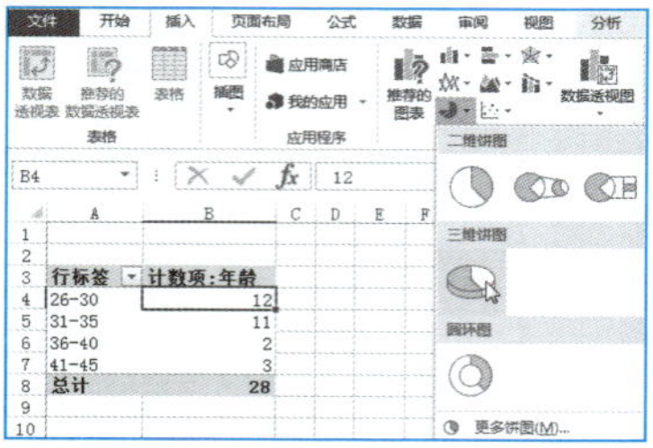

图6-40

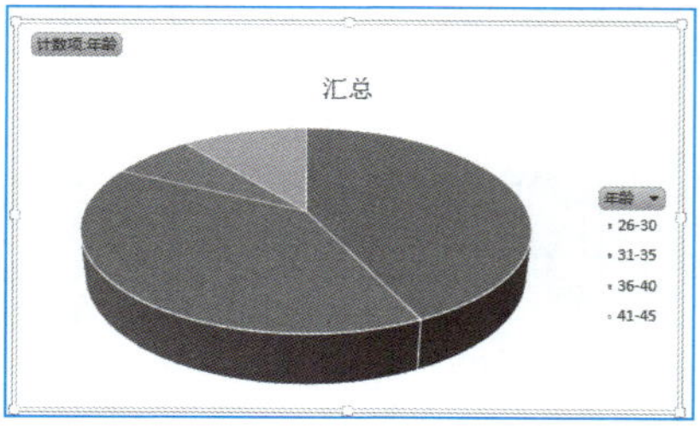

图6-41

❸ 选中饼图，单击“图表元素”按钮，在打开的图表元素中单击“数据标

签”后的“▸”按钮，在弹出的子菜单中单击“数据标注”，即可为图表添加数据标签，如图6-42所示。

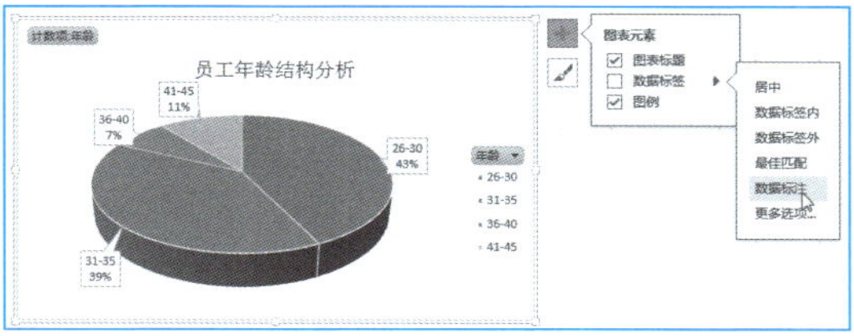

图6–42

4 选中图表，再次单击“图表元素”按钮，在打开的图表元素中取消选中“图例”复选框，即可隐藏图表中的图例项，如图6-43所示。

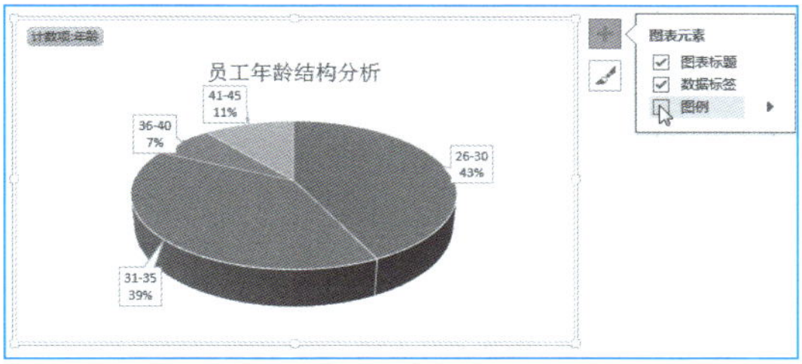

图6–43

步骤6：美化图表

1 选中图表，单击“图表样式”对话框，在弹出的菜单中单击“颜色3”，即可为图表数据标签应用颜色3样式，如图6-44所示。

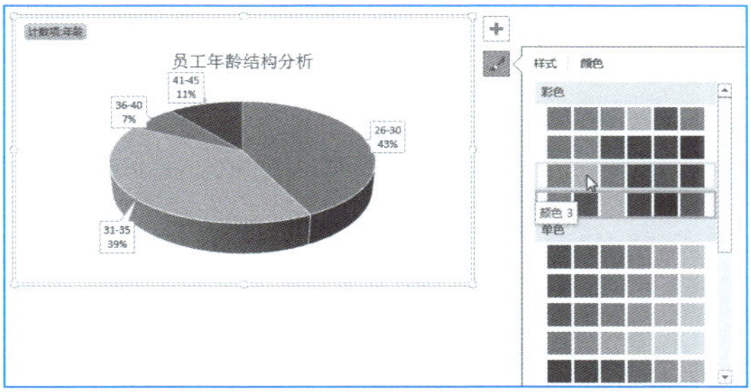

图6–44

2 打开“设置图表区域格式”窗格，单击“◇”（填充线条）标签，选中“渐变填充”单选项，单击“预设渐变”下拉按钮，在下拉菜单中单击“顶部聚光灯-着色2”，如图6-45所示。

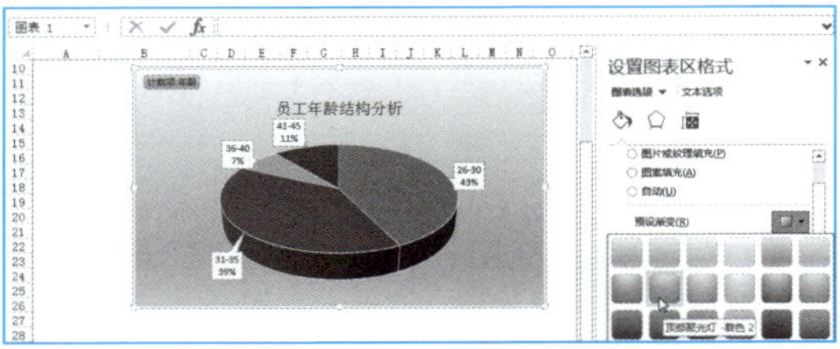

图6-45

3 单击“顶部聚关灯-着色2”后即可为图表应用该渐变色，如图6-46所示。

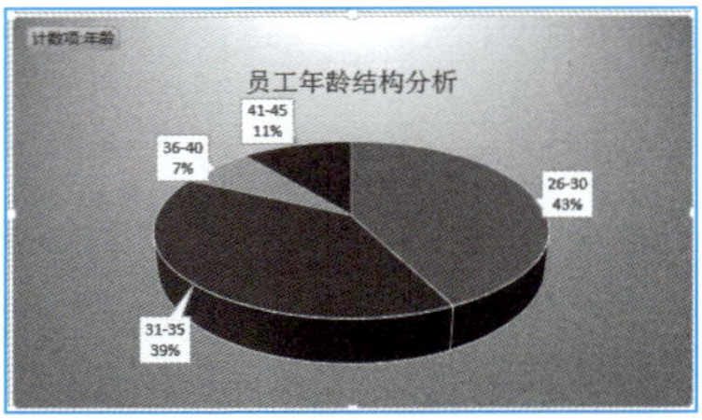

图6-46

文件67　企业管理人员替换图

为了保证公司的正常运营，很多企业都会储备和培养一些领导人才，以免遇到某些突发事件，如某个领导离职时，公司无人管理。为了让公司领导班有条不紊地更替，管理者根据员工晋升次序制作公司管理人员替换图表。

制作要点与设计效果图

- 更改SmartArt图形布局
- 更改颜色
- 应用艺术字样式
- 设置文理背景填充

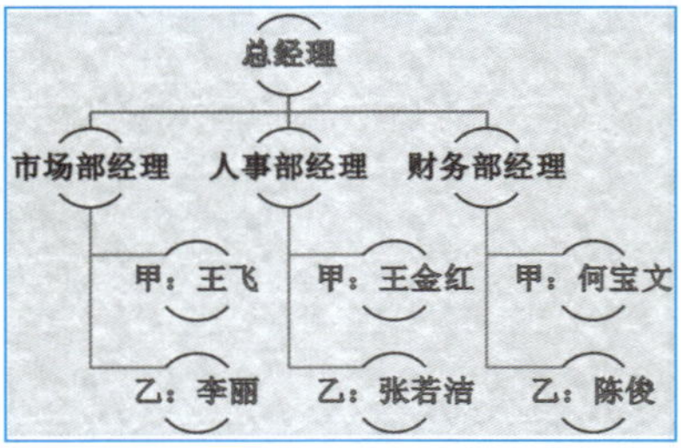

文件设计过程

步骤1：更改SmartArt图形布局

1 打开“企业管理人员替换图”工作表，选中SmartArt图形，切换到

"SmartArt工具-设计"选项卡，在"布局"选项"▾"（其他）按钮（如图6-47所示），在打开的下拉菜单中单击"半圆组织结构图"样式，如图6-48所示。

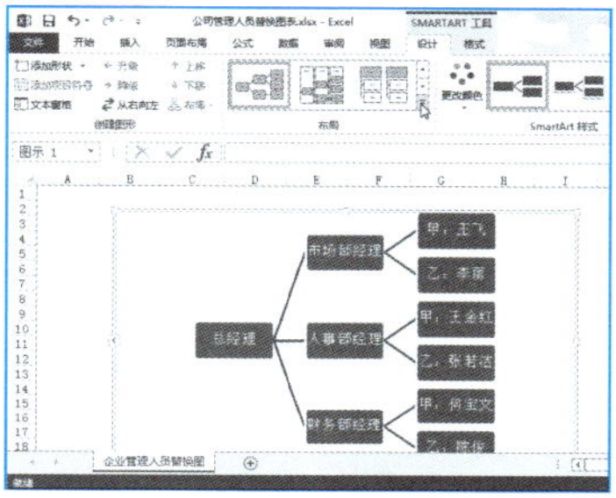

图6-47

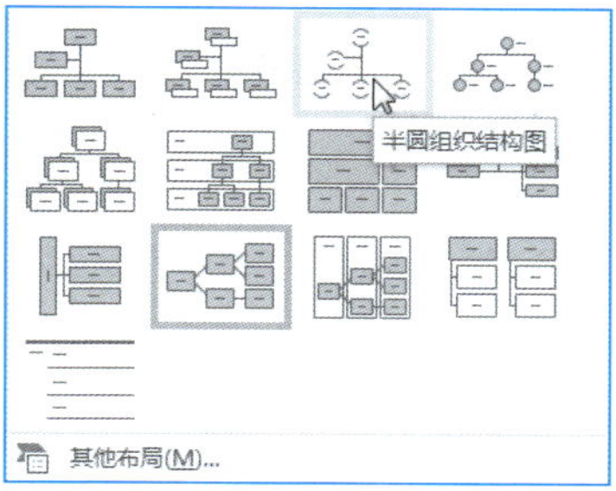

图6-48

2 单击"半圆组织结构图"样式后，此时选中的SmartArt图表布局更改为"半圆形组织结构图"布局格式，应用后效果如图6-49所示。

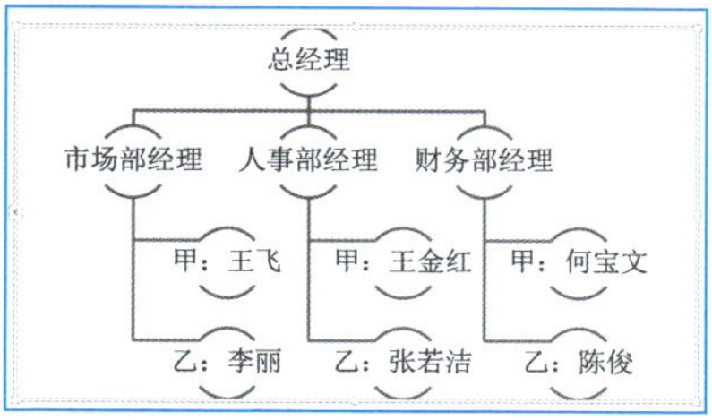

图6-49

步骤2：更改SmartArt图形颜色

1 选中图形，切换到"SmartArt工具-设计"选项卡，在"SmartArt样式"组中单击"更改颜色"下拉按钮（如图6-50所示），在下拉菜单中单击颜色样式，如"彩色范围-着色4至5"，如图6-51所示。

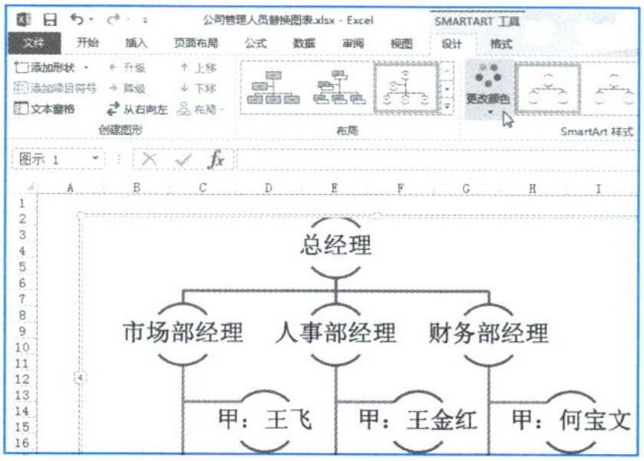

图6-50

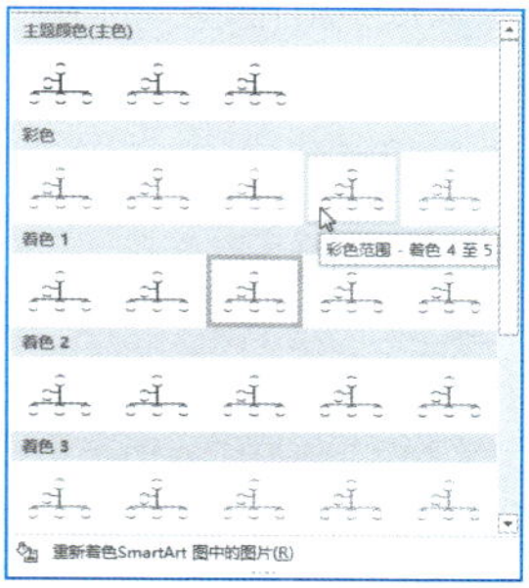

图6-51

2 单击“彩色范围-着色4至5”颜色样式后，即可为选中的SmartArt图形应用相应的颜色，效果如图6-52所示。

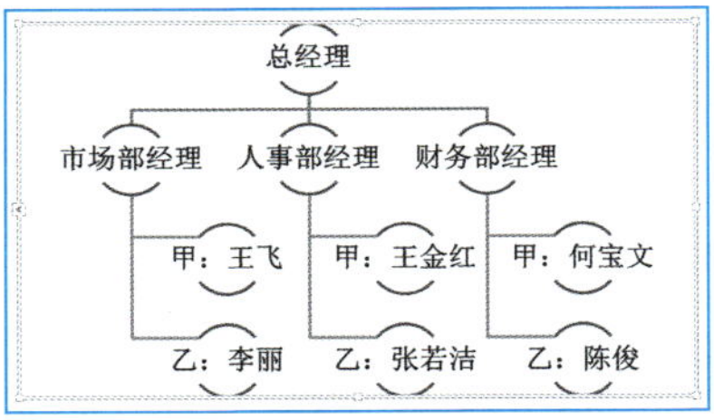

图6-52

步骤3：应用艺术字样式

1 选中要应用艺术字的文本，如“总经理”，切换到“SmartArt工具-格式”选项卡，在“艺术字样式”组中单击“▾”（其他）按钮（如图6-53所示），在打开的下拉菜单中单击艺术字样式，如“图案填充-蓝色，着色1，50%，清晰阴影-着色1”，如图6-54所示。

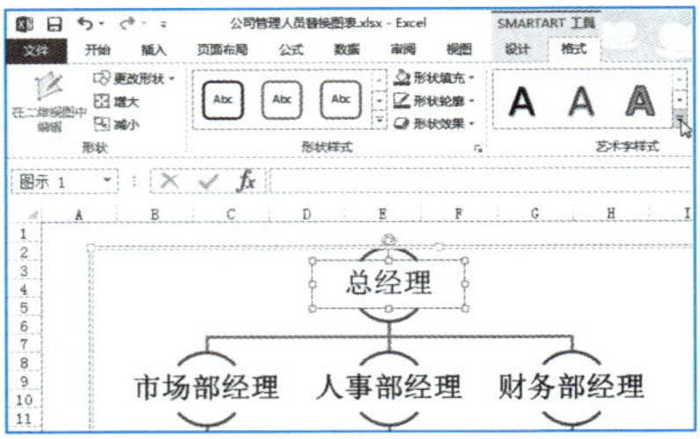

图6-53

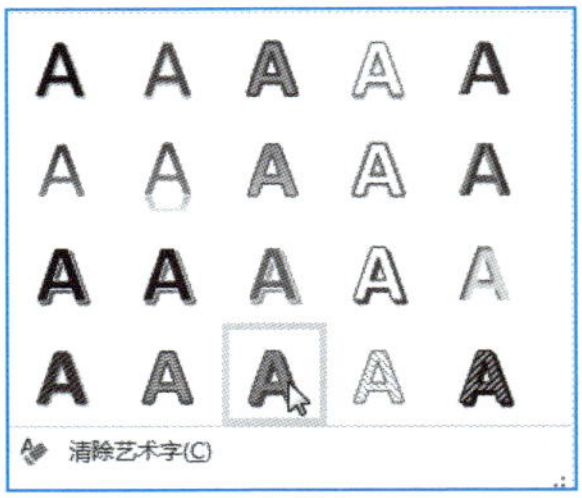

图6-54

2 单击“图案填充-蓝色，着色1，50%，清晰阴影-着色1”艺术字样式后，即可为“总经理”字样应用该样式，如图6-55所示。

3 按照相同的方法在在“艺术字样式”组中为其他文本设置艺术字效果，设置后效果如图6-56所示。

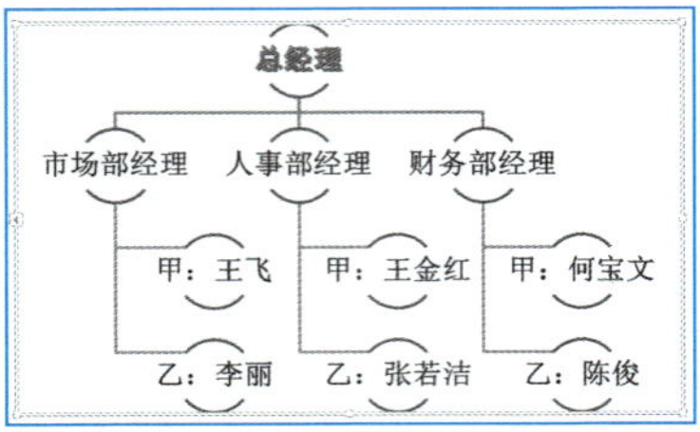

图6-55

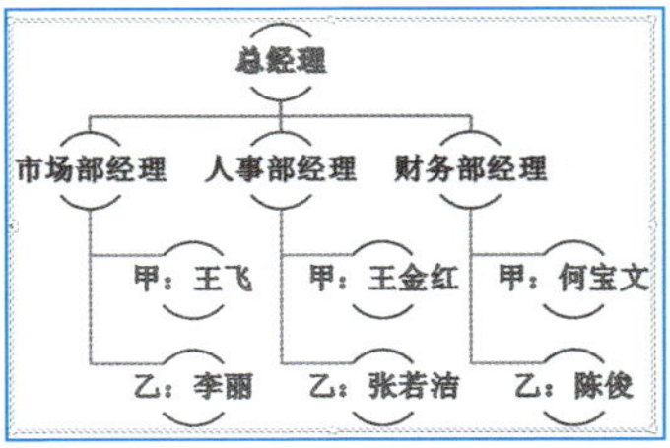

图6-56

步骤4：设置文理背景填充

❶ 选中要SmartArt图形，切换到“SmartArt工具-格式”选项卡，在“形状样式”组中单击“形状填充”下拉按钮，在下拉菜单中单击“纹理”（如图6-57所示），在打开的菜单中单击纹理样式，如“羊皮纸”，如图6-58所示。

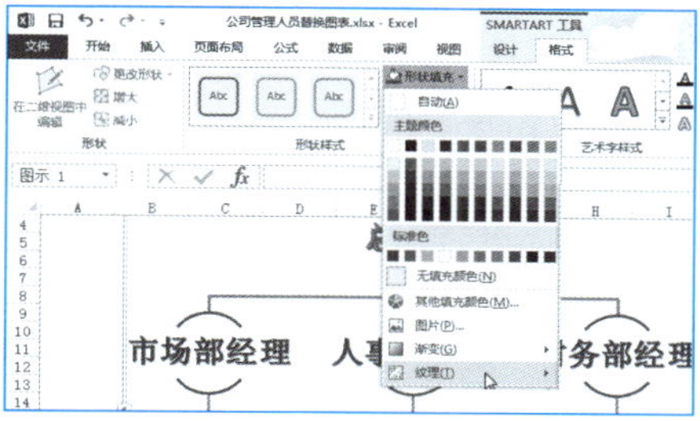

图6-57

❷ 单击“羊皮纸”纹理样式后，系统自动为SmartArt图形应用该样式，应用后效果如图6-59所示。

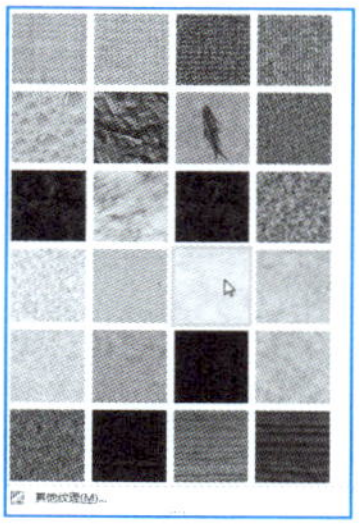

图6-58

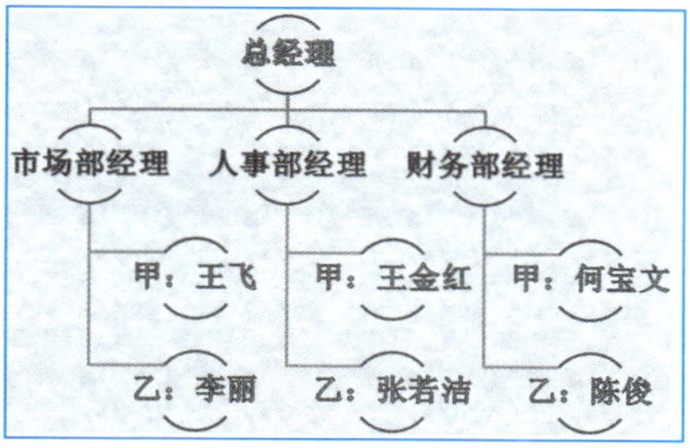

图6-59

文件68 员工职称结构图

很多企业为了促进员工的自主学习，实现奖优罚劣，往往会在企业内部设置不同的职称，对员工综合素质进行判断，因此在分析企业人员素质时也可以借助三维饼图对人员职称结构进行分析，且可以分离某个单独的扇区进行突出显示。

制作要点与设计效果图

- 创建三位饼图
- 更改饼图的厚薄
- 调整扇区的起始角度
- 分离单个扇区

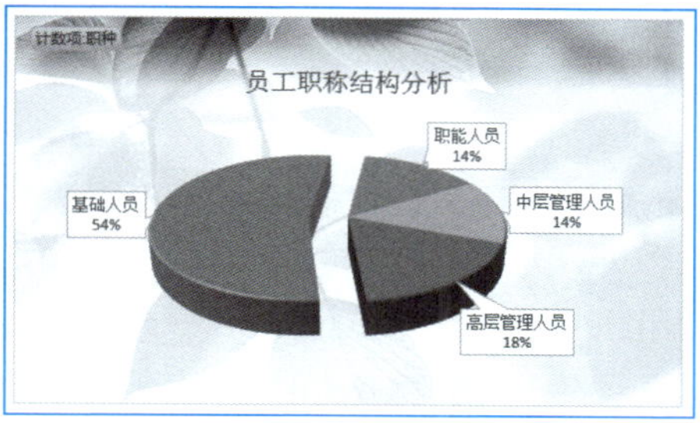

第6章 第7章 第8章 第9章 第10章

文件设计过程

步骤1：创建三维饼图

❶ 选中“人事信息管理表”中的K2:K30单元格区域，创建数据透视表，重命名为“公司人员职称结构分析”工作表，将“职称”字段分别拖动到“行标签”和“数值”区域，分析公司人员结构情况，如图6-60所示。

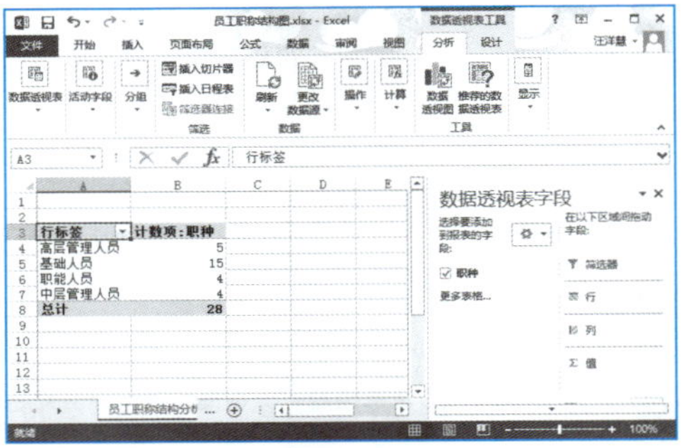

图6-60

❷ 选中数据透视表单元格，切换到“插入”选项卡，在“图表”组中单击“◕”（插入饼图或圆环图）下拉按钮，在其下拉列表中单击“三维饼图”子图表类型，如图6-61所示。

❸ 单击“三维饼图”子图表类型，即可为数据透视表插入三维饼图，如图6-62所示。

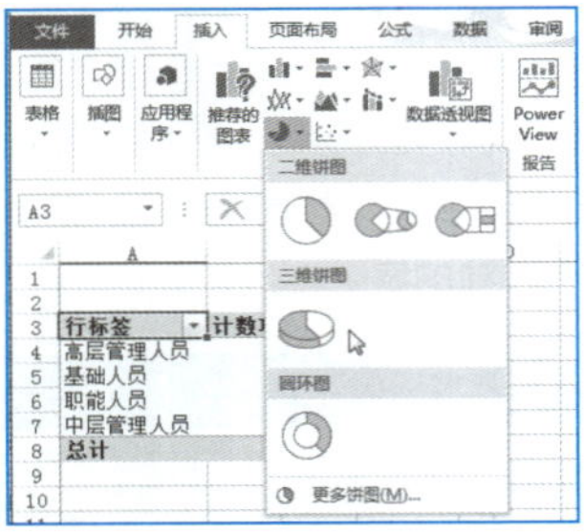

图6-61

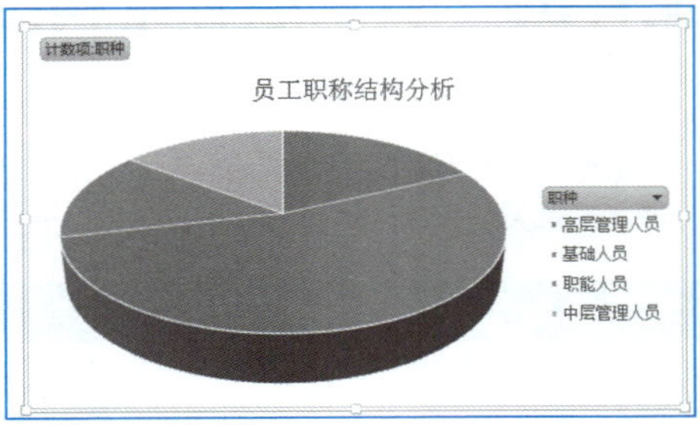

图6-62

步骤2：为图表设置棱台效果

❶ 选中图表，切换到“数据透视图工具-格式”选项卡，在“形状样式”组中“形状效果”下拉按钮，在下拉菜单中单击“棱台”命令（如图6-63所示），在打开的子菜单中单击“凸起”样式，如图6-64所示。

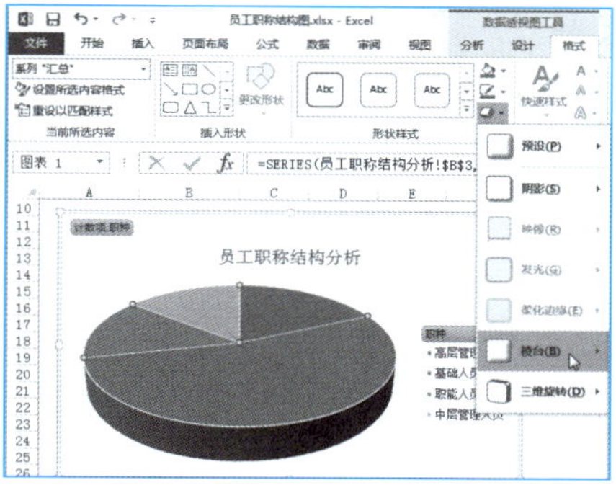

图6–63

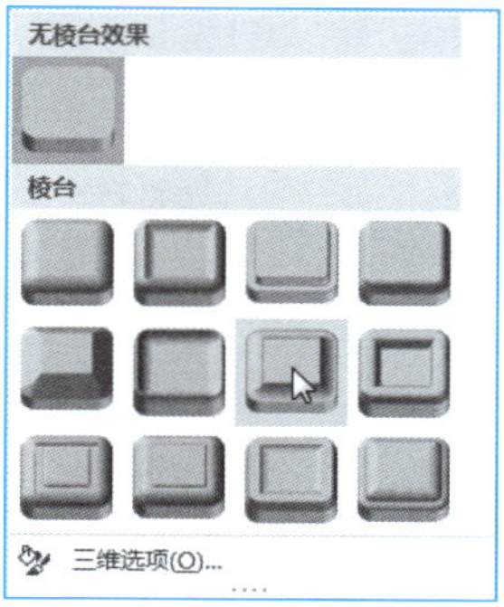

图6–64

2 单击“凸起”样式后，即可为图表应用“凸起”棱台样式，应用效果如图6-65所示。

步骤3：调整第一扇区的起始角度

1 选中图表，单击鼠标右键，在弹出的菜单中选择“设置数据系列格式”选项（如图6-66所示），打开“设置数据系列格式”窗格。

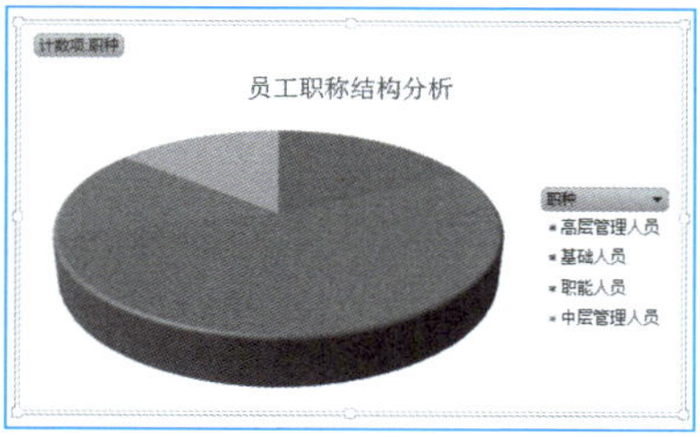

图6–65

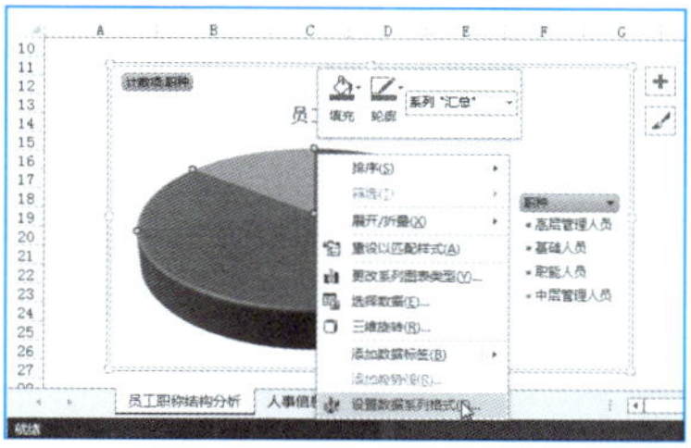

图6–66

2 在“系列选项”区域设置“第一扇区其实角度”为“110”，即可调整第一扇区位置，如图6-67所示。

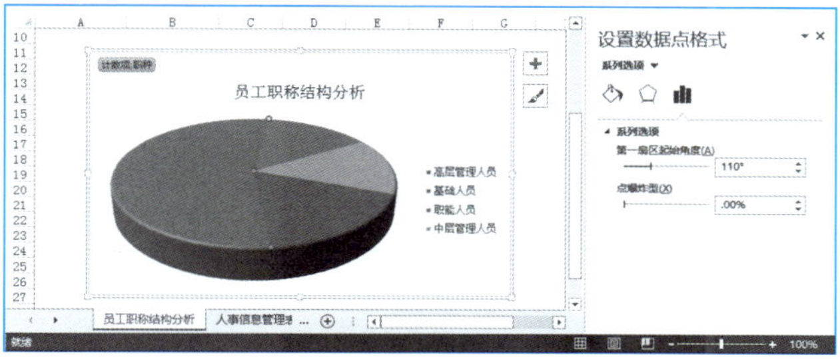

图6–67

步骤4：将“初级”职称分离出来

选中“基础人员”数据点，按住鼠标左键向左拖动（如图6-68所示），拖离饼图数据系列后，释放鼠标左键，即可将所选扇区从数据系列中分离出来，效果如图6-69所示。

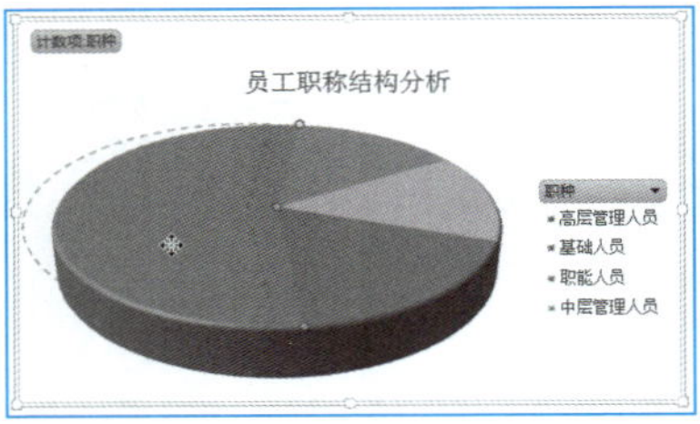

图6-68

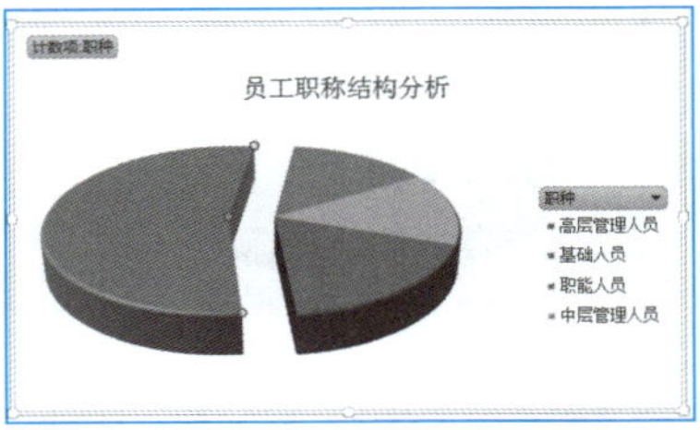

图6-69

步骤5：添加数据标签和背景填充

❶ 选中图表，单击“图表元素”按钮，在打开的图表元素中单击“数据标签”后的“▸”按钮，在弹出的子菜单中单击“数据标注”，即可为图表添加数据标签，如图6-70所示。

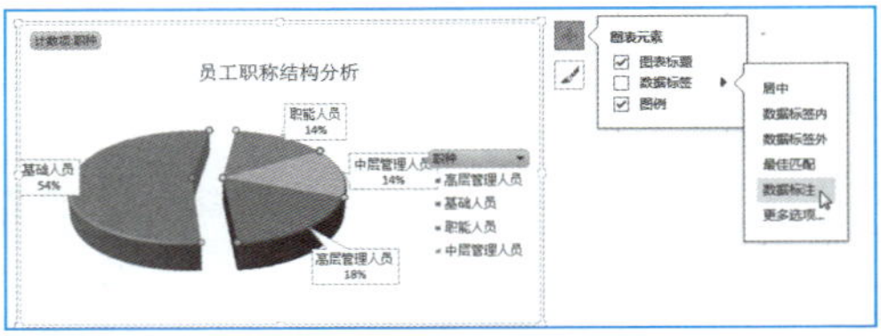

图6-70

❷ 选中图例项，按Delete键删除，为图表添加图片背景填充，设置后效果如图6-71所示。

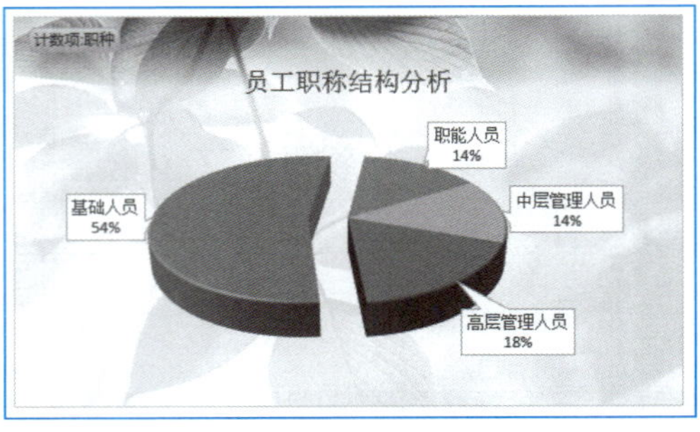

图6-71

文件69　公司各部门权限结构图

在实际工作中，用户还可以借助SmartArt图形来表现企业各个部门涉及的工作内容。即使用公司各部门权限结构图，让员工快速了解公司中各个部门的责权范围。

制作要点与设计效果图

- 插入SmartArt图形
- 应用SmartArt图形颜色
- 应用SmartArt图形样式
- 插入艺术字

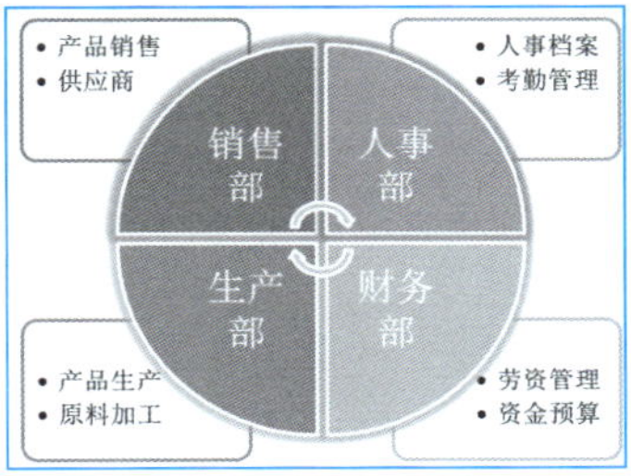

文件设计过程

步骤1：更改SmartArt图形布局

❶ 打开“公司各部门权限结构图”工作表，切换到“插入”选项卡，在“插图”组中单击“SmartArt”按钮，打开“选择SmartArt图形”对话框。

❷ 在左侧单击“关系”在右侧单击“循环矩阵”图形样式，如图6-72所示。

❸ 单击“确定”按钮，返回工作表中，即可在工作表中插入“循环矩阵”图形样式，如图6-73所示。

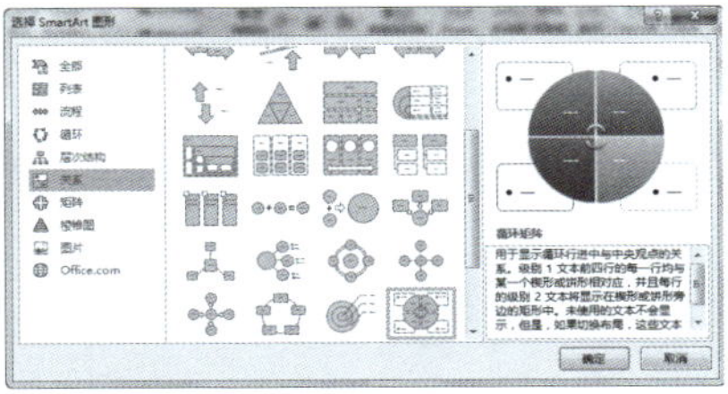

图6-72

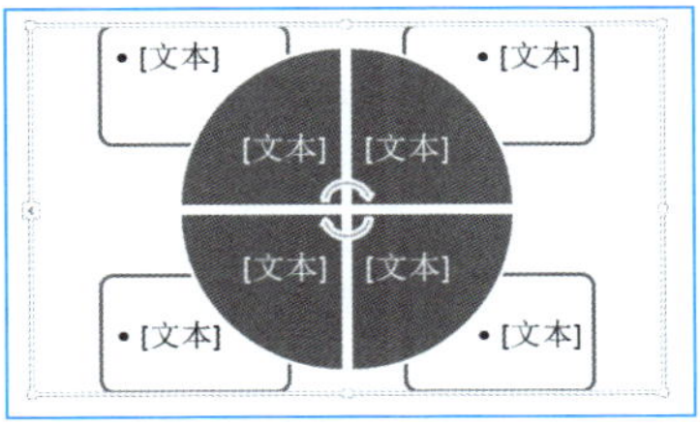

图6-73

步骤2：更改SmartArt图形颜色

❶ 在图形“文本”区域添加公司各部门及权限，选中图形，切换到“SmartArt工具-设计”选项卡，在“SmartArt样式”组中单击“更改颜色”下拉按钮（如图6-74所示），在下拉菜单中单击颜色样式，如“彩色范围-着色5至6”，如图6-75所示。

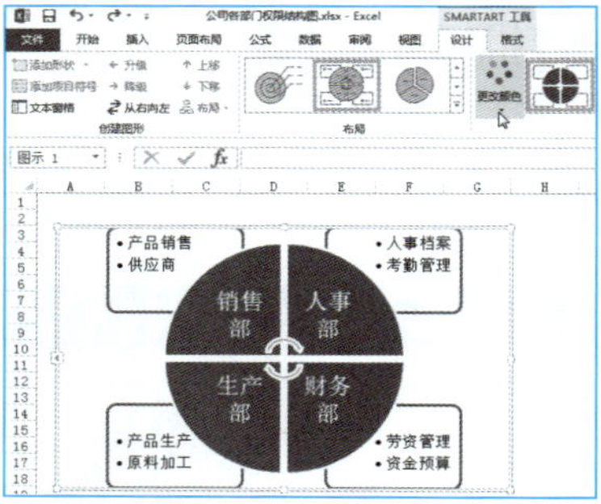

图6-74

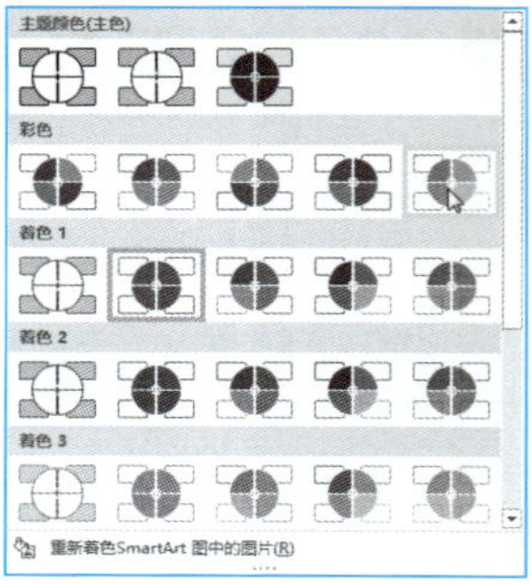

图6-75

2 单击“彩色范围-着色5至6”颜色样式后，即可为选中的SmartArt图形应用相应的颜色，效果如图6-76所示。

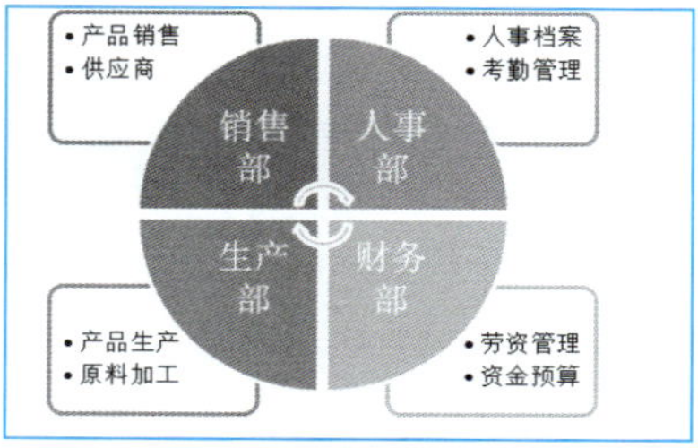

图6-76

步骤3：为图形添加发光艺术效果

1 选中“销售部”图形，切换到“SmartArt工具-格式”选项卡，在“形状样式”组中单击 “形状效果”下拉按钮，在下拉菜单中单击“发光”（如图6-77所示），在弹出的子菜单中选择一种发光样式，如“蓝色，11pt发光，着色1”，如图6-78所示。

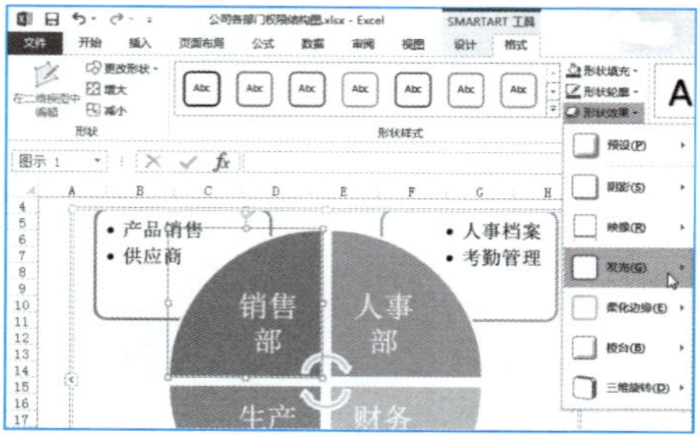

图6-77

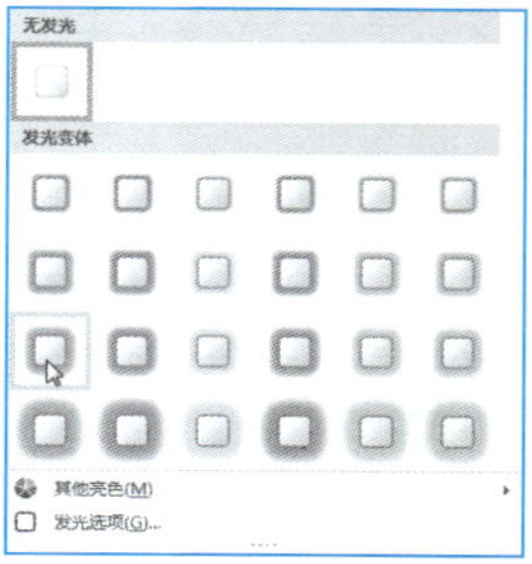

图6-78

❷ 单击“蓝色，11pt发光，着色1”发光样式后，即可为选中的图形应用该样式，如图6-79所示。

❸ 按照相同的方法为其他部分设置与其填充颜色相同的发光效果，设置后效果如图6-80所示。

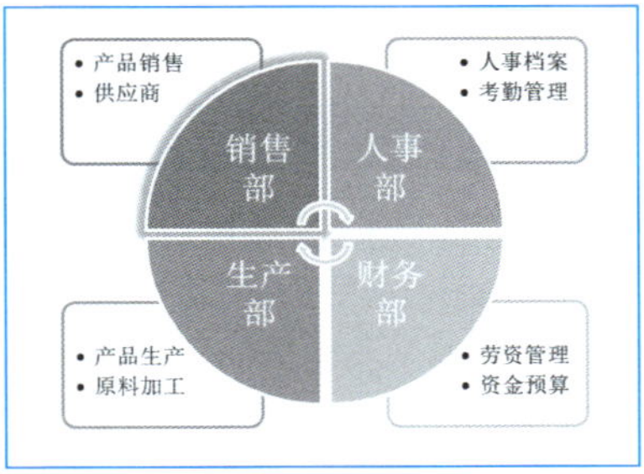

图6–79

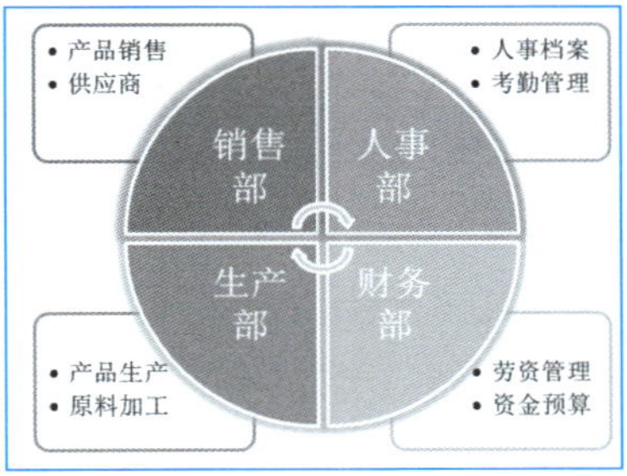

图6–80

步骤4：将图形更改为形状

❶ 选中要SmartArt图形，切换到“SmartArt工具-设计”选项卡，在“重置”组中单击“转换为形状”按钮，如图6-81所示。

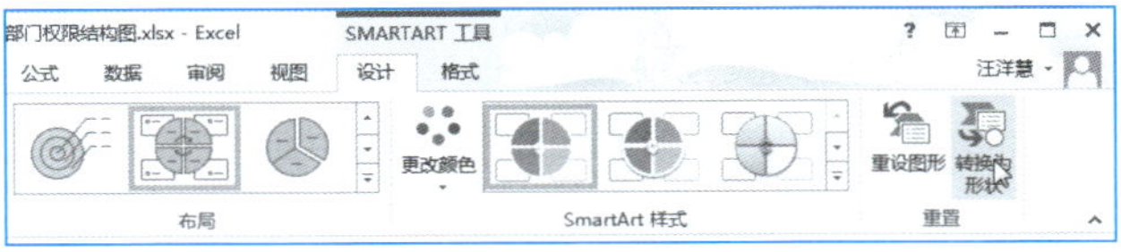

图6–81

❷ 单击“转换为形状”按钮后，系统自动为SmartArt图形转换为形状，转换后效果如图6-82所示。此时该形状不具备SmartArt图形的一切特征，而具备形状的一切特征。

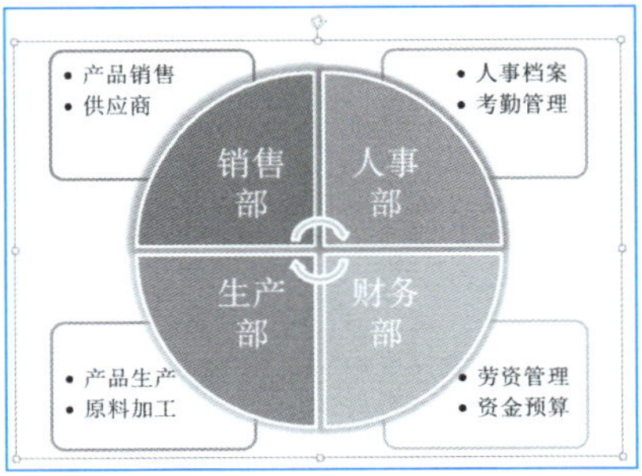

图6–82

文件70 员工性格调查分布图

性格在一定程度上影响员工对自己工作的满意度，因此合理地分析员工性格，可以从大体上了解员工是否适合指定的工作岗位。在分析员工性格时，用户可以借助Excel 的雷达图来清晰表现出各种性格人数的变动情况。

制作要点与设计效果图

- 创建雷达图
- 设置数据标记的填充颜色为“无”
- 设置数据标记的轮廓线条颜色及粗细

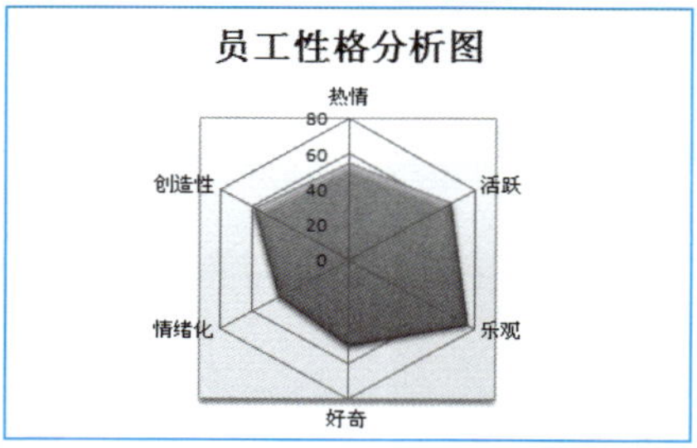

文件设计过程

步骤1：更改SmartArt图形布局

❶ 打开“员工性格调查分布图”工作表，选中A2:B8单元格区域，切换到“插入”选项卡，在“图表”组中单击 “插入股价图曲面图或雷达图”下拉按钮，如图6-83所示。

❷ 在下拉菜单中的“雷达图”左侧单击“填充雷达图”子图表类型，如图6-84所示。

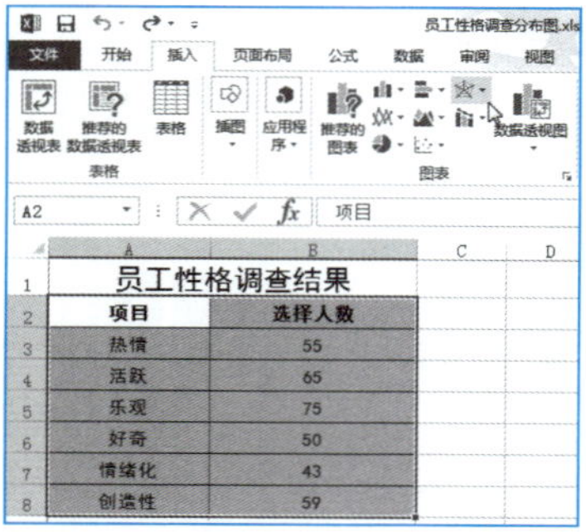

图6–83

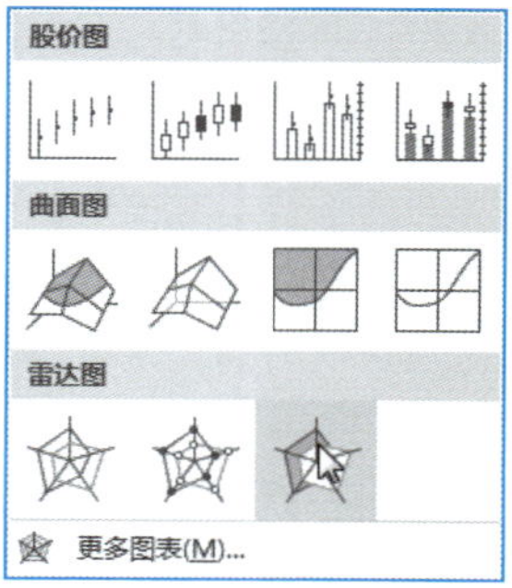

图6–84

❸ 单击“填充雷达图”子图表类型，返回工作表中，即可在工作表中插入雷达图，如图6-85所示。

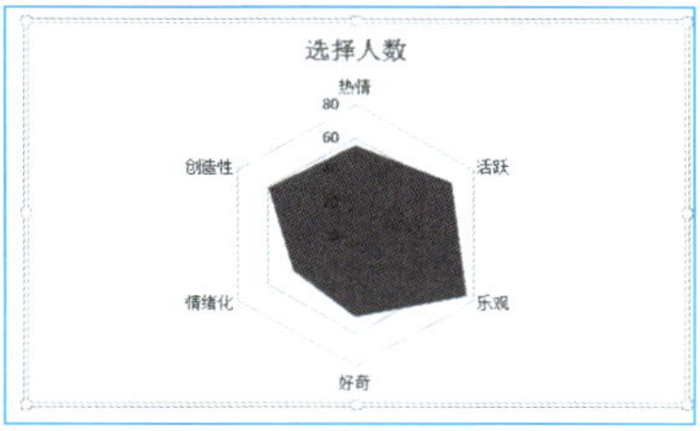

图6-85

步骤2：更改数据系列颜色

❶ 选中数据系列，切换到“图表工具-格式”选项卡，在“形状样式”组中单击“填充颜色”下拉按钮，在下拉菜单中单击颜色，如“黄色”，如图6-86所示。

❷ 单击“黄色”后，即可为数据系列应用该颜色，应用后效果如图6-87所示。

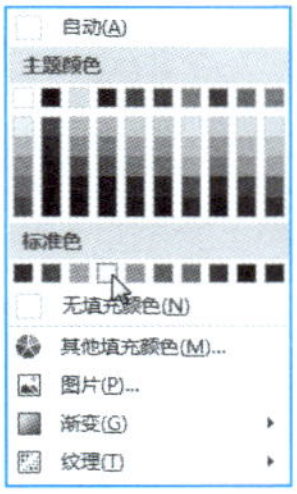

图6-86

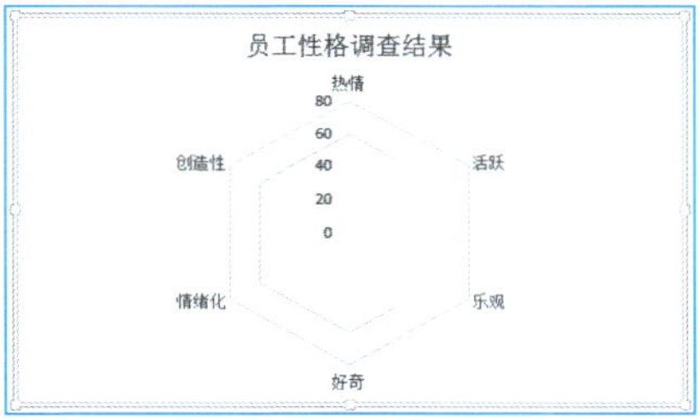

图6-87

步骤3：更改网格线颜色

❶ 选中网格线，单击鼠标右键，在弹出的菜单中单击“设置网格线格式”命令，打开“设置主要网格线格式”窗格，单击“填充”标签，选中“实线”单选框，单击“颜色”下拉按钮，在弹出的菜单中选择一种颜色，如“黑色，文字1”，如图6-88所示。

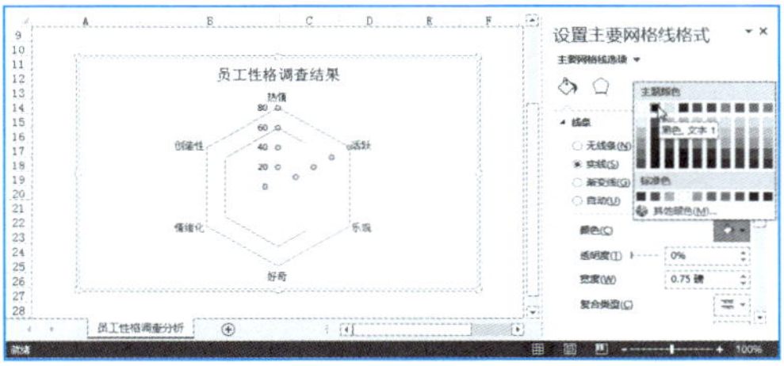

图6-88

❷ 单击“黑色，文字1”后，将网格线颜色更改为黑色，效果如图6-89所示。

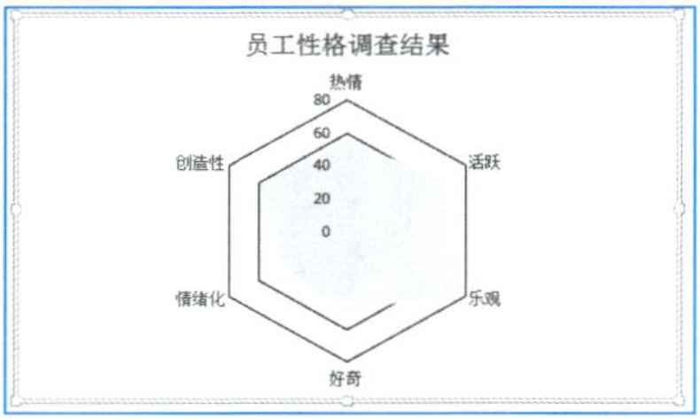

图6-89

步骤4：设置绘图区域填充颜色

❶ 选中图表绘图区域，切换到“设置绘图区域格式”窗格，在“填充”区域单击“图片或文理填充”单选项，单击“纹理”下拉按钮（如图6-90所示），在下拉菜单中单击“蓝色面巾纸”纹理样式，如图6-91所示。

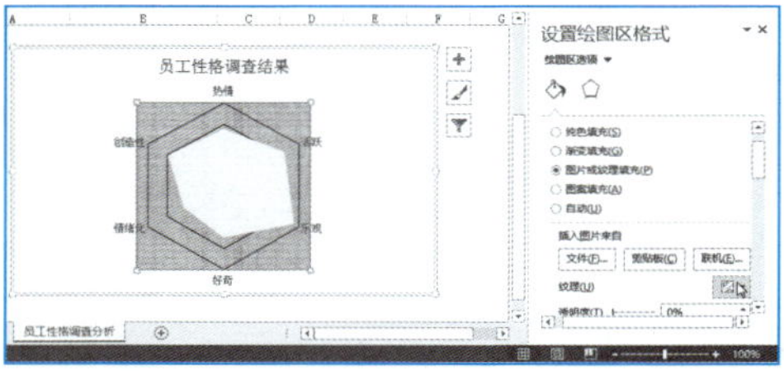

图6-90

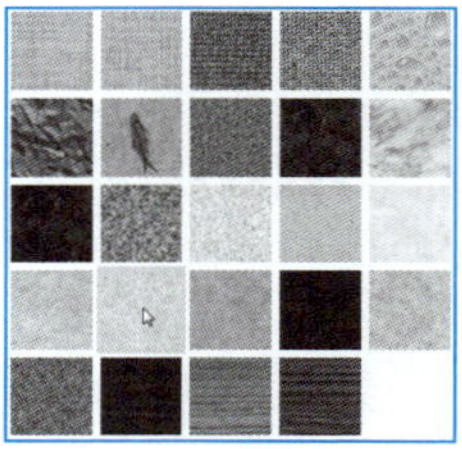

图6-91

❷ 单击“蓝色面巾纸”纹理样式后，即可为图表绘图区域设置纹理背景填充，效果如图6-92所示。

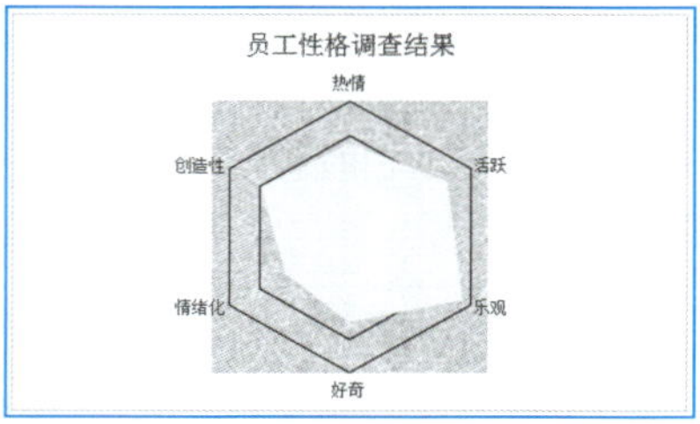

图6-92

文件71　员工工作能力和态度评定表

员工工作能力和态度评定表是以部门领导经过长期以来对员工的印象来打分的。

制作要点与设计效果图

- 定义名称
- 创建条形图
- 应用图表样式
- 设置图表区格式

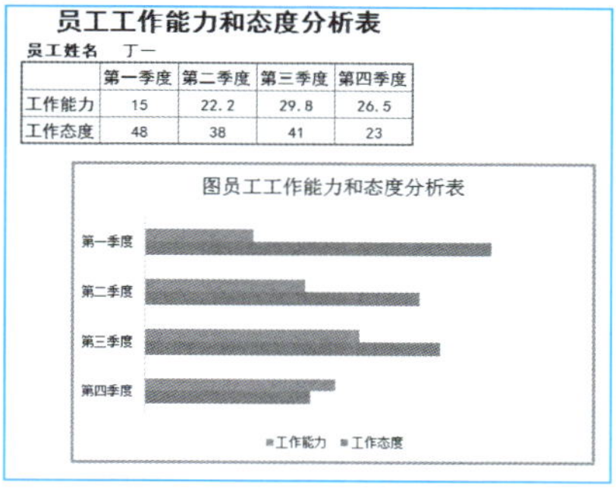

	第一季度	第二季度	第三季度	第四季度
工作能力	15	22.2	29.8	26.5
工作态度	48	38	41	23

文件设计过程

步骤1：定义名称

选中B2:J27单元格区域，在“名称”文本框中输入“YG”（如图6-93所示），按回车键即可定义该名称。

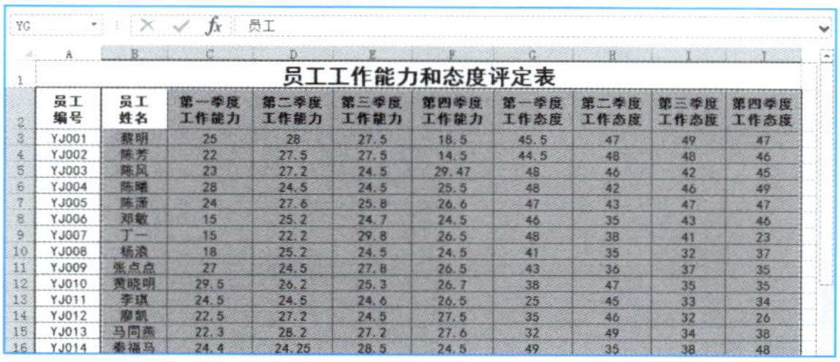

员工工作能力和态度评定表

员工编号	员工姓名	第一季度工作能力	第二季度工作能力	第三季度工作能力	第四季度工作能力	第一季度工作态度	第二季度工作态度	第三季度工作态度	第四季度工作态度
YJ001	蔡明	25	28	27.5	18.5	45.5	47	49	47
YJ002	陈芳	22	27.5	27.5	14.5	44.5	48	48	46
YJ003	陈风	23	27.2	24.5	29.47	48	46	42	45
YJ004	陈曦	28	24.5	24.5	25.5	48	42	46	49
YJ005	陈潇	24	27.6	25.8	26.6	47	43	47	47
YJ006	邓敏	15	25.2	24.7	24.5	46	35	43	46
YJ007	丁一	15	22.2	29.8	26.5	48	38	41	23
YJ008	杨浪	18	25.2	24.5	24.5	41	35	32	37
YJ009	张点点	27	24.5	27.8	26.5	43	36	37	35
YJ010	黄晓明	29.5	26.2	25.3	26.7	38	47	35	35
YJ011	李琪	24.5	24.5	24.6	26.5	25	45	33	34
YJ012	廖凯	22.5	27.2	24.5	27.5	35	46	32	26
YJ013	马同燕	22.3	28.2	27.2	27.6	32	49	34	38
YJ014	秦福马	24.4	24.25	28.5	24.5	49	35	38	48

图6-93

步骤2： VLOOKUP函数

❶ 插入新工作表，在表格中输入内容并设置表格格式，设置后效果如图6-94所示。

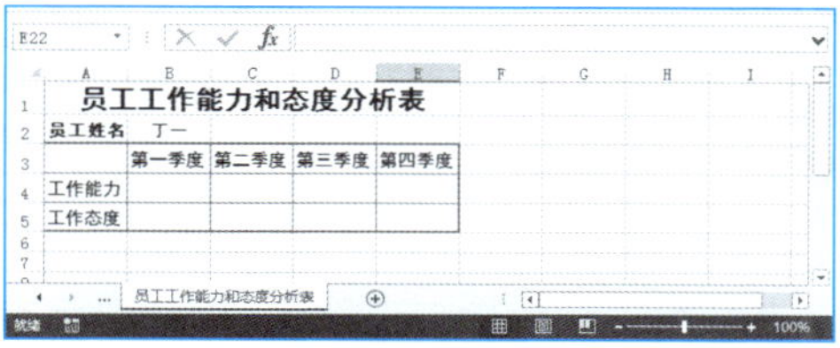

员工工作能力和态度分析表

员工姓名 丁一

	第一季度	第二季度	第三季度	第四季度
工作能力				
工作态度				

图6-94

❷ 选中B4单元格，在公式编辑栏输入公式“=VLOOKUP($B$2,YG,2,0)”，

按Enter键后即可计算出该员工第一季度工作能力，如图6-95所示。

❸ 用相同的函数引用该员工其他季度的工作能力和态度分数值，如图6-96所示。

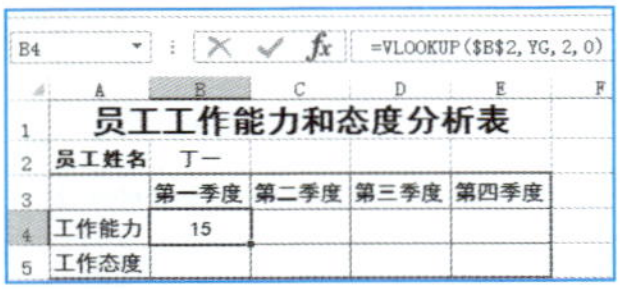

图6-95

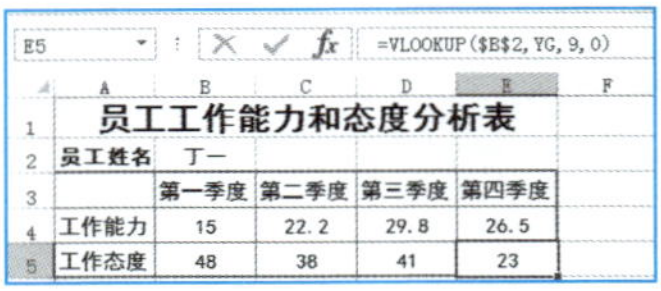

图6-96

公式分析：

“=VLOOKUP($B$2,YG,2,0) ”表示在定义为“YG”的名称区域查询B2单元格内容，并返回B2单元格在YG名称区域第2行的值。

步骤3：插入簇状条形图

❶ 选中A3:E5单元格区域，单击“快速分析”按钮，在弹出的菜单中单击“图表”标签，单击“簇状条形图”图标，如图6-97所示。

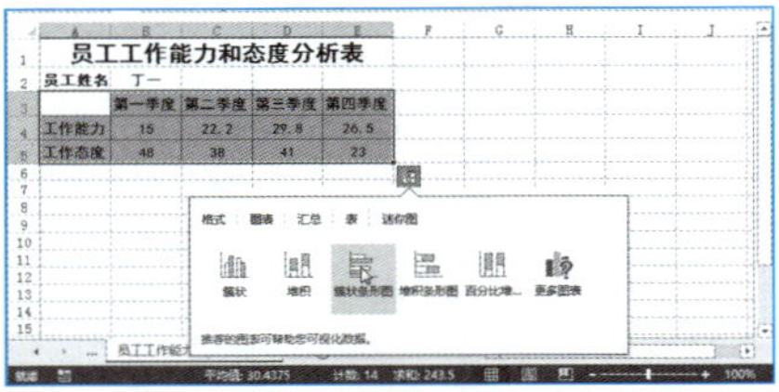

图6-97

❷ 单击“簇状条形图”图标后，即可在工作表中根据选定的数据创建关于员工工作能力和态度走势的簇状条形图，如图6-98所示。

❸ 选中图表垂直坐标轴，单击鼠标右键，在弹出的菜单中单击“设置坐标轴格式”命令（如图6-99所示），打开“设置坐标轴格式”对话框。

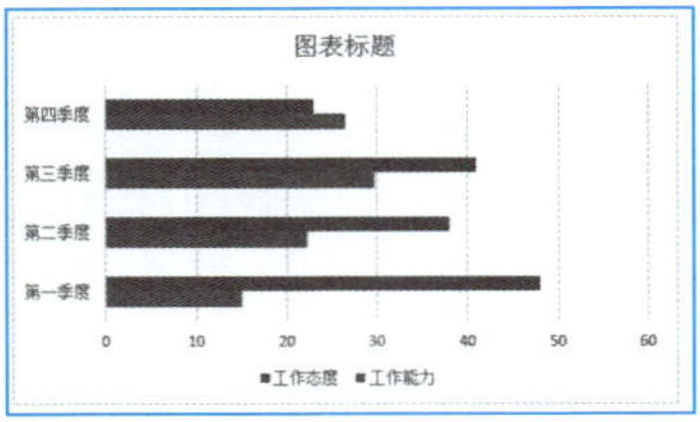

图6-98

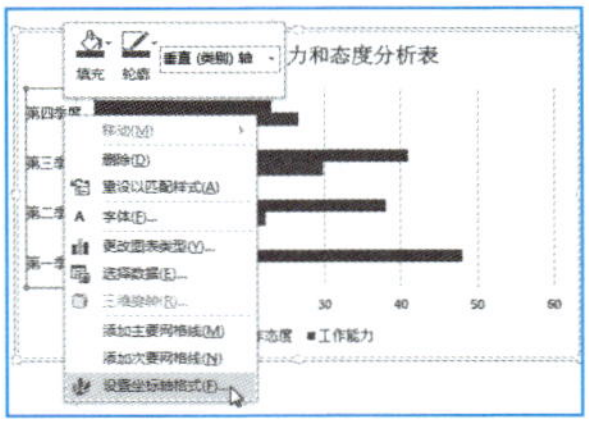

图6-99

❹ 选中“逆序类别”复选框（如图6-100所示），此时柱形图中数据系列重新进行排列。

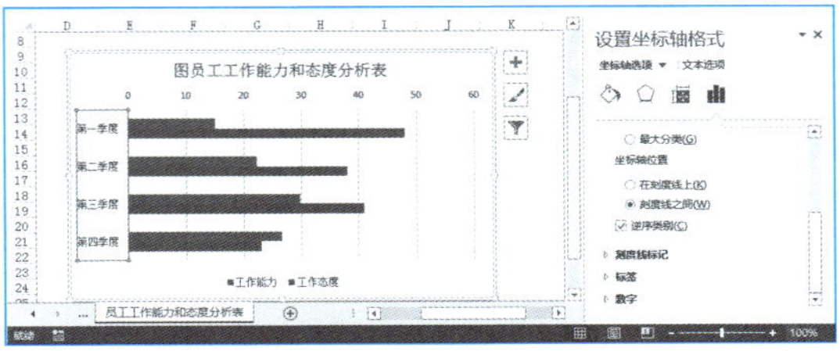

图6-100

步骤4：美化图表

❶ 选中图表，单击“”（图表样式）按钮，在弹出的菜单中单击“颜色”标签，接着单击需要应用的颜色，如“颜色3”，如图6-101所示。

❷ 按Delete键删除图表网格线，为图表添加轮廓颜色，设置后效果如图6-102所示。

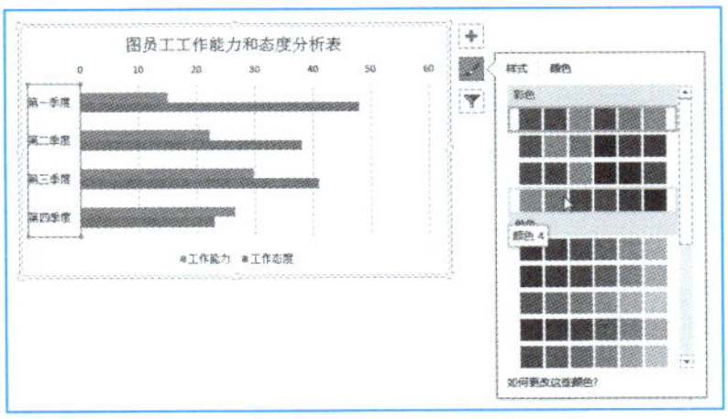

图6-101

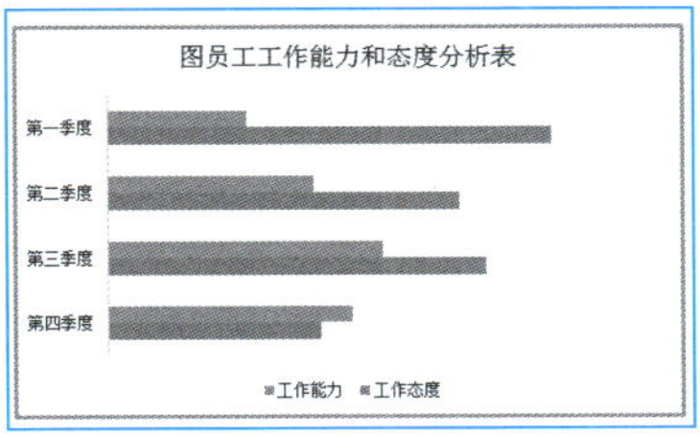

图6-102

文件72　上半年生产部入职情况分析

企业每一年都会有人入职和离职，人力资源部门将各月的入职人数统计出来，可以分析出每年人员求职的高峰期，结合企业实际情况，尽早做出招聘的安排。

制作要点与设计效果图

- 创建柱形图
- 更改数据系列颜色
- 设置背景色填充

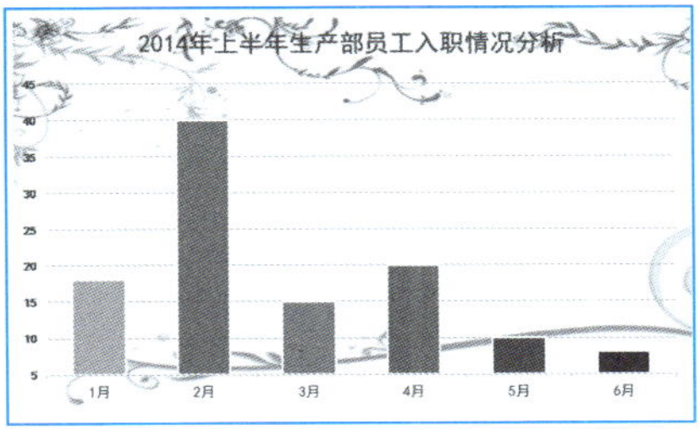

文件73　宝塔式企业管理结构

在目前市场上，很多企业，尤其是餐饮服务类企业的管理机构多半是采用宝塔式管理结构。宝塔式管理结构表现为一个正三角形，上面小下面大，从上到下分别为管理层、督导层、一线员工。

制作要点与设计效果图

- 插入基本棱锥图
- 更改棱锥图布局
- 更改图形颜色
- 绘制大括号
- 绘制并设置文本框格式

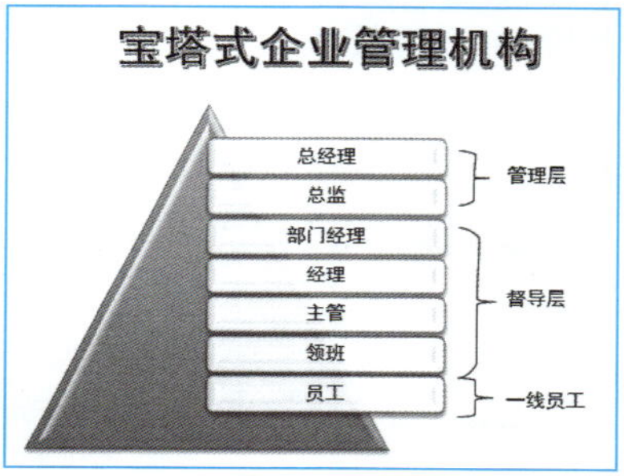

文件74　员工总人数变化图

企业的员工人数或多或少会因为某些员工的离职而产生变动，当人力资源部门想要了解企业全年人数的情况变化时，可以借助集“折线图”和“面积图”功能为一体的粗边面积图来查看员工人数随时间变化的趋势，了解企业人数浮动情况。

制作要点与设计效果图

- 创建条形图
- 追加数据系列
- 应用图表样式
- 添加坐标轴标题

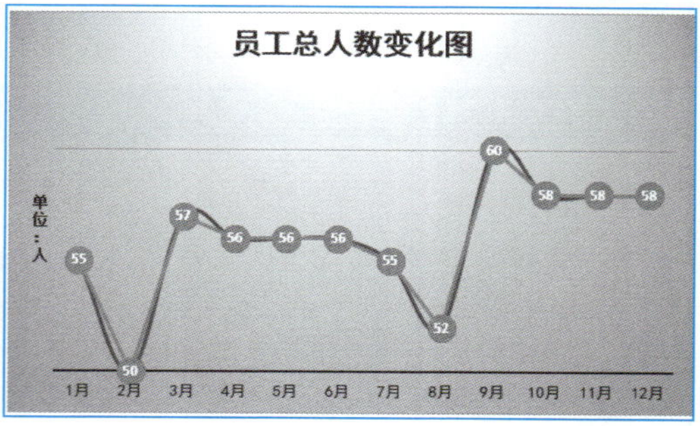

文件75　各部门员工人数条形图

为了让用户直观了解企业各个部门员工的分布情况，可以根据各部门员工的人数创建条形图，然后利用条形图的长短，来比较各个部门人数的差异情况。

制作要点与设计效果图

- 创建条形图
- 设置条形图分布情况
- 隐藏类别坐标轴颜色
- 应用图标布局

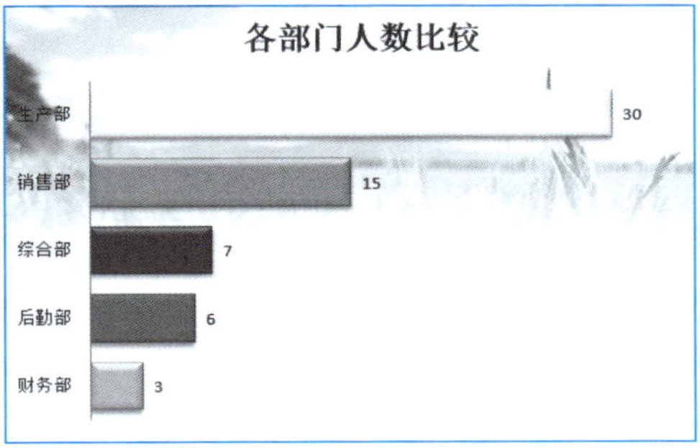

文件76　员工工作年限分析

为了直观了解企业现存各员工的工作年限，可以根据人事信息管理表创建数据透视图，通过饼图来分析各员工的工作年限情况，来分析企业人员流失率，以及企业人员的结构。

制作要点与设计效果图

- 创建三位饼图
- 更改数据系列颜色
- 调整扇区的起始角度
- 添加图表元素
- 设置图案背景填充

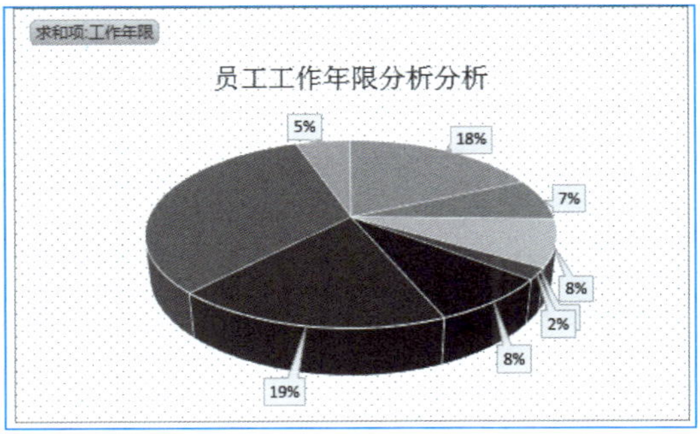

文件77　员工地域分析

一个企业的员工会来自五湖四海，但是企业所在地的员工人数应当占大多数，通过对企业员工地域进行分析，可以查看企业地域比例是否正常。

制作要点与设计效果图

- 插入饼图
- 添加图表元素
- 插入文本框
- 插入图形
- 纯色背景填充

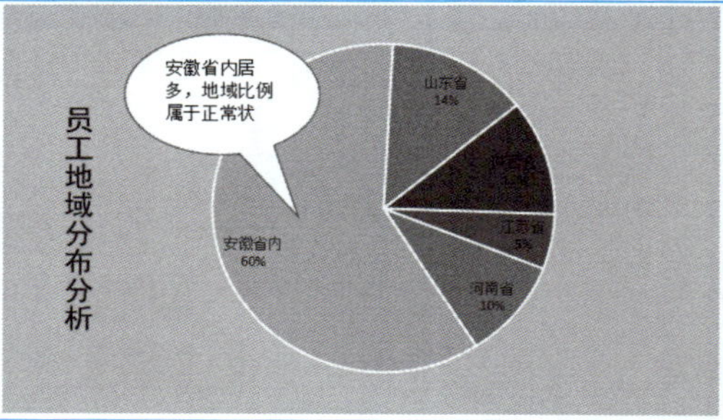

Excel

第7章

员工培训管理表格

为了最大限度地发挥员工潜能，提高员工工作效率并能更好地配合业务工作的需要，有针对性展开员工培训工作是不可缺少的。

为了使培训工作有章可循，就需要制作一份教育培训组织制度来作为开展培训工作的依据，真正做到有制度可以依循。常见的管理表格有培训需求调查统计表、员工培训计划表、企业年度培训费用预算表、员工培训成绩排行榜和培训成绩评定表等。

编号	文件名称	对应的数据源	重要星级
文件78	培训需求调查统计表	第7章\文件78 培训需求调查统计表.xlsx	★★★★★
文件79	员工培训计划表	第7章\文件79 员工培训计划表.xlsx	★★★★★
文件80	企业年度培训费用预算表	第7章\文件80 企业年度培训费用预算表.xlsx	★★★★
文件81	员工培训成绩统计表	第7章\文件81 员工培训成绩统计表.xlsx	★★★★
文件82	培训成绩评定表	第7章\文件82 培训成绩评定表.xlsx	★★★★
文件83	员工培训申请表	第7章\文件83 员工培训申请表.xlsx	★★★★
文件84	参与培训人员胸卡	第7章\文件84 各参与培训人员胸卡.xlsx	★★★
文件85	员工培训报告表	第7章\文件85 员工培训报告表.xlsx	★★★
文件86	培训成绩筛选表	第7章\文件86 培训成绩筛选表.xlsx	★★★
文件87	学员培训反馈表	第7章\文件87 学员培训反馈表.xlsx	★★★
文件88	培训成果评估表	第7章\文件88 培训成果评估表.xlsx	★★★
文件89	员工培训成绩查询表	第7章\文件89 员工培训成绩查询表.xlsx	★★★

文件78 培训需求调查统计表

企业想要最大程度地发挥员工的个人潜能，有针对性的对员工进行培训是必不可少的，要从哪些方面来着手培训呢？首先需要对员工的培训需求进行调查，并分析调查结果。

制作要点与设计效果图

- 快速应用条件格式
- 管理条件规则
- 设置数据条外观颜色

培训需求调查统计表

参加调查人数	50人		
愿参加的培训课程		单次培训时间	
答案选项（多选）	选择人数	答案选项（单选）	选择人数
企业文化	25	半小时	15
社交礼仪	34	一小时	14
压力管理	26	一个半小时	12
个人职业发展	45	两个小时	9
人力资源管理知识	24	最合适的培训频率	
公文写作	32	答案选项（单选）	选择人数
时间管理	20	一周一次	17
职业素养	26	半月一次	15
法律知识	24	一月一次	7
财务管理知识	24	两月一次	5
沟通协调、组织领导	32	一季度一次	6

文件设计过程

步骤1：快速应用“数据条”条件格式

❶ 打开“培训需求调查统计表”工作表，选中B5:B15单元格区域，单击“▣”（快速分析）按钮，在打开的菜单中单击“数据条”，如图7-1所示。

❷ 单击“数据条”按钮后，即可为选中单元格区域应用“数据条”条件格式，如图7-2所示。

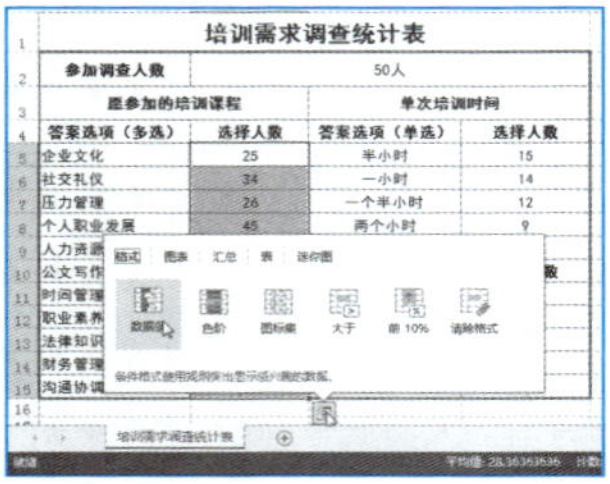

图7-1

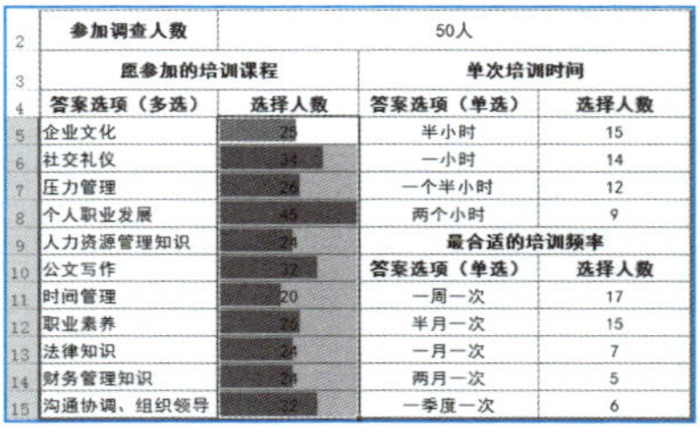

图7-2

提 示

“快速分析”（▣）按钮是Excel 2013中新添加的功能，在选中单元格区域后，可以直接使用“快速分析”工具对数据创建格式、图表、数据透视表等进行分析。

步骤2：编辑条件格式

❶ 选中B5:B15单元格区域，切换到“开始”选项卡，在“样式”组中单击“条件格式”下拉按钮，在其下拉菜单中选择“管理规则”命令（如图7-3所示），打开“条件格式规则管理器”对话框。

❷ 选中“数据条”条件格式，单击“编辑规则”按钮（如图7-4所示），打开“编辑格式规则”对话框。

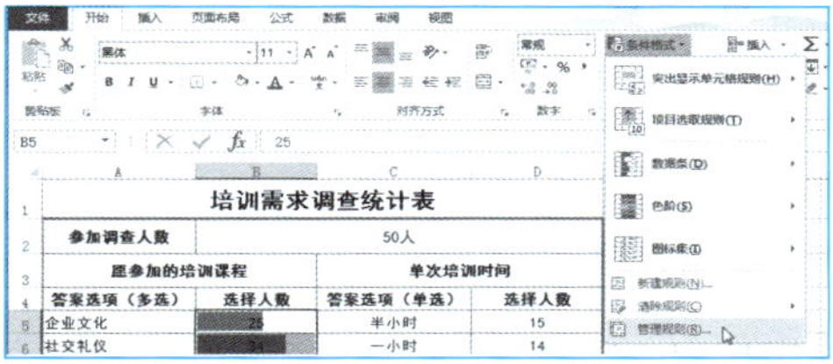

图7–3

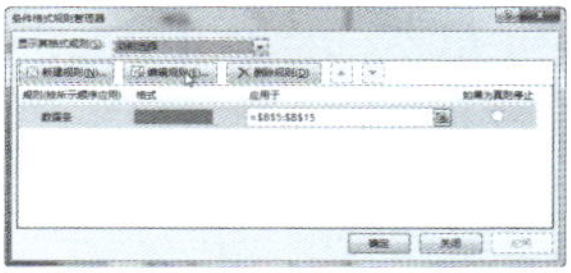

图7–4

❸ 单击“最小值”下拉按钮，在其下拉列表中选择“数字”，如图7-5所示。

❹ 按相同的方法，单击“最大值”下拉按钮，在下拉列表中选择为“数字”，在“最小值”下方的“值”文本框中输入“15”，在“最大值”下方的“值”文本框中输入“50”，如图7-6所示。

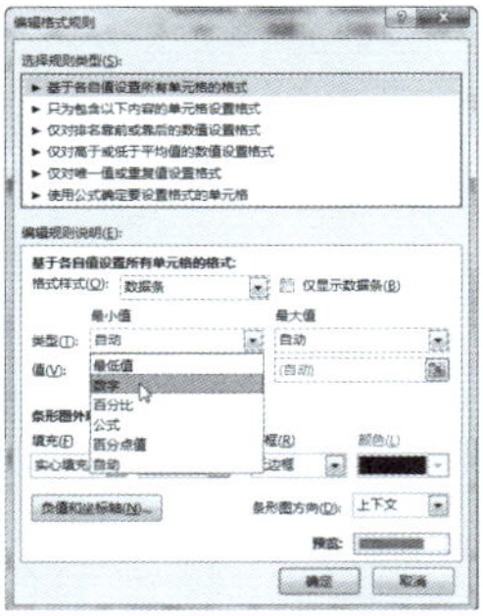

图7–5

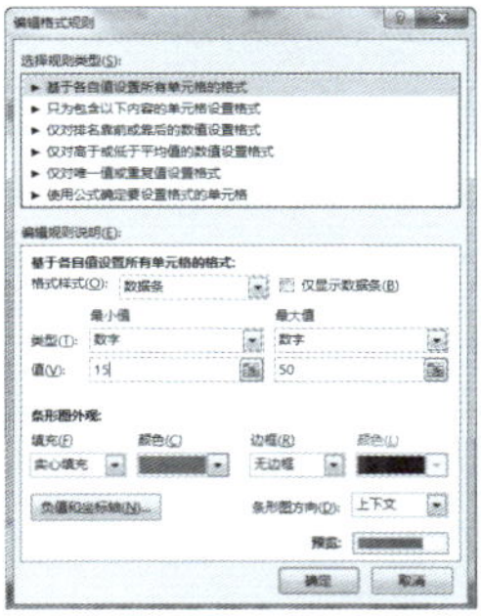

图7–6

提 示

数据条的“最大值”和“最小值”的类型包括“最低值”、“数字”、“百分比”、“公式”、“百分点值”和“自动”。其中“最低点”为所选单元格区域中的最小值；“数字”为用户输入的数字；“百分比”有效值为0到100，它按比例直观地显示所有值，“公式”为公式表达式；“百分点值”与“百分点”相似，是用户输入的百分比点值。

5 在“条件图外观”区域单击“颜色”文本框下拉按钮，在弹出的菜单中单击填充颜色，如“浅绿”，如图7-7所示。

6 设置完成后，单击“确定”按钮，返回“条件格式规则管理器”对话框，可以预览编辑后的数据条样式，如图7-8所示。

7 单击“确定”按钮，返回到工作表中，此时所选单元格区域的数据条，进行了相应的更改，效果如图7-9所示。

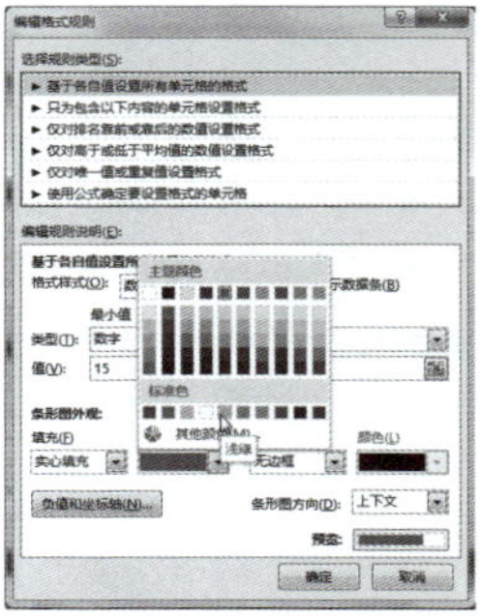

图7-7

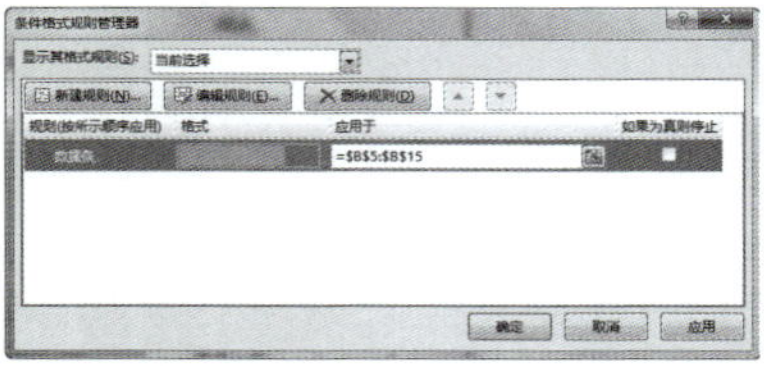

图7-8

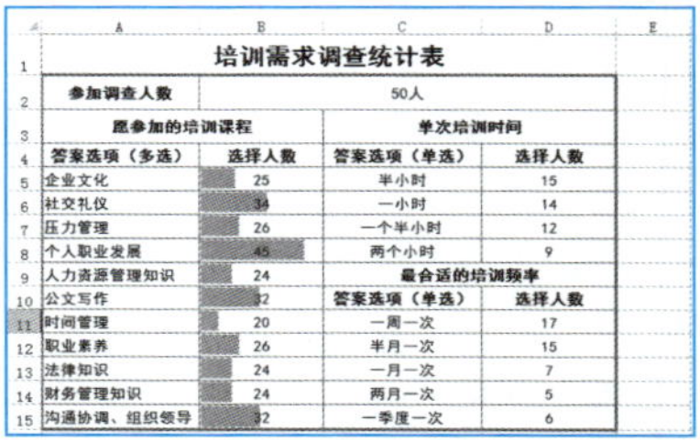

培训需求调查统计表			
参加调查人数	50人		
愿参加的培训课程		单次培训时间	
答案选项（多选）	选择人数	答案选项（单选）	选择人数
企业文化	25	半小时	15
社交礼仪	34	一小时	14
压力管理	26	一个半小时	12
个人职业发展	45	两个小时	9
人力资源管理知识	24	最合适的培训频率	
公文写作	32	答案选项（单选）	选择人数
时间管理	20	一周一次	17
职业素养	26	半月一次	15
法律知识	24	一月一次	7
财务管理知识	24	两月一次	5
沟通协调、组织领导	32	一季度一次	6

图7-9

步骤3：应用“渐变填充”数据条样式

1 选中D5:D9单元格区域，切换到“开始”选项卡，在“样式”选项组单击“条件格式”下拉按钮，在下拉菜单中单击“数据条”（如图7-10所示），在打开的子菜单的“渐变填充”区域单击数据条样式，如“浅蓝色填充数据条”，如图7-11所示。

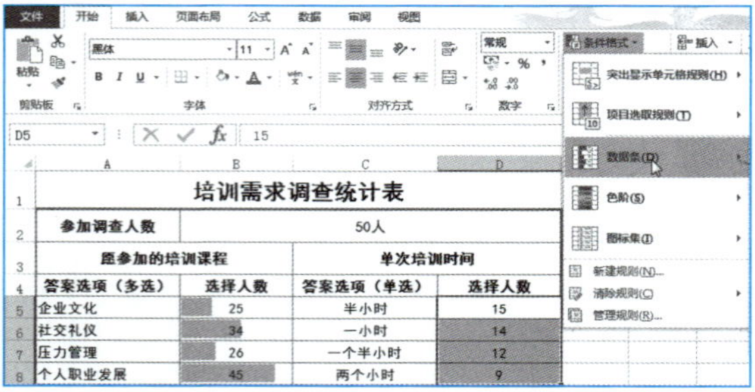

图7-10

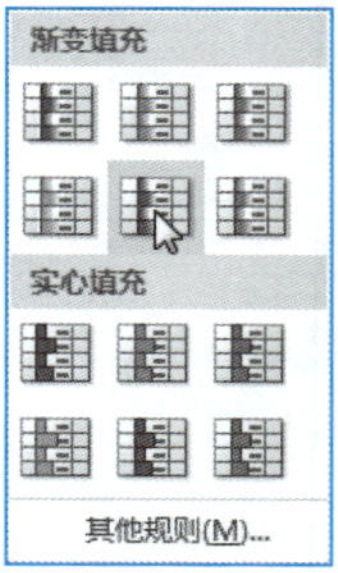

图7-11

2 单击“浅蓝色填充数据条”条件格式后，即可为选中单元格区域应用该条件格式，如图7-12所示。

❸ 按照相同的方法，为D11:D15单元格区域设置“紫色填充数据条”渐变填充格式，设置后效果如图7-13所示。

培训需求调查统计表			
参加调查人数	50人		
愿参加的培训课程		单次培训时间	
答案选项（多选）	选择人数	答案选项（单选）	选择人数
企业文化	25	半小时	15
社交礼仪	34	一小时	14
压力管理	26	一个半小时	12
个人职业发展	45	两个小时	9
人力资源管理知识	24	最合适的培训频率	
公文写作	32	答案选项（单选）	选择人数
时间管理	20	一周一次	17
职业素养	26	半月一次	15
法律知识	24	一月一次	7
财务管理知识	24	两月一次	5
沟通协调、组织领导	32	一季度一次	6

图7–12

培训需求调查统计表			
参加调查人数	50人		
愿参加的培训课程		单次培训时间	
答案选项（多选）	选择人数	答案选项（单选）	选择人数
企业文化	25	半小时	15
社交礼仪	34	一小时	14
压力管理	26	一个半小时	12
个人职业发展	45	两个小时	9
人力资源管理知识	24	最合适的培训频率	
公文写作	32	答案选项（单选）	选择人数
时间管理	20	一周一次	17
职业素养	26	半月一次	15
法律知识	24	一月一次	7
财务管理知识	24	两月一次	5
沟通协调、组织领导	32	一季度一次	6

图7–13

文件79　员工培训计划表

员工培训计划表是一个存放员工培训教程、时间安排的表格。制作该表格式为了让参与培训的员工能够快速了解培训课程安排的时间、地点以及负责人等信息。

制作要点与设计效果图

- 设置特殊日期格式
- 突出发生日期以后的数据
- 突出包含某文本的数据

员工培训计划表

培训编号　HY010014

培训名称	培训部自开课程	培训时间	从2012年9月至2012年11月
培训课程时数及负责人			
课程	培训时间	负责人	培训地点
处理工作中的情绪	2012年9月10日	蒋晓琳	1楼会议室
解决与同事的冲突	2012年9月17日	蒋怡	3楼待客室
给予建设性反馈	2012年9月24日	李敏敏	1楼会议室
沟通和团队	2012年10月8日	刘沐宇	3楼待客室
解决问题	2012年10月15日	蒋怡	1楼会议室
商务礼仪	2012年10月22日	蒋晓琳	3楼待客室
时间管理	2012年10月29日	李敏敏	3楼待客室
管理基本意识	2012年11月5日	李敏敏	3楼待客室
表达与介绍技巧	2012年11月12日	刘沐宇	1楼会议室

文件设计过程

步骤1：设置日期时间格式

❶ 打开“员工培训计划表”工作表，选中B6:B14单元格区域，切换到“开始”选项卡，在“数字”组中单击“数字格式”下拉按钮，在下拉菜单中单击“长日期”，如图7-14所示。

❷ 单击“长日期”数字格式后，系统自动将日期格式更改为长日期数据格式，显示出年月日，如图7-15所示。

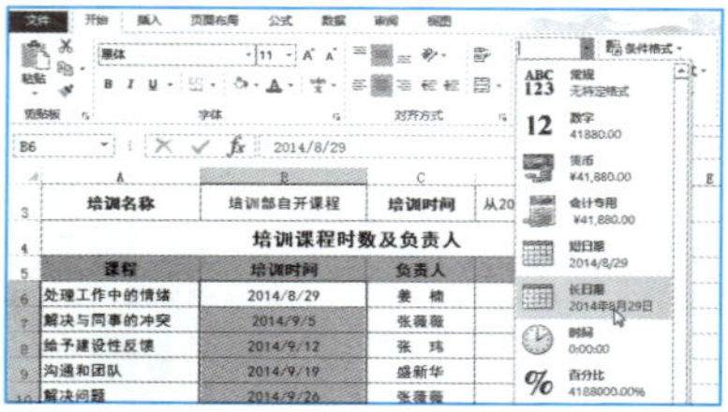

图7–14

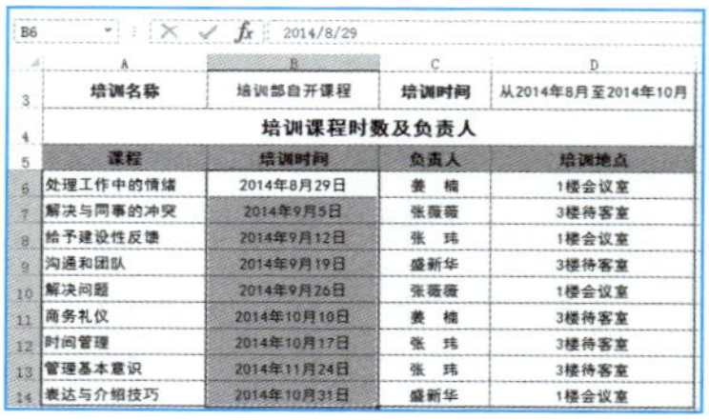

图7–15

提 示

如果用户想要设置其他日期格式，可以打开“设置单元格格式”对话框，在“数字”选项卡单击“日期”寻找适合的日期格式。

步骤2：设置发生日期条件

❶ 选中B6:B14单元格区域，单击“▣”（快速分析）按钮，在打开的菜单中单击“大于”按钮（如图7-16所示），打开“大于”对话框。

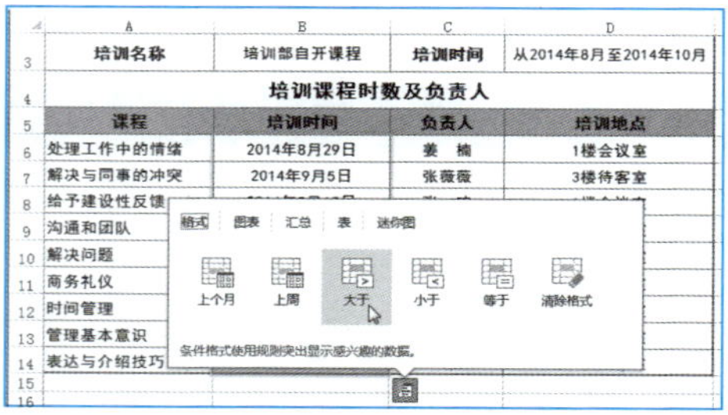

图7–16

❷ 在“为大于以下值的单元格中设置格式”文本 框中输入“2014年9月20日”，单击“设置为”下拉按钮，在其下拉菜单中单击“黄填充色深黄色文本”，如图7-17所示。

❸ 单击“确定”按钮，在返回工作表中，即可看到2014年9月20日以后的培训时间以指定格式显示出来，如图7-18所示。

图7–17

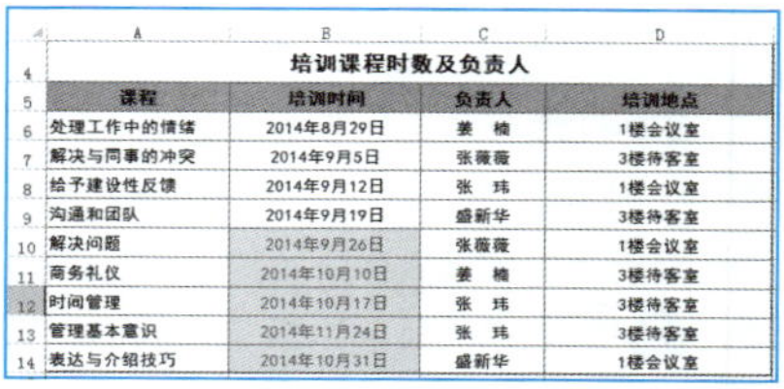

图7–18

步骤3：突出显示包含指定文本的单元格

1 选中C6:C14单元格区域，单击“▣”（快速分析）按钮，在打开的菜单中单击“文本包含”按钮（如图7-19所示），打开“文本中包含”对话框。

图7-19

2 在“为包含以下文本的单元格中设置格式”文本框中输入“盛新华”，单击“设置为”下拉按钮，在下拉菜单中单击“红色文本”，如图7-20所示。

3 单击“确定”按钮，返回工作表中，此时所选单元格区域中的文本为“盛新华”的单元格以红色文本突出显示，如图7-21所示。

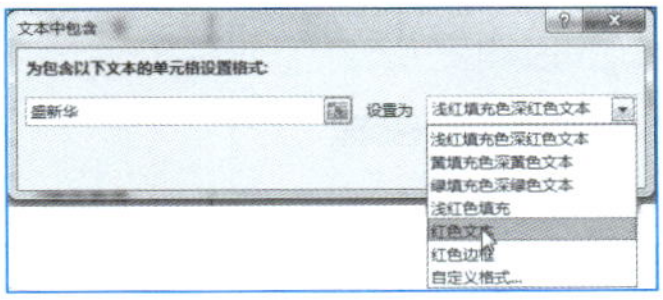

图7-20

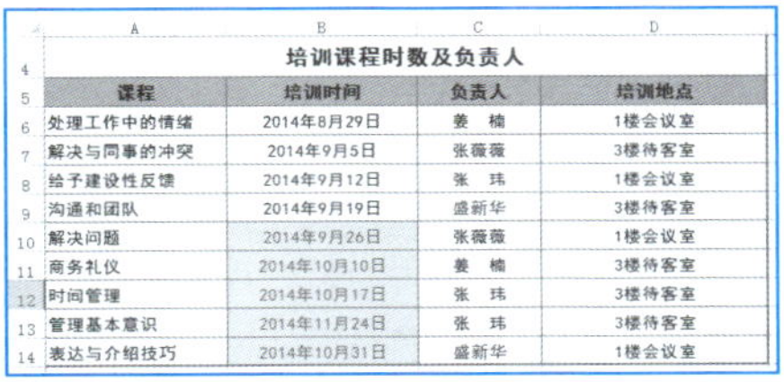

培训课程时数及负责人

课程	培训时间	负责人	培训地点
处理工作中的情绪	2014年8月29日	姜　楠	1楼会议室
解决与同事的冲突	2014年9月5日	张薇薇	3楼待客室
给予建设性反馈	2014年9月12日	张　玮	1楼会议室
沟通和团队	2014年9月19日	盛新华	3楼待客室
解决问题	2014年9月26日	张薇薇	1楼会议室
商务礼仪	2014年10月10日	姜　楠	3楼待客室
时间管理	2014年10月17日	张　玮	3楼待客室
管理基本意识	2014年11月24日	张　玮	3楼待客室
表达与介绍技巧	2014年10月31日	盛新华	1楼会议室

图7-21

提　示

如果在Excel 工作表中不再需要用“条件格式”显示符合条件的单元格时，用户需要删除条件格式的单元格区域，单击“条件格式”下拉按钮，在其下拉菜单中单击“清除规则”命令，在子菜单中单击“清除所选单元格规则”命令即可，如果想要删除整个工作表的单元格格式，可以单击“清除整个工作表的规则”命令即可。

文件80　企业年度培训费用预算表

在制定企业培训计划时，需要提前制作企业培训费用的预算。如果企业的培训费用预算不能支持企业培训计划，那么再好的培训计划也没有意义，而年度培训费用预算表则表示企业一年来总的培训费用预算记录表。

制作要点与设计效果图

- 简单公式的计算
- 创建迷你图
- 复制迷你图
- 应用迷你图样式
- 显示特殊标记

企业下半年培训费用预算表

	培训费用	7月	8月	9月	10月	11月	12月	各月费用比较
一般培训费用	培训住宿	¥2,480	¥2,600	¥3,580	¥3,560	¥3,200	¥4,700	
	培训餐饮	¥2,600	¥2,700	¥2,500	¥1,900	¥2,800	¥3,520	
	培训差旅	¥2,600	¥3,500	¥2,000	¥1,800	¥2,500	¥2,900	
	外部培训费用	¥2,500	¥1,900	¥2,500	¥1,680	¥2,000	¥3,500	
	小计	¥10,180	¥10,700	¥10,580	¥8,940	¥10,500	¥14,620	
其他费用摊销	培训场地费用	¥2,500	¥4,560	¥2,600	¥3,500	¥2,600	¥3,000	
	培训器材使用费	¥750	¥480	¥0	¥300	¥600	¥300	
	培训部门人员工资	¥2,280	¥2,080	¥1,370	¥2,680	¥3,040	¥1,980	
	专职讲师工资福利	¥3,000	¥2,500	¥3,500	¥3,100	¥3,600	¥2,600	
	培训人员服务费用	¥1,744	¥2,644	¥644	¥1,544	¥744	¥1,544	
	培训招待费用	¥400	¥350	¥500	¥650	¥750	¥660	
	培训用品材料费	¥350	¥240	¥150	¥280	¥263	¥280	
	培训资料费	¥150	¥240	¥350	¥260	¥250	¥150	
	小计	¥11,174	¥13,094	¥9,114	¥12,314	¥11,847	¥10,514	
总计		¥21,354	¥23,794	¥19,694	¥21,254	¥22,347	¥25,134	

文件设计过程

步骤1：计算培训费用

❶ 打开“企业下半年培训费用预算表”工作表，选中C7单元格，在公式编辑栏输入公式“=SUM(C3:C6)”按Enter键，即可计算出7月培训费用小计，选中C7单元格，将鼠标移动到C7单元格右下角，拖动填充柄向右填充公式，即可计算出其他各月培训费用小计，如图7-22所示。

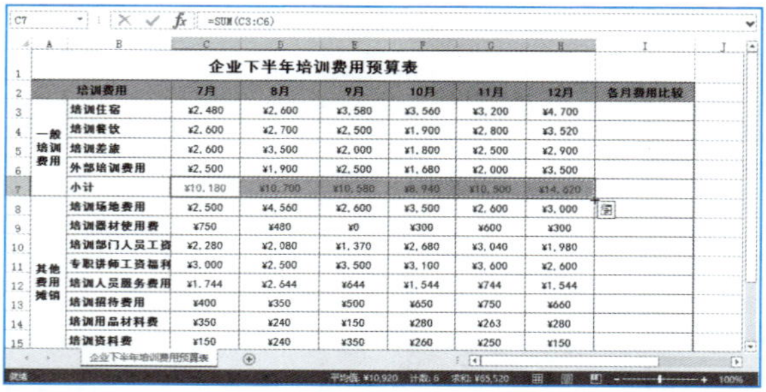

行	A	B	C	D	E	F	G	H	I
2		培训费用	7月	8月	9月	10月	11月	12月	各月费用比较
3	一般培训费用	培训住宿	¥2,480	¥2,600	¥3,580	¥3,560	¥3,200	¥4,700	
4		培训餐饮	¥2,600	¥2,700	¥2,500	¥1,900	¥2,800	¥3,520	
5		培训差旅	¥2,600	¥3,500	¥2,000	¥1,800	¥2,500	¥2,900	
6		外部培训费用	¥2,500	¥1,900	¥2,500	¥1,680	¥2,000	¥3,500	
7		小计	¥10,180	¥10,700	¥10,580	¥8,940	¥10,500	¥14,620	
8	其他费用摊销	培训场地费用	¥2,500	¥4,560	¥2,600	¥3,500	¥2,600	¥3,000	
9		培训器材使用费	¥750	¥480	¥0	¥300	¥600	¥300	
10		培训部门人员工资	¥2,280	¥2,080	¥1,370	¥2,680	¥3,040	¥1,980	
11		专职讲师工资福利	¥3,000	¥2,500	¥3,500	¥3,100	¥3,600	¥2,600	
12		培训人员服务费用	¥1,744	¥2,644	¥644	¥1,544	¥744	¥1,544	
13		培训招待费用	¥400	¥350	¥500	¥650	¥750	¥660	
14		培训用品材料费	¥350	¥240	¥150	¥280	¥263	¥280	
15		培训资料费	¥150	¥240	¥350	¥260	¥250	¥150	

图7-22

❷ 选中C16单元格，在公式编辑栏输入公式“=SUM(C8:C15)”按Enter键，即可计算出7月培训费用小计，选中C16单元格，将鼠标移动到C16单元格右下角，拖动填充柄向右填充公式，即可计算出其他各月费用摊销小计，如图7-23所示。

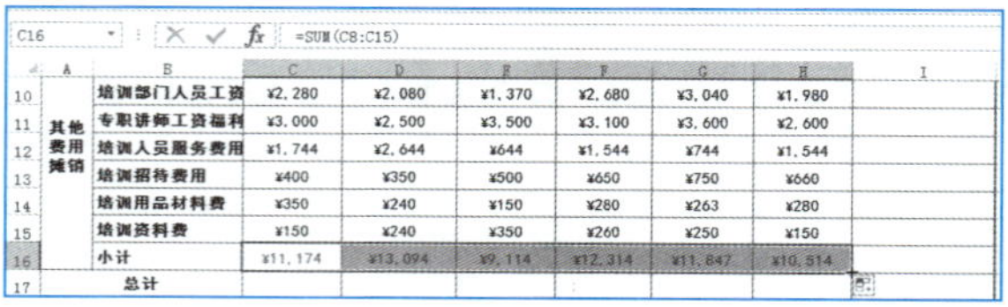

行	A	B	C	D	E	F	G	H	I
10	其他费用摊销	培训部门人员工资	¥2,280	¥2,080	¥1,370	¥2,680	¥3,040	¥1,980	
11		专职讲师工资福利	¥3,000	¥2,500	¥3,500	¥3,100	¥3,600	¥2,600	
12		培训人员服务费用	¥1,744	¥2,644	¥644	¥1,544	¥744	¥1,544	
13		培训招待费用	¥400	¥350	¥500	¥650	¥750	¥660	
14		培训用品材料费	¥350	¥240	¥150	¥280	¥263	¥280	
15		培训资料费	¥150	¥240	¥350	¥260	¥250	¥150	
16		小计	¥11,174	¥13,094	¥9,114	¥12,314	¥11,847	¥10,514	
17	总计								

图7-23

3 选中C17单元格，在公式编辑栏输入公式“=C7+C16”按Enter键，即可计算出7月培训费用小计，选中C17单元格，将鼠标移动到C17单元格右下角，拖动填充柄向右填充公式，即可计算出其他各月合计数，如图7-24所示。

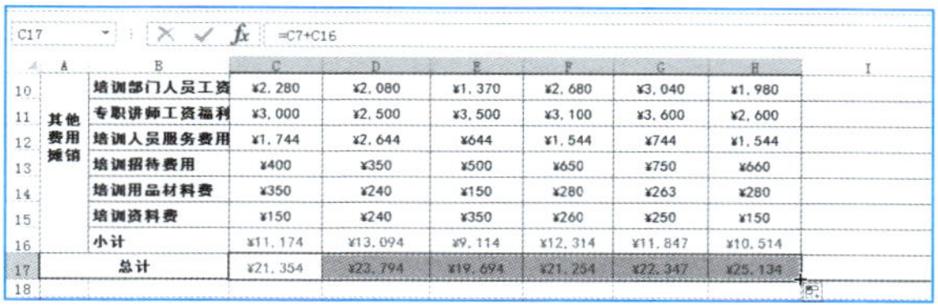

图7-24

步骤2：创建迷你图

1 选中C3:H3单元格区域，单击“▣”（快速分析）按钮，在打开的菜单中单击“迷你图”标签，单击“柱形图”图表类型，如图7-25所示。

图7-25

提 示

使用“快速分析”工具可以快速创建迷你图，提高工作效率。

2 单击“柱形图”图表类型，即可在I3单元格中创建迷你柱形图，效果如图7-26所示。

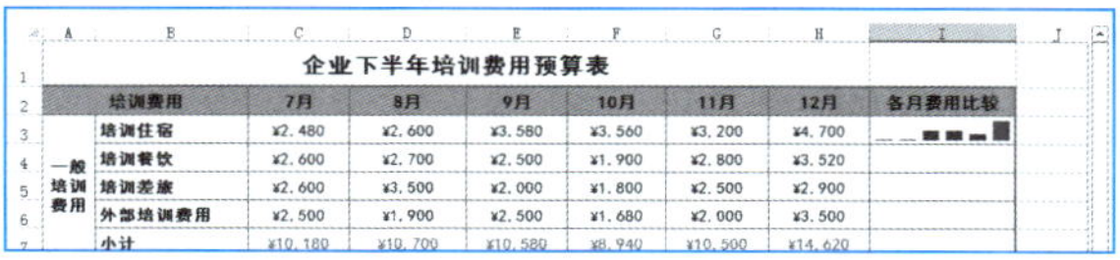

图7-26

3 选中I3单元格，将鼠标移动到单元格右下角，拖动填充柄向下复制到I17单元格，即可获取各项培训费用各月费用预算迷你柱形图，如图7-27所示。

提 示

向下复制迷你图时，系统默认复制的迷你图是组合在一起的，当对某个单元格中的迷你图进行更改时，所有的迷你图都会发生更改。

企业下半年培训费用预算表								
培训费用		7月	8月	9月	10月	11月	12月	各月费用比较
一般培训费用	培训住宿	¥2,480	¥2,600	¥3,580	¥3,560	¥3,200	¥4,700	
	培训餐饮	¥2,600	¥2,700	¥2,500	¥1,900	¥2,800	¥3,520	
	培训差旅	¥2,600	¥3,500	¥2,000	¥1,800	¥2,500	¥2,900	
	外部培训费用	¥2,500	¥1,900	¥2,500	¥1,680	¥2,000	¥3,500	
	小计	¥10,180	¥10,700	¥10,580	¥8,940	¥10,500	¥14,620	
其他费用摊销	培训场地费用	¥2,500	¥4,560	¥2,600	¥3,500	¥2,600	¥3,000	
	培训器材使用费	¥750	¥480	¥0	¥300	¥600	¥300	
	培训部门人员工资	¥2,280	¥2,080	¥1,370	¥2,680	¥3,040	¥1,980	
	专职讲师工资福利	¥3,000	¥2,500	¥3,500	¥3,100	¥3,600	¥2,600	
	培训人员服务费用	¥1,744	¥2,644	¥644	¥1,544	¥744	¥1,544	
	培训招待费用	¥400	¥350	¥500	¥650	¥750	¥660	
	培训用品材料费	¥350	¥240	¥150	¥280	¥263	¥280	
	培训资料费	¥150	¥240	¥350	¥260	¥250	¥150	
	小计	¥11,174	¥13,094	¥9,114	¥12,314	¥11,847	¥10,514	
总计		¥21,354	¥23,794	¥19,694	¥21,254	¥22,347	¥25,134	

图7-27

步骤3：应用迷你图样式

❶ 选中任意迷你图所在单元格，换到“迷你图工具-设计”选项卡，在“样式”组中单击其他样式按钮“⁼”（其他）按钮，在打开的样式下拉菜单中单击需要的样式，如“迷你图样式彩色#2”，如图7-28所示。

图7-28

❷ 单击“迷你图样式彩色#2”样式后，返回工作表中，此时选中的单元格区域的迷你图应用了指定的样式，如图7-29所示。

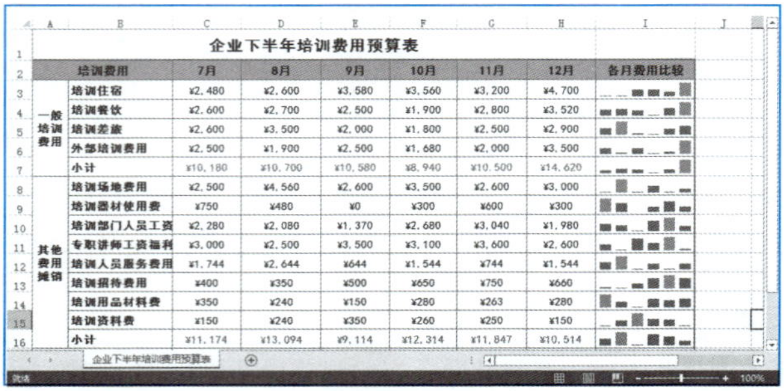

企业下半年培训费用预算表								
培训费用		7月	8月	9月	10月	11月	12月	各月费用比较
一般培训费用	培训住宿	¥2,480	¥2,600	¥3,580	¥3,560	¥3,200	¥4,700	
	培训餐饮	¥2,600	¥2,700	¥2,500	¥1,900	¥2,800	¥3,520	
	培训差旅	¥2,600	¥3,500	¥2,000	¥1,800	¥2,500	¥2,900	
	外部培训费用	¥2,500	¥1,900	¥2,500	¥1,680	¥2,000	¥3,500	
	小计	¥10,180	¥10,700	¥10,580	¥8,940	¥10,500	¥14,620	
其他费用摊销	培训场地费用	¥2,500	¥4,560	¥2,600	¥3,500	¥2,600	¥3,000	
	培训器材使用费	¥750	¥480	¥0	¥300	¥600	¥300	
	培训部门人员工资	¥2,280	¥2,080	¥1,370	¥2,680	¥3,040	¥1,980	
	专职讲师工资福利	¥3,000	¥2,500	¥3,500	¥3,100	¥3,600	¥2,600	
	培训人员服务费用	¥1,744	¥2,644	¥644	¥1,544	¥744	¥1,544	
	培训招待费用	¥400	¥350	¥500	¥650	¥750	¥660	
	培训用品材料费	¥350	¥240	¥150	¥280	¥263	¥280	
	培训资料费	¥150	¥240	¥350	¥260	¥250	¥150	
	小计	¥11,174	¥13,094	¥9,114	¥12,314	¥11,847	¥10,514	

图7-29

❸ 选中任意迷你图所在单元格，换到“迷你图工具-设计”选项卡，在“显示”组中选中可以看到选中了“高点”复选框，选中“低点”复选框，此时用默认演示显示出迷你图低点数据，如图7-30所示。

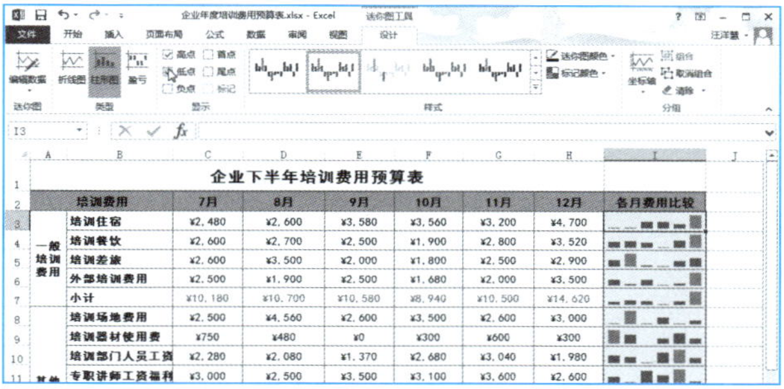

图7–30

步骤5：取消迷你图组合

❶ 选中I3:I17单元格区域，切换到“迷你图工具-设计”选项卡，在“分组”组中单击“取消组合”按钮，如图7-31所示。

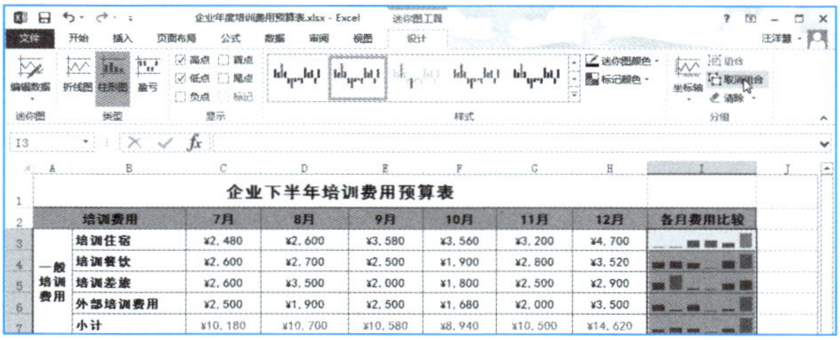

图7–31

❷ 单击“取消组合”按钮，即可取消迷你图的组合，如图7-32所示。

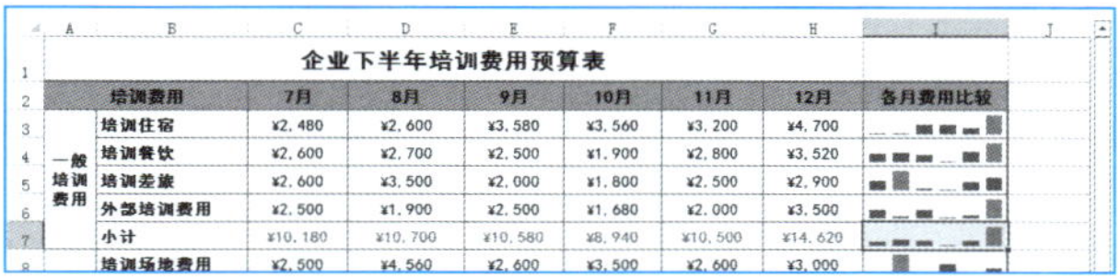

图7–32

提 示

如果想要清除某个迷你图，可以选中该迷你图单元格，在“分组”组中单击“清除”按钮，即可删除该迷你图。

文件81 员工培训成绩统计表

通常在一期培训结束后，为了查看此次培训的效果，培训组织者都会针对此次培训内容进行一次考核，通过考核成绩对员工学习情况及此次培训效果做总结。

制作要点与设计效果图

- 插入函数
- RANK函数
- 应用图标集
- 设置图标集值范围

培训成绩统计表

学员编号	学员姓名	培训成绩	名次
RT01007	周兴星	98	1
RT01006	李浩铭	91	2
RT01001	王林	88	3
RT01004	陈俊爱	88	3
RT01011	徐兴宏	85	5
RT01012	黄厥明	84	6
RT01014	阮厚斌	83	7
RT01003	张伟建	82	8
RT01015	苏子浮	82	8
RT01008	吴正波	81	10
RT01002	陈书明	77	11
RT01005	张蔷	72	12
RT01009	汪雨萧	68	13
RT01013	袁文豪	56	14
RT01010	魏林	42	15

文件设计过程

步骤1：插入函数计算

① 打开“员工培训成绩统计表”，选中D3单元格，切换到“公式”选项卡，在“函数库”选项组单击“插入函数”按钮（如图7-33所示），打开“插入函数”对话框。

② 单击“或选择类别”下拉按钮，在下拉菜单中单击“统计”，在“选择函数”列表框中单击“RANK.EQ”，单击“确定”按钮（如图7-34所示），打开“设置参数”对话框。

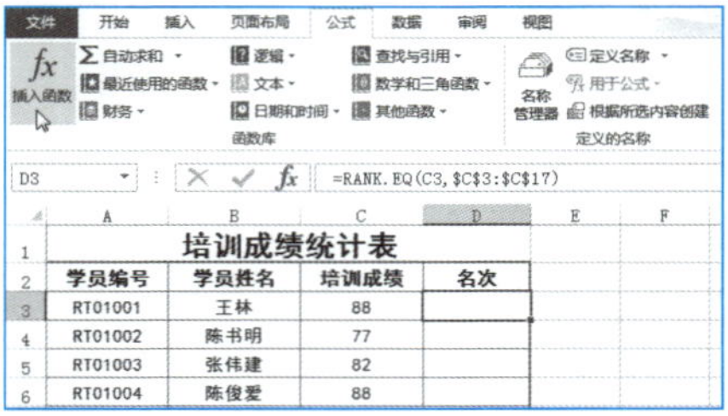

图7-33

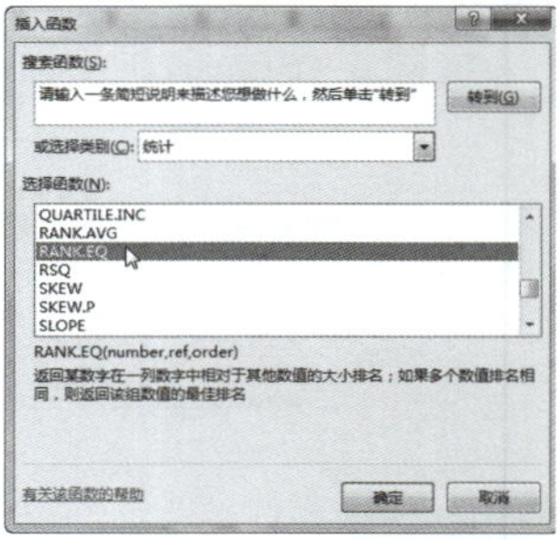

图7-34

③ 在“number”文本框中分别输入“C3”（如图7-35所示），在“Ref”文本框中输入“$C$3:$C$17”，如图7-36所示。

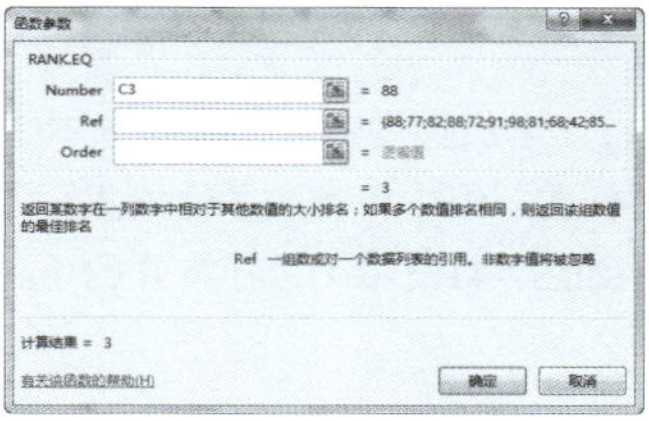

图7-35

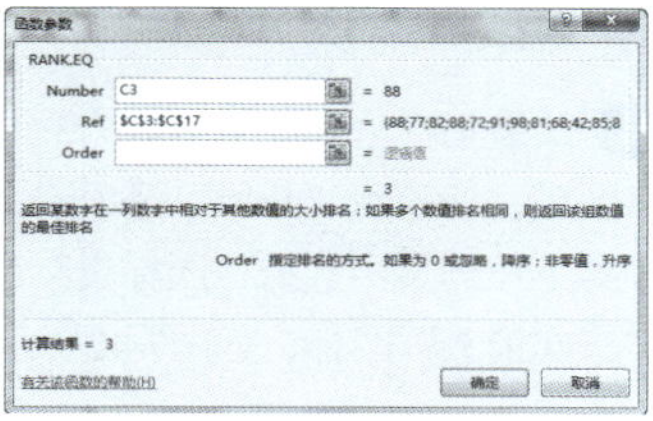

图7-36

4 单击“确定”按钮，返回工作表中，此时可以计算出D3单元格数字的名次，如图7-37所示。

公式分析:

“=RANK.EQ(C3,$C$3:$C$17)”公式分析

“=RANK.EQ(C3,$C$3:$C$17) ”，表示计算出C3所在单元格数据在C3:C17单元格区域数据排在第几位，并返回该排名。

5 选中D3单元格，将鼠标移动到单元格右下角，拖动填充柄向下复制公式，即可得到其他员工的名次，如图7-38所示。

图7-37

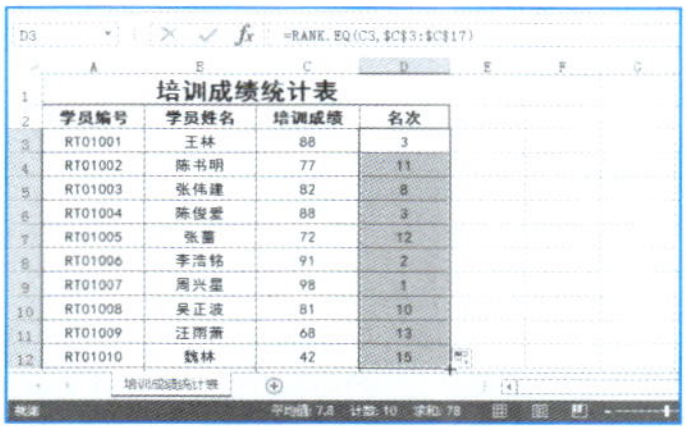

图7-38

步骤2：对数据进行排序

1 选中D3单元格，切换到“数据”选项卡，在“排序和筛选”组中单击“A↓Z”（升序）按钮，如图7-39所示。

2 单击“A↓Z”（升序）后，系统自动按名次大小重新排序，如图7-40所示。

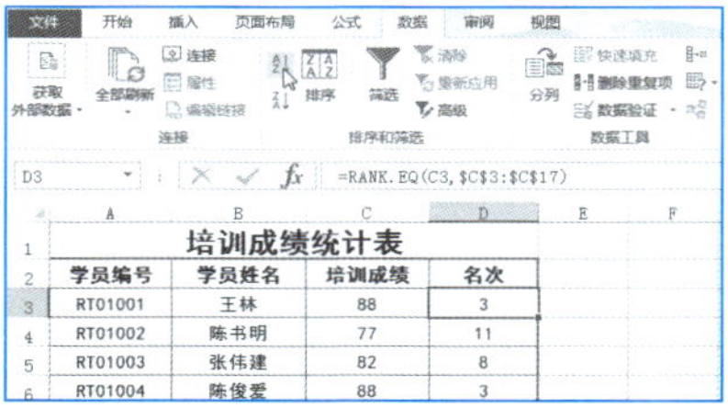

图7-39

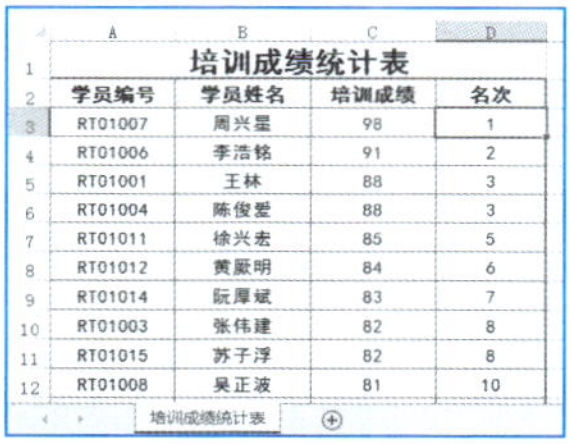

图7-40

步骤3：应用图标集

❶ 如果想将培训成绩划分为3个等级，让学员直观查阅，可以选中C3:C21单元格区域，切换到“开始”选项卡，在“样式”组中单击“条件格式”下拉按钮，在其下拉列表中选择“图标集”命令（如图7-41所示），在打开的子菜单中单击“三向箭头”图标，如图7-42所示。

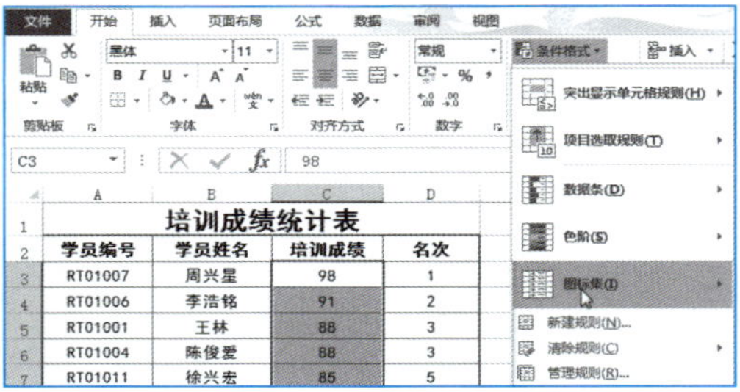

图7-41

图7-42

❷ 单击“三向箭头”图标后，此时选中单元格区域添加了所选图标集，效果如图7-43所示。

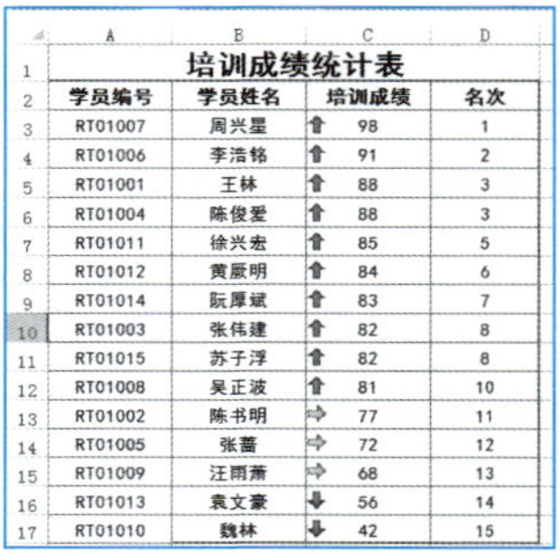

培训成绩统计表

学员编号	学员姓名	培训成绩	名次
RT01007	周兴星	98	1
RT01006	李浩铭	91	2
RT01001	王林	88	3
RT01004	陈俊爱	88	3
RT01011	徐兴宏	85	5
RT01012	黄厥明	84	6
RT01014	阮厚斌	83	7
RT01003	张伟建	82	8
RT01015	苏子浮	82	8
RT01008	吴正波	81	10
RT01002	陈书明	77	11
RT01005	张蕾	72	12
RT01009	汪雨潇	68	13
RT01013	袁文豪	56	14
RT01010	魏林	42	15

图7-43

步骤4：管理规则

❶ 选中C3:C21单元格区域，单击“条件格式”下拉按钮，在下拉菜单中单击“管理规则”命令（如图7-44所示），打开“条件格式规则管理器”对话框。

❷ 在列表框中选择要编辑的规则选项，单击“编辑规则”按钮（如图7-45所示），打开“编辑格式规则”对话框。

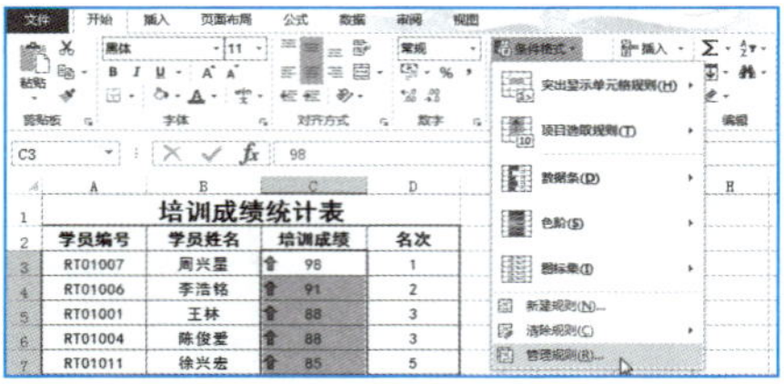

图7-44

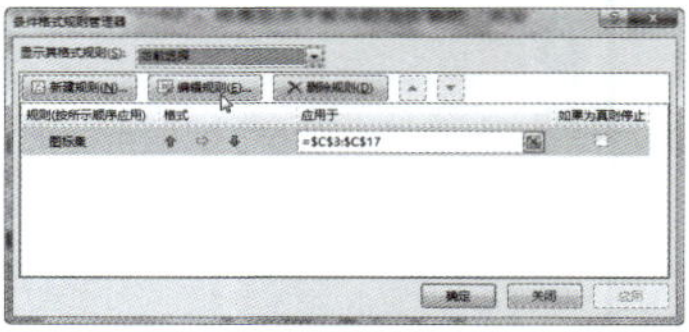

图7-45

❸ 将绿色向上箭头的当前值“类型”设置为“数字”，将值设置为“>=85”，将黄色水平箭头的当前值的“类型”设置为“数字”，将值设置为“当<85>=60”，如图7-46所示。

❹ 单击“确定”按钮，返回“条件格式管理规则”对话框，再次单击“确定”按钮，返回工作表中，可以看到图标发生了相应的改变，其中“绿色向上箭头”表示大于等于85的成绩，“黄色永平箭头”表示小于85但大于或等于60的成绩，“红色向下箭头”表示小于60的成绩，如图7-47所示。

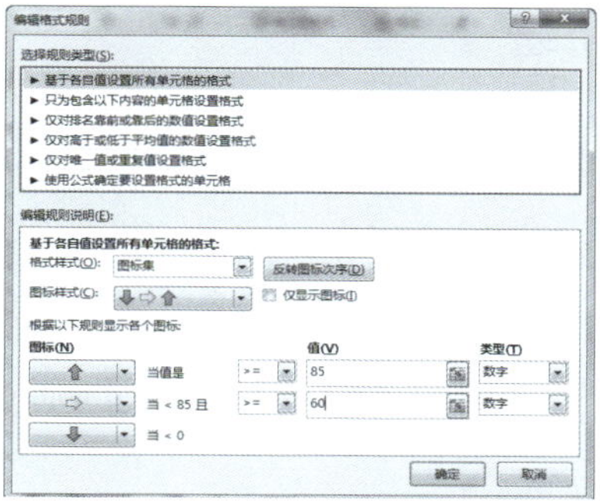

图7-46

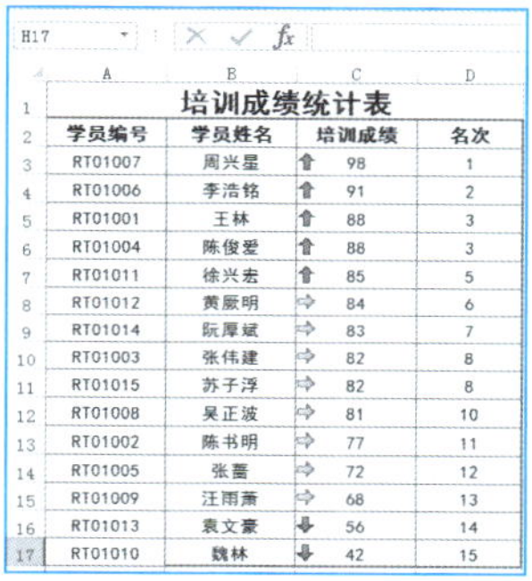

	A	B	C	D
1	培训成绩统计表			
2	学员编号	学员姓名	培训成绩	名次
3	RT01007	周兴星	98	1
4	RT01006	李浩铭	91	2
5	RT01001	王林	88	3
6	RT01004	陈俊爱	88	3
7	RT01011	徐兴宏	85	5
8	RT01012	黄厥明	84	6
9	RT01014	阮厚斌	83	7
10	RT01003	张伟建	82	8
11	RT01015	苏子浮	82	8
12	RT01008	吴正波	81	10
13	RT01002	陈书明	77	11
14	RT01005	张蔷	72	12
15	RT01009	汪雨萧	68	13
16	RT01013	袁文豪	56	14
17	RT01010	魏林	42	15

图7-47

文件82 培训成绩评定表

培训考核成绩出来后，培训组织除了会对学员的成绩进行排名外，还会对学员成绩进行评级，可以使用IF函数对员工的成绩进行评级，返回不同的等级。

制作要点与设计效果图

- IF函数
- 自定义文本序列顺序

培训成绩评定表

学员编号	学员姓名	培训成绩	评定等级
RT01001	王林	88	优
RT01006	李浩铭	91	优
RT01007	周兴星	98	优
RT01011	徐兴宏	85	优
RT01002	陈书明	78	良
RT01003	张伟建	82	良
RT01008	吴正波	81	良
RT01012	黄厥明	84	良
RT01014	阮厚斌	83	良
RT01004	陈俊爱	65	中
RT01005	张蔷	72	中
RT01009	汪雨萧	68	中
RT01010	魏林	42	差
RT01013	袁文豪	56	差
RT01015	苏子浮	59	差

文件设计过程

步骤1：插入函数计算

❶ 打开“员工培训成绩排行榜”，选中D3单元格，单击公式编辑栏输入公式“=IF(C3>=85,"优",IF(AND(C3<85,C3>=75),"良", IF(AND(C3<75,C3>=60),"中","差")))”，按Enter键后即可得到第1位学员的评定成绩，如图7-48所示。

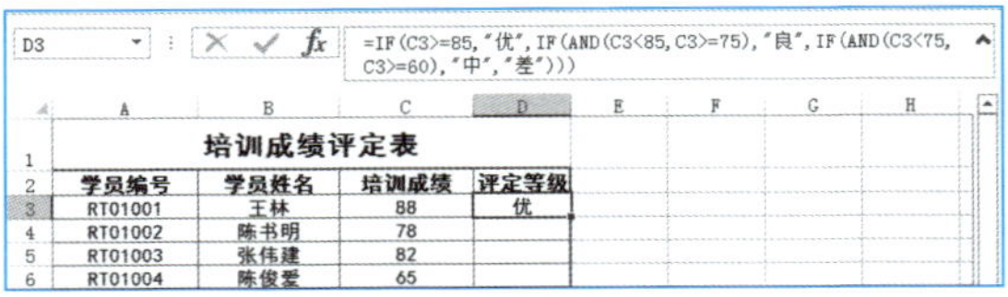

图7-48

公式分析：

“=IF(C3>=85,”优",IF(AND(C3<85,C3>=75),"良", IF(AND(C3<75, C3>=60),"中","差")))”公式分析

1. “=IF(C3>=85,"优"”，表示计算出C3数据大于85，则返回“优”。

2. “IF(AND(C3<85,C3>=75),"良"”，如果C3单元格数据大于等于75且小于85，则返回“良”。

3. “IF(AND(C3<75,C3>=60),"中"”，如果C3单元格数据大于等于60且小于75，则返回“中”。

4. 如果C3单元格数据小于60，则返回“差”。

2 选中D3单元格，将鼠标移动到单元格右下角，拖动填充柄向下复制公式，即可得带各个学员的评定等级，如图7-49所示。

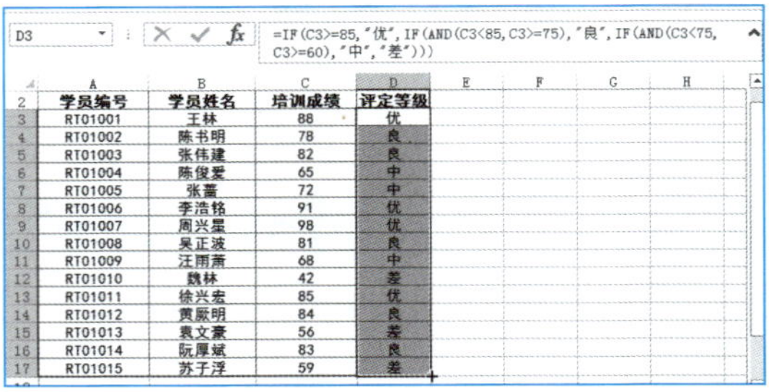

图7-49

步骤2：自定义评定等级的先后顺序

1 选中D2单元格区域，切换到“数据”选项卡，在“排序和筛选”组中单击“排序”按钮（如图7-50所示），打开“排序”对话框。

2 单击“主要关键字”下拉按钮，在下拉菜单中单击“评定等级”（如图7-51所示），接着单击“次序”文本框下拉按钮，在其下拉列表中单击“自定义序列”（如图7-52所示），打开“自定义序列”对话框。

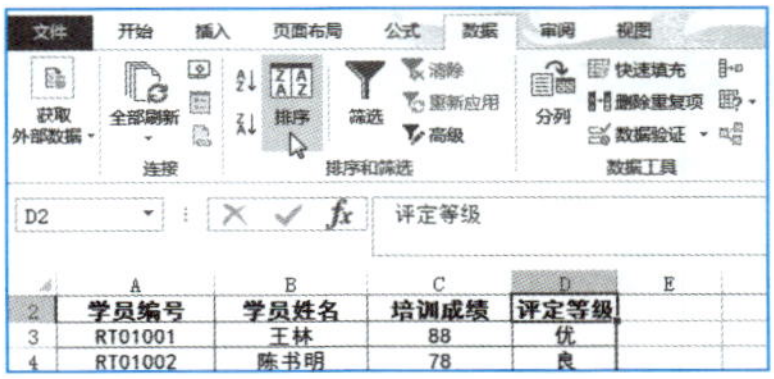

图7-50

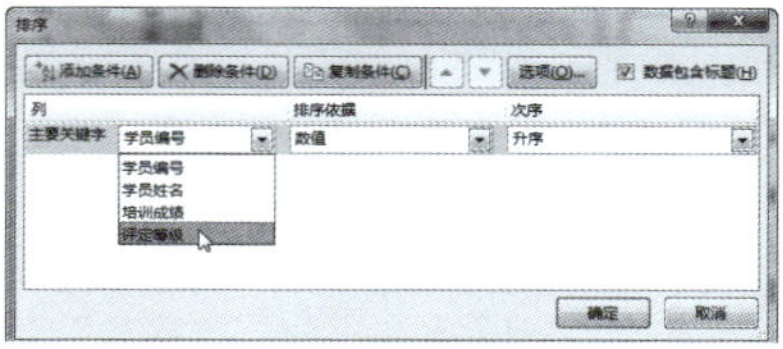

图7-51

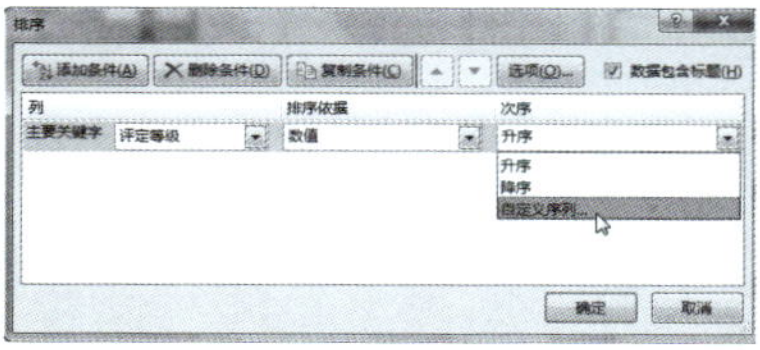

图7-52

❸ 在“输入序列”文本框中输入序列文本，单击“添加”按钮，即可将输入的序列添加到“自定义序列”列表框中，如图7-53所示。

❹ 单击“确定”按钮，返回“排序”对话框，再次单击“确定”按钮，返回到工作表中，即可看到当前工作表中的数据按“评定等级”的“优”、“良”、“中”、“差”进行了重新排序，如图7-54所示。

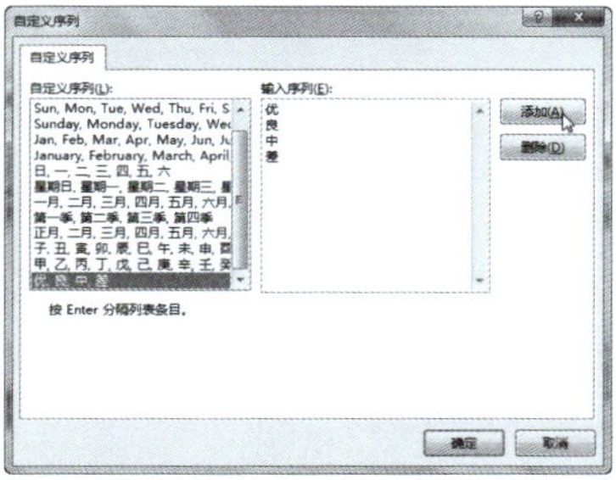

图7-53

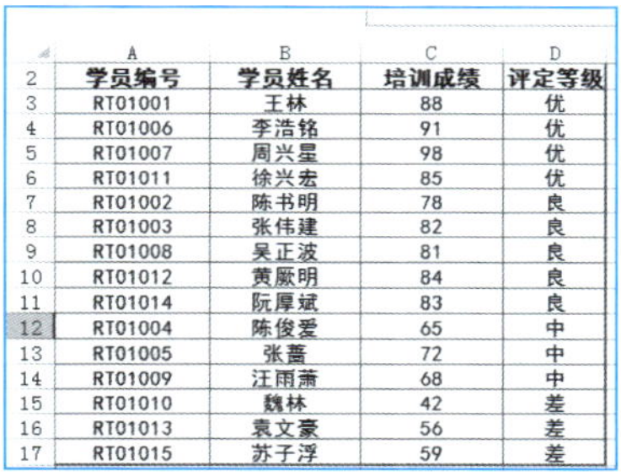

	A	B	C	D
2	学员编号	学员姓名	培训成绩	评定等级
3	RT01001	王林	88	优
4	RT01006	李浩铭	91	优
5	RT01007	周兴星	98	优
6	RT01011	徐兴宏	85	优
7	RT01002	陈书明	78	良
8	RT01003	张伟建	82	良
9	RT01008	吴正波	81	良
10	RT01012	黄厥明	84	良
11	RT01014	阮厚斌	83	良
12	RT01004	陈俊爱	65	中
13	RT01005	张蕾	72	中
14	RT01009	汪雨萧	68	中
15	RT01010	魏林	42	差
16	RT01013	袁文豪	56	差
17	RT01015	苏子浮	59	差

图7-54

文件83　员工培训申请表

企业为开展业务及培训人才的需要组织的培训，员工需要根据实际情况填写申请表，申请参与培训。

制作要点与设计效果图

- 插入符号
- 设置打印区域
- 页面设置
- 打印预览
- 打印表格

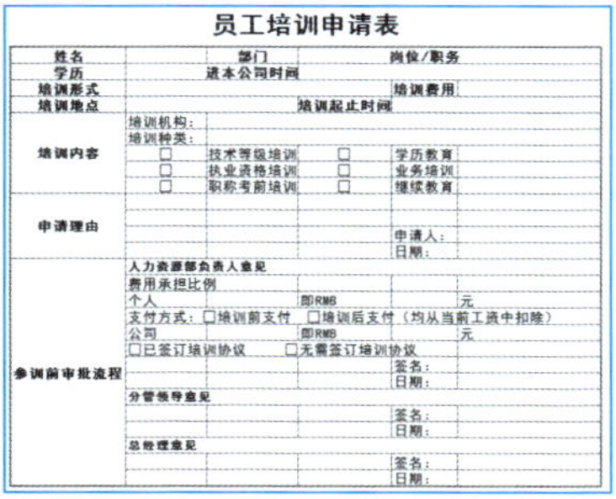

员工培训申请表

姓名		部门		岗位/职务	
学历		进本公司时间			
培训形式				培训费用	
培训地点			培训起止时间		
培训内容	培训机构：				
	培训种类：				
	□	技术等级培训	□	学历教育	
	□	执业资格培训	□	业务培训	
	□	职称考前培训	□	继续教育	
申请理由				申请人：	
				日期：	
参训前审批流程	人力资源部负责人意见				
	费用承担比例				
	个人		即RMB		元
	支付方式：□培训前支付　□培训后支付（均从当前工资中扣除）				
	公司		即RMB		元
	□已签订培训协议		□无需签订培训协议		
				签名：	
				日期：	
	分管领导意见				
				签名：	
				日期：	
	总经理意见				
				签名：	
				日期：	

文件设计过程

步骤1：插入符号

❶ 打开“员工培训申请表”工作簿，选中B8单元格，切换到“开始”选项卡，在“符号”组中单击“符号”按钮（如图7-55所示），打开“符号”对话框。

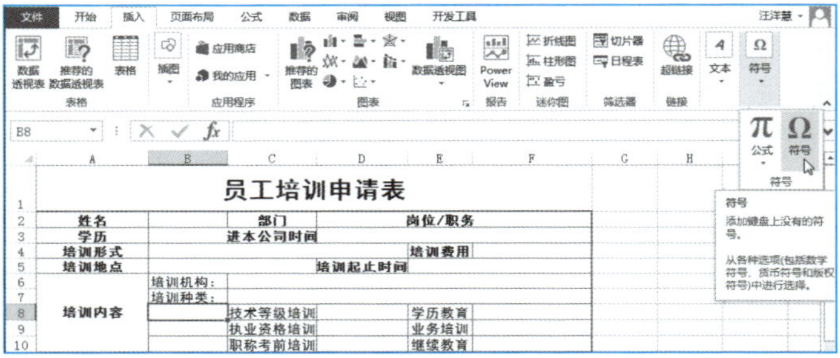

图7-55

❷ 在对话框中选中需要插入的符号，如图7-56所示。

❸ 单击“确定”按钮，返回工作表中，即可在单元格中插入选中的符号，按相同的方法插入多个符号，插入后效果如图7-57所示。

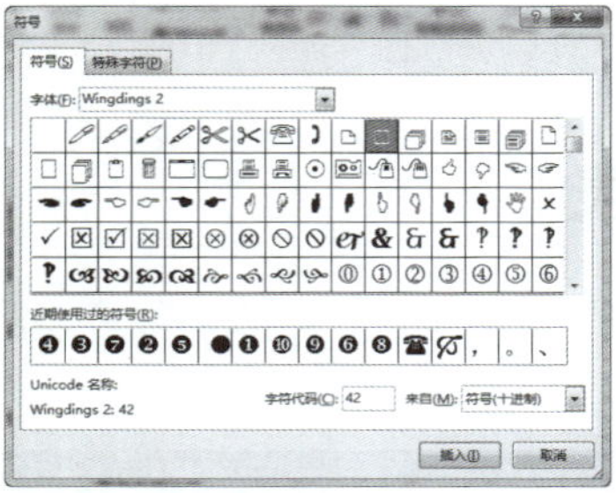

图7-56

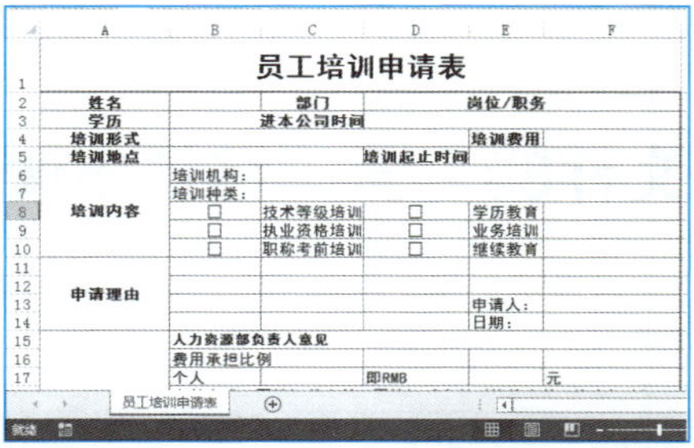

图7-57

步骤3：设置打印区域

❶ 选中A1:F28单元格区域，切换到“页面布局”选项卡，在“页面设置”组中“打印区域”下拉按钮，在下拉菜单中单击“设置打印区域”命令，如图7-58所示。

❷ 单击“设置打印区域”命令后，在选中单元格区域的外边框处显示了虚线，表示打印区域范围，如图7-59所示。

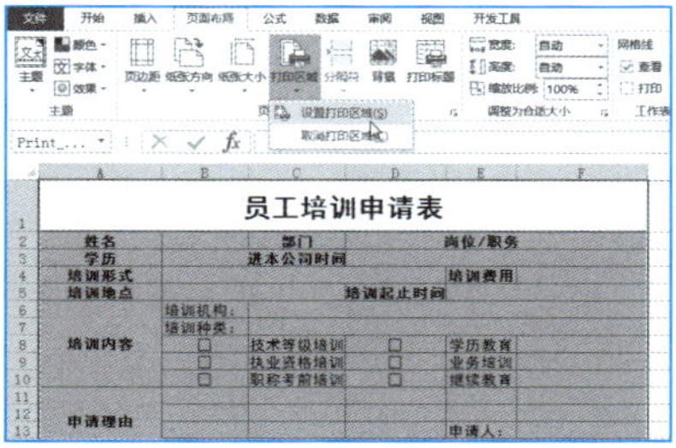

图7-58

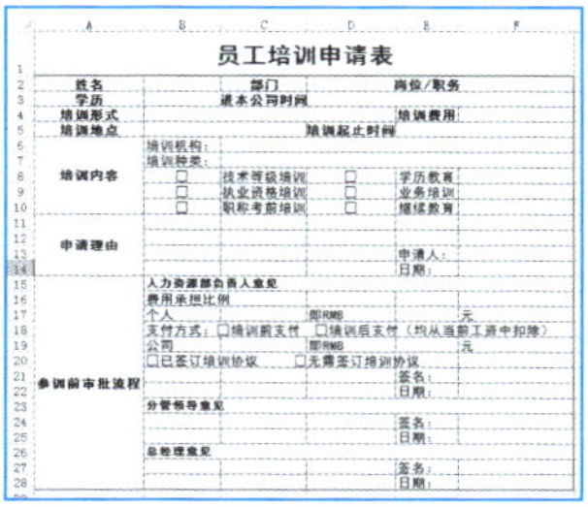

图7-59

步骤4：打印预览

1 单击“文件”按钮，单击“打印”命令，进入“打印”选项面板，在“预览”区中可以看到表格打印效果（如图7-60所示）。如果表格在纸张上的位置不合适，单击“页面设置”按钮，打开“页面设置”对话框。

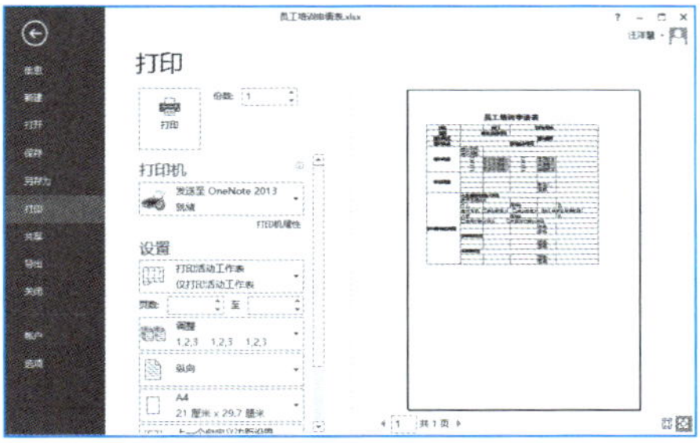

图7-60

2 单击“页边距”标签，选中“水平”和“垂直”复选框，如图7-61所示。

3 设置完成后单击“确定”按钮，可以在“预览”区中看到表格位于纸张中间，预览满意后，单击“打印”按钮，如图7-62所示。

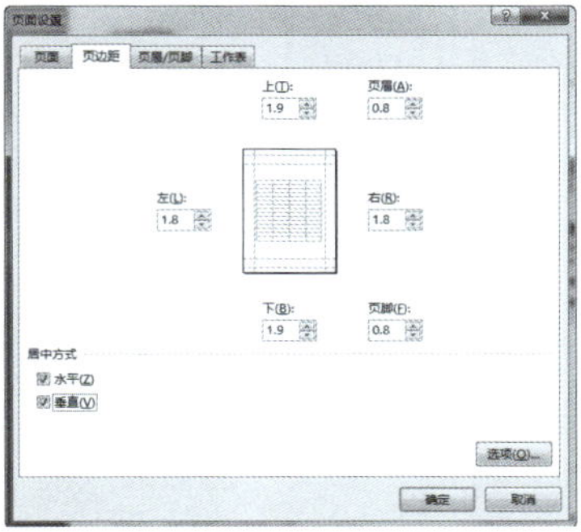

图7-61

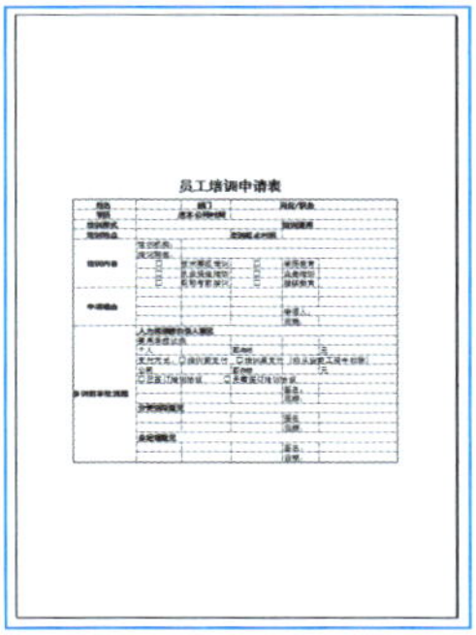

图7-62

文件84 参与培训人员胸卡

参与培训人员的胸卡是培训人员的识别卡，使用它可以快速认识学员，记住学员的编号或姓名。参与培训人员的胸卡有多种样式，最简洁的是只有学员的编号和胸卡。在Excel 中可以使用Excel 函数直接引用培训人员名单中的信息来生成胸卡。

制作要点与设计效果图

- 使用复制按钮复制
- 使用粘贴按钮粘贴
- 使用快捷键复制粘贴

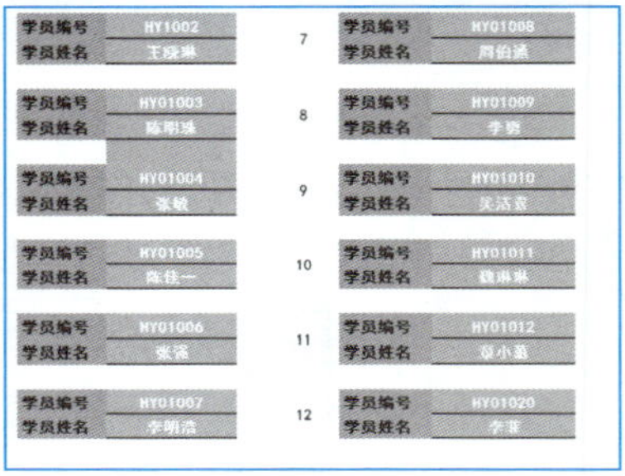

文件85 员工培训报告表

一般情况下，员工在参与培训后都会被要求上交一份培训报告表，用于总结此次培训的收获和心得，以及对培训导师和此次培训的意见，为下次培训提供参考资料。

制作要点与设计效果图

- 跨列居中
- 设置文本逆时针角度旋转
- 设置图案填充
- 跨列居中
- 设置文本逆时针角度旋转
- 设置图案填充

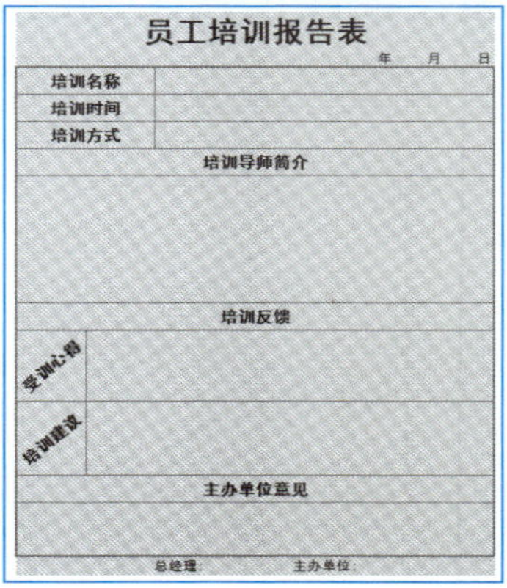

文件86　培训成绩筛选表

在培训成绩公布出来后，用户除了可以根据培训人员的姓名和编号精确查看某位学员的成绩，还可以使用高级筛选功能查看某个成绩范围内的学员姓名，对培训成绩有选择性地查看。

制作要点与设计效果图

- 高级筛选
- 设置并列条件
- 选择高级筛选方式

培训成绩统计表

学员编号	学员姓名	培训成绩
HY01002	王晓晓	85
HY01003	陈明珠	54
HY01004	张敏	59
HY01005	陈佳一	85
HY01006	张强	69
HY01007	李明浩	88
HY01008	周伯通	58
HY01009	李勇	84
HY01010	吴洁喜	71
HY01011	魏琳琳	45
HY01012	章小蕙	88
HY01013	李菲	57
HY01014	吴昊	59
HY01015	王夏林	86
HY01016	刘佩佩	44
HY01017	滕念	99
HY01018	冯雪	58
HY01019	刘英娇	59
HY01020	苏雪雪	55

筛选条件

培训成绩	培训成绩
>60	<=90

筛选结果

学员编号	学员姓名	培训成绩
HY01002	王晓晓	85
HY01005	陈佳一	85
HY01006	张强	69
HY01007	李明浩	88
HY01009	李勇	84
HY01010	吴洁喜	71
HY01012	章小蕙	88
HY01015	王夏林	86
HY01017	滕念	99

文件87　学员培训反馈表

培训结束后，培训部一般会发给学员一张简单的培训学员反馈表，用于了解学员对课程时间安排、授课场所、教材内容、讲师表达、服务态度的意见以及针对培训的一些建议。

制作要点与设计效果图

- 更改文本方向
- 填充递增序列数值
- 合并单元格
- 跨列居中单元格
- 绘制边框

培训学员反馈表

培训名称及编号		培训学员姓名	
培训时间		培训地点	
培训方式		使用资料	
讲师姓名		主办单位	

培训后的总结	培训学员意见	1	本课程的时间安排	□ 满意 □ 不满意 □ 一般
		2	本课程的场所安排	□ 满意 □ 不满意 □ 一般
		3	本课程的教材内容	□ 满意 □ 不满意 □ 一般
		4	本课程讲师的表达	□ 满意 □ 不满意 □ 一般
		5	服务	□ 满意 □ 不满意 □ 一般
		6	建议	
		7	培训内容在工作上的运用程度	□ 有用 □ 一般 □ 无用
	主办单位意见			

总经理：　　　　主办单位：

文件88　培训成果评估表

培训结束后，培训部还需要对此次培训成果进行评估，找出培训的优势和劣势进行加强和改进，而培训成果评估表一般是对课程满意度、内容有用度和优缺点进行调查。

制作要点与设计效果图

- 迷你柱形图
- 更改迷你图颜色
- 组合迷你图
- 显示首点和尾点

培训成果评估表（参与评估人数：40人）

课程满意度评估						
课程名称	5（很满意）	4（满意）	3（一般）	2（较差）	1（很差）	迷你图比例
课程目标的明确性	18	11	6	3	2	
内容编排的合理性	16	13	8	2	1	
理论知识的系统性	12	20	3	2	3	
课程内容的适用性	14	10	10	4	2	
课程的趣味性	8	12	15	3	2	
讲师满意度评估						
评估项目	5（很满意）	4（满意）	3（一般）	2（较差）	1（很差）	迷你图比例
表达能力	25	10	3	1	1	
亲和力	21	11	6	1	1	
讲课的逻辑性	18	13	2	4	3	
对学员反应的关注程度	16	14	4	3	3	
鼓励学员学习兴趣的激发	19	5	4	8	4	
对学员提问所作出的指导	22	8	5	3	2	
案例分析能力	12	5	14	5	4	
把握课程进度的能力	18	15	4	2	1	
培训设备使用的熟练程度	12	15	3	5	5	

文件89　员工培训成绩查询表

方便员工和相关人员查询，需要建立一个培训成绩查询表。

制作要点与设计效果图

- 设置字体格式
- 引用其他工作表单元格
- VLOOKUP函数

员工培训成绩查询表

员工编号	PX06	姓名	韩燕
促销手段	56		
营销策略	87		
采购	75		
沟通	47		
顾客心理	93		
市场开拓	96		
总分	454		
平均成绩	72.66666667		
名次	11		

第8章 员工绩效考核管理表格

作为企业管理人员，人力资源部门需要规范绩效考核制度，给出色的员工奖励或晋级，对表现不佳的员工进行降薪或劝退。员工绩效管理可以从员工的工作业绩、工作能力和工作态度三个方面来考评，以此给员工晋升、加薪或辞退一个有力的依据。

在员工绩效考核管理中常用的管理表格有员工业绩统计表、员工业绩评价表、员工月度业绩比较图表、员工绩效考核成绩排行榜、员工工作态度互评表、员工工作作品考核表等。

编号	文件名称	对应的数据源	重要星级
文件90	员工考核流程图	第8章\文件90 员工考核流程图.xlsx	★★★★★
文件91	员工业绩测评流程图	第8章\文件91 员工业绩测评流程图.xlsx	★★★★★
文件92	员工业绩汇总表	第8章\文件92 员工业绩汇总表.xlsx	★★★★★
文件93	员工业绩评价表	第8章\文件93 员工业绩评价表.xlsx	★★★★★
文件94	员工绩效考核成绩排行榜	第8章\文件94 员工绩效考核成绩排行榜.xlsx	★★★★
文件95	员工季度业绩排名表	第8章\文件95 员工季度业绩排名表.xlsx	★★★★
文件96	员工月度业绩比较图	第8章\文件96 员工月度业绩比较图.xlsx	★★★★
文件97	员工工作态度互评表	第8章\文件97 员工工作态度互评表.xlsx	★★★
文件98	绩效考核面谈表	第8章\文件98 绩效考核面谈表.xlsx	★★★
文件99	员工自评表	第8章\文件99 员工自评表.xlsx	★★★
文件100	员工工作作品考核表	第8章\文件100 员工工作作品考核表.xlsx	★★★
文件101	目标与实际业绩比较图	第8章\文件101 目标与实际业绩比较图.xlsx	★★★
文件102	职员考核表	第8章\文件102 职员考核表.xlsx	★★★
文件103	管理人员月考核表	第8章\文件103 管理人员月考核表.xlsx	★★★

文件90　员工考核流程图

员工考核流程是企业针对员工工作业绩、工作能力、工作态度的情况进行评定的一个过程，而员工考核流程图则是以图示来表现员工考核过程的一张说明图表。

制作要点与设计效果图

- 插入艺术字
- 使用浮动工具栏设置
- 对齐形状
- 组合形状

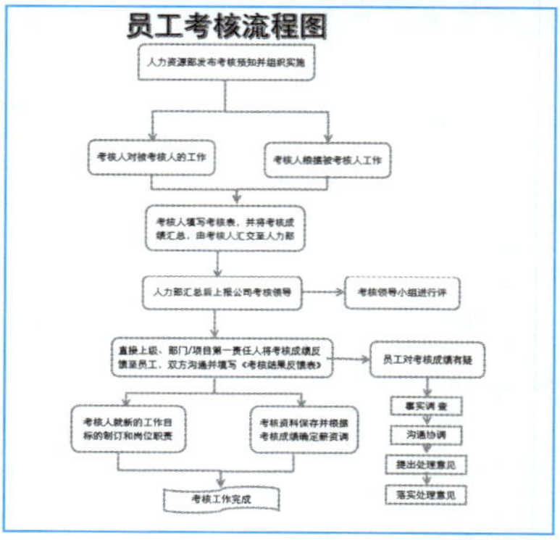

文件设计过程

步骤1：插入艺术字

❶ 打开“员工考核流程图”工作表，在工作表中添加形状并输入文字，切换到“插入”选项卡，在“文本”组中单击“4 ·”（艺术字）下拉按钮，在下拉菜单中单击要插入的艺术字样式，如“填充-黑色，文本1，轮廓-背景1，清晰阴影-背景1”，如图8-1所示。

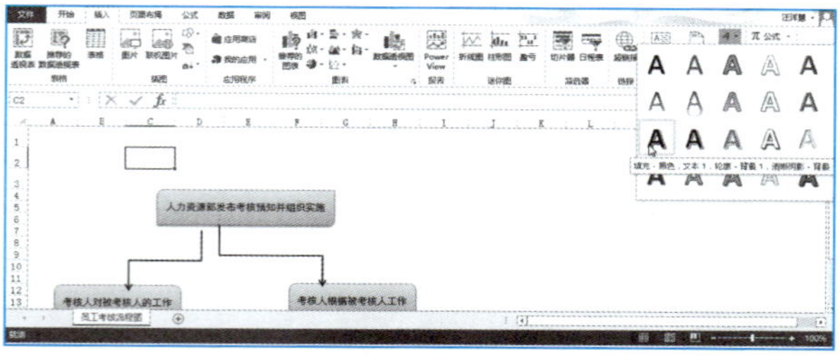

图8-1

❷ 单击“填充-黑色，文本1，轮廓-背景1，清晰阴影-背景1”艺术字样式后，即可在工作表中添加艺术字样式，如图8-2所示。

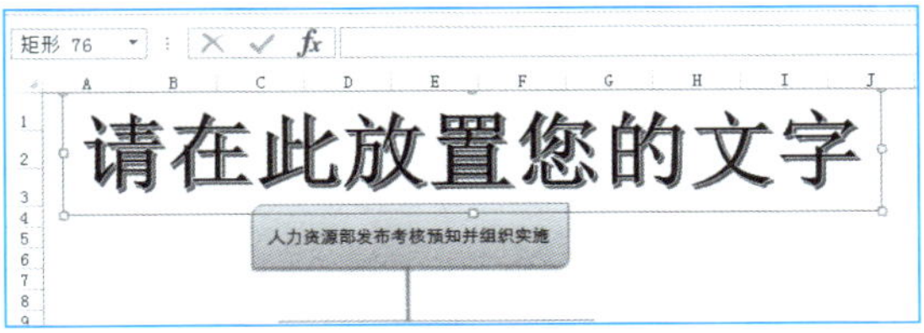

图8-2

3 在艺术字样式文本框中输入文字“员工考核流程图”，选中文本，切换到“开始”选项卡，在“字体”组中设置字体格式为，“黑体”、“32号”、“加粗”，如图8-3所示。

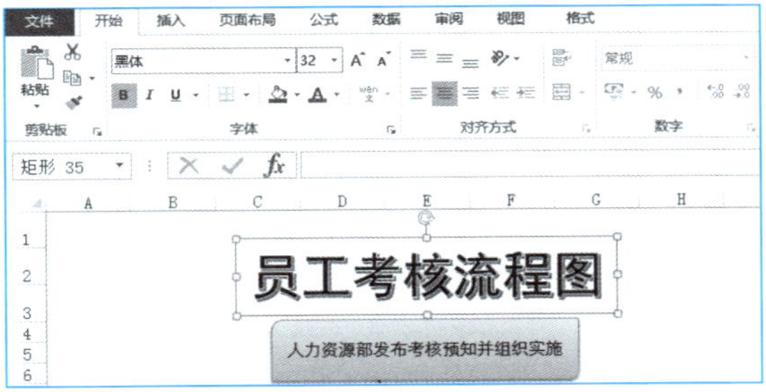

图8-3

步骤2：设置形状水平居中对齐

1 按Shift键依次选中要设置水平居中的形状，切换到“绘图工具”选项卡，在“排列”组中单击“对齐”下拉按钮，在下拉菜单中单击“水平居中”命令，如图8-4所示。

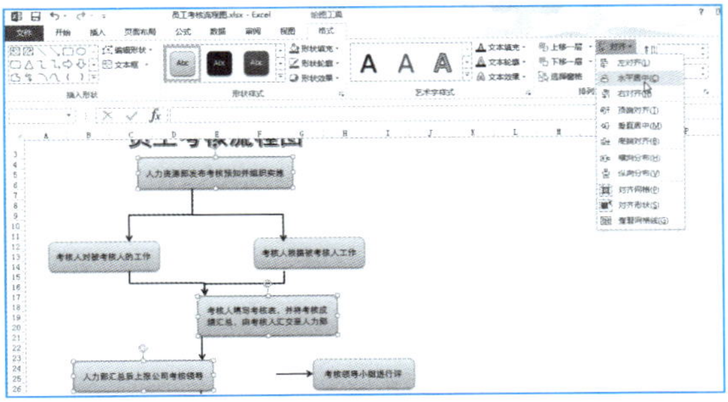

图8-4

2 单击“水平居中”命令后，系统自动将选择的形状进行水平居中排列，如图8-5所示。

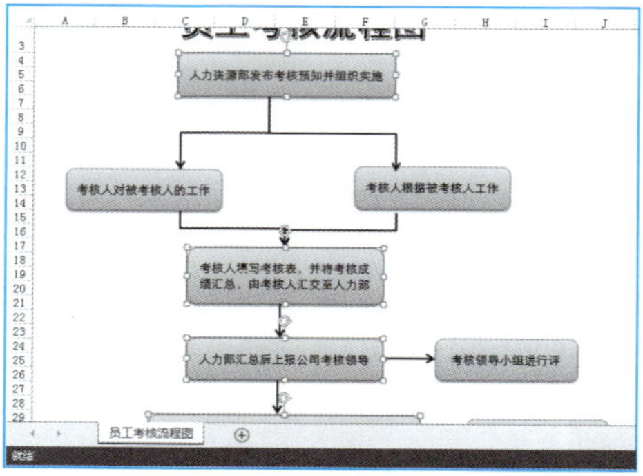

图8-5

提 示

用户可以选中图形，按住鼠标左键不放，将形状的中点位置移动到箭头下方（如图8-6所示），移动后效果如图8-7所示。

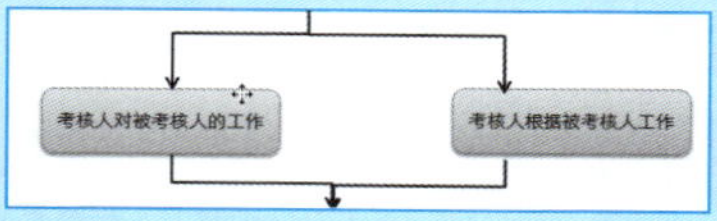

图8-6

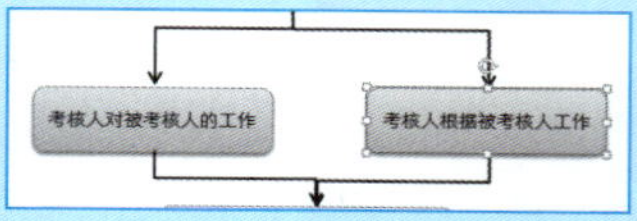

图8-7

步骤3：设置多个形状纵向分布

❶ 按Shift键依次选择需要纵向分布的形状，再次单击“对齐”下拉按钮，在下拉菜单中单击“纵向分布”命令，如图8-8所示。

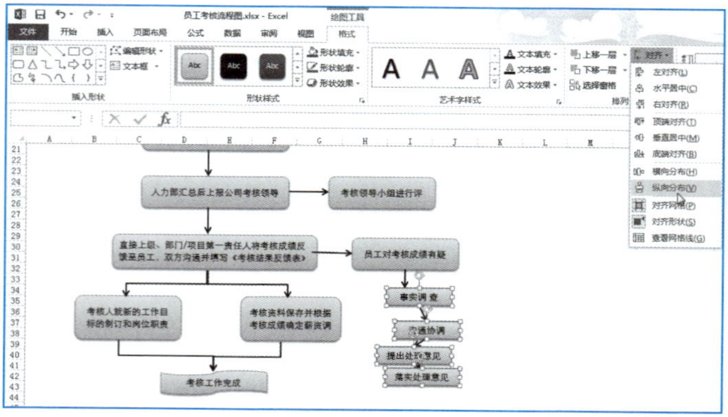

图8-8

2 单击“纵向分布”命令后，所选的形状实现纵向平均分布排列，效果如图8-9所示。

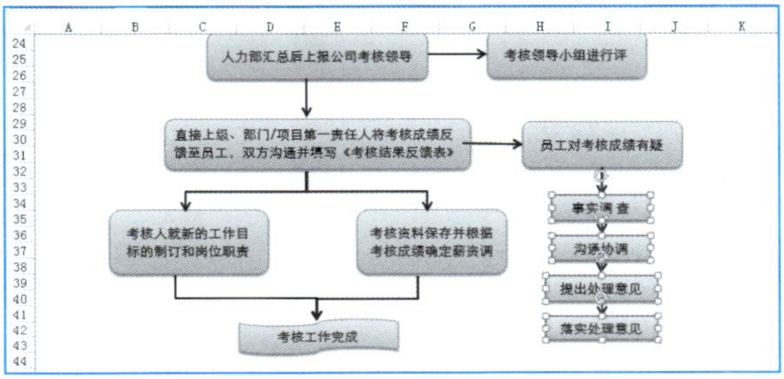

图8-9

> **提 示**
>
> 对图形进行排列后，如果图形不能满足排列效果，用户可以手动微调图形的位置。

步骤4：组合形状

1 按住Shift键不放，依次选中“员工考核流程图”中的所有形状，单击鼠标右键，在弹出的菜单中单击“组合”命令，在子菜单中单击“组合”命令，如图8-10所示。

2 单击“组合”命令后，选中的图形组合成一个整体，可以对整体进行移动或应用格式，如图8-11所示。

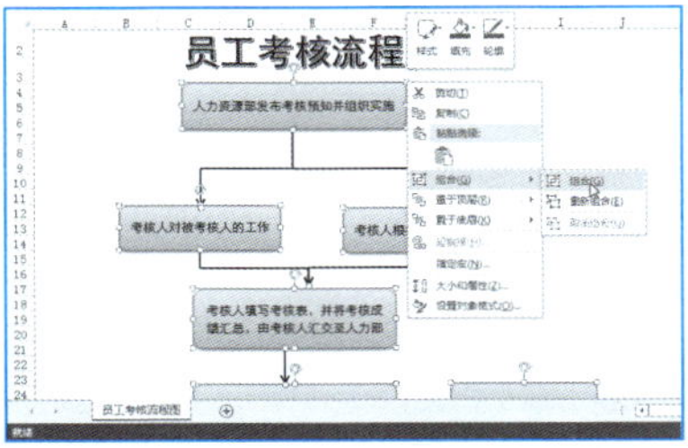

图8-10

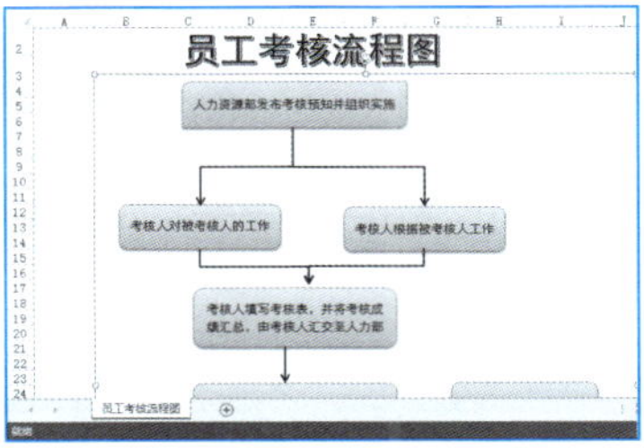

图8-11

步骤5：套用形状样式

1 选中组合图形，切换到“绘图工具-格式”选项卡，在“形状样式”组中单击“▽”（其他）下拉按钮（如图8-12所示），在下拉菜单中单击形状样式，如“彩色轮廓-橙色，强调颜色6”，如图8-13所示。

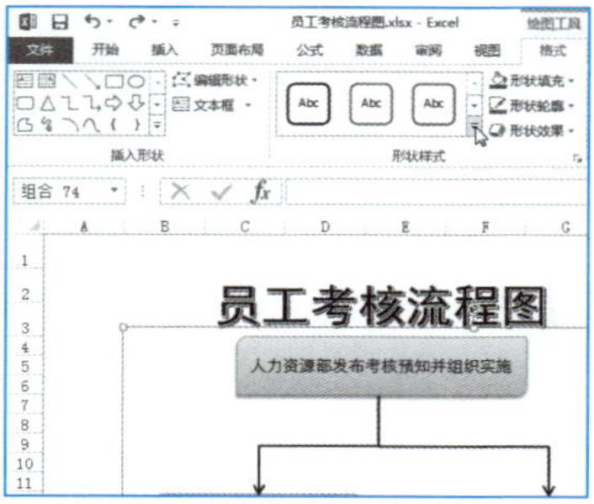

图8-12

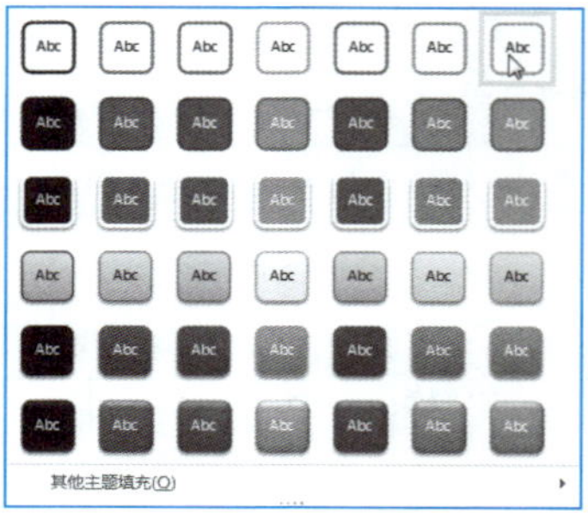

图8-13

2 单击“彩色轮廓-橙色，强调颜色6”形状样式后，系统即可为组合图形应用该形状样式，应用后效果如图8-14所示。

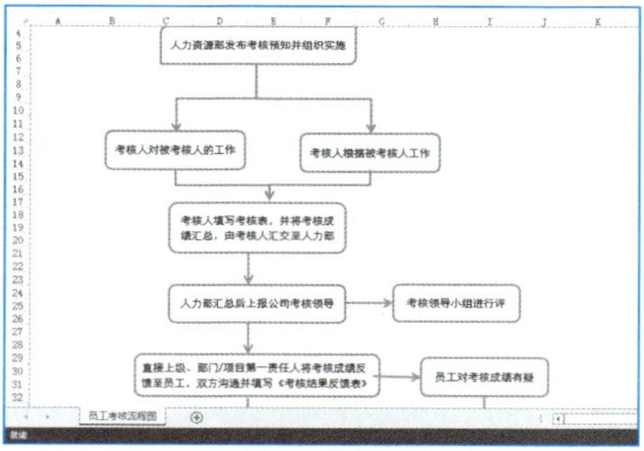

图8-14

文件91　员工业绩测评流程图

为了让业绩评估体系提供精确可靠的员工业绩数据，可以按照统一的系统流程来实施。

制作要点与设计效果图

- 插入SmartArt图形
- 添加形状
- 添加文本
- 更改图形颜色和样式

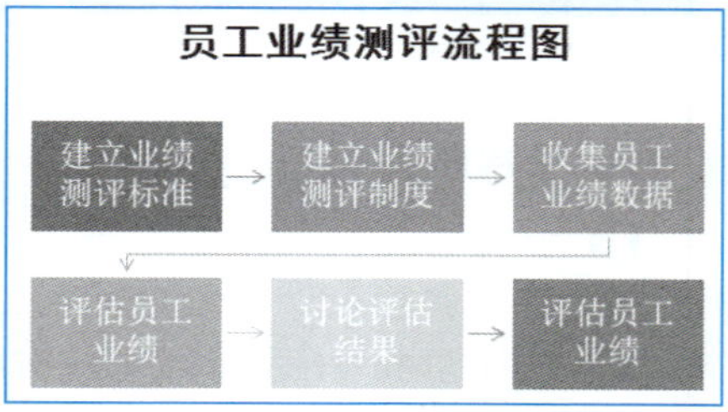

文件设计过程

步骤1：创建SmartArt图形

❶ 新建“员工业绩测评流程图”工作簿，切换到“插入”选项卡，在“插图”组中单击“SmartArt”按钮（如图8-15所示），打开“选择SmartArt图形”对话框。

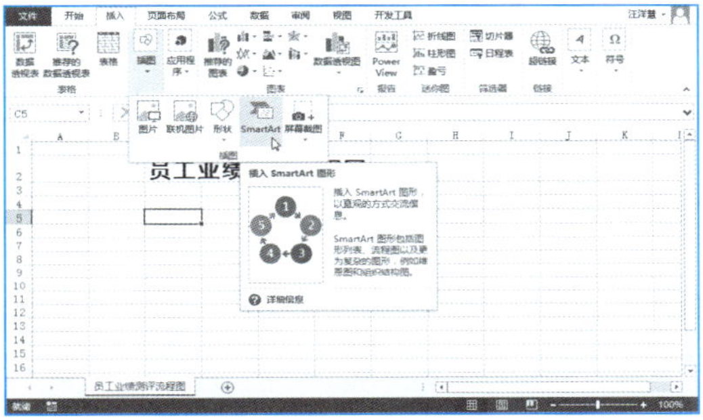

图8-15

❷ 单击“流程”选项，在右侧单击“重复蛇形流程”图标，如图8-16所示。

❸ 单击“确定”按钮，返回工作表中，在工作表中插入“重复蛇形流程图”，如图8-17所示。

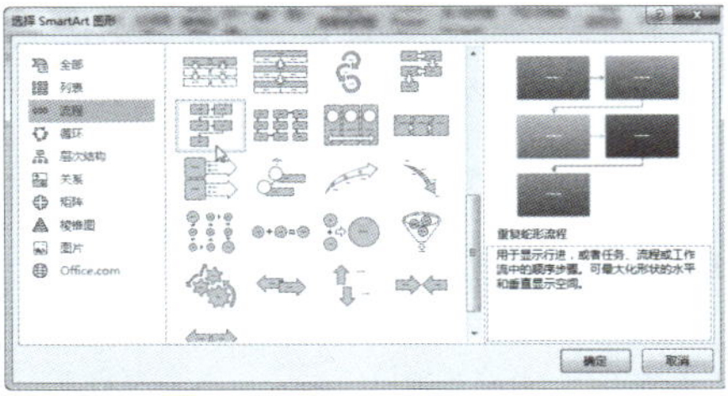

图8-16

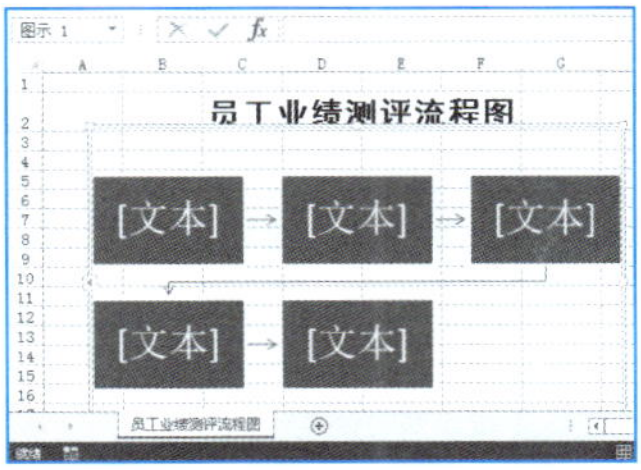

图8-17

步骤2：添加形状

选中SmartArt图形，单击鼠标右键，在弹出的菜单中单击“添加形状”命令，在弹出的子菜单中单击“在后面添加形状”命令，如图8-18所示。

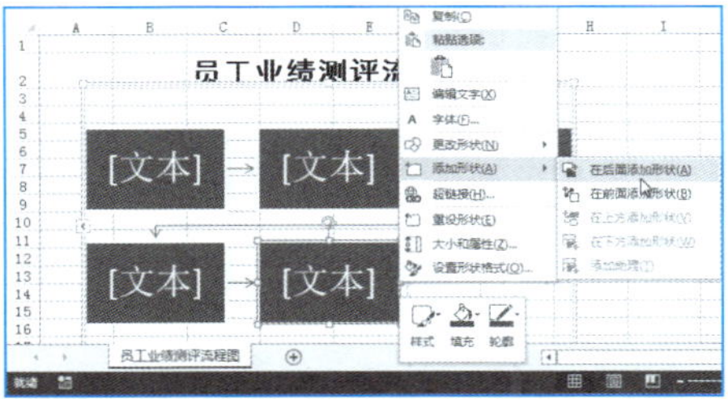

图8-18

步骤3：添加文本

单击“在后面添加形状”命令后，即可在图形后添加形状，在图形中输入文字，输入后效果如图8-19所示。

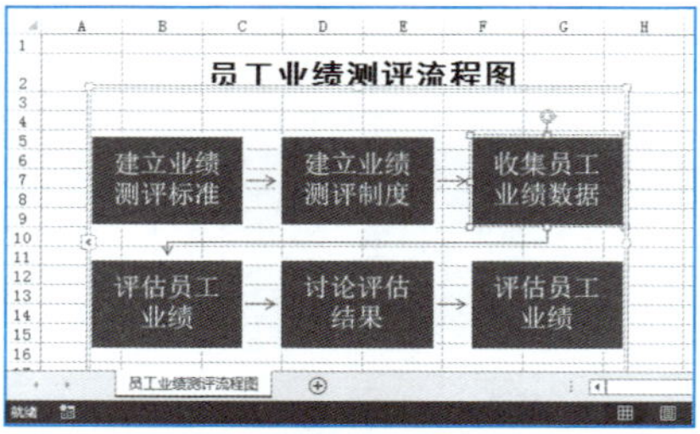

图8-19

步骤4：更改SmartArt颜色及样式

❶ 选中SmartArt图形，切换到“SmartArt工具-设计”选项卡，在“SmartArt样式”组中单击“更改颜色”下拉按钮（如图8-20所示），在下拉菜单中单击需要的颜色，如“彩色范围，着色5-6”，如图8-21所示。

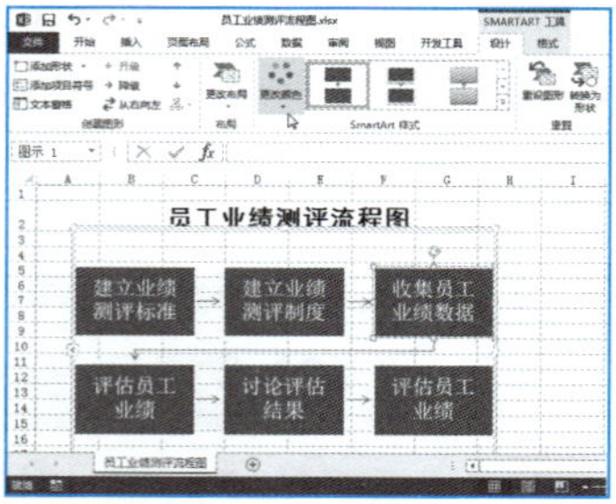

图8-20

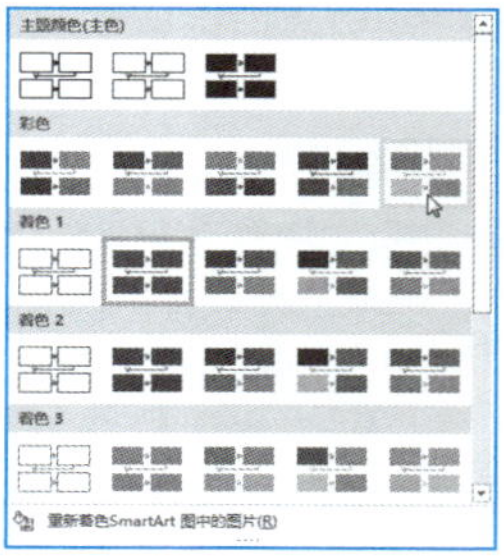

图8-21

❷ 单中“彩色范围，着色5-6”颜色后，即可为选中SmartArt图形应用该颜色，效果如图8-22所示。

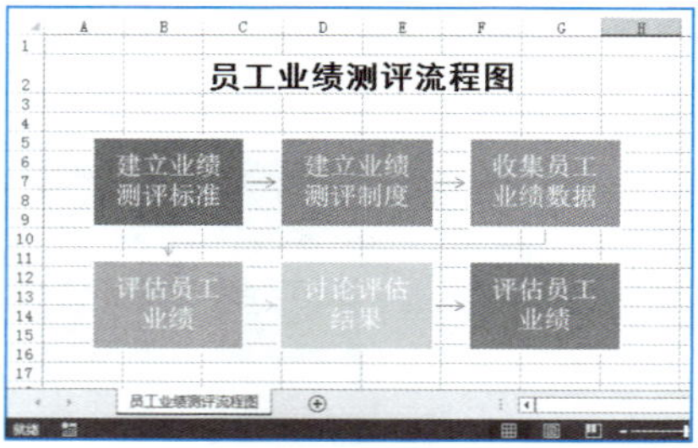

图8-22

文件92　员工业绩汇总表

员工业绩是指员工在工作中取得的成绩，例如销售人员取得的销售业绩、技术人员完成的工作量等，员工业绩统计表用于存放按员工姓名汇总的各项业绩。

制作要点与设计效果图

- 多关键字排序
- 分类汇总
- 分级显示明细数据
- 嵌套分类汇总

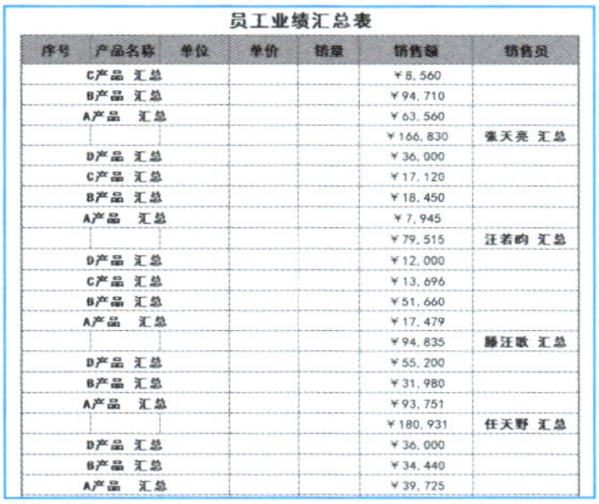

员工业绩汇总表

序号	产品名称	单位	单价	销量	销售额	销售员
	C产品 汇总				¥8,560	
	B产品 汇总				¥94,710	
	A产品 汇总				¥63,560	
					¥166,830	张天亮 汇总
	D产品 汇总				¥36,000	
	C产品 汇总				¥17,120	
	B产品 汇总				¥18,450	
	A产品 汇总				¥7,945	
					¥79,515	汪若昀 汇总
	D产品 汇总				¥12,000	
	C产品 汇总				¥13,696	
	B产品 汇总				¥51,660	
	A产品 汇总				¥17,479	
					¥94,835	滕汪歌 汇总
	D产品 汇总				¥55,200	
	B产品 汇总				¥31,980	
	A产品 汇总				¥93,751	
					¥180,931	任天野 汇总
	D产品 汇总				¥36,000	
	B产品 汇总				¥34,440	
	A产品 汇总				¥39,725	

文件设计过程

步骤1：对数据进行排序

❶ 打开“销售业绩汇总表”工作表，选中工作表数据区域任意单元格，切换到“数据”选项卡，在“排序和筛选”组中单击“排序”按钮（如图8-23所示），打开“排序”对话框。

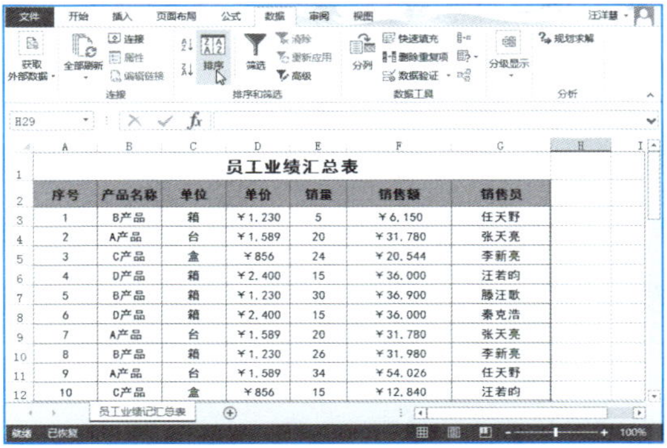

员工业绩汇总表

序号	产品名称	单位	单价	销量	销售额	销售员
1	B产品	箱	¥1,230	5	¥6,150	任天野
2	A产品	台	¥1,589	20	¥31,780	张天亮
3	C产品	盒	¥856	24	¥20,544	李新亮
4	D产品	箱	¥2,400	15	¥36,000	汪若昀
5	B产品	箱	¥1,230	30	¥36,900	滕汪歌
6	D产品	箱	¥2,400	15	¥36,000	秦克浩
7	A产品	台	¥1,589	20	¥31,780	张天亮
8	B产品	箱	¥1,230	26	¥31,980	李新亮
9	A产品	台	¥1,589	34	¥54,026	任天野
10	C产品	盒	¥856	15	¥12,840	汪若昀

图8-23

❷ 单击“主要关键字”下拉按钮，在下拉菜单中单击“销售员”（如图8-24所示），单击“序列”下拉按钮，在下拉菜单中单击“降序”，如图8-25所示。

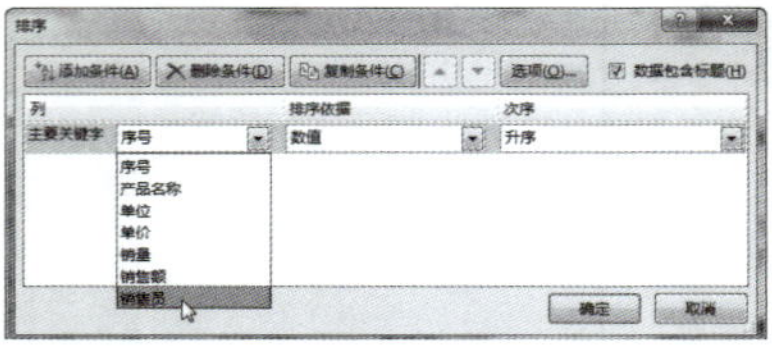

图8-24

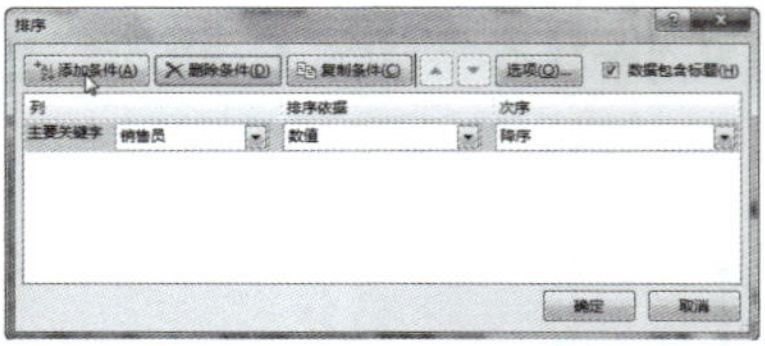

图8-25

3 单击“添加条件”按钮后，添加“次要关键字”。设置“次要关键字”下为“产品名称”，设置“次序”为“降序”，如图8-26所示。

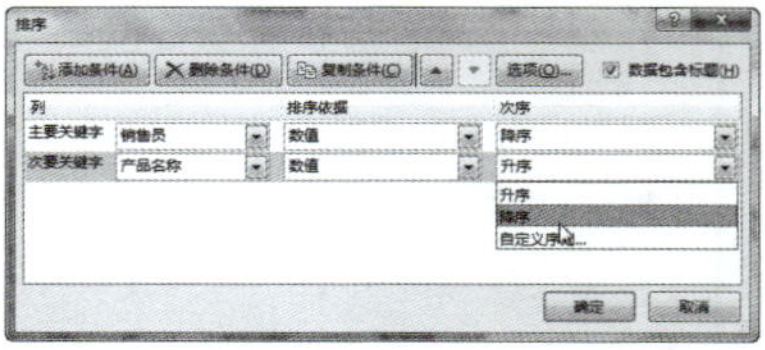

图8-26

4 单击“确定”按钮，返回工作表中，此时数据区域的数据先按“销售员”进行了降序排列，再按“产品名称”进行降序排列，排序后效果如图8-27所示。

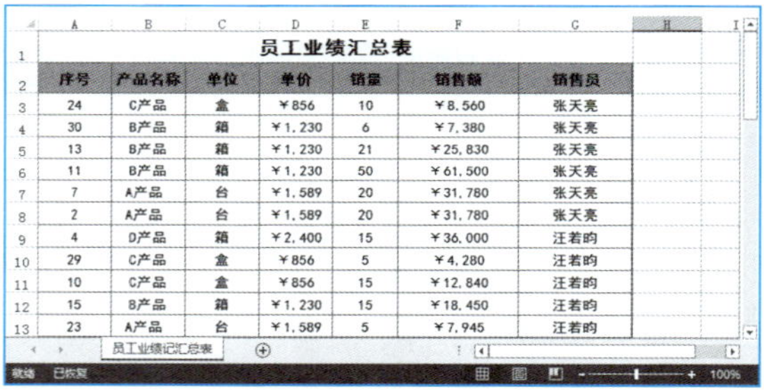

员工业绩汇总表

序号	产品名称	单位	单价	销量	销售额	销售员
24	C产品	盒	￥856	10	￥8,560	张天亮
30	B产品	箱	￥1,230	6	￥7,380	张天亮
13	B产品	箱	￥1,230	21	￥25,830	张天亮
11	B产品	箱	￥1,230	50	￥61,500	张天亮
7	A产品	台	￥1,589	20	￥31,780	张天亮
2	A产品	台	￥1,589	20	￥31,780	张天亮
4	D产品	箱	￥2,400	15	￥36,000	汪若昀
29	C产品	盒	￥856	5	￥4,280	汪若昀
10	C产品	盒	￥856	15	￥12,840	汪若昀
15	B产品	箱	￥1,230	15	￥18,450	汪若昀
23	A产品	台	￥1,589	5	￥7,945	汪若昀

图8-27

步骤2：按销售员进行分类汇总

1 选中数据区域任意单元格，切换到“数据”选项卡，在“分级显示”组中单击“分类汇总”按钮（如图8-28所示），打开“分类汇总”对话框。

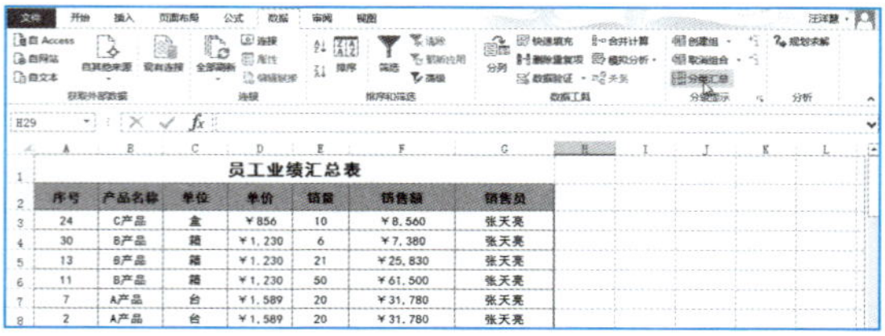

员工业绩汇总表

序号	产品名称	单位	单价	销量	销售额	销售员
24	C产品	盒	￥856	10	￥8,560	张天亮
30	B产品	箱	￥1,230	6	￥7,380	张天亮
13	B产品	箱	￥1,230	21	￥25,830	张天亮
11	B产品	箱	￥1,230	50	￥61,500	张天亮
7	A产品	台	￥1,589	20	￥31,780	张天亮
2	A产品	台	￥1,589	20	￥31,780	张天亮

图8-28

2 在“分类字段”下拉菜单中单击“销售员”选项（如图8-29所示），接着在“汇总方式”下拉菜单中单击“求和”（如图8-30所示），在“选定汇总项”列表框中选中“销售额”复选框，如图8-31所示。

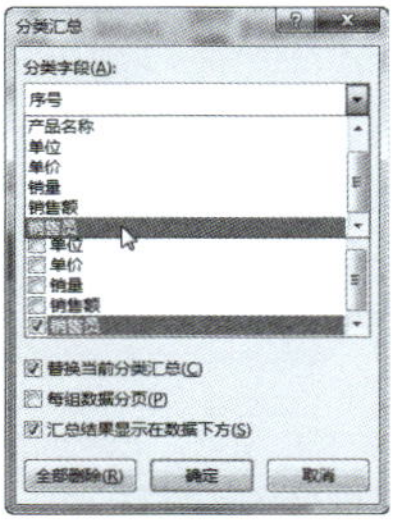

图8-29

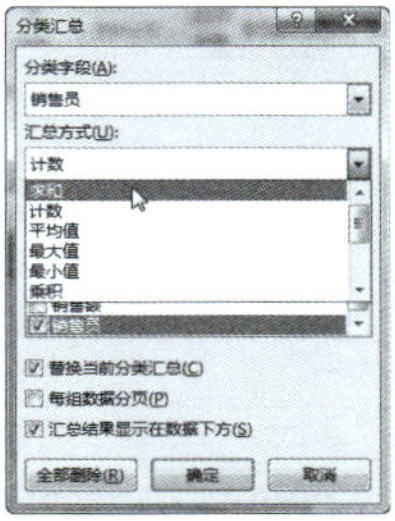

图8-30

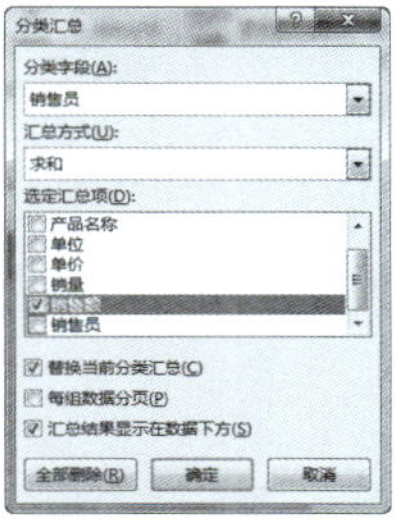

图8-31

3 单击“确定”按钮，返回工作表中，系统按“销售员”对销售额进行了分类汇总，并在左侧显示分级显示列表，如图8-32所示。

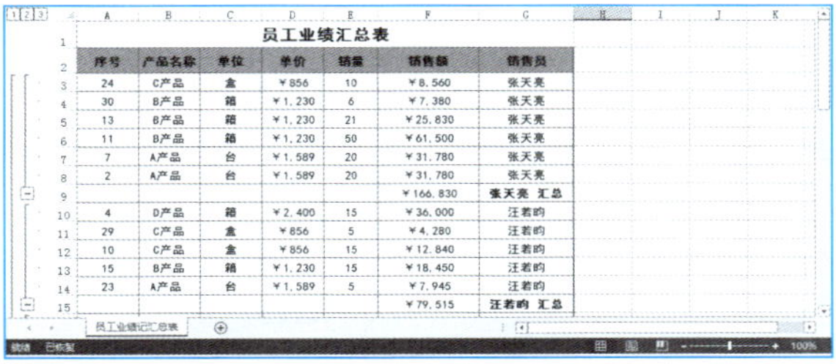

员工业绩汇总表

序号	产品名称	单位	单价	销量	销售额	销售员
24	C产品	盒	￥856	10	￥8,560	张天亮
30	B产品	箱	￥1,230	6	￥7,380	张天亮
13	B产品	箱	￥1,230	21	￥25,830	张天亮
11	B产品	箱	￥1,230	50	￥61,500	张天亮
7	A产品	台	￥1,589	20	￥31,780	张天亮
2	A产品	台	￥1,589	20	￥31,780	张天亮
					￥166,830	张天亮 汇总
4	D产品	箱	￥2,400	15	￥36,000	汪若昀
29	C产品	盒	￥856	5	￥4,280	汪若昀
10	C产品	盒	￥856	15	￥12,840	汪若昀
15	B产品	箱	￥1,230	15	￥18,450	汪若昀
23	A产品	台	￥1,589	5	￥7,945	汪若昀
					￥79,515	汪若昀 汇总

图8-32

步骤3：嵌套分类汇总

1 在“分级显示”组中再次单击“分类汇总”按钮，打开“分类汇总”对话框，在“分类字段”下拉菜单中单击“产品名称”（如图8-33所示），系统默认“汇总方式”为“求和”，汇总项为“销售额”，取消选中“替换当前分类汇总”复选框的选中状态，如图8-34所示。

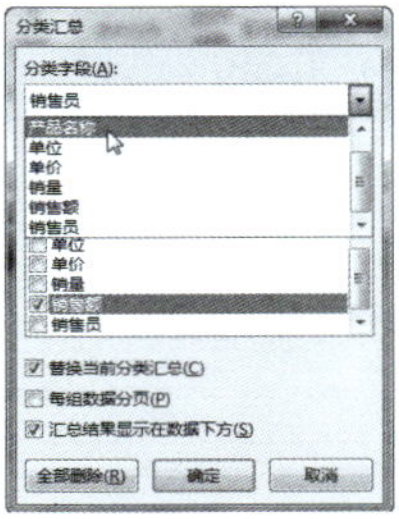

图8-33

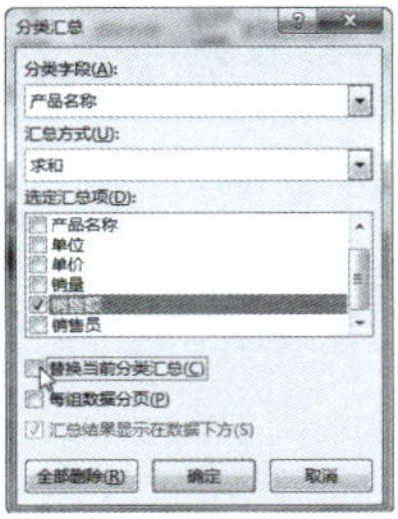

图8-34

② 单击“确定”按钮，返回工作表中，此时在按“销售员”分类统计的基础上，再次按“产品名称”对销售额进行了分类汇总，如图8-35所示。

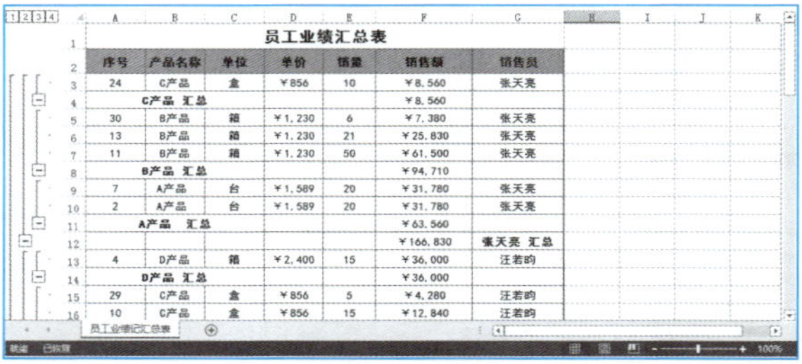

员工业绩汇总表						
序号	产品名称	单位	单价	销量	销售额	销售员
24	C产品	盒	￥856	10	￥8,560	张天亮
	C产品 汇总				￥8,560	
30	B产品	箱	￥1,230	6	￥7,380	张天亮
13	B产品	箱	￥1,230	21	￥25,830	张天亮
11	B产品	箱	￥1,230	50	￥61,500	张天亮
	B产品 汇总				￥94,710	
7	A产品	台	￥1,589	20	￥31,780	张天亮
2	A产品	台	￥1,589	20	￥31,780	张天亮
	A产品 汇总				￥63,560	
					￥166,830	张天亮 汇总
4	D产品	箱	￥2,400	15	￥36,000	汪若昀
	D产品 汇总				￥36,000	
29	C产品	盒	￥856	5	￥4,280	汪若昀
10	C产品	盒	￥856	15	￥12,840	汪若昀

图8-35

③ 在分级显示列表框中单击[1|2|3|4]中的“3”图表，即可隐藏产品销售记录的明细数据，仅显示按销售员和产品名称分类汇总的结果，如图8-36所示。

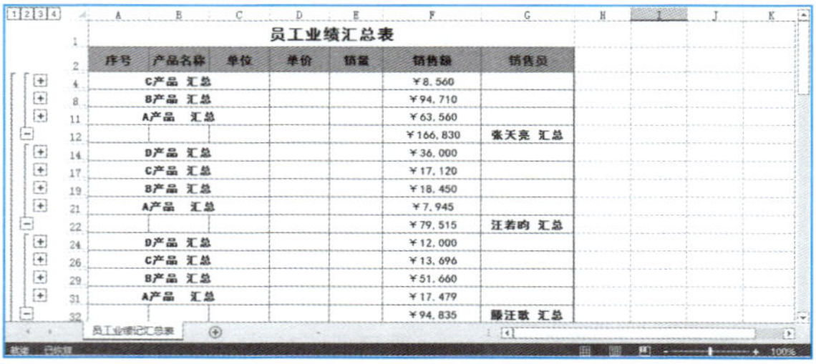

员工业绩汇总表						
序号	产品名称	单位	单价	销量	销售额	销售员
	C产品 汇总				￥8,560	
	B产品 汇总				￥94,710	
	A产品 汇总				￥63,560	
					￥166,830	张天亮 汇总
	D产品 汇总				￥36,000	
	C产品 汇总				￥17,120	
	B产品 汇总				￥18,450	
	A产品 汇总				￥7,945	
					￥79,515	汪若昀 汇总
	D产品 汇总				￥12,000	
	C产品 汇总				￥13,696	
	B产品 汇总				￥51,660	
	A产品 汇总				￥17,479	
					￥94,835	滕汪歌 汇总

图8-36

文件93 员工业绩评价表

员工业绩是员工工作能力和工作态度考评的重要依据，不同性质的企业员工业绩评价的标准是不一样的，如最普遍的评价销售人员的业绩，则可以按照一定金额作为标准。

制作要点与设计效果图

- 复制和粘贴数据
- 删除重复项
- SUMIF函数
- IF函数

员工业绩评价表

销售员	员工业绩	业绩评价
张天亮	166830	优
汪若昀	79515	差
滕汪歌	94835	差
任天野	180931	优
秦克浩	110165	中
李新亮	136764	良

文件设计过程

步骤1：粘贴数据

❶ 在“员工业绩汇总表”工作表后插入新工作表，重命名为“员工业绩评价表”，在“员工业绩汇总表”中选中G2:G32单元格区域，按Ctrl键复制，如图8-37所示。

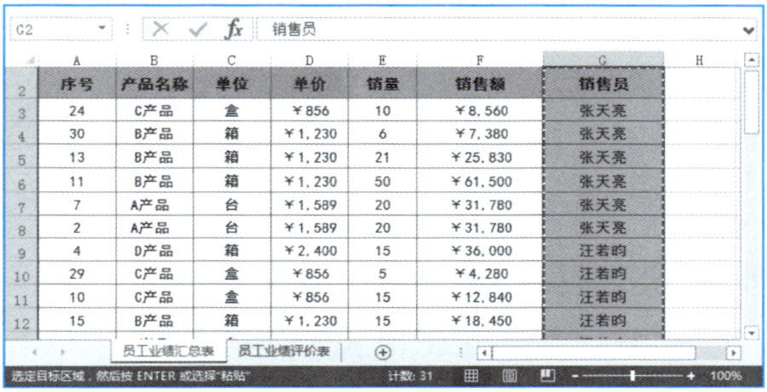

序号	产品名称	单位	单价	销量	销售额	销售员
24	C产品	盒	￥856	10	￥8,560	张天亮
30	B产品	箱	￥1,230	6	￥7,380	张天亮
13	B产品	箱	￥1,230	21	￥25,830	张天亮
11	B产品	箱	￥1,230	50	￥61,500	张天亮
7	A产品	台	￥1,589	20	￥31,780	张天亮
2	A产品	台	￥1,589	20	￥31,780	张天亮
4	D产品	箱	￥2,400	15	￥36,000	汪若昀
29	C产品	盒	￥856	5	￥4,280	汪若昀
10	C产品	盒	￥856	15	￥12,840	汪若昀
15	B产品	箱	￥1,230	15	￥18,450	汪若昀

图8–37

❷ 切换到“员工业绩评价表”工作表中，选中A1单元格，切换到“开始”选项卡，在“剪贴板”选项组单击“粘贴”下拉按钮，在下拉菜单中单击“无边框”，如图8-38所示。

❸ 单击“无边框”命令后，即可将 选中内容以无边框的形式粘贴到指定位置，如图8-39所示。

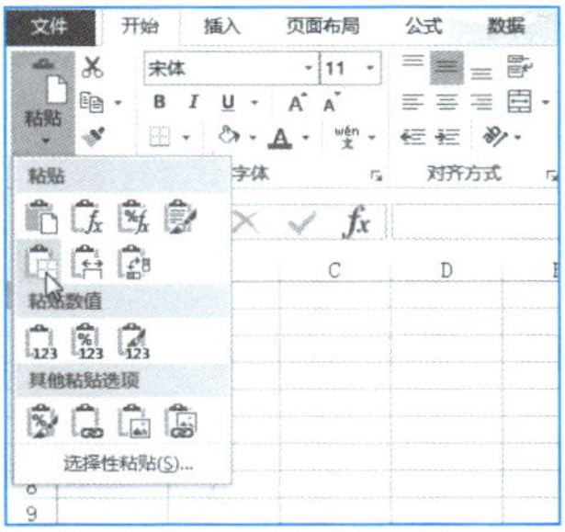

图8–38

图8–39

步骤2：删除重复项

❶ 选中复制粘贴的单元格区域，切换到“数据”选项卡，在“数据工具”组中单击“删除重复项”按钮（如图8-40所示），打开“删除重复项”对话框。

❷ 选中“销售员”复选框，如图8-41所示。

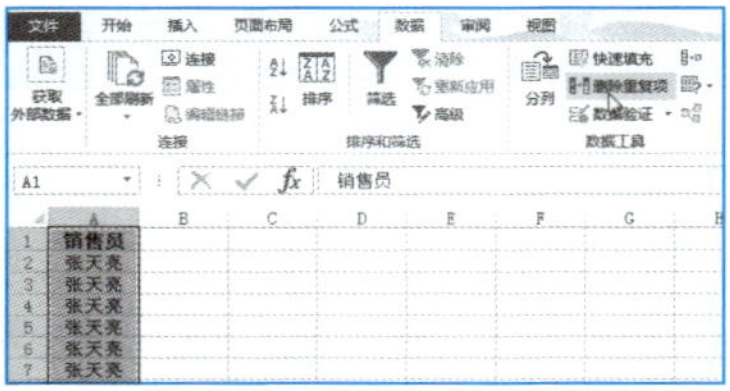

图8-40

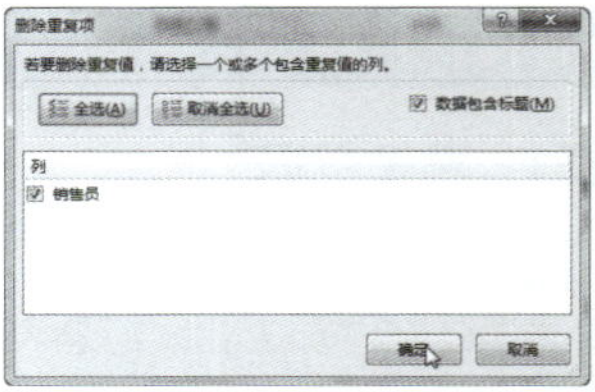

图8-41

3 单击“确定”按钮，系统会弹出对话框，显示发现了24个重复值，已将其删除保留了6个唯一值，如图8-42所示。

4 单击“确定”按钮，返回工作表中，即可看到保留了销售员的唯一值，如图8-43所示。

图8-42

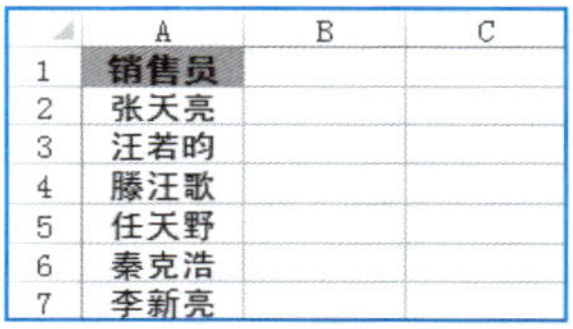

图8-43

步骤3：建立员工评价表

1 在“销售员”列标识后面添加“员工业绩”和“业绩评价”列标志，并为单元格添加需要的边框线条和格式样式，合并后居中A1:C1单元格区域，输入标题为“员工业绩评价表”，并设置其字体格式，设置后效果如图8-44所示。

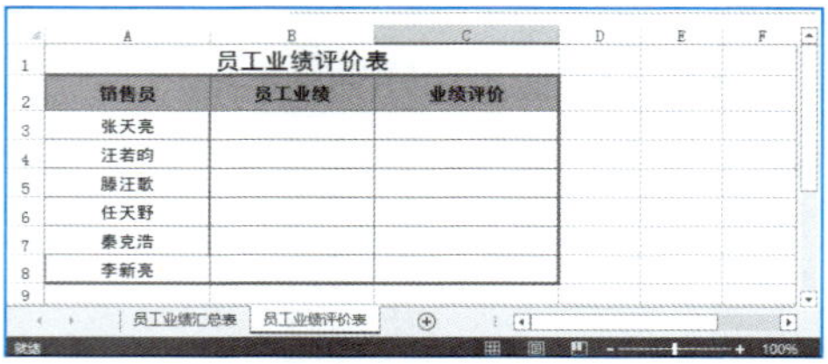

图8-44

2 选中B3单元格，在公式编辑栏输入公式“=SUMIF(员工业绩汇总表!$G$3:$G$32,A3,员工业绩汇总表!$F$3:$F$32)”，按Enter键，即可计算出“张天亮”的员工业绩总额，如图8-45所示。

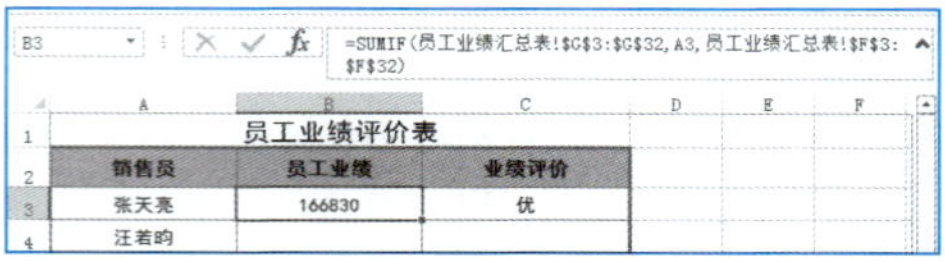

图8-45

公式分析：

“=SUMIF(员工业绩汇总表!$G$3:$G$32,A3,员工业绩汇总表!$F$3:$F$32)”公式分析：

“=SUMIF(员工业绩汇总表!$G$3:$G$32,A3,员工业绩汇总表!$F$3:$F$32)”，表示在员工业绩汇总表的G3:G32单元格区域查找与A3单元格相同的内容，并将A3单元格对应的F3:F32单元格区域的数据进行求和计算，并在B3单元格中返回求和计算的逻辑值。

❸ 选中B3单元格，将鼠标移动到单元格右下角，拖动填充柄向下填充到B8单元格，即可统计出各个员工的员工业绩总额，如图8-46所示。

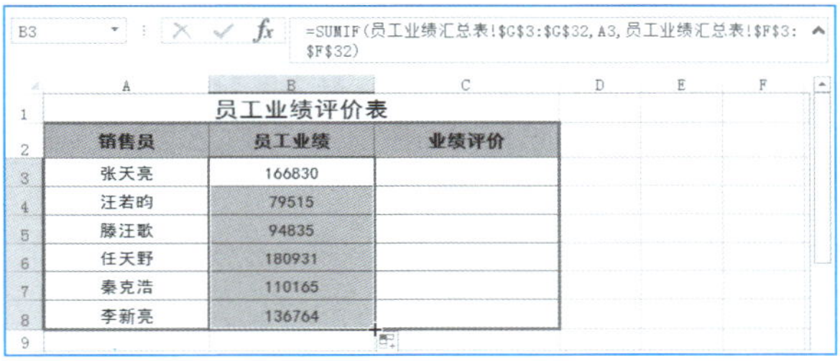
B3　=SUMIF(员工业绩汇总表!$G$3:$G$32,A3,员工业绩汇总表!$F$3:$F$32)

员工业绩评价表

销售员	员工业绩	业绩评价
张天亮	166830	
汪若昀	79515	
滕汪歌	94835	
任天野	180931	
秦克浩	110165	
李新亮	136764	

图8-46

❹ 选中C3单元格，在公式编辑栏输入公式“=IF(B3<100000,"差",IF(AND(B3>=100000,B3<120000),"中",IF(AND(B3>=120000,B3<150000),"良","优")))”，按Enter键，即可计算出“张天亮”的业绩评价如图8-47所示。

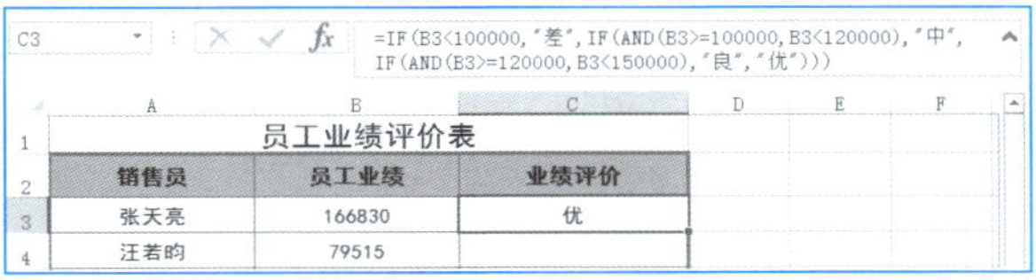
C3　=IF(B3<100000,"差",IF(AND(B3>=100000,B3<120000),"中",IF(AND(B3>=120000,B3<150000),"良","优")))

员工业绩评价表

销售员	员工业绩	业绩评价
张天亮	166830	优
汪若昀	79515	

图8-47

公式分析：

“=IF(B3<100000,"差",IF(AND(B3>=100000,B3<120000),"中",IF(AND(B3>=120000,B3<150000),"良","优")))”公式分析：

1.“IF(B3<100000,"差"”，表示如果B3单元格的数据小于10000，返回“差”；

2.“IF(AND(B3>=100000,B3<120000),"中"”，表示如果B3单元格的数据大于等于100000小于120000，返回“中”；

3.“IF(AND(B3>=120000,B3<150000),"良","优"”，如果B3单元格的数据大于等于1200000小于150000，返回“良”，否则返回“优”。

❺ 选中C3单元格，将移动到单元格右下角，拖动填充柄向下填充到C8单元格，即可统计出各个员工的业绩评价，如图8-48所示。

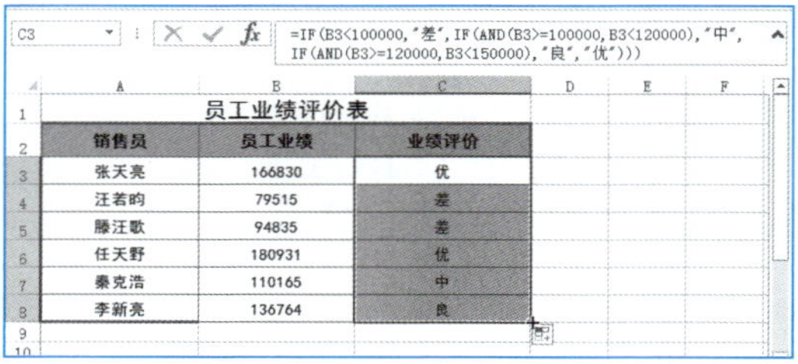

销售员	员工业绩	业绩评价
张天亮	166830	优
汪若昀	79515	差
滕汪歌	94835	差
任天野	180931	优
秦克浩	110165	中
李新亮	136764	良

图8-48

文件94　员工绩效考核成绩排行榜

绩效考核成绩是员工薪资、晋升的量化依据，一般对员工的绩效成绩进行考核后，会根据考核成绩进行排名，从而生成成绩排行榜，以便于员工之间的积极竞争。

制作要点与设计效果图

- AVERAGE函数
- 搜索函数
- RANK.AVG函数
- TRUNC函数
- 升序排序

员工绩效考核成绩排行榜

部门：　销售部

序号	员工姓名	业绩评分	工作能力评分	工作态度评分	平均分	名次
6	李民浩	87	98	98	94	1
12	李尔丽	98	86	86	90	2
10	魏大伟	98	84	87	90	3
15	刘宇轩	85	89	87	87	4
23	滕飞	77	85	98	87	5
14	王丽娜	79	82	98	86	6
19	封光波	84	89	85	86	7
26	王若昀	92	85	78	85	8
2	程军	67	98	89	85	9
13	张昊天	78	98	77	84	10
25	尘埃云	85	66	98	83	11
9	吴昕	89	68	89	82	12
21	李海英	89	68	87	81	13
8	李兴亮	78	79	85	81	14
18	刘佳丽	85	77	79	80	15
3	张晓丽	75	78	85	79	16
20	孙虎云	57	89	89	78	17
16	滕汪歌	87	68	75	77	18
1	张晓	85	68	74	76	19
24	叶青	78	68	78	75	20
11	张艾嘉	68	79	75	74	21
17	冯唐	98	49	68	72	22
5	张璐瑶	59	78	77	71	23
22	吴晓敏	67	92	55	71	23
4	张佳佳	89	26	98	71	25
7	周大春	48	75	56	60	26

文件设计过程

步骤1：计算考核平均分

❶ 打开“员工绩效考核成绩排行榜”，选中F4:F29单元格，切换到“公式”选项卡，在“编辑”组中单击“自动求和”下拉按钮，在下拉菜单中单击“平均值”命令，如图8-49所示。

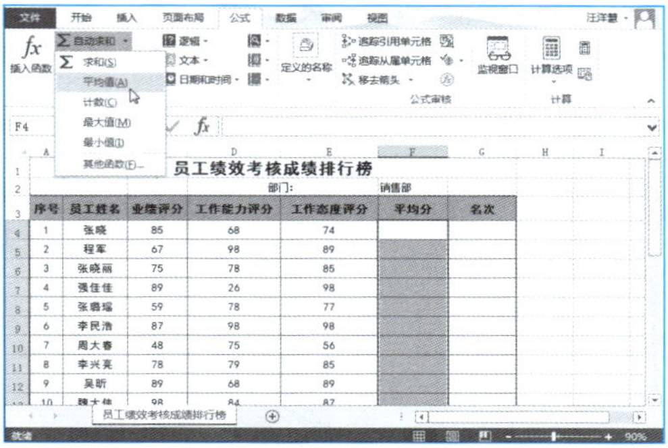

图8-49

2 单击平均值命令后，即可自动计算出各个员工的考核平均成绩，如图8-50所示。

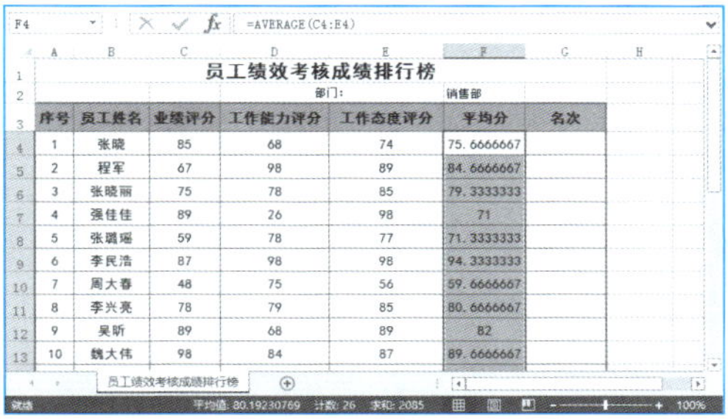

图8-50

3 如果要对平均分取整数，选中F4:F29单元格，切换到“开始”选项卡，在“数字”选项组单击“ ”（其他）按钮，（如图8-51所示），打开“设置单元格格式”对话框。

4 在“分类”列表框中单击“数值”，接着在“小数位置”文本框中输入“0”，如图8-52所示。

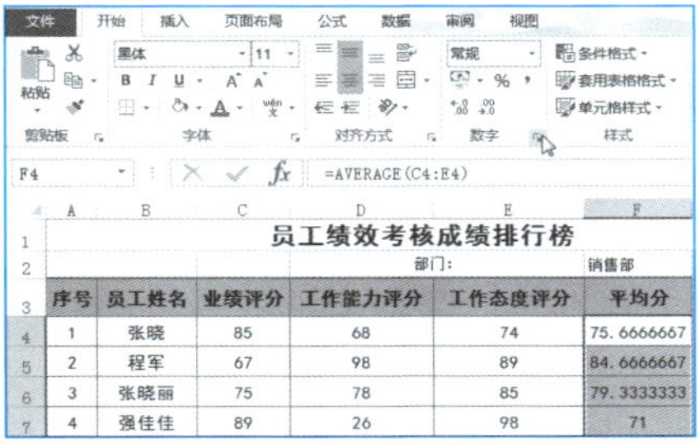

图8-51

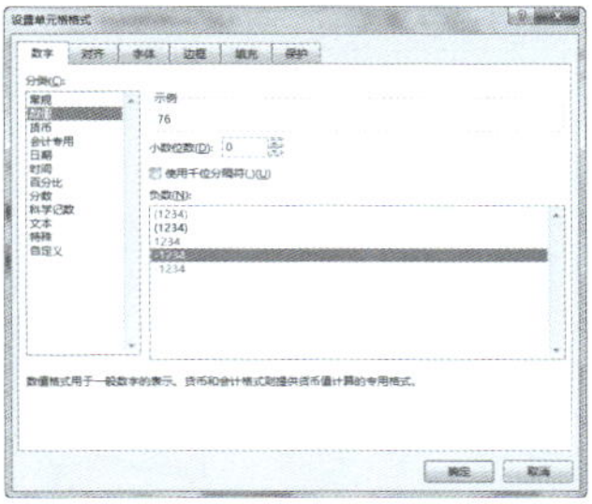

图8-52

5 单击“确定”按钮，返回工作表中，即可看到平均值以四舍五入的方式保存为整数，如图8-53所示。

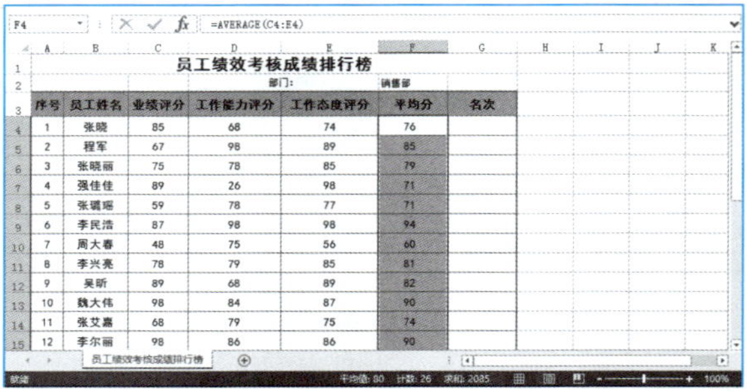

序号	员工姓名	业绩评分	工作能力评分	工作态度评分	平均分	名次
1	张晓	85	68	74	76	
2	程军	67	98	89	85	
3	张晓丽	75	78	85	79	
4	强佳佳	89	26	98	71	
5	张璐璐	59	78	77	71	
6	李民浩	87	98	98	94	
7	周大春	48	75	56	60	
8	李兴亮	78	79	85	81	
9	吴昕	89	68	89	82	
10	魏大伟	98	84	87	90	
11	张艾嘉	68	79	75	74	
12	李尔丽	98	86	86	90	

图8-53

步骤2：计算员工平均分排名

1 选中G4单元格，切换到“公式”选项卡，在“函数库”组中单击“其他函数”下拉按钮，在下拉菜单中选中“统计”命令，在弹出的子菜单中单击“RANK.AVG”函数（如图8-54所示），打开“函数参数”对话框。

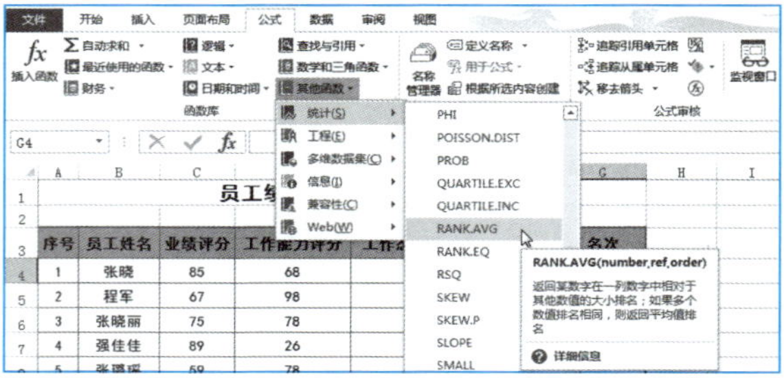

图8-54

2 在“Number”文本框中输入“F4”，在“Ref”文本框中输入“$F$4:$F$29”，如图8-55所示。

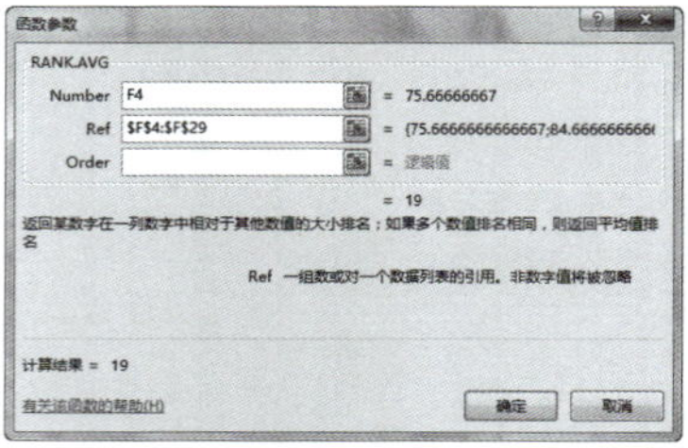

图8-55

③ 单击“确定”按钮，返回工作表中，即可看到G4单元格中显示了员工“张晓”的平均成绩的排名，如图8-56所示。

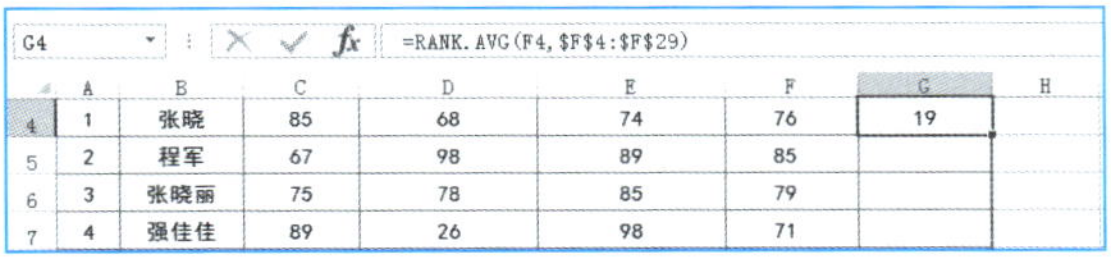
G4 =RANK.AVG(F4,$F$4:$F$29)

	A	B	C	D	E	F	G
4	1	张晓	85	68	74	76	19
5	2	程军	67	98	89	85	
6	3	张晓丽	75	78	85	79	
7	4	强佳佳	89	26	98	71	

图8–56

④ 选中G4单元格，将鼠标移动到单元格右下角，拖动填充柄向下复制公式，即可计算出员工考核平均分的排名，当排名相同时以平均排位显示，如图8-57所示。

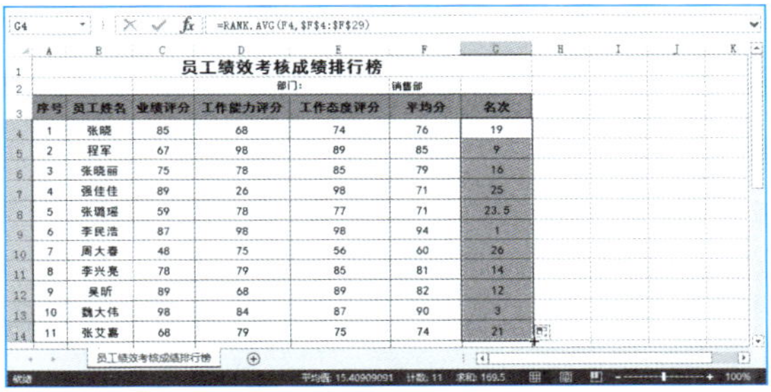
G4 =RANK.AVG(F4,$F$4:$F$29)

员工绩效考核成绩排行榜

部门：销售部

序号	员工姓名	业绩评分	工作能力评分	工作态度评分	平均分	名次
1	张晓	85	68	74	76	19
2	程军	67	98	89	85	9
3	张晓丽	75	78	85	79	16
4	强佳佳	89	26	98	71	25
5	张璐瑶	59	78	77	71	23.5
6	李民浩	87	98	98	94	1
7	周大春	48	75	56	60	26
8	李兴亮	78	79	85	81	14
9	吴昕	89	68	89	82	12
10	魏大伟	98	84	87	90	3
11	张艾嘉	68	79	75	74	21

员工绩效考核成绩排行榜　平均值: 15.40909091　计数: 11　求和: 169.5

图8–57

公式分析：

“RANK.AVG(F4,$F$4:$F$29)”表示在F4:F29单元格区域计算出F4单元格值的排位，如果F4单元格的值和单元格区域其他值具有相同的排位，则返回平均排位。

⑤ 因为一般排名都是整数，且相同排名均按最高排位显示，选中F4单元格，在公式编辑栏将公式更改为“=TRUNC(RANK.AVG(F4,$F$4:$F$29),0)”，按Enter键后向下复制公式，获取员工成绩最终排名，如图8-58所示。

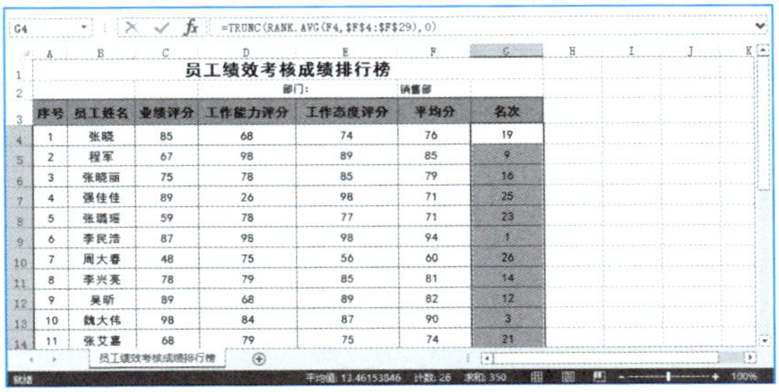
G4 =TRUNC(RANK.AVG(F4,$F$4:$F$29),0)

员工绩效考核成绩排行榜

部门：销售部

序号	员工姓名	业绩评分	工作能力评分	工作态度评分	平均分	名次
1	张晓	85	68	74	76	19
2	程军	67	98	89	85	9
3	张晓丽	75	78	85	79	16
4	强佳佳	89	26	98	71	25
5	张璐瑶	59	78	77	71	23
6	李民浩	87	98	98	94	1
7	周大春	48	75	56	60	26
8	李兴亮	78	79	85	81	14
9	吴昕	89	68	89	82	12
10	魏大伟	98	84	87	90	3
11	张艾嘉	68	79	75	74	21

员工绩效考核成绩排行榜　平均值: 13.46153846　计数: 26　求和: 350

图8–58

公式分析：

"=TRUNC(RANK.AVG(F4,$F$4:$F$29),0)"表示将"RANK.AVG(F4,$F$4:$F$29)"所得排位的小数部分截去，返回整数。

步骤2：计算员工平均分排名

❶ 选中A3:G29单元格区域，切换到"数据"选项卡，在"排序和筛选"组中单击"排序"（如图8-59所示），打开"排序"对话框。

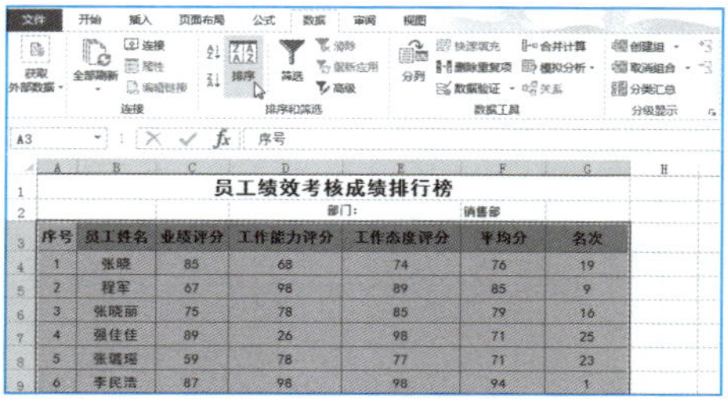

图8-59

❷ 单击"主要关键字"下拉按钮，在下拉菜单中单击"名次"，如图8-60所示。

❸ 单击"确定"按钮，返回工作表中，即可看到按员工名次进行升序排序，如图8-61所示。

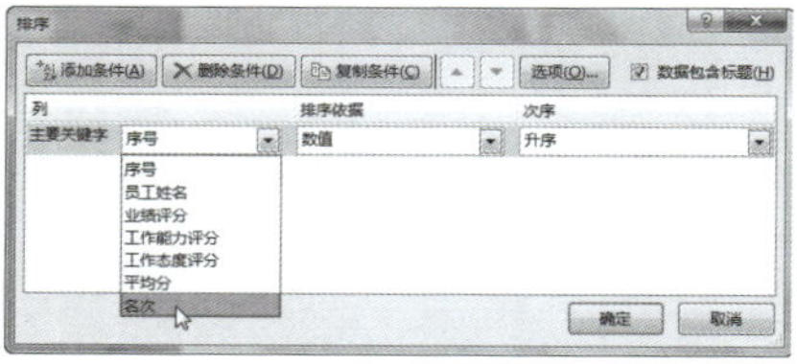

图8-60

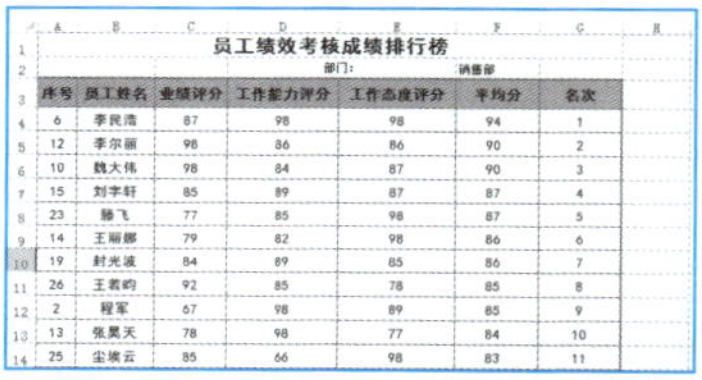

图8-61

文件95 员工季度业绩排名表

企业一般会以季度为基准对员工工作情况进行考核，它以员工本季度的业绩作为考核的依据，划分等级分别进行奖励。

制作要点与设计效果图

- 复制工作表
- 保存工作簿
- RANK函数
- IF函数
- CHOOSE函数

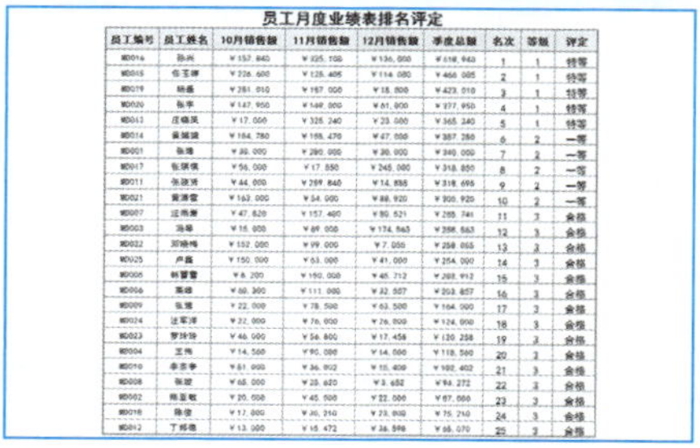

第6章
第7章
第8章
第9章
第10章

文件设计过程

步骤1：设置公式计算

❶ 打开“员工季度业绩排名表”工作簿，选中F3单元格，在公式编辑栏输入公式“=SUM(C3,D3,E3)”，按Enter键后向下复制公式，即可计算出各个员工季度业绩总额，如图8-62所示。

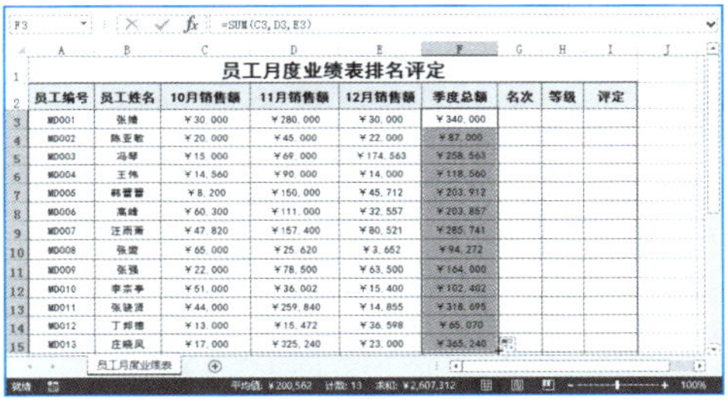

F3　=SUM(C3,D3,E3)

员工月度业绩表排名评定

员工编号	员工姓名	10月销售额	11月销售额	12月销售额	季度总额	名次	等级	评定
MD001	张婧	¥30,000	¥280,000	¥30,000	¥340,000			
MD002	陈亚敏	¥20,000	¥45,000	¥22,000	¥87,000			
MD003	冯琴	¥15,000	¥69,000	¥174,563	¥258,563			
MD004	王伟	¥14,560	¥90,000	¥14,000	¥118,560			
MD005	韩蕾蕾	¥8,200	¥150,000	¥45,712	¥203,912			
MD006	高峰	¥60,300	¥111,000	¥32,557	¥203,857			
MD007	汪雨菲	¥47,820	¥157,400	¥80,521	¥285,741			
MD008	张璐	¥65,000	¥25,620	¥3,652	¥94,272			
MD009	张强	¥22,000	¥78,500	¥63,500	¥164,000			
MD010	李宗亭	¥51,000	¥36,002	¥15,400	¥102,402			
MD011	张骁贤	¥44,000	¥259,840	¥14,855	¥318,695			
MD012	丁邦德	¥13,000	¥15,472	¥36,598	¥65,070			
MD013	庄晓凤	¥17,000	¥325,240	¥23,000	¥365,240			

图8-62

❷ 选中G3单元格，在公式编辑栏输入公式“=RANK.EQ(F3,$F$3:$F$27)”，按Enter键，即可计算出张婧的业绩排名，如图8-63所示。

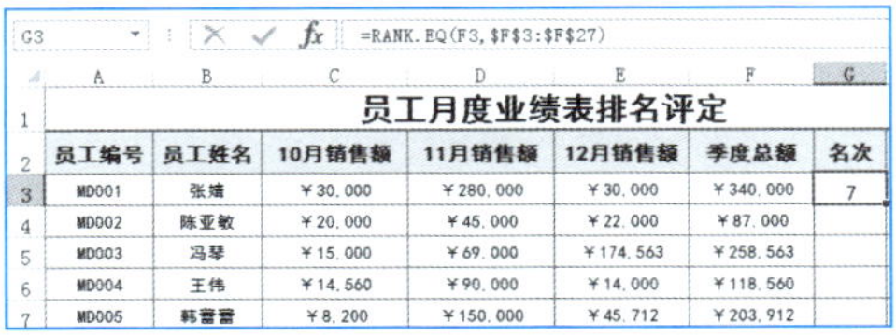

G3　=RANK.EQ(F3,$F$3:$F$27)

员工月度业绩表排名评定

员工编号	员工姓名	10月销售额	11月销售额	12月销售额	季度总额	名次
MD001	张婧	¥30,000	¥280,000	¥30,000	¥340,000	7
MD002	陈亚敏	¥20,000	¥45,000	¥22,000	¥87,000	
MD003	冯琴	¥15,000	¥69,000	¥174,563	¥258,563	
MD004	王伟	¥14,560	¥90,000	¥14,000	¥118,560	
MD005	韩蕾蕾	¥8,200	¥150,000	¥45,712	¥203,912	

图8-63

❸ 选中G3单元格，将鼠标移动到G3单元格右下角，拖动填充柄向下复制公式，即可得到所有员工的业绩排名，如图8-64所示。

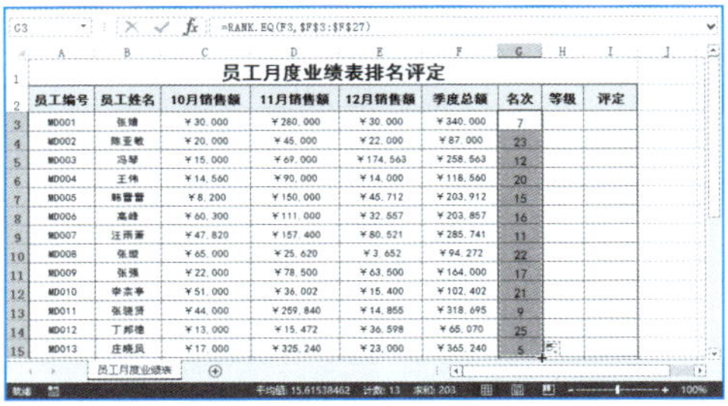

G3　=RANK.EQ(F3,$F$3:$F$27)

员工月度业绩表排名评定

员工编号	员工姓名	10月销售额	11月销售额	12月销售额	季度总额	名次	等级	评定
MD001	张婧	¥30,000	¥280,000	¥30,000	¥340,000	7		
MD002	陈亚敏	¥20,000	¥45,000	¥22,000	¥87,000	23		
MD003	冯琴	¥15,000	¥69,000	¥174,563	¥258,563	12		
MD004	王伟	¥14,560	¥90,000	¥14,000	¥118,560	20		
MD005	韩蕾蕾	¥8,200	¥150,000	¥45,712	¥203,912	15		
MD006	高峰	¥60,300	¥111,000	¥32,557	¥203,857	16		
MD007	汪雨菲	¥47,820	¥157,400	¥80,521	¥285,741	11		
MD008	张璐	¥65,000	¥25,620	¥3,652	¥94,272	22		
MD009	张强	¥22,000	¥78,500	¥63,500	¥164,000	17		
MD010	李宗亭	¥51,000	¥36,002	¥15,400	¥102,402	21		
MD011	张骁贤	¥44,000	¥259,840	¥14,855	¥318,695	9		
MD012	丁邦德	¥13,000	¥15,472	¥36,598	¥65,070	25		
MD013	庄晓凤	¥17,000	¥325,240	¥23,000	¥365,240	5		

图8-64

❹ 假设企业规定季度业绩等级划分规则为前5名一个等级，6-10名为一个等级，其他为别一个等级，在H3单元格中输入“=IF(G3<=5,1,IF(G3<=10,2,3))”

按Enter键，即可计算出张婧的业绩等级，如图8-65所示。

H3 =IF(G3<=5,1,IF(G3<=10,2,3))

员工月度业绩表排名评定							
员工编号	员工姓名	10月销售额	11月销售额	12月销售额	季度总额	名次	等级
MD001	张婧	￥30,000	￥280,000	￥30,000	￥340,000	7	2
MD002	陈亚敏	￥20,000	￥45,000	￥22,000	￥87,000	23	
MD003	冯琴	￥15,000	￥69,000	￥174,563	￥258,563	12	
MD004	王伟	￥14,560	￥90,000	￥14,000	￥118,560	20	

图8-65

5 选中H3单元格，将鼠标移动到H3单元格右下角，拖动填充柄向下复制公式，即可得到所有员工的业绩等级，如图8-66所示。

H3 =IF(G3<=5,1,IF(G3<=10,2,3))

员工月度业绩表排名评定								
员工编号	员工姓名	10月销售额	11月销售额	12月销售额	季度总额	名次	等级	评定
MD001	张婧	￥30,000	￥280,000	￥30,000	￥340,000	7	2	
MD002	陈亚敏	￥20,000	￥45,000	￥22,000	￥87,000	23	3	
MD003	冯琴	￥15,000	￥69,000	￥174,563	￥258,563	12	3	
MD004	王伟	￥14,560	￥90,000	￥14,000	￥118,560	20	3	
MD005	韩雪雪	￥8,200	￥150,000	￥45,712	￥203,912	15	3	
MD006	高峰	￥60,300	￥111,000	￥32,557	￥203,857	16	3	
MD007	汪雨茜	￥47,820	￥157,400	￥80,521	￥285,741	11	3	
MD008	张璇	￥65,000	￥25,620	￥3,652	￥94,272	22	3	
MD009	张强	￥22,000	￥78,500	￥63,500	￥164,000	17	3	
MD010	李宗亭	￥51,000	￥36,002	￥15,400	￥102,402	21	3	
MD011	张骏贤	￥44,000	￥259,840	￥14,855	￥318,695	9	2	
MD012	丁邦德	￥13,000	￥15,472	￥36,598	￥65,070	25	3	
MD013	庄晓凤	￥17,000	￥325,240	￥23,000	￥365,240	5	1	

图8-66

6 选中I3单元格，在公式编辑栏输入公式“=CHOOSE (H3,"特等","一等","合格")”，按Enter键，即可计算出张婧的等级的评定，如图8-67所示。

I3 =CHOOSE(H3,"特等","一等","合格")

员工月度业绩表排名评定								
员工编号	员工姓名	10月销售额	11月销售额	12月销售额	季度总额	名次	等级	评定
MD001	张婧	￥30,000	￥280,000	￥30,000	￥340,000	7	2	一等
MD002	陈亚敏	￥20,000	￥45,000	￥22,000	￥87,000	23	3	
MD003	冯琴	￥15,000	￥69,000	￥174,563	￥258,563	12	3	
MD004	王伟	￥14,560	￥90,000	￥14,000	￥118,560	20	3	

图8-67

7 选中I3单元格，将鼠标移动到I3单元格右下角，拖动填充柄向下复制公式，即可得到所有员工的等级的评定，如图8-68所示。

I3 =CHOOSE(H3,"特等","一等","合格")

员工月度业绩表排名评定								
员工编号	员工姓名	10月销售额	11月销售额	12月销售额	季度总额	名次	等级	评定
MD001	张婧	￥30,000	￥280,000	￥30,000	￥340,000	7	2	一等
MD002	陈亚敏	￥20,000	￥45,000	￥22,000	￥87,000	23	3	合格
MD003	冯琴	￥15,000	￥69,000	￥174,563	￥258,563	12	3	合格
MD004	王伟	￥14,560	￥90,000	￥14,000	￥118,560	20	3	合格
MD005	韩雪雪	￥8,200	￥150,000	￥45,712	￥203,912	15	3	合格
MD006	高峰	￥60,300	￥111,000	￥32,557	￥203,857	16	3	合格
MD007	汪雨茜	￥47,820	￥157,400	￥80,521	￥285,741	11	3	合格
MD008	张璇	￥65,000	￥25,620	￥3,652	￥94,272	22	3	合格
MD009	张强	￥22,000	￥78,500	￥63,500	￥164,000	17	3	合格
MD010	李宗亭	￥51,000	￥36,002	￥15,400	￥102,402	21	3	合格
MD011	张骏贤	￥44,000	￥259,840	￥14,855	￥318,695	9	2	一等
MD012	丁邦德	￥13,000	￥15,472	￥36,598	￥65,070	25	3	合格
MD013	庄晓凤	￥17,000	￥325,240	￥23,000	￥365,240	5	1	特等

图8-68

步骤2：对员工业绩进行排名

❶ 选中G3单元格，切换到“数据”选项卡，在“排序和筛选”组中单击“A↓Z”（升序）按钮，如图8-69所示。

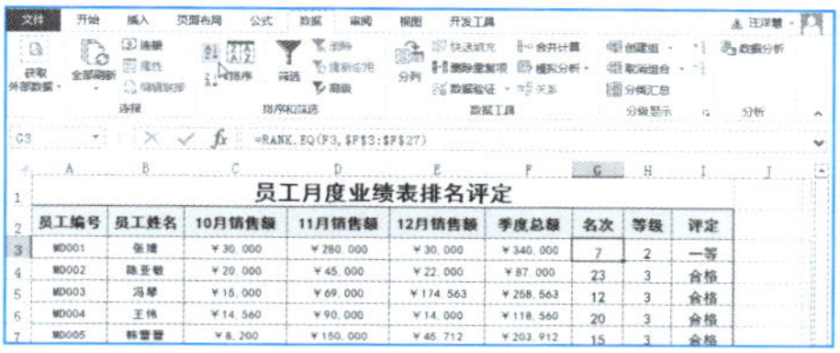

G3　=RANK.EQ(F3,$F$3:$F$27)

员工月度业绩表排名评定

员工编号	员工姓名	10月销售额	11月销售额	12月销售额	季度总额	名次	等级	评定
MD001	张靖	¥30,000	¥280,000	¥30,000	¥340,000	7	2	一等
MD002	陈亚敏	¥20,000	¥45,000	¥22,000	¥87,000	23	3	合格
MD003	冯翠	¥15,000	¥69,000	¥174,563	¥258,563	12	3	合格
MD004	王伟	¥14,560	¥90,000	¥14,000	¥118,560	20	3	合格
MD005	韩蕾蕾	¥8,200	¥150,000	¥45,712	¥203,912	15	3	合格

图8-69

❷ 单击“A↓Z”（升序）按钮，后，工作表中的数据按员工业绩高低进行排序，排序后效果如图8-70所示。

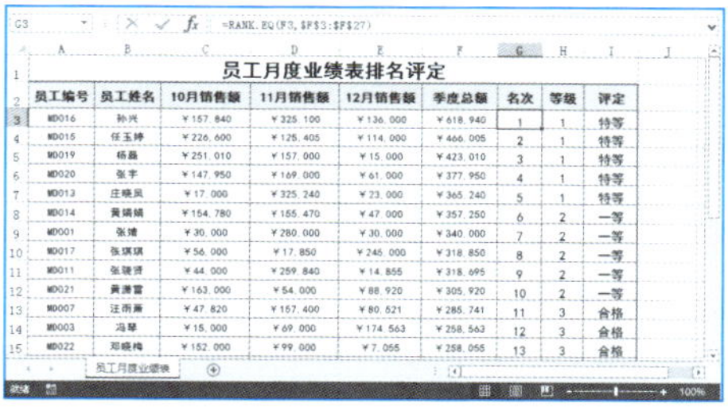

G3　=RANK.EQ(F3,$F$3:$F$27)

员工月度业绩表排名评定

员工编号	员工姓名	10月销售额	11月销售额	12月销售额	季度总额	名次	等级	评定
MD016	孙兴	¥157,840	¥325,100	¥136,000	¥618,940	1	1	特等
MD015	任玉婷	¥226,600	¥125,405	¥114,000	¥466,005	2	1	特等
MD019	杨磊	¥251,010	¥157,000	¥15,000	¥423,010	3	1	特等
MD020	张宇	¥147,950	¥169,000	¥61,000	¥377,950	4	1	特等
MD013	庄晓凤	¥17,000	¥325,240	¥23,000	¥365,240	5	1	特等
MD014	黄娟娟	¥154,780	¥155,470	¥47,000	¥357,250	6	2	一等
MD001	张靖	¥30,000	¥280,000	¥30,000	¥340,000	7	2	一等
MD017	张琪琪	¥56,000	¥17,850	¥245,000	¥318,850	8	2	一等
MD011	张骏贤	¥44,000	¥259,840	¥14,855	¥318,695	9	2	一等
MD021	黄潇雪	¥163,000	¥54,000	¥88,920	¥305,920	10	2	一等
MD007	汪雨菲	¥47,820	¥157,400	¥80,521	¥285,741	11	3	合格
MD003	冯翠	¥15,000	¥69,000	¥174,563	¥258,563	12	3	合格
MD022	邓晓梅	¥152,000	¥99,000	¥7,055	¥258,055	13	3	合格

图8-70

文件96　员工月度业绩比较图

员工月度业绩比较图可以反映出员工每月的工作能力和工作态度情况。在Excel中可以使用迷你图来显示各销售人员的业绩波动，如各销售人员上半年的月度业绩波动情况。

制作要点与设计效果图

- 插入迷你图
- 编辑迷你图数据
- 更改迷你图颜色
- 更改迷你图标记颜色

文件设计过程

步骤1：添加迷你图

❶ 打开“员工业绩比较图”工作表，选中C3:H3单元格，单击“分析工具”按钮，在打开的菜单中单击“迷你图”标签，接着单击“折线图”按钮，如图8-71所示。

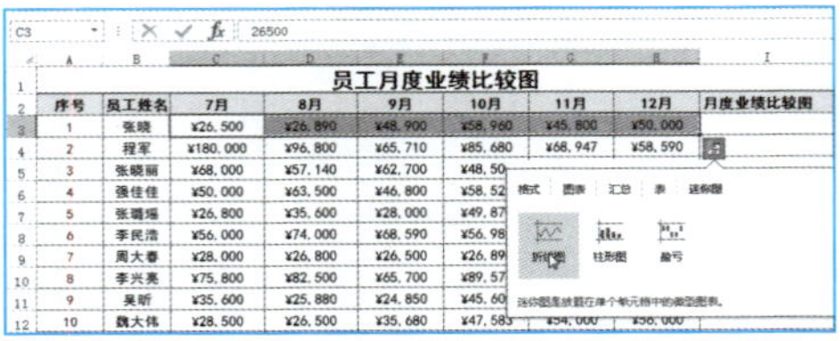

图8-71

❷ 单击“折线图”按钮后，即可在I3单元格中创建迷你折线图，如图8-72所示。

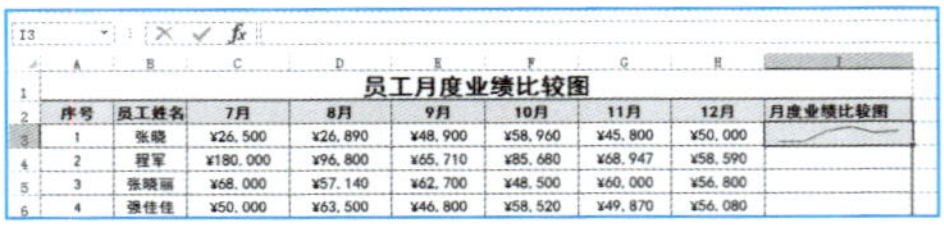

图8-72

❸ 将鼠标移动到I3单元格右下角，拖动填充柄向下填充，如图8-73所示。

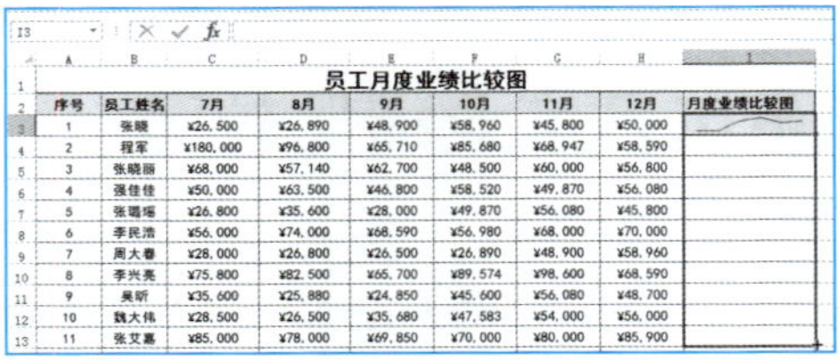

图8-73

❹ 拖动填充柄向下填充到指定单元格，释放鼠标后，即可看到所填充单元格内创建了迷你折线图，如图8-74所示。

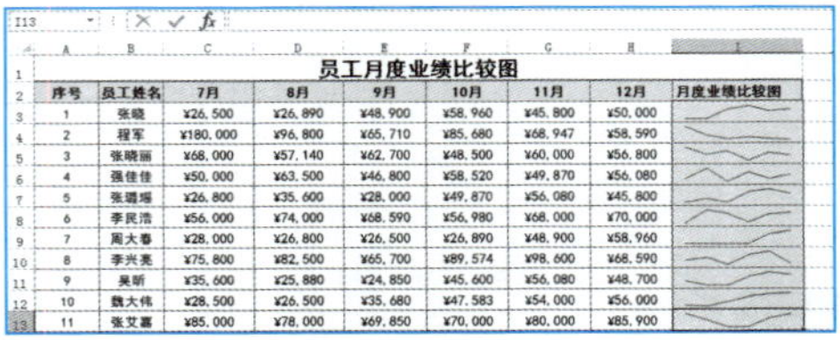

图8-74

提 示

使用“快速分析”按钮，可以快速创建迷你图，提高工作效率。

步骤2：美化迷你图

❶ 选中迷你图所在单元格区域，切换到“迷你图工具-设计”选项卡，在“样式”组中单击“标记颜色”下拉按钮，在下拉菜单中单击“高点”命令，在弹出的子菜单中单击“红色”色块，如图8-75所示。

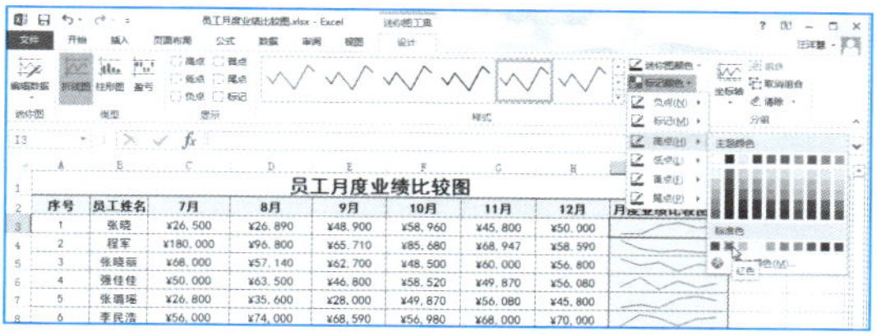

图8-75

❷ 单击“红色”颜色按钮后，即可将折线图的最高点标记为红色，再次单击“标记颜色”下拉按钮，在下拉菜单中选择“低点”命令，在弹出的子菜单中单击“绿色”，如图8-76所示。

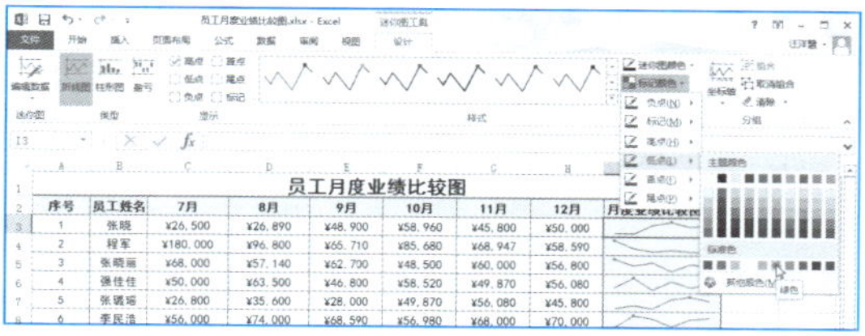

图8-76

❸ 单击“绿色”颜色按钮后，即可将折线图最低点标记为绿色，标记后效果如图8-77所示。

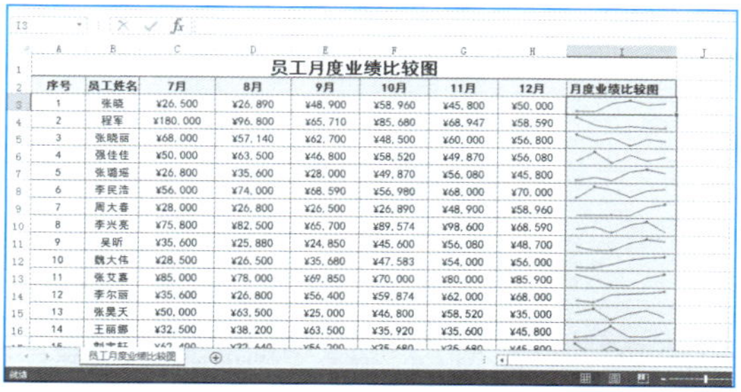

图8-77

步骤3：设置迷你图应用相同的纵坐标轴的最小项值

❶ 选中迷你图所在单元格区域，在“迷你图工具-设计”选项卡的“分组”组中单击“坐标轴”下拉按钮，在下拉菜单中的“纵坐标轴的最小项选项”区域单击“适用于所有迷你图”命令，如图8-78所示。

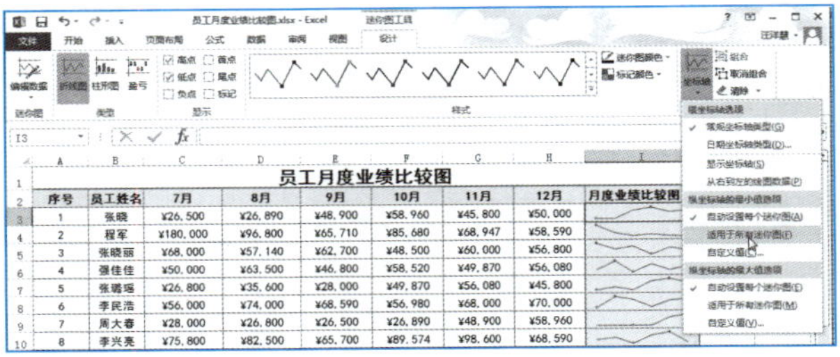

图8–78

❷ 再次单击“坐标轴”下拉按钮，在下拉菜单中的“纵坐标轴的最大项选项”区域单击“适用于所有迷你图”命令，如图8-79所示。

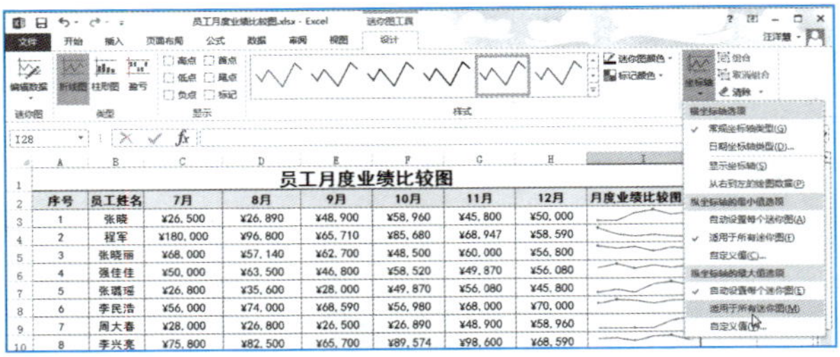

图8–79

❸ 此时所选迷你图应用了相同的纵坐标轴最小值和最大值，完成月度业绩比较图的制作，如图8-80所示。

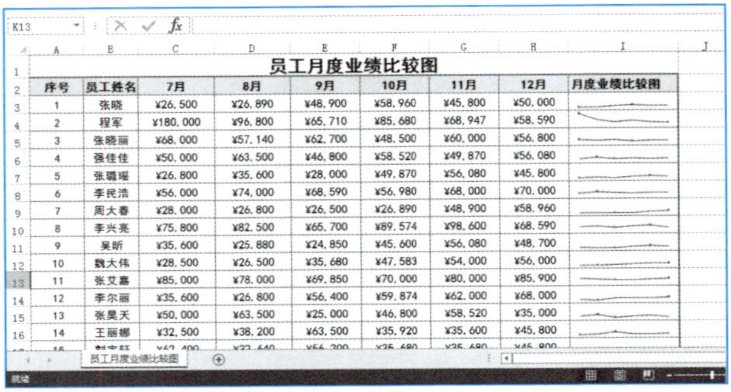

员工月度业绩比较图

序号	员工姓名	7月	8月	9月	10月	11月	12月	月度业绩比较图
1	张晓	¥26, 500	¥26, 890	¥48, 900	¥58, 960	¥45, 800	¥50, 000	
2	程军	¥180, 000	¥96, 800	¥65, 710	¥85, 680	¥68, 947	¥58, 590	
3	张晓丽	¥68, 000	¥57, 140	¥62, 700	¥48, 500	¥60, 000	¥56, 800	
4	强佳佳	¥50, 000	¥63, 500	¥46, 800	¥58, 520	¥49, 870	¥56, 080	
5	张璐瑶	¥26, 800	¥35, 600	¥28, 000	¥49, 870	¥56, 080	¥45, 800	
6	李民浩	¥56, 000	¥74, 000	¥68, 590	¥56, 980	¥68, 000	¥70, 000	
7	周大春	¥28, 000	¥26, 800	¥26, 500	¥26, 890	¥48, 900	¥58, 960	
8	李兴亮	¥75, 800	¥82, 500	¥65, 700	¥89, 574	¥98, 600	¥68, 590	
9	吴昕	¥35, 600	¥25, 880	¥24, 850	¥45, 600	¥56, 080	¥48, 700	
10	魏大伟	¥28, 500	¥26, 500	¥35, 680	¥47, 583	¥54, 000	¥56, 000	
11	张艾嘉	¥85, 000	¥78, 000	¥69, 850	¥70, 000	¥80, 000	¥85, 900	
12	李尔丽	¥35, 600	¥26, 800	¥56, 400	¥59, 874	¥62, 000	¥68, 000	
13	张昊天	¥50, 000	¥63, 500	¥25, 000	¥46, 800	¥58, 520	¥35, 000	
14	王丽娜	¥32, 500	¥38, 200	¥63, 500	¥35, 920	¥35, 600	¥45, 800	

图8–80

提 示

在默认情况下，迷你图的绘图数据是从左向右排列的，如果想反转迷你图数据点，可以单击“坐标轴”下拉按钮，在其下拉列表中单击“从右到左的绘图数据”选项，即可将数据的顺序更改为从右到左排列。

文件97　员工工作态度互评表

互评是员工之间相互考评的考评方式。互评适合于主观性评价，如工作态度的互评，采用互评的方式的优点在于：员工之间能够比较真实地了解到相互的工作态度，并且由多人同时评价，往往能更加准确地反映客观情况，防止主观性错误。

制作要点与设计效果图

- AVERAGE函数
- 创建条形图
- 应用图表布局
- 应用图表样式

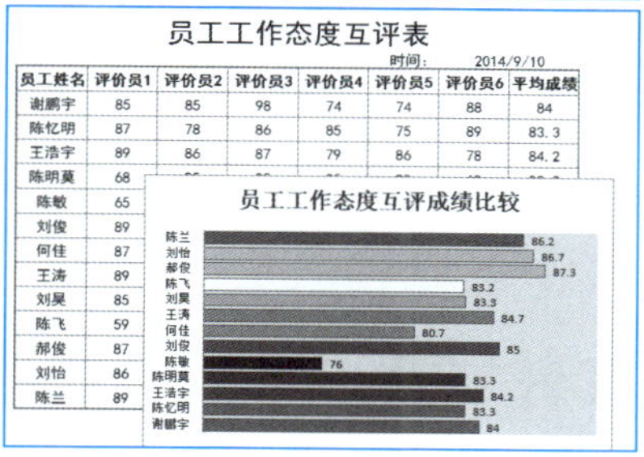

员工工作态度互评表

时间：　2014/9/10

员工姓名	评价员1	评价员2	评价员3	评价员4	评价员5	评价员6	平均成绩
谢鹏宇	85	85	98	74	74	88	84
陈忆明	87	78	86	85	75	89	83.3
王浩宇	89	86	87	79	86	78	84.2
陈明莫	68						
陈敏	65						
刘俊	89						
何佳	87						
王涛	89						
刘昊	85						
陈飞	59						
郝俊	87						
刘怡	86						
陈兰	89						

文件98　绩效考核面谈表

制作绩效考核面谈表的目的是让管理者根据表格内容了解员工对绩效考核的反馈信息，并最终提高员工的业绩。一般绩效考核面谈会安排在绩效考核结束后的一周内进行。

制作要点与设计效果图

- 插入艺术字
- 为艺术字添加阴影效果
- 设置单元格区域图案填充

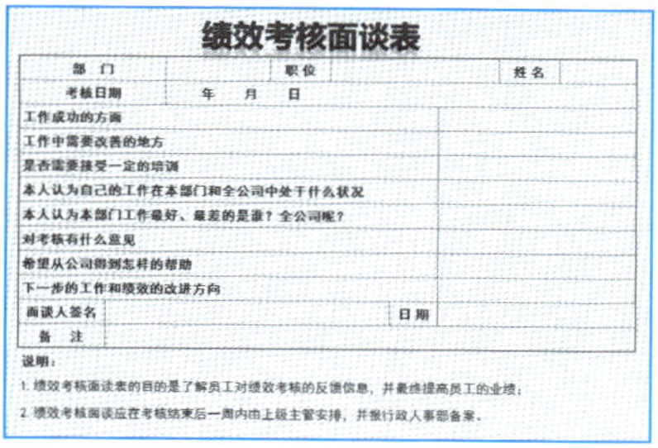

绩效考核面谈表

部　门		职位		姓名	
考核日期	年　月　日				
工作成功的方面					
工作中需要改善的地方					
是否需要接受一定的培训					
本人认为自己的工作在本部门和全公司中处于什么状况					
本人认为本部门工作最好、最差的是谁？全公司呢？					
对考核有什么意见					
希望从公司得到怎样的帮助					
下一步的工作和绩效的改进方向					
面谈人签名		日期			
备　注					

说明：

1. 绩效考核面谈表的目的是了解员工对绩效考核的反馈信息，并最终提高员工的业绩；
2. 绩效考核面谈应在考核结束后一周内由上级主管安排，并报行政人事部备案。

文件99 员工自评表

员工自评表是员工对日常工作状况和工作态度的自我评价，是员工自我检查评估的一种表格。在Excel 中创建这类表格时，用户只需设置单元格格式和合并单元格即可实现。

制作要点与设计效果图

- 设置字符格式
- 合并单元格
- 添加边框线样式
- 插入下划线

员工自评表

年 月 日

姓 名		项 目 组	
日常工作：		工作态度：	
1、编码水平	A、（ ） B、（ ） C、（ ） D、（ ） E、（ ）	1、热情度	A、（ ） B、（ ） C、（ ） D、（ ） E、（ ）
2、文档编写水平	A、（ ） B、（ ） C、（ ） D、（ ） E、（ ）	2、信用度	A、（ ） B、（ ） C、（ ） D、（ ） E、（ ）
3、建议及接受建议	A、（ ） B、（ ） C、（ ） D、（ ） E、（ ）	3、协助精神	A、（ ） B、（ ） C、（ ） D、（ ） E、（ ）
4、工作总结及开发计划	A、（ ） B、（ ） C、（ ） D、（ ） E、（ ）	4、是否积极工作	A、（ ） B、（ ） C、（ ） D、（ ） E、（ ）
5、备份源程序	A、（ ） B、（ ） C、（ ） D、（ ） E、（ ）	5、是否有好的建议	A、（ ） B、（ ） C、（ ） D、（ ） E、（ ）
6、技术保密	A、（ ） B、（ ） C、（ ） D、（ ） E、（ ）	6、合作精神	A、（ ） B、（ ） C、（ ） D、（ ） E、（ ）
我的优点及需要改进的地方：			

文件100 员工工作作品考核表

员工工作作品考核其实就是对员工工作态度的一种考核。它从工作积极性、工作热情、责任感、纪律性等方面考核员工表现。

制作要点与设计效果图

- 自动求和
- 设置图标集数字范围
- 隐藏部分图标集图表

员工工作品行考核表

员工姓名	考评指标								
	工作积极性	工作热情	责任感	纪律性	积极学习	忠诚公司	财务明净	工作服从	得分合计
王晓晓	9	7.5	8.5	7.5	8.5	7.5	8.5	8	65
陈明珠	8.5	9.5	9	7.5	7.5	6.5	8.5	9.5	66.5
张敏	8.5	7.5	8.5	7.5	7.5	8.5	7.5	9	64.5
陈佳一	9	9	7.5	8.5	8.5	8.5	7.5	8.5	67
张强	8	8.5	8.5	8.5	8.5	8.5	8.5	8.5	67.5
李明浩	8.5	8.5	8.5	9.5	9	7.5	7.5	9	68
周伯通	7.5	7.5	7.5	8.5	7.5	8.5	7.5	9.5	64
李勇	8	8.5	8.5	8	8.5	8	8.5	8.5	66.5
吴洁喜	8.5	9	7.5	7.5	7.5	7.5	9	8.5	65
魏琳琳	7.5	7.5	7.5	8.5	8.5	7.5	9.5	7.5	64
章小蕙	8.5	8	8.5	9	7.5	6.5	6.5	8.5	63
李菲	8.5	6	7.5	8	6.5	7.5	8.5	8.5	61
吴昊	6.5	7.5	9	9	7.5	7.5	7.5	9	63.5
王夏林	7.5	9	8.5	8.5	8.5	9	8.5	8.5	68
刘佩佩	7.5	8.5	7	8.5	8.5	7.5	8.5	8.5	64.5
滕念	8.5	8	9	9	8.5	7	7.5	8.5	66

文件101　目标与实际业绩比较图

企业一般会制作阶段性目标，即计划。在经营过程中企业会定期对实际业绩进行统计，再与目标业绩进行比较，从而不断调整企业经营策略。

制作要点与设计效果图

- 设置三维旋转角度
- 设置三维图形的基底格式
- 设置条形图逆序类别显示
- 应用图表布局样式

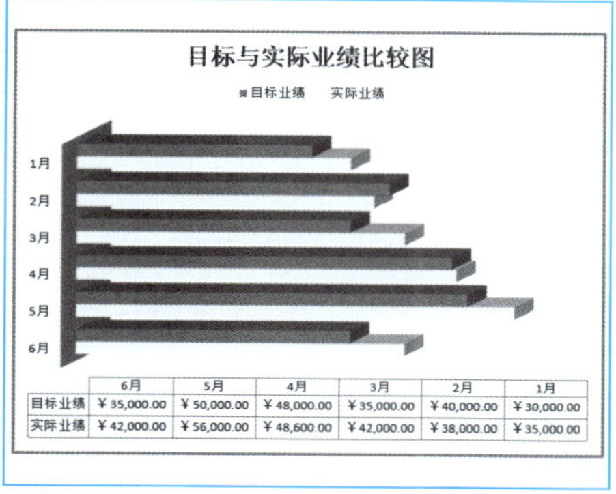

文件102　职员考核表

职员考核表用于记录对员工体态、仪态、学识、忠诚、热忱、合作、思维、守时、写作能力等一些考核项目的考核分数。

制作要点与设计效果图

- 设置对齐方式
- 设置边框
- 应用单元格样式
- 设置单元格方向
- 手动交换列行

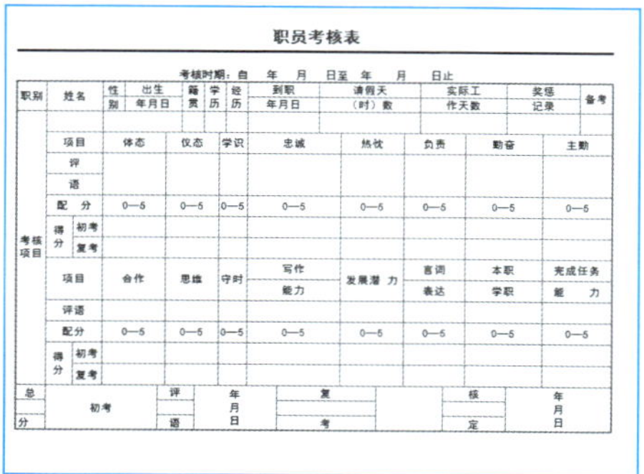

文件103　管理人员月考核表

管理人员考核表是为确认员工的工作成绩，提示员工在工作中存在的问题，指出改进绩效的措施并帮助员工制定个人发展计划。

制作要点与设计效果图

- 手动调整列宽
- 设置边框
- 设置字体格式
- 设置单元格格式

管理人员月考核表

列管等级：□密 级 ■机密级 □极机密

姓名：王荣	部门：管理	职称：经理	考核月份：2014年8月	到职日期：	
项目	评定内容	配分	自评	复评	
一、管理能力	1. 善知人派事，并能调动员工的积极性，理解、判断，处理能力极强	20-18			
	2. 知人派事认识问题，理解、判断、处理能力较强. 能执行本职工作.	17-13			
	3. 尚能知人派事了解问题，不失职分，理解判断能力一般，处理事务错误较少. 需协助发现和解决问题	12-6			
	4. 不能善于安排人和事物，工作成果分析检讨不够务判断力不够. 不能主动发现和解决问题；	5-2			
	5. 对于管理全然不关心，理解判断能力差、处理事务经常无法完成。	1-0			
二、执行能力	1. 理解能力非常强，对事判断极正确，执行能力较强	20-18			
	2. 理解能力良好，对事判断正确，执行能力强	17-13			
	3. 理解判断能力普通，处理事务偶有错误，执行力度一般	12-6			
	4. 理解较迟钝，对复杂事件判断力不够，执行力度较差	5-2			
	5. 理解迟钝、判断力不良、经常无法处理事务，执行力度极差	1-0			
三、指导能力	1. 最完整正确的指挥计划工作，激发员工工作热情	15-13			
	2. 命令顺利下达，能发挥良好效果	12-8			
	3. 尚能领导他人工作，时有不能达到预定效果	7-5			
	4. 领导能力较差，常有工作失误发生，	4-2			
	5. 完全没有领导能力，不能使人信服，敷衍了事无责任心。	1-0			
四、积极性	1. 敬业、热忱足为他人楷模，公私分明，本着以公司利益为重，处处表率	15-13			
	2. 热心工作并主动支持公司政策的执行，公私较分明	12-8			
	3. 对本身工作感兴趣并能主动完善，上班处理私事、私人电话较少	7-5			
	4. 工作无恒心，不满现实，缺乏斗志，上班经常有处理私事及私人电话	4-2			
	5. 态度傲慢，常向公司或他人作不合理要求. 上班时间私事及私人电话很多	1-0			
五、工作勤惰	1. 不浪费时间，不畏劳苦，交付工作抢先完成。	15-13			
	2. 守时守规，不偷懒并能主动勤奋工作。	12-8			
	3. 最少迟到早退但表现一般。	7-5			
	4. 借故逃避繁重工作，不守工作岗位，经常与他人闲聊，偶有迟到早退	4-2			
	5. 时常迟到早退，工作不力，时常擅自离开工作岗位。	1-0			
六、	1. 文件分类整齐明了，所保管的各类资料、物品均能一目了然；	15-13			
	2. 工作环境整洁，大部分文件整理有序；能够认真做好清洁工作；	12-5			

Excel

第 9 章

员工出勤情况管理表格

为了规范员工的劳动考勤管理，促使员工自觉遵守公司劳动纪律，企业一般会根据自身的要求制定一份员工考勤管理制度，再根据制定的考勤管理制度对员工实施严格的考核。

目前，员工考勤管理中常用到的表格有员工请假单、员工出勤记录表、员工出勤统计表、员工查询表、员工日出勤情况分析表、员工年休假统计表、员工出勤工薪记录表等。

编号	文件名称	对应的数据源	重要星级
文件104	员工请假单	第9章\文件104 文件\员工请假单.xlsx	★★★★
文件105	员工休假流程图	第9章\文件105 文件\员工休假流程图.xlsx	★★★★
文件106	员工月考勤表	第9章\文件106 员工月考勤表.xlsx	★★★★★
文件107	员工出勤统计表	第9章\文件107 员工出勤统计表.xlsx	★★★★★
文件108	员工出勤查询表	第9章\文件108 员工出勤查询表.xlsx	★★★★
文件109	员工出勤情况分析图	第9章\文件109 员工出勤情况分析图.xlsx	★★★★
文件110	员工请假查询表	第9章\文件110 员工请假查询表.xlsx	★★★
文件111	员工签到簿	第9章\文件111 员工签到簿.xlsx	★★★
文件112	员工年假休假统计表	第9章\文件112 员工年假休假统计表.xlsx	★★★
文件113	员工出勤率统计表	第9章\文件113 员工出勤率统计表.xlsx	★★★
文件114	员工出勤工薪记录表	第9章\文件114 员工出勤工薪记录表.xlsx	★★★
文件115	员工考勤日报表	第9章\文件115 员工考勤日报表.xlsx	★★★
文件116	特别休假请假单	第9章\文件116 特别休假请假单.xlsx	★★★

文件104 员工请假单

企业为加强员工的组织纪律性，树立企业良好的工作氛围，根据企业实际情况制定考勤管理制度。如果员工因事或因病不能正常上班，需要依照考勤管理制度事先或事后向有关部门领导请假，并填写请假单。

制作要点与设计效果图

- 添加艺术字
- 设置艺术字效果
- 添加特殊符号
- 设置框线

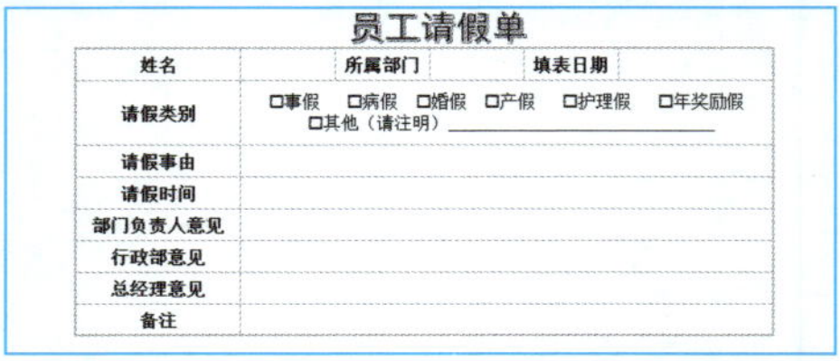

员工请假单

姓名		所属部门		填表日期	
请假类别	□事假 □病假 □婚假 □产假 □护理假 □年奖励假 □其他（请注明）________				
请假事由					
请假时间					
部门负责人意见					
行政部意见					
总经理意见					
备注					

文件设计过程

步骤1：插入艺术字

1 打开“员工请假单”工作簿，切换到“插入”选项卡，在“文本”组中单击“艺术字”下拉按钮，如图9-1所示。

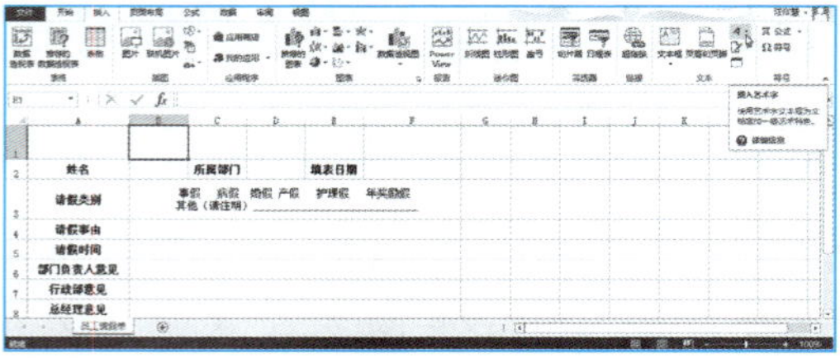

图9-1

2 在艺术字下拉菜单中单击适合的艺术字样式，如“填充-黑色，文本1，轮廓-背景1，清晰阴影-着色1”，如图9-2所示。

3 单击“填充-黑色，文本1，轮廓-背景1，清晰阴影-着色1” 艺术字样式后，即可在工作表中插入艺术字文本框，如图9-3所示。

图9-2

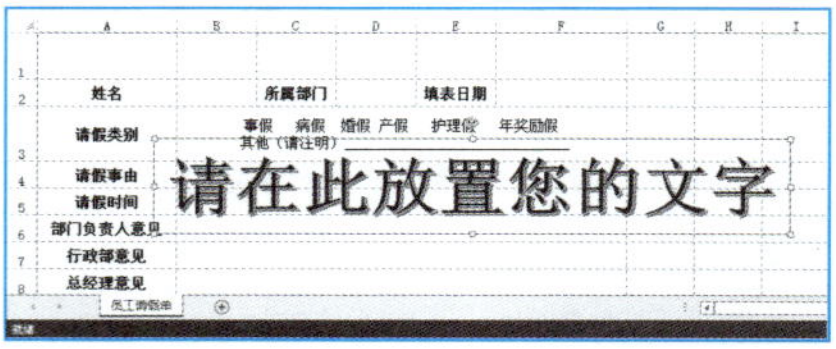

图9-3

4 艺术字文本框中输入“员工请假单”，切换到“开始”选项卡，在“字体”组中设置字体格式为“黑体”、“26号”，设置后效果如图9-4所示。

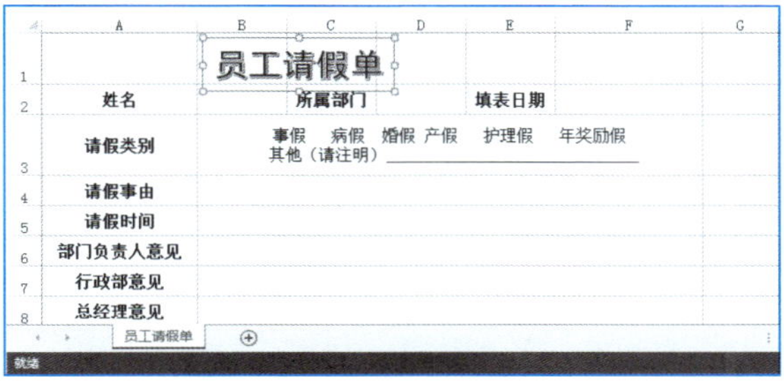

图9-4

步骤2：添加特殊法符号

1 将光标定位到B5单元格中，切换到“插入”选项卡，在“符合”组中单击“符号”按钮（如图9-5所示），打开“符号”对话框。

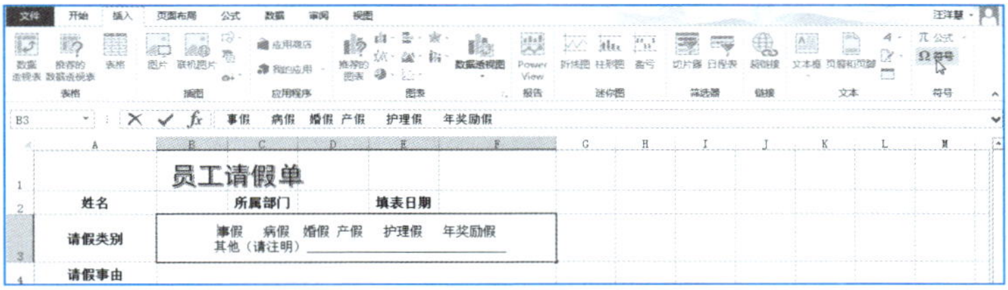

图9-5

2 单击“字体”下拉菜单，在下拉单击“Wingdings”，在列表框中选中要插入的符号如“方框”，如图9-6所示。

3 单击“确定”按钮，即可在光标所在区域插入符号，按照相同的方法在插入多个符号，插入后效果如图9-7所示。

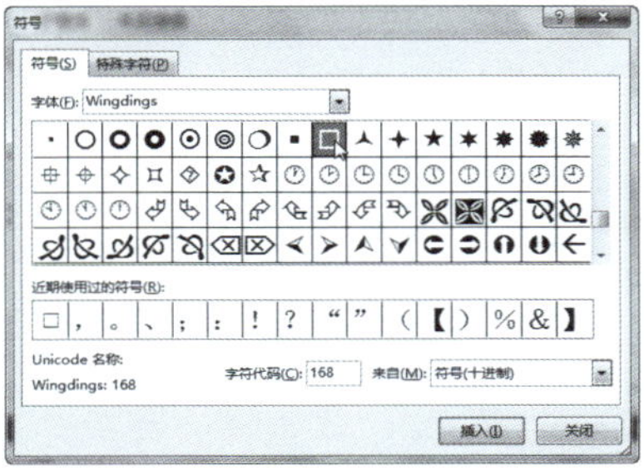

图9-6

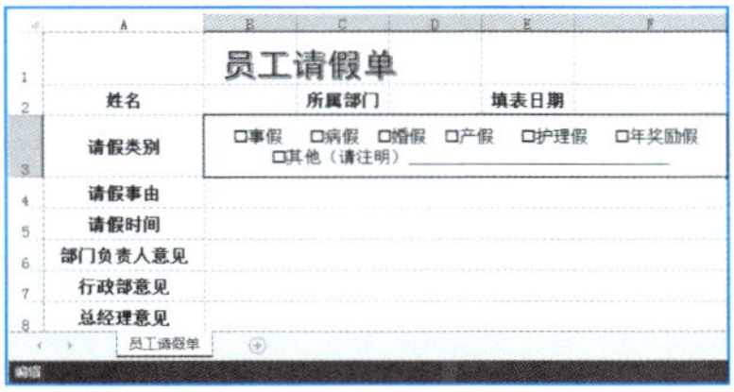

图9-7

提 示

当插入了符号后，再次打开“符号”对话框，在“近期使用的符号”区域可以直接单击符号（如图9-8所示），插入到指定位置。

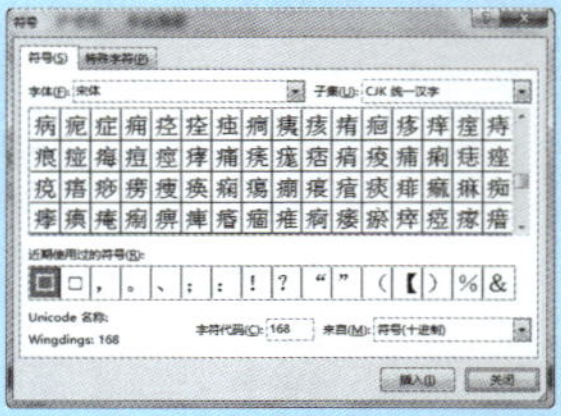

图9-8

文件105 员工申请休假流程图

休假流程图是指用图形表示员工请假申请到审批经过的步骤，使员工清晰地了解请假的程序。

制作要点与设计效果图

- 插入形状
- 调整图形位置
- 更改形状和线条的颜色
- 组合形状

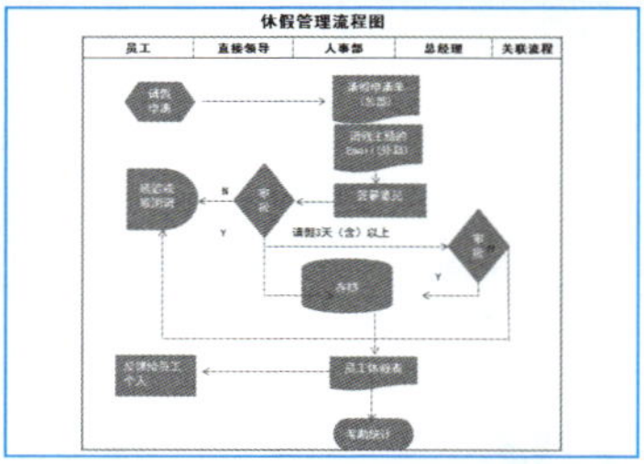

文件设计过程

步骤1：绘制形状

①打开“员工休假流程图”，切换到“视图”选项卡，在“显示”组中取消选中“网格线”复选框，即可隐藏网格线，效果如图9-9所示。

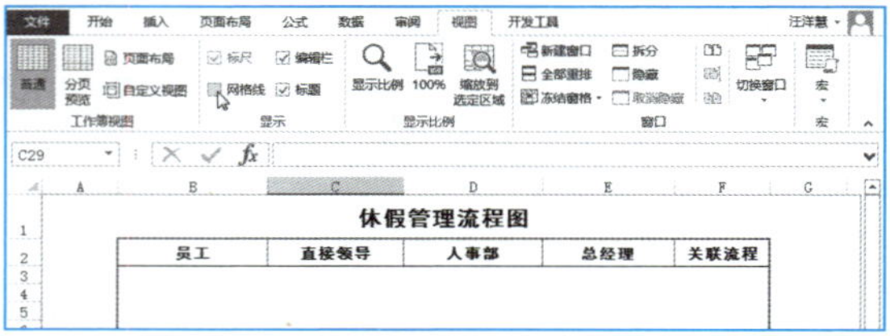

图9-9

2 切换到“插入”选项卡，在“插图”组中单击“形状”下拉按钮，从下拉菜单选择一种形状图标，如“6边形”，如图9-10所示。

3 在B列中按住鼠标拖动绘制，拖至适当大小后，释放鼠标左键即可得到需要的形状，如图9-11所示。

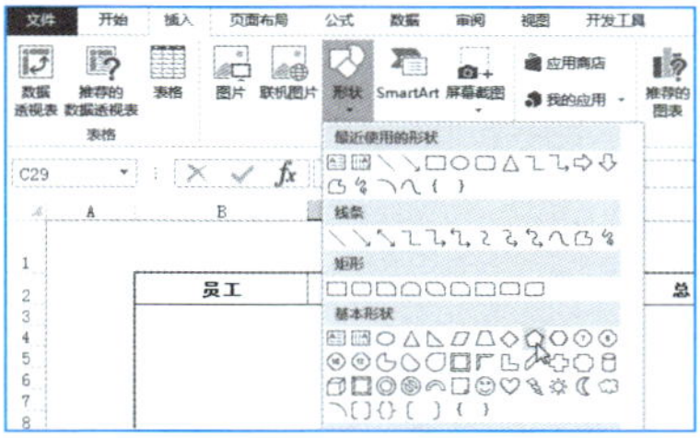

图9-10

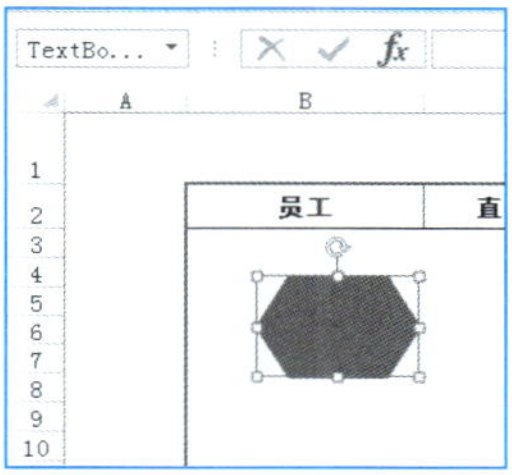

图9-11

步骤2：在图形上添加文本

1 右键单击绘制的形状，在弹出的菜单中单击“编辑文字”命令，如图9-12所示。

2 在形状中输入需要的文本，如输入“请假申请”，如图9-13所示。

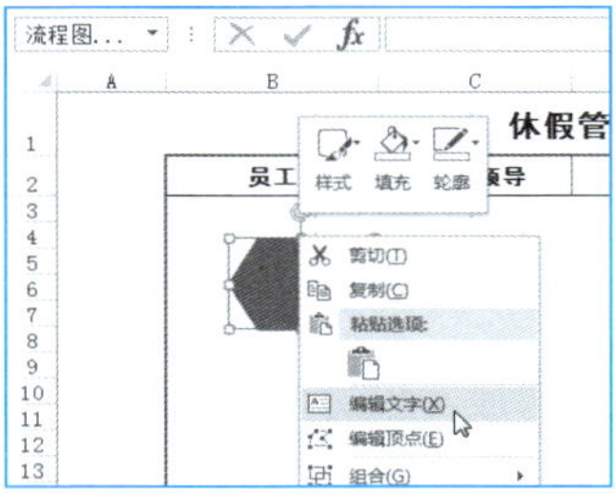

图9-12

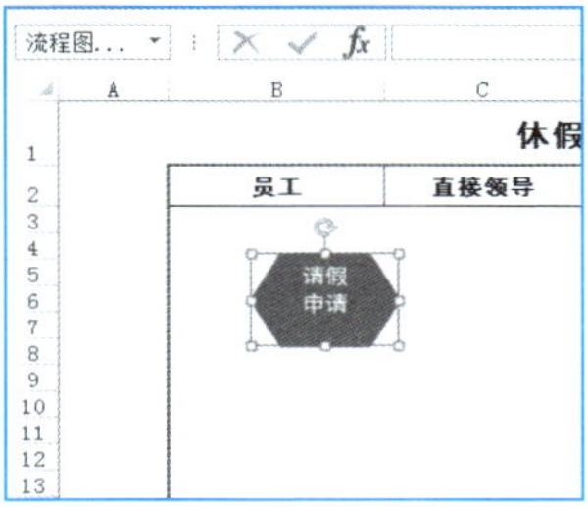

图9-13

3 在“流程图”组中选择适当的形状，绘制流程图形状并添加文本，设置完成后效果如图9-14所示。

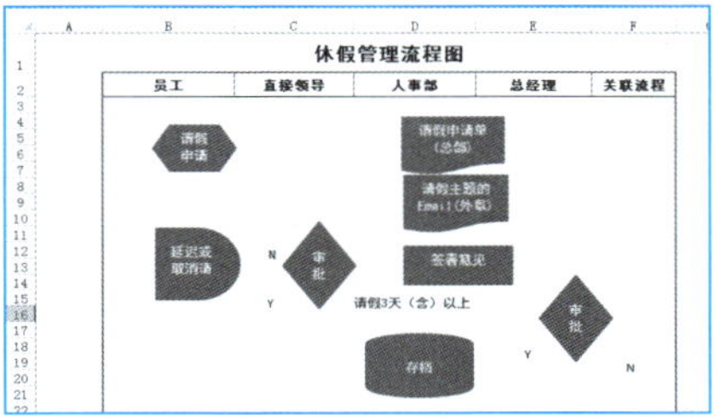

图9-14

步骤3：手动调整形状大小及位置

由于形状间的间距太小，可以调整列宽来放大形状间的间距，若形状随列宽调整了大小，可以手动更改形状的大小和位置，如图9-15所示。

步骤4：添加箭头引导线

❶ 切换到“插入”选项卡，在“插图”组中单击“形状”下拉按钮，在下拉菜单中单击“线条”组中的“单向箭头”图标。

❷ 然后在流程图图标之间绘制箭头引导线，如图9-16所示。

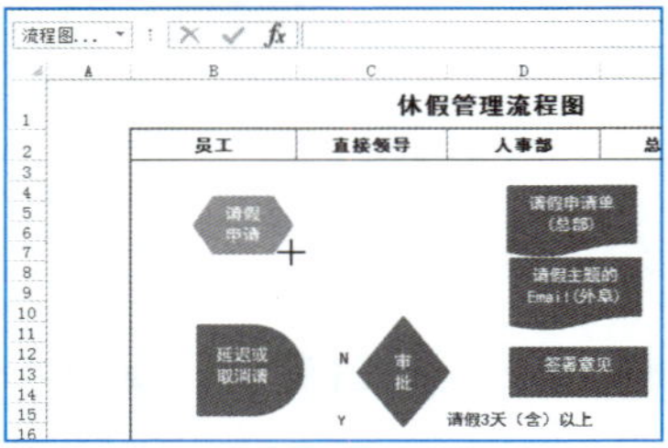

图9-15

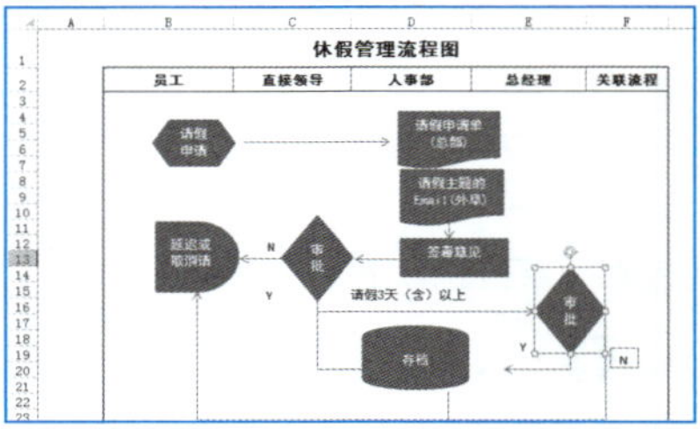

图9-16

步骤5：更改形状和线条的填充颜色和轮廓颜色

❶ 选中工作表中的所有形状，切换到“绘图工具-格式”选项卡，在“形状样式”组中“形状填充”下拉按钮（如图9-17所示），在下拉菜单中选择适合的填充颜色，如图9-18所示。

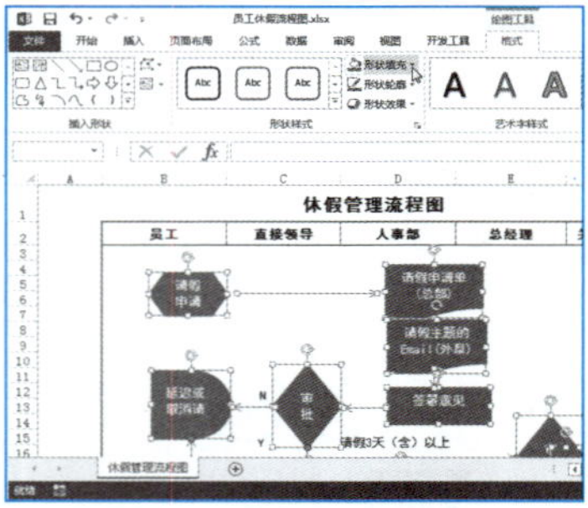

图9-17

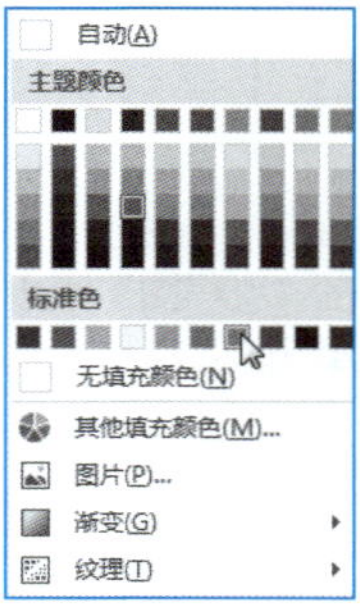

图9-18

❷ 单击填充颜色后，即可为所有形状设置填充颜色，按相同的方法设置箭头线条轮廓颜色，选中所有形状，箭头线条和文本框对象，切换到“绘图工具-格式”选项卡，在“排列”组中单击“组合”下拉按钮，在下拉菜单中单击“组合”命令，如图9-19所示。

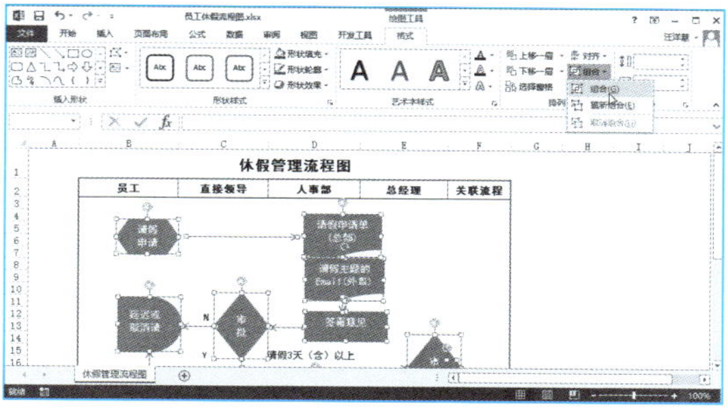

图9-19

③ 进一步完善，即可完成“休假管理流程图”的制作，如图9-20所示。

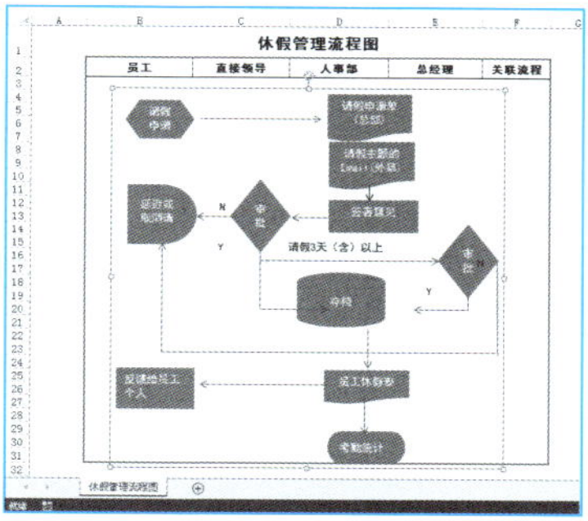

图9-20

文件106　员工月考勤表

员工月出勤记录表可用于记录一个月内员工详细的出勤情况的表格，它可以分为基本信息区和考勤区两大块，用户可以设置员工考勤记录表显示不同的月份，达到一劳永逸的效果。

制作要点与设计效果图

- 数据有效性
- NETWORKDAYS函数
- TEXT函数与DATE函数组合
- 设置周六周日特殊格式

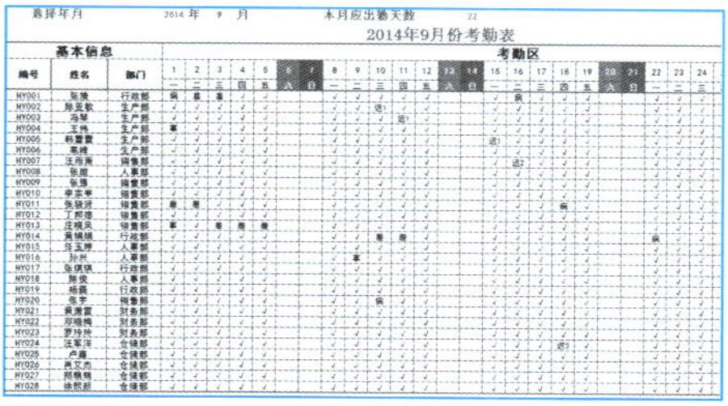

文件设计过程

步骤1：设置数据有效性

❶ 新建工作簿，在Sheet1工作表标签上双击鼠标，将其重命名为“考勤表”，设置工作表单元格区域列宽为“4”，设置后的效果如图9-21所示。

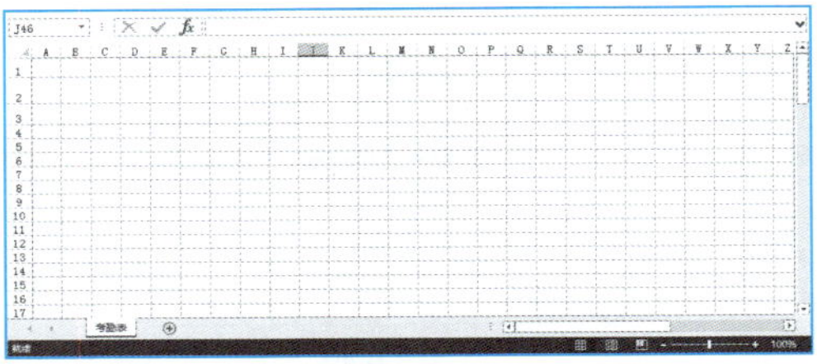

图9-21

❷ 空出第1、2行，在第3行中建立两个区，其中“基本信息”区包含“编号”、“姓名”、“所属部门”列标识，“考勤区”需要包含31列（因为一个月中最多有31天），在第一行中输入如下图所示的文字，设置文字格式，并以合理显示为目标，合并某些单元格，设置后效果如图9-22所示。

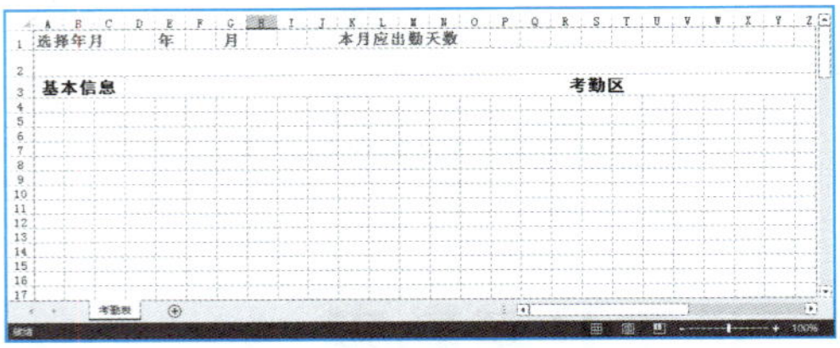

图9-22

❸ 在当前工作表的空白区域中输入多个年份（本例中输入年份为2014~2028），及1~12月份，如图9-23所示。

❹ 选中D1单元格，切换到“数据”选项卡，在“数据工具”组中单击“数据验证”按钮（如图9-24所示），打开“数据验证”对话框。

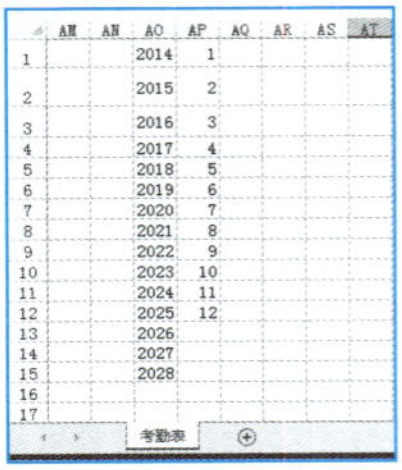

图9-23

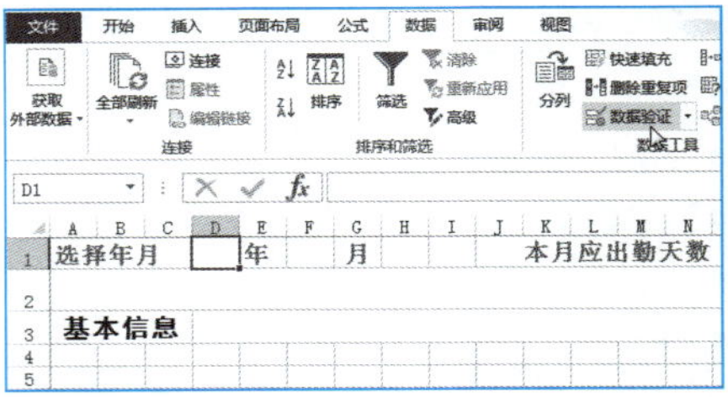

图9-24

5 在“允许”下拉菜单中选择“序列”，将光标放置在“来源”框，回到工作表中拖动选择之前输入年份的单元格区域，如图9-25所示。

6 单击“确定”按钮回到工作表中，单击D1单元格右侧下拉按钮，单击可展开下拉菜单，实现年份的选择，如图9-26所示。

图9-25

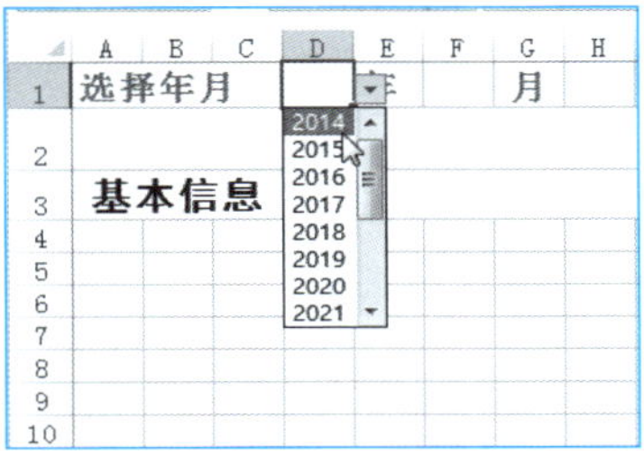

图9-26

7 选中F1单元格，再次打开“数据验证”对话框，按相同的方法将之前在空白区域输入月份的单元格区域设置为序列来源，如图9-27所示。

8 单击“确定”按钮，返回工作表中，单击F1单元格右侧下拉按钮，单击可展开下拉菜单，实现月份的选择，如图9-28所示。

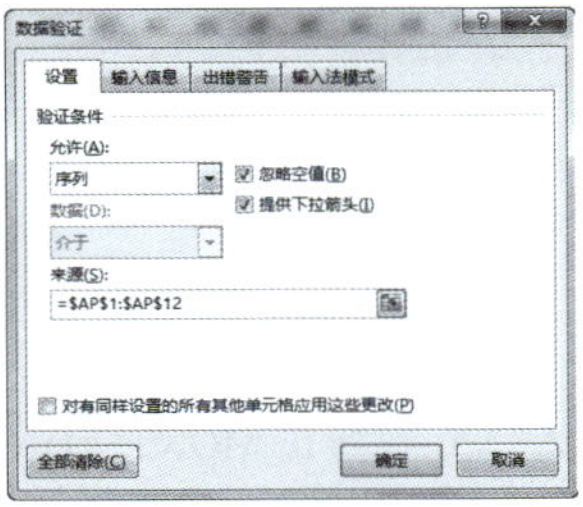

图9-27

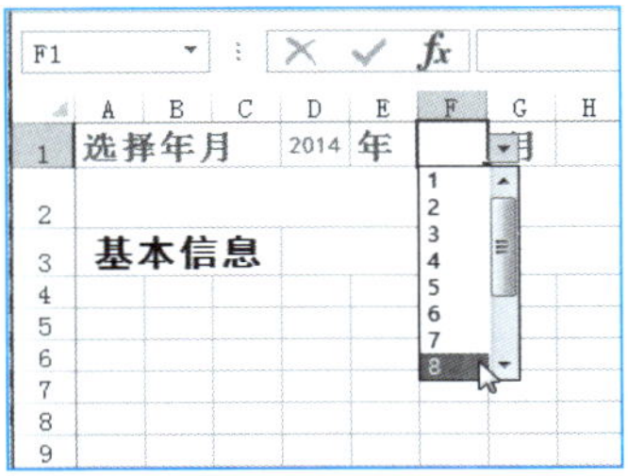

图9-28

步骤2：计算当月工作日

1 选中Q1单元格，在公式编辑栏中输入公式：“=NETWORKDAYS(DATE($D$1,$F$1,1),EOMONTH(DATE($D$1,$F$1,1),0))”按Enter键，即可计算出当前指定年月的工作日天数，如图9-29所示。

图9-29

公式分析：

"=NETWORKDAYS(DATE($D$1,$F$1,1),EOMONTH(DATE($D$1,$F$1,1),0))" 公式分析

1. "DATE($D$1,$F$1,1)" 表示将D1、F1、1转化为日期。

2. "EOMONTH(DATE($D$1,$F$1,1),0)" 表示先用"DATE($D$1,$F$1,1)将D1、F1、1转化为日期，然后再使用EOMONTH函数返回该日期对应的本月的第1天。

❷ 更改D1、F1单元格中的年份或月份，可自动重新计算指定年月的工作日天数，如图9-30所示。

图9-30

❸ 选中A2单元格，在公式编辑栏中输入公式："=TEXT(DATE(D1,F1,1),"e年M月份考勤表")"按Enter键，即可返回"当月的考勤表"字样，如图9-31所示。

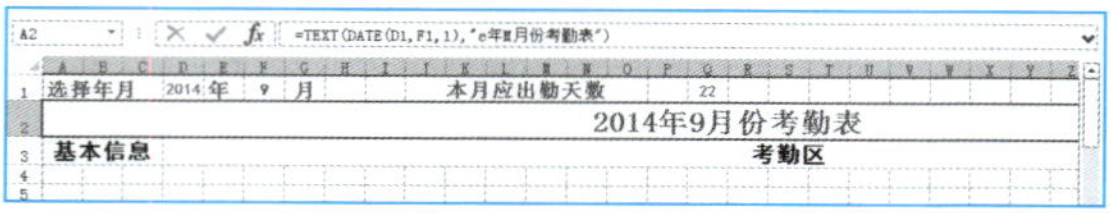

图9-31

步骤3：设置公式返回对应的日期

❶ 选中D4单元格，在公式编辑栏中输入公式："=IF(MONTH(DATE($D$1,$F$1,COLUMN(A1)))=$F$1,DATE($D$1,$F$1,COLUMN(A1)),"")"按Enter键，即可返回当前指定年、月下第一日对应的日期序号，如图9-32所示。

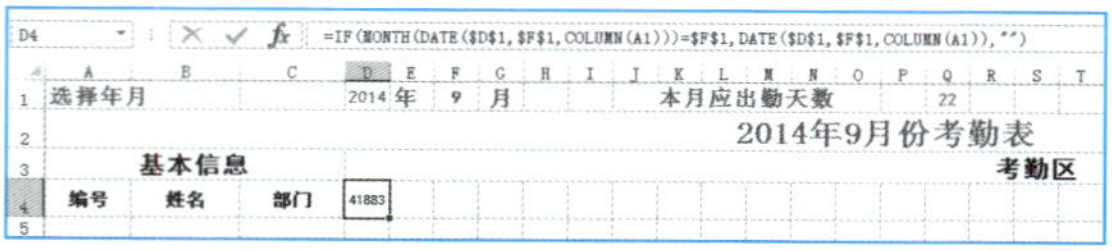

图9-32

公式分析：

"=IF(MONTH(DATE($D$1,$F$1,COLUMN(A1)))=$E$1,DATE($D$1,$F$1,COLUMN(A1)),"")" 公式表示判断"DATE($D$1,$F$1,COLUMN(A1)))"中的月份数是否等于E1单元格的月份数，如果等于，返回"DATE($D$1,$F$1,COLUMN(A1))"，否则返回空值。

2 选中D4单元格，切换到“开始”选项卡，在“数字”组中单击“⌟”（设置单元格格式）按钮，打开“设置单元格格式”对话框。在“分类”列表中选中“自定义”选项，设置“类型”为“d”，表示只显示日，如图9-33所示。

3 单击“确定”按钮，可以看到D4单元格显示出指定年月下的第1日，如图9-34所示。

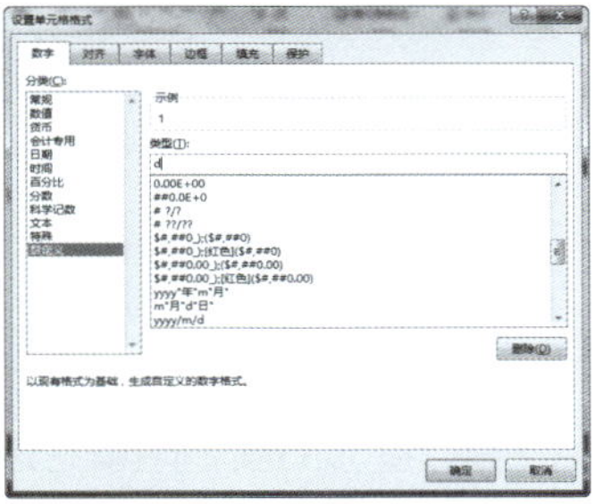

图9-33

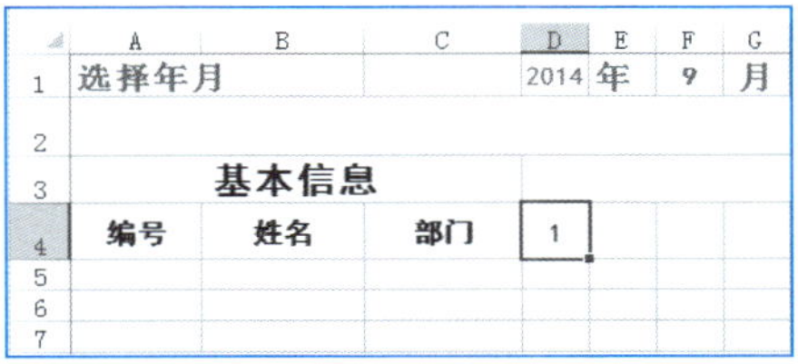

图9-34

4 选中D4单元格，将鼠标移动到单元格右下角，拖动填充柄向右填充到AH4单元格，可以返回指定年度下的该月所有日期，如图9-35所示。

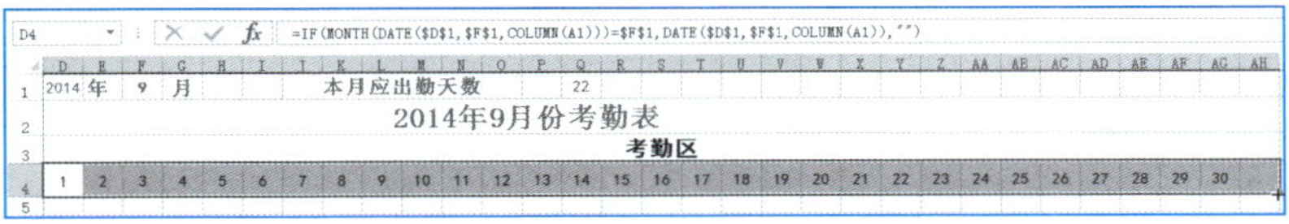

图9-35

步骤4：设置公式返回对应的星期

1 选中D5单元格，在公式编辑栏中输入公式：“=IF(MONTH(DATE($D$1,$F$1,COLUMN(A1)))=$F$1,DATE($D$1,$F$1,COLUMN(A1)),"")”按Enter键，即返回可当前指定年、月下第1日对应的星期序号，如图9-36所示。

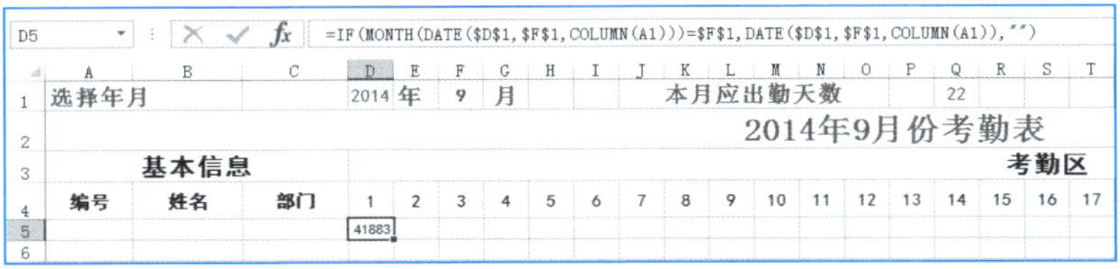

图9-36

2 选中D5单元格，切换到“开始”选项卡，在“数字”组中单击“⌟”（设置单元格格式）按钮，打开“设置单元格格式”对话框。在“分类”列表中选中“自定义”选项，设置“类型”为“aaa;@”，表示显示周几，如图9-37所示。

❸ 单击“确定”按钮，返回到工作表中，即可看到D5单元格显示出指定年月下第1日对应的星期数，如图9-38所示。

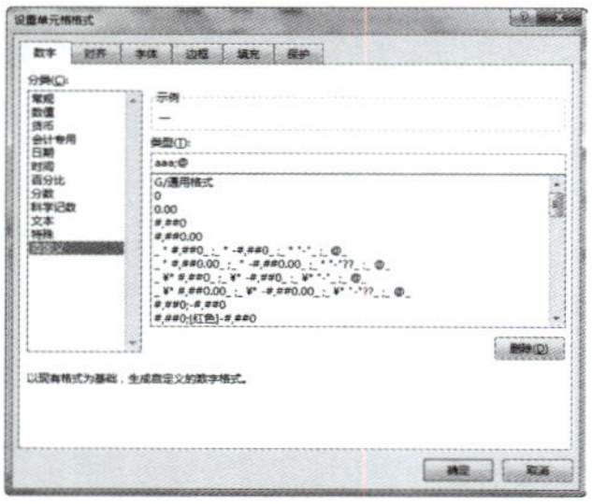

图9-37

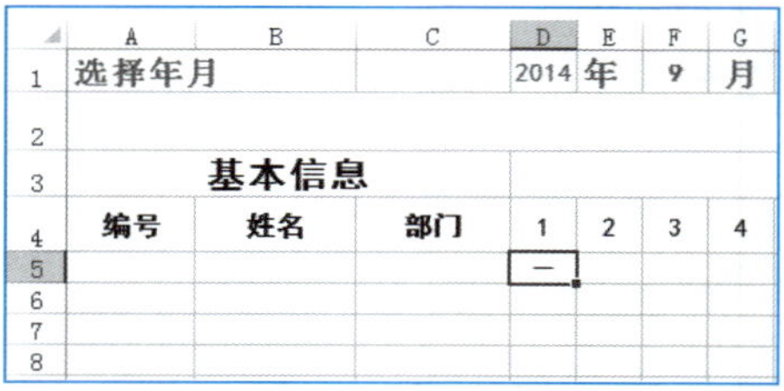

图9-38

❹ 选中D5单元格，将鼠标移动到单元格右下角，拖动填充柄向右填充到AH5单元格，可以返回指定年月下的所有日期，如图9-39所示。

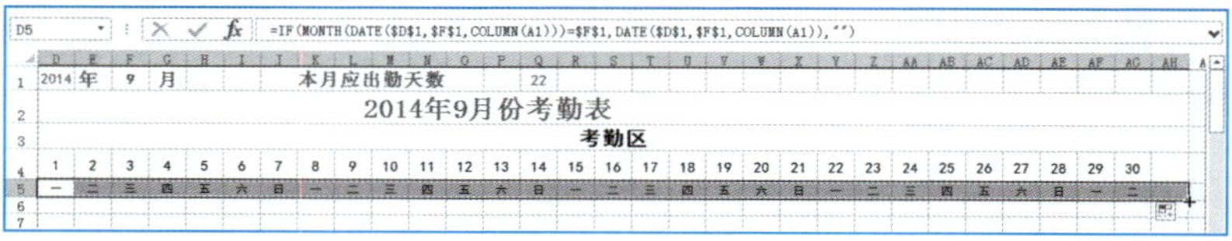

图9-39

步骤5：设置周六显示格式

❶ 选中D4:AH4单元格区域，切换到“开始”选项卡，在“样式”组中单击“条件格式”下拉按钮（如图9-40所示），在“条件格式”下拉菜单中单击“新建规则”命令（如图9-41所示），打开“新建格式规则”对话框。

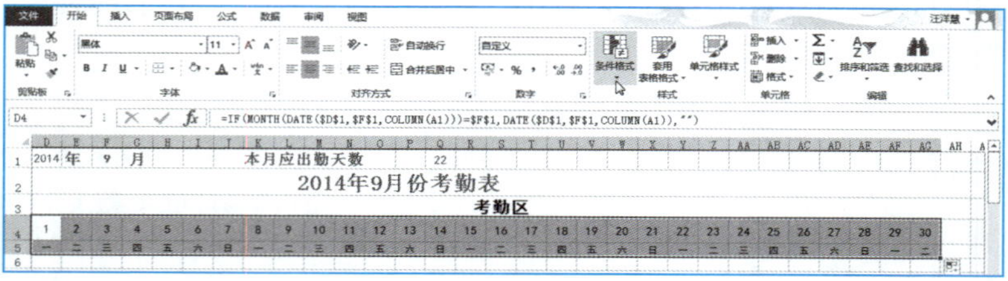

图9-40

❷ 在“选择规则类型”列表框中单击“使用公式确定要设置格式的单元格”规则类型，在“为符合此公式的值设置格式”文本框中输入“=WEEKDAY(D4,2)=6”，如图9-42所示。

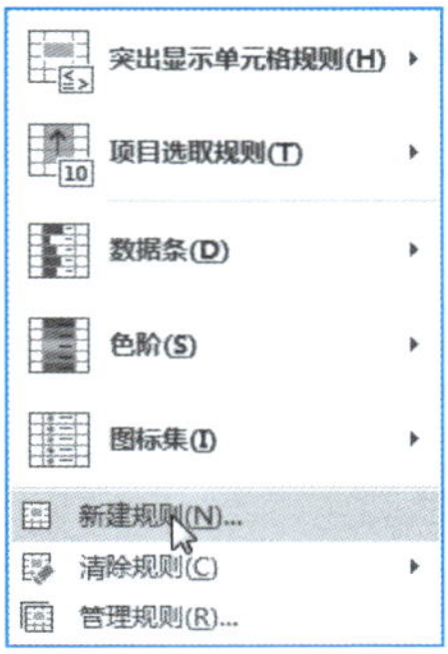

图9-41

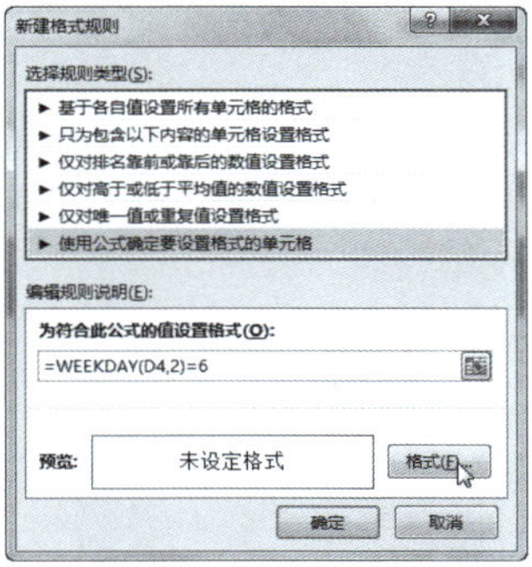

图9-42

3 单击“格式”按钮，打开“设置单元格格式”对话框。单击“字体”标签，在“字形”列表框中单击“加粗”，接着单击“颜色”下拉按钮，在下拉菜单中单击“白色，背景1”（如图9-43所示），单击“填充”标签，在“背景色”区域单击“蓝色”，如图9-44所示。

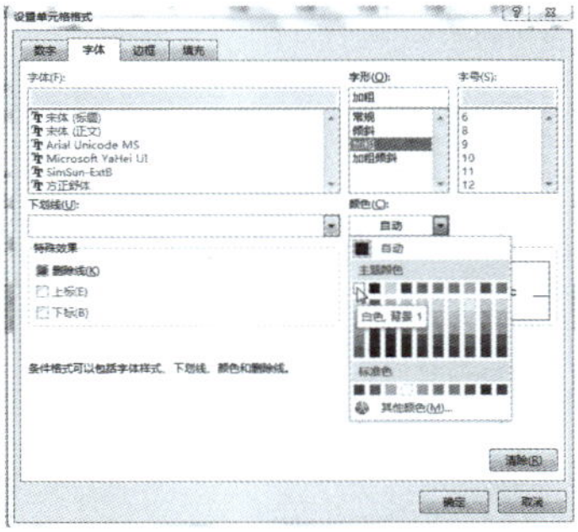

图9-43

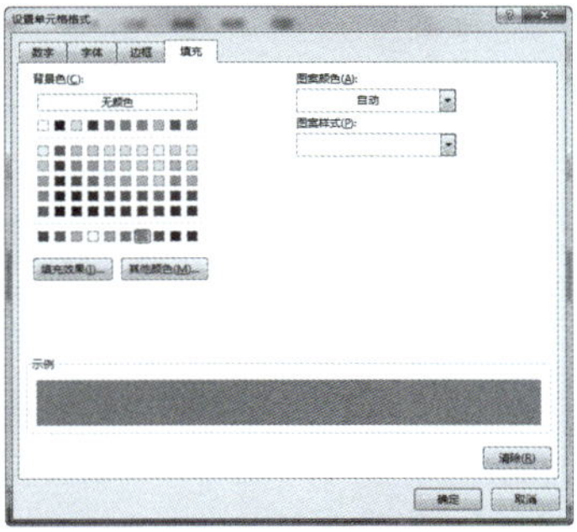

图9-44

4 单击“确定”按钮，回到“新建格式规则”对话框中，再次单击“确定”按钮，返回工作表中，即可看到周六显示为蓝色填充，如图9-45所示。

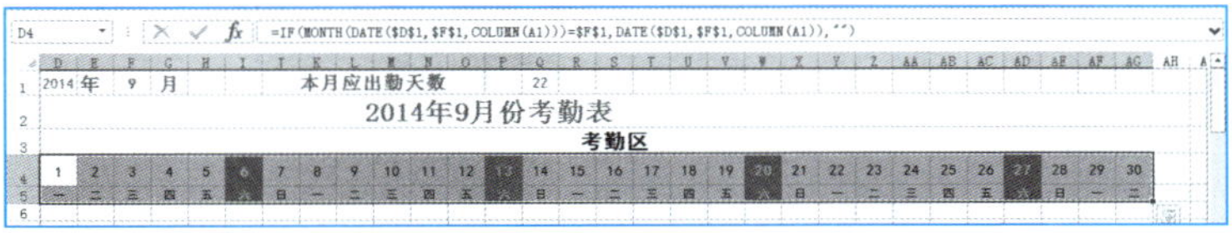

图9-45

步骤6：设置星期天显示格式

1 选中D5:AH5单元格区域，再次打开“新建格式规则”对话框。在“选择规则类型”列表框中单击“使用公式确定要设置格式的单元格”规则类型，在

“为符合此公式的值设置格式”文本框中输入“=WEEKDAY(D4,2)=7”，如图9-46所示。

❷ 单击“格式”按钮，按相同的方法设置格式（此处设置红色背景，白色加粗字体），设置完成后回到“新建格式规则”对话框中，可以看到格式预览，如图9-47所示。

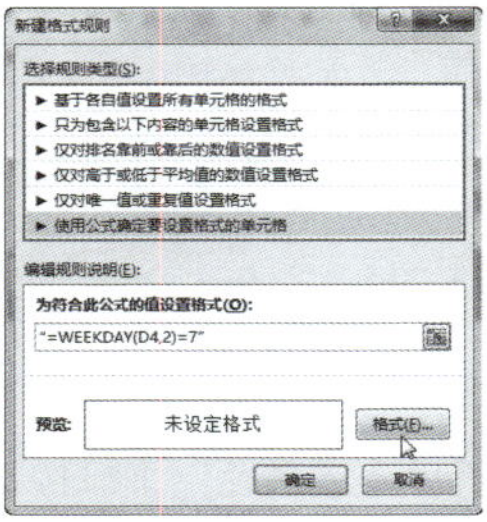

图9-46

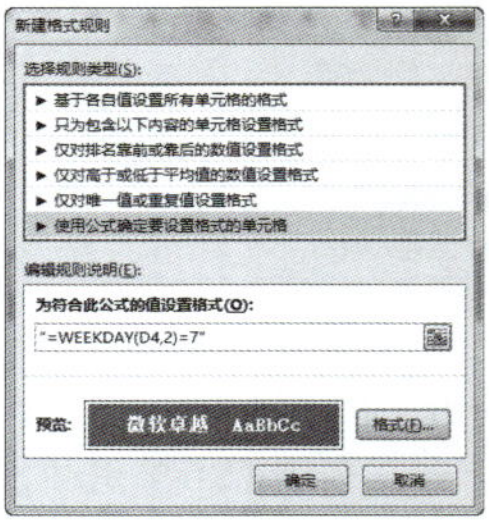

图9-47

❸ 设置完成后，单击“确定”按钮，返回工作表中，可以看到显示红色填充，如图9-48所示。

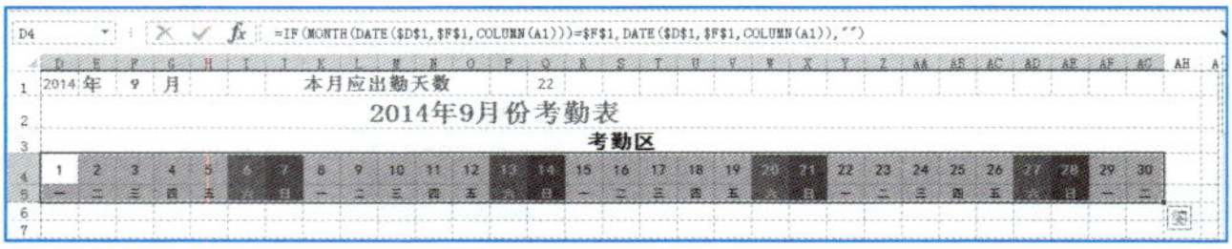

图9-48

❹ 将员工编号、姓名、所属部门填制到工作表中（可以从人事信息管理表中获取），选中表格的编辑区域，在“开始”菜单“数字”工具栏中单击“ ”（设置单元格格式）按钮，打开“设置单元格格式”对话框，单击“边框”标签，设置选中区域的边框，设置后效果如图9-49所示。

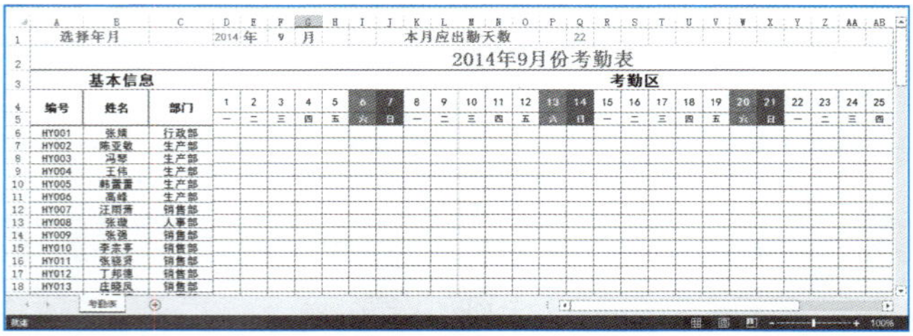

图9-49

步骤7：设置考勤区数据有效性

❶ 选中考勤区域，切换到“数据”选项卡，在“数据工具”组中单击

“数据验证”按钮（如图9-50所示），打开“数据验证”对话框。

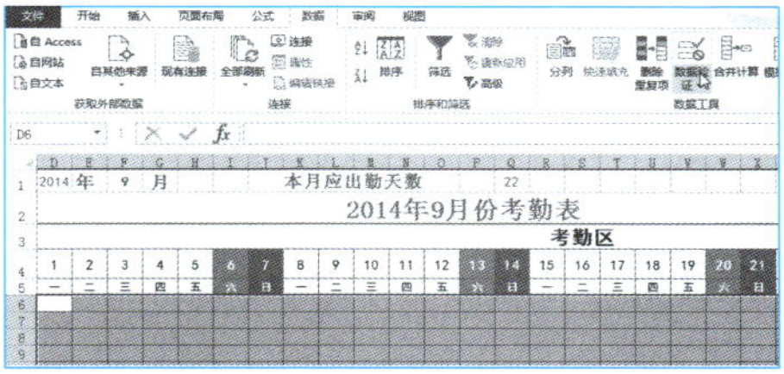

图9-50

2 单击“允许”下拉按钮，在下拉菜单中单击“序列”，在“来源”文本框中输入“√,事,病,旷,差,年,婚,迟1,迟2,迟3，如图9-51所示。

3 单击“确定”按钮，返回工作表中，选中考勤区域任意单元格，即可从下拉菜单中选择考勤情况，如图9-52所示。

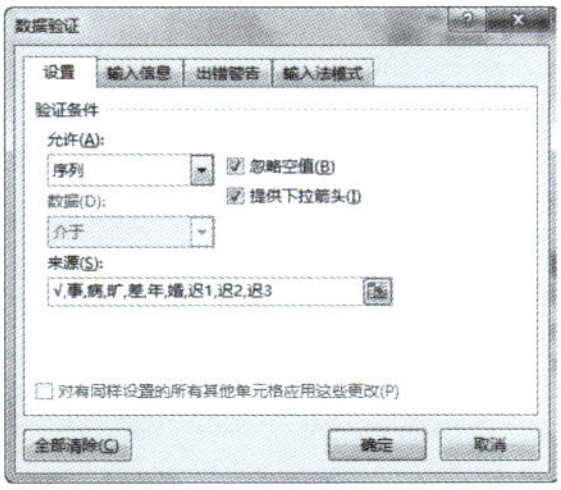

图9-51

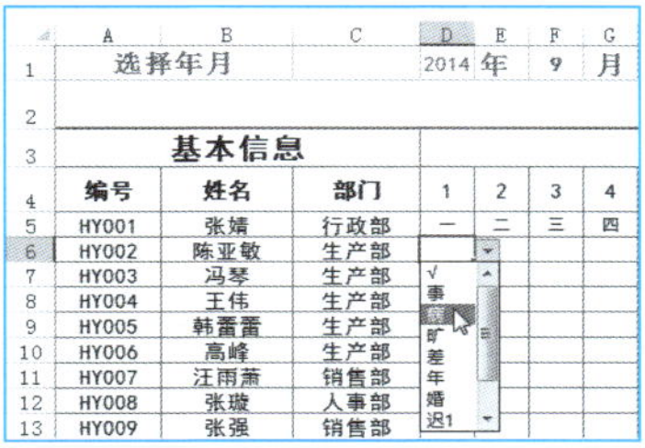

图9-52

提　示

根据当前企业设置的假别种类不同，考勤区中关于考勤选项的设置会稍有不同。如本例中用“事”表示“事假”、用“差”表示“出差”、用“迟”表示迟到半小时以内、用“迟1”表示迟到1小时以内、用“迟到2”表示迟到1小时以上（算做事假半天）等。要统计时以简洁为目标，只要根据实际情况做好相关约定即可。

4 根据员工每日的实际出勤情况，进行考勤。本月考勤完成后考勤表如图9-53所示。

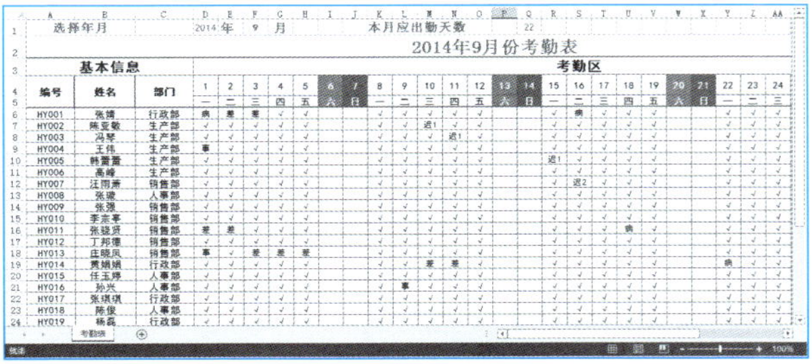

图9-53

文件107　员工出勤统计表

员工出勤一般都是与薪资挂钩的，因此很多企业都会在月底对员工月出勤情况进行统计，计算出每个员工出差、事假、病假、年假、迟到、旷工以及实际工作天数。

制作要点与设计效果图

- 冻结窗格
- COUNTIF函数
- 简单的公式计算

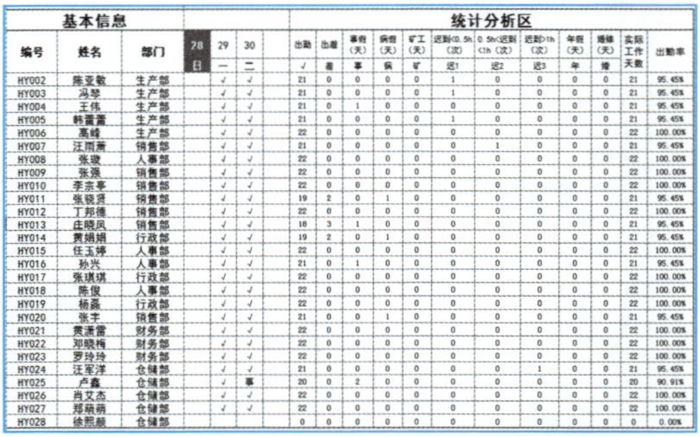

基本信息							统计分析区											
编号	姓名	部门	28	29	30		出勤	出差	事假（天）	病假（天）	旷工（天）	迟到<0.5h（次）	0.5h<迟到<1h（次）	迟到>1h（次）	年假（天）	婚嫁（天）	实际工作天数	出勤率
			日	一	二		✓	差	事	病	旷	迟1	迟2	迟3	年	婚		
HY002	陈亚敏	生产部		✓	✓		21	0	0	0	0	1	0	0	0	0	21	95.45%
HY003	冯琴	生产部		✓	✓		21	0	0	0	0	1	0	0	0	0	21	95.45%
HY004	王伟	生产部		✓	✓		21	0	1	0	0	0	0	0	0	0	21	95.45%
HY005	韩蕾蕾	生产部		✓	✓		21	0	0	0	0	1	0	0	0	0	21	95.45%
HY006	高峰	生产部		✓	✓		22	0	0	0	0	0	0	0	0	0	22	100.00%
HY007	汪雨萧	销售部		✓	✓		21	0	0	0	0	0	1	0	0	0	21	95.45%
HY008	张璇	人事部		✓	✓		22	0	0	0	0	0	0	0	0	0	22	100.00%
HY009	张强	销售部		✓	✓		22	0	0	0	0	0	0	0	0	0	22	100.00%
HY010	李宗亭	销售部		✓	✓		22	0	0	0	0	0	0	0	0	0	22	100.00%
HY011	张晓贤	销售部		✓	✓		19	2	0	1	0	0	0	0	0	0	21	95.45%
HY012	丁邦德	销售部		✓	✓		22	0	0	0	0	0	0	0	0	0	22	100.00%
HY013	庄晓凤	销售部		✓	✓		18	3	1	0	0	0	0	0	0	0	21	95.45%
HY014	黄娟娟	行政部		✓	✓		19	2	0	1	0	0	0	0	0	0	21	95.45%
HY015	任玉婷	人事部		✓	✓		22	0	0	0	0	0	0	0	0	0	22	100.00%
HY016	孙兴	人事部		✓	✓		21	0	1	0	0	0	0	0	0	0	21	95.45%
HY017	张琪琪	行政部		✓	✓		22	0	0	0	0	0	0	0	0	0	22	100.00%
HY018	陈俊	人事部		✓	✓		22	0	0	0	0	0	0	0	0	0	22	100.00%
HY019	杨磊	行政部		✓	✓		22	0	0	0	0	0	0	0	0	0	22	100.00%
HY020	张宇	销售部		✓	✓		21	0	0	1	0	0	0	0	0	0	21	95.45%
HY021	黄潇雷	财务部		✓	✓		22	0	0	0	0	0	0	0	0	0	22	100.00%
HY022	邓晓梅	财务部		✓	✓		22	0	0	0	0	0	0	0	0	0	22	100.00%
HY023	罗玲玲	财务部		✓	✓		22	0	0	0	0	0	0	0	0	0	22	100.00%
HY024	汪军洋	仓储部		✓	✓		21	0	0	0	0	0	0	1	0	0	21	95.45%
HY025	卢鑫	仓储部		✓	事		20	0	2	0	0	0	0	0	0	0	20	90.91%
HY026	肖艾杰	仓储部		✓	✓		22	0	0	0	0	0	0	0	0	0	22	100.00%
HY027	郑萌萌	仓储部		✓	✓		22	0	0	0	0	0	0	0	0	0	22	100.00%
HY028	徐熙颜	仓储部					0	0	0	0	0	0	0	0	0	0	0	0.00%

文件设计过程

步骤1：冻结窗格

❶ 新建工作簿，重命名工作表为“员工出勤统计表”，将员工月考勤表复制到工作表，在“考勤区”后面添加“统计分析区”，重新设置单元格边框格式，设置后效果如图9-54所示。

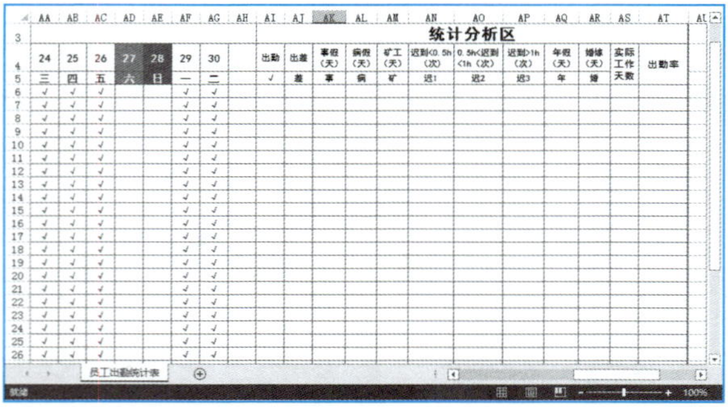

	AA	AB	AC	AD	AE	AF	AG	AH	AI	AJ	AK	AL	AM	AN	AO	AP	AQ	AR	AS	AT
3									统计分析区											
4	24	25	26	27	28	29	30		出勤	出差	事假（天）	病假（天）	旷工（天）	迟到<0.5h（次）	0.5h<迟到<1h（次）	迟到>1h（次）	年假（天）	婚嫁（天）	实际工作天数	出勤率
5	三	四	五	六	日	一	二		✓	差	事	病	旷	迟1	迟2	迟3	年	婚		
6	✓	✓	✓			✓	✓													
7	✓	✓	✓			✓	✓													
8	✓	✓	✓			✓	✓													
9	✓	✓	✓			✓	✓													
10	✓	✓	✓			✓	✓													
11	✓	✓	✓			✓	✓													
12	✓	✓	✓			✓	✓													
13	✓	✓	✓			✓	✓													
14	✓	✓	✓			✓	✓													
15	✓	✓	✓			✓	✓													
16	✓	✓	✓			✓	✓													
17	✓	✓	✓			✓	✓													
18	✓	✓	✓			✓	✓													
19	✓	✓	✓			✓	✓													
20	✓	✓	✓			✓	✓													
21	✓	✓	✓			✓	✓													
22	✓	✓	✓			✓	✓													
23	✓	✓	✓			✓	✓													
24	✓	✓	✓			✓	✓													
25	✓	✓	✓			✓	✓													
26	✓	✓	✓			✓	✓													

图9-54

❷ 选中D6单元格，切换到“视图”选项卡，在的“窗口”组中单击“冻结窗格”下拉按钮，在下拉菜单中单击“冻结拆分窗格”命令，如图9-55所示。

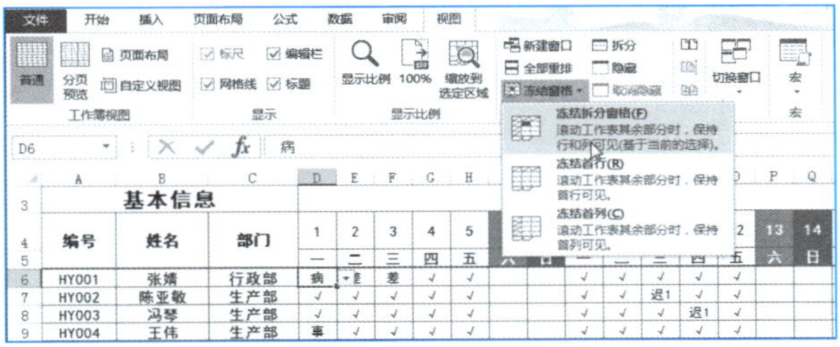

图9-55

3 单击“冻结拆分窗格”命令后，可以看到在窗口中向右移动查看数据时，“基本信息”始终显示，而“考勤区数据”则可以隐藏起来，如图9-56所示。

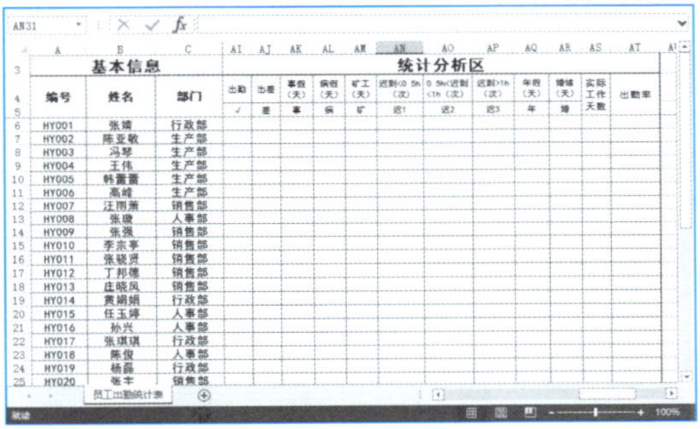

图9-56

提 示

冻结窗格主要用于实现锁定表格的行和列的功能，它可以将定位单元格左侧及上方的单元格锁定在屏幕上，避免滚屏时隐藏表格的行标识或列标识。

步骤2：统计员工出勤情况

1 选中AI6单元格，在公式编辑栏输入公式“=COUNTIF($D6:$AH6,AI$5)”，按Enter键，即可计算出张婧的实际出勤天数，如图9-57所示。

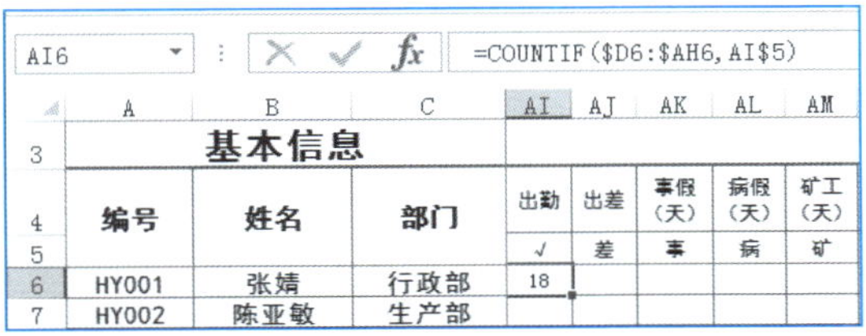

图9-57

公式分析:

=COUNTIF($D6:$AH6,AI$5)公式解析：

统计出$D6:$AH6单元格区域中，出现AI5单元格中显示符号的次数。注意此处公式对单元格的引用方式，这是为了方便向下复制公式，实现一次性返回所有员工的出勤天数。

2 选中AJ6单元格，在公式编辑栏输入公式“=COUNTIF($D6:$AH6,AJ$5)”，按Enter键，即可计算出张婧出差天数，如图9-58所示。

3 选中AK6单元格，在公式编辑栏输入公式“=COUNTIF($D6:$AH6,AK$5)”，按Enter键，即可计算出张婧事假天数，如图9-59所示。

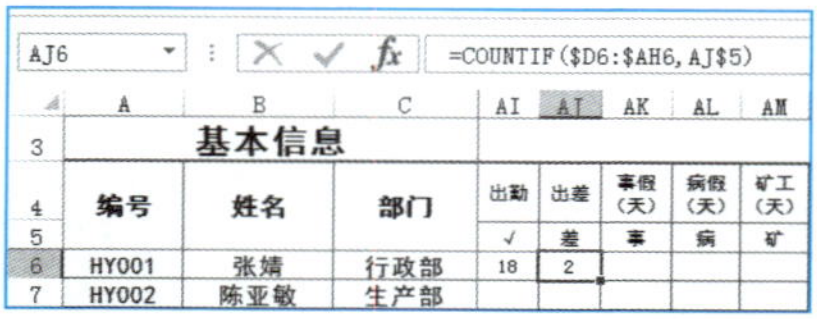

图9-58

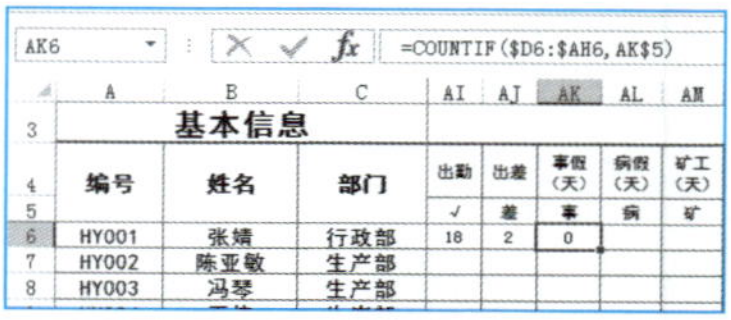

图9-59

4 选中AL6单元格，在公式编辑栏输入公式“=COUNTIF($D6:$AH6,AL$5)”，按Enter键，即可计算出张婧病假天数，如图9-60所示。

5 选中AL6单元格，将鼠标移动到单元格右下角，拖动填充柄向右填充到AR6单元格，计算出张婧的其他考勤情况，如图9-61所示。

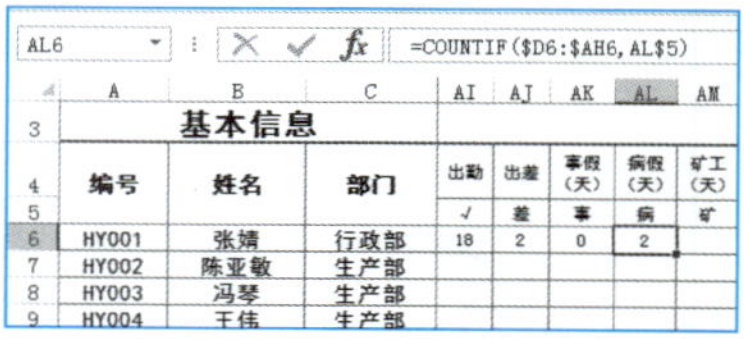

图9-60

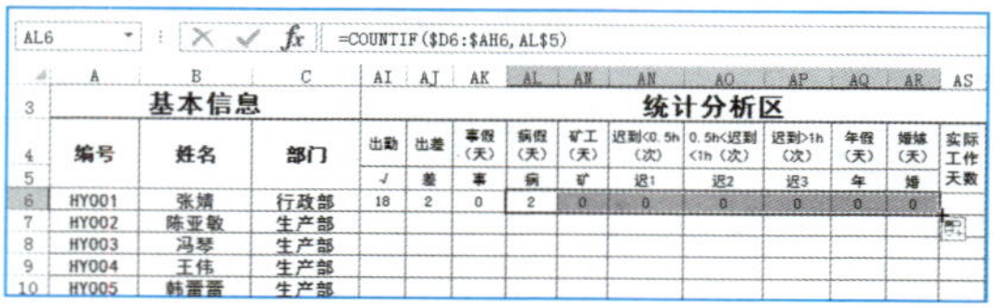

图9-61

6 选中AS6单元格，在公式编辑栏输入公式“=AI6+AJ6”，按Enter键，即可计算出张婧员工实际工作天数，如图9-62所示。

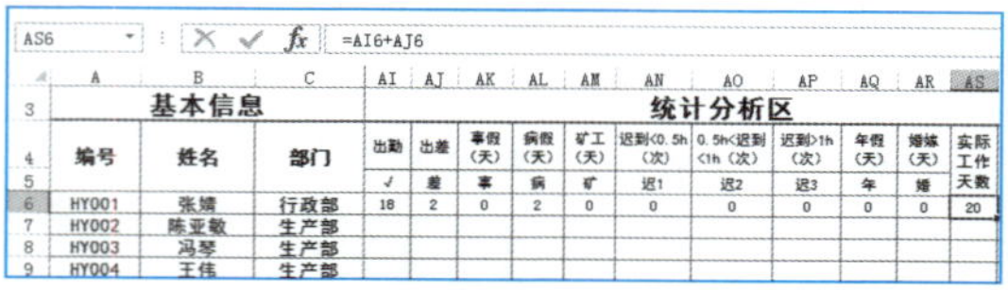

图9-62

7 选中AT6单元格，在公式编辑栏输入公式“=AS6/$Q$1”，按Enter键，即可计算出张婧的出勤率，在“开始”菜单“数字”组中设置其格式为百分比值，设置后效果如图9-63所示。

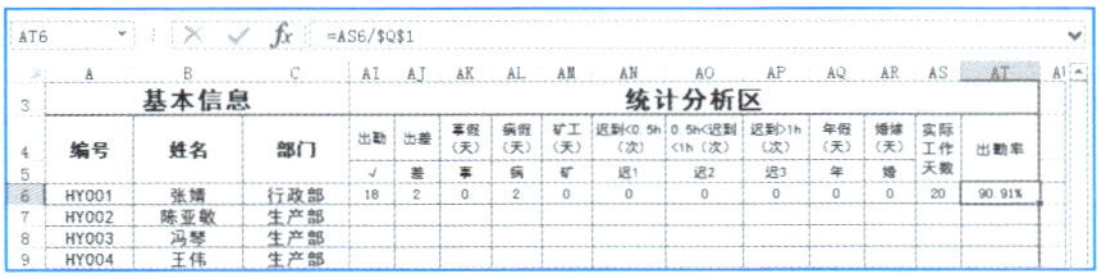

图9-63

8 选中AI6:AT6单元格区域，将鼠标移动到单元格右下角，拖动填充柄向下复制公式，释放鼠标即可一次性统计出所有员工本月考勤情况及出勤率，如图9-64所示。

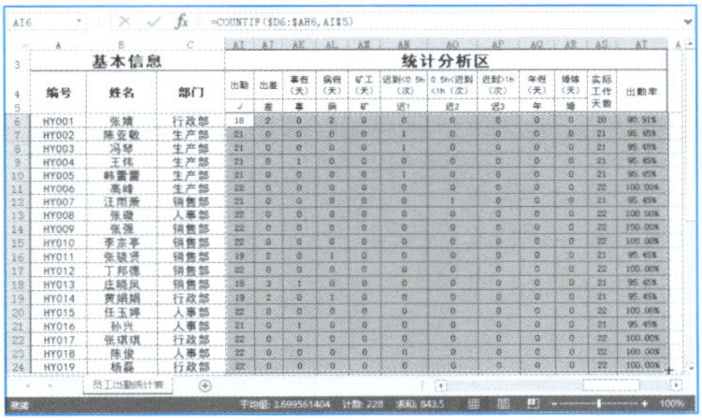

图9-64

文件108　员工出勤查询表

如果想要快速了解某位员工的出勤情况，可以在“员工出勤统计表”的基础上建立一份“员工出勤查询表”。只要输入员工姓名后，查询表中就能自动反映员工当月的出勤情况。

制作要点与设计效果图

- 设置边框效果
- 设置图案背景填充
- 设置数据验证
- VLOOKUP函数

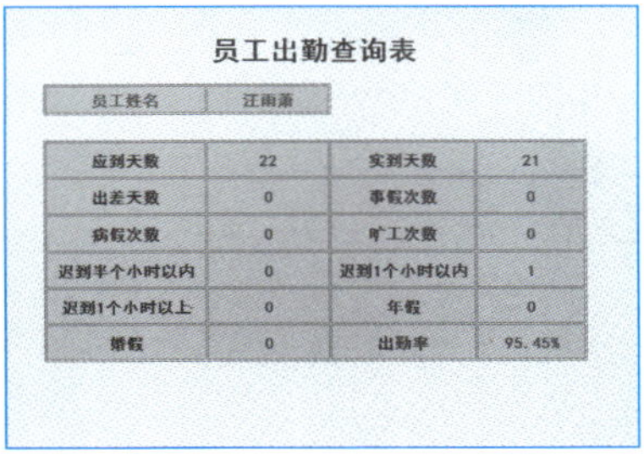

员工出勤查询表

员工姓名	汪雨萧

应到天数	22	实到天数	21
出差天数	0	事假次数	0
病假次数	0	旷工次数	0
迟到半个小时以内	0	迟到1个小时以内	1
迟到1个小时以上	0	年假	0
婚假	0	出勤率	95.45%

文件设计过程

步骤1：设置“员工姓名”下拉列表

1 在“员工出勤统计表”后插入新工作表，重命名为“员工出勤查询表”在工作表中创建表格，并设置背景填充，输入员工出勤查询资料，设置后效果如图9-65所示。

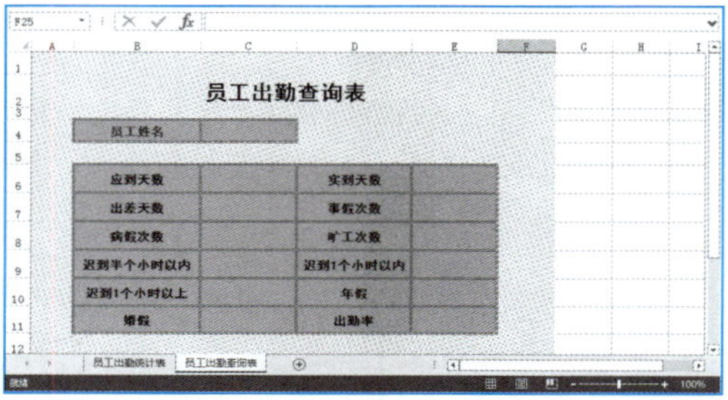

图9-65

2 选中C4单元格，切换到“数据”选项卡，在“数据工具”组中单击“数据验证”按钮（如图9-66所示），打开“数据有效性”对话框。

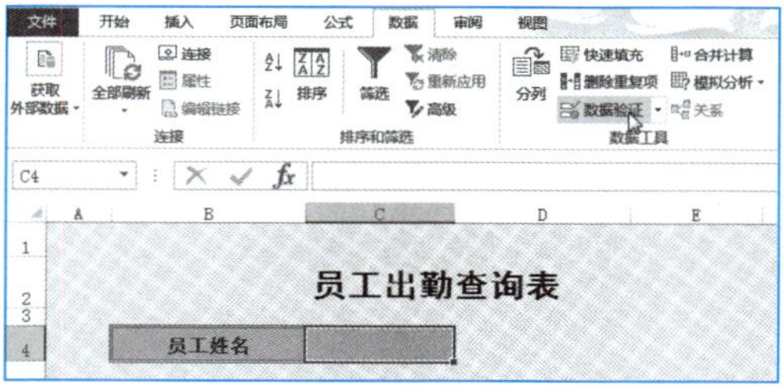

图9-66

3 在“允许”下拉菜单中单击“序列”，接着将光标定位到“来源”文本框，切换到“员工出勤统计表”工作表，拖动鼠标选取姓名所在区域单元格，如图9-67所示。

4 单击“确定”按钮，返回工作表，单击C4单元格下拉按钮，在其下拉菜单中即可单击要查询的员工姓名，如图9-68所示。

提 示

如果不需要使用自定义的“姓名”下拉列表，可以打开“数据验证”对话框，单击“全部清除”按钮，清除单元格的数据验证，即可清除自定义的下拉菜单。

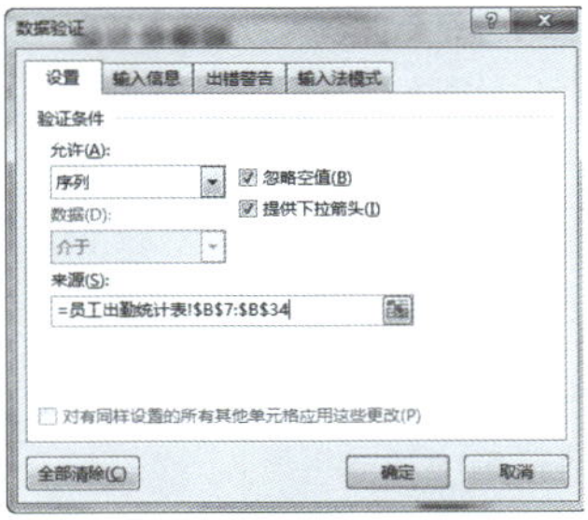

图9-67

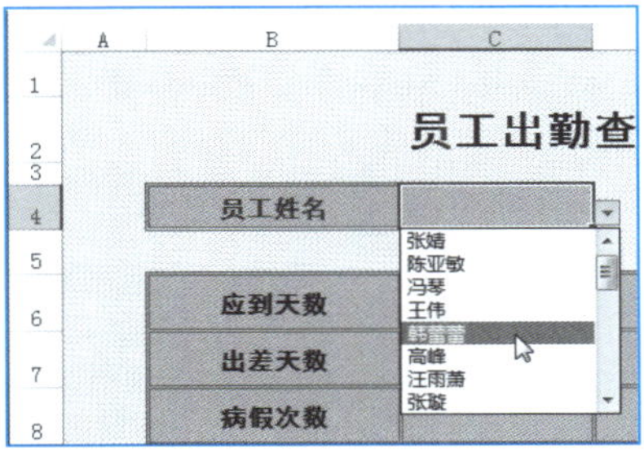

图9-68

步骤2：设置公式返回员工考勤信息

❶ 选中C6单元格，在公式编辑栏输入“=员工出勤统计表!Q1”，按Enter键，即可返回汪雨萧本月应到天数，如图9-69所示。

❷ 选中E6单元格，在公式编辑栏输入“=VLOOKUP(C4,员工出勤统计表!B5:AT34,44,FALSE)”，按Enter键，即可返回汪雨萧本月实到天数，如图9-70所示。

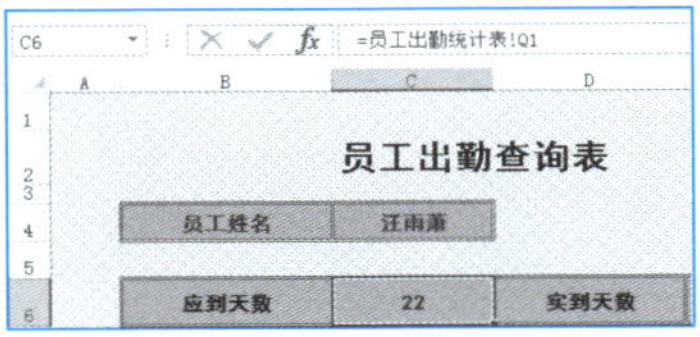

图9-69

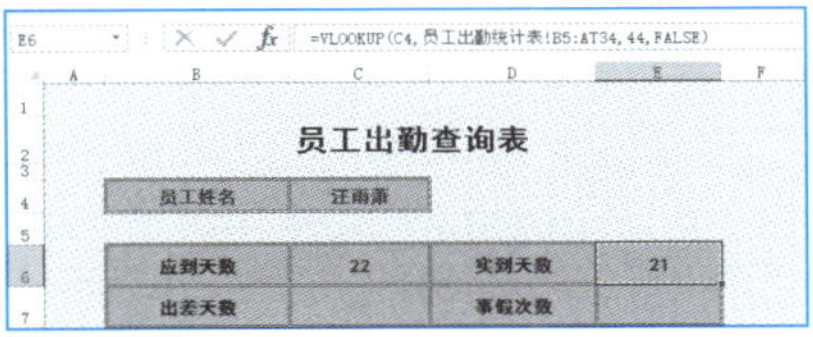

图9-70

公式分析：

“=VLOOKUP(C4,员工出勤统计表!B5:AT34,44,FALSE)”公式解析：

在员工出勤统计表的B5:AT34区域中查找到C4单元格姓名，返回从B5单元格开始第44行所对应的逻辑值。

❸ 选中C7单元格，在公式编辑栏输入“=VLOOKUP(C4,员工出勤统计表!B5:AT34,35,FALSE)”，按Enter键，即可返回汪雨萧本月出差天数，如图9-71所示。

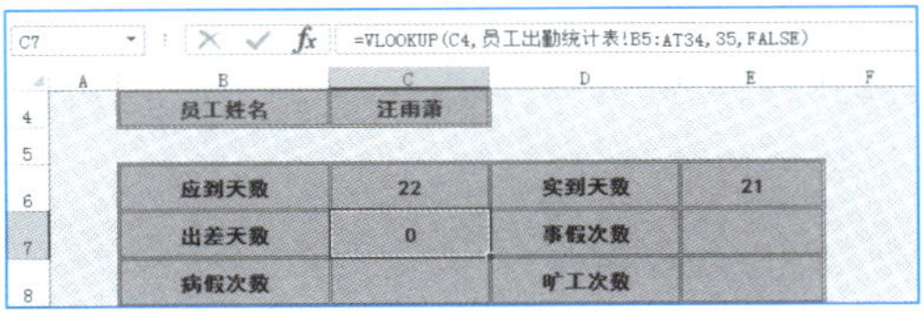

图9-71

4 选中E7单元格，在公式编辑栏输入“=VLOOKUP(C4,员工出勤统计表!B5:AT34,36,FALSE)”，按Enter键，即可返回汪雨萧本月事假天数，如图9-72所示。

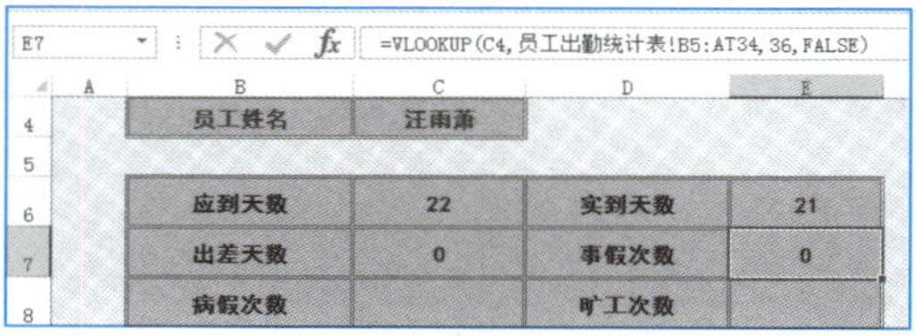

图9-72

5 按照类似的方法，从“员工出勤统计表”工作表中返回员工考勤信息，得到汪雨萧本月的所有考勤信息，如图9-73所示。

6 在C4单元格下拉列表中选择要查看的其他员工的姓名，如“张婧”，即可在员工出勤查询表中显示该员工的考勤情况，如图9-74所示。

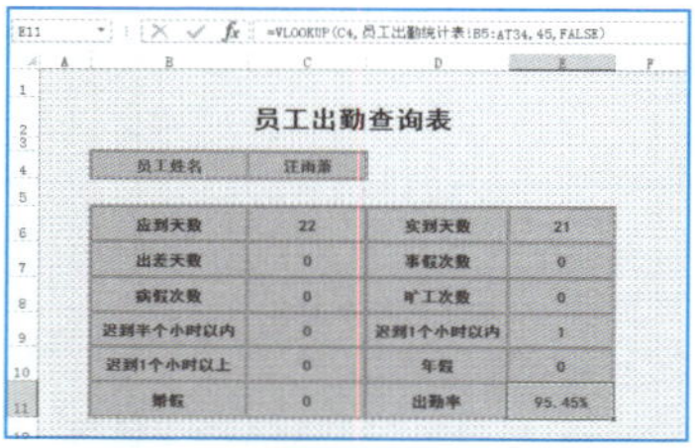

图9-73

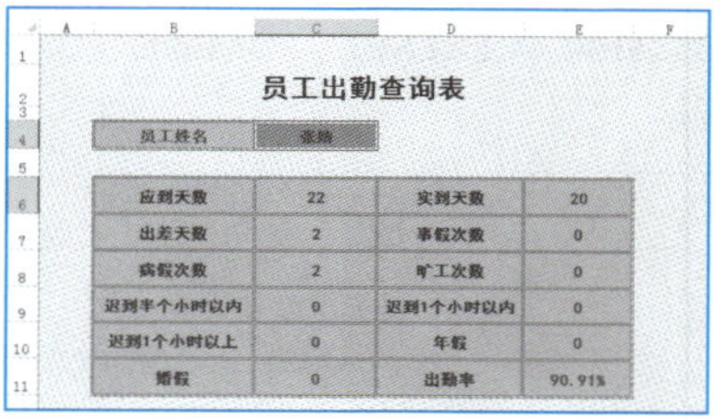

图9-74

文件109　员工出勤情况分析图

如果企业领导想要了解员工的日出勤情况，人力资源部门可以制作一张面积图来反映，因为面积图能够以面积区域大小来强调数量随着时间而变化的情况，从而有效地看出员工日出勤情况的变化程度

制作要点与设计效果图

- 创建面积图
- 设置数据系列格式
- 添加数据系列
- 更改数据系列图标类型

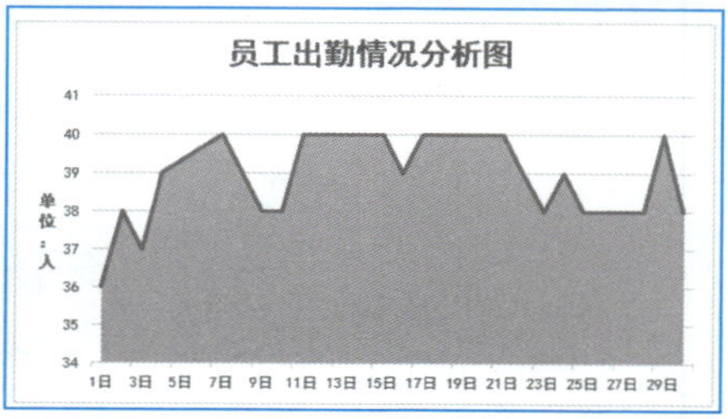

文件设计过程

步骤1：创建面积图

❶ 打开“9月员工出勤统计表”工作簿，按Ctrl键依次选中B2:W2、B4:W4单元格区域，切换到“插入”选项卡，在“图表”组中单击“▲·”（面积图）下拉按钮（如图9-75所示），在下拉菜单中单击“面积图”子图表类型，如图9-76所示。

❷ 单击“面积图”子图表类型后，即可在工作表中根据选择的数据源创建面积图，如图9-77所示。

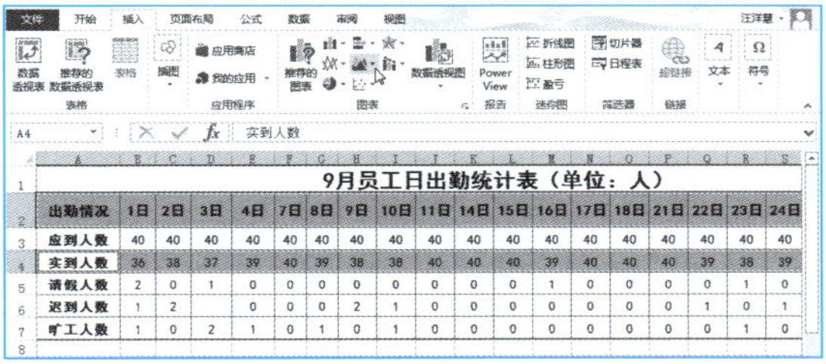

图9–75

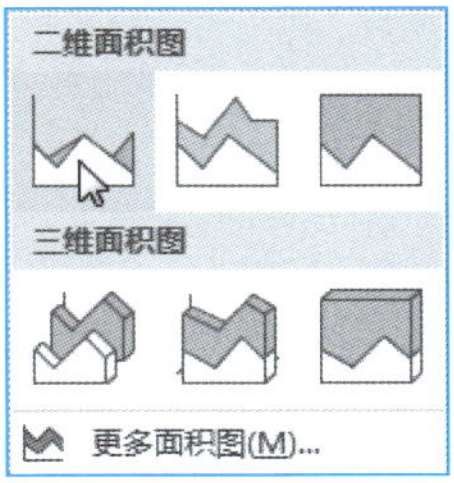

图9–76

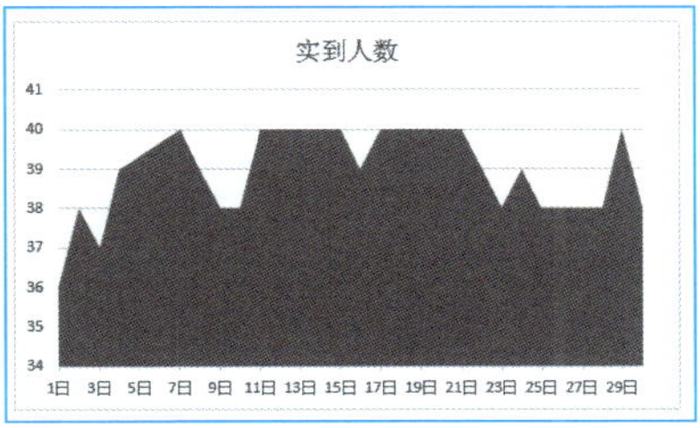

图9–77

步骤2：更改数据系列填充颜色

❶ 选中图表数据系列，单击鼠标右键，在弹出的菜单中单击“设置数据系列格式”命令，如图9-78所示。

❷ 打开“设置数据系列格式”窗格，单击“填充”标签，选中“纯色填充”单选按钮，接着单击“颜色”下拉按

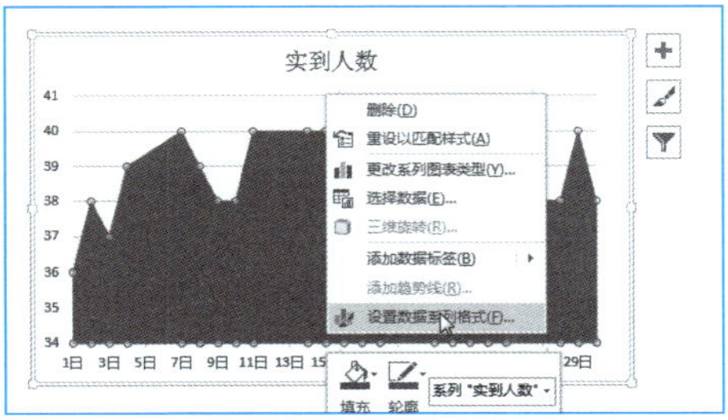

图9–78

钮，在下拉菜单中单击“浅绿”色块，如图9-79所示。

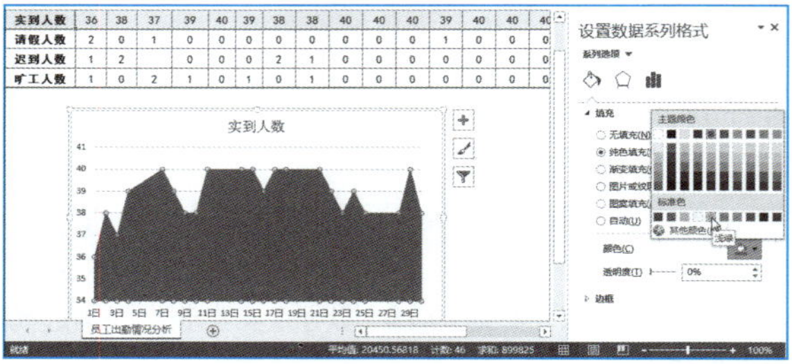

图9–79

3 单击“浅绿”颜色后，即可将工作表中的数据系列填充颜色更改为绿色，如图9-80所示。

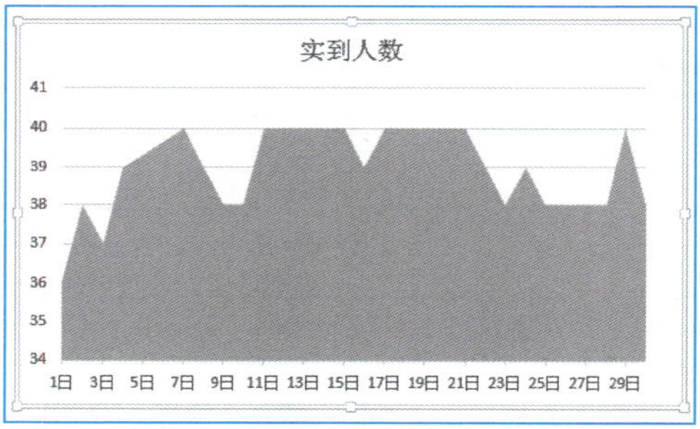

图9–80

步骤3：添加数据系列

1 选中图表，切换到“图表工具-设计”选项卡，在“数据”组中单击“选择数据”按钮（如图9-81所示），打开“选择数据源”对话框。

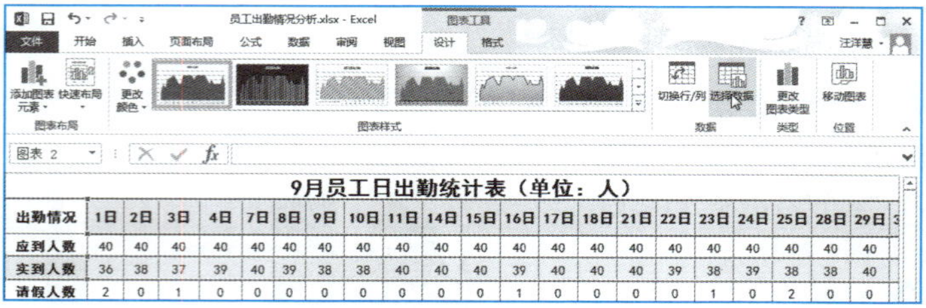

图9–81

2 在“图例项(系列)”列表中单击“添加”按钮（如图9-82所示），打开“编辑数据系列”对话框。

3 将光标放置在“系列值”文本框中，在工作表中拖动鼠标选中B4:W4单元格区域，如图9-83所示。

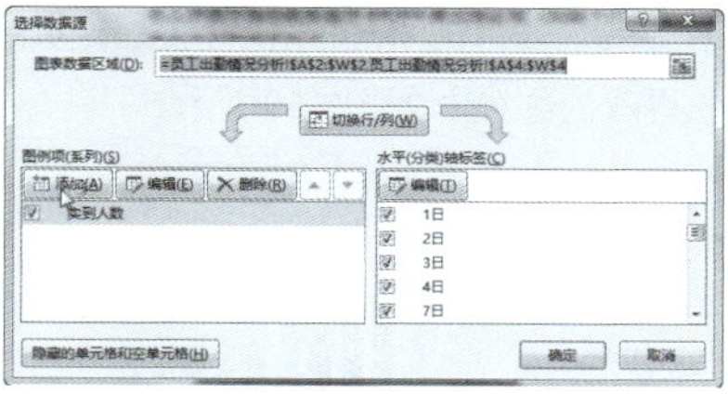

图9-82

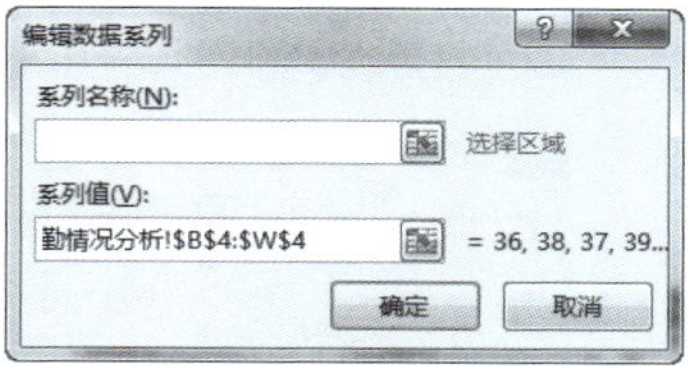

图9-83

步骤4：更改图表类型

1 单击“确定”按钮，返回工作表中，即可在图表中添加“系列2”数据系列（如图9-84所示），选中“系列2”，单击鼠标右键，在弹出的菜单中选择“更改图表类型”命令（如图9-85所示），打开“更改图表类型”对话框。

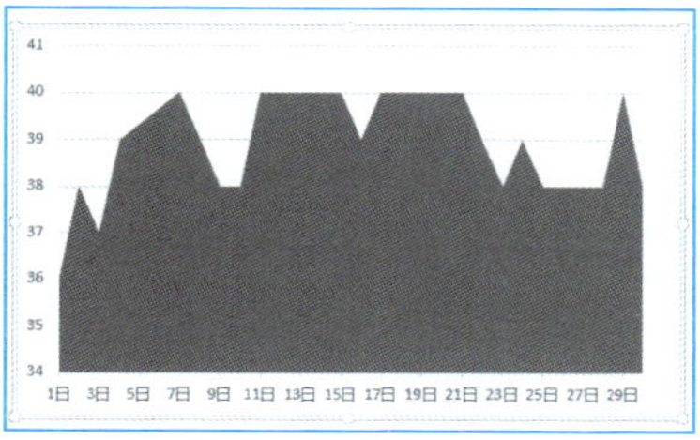

图9-84

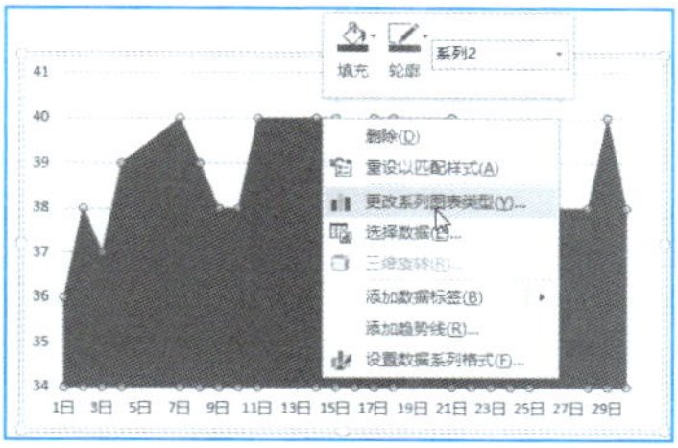

图9-85

2 在“为您的数据系列选择图表类型和轴”区域单击“系列2”区域的“面积图”下拉按钮，在下拉菜单中单击，“折线图”子图表类型（如图9-86所示），此时可以将“系列2”数据系列的图表类型更改为折线图（如图9-87所示），单击“确定”按钮，返回工作表中，即可看到更改后的效果。

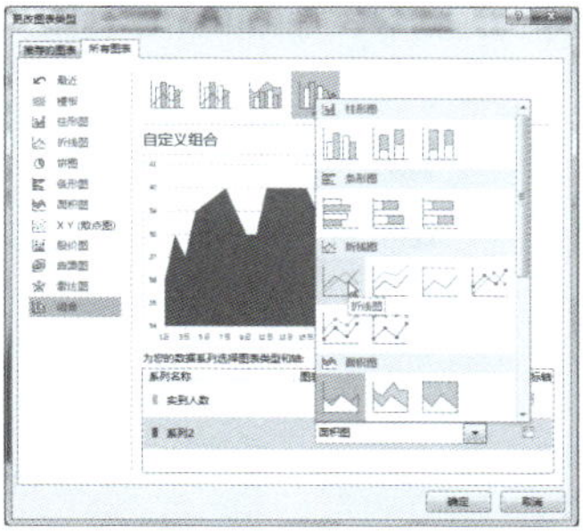

图9-86

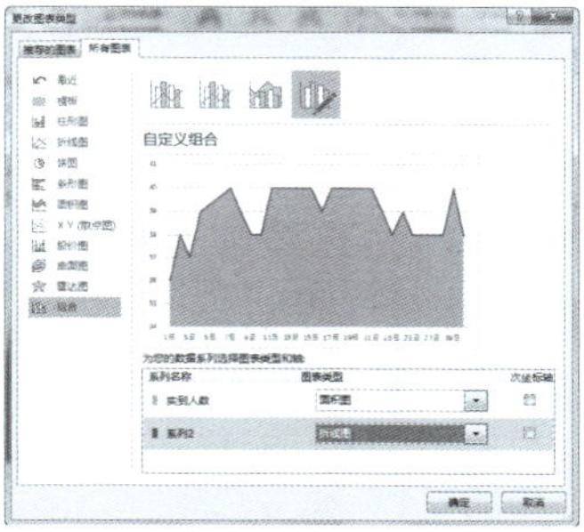

图9-87

步骤5：设置折线图形状轮廓颜色

❶ 选中折线图数据系列，切换到“图表工具-布局”选项卡，在“形状样式”组中单击“形状轮廓”下拉按钮，在下拉菜单中单击“红色”，如图9-88所示。即可将折线图的数据系列线条颜色更改为红色，如图9-89所示。

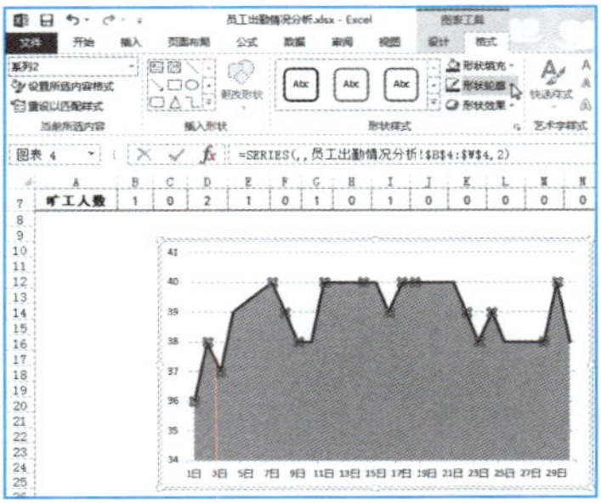

图9-88

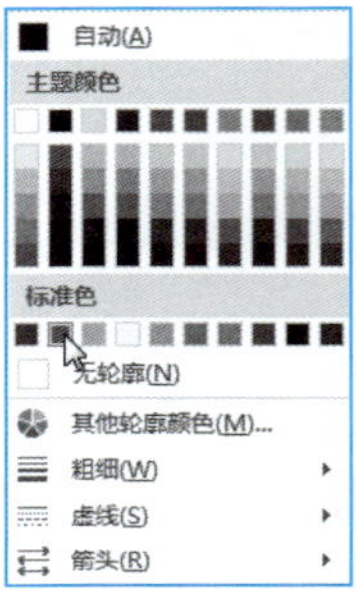

图9-89

❷ 单击“红色”后，即可将折线图形状轮廓更改为红色，如图9-90所示。

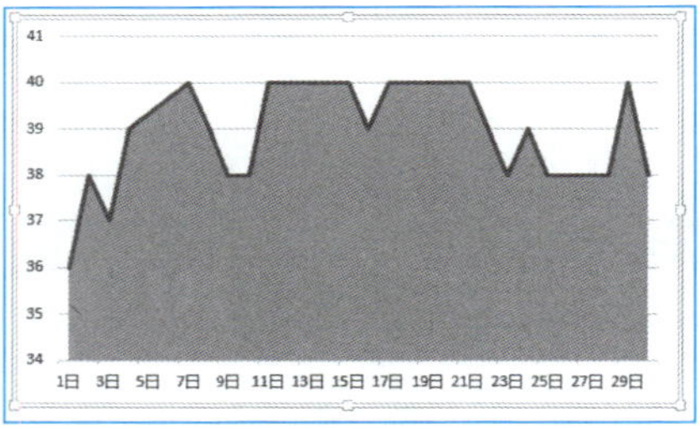

图9-90

步骤6：添加图表标题

❶ 选中图表，单击“图表元素”按钮，在弹出的菜单中单击“图表标题”右侧的“▸”，在弹出的子菜单中单击“图表上方”命令，如图9-91所示。

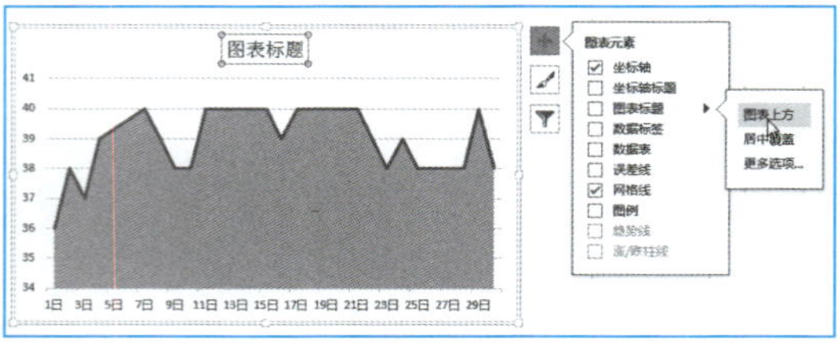

图9-91

❷ 单击“图表上方”命令后，即可在图表方法添加“图表标题”文本框，

将图表标题更改为“员工出勤情况分析图”，如图9-92所示。

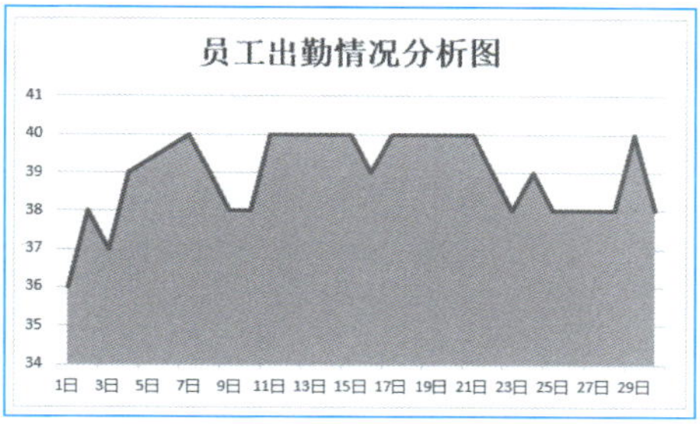

图9–92

步骤7：添加坐标轴标题

❶ 选中图表，单击“图表元素”按钮，在弹出的菜单中单击“坐标轴标题”右侧的“▸”，在弹出的子菜单中单击“主要纵坐标标题”命令，如图9-93所示。

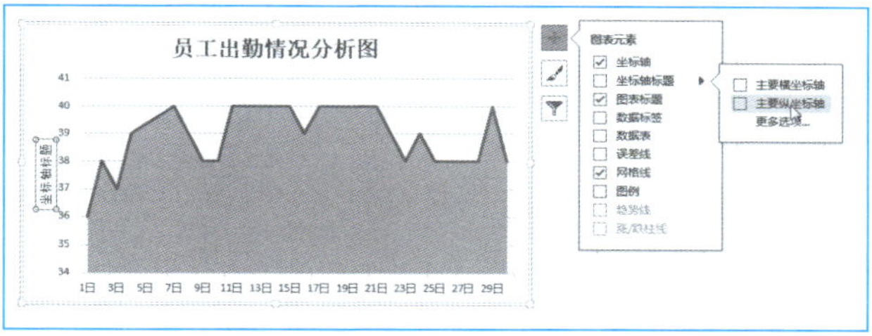

图9–93

❷ 单击“主要纵坐标标题”命令后，即可为图表添加纵坐标标题，重命名标题为“单位：人”，切换到“开始”选项卡，在“对齐方式”组中单击“ab↗”（方向）下拉按钮，在下拉菜单中单击“竖排文字”命令，如图9-94所示。

❸ 单击“竖排文字”命令后，即可将纵坐标轴更改为竖排文字，如图9-95所示。

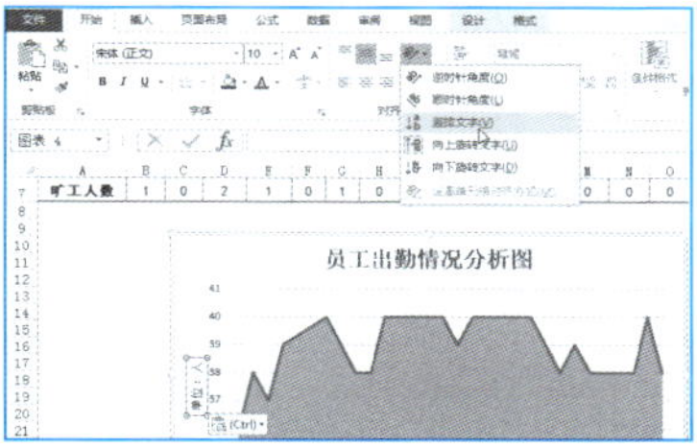

图9–94

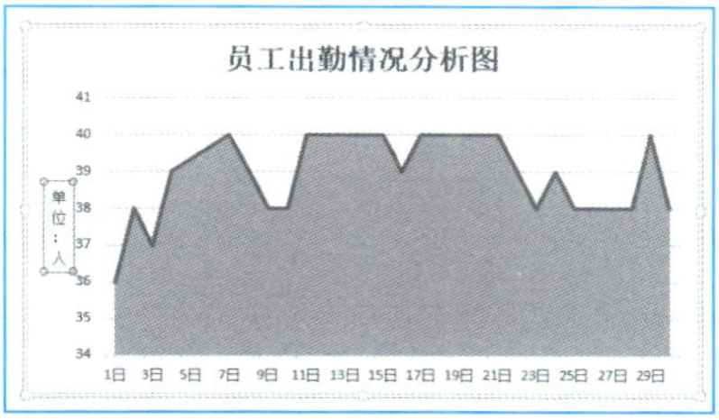

图9–95

❹ 在“开始”选项卡的“字体”选项组中重新设置图表中字体格式，设置后效果如图9-96所示。

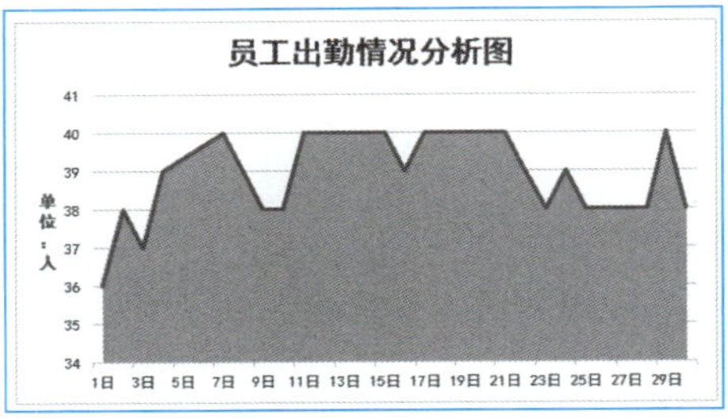

图9-96

文件110　员工请假情况表

员工请假查询表，能够方便员工或是企业相关领导查询员工请假情况，通过筛选功能筛选出某一段时间或某个员工的请假情况。

制作要点与设计效果图

- 移动或复制工作表
- 删除分类汇总
- 筛选
- 删除文本筛选

员工请假情况表

请假日期	员工编号	员工姓名	部门	请假类型	请假天数	应扣工资
2014/8/13	PX14	陈怡	供应部	病假	1	20
2014/8/5	PX03	韩文蓓	销售部	病假	1	20
2014/8/11	PX12	葛丽	销售部	事假	0.5	25
2014/8/10	PX06	韩燕	行政部	年假	0.5	0
2014/8/13	PX01	王磊	人事部	病假	0.5	10
2014/8/5	PX07	陶莉莉	销售部	年假	0.5	0

文件设计过程

步骤1：复制工作表

❶ 新建“月度考勤统计表”工作簿，在工作表中输入员工请假情况以及请假扣款金额，如图9-97所示。

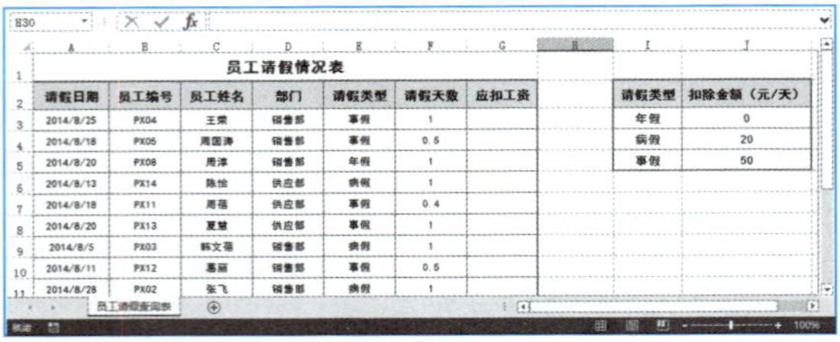

员工请假情况表

请假日期	员工编号	员工姓名	部门	请假类型	请假天数	应扣工资
2014/8/25	PX04	王荣	销售部	事假	1	
2014/8/18	PX05	周国涛	销售部	事假	0.5	
2014/8/20	PX08	周涛	销售部	年假	1	
2014/8/13	PX14	陈怡	供应部	病假	1	
2014/8/18	PX11	周蓓	供应部	事假	0.4	
2014/8/20	PX13	夏慧	供应部	事假	1	
2014/8/5	PX03	韩文蓓	销售部	病假	1	
2014/8/11	PX12	葛丽	销售部	事假	0.5	
2014/8/28	PX02	张飞	销售部	病假	1	

请假类型	扣除金额（元/天）
年假	0
病假	20
事假	50

图9-97

❷ 选中G3单元格，在公式编辑栏输入公式“”，按Enter键，即可计算出王荣的应扣工资，如图9-98所示。

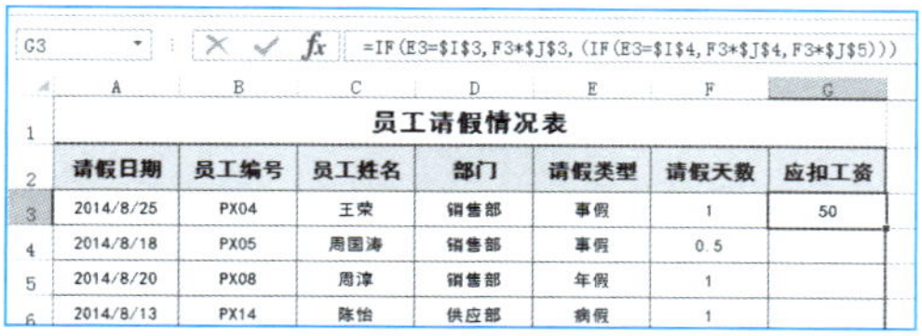

请假日期	员工编号	员工姓名	部门	请假类型	请假天数	应扣工资
2014/8/25	PX04	王荣	销售部	事假	1	50
2014/8/18	PX05	周国涛	销售部	事假	0.5	
2014/8/20	PX08	周淳	销售部	年假	1	
2014/8/13	PX14	陈怡	供应部	病假	1	

图9-98

❸ 选中G3单元格，将鼠标移动到单元格右下角，拖动填充柄向下复制公式，即可得到所有员工的请假扣款情况，如图9-99所示。

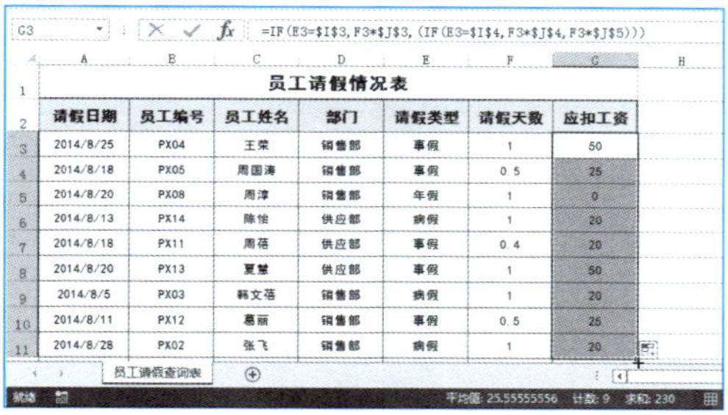

请假日期	员工编号	员工姓名	部门	请假类型	请假天数	应扣工资
2014/8/25	PX04	王荣	销售部	事假	1	50
2014/8/18	PX05	周国涛	销售部	事假	0.5	25
2014/8/20	PX08	周淳	销售部	年假	1	0
2014/8/13	PX14	陈怡	供应部	病假	1	20
2014/8/18	PX11	周蓓	供应部	事假	0.4	20
2014/8/20	PX13	夏慧	供应部	事假	1	50
2014/8/5	PX03	韩文蓓	销售部	病假	1	20
2014/8/11	PX12	葛丽	销售部	事假	0.5	25
2014/8/28	PX02	张飞	销售部	病假	1	20

图9-99

步骤2：筛选出姓“李”员工的请假记录

❶ 选中C3单元格，切换到“数据”选项卡，在“排序和筛选”组中单击“筛选”按钮，即可为列标示添加筛选按钮，如图9-100所示。

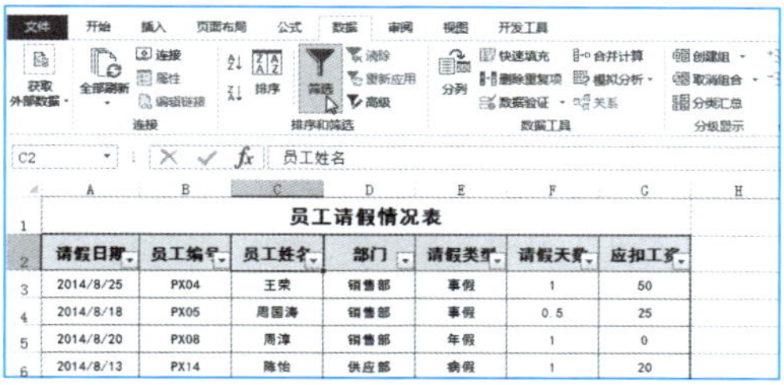

请假日期	员工编号	员工姓名	部门	请假类型	请假天数	应扣工资
2014/8/25	PX04	王荣	销售部	事假	1	50
2014/8/18	PX05	周国涛	销售部	事假	0.5	25
2014/8/20	PX08	周淳	销售部	年假	1	0
2014/8/13	PX14	陈怡	供应部	病假	1	20

图9-100

❷ 单击“员工姓名”右侧的下拉按钮，在弹出的菜单中单击“文本筛选”命令，在弹出的子菜单中单击“包含”命令（如图9-101所示），打开“自定义自动筛选方式”对话框。

❸ 在“包含”后文本框中输入“韩*”，如图9-102所示。

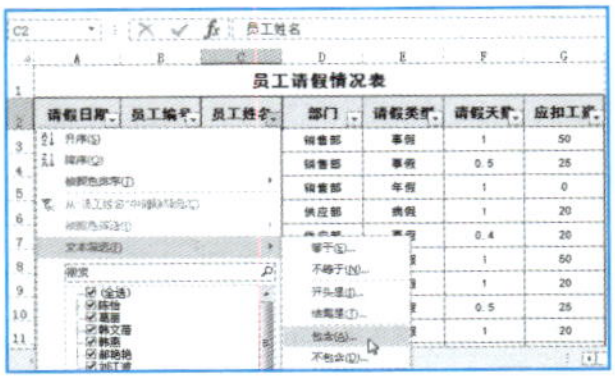

图9-101

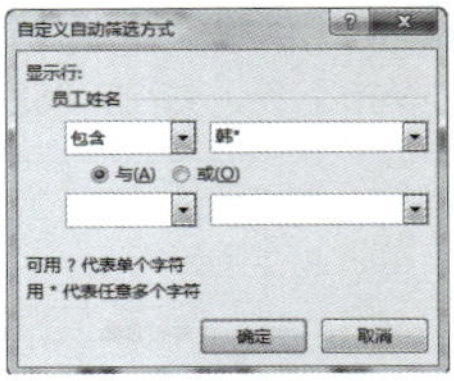

图9-102

❹ 单击“确定”按钮，返回工作表中，此时只显示了姓“李”员工的请假记录，如图9-103所示。

员工请假情况表

请假日期	员工编号	员工姓名	部门	请假类型	请假天数	应扣工资
2014/8/5	PX03	韩文荷	销售部	病假	1	20
2014/8/10	PX06	韩燕	行政部	年假	0.5	0

图9-103

步骤3：筛选出8月前半个月的请假记录

❶ 单击“请假日期”右侧的下拉按钮，在弹出的菜单中单击“日期筛选”命令，在弹出的子菜单中单击“介于”命令（如图9-104所示），打开“自定义自动筛选方式”对话框。

❷ 在分别文本框中输入介于输入“2014-8-1”和“2014-8-15”，如图9-105所示。

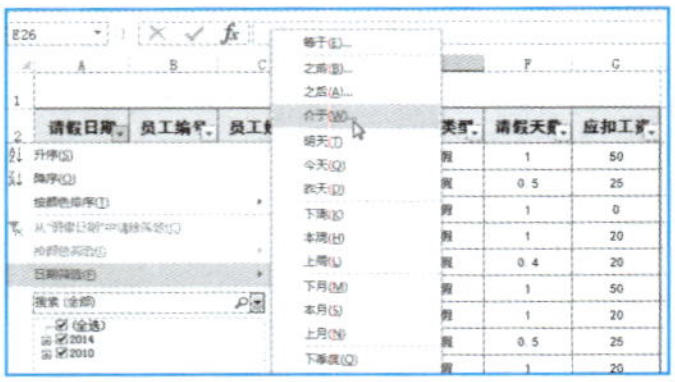

图9-104

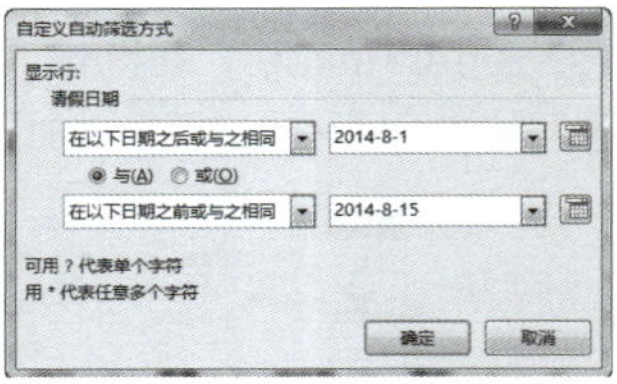

图9-105

❸ 单击“确定”按钮，返回工作表中，此时只显示前半个月的请假记录，如图9-106所示。

员工请假情况表

请假日期	员工编号	员工姓名	部门	请假类型	请假天数	应扣工资
2014/8/13	PX14	陈怡	供应部	病假	1	20
2014/8/5	PX03	韩文荷	销售部	病假	1	20
2014/8/11	PX12	葛丽	销售部	事假	0.5	25
2014/8/10	PX06	韩燕	行政部	年假	0.5	0
2014/8/13	PX01	王磊	人事部	病假	0.5	10
2014/8/5	PX07	陶莉莉	销售部	年假	0.5	0

图9-106

文件111　员工签到簿

一般情况下，企业采取指纹打卡或纸质打卡的方式记录员工的出勤情况，对于新进员工还没有录制指纹或发放打卡纸时，可以先制作员工签到簿，对其出勤情况进行签到，便于月底统计员工的考勤情况。

制作要点与设计效果图

- 打印标题行
- 预览实际打印效果
- 缩放到页面效果

员工签到簿

序号	上班时间	签到者	下班时间	签退者

人事　　总经理　　经理　　主管

文件112　员工年假休假统计表

一般情况下，企业会根据员工在公司服务年限给予不同的年假天数，如1年以上3年以下员工给予5天的年假，3年或3年以上给予8天的年假，有些时候员工会根据实际情况进行分段休假，这就需要人力资源部门对员工年假使用情况进行统计。

制作要点与设计效果图

- IF函数
- DAYS360函数
- 自定义计算公式

员工年假休假统计表

休假人数							工作代理人
工龄	姓名	应休日数	休假开始日	休假结束日	已休日数	剩余天数	姓名
2	谢鹏飞	5	2014/9/5	2014/9/8	3	2	刘艳
3	刘楠	10	2014/9/7	2014/9/12	5	5	陈飞
5	王浩	10	2014/9/8	2014/9/15	7	3	王真
2	陈涛	5	2014/9/10	2014/9/12	2	3	刘菲
3	刘瑞	10	2014/9/11	2014/9/15	4	6	陈波
1	黄熙	5	2014/9/14	2014/9/16	2	3	陈俊
5	何明	10	2014/9/15	2014/9/18	3	7	王华
3	王真	10	2014/9/16	2014/9/20	4	6	陈昊
1	刘鲍	5	2014/9/17	2014/9/20	3	2	刘远
3	何义	10	2014/9/20	2014/9/22	2	8	陈圆
5	刘青	10	2014/9/21	2014/9/25	4	6	刘靓
2	陈刚	5	2014/9/22	2014/9/25	3	2	何俊
1	王昊	5	2014/9/23	2014/9/25	2	3	陈耀
3	陈凯	10	2014/9/23	2014/9/27	4	6	王鑫
4	赵栏	10	2014/9/25	2014/9/28	3	7	刘强
2	陈艳	5	2014/9/26	2014/10/1	5	0	王峰
3	王敏	10	2014/9/27	2014/10/3	6	4	刘灵

文件113　员工出勤率统计表

人力资源部门想要统计各月每日的出勤情况，可以借助应到人数、实到人数计算出企业员工的日出勤率，然后根据出勤率创建出勤率比较图，以便清晰地了解日出勤率的变化。

制作要点与设计效果图

- 相对引用
- 应用百分比格式
- 应用图表样式
- 设置标记线样式为平滑线

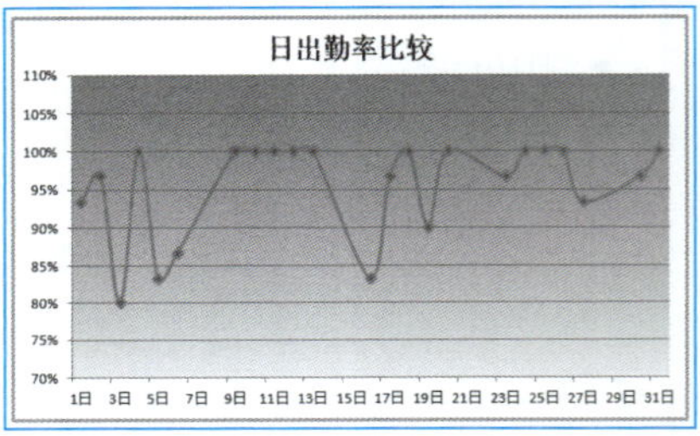

文件114　员工出勤工薪记录表

通常情况下，员工的薪资与员工的出勤情况是相连的。如果员工不能正常出勤，公司就会根据相关制度对其进行出勤扣款处理，如“员工出勤工薪记录表”是以小时为基础，对员工工资进行统计。

制作要点与设计效果图

- 忽略公式检查错误
- SUM函数
- PRODUCT函数
- 应用会计数字格式

员工出勤工薪记录表

编号	DF0002		姓名	滕蔓	部门	行政部			
2014 年 10 月 1 日					到 2014 年 10 月 31 日				
日期	上午	下午	加班	小计	日期	上午	下午	加班	小计
1	3	4	2	9	16	2	5	2	9
2	2	3	1	6	17	3	2	0	5
3	3	5	1	9	18	2	3	2	7
4	3	3	0	6	19	3	5	1	9
5	4	4	1	9	20	4	4	0	8
6	3	3	0	6	21	2	6	1	9
7	4	3	1	8	22	3	5	0	8
8	2	5	2	9	23	2	3	0	5
9	3	3	1	7	24	1	5	0	6
10	4	2	0	6	25	2	4	0	6
11	2	5	0	7	26	3	2	1	6
12	3	3	0	6	27	5	3	0	8
13	5	4	1	10	28	2	5	0	7
14	4	3	2	9	29	3	2	1	6
15	2	2	0	4	30	1	5	0	6
					31	3	3	2	8
总工作小时数	202				应减额				
每小时薪资	¥	17.00			餐费	¥	450.00		
总薪资额	¥	3,434.00			所得税	¥	-		
加班时数	22				劳保费	¥	226.50		
加班费	¥	528.00			借款	¥	500.00		
点心费	¥	200.00			小计	¥	1,176.50		
合计	¥	4,162.00			实支	¥	2,985.50		

文件115　员工考勤日报表

员工考勤日报表是用于计算企业当日应到人数、实到人数、迟到人数、病假人数、事假人数等信息的统计结果表格。

制作要点与设计效果图

- 设置对齐方式
- 绘制线条
- 手动调整列宽
- 冻结窗格
- 强制换行

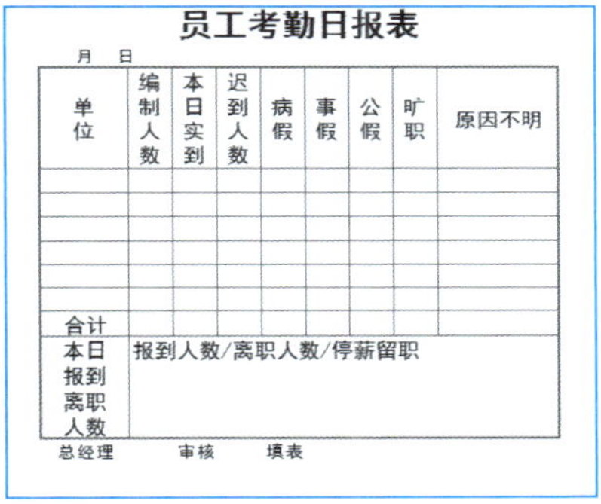

员工考勤日报表

月　日

单位	编制人数	本日实到	迟到人数	病假	事假	公假	旷职	原因不明
合计								
本日报到离职人数	报到人数/离职人数/停薪留职							

总经理　　审核　　填表

文件116　特别休假请假单

为了激励员工努力、认真工作，以争取特别休假机会，公司会根据企业利润制定一些特别休假规定，如国家规定外的其他带薪假等，但在请假之前也需要填写相应的请假单。

制作要点与设计效果图

- 设置字体格式
- 设置对齐方式
- 绘制线条
- 手动调整列宽

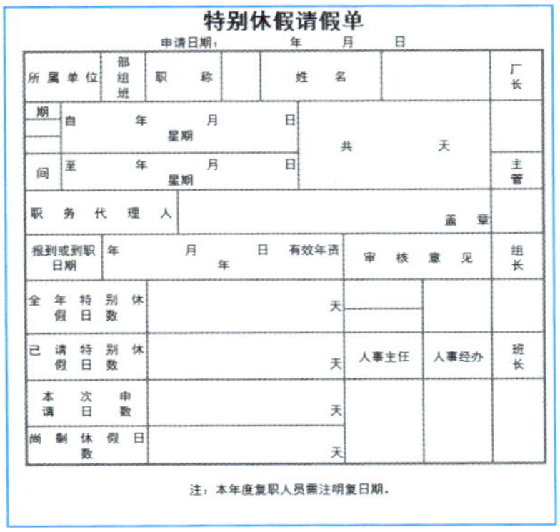

特别休假请假单

申请日期：　　年　　月　　日

所属单位	部组班	职称		姓名		厂长
期间	自　年　月　日 星期			共　天		
	至　年　月　日 星期					主管
职务代理人	盖章					
报到或到职日期	年　月　日 有效年资　年			审核意见		组长
全年特别休假日数	天					
已请特别休假日数	天			人事主任	人事经办	班长
本次申请日数	天					
尚剩休假日数	天					

注：本年度复职人员需注明复日期。

读书笔记

Excel

第10章

员工值班与加班管理表格

加班和值班虽然只有一字之差，但区别却很大。加班是指企业在法定工作时间以外的时间仍要求员工从事生产或工作，而值班是指企业在正常工作日之外，有时会要求员工负担一定非生产性责任的任务。在保证企业经营顺利进行的前提下，有时企业是需要要求员工加班或值班的。企业应对相应的员工加班或值班情况进行统计，并给予员工相应的报酬作为补偿。

在统计员工加班或值班情况时，常用的加班或值班管理表格有：加班安排表、值班人员合理调整表、值班人员提醒表、值班人员记录表、加班工资统计表等。

编号	文件名称	对应的数据源	重要星级
文件117	值班安排表	第10章\文件117 值班安排表.xlsx	★★★★★
文件118	值班人员的合理调整表	第10章\文件118 值班人员的合理调整表.xlsx	★★★★★
文件119	值班人员提醒表	第10章\文件119 值班人员提醒表.xlsx	★★★★★
文件120	值班记录查询表	第10章\文件120 值班记录查询表.xlsx	★★★★
文件121	加班工资统计表	第10章\文件121 加班工资统计表.xlsx	★★★★
文件122	值班人员联系簿	第10章\文件122 班工资统计表.xlsx	★★★★
文件123	值班餐费申请单	第10章\文件123 值班餐费申请单.xlsx	★★★★
文件124	员工加班申请表	第10章\文件124 员工加班申请表.xlsx	★★★
文件125	加班记录表	第10章\文件125 加班记录表.xlsx	★★★
文件126	加班费用计算表	第10章\文件126 加班费用计算表.xlsx	★★★
文件127	值班补贴申请表	第10章\文件127 值班补贴申请表.xlsx	★★★
文件128	值班替换申请表	第10章\文件128 值班替换申请表.xlsx	★★★
文件129	员工工时记录表	第10章\文件129 员工工时记录表.xlsx	★★★
文件130	工作时间记录卡	第10章\文件130 工作时间记录卡.xlsx	★★★
文件131	加班费申请单	第10章\文件131 加班费申请单.xlsx	★★★

文件117　值班安排表

很多企业为了留住顾客，往往根据需要安排员工进行值班，从而解决客户在非正常上班时间遇到的麻烦或问题。值班安排表时用来存放管理者制定的员工值班时间安排计划表。

制作要点与设计效果图

- 插入批注
- 编辑批注
- 查阅批注

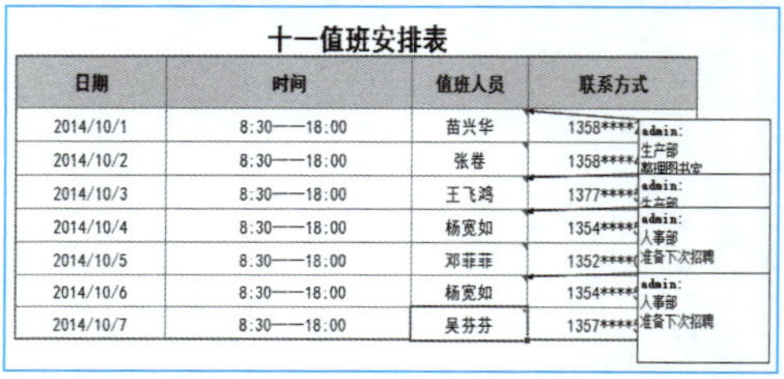

文件设计过程

步骤1：新建批注

① 打开“值班安排表”工作簿，选中C3单元格，切换到“审阅”选项卡，在“批注”组中单击“新建批注”选项，如图10-1所示。

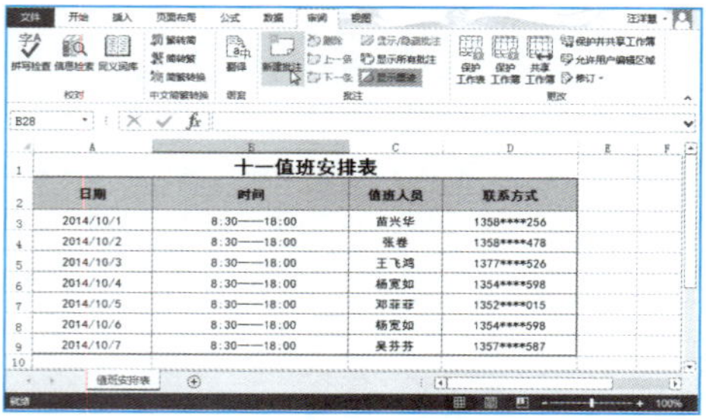

图10-1

② 即可为选中单元格添加批注框，在批注框中输入批注文本，如图10-2所示。

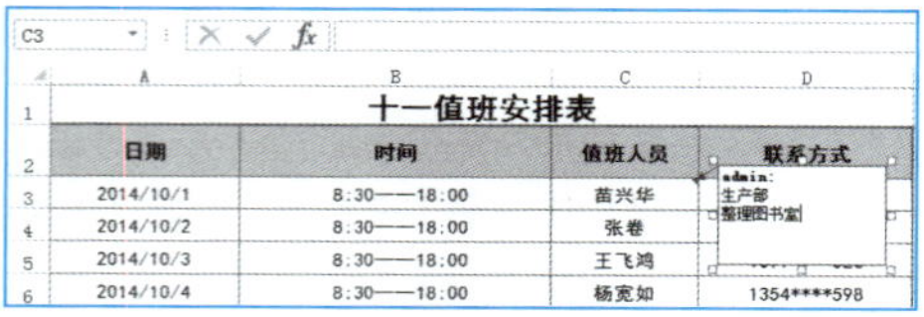

图10-2

步骤2：复制批注

1 按“Ctrl+C”组合键复制C3单元格，选中C4:C10单元格区域，切换到“开始”选项卡，在“剪贴板”组中单击“粘贴”下拉按钮，在其下拉列表中选择“选择性粘贴”选项，如图10-3所示。

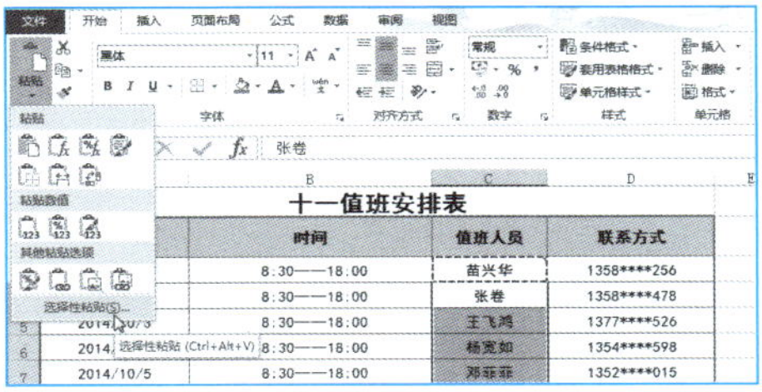

图10-3

2 打开“选择性粘贴”对话框，在“粘贴”区域单击“批注”单选按钮，如图10-4所示。

3 单击“确定”按钮，返回工作表中，即可将C3单元格的批注复制到其他单元格，如图10-5所示。

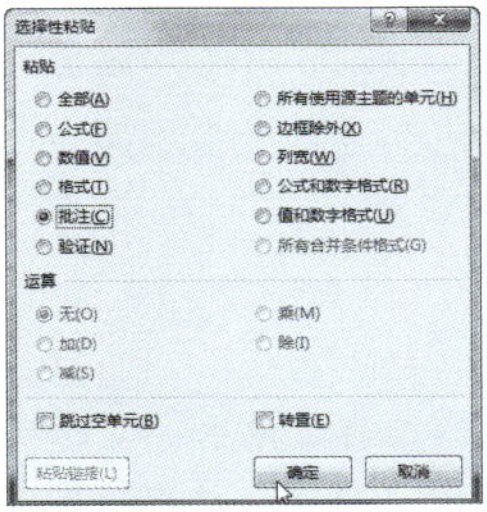

图10-4

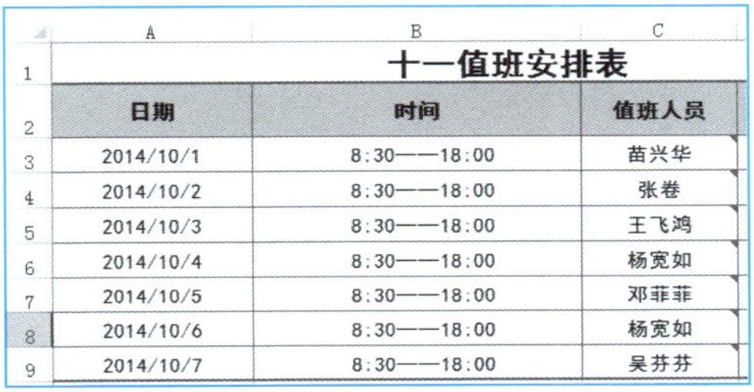
十一值班安排表
日期
时间
值班人员
2014/10/1
2014/10/2
2014/10/3
2014/10/4
2014/10/5
2014/10/6
2014/10/7
8:30——18:00
苗兴华
张卷
王飞鸿
杨宽如
邓菲菲
杨宽如
吴芬芬

图10-5

步骤3：编辑批注

1 选中C4单元格，切换到“审阅”选项卡，在“批注”组中单击“编辑批注”选项，如图10-6所示。

2 即可打开C4单元格批注，并更改其文本，如图10-7所示，按相同的方法，可以更改其他单元格的批注。

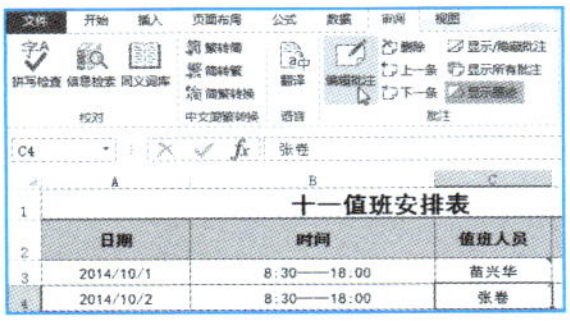

图10-6

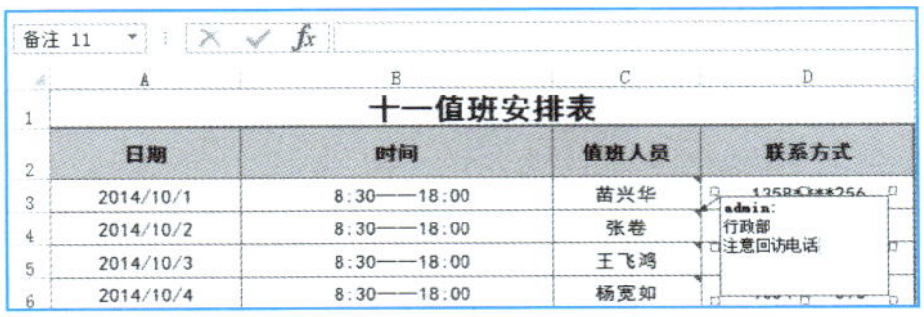

图10-7

3 单击C5单元格，会显示出该单元格的批注信息，在“批注”组中单击“下一条”选项（如图10-8所示），此时自动显示下一条批注信息，如图10-9所示。

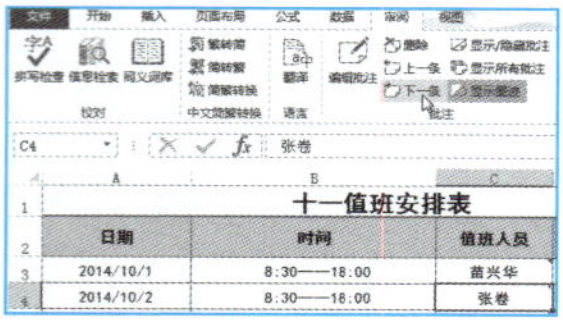

图10-8

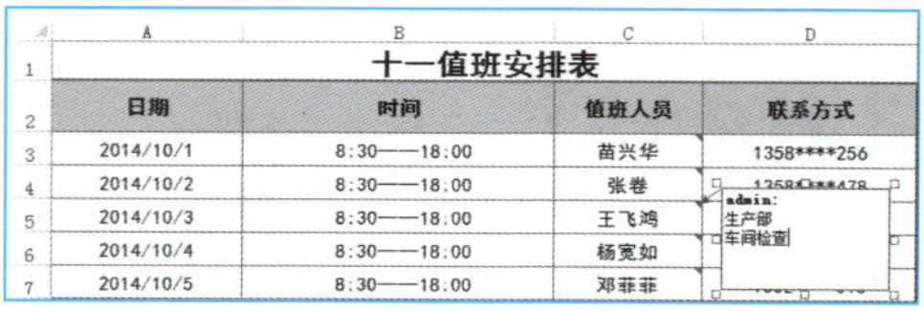

图10-9

步骤3：显示工作表中所有批注

❶ 想要显示工作表中所有批注信息，可以在“批注”组中单击“显示所有批注”选项，如图10-10所示。

❷ 此时当前工作表中所有批注信息显示在屏幕上，如图10-11所示。

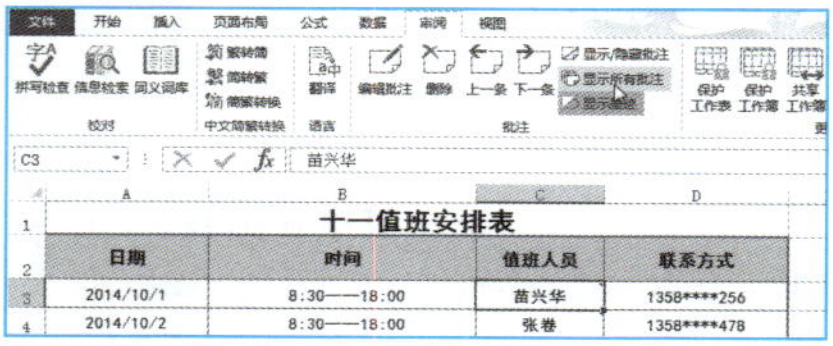

图10-10

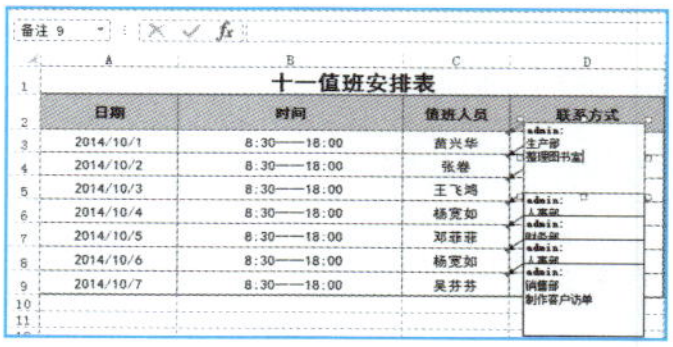

图10-11

提 示

如果想要隐藏工作表中的批注，在“批注”选项组再次单击“显示所有批注”选项即可，如想要显示某个单元格的批注，在“批注”选项组单击“显示/隐藏批注”选项即可。

文件118　值班人员的合理调整表

很多时候，管理者在安排人员值班时，都会将员工的个人情况列入考虑范围，尽量减少值班时间与员工个人特殊事情间的冲突。在Excel 中可以使用规划求解功能来建立一个值班人员的合理调整表来调整。

制作要点与设计效果图

- PRODUCT函数
- 加载规划求解工具
- 规划求解
- 保留规划求解结果

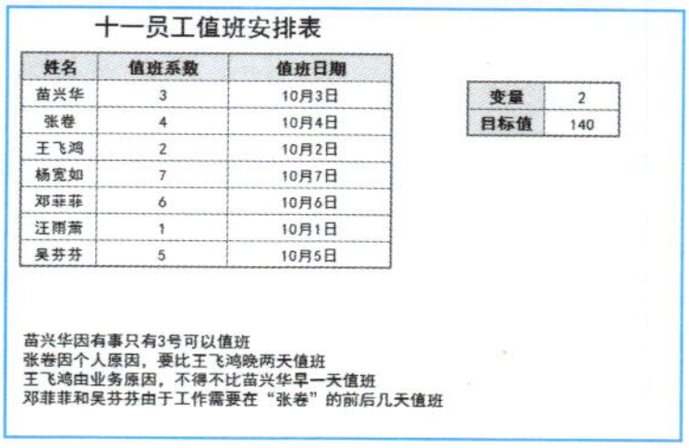

文件设计过程

步骤1：设置求解规划模型

❶ 打开“值班人员合理调整表”，选中E3和E4单元格，分别输入“变量”和“目标值”。设置E3:E4单元格区域的对齐方式、边框和底纹，如图10-12所示。

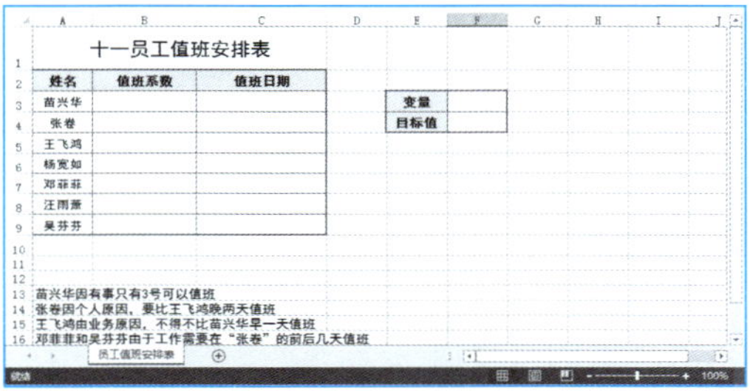

图10-12

❷ 在H3单元格中输入“1”，将鼠标移动到单元格右下角，拖动填充柄向下填充到H9单元格区域，单击“囲-”自动填充选项按钮，在下拉菜单中单击“填充序列”命令（如图10-13所示），单击“填充序列”命令后，即可看到单元格数据按序列进行填充，如图10-14所示。

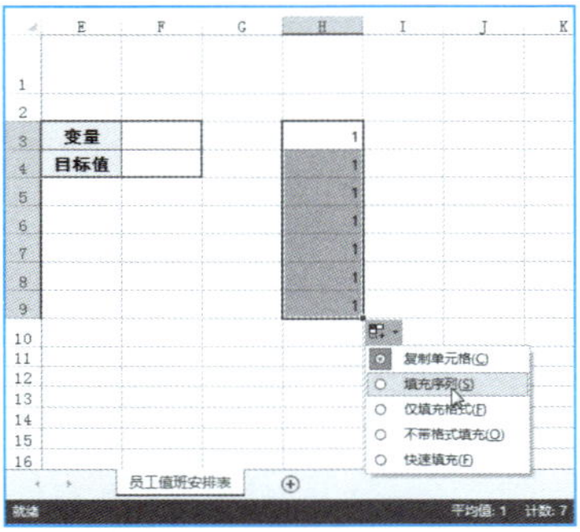

图10-13

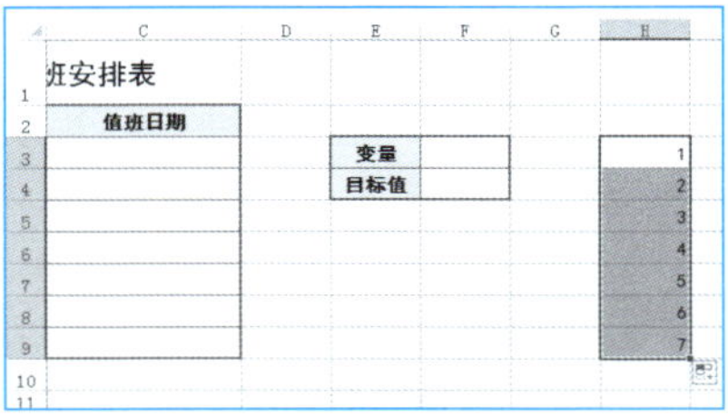

图10-14

步骤2：根据姓名的假设条件在对应单元格中输入对应公式和数值

❶ 根据员工“苗兴华”的假设条件，在B3单元格中输入数值“3”。

❷ 根据员工“张卷”的假设条件，在B4单元格中输入数值“B5+3”。

❸ 根据员工“王飞鸿”的假设条件，在B5单元格中输入数值“B3-1”。

❹ 根据员工“杨宽如”的假设条件，在B6单元格中不输入任何内容。

❺ 根据员工“邓菲菲”的假设条件，在B7单元格中输入数值“B9+1”。

6 根据员工“汪雨萧”的假设条件，在B8单元格中输入数值“B3-F3”。

7 根据员工“吴芬芬”的假设条件，在B5单元格中输入数值“B3+F3”，如图10-15所示。

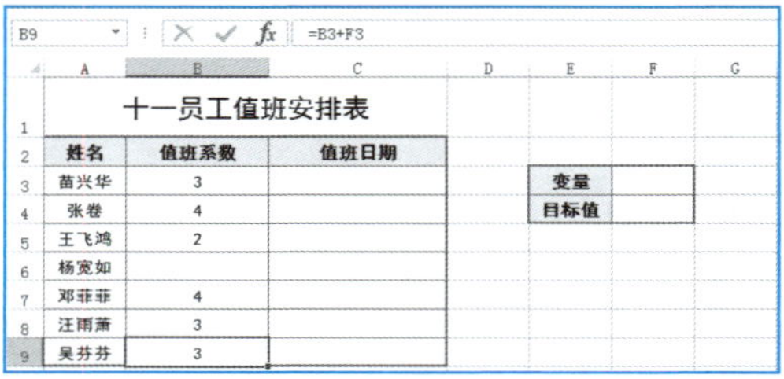

图10-15

步骤3：确定求解规模的目标值

1 在H10单元格中输入公式“=SUMSQ(H3:H9)”，按回车键，即可求出H3:H9单元格区域中一组数的平方和，如图10-16所示。

2 在F4单元格中输入公式“=SUMSQ(B3:B9)”，按回车键，即可求出B3:B9单元格区域中的一组数的平方和，如图10-17所示。

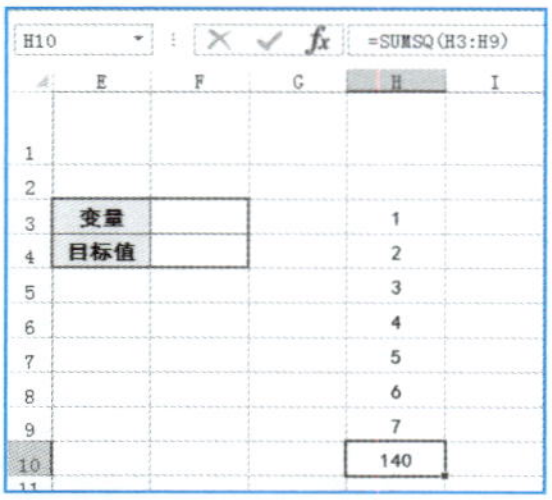

图10-16

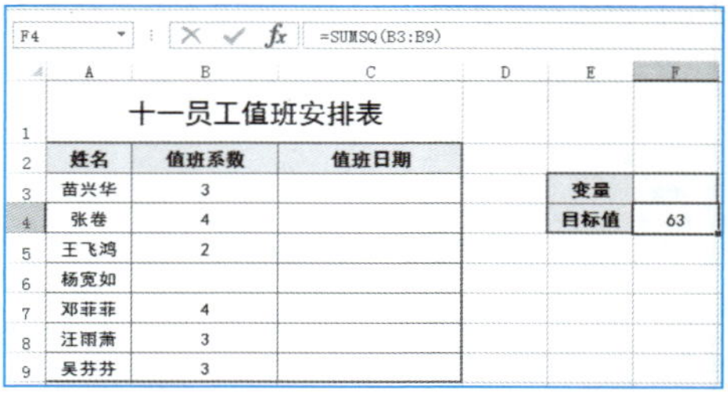

图10-17

公式分析：

=SUMSQ(H3:H9)公式解析：SUMSQS函数用于返回指定一组数值的平方和。

“=SUMSQ(H3:H9)”表示求出H3:H9单元格区域中的一组数值的平方和。

步骤4：加载并启用规划求解

1 单击“文件”标签，在左侧单击“选项”选项（如图10-18所示），打开“Excel”选项对话框。

2 在左侧窗格单击“加载项”选项，在右侧单击“转到”按钮（如图10-19所示），打开“加载宏”对话框。

图10–18

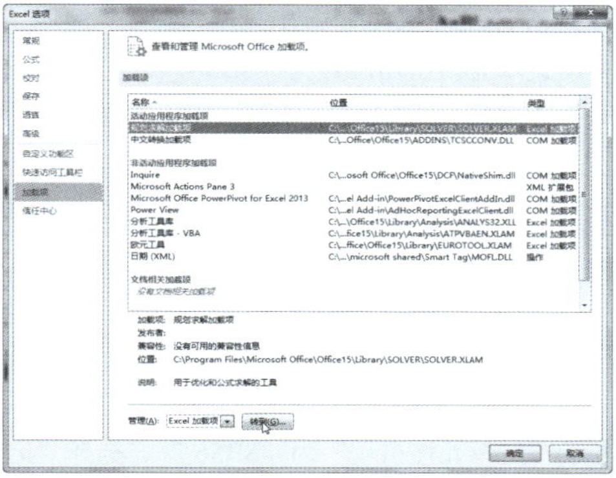

图10–19

❸ 在“可加载宏”列表框中选中“规划求解加载项”复选框，如图10-20所示。

❹ 单击“确定”按钮，返回工作表中即可在“数据”选项卡下添加“分析”组，且组中包含“规划求解”按钮，如图10-21所示。

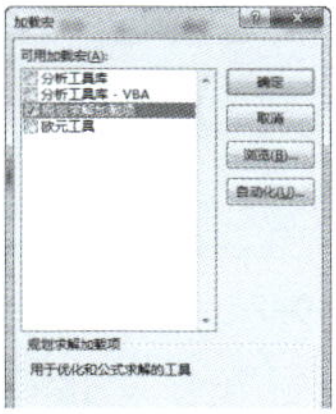

图10–20

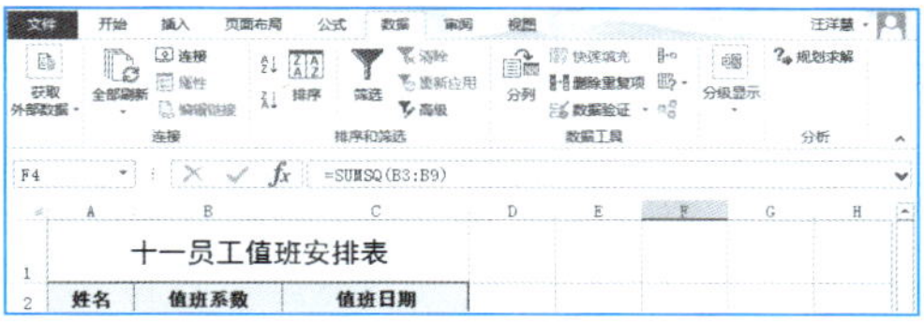

图10–21

步骤5：设置约束条件

❶ 单击“规划求解”按钮，打开“规划求解参数”对话框，在“设置目标”文本框中输入“$F$4”，在“等于”栏中选中“目标值”单选项，并在文本框中输入“140”，接着在“通过更改可变单元格”文本框中输入“$F$3,$B$6”，单击“添加”按钮（如图10-22所示），打开“添加约束”对话框。

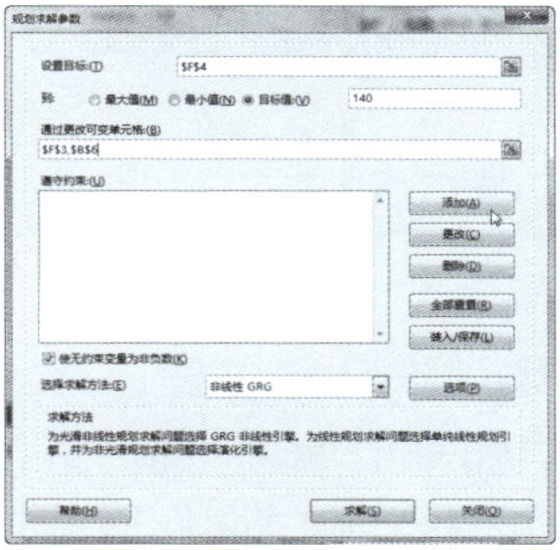

图10–22

❷ 设置单元格引用位置为“$B$6”，选择“运算符”为“int”，接着设置“约束”为“整数”，单击“添加”按钮，（如图10-23所示），打开“添

第6章 第7章 第8章 第9章 第10章

加约束”对话框。

3 设置单元格引用位置为“$B$6”，选择“运算符”为“>=”，接着设置“约束”为“1”，单击“添加”按钮（如图10-24所示），打开“添加约束”对话框。

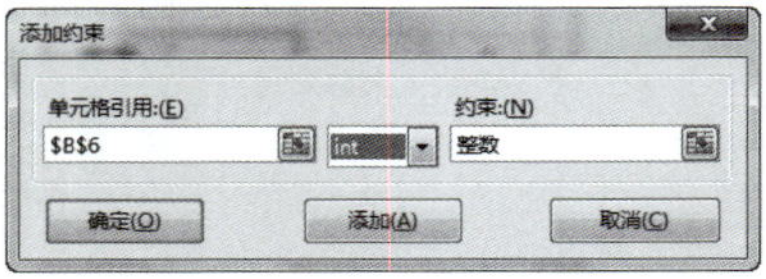

图10-23

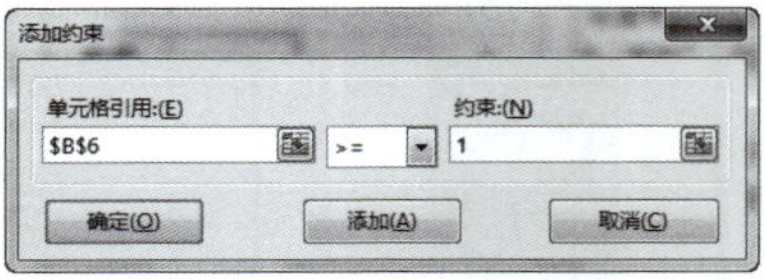

图10-24

4 设置“单元格引用”为“$B$6 ”，选择“运算符”为“<=”，接着设置“约束”为“7”，单击“添加”按钮（如图10-25所示），打开“添加约束”对话框。

5 设置“单元格引用位置”为“$F$3”，选择“运算符”为“int”，接着设置“约束”为“整数”，单击“添加”按钮（如图10-26所示），打开“添加约束”对话框。

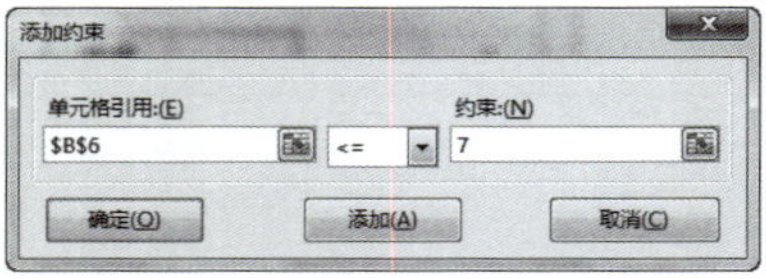

图10-25

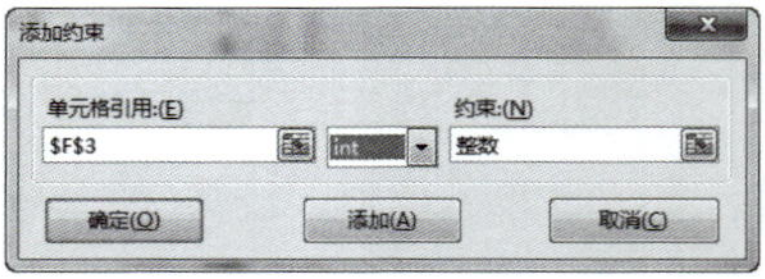

图10-26

6 设置单元格引用位置为“$F$3”，选择“运算符”为“>=”，接着设置“约束”为“1”，单击“添加”按钮（如图10-27所示），打开“添加约束”对话框。

7 设置“单元格引用”为“$F$3”，选择“运算符”为“<=”，接着设置“约束”为“7”，如图10-28所示。

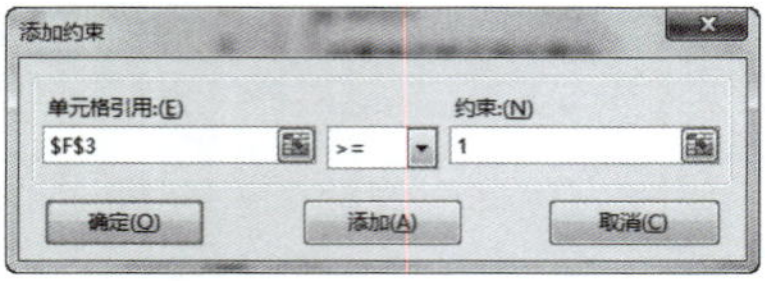

图10-27

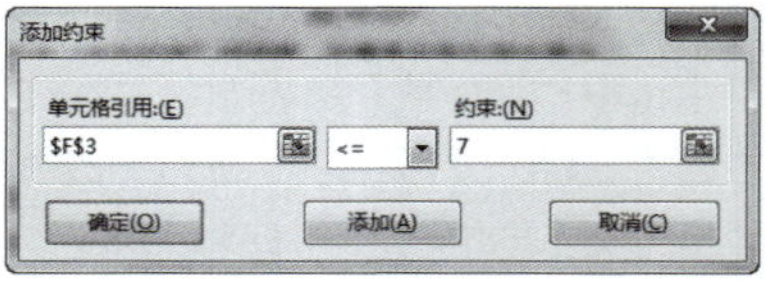

图10-28

步骤6：进行规划求解

1 单击“确定”按钮，返回到“规划求解参数”对话框，在“约束”列表中可以看到添加的约束条件，单击“求解”按钮（如图10-29所示），打开“规划求解结果”对话框。

2 可以看到得出一解，可以满足所有的要求及最优状况（如图10-30所示），保持默认选项。

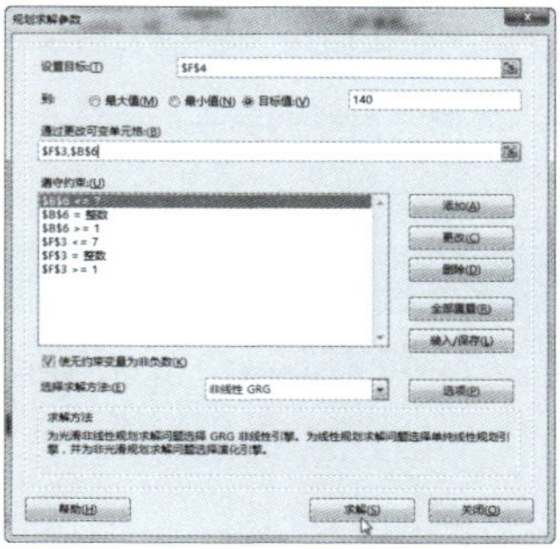

图10-29

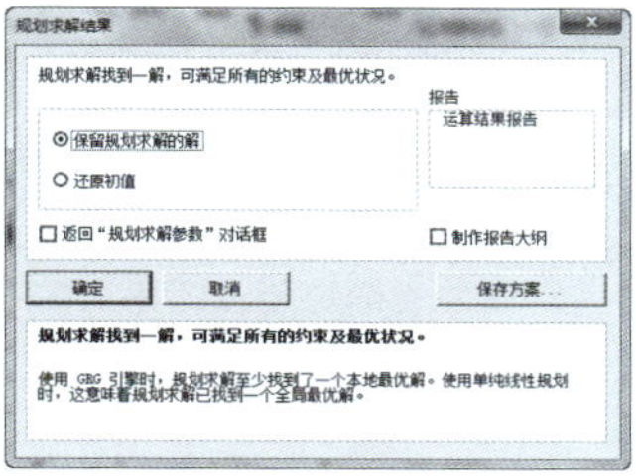

图10-30

3 单击“确定”按钮，返回工作表中，即可求出十一放假期间7位值班人员的具体值班日期系数，如图10-31所示。

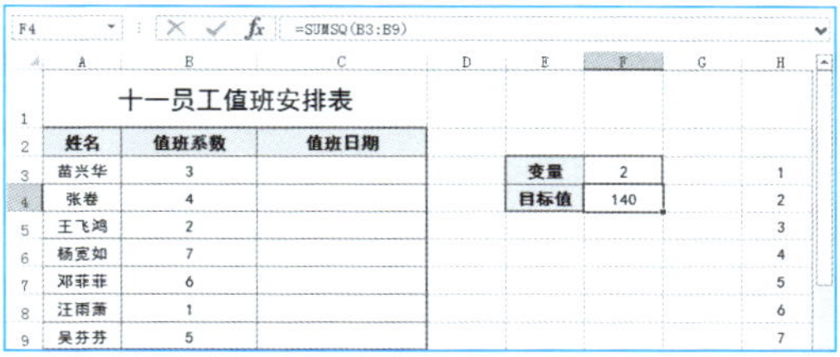

图10-31

步骤7：设置公式得到员工值班日期

1 选中C3单元格，在编辑栏中输入公式“="10月"&B3&"日"”，按Enter键盘，即可得到第1位员工值班的值班日期，如图10-32所示。

2 将鼠标移动到C3单元格右下角，拖动填充柄向下填充到C9单元格，即可得到7位员工的值班日期，如图10-33所示。

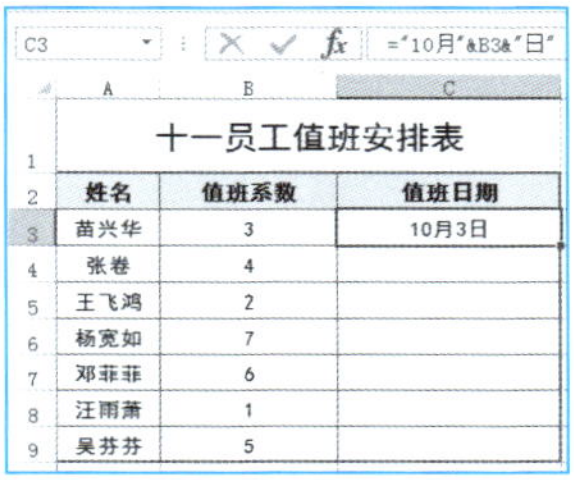

图10-32

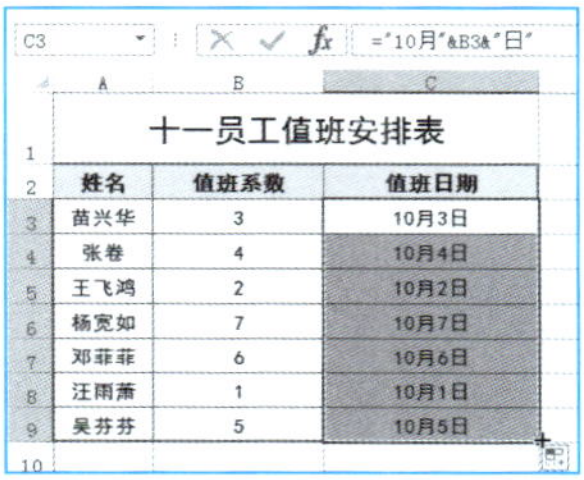

图10-33

文件119　值班人员提醒表

安排好值班人员后，为了避免值班人员忘记值班时间，管理人员可以为值班安排表添加一个提醒功能，即设定提前一天提醒要值班的员工，这样人力资源部门好及时通知加班人员准时加班。

制作要点与设计效果图

- 使用公式确定要设置格式的单元格
- TODAY函数
- 设置打印区域
- 打印预览效果

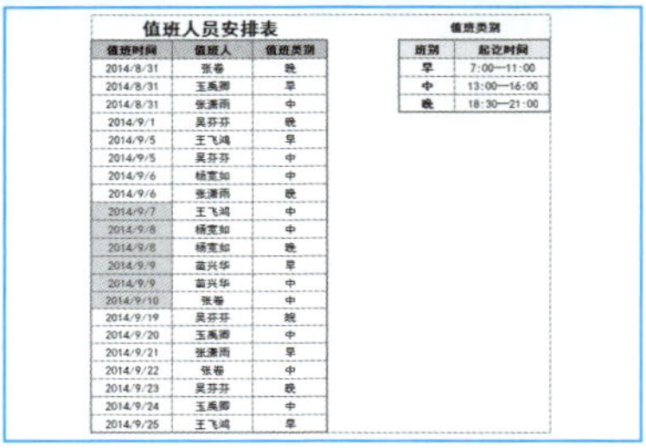

文件设计过程

步骤1：设置条件格式

❶ 打开“值班人员提醒表”工作簿，选中A3:A23单元格区域，切换到“开始”选项卡，在“样式”组中单击“条件格式”下拉按钮（如图10-34所示），在下拉菜单中单击“突出显示单元格规则”命令，在弹出的子菜单中单击“介于”命令（如图10-35所示），打开“介于”对话框。

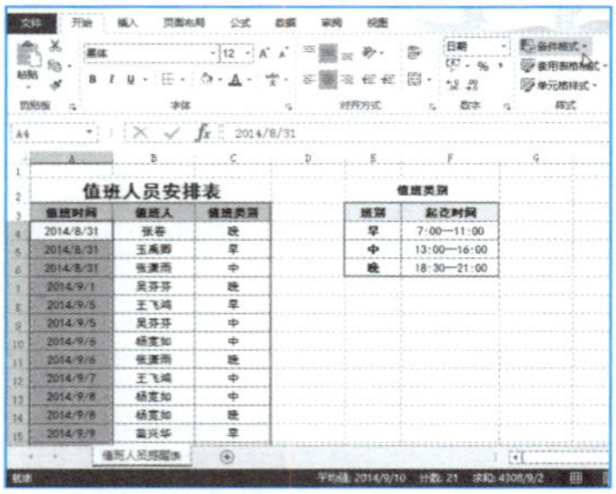

图10-34

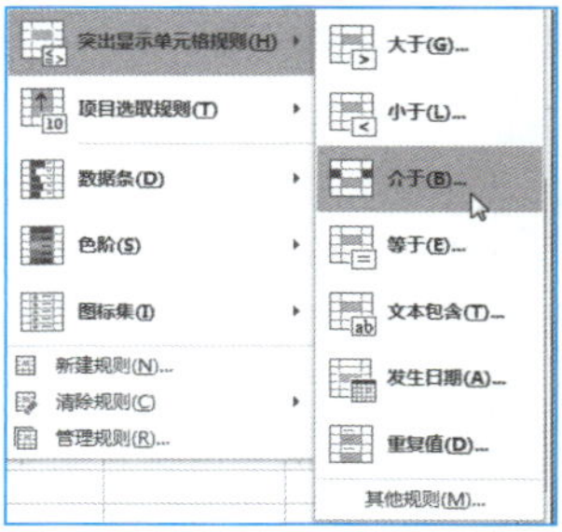

图10-35

提 示

正常情况下可以直接使用“快速分析”快速设置条件格式，当“快速分析”下拉菜单中没有适合的条件格式时，需要单击“条件格式”下拉按钮得以实现。

❷ 在“为介于以下值之间的单元格设置格式”文本框中分别输入“2014/9/7”和“2014/9/15”，单击“设置为”下拉按钮，在下拉菜单中单击“绿填充色浅绿色文本”，如图10-36所示。

❸ 设置完成后，单击“确定”按钮，返回到工作表中，即可将制定的日期标识出来，如图10-37所示。

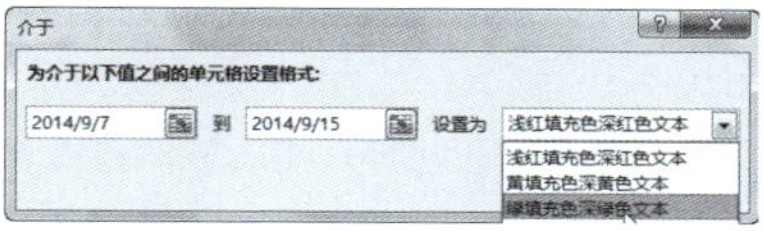

图10-36

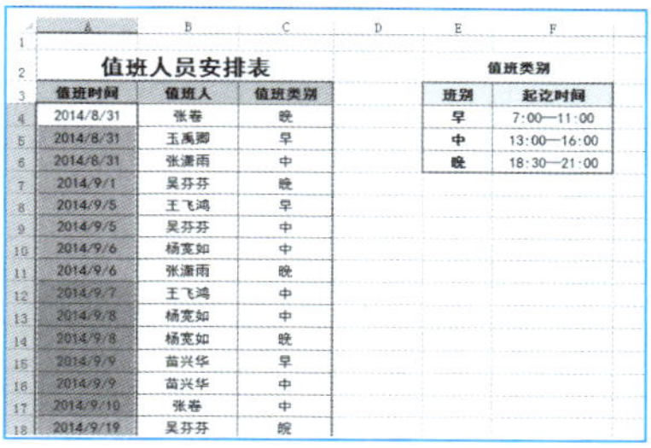

图10-37

步骤2：设置打印区域

❶ 选中A1:F23单元格区域，切换到“页面布局”选项卡，在“页面设置”组中单击“打印区域”下拉按钮，在其下拉列表中单击“设置打印区域”命令，如图10-38所示。

❷ 单击“设置打印区域”命令后，所选单元格区域自动命名为“Print_Area”，且在所选单元格区域外添加虚线表示打印区域，如图10-39所示。

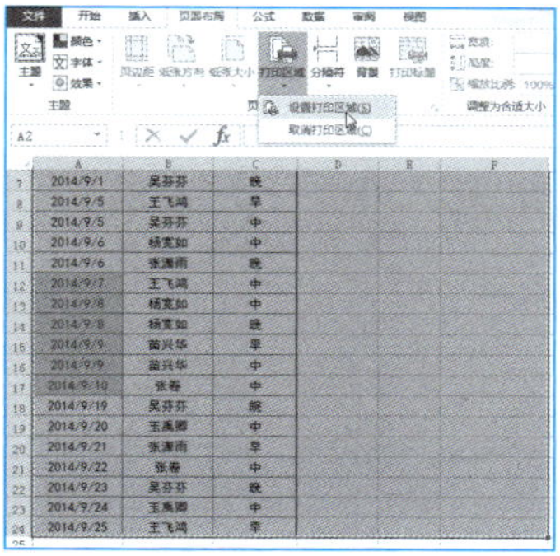

图10-38

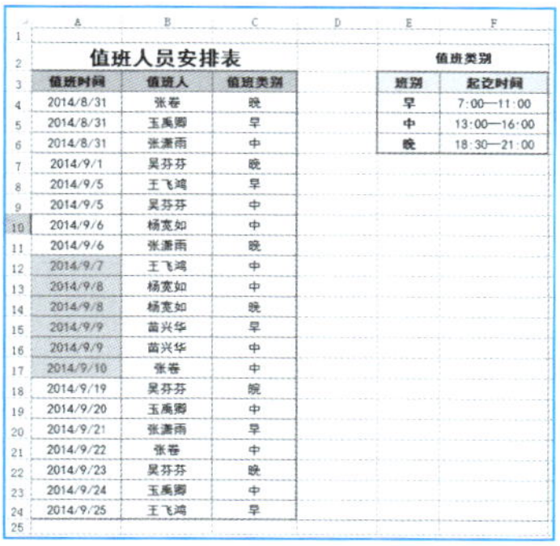

图10-39

步骤3：预览打印区域

❶ 单击“文件”标签，在左侧窗格单击“打印”选项，在右侧“打印”选项面板中的“预览”区域可预览实际打印效果如图，如图10-40所示。

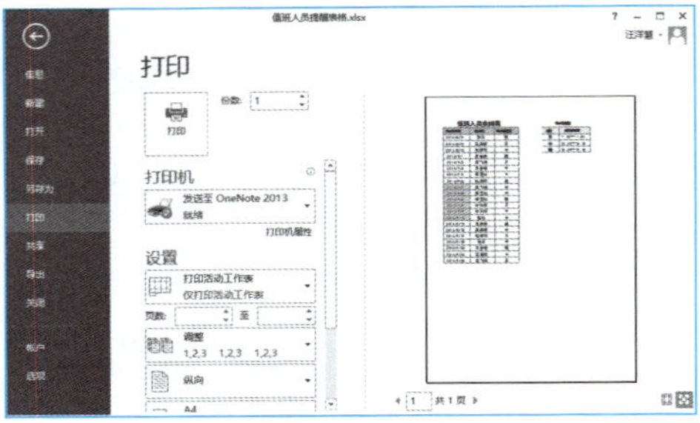

图10–40

❷ 在“打印”选项面板中单击“页面设置”按钮，打开“页面设置”对话框，选中“水平”和“垂直”复选框，如图10-41所示。

❸ 单击“确定”按钮，返回到“打印”选项面板，此时打印区域便放置在页面的居中位置了，如图10-42所示。

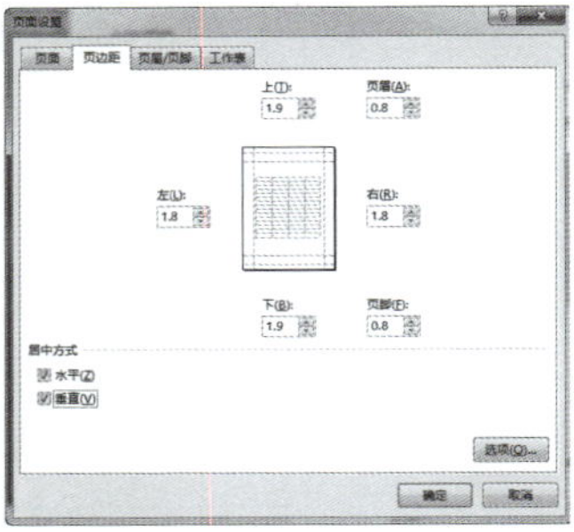

图10–41

图10–42

文件120　值班记录查询表

如果人力资源部门已经做好近期值班安排，但是管理人员突然想查看某天或某员工的值班安排，此时可以使用Excel 中的筛选功能来快速查找。

制作要点与设计效果图

- 设置多条件筛选
- 在筛选条件中使用通配符
- 日期筛选

值班人员安排表

值班时间	值班人	值班类别
2014/8/31	张潇雨	中
2014/9/5	王飞鸿	早
2014/9/6	张潇雨	晚
2014/9/7	王飞鸿	中
2014/9/21	张潇雨	早
2014/9/25	王飞鸿	早

文件设计过程

步骤1：复制工作表

❶ 打开“值班记录查询”工作簿，右键单击“值班人员安排表”工作表标签，在弹出的菜单中选中“复制或移动”选项，如图10-43所示。

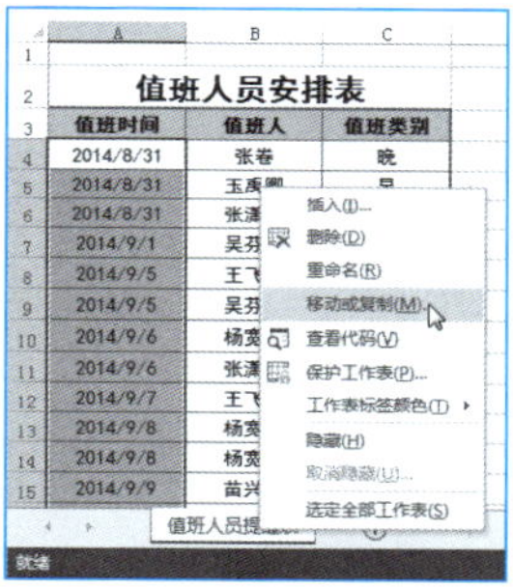

图10-43

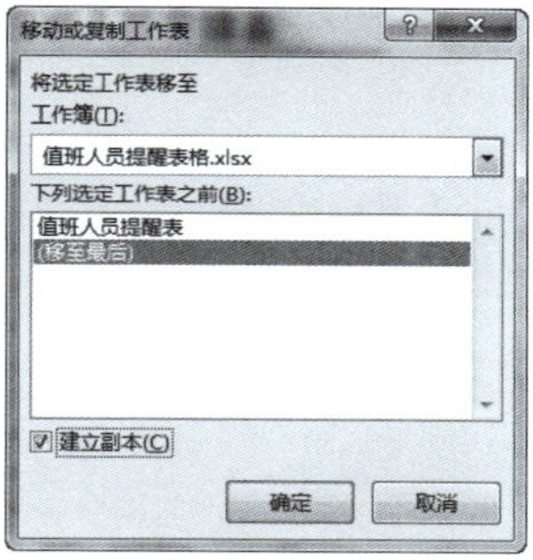

图10-44

❷ 打开“移动或复制工作表”对话框，单击“Sheet2”，接着选中“建立副本”复选框，如图10-44所示。

❸ 单击“确定”按钮，系统自动生成一个与“值班记录查询表”数据和格式相同的工作表，重命名工作表为“王琪、廖晓的值班安排”，如图10-45所示。

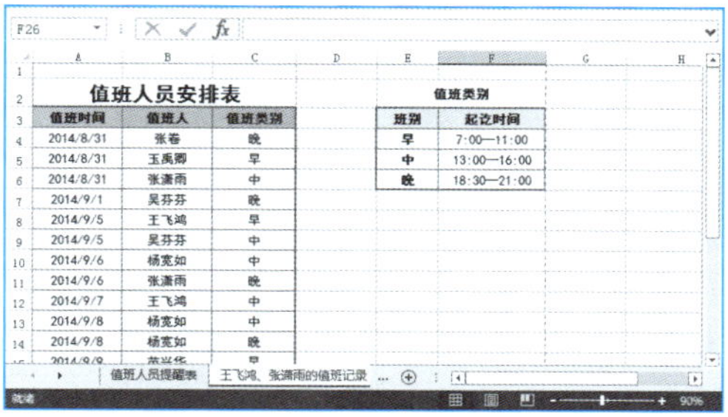

图10-45

步骤2：设置文本筛选条件

❶ 选中表格区域任意单元格，切换到“数据”选项卡，在“排序和筛选”组中单击“筛选”按钮，即可为列标识添加“筛选”按钮，如图10-46所示。

❷ 单击“值班人”右侧的筛选按钮，在打开的下拉菜单中选择“文本筛选”（如图10-47），在子菜单中选择“包含”选项，如图10-48所示。

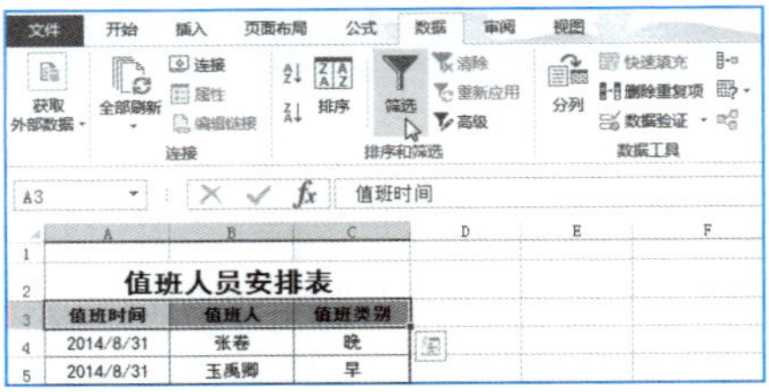

图10-46

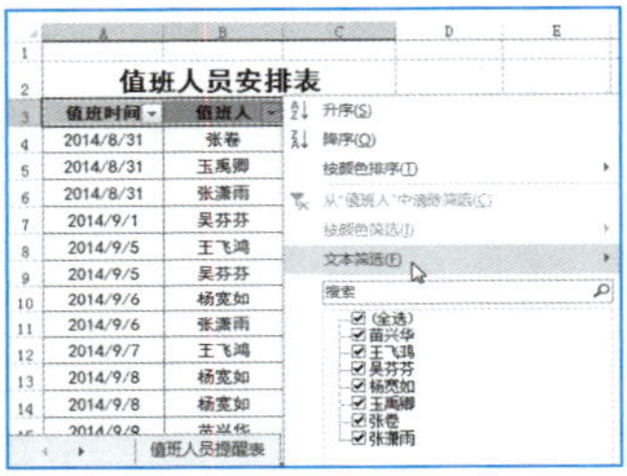

图10-47

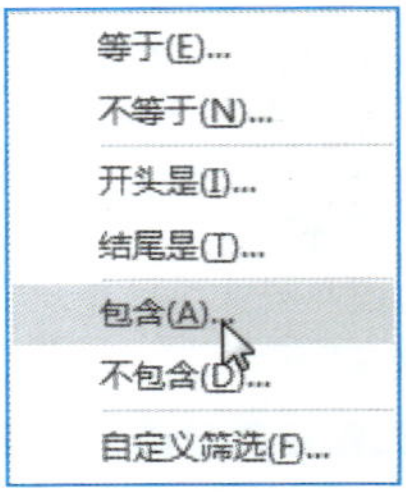

图10-48

3 打开“自定义自动筛选方式”对话框，在“包含”文本框右侧输入“王飞鸿”，单击选中“或”单选按钮，在其左侧下拉列表中选择“包含”（如图10-49所示），并在右侧文本框中输入“张潇雨”，如图10-50所示。

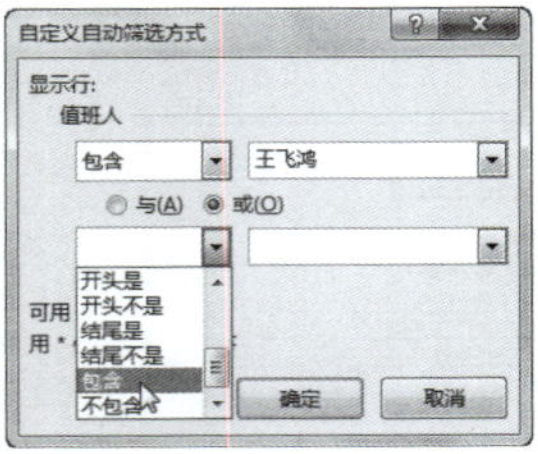

图10-49

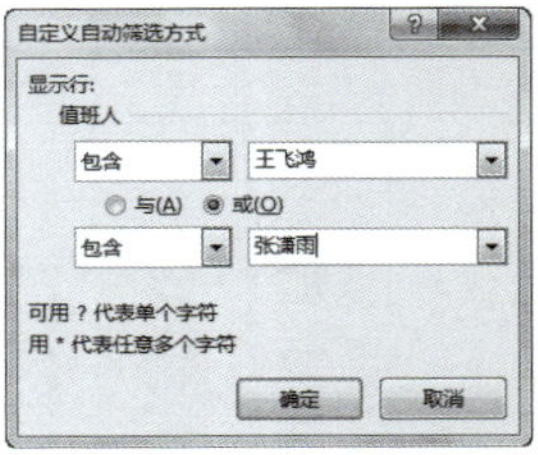

图10-50

4 单击“确定”按钮，返回工作表中，此时在当前工作表中仅显示了王琪和廖晓的值班安排情况，如图10-51所示。

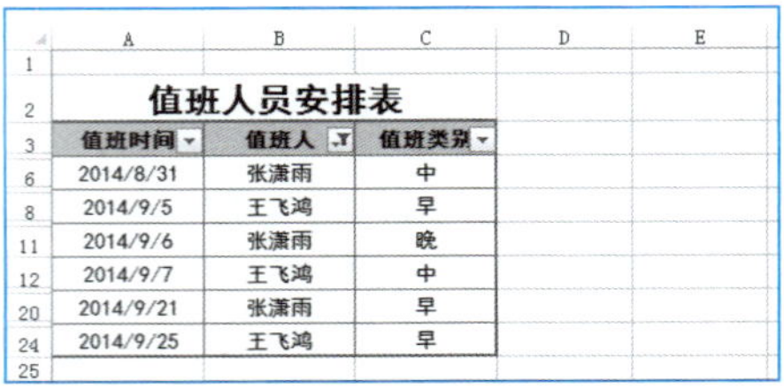

值班人员安排表

值班时间	值班人	值班类别
2014/8/31	张潇雨	中
2014/9/5	王飞鸿	早
2014/9/6	张潇雨	晚
2014/9/7	王飞鸿	中
2014/9/21	张潇雨	早
2014/9/25	王飞鸿	早

图10-51

文件121　加班工资统计表

企业在节假日安排员工加班时，应该照不低于劳动者本身日或小时工资的三倍支付加班工资，而在周末安排员工加班时，应按照不低于员工本人日或小时工资的两倍支付。

制作要点与设计效果图

- HOUR函数
- MINUTE函数
- IF函数
- SUMPRODUCT函数

加班工资统计表

序号	姓名	班次类别	开始时间	结束时间	核算加班时数	基本小时工资	加班小时工资	加班费金额
1	吴芬芬	节假日班次	8:30	18:00	9.5	¥18.8	¥56.3	¥534.4
2	高泽	节假日班次	6:30	12:00	5.5	¥23.0	¥69.0	¥379.5
3	陈军	休息日班次	7:30	16:00	8.5	¥18.8	¥37.5	¥318.8
4	苗俊峰	节假日班次	10:00	18:00	8	¥25.0	¥75.0	¥600.0
5	张卷	节假日班次	16:30	20:00	3.5	¥30.0	¥90.0	¥315.0
6	王海波	节假日班次	8:30	18:00	9.5	¥31.5	¥94.5	¥897.8
7	李晓丽	休息日班次	6:30	12:00	5.5	¥38.5	¥77.0	¥423.5
8	丁一	节假日班次	10:00	18:00	8	¥18.8	¥56.3	¥450.0
9	胡祖丽	休息日班次	8:30	18:00	9.5	¥24.6	¥49.1	¥466.6
10	汪雨萧	节假日班次	6:30	12:00	5.5	¥25.6	¥76.8	¥422.4
11	吴晓梅	节假日班次	17:30	20:00	2.5	¥23.0	¥69.0	¥172.5
12	于东	休息日班次	8:30	18:00	9.5	¥18.8	¥37.5	¥356.3
13	舒光道	节假日班次	10:00	18:00	8	¥31.5	¥94.5	¥756.0
14	程虎	休息日班次	6:30	12:00	5.5	¥30.0	¥60.0	¥330.0
15	杨宏如	节假日班次	7:30	13:00	5.5	¥25.0	¥75.0	¥412.5
16	张佩	休息日班次	17:30	20:00	2.5	¥31.5	¥63.0	¥157.5
17	喻舟燕	节假日班次	17:30	20:00	2.5	¥20.8	¥62.4	¥156.0
18	郑菲菲	休息日班次	10:00	18:00	8	¥24.8	¥49.6	¥396.8
19	罗兴华	节假日班次	6:30	12:00	5.5	¥18.8	¥56.3	¥309.4
20	杨兴	休息日班次	7:30	13:00	5.5	¥23.6	¥47.1	¥259.2
合计总金额								¥8,114.0

文件设计过程

步骤1：核算加班时数

❶ 打开“加班工资统计表”工作簿，选中F3单元格，在公式编辑栏中输入公式“=HOUR(E3)+MINUTE(E3)/60-(HOUR(D3)+MINUTE(D3)/60)”后按Enter键，计算“吴芬芬”的核算加班时数，如图10-52所示。

F3　fx　=HOUR(E3)+MINUTE(E3)/60-(HOUR(D3)+MINUTE(D3)/60)

	B	C	D	E	F	G
1	加班工资统计表					
2	姓名	班次类别	开始时间	结束时间	核算加班时数	基本小时工资
3	吴芬芬	节假日班次	8:30	18:00	9.5	18.75
4	高泽	节假日班次	6:30	12:00		23
5	陈军	休息日班次	7:30	16:00		18.75

图10-52

❶ 选中F3单元格，将鼠标移动到单元格右下角，拖动填充柄向下复制公式，即可计算出其他员工的核算加班时数，如图10-53所示。

F3　fx　=HOUR(E3)+MINUTE(E3)/60-(HOUR(D3)+MINUTE(D3)/60)

	B	C	D	E	F	G	H
1	加班工资统计表						
2	姓名	班次类别	开始时间	结束时间	核算加班时数	基本小时工资	加班小时工资
3	吴芬芬	节假日班次	8:30	18:00	9.5	18.75	
4	高泽	节假日班次	6:30	12:00	5.5	23	
5	陈军	休息日班次	7:30	16:00	8.5	18.75	
6	苗俊峰	节假日班次	10:00	18:00	8	25	
7	张卷	节假日班次	16:30	20:00	3.5	30	
8	王海波	节假日班次	8:30	18:00	9.5	31.5	
9	李晓丽	休息日班次	6:30	12:00	5.5	38.5	
10	丁一	节假日班次	10:00	18:00	8	18.75	
11	胡祖丽	休息日班次	8:30	18:00	9.5	24.56	
12	汪雨萧	节假日班次	6:30	12:00	5.5	25.6	
13	吴晓梅	节假日班次	17:30	20:00	2.5	23	
14	于东	休息日班次	8:30	18:00	9.5	18.75	

图10-53

公式分析：

“=HOUR(E3)+MINUTE(E3)/60-(HOUR(D3)+MINUTE(D3)/60)”公式解析：

1. HOUR(E3)表示返回E3单元格时间值的小时数，MINUTE(E3)表示返回E3单元格的分钟数。

2. “=HOUR(E3)+MINUTE(E3)/60-(HOUR(D3)+MINUTE(D3)/60)”表示计算出D3—E3单元格时间差，即员工的加班时长。

步骤2：计算加班小时工资

1 选中H3单元格，在公式编辑栏中输入公式“=IF(C3="节假日班次",G3*3,G3*2)”，按Enter键，计算出“吴芬芬”的加班小时工资，如图10-54所示。

H3 =IF(C3="节假日班次",G3*3,G3*2)

加班工资统计表

姓名	班次类别	开始时间	结束时间	核算加班时数	基本小时工资	加班小时工资
吴芬芬	节假日班次	8:30	18:00	12:00	18.75	56.25
高泽	节假日班次	6:30	12:00	5.5	23	
陈军	休息日班次	7:30	16:00	8.5	18.75	

图10-54

2 选中H3单元格，将鼠标移动到单元格右下角，拖动填充柄向下复制公式，即可计算出其他员工的加班小时工资，如图10-55所示。

H3 =IF(C3="节假日班次",G3*3,G3*2)

加班工资统计表

姓名	班次类别	开始时间	结束时间	核算加班时数	基本小时工资	加班小时工资	加班费金额
吴芬芬	节假日班次	8:30	18:00	12:00	18.75	56.25	
高泽	节假日班次	6:30	12:00	5.5	23	69	
陈军	休息日班次	7:30	16:00	8.5	18.75	37.5	
苗俊峰	节假日班次	10:00	18:00	8	25	75	
张眷	节假日班次	16:30	20:00	3.5	30	90	
王海波	节假日班次	8:30	18:00	9.5	31.5	94.5	
李晓丽	休息日班次	6:30	12:00	5.5	38.5	77	
丁一	节假日班次	10:00	18:00	8	18.75	56.25	
胡祖丽	休息日班次	8:30	18:00	9.5	24.56	49.12	
汪丽萧	节假日班次	6:30	12:00	5.5	25.6	76.8	
吴晓梅	节假日班次	17:30	20:00	2.5	23	69	
于东	休息日班次	8:30	18:00	9.5	18.75	37.5	

图10-55

公式分析：

“=IF(C3="节假日班次",G3*3,G3*2)”公式解析：

1. 按照法律规定，节假日加班工资为平时工资的三倍，而休息日加班工资为平时工资的2倍。

2. “=IF(C3="节假日班次",G3*3,G3*2)”表示如果C3单元格等于“节假日加班次”则返回G3单元格乘以3的值，否则返回G3单元格乘以2的值。

步骤3：计算加班小时工资金额和总金额

1 选中I3单元格，在个公式编辑栏中输入公式“=PRODUCT(F3,H3)”，按Enter键，计算出“吴芬芬”的加班费金额，如图10-56所示。

I3　=PRODUCT(F3,H3)

加班工资统计表

姓名	班次类别	开始时间	结束时间	核算加班时数	基本小时工资	加班小时工资	加班费金额
吴芬芬	节假日班次	8:30	18:00	12:00	18.75	56.25	534.375
高泽	节假日班次	6:30	12:00	5.5	23	69	
陈军	休息日班次	7:30	16:00	8.5	18.75	37.5	

图10–56

2 选中I3单元格，将鼠标移动到单元格右下角，拖动填充柄向下复制公式，即可计算出其他员工的加班费金额，如图10-57所示。

I3　=PRODUCT(F3,H3)

加班工资统计表

姓名	班次类别	开始时间	结束时间	核算加班时数	基本小时工资	加班小时工资	加班费金额
吴芬芬	节假日班次	8:30	18:00	12:00	18.75	56.25	534.375
高泽	节假日班次	6:30	12:00	5.5	23	69	379.5
陈军	休息日班次	7:30	16:00	8.5	18.75	37.5	318.75
苗俊峰	节假日班次	10:00	18:00	8	25	75	600
张卷	节假日班次	16:30	20:00	3.5	30	90	315
王海波	节假日班次	8:30	18:00	9.5	31.5	94.5	897.75
李晓丽	休息日班次	6:30	12:00	5.5	38.5	77	423.5
丁一	节假日班次	10:00	18:00	8	18.75	56.25	450
胡祖丽	休息日班次	8:30	18:00	9.5	24.56	49.12	466.64
汪雨萧	节假日班次	6:30	12:00	5.5	25.6	76.8	422.4
吴晓梅	节假日班次	17:30	20:00	2.5	23	69	172.5
于东	休息日班次	8:30	18:00	9.5	18.75	37.5	356.25

图10–57

公式分析：

> "=PRODUCT(F3,H3)"表示返回E3单元格数值乘以H3单元格数值的乘积。PRODUCT函数用于求指定的多个数值的乘积。

3 选中I23单元格，在公式编辑栏中输入公式"=SUMPRODUCT(F3:F22,H3:H22)"，按Enter键，计算出所有员工的加班费总金额，如图10-58所示。

I23　=SUMPRODUCT(F3:F22,H3:H22)

14	程虎	休息日班次	6:30	12:00	5.5	30	60	330
15	杨宽如	节假日班次	7:30	13:00	5.5	25	75	412.5
16	张强	休息日班次	17:30	20:00	2.5	31.5	63	157.5
17	喻兰兰	节假日班次	17:30	20:00	2.5	20.8	62.4	156
18	邓菲菲	休息日班次	10:00	18:00	8	24.8	49.6	396.8
19	罗兴华	节假日班次	6:30	12:00	5.5	18.75	56.25	309.375
20	杨兴	休息日班次	7:30	13:00	5.5	23.56	47.12	259.16
合计总金额								8114

图10–58

公式分析：

> "=SUMPRODUCT(F3:F22,H3:H22)"表示返回E3:F22单元格数值乘以H3:H22单元格数值的乘积的总和。SUMPRODUCT函数用于在给定的几组数组中，将数组间对应的元素相乘，并返回乘积之和。

步骤4：设置会计专用格式

1 按Ctrl键依次选中G3:H22、I3:I23单元格区域，在"开始"选项卡的"数字"组中单击"⌞"（设置单元格格式）按钮（如图10-59所示），打开"设置单元格格式”对话框。

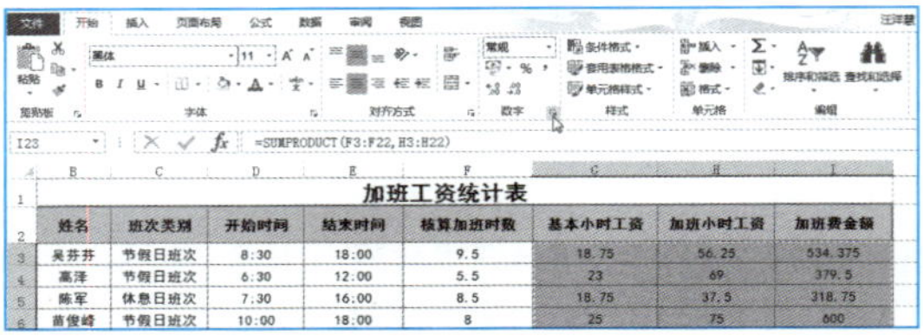

图10-59

2 在“分类”列表框中单击“货币”，在右侧“小数位数”文本框中输入“1”，如图10-60所示。

3 单击“确定”按钮，返回工作表中，即可看到选中单元格区域数据格式更改为保留1位小数的货币格式，如图10-61所示。

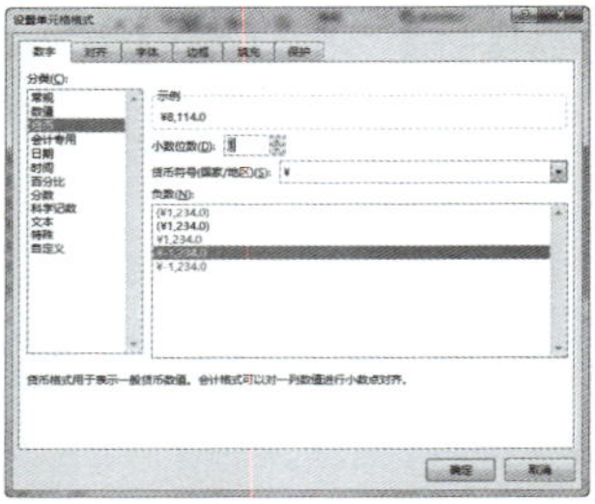

图10-60

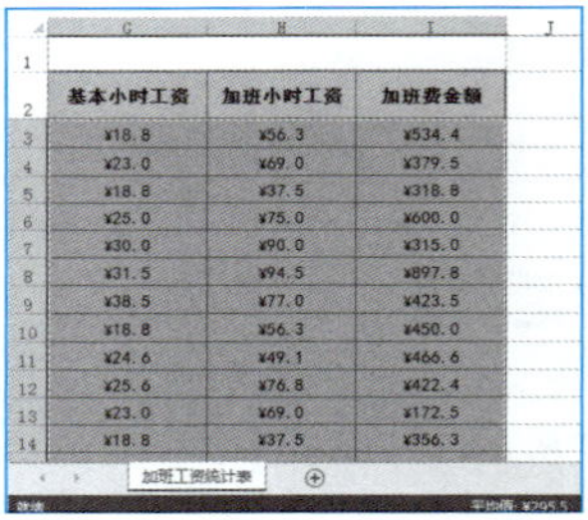

图10-61

文件122 值班人员联系簿

值班人员联系簿是一个简单的表格，用于存放值班人员的电话、QQ号码、MSN以及电子邮箱。

制作要点与设计效果图

- 设置数据有效性
- 取消自动更新链接功能

值班人员联系簿

值班时间	值班人	QQ号码	电话号码	电子邮箱
2014/8/5	陈亚敏	875874××	1314568745×	LF2011@126.com
2014/8/6	冯琴	968565××	1325688447×	CH2011@126.com
2014/8/7	王伟	8566547××	1369588746×	LP2011@126.com
2014/8/8	韩蕾蕾	58745668××	1324785474×	CL2011@126.com
2014/8/9	高峰	13652874××	1326548899×	LR2011@126.com
2014/8/10	汪雨萧	12457866××	1324556974×	HH2011@126.com
2014/8/11	张璇	1668574××	1368749887×	CZ2011@126.com
2014/8/12	张强	12354874××	1347885474×	LXY2011@163.com
2014/8/13	李宗亭	13698744××	1352677899×	XQY2011@163.com
2014/8/14	张晓贤	1369855××	1325475874×	HP2011@163.com
2014/8/15	丁邦德	2568874××	1356877455×	ZX2011@163.com
2014/8/16	庄晓凤	2356898××	1365747445×	HF2011@126.com
2014/8/17	黄娟娟	2457889××	1598774667×	LX2011@163.com
2014/8/18	任玉婷	25485687××	1365784897×	CY2011@163.com
2014/8/19	孙兴	23659874××	1324887456×	LP2011@163.com
2014/8/20	何菲菲	235698××	1359877456×	HZY2011@126.com
2014/8/21	王航宇	2458745××	1365887456×	HY2011@163.com
2014/8/22	黄向平	325657××	1347885985×	HL2011@163.com
2014/8/23	刘强	25685××	1369857456×	LQ2011@163.com
2014/8/24	陈佩瑶	524856××	1357854896×	CHP2011@163.com
2014/8/25	刘玉	5547868××	1365887466×	LYL2011@163.com

文件设计过程

步骤1：设置数据验证

❶ 打开“值班人员联系簿”工作簿，选中D3:D23单元格区域，切换到“数据”选项卡，在“数据分析”组中单击“数据验证”按钮（如图10-62所示），打开“数据验证”对话框。

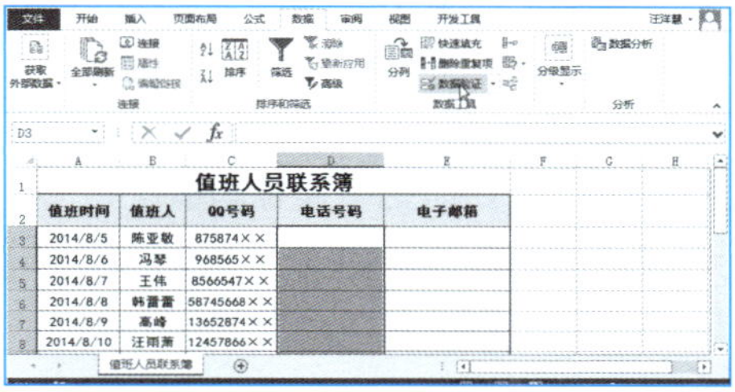

图10-62

❷ 单击“允许”右侧的下拉按钮，单击“文本长度”选项（如图10-63所示），在“数据”下拉列表中选择“等于”选项，在“长度”文本框中输入长度值，如输入“11”，如图10-64所示。

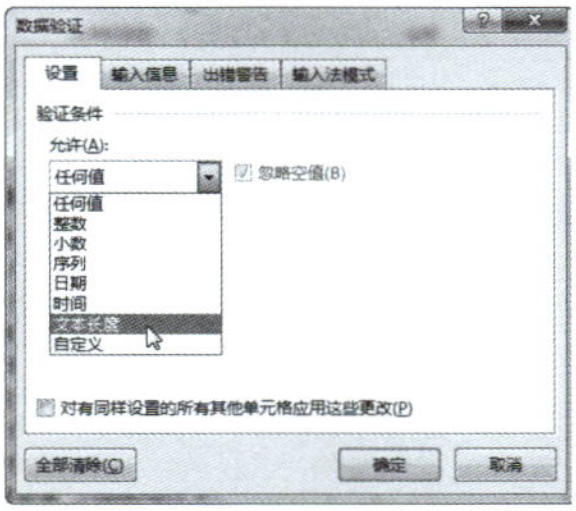

图10-63

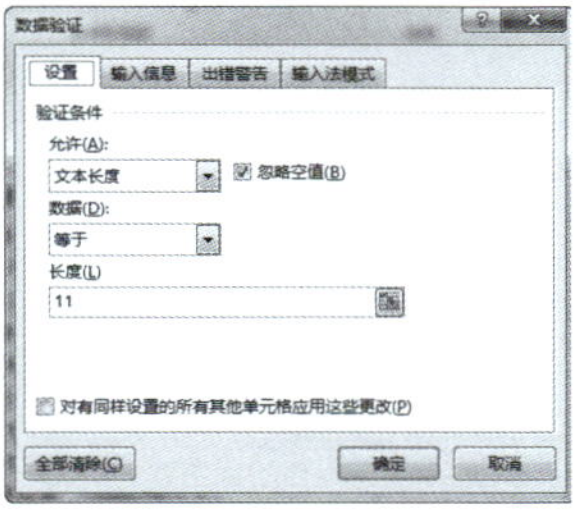

图10-64

❸ 单击“输入信息”标签，在“标题”和“输入信息”文本框中输入提示文本，如图10-65所示。

❹ 切换到“出错警告”选项卡下，单击“样式”右侧的下拉按钮，单击“警告”选项，在“标题”和“错误信息”文本框中输入警告文本，如图10-66所示。

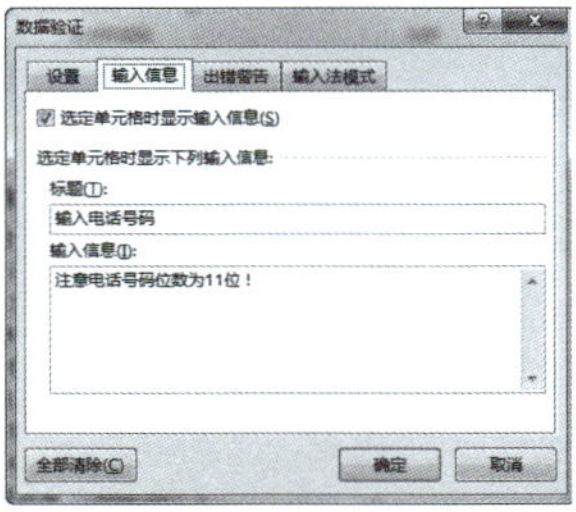

图10-65

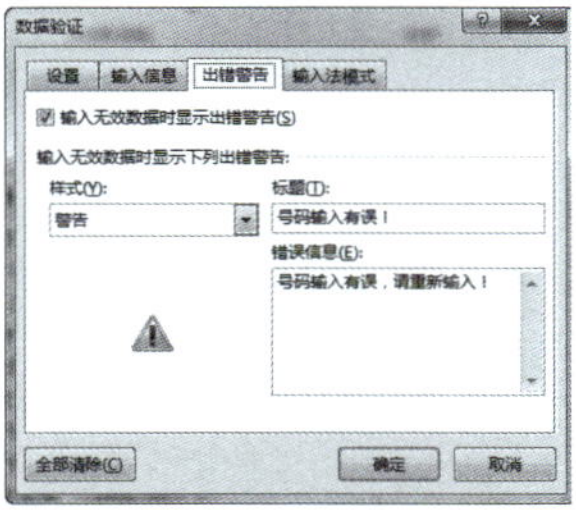

图10-66

❺ 设置完成后，单击“确定”按钮，选中D列单元格时，会显示相应的提示文本，如图10-67所示。

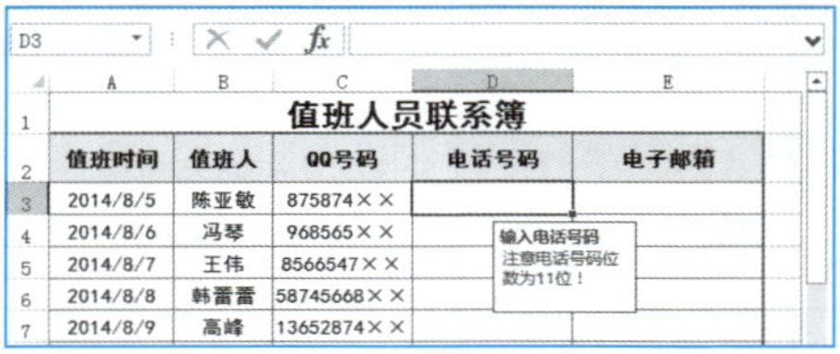

值班时间	值班人	QQ号码	电话号码	电子邮箱
2014/8/5	陈亚敏	875874××		
2014/8/6	冯琴	968565××		
2014/8/7	王伟	8566547××		
2014/8/8	韩蕾蕾	58745668××		
2014/8/9	高峰	13652874××		

10–67

步骤2：取消自动更新链接功能

❶ 单击“文件”按钮，在左侧单击“选项”标签，打开“Excel选项”对话框。单击“高级”选项，取消选中“请求自动更新链接”复选框，如图10-68所示。

❷ 单击“确定”按钮，返回工作表中，此时可以在值班联系簿中输入每个值班人员的联系方式，并进一步完善即可完成值班人员联系簿的制作，如图10-69所示。

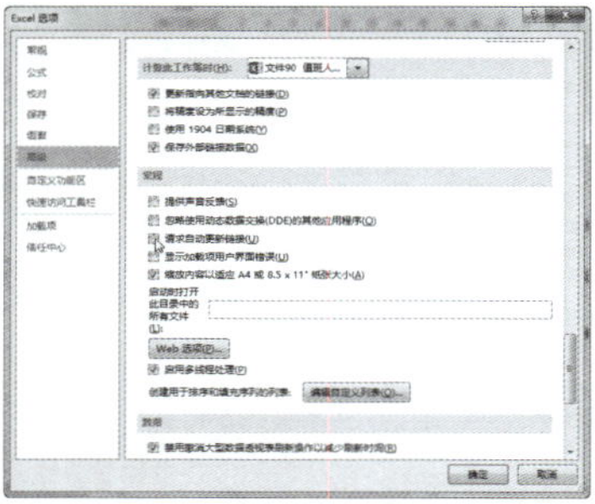

图10–68

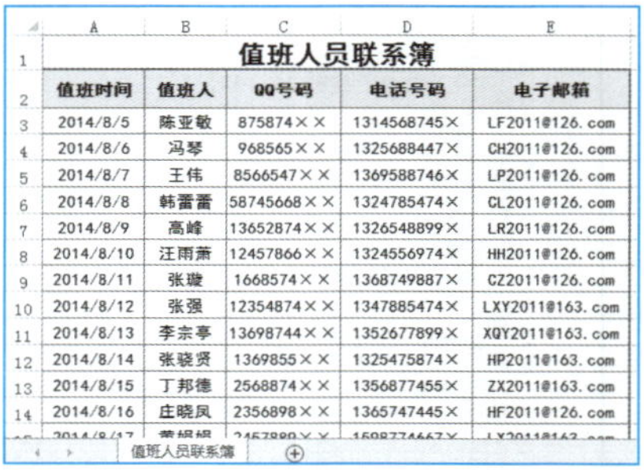

值班人员联系簿

值班时间	值班人	QQ号码	电话号码	电子邮箱
2014/8/5	陈亚敏	875874××	1314568745×	LF2011@126.com
2014/8/6	冯琴	968565××	1325688447×	CH2011@126.com
2014/8/7	王伟	8566547××	1369588746×	LP2011@126.com
2014/8/8	韩蕾蕾	58745668××	1324785474×	CL2011@126.com
2014/8/9	高峰	13652874××	1326548899×	LR2011@126.com
2014/8/10	汪雨萧	12457866××	1324556974×	HH2011@126.com
2014/8/11	张璇	1668574××	1368749887×	CZ2011@126.com
2014/8/12	张强	12354874××	1347885474×	LXY2011@163.com
2014/8/13	李宗亭	13698744××	1352677899×	XQY2011@163.com
2014/8/14	张骁贤	1369855××	1325475874×	HP2011@163.com
2014/8/15	丁邦德	2568874××	1356877455×	ZX2011@163.com
2014/8/16	庄晓凤	2356898××	1365747445×	HF2011@126.com

图10–69

文件123　值班餐费申请单

值班餐费申请单，是员工在领取餐费时，要求员工填写的表格。

制作要点与设计效果图

- 插入符号
- 设置数字格式
- SUM函数
- SUMPRODUCT函数

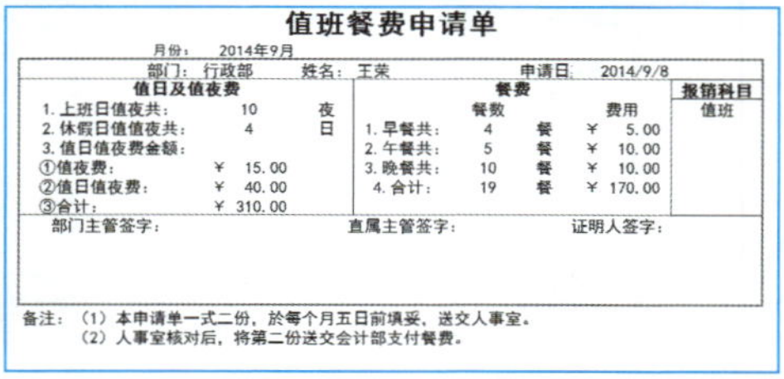

文件设计过程

步骤1：插入符号

❶ 打开“值班餐费申请单”工作簿，双击A8单元格，将光标插入点置于文本前端，切换到“插入”选项卡，在“符号”组中单击“符号”按钮（如图10-70所示），打开“符号”对话框。

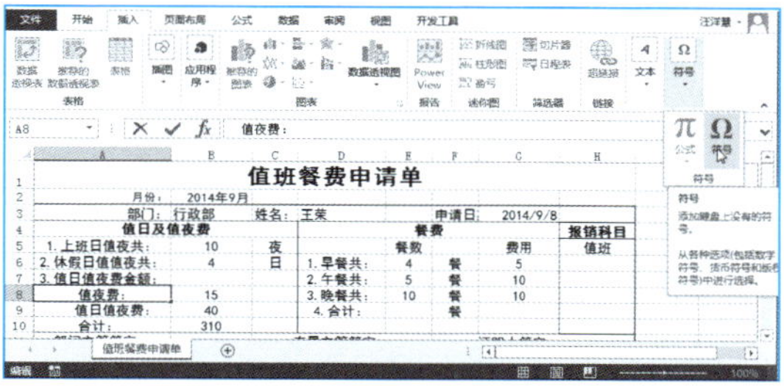

图10-70

❷ 切换至“符号”选项卡下，搬运滚动条进行符号浏览，双击要插入的带圈数字“①”图标，如图10-71所示。

❸ 用相同的方法在A9和A10单元格中插入带圈数字“②”和“③”，设置完成后如图10-72所示。

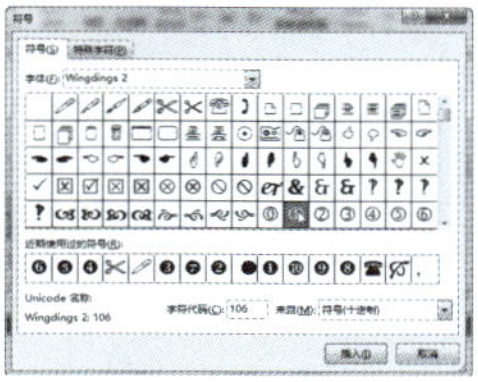

图10-71

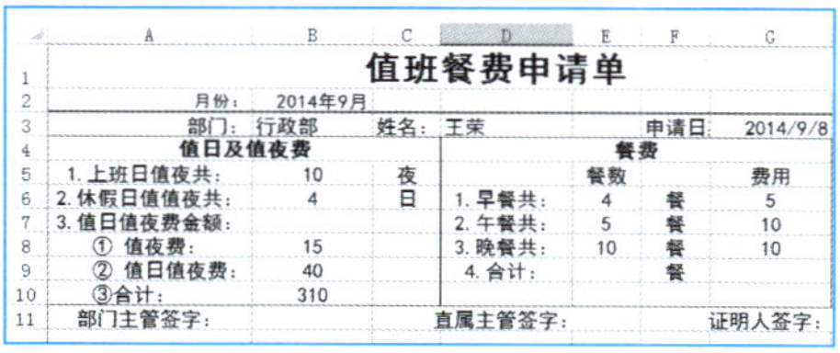

图10-72

步骤2：设置数字格式

❶ 根据实际情况在表格中填写值班数、餐数、申请日期等数据。输入完成后效果如图10-73所示。

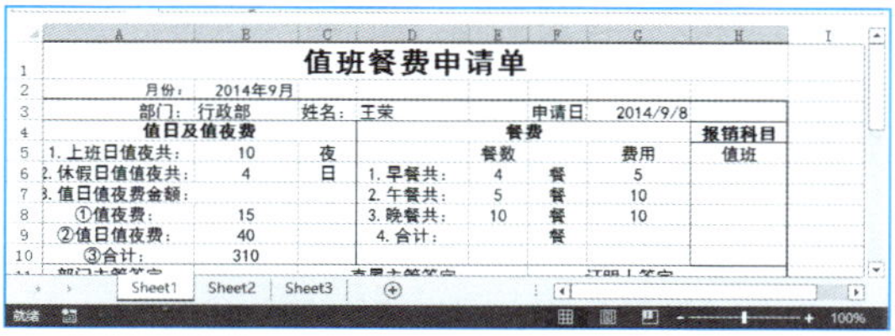

图10-73

2 单击选中B8、B9、B10、G6、G7、G8和G9单元格，切换到“开始”选项卡，闷在“数字”组中单击“货币格式”右侧的下拉按钮，单击“中文（中国）”命令，如图10-74所示。

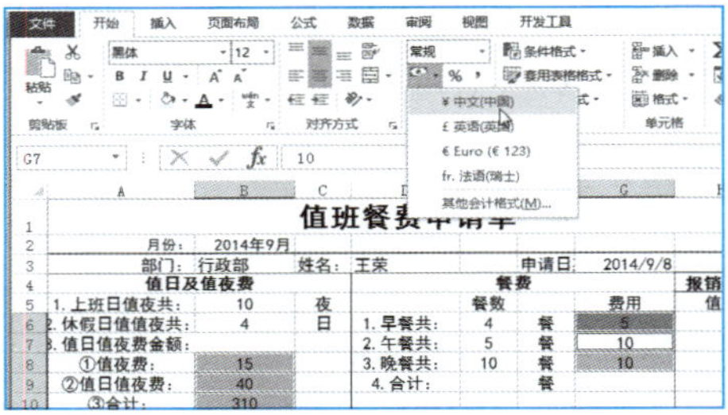

图10-74

3 单击“中文（中国）”命令，此时选中单元格中的数字则显示带人民币符号的货币数据，如图10-75所示。

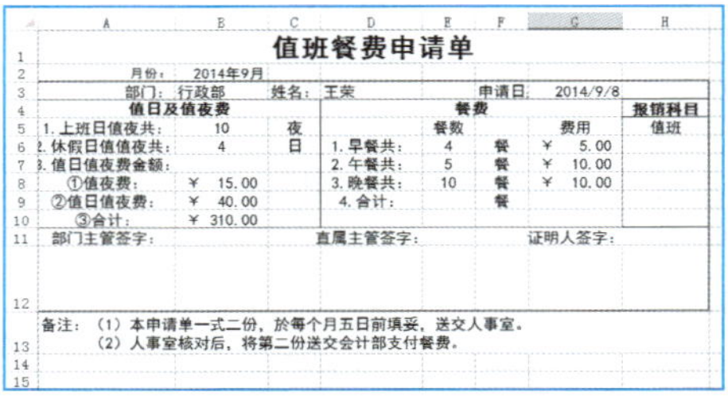

图10-75

步骤3：计算公式

1 选中B10单元格，在公式编辑栏输入公式“=B5*B8+B6*B9”，按Enter键，计算出值班费合计金额，如图10-76所示。

2 选中E9单元格，在公式编辑栏输入公式“=SUM（E6：E8）”，按Enter键，计算出餐数合计，如图10-77所示。

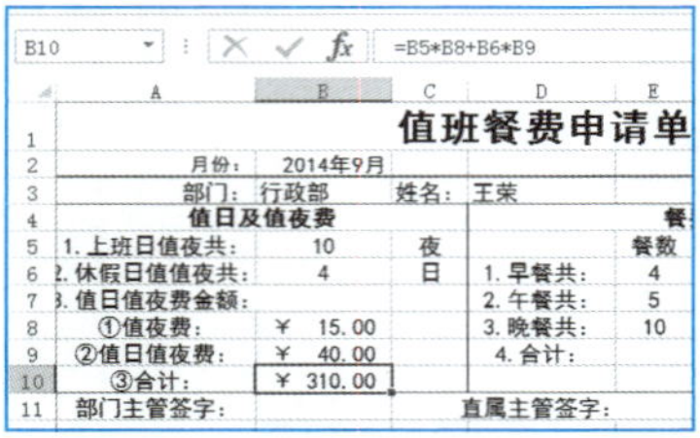

图10-76

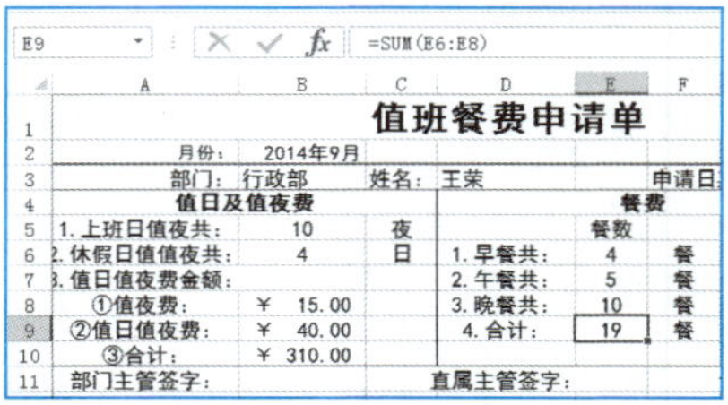

图10-77

3 选中G9单元格，在公式编辑栏输入公式“=SUMPRODUCT(E6:E8, G6:G8)”，按Enter键，即可计算出的餐费合计金额，如图10-78所示。

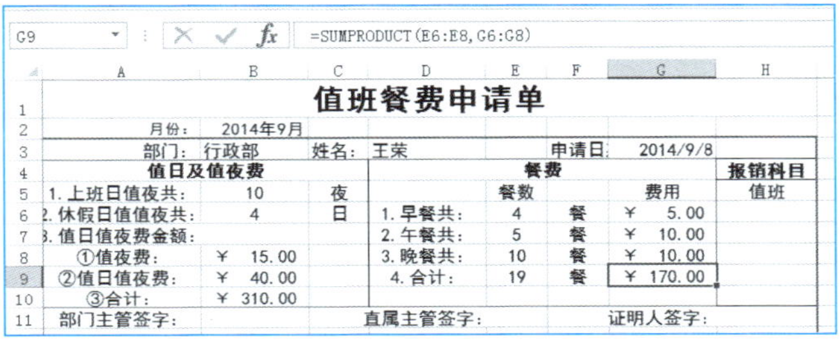

	A	B	C	D	E	F	G	H
1	值班餐费申请单							
2	月份：	2014年9月						
3	部门：	行政部	姓名：	王荣		申请日	2014/9/8	
4	值日及值夜费			餐费				报销科目
5	1. 上班日值夜共：	10	夜		餐数		费用	值班
6	2. 休假日值值夜共：	4	日	1. 早餐共：	4	餐	¥ 5.00	
7	3. 值日值夜费金额：			2. 午餐共：	5	餐	¥ 10.00	
8	①值夜费：	¥ 15.00		3. 晚餐共：	10	餐	¥ 10.00	
9	②值日值夜费：	¥ 40.00		4. 合计：	19	餐	¥ 170.00	
10	③合计：	¥ 310.00						
11	部门主管签字：			直属主管签字：			证明人签字：	

图10-78

文件124　员工加班申请表

企业会根据加班制度对加班员工发放加班费用，但企业会要求加班员工在加班前向相关部门申请加班，写明加班缘由，得到批准后，才能正常加班工作并领取加班费用。

制作要点与设计效果图

- 设置日期数字格式
- HOUR函数
- MINUTE函数

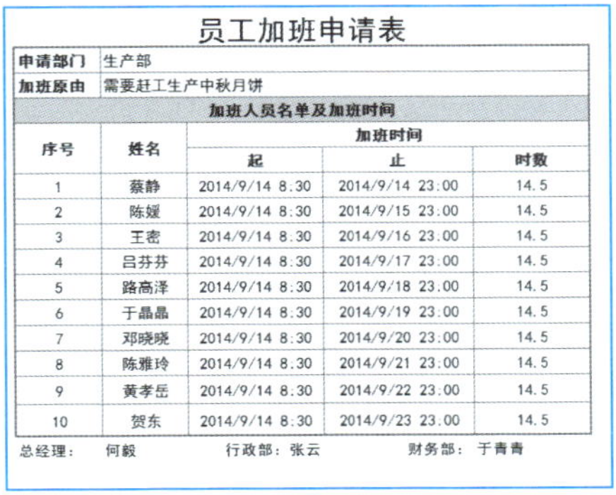

员工加班申请表

申请部门	生产部			
加班原由	需要赶工生产中秋月饼			
加班人员名单及加班时间				
序号	姓名	加班时间		
		起	止	时数
1	蔡静	2014/9/14 8:30	2014/9/14 23:00	14.5
2	陈媛	2014/9/14 8:30	2014/9/15 23:00	14.5
3	王密	2014/9/14 8:30	2014/9/16 23:00	14.5
4	吕芬芬	2014/9/14 8:30	2014/9/17 23:00	14.5
5	路高泽	2014/9/14 8:30	2014/9/18 23:00	14.5
6	于晶晶	2014/9/14 8:30	2014/9/19 23:00	14.5
7	邓晓晓	2014/9/14 8:30	2014/9/20 23:00	14.5
8	陈雅玲	2014/9/14 8:30	2014/9/21 23:00	14.5
9	黄孝岳	2014/9/14 8:30	2014/9/22 23:00	14.5
10	贺东	2014/9/14 8:30	2014/9/23 23.00	14.5

总经理：　何毅　　行政部：张云　　财务部：于青青

文件125　加班记录表

加班记录表是详细记录员工在指定的时间段具体加班情况的表格，该表格中包括的内容一般有加班人员姓名、加班开始时间、加班结束时间、加班小时数等，方便员工查询与核对。

制作要点与设计效果图

- 套用表格样式
- HOUR函数
- MINUTE

加班记录表

序号	加班人	加班原由	开始时间	结束时间	加班小时数
1	陈媛	追赶工程进度	2012/9/10 17:30	2012/9/10 23:00	5.5
2	王密	追赶工程进度	2012/9/10 17:30	2012/9/10 23:00	5.5
3	贺东	追赶工程进度	2012/9/10 17:30	2012/9/10 23:00	5.5
4	刘艳	追赶工程进度	2012/9/10 17:30	2012/9/10 23:00	5.5
5	陈怡	追赶工程进度	2012/9/10 17:30	2012/9/10 23:00	5.5
6	张佳佳	追赶工程进度	2012/9/10 17:30	2012/9/10 23:00	5.5
7	王洪亮	追赶工程进度	2012/9/15 18:00	2012/9/15 22:00	4
8	贺小美	追赶工程进度	2012/9/15 18:00	2012/9/15 22:00	4
9	赵晓霞	追赶工程进度	2012/9/15 18:00	2012/9/15 22:00	4
10	邓晓晓	追赶工程进度	2012/9/15 18:00	2012/9/15 22:00	4
11	黄孝岳	追赶工程进度	2012/9/15 18:00	2012/9/15 22:00	4
12	刘艳	追赶工程进度	2012/9/20 17:30	2012/9/20 21:00	3.5
13	陈怡	追赶工程进度	2012/9/20 17:30	2012/9/20 21:00	3.5
14	张佳佳	追赶工程进度	2012/9/20 17:30	2012/9/20 21:00	3.5
15	王密	追赶工程进度	2012/9/20 17:30	2012/9/20 21:00	3.5
16	贺东	追赶工程进度	2012/9/22 18:00	2012/9/22 21:00	3
17	赵晓霞	追赶工程进度	2012/9/22 18:00	2012/9/22 21:00	3
18	刘艳	追赶工程进度	2012/9/22 18:00	2012/9/22 21:00	3
19	陈媛	追赶工程进度	2012/9/24 17:30	2012/9/24 20:30	3

文件126　加班费用计算表

加班费用一般是按加班人员加班小时数来计算的，且每小时的加班费用为日常工作期小时工资的双倍，即员工的加班费用等于加班小时数乘以每小时加班费用。

制作要点与设计效果图

- 删除重复项数据
- SUMIF函数
- 定义名称
- 应用名称

加班记录表

序号	加班人	加班原由	开始时间	结束时间	加班小时数
1	陈媛	追赶工程进度	2012/9/10 17:30	2012/9/10 23:00	5.5
2	王密	追赶工程进度	2012/9/10 17:30	2012/9/10 23:00	5.5
3	贺东	追赶工程进度	2012/9/10 17:30	2012/9/10 23:00	5.5
4	刘艳	追赶工程进度	2012/9/10 17:30	2012/9/10 23:00	5.5
5	陈怡	追赶工程进度	2012/9/10 17:30	2012/9/10 23:00	5.5
6	张佳佳	追赶工程进度	2012/9/10 17:30	2012/9/10 23:00	5.5
7	王洪亮	追赶工程进度	2012/9/15 18:00	2012/9/15 22:00	4
8	贺小美	追赶工程进度	2012/9/15 18:00	2012/9/15 22:00	4
9	赵晓霞	追赶工程进度	2012/9/15 18:00	2012/9/15 22:00	4
10	邓晓晓	追赶工程进度	2012/9/15 18:00	2012/9/15 22:00	4
11	黄孝岳	追赶工程进度	2012/9/15 18:00	2012/9/15 22:00	4
12	刘艳	追赶工程进度	2012/9/20 17:30	2012/9/20 21:00	3.5
13	陈怡	追赶工程进度	2012/9/20 17:30	2012/9/20 21:00	3.5
14	张佳佳	追赶工程进度	2012/9/20 17:30	2012/9/20 21:00	3.5
15	王密	追赶工程进度	2012/9/20 17:30	2012/9/20 21:00	3.5
16	贺东	追赶工程进度	2012/9/22 18:00	2012/9/22 21:00	3
17	赵晓霞	追赶工程进度	2012/9/22 18:00	2012/9/22 21:00	3
18	刘艳	追赶工程进度	2012/9/22 18:00	2012/9/22 21:00	3
19	陈媛	追赶工程进度	2012/9/24 17:30	2012/9/24 20:30	3

加班费用计算表

加班人	每小时加班费	加班小时数	加班费用
陈媛	35	8.5	￥297.50
王密	35	9	￥315.00
贺东	35	8.5	￥297.50
刘艳	35	12	￥420.00
陈怡	35	9	￥315.00
张佳佳	35	9	￥315.00
王洪亮	35	4	￥140.00
贺小美	35	4	￥140.00
赵晓霞	35	7	￥245.00
邓晓晓	35	4	￥140.00
黄孝岳	35	4	￥140.00

文件127　值班补贴申请表

为了让值班人员准时到岗、坚守岗位、做好值班记录和处理好紧急问题，企业一般会根据值班人员在值班过程中的表现发放一些补贴，激发员工的工作积极性。

制作要点与设计效果图

- 应用单元格样式
- 套用表格格式
- 设置公式

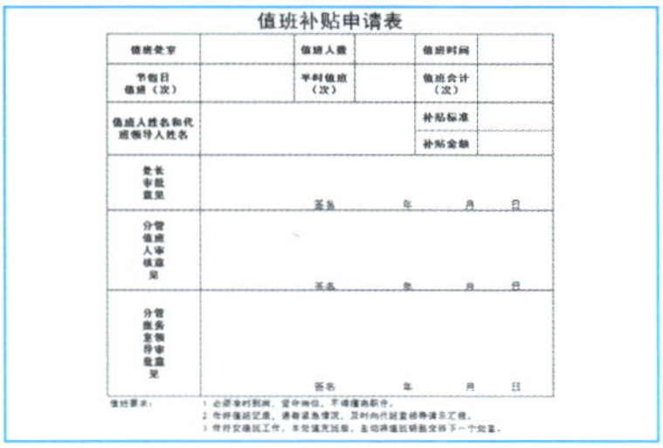

文件128　值班替换申请表

如果员工因为某些情况不能按时值班，可以事先与某员工协商换班，然后向有关部门提交“值班替换申请表”，说明不能值班的原因，以及由谁代理值班，避免工作责任不明等问题。

制作要点与设计效果图

- 使用自动序列填充
- 设置表格边框格式
- 设置表格填充格式
- SUM函数

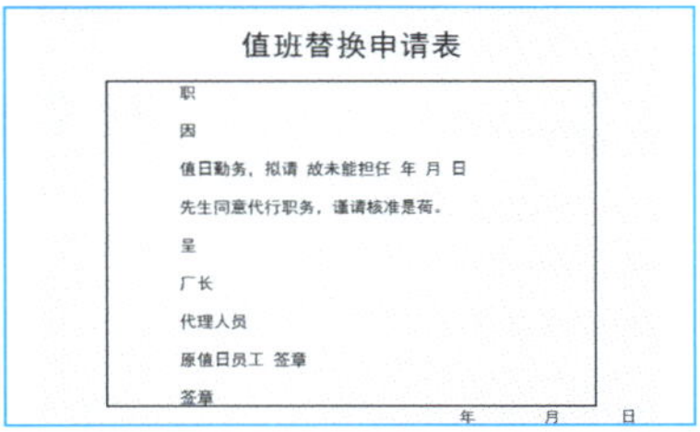

文件129　员工工时记录簿

为了方便人事部门月末发放让员工满意的工资，员工每日的工时、加班工时等都会作详细的记录。

制作要点与设计效果图

- 设置字体格式
- 设置对齐方式
- 插入符号
- 设置边框
- 插入空行

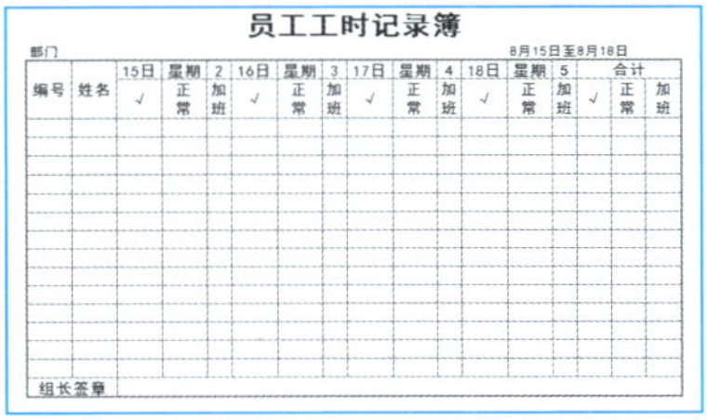

文件130　工作时间记录卡

工作时间记录卡是发放到员工手中，在打卡时填写当前的时间即可，月底再与打卡机上记录的时间进行对比检查，确保出勤记录的正确。

制作要点与设计效果图

- 设置单元格格式
- 手动调整列宽
- 插入行
- 填充星期数

工作时间记录卡

Time sheet

				部门Department:			
工作时间记录卡				科室Section:			
TIME SHEET				工作周Week:			
姓名Name:				工资单编号Payroll number:			
日期Day:	Normal hours			Overtime			总计
	起	讫	小时数	起	讫	小时数	Total
	In	Out	Hours	In	Out	Hours	
星期一 Monday							
星期二 Tuesday							
星期三 Wednesday							
星期四 Thursday							
星期五 Friday							
星期六 Saturday							
星期日 Sunday							
总计Total							

文件131　加班费申请单

员工考勤日报表是用于计算企业当日应到人数、实到人数、迟到人数、病假人数、事假人数等信息的统计结果表格。

制作要点与设计效果图

- 设置边框
- 定义名称
- 设置数据格式

加班费申请单

报销日期　　部门　　姓名

日期				工作内容	实际加		加班费	午餐费
起		讫		及地点	班时间			
月	日	月	日		时数	费用/时		
8	11	8	11	办公室	3:30	12元	54元	15元
8	11	8	11	办公室	2:30	10元	25元	12元
8	12	8	12	办公室	1:30	15元	23元	10元
8	12	8	12	办公室	1:30	10元	15元	10元
8	13	8	13	办公室	2:30	12元	30元	12元

总经理　会计　出纳　审核　申请人

Excel

第11章

员工出差管理表格

不少企业因为业务需要，经常会安排员工出差来完成某项工作，企业也会制定一套完善的员工出差管理制度，便于对员工出差进行管理，包括出差时间、出差往返路费、住宿费等等。

在对员工在出差管理过程中，人力资源部门常常使用到以下表格，如员工出差申请单、员工出差计划表、员工差旅费报销单、员工出差统计表、出差一周定期报告表、出差误餐费用申领单等。

编号	文件名称	对应的数据源	重要星级
文件132	员工出差申请单	第11章\文件132 员工出差申请单.xlsx	★★★★★
文件133	员工出差计划表	第11章\文件133 员工出差计划表.xlsx	★★★★★
文件134	员工差旅费报销单	第11章\文件134 员工差旅费报销单.xlsx	★★★★★
文件135	各部门员工出差统计表	第11章\文件135 各部门员工出差统计表.xlsx	★★★★
文件136	出差一周定期报告表	第11章\文件136 出差一周定期报告表.xlsx	★★★★
文件137	出差费用结算表	第11章\文件137 出差费用结算表.xlsx	★★★★
文件138	年度出差日数报告表	第11章\文件138 年度出差日数报告表.xlsx	★★★★
文件139	预支差旅费申请单	第11章\文件139 预支差旅费申请单.xlsx	★★★
文件140	出差误餐费申领单	第11章\文件140 出差误餐费申领单.xlsx	★★★
文件141	差旅费精算表	第11章\文件141 差旅费精算表.xlsx	★★★
文件142	月份出差补助统计表	第11章\文件142 月份出差补助统计表.xlsx	★★★
文件143	部门领导出差动态表	第11章\文件143 部门领导出差动态表.xlsx	★★★
文件144	营业出差日报表	第11章\文件144 营业出差日报表.xlsx	★★★
文件145	短程旅费申请单	第11章\文件145 短程旅费申请单.xlsx	★★★
文件146	国外出差旅费计算表	第11章\文件146 国外出差旅费计算表.xlsx	★★★
文件147	长期出差报告	第11章\文件147 长期出差报告.xlsx	★★★

文件132　员工出差申请单

为了便于对员工出差进行管理，人力资源部门在员工出差前会将“员工出差申请单”递交给出差人员填写，内容包括出差的原因、出差时长、出差地点、出发时间及出差所需费用预算等，出差员工填写后交由上级领导批示。

制作要点与设计效果图

- 清除格式
- 打印选择区域
- 显示页边距
- 在预览区调整单元格列宽

文件设计过程

步骤1：设置单元格行高和列宽

❶ 新建工作簿保存为“员工出差申请单”，在工作簿创建“员工出差申请单”表格，并设置表格格式，设置后效果如图11-1所示。

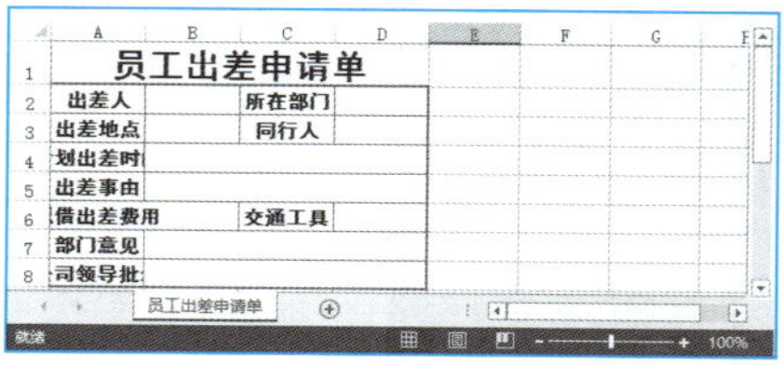

图11-1

❷ 选中A2:D9单元格区域，切换到“开始”选项卡，在“单元格”组中单击“格式”下拉按钮，在打开的下拉菜单中单击“行高”命令（如图11-2所示），打开“行高”对话框。

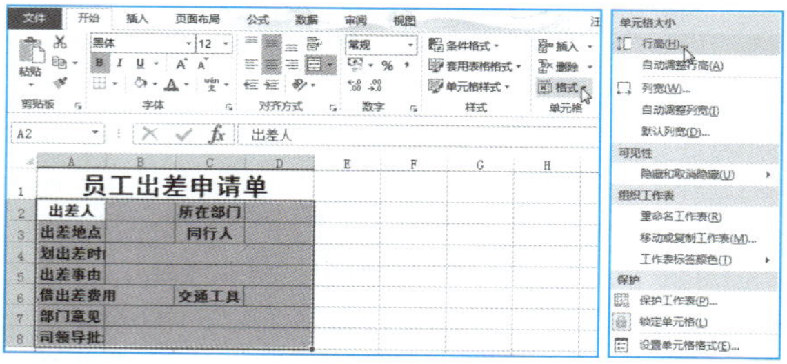

图11-2

❸ 在“行高”文本框中输入“30”，单击“确定”按钮，即可更改单元格行高，如图11-3所示。

❹ 在“格式”下拉菜单中单击“列宽”命令，打开“列宽”对话框，在“列宽”文本框中输入“20”，如图11-4所示。

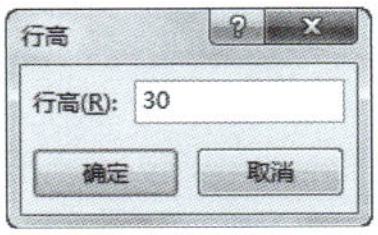

图11-3

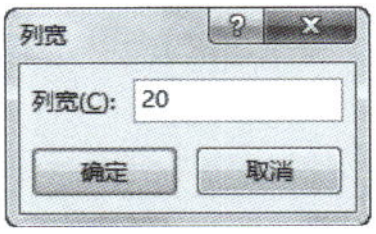

图11-4

❺ 单击“确定”按钮，返回到工作表中，即可看到设置后效果，如图11-5所示。

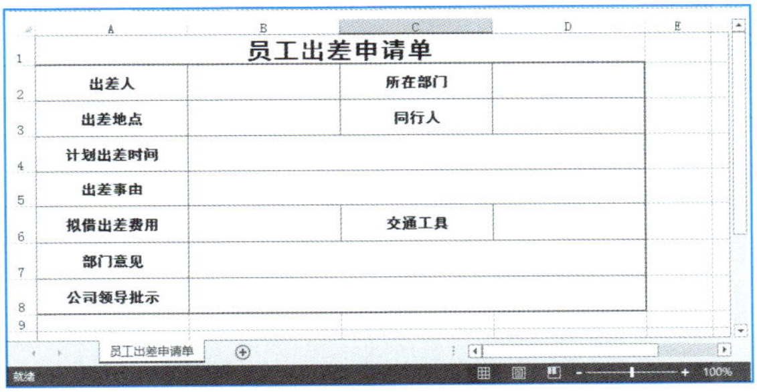

图11-5

步骤2：设置单元格格式

❶ 在A9单元格中输入出差申请单注意事项并选中，切换到“开始”选项卡，在“对齐方式”组中单击“”（自动换行）按钮，如图11-6所示。

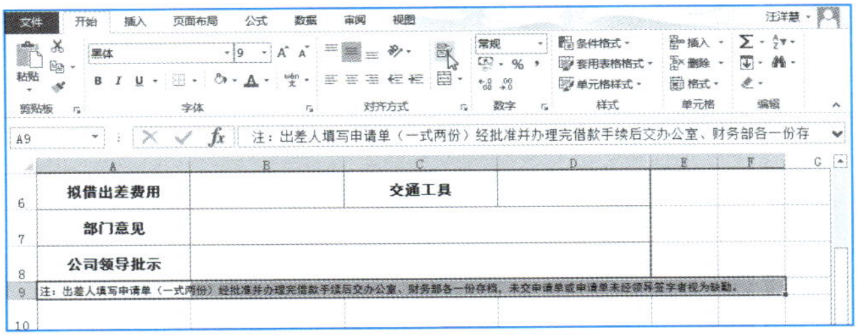

图11-6

❷ 单击“”（自动换行）按钮后即可将所选文本在A9单元格自动换行，选中A9:D9单元格区域，在“对齐方式”组中单击“”（合并后居中）按钮，如图11-7所示。

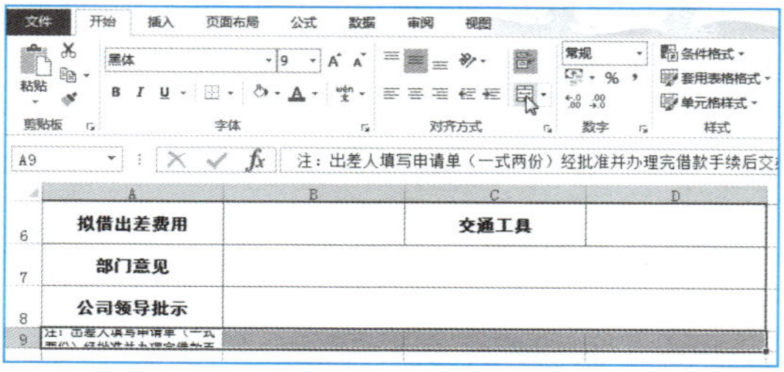

图11–7

3 单击“⊟”（合并后居中）按钮后，即可将文本合并居中到A2:D9单元格区域，将鼠标移动到A9单元格左下角，当光标变为“‡”形状时，向下拖动鼠标，如图11-8所示。

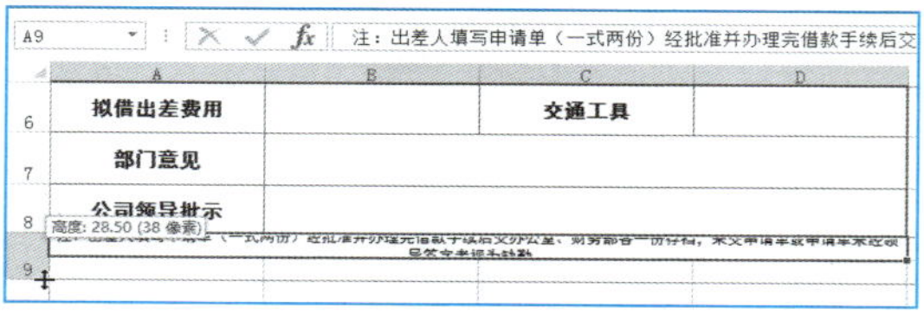

图11–8

4 向下拖动鼠标到指定位置，即可手动调整单元格行高，在“对齐方式”组中单击“≡”（左对齐）按钮，将文本调整为左对齐，设置后效果如图11-9所示。

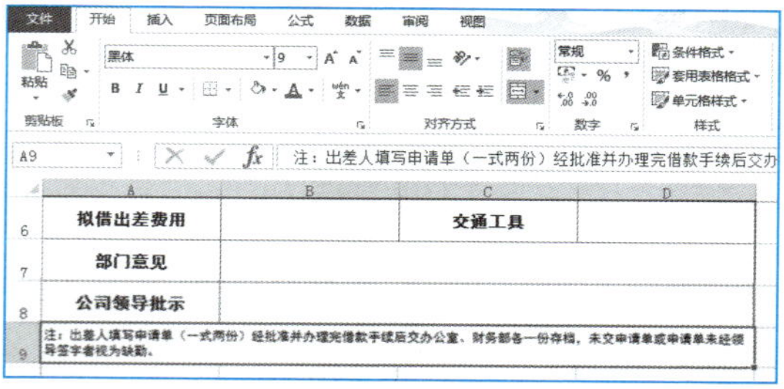

图11–9

提 示

因为员工出差申请单需要打印，需要注意下方的“注”不能超过表格范围，否则打印出来不美观，且不一定能在一页纸上完整的显示出来。

步骤3：选择要打印的数据区域

1 单击“文件”标签，在左侧窗格单击“打印”选项，可以看到文件打印效果如图11-10所示。

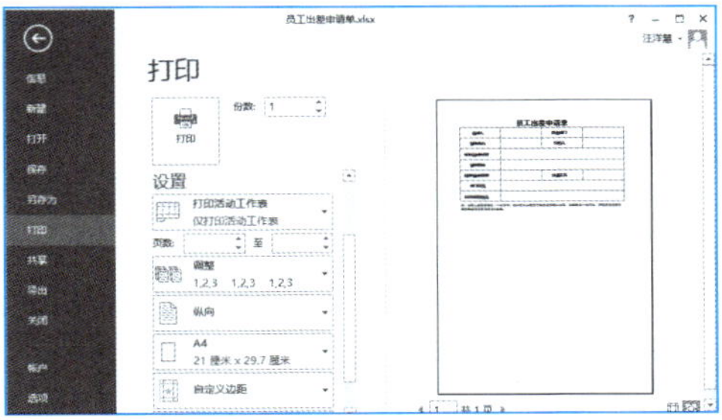

图11-10

2 在“打印”选项面板中单击“打印活动工作表”右侧的下拉按钮，在下拉菜单中单击“打印选定区域”命令，如图11-11所示。

3 单击“打印选定区域”命令后，在右侧预览区域中就会预览到选定的单元格区域数据被打印出的实际效果，如图11-12所示。

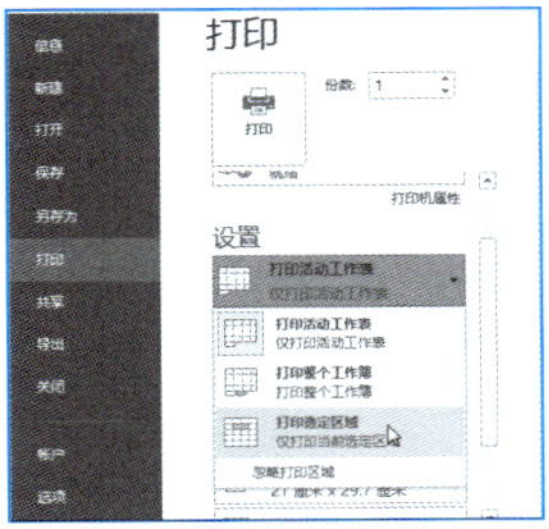

图11-11

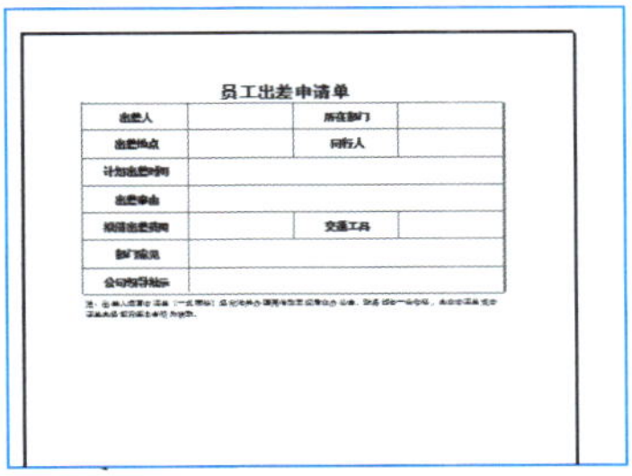

图11-12

文件133　员工出差计划表

员工出差计划表是员工根据出差的目的，自己设定的出差的行程、费用花费以及预计完成的任务计划，方便相关领导在其出差结束后，能有效地对工作进行核对。做好计划表格后，员工可以将其发送到相关领导的电子邮箱中。

制作要点与设计效果图

- 按人员限制访问权限
- 添加Windows Live ID账号
- 以附件形式发送至电子邮箱

员工出差计划表

出差人	廖晓	出差地	上海	时间安排	从2014年9月10日至2014年9月20日
你所拜访单位的名称如下		拜访对象（总经理、采购等）	你的拜访目的	预计车旅费	
1	零点烘焙西饼屋松江店	陈敏之	考查糕点市场	¥	50.00
2	食之秘	张　恒	考查糕点市场	¥	45.00
3	宜芝多有蛋糕	何宜新	考查糕点市场	¥	60.00
4	克里斯汀	刘光磊	考查糕点市场	¥	15.00
5	careme烘焙大师三鑫大厦店	赵茜茜	考查糕点市场	¥	30.00
6	巴黎贝甜	柳　絮	考查糕点市场	¥	35.00
7	careme烘焙大师港汇广场店	郑光荣	考查糕点市场	¥	19.00
8	利莲蛋糕	刘培培	考查糕点市场	¥	26.00
9	天香超市	汪雨萧	考查糕点市场	¥	33.00
合计车旅费				¥	313.00

文件设计过程

步骤1：保护工作簿

① 打开“员工出差计划表”，选中H13单元格，在公式编辑栏输入公式“=SUM(H4:H12)”，按Enter键，计算出合计车旅费，如图11-13所示。

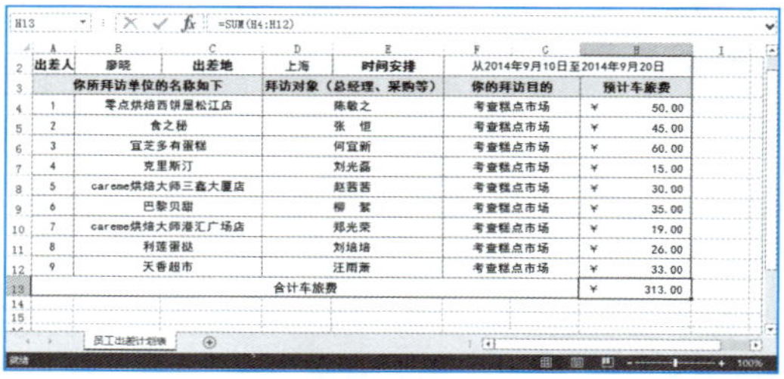

出差人	廖晓	出差地	上海	时间安排	从2014年9月10日至2014年9月20日	
	你所拜访单位的名称如下		拜访对象（总经理、采购等）	你的拜访目的	预计车旅费	
1	零点烘焙西饼屋松江店		陈敬之	考查糕点市场	¥	50.00
2	食之秘		张　恒	考查糕点市场	¥	45.00
3	宜芝多有蛋糕		何宜新	考查糕点市场	¥	60.00
4	克里斯汀		刘光磊	考查糕点市场	¥	15.00
5	careme烘焙大师三鑫大厦店		赵菁菁	考查糕点市场	¥	30.00
6	巴黎贝甜		柳　絮	考查糕点市场	¥	35.00
7	careme烘焙大师港汇广场店		郑光荣	考查糕点市场	¥	19.00
8	利莲蛋挞		刘培培	考查糕点市场	¥	26.00
9	天香超市		汪雨萧	考查糕点市场	¥	33.00
		合计车旅费			¥	313.00

图11-13

② 单击“文件”标签，在左侧窗格单击“信息”，在“信息”区域单击“保护工作簿”下拉按钮，在下拉菜单中单击“用密码进行加密”命令（如图11-14所示），打开“加密文档”对话框。

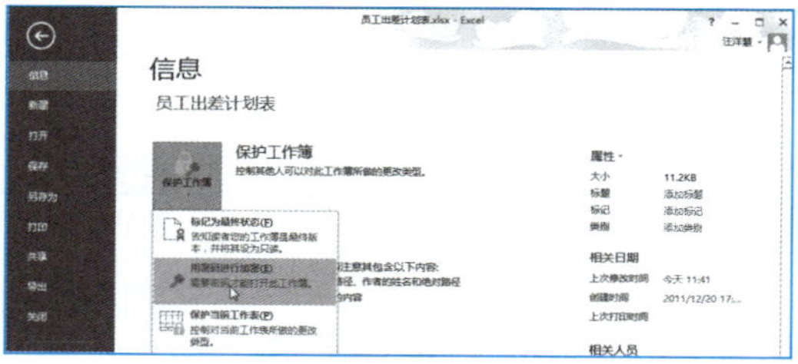

图11-14

③ 在“对此文件的内容进行加密”文本框中输入密码，如“123456”，单击“确定”按钮（如图11-15所示），打开“确认密码”对话框。

④ 在“重新输入密码”对话框中，再次输入密码，如图11-16所示。

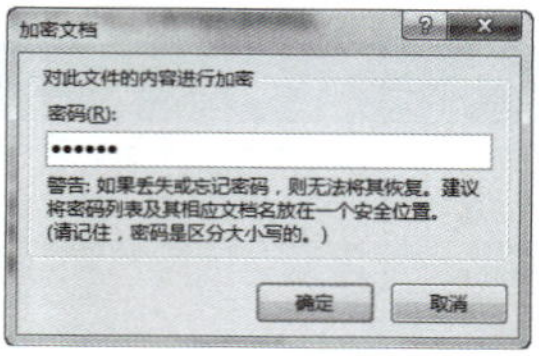

图11-15

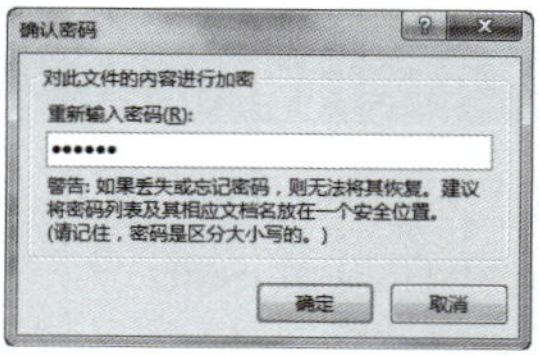

图11-16

⑤ 单击“确定”按钮，即可在“信息”区域看到工作簿显示为需要密码打开，如图11-17所示。

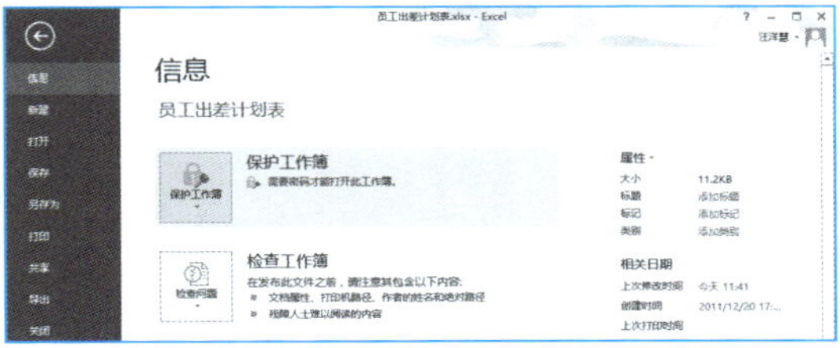

图11–17

步骤2：将工作簿作为附件发送

❶ 在左侧窗格单击“共享”，在“共享”单击“电子邮件”在“电子邮件”区域单击“作为附件发送”按钮，如图11-18所示。

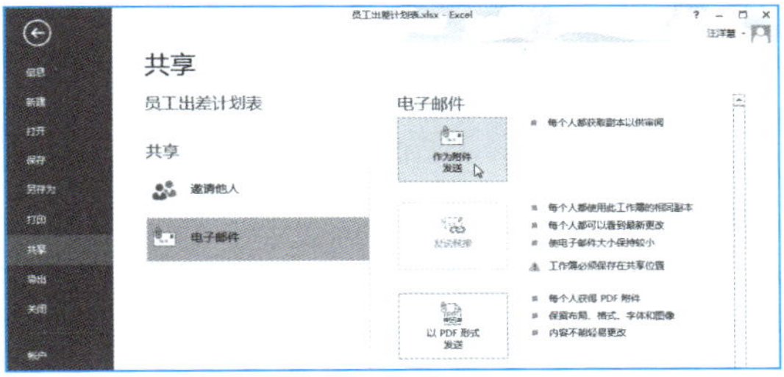

图11–18

❷ 打开OutLook 2013 软件，在“收件人”文本框中输入收件人地址，完成邮件编写后单击“发送”按钮即可，如图11-19所示。

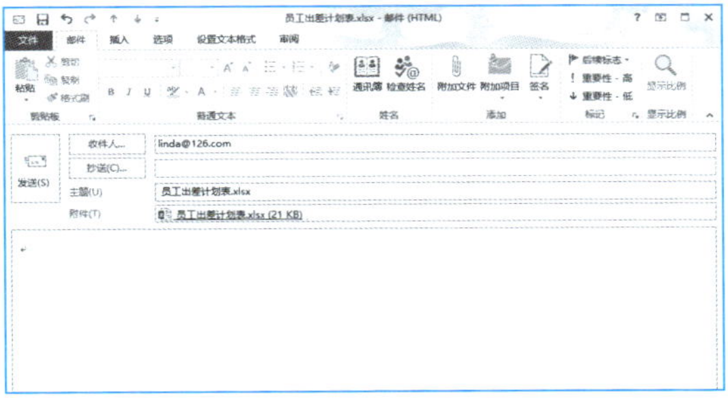

图11–19

提　示

在作为邮件的附件发送之前，需要在Office OutLook 2013中设置邮件账户，否何系统无法跳转到邮件，从而无法完成发送。

文件134　员工差旅费报销单

员工出差结束后，需要填写差旅费报销单上交相关部门，才能将在出差中花费的金额从财务部报销。不过这些差旅费的报销范围必须在公司规定的可报销范围内，且必须具备相应的票据。

制作要点与设计效果图

- MONTH函数
- DAY函数
- 设置数字以中文大写数字显示

出差旅费报销单

单位　华云集团A分公司　填报日期　2014/9/30　共 1 页

出差人	张飞云						出差事由	调查市场				经费来源	半支半自付		
起止时间及地址						飞机金额	火车金额	长途汽车金额	通宵乘车补助金额	市内交通及生活补助			住宿费	其他	
月	日	起点	月	日	终点					天数	标准	金额	金额	项目	金额
9	1	成都	9	3	北京	¥ 1,620.00				3	¥ 120.00	¥ 360.00	¥ 350.00		
9	3	北京	9	7	天津		¥ 70.00		¥ 100.00	4	¥ 120.00	¥ 480.00	¥ 480.00		
9	7	天津	9	12	南京			¥ 287.00	¥ 200.00	5	¥ 120.00	¥ 600.00	¥ 500.00		
9	12	南京	9	15	上海		¥ 50.00		¥ 780.00	3	¥ 120.00	¥ 360.00	¥ 280.00		
9	15	上海	9	17	西安		¥ 458.00		¥ 120.00	2	¥ 120.00	¥ 240.00	¥ 160.00		
9	17	西安	9	19	重庆		¥ 367.00		¥ 80.00	2	¥ 120.00	¥ 240.00	¥ 190.00		
9	19	重庆	9	22	成都			¥ 188.00	¥ 40.00	3	¥ 120.00	¥ 360.00	¥ 320.00		
小计						¥ 1,620.00	¥ 945.00	¥ 475.00	¥ 1,320.00	¥		2,640.00	¥ 2,280.00		
金额合计（大写）						¥9,280.00				预支	¥ 5,000.00	核销	¥ 4,000.00	退补	¥ 280.00

文件设计过程

步骤1：获取月份

❶ 打开“员工差旅费报销单”工作表，选中A6单元格切换到“公式”选项卡，在“函数库”组中单击“日期和时间”下拉按钮，在下拉菜单中单击“MONTH”（如图11-20所示），打开“函数参数”对话框。

❷ 在“Serial_number”文本框中输入C7，如图11-21所示。

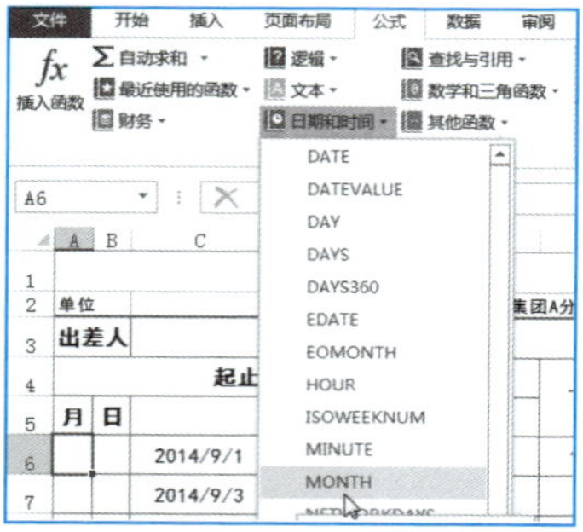

图11-20

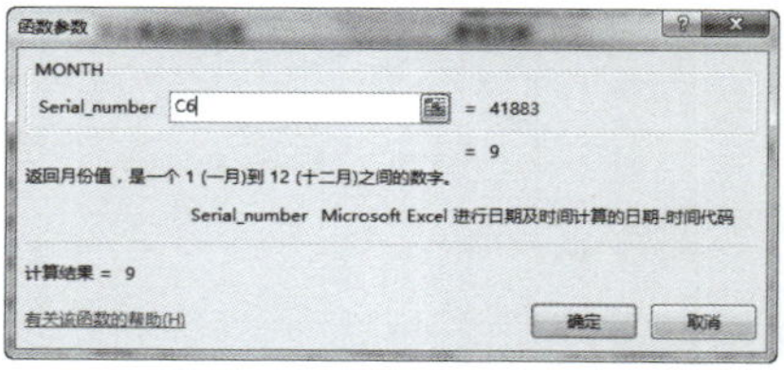

图11-21

❸ 单击“确定”按钮，在A7单元格中显示当前的月份，将鼠标移动到单元格右下角，拖动填充柄向下填充到A12单元格，显示所有获取月份，如图11-22所示。

❹ 选中B6单元格，切换到“公式”选项卡，在“函数库”组中单击“日期和时间”下拉按钮，在下拉菜单中单击“DAY”命令（如图11-23所示），打开“函数参数”对话框。

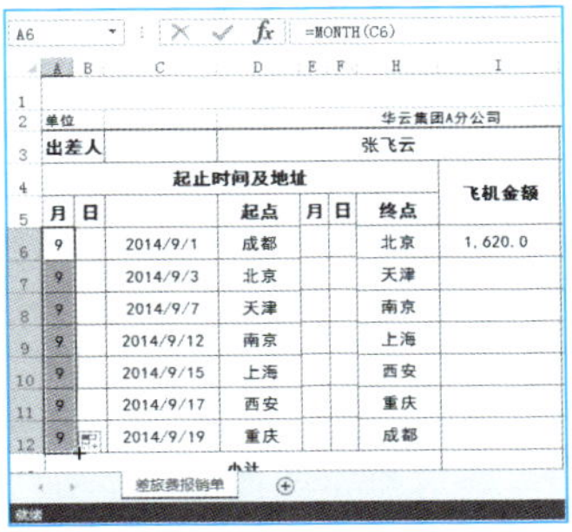

图11-22

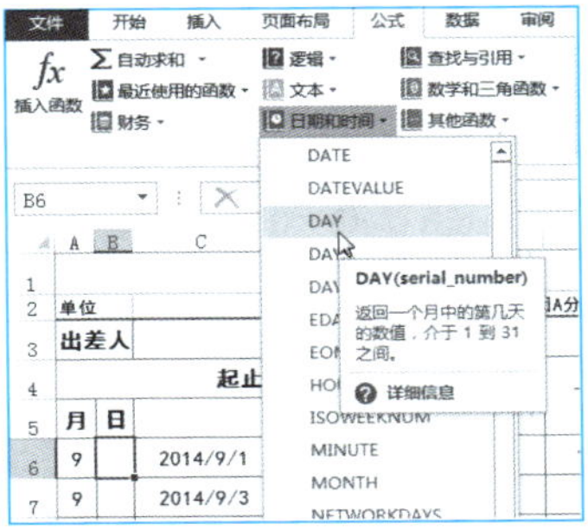

图11-23

5 在“Serial_number”文本框中输入C7，如图11-24所示。

6 单击“确定”按钮，在B6单元格中显示当前的月份，将鼠标移动到右下角，拖动填充柄向下填充到B12单元格，显示所有获取日，如图11-25所示。

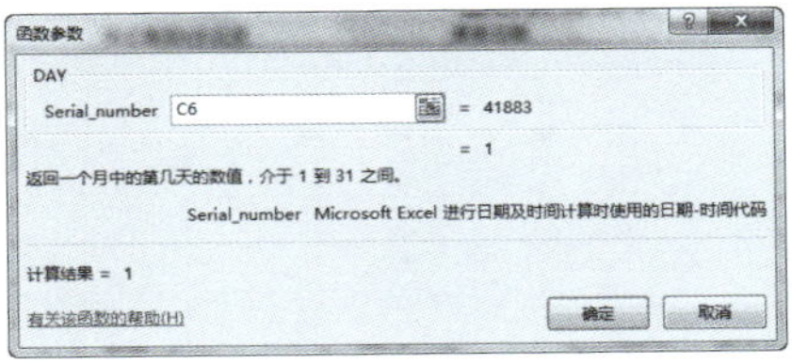

图11-24

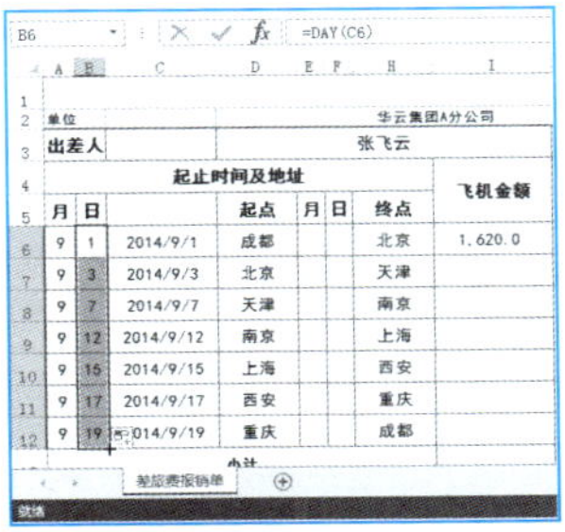

图11-25

7 选中“E6”，在公式编辑了输入公式“=MONTH(G6)”，按Enter键后拖动填充柄向下复制公式，即可得到相应的月份，如图11-26所示。

8 选中“F6”，在公式编辑了输入公式“=DAY(G6)”，按Enter键后拖动填充柄向下复制公式，即可得到相应的日，如图11-27所示。

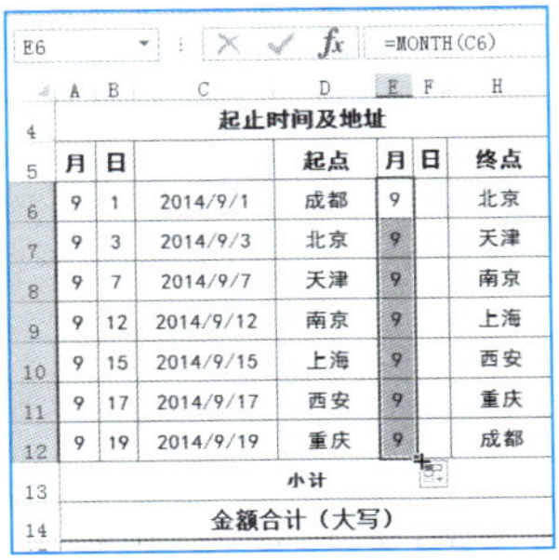

图11-26

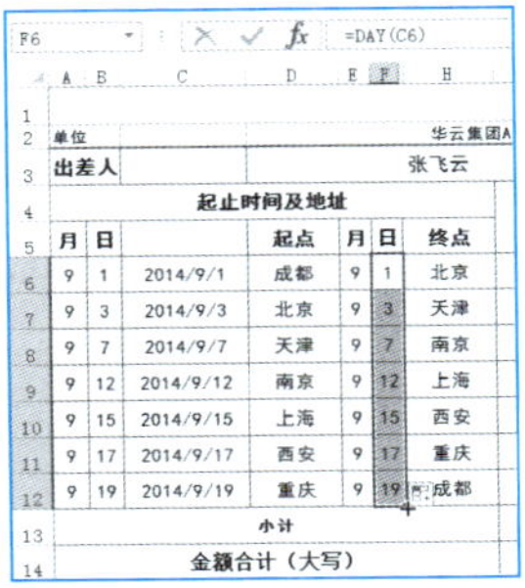

图11-27

步骤2：使用SUM函数计算小计数目

❶ 选中I13单元格，在公式编辑栏中输入公式“=SUM(I6:I12)”，按Enter键，计算出乘坐飞机的总费用，如图11-28所示。

❷ 选中J13单元格，在公式编辑栏中输入公式“=SUM(J6:J12)”，按Enter键，计算出乘坐火车的总费用，如图11-29所示。

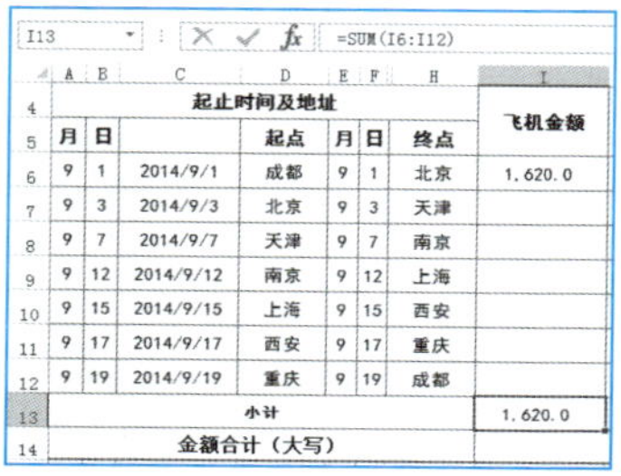

I13 =SUM(I6:I12)

起止时间及地址							飞机金额
月	日		起点	月	日	终点	
9	1	2014/9/1	成都	9	1	北京	1,620.0
9	3	2014/9/3	北京	9	3	天津	
9	7	2014/9/7	天津	9	7	南京	
9	12	2014/9/12	南京	9	12	上海	
9	15	2014/9/15	上海	9	15	西安	
9	17	2014/9/17	西安	9	17	重庆	
9	19	2014/9/19	重庆	9	19	成都	
小计							1,620.0
金额合计（大写）							

图11-28

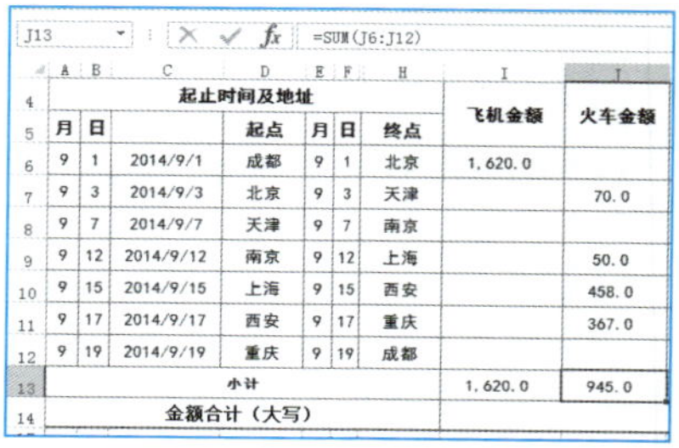

J13 =SUM(J6:J12)

起止时间及地址							飞机金额	火车金额
月	日		起点	月	日	终点		
9	1	2014/9/1	成都	9	1	北京	1,620.0	
9	3	2014/9/3	北京	9	3	天津		70.0
9	7	2014/9/7	天津	9	7	南京		
9	12	2014/9/12	南京	9	12	上海		50.0
9	15	2014/9/15	上海	9	15	西安		458.0
9	17	2014/9/17	西安	9	17	重庆		367.0
9	19	2014/9/19	重庆	9	19	成都		
小计							1,620.0	945.0
金额合计（大写）								

图11-29

❸ 按照相同的方法计算出其他交通费用和生活补助以及住宿费用的小计金额，如图11-30所示。

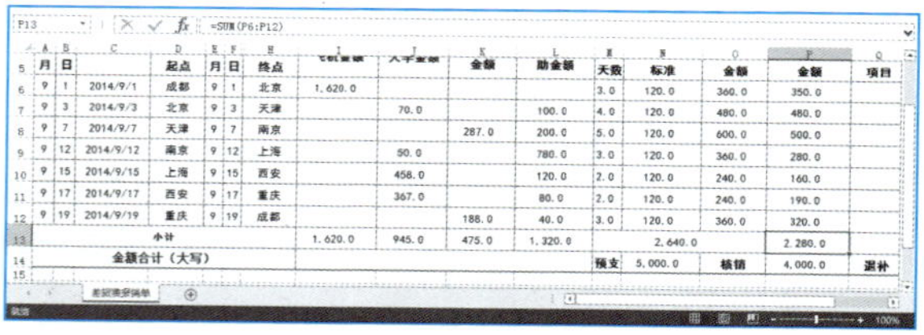

P13 =SUM(P6:P12)

月	日		起点	月	日	终点			金额	助金额	天数	标准	金额	金额	项目
9	1	2014/9/1	成都	9	1	北京	1,620.0				3.0	120.0	360.0	350.0	
9	3	2014/9/3	北京	9	3	天津		70.0		100.0	4.0	120.0	480.0	480.0	
9	7	2014/9/7	天津	9	7	南京			287.0	200.0	5.0	120.0	600.0	500.0	
9	12	2014/9/12	南京	9	12	上海		50.0		780.0	3.0	120.0	360.0	280.0	
9	15	2014/9/15	上海	9	15	西安		458.0		120.0	2.0	120.0	240.0	160.0	
9	17	2014/9/17	西安	9	17	重庆		367.0		80.0	2.0	120.0	240.0	190.0	
9	19	2014/9/19	重庆	9	19	成都			188.0	40.0	3.0	120.0	360.0	320.0	
小计							1,620.0	945.0	475.0	1,320.0	2,640.0			2,280.0	
金额合计（大写）											预支	5,000.0	核销	4,000.0	退补

图11-30

❹ 选中I14单元格在公式编辑栏中输入公式“=SUM(I13:P13)”，按Enter键，计算出差旅费总费用，如图11-31所示。

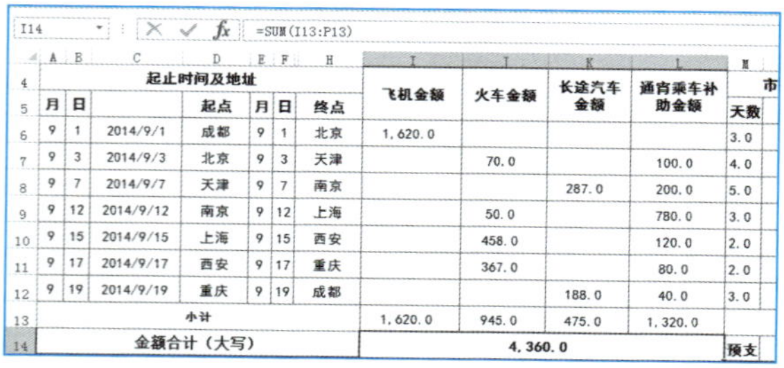

I14 =SUM(I13:P13)

起止时间及地址							飞机金额	火车金额	长途汽车金额	通宵乘车补助金额	市
月	日		起点	月	日	终点					天数
9	1	2014/9/1	成都	9	1	北京	1,620.0				3.0
9	3	2014/9/3	北京	9	3	天津		70.0		100.0	4.0
9	7	2014/9/7	天津	9	7	南京			287.0	200.0	5.0
9	12	2014/9/12	南京	9	12	上海		50.0		780.0	3.0
9	15	2014/9/15	上海	9	15	西安		458.0		120.0	2.0
9	17	2014/9/17	西安	9	17	重庆		367.0		80.0	2.0
9	19	2014/9/19	重庆	9	19	成都			188.0	40.0	3.0
小计							1,620.0	945.0	475.0	1,320.0	
金额合计（大写）							4,360.0				预支

图11-31

❺ 选中R14单元格在公式编辑栏中输入公式“=I14-N14-P14”，按Enter键，根据预支金额和核销金额计算出应退补金额，如图11-32所示。

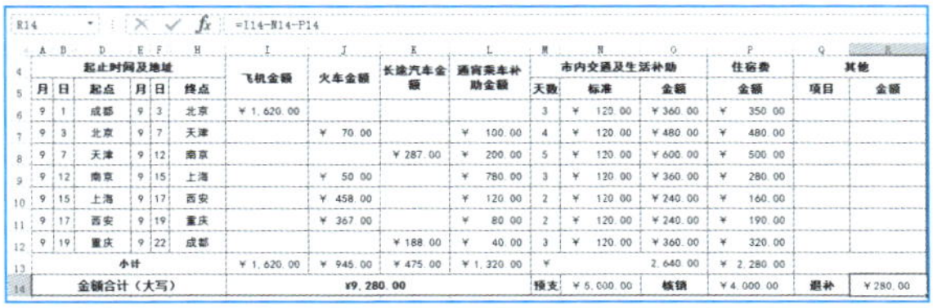

图11-32

步骤3：设置大写中文数字

❶ 选中I14单元格，切换到“开始”选项卡，在“数字”组中单击“ ”（设置单元格格式）按钮（如图11-33所示），打开“设置单元格格式”对话框。

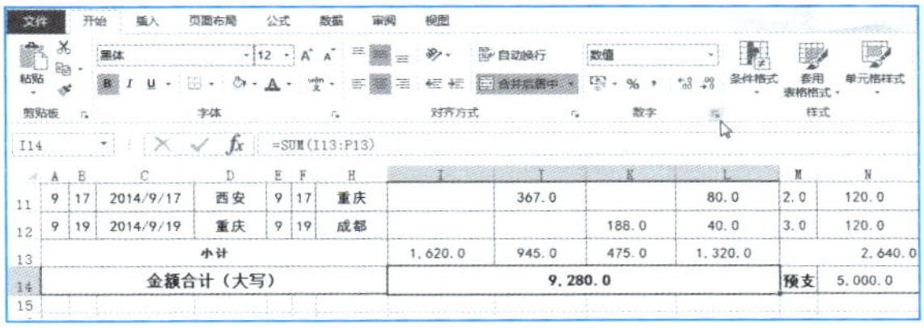

图11-33

❷ 在“数字”标签下的“分类”列表框中单击“特殊”，在“类型”列表框中单击“中文大写数字”，如图11-34所示。

❸ 单击“确定”按钮，返回工作表中，此时所选单元格中的数字以中文大写数字显示，如图11-35所示。

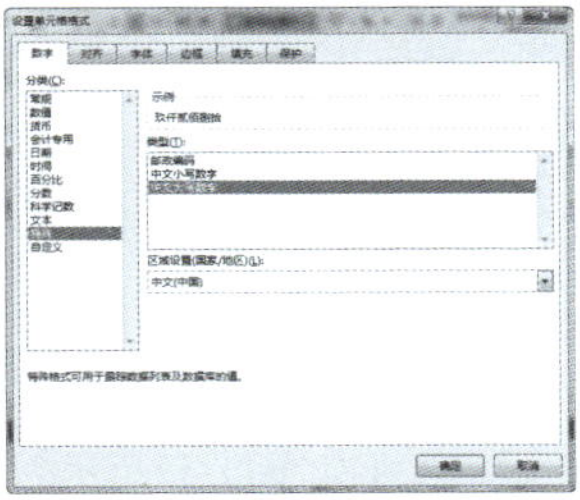

图11-34

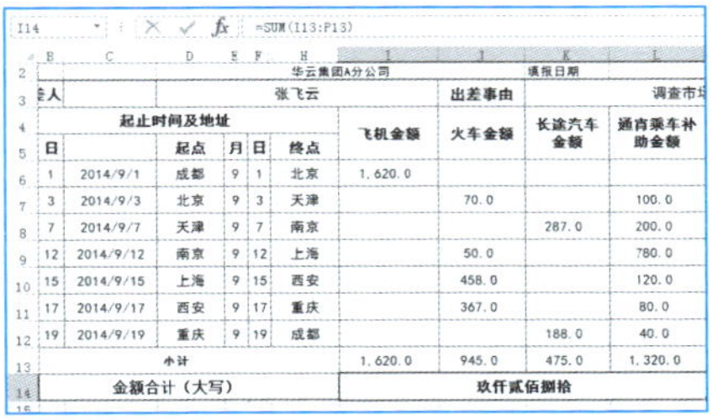

图11-35

文件135　各部门员工出差统计表

人力资源部门为了方便管理员工的出差情况，常常会将出差员工的性别、出差时长、出发时间、出差事由以及从财务部预支的差旅费统计在一个表格中，方便管理者统计和查阅各个部门预支差旅费，比较各个部门差旅费的花费情况。

制作要点与设计效果图

- 以单元格颜色排序
- SUBTOTA函数
- 以PDF形式发送邮件

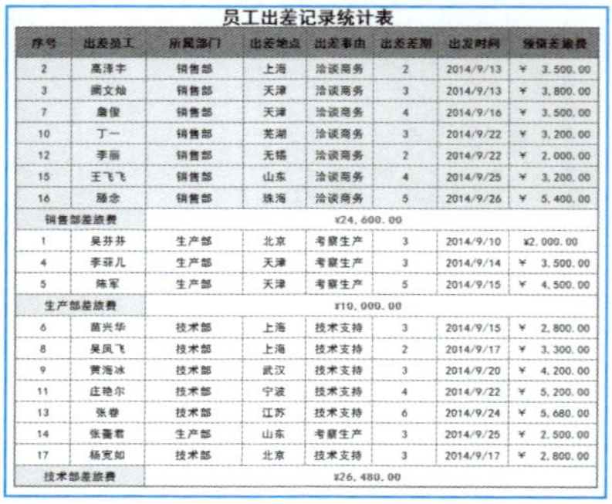

员工出差记录统计表

序号	出差员工	所属部门	出差地点	出差事由	出差差期	出发时间	预借差旅费
2	高泽宇	销售部	上海	洽谈商务	2	2014/9/13	¥ 3,500.00
3	阚文灿	销售部	天津	洽谈商务	3	2014/9/13	¥ 3,800.00
7	詹俊	销售部	天津	洽谈商务	4	2014/9/16	¥ 3,500.00
10	丁一	销售部	芜湖	洽谈商务	3	2014/9/22	¥ 3,200.00
12	李丽	销售部	无锡	洽谈商务	2	2014/9/22	¥ 2,000.00
15	王飞飞	销售部	山东	洽谈商务	4	2014/9/25	¥ 3,200.00
16	滕念	销售部	珠海	洽谈商务	5	2014/9/26	¥ 5,400.00
销售部差旅费		¥24,600.00					
1	吴芬芬	生产部	北京	考察生产	3	2014/9/10	¥2,000.00
4	李菲儿	生产部	天津	考察生产	3	2014/9/14	¥ 3,500.00
5	陈军	生产部	天津	考察生产	5	2014/9/15	¥ 4,500.00
生产部差旅费		¥10,000.00					
6	苗兴华	技术部	上海	技术支持	3	2014/9/15	¥ 2,800.00
8	吴凤飞	技术部	上海	技术支持	2	2014/9/17	¥ 3,300.00
9	黄海冰	技术部	武汉	技术支持	3	2014/9/20	¥ 4,200.00
11	庄艳尔	技术部	宁波	技术支持	4	2014/9/22	¥ 5,200.00
13	张眷	技术部	江苏	技术支持	6	2014/9/24	¥ 5,680.00
14	张蕃君	生产部	山东	考察生产	3	2014/9/25	¥ 2,500.00
17	杨宽如	技术部	北京	技术支持	3	2014/9/17	¥ 2,800.00
技术部差旅费		¥26,480.00					

文件设计过程

步骤1：按单元格颜色排序数据

❶ 打开“各部门员工出差统计表”工作簿，选中工作表中任意单元格，如C3单元格，切换到“数据”组中单击“排序”按钮（如图11-36所示），打开“排序”对话框。

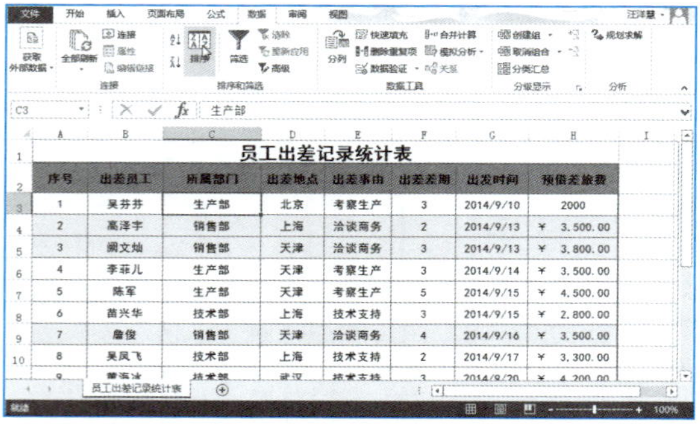

图11-36

❷ 在“排序依据”下拉按钮中单击“单元格颜色”（如图11-37所示），在“次序”下拉列表中选择单元格颜色，如图11-38所示。

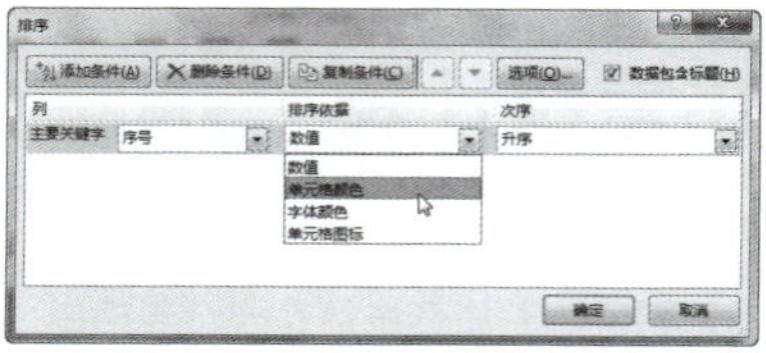

图11-37

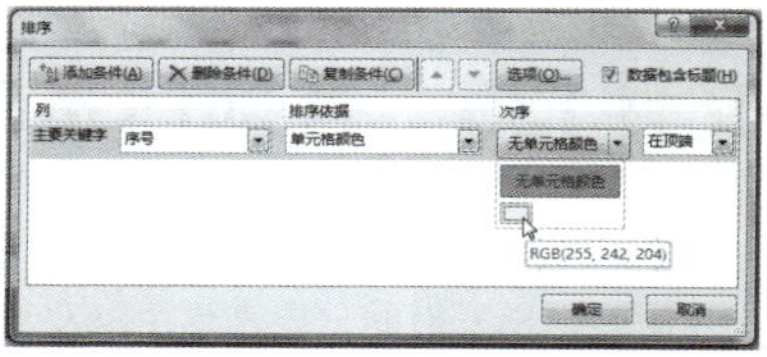

图11-38

❸ 单击“确定”按钮，返回到工作表将选定单元格颜色相同的数据排列在一起，且排在其他数据的前面，并对其他数据按部门进行排列，如图11-39所示。

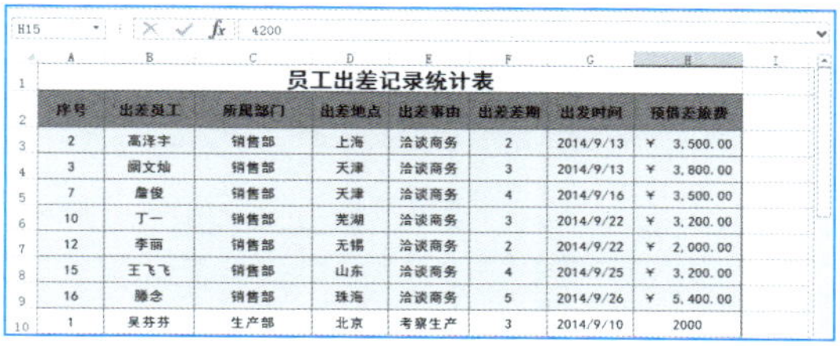

员工出差记录统计表

序号	出差员工	所属部门	出差地点	出差事由	出差天数	出发时间	预借差旅费
2	高泽宇	销售部	上海	洽谈商务	2	2014/9/13	¥ 3,500.00
3	阙文灿	销售部	天津	洽谈商务	3	2014/9/13	¥ 3,800.00
7	詹俊	销售部	天津	洽谈商务	4	2014/9/16	¥ 3,500.00
10	丁一	销售部	芜湖	洽谈商务	3	2014/9/22	¥ 3,200.00
12	李丽	销售部	无锡	洽谈商务	2	2014/9/22	¥ 2,000.00
15	王飞飞	销售部	山东	洽谈商务	4	2014/9/25	¥ 3,200.00
16	滕念	销售部	珠海	洽谈商务	5	2014/9/26	¥ 5,400.00
1	吴芬芬	生产部	北京	考察生产	3	2014/9/10	2000

图11-39

步骤2：设置公式计算出差费用总额

❶ 选中A10单元格，单击鼠标右键，在弹出的菜单中单击“插入”命令，如图11-40所示。

❷ 即可在A10单元格下插入一个新的行，取消插入行的单元格颜色填充，重新设置单元格格式，并输入“销售部差旅费”，如图11-41所示。

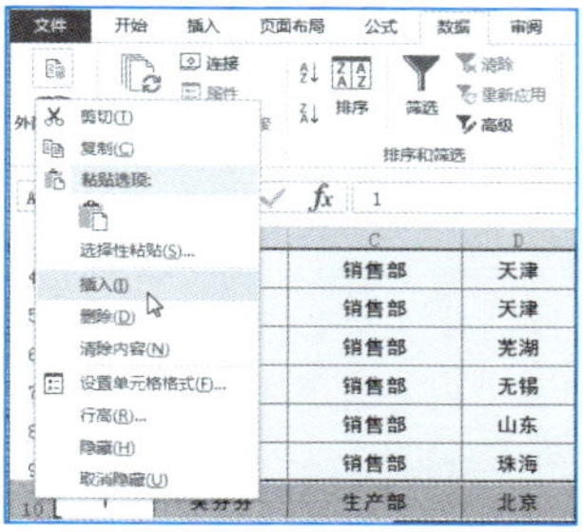

图11-40

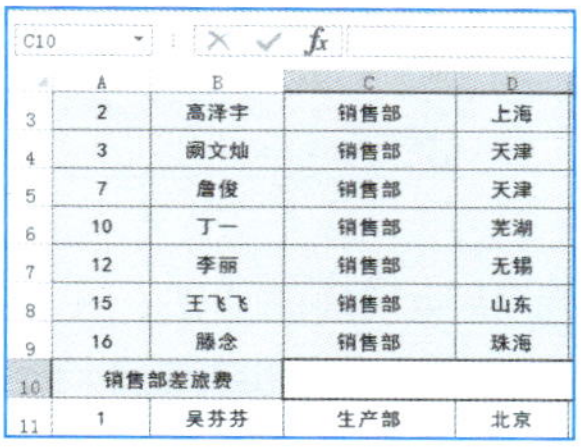

图11-41

❸ 选中C10合并单元格，切换到“公式”选项卡，在“函数库”组中单击“数字和三角函数”下拉按钮，在下拉菜单中单击“SUBTOTAL”命令（如图11-42所示），打开“函数参考”对话框。

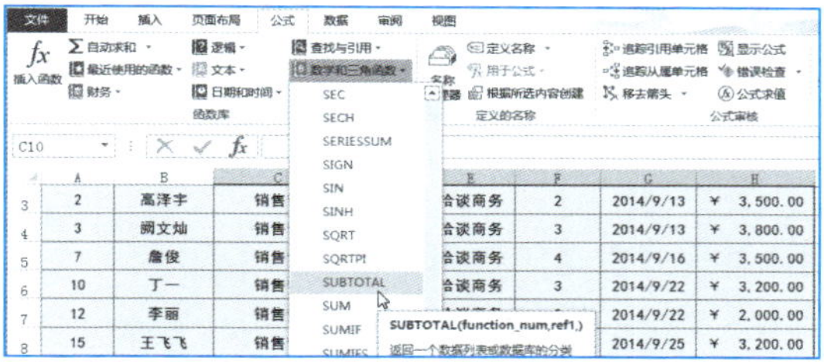

图11-42

❹ 在“Function_num”文本框中输入“9”（如图11-43所示），在“Refl”文本框中输入“H3:H9”，如图11-44所示。

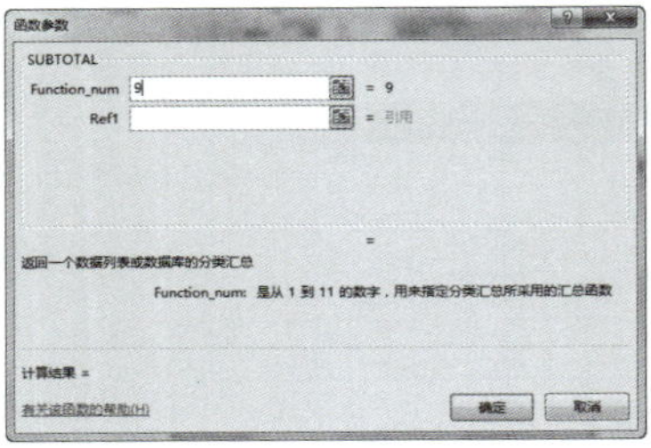

图11-43

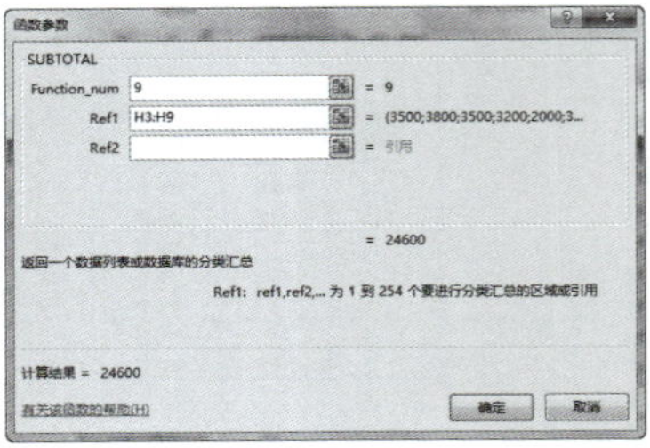

图11-44

❺ 单击“确定”按钮，在C10合并单元格中会显示计算出的销售部差旅费，如图11-45所示。

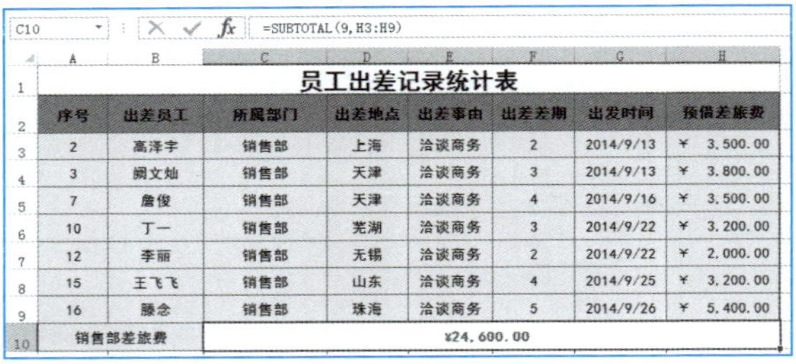
C10 =SUBTOTAL(9,H3:H9)

员工出差记录统计表							
序号	出差员工	所属部门	出差地点	出差事由	出差差期	出发时间	预借差旅费
2	高泽宇	销售部	上海	洽谈商务	2	2014/9/13	¥ 3,500.00
3	阚文灿	销售部	天津	洽谈商务	3	2014/9/13	¥ 3,800.00
7	詹俊	销售部	天津	洽谈商务	4	2014/9/16	¥ 3,500.00
10	丁一	销售部	芜湖	洽谈商务	3	2014/9/22	¥ 3,200.00
12	李丽	销售部	无锡	洽谈商务	2	2014/9/22	¥ 2,000.00
15	王飞飞	销售部	山东	洽谈商务	4	2014/9/25	¥ 3,200.00
16	滕念	销售部	珠海	洽谈商务	5	2014/9/26	¥ 5,400.00
销售部差旅费		¥24,600.00					

图11-45

❻ 按照相同的方法，在“生产部”和“技术部”下插入一行，并用SUBTOTAL函数计算出其他部门差旅费，如图11-46所示。

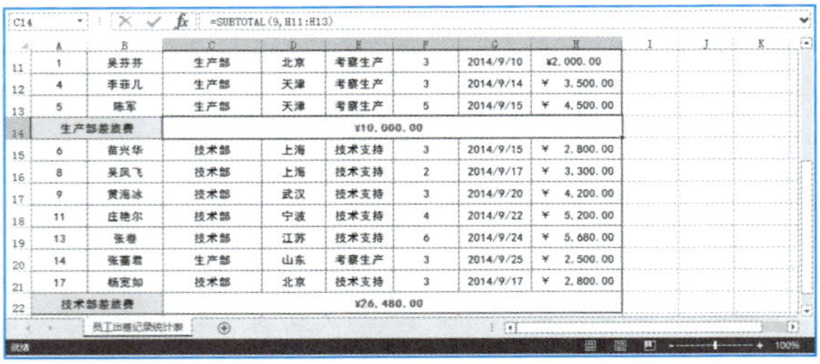
C14 =SUBTOTAL(9,H11:H13)

1	吴芬芬	生产部	北京	考察生产	3	2014/9/10	¥2,000.00
4	李菲儿	生产部	天津	考察生产	3	2014/9/14	¥ 3,500.00
5	陈军	生产部	天津	考察生产	5	2014/9/15	¥ 4,500.00
生产部差旅费		¥10,000.00					
6	苗兴华	技术部	上海	技术支持	3	2014/9/15	¥ 2,800.00
8	吴凤飞	技术部	上海	技术支持	2	2014/9/17	¥ 3,300.00
9	黄海冰	技术部	武汉	技术支持	3	2014/9/20	¥ 4,200.00
11	庄艳尔	技术部	宁波	技术支持	4	2014/9/22	¥ 5,200.00
13	张春	技术部	江苏	技术支持	6	2014/9/24	¥ 5,680.00
14	张蕾君	生产部	山东	考察生产	3	2014/9/25	¥ 2,500.00
17	杨宽如	技术部	北京	技术支持	3	2014/9/17	¥ 2,800.00
技术部差旅费		¥26,480.00					

图11-46

步骤3：使用附件形式发送工作簿

❶ 单击“文件”标签，左侧单击“共享”，在“共享送”区域单击“电子邮件”，在“电子邮件”区域单击“以附件形式”按钮，如图11-47所示。

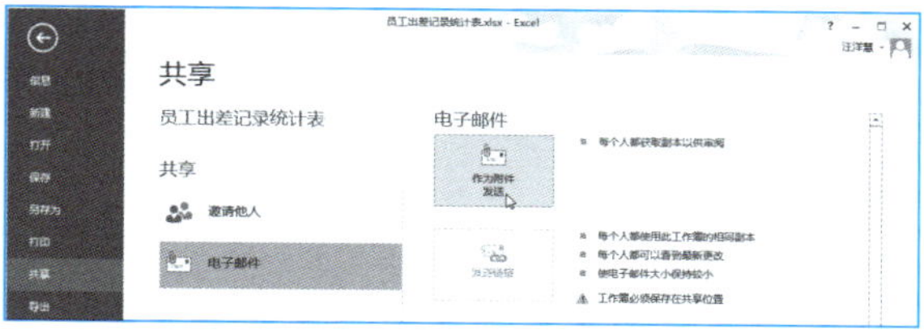

图11–47

❷ 切换到OutLook 2013中，在“收件人”文本框中输入收件人地址，完成邮件编写后单击“发送”按钮即可，如图11-48所示。

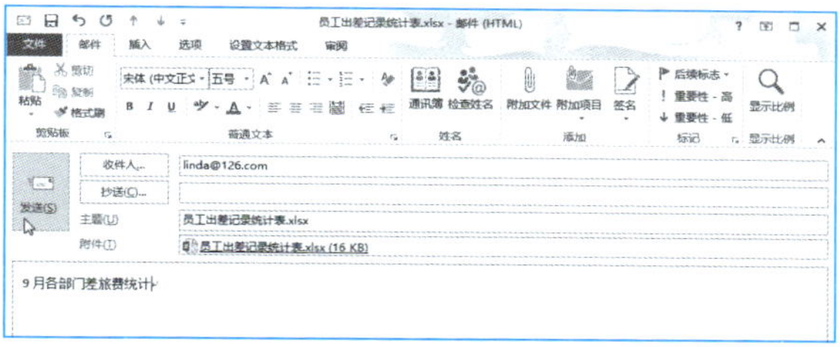

图11–48

文件136　出差一周定期报告表

对于长期出差的员工，一般企业会规定出差员工必须定期向公司递交出差报告，清楚地报告自己的出差工作、费用等事项，例如规定出差人员一周需要提交一份定期出差报告。

制作要点与设计效果图

- 检查公式错误原因
- 显示计算步骤
- 修改错误
- 追踪单元格引用
- 移去箭头

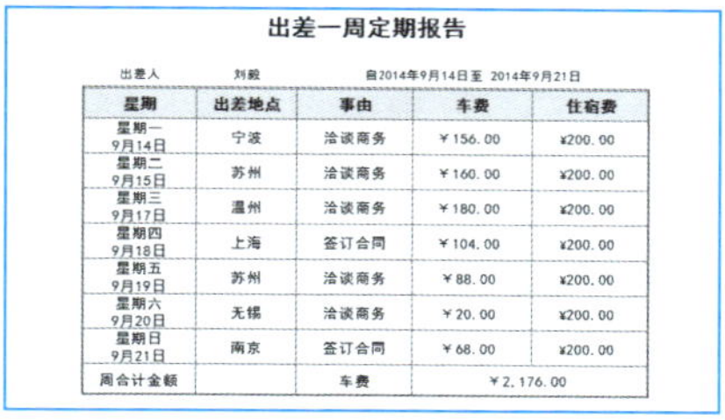

出差一周定期报告

出差人　刘毅　自2014年9月14日至 2014年9月21日

星期	出差地点	事由	车费	住宿费
星期一 9月14日	宁波	洽谈商务	￥156.00	¥200.00
星期二 9月15日	苏州	洽谈商务	￥160.00	¥200.00
星期三 9月17日	温州	洽谈商务	￥180.00	¥200.00
星期四 9月18日	上海	签订合同	￥104.00	¥200.00
星期五 9月19日	苏州	洽谈商务	￥88.00	¥200.00
星期六 9月20日	无锡	洽谈商务	￥20.00	¥200.00
星期日 9月21日	南京	签订合同	￥68.00	¥200.00
周合计金额		车费	￥2,176.00	

文件设计过程

步骤1：错误检查

❶ 打开“出差一周定期报告表”工作簿，可以看到计算本周合计金额出现

错误，如图11-49所示。

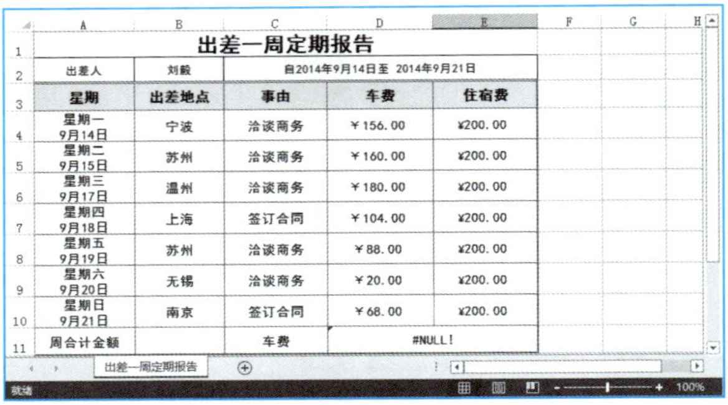

图11-49

2 选中D11合并单元格，切换到“公式”选项卡，在“公式审核”组中单击“错误检测”按钮（如图11-50所示），打开“错误检查”对话框。

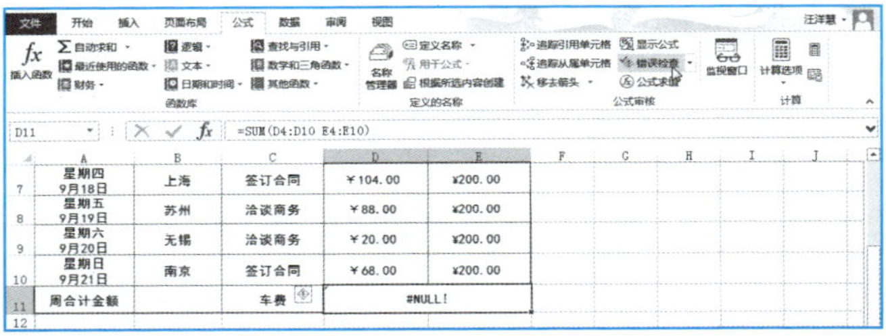

图11-50

3 可以看到显示出错误原因是范围不相交，单击“显示计算步骤”按钮（如图11-51所示），打开“公式求值”对话框。

4 在“求值”列表框中显示输入错误值产生公式的计算步骤，单击“求值”按钮，如图11-52所示。

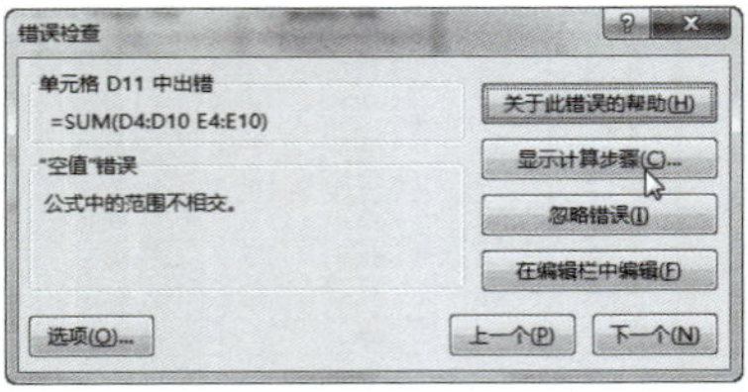

图11-51

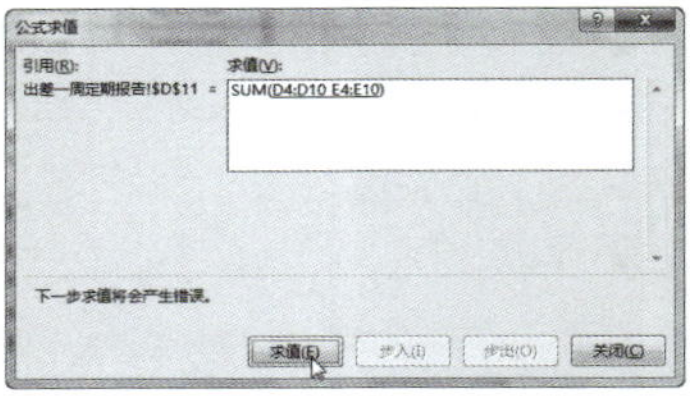

图11-52

5 此时在“求值”列表框中显示依步骤计算出的结果，发现错误原因后（如图11-53所示），一直单击“求值”按钮，直到出现错误值，单击“关闭”按钮，如图11-54所示。

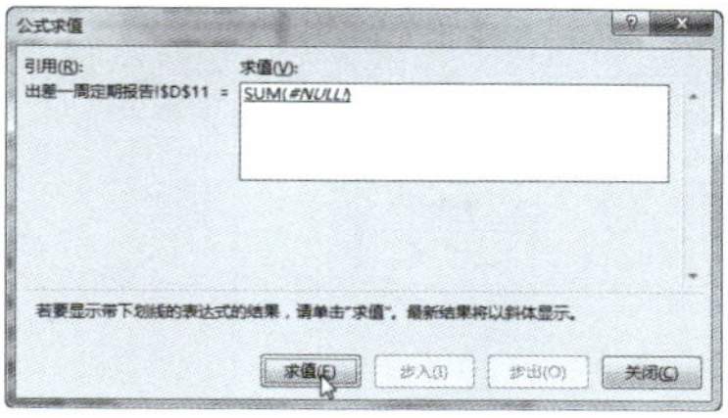

图11-53

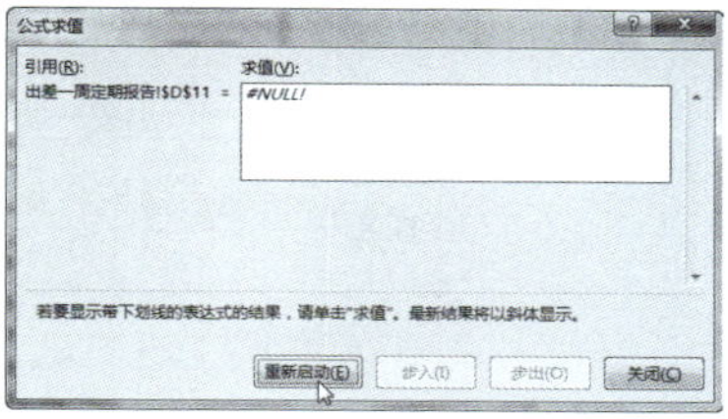

图11-54

提　示

如果在单元格中已经出现错误值，在Excel 2013中使用“追踪错误”功能，直接指出该单元格引用的单元格，从而追踪错误。具体操作方法为单击“错误检查”下拉按钮，在其下拉列表中选择“追踪错误”选项，即可用蓝色箭头标志出错误值引用的单元格。

步骤2：在编辑栏中修改公式

❶ 返回“错误检查”对话框，单击“在编辑栏中编辑”按钮，如图11-55所示。

❷ 在编辑栏中重新修改公式为“=SUM(D4:D10,E4:E10))”，如图11-56所示。

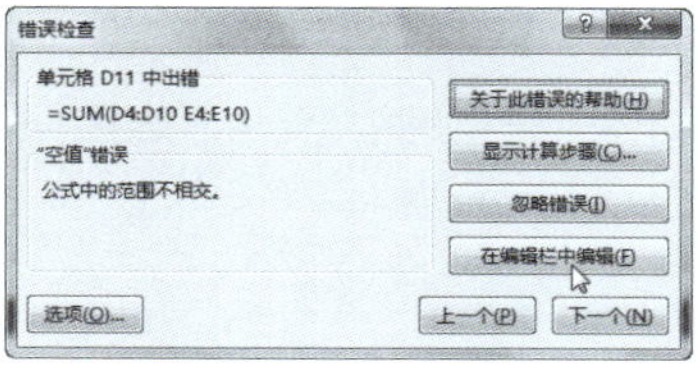

图11-55

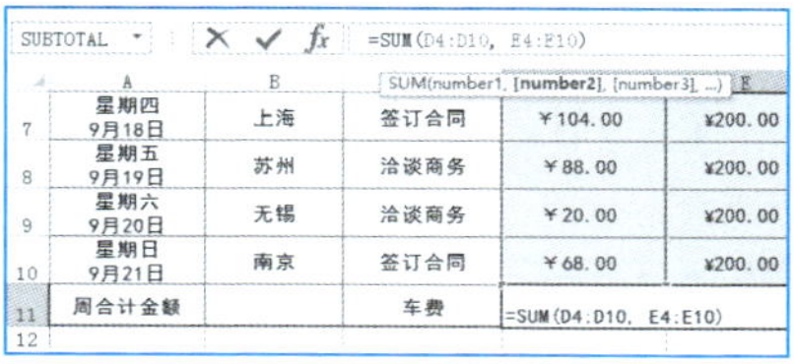

图11-56

❸ 在“错误检查”对话框中单击“继续”按钮，继续检查工作表中的错误，如图11-57所示。

❹ 系统弹出“Microsoft Excel”对话框，提示完成检查，如图11-58所示。

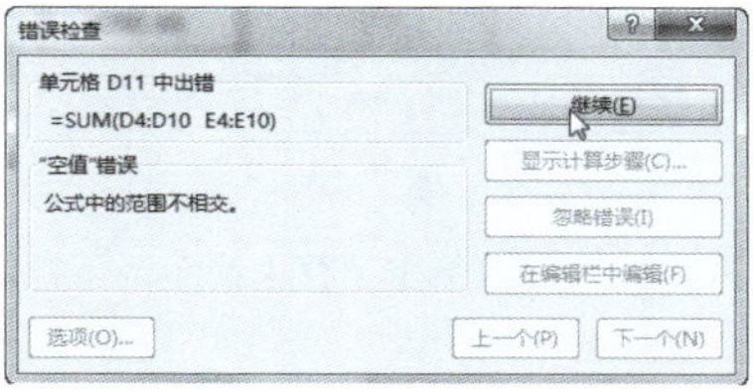

图11-57

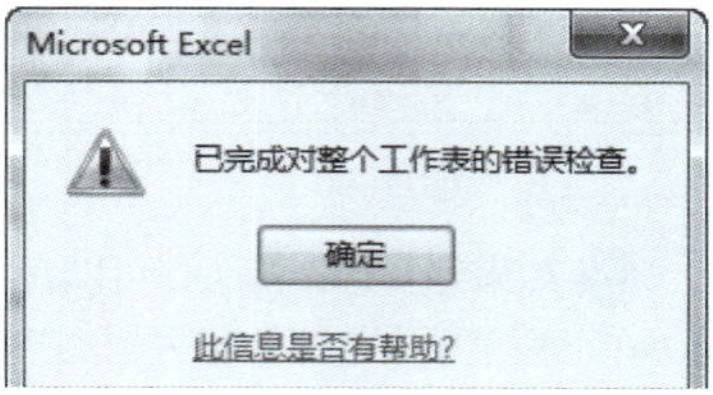

图11-58

❺ 单击“确定”按钮，返回工作表中，即可得到正确值，如图11-59所示。

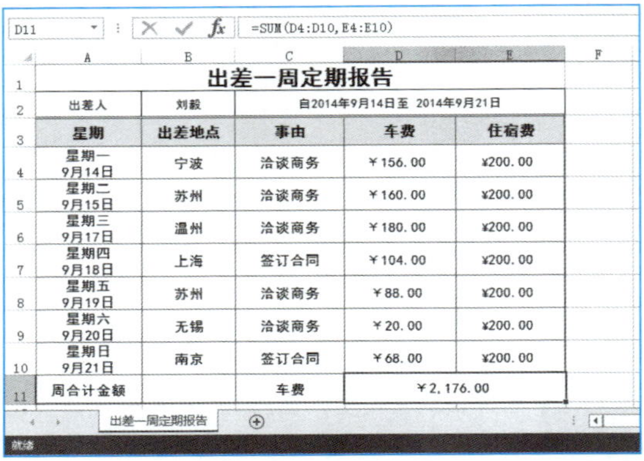

图11-59

提 示

如果工作表中有多个错误值，可以在“错误检查”对话框中单击“上一条”或“下一条”按钮，快速选定上一个或下一个错误值。

步骤3：追踪引用单元格

❶ 选中C12单元格，在“公式审核”组中单击“追踪引用单元格”选项，如图11-60所示。

❷ 此时系统以蓝色箭头显示选定单元格中公式所引用的单元格，如图11-61所示。

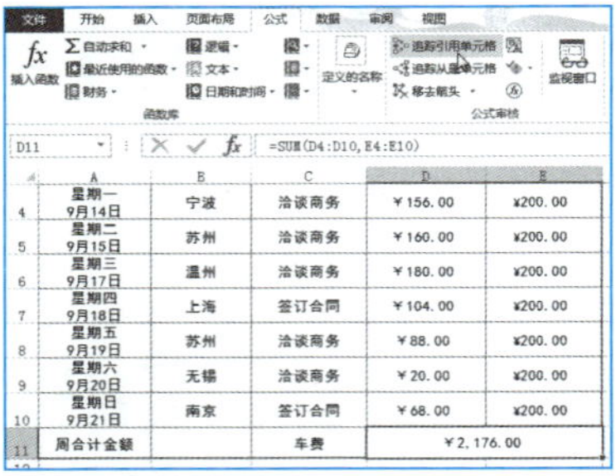

图11-60

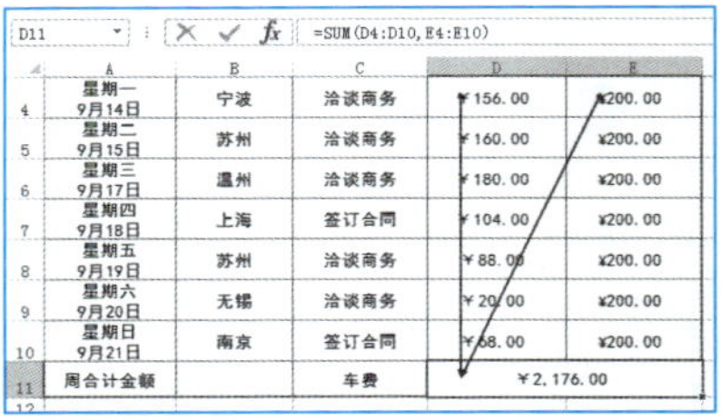

图11-61

❸ 如果想要移去箭头，可以在“公式审核”组中单击“移去箭头”下拉按钮，在下拉菜单中选择“移去箭头”选项，如图11-62所示。

❹ 此时所选单元格的蓝色引用箭头被清除了，至此完成公式的检查与修改，如图11-63所示。

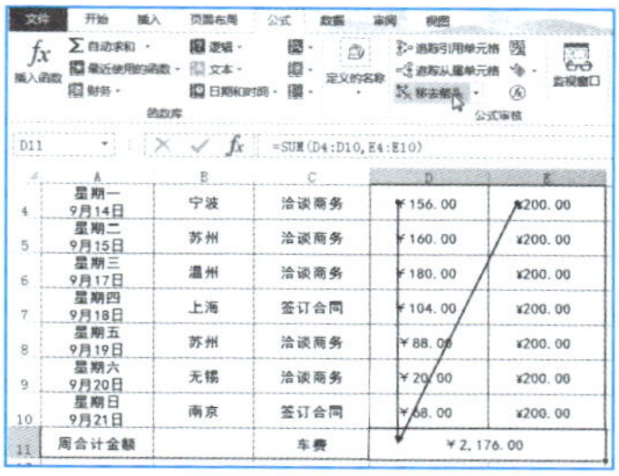

图11-62

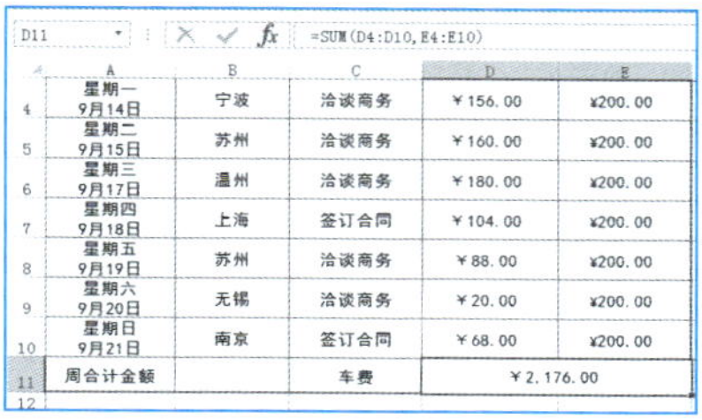

图11-63

文件137　出差费用结算表

由于出差费用名目繁多，为了费用清晰明了，可以在Excel中制作出差费用结算表。

制作要点与设计效果图

- SUMIF函数
- 公式运算
- 显示计算公式

出差费用结算表

类别	差费金额	有无收据
机票费用	￥ 1,800.00	有
交通费用	￥ 400.00	有
住宿费	￥ 500.00	有
餐费	￥ 280.00	无
交际费	￥ 150.00	有
邮电费	￥ 40.00	有
资料费	￥ 50.00	无
翻译费	￥ 60.00	有
其他	￥ 160.00	有
合计	￥	3,110.00
预支差费	￥	3,000.00
退回、不足	￥	110.00
备注		（签章）

文件设计过程

步骤1：创建表格

❶ 在工作表中输入表头、标识项，以及相关文本，输入完成并进行相关格式设置，效果如图11-64所示。

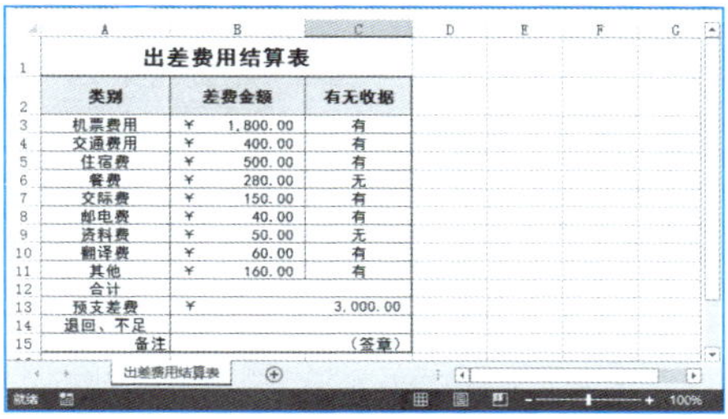

图11-64

步骤2：设置公式计算金额

① 选择B12单元格区域，在公式编辑栏中输入公式“=SUMIF(C3:C11,C3,B3:B11)”，按Enter键，即可计算出有收据的可报销金额，如图11-65所示。

② 选中B14单元格，在公式编辑栏中输入公式“=B12-B13”，按下Enter键，即可计算出企业应补给的费用，如图11-66所示。

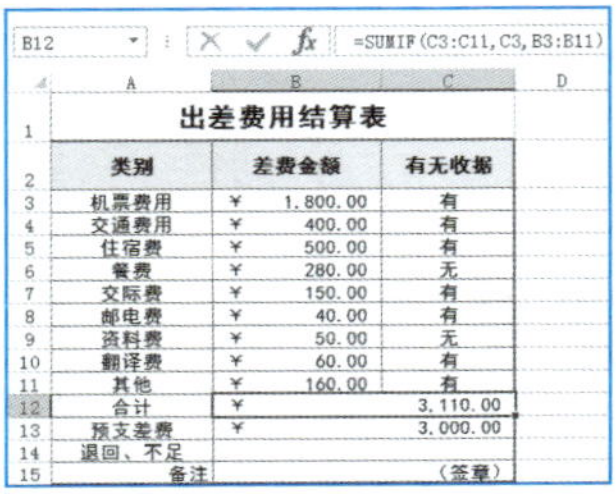

出差费用结算表		
类别	差费金额	有无收据
机票费用	¥ 1,800.00	有
交通费用	¥ 400.00	有
住宿费	¥ 500.00	有
餐费	¥ 280.00	无
交际费	¥ 150.00	有
邮电费	¥ 40.00	有
资料费	¥ 50.00	无
翻译费	¥ 60.00	有
其他	¥ 160.00	有
合计	¥ 3,110.00	
预支差费	¥ 3,000.00	
退回、不足		
备注		（签章）

图11-65

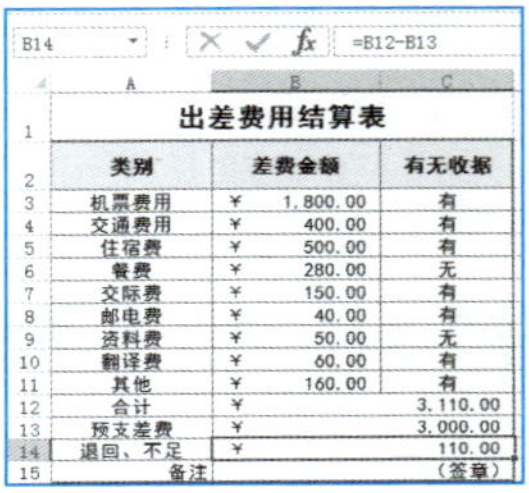

出差费用结算表		
类别	差费金额	有无收据
机票费用	¥ 1,800.00	有
交通费用	¥ 400.00	有
住宿费	¥ 500.00	有
餐费	¥ 280.00	无
交际费	¥ 150.00	有
邮电费	¥ 40.00	有
资料费	¥ 50.00	无
翻译费	¥ 60.00	有
其他	¥ 160.00	有
合计	¥ 3,110.00	
预支差费	¥ 3,000.00	
退回、不足	¥ 110.00	
备注		（签章）

图11-66

步骤3：显示工作表中的计算公式

① 如果用户想要了解当前工作表中哪些单元格应用了公式，可以切换至“公式”选项卡，在“公式审核”组中单击“显示公式”按钮，如图11-67所示。

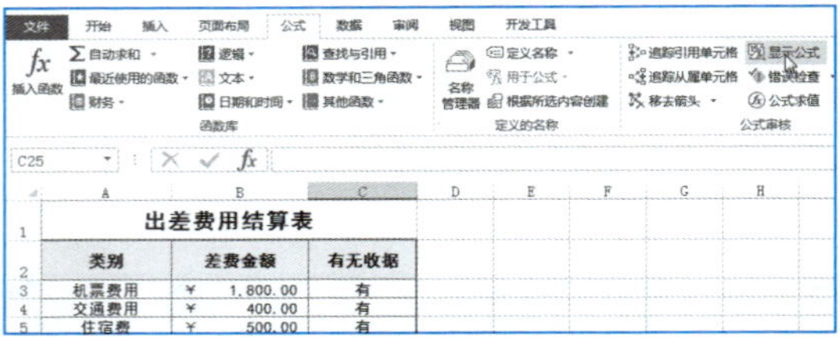

图11-67

② 单击“显示公式”按钮后，所有包含公式的单元格都以文本的公式显示，而不是直接显示计算结果，如图11-68所示。

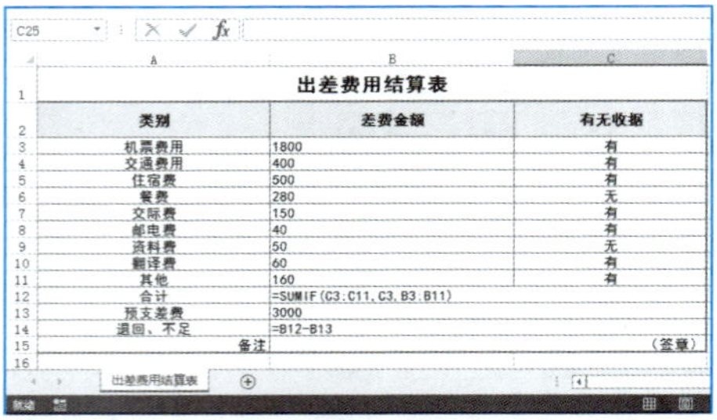

类别	差费金额	有无收据
机票费用	1800	有
交通费用	400	有
住宿费	500	有
餐费	280	无
交际费	150	有
邮电费	40	有
资料费	50	无
翻译费	60	有
其他	160	有
合计	=SUMIF(C3:C11,C3,B3:B11)	
预支差费	3000	
退回、不足	=B12-B13	
备注		（签章）

图11-68

文件138　年度出差日数报告表

年度出差日数报告表包括每月的出差日数、市内出差日数、外地出差日数等数据，以便年终统计出差情况，制作来年的工作计划。

制作要点与设计效果图

- 填充日期序列
- 公式运算
- 插入行
- SUBTOTAL函数

年度出差日数报告表

年度：　　　　单位：

期	·月别	全天出差	半天出差	合计	市内出差	外地出差	备注
第一期	一月	15天	5天	18天	5天	15天	
	二月	10天	6天	13天	4天	4天	
	三月	16天	4天	18天	7天	5天	
	四月	14天	6天	17天	4天	2天	
	合计	55天	21天	66天	20天	26天	
第二期	五月	12天	5天	15天	6天	4天	
	六月	10天	2天	11天	5天	16天	
	七月	5天	1天	6天	7天	4天	
	八月	6天	4天	8天	8天	5天	
	合计	33天	12天	39天	26天	29天	
第三期	九月	3天	6天	6天	11天	7天	
	十月	8天	8天	12天	12天	5天	
	十一月	7天	7天	11天	14天	4天	
	十二月	4天	4天	6天	14天	1天	
	合计	22天	25天	35天	51天	17天	

文件设计过程

步骤1：填充日期序列

❶ 在B4单元格中输入“一月”，拖动填充柄，向下填充数据，如图11-69所示。

❷ 单击“自动填充选项”按钮，单击“填充序列”按钮，如图11-70所示。

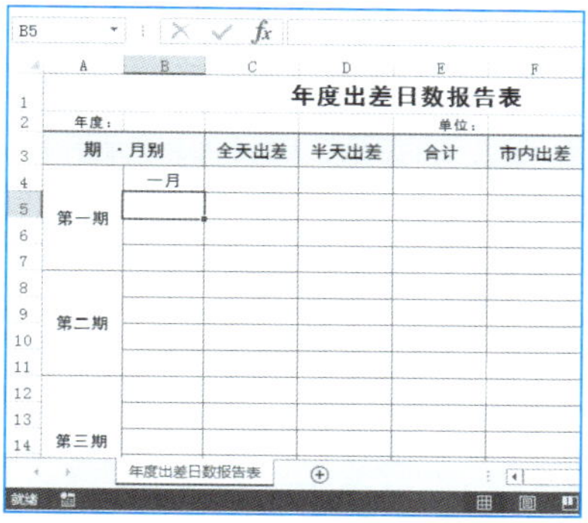

图11-69

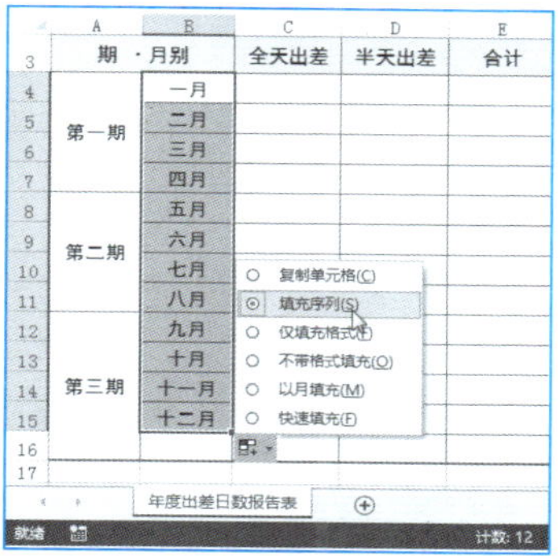

图11-70

提 示

如果以月填充日期，可以在单元格输入日期数据时，拖动填充柄填充序列数据，可单击“自动填充选项”按钮，单击“以月填充”选项来实现。

步骤2：设置单元格格式

❶ 右键单击C4:G15单元区域，打开“设置单元格格式”对话框，单击“自定义”选项，然后在“类型”文本框中输入“#天”，如图11-71所示。

❷ 单击“确定”按钮，返回工作表中，在单元格中输入全天出差、半天出差、市内出差和外地出差天数，如图11-72所示。

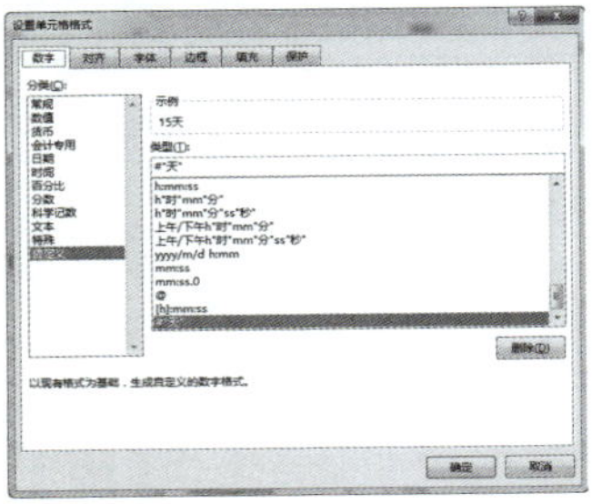

图11-71

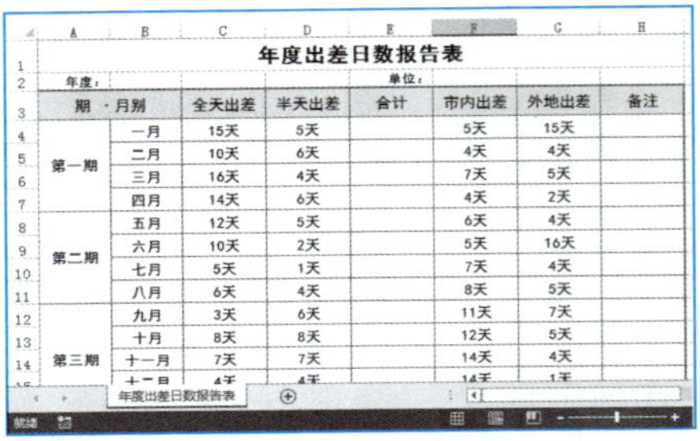

图11-72

步骤3：设置公式

选中E4单元格，在公式编辑栏中输入公式“=C4+D4*0.5”，按Enter键，向下填充公式即可计算出合计数，如图11-73所示。

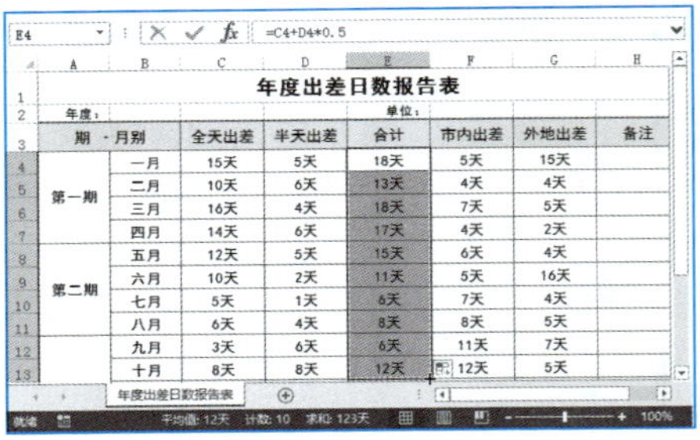

图11-73

步骤4：同时插入多行

❶ 右键单击第8行和第12行，单击“插入”命令，如图11-74所示。

❷ 即可在第8行和第12行处插入一行空白行，如图11-75所示。

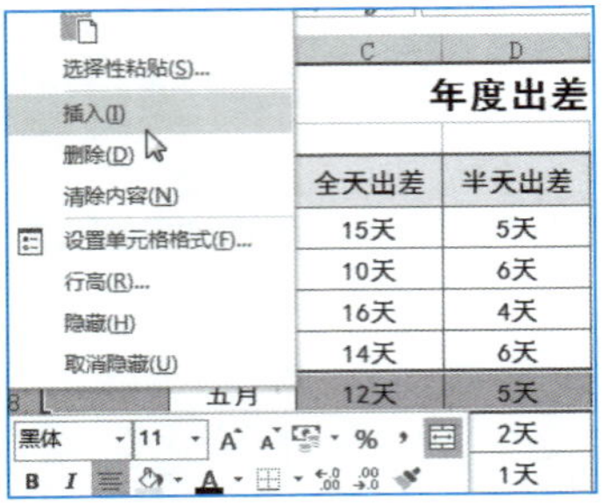

图11-74

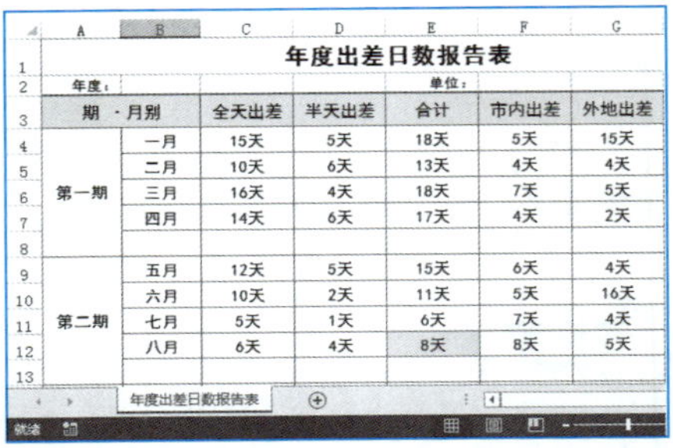

图11-75

步骤5：利用自动记忆功能输入文本

❶ 在新增加的空白行中输入“合计”文本，当第二次输入“合计”时，会在输入一个字后，自动显示出后面的文本并以反白显示，如图11-76所示。

❷ 按下Enter键即可输入相同的文本，如图11-77所示。

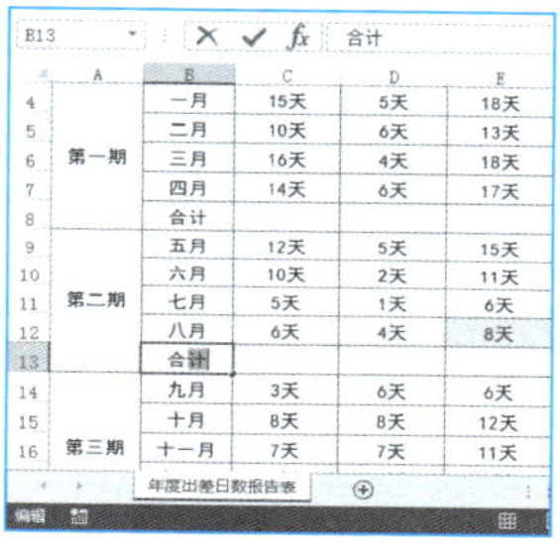

图11-76

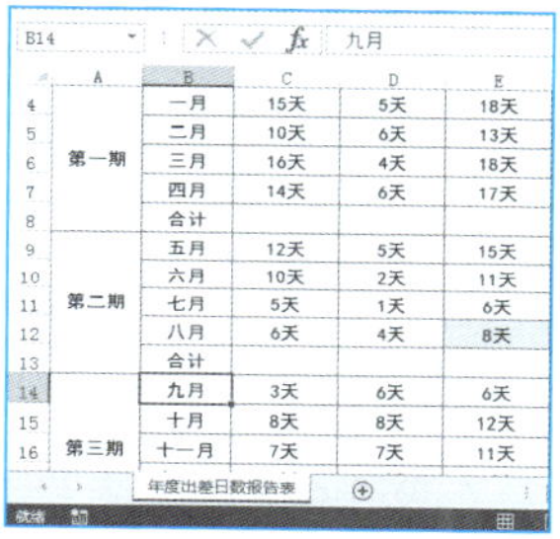

图11-77

步骤6： SUBTOTAL函数

❶ 选中C8单元格，在公式编辑栏中输入公式“=SUBTOTAL(9,C4:C7)”，按Enter键，即可计算合计值，向右填充公式即可计算其他项合计，如图11-78所示。

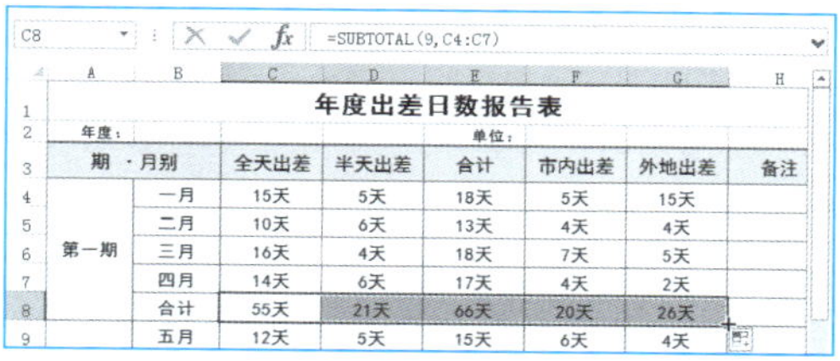

图11-78

❷ 利用相同的方法计算其他合计值，即可完成年度出差日数报告表的制作，如图11-79所示。

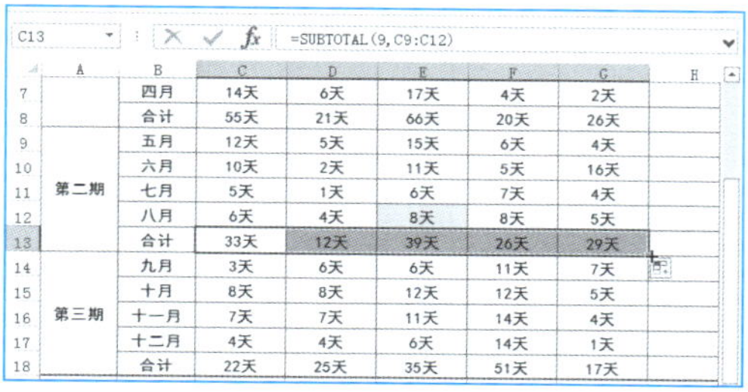

图11-79

文件139 预支差旅费申请单

出差计划通过审批后，出差员工还可以向财务部门预支一部分差旅费。在预支差旅费时，员工需要填写相应的预支差旅费申请单，以此作为预支费用凭证，否则无法领取预支的差旅费。

制作要点与设计效果图

- 设置数字以中文大写格式显示
- 强制换行
- 将单元格区域粘贴为图片

预支差旅费申请单

编号

姓名	廖晓	拟搭交通工具种类	汽车、火车	
出差地点与事由		无锡，洽谈商务		
拟出差日期	从2014年9月2号——2014年9月9日			
拟借支金额	人民币（大写）	肆仟元整	申请人签章	廖晓

主管　蒋晓琳　　主办人员　戴静

文件140 出差误餐费申领单

出差误餐费是企业员工在工作地点以外出差，而不能返回原单位就餐的补助费用。员工在申领误餐费时，要填写相应的误餐费申领单，写明申领类别、起止时间、申领事由以及费用类别等信息。

制作要点与设计效果图

- 将单元格复制为图片
- 粘贴图片
- 清除单元格内容及格式

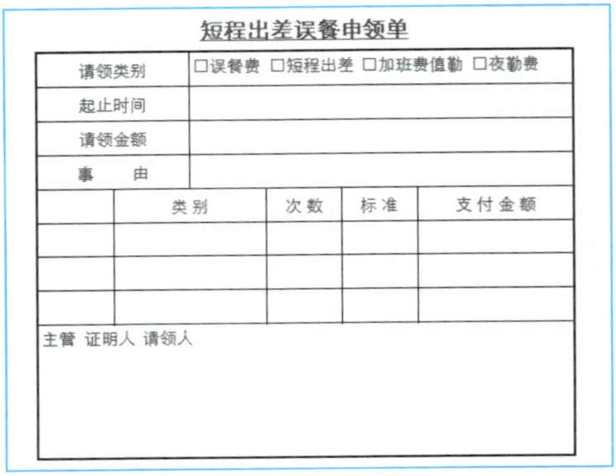

短程出差误餐申领单

请领类别	□误餐费 □短程出差 □加班费值勤 □夜勤费			
起止时间				
请领金额				
事　由				
	类别	次数	标准	支付金额
主管 证明人 请领人				

文件141　差旅费精算表

差旅费精算表用于详细记录员工出差过程中产生的每笔费用、此次出差花费的总金额、预付款、支出额，以及差额等信息。

制作要点与设计效果图

- 设置边框线条样式
- 精确设置列宽
- 添加下划线
- 隐藏网格线

旅费精算表

出差地：________

出差期间：________

预付款：________　　所属部门：________

支出额：________　　姓名：________

差额：________　　员工代码：________

摘要	金额

文件142　月份出差补助统计表

月份出差补助统计表一般用于统计本月所有出差人员的补助费用，它是财务部门为员工发放补助费用的依据之一。

制作要点与设计效果图

- 输入以0开头的数字
- DAYS360函数
- PRODUCT函数

月份出差补助统计表

部门：销售部　　制表时间：2014/8/31

工号	姓名	出差时间	返回时间	累计天数	补助金额（元）	备注
0015	陈山	2014/8/5	2014/8/8	3	￥360.00	
0016	廖晓	2014/8/6	2014/8/10	4	￥480.00	
0017	张丽君	2014/8/8	2014/8/13	5	￥600.00	
0018	吴华波	2014/8/9	2014/8/14	5	￥600.00	
0019	黄孝铭	2014/8/12	2014/8/16	4	￥480.00	
0020	丁锐	2014/8/15	2014/8/18	3	￥360.00	
0021	庄霞	2014/8/15	2014/8/19	4	￥480.00	
0022	王福鑫	2014/8/16	2014/8/20	4	￥480.00	
0023	王琪	2014/8/17	2014/8/22	5	￥600.00	
0024	陈潇	2014/8/19	2014/8/22	3	￥360.00	
0025	杨浪	2014/8/20	2014/8/25	5	￥600.00	

文件143　部门领导出差动态表

部门领导出差动态表是用于记录企业领导出差动态变化的表格，它清晰地记录了企业领导出差的日期、返回日期、出差地点以及出差事由等信息，利用该表可以清晰地了解领导的工作动态。

制作要点与设计效果图

- 设置文本居中对齐
- 添加粗边框线
- 将单元格区域粘贴为图片
- 以PDF文件发送附件

部门领导出差动态表

部门：	领导姓名	出差时间	返回时间	出差地点	事由
销售部	陈亚敏	2014/8/5	2014/8/8	巴中	恰接业务
客户部	冯琴	2014/8/6	2014/8/10	遂宁	恰接业务
销售部	王伟	2014/8/8	2014/8/13	崇州	恰接业务
客户部	韩蕾蕾	2014/8/9	2014/8/14	宜宾	恰接业务
技术部	高峰	2014/8/12	2014/8/16	芜湖	技术支持
销售部	汪雨萧	2014/8/15	2014/8/18	上海	恰接业务
客户部	张璇	2014/8/15	2014/8/19	都江堰	恰接业务
行政部	张强	2014/8/16	2014/8/20	眉山	恰接业务
技术部	李宗亭	2014/8/17	2014/8/22	合肥	技术支持
销售部	陈潇	2014/8/19	2014/8/22	滁州	恰接业务
技术部	杨浪	2014/8/20	2014/8/25	上海	技术支持

文件144　营业出差日报表

营业出差日报表用于记录员工外出收款的状况、客户订货情况以及收款方式、收款金额和预定收款日期等数据。同时记录了本日活动地、明日活动地和商情通告等信息。

制作要点与设计效果图

- 设置边框
- 绘制斜线
- 设置数字显示格式
- 复制数据

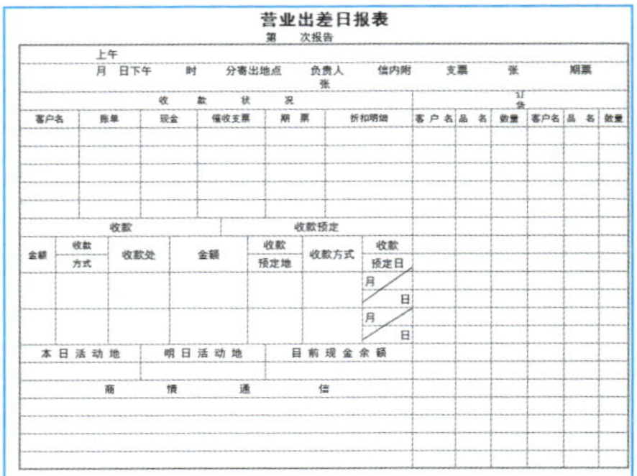

文件145　短程旅费申请表

旅费申请表要详细描述出差人员的基本情况、出差原由和出差花费的情况，防止出差人员借出差之名办理私人事务。

制作要点与设计效果图

- 设置日期格式
- 自定义数字格式

短程旅费申请表

二〇一四年八月二十八日

日　期：	2014/8/15	部门：	销售部	职　称：	业务经理
姓　名：	刘华				
出差事由：	洽谈业务				
误餐次数：	10次	午餐费	10元/次	金　额：	￥ 100.00
交通工具：	由　合肥　经　汉中　至 苏州			交通费：	￥ 120.00
	由　苏州　经　汉中　至 上海			交通费：	￥ 30.00
旅费金额：	￥　250.00	经手人：		葛丽	
核　准：	王荣	证明人：		周国菊	

文件146　国外出差旅费计算表

企业派驻员工到国外出差前预领一部分经费，在回国后，根据实际花费进行报销，在计算时需要附原始单据或代收转付收据。

制作要点与设计效果图

- 设置字体格式
- 设置字体对齐方式
- 设置边框和底纹
- SUM函数

国外出差旅费计算表

年　月　日

单位		姓名		出差时间	自　月　日 至　月　日

支领部份				支出部分			
年月日	种类	US$	备注	年月日	种类	US$	备注
	1. 活动费				1. 停留费		
	(1)住宿				(1)住宿费		
	(2)伙食				(2)伙食费		
	(3)杂				(3)杂支		
	2. 携外币				2. 实际旅费		
	3. 预备运				3. 其他		
	4. 汇款领				小　计		
	5. 其他				余额缴回公司部分		
					停留费的部份		
	合计A				合计B		

*其他旅费			（摘要）
1. 准备金		元	
2. 旅费运费		元	
3. 签证费		元	
4. 预防注射费		元	
5. 外币买入手续费		元	
6. 其他		元	
合计		元	

文件147　长期出差报告

长期出差报告其中记录了分派到客户或子公司长期出差的员工的出差的目的、地点和实绩等信息。

制作要点与设计效果图

- 设置单元格格式
- 手动调整列宽
- 插入行
- 填充星期数

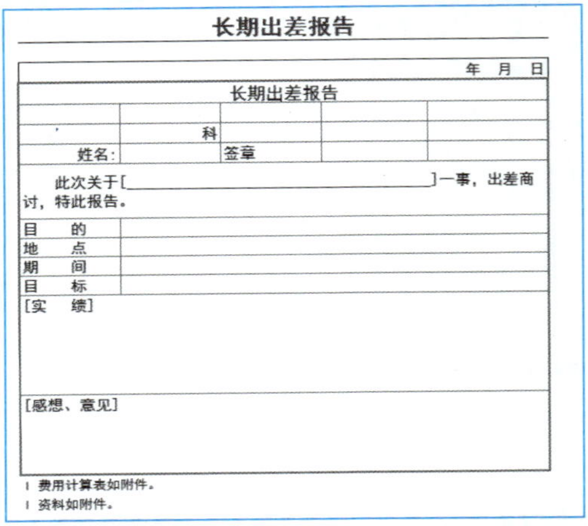

长期出差报告

年　月　日

长期出差报告

科

姓名：　签章

此次关于[　　　　　　　　]一事，出差商讨，特此报告。

目　的	
地　点	
期　间	
目　标	

[实　绩]

[感想、意见]

ǀ 费用计算表如附件。

ǀ 资料如附件。

Excel

第12章

员工福利管理表格

员工福利是薪酬体系中重要的组成部分，它是企业对员工生活照顾的一种表现形式，是员工除去工资和奖金以外的其他物质待遇。常见的健康保险、带薪休假或者退休金都属于福利范畴。

在实际工作中，常用到的员工福利管理表格有个人社会保险登记表、参加社会保险人员申请表、住房公积金缴存限额表、职工住房公积金提取申请表、医疗费用申报表、生育保险申报表等。

编号	文件名称	对应的数据源	重要星级
文件148	企业的人力资源类型示意图	第12章\文件148 企业的人力资源类型示意图.xlsx	★★★★★
文件149	个人社会保险登记表	第12章\文件149 个人社会保险登记表.xlsx	★★★★★
文件150	参加社会保险人员申请表	第12章\文件150 参加社会保险人员申请表.xlsx	★★★★★
文件151	住房公积金缴存限额表	第12章\文件151 住房公积金缴存限额表.xlsx	★★★★
文件152	职工住房公积金提取申请表	第12章\文件152 职工住房公积金提取申请表.xlsx	★★★★
文件153	公司福利体系图	第12章\文件153 公司福利体系图.xlsx	★★★★
文件154	员工年度福利统计表	第12章\文件154 员工年度福利统计表.xlsx	★★★★
文件155	医疗费用申报表	第12章\文件155 医疗费用申报表.xlsx	★★★
文件156	生育保险申请表	第12章\文件156 生育保险申请表.xlsx	★★★
文件157	养老保险转移申请表	第12章\文件157 养老保险转移申请表.xlsx	★★★
文件158	员工个人缴纳保险费用代缴表	第12章\文件158 员工个人缴纳保险费用代缴表.xlsx	★★★
文件159	员工住房公积金缴纳费用表	第12章\文件159 员工住房公积金缴纳费用表.xlsx	★★★
文件160	参加社会保险人员递增表	第12章\文件160 参加社会保险人员递增表.xlsx	★★★

文件148　企业的人力资源类型示意图

企业一般会根据人力资源的类型将员工划分等级，这样管理者就能以此为依据，根据员工对企业的贡献，轻松制作出相应的福利计划。为了更清晰地表现人员结构，人力资源部门可以制作一个模型示意图来查看公司人力资源结构，这样会更加方便。

制作要点与设计效果图

- 将SmartArt图形转为形状
- 插入文本框
- 设置文本框格式
- 复制文本框

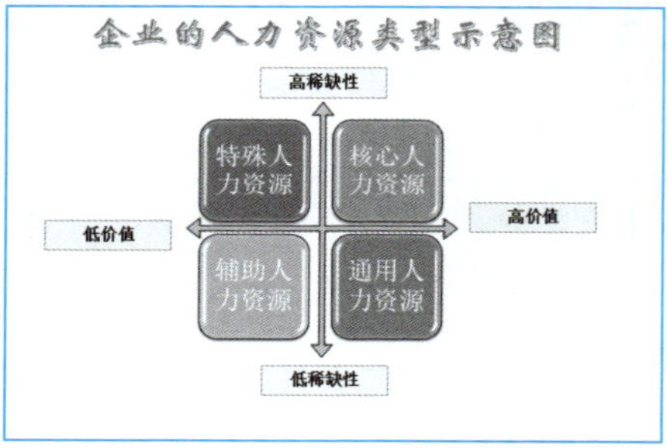

文件设计过程

步骤1：将图形转换为形状

❶ 打开“企业的人力资源类型示意图”，选中SmartArt图形，切换到“SMARTART工具-设计”选项卡，在“重置”组中单击“转换为图形”按钮，如图12-1所示。

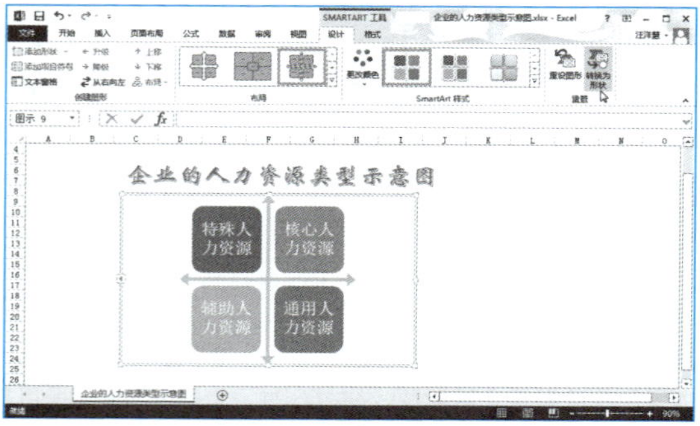

图12-1

❷ 单击“转换为图形”按钮后，此时所选SmartArt图形转换为形状，效果如图12-2所示。

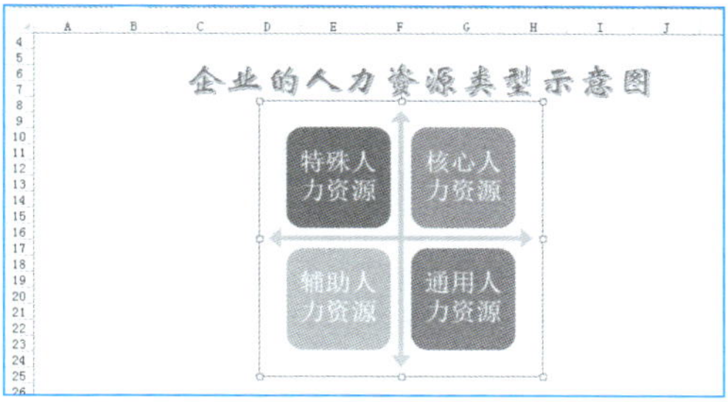

图12-2

步骤2：插入文本框

❶ 切换到到“绘图工具-格式”选项卡，在“插入形状”组中单击“文本框”下拉按钮，在下拉菜单中单击“横排文本框”命令，效果如图12-3所示。

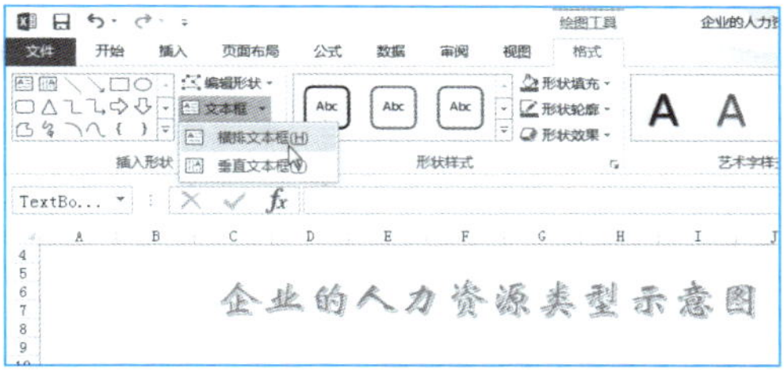

图12-3

❷ 此时鼠标指针呈现十字形状，在适当的位置单击，按住鼠标左键绘制文本框，如图12-4所示。

❸ 在文本框中输入“低价值”，并在“开始”选项卡的“字体”和“对其方式”组中将字体设置为“楷体”、“14”号、“加粗”、“黄色填充”和“居中对齐”，效果如图12-5所示。

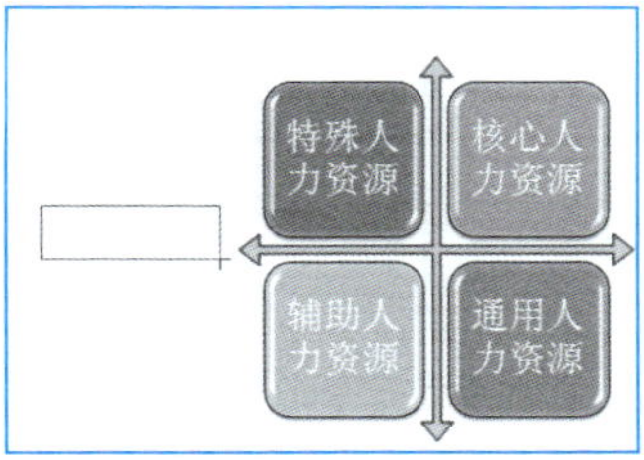

图12-4

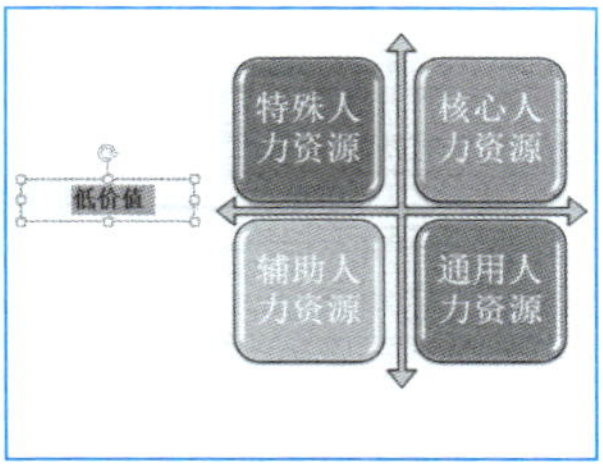

图12-5

❹ 选中文本框，按住Ctrl键拖动复制出三个相同的文本框，并将内容依次更改为“高稀缺性”、“高价值”和“底稀缺性”，拖动文本框放置到相应的位

置，效果如图12-6所示。

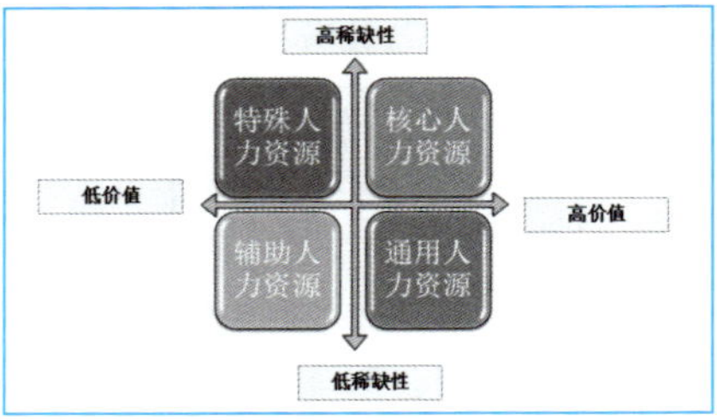

图12-6

步骤3：设置对齐方式

1 选中“低价值”文本框，按Shift键选中“高价值”文本框，切换到“格式”选项卡，在“排列”组中单击“对齐”下拉按钮（如图12-7所示），在下拉菜单中单击“水平居中”命令，如图12-8所示。

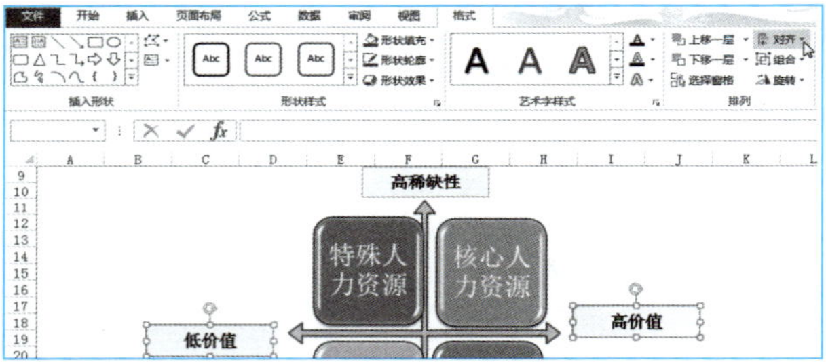

图12-7

图12-8

2 单击“水平居中”命令后，此时所选文本框设置了垂直居中对齐，按相同的方法设置“高稀缺性”文本框和“低稀缺性”文本框为“垂直居中”对齐方式，设置完成后效果如图12-9所示。

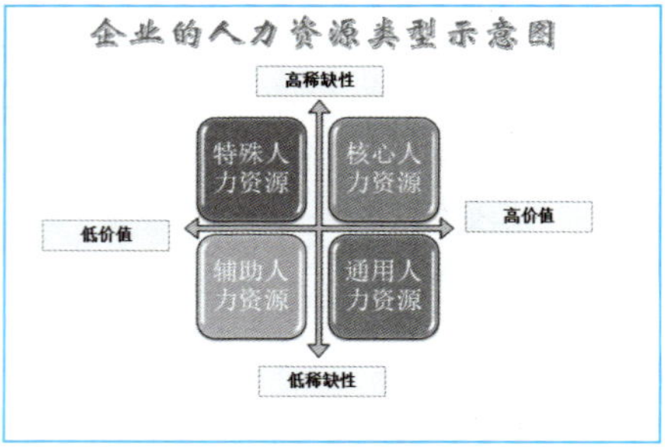

图12-9

步骤4：取消组合

❶ 选中图形，单击鼠标右键，在弹出的菜单中单击“组合”命令，在子菜单中单击“取消组合”命令，如图12-10所示。

❷ 单击“取消组合”命令后，此时选中的形状撤销了组合，如图12-11所示。

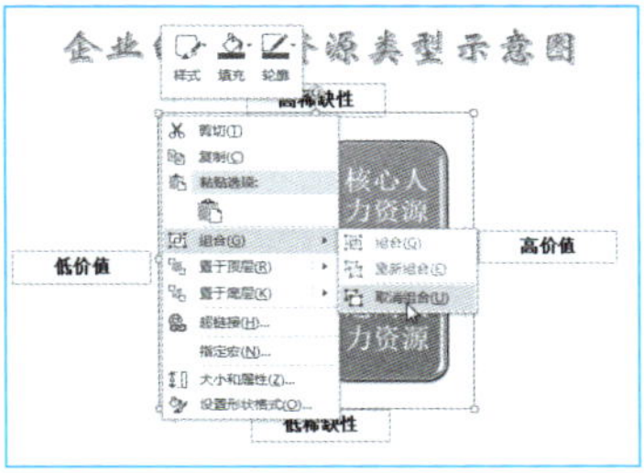

图12-10

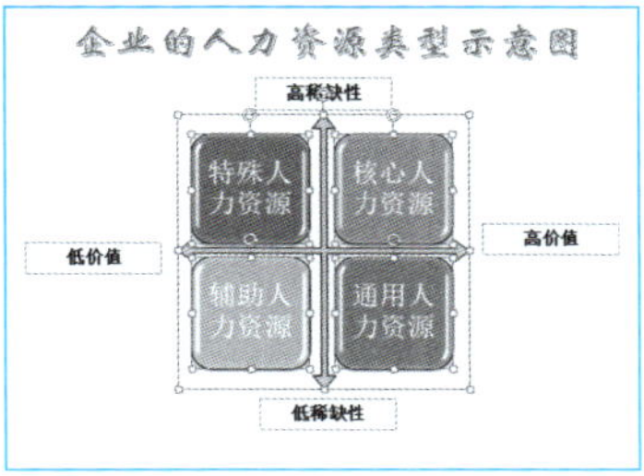

图12-11

文件149　个人社会保险登记表

很多企业根据国家规定，会为员工购买五险一金。所谓五险，即我们常说的社保，包括养老保险、医疗保险、失业保险、生育保险和工伤保险；一金，指的是住房公积金。在购买保险时，需要填写个人社会保险登记表。

制作要点与设计效果图

- 绘制分组框控件
- 绘制单选按钮控件
- 设置控件格式

文件设计过程

步骤1：绘制分组框窗体控件

❶ 打开“个人社会保险”，切换到“开发工具”选项卡，在“控件”组中

单击“插入”下拉按钮，在下拉菜单的“表单控件”区域单击“分组框”按钮，如图12-12所示。

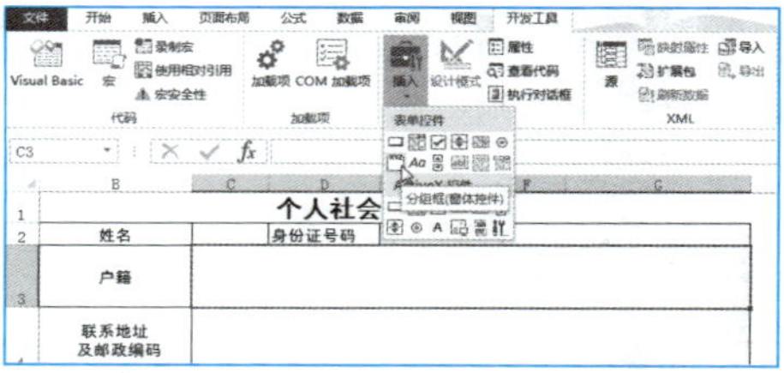

图12–12

2 此时鼠标指针变为黑色十字样式，在B3:F3单元格区域绘制控件，如图12-13所示。

3 激活分组框控件上的文本，选中该文本，按Delete键即可清除该文本，如图12-14所示。

图12–13

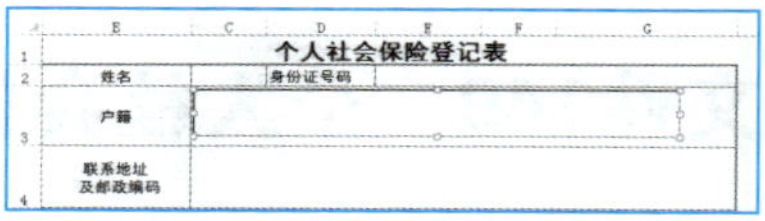

图12–14

步骤2：绘制选项按钮窗体控件

1 在“控件”组中单击“插入”下拉按钮，在下拉菜单的“表单控件”组中单击“选项按钮”按钮，如图12-15所示。

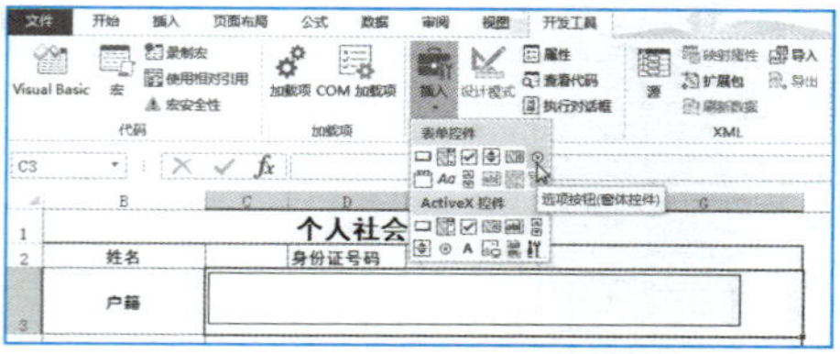

图12–15

2 此时鼠标指针变为黑色十字箭头，在绘制好的“分组框”内绘制“选项”按钮，如图12-16所示。

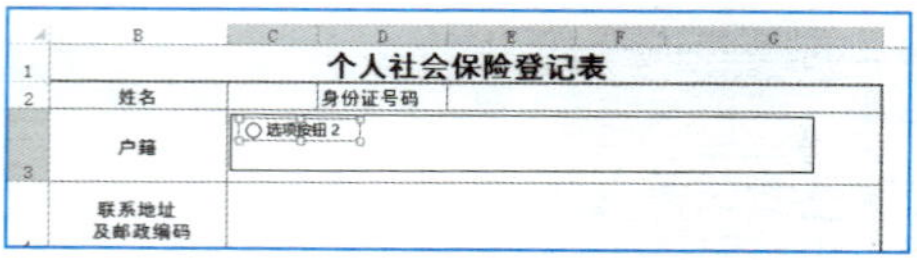

图12–16

步骤3：为选项控件添加文本

❶ 鼠标右键单击绘制的选项按钮控件，在打开的菜单中单击“编辑文字”命令，如图12-17所示。

❷ 激活控件文本框，在其中输入“本市________（城镇/非城镇）户籍”，如图12-18所示。

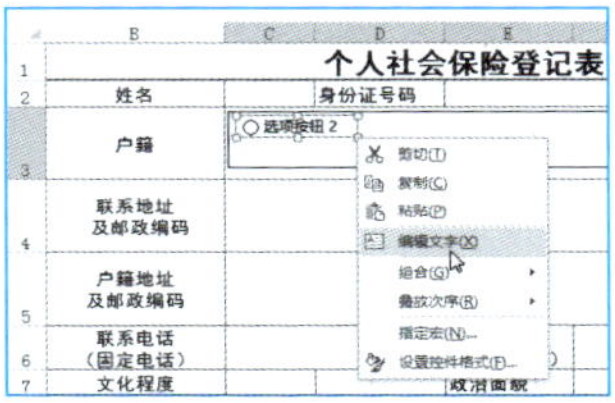

图12–17

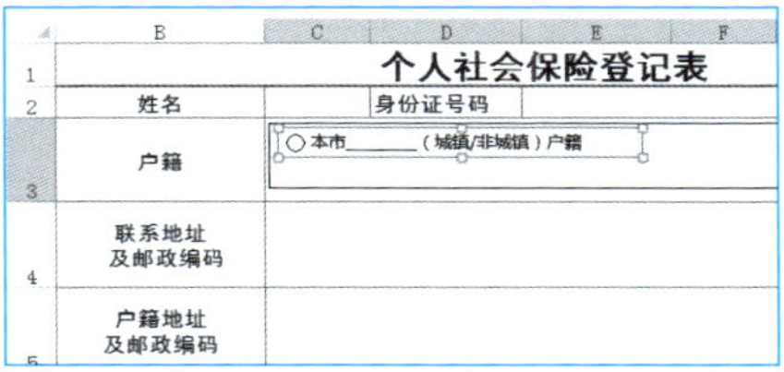

图12–18

❸ 复制控件，并重命名控件为“外省市________（城镇/非城镇）户籍”，并将其移动到指定位置，如图12-19所示。

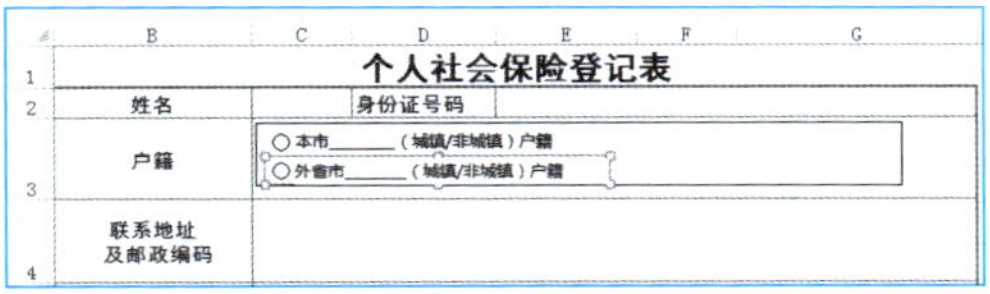

图12–19

步骤4：选择选项按钮控件

❶ 在同一个分组框中的选项按钮，只能选择一个，如单击“本市________（城镇/非城镇）户籍”按钮，则另外一个选项呈现未选中状态，如图12-20所示。

❷ 单击“外省市________（城镇/非城镇）户籍”按钮，则另外一个选项呈现未选中状态，如图12-21所示。

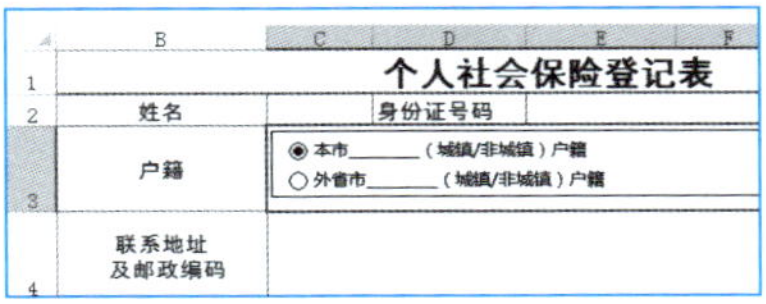

图12–20

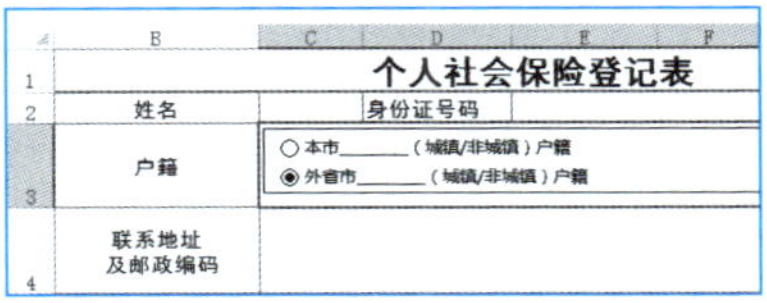

图12–21

步骤5：设置控件格式

❶ 右键单击要设置的控件，在打开的菜单中选择“设置控件格式”命令

（如图12-22所示），打开“设置控件格式”对话框。

2 在“控件”标签下单击选中“未选择”单选按钮，若要显示选中控件的序列，可设置单元格链接，接着选中“三维阴影”复选框，如图12-23所示。

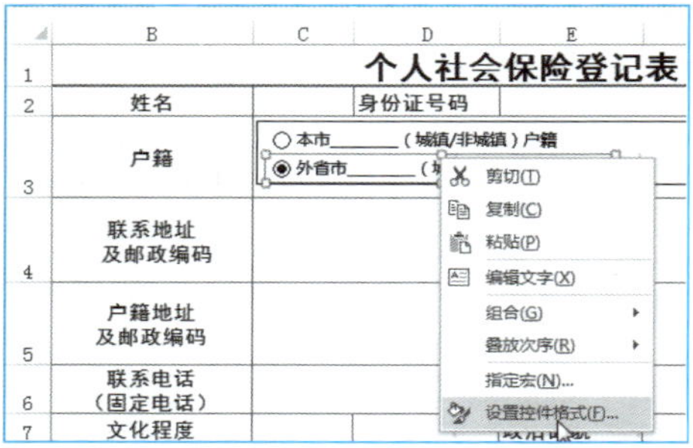

图12-22

图12-23

3 单击“确定”按钮，返回工作表中，此时所选控件应用了设置的控件格式，如图12-24所示。

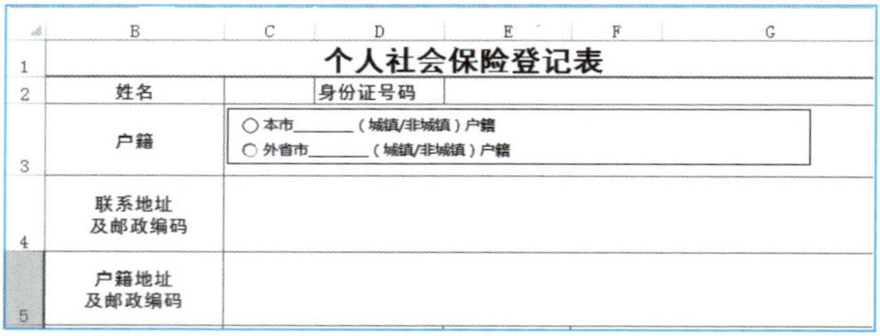

图12-24

3 按相同的方法在需要添加分组框和选项按钮控件的位置绘制控件，并编辑其中的文字，如图12-25所示。

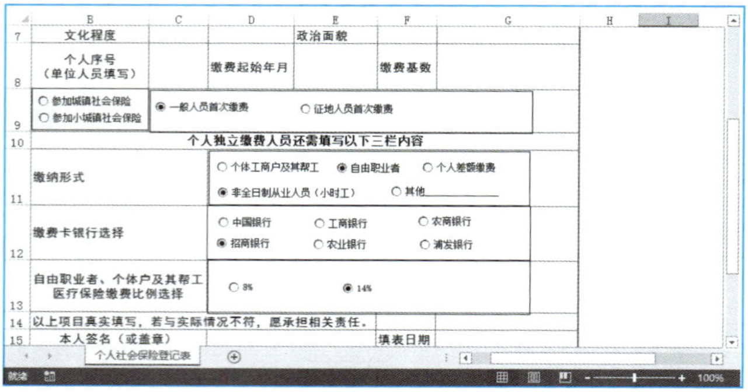

图12-25

文件150　参加社会保险人员申请表

参加社会保险人员申请表是指社会保险经办机构收集参见社会保险的单位和职工基础资料、建立个管理档案的重要依据。单位参加基本社会保险，应将本单位参加基本社保职工情况逐一如实填报后，报送社会保险经办机构审核。

制作要点与设计效果图

- 自定义公式计算缴费金额
- 隐藏工作表标签
- 保护并共享工作簿

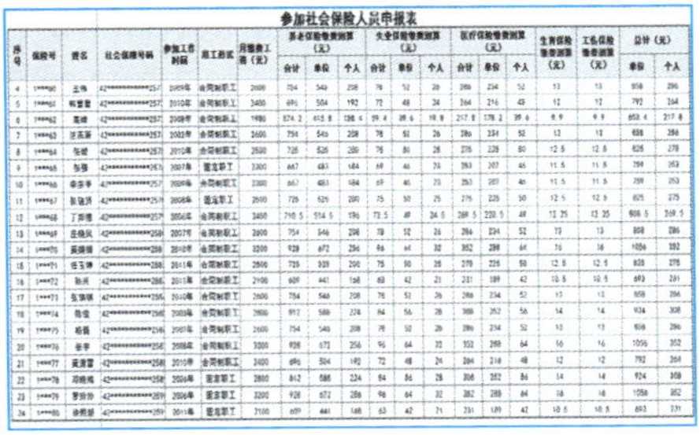

文件设计过程

步骤1：计算社保缴费金额

❶ 打开“参加社保人员申请表”工作簿，选中D4单元格，切换到“视图”选项卡，在“窗口”组中单击“冻结窗口”下拉按钮，在下拉菜单中单击“冻结拆分窗格”命令，如图12-26所示。

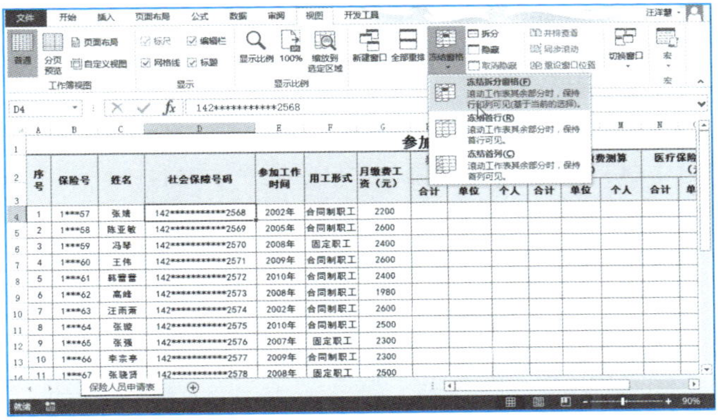

图12-26

❷ 选中I4单元格，在公式编辑栏输入公式“=G4*21%”，按Enter键计，算出张婧的养老保险单位缴费金额，如图12-27所示。

3 选中J45单元格，在公式编辑栏输入公式“=G4*8%”，按Enter键，计算出张婧的养老保险个人缴费金额，如图12-28所示。

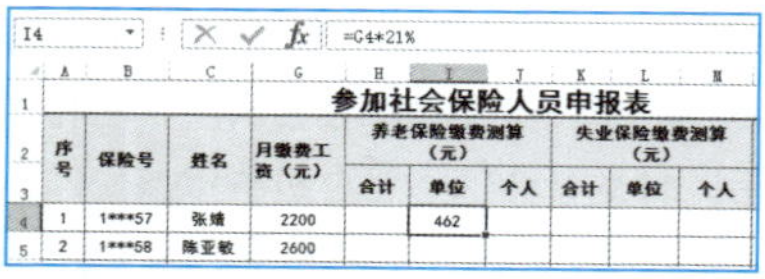
I4 =G4*21%

序号	保险号	姓名	月缴费工资（元）	养老保险缴费测算（元）合计	单位	个人	失业保险缴费测算（元）合计	单位	个人
1	1***57	张婧	2200		462				
2	1***58	陈亚敏	2600						

图12-27

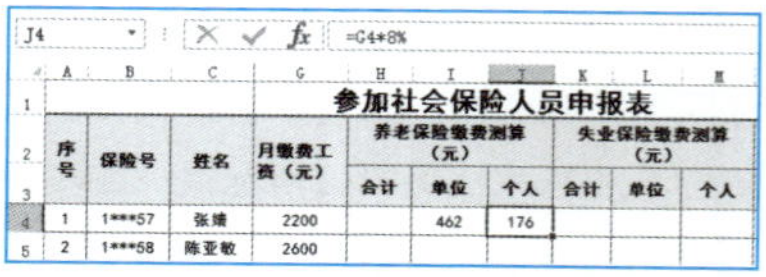
J4 =G4*8%

序号	保险号	姓名	月缴费工资（元）	养老保险缴费测算（元）合计	单位	个人	失业保险缴费测算（元）合计	单位	个人
1	1***57	张婧	2200		462	176			
2	1***58	陈亚敏	2600						

图12-28

4 选中H4单元格，在公式编辑栏输入公式“=I4+J4”，按Enter键计，算出张婧的养老保险合计缴费金额，如图12-29所示。

5 根据“保险费用交纳表”中的缴费标准计算出失业保险、生育保险和工伤保险对应的单位和个人交纳金额，然后利用求和公式计算出合计金额，如图12-30所示。

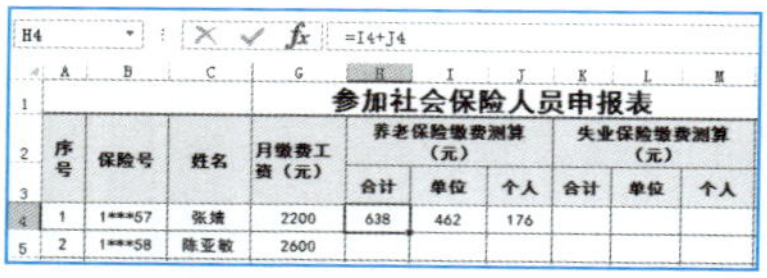
H4 =I4+J4

序号	保险号	姓名	月缴费工资（元）	养老保险缴费测算（元）合计	单位	个人	失业保险缴费测算（元）合计	单位	个人
1	1***57	张婧	2200	638	462	176			
2	1***58	陈亚敏	2600						

图12-29

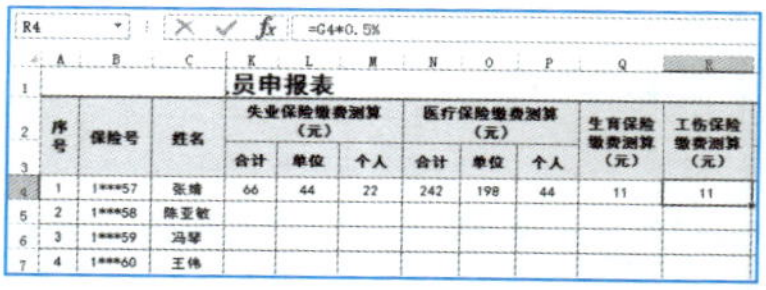
R4 =G4*0.5%

序号	保险号	姓名	失业保险缴费测算（元）合计	单位	个人	医疗保险缴费测算（元）合计	单位	个人	生育保险缴费测算（元）	工伤保险缴费测算（元）
1	1***57	张婧	66	44	22	242	198	44	11	11
2	1***58	陈亚敏								
3	1***59	冯琴								
4	1***60	王伟								

图12-30

6 选中S4单元格，在公式编辑栏输入公式“=I4+L4+O4+Q4+R4”，按Enter键，计算出张婧的社保个人合计缴费金额，如图12-31所示。

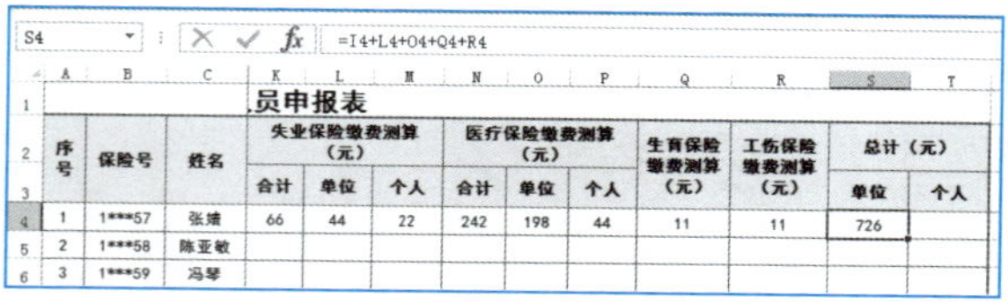
S4 =I4+L4+O4+Q4+R4

序号	保险号	姓名	失业保险缴费测算（元）合计	单位	个人	医疗保险缴费测算（元）合计	单位	个人	生育保险缴费测算（元）	工伤保险缴费测算（元）	总计（元）单位	个人
1	1***57	张婧	66	44	22	242	198	44	11	11	726	
2	1***58	陈亚敏										
3	1***59	冯琴										

图12-31

7 选中T4单元格，在公式编辑栏输入公式“=J4+M4+P4”，按Enter键，计算出张婧的社保单位合计缴费金额，如图12-32所示。

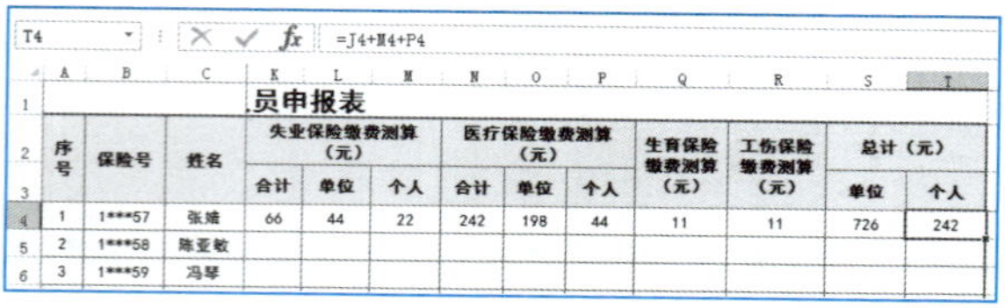
T4 =J4+M4+P4

序号	保险号	姓名	失业保险缴费测算（元）合计	单位	个人	医疗保险缴费测算（元）合计	单位	个人	生育保险缴费测算（元）	工伤保险缴费测算（元）	总计（元）单位	个人
1	1***57	张婧	66	44	22	242	198	44	11	11	726	242
2	1***58	陈亚敏										
3	1***59	冯琴										

图12-32

8 选中H4:T4单元格区域，将鼠标移动到单元格区域右下角，拖动填充柄向下复制公式，即可计算出其他员工的保险费用金额，如图12-33所示。

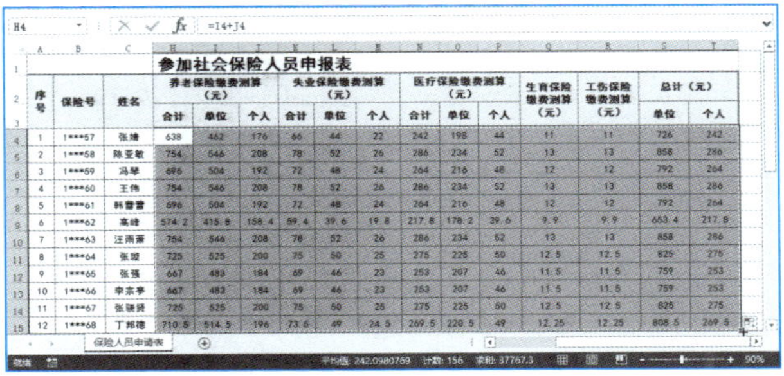

图12-33

步骤2：隐藏工作簿标签

❶ 单击“文件”标签，在左侧窗格单击“选项”（如图12-34所示），打开“Excel 选项”对话框。

❷ 在左侧窗格单击“高级”选项，在右侧“此工作簿的显示选项”区域取消选中“显示工作表标签”复选框，如图12-35所示。

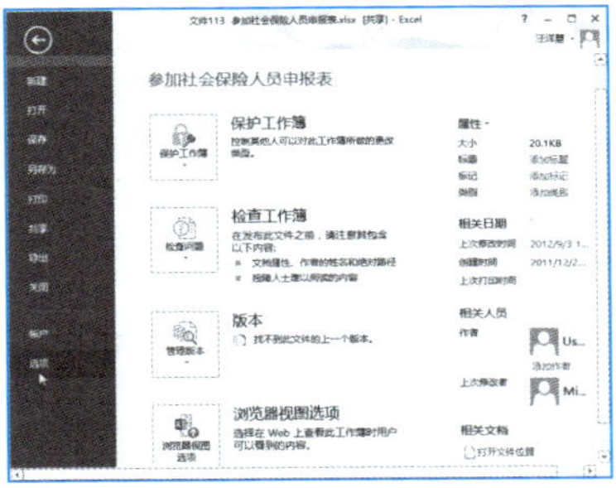

图12-34

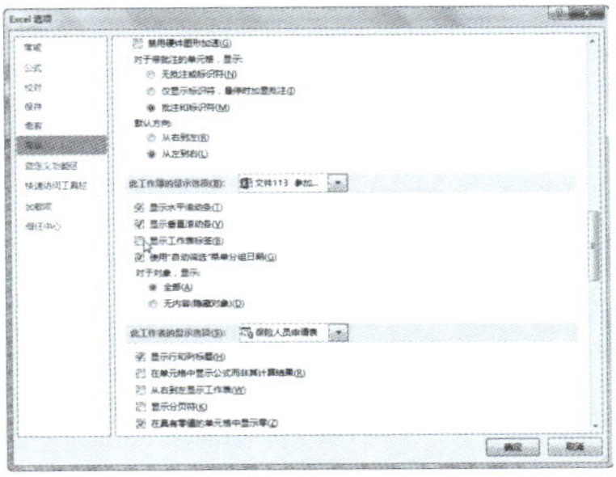

图12-35

❸ 单击“确定”按钮，此时工作簿中所有工作表标签都被隐藏起来，如图12-36所示。

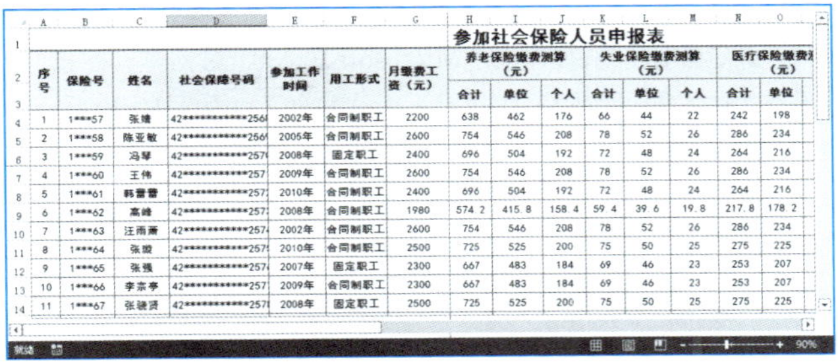

图12-36

提 示

如果想要再次显示工作表标签，在“Excel选项”对话框的“此工作簿的显示选项”区域重新选中“显示工作簿标签”复选框，即可将工作表标签显示出来。

步骤3：保护并共享工作簿

① 切换到“审阅”选项卡，在“更改”组中单击“保护并共享工作簿”按钮（如图12-37所示），打开“保护共享工作簿”对话框。

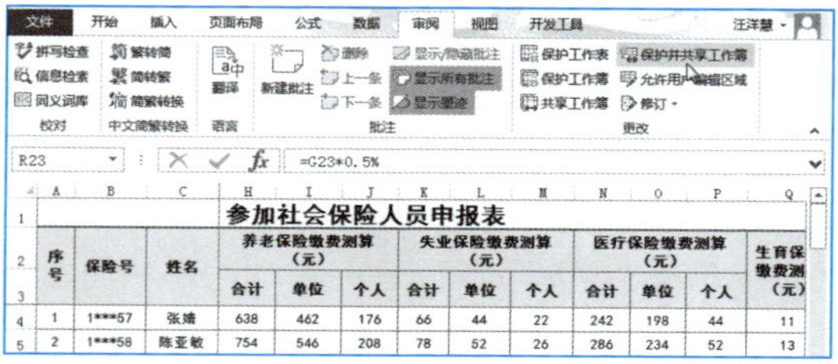

图12-37

② 选中“以跟踪修订方式共享”复选框，接着在“密码”文本框中输入密码，如“123”，单击“确定”按钮（如图12-38所示），打开“确认密码”对话框。

③ 在“重新输入密码”文本框中再次输入密码，如图12-39所示。

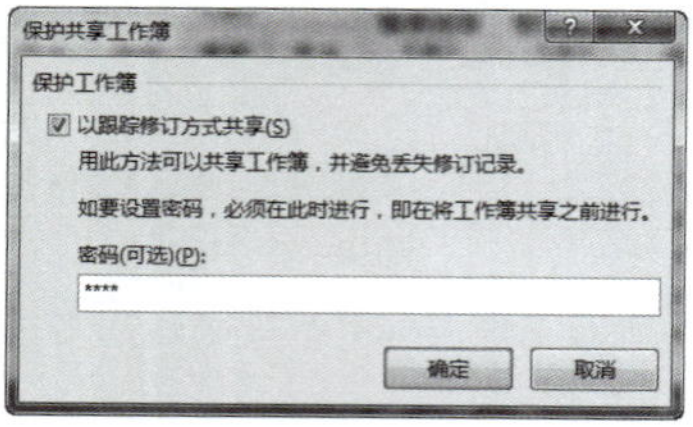

图12-38

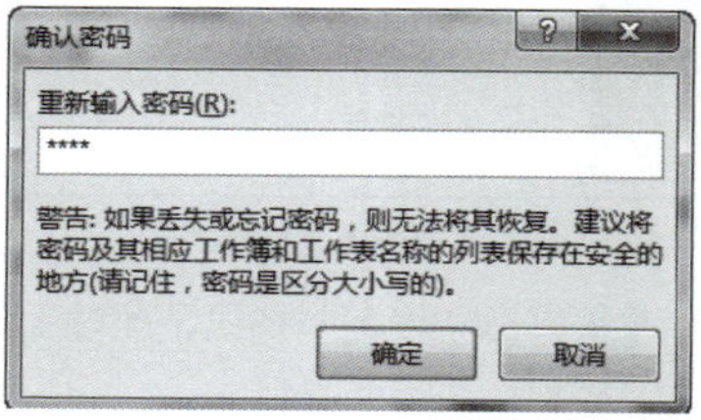

图12-39

④ 单击确定按钮，系统弹出“Microsoft Excel”对话框，单击“确定”按钮，返回工作表中，即可看到工作簿显示出“共享”，如图12-40所示。

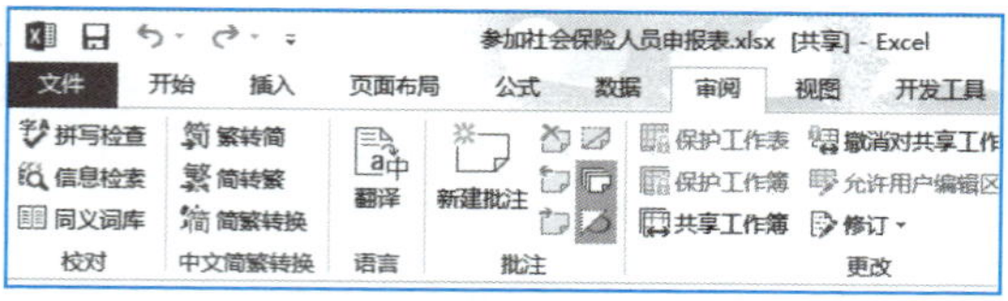

图12-40

文件151　住房公积金缴存限额表

住房公积金是指国有企业、外商投资企业、私营企业及其他企事业单位及其在职员工按照“个人储蓄、单位自助，统一管理、专项使用”的原则，缴存的长期住房储金。因此住房储金由单位和个人缴纳，且缴纳的基数是根据社会发展变化的。

制作要点与设计效果图

- 创建柱形图
- 设置坐标轴刻度
- 显示数据模拟表

文件设计过程

步骤1：按单元格颜色排序数据

❶ 打开“住房公积金缴存限额表”工作簿，选中A3:D7单元格区域，切换到“插入”选项卡，在“图表”组中单击“柱形图”下拉按钮（如图12-41所示），在下拉菜单中单击“簇状圆柱图”图表类型，如图12-42所示。

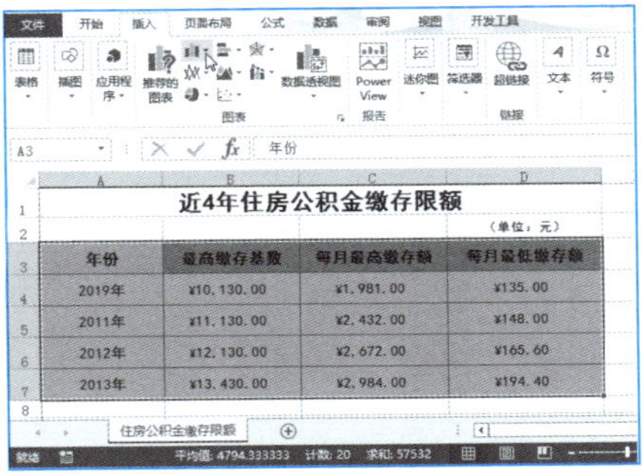

图12-41

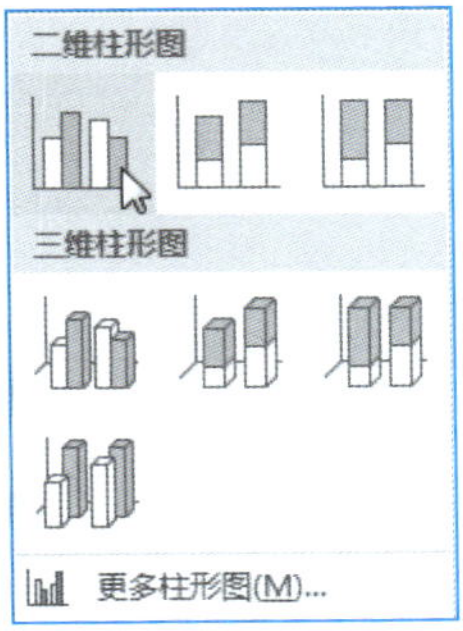

图12-42

❷ 单击“簇状圆柱图”图表类型后，系统根据选择的数据创建了默认类型的柱形图，如图12-43所示。

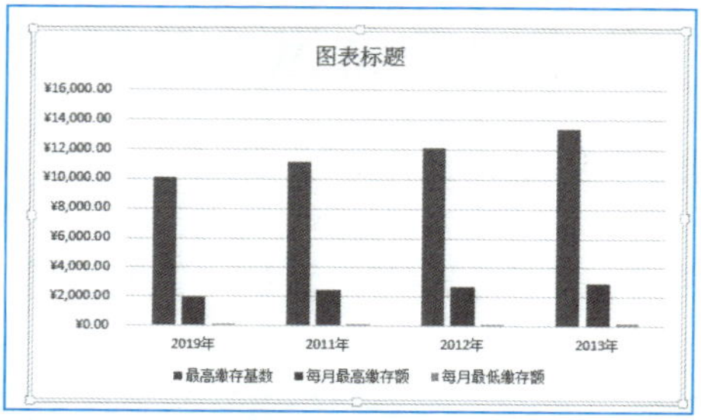

图12-43

步骤2：套用图表样式

❶ 选中图表，单击“图表样式”按钮（如图12-44所示），在打开的菜单中单击“样式”标签，接着单击要套用的图表样式，如“样式8”，如图12-45所示。

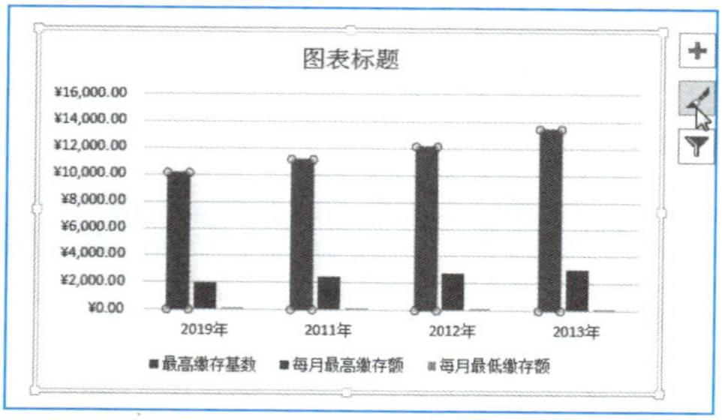

图12-44

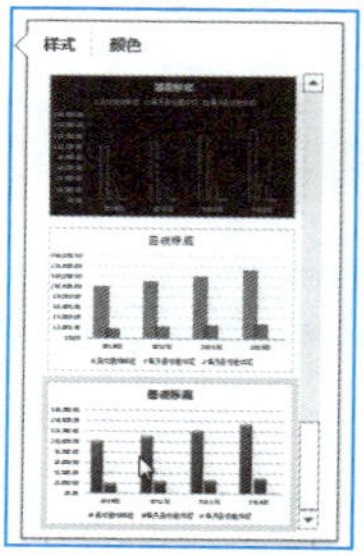

图12-45

❷ 单击“样式8”图表样式后，即可为图表应用该样式，应用后效果如图12-46所示。

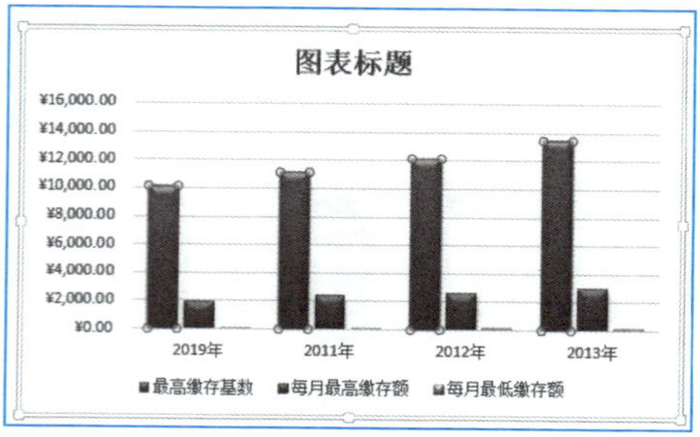

图12-46

❸ 在“图表”样式下单击“颜色”标签，接着单击需要应用的颜色，如“颜色4”，即可为图表应用该颜色，如图12-47所示。

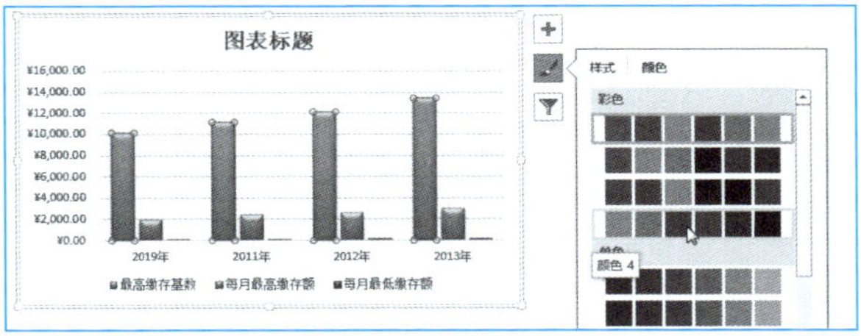

图12-47

步骤3：更改数据系列图表类型

❶ 选中“每月最低缴存额”数据系列，单击鼠标右键，在弹出的菜单中单击“更改系列图表类型”命令（如图12-48所示），打开“更改图表类型”对话框。

❷ 在左侧单击“组合”，在右侧单击需要应用的图表类型，如图12-49所示。

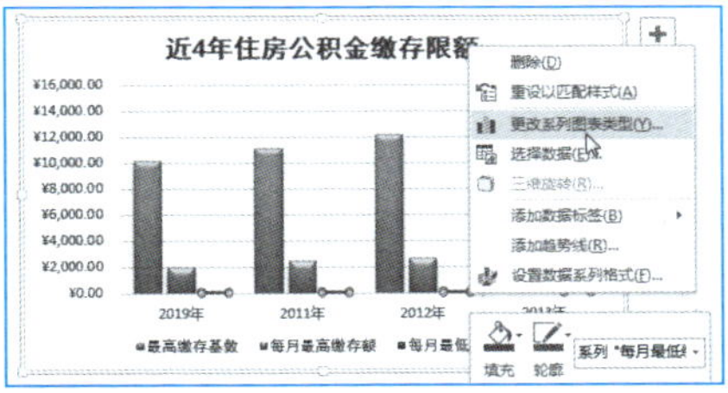

图12-48

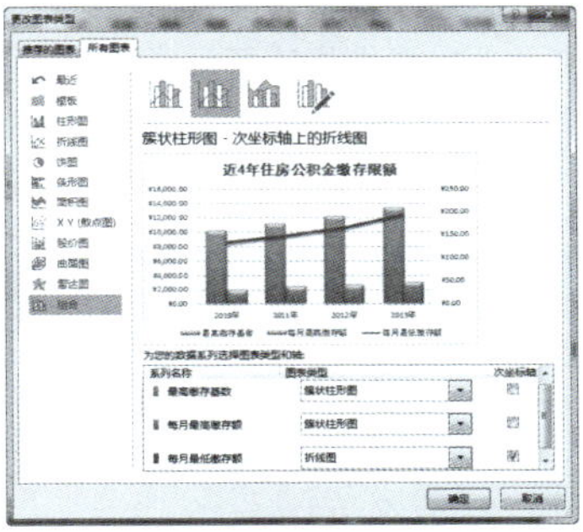

图12-49

❸ 单击“确定”按钮，返回工作表中，即可看到“每月最低缴存额”数据系列更改了图表类型，如图12-50所示。

图12-50

步骤4：显示数据表

❶ 选中图表，单击“图表元素”按钮，在弹出的菜单单击“运算表”右侧的下拉按钮，在下拉菜单中单击“显示模图例项标示”命令，即可为图表添加数据表，如图12-51所示。

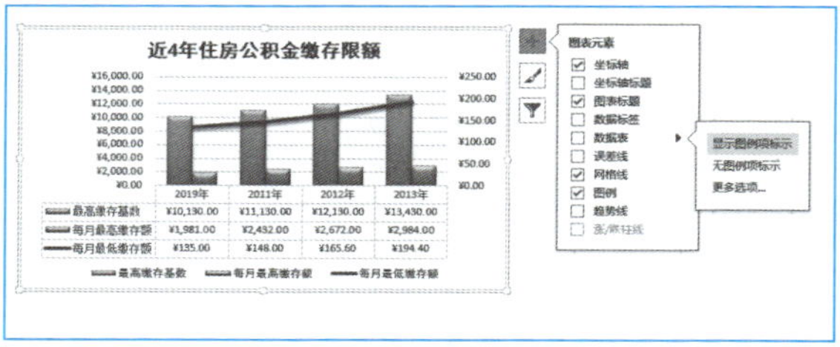

图12-51

文件152　职工住房公积金提取申请表

当员工购房或者自建房时，可以在个人住房公积金中提取部分金额。不过在提取之前需要填写职工个人住房公积金提取申请表，注明提取公积金的原因及个人住房公积金现有账存金额等事项。

制作要点与设计效果图

- 绘制分组框控件
- 绘制单选按钮控件
- 设置数据有效性

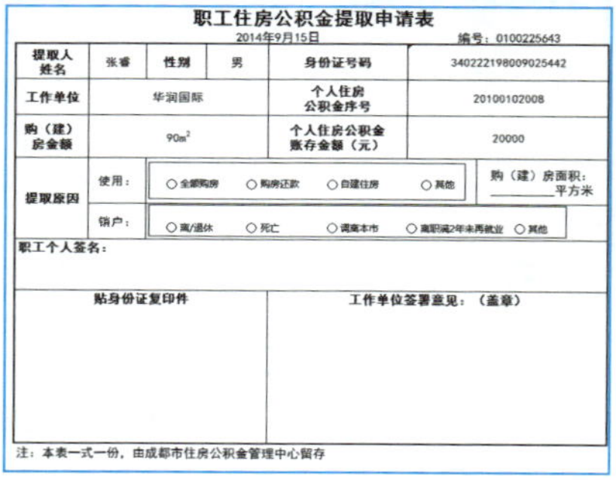

职工住房公积金提取申请表

2014年9月15日　　编号：0100225643

提取人姓名	张睿	性别	男	身份证号码	340222198009025442
工作单位	华润国际			个人住房公积金序号	20100102008
购（建）房金额	90㎡			个人住房公积金账存金额（元）	20000
提取原因	使用：	○全额购房　○购房还款　○自建住房　○其他			购（建）房面积：______平方米
	销户：	○离/退休　○死亡　○调离本市　○离职满2年未再就业　○其他			
职工个人签名：					
贴身份证复印件			工作单位签署意见：（盖章）		

注：本表一式一份，由成都市住房公积金管理中心留存

文件设计过程

步骤1：插入表单控件

❶ 打开“职工住房公积金提取申请表”，切换到“开发工具”选项卡，在“控件”组中单击“插入”下拉按钮，在下拉菜单的“表单控件”区域单击“分组框”按钮，如图12-52所示。

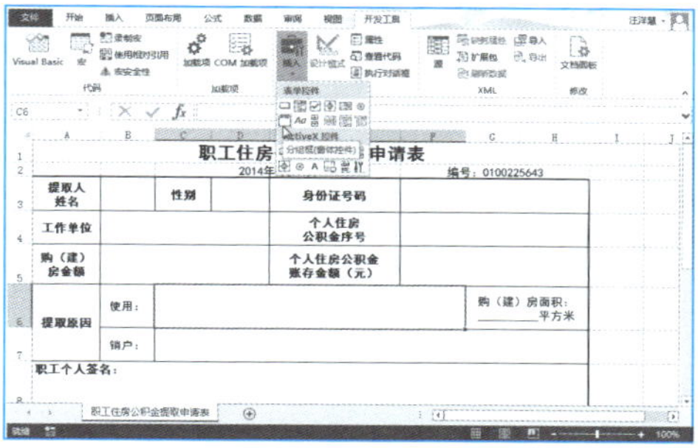

图12-52

2 此时鼠标指针变为黑色十字样式，在C6:F6单元格区域绘制控件，绘制控件完成后，如图12-53所示。

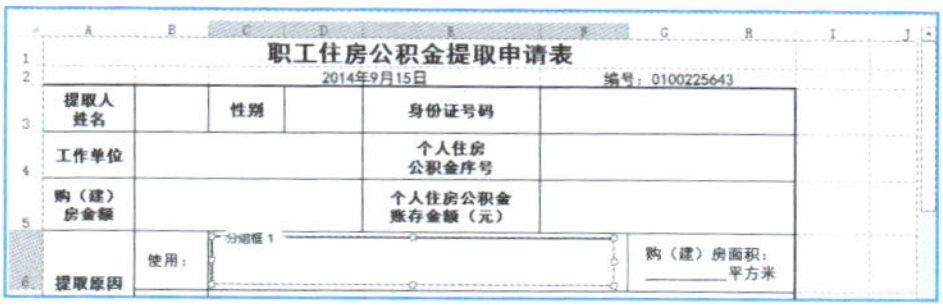

图12-53

3 按Delete键删除控件文本，在“控件”组中单击“插入”下拉按钮，在下拉菜单的“表单控件”组中单击“选项按钮”按钮，如图12-54所示。

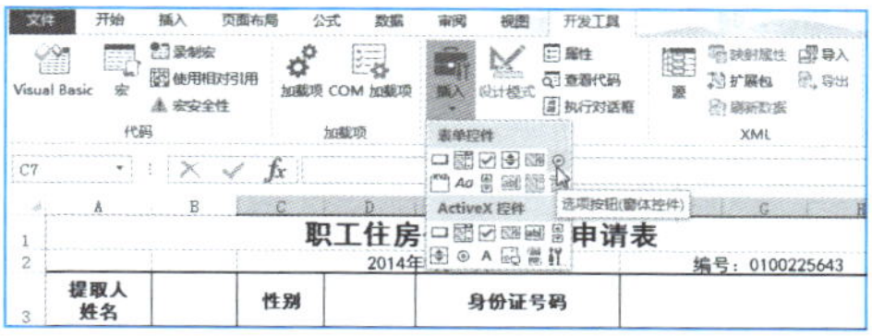

图12-54

4 在绘制好的“分组框”内绘制“选项”按钮，绘制完成后激活文本框，在其中输入“全款购房”，如图12-55所示。

图12-55

5 按相同的方法绘制其他按钮控件和分组框控件，并设置按钮控件的文本，设置后效果如图12-56所示。

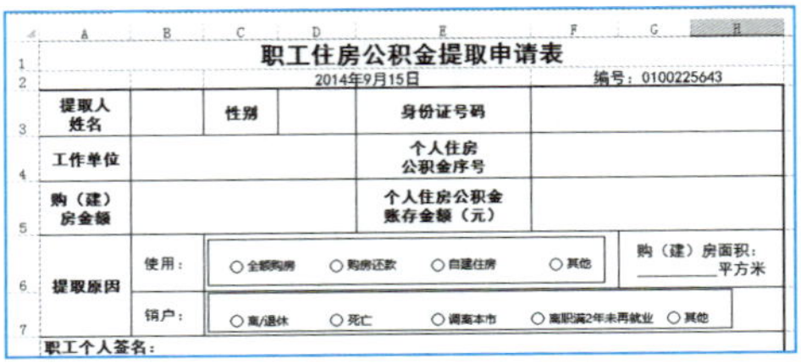

图12-56

步骤2：设置性别下拉列表

❶ 选中D3单元格，切换到“数据”选项卡，在“数据工具”组中单击“数据验证”按钮（如图12-57所示），打开“数据验证”对话框。

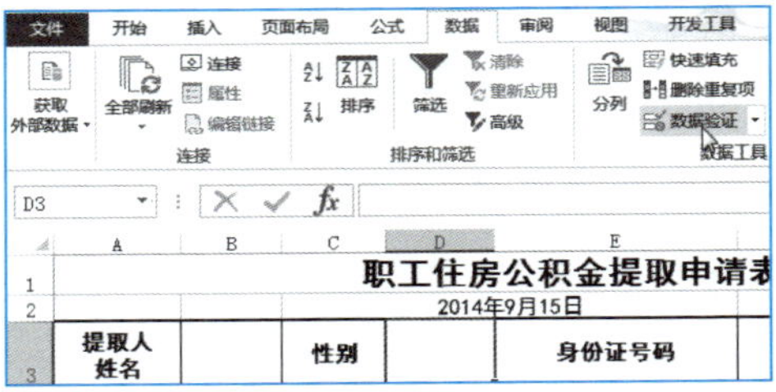

图12-57

❶ 在“允许”下拉列表中选择“序列”，接着在“来源”文本框中输入“男,女”，如图12-58所示。

❷ 单击“确定”按钮，返回工作表，单击D3单元格右侧下拉按钮，在下拉菜单中选择“男”，如图12-59所示。

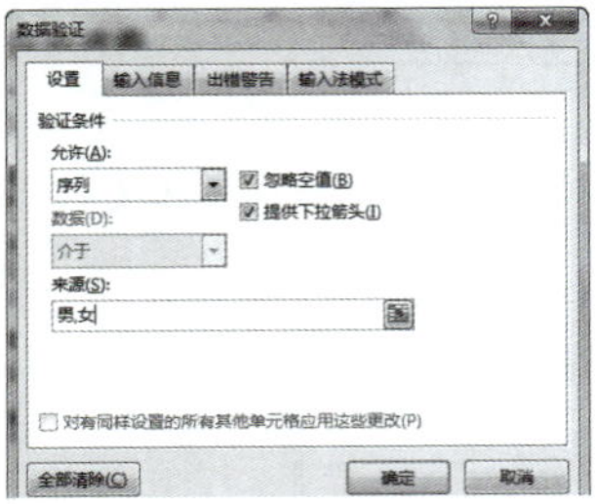

图12-58

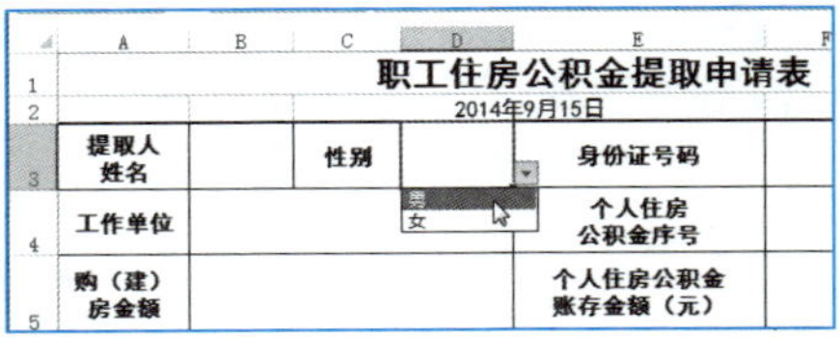

图12-59

步骤2：设置出错警告

❶ 选中F3合并单元格，在“数据工具”组中单击“数据验证”按钮，再次打开“数据验证”对话框，在“允许”下拉列表中选择“自定义”选项，在“公

式”文本框中输入“=OR(LEN(F3:H3)=15,LEN(F3:H3)=18)”，如图12-60所示。

2 单击“出错警告”标签，在“样式”下拉列表中选择“允许”，接着在“标题”和“错误信息”文本框中输入文本，如图12-61所示。

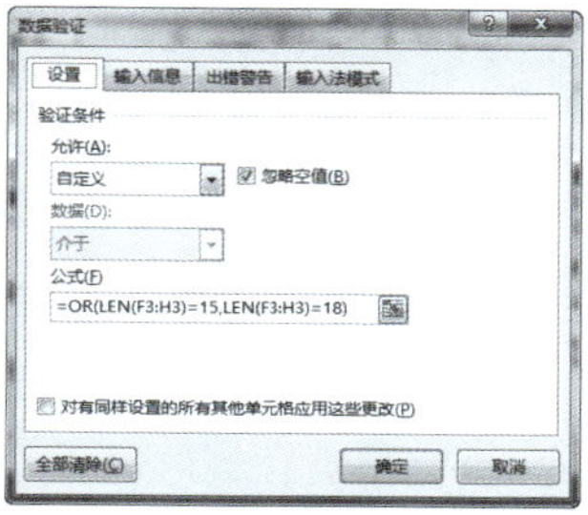

图12-60

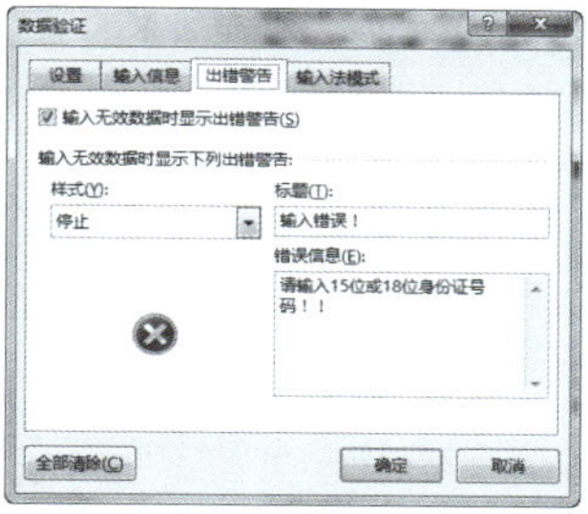

图12-61

3 单击“确定”按钮，返回工作表，在F3单元格中输入的信息不符合要求时，就会弹出相应的对话框，提示输入错误，如图12-62所示。

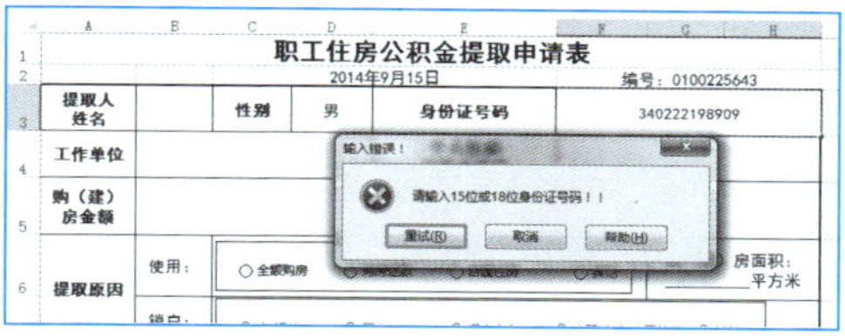

图12-62

文件153　公司福利体系图

公司福利体系图包括薪资、社会保险、奖金和公司福利几大块，我们可以使用SmartArt图形来表示公司的福利体系。

制作要点与设计效果图

- 插入SmartArt图形
- 输入文本
- 添加形状
- 更改颜色

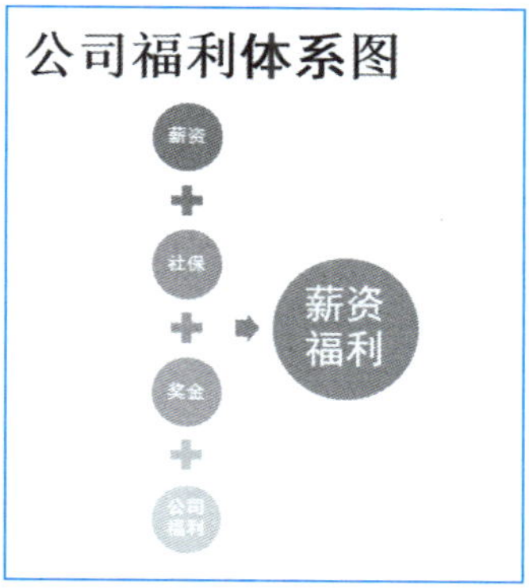

文件设计过程

步骤1：插入SmartArt图形

❶ 新建“公司福利体系图”工作簿，在工作簿中输入标题，切换到“插入”选项卡，在“插图”组中单击“SmartArt”按钮（如图12-63所示），打开“选择SmartArt图形”对话框。

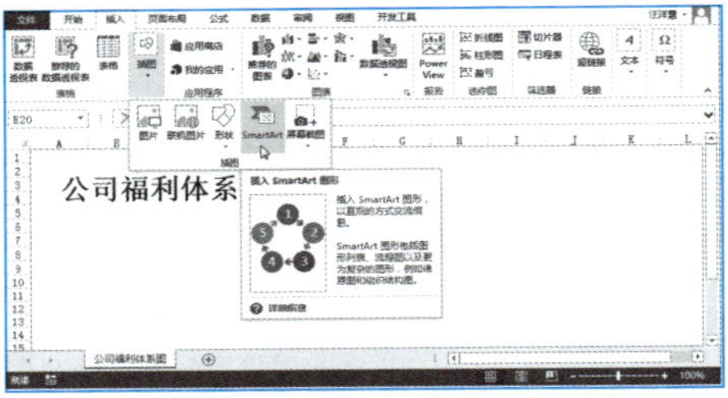

图12-63

❷ 单击“关系”选项，在右侧单击“垂直公式”图标，如图12-64所示。

❸ 单击“确定”按钮，返回工作表中，即可插入公式关系图，如图12-65所示。

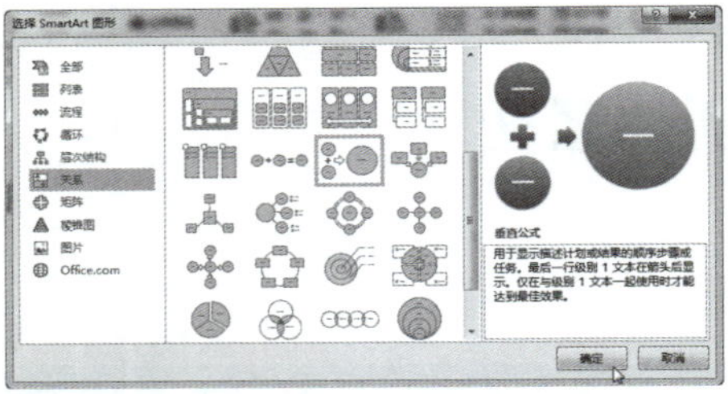

图12-64

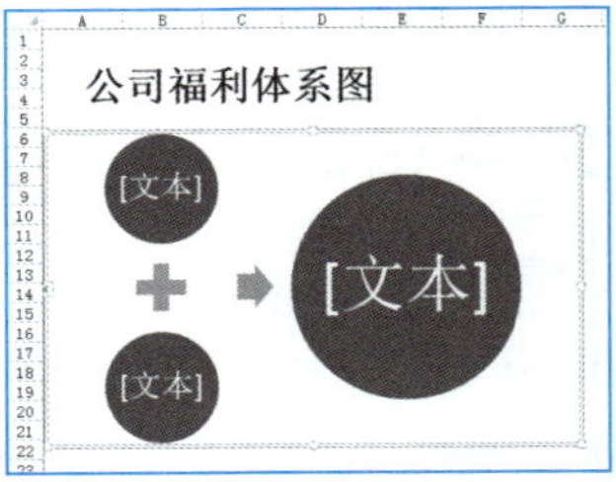

图12-65

步骤2：添加文本

在SmartArt图形中输入文本，输入后效果如图12-66所示。

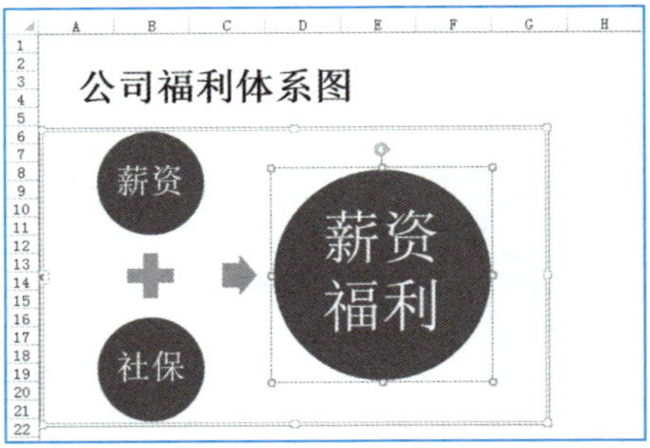

图12-66

步骤3：在选中形状前添加形状

❶ 选中含有“社保”文本的形状，单击鼠标右键，在弹出的菜单中单击“添加形状”命令，

在弹出的子菜单中单击“在后面插入形状”命令，如图12-67所示。

❷ 单击“在后面插入形状”命令后，即可在选中形状后插入形状，在形状后输入相应的文本“奖金”，再用相同的方法添加“公司福利”形状，如图12-68所示。

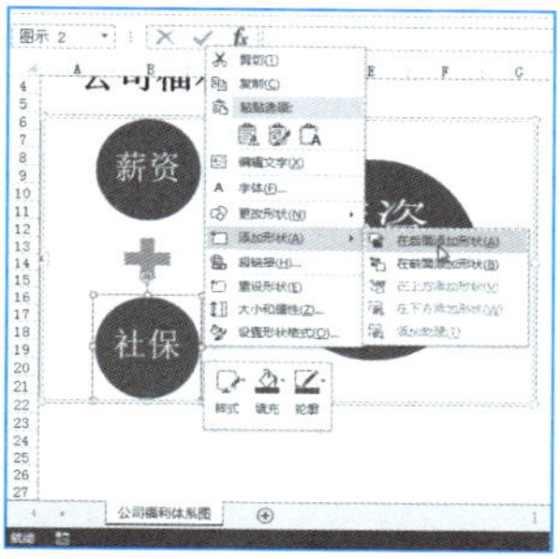

图12-67

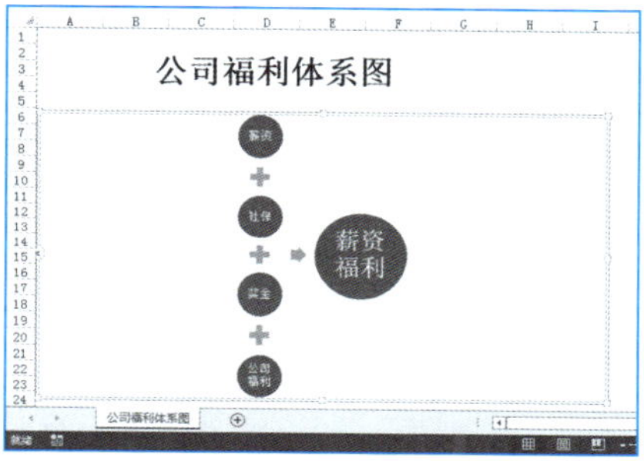

图12-68

步骤4：更改SmartArt图形颜色

❶ 选中SmartArt图形，切换到“SmartArt工具-设计”选项卡，在“SmartArt样式”组中单击“更改颜色”右侧的下拉按钮（如图12-69所示），在下拉菜单中单击需要的颜色，如“彩色范围5-6”，如图12-70所示。

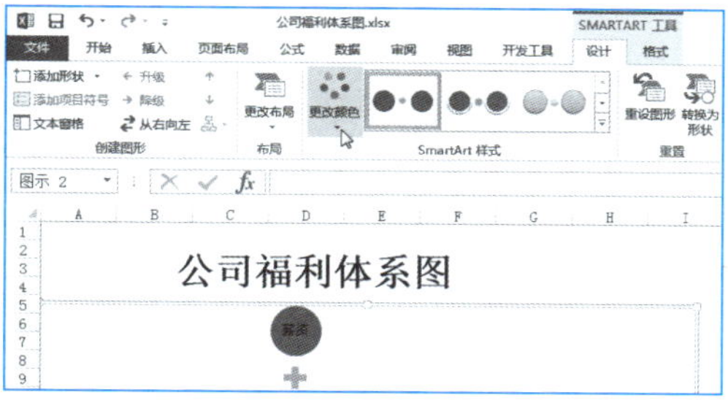

图12-69

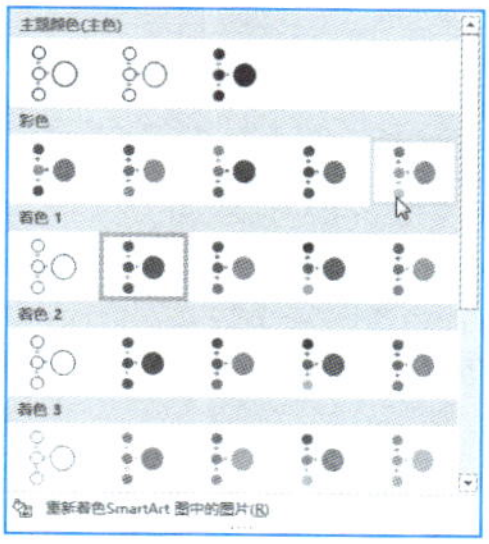

图12-70

❷ 单击“彩色范围5-6”颜色后，此时可以看到设置后的效果，如图12-71所示。

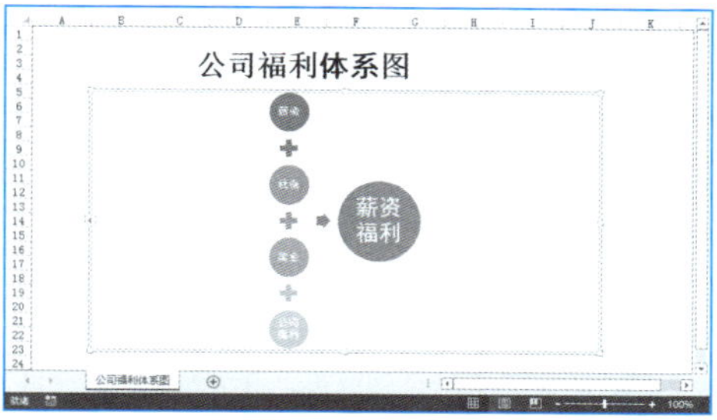

图12-71

文件154 员工年度福利统计表

员工年度福利统计表是用于统计每个员工一年领取的福利金额。

制作要点与设计效果图

- 合并计算
- 创建超链接

员工年度福利统计表

员工编号	员工姓名	餐费补助	通讯费补助	旅游费津贴	节日补助
YJ001	李宗亭	¥ 630.00	¥ 688.00	¥600.00	¥ 1,000.00
YJ002	张晓贤	¥ 500.00	¥ 650.00	¥623.00	¥ 900.00
YJ003	丁邦德	¥ 667.00	¥ 566.00	¥670.00	¥ 1,065.00
YJ004	庄晓凤	¥ 533.00	¥ 571.00	¥638.00	¥ 975.00
YJ005	黄娟娟	¥ 550.00	¥ 552.00	¥627.00	¥ 975.00
YJ006	任玉婷	¥ 602.00	¥ 526.00	¥569.00	¥ 1,075.00
YJ007	孙兴	¥ 554.00	¥ 600.00	¥610.00	¥ 895.00
YJ008	张琪琪	¥ 587.00	¥ 680.00	¥591.00	¥ 875.00
YJ009	陈俊	¥ 681.00	¥ 537.00	¥612.00	¥ 975.00
YJ010	黄潇雷	¥ 638.00	¥ 678.00	¥571.00	¥ 1,045.00
YJ011	邓晓梅	¥ 501.00	¥ 549.00	¥630.00	¥ 965.00
YJ012	罗玲玲	¥ 579.00	¥ 537.00	¥536.00	¥ 1,076.00
YJ013	汪军洋	¥ 587.00	¥ 569.00	¥552.00	¥ 1,030.00

文件设计过程

步骤1：设置合并计算

❶ 在“年度总计”工作表中选中C3单元格，切换至“数据”选项卡，在“数据工具”组中单击“合并计算”按钮（如图12-72所示），打开“合并计算”对话框。

❷ 设置“函数”为“求和”，在“引用位置”文本框中选择“‘1月’!$C$3:$F$15”，单击“添加”按钮，如图12-73所示。

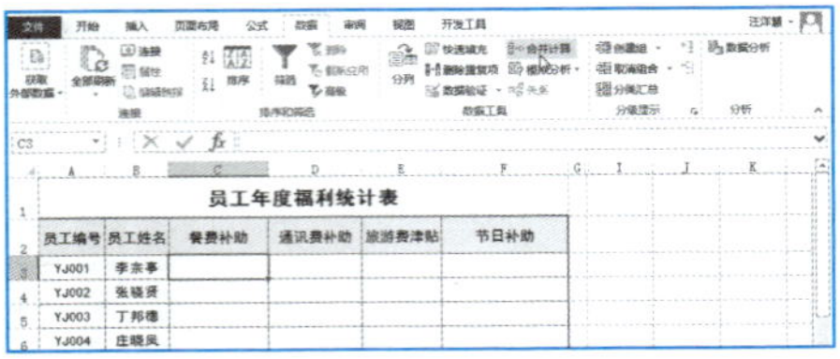

图12-72

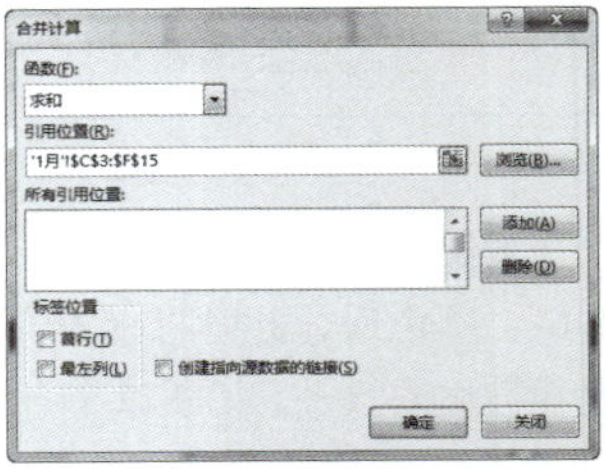

图12-73

❸ 用相同的方法添加“'2月’!$C$3:$F$15”、“'3月’!$C$3:$F$15”至“'4月’!$C$3:$F$15”引用位置，设置完成后，如图12-74所示。

❹ 单击“确定”按钮，返回“年度总计”工作表中，根据所引用位置的

数据求和，计算出各项费用的合计金额，如图12-75所示。

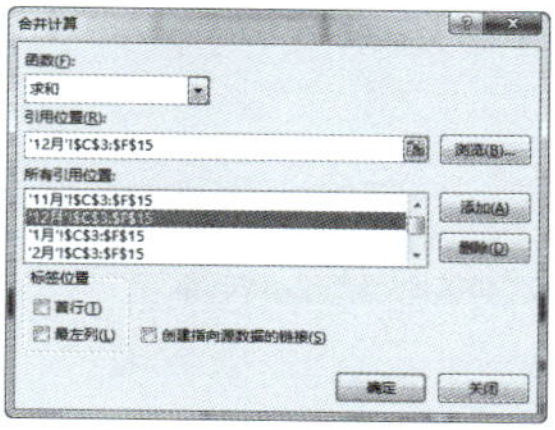

图12-74

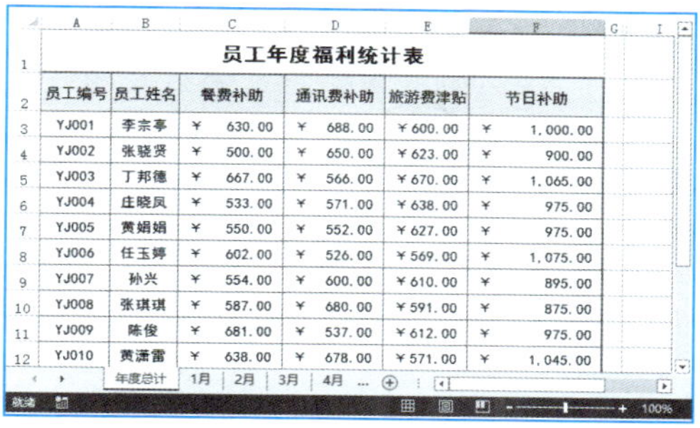

员工编号	员工姓名	餐费补助	通讯费补助	旅游费津贴	节日补助
YJ001	李宗亭	￥ 630.00	￥ 688.00	￥600.00	￥ 1,000.00
YJ002	张骁贤	￥ 500.00	￥ 650.00	￥623.00	￥ 900.00
YJ003	丁邦德	￥ 667.00	￥ 566.00	￥670.00	￥ 1,065.00
YJ004	庄晓凤	￥ 533.00	￥ 571.00	￥638.00	￥ 975.00
YJ005	黄娟娟	￥ 550.00	￥ 552.00	￥627.00	￥ 975.00
YJ006	任玉婷	￥ 602.00	￥ 526.00	￥569.00	￥ 1,075.00
YJ007	孙兴	￥ 554.00	￥ 600.00	￥610.00	￥ 895.00
YJ008	张琪琪	￥ 587.00	￥ 680.00	￥591.00	￥ 875.00
YJ009	陈俊	￥ 681.00	￥ 537.00	￥612.00	￥ 975.00
YJ010	黄潇雷	￥ 638.00	￥ 678.00	￥571.00	￥ 1,045.00

图12-75

步骤2：插入超链接

❶ 在“年度总计”工作表中的H列添加月份文本，选中H3单元格，切换到“插入”选项卡，在“链接”组中单击“超链接”按钮（如图12-76所示），打开“插入超链接”对话框。

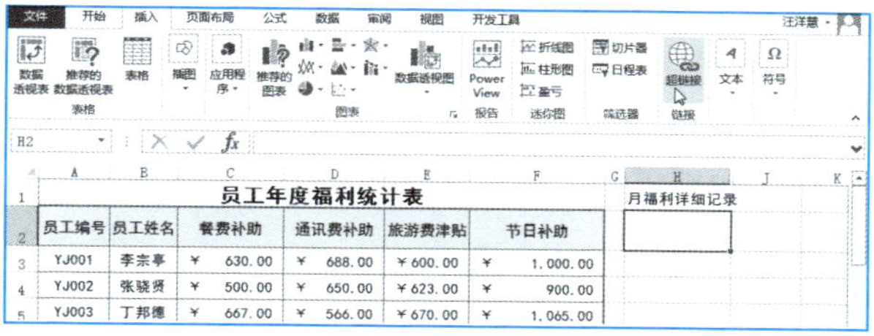

图12-76

❷ 单击“本文档中的位置”选项，单击“‘1月’”选项，如图12-77所示。

❸ 设置完成后，单击“确定”按钮，选中单元格即插入了超链接，将鼠标置于文本上，将呈手形显示，如图12-78所示。

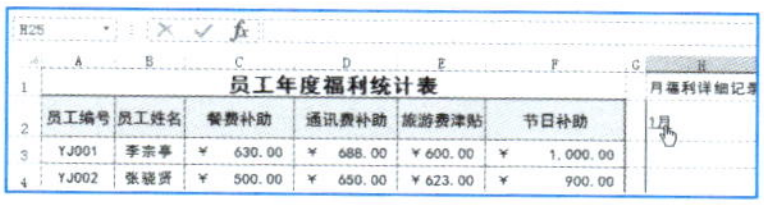

图12-77

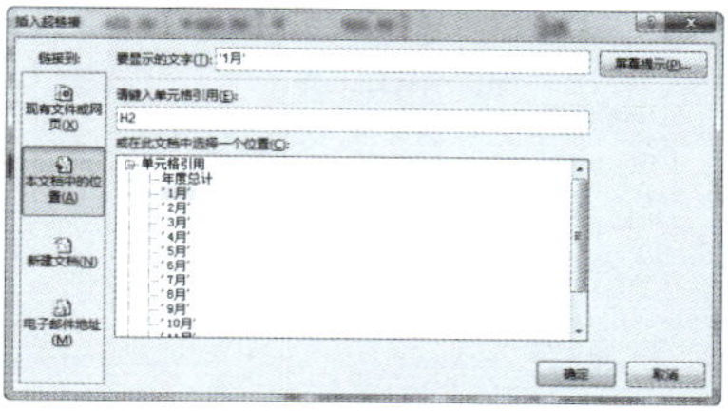

图12-78

❹ 用相同的方法为“2月”、“3月”添加超链接，并在每个工作表中添加返回“年度总计”工作表的“返回”超链接，如图12-79所示。

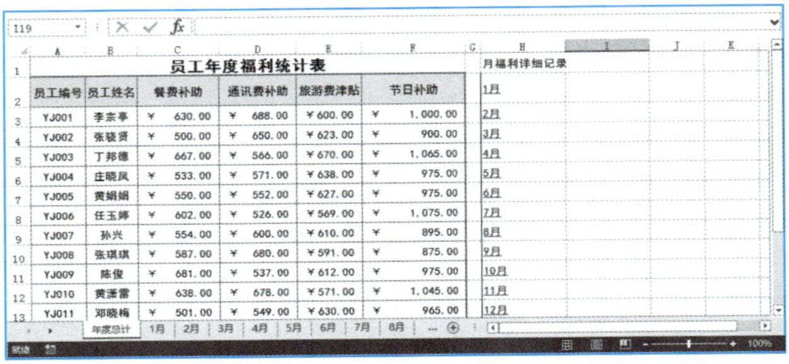

员工编号	员工姓名	餐费补助	通讯费补助	旅游费津贴	节日补助
YJ001	李宗亭	¥ 630.00	¥ 688.00	¥600.00	¥ 1,000.00
YJ002	张骁贤	¥ 500.00	¥ 650.00	¥623.00	¥ 900.00
YJ003	丁邦德	¥ 667.00	¥ 566.00	¥670.00	¥ 1,065.00
YJ004	庄晓凤	¥ 533.00	¥ 571.00	¥638.00	¥ 975.00
YJ005	黄娟娟	¥ 550.00	¥ 552.00	¥627.00	¥ 975.00
YJ006	任玉婷	¥ 602.00	¥ 526.00	¥569.00	¥ 1,075.00
YJ007	孙兴	¥ 554.00	¥ 600.00	¥610.00	¥ 895.00
YJ008	张琪琪	¥ 587.00	¥ 680.00	¥591.00	¥ 875.00
YJ009	陈俊	¥ 681.00	¥ 537.00	¥612.00	¥ 975.00
YJ010	黄潇雷	¥ 638.00	¥ 678.00	¥571.00	¥ 1,045.00
YJ011	邓晓梅	¥ 501.00	¥ 549.00	¥630.00	¥ 965.00

图12-79

步骤3：利用超链接切换工作表

❶ 若要进行工作表的切换，请单击超链接文本，如要切换到“2月”工作表中，单击“2月”超链接文本，如图12-80所示。

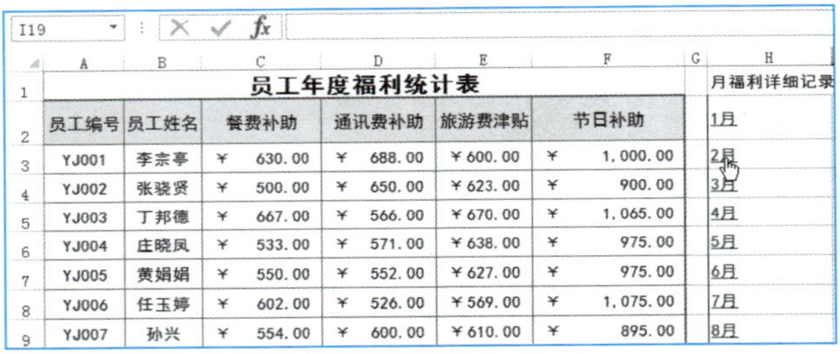

员工编号	员工姓名	餐费补助	通讯费补助	旅游费津贴	节日补助
YJ001	李宗亭	¥ 630.00	¥ 688.00	¥600.00	¥ 1,000.00
YJ002	张骁贤	¥ 500.00	¥ 650.00	¥623.00	¥ 900.00
YJ003	丁邦德	¥ 667.00	¥ 566.00	¥670.00	¥ 1,065.00
YJ004	庄晓凤	¥ 533.00	¥ 571.00	¥638.00	¥ 975.00
YJ005	黄娟娟	¥ 550.00	¥ 552.00	¥627.00	¥ 975.00
YJ006	任玉婷	¥ 602.00	¥ 526.00	¥569.00	¥ 1,075.00
YJ007	孙兴	¥ 554.00	¥ 600.00	¥610.00	¥ 895.00

图12-80

❷ 单击“2月”超链接文本，即可跳转到“员工2月”（如图12-81所示），单击“返回”超链接文本，即可返回“员工年度福利统计表”。

❸ 如要切换到“5月”工作表中，单击“5月”超链接文本，如图12-82所示。

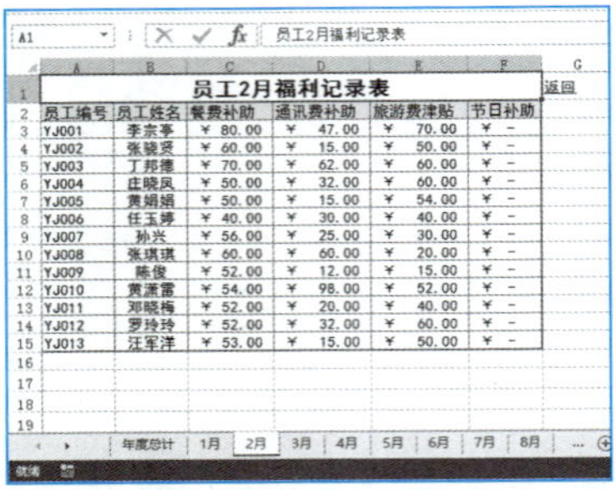

员工编号	员工姓名	餐费补助	通讯费补助	旅游费津贴	节日补助
YJ001	李宗亭	¥ 80.00	¥ 47.00	¥ 70.00	¥ -
YJ002	张骁贤	¥ 60.00	¥ 15.00	¥ 50.00	¥ -
YJ003	丁邦德	¥ 70.00	¥ 62.00	¥ 60.00	¥ -
YJ004	庄晓凤	¥ 50.00	¥ 32.00	¥ 60.00	¥ -
YJ005	黄娟娟	¥ 50.00	¥ 15.00	¥ 54.00	¥ -
YJ006	任玉婷	¥ 40.00	¥ 30.00	¥ 40.00	¥ -
YJ007	孙兴	¥ 56.00	¥ 25.00	¥ 30.00	¥ -
YJ008	张琪琪	¥ 60.00	¥ 60.00	¥ 20.00	¥ -
YJ009	陈俊	¥ 52.00	¥ 12.00	¥ 15.00	¥ -
YJ010	黄潇雷	¥ 54.00	¥ 98.00	¥ 52.00	¥ -
YJ011	邓晓梅	¥ 52.00	¥ 20.00	¥ 40.00	¥ -
YJ012	罗玲玲	¥ 52.00	¥ 32.00	¥ 60.00	¥ -
YJ013	汪军洋	¥ 53.00	¥ 15.00	¥ 50.00	¥ -

图12-81

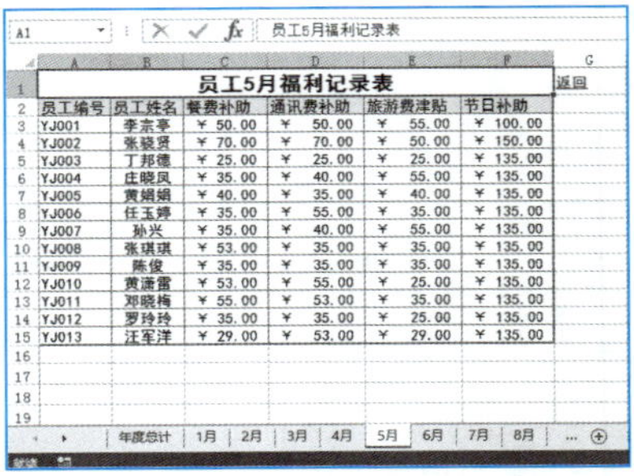

员工编号	员工姓名	餐费补助	通讯费补助	旅游费津贴	节日补助
YJ001	李宗亭	¥ 50.00	¥ 50.00	¥ 55.00	¥ 100.00
YJ002	张骁贤	¥ 70.00	¥ 70.00	¥ 50.00	¥ 150.00
YJ003	丁邦德	¥ 25.00	¥ 25.00	¥ 25.00	¥ 135.00
YJ004	庄晓凤	¥ 35.00	¥ 40.00	¥ 55.00	¥ 135.00
YJ005	黄娟娟	¥ 40.00	¥ 35.00	¥ 40.00	¥ 135.00
YJ006	任玉婷	¥ 35.00	¥ 55.00	¥ 35.00	¥ 135.00
YJ007	孙兴	¥ 35.00	¥ 40.00	¥ 55.00	¥ 135.00
YJ008	张琪琪	¥ 53.00	¥ 35.00	¥ 35.00	¥ 135.00
YJ009	陈俊	¥ 35.00	¥ 35.00	¥ 35.00	¥ 135.00
YJ010	黄潇雷	¥ 53.00	¥ 55.00	¥ 25.00	¥ 135.00
YJ011	邓晓梅	¥ 55.00	¥ 53.00	¥ 35.00	¥ 135.00
YJ012	罗玲玲	¥ 35.00	¥ 35.00	¥ 25.00	¥ 135.00
YJ013	汪军洋	¥ 29.00	¥ 53.00	¥ 29.00	¥ 135.00

图12-82

文件155　医疗费用申报表

当参保人员要向社会局报销医疗费用时，需要填写一份医疗费用申报表，写明参保人员的基本信息、费用类别、发票张数及花费金额等，并准备好相关资料才能申领医疗报销费用。

制作要点与设计效果图

- 将所有列调整为一页
- 打印网格线
- 预览效果

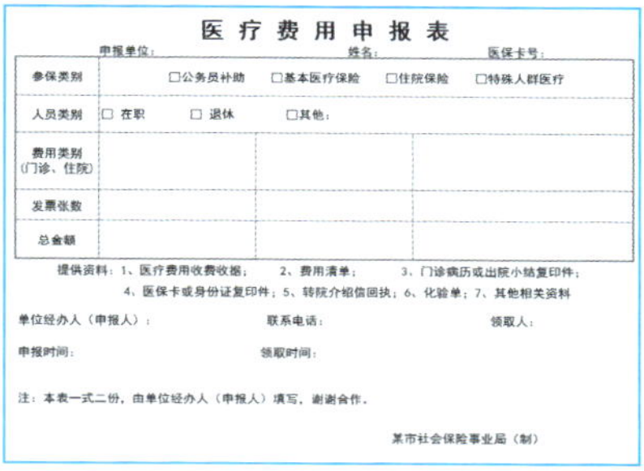

医疗费用申报表

申报单位：　　　　姓名：　　　　医保卡号：

参保类别	□公务员补助　□基本医疗保险　□住院保险　□特殊人群医疗		
人员类别	□ 在职　□ 退休　□其他：		
费用类别(门诊、住院)			
发票张数			
总金额			

提供资料：1、医疗费用收费收据；　2、费用清单；　3、门诊病历或出院小结复印件；
4、医保卡或身份证复印件；5、转院介绍信回执；6、化验单；7、其他相关资料

单位经办人（申报人）：　　联系电话：　　领取人：

申报时间：　　领取时间：

注：本表一式二份，由单位经办人（申报人）填写，谢谢合作。

某市社会保险事业局（制）

文件156　生育保险申请表

生育保险是指国家通过立法，保证妇女劳动者在怀孕和分娩期间，可暂时中断劳动，由国家和社会提供医疗服务、生育津贴和产假的一种社会保险制度。当妇女在分娩后，可填写一份生育保险申报表，用于申领生育津贴等费用。

制作要点与设计效果图

- 分页预览视图
- 手动调整分页符的位置
- 调整显示比例

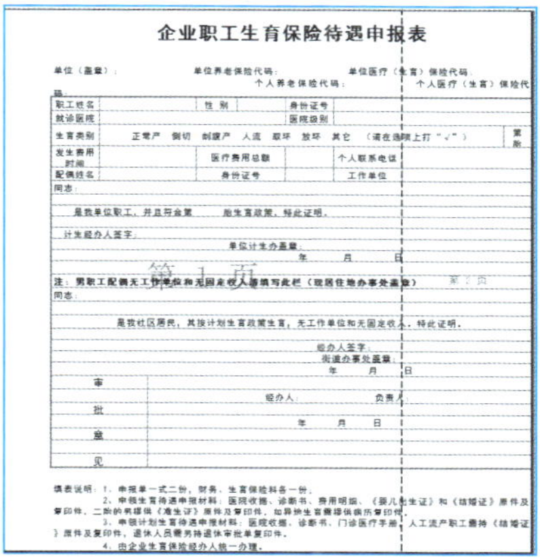

企业职工生育保险待遇申报表

单位（盖章）：　　单位养老保险代码：　　单位医疗（生育）保险代码：
个人养老保险代码：　　个人医疗（生育）保险代码：

职工姓名		性 别		身份证号	
就诊医院				医院级别	
生育类别	正常产　侧切　剖腹产　人流　取环　放环　其它　（请在选项上打"√"）				累胎
发生费用时间		医疗费用总额		个人联系电话	
配偶姓名		身份证号		工作单位	

同志：

是我单位职工，并且符合第　胎生育政策，特此证明。

计生经办人签字：

单位计生办盖章：

年　月　日

第 1 页　　第 2 页

注：男职工配偶无工作单位和无固定收入者填写此栏（现居住地办事处盖章）

同志：

是我社区居民，其按计划生育政策生育，无工作单位和无固定收入，特此证明。

经办人签字：

街道办事处盖章：

年　月　日

审批意见　经办人：　负责人：　年　月　日

填表说明：1、申报单一式二份，财务、生育保险科各一份；
2、申领生育待遇申报材料：医院收据、诊断书、费用明细、《婴儿出生证》和《结婚证》原件及复印件，二胎的需提供《准生证》原件及复印件，如异地生育需提供病历复印件。
3、申领计划生育待遇申报材料：医院收据、诊断书、门诊医疗手册，人工流产职工需持《结婚证》原件及复印件，退休人员需另持退休审批单复印件。
4、由企业生育保险经办人统一办理。

文件157　养老保险转移申请表

职工的基本养老保险关系可以跨省就业同时转移，现在不仅可以转移个人账户储存额，还可以转移部分单位缴纳的养老保险，不过在转移时，需要填写相应的养老保险转移申请表。

制作要点与设计效果图

- 插入分页符
- 调整分页符的位置
- 设置纸张大小
- 预览打印效果

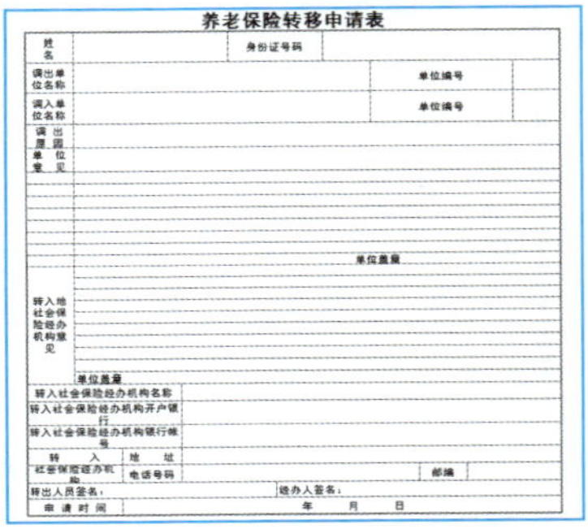

养老保险转移申请表

姓名		身份证号码			
调出单位名称				单位编号	
调入单位名称				单位编号	
调出原因单位意见	单位盖章				
转入地社会保险经办机构意见	单位盖章				
转入社会保险经办机构名称					
转入社会保险经办机构开户银行					
转入社会保险经办机构银行帐号					
转入社会保险经办机构	地址				
	电话号码			邮编	
转出人员签名：		经办人签名：			
申请时间	年　月　日				

文件158　员工个人缴纳保险费用代缴表

一般企事业单位会代缴每个员工应缴纳的保险费用。在代缴之前，企业会根据员工个人缴纳保险费用的比例，事先收取员工应缴纳的保险费用。其计算公式为员工缴纳的保险费用=社保基数*养老保险比例+社保基数*医疗保险比例+社保基数*失业保险缴费比例。

制作要点与设计效果图

- 隐藏功能区
- 隐藏编辑栏
- 隐藏工作表标签
- 隐藏垂直和水平滚动条

员工个人缴纳保险费代缴表

序号	员工姓名	社保基数	交纳费用
1	蔡静	¥ 1,250.00	¥ 147.50
2	陈媛	¥ 2,560.00	¥ 291.60
3	王密	¥ 3,200.00	¥ 362.00
4	吕芬芬	¥ 1,800.00	¥ 208.00
5	路高泽	¥ 2,500.00	¥ 285.00
6	岳庆浩	¥ 2,600.00	¥ 296.00
7	李雪儿	¥ 3,200.00	¥ 362.00
8	陈山	¥ 1,200.00	¥ 142.00
9	廖晓	¥ 1,500.00	¥ 175.00
10	张丽君	¥ 1,700.00	¥ 197.00
11	吴华波	¥ 1,680.00	¥ 194.80
12	黄孝铭	¥ 2,500.00	¥ 285.00
13	丁锐	¥ 1,500.00	¥ 175.00

文件159　员工住房公积金缴纳费用表

住房公积金是单位及其职工缴存的长期住房储金，其缴存比例一般在5%—20%之间，由购买住房公积金的单位自行选择。根据企业购买住房公积金的缴存比例，可以计算出各员工对应的单位和个人应缴存的金额。

制作要点与设计效果图

- 绝对单元格引用
- 套用单元格格式
- 启动全屏显示功能

员工住房公积金缴纳费用表

单位缴纳比例 5%　　个人缴纳比例 5%

员工姓名	实发工资	单位缴纳金额	个人缴纳金额
刘强	¥ 4,836.55	¥ 241.83	¥ 241.83
赵熙	¥ 3,812.40	¥ 190.62	¥ 190.62
李欣	¥ 3,939.56	¥ 196.98	¥ 196.98
张艳	¥ 4,398.16	¥ 219.91	¥ 219.91
刘菲	¥ 5,090.15	¥ 254.51	¥ 254.51
王哲	¥ 5,065.88	¥ 253.29	¥ 253.29
彭英	¥ 4,692.94	¥ 234.65	¥ 234.65
杨昊	¥ 4,625.54	¥ 231.28	¥ 231.28
谢宇	¥ 4,735.86	¥ 236.79	¥ 236.79
刘湘	¥ 5,101.29	¥ 255.06	¥ 255.06
李鸿	¥ 5,881.35	¥ 294.07	¥ 294.07
杨希	¥ 6,173.04	¥ 308.65	¥ 308.65
何莹	¥ 4,260.55	¥ 213.03	¥ 213.03

文件160　参加社会保险人员增减表

参加社会保险人员增减表是记录单位人员发生增减变化的情况表。当单位人员发生增减变化时，相应的社会保险也需要作相应的更正。

制作要点与设计效果图

- 设置边框
- 填充序号
- 自动换行
- 调整列宽与行高

参加社会保险人员增减表

社会保障部门填写		
收单员		年　月　日
录入员		年　月　日
复核员		年　月　日

单位名称（章）：　　单位编号：

本次增减人数：																			
	企业养老	增		综合基本	增		住院补充	增		生育	增		失业	增	
		减			减			减			减			减	
	工伤	增		住院基本	增		门诊补助	增		子女	增		合计	增	
		减			减			减			减			减	

序号	人员增减		姓名	身份证号码	用工性质	户口性质	利手	职务	经费来源	参加工作时间	本次投保时间	缴费工资	参保险种								子女父母	是否独生子女	备注
																	医疗						
	增	减											企业养老	工伤	失业	生育	综合基本	住院基本	门诊补助	子女基本	姓名		
1																							
2																							
3																							
4																							
5																							
6																							
7																							
8																							
9																							
10																							

填表人：　联系电话：　社保确认（章）：　确认日期：　页码：

读书笔记

Excel

第13章

员工奖惩管理表格

为了加强员工积极参与的意识，发挥员工的潜能，提高员工工作的积极性，企业一般会制定一套完整的奖惩制度，再以此为标准让哪些对公司有发展有特殊贡献的员工获得奖励以及对有不良行为的员工给予惩罚。

在实际工作中，奖惩管理会以制度的形式予以明示，这当然要配合奖惩管理表格的制作。一般公司常用的员工奖惩管理表格有员工奖惩登记表、奖惩呈报表、年度奖励计划统计表、奖惩核定裁决表、员工奖惩月报表等。

编号	文件名称	对应的数据源	重要星级
文件161	员工奖惩登记表	第13章\文件161 员工奖惩登记表.xlsx	★★★★★
文件162	奖惩呈报表	第13章\文件162 奖惩呈报表.xlsx	★★★★★
文件163	员工奖惩裁决表	第13章\文件163 员工奖惩裁决表.xlsx	★★★★
文件164	奖惩申诉流程图	第13章\文件164 奖惩申诉流程图.xlsx	★★★★
文件165	年度获得奖励情况统计表	第13章\文件165 年度获得奖励情况统计表.xlsx	★★★★
文件166	员工奖惩月报表	第13章\文件166 员工奖惩月报表.xlsx	★★★
文件167	员工奖惩查询表	第13章\文件167 员工奖惩查询表.xlsx	★★★
文件168	纪律处分通知书	第13章\文件168 纪律处分通知书.xlsx	★★★
文件169	员工处罚记录表	第13章\文件169 员工处罚记录表.xlsx	★★★
文件170	工作奖金核算表	第13章\文件170 工作奖金核算表.xlsx	★★★
文件171	利润表结构析	第13章\文件171 利润表结构析.xlsx	★★★

文件161　员工奖惩登记表

奖惩是企业人力资源管理的一个重要手段，它能有效激发员工的潜能，提高工作效率。奖惩是企业根据事先制定好的奖惩制度评判员工行为的一种手段。通过这种手段获取的员工奖惩信息一般记录在员工奖惩登记表中。

制作要点与设计效果图

- 编辑拼音
- 显示拼音字段
- 保护工作表

奖惩登记表

年度

职工编号	姓名	奖惩事项	统计					
			警告	记过	大过	嘉奖	记功	大功
YH01011	李月娥	提前招商成功				1		
YH01012	陈旋	绩效未到标	1					
YH01013	何暨（jì）	早退2次		1				
YH01014	章礞（méng）	迟到6次			1			
YH01015	唐娇娇	绩效优秀				1		
YH01016	郑希怡	绩效优秀					1	
YH01017	李侃侃	绩效未到标		1				
YH01018	元昊	技术突破						1
YH01019	张满茹	早退5次			1			
YH01020	张希一	绩效2次未到标		1				
YH01021	季新杰	绩效优秀				1		
YH01022	陈宇璿（xuán）	旷工2次		1				

文件设计过程

步骤1：编辑拼音

❶ 打开“员工奖惩登记表”工作簿，选中B7单元格，在“开始”选项卡的“字体”组中单击“wén文▾”（显示或隐藏拼音字段）下拉按钮，在下拉菜单单击“编辑拼音”命令，如图13-1所示。

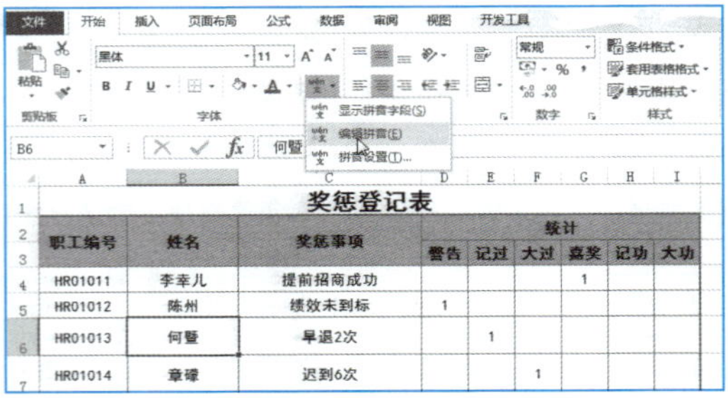

图13-1

❷ 单击“编辑拼音”命令后，即可添加拼音文本框，在文本框中输入声母，如图13-2所示。

❸ 右键单击“搜狗拼音”输入法，在弹出的菜单中单击“软键盘”，在子菜单中单击“5拼音字母”，如图13-3所示。

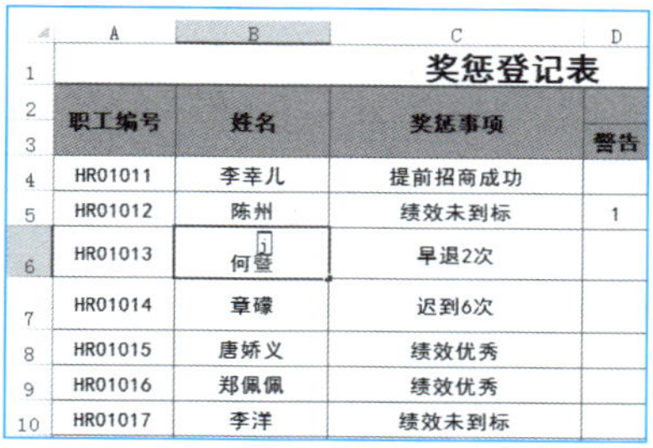

图13–2

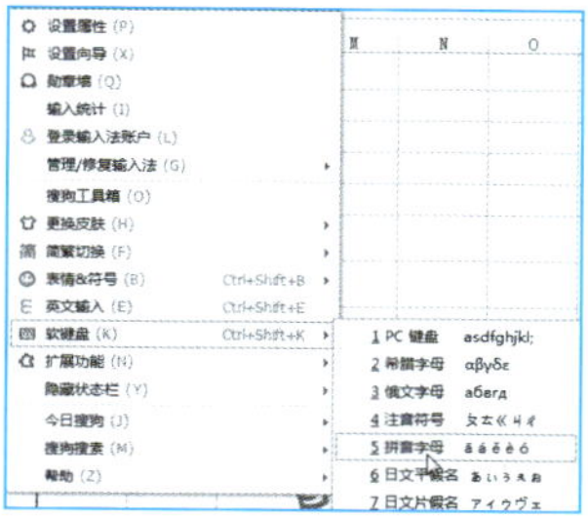

图13–3

❹ 调出软键盘单击要输入韵母的拼音按钮，如图13-4所示。

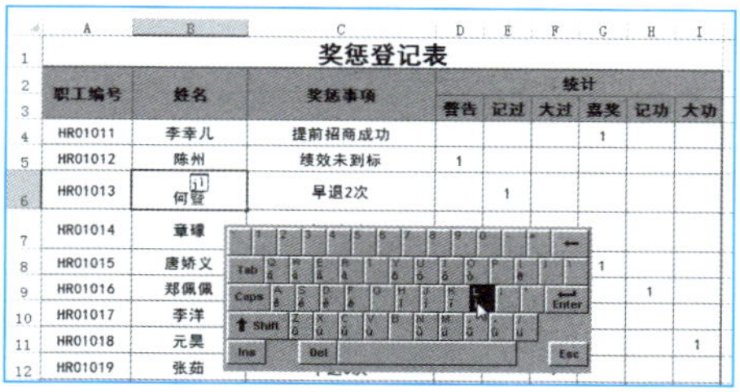

图13–4

步骤2：显示拼音字段

❶ 用相同的方法完成其他字符的拼音编辑，再次单击“显示或隐藏拼音字段”按钮，如图13-5所示。

❷ 单击“显示或隐藏拼音字段”按钮后，即可显示出单元格中添加的拼音，效果如图13-6所示。

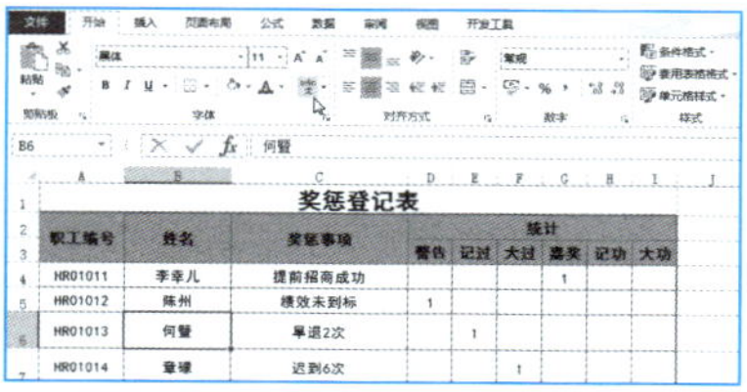

图13–5

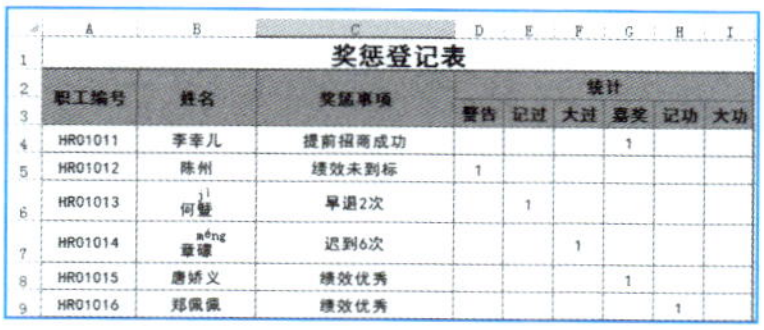

图13–6

步骤3：设置拼音属性

❶ 按Ctrl键依次选中B6、B7和B15单元格，再次单击“显示或隐藏拼音字段”下拉按钮，在下拉菜单选择“拼音设置”命令（如图13-7所示），打开“拼音属性”对话框。

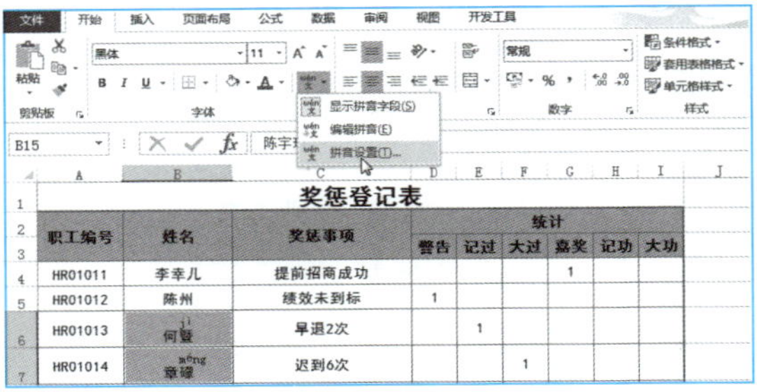

图13-7

2 在“对齐”区域选中“居中”单选按钮，（如图13-8所示），单击“字体”标签，设置字体为“黑体”、“常规”、“10号”，单击“颜色”下拉按钮，在下拉菜单中单击“红色”，如图13-9所示。

图13-8

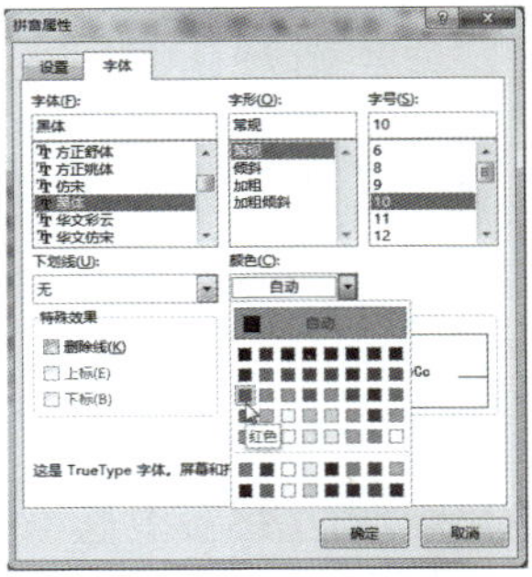

图13-9

3 设置完成后，单击“确定”按钮，此时选中单元格的拼音应用了相应的格式，如图13-10所示。

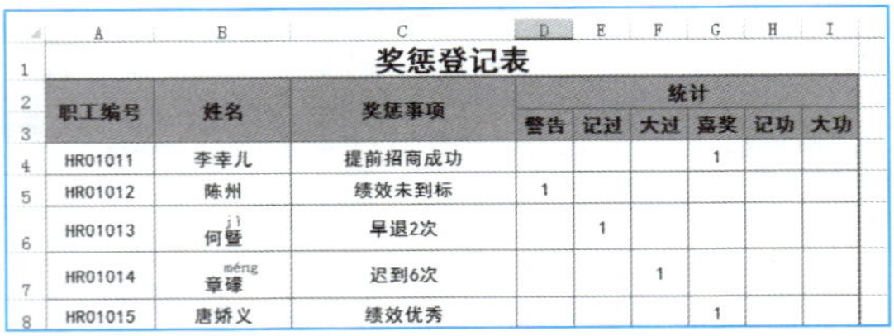

图13-10

步骤4：保护工作表

1 切换到“审阅”选项卡，在“更改”组中单击“保护工作表”命令（如图13-11所示），打开“保护工作表”对话框。

2 选中“选定锁定单元格”和“选定未锁定的单元格”复选框，在“撤销工作表的保护时使用的密码”文本框中输入密码，单击“确定”按钮（如图13-12所示），打开“确认密码”对话框。

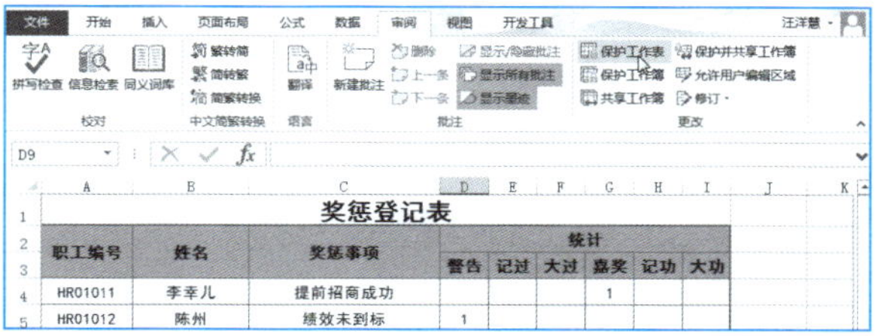

图13–11

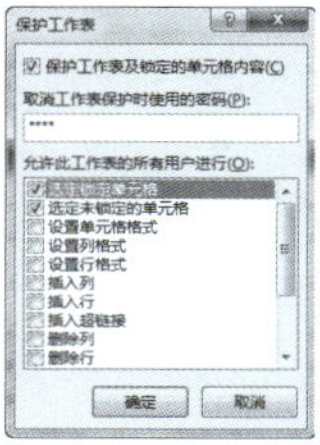

图13–12

3 在“重新输入密码”文本框中再次输入密码，如图13-13所示。

4 单击“确定”按钮，返回工作表中，此时工具栏上选项变成浅灰色，以防止他人对工作表进行更改，如图13-14所示。

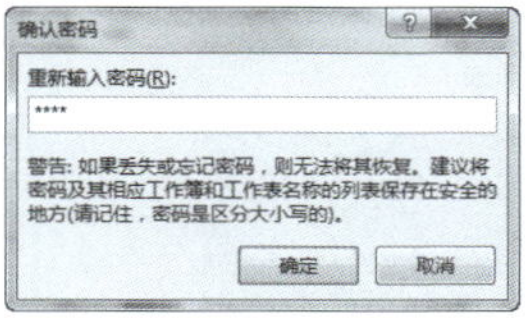

图13–13

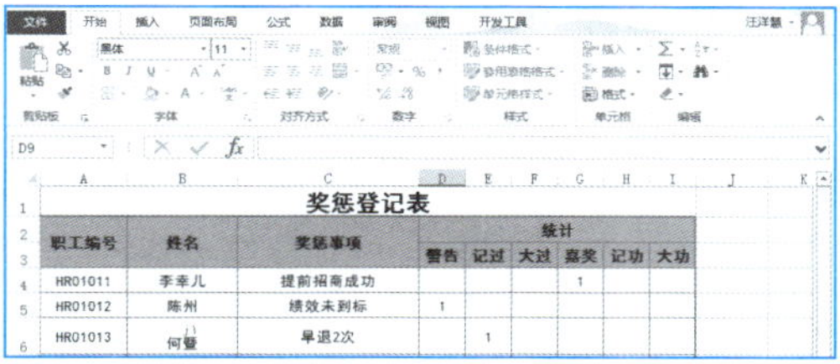

图13–14

5 此时如果对工作表单元格进行相应的操作，如删除C5单元格，系统会弹出Microsoft Excel对话框，提示当前工作表处于保护状态，单击“确定”按钮，如图13-15所示。

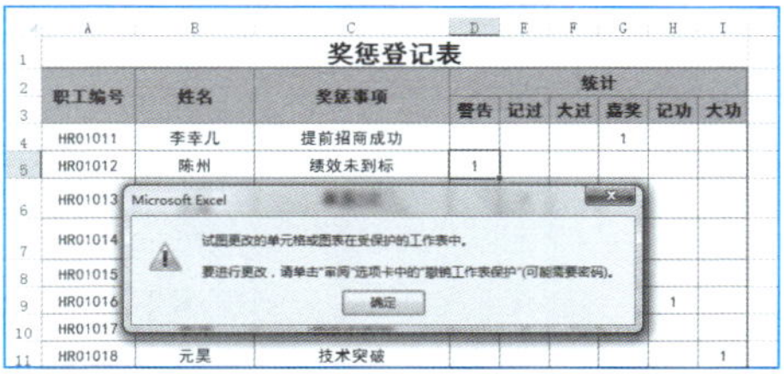

图13–15

文件162　奖惩呈报表

奖惩呈报表是企业管理者以奖惩条例为依据对员工表现的评判结果。如果奖惩呈报表生效，将记入员工的档案以备存查，并填写奖惩通知单下发至财务中心。

制作要点与设计效果图

- 快速还原默认字样
- 以渐变色填充单元格底纹
- 允许用户编辑区域

奖惩呈报表

2014年9月1日 编号：010405

当事人姓名	张娟丽	奖（惩）事发日期	2014/9/1
奖（惩）级次	二等奖		
具体内容	连续3个月销售额突出		
核实情况	属实		
核实日期	2014/8/20	核实人签字	张卷
当事人签字	张娟丽	经办人签字	滕汪歌
部门意见	同意	审批人签字	汪雨萧

文件设计过程

步骤1：快速将字体还原成默认格式

❶ 打开“奖惩呈报表”工作簿，选中A3:F9单元格区域，切换到“开始”选项卡，在“字体”组中单击“⌟”（设置单元格格式）按钮（如图13-16所示），打开“设置单元格格式”对话框。

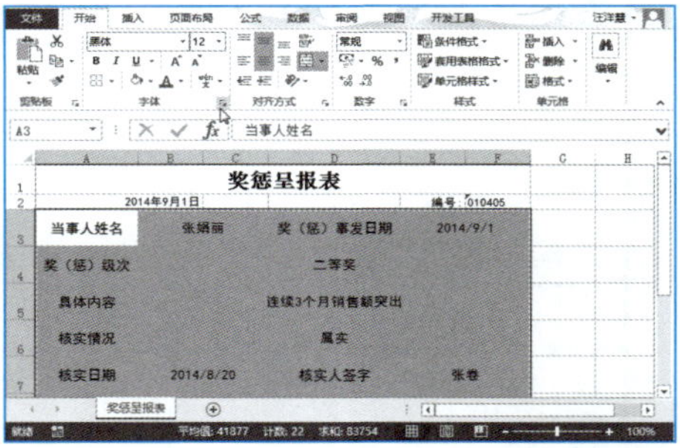

图13-16

❷ 在“边框”标签单击“颜色”下拉按钮，在下拉菜单中单击需要的颜色，如“白色,背景1，深色50%”（如图13-17所示），在“样式”列表框中选中需要设置内边框和外边框的框线，并单击“内部”和“外边框”按钮，如图13-18所示。

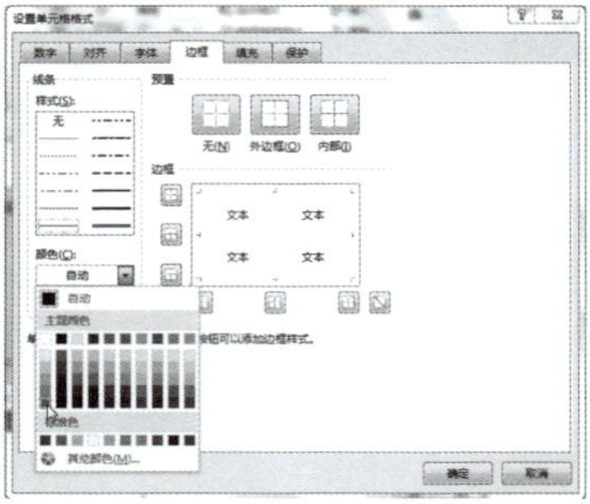

图13-17

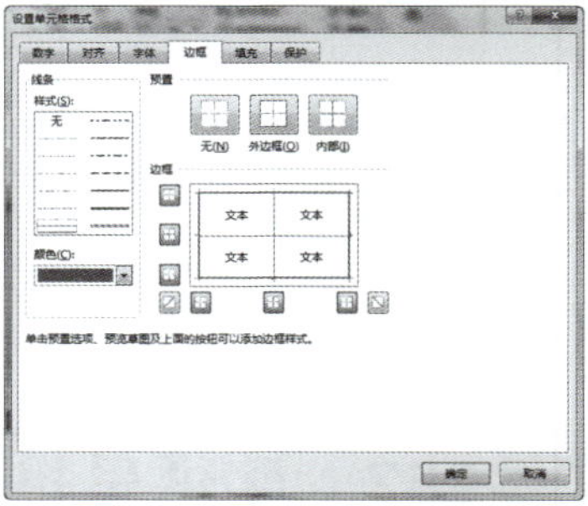

图13-18

❸ 设置完成后单击“确定”按钮，返回到工作表中，此时选中区域的添加了边框样式，如图13-19所示。

奖惩呈报表

2014年9月1日		编号：010405	
当事人姓名	张娟丽	奖（惩）事发日期	2014/9/1
奖（惩）级次	二等奖		
具体内容	连续3个月销售额突出		
核实情况	属实		
核实日期	2014/8/20	核实人签字	张卷
当事人签字	张娟丽	经办人签字	滕汪歌
部门意见	同意	审批人签字	汪雨萧

图13-19

步骤2：设置渐变色填充

❶ 按Ctrl键依次选中A3:A9单元格区域、D3单元格、D7:D9单元格区域，单击鼠标右键，在弹出的菜单中单击“设置单元格格式”命令，如图13-20所示。

❷ 打开“设置单元格格式”对话框，单击“填充”标签，接着在对话框中单击“填充效果”按钮（如图13-21所示），打开“填充效果”对话框。

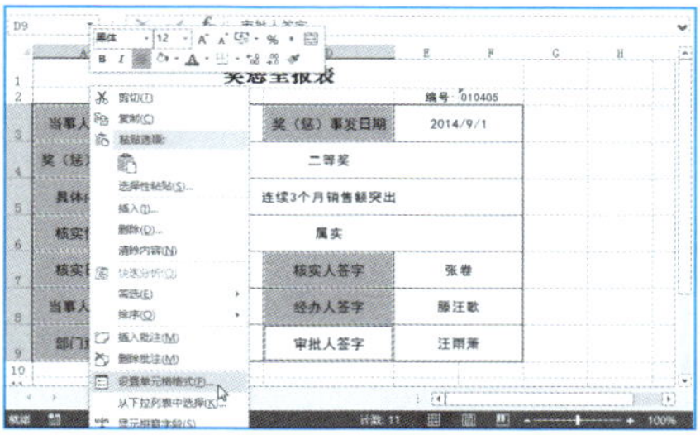

图13-20

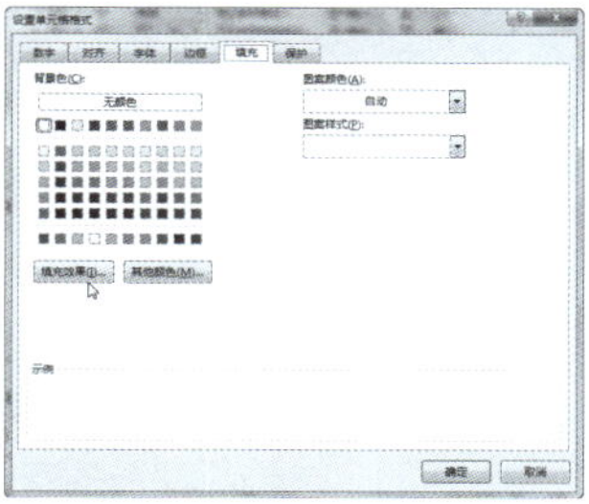

图13-21

❸ 在“颜色”区域单击“双色”单选按钮，接着单击“颜色1”下拉按钮，在下拉菜单选择适合的颜色，如图13-22所示。

❹ 单击“颜色2”下拉按钮，在下拉菜单选择适合的颜色，接着在“底纹样式”区域单击“斜下”单选按钮，如图13-23所示。

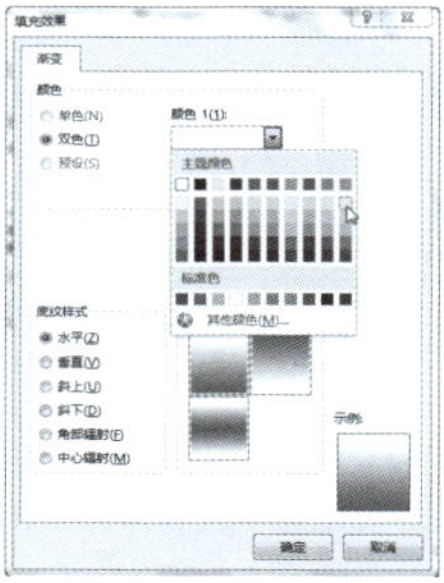

图13-22

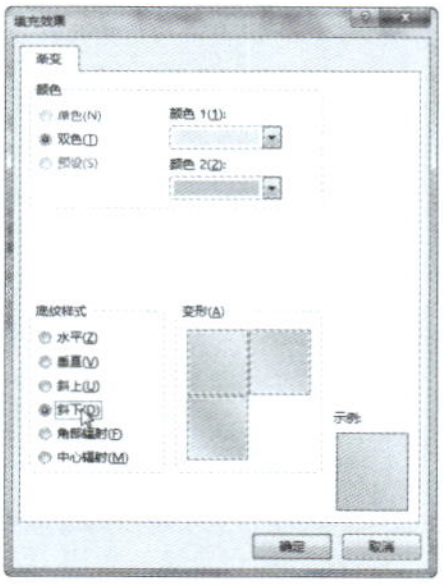

图13-23

5 设置完成后，依次单击“确定”按钮，返回工作表中，可以看到所选单元格填充了设置的渐变底纹样式，如图13-24所示。

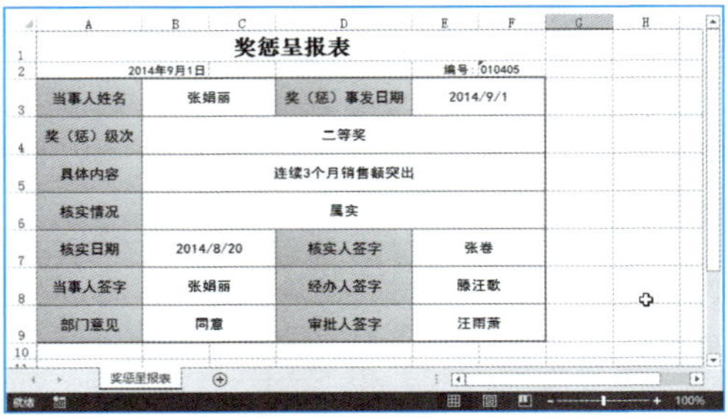

图13-24

步骤3：设置允许用户编辑区域

1 按Ctrl键依次选中B3:C3、E3:F3、B4:F6、B7:C9、E7:F9单元格区域，切换到“审阅”选项卡，在“更改”组中单击“允许用户编辑区域”按钮（如图13-25所示），打开“允许用户编辑区域”对话框。

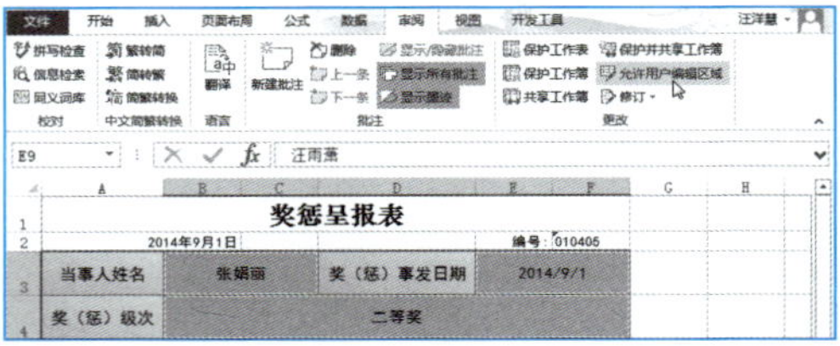

图13-25

2 单击“新建”按钮（如图13-26所示），打开“新区域”对话框。

3 在“标题”文本框中输入标题为“填写内容”，接着在“区域密码”文本框中输入密码“1111”，单击“确定”按钮（如图13-27所示），打开“确认密码”对话框。

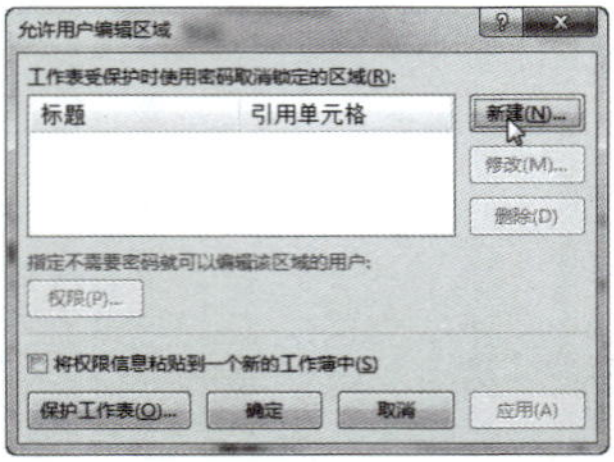

图13-26

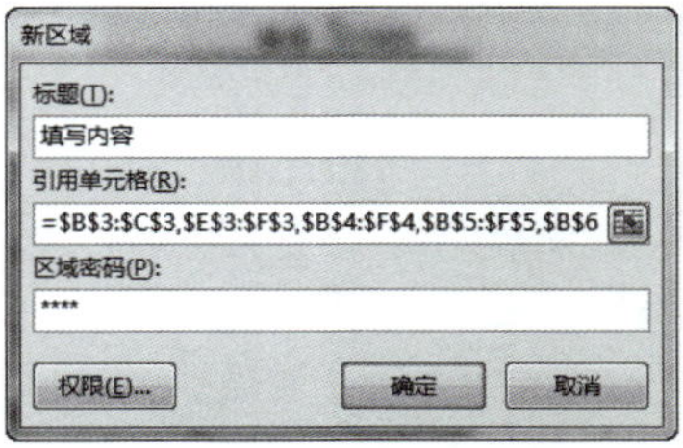

图13-27

4 在“重新输入密码”文本框中再次输入密码，如图13-28所示。

5 单击“确定”按钮，返回“允许用户编辑区域”对话框，单击“保护工作表”按钮（如图13-29所示），打开“保护工作表”对话框。

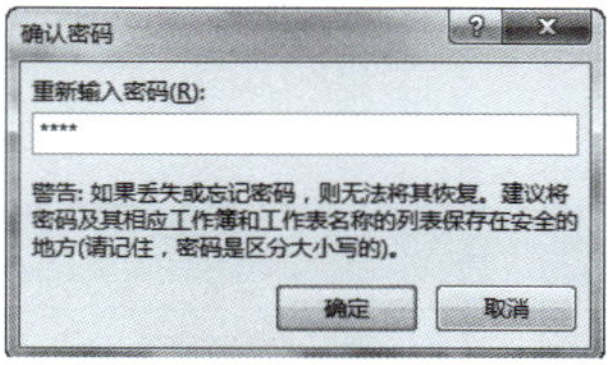

图13-28

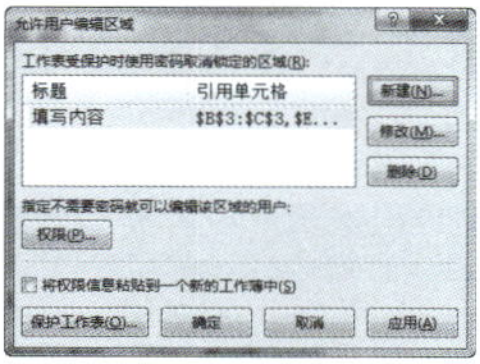

图13-29

6 在“取消工作表保护时使用的密码”文本框中输入密码“1234”单击“确定”按钮（如图13-30所示），打开“确认密码”对话框。

7 在“重新输入密码”文本框中输入密码，如图13-31所示。

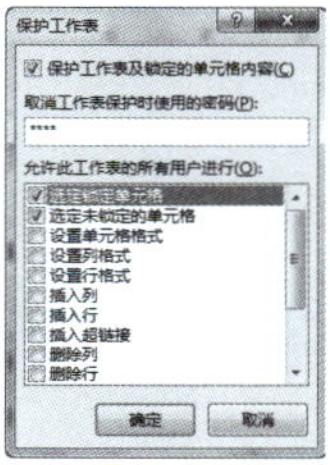

图13-30

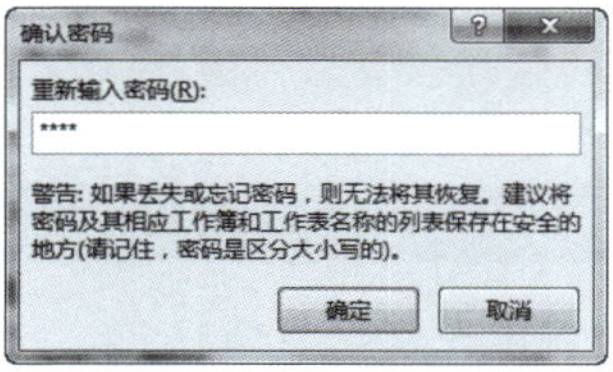

图13-31

8 单击“确定”按钮，返回工作表中，如果要修改当事人姓名，在C3单元格中输入文本，系统会弹出“取消锁定区域”对话框，要求用户输入密码，输入正确即可继续编写，否则无法编辑该工作表的内容，如图13-322所示。

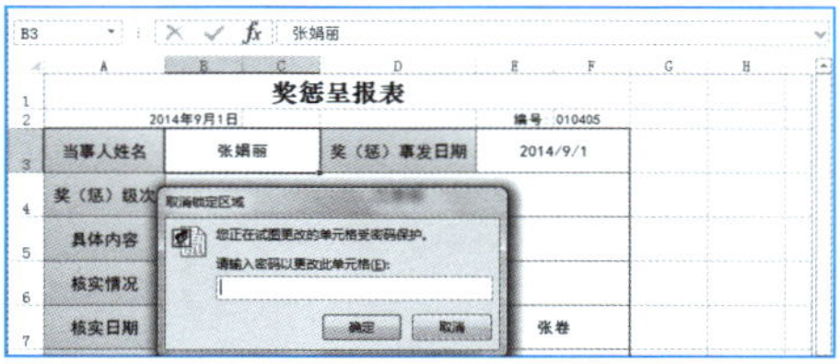

图13-32

提　示

如果用户需要修改设置好的“允许编辑区域”的密码，需要先在“更改”选项组单击“撤销工作表保护”选项，接着单击“允许用户编辑区域”选项，直接在“允许用户编辑区域”对话框中，选择要编辑的区域选项，单击“修改”按钮，即可进入相应的向导修改“允许编辑区域”的密码。

文件163　员工奖惩裁决表

当员工对奖惩不满意进行申诉后，相关部门领导需要根据奖惩原因和员工提供的资料进行奖惩判断，做出最终的裁决，并将裁决结果填写在企业员工奖惩决策表中发放给员工。

制作要点与设计效果图

- 应用主题样式
- 更改主题颜色
- 更改主题字体
- 应用主题效果

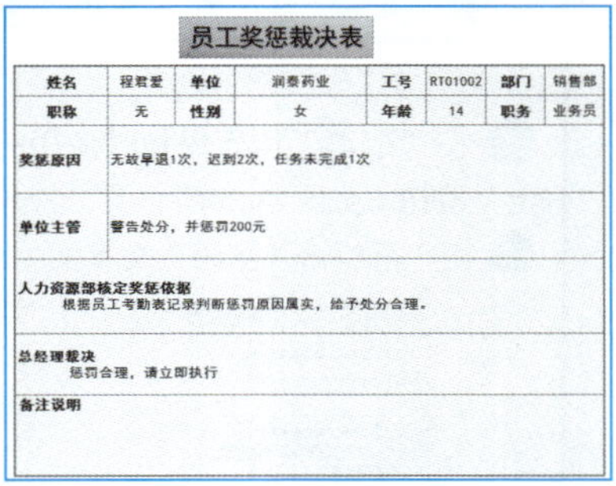

文件设计过程

步骤1：设置单元格图案填充

❶ 打开“员工奖惩裁决表”工作簿，选中A2:H8单元格区域切换到“开始”选项卡，在“字体”组中单击“↘”（设置单元格格式）按钮（如图13-33所示），打开“设置单元格格式”对话框。

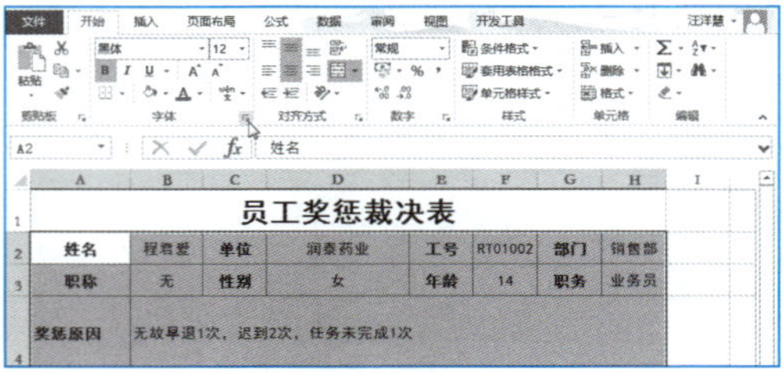

图13-33

❷ 单击“填充”标签，在“图案颜色”下拉按钮中选择适合的颜色，如“橙色，着色3，淡色60%”（如图13-34所示），在“图案样式”下拉列表中选择一种样式，如“50%灰色”，如图13-35所示。

❸ 设置完成后，单击“确定”按钮，返回工作表中，即可为选定单元格区域设置图案填充，如图13-36所示。

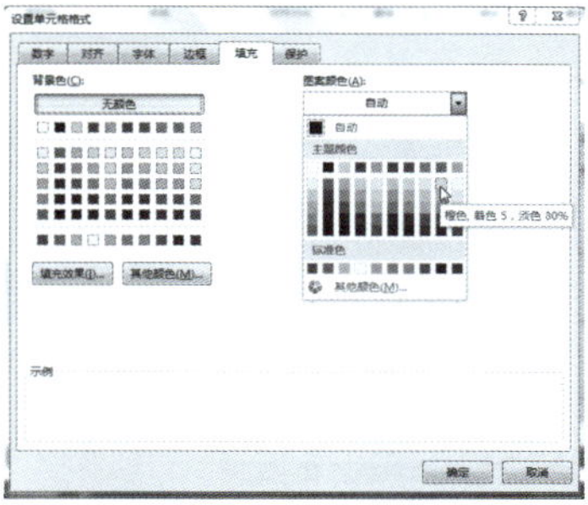

图13-34

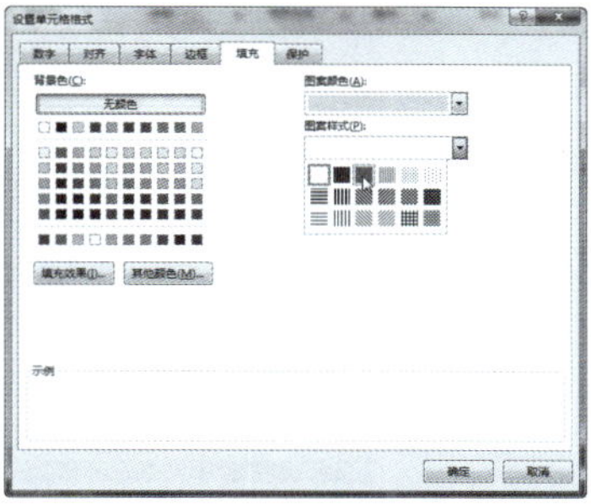

图13-35

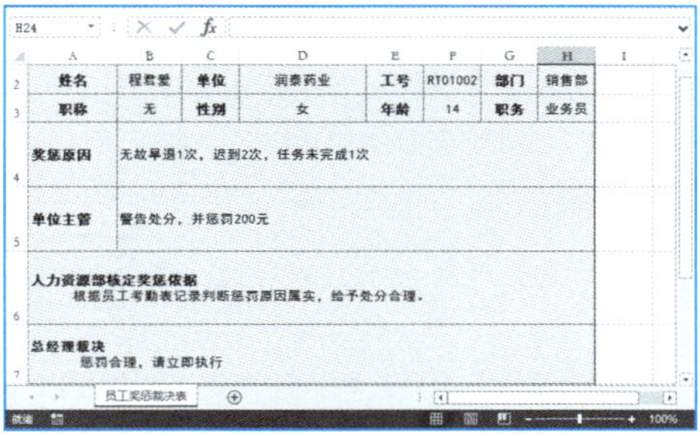

图13-36

步骤2：应用主题样式

❶ 切换到“页面布局”选项卡，在“主题”组中单击“主题”下拉按钮（如图13-37所示），在下拉菜单中单击一种适合的主题，如“水滴”主题样式，如图13-38所示。

❷ 单击 “水滴”主题样式，此时系统自动应用了“水滴”的样式，如图13-39所示。

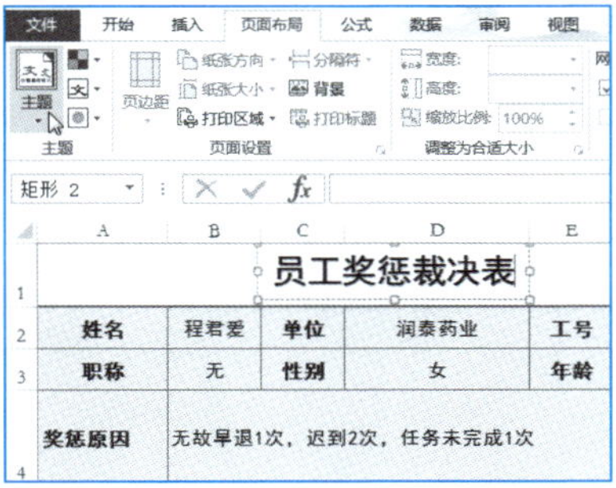

图13-37

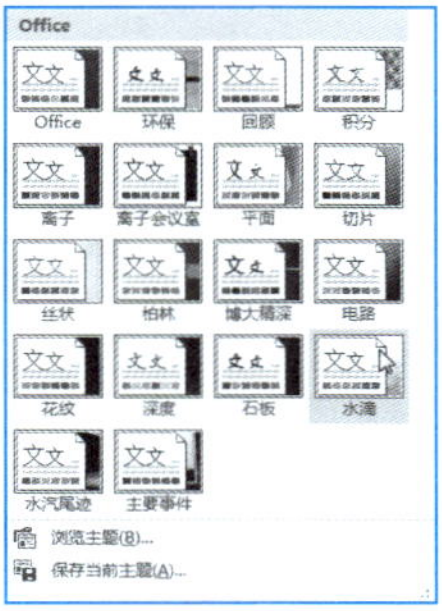

图13-38

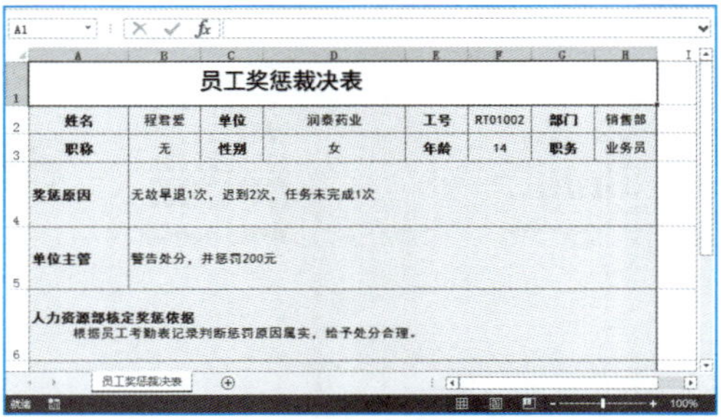

图13-39

步骤3：更改主题颜色

❶ 在“主题”组中单击“颜色”下拉按钮（如图13-40所示），在下拉菜单中单击“红橙色”命令，如图13-41所示。

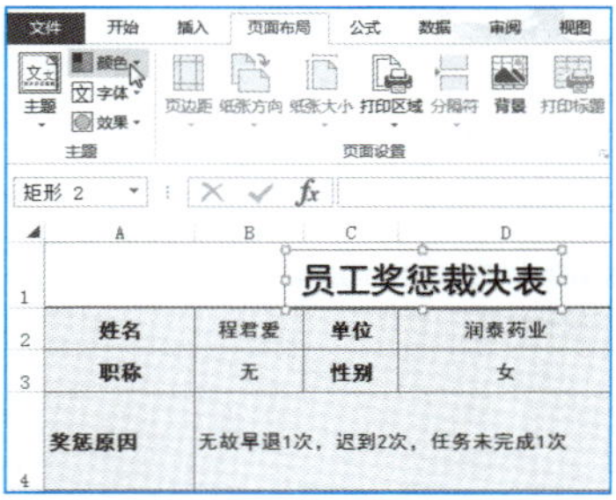

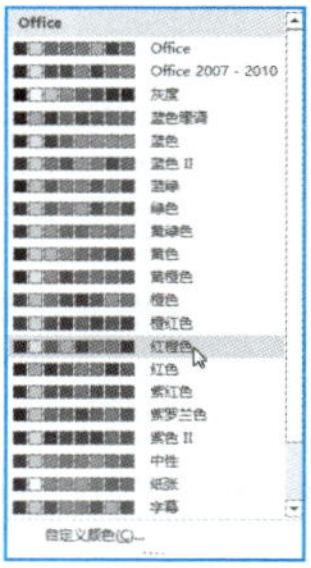

图13-40

图13-41

❷ 单击“红橙色”命令后，此时系统自动应用了选中的颜色，如图13-42所示。

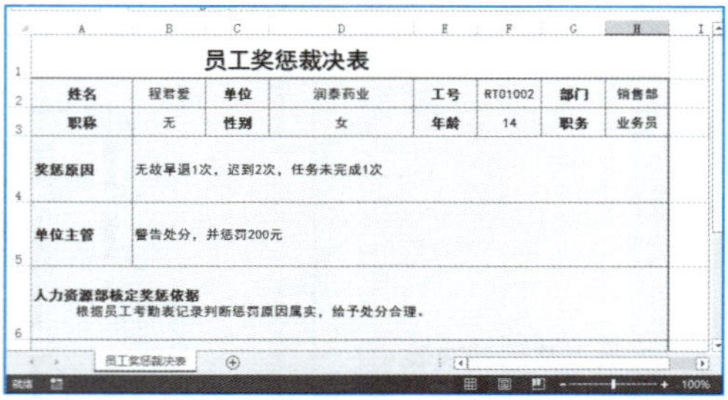

图13-42

步骤4：设置艺术字样式

❶ 选中艺术字，切换到“绘图工具-格式”选项卡，在“形状样式”组中

单击“⊟”（其他）下拉按钮（如图13-43所示），在下拉菜单中单击需要应用的形状样式，如“细微效果-橙色，强调颜色4”，如图13-44所示。

❷ 单击“细微效果-橙色，强调颜色4”后，系统自动为艺术字应用该样式，效果如图13-45所示。

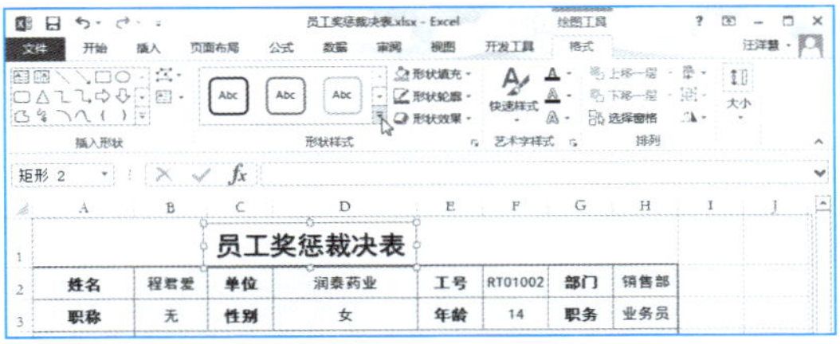

图13-43

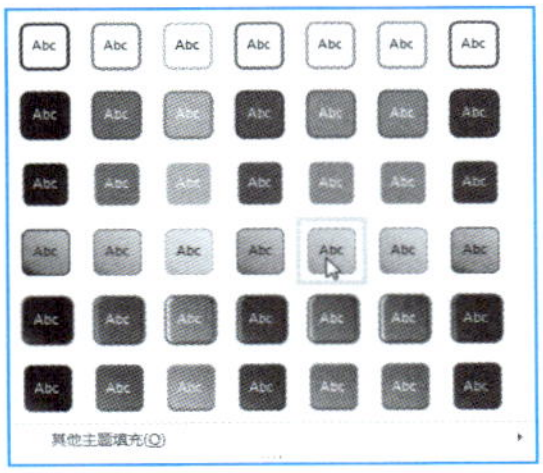

图13-44

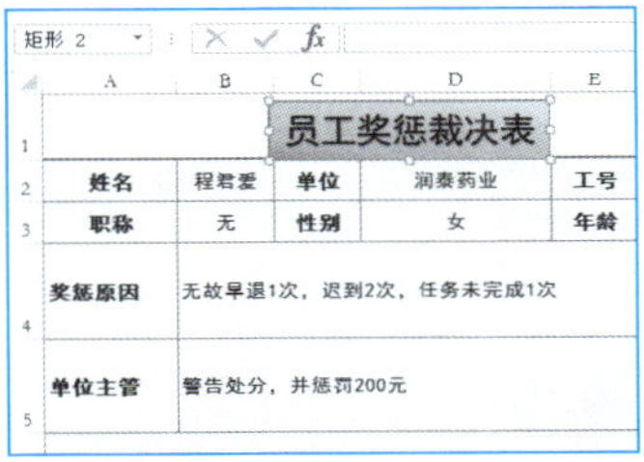

图13-45

文件164　奖惩申诉流程图

企业在公布奖惩名单后，会留一周左右的时间给不满意奖惩结果的员工向有关部门进行申诉，为了让要申诉的员工更直观地了解申诉过程，管理者可以使用Excel中的SmartArt图形制作奖惩申诉流程图。

制作要点与设计效果图

- 使形状从右到左显示
- 升级/降级
- 上移或下移形状
- 更改形状
- 增大/减小形状

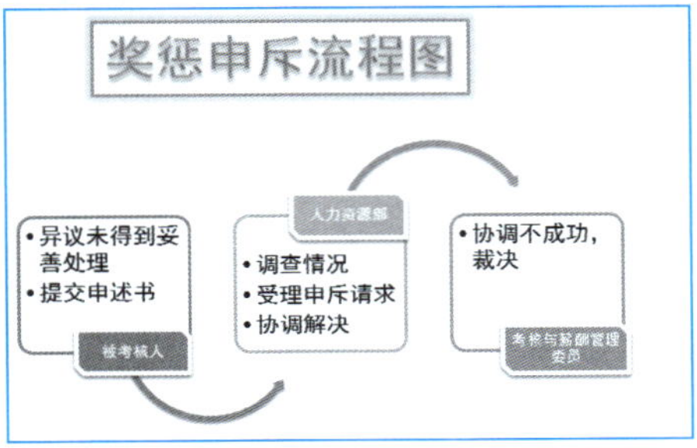

第11章 第12章 第13章 第14章 第15章

文件设计过程

步骤1：降低所选形状级别

1 打开“奖惩申诉流程图”工作簿，选中“协调解决”形状，切换到“SMARTART工具-设计”选项卡，在“创建图形”组中单击“降级”按钮，如图13-46所示。

2 单击“降级”按钮后，选定的“协调解决”文本降级显示在“人力资源部门”形状下的一级形状中。如图13-47所示。

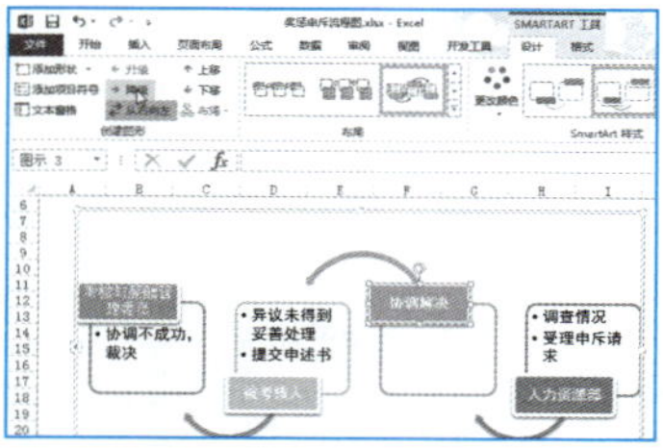

图13-46

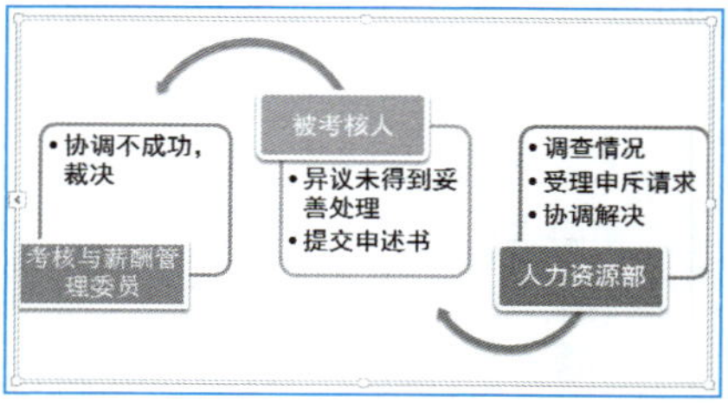

图13-47

提 示

在SmartArt图形中除了可以将选定的形状降级外，还可以将形状升级，其操作方法与降级相同，只需要选中要升级的形状，在“创建图形”选项组单击“升级”选项，即可上调一级。在为形状升级时，不能选定第一级的形状，否则无法升级形状。

步骤2：上移性状快

1 选中“被考核人”文本所在形状，在“创建图形”组中单击“上移”按钮，如图13-48所示。

2 单击“上移”按钮后，选定的“被考核人”及其下的形状移动至“人力资源部门”形状的前面了，如图13-49所示。

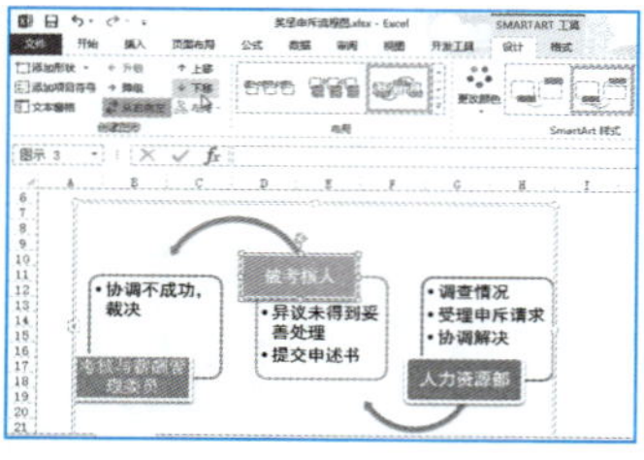

图13-48

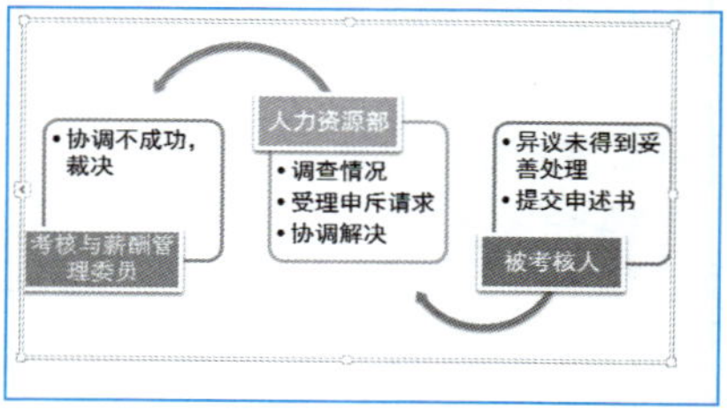

图13-49

步骤3：设置形状从左到右显示

❶ 在“创建图形”组中单击“从右向左”按钮，取消该按钮的选中状态，如图13-50所示。

❷ 此时SmartArt图形形状按从左到右的顺序排列形状，如图13-51所示。

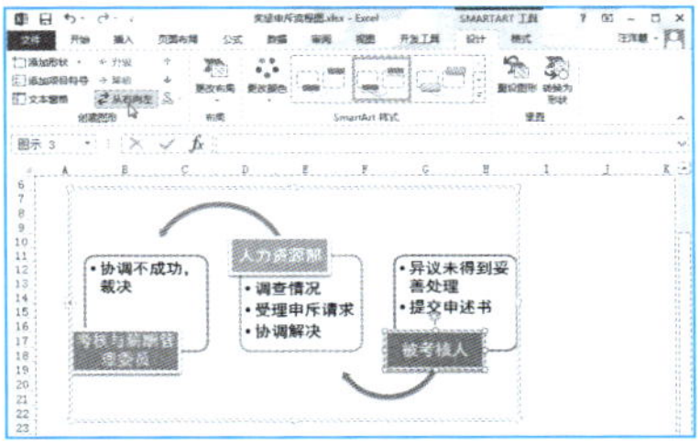

图13-50

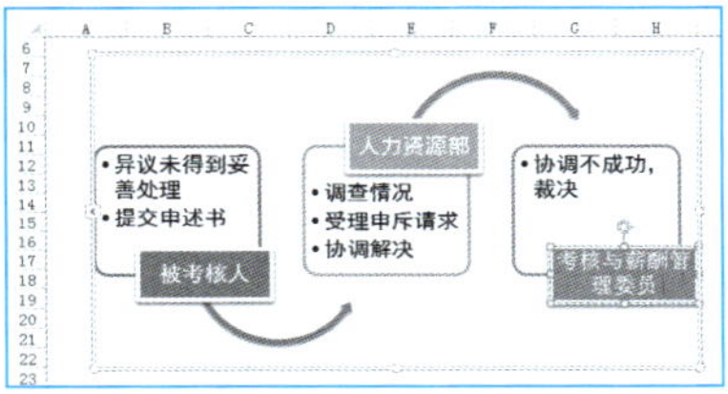

图13-51

步骤4：更改形状

❶ 按Ctrl选键，依次选中“被考核人”、“人力资源部”、“考核与薪酬管理委员会”形状，切换到“SMARTAR工具T-格式”选项卡，在“形状”组中单击“更改形状”下拉按钮（如图13-52所示），下拉菜单的“矩形”区域单击“减去对角的矩形”形状，如图13-53所示。

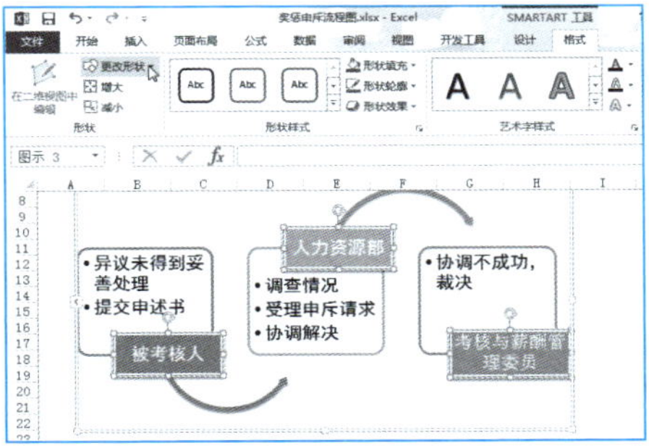

图13-52

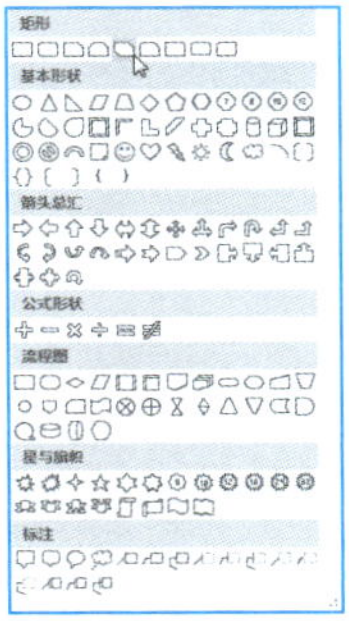

图13-53

❷ 单击“减去对角的矩形”形状后，此时所选形状更改为指定的形状样式，更改后效果如图13-54所示。

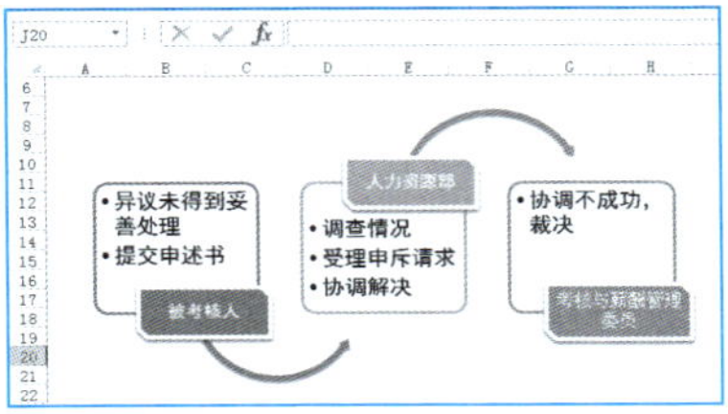

图13-54

步骤5：减小形状大小

❶ 选中“被考核人”形状，切换到“SMARTART工具-格式”选项卡，在“形状”组中单击“减小”按钮，如图13-55所示。

❷ 系统会自动按比例缩小形状，将其调整至适当的大小，然后用相同的方法调整其他形状的大小。调整完成后效果如图13-56所示。

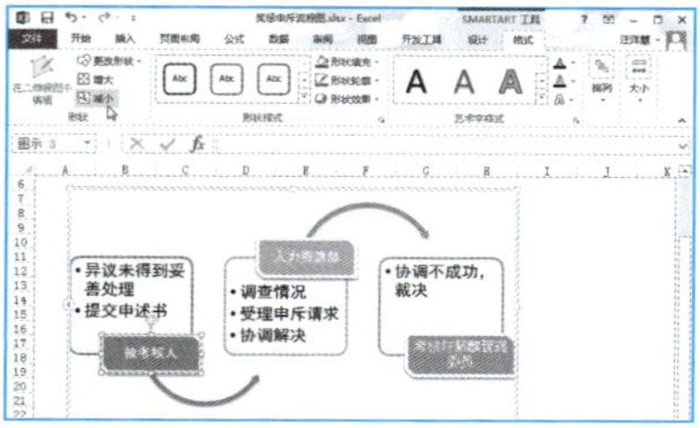

图13-55

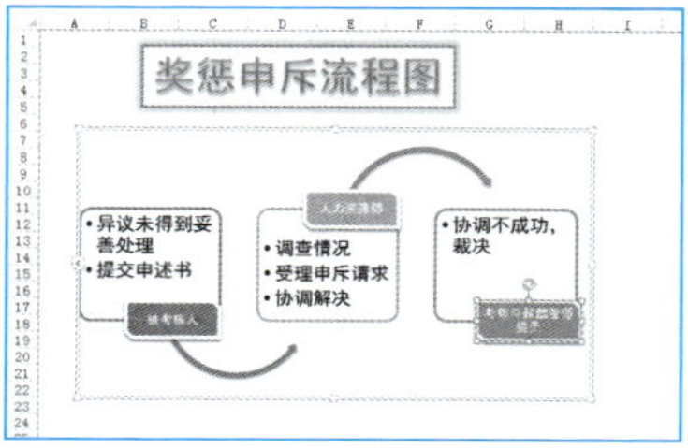

图13-56

文件165 年度获得奖励情况统计表

年度奖励统计表是将企业全年内，所有获得奖励的员工信息记录在一个表格中，方便管理者查看与核对。

制作要点与设计效果图

- 设置自动更正
- 拼写检查
- 同义词库查询
- 中英文翻译
- 文件设计过程

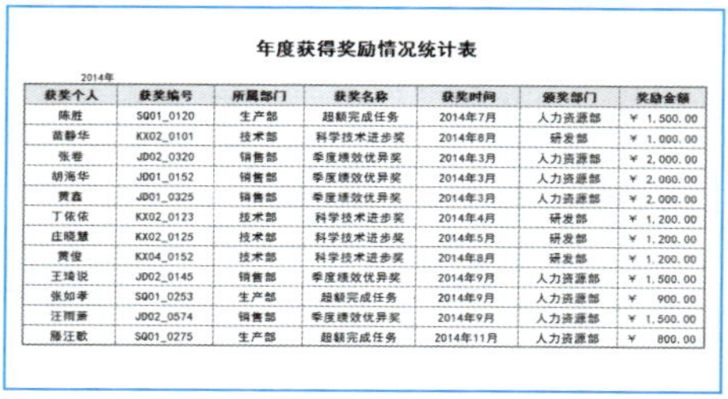

年度获得奖励情况统计表

2014年

获奖个人	获奖编号	所属部门	获奖名称	获奖时间	颁奖部门	奖励金额
陈胜	SQ01_0120	生产部	超额完成任务	2014年7月	人力资源部	¥ 1,500.00
董静华	KX02_0101	技术部	科学技术进步奖	2014年8月	研发部	¥ 1,000.00
张春	JD02_0320	销售部	季度绩效优异奖	2014年3月	人力资源部	¥ 2,000.00
胡海华	JD01_0152	销售部	季度绩效优异奖	2014年3月	人力资源部	¥ 2,000.00
黄鑫	JD01_0325	销售部	季度绩效优异奖	2014年3月	人力资源部	¥ 2,000.00
丁依依	KX02_0123	技术部	科学技术进步奖	2014年4月	研发部	¥ 1,200.00
庄晓慧	KX02_0125	技术部	科学技术进步奖	2014年5月	研发部	¥ 1,200.00
黄俊	KX04_0152	技术部	科学技术进步奖	2014年8月	研发部	¥ 1,200.00
王琦说	JD02_0145	销售部	季度绩效优异奖	2014年9月	人力资源部	¥ 1,500.00
张如孝	SQ01_0253	生产部	超额完成任务	2014年9月	人力资源部	¥ 900.00
汪雨萧	JD02_0574	销售部	季度绩效优异奖	2014年9月	人力资源部	¥ 1,500.00
滕汪歌	SQ01_0275	生产部	超额完成任务	2014年11月	人力资源部	¥ 800.00

文件设计过程

步骤1：自动更正选项

❶ 打开“年度获得奖励情况统计表”工作簿，单击“文件”标签，在左侧窗格单击“选项”（如图13-57所示），打开“Excel选项”对话框。

❷ 在左侧窗格单击“校对”选项，在右侧“自动更正选项”区域单击“自动更正选项”按钮（如图13-58所示），打开“自动更正”对话框。

图13–57

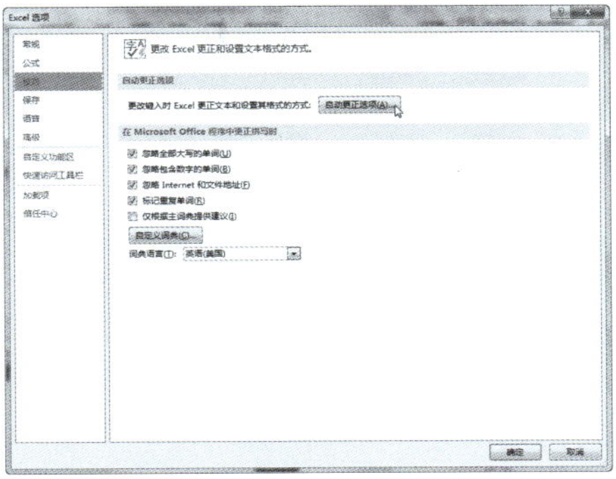

图13–58

3 在“替换”文本框中输入要替换的文本，如“人事部”，接着在“为”文本框中输入“人力资源部”，单击“添加”按钮（如图13-59所示），自动将输入的条目添加到列表框中，如图13-60所示。

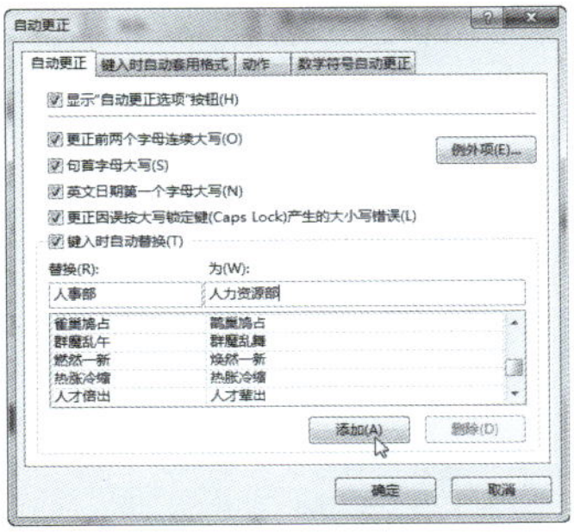

图13–59

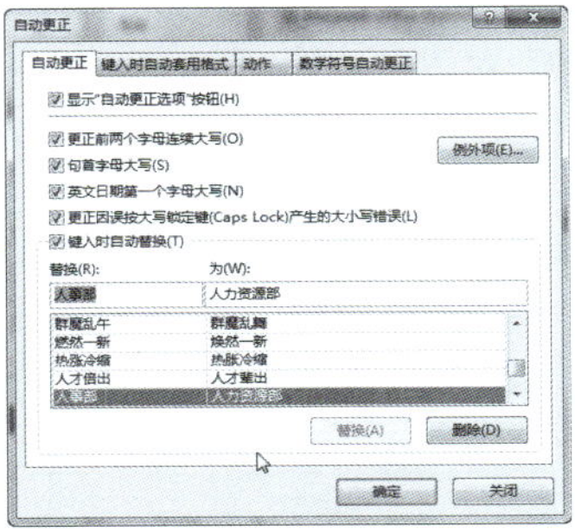

图13–60

4 单击“确定”按钮，返回工作表中，在F4单元格中输入“人事部”（如图13-61所示），按Enter键，系统自动将输入的文本替换为“人力资源部，如图13-62所示。

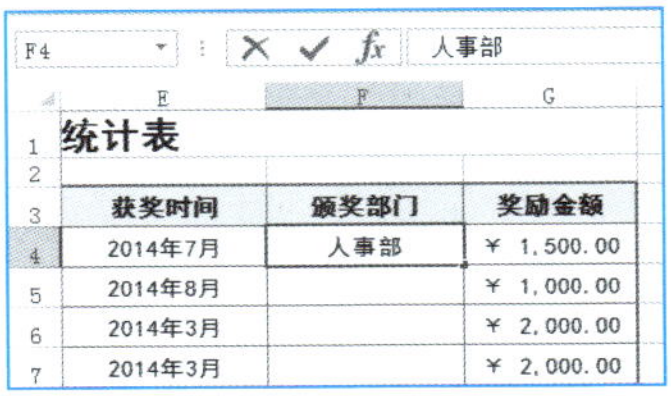

图13–61

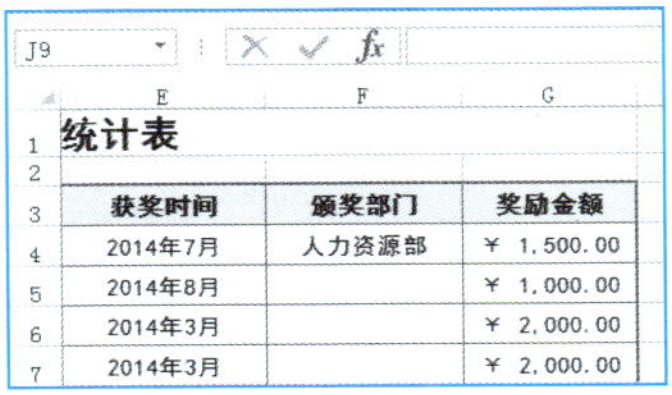

图13–62

5 按照相同的方法输入其他员工获奖的颁奖部门，输入后效果如图13-63所示。

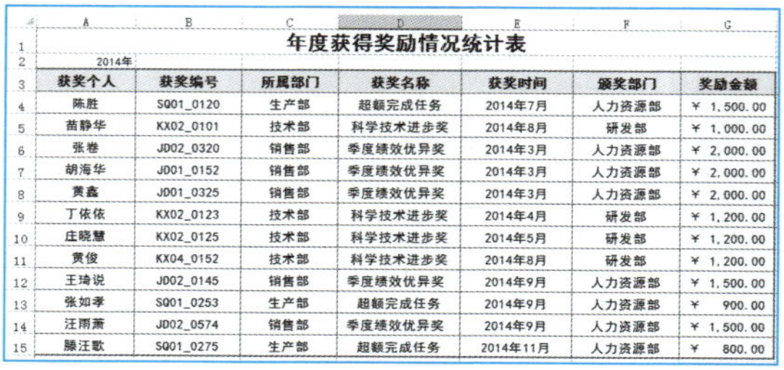

	A	B	C	D	E	F	G
1	年度获得奖励情况统计表						
2	2014年						
3	获奖个人	获奖编号	所属部门	获奖名称	获奖时间	颁奖部门	奖励金额
4	陈胜	SQ01_0120	生产部	超额完成任务	2014年7月	人力资源部	￥ 1,500.00
5	苗静华	KX02_0101	技术部	科学技术进步奖	2014年8月	研发部	￥ 1,000.00
6	张卷	JD02_0320	销售部	季度绩效优异奖	2014年3月	人力资源部	￥ 2,000.00
7	胡海华	JD01_0152	销售部	季度绩效优异奖	2014年3月	人力资源部	￥ 2,000.00
8	黄鑫	JD01_0325	销售部	季度绩效优异奖	2014年3月	人力资源部	￥ 2,000.00
9	丁依依	KX02_0123	技术部	科学技术进步奖	2014年4月	研发部	￥ 1,200.00
10	庄晓慧	KX02_0125	技术部	科学技术进步奖	2014年5月	研发部	￥ 1,200.00
11	黄俊	KX04_0152	技术部	科学技术进步奖	2014年8月	研发部	￥ 1,200.00
12	王琦说	JD02_0145	销售部	季度绩效优异奖	2014年9月	人力资源部	￥ 1,500.00
13	张如孝	SQ01_0253	生产部	超额完成任务	2014年9月	人力资源部	￥ 900.00
14	汪雨萧	JD02_0574	销售部	季度绩效优异奖	2014年9月	人力资源部	￥ 1,500.00
15	滕汪歌	SQ01_0275	生产部	超额完成任务	2014年11月	人力资源部	￥ 800.00

图13-63

步骤2：对工作表进行拼写检查

❶ 切换到“审阅”选项卡，在“校对”组中单击“拼写检查”按钮，如图13-64所示。

❷ 系统弹出“Microsoft Excel”对话框，提示否继续从工作表起始处开始检查，如图13-65所示。

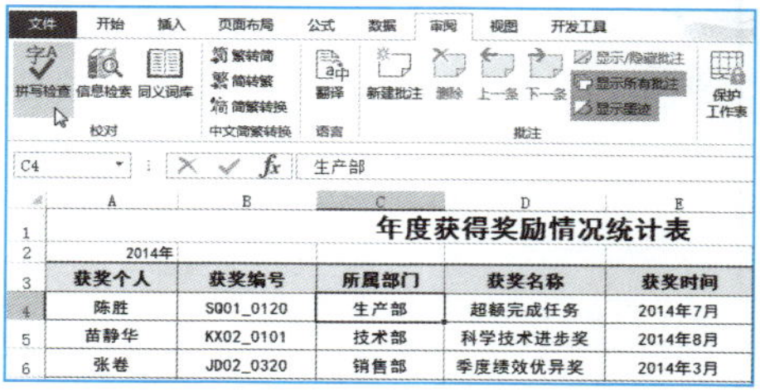

图13-64

❸ 单击“是”按钮，会继续弹出“Microsoft Excel”对话框，提示完成对所选对象的拼写检查，如图13-66所示。

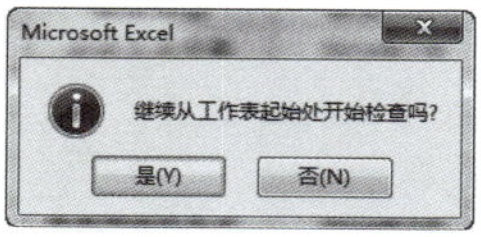

图13-65

图13-66

步骤3：翻译文本

❶ 选中C4单元格，切换到“审阅”选项卡，在“语言”组中单击“翻译”按钮，如图13-67所示。

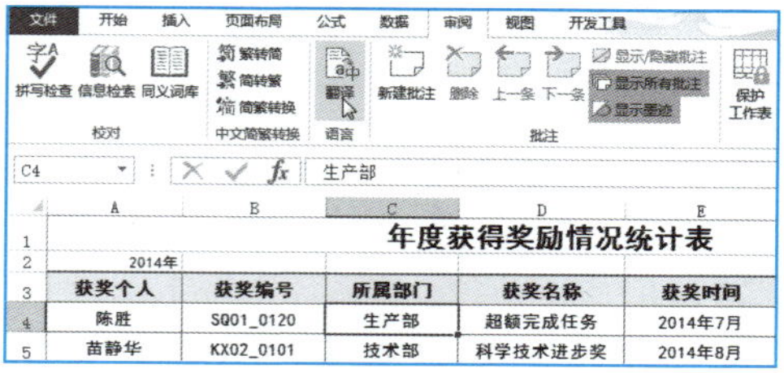

图13-67

② 打开“信息检索”窗格，此时“搜索”文本框中显示出“生产部”，在“翻译”区域，选中设置“将中文（中国）翻译为英语(美国)”，单击“➡”（搜索）按钮，如图13-68所示。

图13–68

③ 单击“➡”（搜索）按钮后，“翻译”列表框中显示了输入文本的英文短语，如图13-69所示。

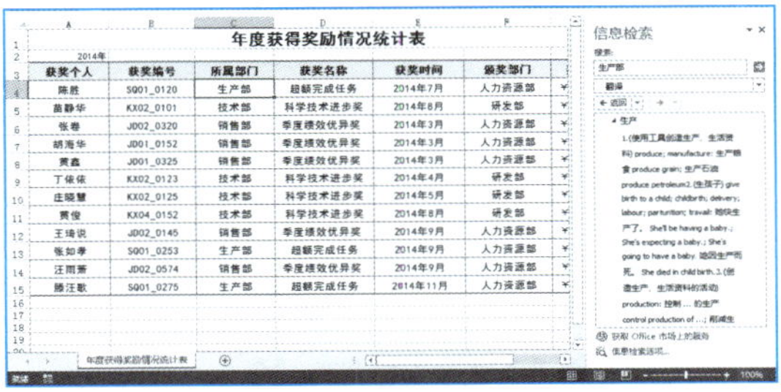

图13–69

文件166　员工奖惩月报表

员工奖惩月报表是一个记录企业当月收到嘉奖或惩罚员工的名单，它包括员工的姓名、职务、部门以及受到的奖惩方式、奖惩原因和发表日期等信息。

制作要点与设计效果图

- 创建筛选条件
- 使用高级筛选
- 将筛选结果复制到目标位置

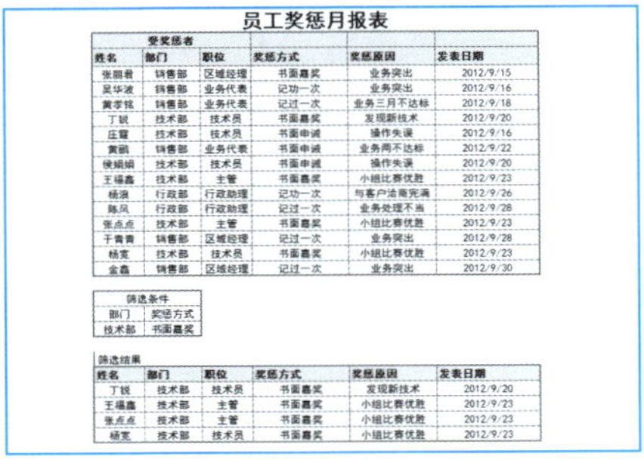

第11章 第12章 第13章 第14章 第15章

文件167　员工奖惩查询表

如果想在员工奖惩月报表中快速查看某个员工的奖惩记录，可以在Excel工作表中使用数据有效性和VLOOKUP函数来快速获取。

制作要点与设计效果图

- 设置表格格式
- SUM函数
- IF函数

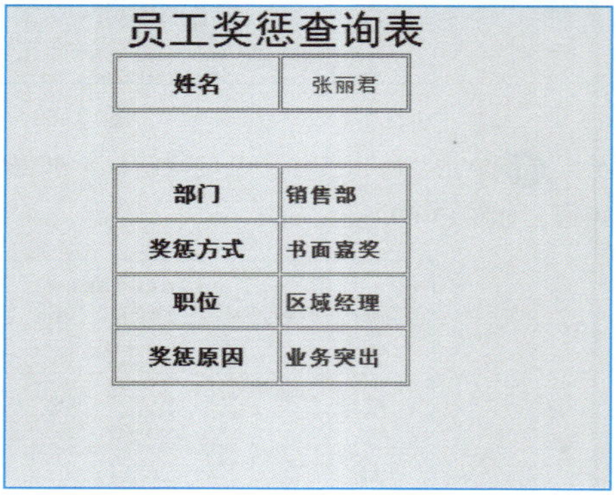
员工奖惩查询表

姓名	张丽君

部门	销售部
奖惩方式	书面嘉奖
职位	区域经理
奖惩原因	业务突出

文件168　纪律处分通知书

纪律处分通知书是一份员工所犯错误的处分表格，它除了包括犯错员工的姓名、工作证号、职务、所属部门等基本信息外，还包括所犯错误以及处分内容。

制作要点与设计效果图

- 在页眉中添加固定文本
- 插入工作表名
- 调整分页符的位置

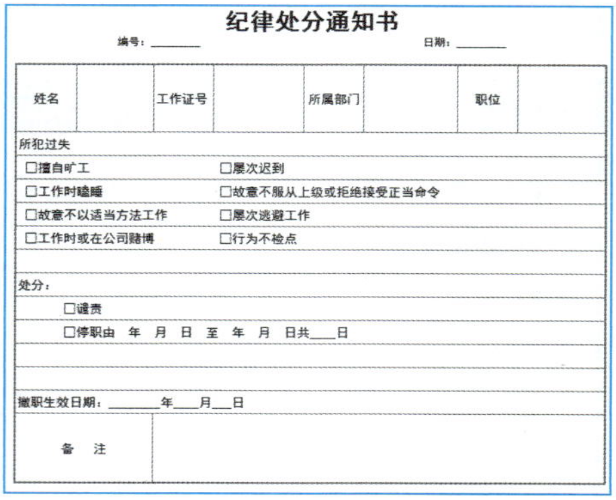
纪律处分通知书

编号：________　　日期：________

姓名		工作证号		所属部门		职位	

所犯过失

□擅自旷工　□屡次迟到

□工作时瞌睡　□故意不服从上级或拒绝接受正当命令

□故意不以适当方法工作　□屡次逃避工作

□工作时或在公司赌博　□行为不检点

处分：

□谴责

□停职由　年　月　日　至　年　月　日共___日

撤职生效日期：________年___月___日

备　注

文件169　员工处罚记录表

员工处罚记录表是用于记录被处罚员工的姓名、职务、单位、被处理的原因、惩罚类型、人事部和单位意见等信息的表格，在填写后将会被放入员工的档案中进行保存。

制作要点与设计效果图

- 设置首页不同
- 在页眉中快速添加文件名
- 添加文件总页数
- 输入竖排文本

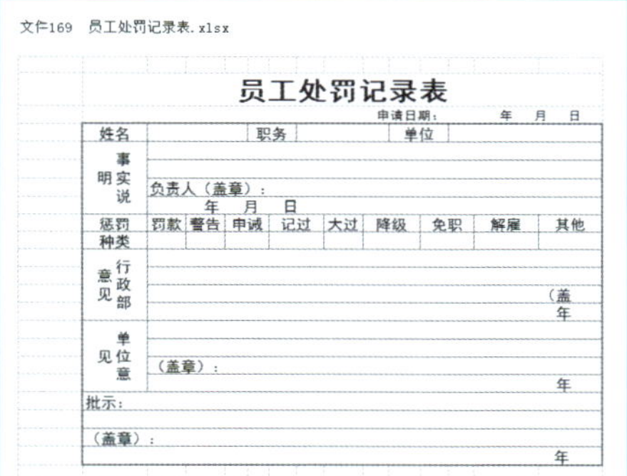
文件169　员工处罚记录表.xlsx

员工处罚记录表

申请日期：　年　月　日

姓名　职务　单位

事实说明

负责人（盖章）：

年　月　日

惩罚种类　罚款　警告　申诫　记过　大过　降级　免职　解雇　其他

行政部意见

（盖

年

单位意见

（盖章）：

年

批示：

（盖章）：

年

文件170　工作奖金核算表

奖金是企业对员工在创造超过正常劳动定额以外的社会所需劳动成果时，给予员工的物质补偿，在Excel中可以借助IF函数计算员工奖金。

制作要点与设计效果图

- IF函数
- 名称框定义名称
- 使用对话框定义名称
- 应用名称

工作奖金核算表

工号	员工姓名	标准工作量（页）	实际工作量（页）	奖金
013025	吕芬芬	260	276	¥ 500.00
013026	路高泽	260	260	¥ -
013027	岳庆浩	240	253	¥ 500.00
013028	李雪儿	260	250	¥ -
013029	陈山	260	270	¥ 200.00
013030	廖晓	240	266	¥ 500.00
013031	张丽君	240	255	¥ 500.00
013032	吴华波	240	250	¥ 200.00
013033	黄孝铭	240	260	¥ 500.00
013034	丁锐	260	250	¥ -
013035	庄霞	260	278	¥ 500.00
013036	黄鹂	240	230	¥ -

文件171　员工奖惩条例

企业中奖惩都要根据一定的依据，企业员工奖惩条例是规定员工的哪些行为可以得到相应的奖励或惩罚的具体条例，对员工奖惩起到一个依据的作用。

制作要点与设计效果图

- 添加页眉
- 添加页脚
- 自定义页眉

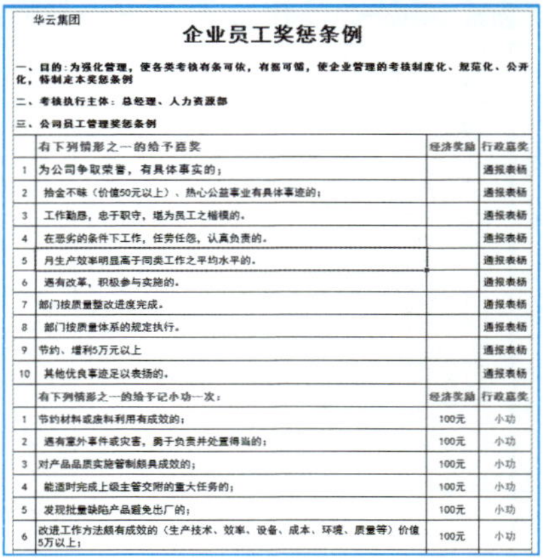

华云集团

企业员工奖惩条例

一、目的：为强化管理，使各类考核有条可依，有据可循，使企业管理的考核制度化、规范化、公开化，特制定本奖惩条例

二、考核执行主体：总经理、人力资源部

三、公司员工管理奖惩条例

	有下列情形之一的给予嘉奖	经济奖励	行政嘉奖
1	为公司争取荣誉，有具体事实的；		通报表杨
2	拾金不昧（价值50元以上）、热心公益事业有具体事迹的；		通报表杨
3	工作勤恳，忠于职守，堪为员工之楷模的。		通报表杨
4	在恶劣的条件下工作，任劳任怨，认真负责的。		通报表杨
5	月生产效率明显高于同类工作之平均水平的。		通报表杨
6	遇有改革，积极参与实施的。		通报表杨
7	部门按质量整改进度完成。		通报表杨
8	部门按质量体系的规定执行。		通报表杨
9	节约、增利5万元以上		通报表杨
10	其他优良事迹足以表扬的。		通报表杨
	有下列情形之一的给予记小功一次：	经济奖励	行政嘉奖
1	节约材料或废料利用有成效的；	100元	小功
2	遇有意外事件或灾害，勇于负责并处置得当的；	100元	小功
3	对产品品质实施管制颇具成效的；	100元	小功
4	能适时完成上级主管交附的重大任务的；	100元	小功
5	发现批量缺陷产品避免出厂的；	100元	小功
6	改进工作方法颇有成效的（生产技术、效率、设备、成本、环境、质量等）价值5万以上；	100元	小功

Excel

第14章 员工意见调查与统计

企业要了解员工对工作的态度及满意度，首先需要设计一张调查单，然后对调查结果进行统计与分析，找出最佳的解决方案。

为了搜集员工对各类议题的认知、态度、价值观，以及行为倾向与意见回馈，可以通过问卷对员工进行意见调查。以这些调查结果为依据，提出新的满足大部分员工要求的管理制度，从而降低员工的离职率，提高员工的工作积极性。

编号	文件名称	对应的数据源	重要星级
文件172	员工意见调查单	第14章\文件172 员工意见调查单.xlsx	★★★★★
文件173	记录调查结果	第14章\文件173 记录调查结果.xlsx	★★★★★
文件174	参与调查者年龄构成比图	第14章\文件174 参与调查者年龄构成比图.xlsx	★★★★★
文件176	抽样分析员工对工作的满意度	第14章\文件175 抽样分析员工对工作的满意度.xlsx	★★★★★
文件176	年龄与关注面关系抽样回归分析	第14章\文件176 年龄与关注面关系抽样回归分析.xlsx	★★★★★
文件177	员工绩效考评标准意愿比图	第14章\文件177 员工绩效考评标准意愿比图.xlsx	★★★★★
文件178	关注面与学历的相关性分析	第14章\文件178 关注面与学历的相关性分析.xlsx	★★★
文件179	学历与工作紧迫性相关性分析	第14章\文件179 学历与工作紧迫性相关性分析.xlsx	★★★
文件180	有发展前途比重	第14章\文件180 有发展前途比重.xlsx	★★★
文件181	调查员工学历分布图	第14章\文件181 调查员工学历分布图.xlsx	★★★

文件172　员工意见调查单

在调查问卷中每个业务部门都有非常针对性的调查，下面为了反映员工对工作的热忱度等，可以针对员工工作态度进行问卷调查。

制作要点与设计效果图

- 绘制文本框
- 插入分组控件
- 插入选项按钮控件
- 插入框架控件
- 插入按钮控件
- 插入组合框控件

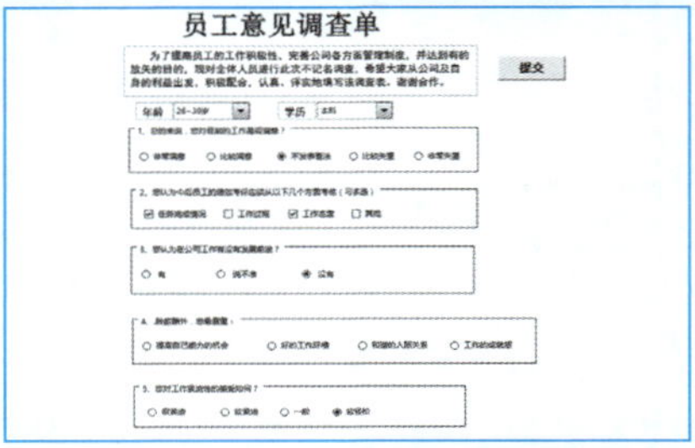

文件设计过程

步骤1：绘制文本框

❶ 创建新工作簿，保存为“员工意见调查单”，切换到“插入”选项卡，在“文本”组中单击“文本框”下拉按钮，在下拉菜单中单击“横排文本框”命令，如图14-1所示。

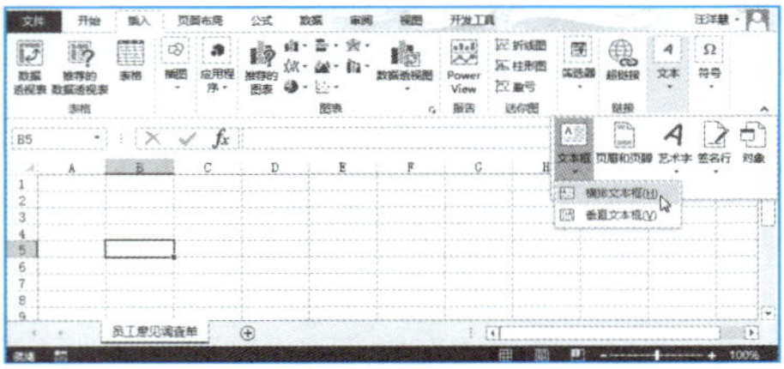

图14-1

❷ 单击“横排文本框”命令后，然后在工作表中拖动绘制文本框，拖至适当大小后，释放鼠标左键，在其中输入说明文本，并设置字体，如图14-2所示。

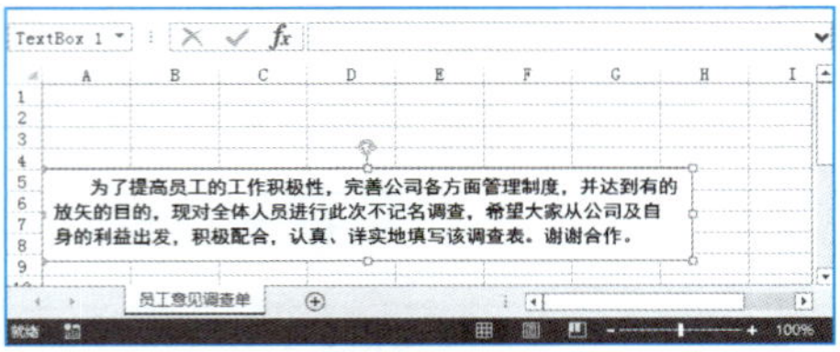

图14-2

步骤2：显示“开发工具”选项卡

❶ 单击“文件”标签，在左侧窗格单击“选项”按钮（如图14-3所示），打开“Excel选项”对话框。

❷ 在左侧单击“自定义功能区”选项，在“自定义功能区”列表框选中“开发工具”复选框，如图14-4所示。

图14-3

图14-4

步骤3：插入分组控件

❶ 单击“确定”按钮，返回工作表中，切换至“开发工具”选项卡，在“控件”组中“插入”按钮，单击“分组框（窗体控件）”图标，如图14-5所示。

❷ 单击“分组框（窗体控件）”图标后，在工作表中绘制框架控件并单击鼠标右键，从弹出的菜单中单击“编辑文字”命令，如图14-6所示。

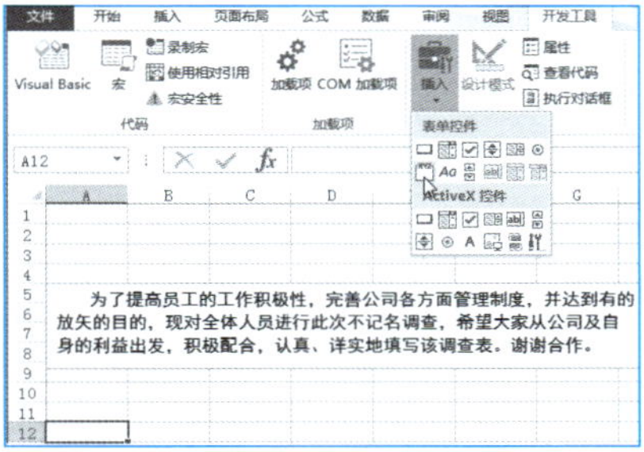

图14-5

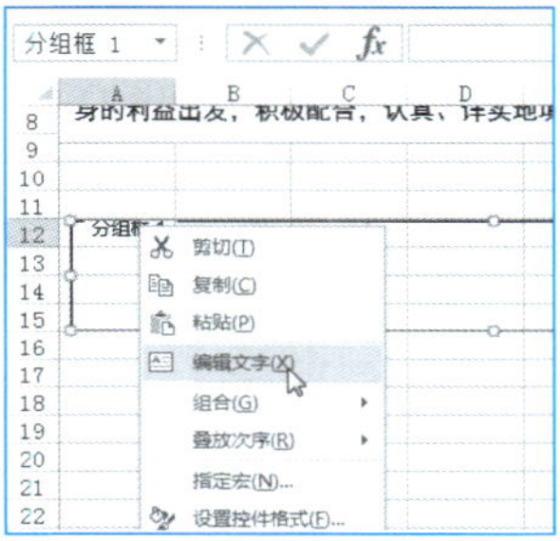

图14-6

❸ 激活框架控件上的文本编辑区，重新输入标题文本，单击控件外的任意位置即可，如图14-7所示。

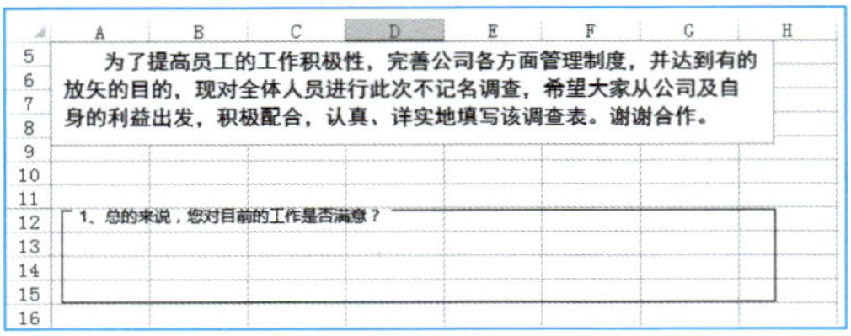

图14-7

步骤4：绘制选项按钮控件

❶ 单击“插入”下拉按钮，在下拉菜单中单击“选项按钮（窗体控件）”图标，如图14-8所示。

❷ 单击“选项按钮（窗体控件）”图标后，在框架控件内绘制选项按钮控件，并输入可选文本，如图14-9所示。

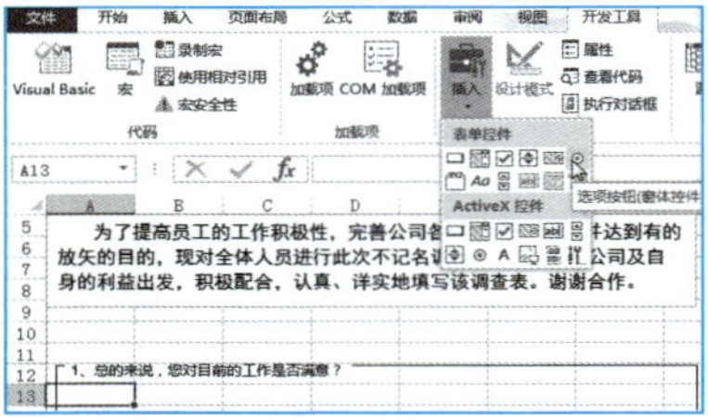

图14-8

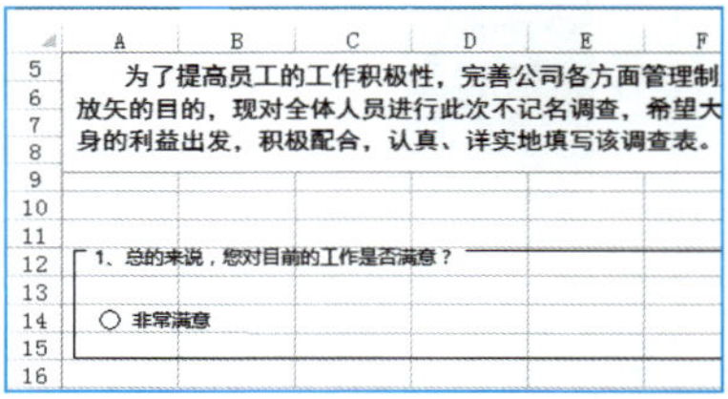

图14-9

步骤5：绘制复选控件

❶ 用相同的方法添加其他选项控件，并添加第2题的框架，再次单击“控件”组中“插入”下拉按钮，在下拉菜单中单击“复选框（窗体控件）”图标，如图14-10所示。

❷ 单击“复选框（窗体控件）”图标后，然后在框架控件内绘制复选框，并输入可选文字，如图14-11所示。

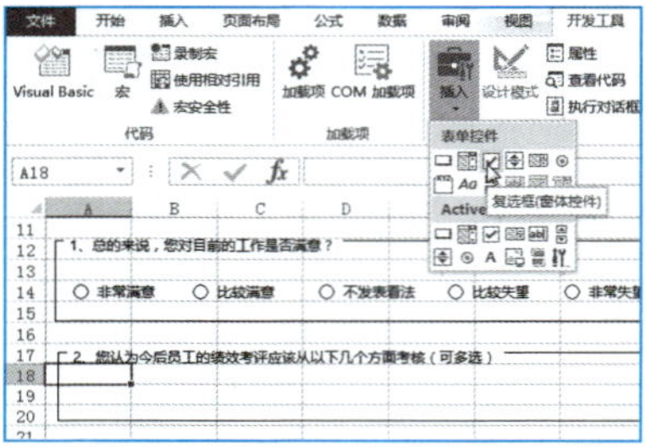

图14-10

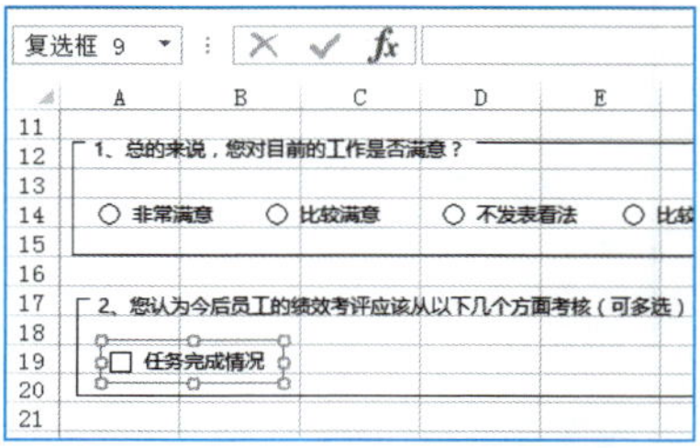

图14-11

3 利用框架控件、复选控件和选项按钮控件设计调查其他问题及答案选项，如图14-12所示。

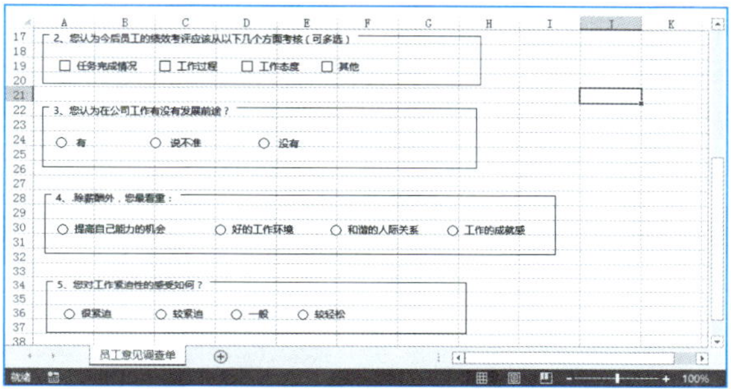

图14-12

步骤6：绘制标签和组合框控件

1 “插入”选项卡，在“文本”组中单击“文本框”下拉按钮，在下拉菜单中单击“横排文本框”命令，在工作表中绘制文本框并输入“年龄”，如图14-13所示。

2 切换到“开发工具”选项卡，在“控件”组中“插入”按钮，单击“组合框（窗体控件）”图标，如图14-14所示。

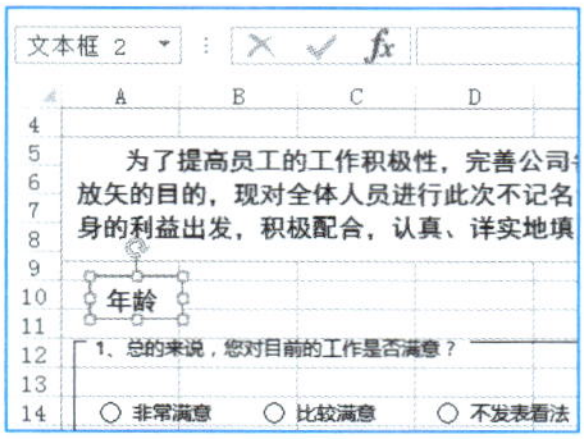

图14-13

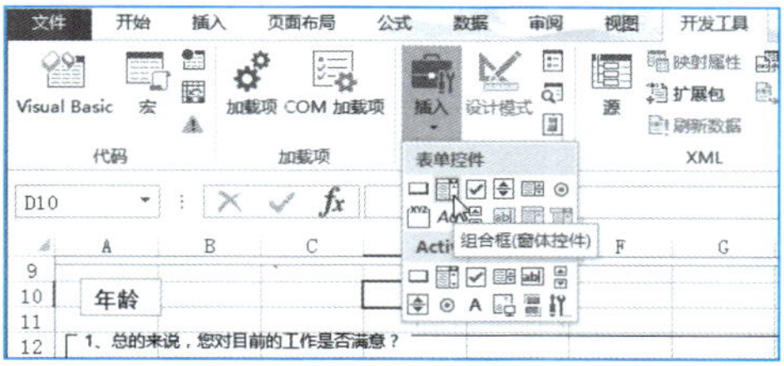

图14-14

3 单击“组合框（窗体控件）”图标后，在“年龄文本框”右侧绘制组合框控件，如图14-15所示。

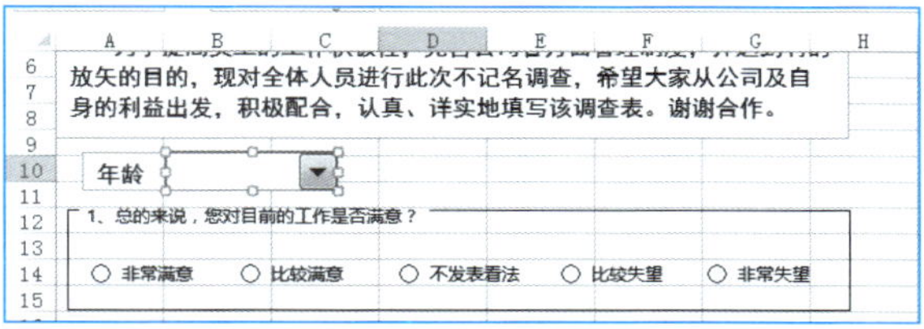

图14-15

步骤7：设置控件格式

❶ 插入新工作表，重命名为“年龄和学历”，在其中输入年龄和学历的阶段值，如图14-16所示。

❷ 返回“员工意见调查单”工作表中，右键单击组合框控件，单击“设置控件格式”命令（如图14-17所示），打开“设置控件格式”对话框。

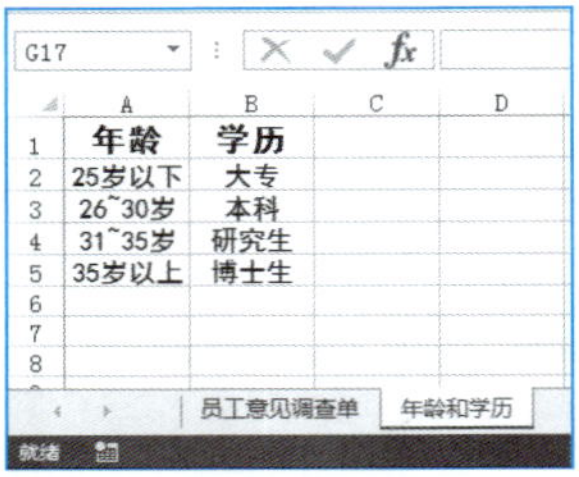

图14-16

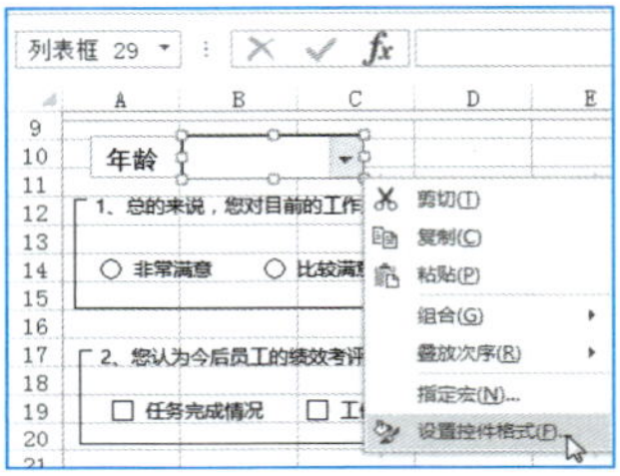

图14-17

步骤8：设置组合框选项值

❶ 单击“控制”标签，将光标放置在“数据源区域”文本框中，在“年龄和学历”工作表中选中“$A$2:$A$5”单元格区域，如图14-18所示。

❷ 单击“确定”按钮，返回工作表中，单击组合框右侧的下拉按钮，单击要输入的选项值，如图14-19所示。

图14-18

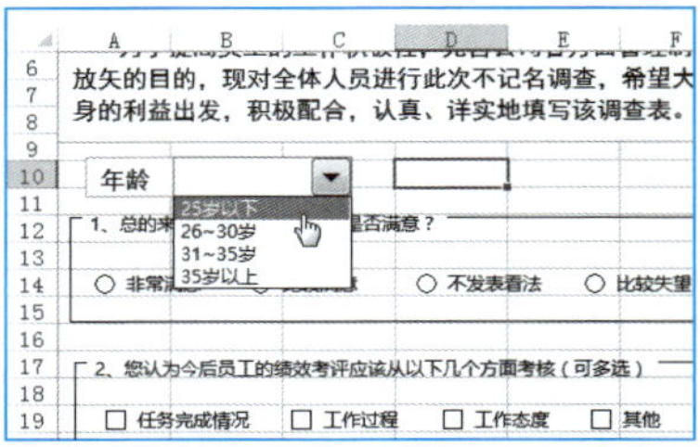

图14-19

❸ 按相同的方法绘制“学历”组合框窗体控件，绘制后效果如图14-20所示。

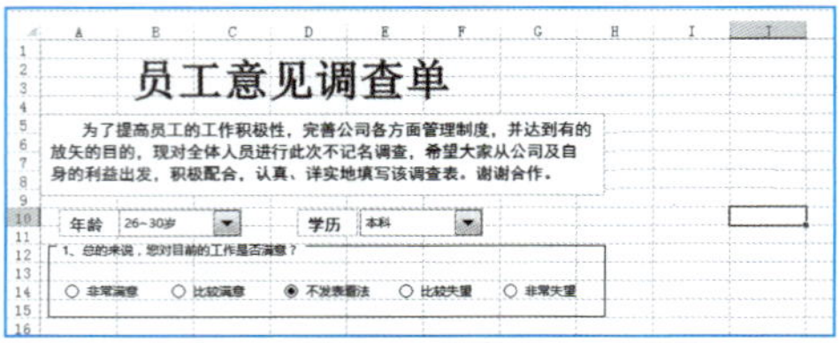

图14-20

步骤9：绘制按钮控件

❶ 在“插入”组中单击，单击“控件”下拉按钮，在下拉菜单中单击“按钮（窗体控件）”图标，如图14-21所示。

❷ 单击“按钮（窗体控件）”图标后，在工作表中适当位置绘制控件，打开“指定宏”对话框，在“宏名”文本框中输入“提交”，如图14-22所示。

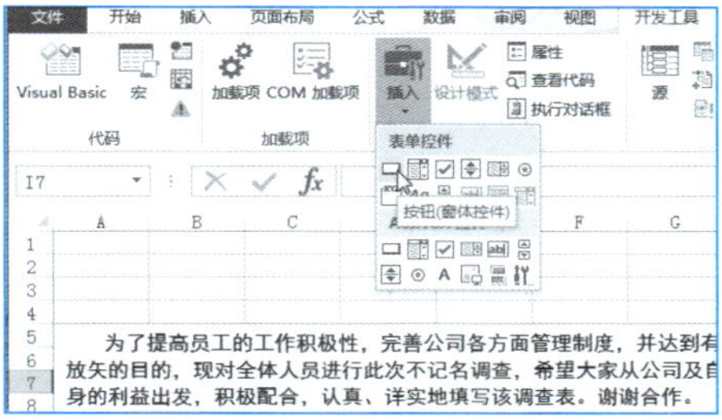

图14-21

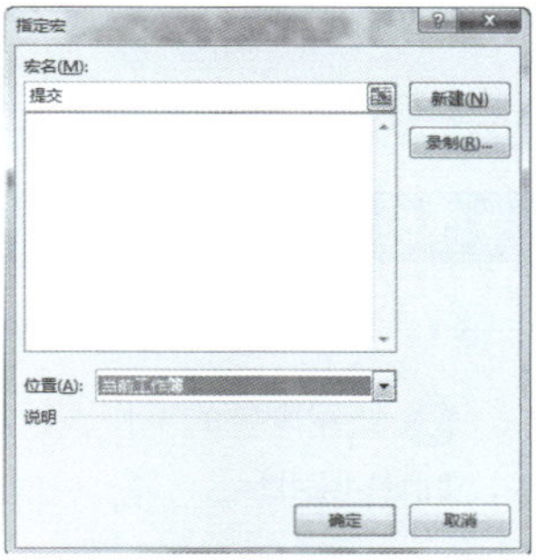

图14-22

❸ 单击“确定”按钮，即可看到添加的窗体控件，在调查单上方，插入艺术字，输入“员工意见调查单”，并根据需要调整字号大小，即完成员工意见调查单的设计与制作，如图14-23所示。

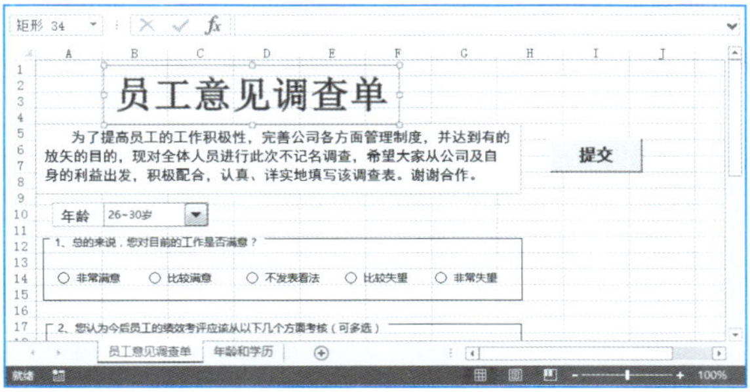

图14-23

文件173　记录调查结果

为了方便用户进行统计分析，设计好调查单后，可以直接在工作表中设置控件链接到的单元格保存被调查者选择的选项值班代码，然后再利用VBA代码将选择的结果保存到独立的“调查结果记录表”中。

制作要点与设计效果图

- 设置控件格式
- 编写数据代码
- ROWS属性
- CurrentRegion属性
- COUNT方法的应用

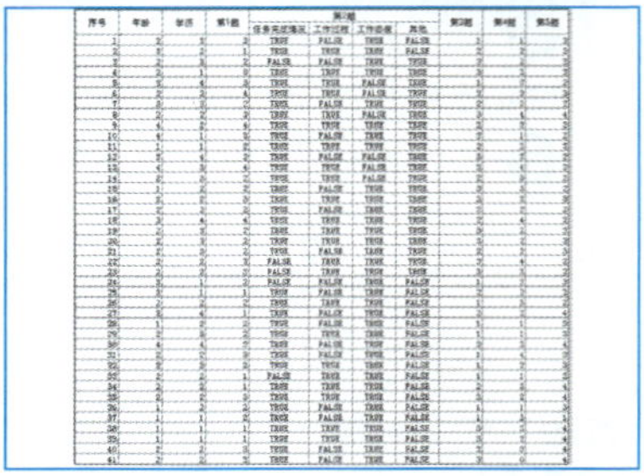

文件设计过程

步骤1：创建值预览区域表格

① 新建需要的工作表，然后在“调查单”工作表中创建“值预览区域”表格，如图14-24所示。

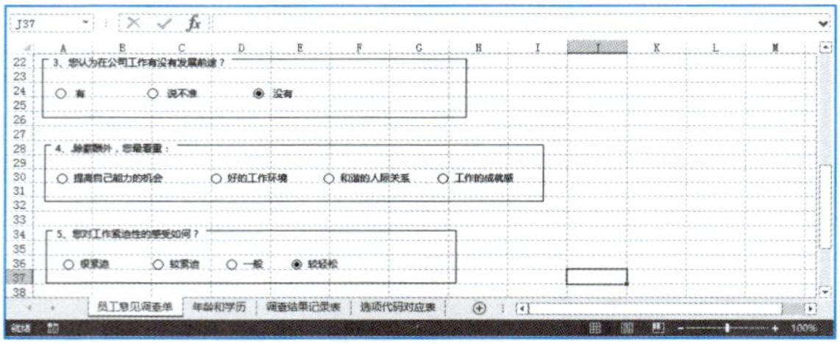

图14-24

步骤2：创建调查结果记录表表头

在“调查单”工作表中选中B34：K36单元格区域，按下Ctrl+C组合键复制，切换至“调查结果记录表”，选中A1单元格，按下Ctrl+V组合键粘贴，如图14-25所示。

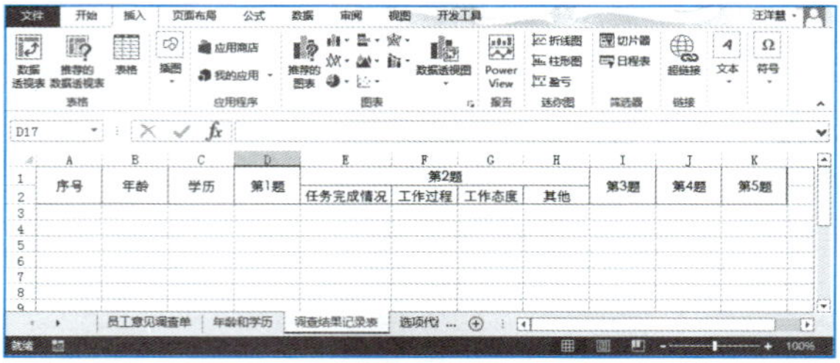

图14-25

步骤3：设置控件的单元格链接位置

❶ 右键单击“年龄”后的组合框控件，在弹出的菜单中单击如图“设置控件格式”命令（图14-26所示），打开“设置控件格式”对话框。

❷ 在“单元格链接”文本框中输入“$B$36”，单击“确定”按钮，如图14-27所示。

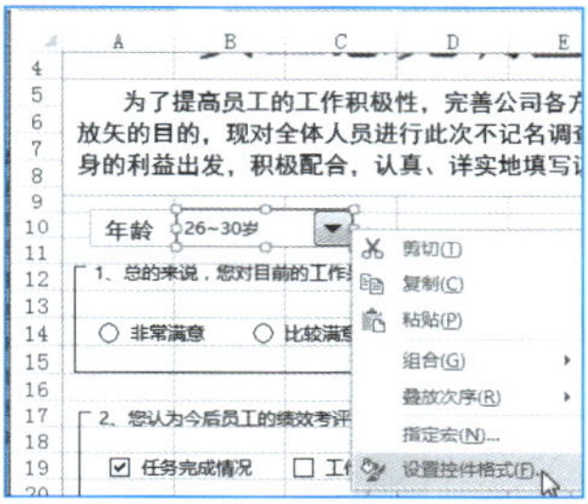

图14-26

图14-27

❸ 用相同的方法设置其他控件的单元格链接位置，然后选中控件，则在目标单元格中显示控件代码值，如图14-28所示。

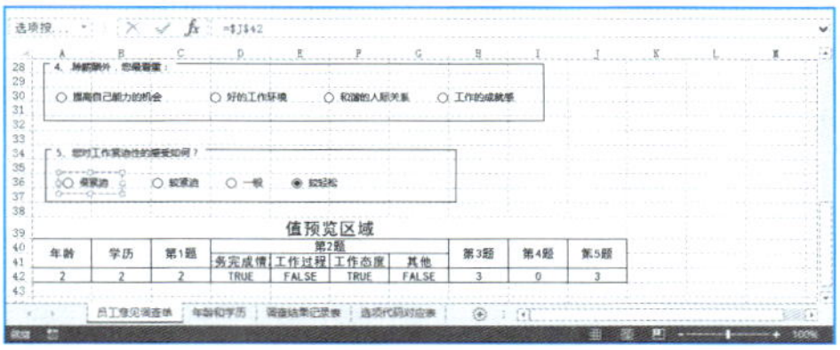

图14-28

步骤4：为按钮控件指定宏

❶ 鼠标右键单击“提交”按钮控件，在弹出的菜单中单击“指定宏”命令（如图14-29所示），弹出“指定宏”对话框。

❷ 在“宏名”文本框中输入宏名称文本，如图14-30所示。

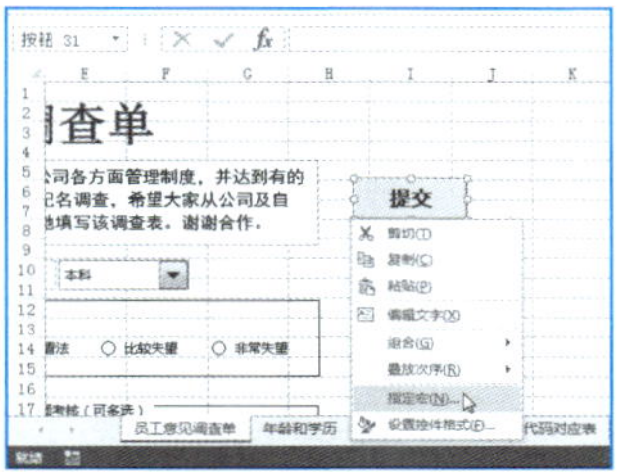

图14-29

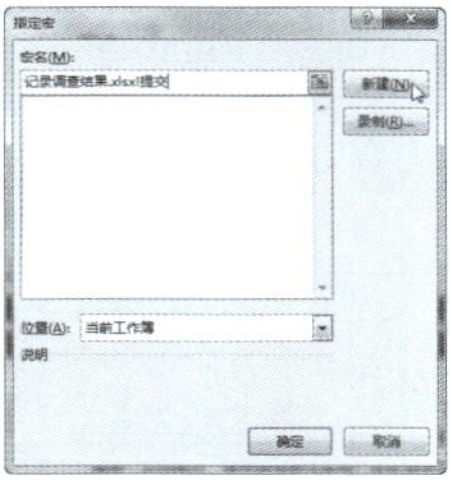

图14-30

第11章
第12章
第13章
第14章
第15章

❸ 单击“新建”按钮，打开模块代码编写窗口，在其中输入“提交”按钮的事件代码，将“调查单”工作表中“值预览结果记录表”中的值追加到“记录调查结果”中，如图14-31所示。

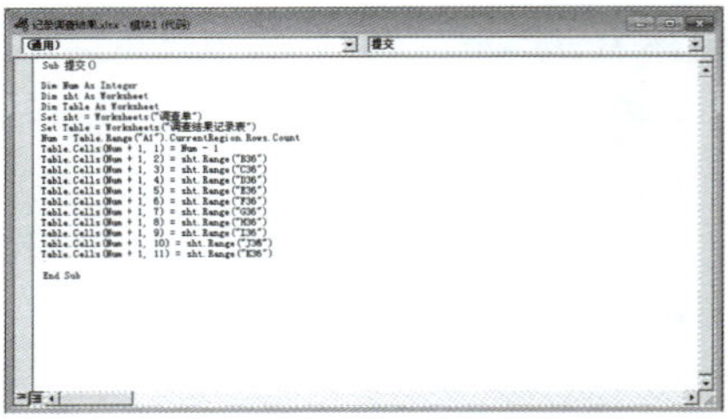

图14-31

❹ 返回Excel视图中，在“调查单”工作表中单击控件选择各题对应的选项值，然后单击“提交”按钮，如图14-32所示。

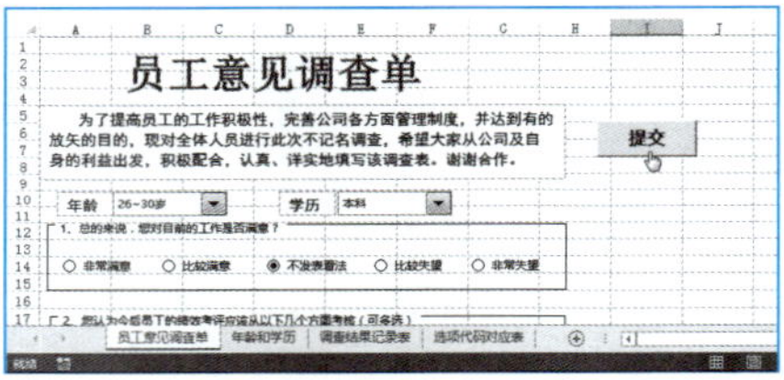

图14-32

步骤5：显示追加的调查结果记录

❶ 单击“调查结果记录表”工作表标签，切换至该工作表下，在其中写入了刚才调查单中选择的选项值代码，可对应“选项代码对应表”表进行查看，如图14-33所示。

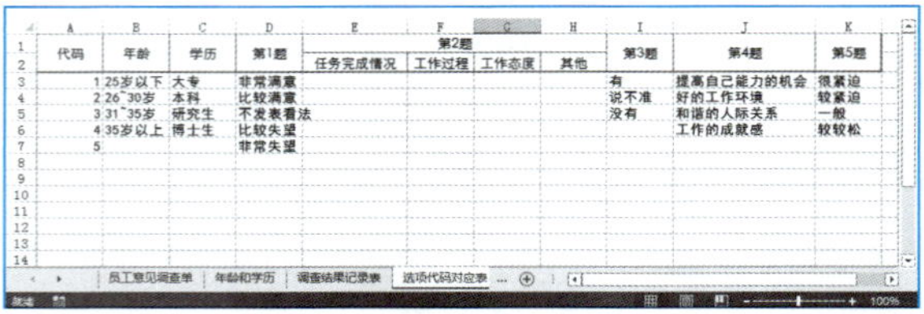

图14-33

❷ 可以直接在“调查单”工作表中选择填写调查情况，系统会自动将调查结果记录在“调查结果记录表”中，如图14-34所示。

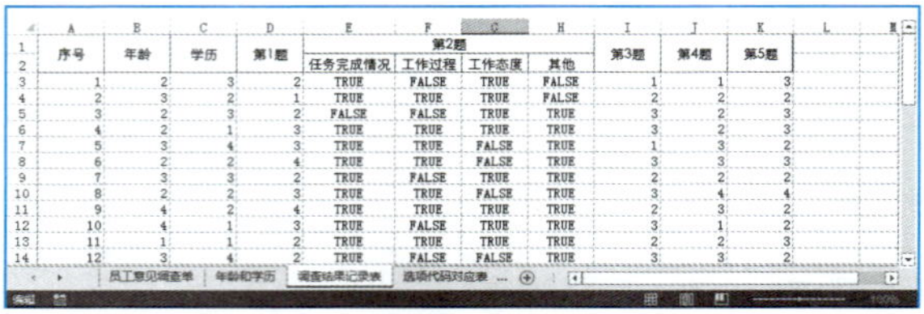

图14-34

文件174　参与调查者年龄构成比图

统计一个参与者比较多的员工意见调查年龄分布比例，一般都会采取抽样分析的方式，从调查结果中抽取部分样本进行分析。

制作要点与设计效果图

- RAND函数
- CELLING函数
- 插入条形图
- 隐藏坐标轴
- 设置分类间距

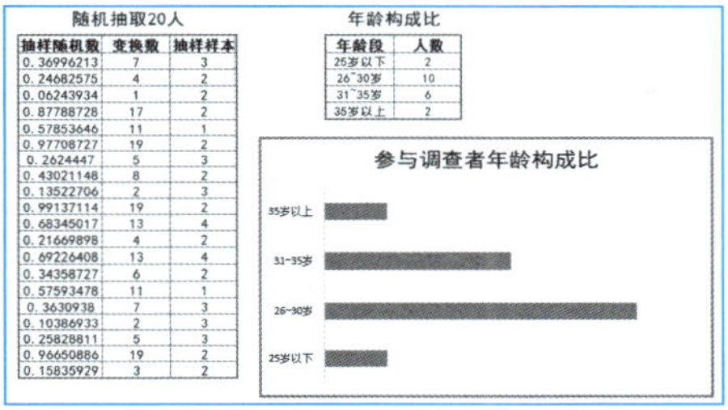

文件设计过程

步骤1：单击“插入函数”按钮

❶ 新建“参与调查者年龄构成比图”工作表，并在其中创建需要的表格，如图14-35所示。

❷ 选中A3:22单元格区域，切换到“公式”选项卡，在“函数库”组中单击“插入函数”按钮（如图14-35所示），打开“插入函数”对话框。

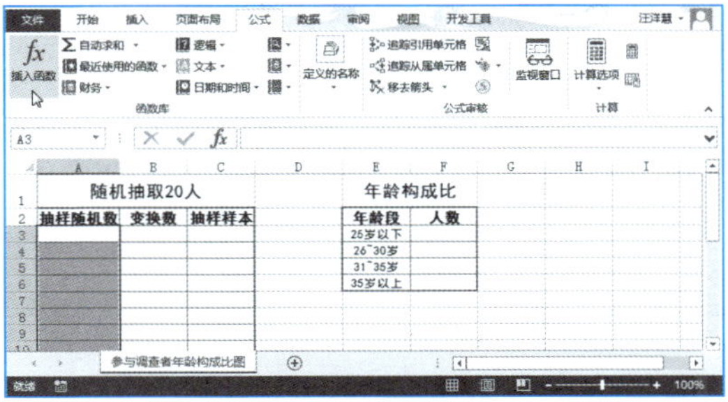

图14-35

步骤2：选择随机函数

❶ 在“或选择类别”下拉菜单中单击“数学与三角函数”，在“选择函数”文本框中单击“RAND”函数，单击“确定”按钮（如图14-36所示），弹出“函数参数”对话框。

❷ 提示该函数不需要参数，按下Ctrl+Shift+Enter组合键，如图14-37所示。

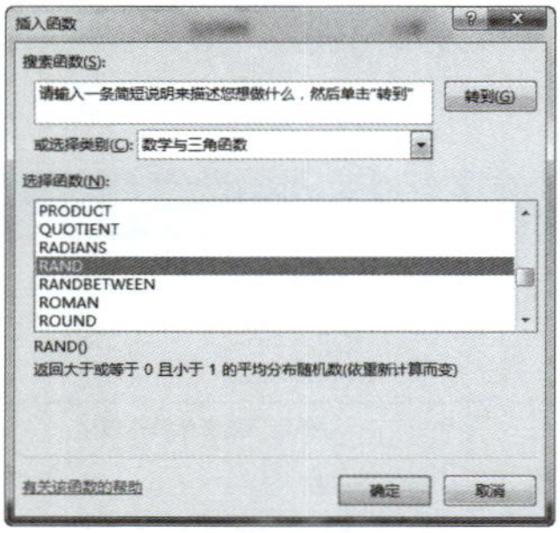

图14-36

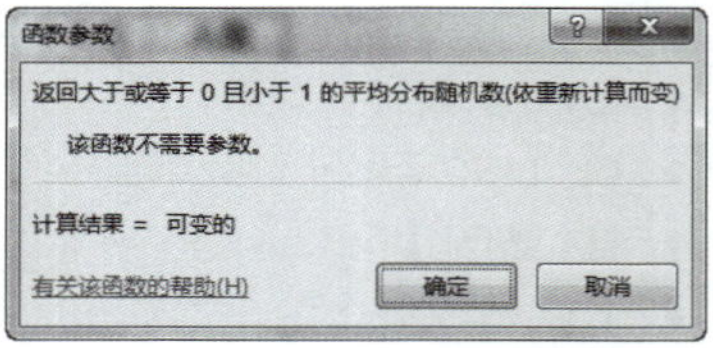

图14-37

步骤3：获取随机抽取数据序号

❶ 返回工作表中，可以看到在目标单元格中显示了一组介于0和1之间的随机分布数据。有了这组数据可以乘以抽取基数20得到数据相应位置的序号，如图14-38所示。

❷ 选中B3:B22单元格，在其中输入"=TRUNC（A3*20）"，按下Ctrl+Enter组合键，即可计算出变换数，如图14-39所示。

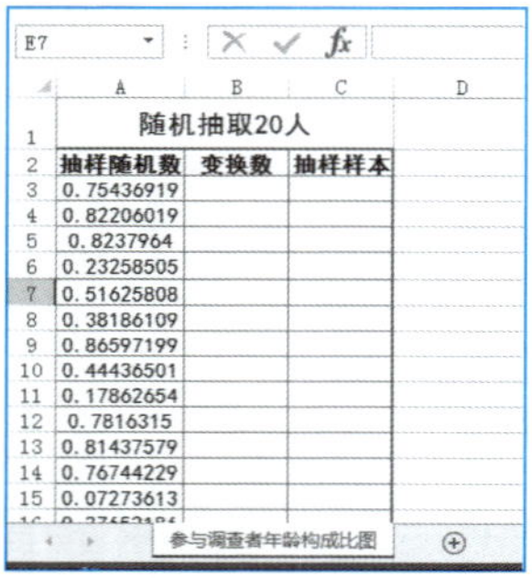

图14-38

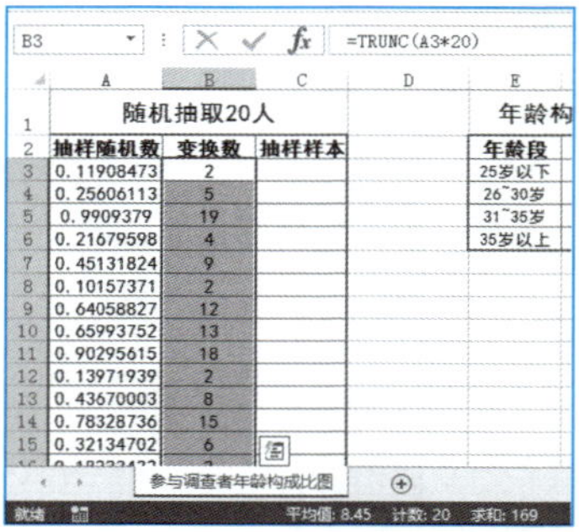

图14-39

步骤4：根据变换数字引用抽取值

❶ 选中C3:C22单元格区域，切换到"公式"选项卡，在"函数库"组中的"插入函数"按钮（如图14-40所示），打开"插入函数"对话框。

❷ 在"或选择类别"下拉菜单中单击"查找与引用"，在"选择函数"文本框中单击"INDEX"函数，单击"确定"按钮（如图14-41所示），打开"选定参数"对话框。

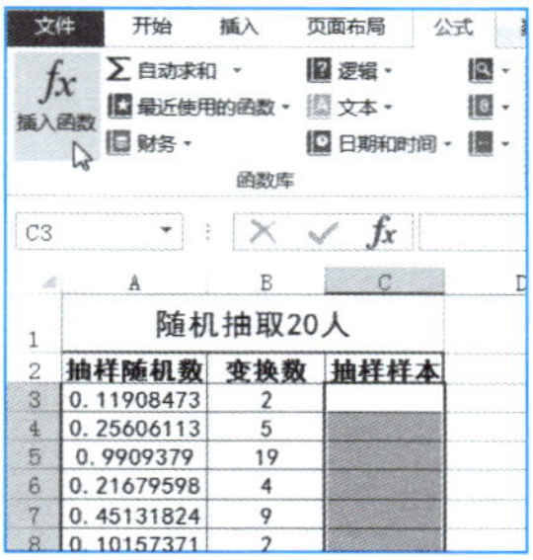

图14-40

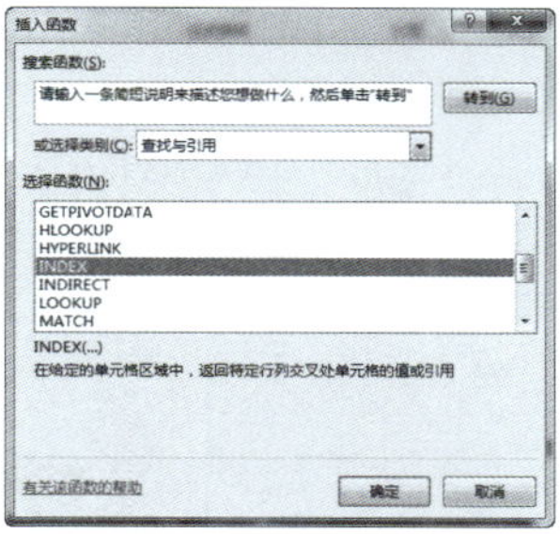

图14-41

3 选择第二种参数组合方式，单击“确定”按钮（如图14-42所示），打开“函数参数”对话框。

4 设置Reference为“调查结果记录表！B:B42，Row_num为“B3:B22”，如图14-43所示。

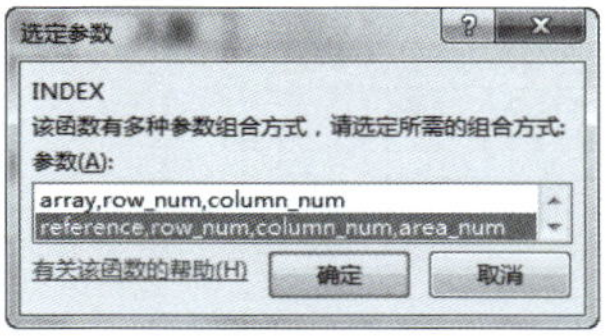

图14-42

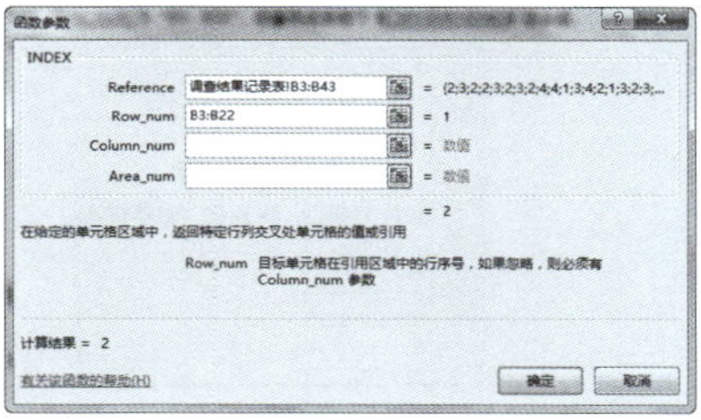

图14-43

5 设置完成后按下“Ctrl+Shift+Enter“组合键，返回工作表中，即可得到计算结果，如图14-44所示。

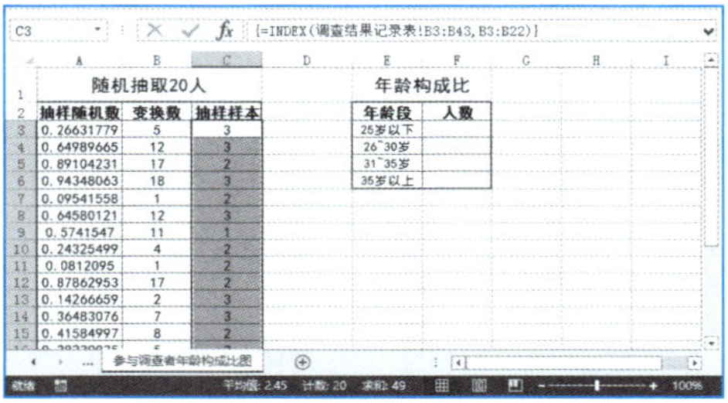

图14-44

步骤5：统计各年龄段人数

1 选中A3:A22单元格区域，按“Ctrl+C”组合键复制，切换到“开始”选项卡，在“剪贴板”组中单击“选择性粘贴”下拉按钮，在下拉菜单中单击

第11章
第12章
第13章
第14章
第15章

“值”命令，如图14-45所示。

❷ 单击“值”命令后，即可将随机数更改为数值，选中F3单元格，在公式编辑栏中输入公式“=COUNTIF(C3:C22,1)”，按Enter键，即可计算出25岁以下年龄段人数，如图14-46所示。

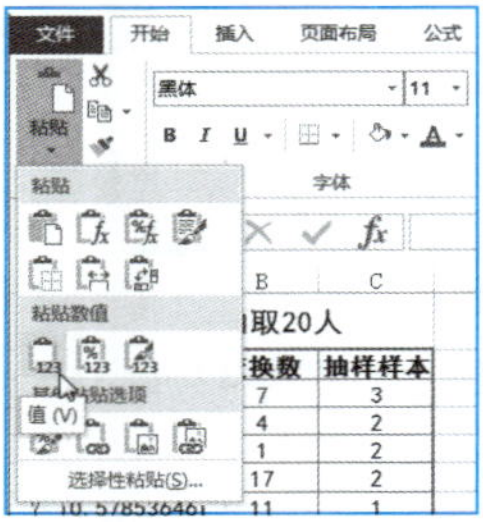

图14-45

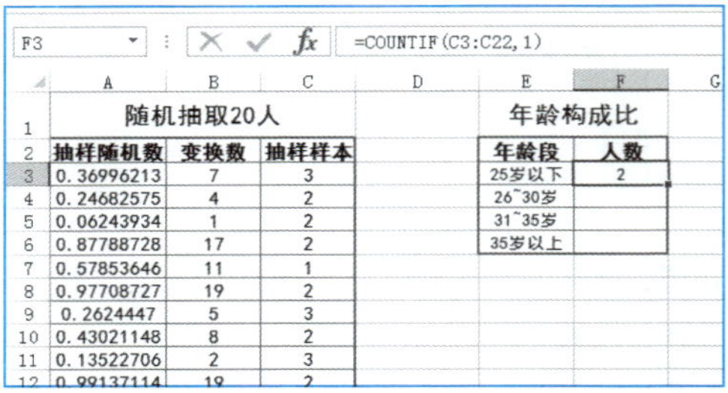

图14-46

❸ 更改公式，即可计算出各个年龄段的人数，计算后效果如图14-47所示。

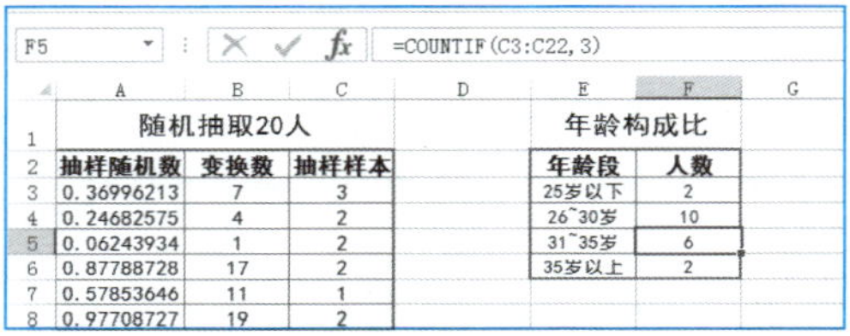

图14-47

步骤6：创建条形图

❶ 选中E2:F6单元格区域，单击“快速分析”按钮，在弹出的菜单中单击“图表”标签，接着单击“簇状条形图”子图表类型，如图14-48所示。

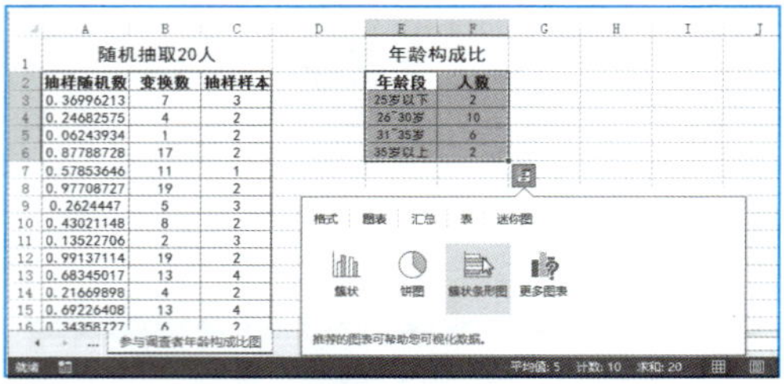

图14-48

❷ 单击“簇状条形图”子图表类型后，系统创建出默认的条形图，选中图表，单击“图表元素”按钮，在弹出的菜单中单击“坐标轴”复选框后的“▶”，在弹出的菜单中取消选中“主要横坐标轴”复选框，如图14-49所示。

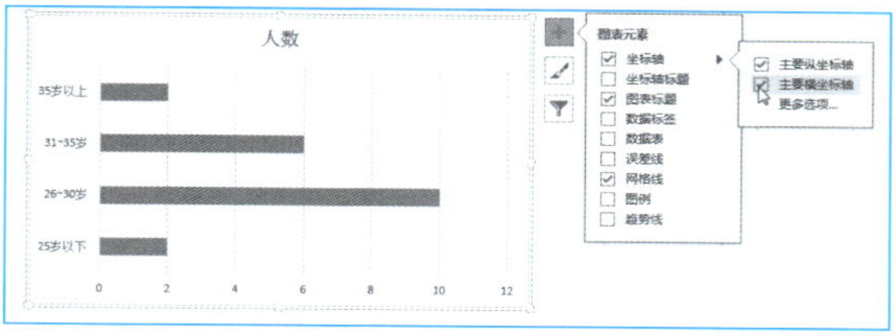

图14-49

步骤7：隐藏主要横坐标轴

取消选中“主要横坐标轴”复选框后，即可隐藏主要横坐标轴，如图14-50所示。

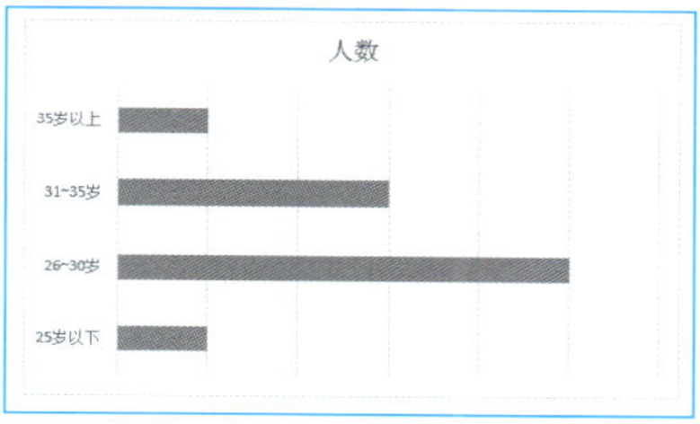

图14-50

步骤8：隐藏坐标轴主要刻度线类型

❶ 选中图表，单击“图表样式”按钮，在弹出的菜单中单击“颜色”标签，接着单击需要设置的颜色，如“颜色3”，如图14-51所示。

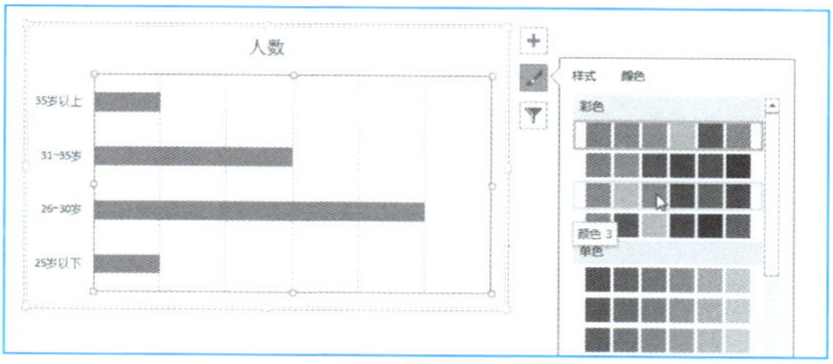

图14-51

❷ 单击“颜色3”后，即可为图表应用该颜色，重新输入图表标题，并为图表添加轮廓颜色，设置后效果如图14-50所示。

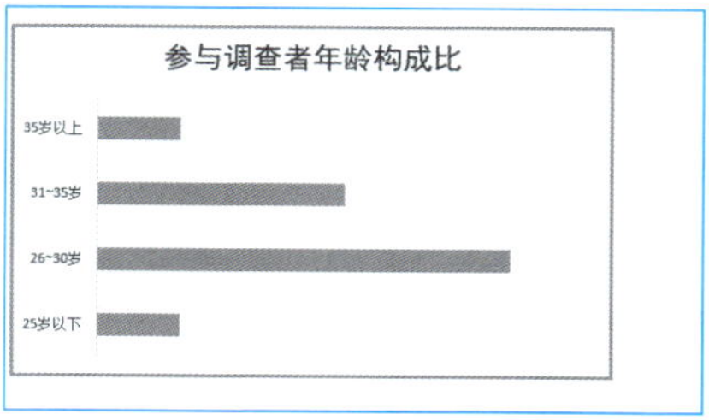

图14-52

文件175　抽样分析员工对工作的满意度

Excel还专门提供了抽样工具，快速从总体中抽取需要的样本进行分析。

制作要点与设计效果图

- 抽样工具的应用
- 创建饼图
- 设置数据标签显示形式
- COUNTIF函数

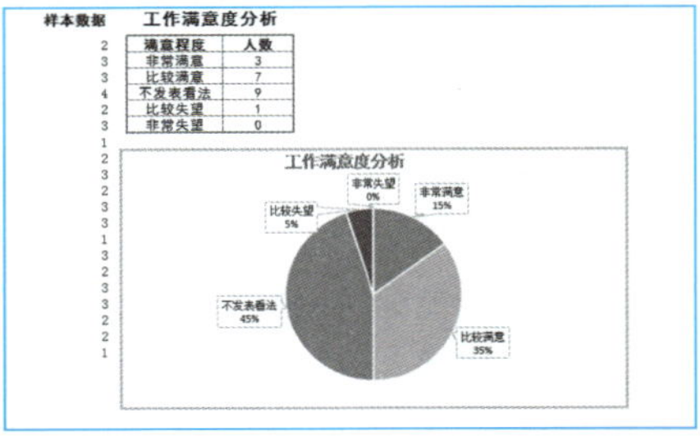

文件设计过程

步骤1：创建抽样分析模型

创建“工作满意度抽样分析”工作表，创建描述分析表格，切换到“数据”选项卡，在“分析”组中单击“数据分析”按钮（如图14-53所示），打开“数据分析”对话框。

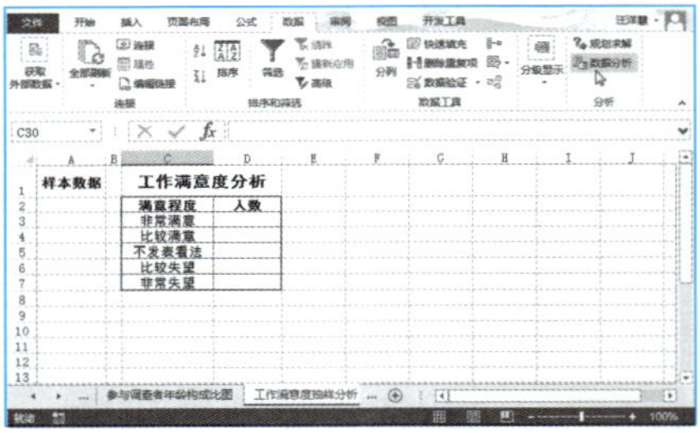

图14-53

步骤2：设置抽样参数

❶ 在“分析工具”文本框中单击“抽样”选项，接着单击“确定”按钮（如图14-54所示），打开“抽样”对话框。

❷ 根据需要设置的输入区域、随机样本数和输出区域，如图14-55所示。

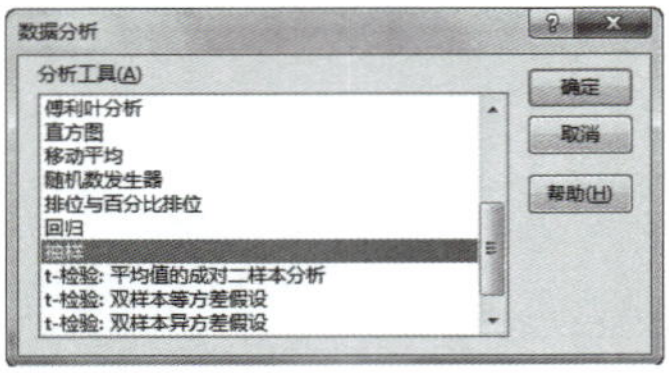

图14-54

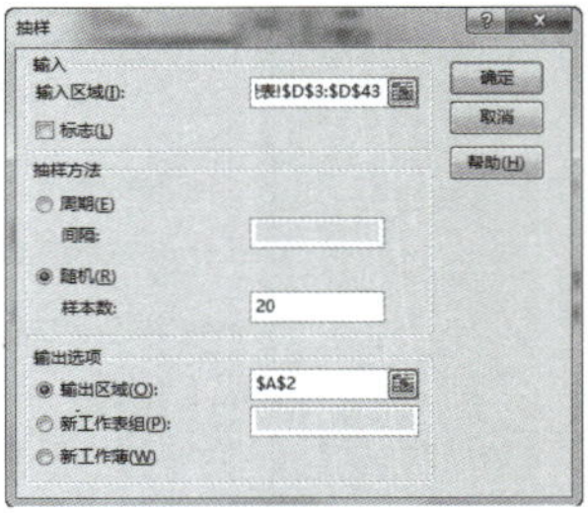

图14-55

步骤3：统计抽样数据

❶ 设置完成后，单击“确定”按钮，在指定区域中显示抽样数据，选中D3单元格，在公式编辑栏输入公式“=COUNTIF(A2:A21,1)”，按Enter键计算出“非常满意”的人数，如图14-56所示。

❷ 更改公式，即可计算出各个满意程度的人数，计算后效果如图14-57所示。

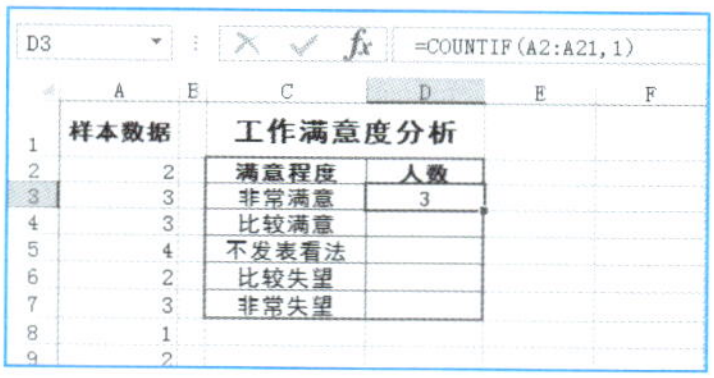

图14-56

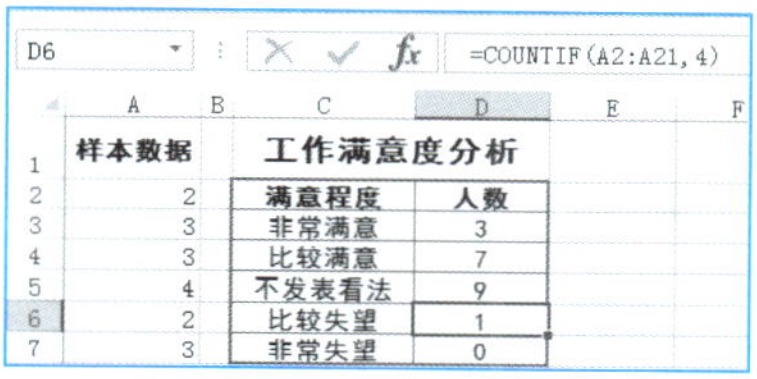

图14-57

步骤4：创建图表

❶ 选中C2:D7单元格区域，单击“快速分析”按钮，在弹出的菜单中单击“图表”标签，接着单击“饼图”子图表类型，如图14-58所示。

❷ 单击“饼图”子图表类型后，根据选定数据创建默认饼图，如图14-59所示。

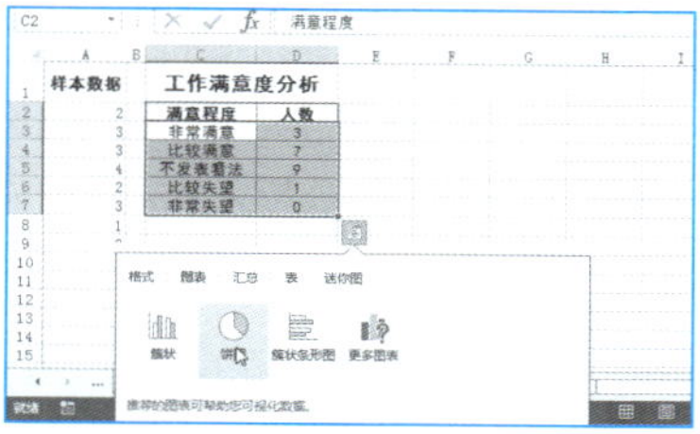

图14-58

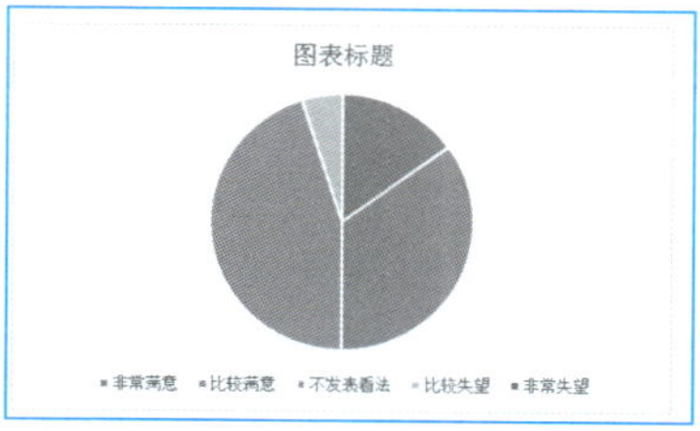

图14-59

❸ 选中图表，单击“图表样式”按钮，在弹出的菜单中单击“颜色”标签，接着单击需要设置的颜色，如“颜色3”，如图14-60所示。

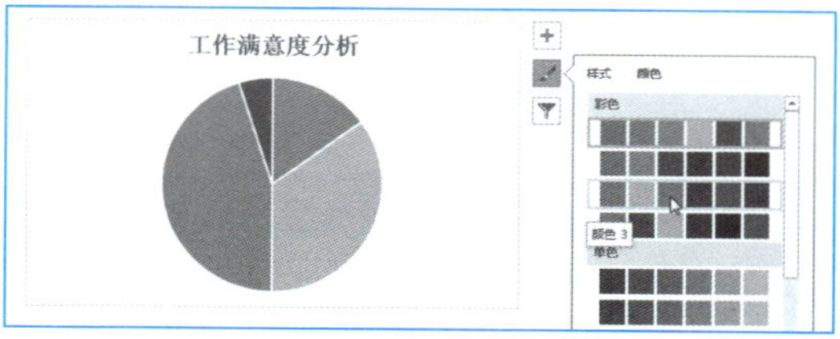

图14-60

第11章
第12章
第13章
第14章
第15章

4 选中图表，单击“图表元素”按钮，在弹出的菜单中单击“数据标签”复选框后的“▸”，在弹出的菜单中单击“数据标注”按钮，如图14-61所示。

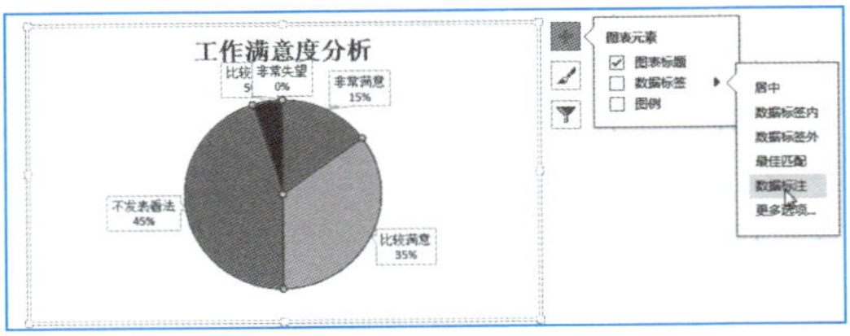

图14-61

5 为图表添加轮廓颜色，重新设置图表字体样式，设置后效果如图14-62所示。

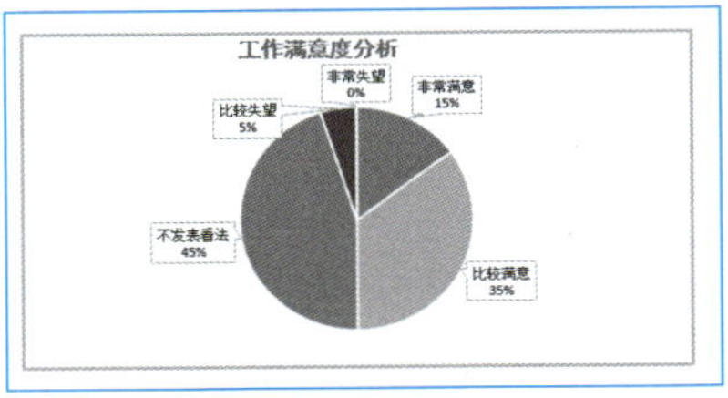

图14-62

文件176　年龄与关注面关系抽样回归分析

通过员工意见调查单，可以借助抽样回归分析来找出年龄与关注方面的关系，更好地提高员工工作效率。

制作要点与设计效果图

- 抽样工具的使用
- 回归分析工具的使用
- 使用INDEX函数

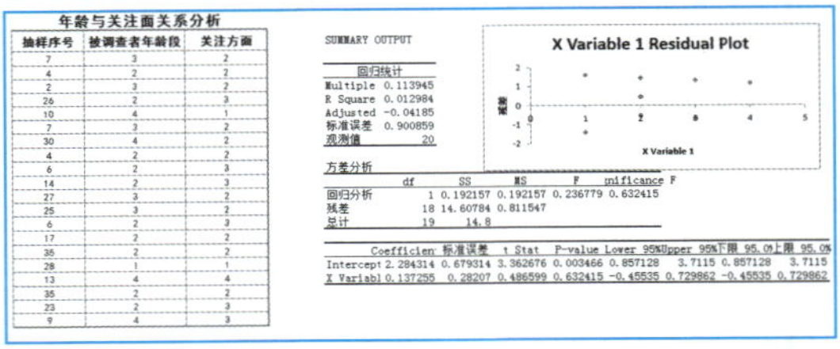

文件设计过程

步骤1：单击“数据分析”按钮

新建“年龄与关注面关系分析”工作表，在其中创建需要的表格，切换到

“数据”选项卡下，在“分析”组单击“数据分析”按钮（如图14-63所示），打开“数据分析”对话框。

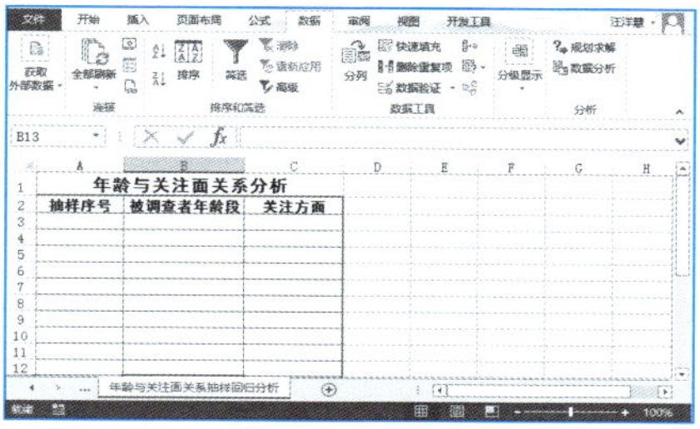

图14-63

提 示

回归分析是确定两种或两种以上变数间相互依赖的定量关系的一种统计分析方法。按涉及自变量的多少，可分为一元回归分析和多元回归分析；可以根据判断系数Adjusted的值判断两者之间是否存在回归关系，由方差分析检验结果中的F显著值判断解释能力的强弱。

步骤2：设置抽样参数

❶ 在“分析工具”文本框中单击“抽样”，单击“确定”按钮（如图14-64所示），打开“抽样”对话框。

❷ 设置输入区域、随机样本数和输出区域，如图14-65所示。

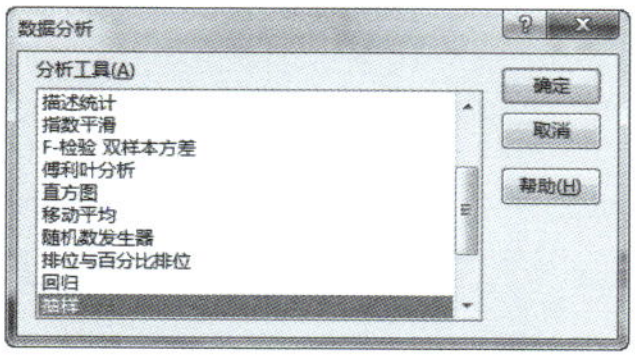

图14-64

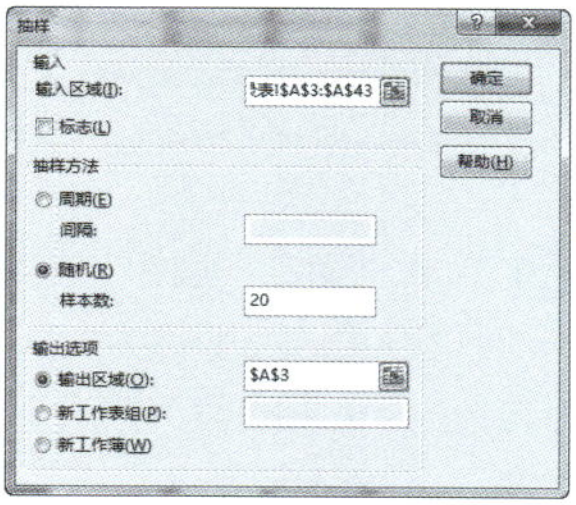

图14-65

步骤3：引用抽样数据并启动回归分析功能

❶ 单击“确定”按钮，即可得到随机序号，选中B3单元格，在公式编辑栏输入公式“=INDEX(调查结果记录表!$B$3:$B$42,A3)”，按Enter键后向下复制公式，即可得到年龄段数据，如图14-66所示。

❷ 选中C3单元格，在公式编辑栏输入公式“=INDEX(调查结果记录表!$J$3:$J$42,A3)”，按Enter键后向下复制公式，即可得到关注方面数据，如

图14-67所示。

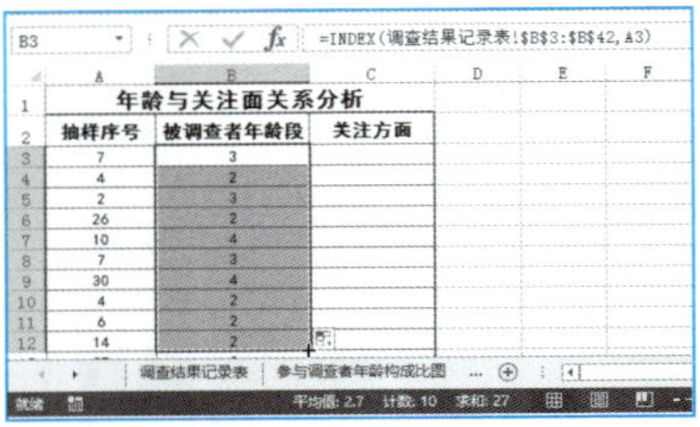

图14-66

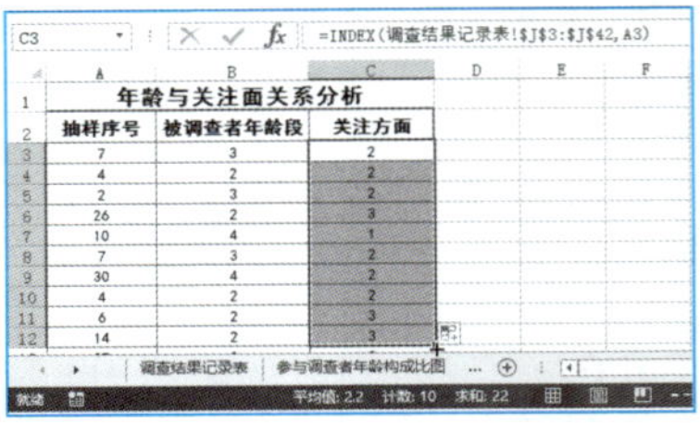

图14-67

步骤4：设置回归分析参数

❶ 切换到“数据”选项卡，在“分析”选项组单击“数据分析”按钮，打开“数据分析”对话框，在“分析工具”文本框中单击“回归”选项，单击“确定”按钮（如图14-68所示），打开“回归”对话框。

❷ 设置Y值和X值的输入区域，选中“置信度”复选框，在其后输入“95”，设置输出区域，勾选“残差”和“残差图”复选框，如图14-69所示。

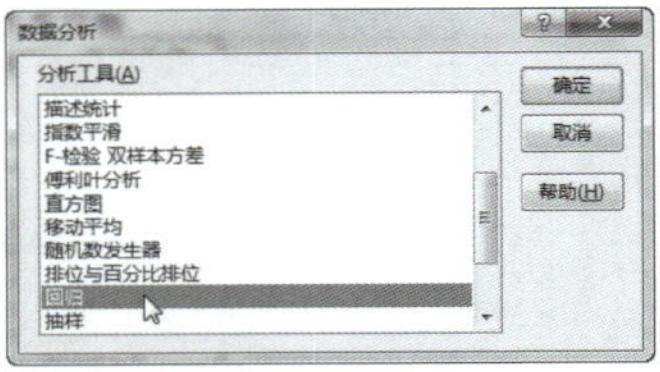

图14-68

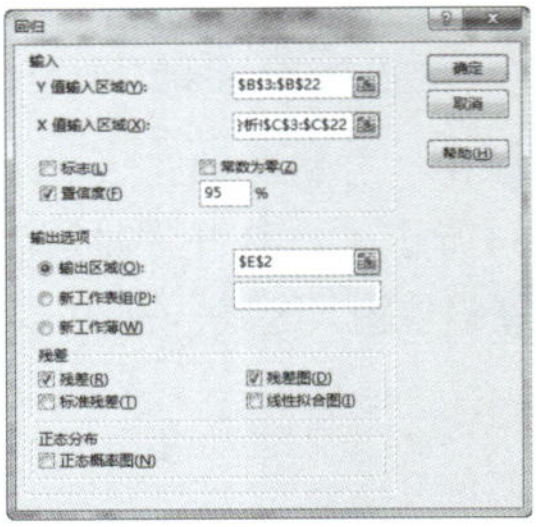

图14-69

❸ 单击“确定”按钮，显示回归统计数据和残差图，从该结果报表中得知，判断系数Adjusted的值为0.03516，两者之间不存在回归关系（判断系数的绝对值越接近1，表示回归关系成立，用户才能使用回归分析工具分析两组数据的关系，如图14-70所示。

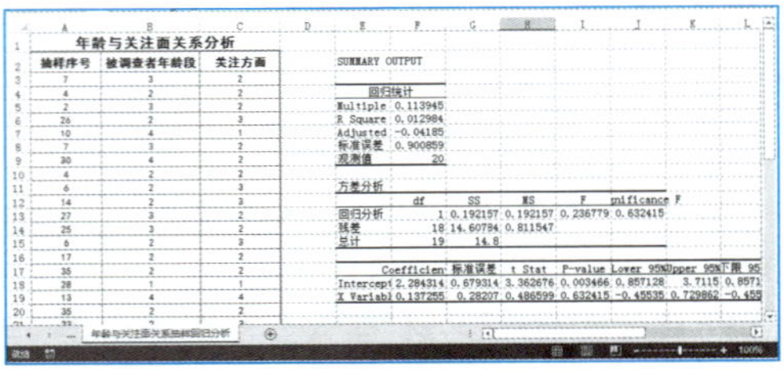

图14-70

文件177 员工绩效考评标准意愿比图

绩效考评是指对照工作目标或绩效标准，采用的一定考评方法，这个评定标准一般从工作任务完成情况、职责履行程度等方面制定。

制作要点与设计效果图

- COUNTIF函数
- 创建条形图
- 设置条形逆序类别显

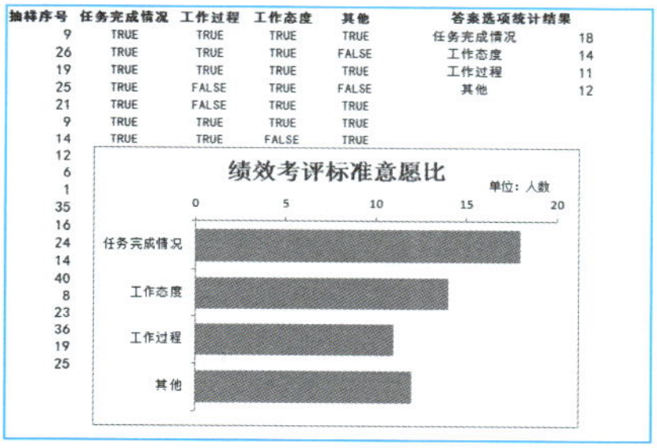

抽样序号	任务完成情况	工作过程	工作态度	其他
9	TRUE	TRUE	TRUE	TRUE
26	TRUE	TRUE	TRUE	FALSE
19	TRUE	TRUE	TRUE	TRUE
25	TRUE	FALSE	TRUE	FALSE
21	TRUE	FALSE	TRUE	TRUE
9	TRUE	TRUE	TRUE	TRUE
14	TRUE	TRUE	FALSE	TRUE
12				
6				
1				
35				
16				
24				
14				
40				
8				
23				
36				
19				
25				

答案选项统计结果	
任务完成情况	18
工作态度	14
工作过程	11
其他	12

文件178 关注面与学历的相关性分析

在Excel中可以利用相关系数进行判断关注面与员工的学历是否相关。

制作要点与设计效果图

- 使用抽样工具抽取数据
- 根据相关系数判断相关

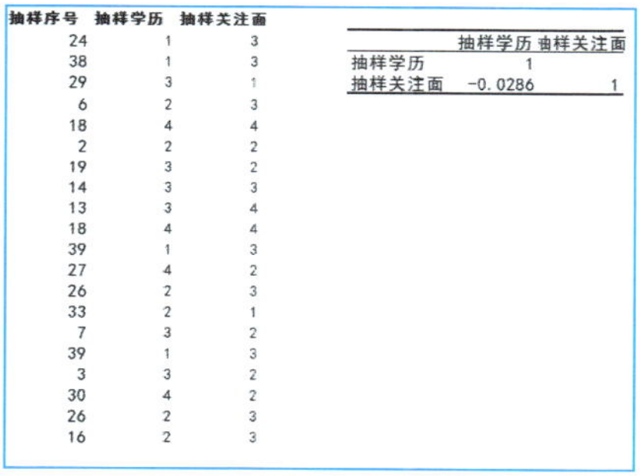

抽样序号	抽样学历	抽样关注面
24	1	3
38	1	3
29	3	1
6	2	3
18	4	4
2	2	2
19	3	2
14	3	3
13	3	4
18	4	4
39	1	3
27	4	2
26	2	3
33	2	1
7	3	2
39	1	3
3	3	2
30	4	2
26	2	3
16	2	3

	抽样学历	抽样关注面
抽样学历	1	
抽样关注面	-0.0286	1

文件179 学历与工作紧迫性相关性分析

若想了解此次调查中，工作紧迫性与学历是否相关，可以使用相关系数来判断，这里使用CORREL函数来计算相关系数。

制作要点与设计效果图

- 使用抽样工具抽取数据
- INDEX函数
- CORREL函数
- 相关系数的判断条件

抽样序号	学历	工作紧迫性
14	3	2
34	2	4
26	2	2
10	1	2
32	2	3
2	2	2
21	3	3
17	2	2
8	2	4
25	1	2
29	3	3
12	4	2
9	2	2
27	4	4
38	1	4
22	2	2
13	3	2
12	4	2
27	4	4
18	4	2

相关系数 0.048685

文件180　有发展前途比重

在调查时，可能会涉及一些对自己在公司有无发展的看法，然后人事部分根据调查统计结果，对其进行抽样分析，得到员工对自己在公司发展前途的看法比重。

制作要点与设计效果图

- 创建三维饼图
- 应用图表布局
- 应用图表样式

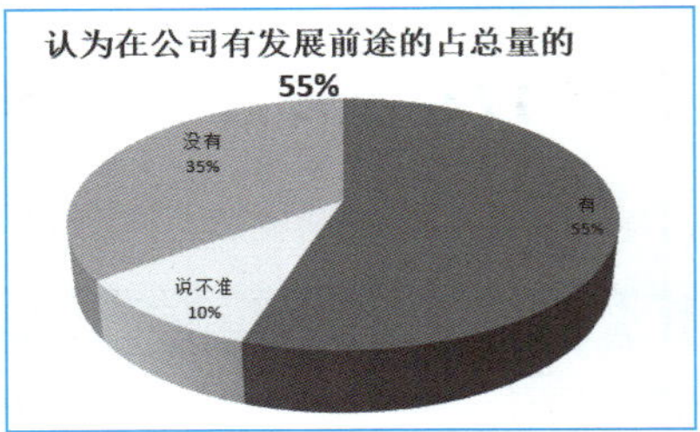

文件181　调查员工学历分布图

在分析员工意见时，可以根据员工学历来了解不同教育程度的员工对公司有何种要求，可以有针对性地了解员工情况。

制作要点与设计效果图

- 抽样分析工具的使用
- 创建柱形图
- 隐藏纵坐标轴及网络线
- 添加文本框

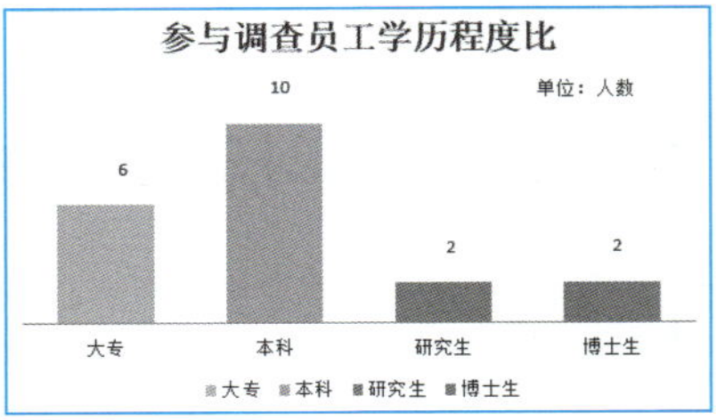

Excel

第15章

员工工资管理表格

工资是指雇主或者用人单位依据法律规定、行业规定、根据与员工之间的约定，以货币形式对员工的劳动所支付的报酬。员工薪酬管理指对员工的基本工资、奖金、红利等进行统计，整理和分析等管理。企业只有合理地制定薪酬评估与管理体系，才能更好地利用薪酬机制提高员工工作的积极性，激发员工的工作热情。

在实际工作表中，常用的员工薪酬管理表格有基本工资表、员工工资明细表、员工工资条、各部门平均工资透视图表、上半年平均工资趋势图表等。

编号	文件名称	对应的数据源	重要星级
文件182	基本工资表	第15章\文件182 基本工资表.xlsx	★★★★★
文件183	员工工资明细表	第15章\文件183 员工工资明细表.xlsx	★★★★★
文件184	员工工资条	第15章\文件184 员工工资条.xlsx	★★★★★
文件185	各部门平均工资透视图表	第15章\文件185 各部门平均工资透视图表.xlsx	★★★★
文件186	上半年平均工资趋势图表	第15章\文件186 上半年平均工资趋势图表.xlsx	★★★★
文件187	员工工资查询表	第15章\文件187 员工工资查询表.xlsx	★★★
文件188	员工工资转账表	第15章\文件188 员工工资转账表.xlsx	★★★
文件189	员工工资级数评定表	第15章\文件189 员工工资级数评定表.xlsx	★★★
文件190	计件工资计算表	第15章\文件190 计件工资计算表.xlsx	★★★
文件191	变更工资申请表	第15章\文件191 变更工资申请表.xlsx	★★★
文件192	员工工资动态分析表	第15章\文件192 员工工资动态分析表.xlsx	★★★
文件193	各等级薪资分布情况	第15章\文件193 各等级薪资分布情况.xlsx	★★★
文件194	员工工龄统计表	第15章\文件194 员工工龄统计表.xlsx	★★★

文件182 基本工资表

根据工作性质不同，员工的工资结构也不同。一般企业，基本工资主要包括两个部分，基本工资和岗位工资。基本工资由员工的工资等级来决定，而岗位工资则由员工所在工作岗位来决定。

制作要点与设计效果图

- 设置下拉列表
- 设置屏幕提示
- IF函数

基本工资表

公司名称　　华云信息有限公司　　单位：元

工资等级	基本工资	岗位	岗位工资	基本工资小计
试用期	1200	普通	50	1250
员工一级	1500	普通	50	1550
员工一级	1500	普通	50	1550
员工一级	1500	普通	50	1550
员工一级	1500	技术一级	350	1850
员工二级	1900	普通	50	1950
员工三级	2300	技术一级	350	2650
员工三级	2300	技术二级	600	2900
员工二级	1900	管理	250	2150
员工二级	1900	技术二级	600	2500
员工四级	2700	管理	250	2950
员工四级	2700	技术二级	600	3300
试用期	1200	普通	50	1250
试用期	1200	普通	50	1250
员工一级	1500	技术二级	600	2100
员工二级	1900	普通	50	1950
员工一级	1500	技术一级	350	1850
员工二级	1900	技术二级	600	2500
员工一级	1500	普通	50	1550
员工三级	2300	管理	250	2550

文件设计过程

步骤1：创建新工作表

新建工作簿，保存为“基本工资表”，将Sheet1工作表重命名为“基本工资表”，接着在工作表中输入表格标题和行列标识，设置后效果如图15-1所示。

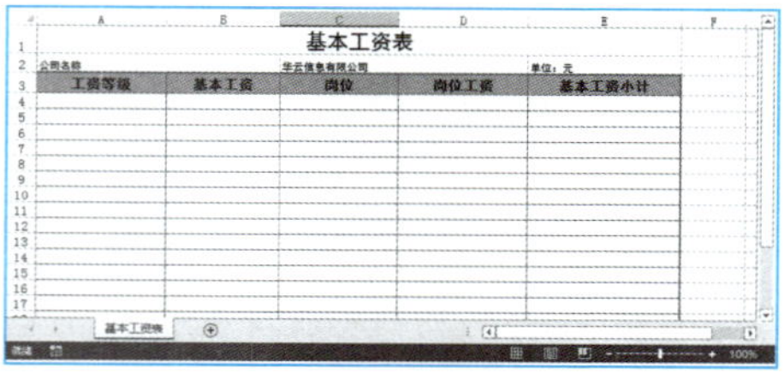

图15-1

步骤2：设置工资等级下拉菜单

❶ 选中A4:A23单元格区域，切换到“数据”选项卡，在“数据工具”组中单击“数据验证”按钮（如图15-2所示），打开“数据验证”对话框。

❷ 单击“允许”下拉按钮，在下拉菜单中单击“序列”（如图15-3所示），在“来源”文本框中输入“试用期,员工一级,员工二级,员工三级,员工四级”，如图15-4所示。

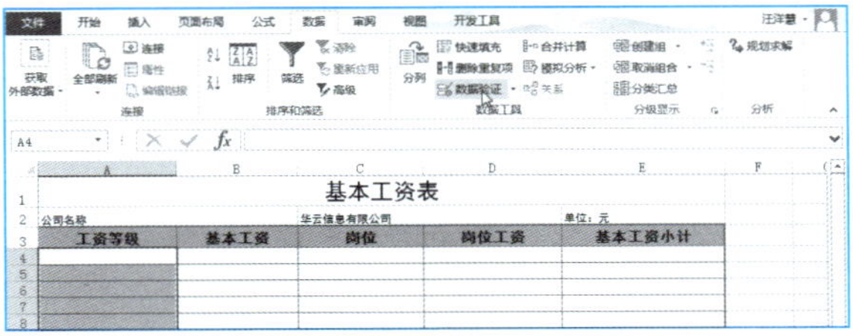

图15-2

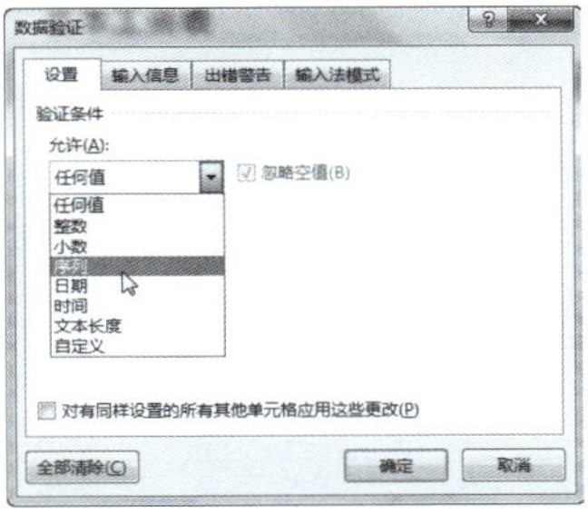

图15-3

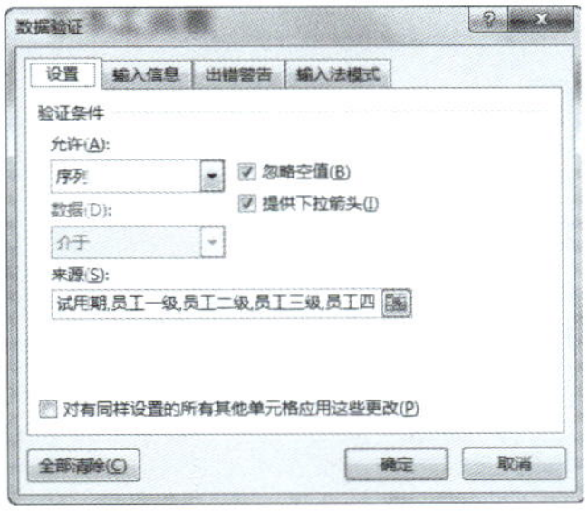

图15-4

3 单击“输入信息”标签，在“标题”文本框中输入标题“请选择员工等级！！”，接着在输入信息列表框中输入信息，如图15-5所示。

4 单击“确定”按钮，返回工作表中，选中“二资等级”列标识下任意单元格，屏幕上会显示出输入的提示信息，单击单元格右侧的下拉按钮，在其下拉菜单中选择员工等级，如图15-6所示。

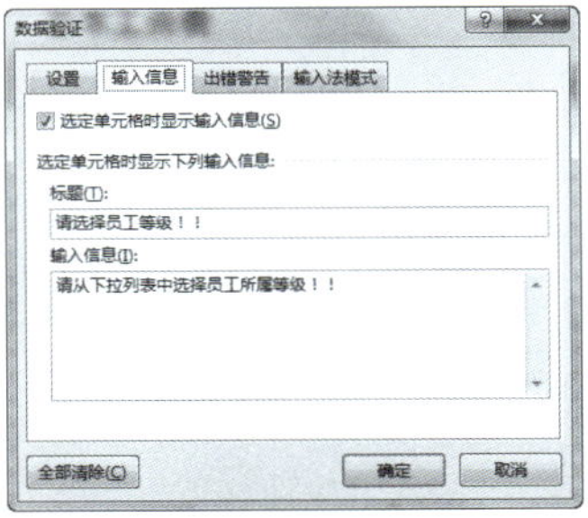

图15-5

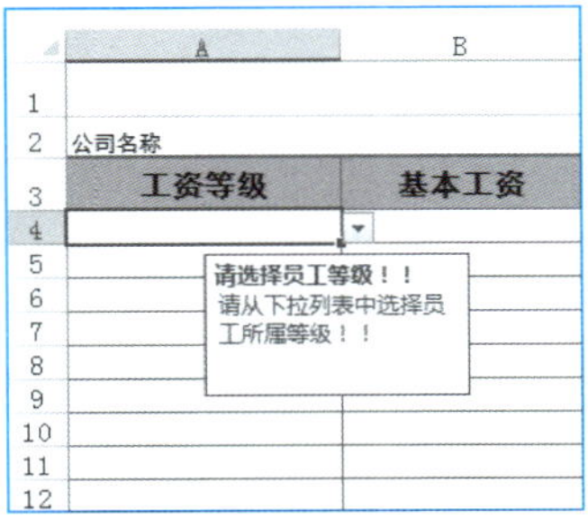

图15-6

步骤3：设置岗位下拉菜单

1 选中C4:C23单元格区域，切换到“数据”选项卡，在“数据工具”选项组单击“数据验证”按钮（如图15-7所示），打开“数据有效性”对话框。

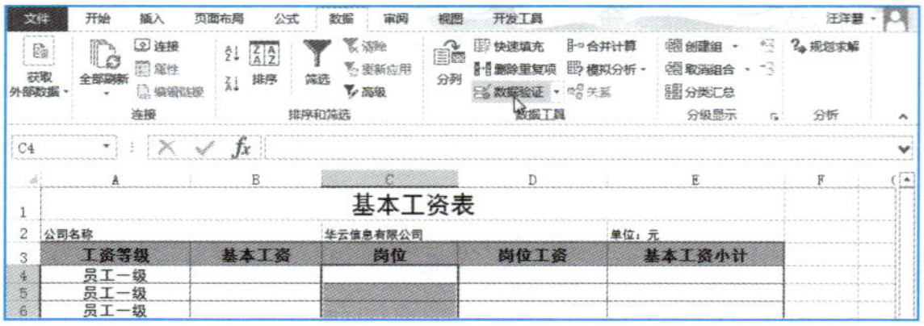

图15-7

❷ 在“允许”下拉菜单中单击“序列”，在“来源”文本框中输入“普通,管理,技术一级,技术二级”，如图15-8所示。

❸ 单击“确定”按钮，返回工作表中，单击“岗位”列标识下任意单元格右侧下拉按钮，在其下拉菜单中选择工作岗位，如图15-9所示。

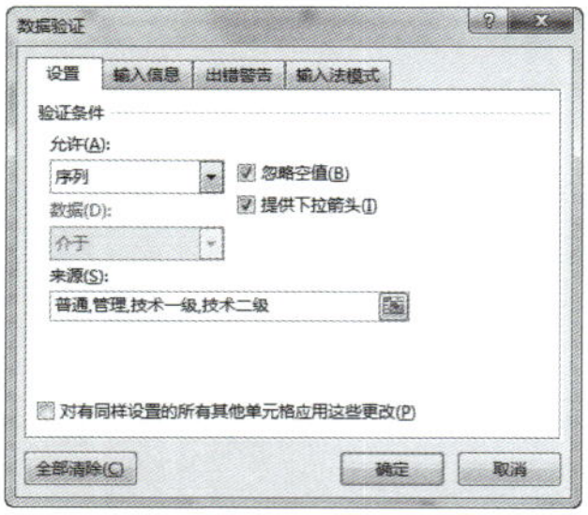

图15-8

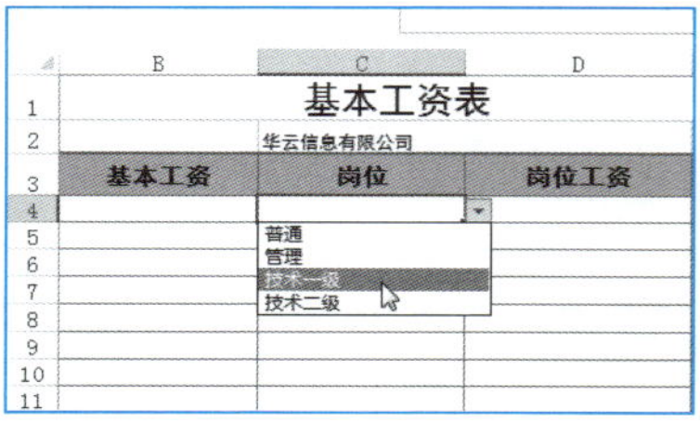

图15-9

步骤4：设置公式计算基本工资

❶ 选中B4单元格，在公式编辑栏中输入公式“=IF(A4="试用期",1200,IF(A4="员工一级",1500,IF(A4="员工二级",1900,IF(A4="员工三级",2300,2700))))，按Enter键后向下复制公式，即可根据工资等级计算出员工的基本工资，如图15-10所示。

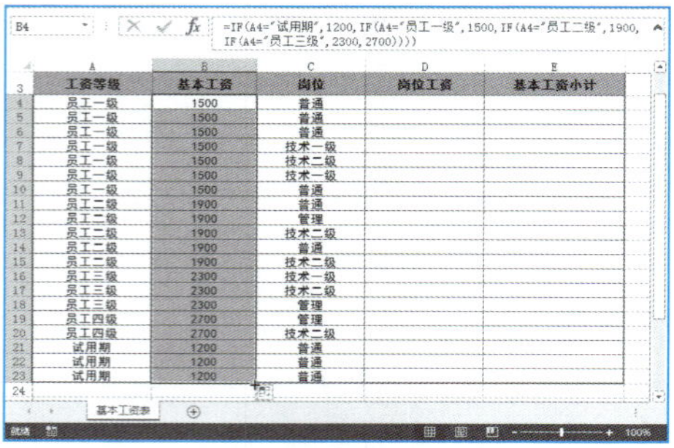

图15-10

2 选中D4单元格，在公式编辑栏中输入公式"=IF(C4="普通",50,IF(C4="管理",250,IF(C4="技术一级",350,IF(C4="技术二级",600,0))))，按Enter键后向下复制公式，即可根据岗位等级计算出员工的岗位工资，如图15-11所示。

D4　=IF(C4="普通",50,IF(C4="管理",250,IF(C4="技术一级",350,IF(C4="技术二级",600,0))))

工资等级	基本工资	岗位	岗位工资	基本工资小计
员工一级	1500	普通	50	
员工一级	1500	普通	50	
员工一级	1500	普通	50	
员工一级	1500	技术一级	350	
员工一级	1500	技术二级	600	
员工一级	1500	技术一级	350	
员工一级	1500	普通	50	
员工二级	1900	普通	50	
员工二级	1900	管理	250	
员工二级	1900	技术二级	600	
员工二级	1900	普通	50	
员工二级	1900	技术二级	600	
员工三级	2300	技术一级	350	
员工三级	2300	技术二级	600	
员工三级	2300	管理	250	
员工四级	2700	管理	250	
员工四级	2700	技术二级	600	
试用期	1200	普通	50	
试用期	1200	普通	50	
试用期	1200	普通	50	

基本工资表

向外拖动选定区域，可以扩展或填充序列；向内拖动则进行清除　100%

图15-11

3 选中E4单元格，在公式编辑栏中输入公式："=B4+D4"，按Enter键后向下复制公式，即可计算出不同等级和不同岗位工资的基本工资小计，如图15-12所示。

E4　=B4+D4

工资等级	基本工资	岗位	岗位工资	基本工资小计
员工一级	1500	普通	50	1550
员工一级	1500	普通	50	1550
员工一级	1500	普通	50	1550
员工一级	1500	技术一级	350	1850
员工一级	1500	技术二级	600	2100
员工一级	1500	技术一级	350	1850
员工一级	1500	普通	50	1550
员工二级	1900	普通	50	1950
员工二级	1900	管理	250	2150
员工二级	1900	技术二级	600	2500
员工二级	1900	普通	50	1950
员工二级	1900	技术二级	600	2500
员工三级	2300	技术一级	350	2650
员工三级	2300	技术二级	600	2900
员工三级	2300	管理	250	2550
员工四级	2700	管理	250	2950
员工四级	2700	技术二级	600	3300
试用期	1200	普通	50	1250
试用期	1200	普通	50	1250
试用期	1200	普通	50	1250

图15-12

文件183　员工工资明细表

员工工资明细表中反映了组成员工工资的不同数据，包括基本工资、岗位工资、工龄工资、奖金、出勤扣款、社保扣款、个人所得税扣款等。员工工资明细表是将不同工作表中显示的工资组成部分合计到一张明细表中，并计算出员工实发工资额。

制作要点与设计效果图

- VLOOKUP函数
- IH函数
- ISERROR函数
- INDEX函数
- MATCH函数

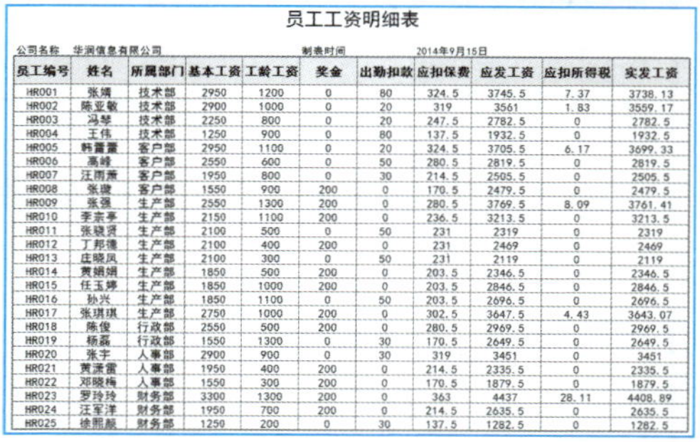

员工工资明细表

公司名称 华润信息有限公司 制表时间 2014年9月15日

员工编号	姓名	所属部门	基本工资	工龄工资	奖金	出勤扣款	应扣保费	应发工资	应扣所得税	实发工资
HR001	张婧	技术部	2950	1200	0	80	324.5	3745.5	7.37	3738.13
HR002	陈亚敏	技术部	2900	1000	0	20	319	3561	1.83	3559.17
HR003	冯琴	技术部	2250	800	0	20	247.5	2782.5	0	2782.5
HR004	王伟	技术部	1250	900	0	80	137.5	1932.5	0	1932.5
HR005	韩蕾蕾	客户部	2950	1100	0	20	324.5	3705.5	6.17	3699.33
HR006	高峰	客户部	2550	600	0	50	280.5	2819.5	0	2819.5
HR007	汪雨萧	客户部	1950	800	0	30	214.5	2505.5	0	2505.5
HR008	张璇	客户部	1550	900	200	0	170.5	2479.5	0	2479.5
HR009	张强	生产部	2550	1300	200	0	280.5	3769.5	8.09	3761.41
HR010	李宗亭	生产部	2150	1100	200	0	236.5	3213.5	0	3213.5
HR011	张骁贤	生产部	2100	500	0	50	231	2319	0	2319
HR012	丁邦德	生产部	2100	400	200	0	231	2469	0	2469
HR013	庄晓凤	生产部	2100	300	0	50	231	2119	0	2119
HR014	黄娟娟	生产部	1850	500	200	0	203.5	2346.5	0	2346.5
HR015	任玉婷	生产部	1850	1000	200	0	203.5	2846.5	0	2846.5
HR016	孙兴	生产部	1850	1100	0	50	203.5	2696.5	0	2696.5
HR017	张琪琪	生产部	2750	1000	200	0	302.5	3647.5	4.43	3643.07
HR018	陈俊	行政部	2550	500	200	0	280.5	2969.5	0	2969.5
HR019	杨磊	行政部	1550	1300	0	30	170.5	2649.5	0	2649.5
HR020	张宇	人事部	2900	900	0	30	319	3451	0	3451
HR021	黄潇雷	人事部	1950	400	200	0	214.5	2335.5	0	2335.5
HR022	邓晓梅	人事部	1550	300	200	0	170.5	1879.5	0	1879.5
HR023	罗玲玲	财务部	3300	1300	200	0	363	4437	28.11	4408.89
HR024	汪军洋	财务部	1950	700	200	0	214.5	2635.5	0	2635.5
HR025	徐熙靓	财务部	1250	200	0	30	137.5	1282.5	0	1282.5

文件设计过程

步骤1：引用员工档案工作表进行计算

① 打开"员工档案"工作表，选中G3单元格，在公式编辑栏中输入公式"=VLOOKUP(E3,基本工资表!$A$3:$B$22,2,FALSE)+VLOOKUP(F3,基本工资表!$C$3:$D$22,2,FALSE)"，按Enter键后向下复制公式，即可计算出员工的基本工资，如图15-13所示。

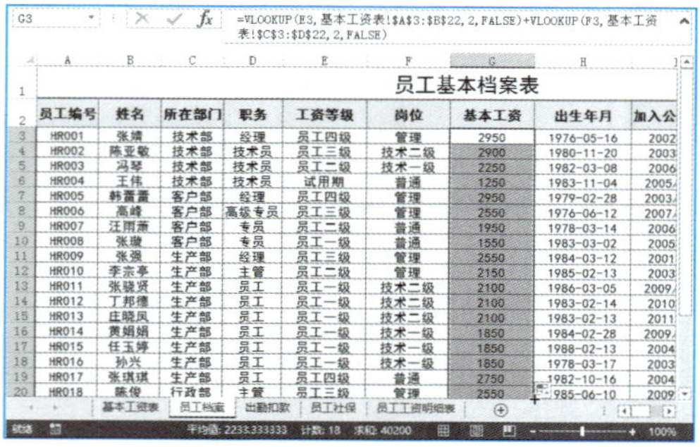

G3 =VLOOKUP(E3,基本工资表!$A$3:$B$22,2,FALSE)+VLOOKUP(F3,基本工资表!$C$3:$D$22,2,FALSE)

员工基本档案表

员工编号	姓名	所在部门	职务	工资等级	岗位	基本工资	出生年月	加入公
HR001	张婧	技术部	经理	员工四级	管理	2950	1976-05-16	2002
HR002	陈亚敏	技术部	技术员	员工三级	技术二级	2900	1980-11-20	2003
HR003	冯琴	技术部	技术员	员工二级	技术一级	2250	1982-03-08	2006
HR004	王伟	技术部	技术员	试用期	普通	1250	1983-11-04	2005
HR005	韩蕾蕾	客户部	经理	员工四级	管理	2950	1979-02-28	2003
HR006	高峰	客户部	高级专员	员工三级	管理	2550	1976-06-12	2007
HR007	汪雨萧	客户部	专员	员工二级	普通	1950	1978-03-14	2006
HR008	张璇	客户部	专员	员工一级	普通	1550	1983-03-02	2005
HR009	张强	生产部	经理	员工三级	管理	2550	1984-03-12	2001
HR010	李宗亭	生产部	主管	员工二级	管理	2150	1985-02-13	2003
HR011	张骁贤	生产部	员工	员工一级	技术二级	2100	1986-03-05	2009
HR012	丁邦德	生产部	员工	员工一级	技术二级	2100	1983-02-14	2010
HR013	庄晓凤	生产部	员工	员工一级	技术二级	2100	1983-02-13	2011
HR014	黄娟娟	生产部	员工	员工一级	技术一级	1850	1984-02-28	2009
HR015	任玉婷	生产部	员工	员工一级	技术一级	1850	1988-02-13	2004
HR016	孙兴	生产部	员工	员工一级	技术一级	1850	1978-03-17	2003
HR017	张琪琪	生产部	员工	员工四级	普通	2750	1982-10-16	2004
HR018	陈俊	行政部	主管	员工三级	管理	2550	1985-06-10	2009

图15-13

② 打开"员工工资明细表"，选中A4单元格，在公式编辑栏中输入公式："=员工档案!A3"，按Enter键后向下向右填充到C4单元格，即可得到第1位员工基本信息，如图15-14所示。

③ 将鼠标移动到A4:C4单元格区域，拖动填充柄向下复制公式，即可得到其他员工的基本信息，如图15-15所示。

④ 选中D4单元格，在公式编辑栏中输入公式"=VLOOKUP($A4,员工档案!$A$1:$K$26,7,FALSE)"，按Enter键后向下复制公式，即可从员工档案工作表中引用基本工资，如图15-16所示。

A4　=员工档案!A3

员工编号	姓名	所属部门	基本工资	工龄工资
HR001	张婧	技术部		

图15-14

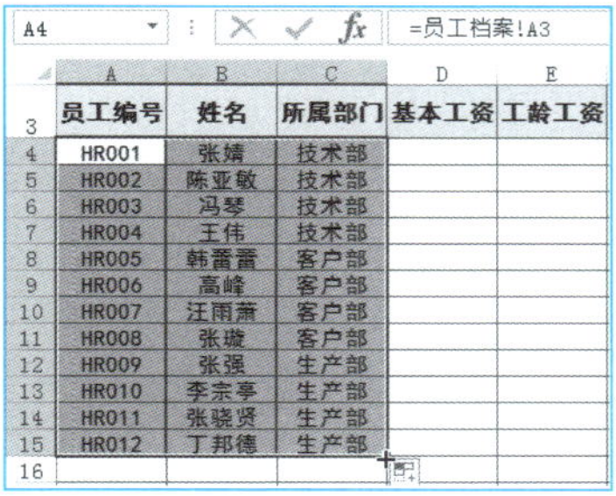

A4　=员工档案!A3

员工编号	姓名	所属部门	基本工资	工龄工资
HR001	张婧	技术部		
HR002	陈亚敏	技术部		
HR003	冯琴	技术部		
HR004	王伟	技术部		
HR005	韩蕾蕾	客户部		
HR006	高峰	客户部		
HR007	汪雨萧	客户部		
HR008	张璇	客户部		
HR009	张强	生产部		
HR010	李宗亭	生产部		
HR011	张骁贤	生产部		
HR012	丁邦德	生产部		

图15-15

E4　=VLOOKUP($A4,员工档案!$A$1:$K$26,10,FALSE)*100

员工编号	姓名	所属部门	基本工资	工龄工资	奖金	出勤扣款	应扣保费	应发工
HR001	张婧	技术部	2950	1200				
HR002	陈亚敏	技术部	2900	1000				
HR003	冯琴	技术部	2250	800				
HR004	王伟	技术部	1250	900				
HR005	韩蕾蕾	客户部	2950	1100				
HR006	高峰	客户部	2550	600				
HR007	汪雨萧	客户部	1950	800				
HR008	张璇	客户部	1550	900				
HR009	张强	生产部	2550	1300				
HR010	李宗亭	生产部	2150	1100				
HR011	张骁贤	生产部	2100	500				
HR012	丁邦德	生产部	2100	400				
HR013	庄晓凤	生产部	2100	300				
HR014	黄娟娟	生产部	1850	500				

图15-16

5 选中E4单元格，在公式编辑栏中输入公式“=VLOOKUP($A4,员工档案!$A$1:$K$26,10,FALSE)*100”，按Enter键后向下复制公式，即可从员工档案工作表中引用工龄并计算出工龄工资，如图15-17所示。

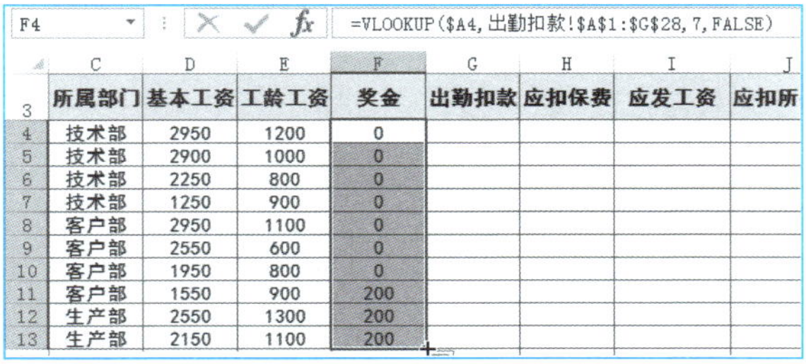

F4　=VLOOKUP($A4,出勤扣款!$A$1:$G$28,7,FALSE)

所属部门	基本工资	工龄工资	奖金	出勤扣款	应扣保费	应发工资	应扣所
技术部	2950	1200	0				
技术部	2900	1000	0				
技术部	2250	800	0				
技术部	1250	900	0				
客户部	2950	1100	0				
客户部	2550	600	0				
客户部	1950	800	0				
客户部	1550	900	200				
生产部	2550	1300	200				
生产部	2150	1100	200				

图15-17

步骤2：引用其他数据并计算

1 选中F4单元格，在公式编辑栏中输入公式“=VLOOKUP($A4,出勤扣款!$A$1:$G$28,7,FALSE)”，按Enter键后向下复制公式，即可从考勤扣款工作表中引用员工满勤奖，如图15-18所示。

F4 =VLOOKUP($A4,出勤扣款!$A$1:$G$28,7,FALSE)

	C	D	E	F	G	H	I	J
3	所属部门	基本工资	工龄工资	奖金	出勤扣款	应扣保费	应发工资	应扣所得税
4	技术部	2950	1200	0				
5	技术部	2900	1000	0				
6	技术部	2250	800	0				
7	技术部	1250	900	0				
8	客户部	2950	1100	0				
9	客户部	2550	600	0				
10	客户部	1950	800	0				
11	客户部	1550	900	200				
12	生产部	2550	1300	200				
13	生产部	2150	1100	200				
14	生产部	2100	500	0				

图15-18

❷ 选中G4单元格，在公式编辑栏中输入公式"=VLOOKUP($A4,出勤扣款!$A$1:$G$28,6,FALSE)"，按Enter键后向下复制公式，即可从考勤扣款工作表中引用员工扣款合计，如图15-19所示。

G4 =VLOOKUP($A4,出勤扣款!$A$1:$G$28,6,FALSE)

	C	D	E	F	G	H	I	J
3	所属部门	基本工资	工龄工资	奖金	出勤扣款	应扣保费	应发工资	应扣所得税
4	技术部	2950	1200	0	80			
5	技术部	2900	1000	0	20			
6	技术部	2250	800	0	20			
7	技术部	1250	900	0	80			
8	客户部	2950	1100	0	20			
9	客户部	2550	600	0	50			
10	客户部	1950	800	0	30			
11	客户部	1550	900	200	0			
12	生产部	2550	1300	200	0			

图15-19

❸ 选中H4单元格，在公式编辑栏中输入公式"=VLOOKUP($A4,员工社保!$A$1:$G$28,7,FALSE)"，按Enter键后向下复制公式，即可从员工社保工作表中引用员工社保合计，如图15-20所示。

H4 =VLOOKUP($A4,员工社保!$A$1:$G$28,7,FALSE)

	C	D	E	F	G	H	I	J	K
3	所属部门	基本工资	工龄工资	奖金	出勤扣款	应扣保费	应发工资	应扣所得税	实发工资
4	技术部	2950	1200	0	80	324.5			
5	技术部	2900	1000	0	20	319			
6	技术部	2250	800	0	20	247.5			
7	技术部	1250	900	0	80	137.5			
8	客户部	2950	1100	0	20	324.5			
9	客户部	2550	600	0	50	280.5			
10	客户部	1950	800	0	30	214.5			
11	客户部	1550	900	200	0	170.5			
12	生产部	2550	1300	200	0	280.5			
13	生产部	2150	1100	200	0	236.5			
14	生产部	2100	500	0	50	231			
15	生产部	2100	400	200	0	231			
16	生产部	2100	300	0	50	231			
17	生产部	1850	500	200	0	203.5			
18	生产部	1850	1000	200	0	203.5			
19	生产部	1850	1100	0	50	203.5			
20	生产部	2750	1000	200	0	302.5			
21	行政部	2550	500	200	0	280.5			
22	行政部	1550	1300	0	30	170.5			
23	人事部	2900	900	0	30	319			
24	人事部	1950	400	200	0	214.5			
25	人事部	1550	300	200	0	170.5			
26	财务部	3300	1300	200	0	363			
27	财务部	1950	700	200	0	214.5			
28	财务部	1250	200	0	30	137.5			

基本工资表 | 员工档案 | 出勤扣款 | 员工社保 | 员工工资明细表

就绪 平均值: 240.46 计数: 25 求和: 6011.5

图15-20

❹ 选中I4单元格，在公式编辑栏中输入公式"=D4+E4+F4+-G4-H4"，按Enter键后向下复制公式，即可计算出员工的应发工资，如图15-21所示。

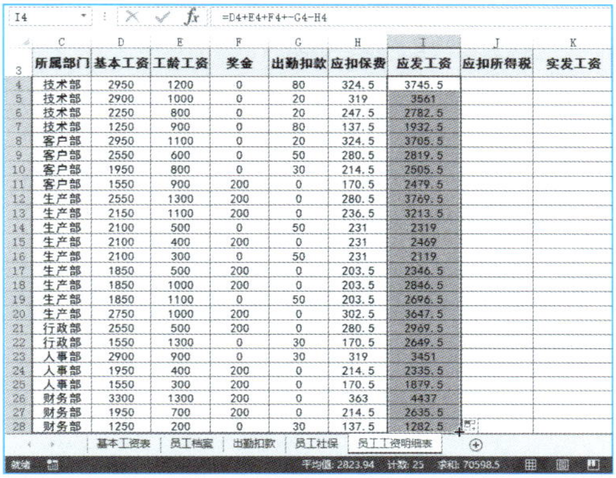

行	所属部门	基本工资	工龄工资	奖金	出勤扣款	应扣保费	应发工资	应扣所得税	实发工资
4	技术部	2950	1200	0	80	324.5	3745.5		
5	技术部	2900	1000	0	20	319	3561		
6	技术部	2250	800	0	20	247.5	2782.5		
7	技术部	1250	900	0	80	137.5	1932.5		
8	客户部	2950	1100	0	20	324.5	3705.5		
9	客户部	2550	600	0	50	280.5	2819.5		
10	客户部	1950	800	0	30	214.5	2505.5		
11	客户部	1550	900	200	0	170.5	2479.5		
12	生产部	2550	1300	200	0	280.5	3769.5		
13	生产部	2150	1100	200	0	236.5	3213.5		
14	生产部	2100	500	0	50	231	2319		
15	生产部	2100	400	200	0	231	2469		
16	生产部	2100	300	0	50	231	2119		
17	生产部	1850	500	200	0	203.5	2346.5		
18	生产部	1850	1000	200	0	203.5	2846.5		
19	生产部	1850	1100	0	50	203.5	2696.5		
20	生产部	2750	1000	200	0	302.5	3647.5		
21	行政部	2550	500	200	0	280.5	2969.5		
22	行政部	1550	1300	0	30	170.5	2649.5		
23	人事部	2900	900	0	30	319	3451		
24	人事部	1950	400	200	0	214.5	2335.5		
25	人事部	1550	300	200	0	170.5	1879.5		
26	财务部	3300	1300	200	0	363	4437		
27	财务部	1950	700	200	0	214.5	2635.5		
28	财务部	1250	200	0	30	137.5	1282.5		

图15-21

5 选中J4单元格，在公式编辑栏中输入公式“=ROUND(MAX((I4-3500)*5%*{0.6,2,4,5,6,7,9}-5*{0,21,111,201,551,1101,2701},0),2)”按Enter键后向下复制公式，即可计算出员工应缴个人所得税，如图15-22所示。

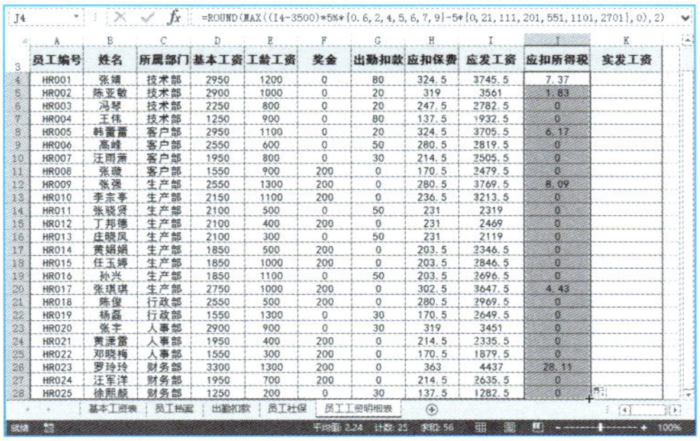

行	员工编号	姓名	所属部门	基本工资	工龄工资	奖金	出勤扣款	应扣保费	应发工资	应扣所得税	实发工资
4	HR001	张靖	技术部	2950	1200	0	80	324.5	3745.5	7.37	
5	HR002	陈亚敏	技术部	2900	1000	0	20	319	3561	1.83	
6	HR003	冯琴	技术部	2250	800	0	20	247.5	2782.5	0	
7	HR004	王伟	技术部	1250	900	0	80	137.5	1932.5	0	
8	HR005	韩蕾蕾	客户部	2950	1100	0	20	324.5	3705.5	6.17	
9	HR006	高峰	客户部	2550	600	0	50	280.5	2819.5	0	
10	HR007	汪雨萧	客户部	1950	800	0	30	214.5	2505.5	0	
11	HR008	张璇	客户部	1550	900	200	0	170.5	2479.5	0	
12	HR009	张强	生产部	2550	1300	200	0	280.5	3769.5	8.09	
13	HR010	李宗亭	生产部	2150	1100	200	0	236.5	3213.5	0	
14	HR011	张骁贤	生产部	2100	500	0	50	231	2319	0	
15	HR012	丁邦德	生产部	2100	400	200	0	231	2469	0	
16	HR013	庄晓凤	生产部	2100	300	0	50	231	2119	0	
17	HR014	黄娟娟	生产部	1850	500	200	0	203.5	2346.5	0	
18	HR015	任玉婷	生产部	1850	1000	200	0	203.5	2846.5	0	
19	HR016	孙兴	生产部	1850	1100	0	50	203.5	2696.5	0	
20	HR017	张琪琪	生产部	2750	1000	200	0	302.5	3647.5	4.43	
21	HR018	陈俊	行政部	2550	500	200	0	280.5	2969.5	0	
22	HR019	杨磊	行政部	1550	1300	0	30	170.5	2649.5	0	
23	HR020	张宇	人事部	2900	900	0	30	319	3451	0	
24	HR021	黄潇露	人事部	1950	400	200	0	214.5	2335.5	0	
25	HR022	邓晓梅	人事部	1550	300	200	0	170.5	1879.5	0	
26	HR023	罗玲玲	财务部	3300	1300	200	0	363	4437	28.11	
27	HR024	汪军洋	财务部	1950	700	200	0	214.5	2635.5	0	
28	HR025	徐熙颜	财务部	1250	200	0	30	137.5	1282.5	0	

图15-22

6 选中K4单元格，在公式编辑栏中输入公式“=I4-J4”按Enter键后向下复制公式，即可计算出员工的实发工资，如图15-23所示。

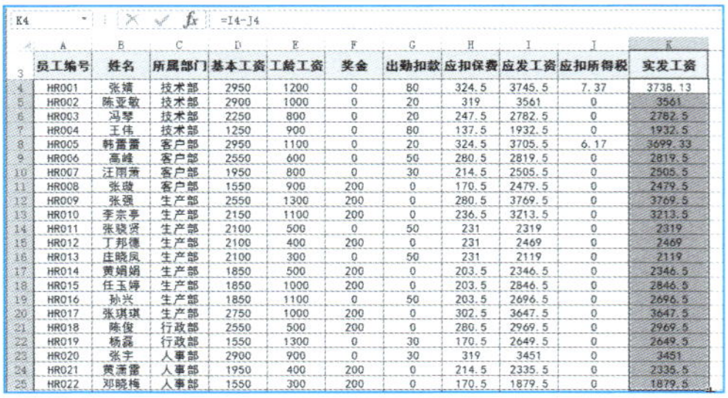

行	员工编号	姓名	所属部门	基本工资	工龄工资	奖金	出勤扣款	应扣保费	应发工资	应扣所得税	实发工资
4	HR001	张靖	技术部	2950	1200	0	80	324.5	3745.5	7.37	3738.13
5	HR002	陈亚敏	技术部	2900	1000	0	20	319	3561	0	3561
6	HR003	冯琴	技术部	2250	800	0	20	247.5	2782.5	0	2782.5
7	HR004	王伟	技术部	1250	900	0	80	137.5	1932.5	0	1932.5
8	HR005	韩蕾蕾	客户部	2950	1100	0	20	324.5	3705.5	6.17	3699.33
9	HR006	高峰	客户部	2550	600	0	50	280.5	2819.5	0	2819.5
10	HR007	汪雨萧	客户部	1950	800	0	30	214.5	2505.5	0	2505.5
11	HR008	张璇	客户部	1550	900	200	0	170.5	2479.5	0	2479.5
12	HR009	张强	生产部	2550	1300	200	0	280.5	3769.5	0	3769.5
13	HR010	李宗亭	生产部	2150	1100	200	0	236.5	3213.5	0	3213.5
14	HR011	张骁贤	生产部	2100	500	0	50	231	2319	0	2319
15	HR012	丁邦德	生产部	2100	400	200	0	231	2469	0	2469
16	HR013	庄晓凤	生产部	2100	300	0	50	231	2119	0	2119
17	HR014	黄娟娟	生产部	1850	500	200	0	203.5	2346.5	0	2346.5
18	HR015	任玉婷	生产部	1850	1000	200	0	203.5	2846.5	0	2846.5
19	HR016	孙兴	生产部	1850	1100	0	50	203.5	2696.5	0	2696.5
20	HR017	张琪琪	生产部	2750	1000	200	0	302.5	3647.5	0	3647.5
21	HR018	陈俊	行政部	2550	500	200	0	280.5	2969.5	0	2969.5
22	HR019	杨磊	行政部	1550	1300	0	30	170.5	2649.5	0	2649.5
23	HR020	张宇	人事部	2900	900	0	30	319	3451	0	3451
24	HR021	黄潇露	人事部	1950	400	200	0	214.5	2335.5	0	2335.5
25	HR022	邓晓梅	人事部	1550	300	200	0	170.5	1879.5	0	1879.5

图15-23

文件184　员工工资条

工资条具有保密性，为了使每位员工清楚自己的工资情况，但又不希望泄露其他员工的工资情况这时就需要为每一位员工发放工资条。工资条与普通表格不同之处在于每一条记录都需要对应一个行标题。

制作要点与设计效果图

- VLOOKUP函数
- MOD函数
- IF函数
- INDEX函数
- ROW、COLUMN函数

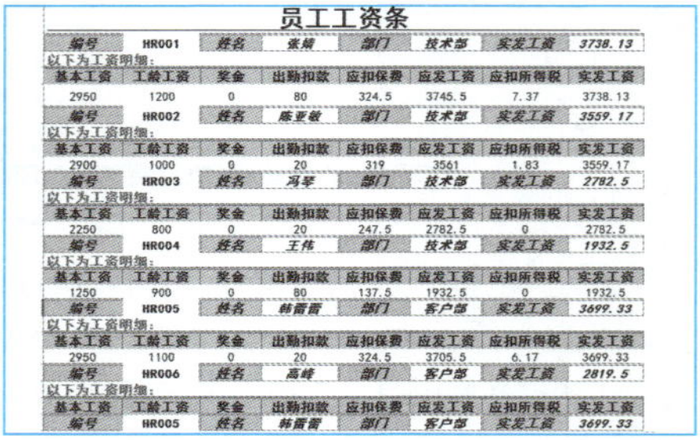

员工工资条

编号	HR001	姓名	张婧	部门	技术部	实发工资	3738.13
以下为工资明细：							
基本工资	工龄工资	奖金	出勤扣款	应扣保费	应发工资	应扣所得税	实发工资
2950	1200	0	80	324.5	3745.5	7.37	3738.13
编号	HR002	姓名	陈亚敏	部门	技术部	实发工资	3559.17
以下为工资明细：							
基本工资	工龄工资	奖金	出勤扣款	应扣保费	应发工资	应扣所得税	实发工资
2900	1000	0	20	319	3561	1.83	3559.17
编号	HR003	姓名	冯琴	部门	技术部	实发工资	2782.5
以下为工资明细：							
基本工资	工龄工资	奖金	出勤扣款	应扣保费	应发工资	应扣所得税	实发工资
2250	800	0	20	247.5	2782.5	0	2782.5
编号	HR004	姓名	王伟	部门	技术部	实发工资	1932.5
以下为工资明细：							
基本工资	工龄工资	奖金	出勤扣款	应扣保费	应发工资	应扣所得税	实发工资
1250	900	0	80	137.5	1932.5	0	1932.5
编号	HR005	姓名	韩蕾蕾	部门	客户部	实发工资	3699.33
以下为工资明细：							
基本工资	工龄工资	奖金	出勤扣款	应扣保费	应发工资	应扣所得税	实发工资
2950	1100	0	20	324.5	3705.5	6.17	3699.33
编号	HR006	姓名	高峰	部门	客户部	实发工资	2819.5
以下为工资明细：							
基本工资	工龄工资	奖金	出勤扣款	应扣保费	应发工资	应扣所得税	实发工资
编号	HR005	姓名	韩蕾蕾	部门	客户部	实发工资	3699.33

文件设计过程

步骤1：定义名称

切换到“员工工资明细表”工作表中，选中从第3行开始的数据编辑区域，在名称编辑框中定义其名称为“工资明细表”，如图15-24所示。

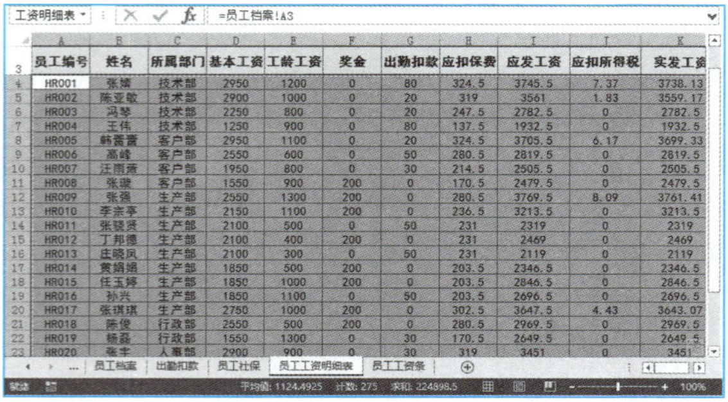

员工编号	姓名	所属部门	基本工资	工龄工资	奖金	出勤扣款	应扣保费	应发工资	应扣所得税	实发工资
HR001	张婧	技术部	2950	1200	0	80	324.5	3745.5	7.37	3738.13
HR002	陈亚敏	技术部	2900	1000	0	20	319	3561	1.83	3559.17
HR003	冯琴	技术部	2250	800	0	20	247.5	2782.5	0	2782.5
HR004	王伟	技术部	1250	900	0	80	137.5	1932.5	0	1932.5
HR005	韩蕾蕾	客户部	2950	1100	0	20	324.5	3705.5	6.17	3699.33
HR006	高峰	客户部	2550	600	0	50	280.5	2819.5	0	2819.5
HR007	汪雨燕	客户部	1950	800	0	30	214.5	2505.5	0	2505.5
HR008	张璇	客户部	1550	900	200	0	170.5	2479.5	0	2479.5
HR009	张强	生产部	2550	1300	200	0	280.5	3769.5	8.09	3761.41
HR010	李宗亭	生产部	2150	1100	200	0	236.5	3213.5	0	3213.5
HR011	张骏贤	生产部	2100	500	0	50	231	2319	0	2319
HR012	丁邦德	生产部	2100	400	200	0	231	2469	0	2469
HR013	庄晓凤	生产部	2100	300	0	50	231	2119	0	2119
HR014	黄娟娟	生产部	1850	500	200	0	203.5	2346.5	0	2346.5
HR015	任玉婷	生产部	1850	1000	200	0	203.5	2846.5	0	2846.5
HR016	孙兴	生产部	1850	1100	0	50	203.5	2696.5	0	2696.5
HR017	张琪琪	生产部	2750	1000	200	0	302.5	3647.5	4.43	3643.07
HR018	陈俊	行政部	2550	500	200	0	280.5	2969.5	0	2969.5
HR019	杨磊	行政部	1550	1300	0	30	170.5	2649.5	0	2649.5
HR020	张宇	人事部	2900	900	0	30	319	3451	0	3451

图15-24

步骤2：使用VLOOKUP函数引用基本信息

❶ 插入新工作表，重命名为“员工工资条”，规划好工资条的结构，建立标识并预留出显示值的区域，设置好编辑区域的文字格式、边框底纹等，如图15-25所示。

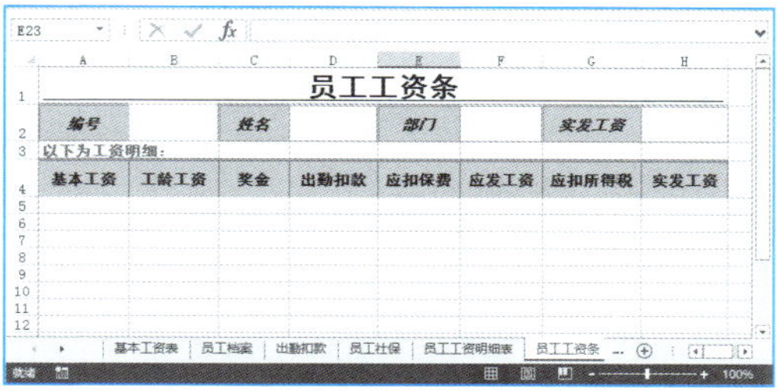

图15-25

2 在B2单元格中输入第1位员工的编号，接着选中D2单元格，输入公式：“=VLOOKUP(B2,工资明细表,2)”按Enter键，即可返回第一位员工的姓名，如图15-26所示。

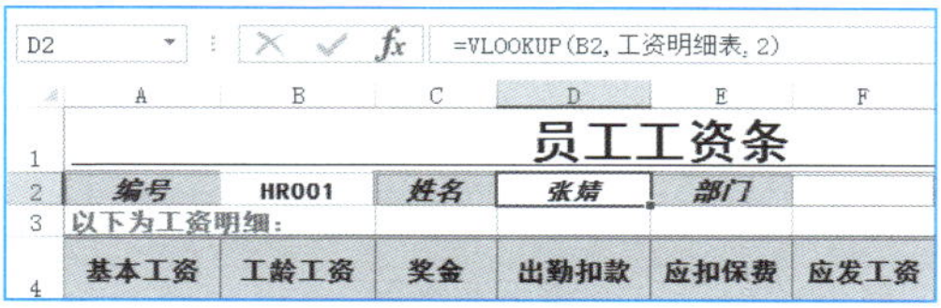

图15-26

3 选中F2单元格，输入公式：“=VLOOKUP(B2,工资明细表,3)”，按Enter键，即可返回第一位员工的所属部门，如图15-27所示。

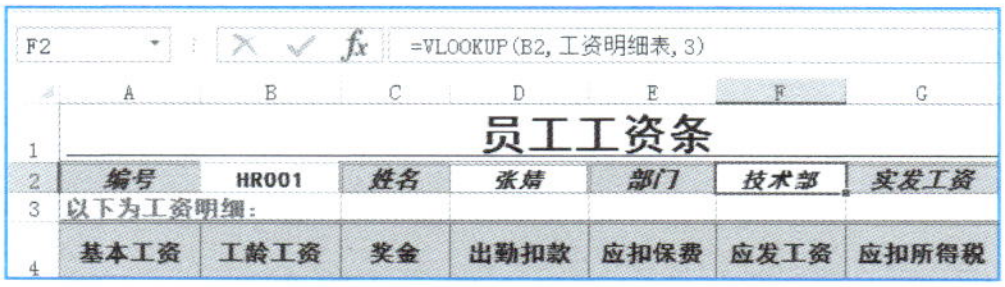

图15-27

4 选中H2单元格，输入公式：“=VLOOKUP(B2,工资明细表,11)”，按Enter键，即可返回第一位员工的实发工资，如图15-28所示。

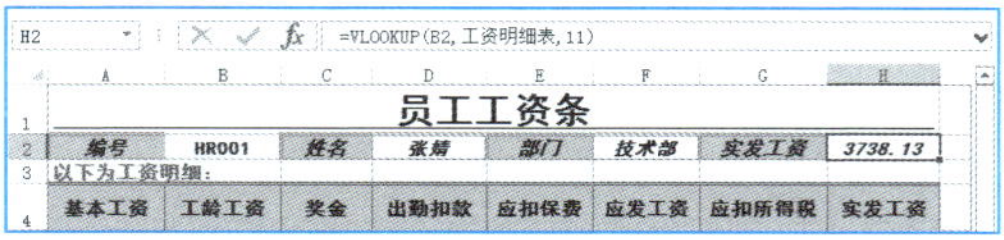

图15-28

步骤3：使用VLOOKUP函数引用工资信息

1 选中A5单元格，输入公式：“=VLOOKUP($B2,工资明细表,COLUMN(D1))”按Enter键，即可返回第一位员工的基本工资，如图15-29所示。

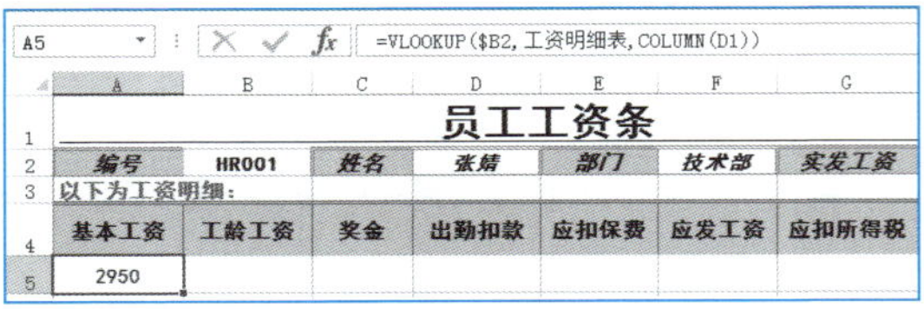

A5 =VLOOKUP($B2,工资明细表,COLUMN(D1))

员工工资条						
编号	HR001	姓名	张婧	部门	技术部	实发工资
以下为工资明细:						
基本工资	工龄工资	奖金	出勤扣款	应扣保费	应发工资	应扣所得税
2950						

图15-29

公式分析:

=VLOOKUP($B2,工资明细表,COLUMN(D1))表示在定义为“工资明细表”的单元格区域查找与B2单元格相同的员工编号，并返回编号所在单元格指定的序列号，然后在A5单元格中以水平数组的方式返回D1列号。

2 选中A5单元格，将光标定位到该单元格右下角，出现十字形状时按住鼠标左键向右填充至H5单元格，释放鼠标即可一次性返回第一位员工的基本工资、工龄工资、奖金等，如图15-30所示。

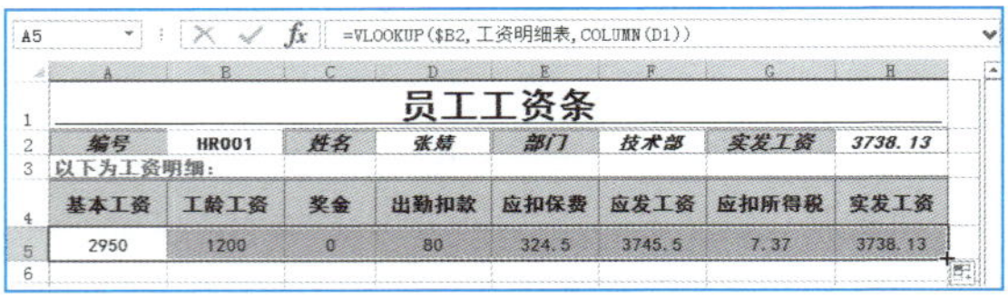

A5 =VLOOKUP($B2,工资明细表,COLUMN(D1))

员工工资条							
编号	HR001	姓名	张婧	部门	技术部	实发工资	3738.13
以下为工资明细:							
基本工资	工龄工资	奖金	出勤扣款	应扣保费	应发工资	应扣所得税	实发工资
2950	1200	0	80	324.5	3745.5	7.37	3738.13

图15-30

3 选中A2:H5单元格区域，将光标定位到该单元格区域右下角向下填充，即可得到每位员工的工资条，如图15-31所示。

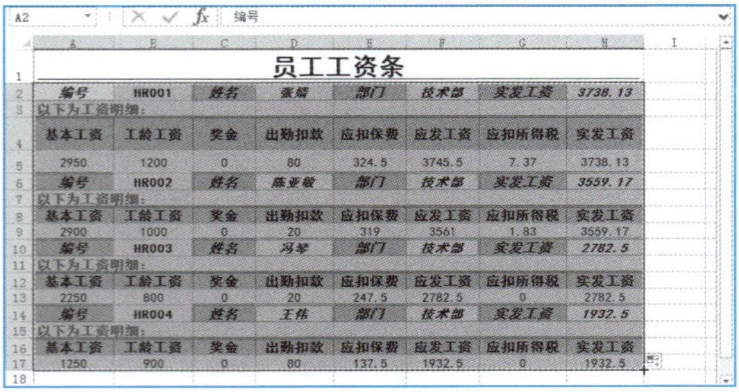

A2 编号

员工工资条							
编号	HR001	姓名	张婧	部门	技术部	实发工资	3738.13
以下为工资明细:							
基本工资	工龄工资	奖金	出勤扣款	应扣保费	应发工资	应扣所得税	实发工资
2950	1200	0	80	324.5	3745.5	7.37	3738.13
编号	HR002	姓名	陈亚敏	部门	技术部	实发工资	3559.17
以下为工资明细:							
基本工资	工龄工资	奖金	出勤扣款	应扣保费	应发工资	应扣所得税	实发工资
2900	1000	0	20	319	3561	1.83	3559.17
编号	HR003	姓名	冯琴	部门	技术部	实发工资	2782.5
以下为工资明细:							
基本工资	工龄工资	奖金	出勤扣款	应扣保费	应发工资	应扣所得税	实发工资
2250	800	0	20	247.5	2782.5	0	2782.5
编号	HR004	姓名	王伟	部门	技术部	实发工资	1932.5
以下为工资明细:							
基本工资	工龄工资	奖金	出勤扣款	应扣保费	应发工资	应扣所得税	实发工资
1250	900	0	80	137.5	1932.5	0	1932.5

图15-31

文件185　各部门平均工资透视图表

工资是对员工付出劳动的最直接的回报，企业通过对员工的工资进行分析，可以进一步了解企业的工资自定方案、工资结构是否合理等。在Excel 2013中可以使用数据透视表来分析各部门工资的情况。

制作要点与设计效果图

- 创建数据透视表
- 更改值汇总方式
- 删除字段
- 创建数据透视图
- 隐藏数据透视图的字段按钮

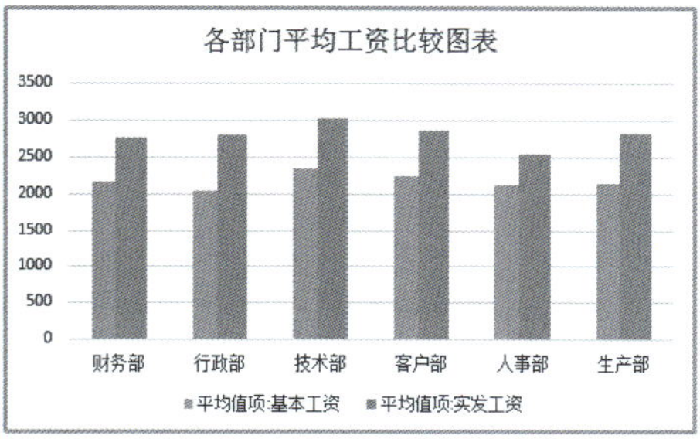

文件设计过程

步骤1：创建数据透视表

❶ 打开“员工工资明细表”，切换到“插入”选项卡，在“表格”组中单击“数据透视表”按钮（如图15-32所示）打开“创建数据透视表”对话框。

❷ 将光标放置在“表/区域”文本框中，在工作表中选中A3:K28单元格区域，选中“新工作表”单选按钮，如图15-33所示。

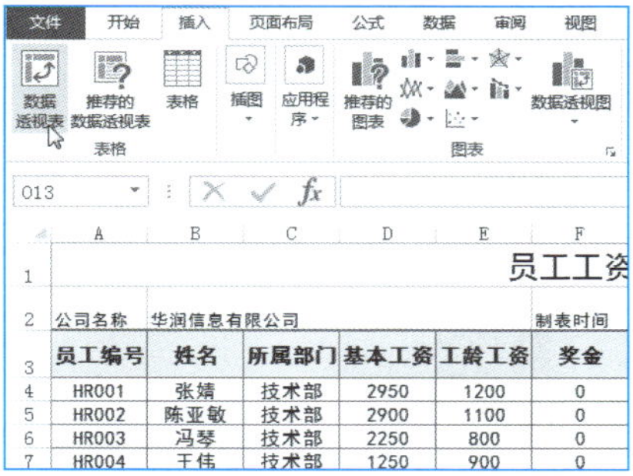

图15-32

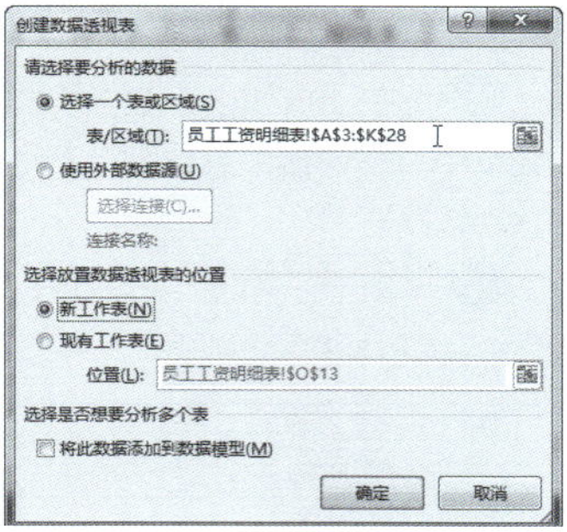

图15-33

❸ 单击“确定”按钮，即可在“员工工资明细表”工作表前创建数据透视表，重命名为“各部门平均工资透视表”，如图15-34所示。

❹ 将“选中要添加的字段”列表框中的“部门”字段拖动到“行标签”区域，接着将“基本工资”“出勤扣款”和“实发工资”字段拖动至“数值”区域，设置后效果如图15-35所示。

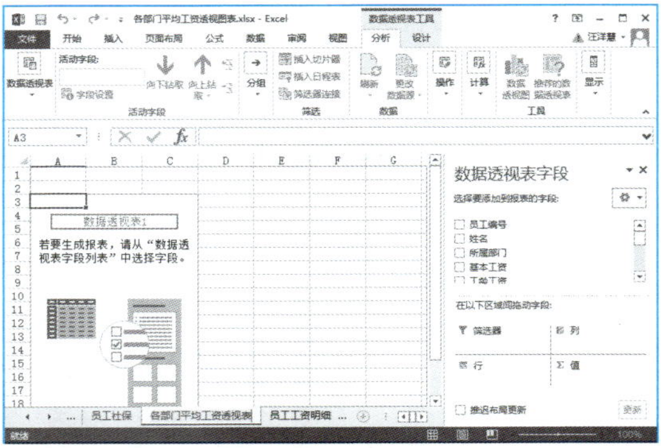

图15-34

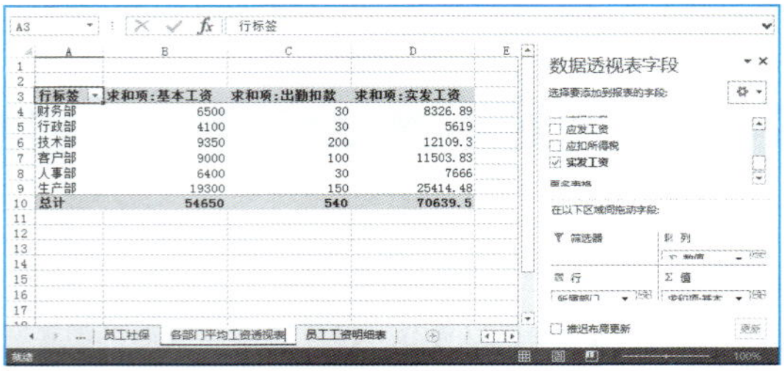

图15-35

步骤2：更改值字段计算类型

❶ 选中“求和项：基本工资”字段下任意单元格，单击鼠标右键，在弹出的菜单中单击“值汇总依据”命令，在弹出的子菜单中单击“平均值”命令，如图15-36所示。

❷ 单击“平均值”命令后，即可将“基本工资”字段的汇总方式更改为平均值，如图15-37所示。

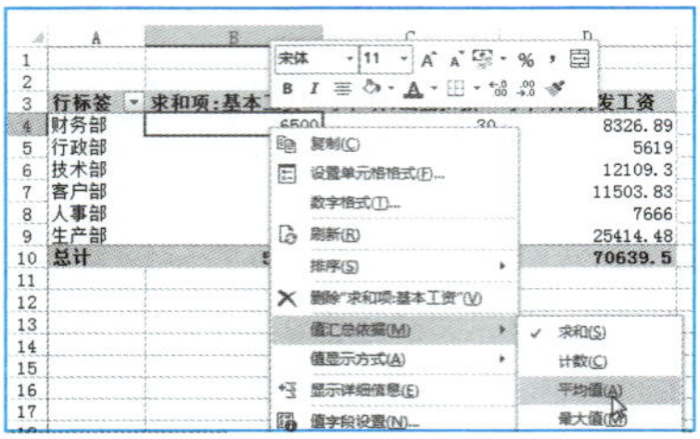

图15-36

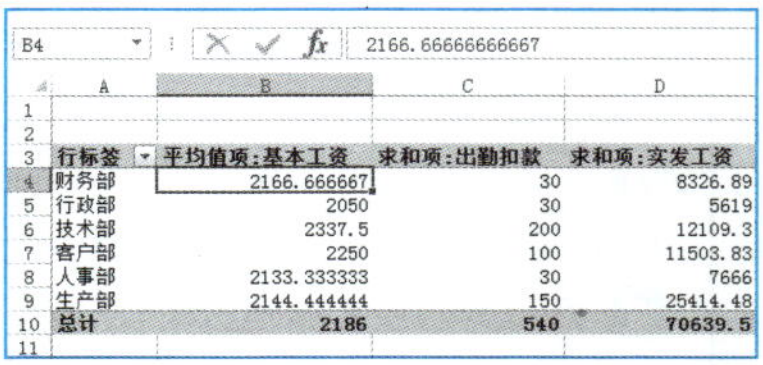

图15-37

❸ 单击“求和项：实发工资”下拉按钮，在下拉菜单中单击“值字段设

置”命令（如图15-38所示），打开“值字段设置”对话框。

❹ 在“计算类型”列表框中单击“平均值”，如图15-39所示。

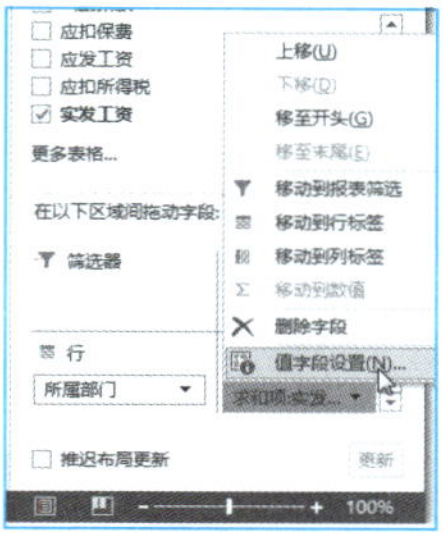

图15-38

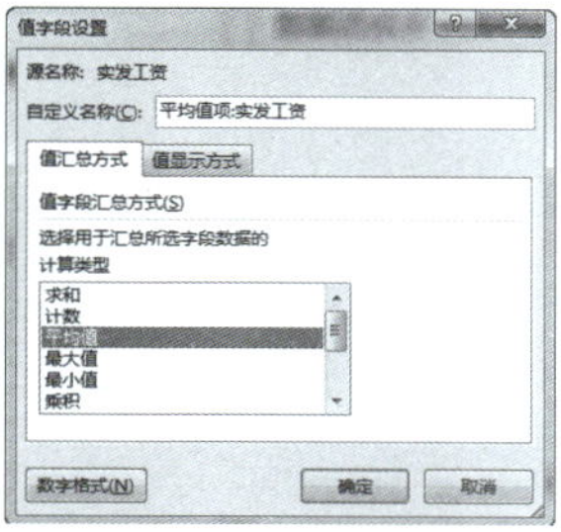

图15-39

❺ 单击“确定”按钮，即可将“实发工资”字段的汇总方式更改为“平均值”汇总方式，如图15-40所示。

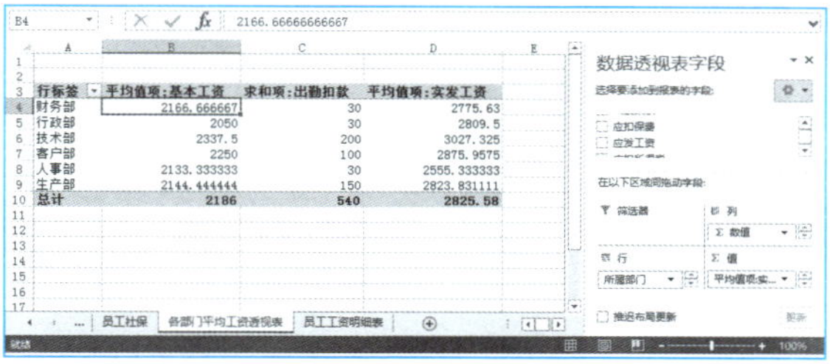

图15-40

步骤3：删除字段

❶ 选中“求和项：考勤扣款”字段下任意单元格，单击鼠标右键，在弹出的菜单中单击“删除求和项：出勤扣款”命令，如图15-41所示。

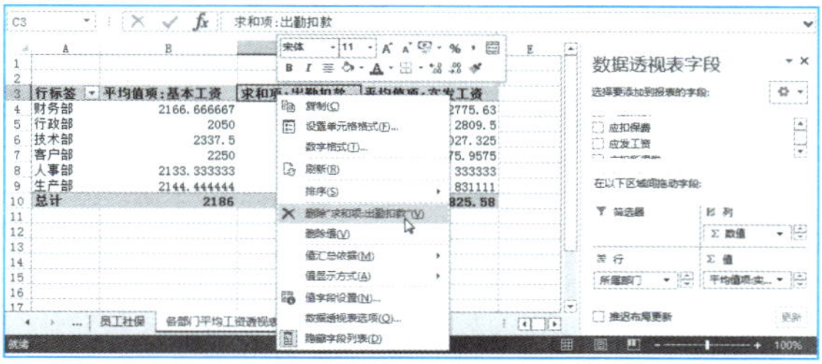

图15-41

❷ 单击“删除求和项：出勤扣款”命令，即可将字段从“数值”区域删除，删除后效果如图15-42所示。

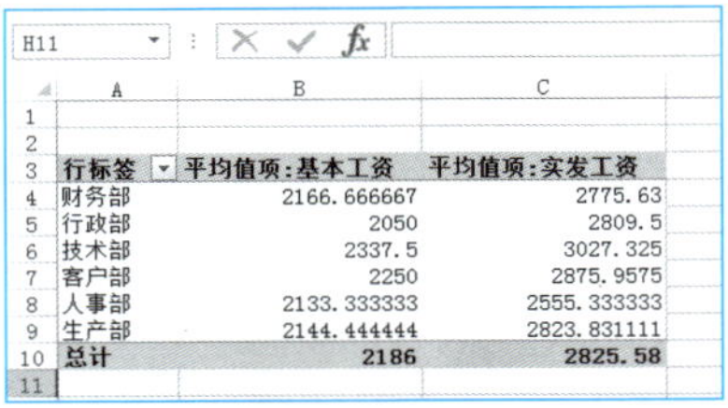

	A	B	C
1			
2			
3	行标签	平均值项:基本工资	平均值项:实发工资
4	财务部	2166.666667	2775.63
5	行政部	2050	2809.5
6	技术部	2337.5	3027.325
7	客户部	2250	2875.9575
8	人事部	2133.333333	2555.333333
9	生产部	2144.444444	2823.831111
10	总计	2186	2825.58
11			

图15-42

步骤4：创建数据透视图

❶ 单击数据透视表中任意单元格，切换到“数据透视表工具-分析”选项卡，在“工具”组中单击“数据透视图”按钮（如图15-43所示），打开“插入图表”对话框。

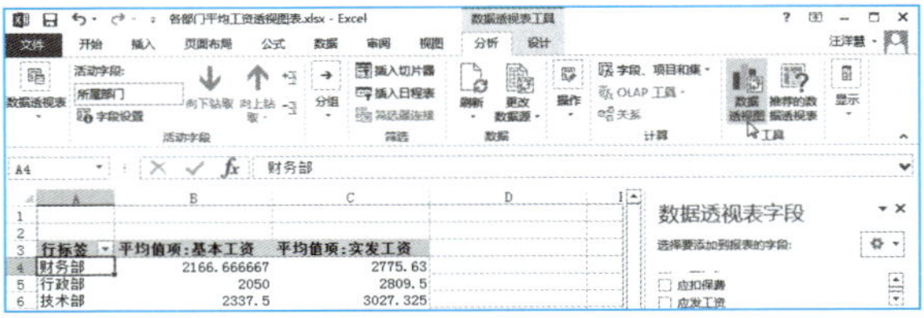

图15-43

❷ 在左侧窗格选中“柱形图”，在右侧单击“簇状圆柱图”图形样式，如图15-44所示。

❸ 单击“确定”按钮，返回数据透视表中，即可根据数据透视表数值创建数据透视图，如图15-45所示。

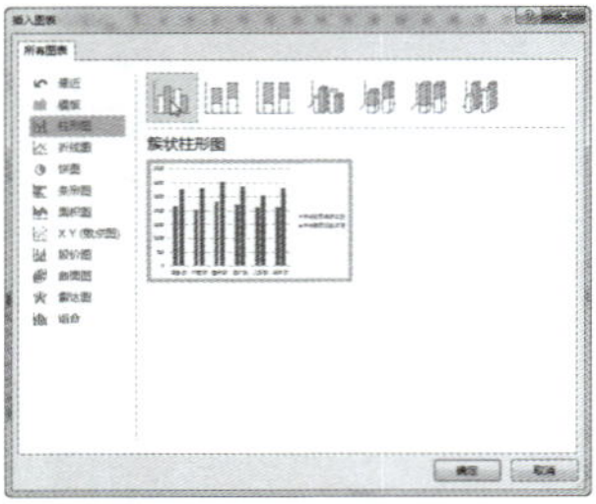

图15-44

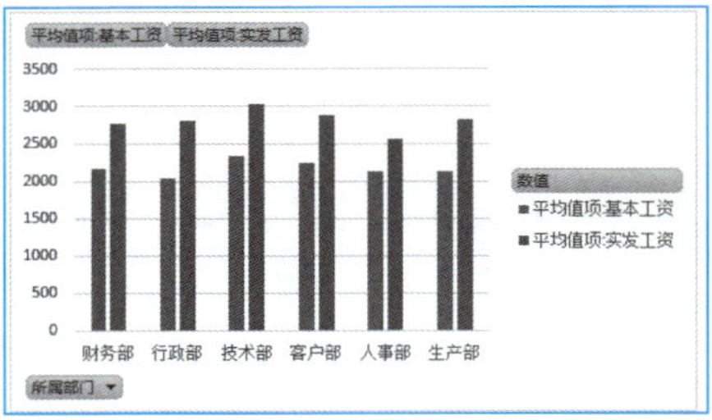

图15-45

步骤5：美化图表

❶ 选中数据透视图，切换到“数据透视图工具-分析”选项卡，在“显示/隐藏”组中单击“字段按钮”按钮，如图15-46所示。

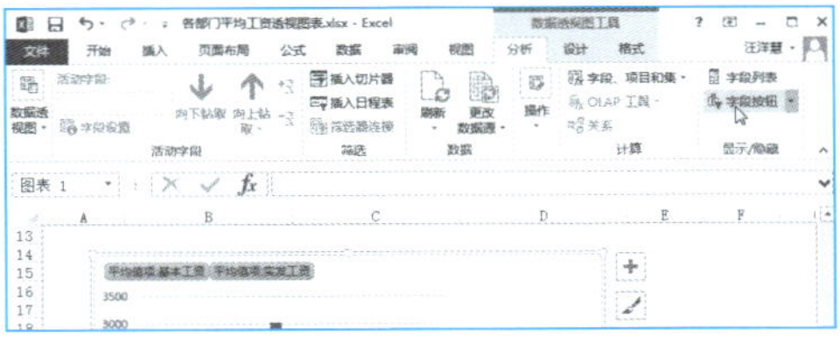

图15-46

2 单击“字段按钮”按钮，即可隐藏数据透视图中的字段，如图15-47所示。

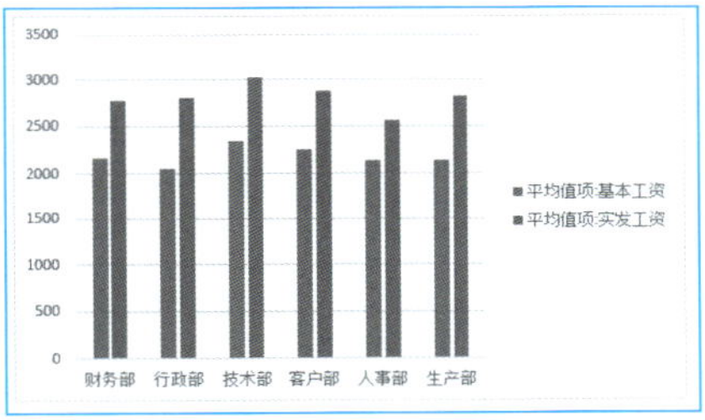

图15-47

3 选中图表，单击“+”（图表元素）按钮，在弹出的菜单中单击“图表标题”右侧“▸”按钮，在弹出的菜单中单击“图表上方”命令，如图15-48所示。

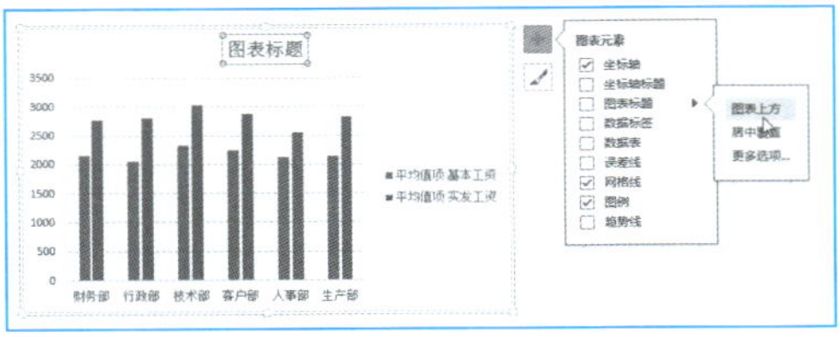

图15-48

4 单击“图表上方”命令后，系统会在图表上方添加“图表标题”文本框，重新输入标题为“各部门平均工资比较图表”，如图15-49所示。

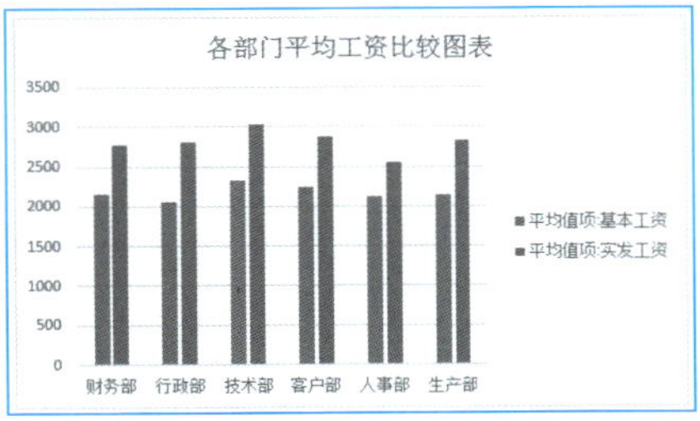

图15-49

步骤6：更改图例项位置

❶ 选中图表，单击“+”（图表元素）按钮，在弹出的菜单中单击“图例”右侧“▸”按钮，在弹出的菜单中单击“底部”命令（如图15-50所示），即可将图例移动到图表底部。

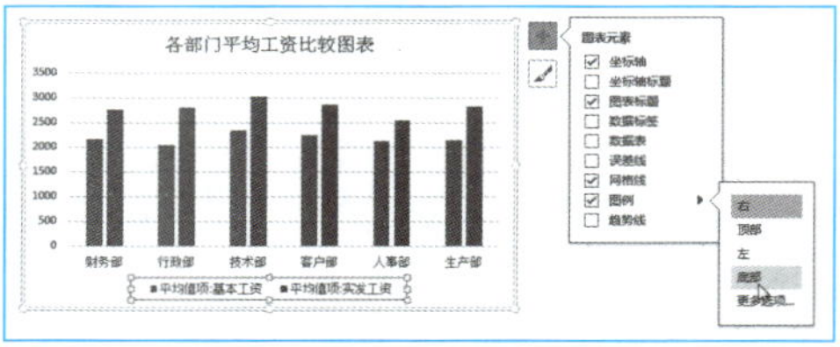

图15-50

❷ 重新设置图表数据系列填充颜色和间距，并为图表添加边框进行美化，美化后效果如图15-51所示。

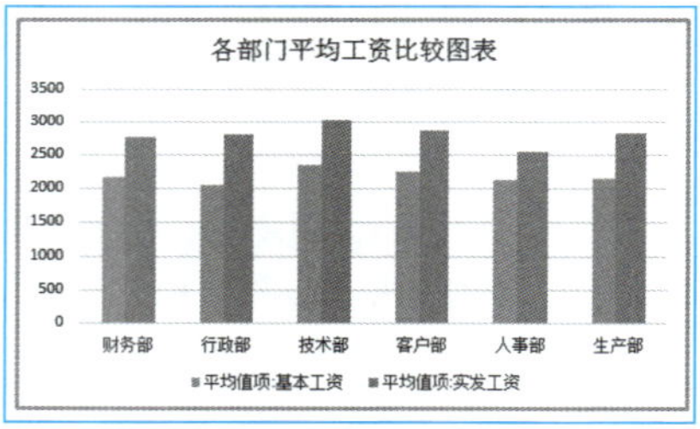

图15-51

文件186　上半年平均工资趋势图表

通过对各个部门上半年的平均工资进行分析，可以比较各个部门工资的变动趋势，在Excel 2013中除了可以使用普通的图表来呈现各个部门工资变化的趋势外，还可以使用迷你图直接在工作表中对工资数据进行分。

制作要点与设计效果图

- 设置单元格填充效果
- SLN函数

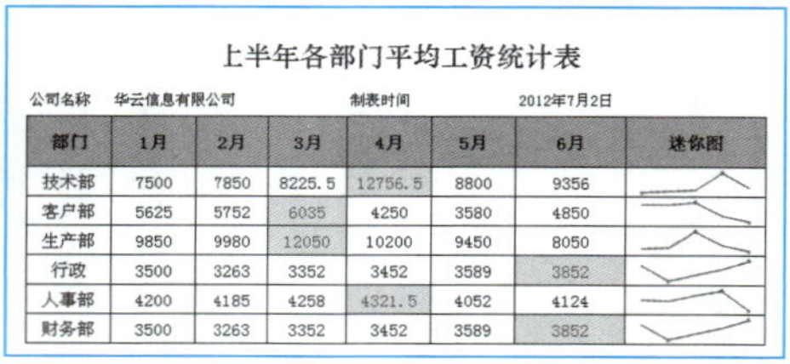

上半年各部门平均工资统计表

公司名称　华云信息有限公司　　制表时间　2012年7月2日

部门	1月	2月	3月	4月	5月	6月	迷你图
技术部	7500	7850	8225.5	12756.5	8800	9356	
客户部	5625	5752	6035	4250	3580	4850	
生产部	9850	9980	12050	10200	9450	8050	
行政	3500	3263	3352	3452	3589	3852	
人事部	4200	4185	4258	4321.5	4052	4124	
财务部	3500	3263	3352	3452	3589	3852	

文件设计过程

步骤1：添加迷你图

❶ 打开“上半年各部门平均工资统计表”工作表，选中A4:G4单元格区域，单击“▣”（快速分析）按钮，在弹出的菜单中单击“迷你图”标签，在子菜单中单击“折线图”图表类型，如图15-52所示。

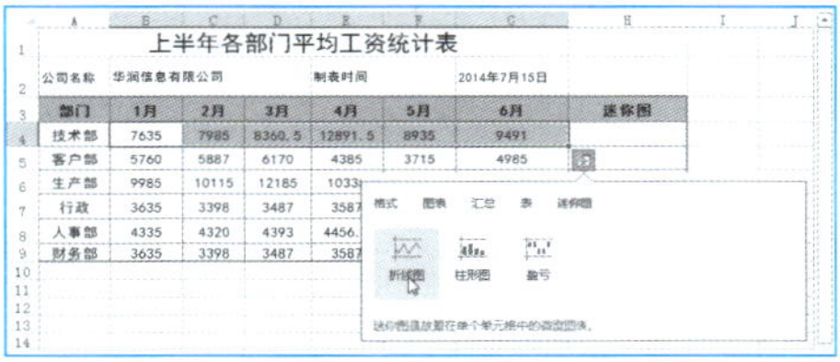

图15-52

❷ 单击“折线图”图表类型后，即可在H4单元格中看到创建的迷你图，如图15-53所示。

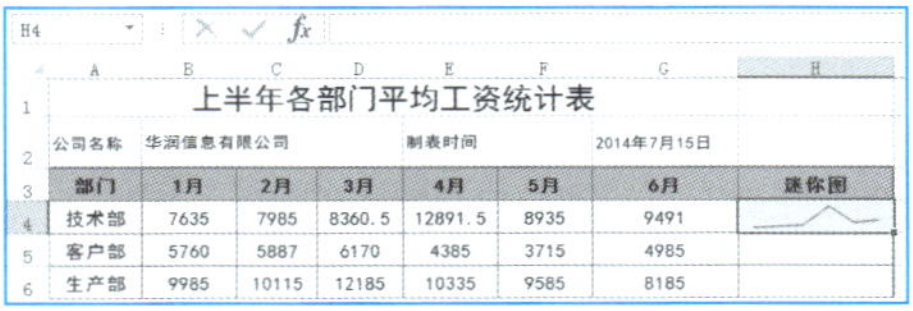

图15-53

❸ 选中H4单元格，向下填充迷你图，即可为其他部门上半年平均工资数据添加迷你图，如图15-54所示。

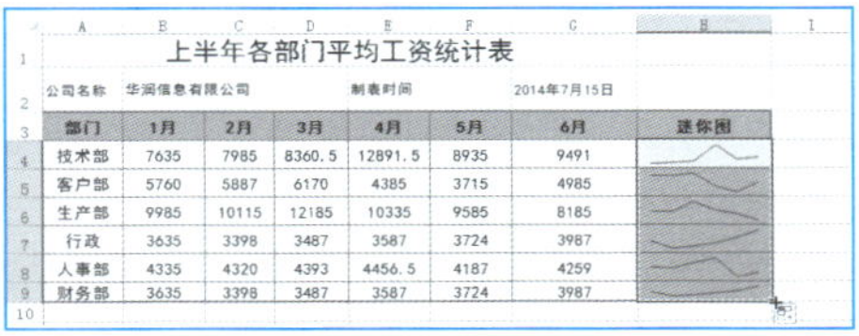

图15-54

步骤2：美化迷你图

❶ 切换到“迷你图工具-设计”选项卡，在“样式”组中单击“标记颜色”下拉按钮，在下拉菜单中选择“高点”命令，在弹出的子菜单中选择“红色”，如图15-55所示。

❷ 接着在“样式”组中单击“标记颜色”下拉按钮，在下拉菜单中选择“低点”命令，在弹出的菜单中选择“绿色”，如图15-56所示。

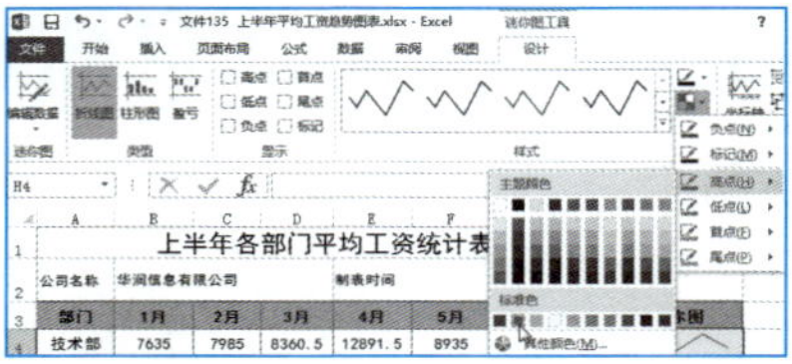

图15-55

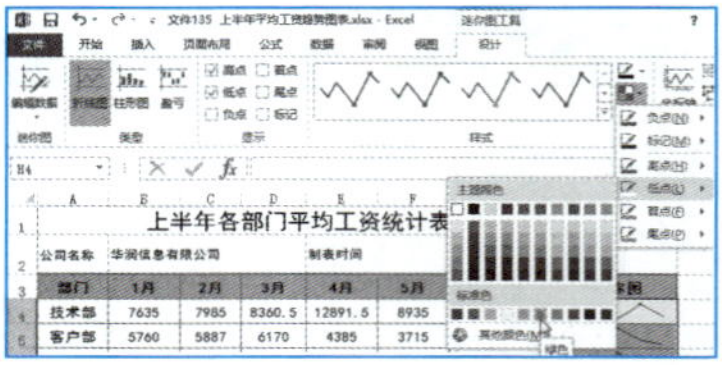

图15-56

❸ 设置完成后，返回工作表中，此时系统为迷你图添加高低点，并设置高点为红色显示，低点为绿色显示，如图15-57所示。

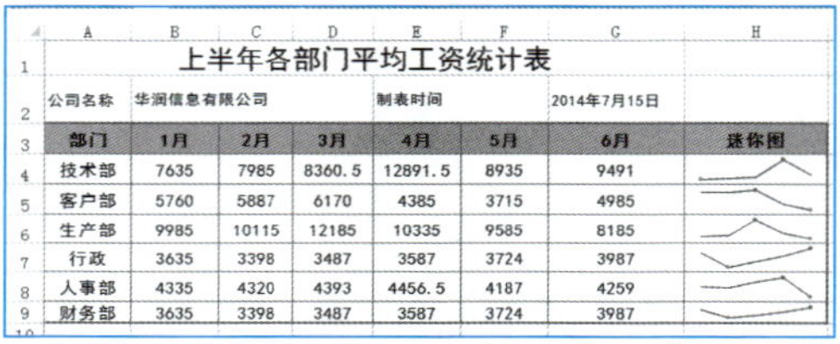

上半年各部门平均工资统计表							
公司名称	华润信息有限公司		制表时间		2014年7月15日		
部门	1月	2月	3月	4月	5月	6月	迷你图
技术部	7635	7985	8360.5	12891.5	8935	9491	
客户部	5760	5887	6170	4385	3715	4985	
生产部	9985	10115	12185	10335	9585	8185	
行政	3635	3398	3487	3587	3724	3987	
人事部	4335	4320	4393	4456.5	4187	4259	
财务部	3635	3398	3487	3587	3724	3987	

图15-57

步骤3：设置条件格式

❶ 选中B4:G4单元格区域，单击“▦”（快速分析）按钮，在弹出的菜单中单击“格式”标签，在子菜单中单击“最大的10%”命令，如图15-58所示。

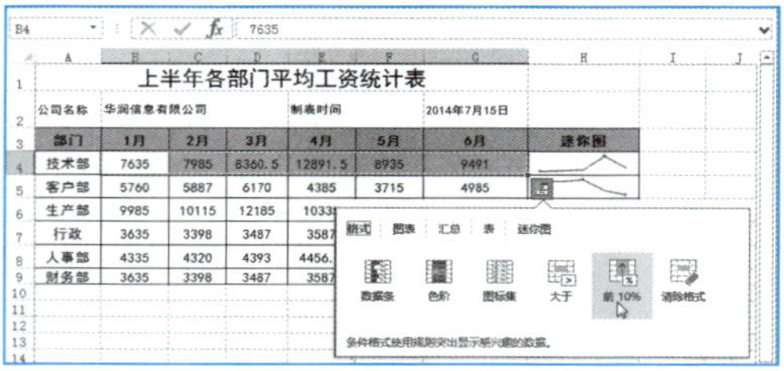

图15-58

❷ 单击“最大的10%”命令，即可将最大的一项以默认的“浅红填充色深红色文本”显示出来，如图15-59所示。

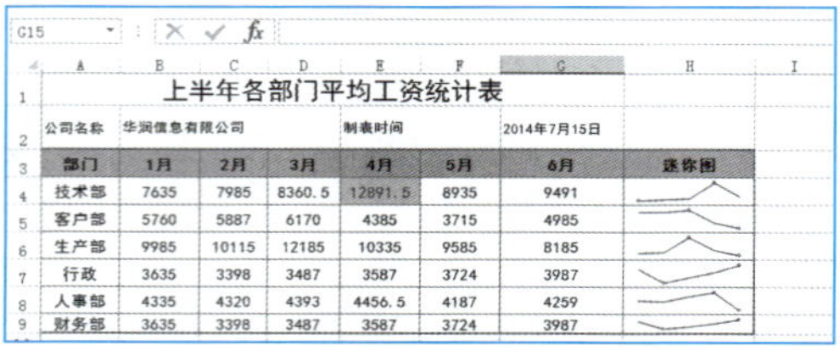

上半年各部门平均工资统计表							
公司名称	华润信息有限公司		制表时间		2014年7月15日		
部门	1月	2月	3月	4月	5月	6月	迷你图
技术部	7635	7985	8360.5	12891.5	8935	9491	
客户部	5760	5887	6170	4385	3715	4985	
生产部	9985	10115	12185	10335	9585	8185	
行政	3635	3398	3487	3587	3724	3987	
人事部	4335	4320	4393	4456.5	4187	4259	
财务部	3635	3398	3487	3587	3724	3987	

图15-59

3 按照相同的方法设置B5:G5、B6:G6、B7:G7、B8:G8、B9:G9单元格区域的突出显示规则，显出每个月中哪个部门的工资最高，如图15-60所示。

上半年各部门平均工资统计表							
公司名称	华润信息有限公司		制表时间		2014年7月15日		
部门	1月	2月	3月	4月	5月	6月	迷你图
技术部	7635	7985	8360.5	12891.5	8935	9491	
客户部	5760	5887	6170	4385	3715	4985	
生产部	9985	10115	12185	10335	9585	8185	
行政	3635	3398	3487	3587	3724	3987	
人事部	4335	4320	4393	4456.5	4187	4259	
财务部	3635	3398	3487	3587	3724	3987	

图15-60

提 示

与Excel工作表上的图标不同，迷你图不是对象，而是单元格背景中的一个微型图表。

文件187　员工工资查询表

企业的员工人数众多，想要在偌大的工资表中查询某位员工的工资明细数据，除了使用Excel中的查找功能外，还可以创建一个专门用来查询员工工资的查询表，只要从“员工编号”下拉菜单中选择编号，即可自动显示对应的工资项。

制作要点与设计效果图

- VLOOKUP函数
- INDEX函数
- 定义名称

员工工资查询表

员工编号	KB001	员工姓名	蔡静	所在部门	技术部
职　　务	经理	工资等级	员工四级	岗　　位	管理
基本工资	￥2,950.00	岗位工资	￥1,200.00	奖　　金	￥0.00
应发工资合计	￥3,745.50				
出勤扣款	￥80.00	保险扣款	￥324.50	所得税扣款	￥7.37
扣款合计	￥411.87				
实发工资	￥3,333.63				

说明：请从“员工编号”下拉列表中选择要查询的员工的编号，其余数据自动生成。

文件188　员工工资转账表

现在很多企业都采用网上银行转账来发放工资，也就是说在计算出各员工实发工资后，通过网上银行快速转账，这就需要制作一份员工工资转账表。

制作要点与设计效果图

- 复制数据
- 粘贴数据
- 限制数据文本长度

员工工资转账表

姓名	实发工资	转账账户	姓名	实发工资	转账账户
张云	¥ 4,560.00	4562***********347	庄霖	¥ 3,960.00	4562***********359
蔡静	¥ 3,568.00	4562***********348	黄鹂	¥ 5,800.00	4562***********360
陈媛	¥ 3,500.00	4562***********349	侯娟娟	¥ 6,250.00	4562***********361
王密	¥ 4,560.00	4562***********350	王福鑫	¥ 9,860.00	4562***********362
吕芬芬	¥ 3,500.00	4562***********351	王琪	¥ 8,590.00	4562***********363
路高泽	¥ 6,890.00	4562***********352	陈潇	¥ 4,568.00	4562***********364
陈山	¥ 7,528.00	4562***********353	杨浪	¥ 5,870.00	4562***********365
廖晓	¥ 6,800.00	4562***********354	张点点	¥ 4,780.00	4562***********366
张丽君	¥ 3,540.00	4562***********355	于青青	¥ 5,800.00	4562***********367
吴华波	¥ 3,500.00	4562***********356	邓兰兰	¥ 3,580.00	4562***********368
黄孝铭	¥ 2,500.00	4562***********357	罗羽	¥ 4,785.00	4562***********369
丁锐	¥ 2,800.00	4562***********358	杨亮	¥ 5,968.00	4562***********370
金鑫	¥ 3,500.00	4562***********371			

文件189　员工工资级数评定表

企业要为员工涨工资，并不是凭空想涨工资就可以涨的，一般情况下是根据企业制作的相关制度，进行工资级别评定，然后根据评定结果来上调薪资。

制作要点与设计效果图

- 插入列
- 插入行
- 跨越合并单元格
- 添加预设边框

员工工资级数评定表

年　月　日

姓名		年龄		性别		出生日期	
隶属部门		职务		服务年限	自　年　月　日至		
					年　月　日计　月		
评	说明	1	2	3	4	权数	点数
定	学历	高中	大专	本科以上	硕士以上		
标	服务年资	1年	2年	3年	5年以上		
准	相关经验	1年	2年	3年	5年以上		
	其他经验	1年	2年	3年	5年以上		
	考核	D	C	B	A		
	其他						
原等级		原点数		基本点数		合计	
本年点数		核定本薪		职务加给		合计	

总经理：________　经理：________

文件190　计件工资计算表

计件工资是按照工作生产的产品的数量和预先规定的计件单件来计算报酬的一种工资形式，它不以劳动时间来计量，而是用一定时间内的劳动成果来计算。计件工资需要按月或天统计出员工的作业量，然后乘以单价。

制作要点与设计效果图

- 定义动态名称区域
- 使用数据有效性设置下拉列表
- VLOOKUP函数
- SUMIF函数

计件工资计算表

编号	姓名	工种	基本工资	计件工资	应发工资
1001	向国康	冲裁	¥ 200.00	¥ 526.68	¥ 726.68
1002	李治林	冲裁	¥ 200.00	¥ 120.65	¥ 320.65
1003	赖名财	冲裁	¥ 200.00	¥ 1,715.74	¥ 1,915.74
1004	梅松德	大冲	¥ 200.00	¥ 95.18	¥ 295.18
1005	柯月生	冲裁	¥ 200.00	¥ 452.54	¥ 652.54
1006	黄永山	冲裁	¥ 200.00	¥ 319.50	¥ 519.50
1007	钟定军	冲裁	¥ 200.00	¥ 282.00	¥ 482.00
1008	熊胜龙	大冲	¥ 200.00	¥ 460.00	¥ 660.00
1009	王平刚	冲裁	¥ 200.00	¥ 317.36	¥ 517.36
1010	许裕来	冲裁	¥ 200.00	¥ 27.50	¥ 227.50

文件191　变更工资申请表

在实际工作中，员工因为部门或岗位发生变化时，人事部门会让员工填写变更工资申请表，申请表中主要应包括员工的姓名、部门、职位、考核记录、申请变更工资的理由，对工作岗位的要求等内容。

制作要点与设计效果图

- 自定义边框
- 设置填充效果
- 插入符号
- 输入上标

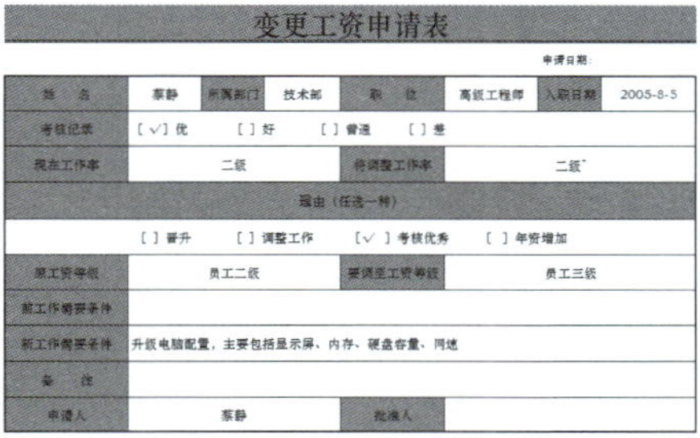

变更工资申请表

申请日期：

姓　名	蔡静	所属部门	技术部	职　位	高级工程师	入职日期	2005-8-5
考核记录	[√] 优　[ ] 好　[ ] 普通　[ ] 差						
现在工作率	二级			待调整工作率	二级˙		
理由（任选一种）							
[ ] 晋升　[ ] 调整工作　[√] 考核优秀　[ ] 年资增加							
原工资等级	员工二级			要调至工资等级	员工三级		
原工作需要条件							
新工作需要条件	升级电脑配置，主要包括显示屏、内存、硬盘容量、网速						
备　注							
申请人	蔡静			批准人			

文件192　员工工资动态分析表

当管理者想要了解企业各个部门不同工龄及学历员工的工资情况如何时，可以根据员工的学历、工龄或所属部门来创建工资数据透视表，然后通过动态重组字段数据项，快速获得管理者想要了解的数据。

制作要点与设计效果图

- 创建数据透视表
- 调整数据透视表字段布局
- 分段组合字段
- 隐藏明细数据

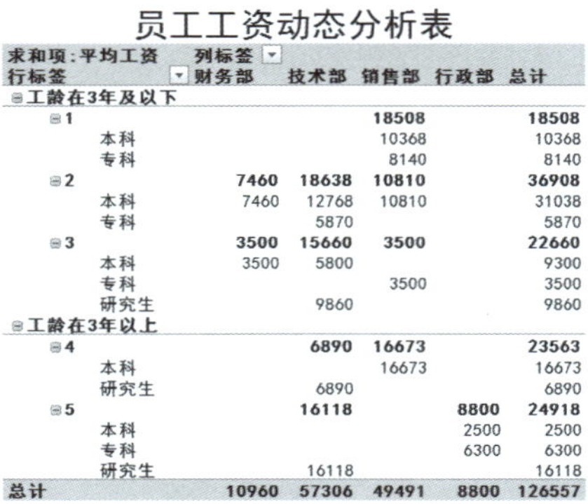

员工工资动态分析表

求和项：平均工资 行标签	列标签 财务部	技术部	销售部	行政部	总计
⊟工龄在3年及以下					
⊟1			18508		18508
本科			10368		10368
专科			8140		8140
⊟2	7460	18638	10810		36908
本科	7460	12768	10810		31038
专科		5870			5870
⊟3	3500	15660	3500		22660
本科	3500	5800			9300
专科			3500		3500
研究生		9860			9860
⊟工龄在3年以上					
⊟4		6890	16673		23563
本科			16673		16673
研究生		6890			6890
⊟5		16118		8800	24918
本科				2500	2500
专科				6300	6300
研究生		16118			16118
总计	10960	57306	49491	8800	126557

文件193　各等级薪资分布情况

很多企业会根据员工的薪资划分为多个等级进行分析，例如企业将薪资划分为4000以下、4000～4999、5000～5999以及7000以下等几个级别，可以使用FREQUENCY函数计算出领取各等级工资的员工人数，并创建饼图显示员工等级薪资分布情况。

制作要点与设计效果图

- FREQUENCY函数
- 创建饼图
- 应用图标布局样式

薪资等级	上限值	频数
4000元以下	3999	2
4000~4999元	4999	6
5000~5999元	5999	4
7000元以下	6999	1

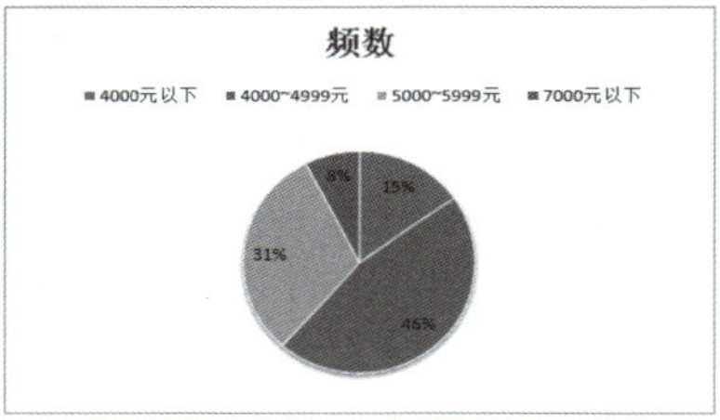

文件194　员工工龄统计表

在Excel中创建工龄统计表来列出各员工的基本工龄。

制作要点与设计效果图

- 设置边框和底纹
- 手动调整列宽
- 设置文本居中对齐
- NOW函数
- YEAR函数

员工工龄统计表

员工编号	姓名	性别	所属部门	入职时间	工龄
AB020001	王荣	女	市场部	2008/5/20	6
AB020002	周国菊	女	市场部	2009/5/30	5
AB020003	陶莉莉	女	市场部	2010/7/8	4
AB020004	林逸	男	市场部	2008/7/8	6
AB020005	吴廷烨	女	市场部	2007/8/9	7
AB020006	赵民	男	市场部	2009/8/2	5
AB020007	林佳佳	男	市场部	2009/8/5	5
AB020008	罗宾	男	市场部	2009/3/2	5
AB020009	赵航	男	市场部	2007/7/8	7
AB020010	李萍	女	市场部	2010/4/5	4
AB020011	陈宇	男	市场部	2010/7/8	4
AB030012	王佳佳	男	行政部	2010/7/8	4
AB030013	韩燕	男	行政部	2010/3/5	4
AB030014	谢娟娟	女	行政部	2010/7/8	4
AB030015	陶燕	女	行政部	2010/6/5	4
AB030016	项宏	男	行政部	2010/5/2	4
AB030017	王馥荔	女	行政部	2010/8/3	4

Excel

第16章

薪资统计与分析图表

企业想要了解现有薪资制度是否合理，可以让人力资源部门对员工薪资状况进行一次抽样调查。调查可以围绕企业整体的学历构成、薪资与年龄是否相关、男女员工薪资高低的比较、员工工作态度与薪资的关系、不同职位的薪资比较，集体薪资与个人业绩的关系等进行。

日常薪资统计表格有抽样调查员工薪资构成、抽样调查员工的学历构成、年龄与薪资的相关性分析等等。

编号	文件名称	对应的数据源	重要星级
文件195	抽样调查员工薪资构成	第16章\文件195 抽样调查员工薪资构成.xlsx	★★★★★
文件196	抽样调查员工的学历构成	第16章\文件196 抽样调查员工的学历构成.xlsx	★★★★★
文件197	年龄与薪资的相关性分析	第16章\文件197 年龄与薪资的相关性分析.xlsx	★★★★
文件198	男、女薪资高低比较图	第16章\文件198 男、女薪资高低比较图.xlsx	★★★★
文件199	员工快乐指数与薪资关系图	第16章\文件199 员工快乐指数与薪资关系图.xlsx	★★★★
文件200	员工工资水平分布表	第16章\文件200 员工工资水平分布表.xlsx	★★★★
文件201	员工工资水平分布图	第16章\文件201 员工工资水平分布图图.xlsx	★★★★
文件202	薪资与业绩关系图	第16章\文件202 薪资与业绩关系图.xlsx	★★★
文件203	薪资涨幅趋势分析图	第16章\文件203 薪资涨幅趋势分析图.xlsx	★★★
文件204	不同职位薪资比较图	第16章\文件204 不同职位薪资比较图.xlsx	★★★
文件205	改变目前薪资状况的选择	第16章\文件205 改变目前薪资状况的选择.xlsx	★★★
文件206	不同学历背景对薪酬的满意度	第16章\文件206 不同学历背景对薪酬的满意度.xlsx	★★★
文件207	员工季度奖金表	第16章\文件207 员工季度奖金表.xlsx	★★★
文件208	岗位薪资结构表	第16章\文件208 岗位薪资结构表.xlsx	★★★

文件195 抽样调查员工薪资构成

想要了解某个企业的薪资构成情况，可以对该企业员工的薪资范围进行调查，然后对调查结果进行抽样分析，就能很准确地找出该企业员工薪资的主要构成比例。在抽样分析时，用户可以使用RAND函数获得调查结果的数据。

制作要点与设计效果图

- 搜索函数
- RAND函数
- 将公式复制为数值
- FREQUENCY函数

抽样随机数	变换序号	抽样数
0.23580851	6.602638	6580
0.02667742	0.746968	3560
0.62344035	17.45633	3250
0.75419492	21.11746	4260
0.80254398	22.47123	5890
0.95630848	26.77664	2120
0.74827405	20.95167	2890
0.91764282	25.694	2390
0.85872103	24.04419	2597
0.36349378	10.17783	3980
0.08849311	2.477807	3280
0.85568263	23.95911	2789
0.5816337	16.28574	7820
0.92790215	25.98126	2390
0.13193114	3.694072	3000
0.41254554	11.55128	3450

薪资范围	界限值	人数
3000元以下	2999	6
3000~5000元	4999	6
5000元以上	7999	3

文件设计过程

步骤1：插入函数计算抽样随机数

1 打开“抽样调查员工薪资构成”工作表，插入新工作表并重命名为“抽样分析薪资构成”，选中A1:A17单元格区域，切换到“公式”选项卡，在“函数库”组中单击“插入函数”按钮（如图16-1所示），打开“插入函数”对话框。

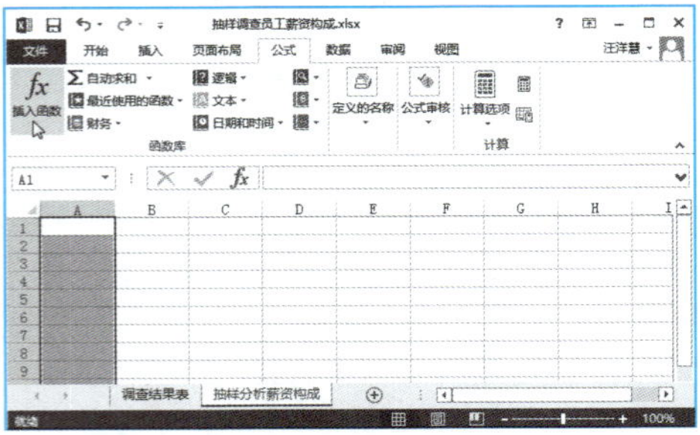

图16-1

2 在“搜索函数”文本框中输入要搜索的关键字，如“随机数”，单击“转到”按钮，如图16-2所示。

3 此时在“选中函数”列表框中显示了与搜索关键字相关的函数，单击“RAND”选项，如图16-3所示。

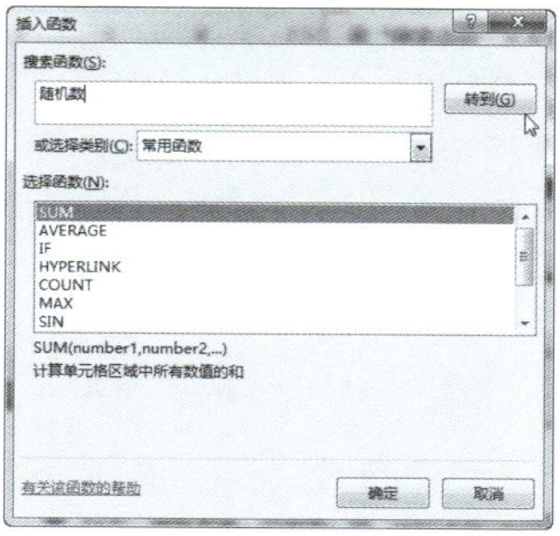

图16-2

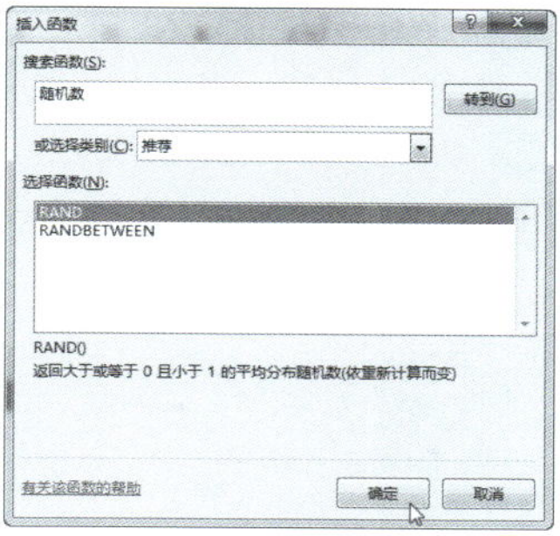

图16-3

4 单击“确定”按钮，弹出“函数参数”对话框，提示计算结果是可变的，如图16-4所示。

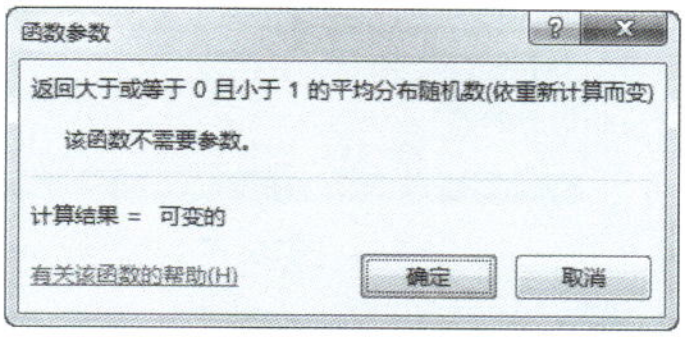

图16-4

公式分析：

RAND函数用于返回大于等于0及小于1的均匀分布随机数，且每次计算工作表时都将返回一个新的数值。如果要使用RAND函数生成一组随机数，并且使之不随单元格计算而改变，可以将公式计算结果粘贴为数值。

步骤2：显示获取的随机数并插入行

1 按“Ctrl+Shift+Enter”组合键，此时在所选单元格区域中自动填写了0～1之间的随机数据，如图16-5所示。

2 选中第一行，单击鼠标右键，在弹出的菜单中单击“插入”命令，如图16-6所示。

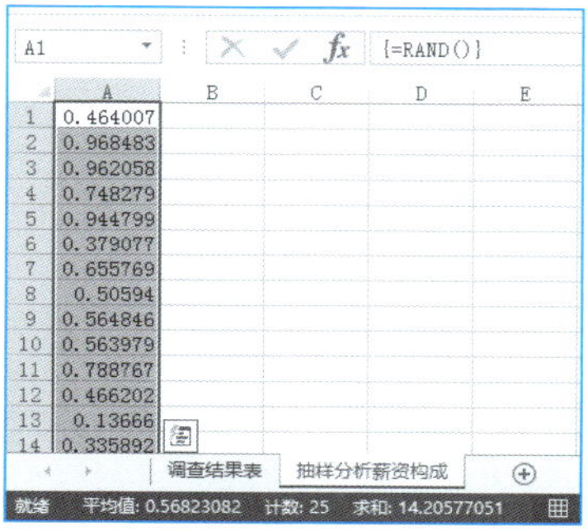

图16-5

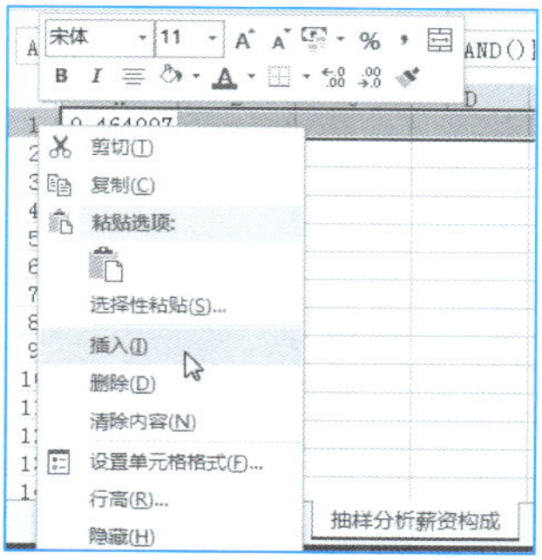

图16-6

3 在A1单元格中输入“抽样随机数”，此时工作表中的数据进行了重新的计算，选中A2:A16单元格区域，按“Ctrl+C”组合键复制，如图16-7所示。

4 切换到“开始”选项卡，在“剪贴板”选项组中单击“粘贴”下拉按钮，在下拉菜单中单击“值”命令，如图16-8所示。

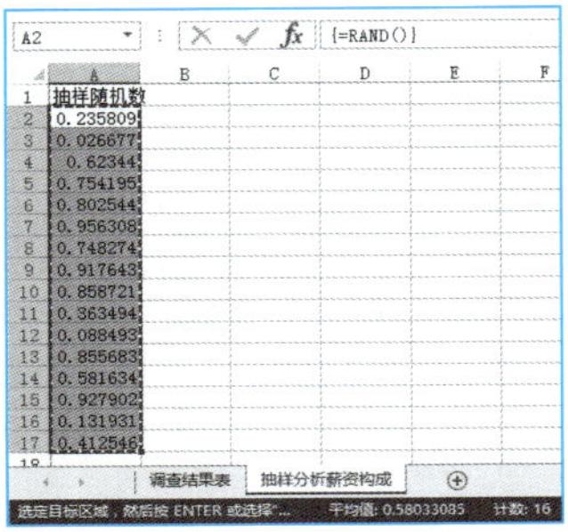

图16-7

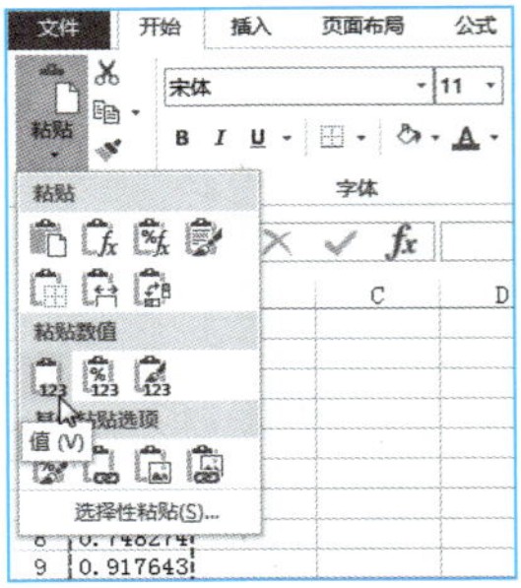

图16-8

5 单击“值”命令后，此时A2:A17单元格中的随机数据转换为数值，不再根据工作表计算而改变，如图16-9所示。

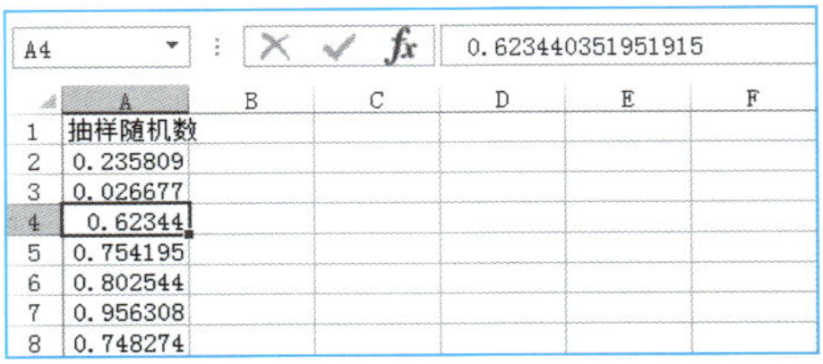

图16-9

步骤3：获取抽样数据

1 在B1单元格中输入“变换序号”，选中B2:B16单元格区域，在公式编辑栏输入“=A2*28”，按“Ctrl+Enter”组合键，即可计算出变换序号，如图16-10所示。

2 在C1单元格中输入“抽样数”选中C2单元格，在公式编辑栏输入公式“=INDEX(调查结果表!$G$3:$G$30,ROUNDUP(B2,0))”按Enter键后，拖填充柄向下填充到C17单元格区域，获取抽样数据，如图16-11所示。

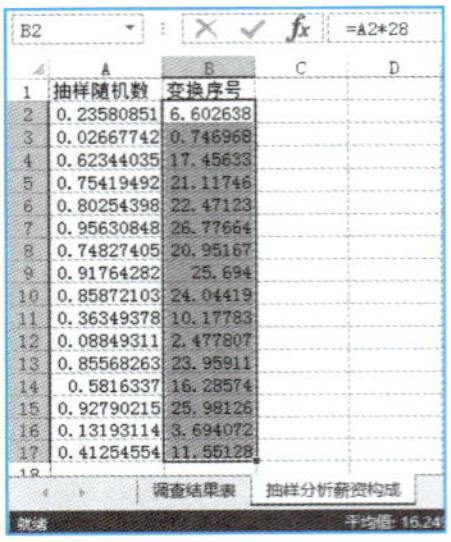

图16-10

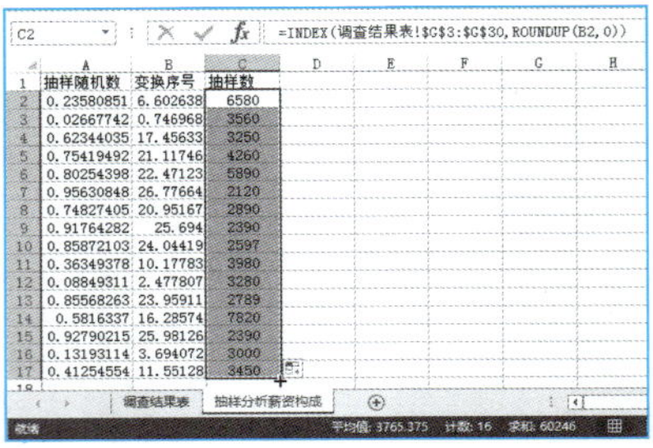

图16-11

公式分析：

"=INDEX(调查结果表!$G$3:$G$30,ROUNDUP(B2,0))"公式分析

"=INDEX(调查结果表!$G$3:$G$30,ROUNDUP(B2,0))"在调查结果表的G3:G30单元格区域，根据B2单元格所在行行号返回引用值，并对值进行四舍五入计算。

步骤4：计算各薪资范围的人数

❶ 为得到的抽样数据设置字体格式和边框格式，在数据区域右侧建立薪资范围表格，如图16-12所示。

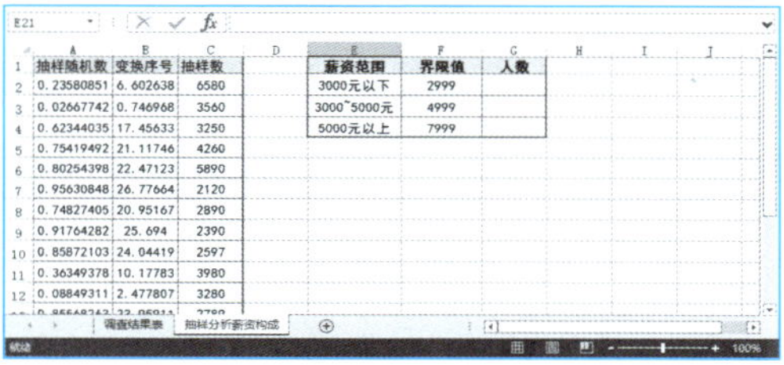

	A	B	C	D	E	F	G
1	抽样随机数	变换序号	抽样数		薪资范围	界限值	人数
2	0.23580851	6.602638	6580		3000元以下	2999	
3	0.02667742	0.746968	3560		3000~5000元	4999	
4	0.62344035	17.45633	3250		5000元以上	7999	
5	0.75419492	21.11746	4260				
6	0.80254398	22.47123	5890				
7	0.95630848	26.77664	2120				
8	0.74827405	20.95167	2890				
9	0.91764282	25.694	2390				
10	0.85872103	24.04419	2597				
11	0.36349378	10.17783	3980				
12	0.08849311	2.477807	3280				

图16-12

❷ 选中G2:G4单元格区域，在公式编辑栏输入公式"=FREQUENCY(C2:C16,F2:F4)"按"Crtl+Shift+Enter"键，即可计算出各薪资范围的人数，如图16-13所示。

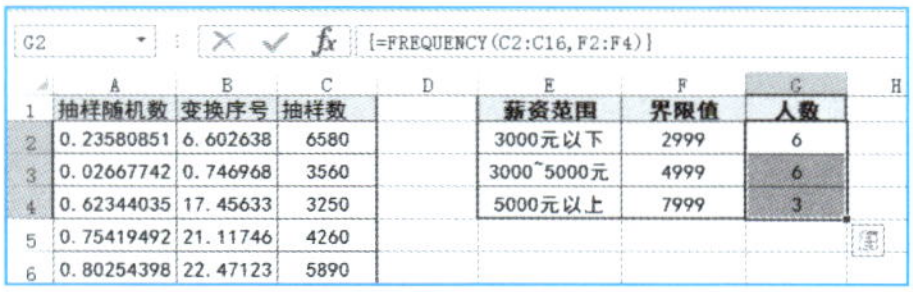

{=FREQUENCY(C2:C16,F2:F4)}

	A	B	C	D	E	F	G
1	抽样随机数	变换序号	抽样数		薪资范围	界限值	人数
2	0.23580851	6.602638	6580		3000元以下	2999	6
3	0.02667742	0.746968	3560		3000~5000元	4999	6
4	0.62344035	17.45633	3250		5000元以上	7999	3
5	0.75419492	21.11746	4260				
6	0.80254398	22.47123	5890				

图16-13

公式分析：

"=FREQUENCY(C2:C16,F2:F4)"公式分析

FREQUENCY函数用于计算数值在某个区域内出现的频率，然后返回一个垂直数组，"=FREQUENCY(C2:C16,F2:F4)"表示对C2:C16单元格区域的数值引用和对F2:F4单元格区域的区间引用，计算出各个薪资范围人数出现频率。

文件196　抽样调查员工的学历构成

如果参与调查的人员很多，分析员可以从调查结果中抽取部分数据来分析。在抽取数据时可以借助Excel中的RANDBETWEEN函数产生某个数据范围内的整

数，然后使用VLOOKUP函数引用调查结果表中的对应序号调查数据进行分析。

制作要点与设计效果图

- IF函数
- RANDBETWEEN函数
- VLOOKUP函数
- 使用F9键将公式永久性改为随机数

抽样随机数	抽样数
13	2
26	3
8	3
3	2
2	3
1	2
27	4
18	3
2	3
12	3
15	3
3	2
26	3
10	1
27	4
20	1

学历	划分限制	人数
研究生	1	2
本科	2	4
专科	3	8
专科以下	4	2

文件设计过程

步骤1：插入列

❶ 打开“抽样调查员工的学历构成”工作簿，在“调查结果表”工作表中选中F列，在右键菜单中单击“插入”命令，如图16-14所示。

❷ 此时系统在F列处插入一列，在F2单元格中输入列标识“学历代码”，如图16-15所示。

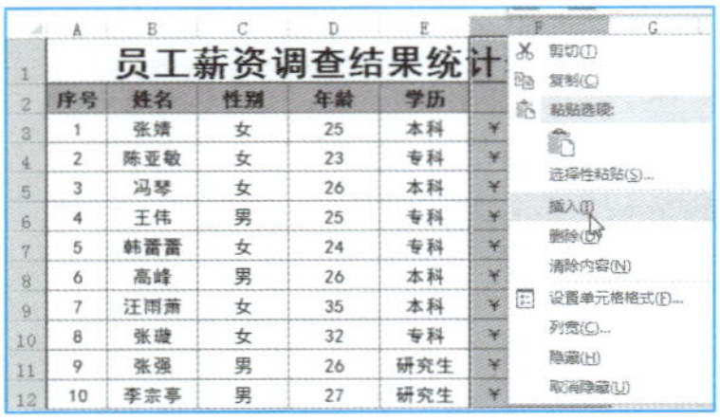

图16-14

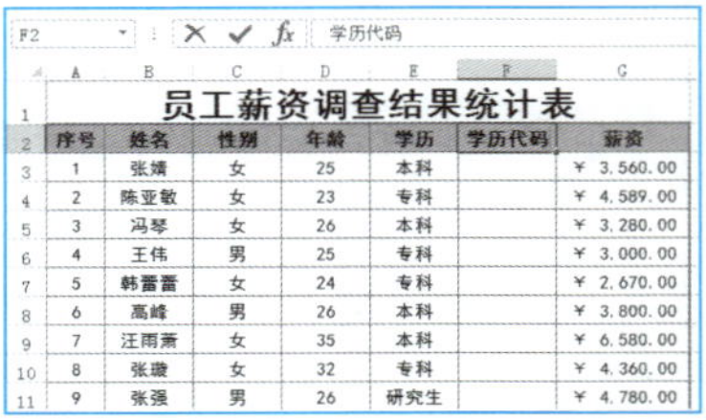

图16-15

❸ 设定学历代码为：研究生为1、本科为2，专科为3，专科以下为4，选中F3单元格，在公式编辑栏输入公式“=IF(E3="研究生",1,IF(E3="本科",2,IF(E3= "专科",3,4)))”按Enter键后向下复制公式，即可得到相应的代码，如图16-16所示。

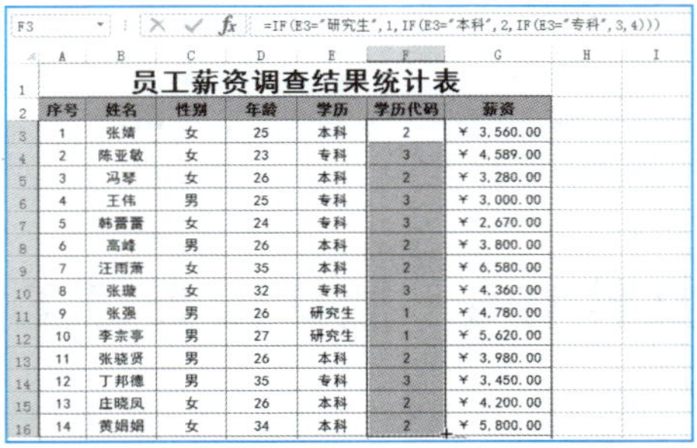

图16-16

❹ 插入新工作表并重命名为“学历构成分析”，在工作表中创建学历构成分析的表格，如图16-17所示。

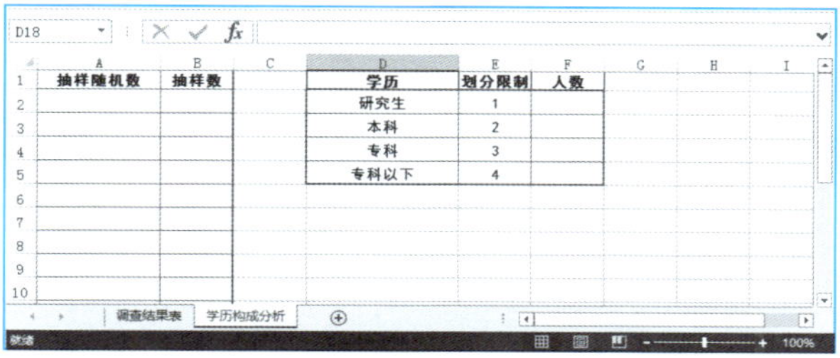

图16–17

步骤2：获取1–28之间的随机整数和抽样数据

❶ 选中A2:A16单元格，在公式编辑栏输入公式“=RANDBBTEEEN(1,28)”，按“Ctrl+Enter”键，在所选中单元格区域中显示获取的随机整数，如图16-18所示。

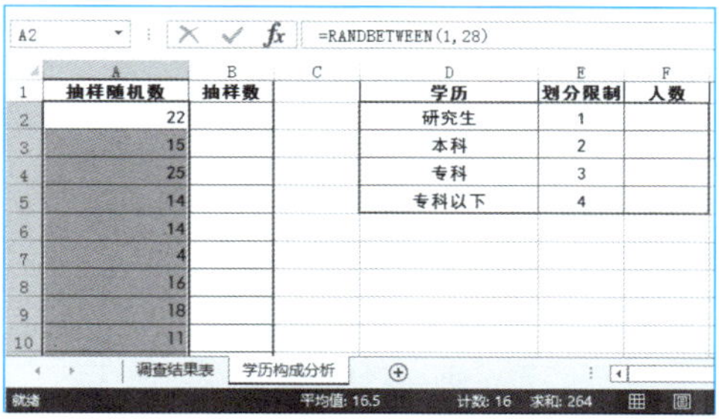

图16–18

公式分析：

“=RANDBBTEEEN(1,28)”公式分析：

RANDBBTEEEN函数用于返回指定的两个数之间的一个随机整数，每次计算工作表时，都将返回一个新的随机整数。“=RANDBBTEEEN(1,28)”表示返回1-28之间的一个随机整数。

❷ 选中A2:A17单元格区域，按“Ctrl+C”组合键复制，切换到“开始”选项卡，在“剪贴板”选项组中单击“粘贴”下拉按钮，在下拉菜单中单击“值”命令，如图16-19所示。

❸ 单击“值”命令后，即可将随机数更改为值，不再发生变化，如图16-20所示。

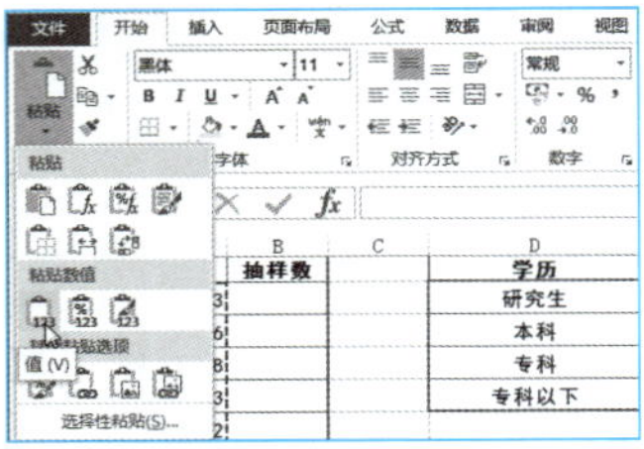

图16-19

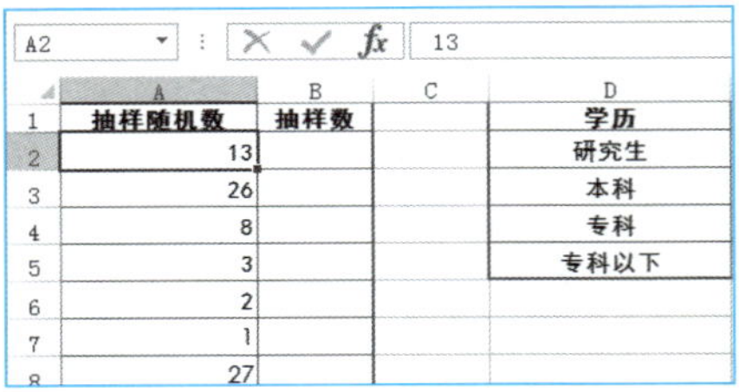

图16-20

4 选中B2单元格，在公式编辑栏输入公式“=INDEX(调查结果表!$F$3:$F$30,A2)”，按Enter键，从“调查结果表”工作表中引用相对应的学历代码，如图16-21所示。

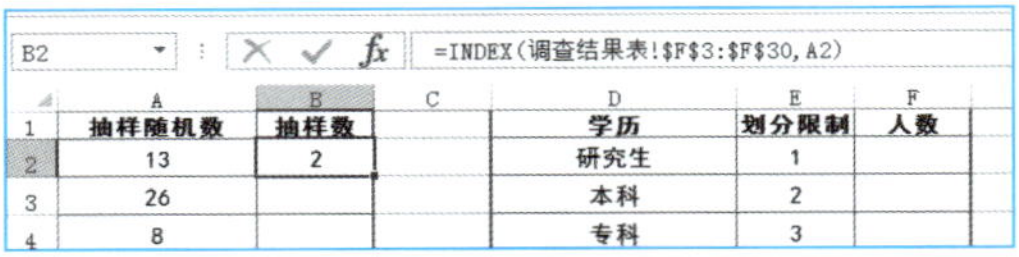

图16-21

5 选中B2单元格，拖动填充柄向下复制公式，即可返回其他随机数相对应的学历代码如图16-22所示。

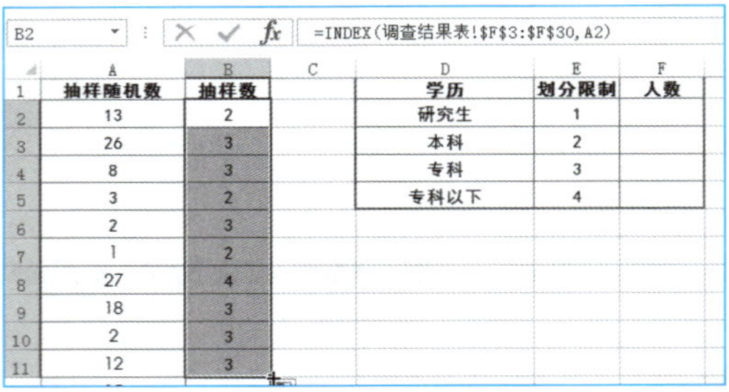

图16-22

公式分析：

“=INDEX(调查结果表!$F$3:$F$30,A2)”公式分析

INDEX函数用于返回表格区域中的值或值的引用。“=INDEX(调查结果表!$F$3:$F$30,A2)”在调查结果表的F3:F30单元格区域，根据A2单元格所在行行号返回引用值。

步骤3：使用FREQUENCY函数计算结果

1 选中F2:F5单元格区域，切换到“公式”选项卡，在“函数库”组中单击“其他函数”下拉按钮，在下拉列表中单击“统计”命令，在弹出的子菜单中单击“FREQUENCY”命令（如图16-23所示），打开“函数参数”对话框。

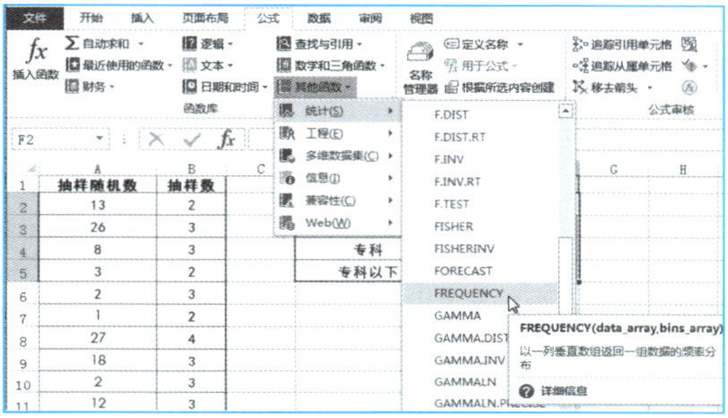

图16-23

2 设在“Data_array”文本框中输入“B2:B17”，在“Bins_array”文本框中输入“E2:E5”，如图16-24所示。

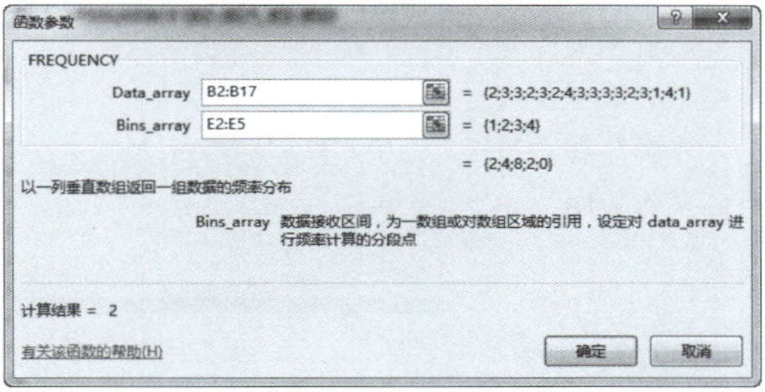

图16-24

3 单击“确定”按钮，按“Ctrl+Shift+Enter”组合键，计算出各个学历的人数，完成学历构成的人数统计，如图16-25所示。

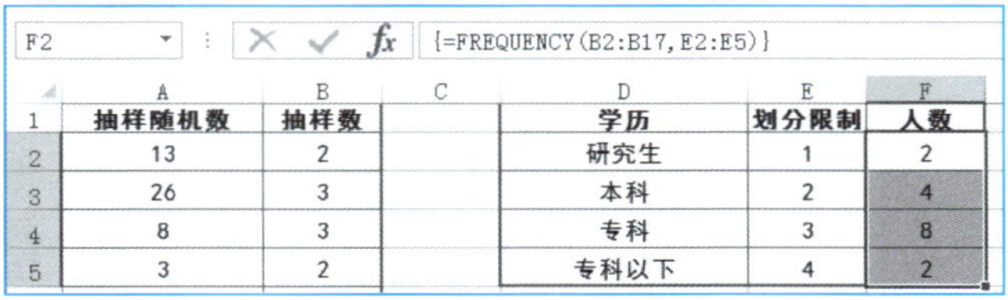

图16-25

文件197　年龄与薪资的相关性分析

想要了解员工的薪资与员工的年龄是否相关，可以借助Excel中的相关系数计算方法计算出两组数据的相关系数，并分析两组数据是否相关。

制作要点与设计效果图

- 加载数据分析工具
- 使用相关性系数工具
- CORREL函数

员工薪资调查结果统计表

序号	年龄	薪资
1	25	¥ 3,560.00
2	23	¥ 4,589.00
3	26	¥ 3,280.00
4	25	¥ 3,000.00
5	24	¥ 2,670.00
6	26	¥ 3,800.00
7	35	¥ 6,580.00
8	32	¥ 4,360.00
9	26	¥ 4,780.00
10	27	¥ 5,620.00
11	26	¥ 3,980.00
12	35	¥ 3,450.00

	年龄	薪资
年龄	1	
薪资	0.220785	1

0.220785

文件设计过程

步骤1：创建年龄与薪资的相关性表格

打开“年龄与薪资相关性分析”工作簿，插入新工作表并重命名为“年龄与薪资相关性分析”，将“调查结果表”工作表中的“序号”、“年龄”和“薪资”数据复制到新工作表中，如图16-26所示。

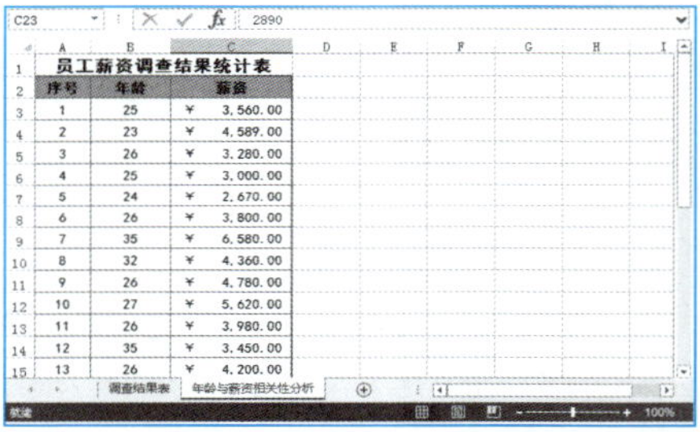

员工薪资调查结果统计表

序号	年龄	薪资
1	25	¥ 3,560.00
2	23	¥ 4,589.00
3	26	¥ 3,280.00
4	25	¥ 3,000.00
5	24	¥ 2,670.00
6	26	¥ 3,800.00
7	35	¥ 6,580.00
8	32	¥ 4,360.00
9	26	¥ 4,780.00
10	27	¥ 5,620.00
11	26	¥ 3,980.00
12	35	¥ 3,450.00
13	26	¥ 4,200.00

图16-26

步骤2：加载数据分析工具

❶ 单击“文件”标签，在左侧窗格单击“选项”命令，打开“Excel选项”对话框，在左侧窗格单击“加载项”，在右侧窗格单击“转到”按钮（如图16-27所示），打开“加载宏”对话框。

❷ 在“可用加载宏”列表框中选中“分析工具库”复选框，如图16-28所示。

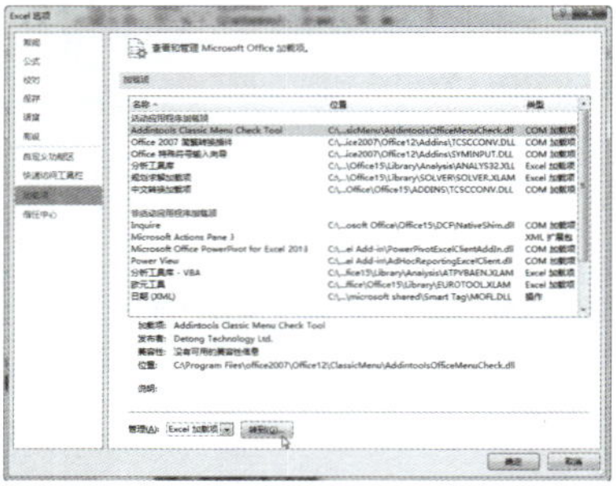

图16-27

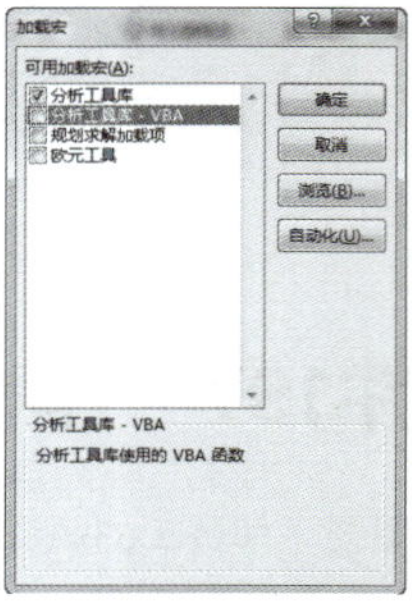

图16-28

步骤3：使用数据分析工具分析

❶ 单击“确定”按钮，返回工作表中，此时在“数据”选项卡下添加了“分析”组中，并添加了“数据分析”按钮，单击“数据分析”按钮（如图16-29所示），打开“数据分析”对话框。

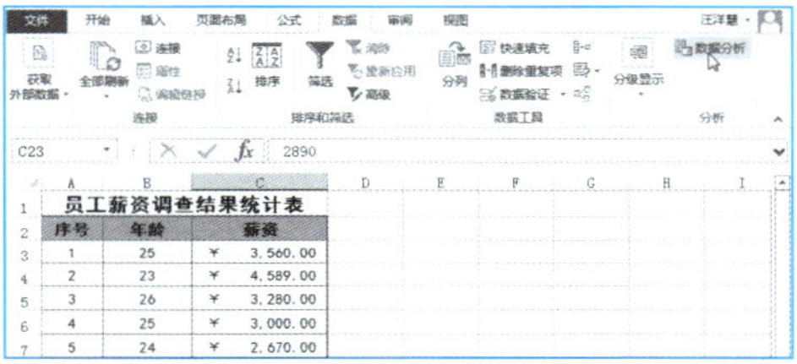

图16-29

❷ 在“分析工具”列表框中选择“相关系数”，单击“确定”按钮（如图16-30所示），打开“相关系数”对话框。

❸ 设置输入区域为“$B$2:$C$30”，接着选中“标志位于第一行”复选框，在“输出选项”区域单击“输入区域”单选按钮，接着在文本框中输入“$E$2”，如图16-31所示。

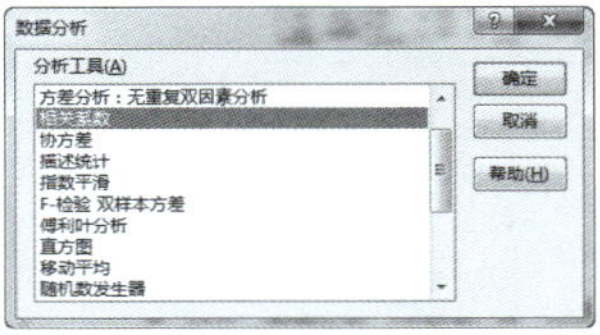

图16-30

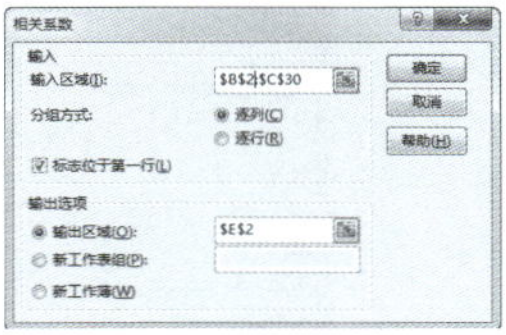

图16-31

❹ 单击“确定”按钮，返回工作表中，此时在E2单元格处显示了计算的相关系数为“0.220785”，说明两组数据的相关性不强，如图16-32所示。

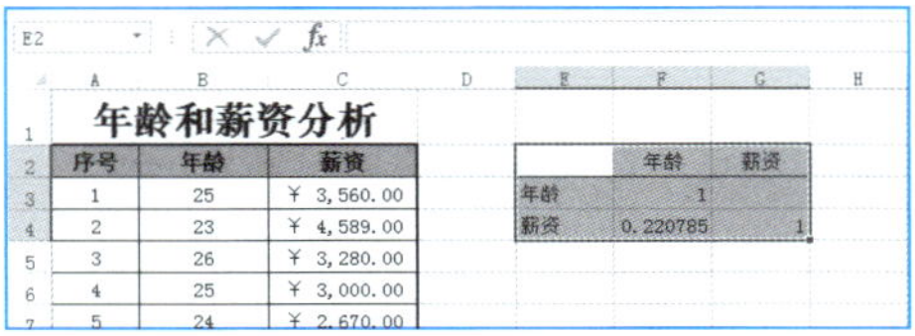

图16-32

提 示

相关系数是用来描述数组之间关联程度和关联方式的指标。相关系数的值介于-1和1之间，一般用r表示。当r=1时，说明两组数据完全正相关；当r=-1时，两组数据完全负相关；当当r=0时，两组数据无相关性。因此，在判断两组数据是否相关时，可以借助相关系数来判断。

步骤4：使用CORREL函数检验相关系数正确性

❶ 选中E6单元格，切换到“公式”选项卡，在“函数库”组中单击“其他函数”下拉按钮，在下拉菜单中单击“统计”命令，在子菜单中选择“CORREL”命令（如图16-33所示），打开“函数参数”对话框。

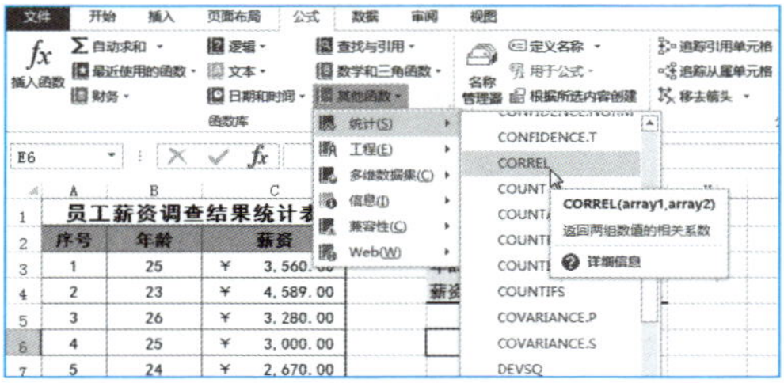

图16-33

❷ 在“Array1”文本框中输入“B3:B30”，在“Array2”文本框中输入“C3:C30”，如图16-34所示。

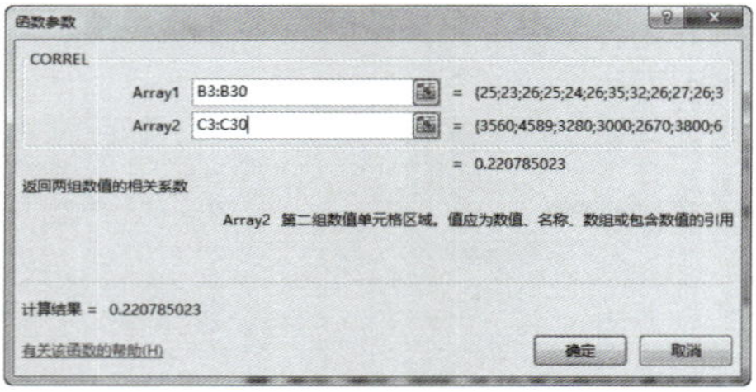

图16-34

❸ 单击“确定”按钮，在E6单元格中计算出相关系数为“0.220785”，与使用相关系数工具计算结果一致，如图16-35所示。

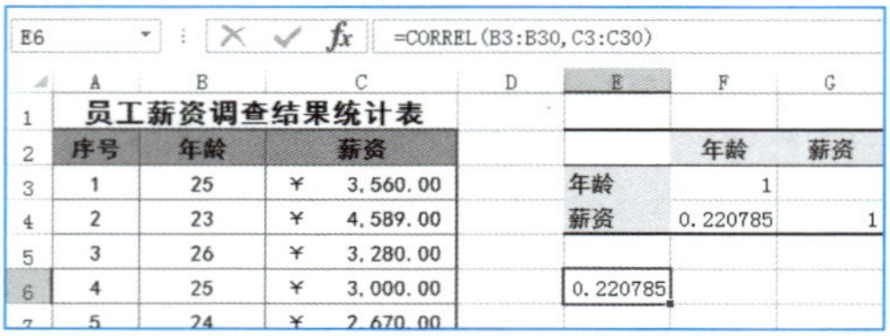

图16-35

公式分析：

“=CORREL(B3:B30,C3:C30)”公式分析：

“=CORREL(B3:B30,C3:C30)”表示根据B3:B30单元格区域数值和C3:C30单元格区域数值，计算出两组数据的相关系数。

文件198　男、女薪资高低比较图

在某些企业，男女员工的薪资高低是不同的，若要比较两者之间的高低区别，可以创建堆积百分比面积图，然后可以添加剪贴画来表示男、女数据系列会更加直观。

制作要点与设计效果图

- 创建堆积百分比面积图
- 插入剪贴画
- 移动图片位置
- 调整图片大小

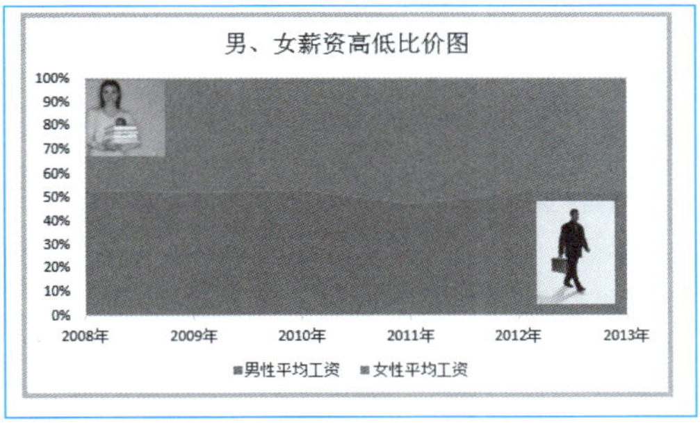

文件设计过程

步骤1：创建面积图

❶ 打开“男、女薪酬高低比较图”工作簿，选中A2:G4单元格区域，切换到“插入”选项卡，在“图表”组中单击“面积图”下拉按钮，在下拉菜单单击“百分比堆积面积图”子图表类型，如图16-36所示。

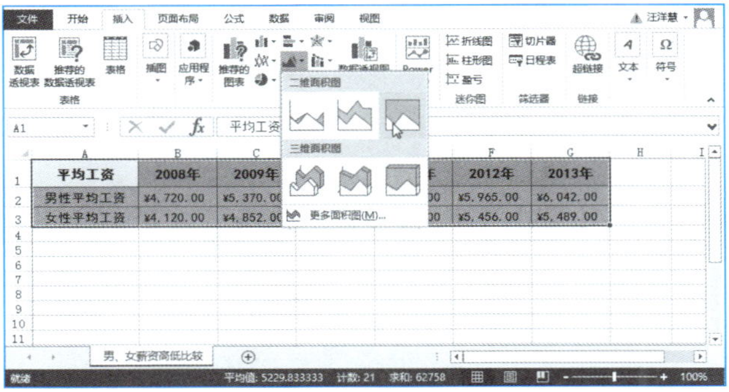

图16-36

❷ 单击“百分比堆积面积图”子图表类型后，系统会根据所选单元格区域创建百分比堆积面积图，如图16-37所示。

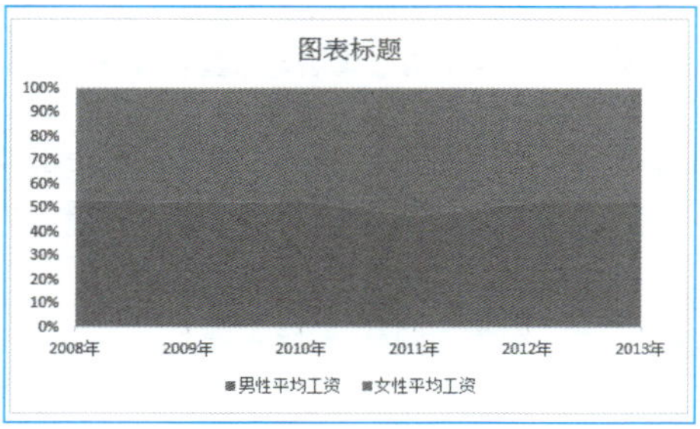

图16-37

步骤2：添加图表标题

❶ 选中图表，切换到“布局”选项卡，在“标签”组中单击“图表标题”下拉按钮，在下拉菜单选择“图表上方”，如图16-38所示。

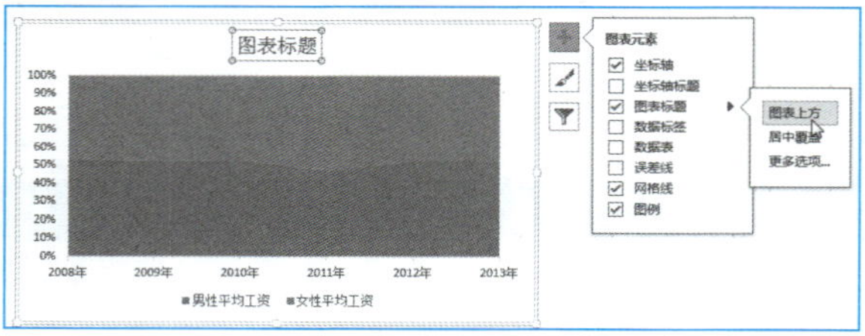

图16-38

❷ 即可在图表上方添加“图表标题”文本框，将图表标题更改为“男、女薪资高低比价图”，如图16-39所示。

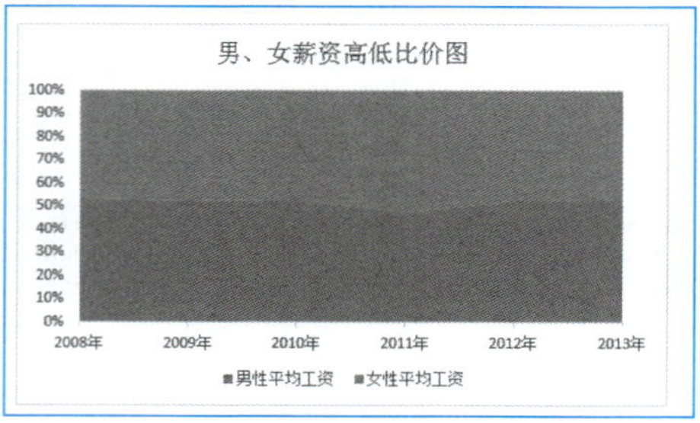

图16-39

步骤3：插入剪贴画

❶ 切换到“插入”选项卡，在“插图”组中单击“联机图片”按钮（如图16-40所示），打开“插入图片”对话框。

2 在“Office剪贴画”区域后的“搜索文字”文本框中输入“人物”，单击“⌕”（搜索）按钮，如图16-41所示。

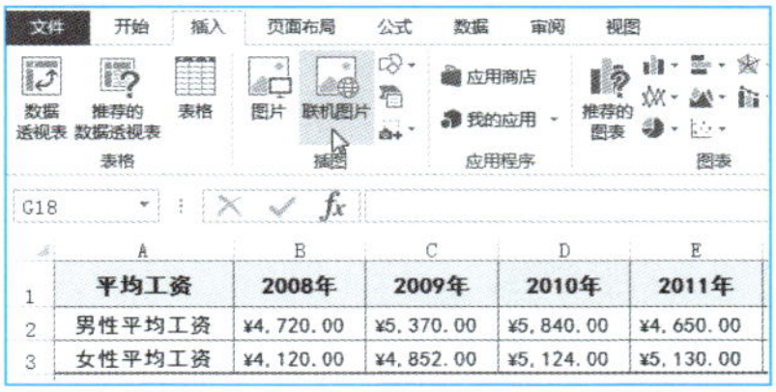

图16-40

图16-41

3 经过搜索在列表框中显示出搜索到的剪贴画，选中要插入的剪贴画，单击“插入”按钮，如图16-42所示。

4 系统自动将选定的剪贴画添加到工作表中，效果如图16-43所示。

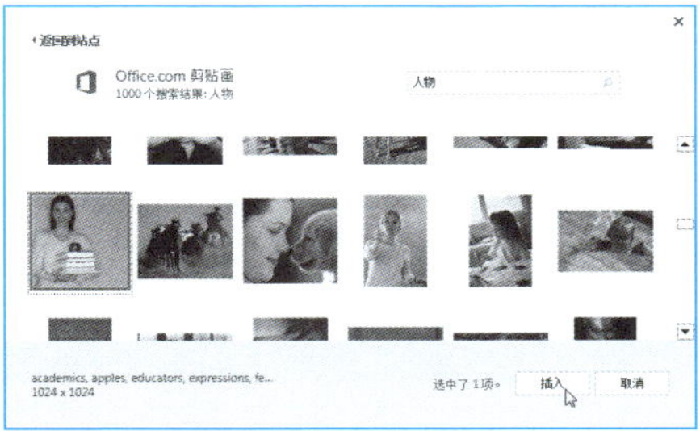

图16-42

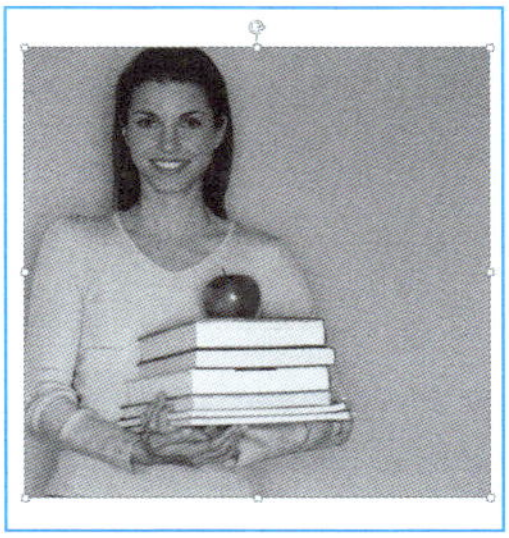

图16-43

步骤4：调整剪贴画

1 选中插入的剪贴画，按住鼠标左键将其拖动至“女平均薪资”数据系列上方，拖动至目标位置后，释放鼠标左键，如图16-44所示。

2 将鼠标指针放置于图片右下角的控制点，按住鼠标左键向左上方拖动，拖动至适当大小后，释放鼠标左键，如图16-45所示。

图16-44

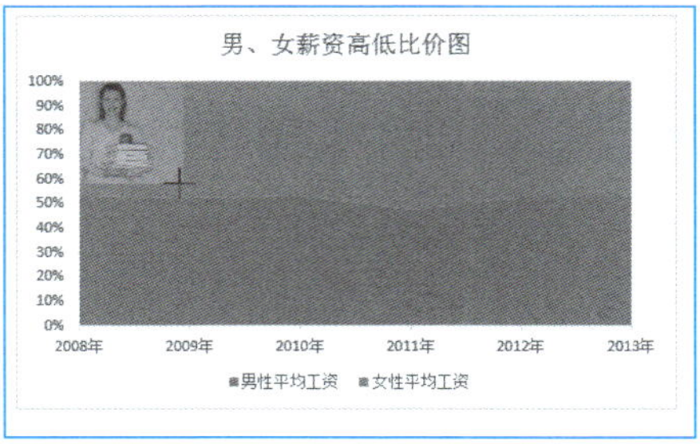

图16-45

③ 在工作表中插入表示男的剪贴画，按照相同的方法移动剪贴画，并调整剪贴画的大小，完成百分比堆积面积图的制作，制作效果如图16-46所示。

图16-46

文件199　员工快乐指数与薪资关系图

快乐指数是指员工的工作快乐程度，一般工作中越快乐的人其薪资也相对比较高，因为一般工作比较快乐的员工其工作态度、工作能力都比较强。如果想直观表现员工快乐指数与薪资的关系，可以使用Excel图表显示出来。

制作要点与设计效果图

- AVERAGEIF函数
- 创建三维饼图
- 应用图标布局样式

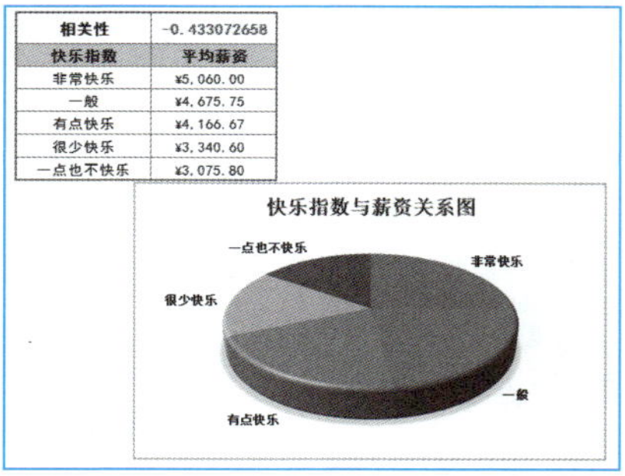

相关性	-0.433072658
快乐指数	平均薪资
非常快乐	¥5,060.00
一般	¥4,675.75
有点快乐	¥4,166.67
很少快乐	¥3,340.60
一点也不快乐	¥3,075.80

文件设计过程

步骤1：创建柱形图

① 打开“员工快乐指数与薪资关系图”工作簿，选中D3单元格，在公式编辑栏输入公式“=IF(C3="非常快乐",1,IF(C3="有点快乐",2,IF(C3="一般",3,IF(C3="很少快乐",4,5))))”，按Enter键后向下复制公式，返回快乐指数代码，如图16-47所示。

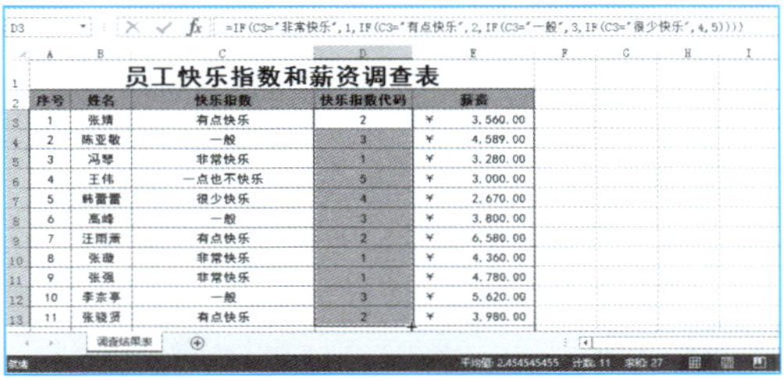

图16-47

公式分析:

"=IF(C3="非常快乐",1,IF(C3="有点快乐",2,IF(C3="一般",3,IF(C3="很少快乐",4,5))))"公式分析：

在计算快乐指数与薪资的相关系数时，使用数字1表示非常快乐；2表示有点快乐；3表示一般；4表示很少快乐；5表示一点也不快乐。

"=IF(C3="非常快乐",1,IF(C3="有点快乐",2,IF(C3="一般",3,IF(C3="很少快乐",4,5))))"，表示根据C3单元格的内容，返回对应的快乐指数。

步骤2：计算相关性系数

❶ 在工作表空白区域创建相关性和快乐指数与平均工资相关表格，如图16-48所示。

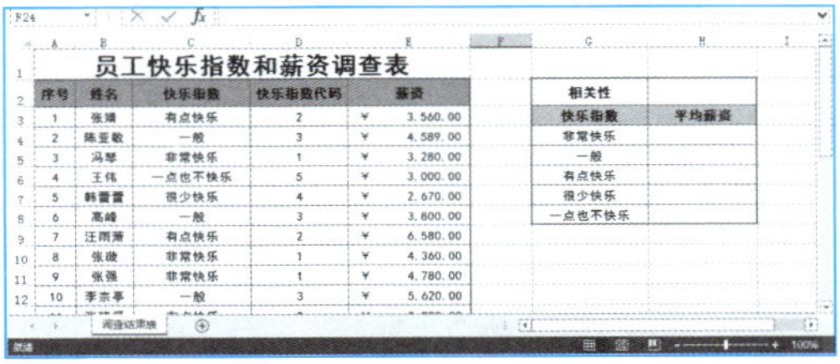

图16-48

❷ 选中H2单元格，切换到"公式"选项卡，再在"函数库"组中单击"其他函数"下拉按钮，在下拉菜单中单击"统计"命令，在弹出的子菜单中单击"CORREL"命令（如图16-49所示），打开"函数参数"对话框。

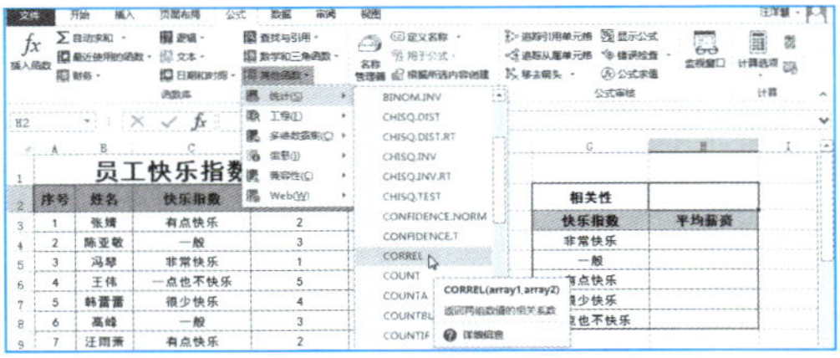

图16-49

3 在“Array1”文本框中输入“D3:D30”，在“Array2”文本框中输入“E3:E30”，如图16-50所示。

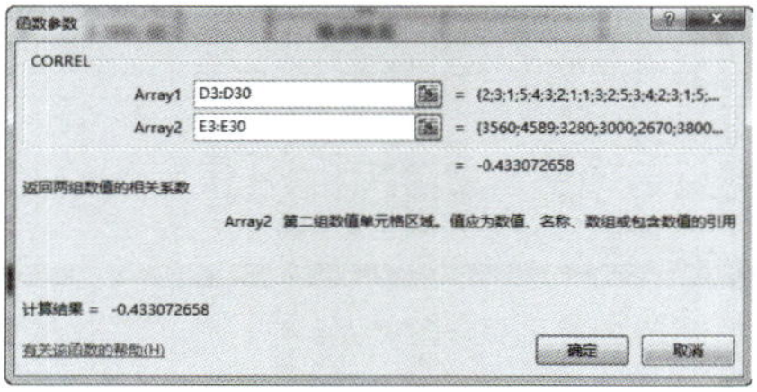

图16-50

4 单击“确定”按钮，计算出相关系数为“-0.433072658”，快乐指数代码越低，相应的薪资也低，如图16-51所示。

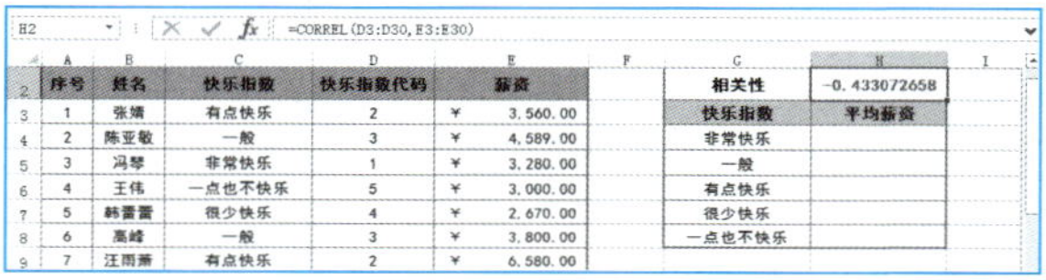

H2 =CORREL(D3:D30,E3:E30)

序号	姓名	快乐指数	快乐指数代码	薪资		相关性	-0.433072658
1	张婧	有点快乐	2	¥ 3,560.00		快乐指数	平均薪资
2	陈亚敏	一般	3	¥ 4,589.00		非常快乐	
3	冯琴	非常快乐	1	¥ 3,280.00		一般	
4	王伟	一点也不快乐	5	¥ 3,000.00		有点快乐	
5	韩蕾蕾	很少快乐	4	¥ 2,670.00		很少快乐	
6	高峰	一般	3	¥ 3,800.00		一点也不快乐	
7	汪雨萧	有点快乐	2	¥ 6,580.00			

图16-51

步骤3：计算平均工资

1 选中H5单元格，在公式编辑栏输入公式“=AVERAGEIF($C$3:$C$30,G5,$E$3:$E$30)”，按Enter键，即可计算“非常快乐指数”的平均薪资，如图16-52所示。

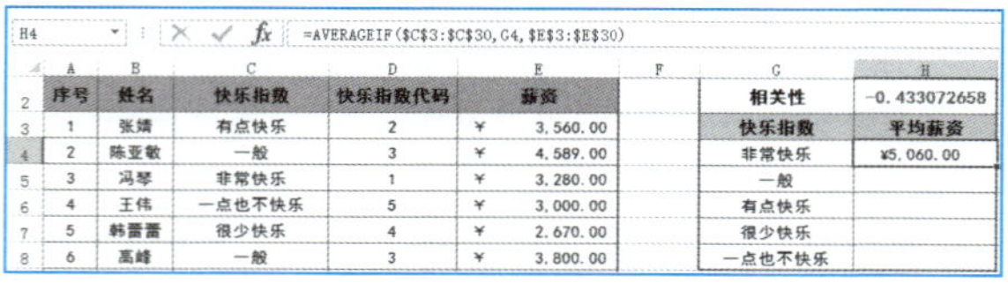

H4 =AVERAGEIF($C$3:$C$30,G4,$E$3:$E$30)

序号	姓名	快乐指数	快乐指数代码	薪资		相关性	-0.433072658
1	张婧	有点快乐	2	¥ 3,560.00		快乐指数	平均薪资
2	陈亚敏	一般	3	¥ 4,589.00		非常快乐	¥5,060.00
3	冯琴	非常快乐	1	¥ 3,280.00		一般	
4	王伟	一点也不快乐	5	¥ 3,000.00		有点快乐	
5	韩蕾蕾	很少快乐	4	¥ 2,670.00		很少快乐	
6	高峰	一般	3	¥ 3,800.00		一点也不快乐	

图16-52

公式分析：

“=AVERAGEIF($C$3:$C$30,G5,$E$3:$E$30)”公式分析：

“=AVERAGEIF($C$3:$C$30,G5,$E$3:$E$30)”表示在C3:C30单元格区域查找G5单元格区域内容，并计算出G5所在单元格区域对应在E3:E30单元格区域的算数平均值。

2 选中H5单元格，拖动填充柄向下复制公式到H9单元格，即可计算出各种快乐指数的平均薪资，如图16-53所示。

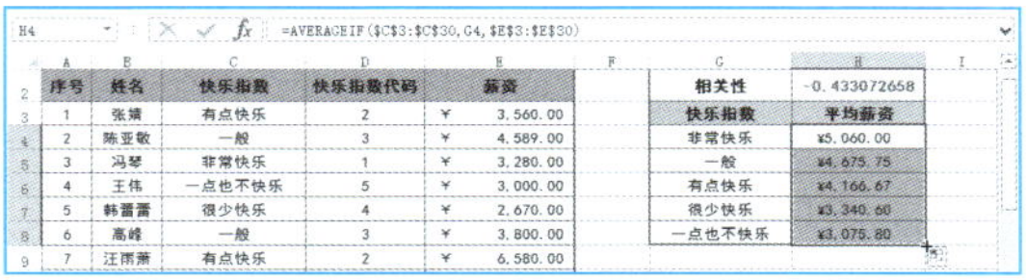

图16-53

步骤4：创建饼图

❶ 选中G4:H9单元格区域，切换到“插入”选项卡，在“图表”组中单击“饼图”下拉按钮，在下拉菜单中单击“分离型三维饼图”子图表类型，如图16-54所示。

❷ 单击“分离型三维饼图”子图表类型，系统会自动根据选择的数据源创建选定的图表，如图16-55所示。

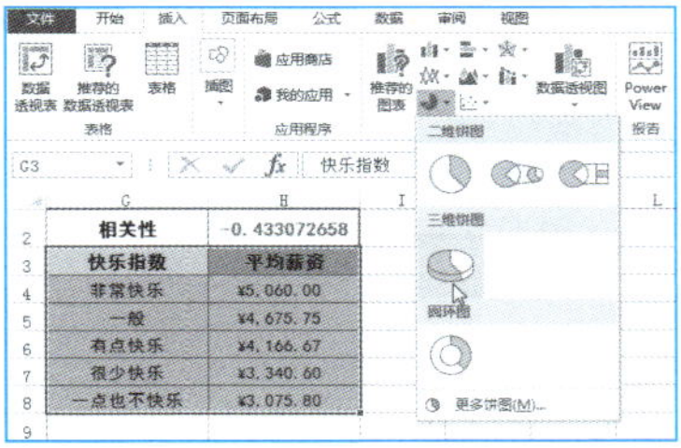

图16-54

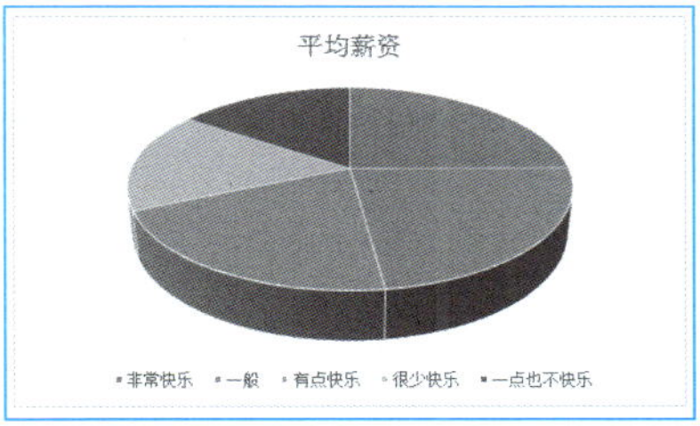

图16-55

步骤5：应用图标布局样式

❶ 选中图表，单击“🖌”（图表样式）按钮，在下拉菜单中单击“样式8”（如图16-56所示），即可为图表应用该样式。

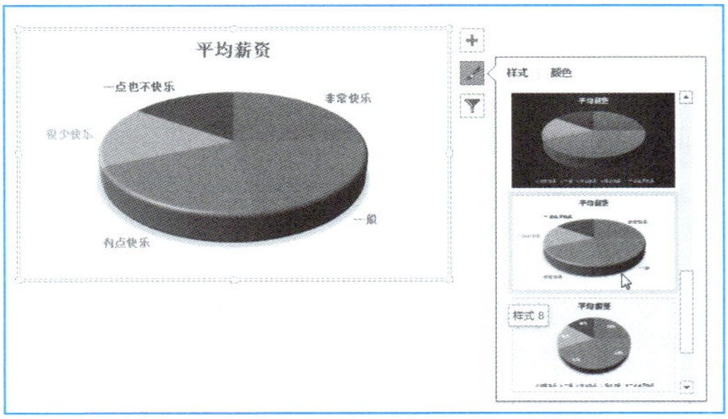

图16-56

❷ 将图表标题更改为“快乐指数与薪资关系图”，为图表添加边框轮廓颜色，设置后效果如图16-57所示。

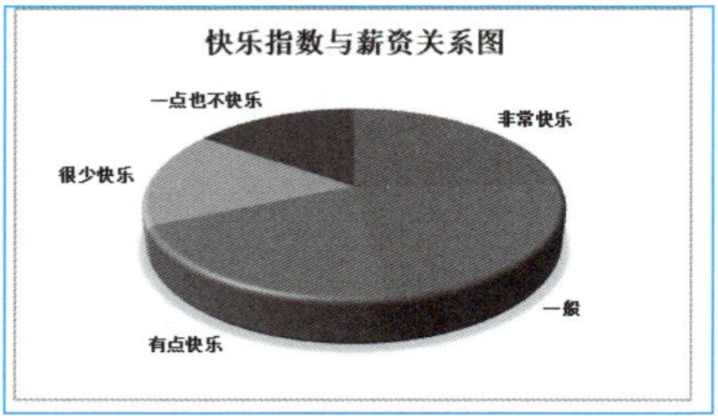

图16-57

文件200　员工工资水平分布表

在员工工资水平分布表中，可以通过Excel中的频数函数轻松找出工资水平分布规律。

制作要点与设计效果图

- 插入函数
- FREQUENCY函数
- 数组公式的应用

文件设计过程

步骤1：插入函数

在“员工工资水平分布表”工作表中的数据透视表右侧创建一个“员工工资水平分布表”表格，选中H4:H9单元格区域，切换到“公式”选项卡，在“函数库”组中单击“插入函数”按钮（如图16-58所示），打开“插入函数”对话框。

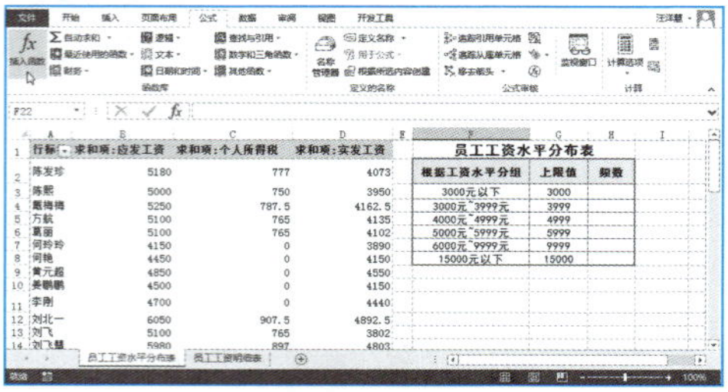

图16-58

步骤2：搜索函数

❶ 在“搜索函数”文本框中输入“frequency”，单击“转到”按钮，如图16-59所示。

❷ 系统自动将搜索到的相关函数显示在“选择函数”列表框中，双击FREQUENCY选项（如图16-60所示），打开“函数参数”对话框。

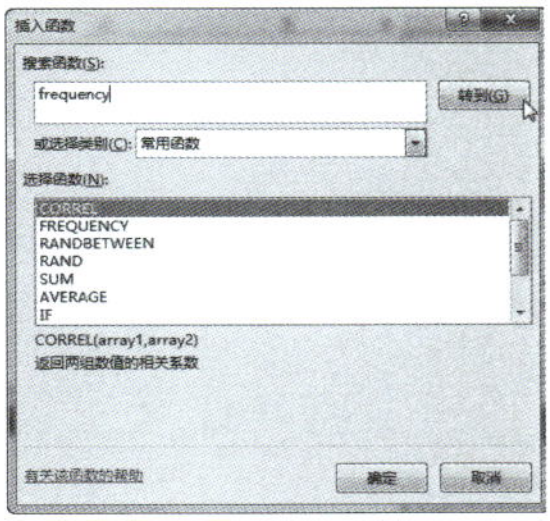

图16-59

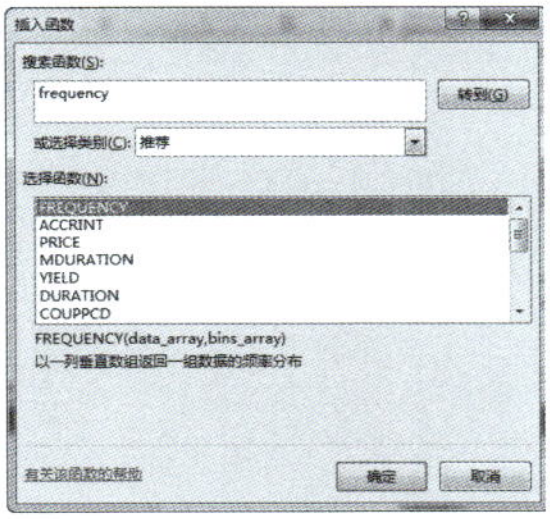

图16-60

步骤3：设置函数参数

❶ 在“Data_array”文本框中输入“B4:B34”（如图16-61所示），在“Bins_array”文本框中输入“G4:G9”，如图16-62所示。

❷ 函数参数设置完成后，按下“Ctrl+Shift+Enter”组合键确认数组公式的输入，依次计算出各水平分段的频数，此时完成员工工资水平分布表的创建，如图16-63所示。

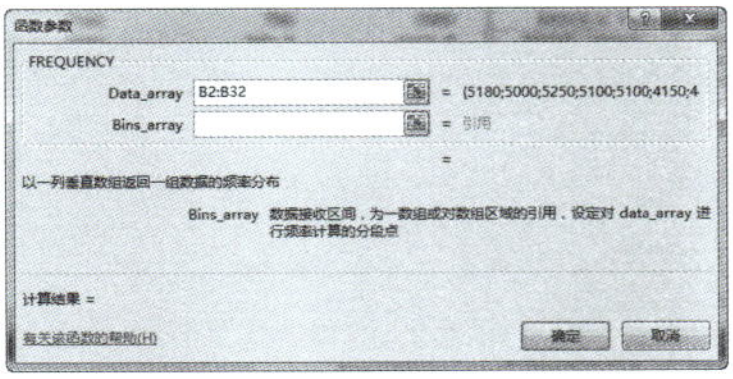

图16-61

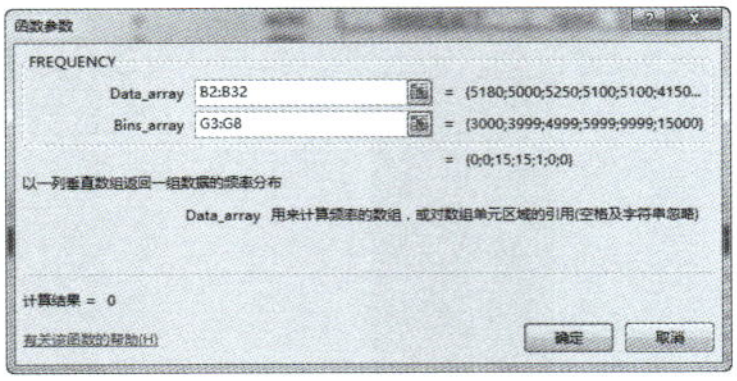

图16-62

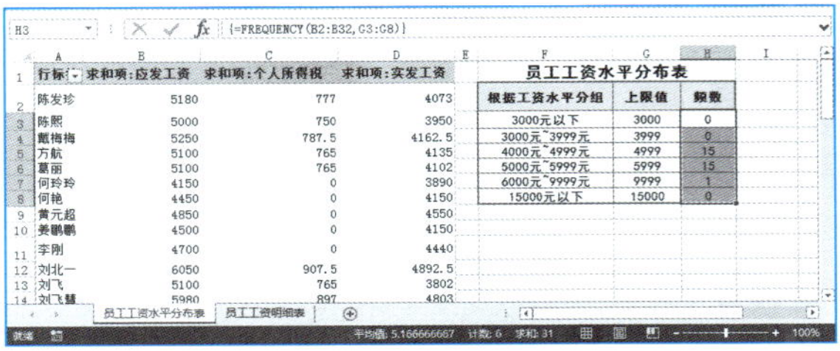

图16-63

文件201　员工工资水平分布图

在Excel中可以利用直方图创建频率分布图，让分段频数更加清晰、易懂。

制作要点与设计效果图

- 加载数据分析工具
- 直方图分析
- 更改图表标题
- 删除图例
- 显示数据标签

员工工资水平分布表

根据工资水平分组	上限值	频数
3000元以下	3000	0
3000元~3999元	3999	0
4000元~4999元	4999	15
5000元~5999元	5999	15
6000元~9999元	9999	1
15000元以下	15000	0

员工工资水平划分

根据工资水平分组	上限值
3000元以下	3000
3000元~3999元	3999
4000元~4999元	4999
5000元~5999元	5999
6000元~9999元	9999
15000元以下	15000

接收	频率
3000	0
3999	0
4999	15
5999	15
9999	1
15000	0
其他	0

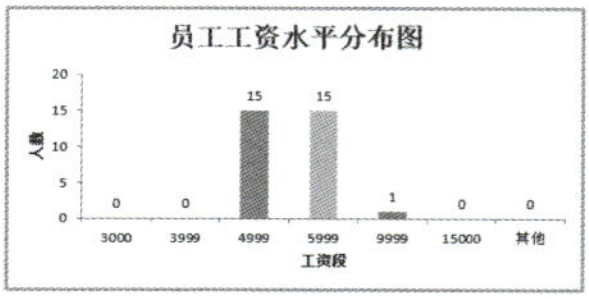

文件设计过程

步骤1：加载分析库工具

❶ 单击“文件”标签，在左侧中单击“选项”标签（如图16-64所示），打开“Excel选项”对话框。

❷ 单击“加载项”选项，然后单击“转到”按钮（如图16-65所示），打开“加载宏”对话框。

图16-64

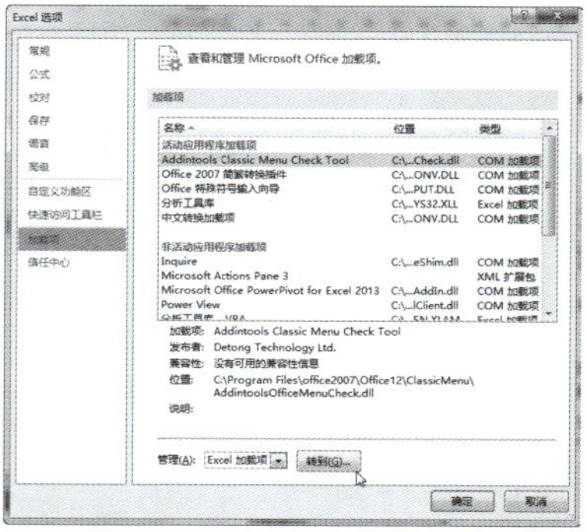

图16-65

步骤2：创建直方图

❶ 选中“分析工具库”复选框（如图16-66所示），单击“确定”按钮，

将“数据分析”按钮添加到功能区中。

2 在工作表中F1:G18单元格区域中创建“员工工资水平划分”表格，切换到“数据”选项卡，在新增的“分析”组中单击“数据分析”按钮（如图16-67所示），打开“数据分析”对话框。

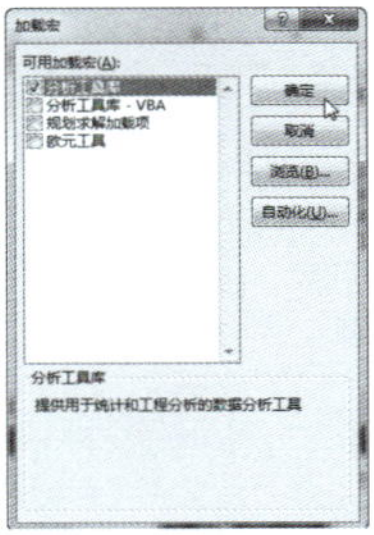

图16-66

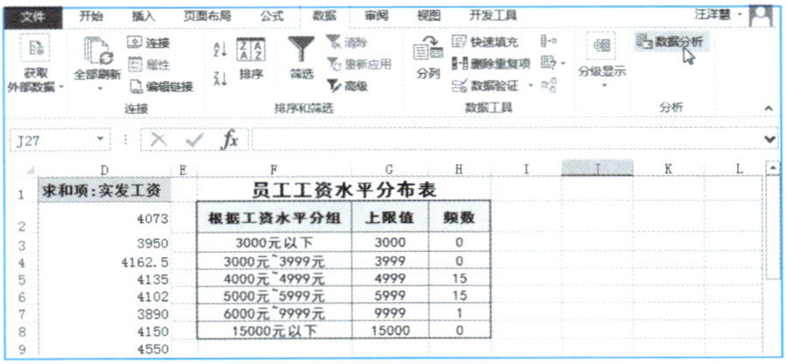

图16-67

3 单击“直方图”选项，单击“确定”按钮（如图16-68所示），打开“直方图”对话框。

4 设置“输入区域”为“$B$2:$B$32”，设置“接收区域”为“$G$13:$G$18 $”，设置“输出区域”为“$F$21”，选中“图表输出”复选框，如图16-69所示。

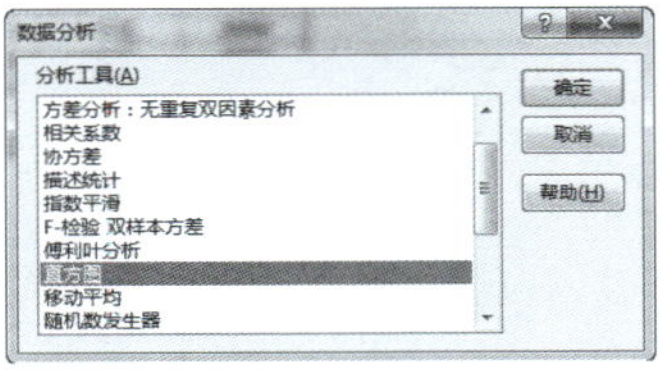

图16-68

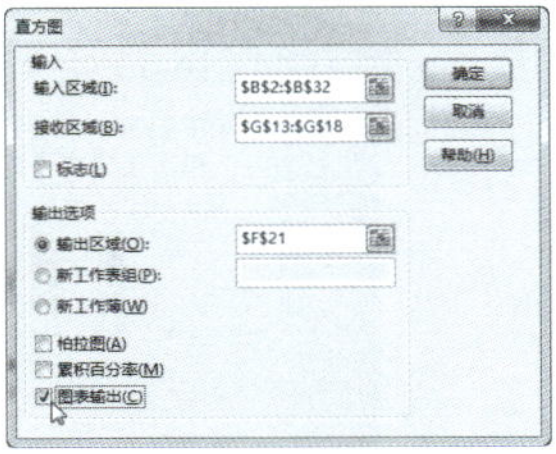

图16-69

5 单击“确定”按钮，返回工作表中，自动根据指定的参数计算出接收频率，并以此为依据创建相应的直方图，如图16-70所示。

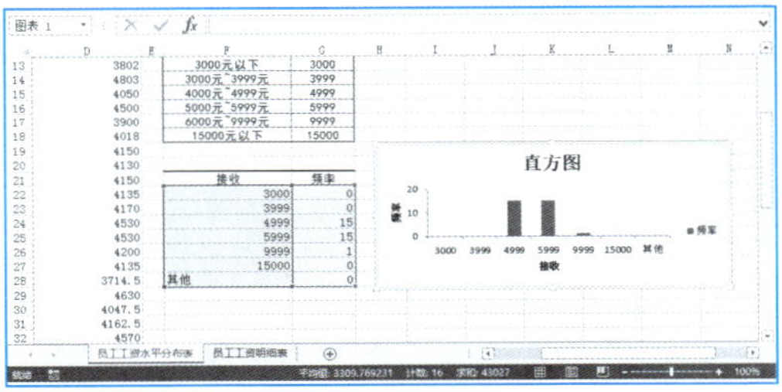

图16-70

步骤3：美化图表

❶ 双击“图表标题”文本，激活图表标题文本框，其中输入“员工工资水平分布图”并将“频率”文本更改为“人数（人）”，将“接收”更改为“工资段”，如图16-71所示。

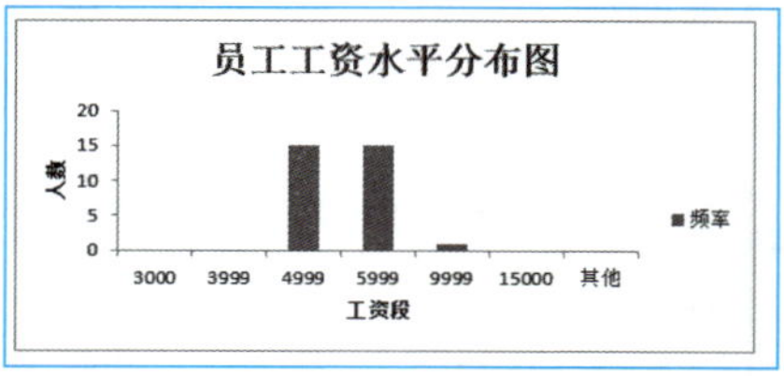

图16-71

❷ 选中图表，单击“+”（图表元素）按钮，在弹出的对话框中取消选中“图例”复选框，即可删除图例项，如图16-72所示。

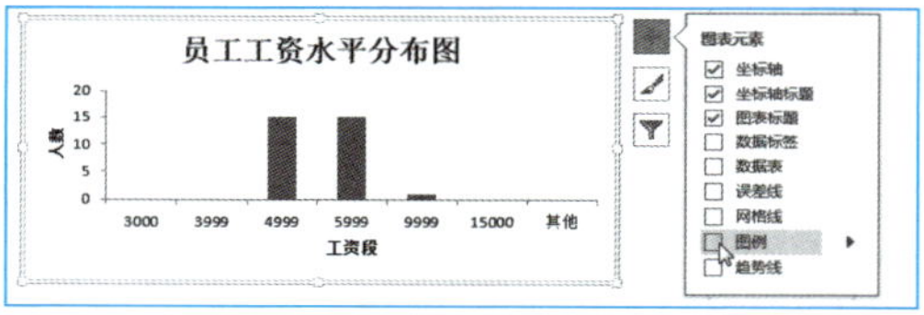

图16-72

❸ 选中图表，单击“+”（图表元素）按钮，在弹出的对话框中单击“数据标签”右侧的“▶”按钮，在弹出的对话框中单击“数据标签外”，即可为图表添加数据标签，如图16-73所示。

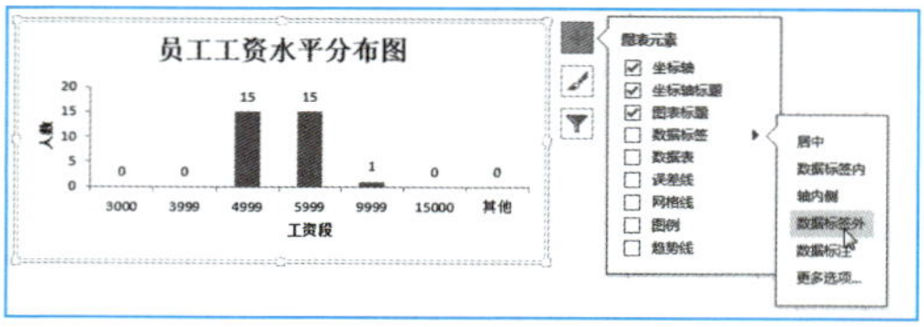

图16-73

❹ 选中图表，切换至“图表工具—设计”选项卡，在“图表样式”库中选择适当的图表样式，快速格式化图表外观，完成员工工资水平分布图的制作，完成后效果如图16-74所示。

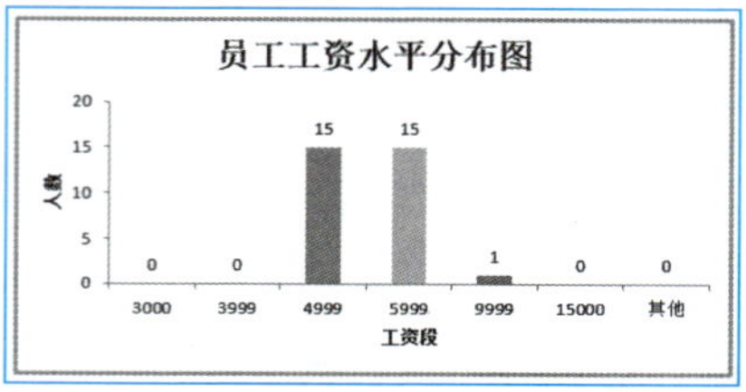

图16-74

文件202　薪资与业绩关系图

员工的薪资与员工所取得的业绩是相关的，一般业绩越高越好，获取的薪资就越高，在分析时用户可以借助Excel中的散点图或折线图来表现薪资与业绩间的关系。

制作要点与设计效果图

- 编辑图表数据源
- 添加坐标轴标题
- 设置数据标记样式
- 设置数据标记填充色

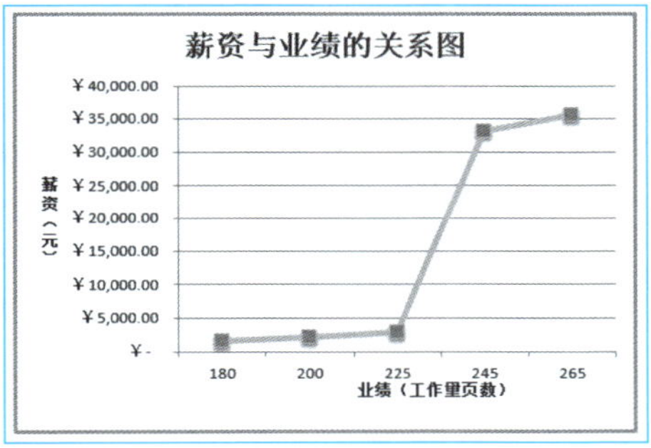

文件203　薪资涨幅趋势分析图

企业为了留住人才，会根据社会因素和周边企业情况定期为员工加薪，有些企业定为一年一涨，有些定为半年一涨。如果想了解企业近年来薪资涨幅情况，可以创建折线图来分析涨幅情况，还可以通过添加垂直线来更直观地分析。

制作要点与设计效果图

- 创建折线图
- 添加垂直线
- 设置垂直线线条颜色
- 设置图表区格式

文件204　不同职位薪资比较图

员工的薪资与员工所任职位有关，一般情况下职位越高、越重要，其领取的工资也就越高。在Excel 中可以创建条形图来比较不同职位的基本工资，以便查看员工的薪资差距。

制作要点与设计效果图

- 创建条形图
- 设置数据点颜色
- 将垂直线条设置为无颜色
- 隐藏图例

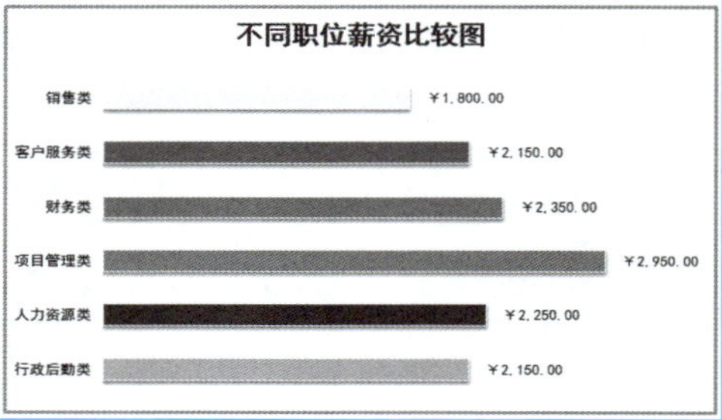

文件205　改变目前薪资状况的选择

为了改变不满意的薪酬现状，有些员工或选择跳槽，有些员工会选择培训、进修，还有些员工会选择自主创业，如果想要了解目前多数员工对改变薪酬状况的选择方式，可以通过饼图来分析。

制作要点与设计效果图

- 创建三维饼图
- 分离指定扇区
- 放大饼图高度
- 应用图表样式

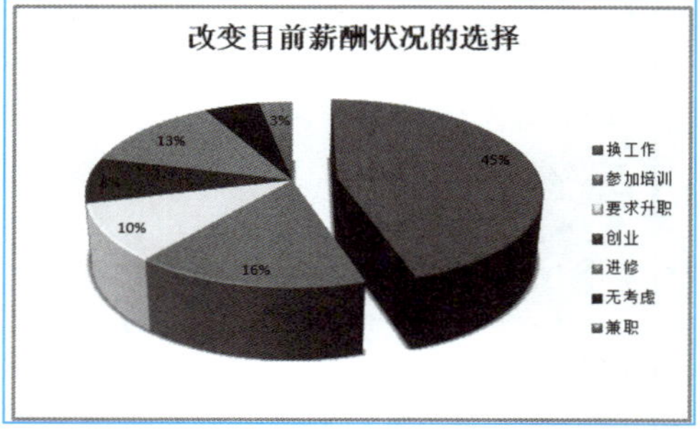

文件206　不同学历背景对薪酬的满意度

不同学历背景的从业者对薪酬的要求时不一样的，企业想要了解员工对薪酬的满意度，可以从不同学历背景来分析，以制定一套让多数员工满意的薪酬制度。

制作要点与设计效果图

- 创建折线图
- 更改图例位置
- 隐藏纵坐标和网格线
- 添加趋势线

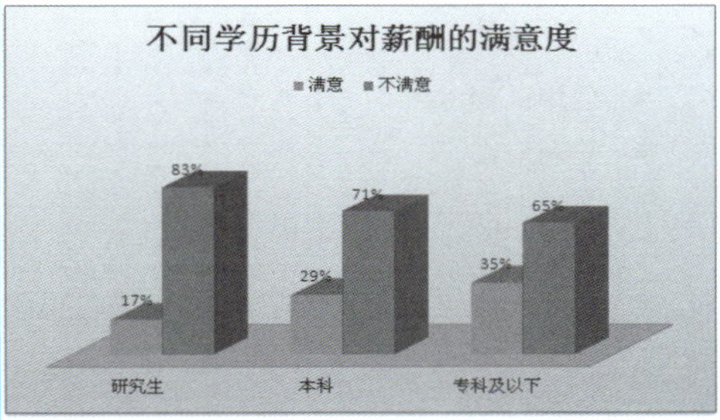

文件207　员工季度奖金表

员工季度奖金表是企业根据员工一个季度的业绩、工作质量等级给予的工资补助。

制作要点与设计效果图

- 设置货币格式
- IF函数
- CHOOSE函数

员工季度奖金表

员工编号	员工姓名	季度业绩	业绩等级	奖金
YG001	周涛利	¥1,100,000.00	1	¥ 2,000.00
YG002	姜鹏鹏	¥ 780,000.00	1	¥ 2,000.00
YG003	朱小明	¥ 600,000.00	2	¥ 1,500.00
YG004	刘远程	¥ 400,000.00	3	¥ 1,000.00
YG005	陈发珍	¥ 450,000.00	3	¥ 1,000.00
YG006	何艳	¥ 300,000.00	3	¥ 1,000.00
YG007	李刚	¥ 580,000.00	2	¥ 1,500.00
YG008	戴梅梅	¥ 780,000.00	1	¥ 2,000.00
YG009	谢俊杰	¥ 600,000.00	2	¥ 1,500.00
YG010	何玲玲	¥ 600,000.00	2	¥ 1,500.00
YG011	罗瑞	¥ 480,000.00	3	¥ 1,000.00
YG012	谢丽利	¥ 300,000.00	3	¥ 1,000.00

文件208　岗位薪酬结构表

岗位薪酬结构表，由基本工资、岗位工资、加班费、奖金、统筹、公积金和房贴等组成。

制作要点与设计效果图

- 隐藏工作表中的零值
- 使用SUM函数
- 复制公式

岗位薪酬结构表

序号	岗位	姓名	岗位级别	基本工资	岗位工资	福利					合计工资额
						加班费	奖金	统筹	公积金	房贴	
1	经理	王荣	1级	¥2,000.00	¥2,200.00	¥100.00	¥150.00		¥67.00	¥150.00	¥4,667.00
2	助理	周国菊	2级	¥1,500.00	¥1,800.00		¥100.00	¥50.00	¥67.00	¥100.00	¥3,617.00
3	主管	慕丽	1级	¥1,700.00	¥2,200.00		¥150.00		¥67.00	¥80.00	¥4,197.00
4	职员	王磊	3级	¥1,400.00	¥1,500.00		¥100.00		¥67.00	¥20.00	¥3,087.00
5	职员	刘泰	3级	¥1,400.00	¥1,500.00		¥100.00		¥67.00	¥20.00	¥3,087.00
6	职员	周礼	2级	¥1,400.00	¥1,800.00		¥150.00		¥67.00	¥20.00	¥3,437.00
7	职员	陶莉莉	3级	¥1,400.00	¥1,500.00	¥150.00	¥100.00		¥67.00	¥20.00	¥3,237.00
8	职员	方航	2级	¥1,400.00	¥1,800.00	¥150.00	¥200.00		¥67.00	¥20.00	¥3,637.00
9	职员	张天宇	4级	¥1,400.00	¥1,200.00		¥150.00		¥67.00	¥20.00	¥2,837.00
10	职员	王贝贝	4级	¥1,400.00	¥1,200.00		¥100.00	¥50.00	¥67.00	¥20.00	¥2,837.00
11	职员	刘飞	3级	¥1,400.00	¥1,500.00		¥100.00	¥100.00	¥67.00	¥20.00	¥3,187.00
12	职员	张东方	3级	¥1,400.00	¥1,500.00		¥100.00		¥67.00	¥20.00	¥3,087.00
13	职员	王北峰	4级	¥1,400.00	¥1,200.00		¥50.00		¥67.00	¥20.00	¥2,737.00
14	实习生	周涛利	4级	¥800.00	¥1,200.00		¥150.00				¥2,150.00
15	实习生	姜鹏鹏	3级	¥800.00	¥1,500.00	¥100.00	¥100.00	¥80.00			¥2,580.00
16	实习生	朱小明	4级	¥800.00	¥1,200.00	¥150.00	¥200.00				¥2,350.00
17	实习生	刘远程	3级	¥800.00	¥1,500.00	¥100.00	¥100.00				¥2,500.00

Excel

第17章

人员调整管理表格

为了确保员工的稳定及企业正常运行，企业在人员调整上，一般遵循精简机构、固定流程、合并职能、优化人员结构记忆提高工作效率的基本原则。人力资源部门需要将人员管理表格分门别类地整理好，方便查看。

日常工作中常用到的人员调整管理表格主要有人事变动申请表、人员调整建议表、人员调职申请书、员工调派意见表、人员编制变更申请表等。

编号	文件名称	对应的数据源	重要星级
文件209	人事变动申请表	第17章\文件209 人事变动申请表.xlsx	★★★★★
文件210	人员调职申请书	第17章\文件210 人员调职申请书.xlsx	★★★★
文件211	人员调整建议表	第17章\文件211 人员调整建议表.xlsx	★★★★★
文件212	员工调派意见表	第17章\文件212 员工调派意见表.xlsx	★★★★
文件213	人员编制变更申请表	第17章\文件213 人员编制变更申请表.xlsx	★★★★
文件214	派遣员工录用通知书	第17章\文件214 派遣员工录用通知书.xlsx	★★★
文件215	员工调离呈签表	第17章\文件215 员工调离呈签表.xlsx	★★★
文件216	员工调动通知单	第17章\文件216 员工调动通知单.xlsx	★★★
文件217	人员晋升核定表	第17章\文件217 人员晋升核定表.xlsx	★★★
文件218	管理职位递补表	第17章\文件218 管理职位递补表.xlsx	★★★
文件219	员工任免通知书	第17章\文件219 员工任免通知书.xlsx	★★★
文件220	职务调动申请表	第17章\文件220 职务调动申请表.xlsx	★★★

文件209　人事变动申请表

人事变动是指企业人事职务的变更。一般情况下，人事变动前需要由员工自己递交一份人事变动申请表，描述自己的基本情况、现任职务、变动后的职务，以及申请变动的原因，给企业管理者判断是否同意人事变动提供依据。

制作要点与设计效果图

- 插入页眉和页脚
- 在页眉中插入图片
- 设置页眉中的图片格式

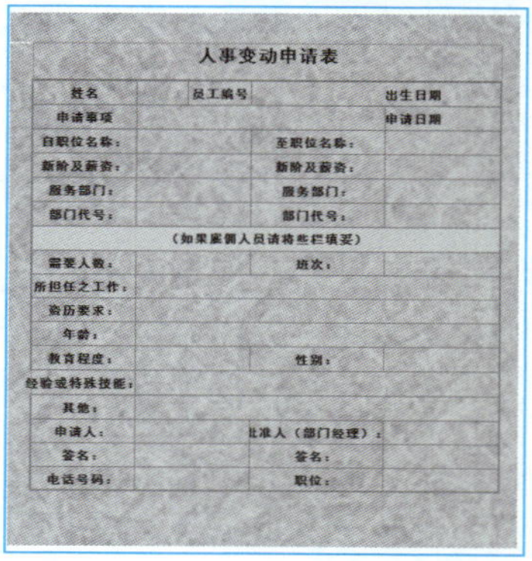

文件设计过程

步骤1：激活页眉区域

1 打开“人事变动申请表”工作簿，切换到“插入”选项卡，在“文本”组中单击“页眉和页脚”按钮，如图17-1所示。

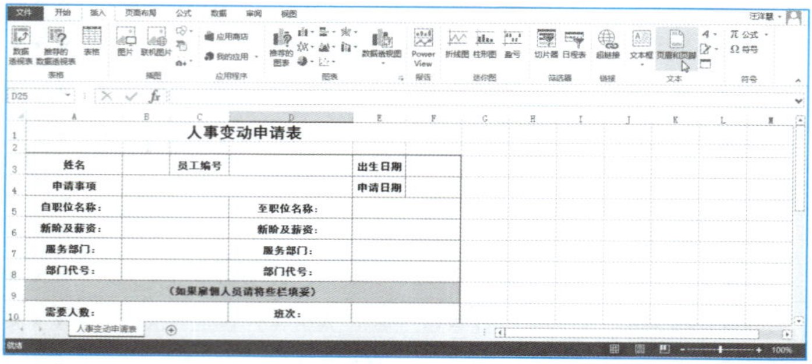

图17-1

2 单击“页眉和页脚”按钮后，系统自动进入“页面布局”视图下，并激活页眉编辑区域，如图17-2所示。

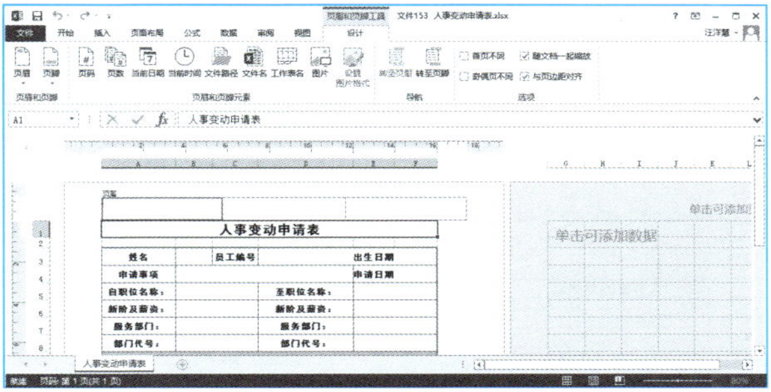

图17-2

步骤2：插入图片

❶ 切换到“页眉和页脚工具-设计”选项卡，在“页眉页脚元素”组中单击“图片”按钮（如图17-3所示），打开“插入图片”窗格。

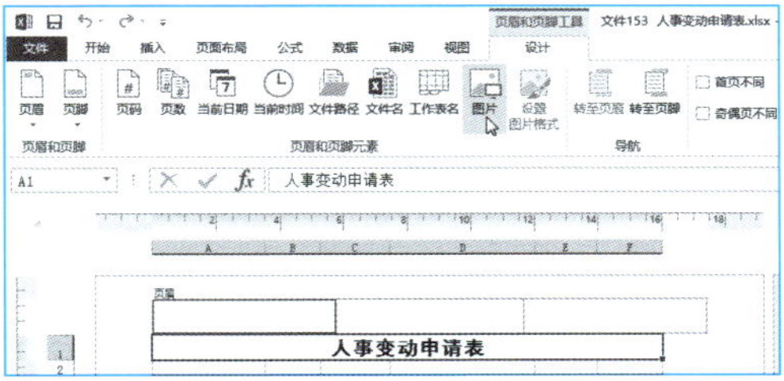

图17-3

❷ 在“来自文件”区域单击“浏览”按钮，打开“插入图片”对话框。在“查找范围”下拉列表中选择图片保存的文件夹，选中要插入的图片，如图17-4所示。

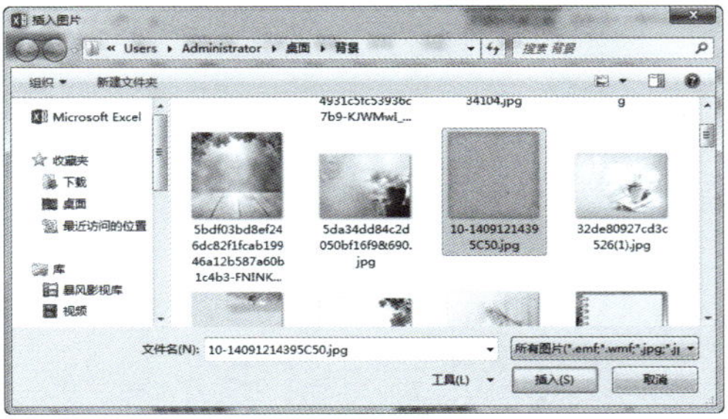

图17-4

❸ 单击“插入”按钮，返回工作表中，此时在页眉中插入了“&[图片]”，如图17-5所示。

4 单击工作表中的任意单元格，即可将插入的图片作为工作表的背景，如图17-6所示。

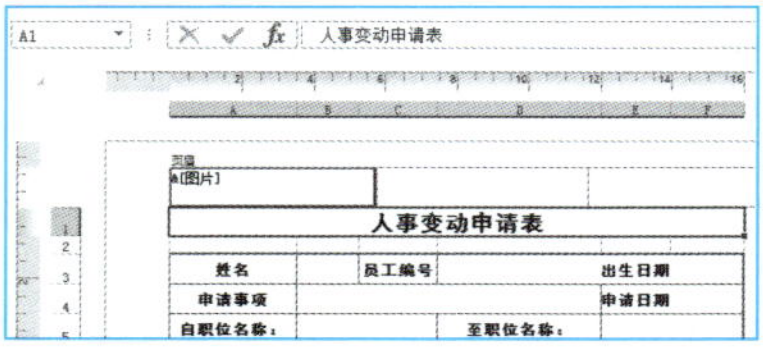

图17–5

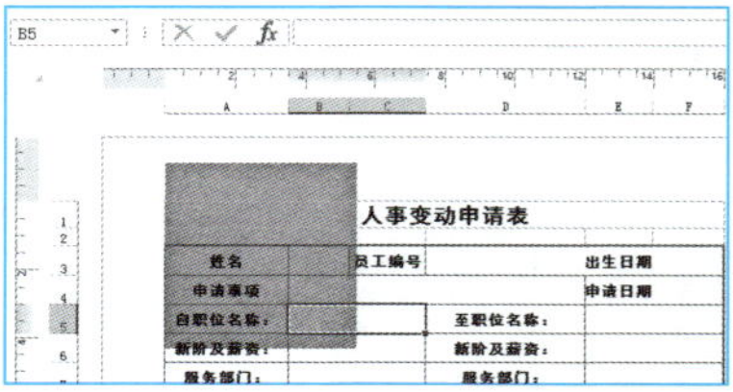

图17–6

步骤3：设置图片格式

1 在“页眉页脚元素”组中单击“设置图片格式”按钮（如图17-7所示），打开“设置图片格式”对话框。

图17–7

2 在“大小”标签下，设置将“高度”和“宽度”设置为“19cm”（如图17-8所示），切换到“图片”标签，在“剪切”区域中设置“左”、“右”、“上”、“下”分别为“2厘米”，如图17-9所示。

图17–8

图17–9

3 单击“确定”按钮，返回工作表中，此时插入的图片左右均截取了一部分图像，完成表格背景设置，如图17-10所示。

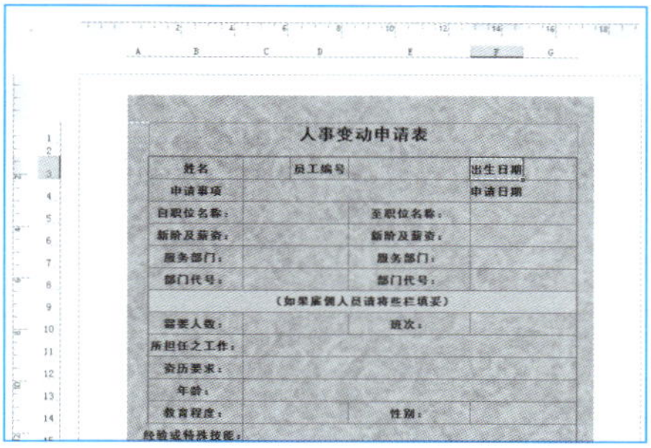

图17-10

文件210　人员调职申请书

当企业提出更换当前的工作岗位时，首先要填写一份人员调职申请表。写明申请人的姓名、申请调职的单位、调职日期以及调职理由。填写好后上交给单位主管，请主管进行评议。审批后，才能决定是否调职至新工作岗位。

制作要点与设计效果图

- 设置纸张大小
- 更改纸张方向
- 设置批注打印的位置
- 设置打印顺序
- 调整页边距

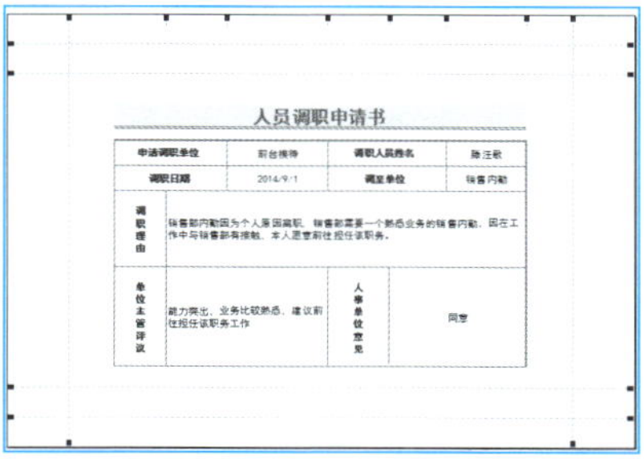

文件设计过程

步骤1：填写申请书内容

打开“人员调职申请书”工作簿，根据实际情况填写人员调职申请书的内容，如图17-11所示。

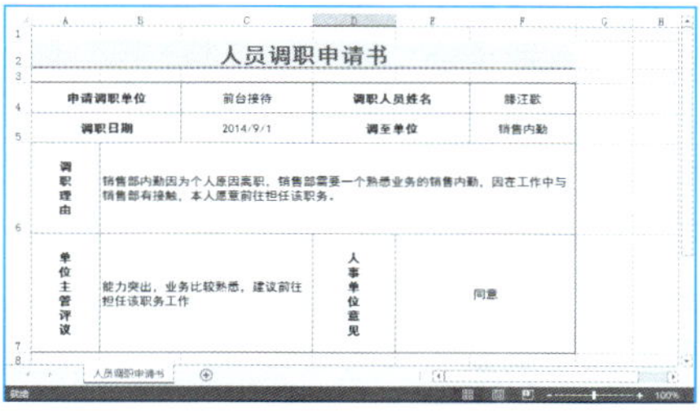

图17-11

步骤2：添加批注信息

❶ 切换到“审阅”选项卡，在“批注”组中单击“新建批注”按钮，如图17-12所示。

❷ 在批注框中输入批注信息，如图17-13所示。

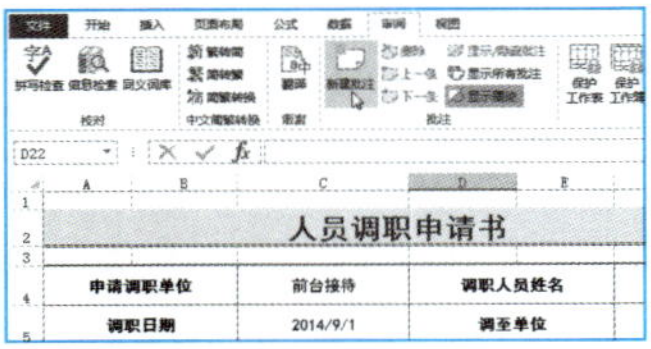

图17-12

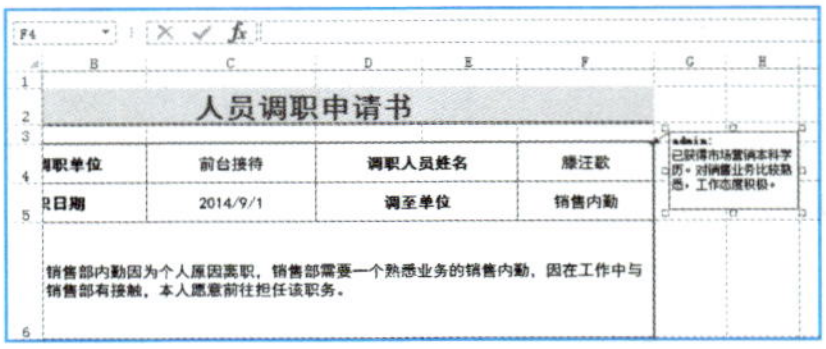

图17-13

步骤3：调整纸张大小

❶ 切换到“页面布局”选项卡，在“页面设置”组中单击“纸张大小”下拉按钮，在下拉菜单中单击适合的纸张，如B5(JIS)，如图17-14所示。

❷ 设置了纸张大小后，系统会显示出虚线表示分页符位置，如图17-15所示。

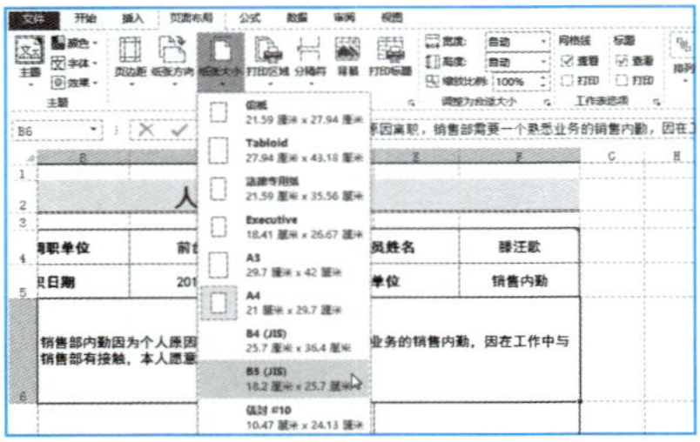

图17-14

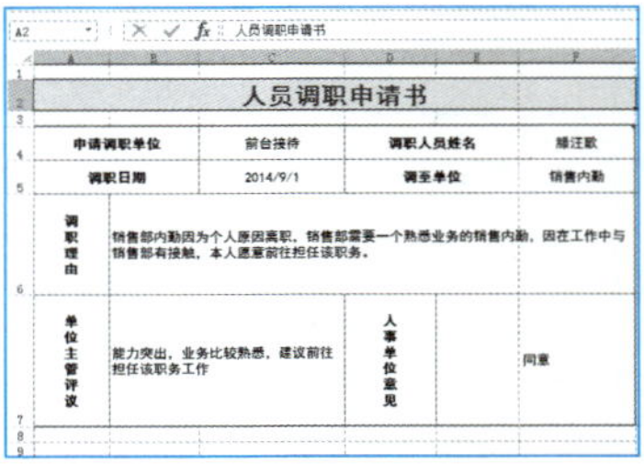

图17-15

步骤4：更改纸张方向

❶ 在“页面设置”组中单击“纸张方向”下拉按钮，在下拉菜单中选择“横向”命令，如图17-16所示。

❷ 此时系统自动将纸张更改为横向，分页符也随着纸张的改变而发生改变，如图17-17所示。

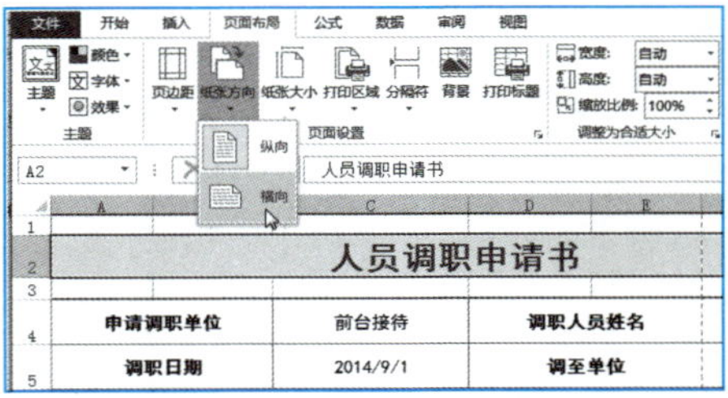

图17-16

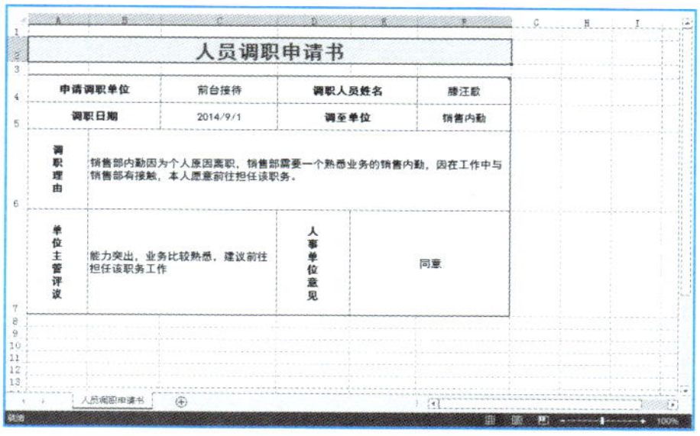

图17-17

步骤5：设置页面格式

❶ 切换到“页面布局”选项卡中，在“页面设置”组中单击“◲”（页面设置）按钮（如图17-18所示），打开“页面设置”对话框。

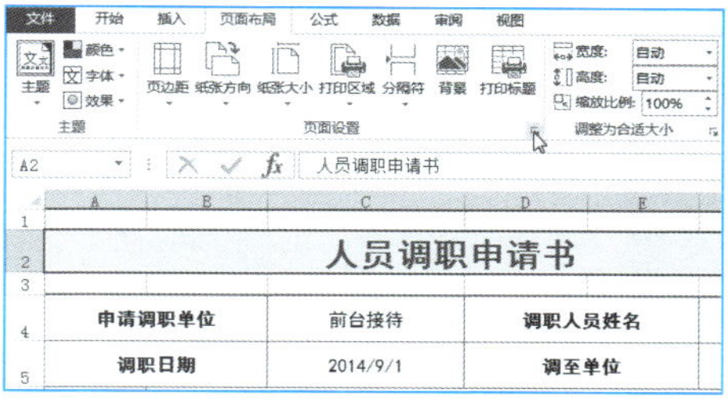

图17-18

❷ 单击“页边距”标签，在“居中方式”区域选中“水平”和“垂直”复选框（如图17-19所示），单击“工作表”标签，在“打印”区域单击“批注”文本框下拉按钮，在下拉菜单中选择“工作表末尾”，如图17-20所示。

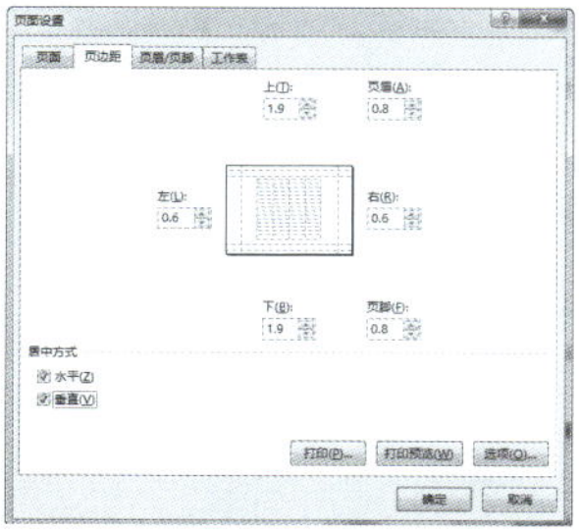

图17-19

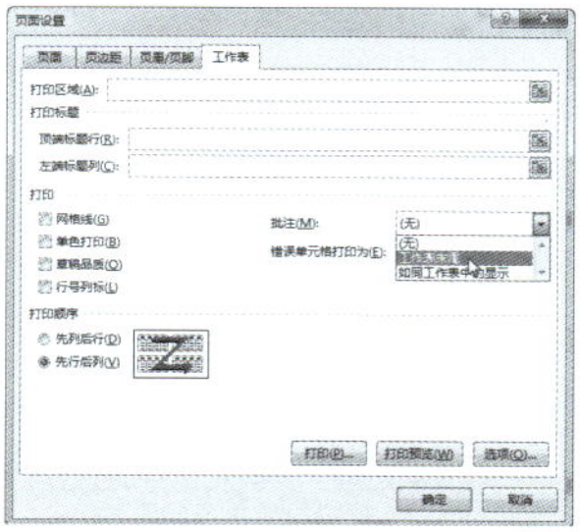

图17-20

步骤6：预览打印效果

❶ 单击“打印预览”按钮，切换到“打印”界面，在“打印”选项面板上

的打印预览区域预览工作表数据的实际打印效果，在下方显示了该数据表格总共的页数和当前页数，如图17-21所示。

2 单击总页数右侧的向右箭头，此时在预览区域中显示第二页的数据内容，如图17-22所示。

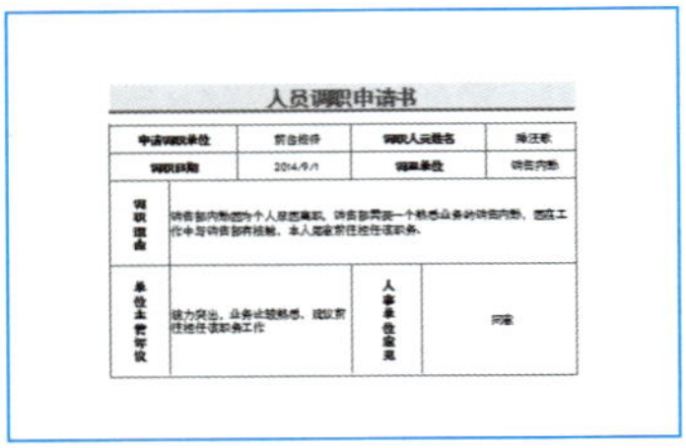

图17-21

图17-22

3 单击“上一个自定义编辑设置”右侧下拉按钮，在下拉菜单中选择“宽”命令，如图17-23所示。

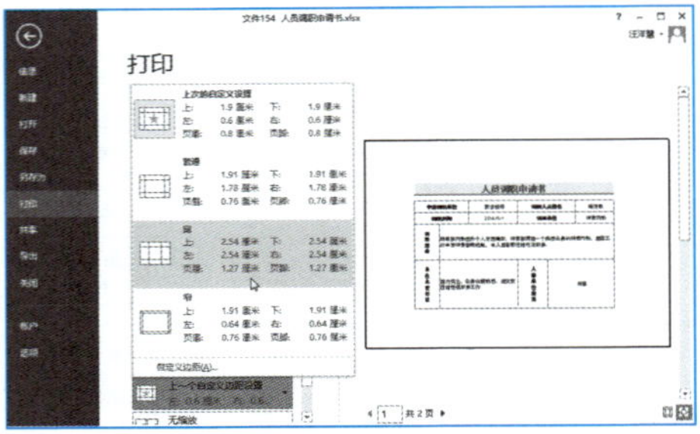

图17-23

4 若要在预览区域中显示页边距，可以单击右下角的“显示页边距”按钮（如图17-24所示），即可显示出页边距。

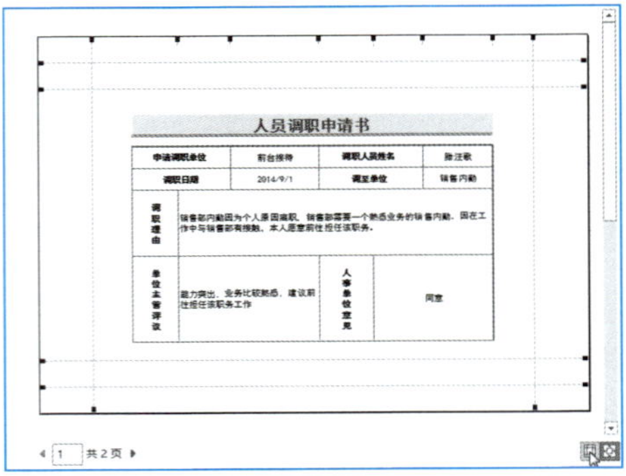

图17-24

文件211　人员调整建议表

人力资源部在调整企业人员职务时，会广泛听取各个部门直接管理人员的意见，这就需要各部门管理人员提供一份人员调整建议表，提出自己最中肯的意见，以方便人力资源部门更好地为员工调派工作岗位。

制作要点与设计效果图

- 合并单元格样式
- 单色打印
- 将所有列缩放为一页
- 设置打印份数

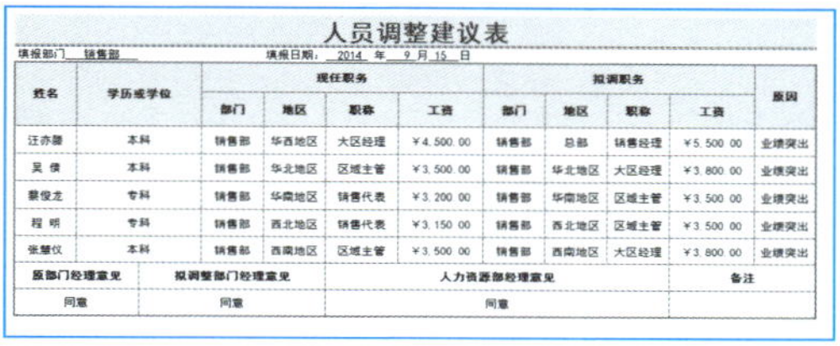

人员调整建议表

填报部门 销售部　　填报日期：2014 年 9 月 15 日

姓名	学历或学位	现任职务				拟调职务				原因
		部门	地区	职称	工资	部门	地区	职称	工资	
汪赤滕	本科	销售部	华西地区	大区经理	¥4,500.00	销售部	总部	销售经理	¥5,500.00	业绩突出
吴 倩	本科	销售部	华北地区	区域主管	¥3,500.00	销售部	华北地区	大区经理	¥3,800.00	业绩突出
蔡俊龙	专科	销售部	华南地区	销售代表	¥3,200.00	销售部	华南地区	区域主管	¥3,500.00	业绩突出
程 明	专科	销售部	西北地区	销售代表	¥3,150.00	销售部	西北地区	区域主管	¥3,500.00	业绩突出
张慧仪	本科	销售部	西南地区	区域主管	¥3,500.00	销售部	西南地区	大区经理	¥3,800.00	业绩突出
原部门经理意见		拟调整部门经理意见		人力资源部经理意见				备注		
同意		同意		同意						

文件设计过程

步骤1：合并单元格样式

❶ 打开“人员调整建议表”工作簿，在“开始”选项卡的“样式”组中单击“单元格样式”下拉按钮，如图17-25所示。

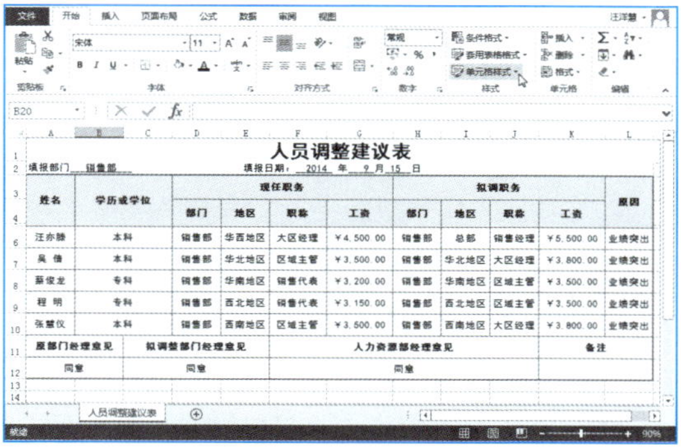

图17–25

❷ 在“单元格样式”下拉菜单中选择“合并样式”命令（如图17-26所示），打开“合并样式”对话框。

❸ 在“合并样式来源”列表框中选中要合并样式的工作簿，如图17-27所示。

❹ 返回工作表中，选择标题所在单元格区域，在“样式”组中单击“单元格样式”下拉按钮，在下拉菜单中单击“表格标题”样式，如图17-28所示。

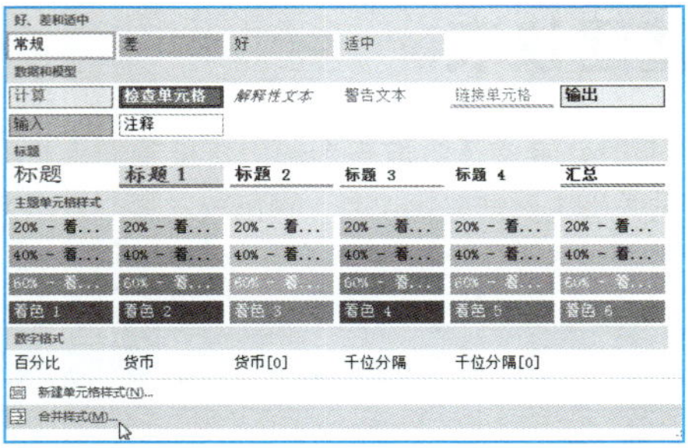

图17-26

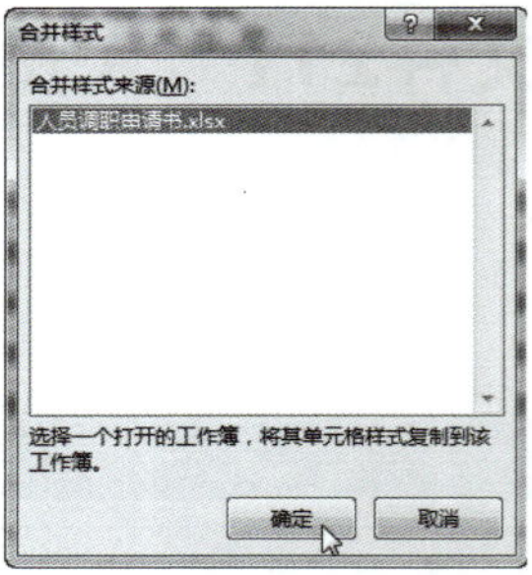

图17-27

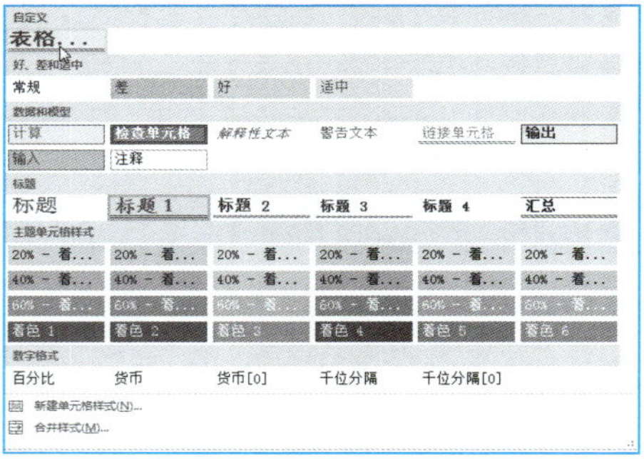

图17-28

5 单击“表格标题”样式后，此时选中单元格区域应用了指定的单元格样式，效果如图17-29所示。

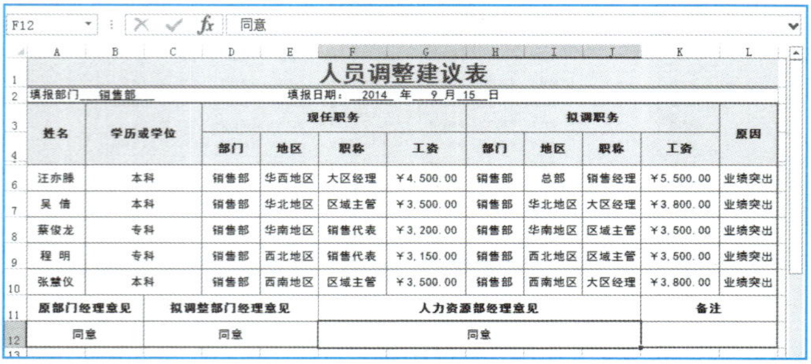

F12 同意

人员调整建议表

填报部门 销售部　　填报日期： 2014 年 9 月 15 日

姓名	学历或学位	现任职务				拟调职务				原因
		部门	地区	职称	工资	部门	地区	职称	工资	
汪亦滕	本科	销售部	华西地区	大区经理	￥4,500.00	销售部	总部	销售经理	￥5,500.00	业绩突出
吴 倩	本科	销售部	华北地区	区域主管	￥3,500.00	销售部	华北地区	大区经理	￥3,800.00	业绩突出
蔡俊龙	专科	销售部	华南地区	销售代表	￥3,200.00	销售部	华南地区	区域主管	￥3,500.00	业绩突出
程 明	专科	销售部	西北地区	销售代表	￥3,150.00	销售部	西北地区	区域主管	￥3,500.00	业绩突出
张慧仪	本科	销售部	西南地区	区域主管	￥3,500.00	销售部	西南地区	大区经理	￥3,800.00	业绩突出

原部门经理意见	拟调整部门经理意见	人力资源部经理意见	备注
同意	同意	同意	

图17-29

步骤2：设置表格单色打印

1 切换到“页面布局”选项卡中，在“页面设置”组中单击“⊡”（页面设置）按钮（如图17-30所示），打开“页面设置”对话框。

❷ 单击“页面”标签，在“方向”区域单击“横向”单选按钮，如图17-31所示。

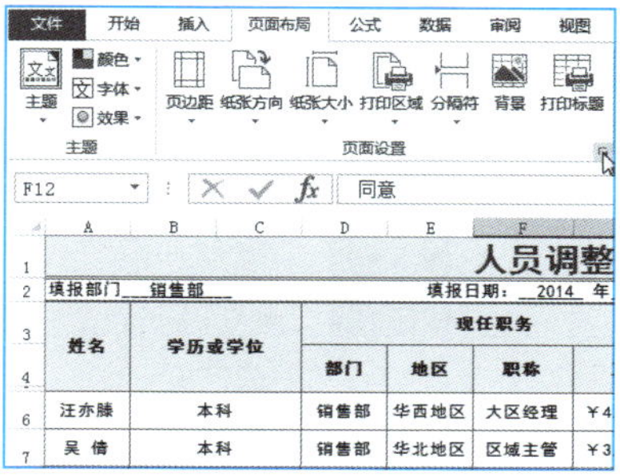

图17-30

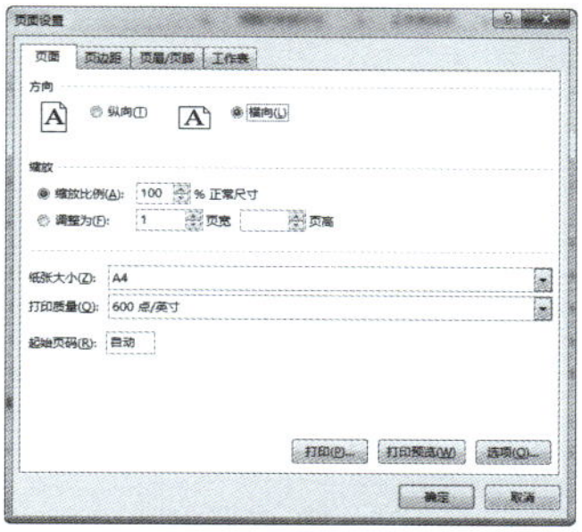

图17-31

提 示

如果要将工作表的网格线输入到纸张上，可以在“页面设置”对话框的“工作表”标签下选中“网格线”复选框，再单击“确定”按钮，即可在打印数据时将工作表的网格线输出到纸张中。

❸ 单击“页边距”标签，在“居中方式”区域选中“水平”和“垂直”复选框（如图17-32所示），单击“工作表”标签，在“打印”区域单击“单色打印”单选按钮，如图17-33所示。

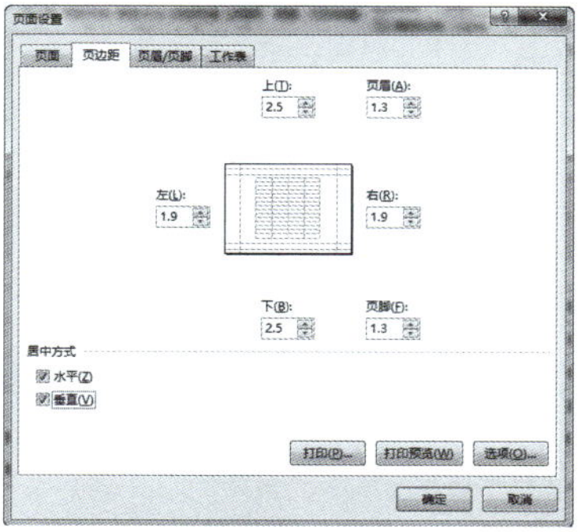

图17-32

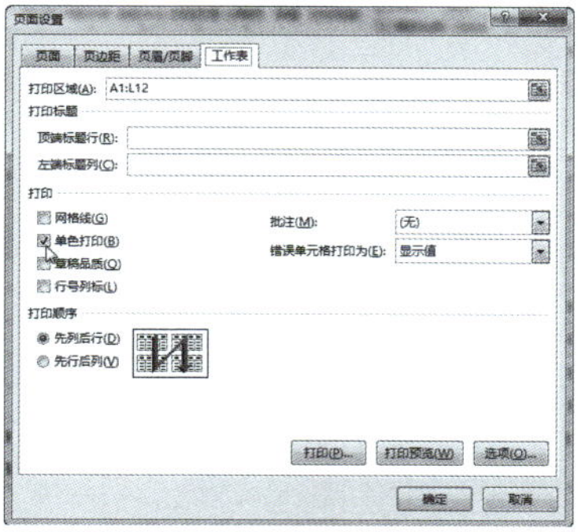

图17-33

❹ 单击“打印预览”按钮，切换到“打印”界面，即可在“打印预览”区域查看打印情况，如图17-34所示。

❺ 在“打印”组中面板的“份数”文本框中输入要打印的份数，如“5”，单击“打印”按钮，即可通过连接的打印机输出工作表数据，如图17-35所示。

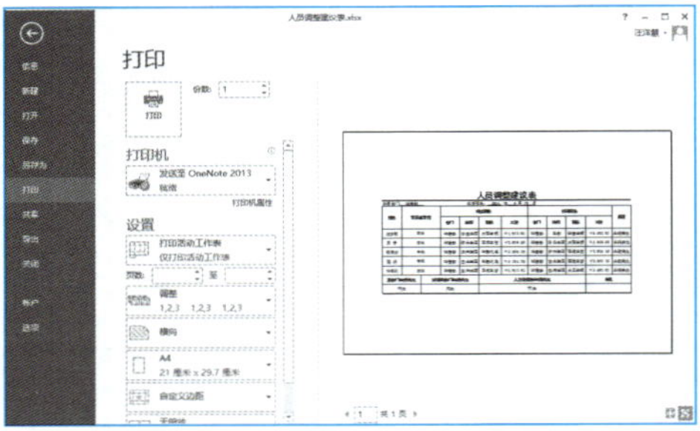

图17-34

图17-35

文件212　员工调派意见表

在调派人员时，各部门经理需要根据部门实际清理填写调派意见表。写明要调派的人员姓名、学历、现任职位以及拟调派职位，并将员工调派意见表呈交给总经理进行核定任免。

制作要点与设计效果图

- 自定义页边距
- 自定义页眉页脚区域大小
- 设置页面水平居中
- 打印标题

文件设计过程

步骤1：自定义页边距

❶ 打开“员工调派意见表”工作簿，切换到“页面布局”选项卡，在“页面设置”组中单击“页边距”下拉按钮（如图17-36所示）在下拉菜单中选择“自定义页边距”命令（如图17-37所示），打开“页面设置”对话框。

❷ 在“页边距”标签下的“上”、“下”、“左”、“右”、“页眉”和“页脚”文本框中手动输入边距值。在“居中方式”区域单击选中“水平”和“垂直”复选框，如图17-38所示。

③ 单击“工作表”标签，在“打印标题”区域单击“顶端标题行”右侧的折叠按钮，如图17-39所示。

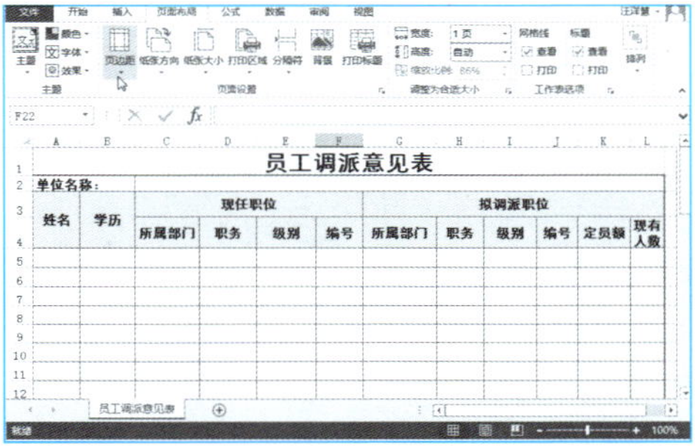

图17-36

图17-37

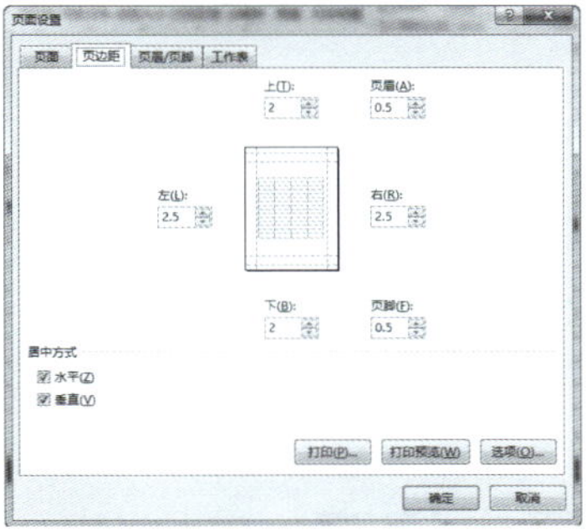

图17-38

图17-39

④ 返回工作表中，拖动鼠标选中2-4行，接着单击“页面设置-顶端标题行”对话框中的展开按钮，如图17-40所示。

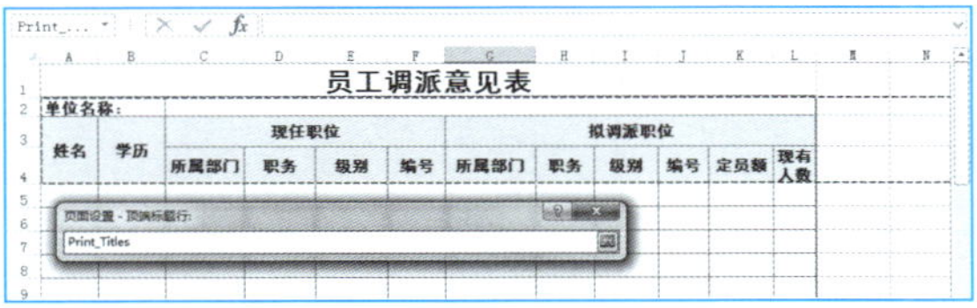

图17-40

步骤2：预览打印情况

① 在“工作表”标签下单击“打印预览”按钮，如图17-41所示。

② 切换到“打印”区域，在预览区域中显示了第一页表格的打印效果，如图17-42所示。

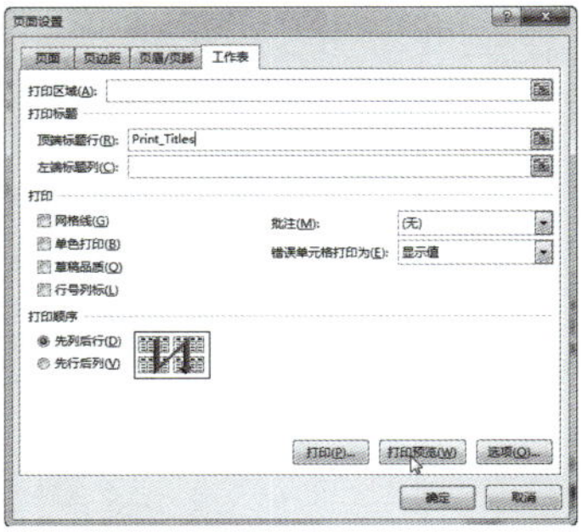

图17-41

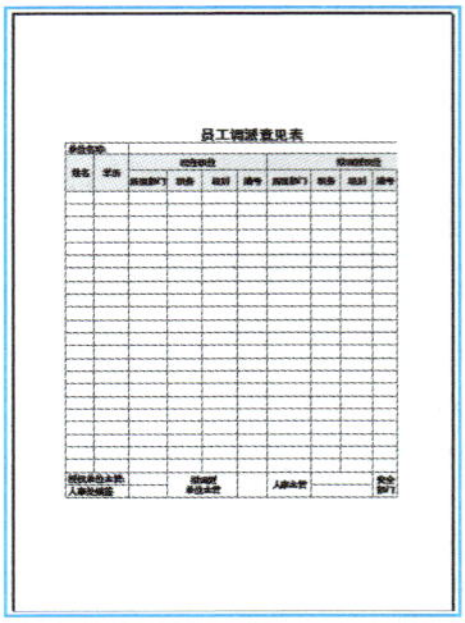

图17-42

3 单击“页面设置”下拉按钮，在下拉按钮中单击“横向”命令（如图17-43所示），即可显示出完整的表格内容。

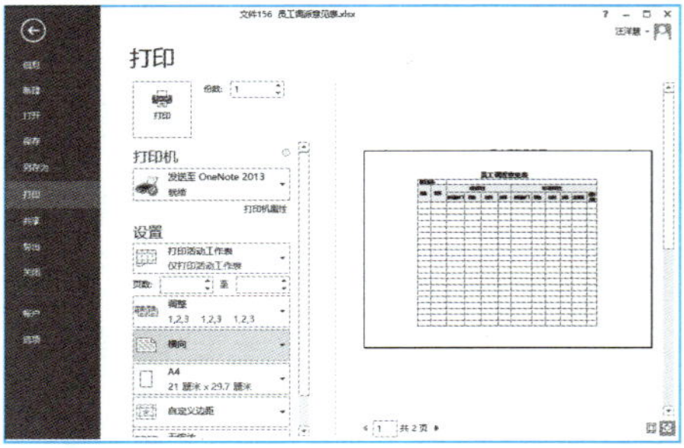

图17-43

文件213　人员编制变更申请表

人员编制变更申请表是用人部门在经过思考后，对部门现有人数编辑要求进行重新设定的表格。在制作人员编制变更申请表后卡，需上交至相关部门进行审批，审批通过后则可以按新人员编制补充或精简人员。

制作要点与设计效果图

- 增加缩进量
- 页面视图
- 手动调整页边距
- 显示/隐藏空格
- 设置打印页数

人员编制变更申请表

部门：　　　　年　月　日

职位	原核定编制人员	现有人数	目前工作分配情形	拟变更编制人数
管理师以上				
副管理师				
助理管理师				
管理员				
工程师以上				
工程师				
助理工程师				
工务员				
助理员				
合计				
总经理		经理	人力资源部总监	

文件设计过程

步骤1：增加缩进量

❶ 打开“人员编制变更申请表”工作簿，选中A2单元格，在“开始”选项卡的“对齐方式”组中单击“⇥”（增加缩进量）按钮，如图17-44所示。

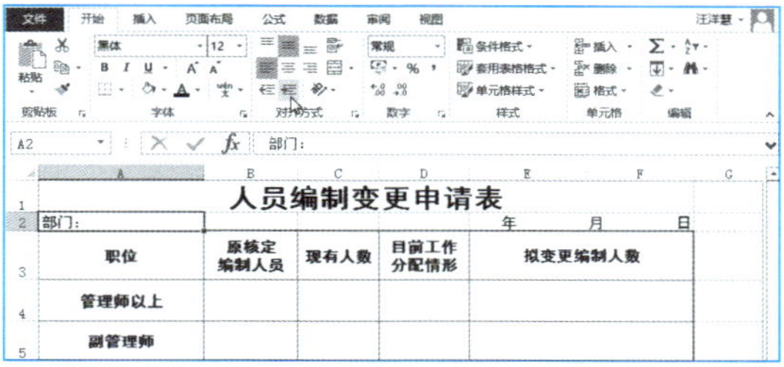

图17-44

❷ 单击“⇥”（增加缩进量）按钮后，选中单元格中文本与单元格的边距进行了相应的调整，如图17-45所示。

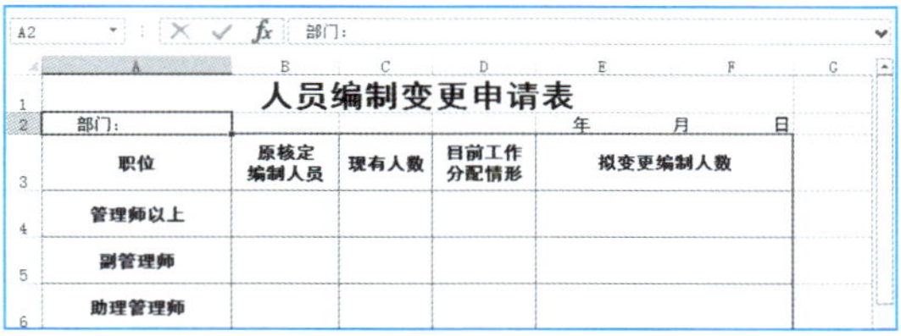

图17-45

步骤2：切换到页面布局视图

❶ 切换到“视图”选项卡，在“工作簿视图”组中单击“页面布局”按钮，如图17-46所示。

❷ 此时系统自动切换至页面布局视图中，如图17-47所示。

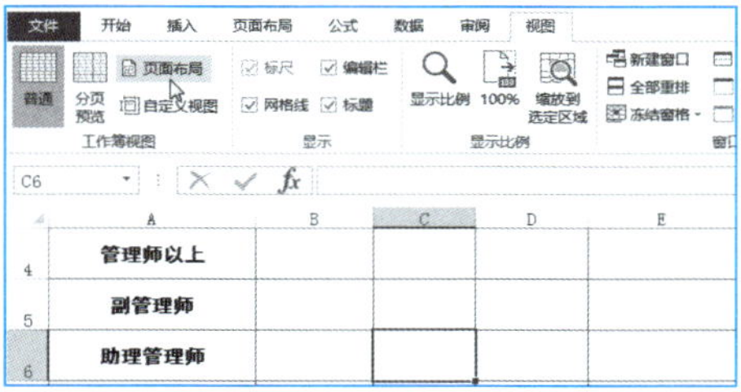

图17-46

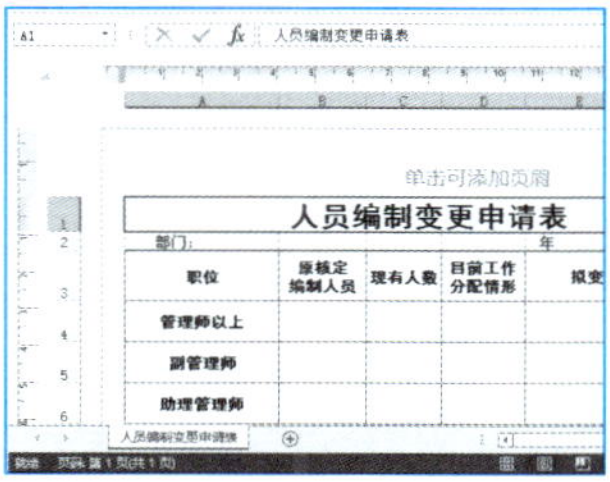

图17-47

步骤3：手动调整页边距

1 将鼠标指针放置于左边距与标尺间，待指针呈现上下双箭头时，按住鼠标左键向上或向下拖动，即可调整上边距，如图17-48所示。

2 将鼠标指针放置于上边距与标尺间，待指针呈现上下双箭头时，按住鼠标左键向左或向右拖动，即可调整左边距，如图17-49所示。

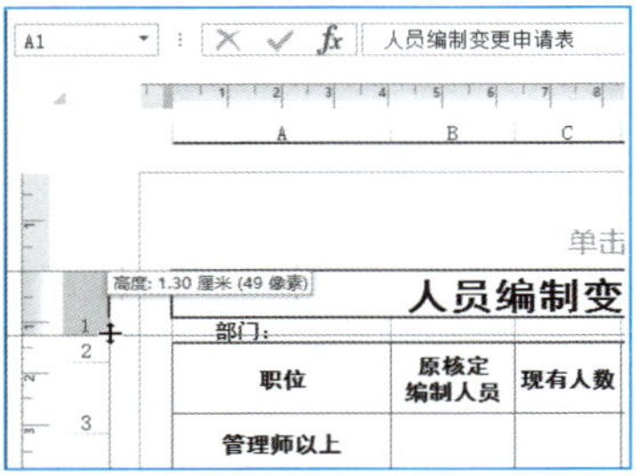

图17-48

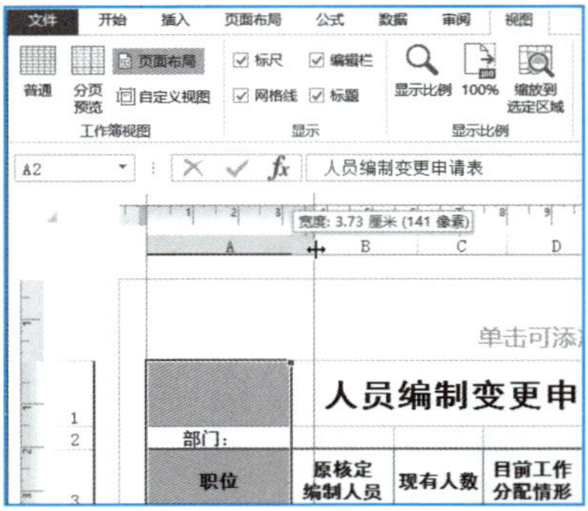

图17-49

步骤4：隐藏空格

1 如图页眉区域为空，可以将鼠标指针放置于行标与工作表之间，待指针呈现形状时单击，如图17-50所示。

2 单击形状后，即可隐藏页面边距的空格，隐藏空格后效果如图17-51所示。

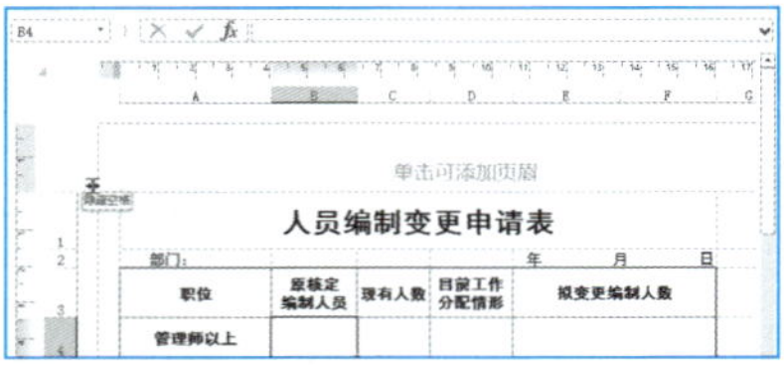

图17-50

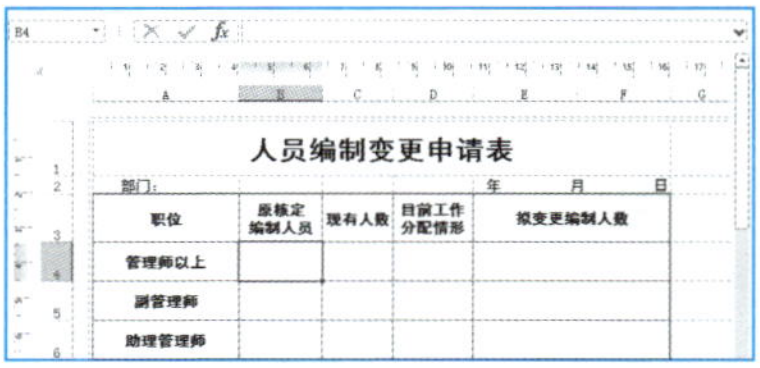

图17-51

步骤5：调整打印顺序 并设置打印页数

1 单击“文件”标签，在左侧窗格单击“打印”标签，在“打印”选项面板的打印预览区域可以看见预览效果，如图17-52所示。

2 如果要为计算机配置合适的打印机，可以在“打印”选项面板单击“打印机”下拉按钮，在下拉菜单中单击“添加打印机”命令，然后根据添加向导添加连接的打印机即可，如图17-53所示。

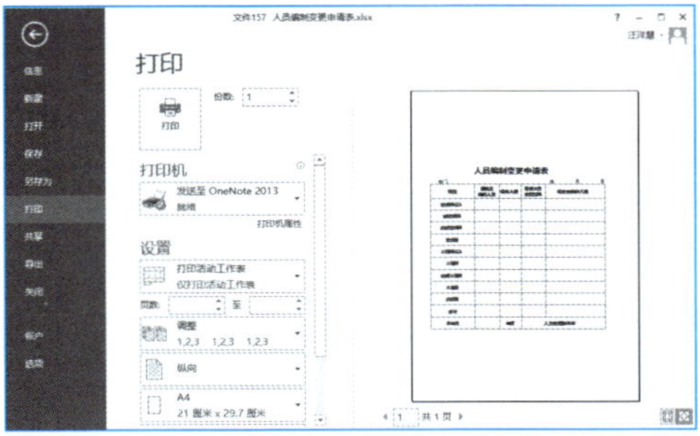

图17-52

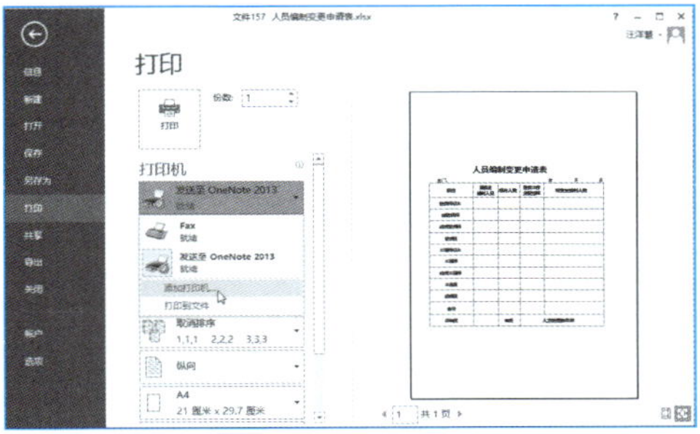

图17-53

文件214　派遣员工录用通知书

当两个企业合作完成某项工作时，经常需要由其中一个企业向另一个企业派遣员工进行工作辅助，在派遣员工时通常需要填写一份派遣员工录用通知书，简单介绍员工情况和要执行的工作。

制作要点与设计效果图

- 添加内置页眉和页脚样式
- 将所有列缩放至一页

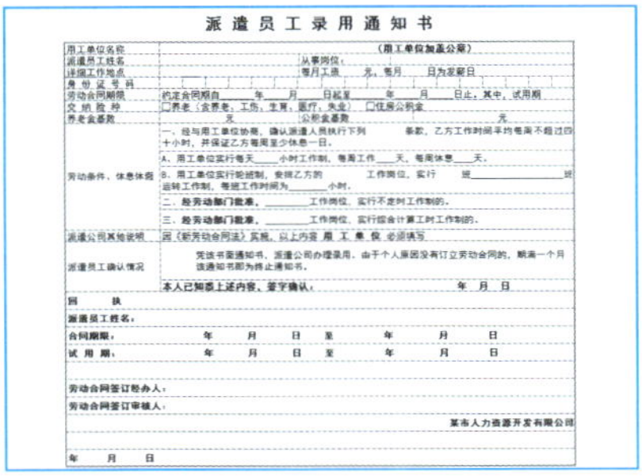

文件215　员工调离呈签表

员工在调离某个工作岗位时，需要经过所在部门领导人、财务部领导和所在公司负责人签署调职意见，即需经过企业相关领导的签字，员工才能调离原岗位到新岗位任职。

制作要点与设计效果图

- 打印预览
- 缩放到页面
- 显示页边距
- 将所有列调整为一页

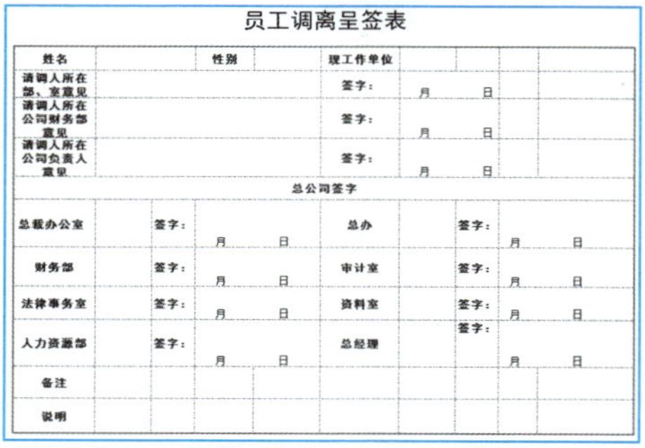
员工调离呈签表

姓名		性别		现工作单位		
请调人所在部、室意见				签字：	月　日	
请调人所在公司财务部意见				签字：	月　日	
请调人所在公司负责人意见				签字：	月　日	
总公司签字						
总裁办公室		签字：　月　日	总办		签字：　月　日	
财务部		签字：　月　日	审计室		签字：　月　日	
法律事务室		签字：　月　日	资料室		签字：　月　日	
人力资源部		签字：　月　日	总经理		签字：　月　日	
备注						
说明						

文件216　员工调动通知单

员工调动通知单是企业内人员流动所用的表格之一，它包括调动员工的姓名、调动原因、调出日期等信息，且在制作时，一般会制作三份，分别由人力资源部、调入单位和调出单位留存。

制作要点与设计效果图

- 设置单元格填充
- 自定义边框
- 插入符号

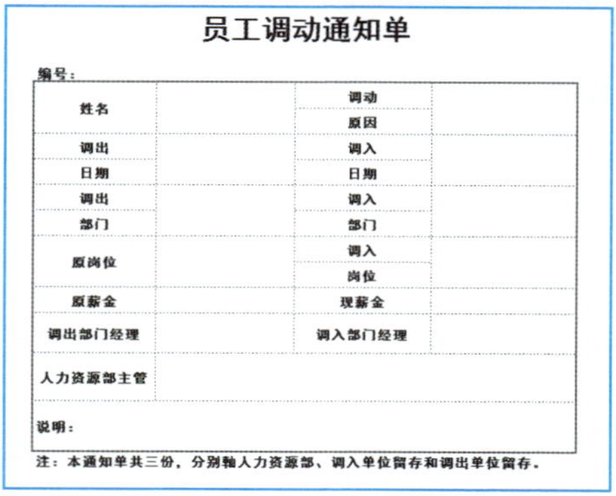
员工调动通知单

编号：

姓名		调动原因	
调出日期		调入日期	
调出部门		调入部门	
原岗位		调入岗位	
原薪金		现薪金	
调出部门经理		调入部门经理	
人力资源部主管			
说明：			

注：本通知单共三份，分别轴人力资源部、调入单位留存和调出单位留存。

文件217　人员晋升核定表

人员晋升核定表是人力资源部用来核实员工职位晋升的表格，它记录了员工的姓名、学历、成绩评定、原任工作职位、拟晋升职位级别和核定信息等。

制作要点与设计效果图

- 自定义页眉和页脚区域大小
- 设置页面居中方式显示
- 重设所有分页符

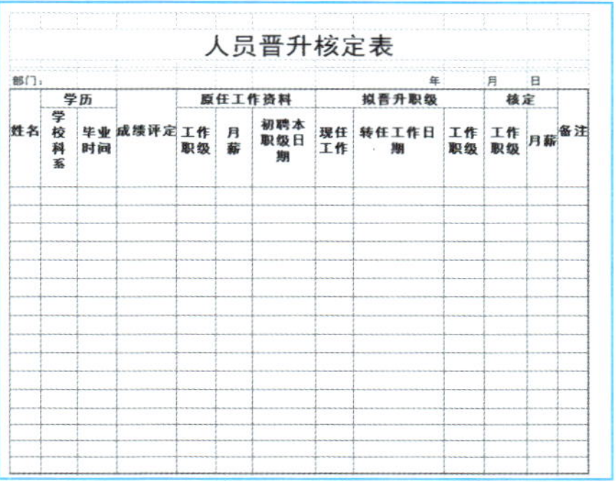

人员晋升核定表

部门：　　　　　　　　　　　　　　　年　　月　　日

姓名	学历		成绩评定	原任工作资料			拟晋升职级			核定		备注
	学校科系	毕业时间		工作职级	月薪	初聘本职级日期	现任工作	转任工作日期	工作职级	工作职级	月薪	

文件218　管理职位递补表

管理职位递补表用于记录某个职位发生异常时，依次递补人员的基本要求，如递补人员的年龄、现任职务、拟任现任职务的年数、在企业共组年数以及需要参加的培训等。

制作要点与设计效果图

- 插入背景图片
- 更改纸张方向
- 设置打印区域

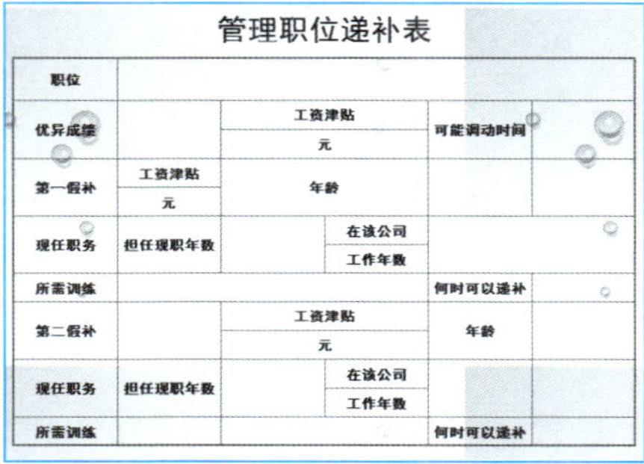

管理职位递补表

职位					
优异成绩		工资津贴 元		可能调动时间	
第一假补	工资津贴 元	年龄			
现任职务	担任现职年数		在该公司 工作年数		
所需训练				何时可以递补	
第二假补		工资津贴 元		年龄	
现任职务	担任现职年数		在该公司 工作年数		
所需训练				何时可以递补	

文件219 员工任免通知书

为了让员工了解任免情况以及当企业需要任命某人担任某项职务或免去某人所任某项职务时，需要发布一份任免通知。

制作要点与设计效果图

- 合并单元格
- 调整行高
- 手动换行
- 隐藏网络线

员工任免通知书

工号		姓名	动态	派驻新职		
单位	职别			单位	职别	月支本薪额
附注	自 年 月 日起生效。					

查 核定如下，希知照常。
经 核定：
一、
二、

总经理：（章）
年 月 日

文件220 职务调动申请表

职务调动申请表是职工向单位请求调动工作的局面要求文书。

制作要点与设计效果图

- 设置对齐方式
- 绘制线条
- 设置边框
- 设置边框和底纹
- 手动调整列宽

职务调动申请表

日期： 编号：

调动人		调动前部门		调动前岗位
调动原因				
调动后部门			调动后岗位	
调出部门负责人意见		批准调出日期		审批签名
调入部门负责人意见		调入日期		审批签名
行政部意见	调动前薪资：________			
	调动后薪资：________			
	生效日期：________			
行政部审批			总经理审批	

Excel

第18章

人员离职与流失统计分析表

人员流失是任何企业不可避免的，核心员工的离职将给企业带来巨大的损失。企业想要控制人员流失情况，首先要了解企业人员离职的原因，才能找到相应的解决方案，将企业人员流失率控制在可接受范围内。

在人员离职与流失管理过程中，常用到的表格有各个部门人员流失统计表、流失人员学历结构比例图、公司员工流失率统计分析、人员流失原因统计与分析等。

编号	文件名称	对应的数据源	重要星级
文件221	离职原因调查问卷	第18章\文件221 离职原因调查问卷.xlsx	★★★★
文件222	各部门人员流失率统计表	第18章\文件222 各部门人员流失率统计表.xlsx	★★★★★
文件223	流失人员学历结构比例图	第18章\文件223 流失人员学历结构比例图.xlsx	★★★★★
文件224	员工流失率统计分析	第18章\文件224 员工流失率统计分析.xlsx	★★★★
文件225	人员流失原因统计与分析	第18章\文件225 人员流失原因统计与分析.xlsx	★★★★
文件226	离职原因的种类	第18章\文件226 离职原因的种类.xlsx	★★★★
文件227	人事流动月报表	第18章\文件227 人事流动月报表.xlsx	★★★
文件228	离职申请表	第18章\文件228 离职申请表.xlsx	★★★
文件229	离职申请审批表	第18章\文件229 离职申请审批表.xlsx	★★★
文件230	工作移交情况表	第18章\文件230 员工离职结算单.xlsx	★★★
文件231	员工离职结算单	第18章\文件231 固定资产转移单.xlsx	★★
文件232	职务免除通知单	第18章\文件232 职务免除通知单.xlsx	★★★
文件233	员工流入与流出统计分析表	第18章\文件233 员工流入与流出统计分析表.xlsx	★★
文件234	员工银行账户转账表	第18章\文件234 员工银行账户转账表.xlsx	★★★

文件221 离职原因调查问卷

在员工离职的时候，人力资源部门可以设计离职原因调查问卷，让离职人员填写离职的原因，方便人力资源部门统计离职原因，并对此提出一些改变方案。

制作要点与设计效果图

- 添加开发工具选项卡
- 绘制复选框
- 绘制单选按钮
- 隐藏网格线

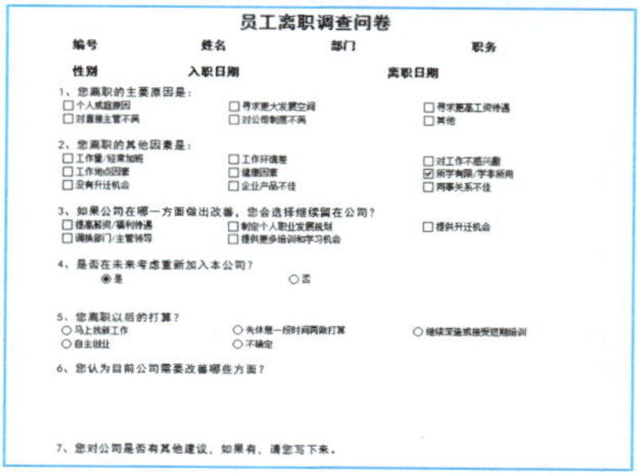

文件设计过程

步骤1：输入调查问卷主体

打开“员工离职原因调查问卷”工作簿，在“调查问卷”工作表中输入问卷题目，如图18-1所示。

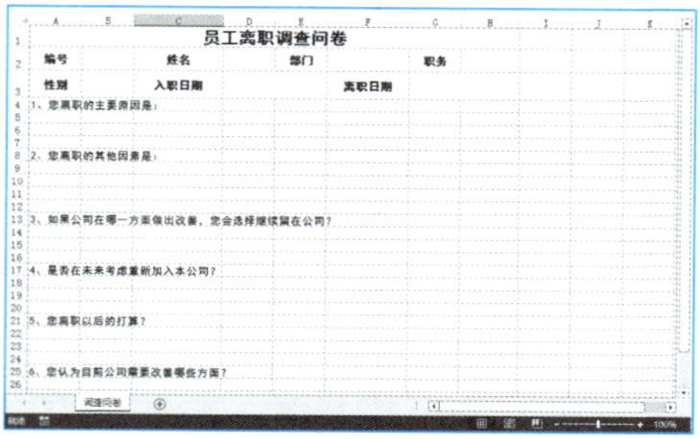

图18-1

步骤2：添加开发工具选项卡

❶ 单击“文件”标签，在左侧窗格中单击“选项”，打开“Excel选项”对话框。

❷ 单击“自定义”选项，在“自定义功能区”的“主选项卡”列表框中选中“开发工具”复选框，如图18-2所示。

③ 单击“确定”按钮，即可将“开发工具”添加到工具栏中，在“控件”组中的“插入”下拉按钮下可以绘制不同的控件，如图18-3所示。

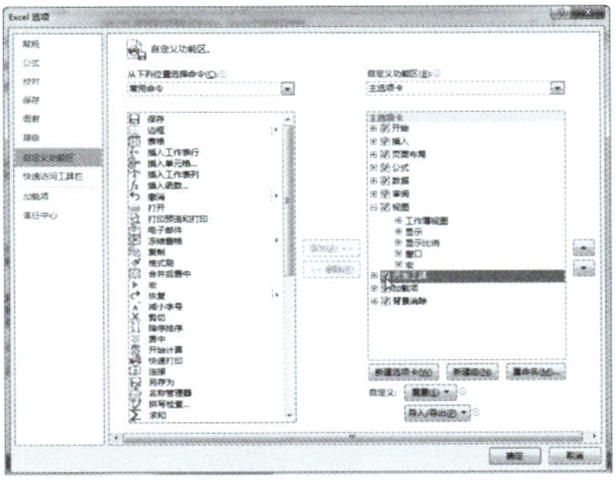

图18-2

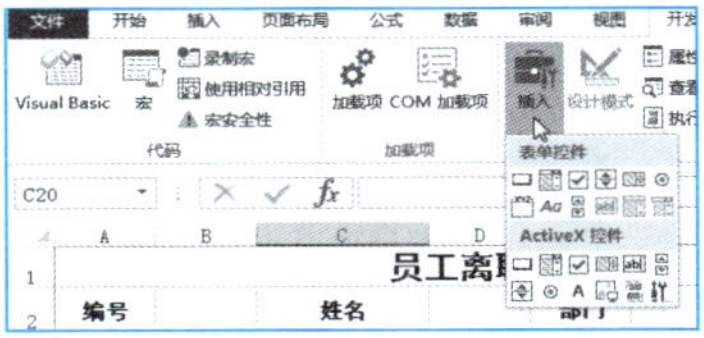

图18-3

步骤3：绘制窗体控件

① 在“插入控件”下拉列表中单击“复选框（窗体控件）”按钮，如图18-4所示。

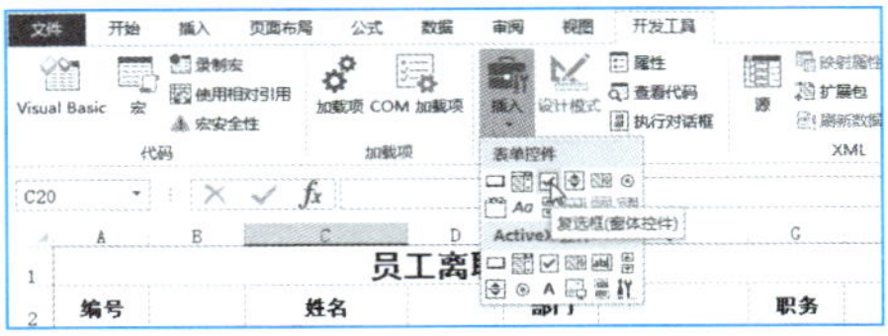

图18-4

② 接着在“您离职的主要原因是”问题下绘制复选框，如图18-5所示。

③ 接着选中“复选框1”文字，然后直接输入“个人或家庭原因”，如图18-6所示。

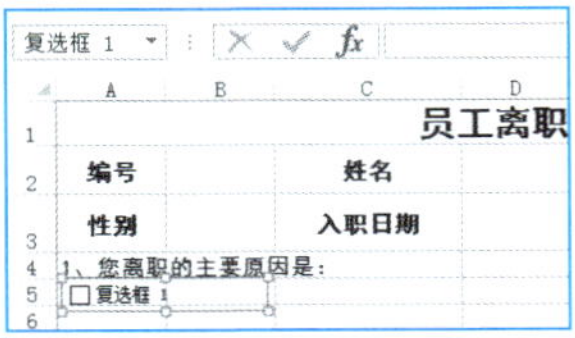

图18-5

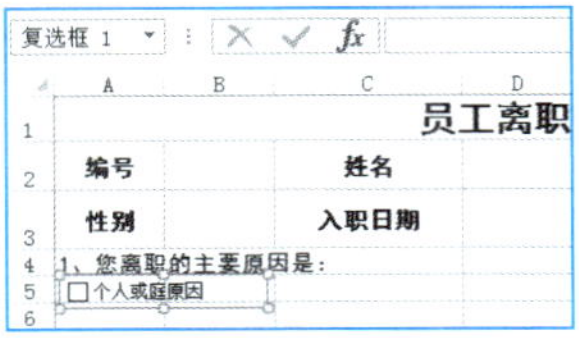

图18-6

④ 按照相同的方法绘制其他复选框。

步骤4：绘制单选按钮

① 在“插入控件”下拉列表中单击“单选按钮（窗体控件）”按钮，如图18-7所示。

2 接着在“是否在未来考虑重新加入本公司”问题下绘制选项按钮，如图18-8所示。

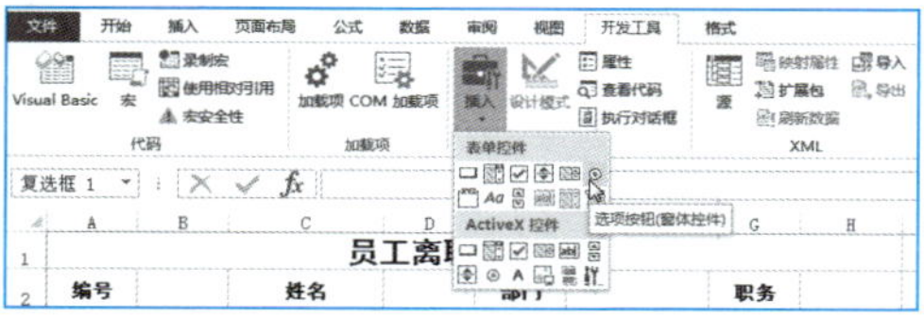

图18-7

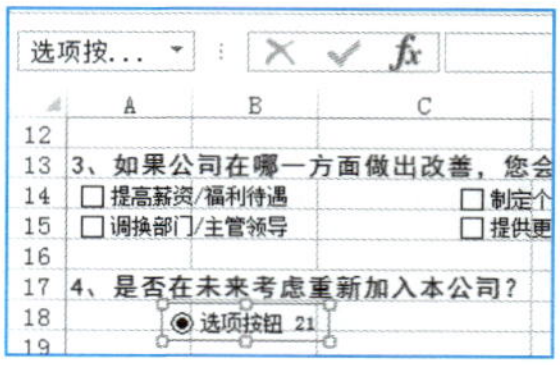

图18-8

3 接着选中“选项按钮43”文字，然后直接输入“是”，如图18-9所示。

4 按照相同的方法绘制其他选项按钮和复选框，设置完成后的效果如图18-10所示。

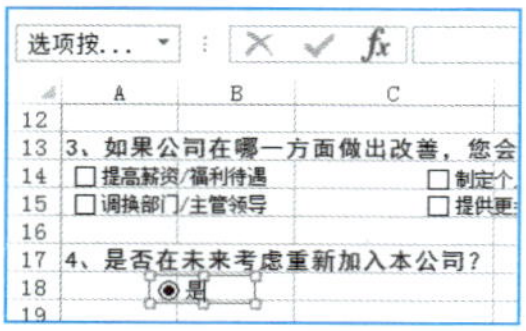

图18-9

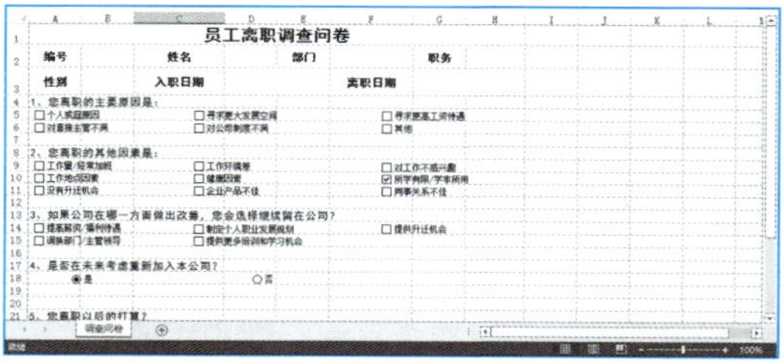

图18-10

步骤5：隐藏网格线

切换到“视图”选项卡，在“显示”组中取消选中“网格线”复选框，即可取消显示工作表的网格线，如图18-11所示。

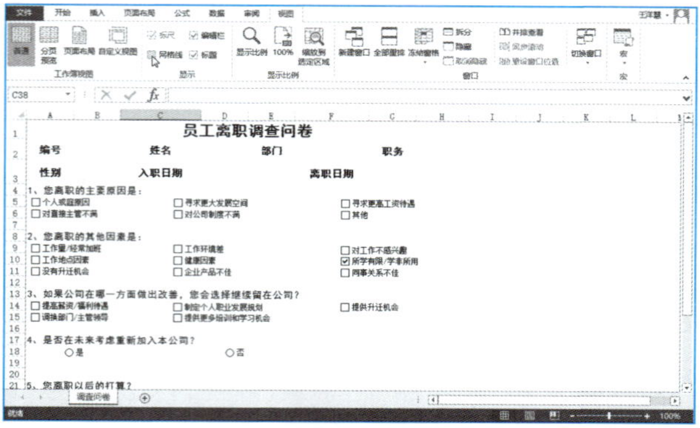

图18-11

文件222　各部门人员流失率统计表

既然人员流失不可避免，企业就需要定期了解人员流失情况，以及时补充流失人员遗留的岗位。很多企业会给各个部门一个人员流失率范围，只要部门人员流失率没有超出这个范围，那么适当的人员流失也是可以被接受的。

制作要点与设计效果图

- 百分比样式应用
- 向下填充功能
- CHOOSE函数
- 隐藏零值

8月各部门人员流失率统计表（人）

部门	月初人数	新进	自离	离职	辞退	月末人数	允许流失范围	流失率	流失趋势
客服部	20	15	10	2	1	22	3%	15%	↑
财务部	5	0	0	1	1	3	2%	13%	↑
行政部	7	1	1	2		5	3%	13%	↑
人事部	4	2	1		0	5	3%	6%	↑
编辑部	5	1	0	2		4	3%	11%	↑
质检部	5	2	1	2	0	4	3%	17%	↑
合计	46	21	13	9	2	43			

文件设计过程

步骤1：计算月末人数

❶ 打开“各部门人员流失率统计表”工作簿，选中G3单元格，在公式编辑栏输入公式“=B3+C3-D3-E3-F3”，按Enter键，计算出“客服部”月末人数，如图18-12所示。

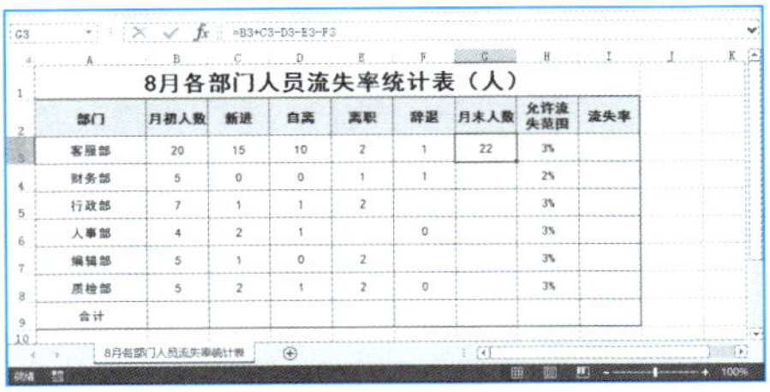

图18–12

❷ 选中G2:G11单元格区域，在“开始”选项卡的“编辑”组中单击“填充”下拉按钮，在下拉菜单中选择“向下”命令，如图18-13所示。

❸ 此时系统自动将G3单元格的公式填充到所选单元格区域，计算出各个部门的月末人数，如图18-14所示。

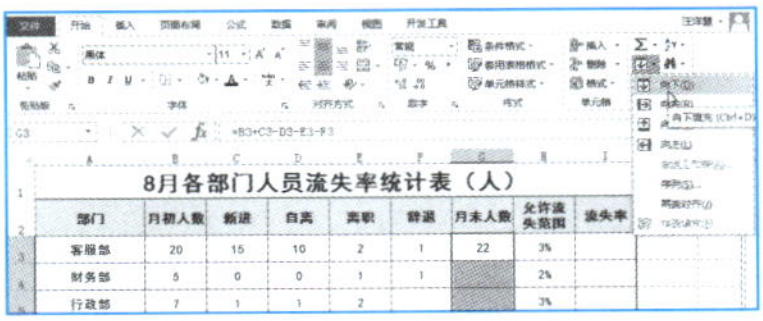

图18–13

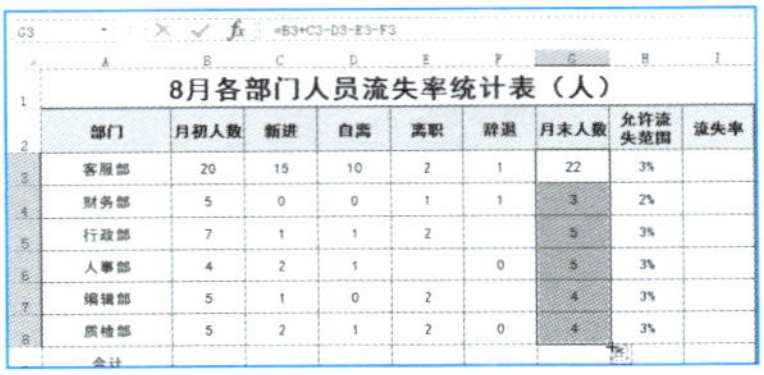

图18–14

步骤2：计算流失率

❶ 选中I3单元格，在公式编辑栏输入公式“=(D3+E3+F3)/(B3+G3)/2”，按Enter键后，向下复制公式计算各个部门的人员流失率，如图18-15所示。

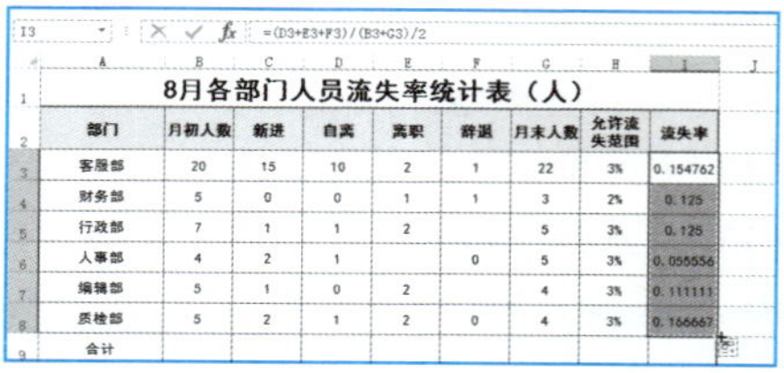

8月各部门人员流失率统计表（人）

部门	月初人数	新进	自离	离职	辞退	月末人数	允许流失范围	流失率
客服部	20	15	10	2	1	22	3%	0.154762
财务部	5	0	0	1	1	3	2%	0.125
行政部	7	1	1	2		5	3%	0.125
人事部	4	2	1		0	5	3%	0.055556
编辑部	5	1	0	2		4	3%	0.111111
质检部	5	2	1	2	0	4	3%	0.166667
合计								

图18-15

❷ 选中I3:I11单元格区域，在“开始”选项卡的“数字”组中单击“数字格式”下拉按钮，在下拉菜单中单击“%百分比”数字格式，如图18-16所示。

❸ “%百分比”数字格式后，选中单元格区域的数字以百分比整数样式显示出来，如图18-17所示。

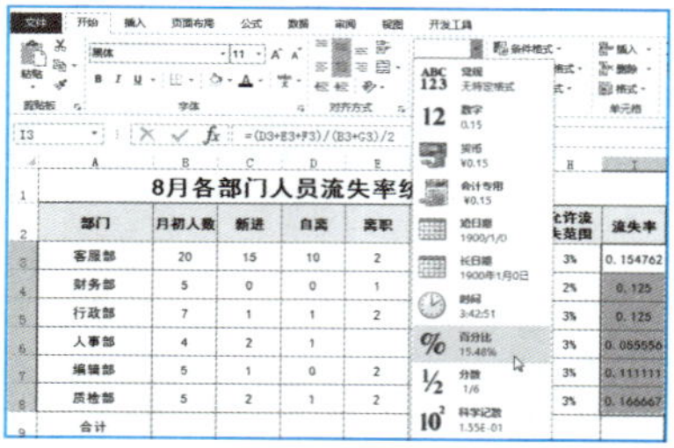

图18-16

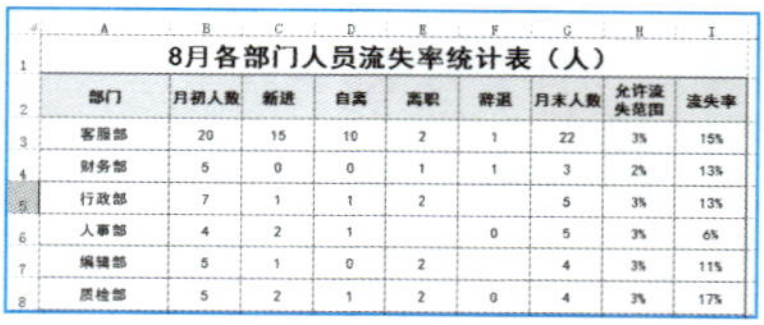

8月各部门人员流失率统计表（人）

部门	月初人数	新进	自离	离职	辞退	月末人数	允许流失范围	流失率
客服部	20	15	10	2	1	22	3%	15%
财务部	5	0	0	1	1	3	2%	13%
行政部	7	1	1	2		5	3%	13%
人事部	4	2	1		0	5	3%	6%
编辑部	5	1	0	2		4	3%	11%
质检部	5	2	1	2	0	4	3%	17%

图18-17

步骤3：使用函数选择上、下箭头表示流失趋势

❶ 在“流失率”列标识后添加“流失趋势”列标识，并重新设置表格格式，如图18-18所示。

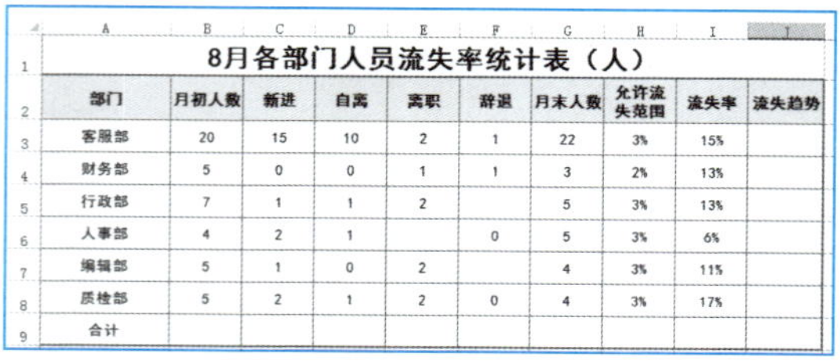

8月各部门人员流失率统计表（人）

部门	月初人数	新进	自离	离职	辞退	月末人数	允许流失范围	流失率	流失趋势
客服部	20	15	10	2	1	22	3%	15%	
财务部	5	0	0	1	1	3	2%	13%	
行政部	7	1	1	2		5	3%	13%	
人事部	4	2	1		0	5	3%	6%	
编辑部	5	1	0	2		4	3%	11%	
质检部	5	2	1	2	0	4	3%	17%	
合计									

图18-18

❷ 选中J3单元格，在公式编辑栏中输入公式“=CHOOSE(IF(I3>H3,1,2),"↑","↓")”，按Enter键后，向下复制公式，计算出各个部门人员流失趋势，如图18-19所示。

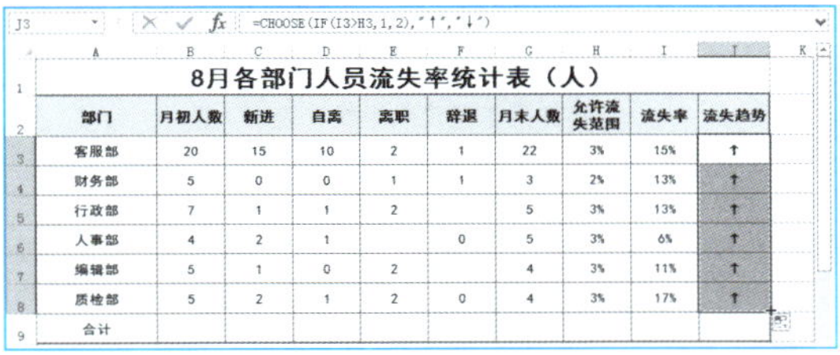
J3 =CHOOSE(IF(I3>H3,1,2),"↑","↓")

8月各部门人员流失率统计表（人）									
部门	月初人数	新进	自离	离职	辞退	月末人数	允许流失范围	流失率	流失趋势
客服部	20	15	10	2	1	22	3%	15%	↑
财务部	5	0	0	1	1	3	2%	13%	↑
行政部	7	1	1	2		5	3%	13%	↑
人事部	4	2	1		0	5	3%	6%	↑
编辑部	5	1	0	2		4	3%	11%	↑
质检部	5	2	1	2	0	4	3%	17%	↑
合计									

图18-19

公式分析：

“=CHOOSE(IF(I3>H3,1,2),"↑","↓")”公式分析：

“(IF(I3>H3,1,2)”表示如I3单元格数值大于H3单元格数值，返回1，否则返回2。

“=CHOOSE(IF(I3>H3,1,2),"↑","↓")”表示用"↑"箭头返回1，用"↓"表示返回2。

❸ 选中B12单元格，在公式编辑栏中输入公式“=SUM(B3:B11)”，按Enter键后，向右复制公式，计算出各项目的合计人数，如图18-20所示。

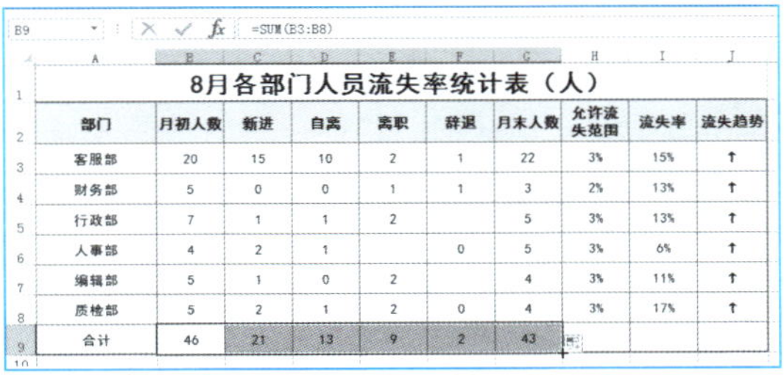
B9 =SUM(B3:B8)

8月各部门人员流失率统计表（人）									
部门	月初人数	新进	自离	离职	辞退	月末人数	允许流失范围	流失率	流失趋势
客服部	20	15	10	2	1	22	3%	15%	↑
财务部	5	0	0	1	1	3	2%	13%	↑
行政部	7	1	1	2		5	3%	13%	↑
人事部	4	2	1		0	5	3%	6%	↑
编辑部	5	1	0	2		4	3%	11%	↑
质检部	5	2	1	2	0	4	3%	17%	↑
合计	46	21	13	9	2	43			

图18-20

步骤4：隐藏零值

❶ 单击“文件”标签，在左侧窗格单击“选项”，打开“Excel选项”对话框。

❷ 在左侧窗格单击“高级”，在右侧窗格的“此工作表的显示选项”区域，取消选中“在具有零值的单元格中显示零”复选框，如图18-21所示。

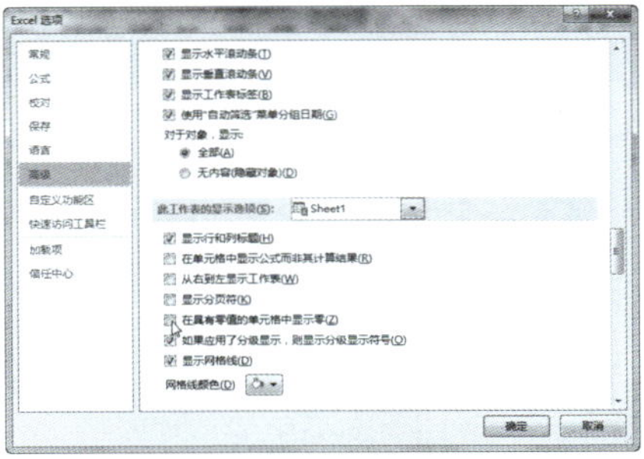

图18-21

❸ 单击“确定”按钮，返回

工作表中，此时工表中的零值被隐藏起来，如图18-22所示。

8月各部门人员流失率统计表（人）									
部门	月初人数	新进	自离	离职	辞退	月末人数	允许流失范围	流失率	流失趋势
客服部	20	15	10	2	1	22	3%	15%	↑
财务部	5			1	1	3	2%	13%	↑
行政部	7	1	1	2		5	3%	13%	↑
人事部	4	2	1			5	3%	6%	↑
编辑部	5	1		2		4	3%	11%	↑
质检部	5	2	1	2		4	3%	17%	↑
合计	46	21	13	9	2	43			

图18-22

文件223　流失人员学历结构比例图

为了统计人员流失的情况，企业管理者可以从现有流失人员的各方面因素进行分析，如对不同学历员工流失的比例分析，可以根据流失人员的学历结构统计表创建结构图，以直观的图形表现流失人员的学历情况。

制作要点与设计效果图

- 设置扇区起始角度
- 设置数据点格式
- 设置数据标签格式
- 删除指定数字点标签及图例
- 文件设计过程

流失人员学历结构统计表

学历	流失人数	所占比例
研究生	3	6.25%
本科	10	20.83%
大专	15	31.25%
中专及其他	20	41.67%
合计	48	100.00%

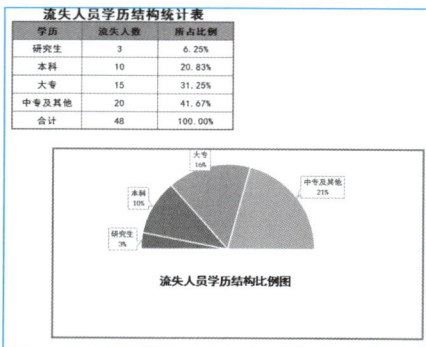

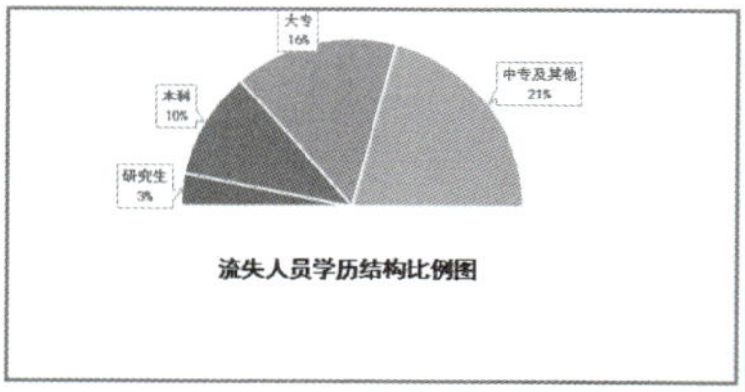

文件设计过程

步骤1：创建饼图

❶ 打开“流失人员学历结构比例图”工作簿，按Ctrl键依次选中A3:A7、C3:C7单元格区域，切换到“插入”选项卡，在“图表”组中单击“饼图”下拉按钮，在下拉菜单中单击“饼图”子图表类型，如图18-23所示。

❷ 单击“饼图”子图表类后，系统自动根据选择的数据源创建了默认样式的饼图，效果如图18-24所示。

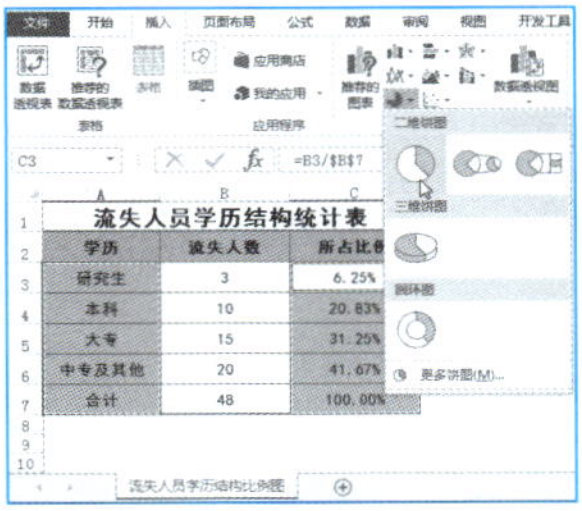

图18-23

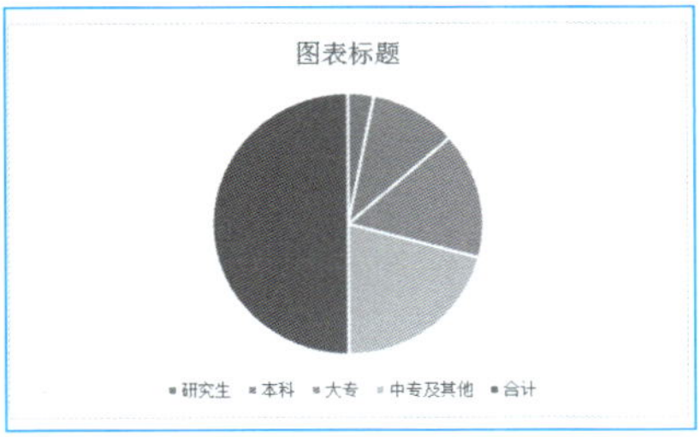

图18-24

步骤2：重新选择资产

❶ 选中图表，单击鼠标右键，在弹出的菜单中单击“设置数据系列格式”命令（如图18-25所示），打开“设置数据系列格式”窗格。

❷ 单击“系列选项”标签，在“第一扇区起始角度”文本框中输入“270”（如图18-26所示），即可将“合计”扇区旋转至下方。

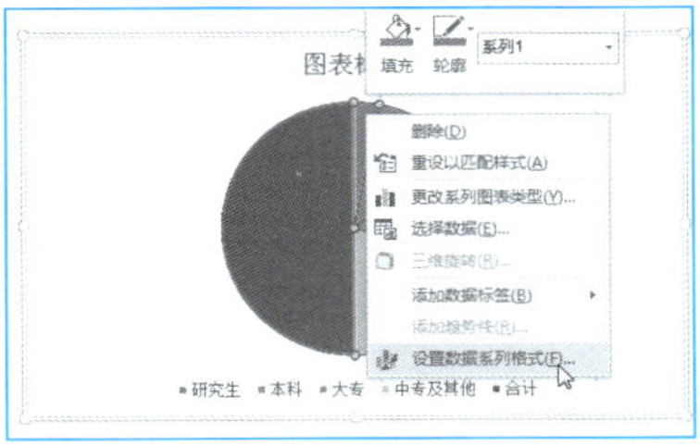

图18-25

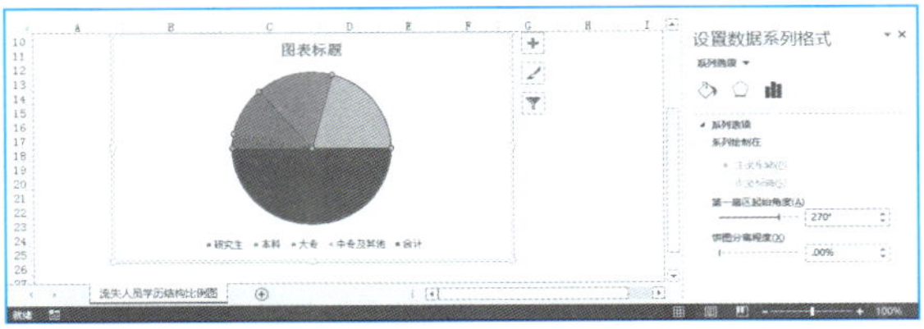

图18-26

步骤3：隐藏“合计”数据系列

❶ 选中“合计”数据系列，单击“填充”标签，在“填充”区域选中“无填充”单选按钮，如图18-27所示。

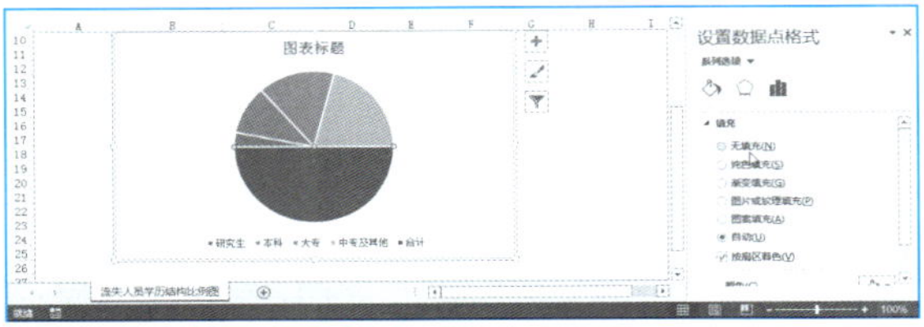

图18-27

❷ 选中“无填充”单选按钮后，“合计”数据点填充颜色更改为透明色，如图18-28所示。

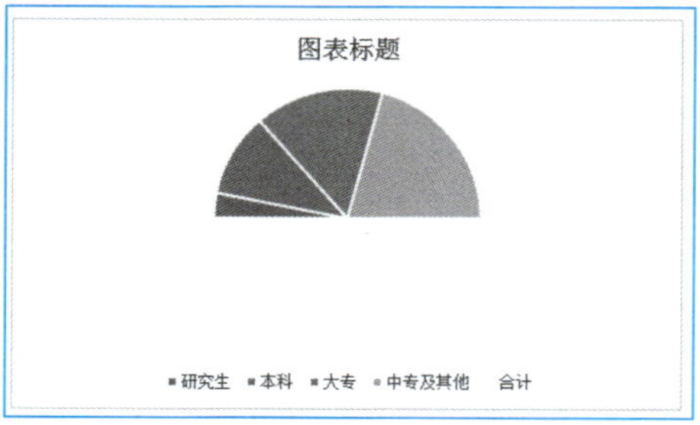

图18-28

步骤4：添加百分比数据系列标签

❶ 在“图表标题”文本框中输入图表标题“流失人员学历结构比例图”，按Delete键删除图例项，设置后效果如图18-29所示。

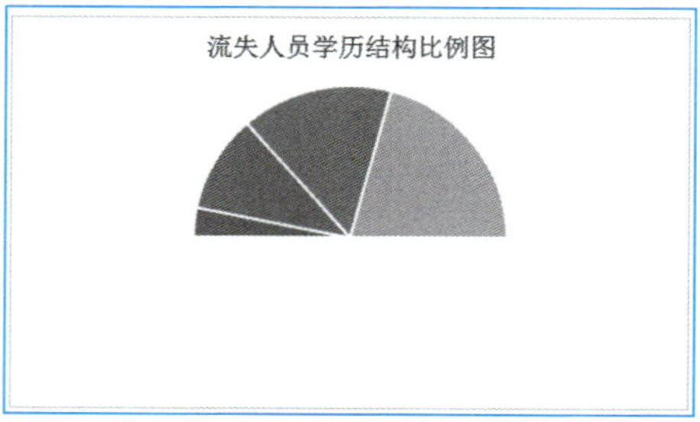

图18-29

❷ 单击“+”（图表元素）按钮，在下拉菜单中单击“数据标签”后的“▸”按钮，在子菜单中单击“数据标注”命令，如图18-30所示。

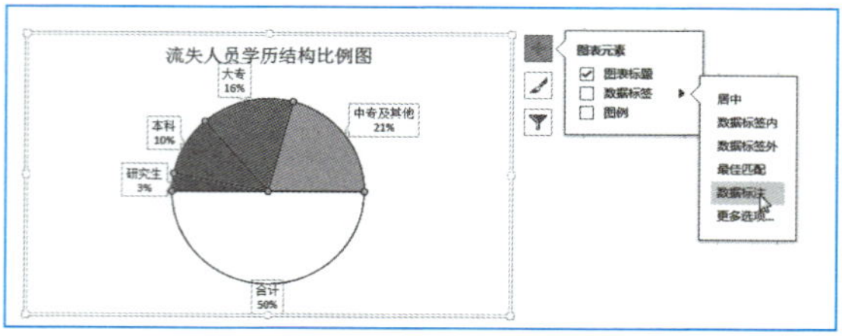

图18-30

❸ 按Delete键删除 “100%”数据标签，将图表标题移动到图表底部，为图表中文字设置字体格式，设置后效果如图18-31所示。

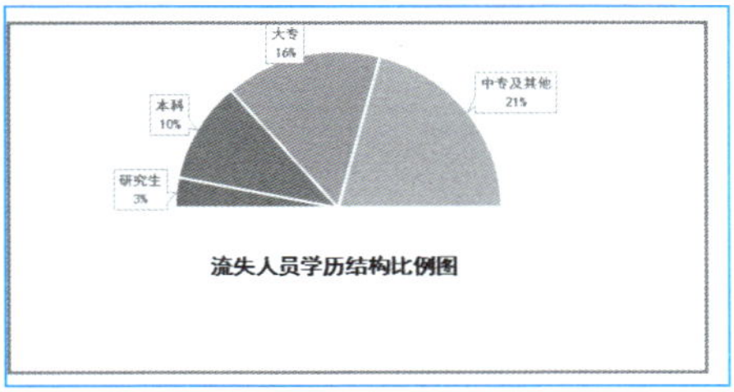

图18-31

文件224　员工流失率统计分析

在分析公司员工流失情况时，人力资源部门还可以按月统计人员流失率，然后利用条形图比较各月人员流失情况，找出人员流失最严重的月份，从而为未来的招聘工作做好准备。

制作要点与设计效果图

- 复制公式
- 创建条形图
- 逆序类别
- 调整分类间距
- 删除网格线

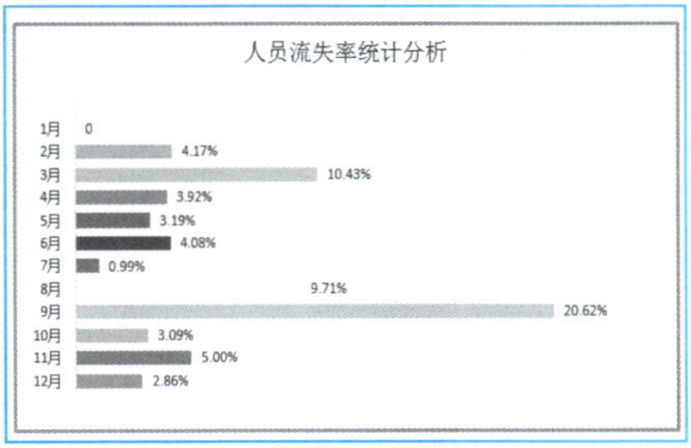

文件设计过程

步骤1：计算人员流失率

❶ 打开“人员流失率统计分析”工作簿，选中G5单元格，在公式编辑栏中输入公式“=（C5+D5）/B4”，按Enter键后，向下复制公式，计算各月人员流失率，如图18-32所示。

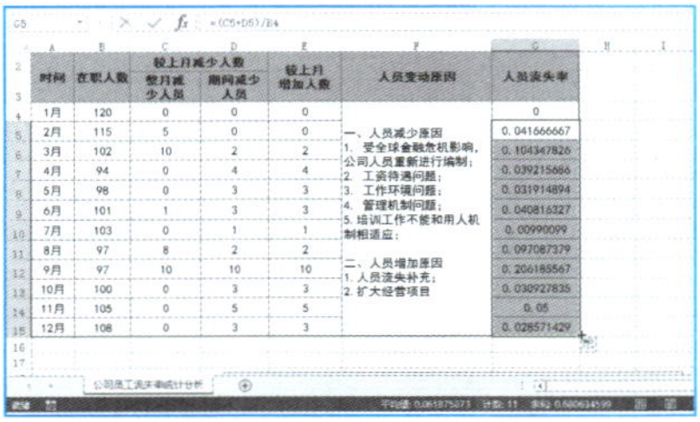

图18-32

❷ 选中G5:G15单元格区域，在“开始”选项卡的“数字”组中单击“数字格式”下拉按钮，在下拉菜单中单击“百分比”数字格式，如图18-33所示。

❸ 单击“百分比”数字格式后，选中数据系列应用了百分比数据标签格式，如图18-34所示。

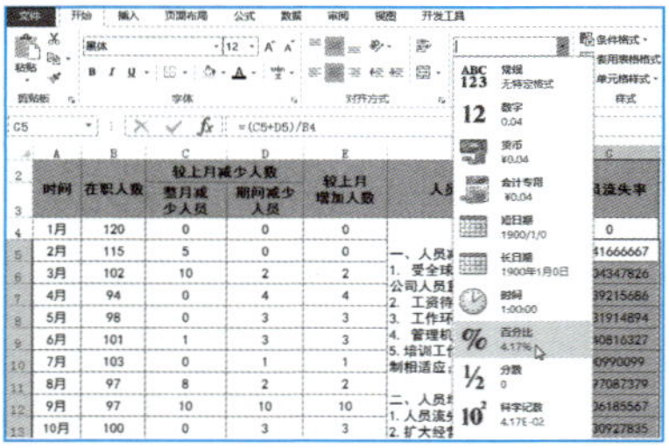

图18-33

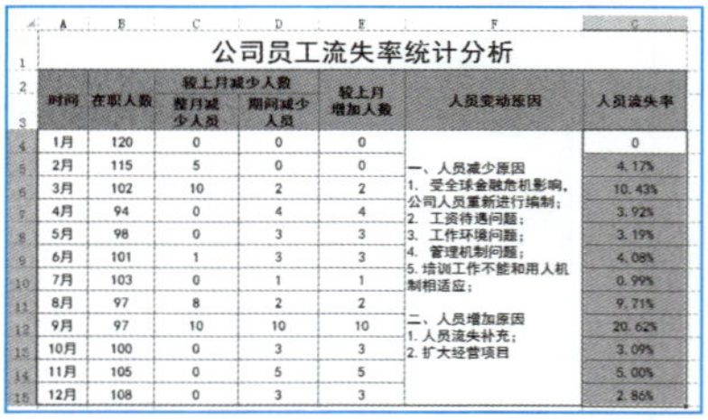

图18-34

步骤2：创建簇状条形图

❶ 按Ctrl键依次选中A2:A15单元格区域和G2:G15单元格区域，切换到“插入”选项卡，在“图表”组中单击“条形图”下拉按钮，在下拉菜单中单击“簇状条形图”子图表类型，如图18-35所示。

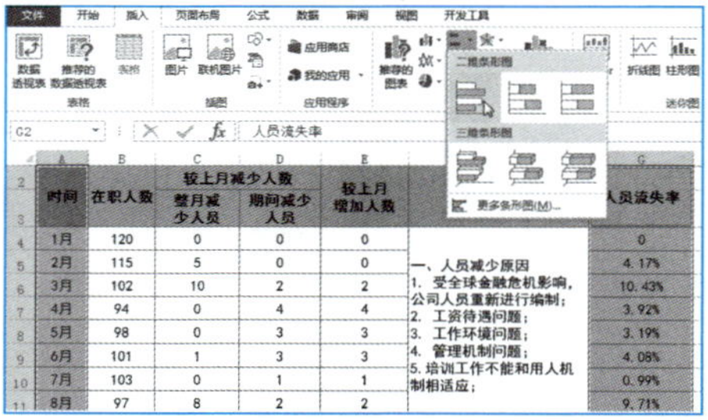

图18-35

❷ 单击“簇状条形图”子图表类型后，系统自动为选择的数据源创建默认样式的条形图，如图18-36所示。

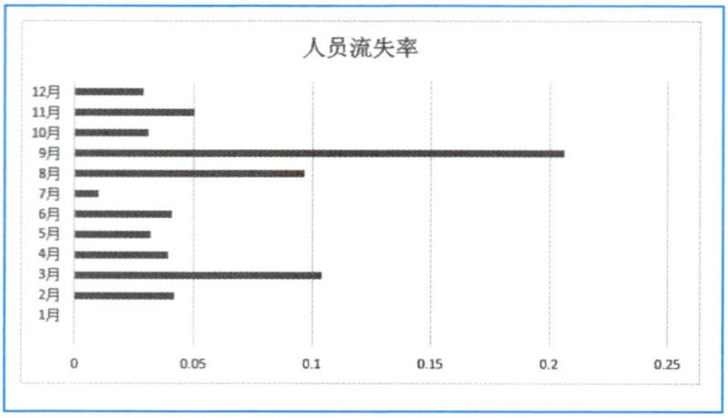

图18-36

❸ 单击“+”（图表元素）按钮，在下拉菜单中单击“数据标签”按钮，即可为图表添加数据标签，如图18-37所示。

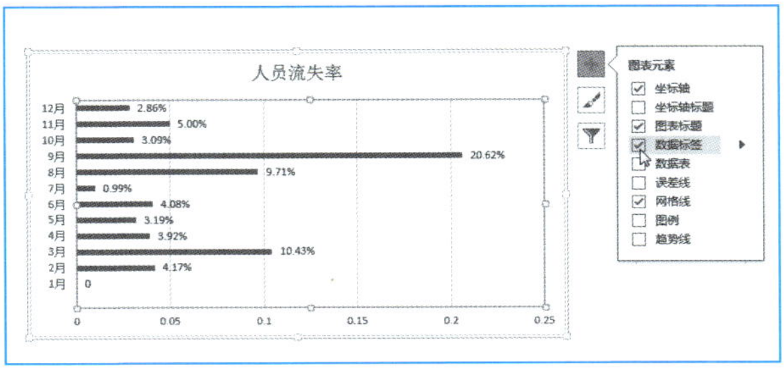

图18-37

步骤3：设置坐标轴格式

❶ 选中图表纵坐标轴，单击鼠标右键，在弹出的菜单中单击“设置坐标轴格式”命令（如图18-38所示），打开“设置坐标轴格式”窗格。

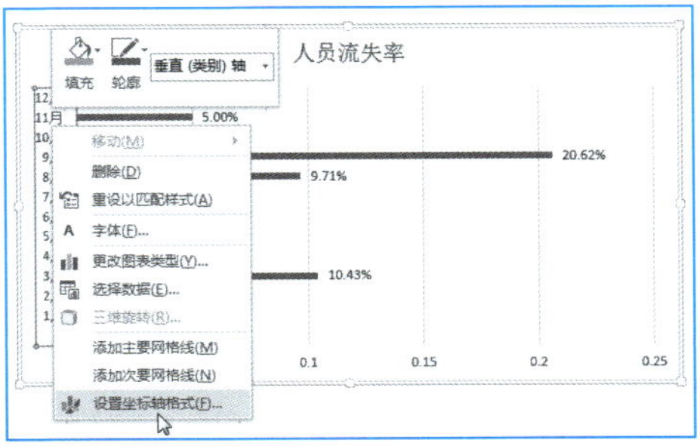

图18-38

❷ 单击“坐标轴选项”标签，在“坐标轴位置”区域选中“逆序类型”复选框（如图18-39所示），即可调整坐标轴顺序。

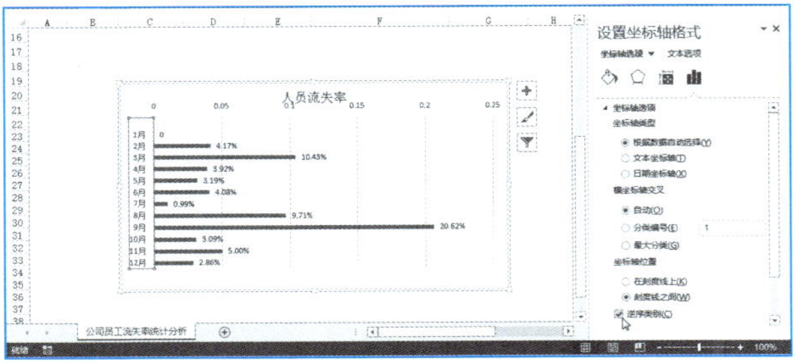

图18-39

步骤4：调整分类间距

❶ 单击图表数据系列，调整到“设置数据系列格式”窗格，在“分类间距”区域拖动滑板调整间距为“56%”。

❷ 重新输入图表标题为“人员流失率统计分析”，按Delete键删除图表区域的网格线和水平轴标签，并为数据系列重新设置填充颜色，设置后效果如图18-40所示。

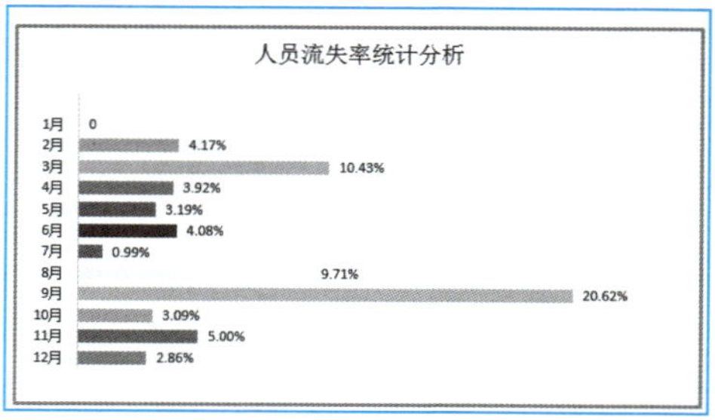

图18-40

文件225　人员流失原因统计与分析

人员流失的主要原因不外乎有收入低、福利差，无法实现自我价值、职业倦怠和同工不同酬四类，企业可以针对这四项进行调查，然后用图表将调查结果直观地展示出来。

制作要点与设计效果图

- 删除重复项
- COUNTIF函数
- 创建三维柱形图

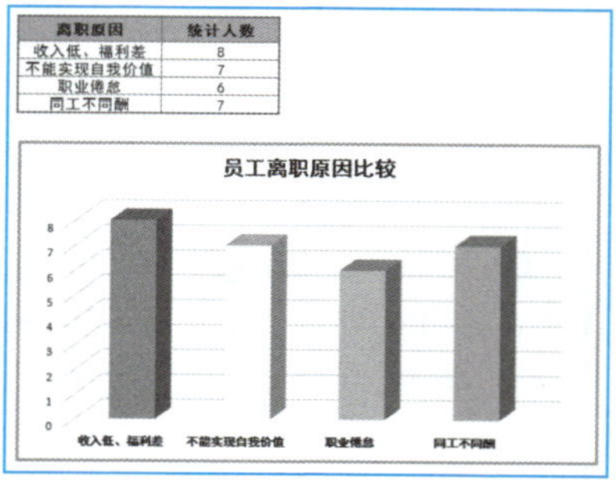

离职原因	统计人数
收入低、福利差	8
不能实现自我价值	7
职业倦怠	6
同工不同酬	7

文件设计过程

步骤1：复制粘贴数据

❶ 打开“人员流失原因统计与分析”工作簿，选中D2:D30单元格区域，切换到“开始”选项卡，在“剪贴板”组中单击“📋”（复制）按钮，如图18-41所示。

❷ 选中F2单元格，在右键菜单中选择“粘贴”命令，即可粘贴复制的数据，如图18-42所示。

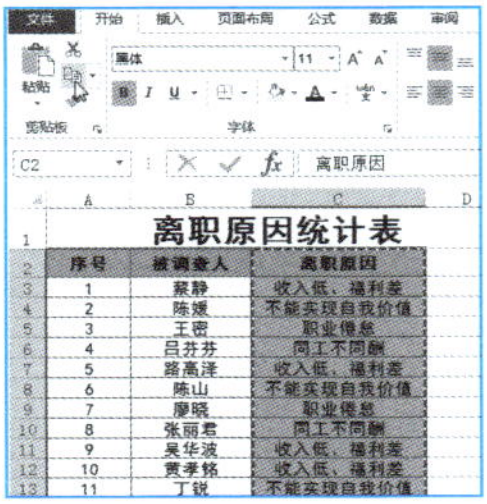

图18–41

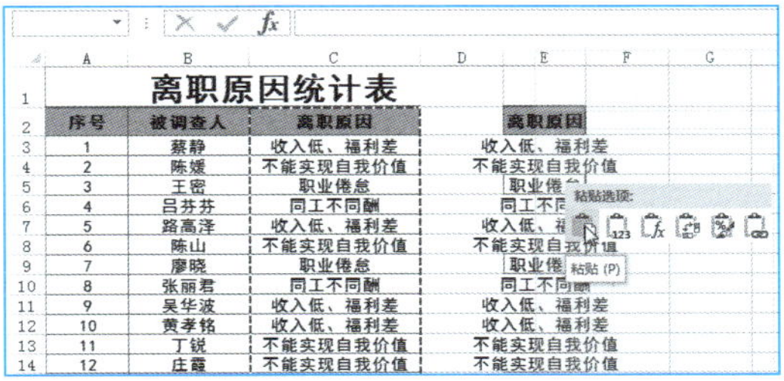

图18–42

步骤2：删除重复数据

❶ 选中F3:F30单元格区域，切换到“数据”选项卡，在“数据工具”组中单击“删除重复项”按钮，如图18-43所示。

❷ 系统弹出“删除重复项警告”对话框，提示选定区域旁还有数据，单击“删除重复项”按钮（如图18-44所示），打开“删除重复项”对话框。

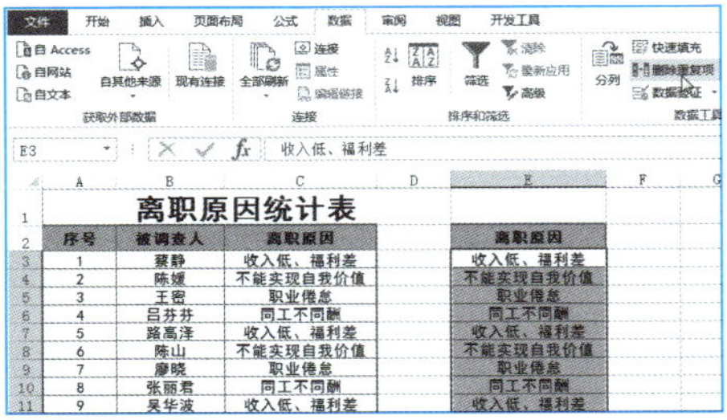

图18–43

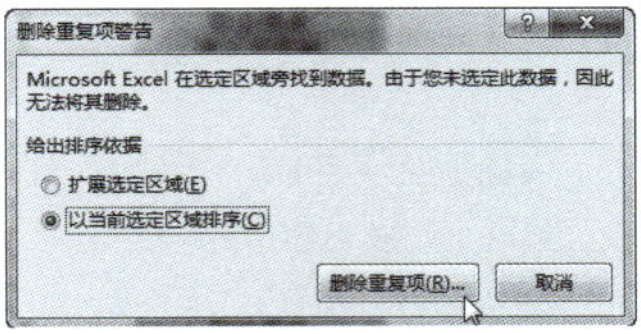

图18–44

❸ 在“列”列表框选中“离职原因”复选框，单击“确定”按钮，如图18-45所示。

❹ 系统弹出Microsoft Excel 对话框，提示“发现了24个重复项，已将其删除，保留了4个唯一值”，如图18-46所示。

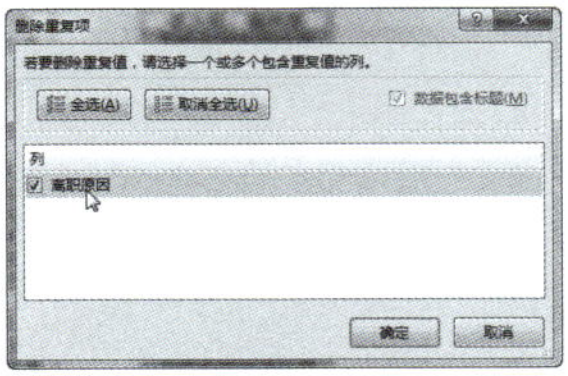

图18–45

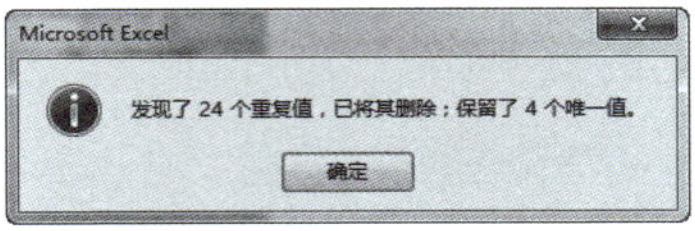

图18–46

步骤3：使用COUNTIF函数统计人数

❶ 单击“确定”按钮，返回工作表中，此时在F列中仅显示了唯一的数据项，然后在G2单元格中输入“统计人数”列标识，并设置单元格格式，如图18-47所示。

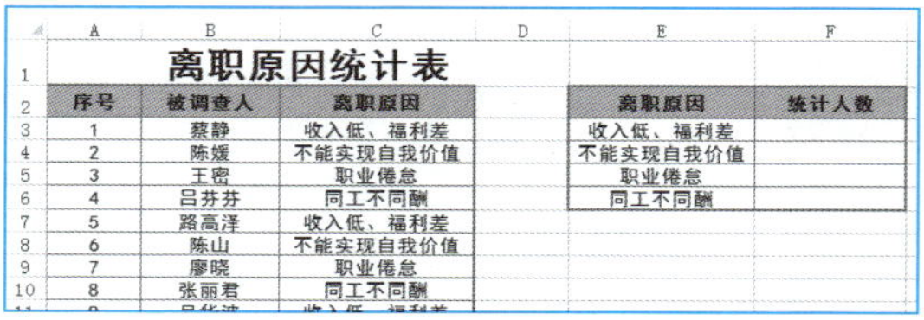

图18–47

❷ 选中G3单元格，切换到“公式”选项卡，在“函数库”组中单击“其他函数”下拉按钮，在下拉菜单中选择“统计”命令，在子菜单中选择“COUNTIF”命令（如图18-48所示），打开“函数参数”对话框。

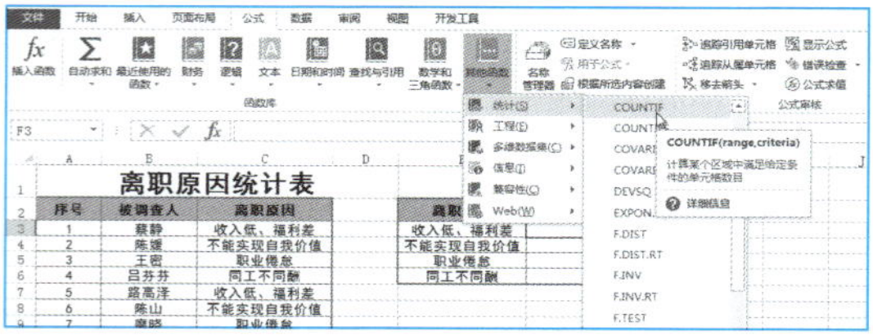

图18–48

❸ 在“Range”文本框中输入“$D$3:$D$30”，在“Criteria”文本框中输入“F3”，如图18-49所示。

❹ 单击“确定”按钮，返回工作表中，在G3单元格显示第一个离职原因的统计人数，选中G3单元格，拖动填充柄向下复制公式到G6单元格，计算出所有离职原因的统计人数，如图18-50所示。

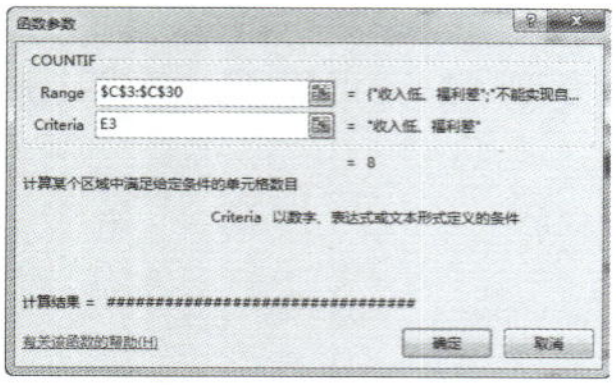

图18–49

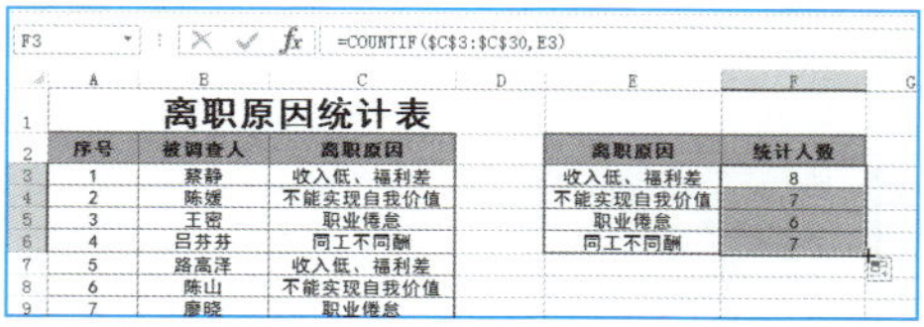

图18–50

步骤4：创建三维柱形图

❶ 选中F2:G6单元格区域，切换到“插入”选项卡，在“图表”组中单

击“柱形图”下拉按钮，在下拉菜单中单击“三维柱形图”子图表类型，如图18-51所示。

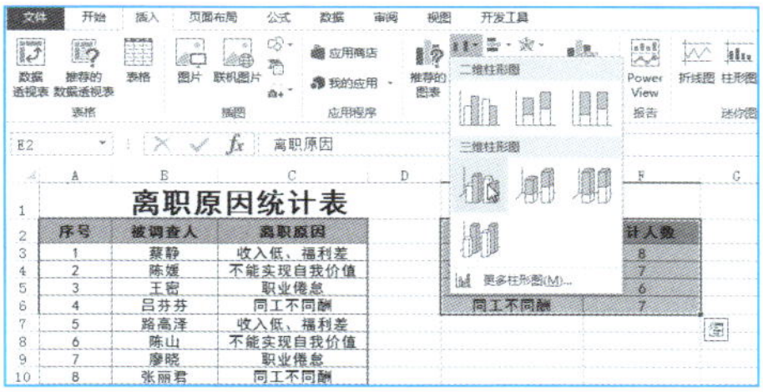

图18-51

❷ 单击“三维柱形图”子图表类型后，系统根据选择的数据源创建默认样式的三维柱形图，如图18-52所示。

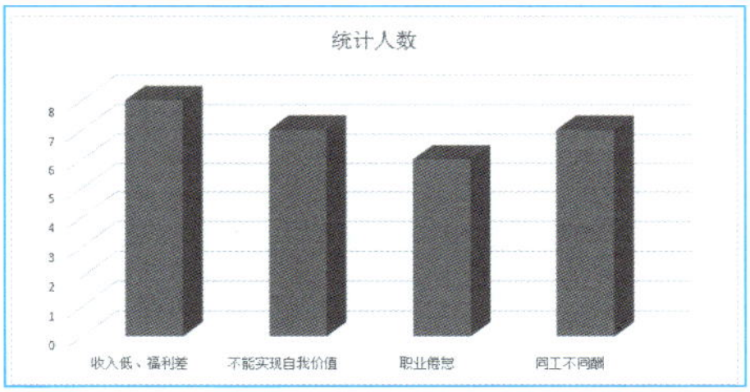

图18-52

❸ 更改图表标题为“员工离职原因比较”，重新设置数据系列填充颜色和图表轮廓填充颜色，并设置图表中字体格式，设置后效果如图18-53所示。

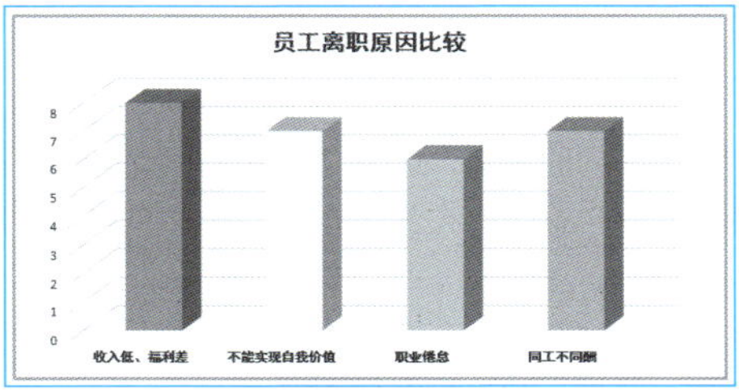

图18-53

文件226　离职原因的种类

员工离职原因不外乎分为自愿离职和非自愿离职两类，其中自愿离职又分为辞职和退休两种，非自愿离职则分为辞退和裁员两种，在介绍离职原因的种类时，可以使用Excel 中的“形状”绘制示意图来表示。

制作要点与设计效果图

- 插入SmartArt图形
- 添加形状
- 更改图形颜色
- 设置三维格式

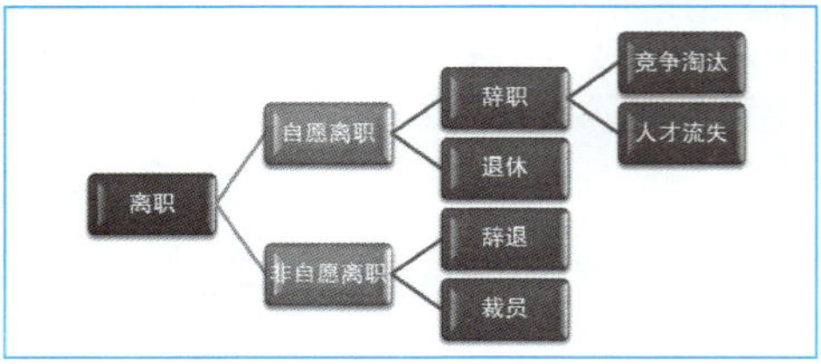

文件设计过程

步骤1：创建SmartArt图形

1 新建“离职原因的种类”工作簿，切换到“插入”选项卡，在“插图”组中单击“SmartArt图形”按钮，打开“选择SmartArt图形”对话框。

2 在左侧单击“层次结构”，右侧单击需要的图形样式，如图18-54所示。

3 单击“确定”按钮，返回工作表中，即可在工作表中插入选择的SmartArt图形，如图18-55所示。

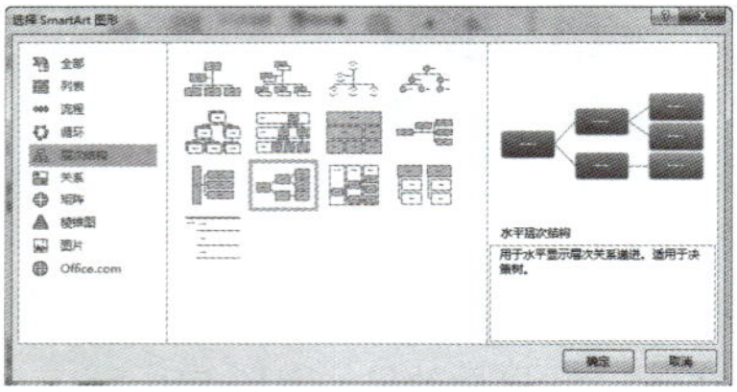

图18-54

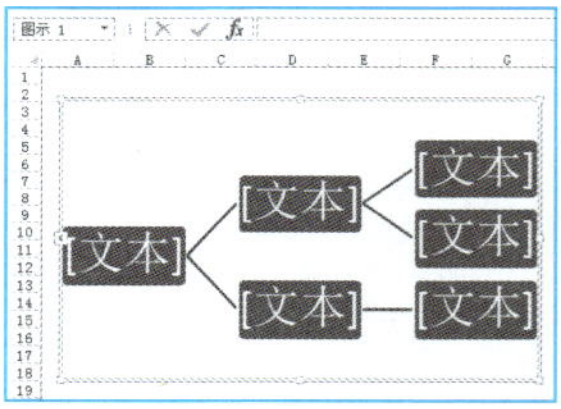

图18-55

步骤2：添加形状

1 在图形中输入需要的文字，选中“离职”形状，单击鼠标右键，在弹出的菜单中单击“添加形状”命令，在弹出的子菜单中单击“在下方添加形状”命令，如图18-56所示。

2 单击“在下方添加形状”命令后，系统会按要求添加形状，根据需要添加形状，并输入文字，设置后效果如图18-57所示。

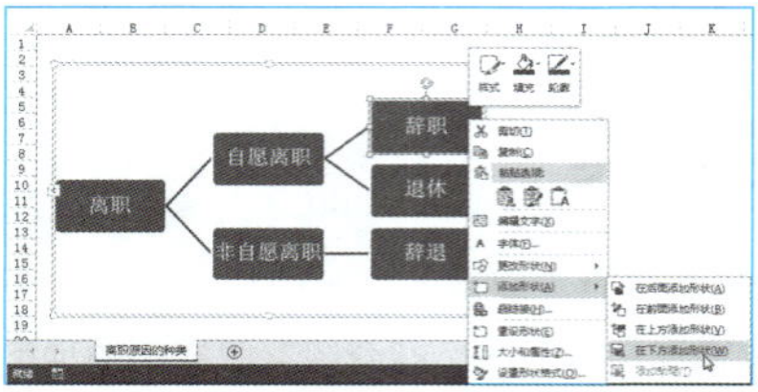

图18-56

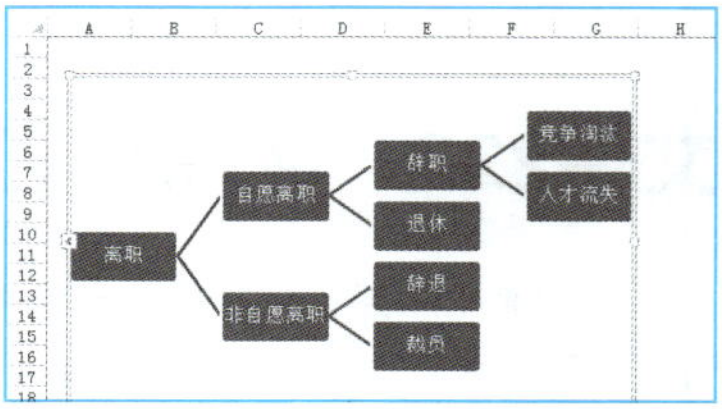

图18-57

步骤3：美化SmartArt图形

❶ 选中SmartArt形状，切换到“SmartArt工具-设计”选项卡，在“SmartArt”样式组中单击“更改颜色”下拉按钮（如图18-58所示），在下拉菜单中单击需要的颜色，如图18-59所示。

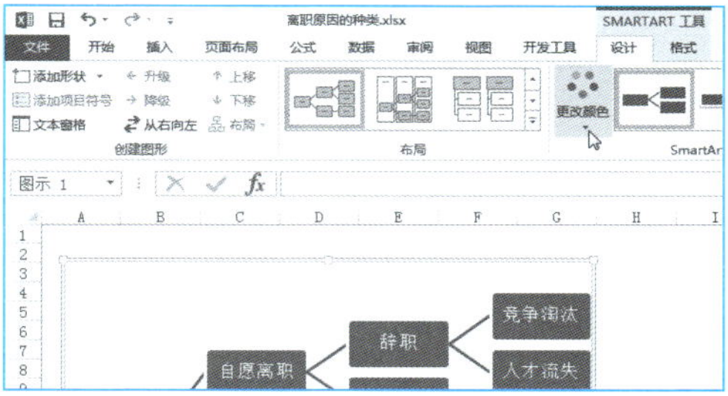

图18-58

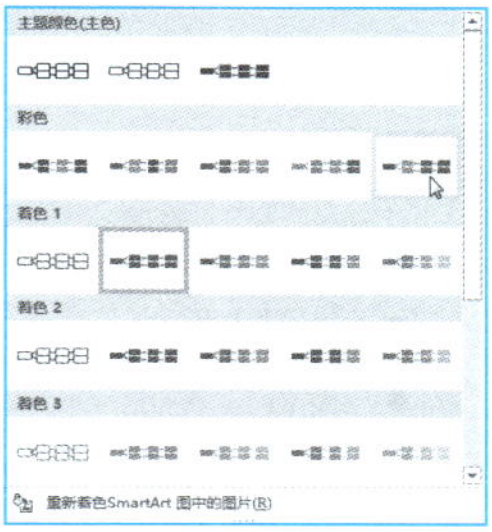

图18-59

❷ 单击需要的颜色后，即可为图形应用该颜色。在“SmartArt样式”组中单击“▾”(其他)按钮（如图18-60所示），在弹出的菜单中单击需要的图形样式，如图18-61所示。

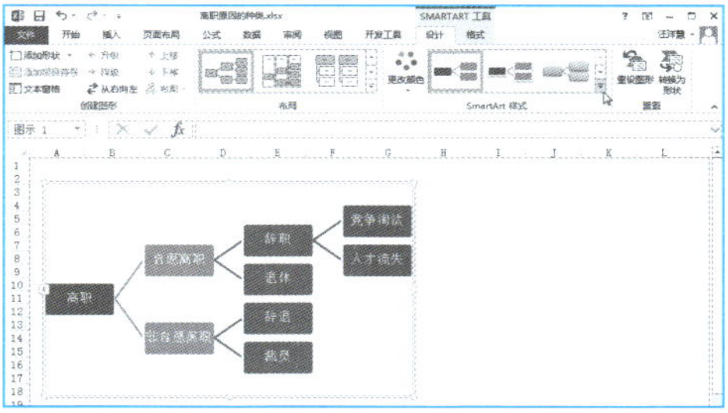

图18-60

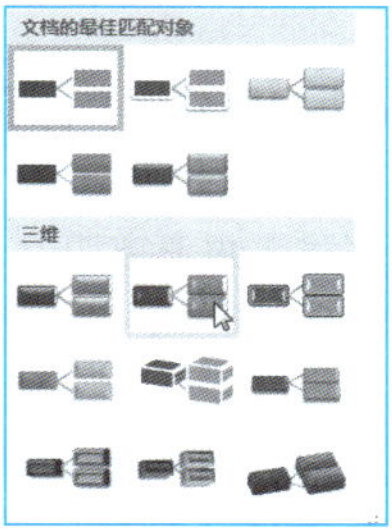

图18-61

❸ 单击需要的形状样式后，即可为图形应用该样式，如图18-62所示。

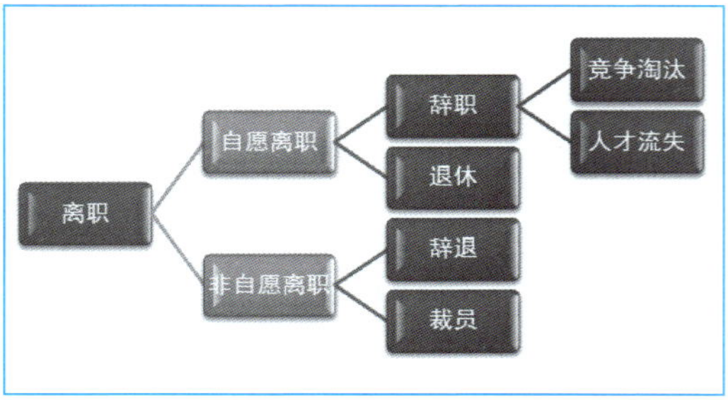

图18-62

文件227　人事流动月报表

人事流动月报表主要目的在于统计人事流动情况，它更有针对性，是人事部门为了特别需求制作的表格。

制作要点与设计效果图

- 设置手动换行
- 设置自动调整行高
- 设置边框
- 设置公式
- 设置百分比格式

人事流动月报表

年　月

单位编号	原有人数	本月报到	本月离职	现有人数	编制人数	离职率	现有人员服务年资（万元）							
							新报到	3个月以下	6个月以下	1年以下	2年以下	3年以下	3年以上	平均年资
RM01	50	2	5	47	45	10.00%	2	2	2.5	3.5	4	4.8	5	3.4
							主管：			制表：				

文件228　离职申请表

当员工想要离职时，会根据企业的要求填写一份离职申请表格，写明自己原任职务、到期日期、预定离职日、离职原因以及对公司的一些建议等。

制作要点与设计效果图

- 插入特殊符号
- 手动调整列宽和行高
- 绘制边框线条
- 隐藏网格线

离职申请表

职员编号：　　　　填表日期：

姓　名		单　位		学历		职务	
到职日期		合同到期日			预订离职日		

离职种类：☐辞职　☐辞退　☐合同到期

1、您离职的原因：

☐薪资偏低　☐福利不佳　☐晋长机会　☐工作环境　☐工作时间长
☐无法适应倒班　☐人际关系　☐上学进修　☐健康因素　☐无法调转人事关
☐家庭因素　☐交通不便　☐其　它

2、您对公司建议：

主管签章	
人力资源部签章	
总经理指示	

文件229　离职申请审批表

员工上交离职申请后，员工所属部门主管会针对员工离职申请的原因进行考虑，然后再决定是否批准员工辞职，而审批结果会写入离职申请审批表中进行留存。

制作要点与设计效果图

- 插入按钮控件
- 设置控件格式
- 复制控件
- 单击选项按钮控件

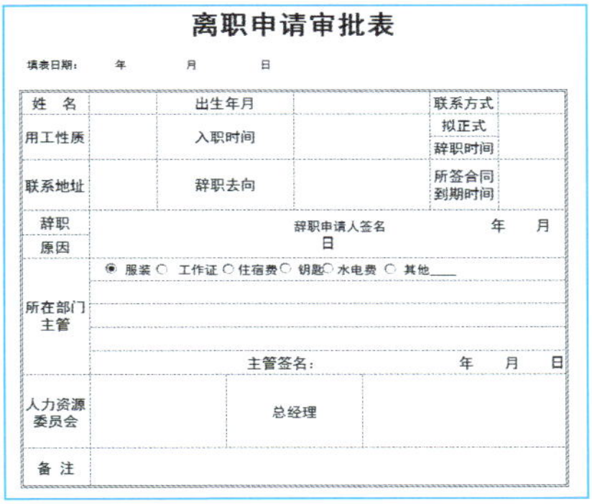

离职申请审批表

填表日期：　年　月　日

姓　名		出生年月		联系方式	
用工性质		入职时间		拟正式 辞职时间	
联系地址		辞职去向		所签合同 到期时间	
辞职 原因	辞职申请人签名　年　月　日				
所在部门 主管	◉ 服装 ○ 工作证 ○ 住宿费 ○ 钥匙 ○ 水电费 ○ 其他____ 主管签名：　年　月　日				
人力资源 委员会		总经理			
备　注					

文件230　工作移交情况表

员工在离职时，还必须将手上的工作表移交给相关接手人或主管，避免其离职后，主管或接手人不知道工作进度或者文件放置位置等。

制作要点与设计效果图

- 全屏显示
- 调整显示比例
- 将工作簿以附件形式发送到电子邮箱

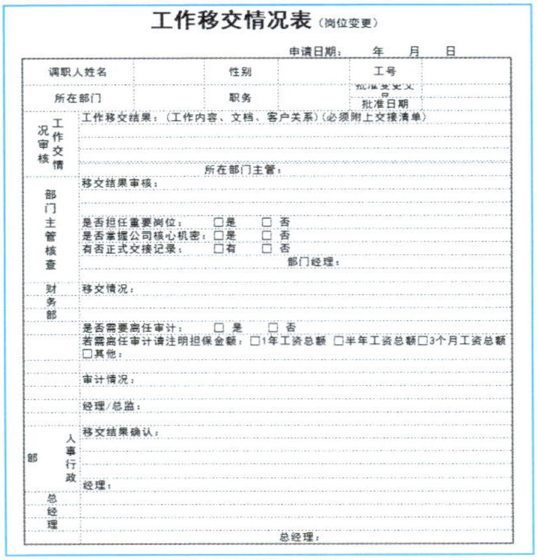

工作移交情况表（岗位变更）

申请日期：　年　月　日

调职人姓名		性别		工号	
所在部门		职务		批准变更交接日 批准日期	
工作交接情况审核	工作移交结果：（工作内容、文档、客户关系）（必须附上交接清单） 所在部门主管：				
部门主管核查	移交结果审核： 是否担任重要岗位：　□是　□ 否 是否掌握公司核心机密：□是　□ 否 有否正式交接记录：　□有　□ 否 部门经理：				
财务部	移交情况： 是否需要离任审计：　□ 是　□ 否 若需离任审计请注明担保金额：□1年工资总额 □半年工资总额□3个月工资总额 □其他： 审计情况： 经理/总监：				
人事行政部	移交结果确认： 经理：				
总经理	总经理：				

文件231　员工离职结算单

员工离开公司时，要进行相关事项的结算，如到财务部进行欠款清理、财务清算；归还本部门借用图书、文件资料、办公室钥匙等。

制作要点与设计效果图

- 增加缩进量
- 插入文本框
- 设置文本框填充和轮廓颜色
- 为文本框的文本添加效果

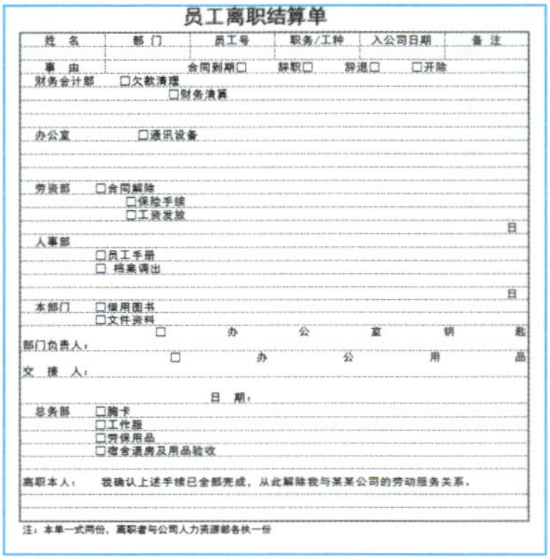

员工离职结算单

姓　名	部　门	员工号	职务/工种	入公司日期	备　注
事　由	合同到期☐	辞职☐	辞退☐	☐开除	

财务会计部　☐欠款清理
☐财务清算

办公室　☐通讯设备

劳资部　☐合同解除
☐保险手续
☐工资发放
日

人事部
☐员工手册
☐ 档案调出
日

本部门　☐借用图书
☐文件资料
☐办公室钥匙
部门负责人：
☐办公用品
文　接　人：
日　期：

总务部　☐胸卡
☐工作服
☐劳保用品
☐宿舍退房及用品验收

离职本人：　我确认上述手续已全部完成，从此解除我与某某公司的劳动服务关系。

注：本单一式两份，离职者与公司人力资源部各执一份

文件232　职务免除通知单

当员工出现严重错误时，企业领导人会通过讨论，做出是否免除其职务的决定，在决定免除员工职务时，会发布一份职务免除通知单进行通告。

制作要点与设计效果图

- 插入图章签名
- 选择签名图章
- 查看签名证书

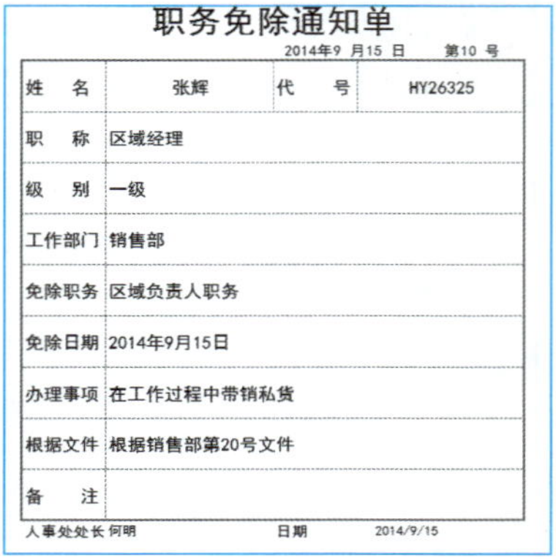

职务免除通知单

2014年9 月15 日　　第10 号

姓　名	张辉	代　号	HY26325
职　称	区域经理		
级　别	一级		
工作部门	销售部		
免除职务	区域负责人职务		
免除日期	2014年9月15日		
办理事项	在工作过程中带销私货		
根据文件	根据销售部第20号文件		
备　注			

人事处处长 何明　　日期　　2014/9/15

文件233　员工流入与流出统计分析表

人员流动是企业发展过程中的正常现象，每年三四月份是员工流动率最高峰，人力资源部不仅要做好招聘工作、绩效以及离职工作，还需要对员工流动情况做一个系统的统计。

制作要点与设计效果图

- 插入函数
- SUM函数
- 设置单元格格式

______年人员流动统计表

部门	月份/项目	1月份	2月份	3月份	4月份	5月份	6月份	7月份	8月份	9月份	10月份	11月份	12月份	合计
生产部	流入人数	0	10	20	10	5	6	7	5	15	10	5	10	103
	流出人数	20	10	10	5	0	2	3	10	8	5	10	8	91
销售部	流入人数	5	10	15	8	8	6	5	5	15	10	12	8	107
	流出人数	15	8	10	9	7	5	4	7	10	8	7	2	92
人事部	流入人数	0	0	3	0	0	0	0	0	0	0	0	0	3
	流出人数	0	0	0	2	0	0	0	0	0	0	0	0	2
行政部	流入人数	0	0	3	2	0	0	0	0	0	0	0	0	5
	流出人数	1	0	0	2	1	0	0	0	0	0	0	0	4
财务部	流入人数	0	0	2	2	0	0	0	0	0	0	0	0	4
	流出人数	0	0	0	1	1	0	0	0	0	0	0	0	2
后勤部	流入人数	3	2	3	0	0	0	0	0	0	0	0	0	8
	流出人数	1	2	2	0	0	0	0	0	0	0	0	1	6
总合计	流入人数	8	22	46	22	13	12	12	10	30	20	17	18	230
	流出人数	37	20	22	19	9	7	7	17	18	13	17	11	197

文件234　员工银行账户转账表

采用银行转账的方式需要员工上交统一银行的账号，然后从工资表中提取实发工资额，进行转账发放。

制作要点与设计效果图

- 公式运算
- IF函数
- VLOOKUP函数

员工银行账户转账表

编号	姓名	银行账号	实发工资
1	王荣	6227 2515 6455 ××××	￥ 4,615.00
2	周国菊	6227 5235 2541 ××××	￥ 4,715.00
3	葛丽	6227 6526 5554 ××××	￥ 4,187.00
4	王磊	6227 7635 6588 ××××	￥ 4,220.00
5	刘泰	6227 9577 4585 ××××	￥ 4,150.00
6	周礼	6227 6285 4455 ××××	￥ 4,132.50
7	陶莉莉	6227 1545 2352 ××××	￥ 4,250.00
8	方航	6227 4755 1425 ××××	￥ 4,220.00
9	张天宇	6227 5555 4665 ××××	￥ 3,799.50
10	王贝贝	6227 6554 7554 ××××	￥ 4,250.00
11	刘飞	6227 5541 5552 ××××	￥ 3,887.00
12	张东方	6227 2365 8554 ××××	￥ 4,220.00
13	王北峰	6227 5587 4566 ××××	￥ 4,230.00
14	周涛利	6227 6887 7455 ××××	￥ 4,247.50
15	姜鹏鹏	6227 5269 9585 ××××	￥ 4,250.00
16	朱小明	6227 2635 6555 ××××	￥ 4,670.00
17	刘远程	6227 6859 5544 ××××	￥ 4,000.00
18	陈发珍	6227 5663 5222 ××××	￥ 4,158.00
19	何艳	6227 5366 6525 ××××	￥ 4,250.00
20	李刚	6227 2635 4152 ××××	￥ 4,540.00
21	戴梅梅	6227 5845 6654 ××××	￥ 4,247.50
22	谢俊杰	6227 9856 3325 ××××	￥ 4,630.00
23	黄元超	6227 3365 2625 ××××	￥ 4,650.00
24	刘宇	6227 5745 5655 ××××	￥ 4,600.00
25	何玲玲	6227 2256 5635 ××××	￥ 3,990.00
26	罗瑞	6227 5657 8655 ××××	￥ 4,103.00
27	谢丽利	6227 3352 6352 ××××	￥ 4,300.00
28	刘北一	6227 5668 7565 ××××	￥ 4,977.50
29	陈熙	6227 6896 6856 ××××	￥ 4,035.00
30	王灵	6227 5689 5565 ××××	￥ 4,270.00
31	刘飞慧	6227 5685 6965 ××××	￥ 4,888.00

读书笔记

Excel

第19章

员工安全管理表格

为了创造良好的工作环境，加强公司的防火安全工作，以保护生产设备、工作人员的生命安全，企业一般都会根据消防法规的规定，制定员工安全管理制度，要求员工定期参加安全知识培训，以及对生产设备进行安全检查等。

在实际安全管理工作中，企业常用的员工安全管理表格有安全教育培训计划表、员工安全知识考核成绩表、安全管理实施计划表、用电安全检查表、安全日报表等等。

编号	文件名称	对应的数据源	重要星级
文件235	安全教育培训计划安排表	第19章\文件235 安全教育培训计划安排表.xlsx	★★★★★
文件236	员工安全知识考核成绩表	第19章\文件236 员工安全知识考核成绩表.xlsx	★★★★
文件237	安全管理实施计划表	第19章\文件237 安全管理实施计划表.xlsx	★★★★★
文件238	用电安全检查表	第19章\文件238 用电安全检查表.xlsx	★★★★
文件239	安全日报表	第19章\文件239 安全日报表.xlsx	★★★★
文件240	工伤事故报告表	第19章\文件240 工伤事故报告表.xlsx	★★★
文件241	工伤报告单	第19章\文件241 工伤报告单.xlsx	★★★
文件242	事故调查报告	第19章\文件242 事故调查报告.xlsx	★★★
文件243	赔偿处理调查报告书	第19章\文件243 赔偿处理调查报告书.xlsx	★★★
文件244	安全隐患整改通知单	第19章\文件244 安全隐患整改通知单.xlsx	★★★
文件245	员工安全管理合理化建议表	第19章\文件245 员工安全管理合理化建议表.xlsx	★★★
文件246	员工食堂食品安全检查表	第19章\文件246 员工食堂食品安全检查表.xlsx	★★★

文件235　安全教育培训计划安排表

安全生产是每个企业经营的最基本要素，为了保证员工人身安全和企业财产安全，定期对员工进行安全知识培训是必不可少的。在进行安全培训前，人力资源部门要制定合理的安全教育培训计划安排表，才能保证培训工作的正常进行。

制作要点与设计效果图

- 数据分列
- WEEKDAY函数

安全教育培训计划安排表

序号	项目	负责人	培训日期		培训地点	电子邮箱
			日期	星期		
1	防盗培训	藤蔓	2014/9/8		会议室	tw@126.COM
2	防火安全培训	王腾	2014/9/19		会议室	WL@126.COM
3	电梯安全使用培训	张华玉	2014/9/19		会议室	ZXHUA@126.COM
4	电工作业培训	吴兴华	2014/9/8		电工车间	WUXH@126.COM
5	金属焊接切换作业培训	何明亮	2014/10/10		电工车间	HMLIANG@126.COM
6	起重机械作业培训	李晓玲	2014/10/10		广场	LXLING@63.COM
7	厂内机动车辆驾驶培训	黄飞河	2014/10/15		广场	HUANFH@163.COM

文件设计过程

步骤1：分列数据

① 打开“安全教育培训计划安排表”工作簿，选中C列，单击鼠标右键，在弹出的菜单中单击“插入”命令，如图19-1所示。

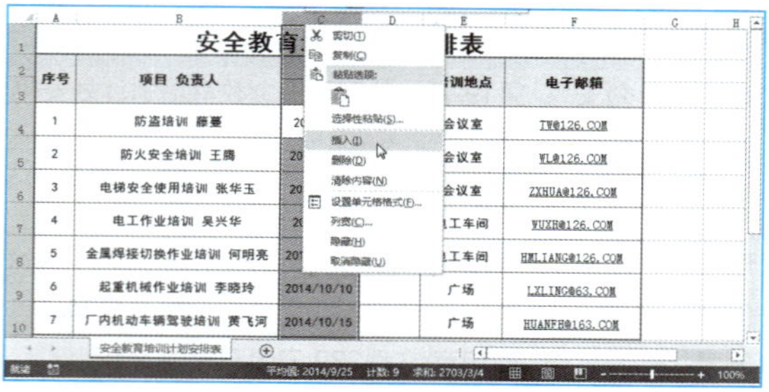

图19-1

② 单击“插入”命令后，即可在C列处插入一列，选中B2:B7单元格区域，切换到“数据”选项卡，在“数据工具”组中单击“分列”按钮（如图19-2所示），打开“文本分列向导-第1步，共3步”对话框。

③ 单击选中“分隔符号”单选按钮，单击“下一步”按钮（如图19-3所示），打开“文本分列向导-第2步，共3步”对话框。

④ 选中“空格”复选框，单击“下一步”按钮（如图19-4所示），打开“文本分列向导-第3步，共3步”对话框。

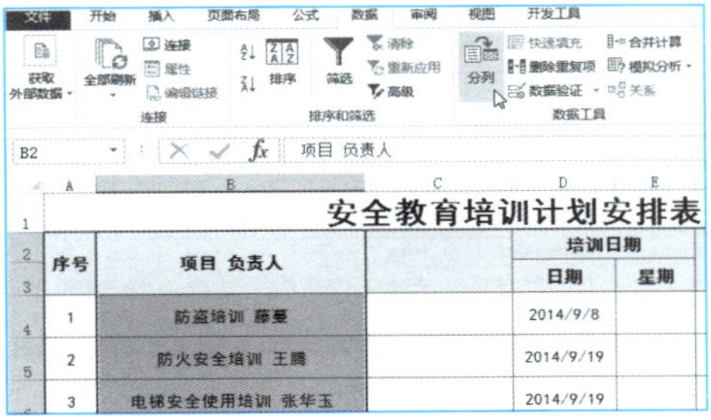

图19-2

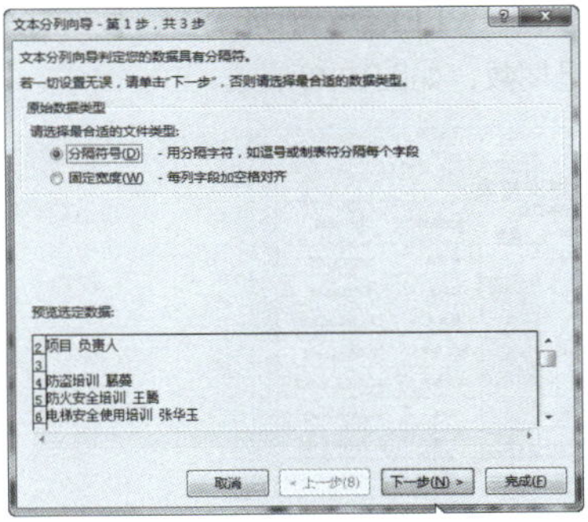

图19-3

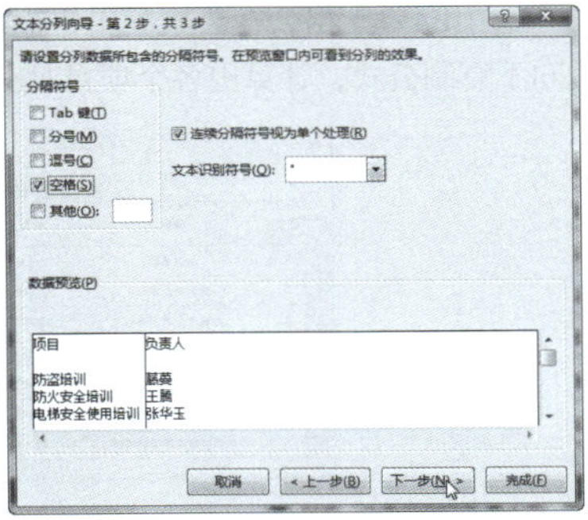

图19-4

5 单击选中"常规"单选按钮，如图19-5所示。

6 单击"完成"按钮，弹出"Microsoft Excel"对话框，询问是否替换目标单元格，如图19-6所示。

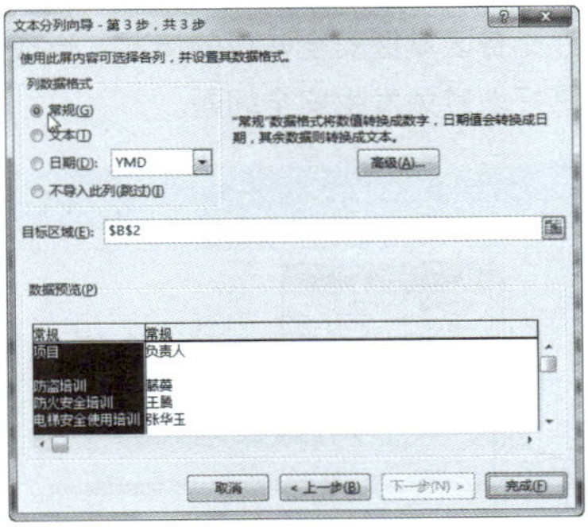

图19-5

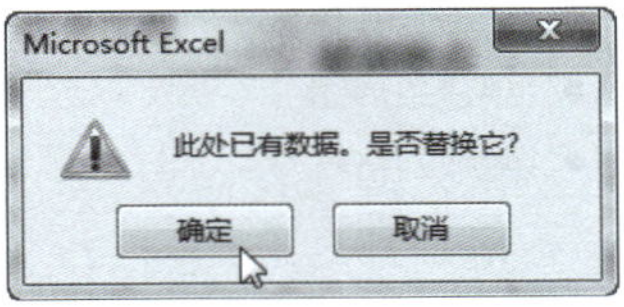

图19-6

7 单击"确定"按钮，此时B列的数据以"空格"为分隔符将其分为两列，并将空格后的文本复制到C列，如图19-7所示。

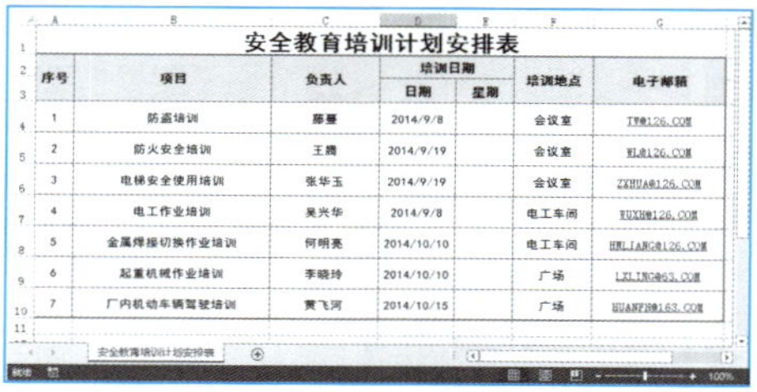

安全教育培训计划安排表

序号	项目	负责人	培训日期		培训地点	电子邮箱
			日期	星期		
1	防盗培训	滕蔓	2014/9/8		会议室	TW@126.COM
2	防火安全培训	王腾	2014/9/19		会议室	WL@126.COM
3	电梯安全使用培训	张华玉	2014/9/19		会议室	ZXHUA@126.COM
4	电工作业培训	吴兴华	2014/9/8		电工车间	WUXH@126.COM
5	金属焊接切换作业培训	何明亮	2014/10/10		电工车间	HMLIANG@126.COM
6	起重机械作业培训	李晓玲	2014/10/10		广场	LXLING@63.COM
7	厂内机动车辆驾驶培训	黄飞河	2014/10/15		广场	HUANFH@163.COM

图19-7

步骤2：计算出对应的星期数

选中E4单元格，在公式编辑栏输入公式“=WEEKDAY(D4,2)”，按Enter键后向下复制公式，计算出各个项目对应的星期数，如图19-8所示。

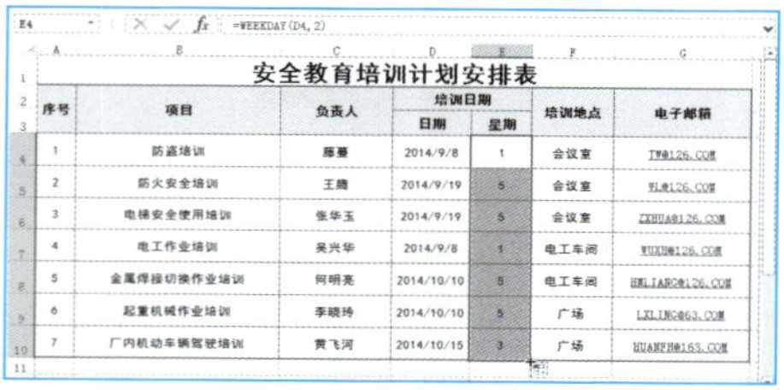

E4 =WEEKDAY(D4, 2)

安全教育培训计划安排表

序号	项目	负责人	培训日期		培训地点	电子邮箱
			日期	星期		
1	防盗培训	滕蔓	2014/9/8	1	会议室	TW@126.COM
2	防火安全培训	王腾	2014/9/19	5	会议室	WL@126.COM
3	电梯安全使用培训	张华玉	2014/9/19	5	会议室	ZXHUA@126.COM
4	电工作业培训	吴兴华	2014/9/8	1	电工车间	WUXH@126.COM
5	金属焊接切换作业培训	何明亮	2014/10/10	5	电工车间	HMLIANG@126.COM
6	起重机械作业培训	李晓玲	2014/10/10	5	广场	LXLING@63.COM
7	厂内机动车辆驾驶培训	黄飞河	2014/10/15	3	广场	HUANFH@163.COM

图19-8

文件236 员工安全知识考核成绩表

一般企业会定期对员工安全知识进行考核，通过考核成绩来判断员工掌握安全知识的情况。也可以通过考核成绩来评比各区掌握安全知识的情况，形成一种竞争形势，让员工彼此之间进行监督、更好地避免发生安全问题。

制作要点与设计效果图

- 分类合并计算
- 创建条形图
- 隐藏网格线

单位	平均成绩
安检A部	79.71
安检C部	81.92
安检B部	82.75
安检E部	85.40
安检D部	86.17

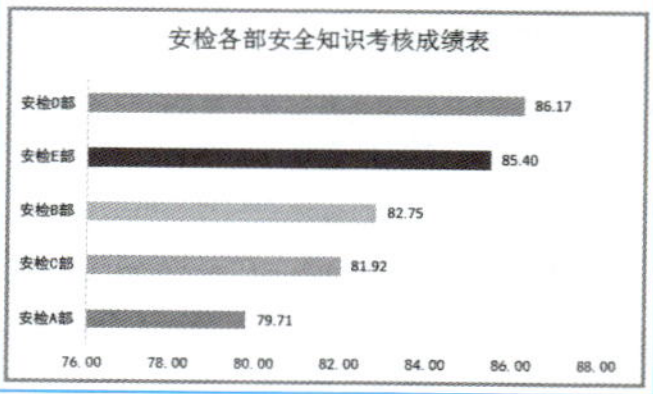

文件设计过程

步骤1：合并计算平均值

❶ 打开“员工安全知识考核成绩表”工作簿，选中H2:I7单元格区域，切换到“数据”选项卡，在“数据工具”组中单击“合并计算”按钮（如图19-9所示），打开“合并计算”对话框。

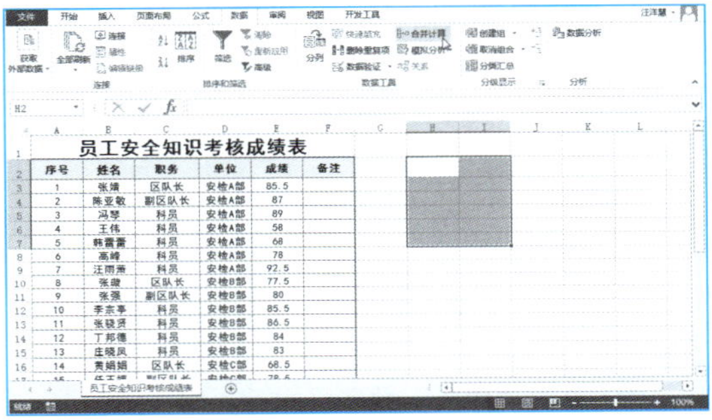

图19-9

❷ 在“函数”下拉列表中选择“平均值”（如图19-10所示）。将鼠标定位到“引用位置”文本框中，在工作表中拖动鼠标选中D2:E32单元格区域，单击“添加”按钮，如图19-11所示。

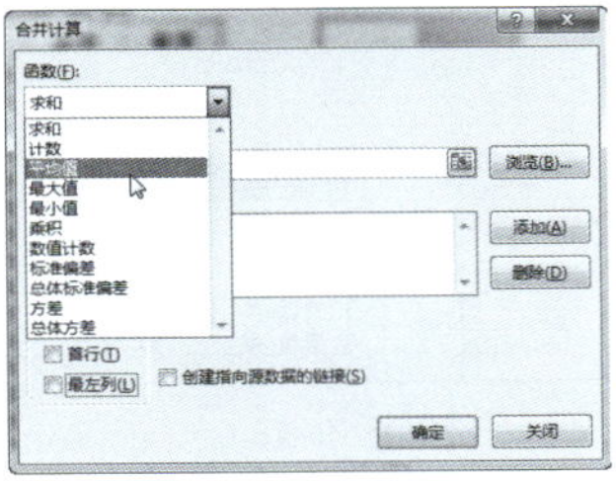

图19-10

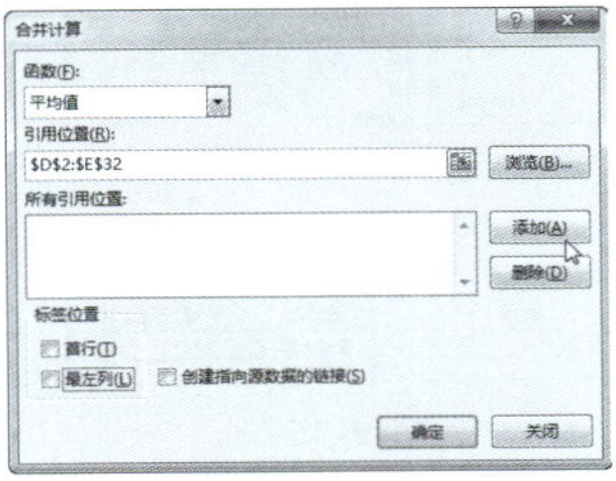

图19-11

❸ 将“引用位置”文本框中的单元格引用地址添加到“所有引用位置”列表框中，在“标签位置”区域选中“首行”和“最左列”复选框，如图19-12所示。

❹ 单击“确定”按钮，返回工作表中，在所选单元格中计算出各安检部门平均成绩，如图19-13所示。

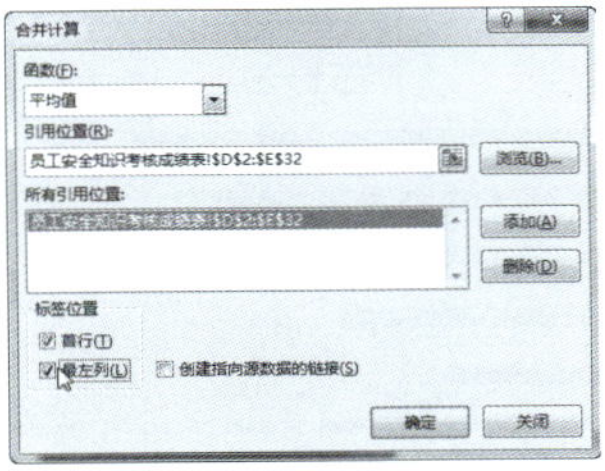

图19-12

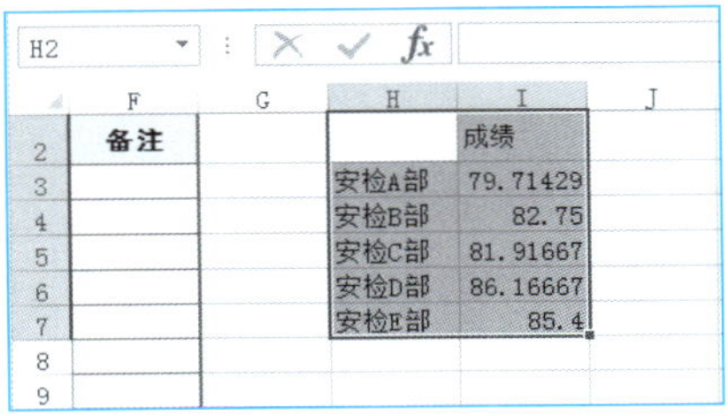

图19-13

步骤2：升序排序

1 为合并计算的单元格区域设置列标识，并设置单元格格式，选中I3单元格，选中I3:I7单元格区域，切换到“开始”选项卡，在“数字”选项组中单击“数字格式”下拉按钮，在下拉菜单中单击“数值”数字格式，如图19-14所示。

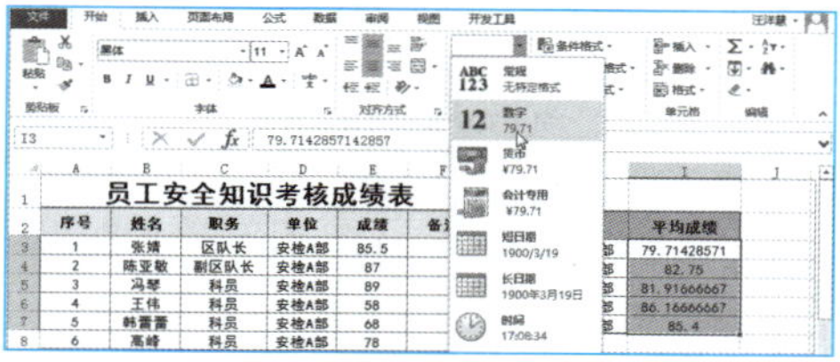

图19-14

2 单击“数值”数字格式后，即可四舍五入保留2位小数，选中I3单元格，切换到“数据”选项卡，在“排序和筛选”组中单击“升序”（升）按钮，如图19-15所示。

3 单击“升序”（升）按钮后，系统自动按照平均成绩高低重新排序，如图19-16所示。

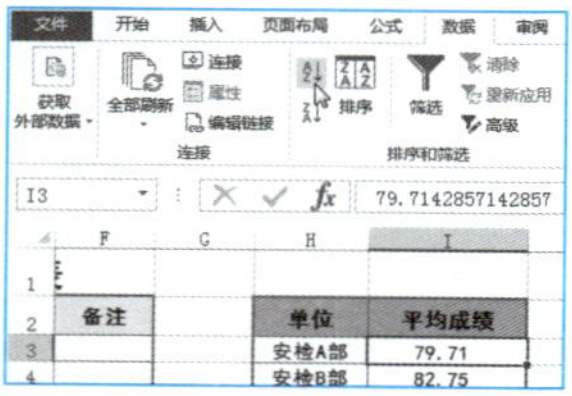

图19-15

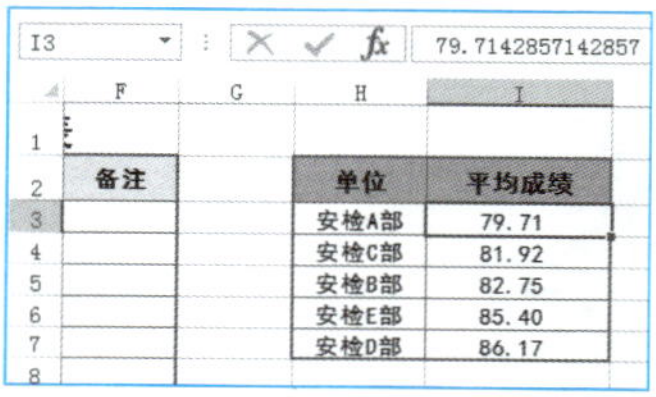

图19-16

步骤3：创建条形图

1 选中H2:I7单元格区域，单击“”（快速分析）按钮，在下拉菜单中单击“图表”标签，接着单击“簇状条形图”子图表类型，如图19-17所示。

2 单击“簇状条形图”子图表类型后，系统根据选中的数据源创建默认图表类型，如图19-18所示。

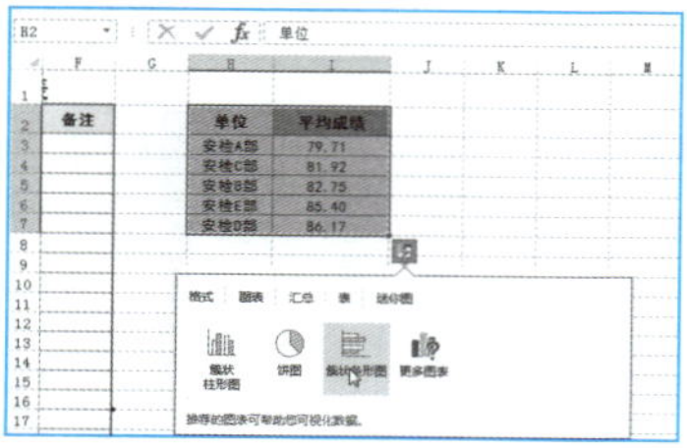

图19-17

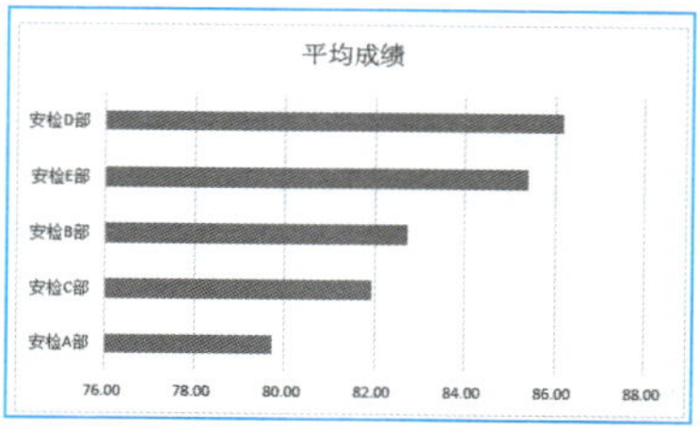

图19-18

步骤3：美化图表

❶ 选中图表，单击“+”（图表元素）按钮，在弹出的菜单选中取消选中“主要纵网格线”复选框，即可隐藏图表中的网格线，如图19-19所示。

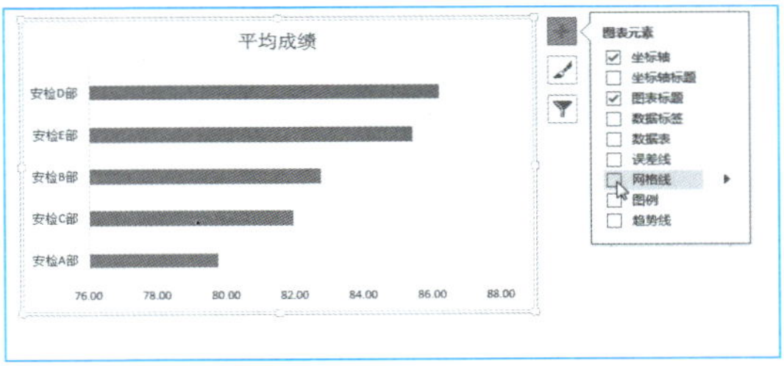

图19–19

❸ 选中图表，单击“+”（图表元素）按钮，在弹出的菜单选中取消单击“数据标签”后的“▸”按钮，在弹出的菜单中单击“数据标签外”命令，即可为图表添加数据标签，如图19-20所示。

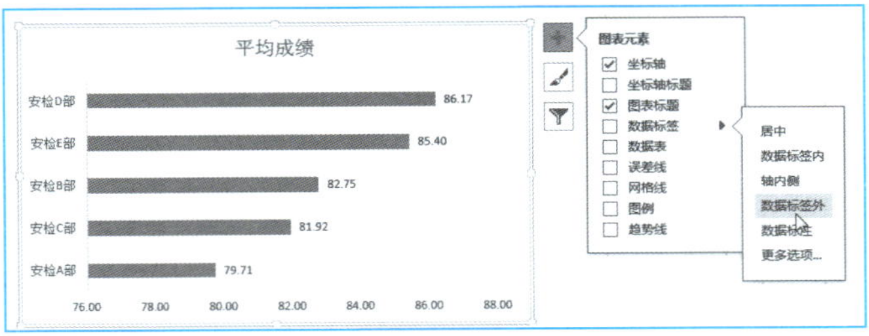

图19–20

❹ 切换到“图表工具-格式”选项卡，在“形状样式”组中为图表数据系统设置不同的填充颜色，将图表标题更改为“各部安全知识考核成绩表”，完成图表的操作，如图19-21所示。

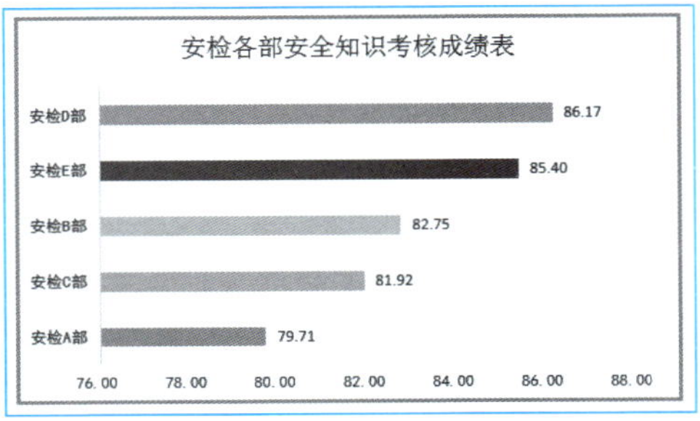

图19–21

文件237　安全管理实施计划表

安全管理实施计划表顾名思义就是用于填写安全管理实施安排计划的表格，它主要包括主题、实施内容、负责人、查核以及日常安全管理记录等内容。

制作要点与设计效果图

- 以天数填充日期
- CHOOSE函数
- WEEKDAY函数
- 自动调整列宽

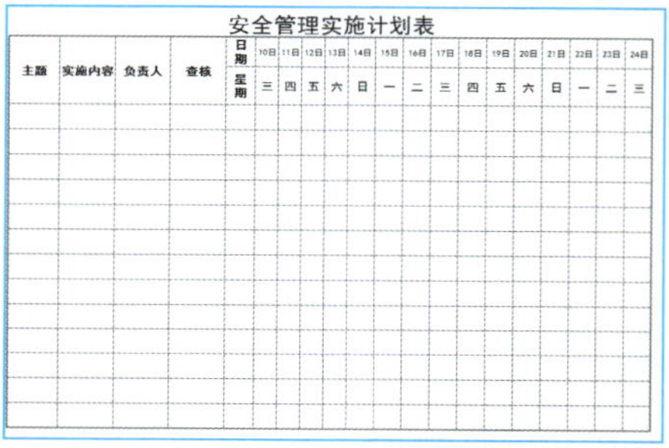

文件设计过程

步骤1：自定义数字格式

❶ 打开“安全管理实施计划表”工作簿，在F2单元格输入日期“2014/9/10”，选中F2单元格，拖动 F2单元格右下角的填充柄，向右填充到T3单元格，如图19-22所示。

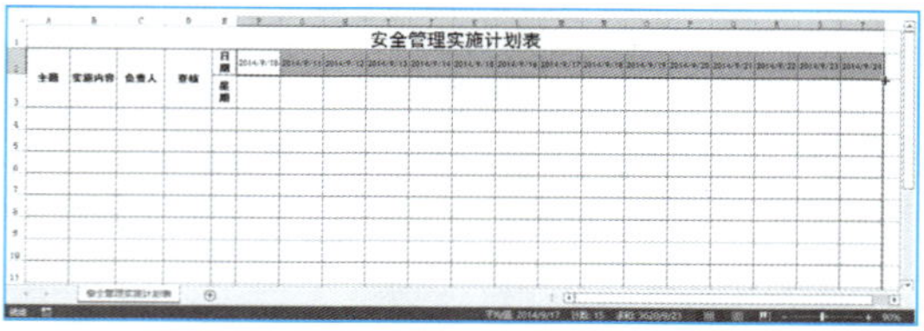

图19-22

❷ 切换到“开始”选项卡，在“数字”组中单击“ ”（设置单元格格式）按钮（如图19-23所示），打开“设置单元格格式”对话框。

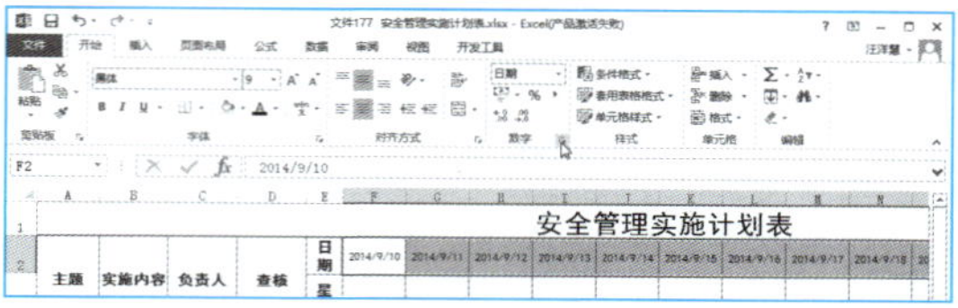

图19-23

❸ 在“分类”列表框中选择“自定义”，在“类型”文本框中输入“d”日” ”，如图19-24所示。

❹ 单击“确定”按钮，返回工作表中，此时所选单元格区域中的日期以“d”日” ”形式显示，如图19-25所示。

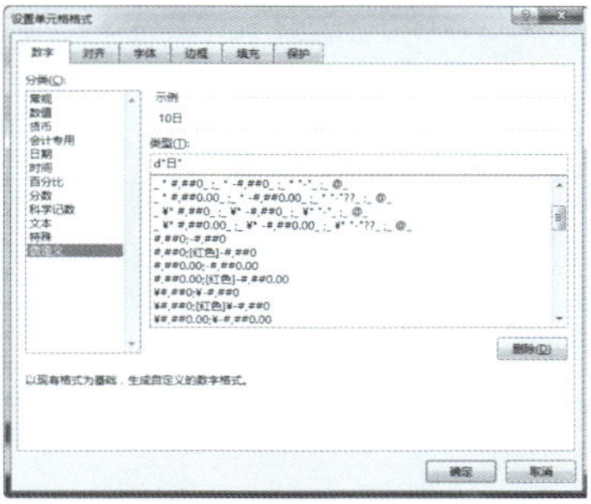

图19-24

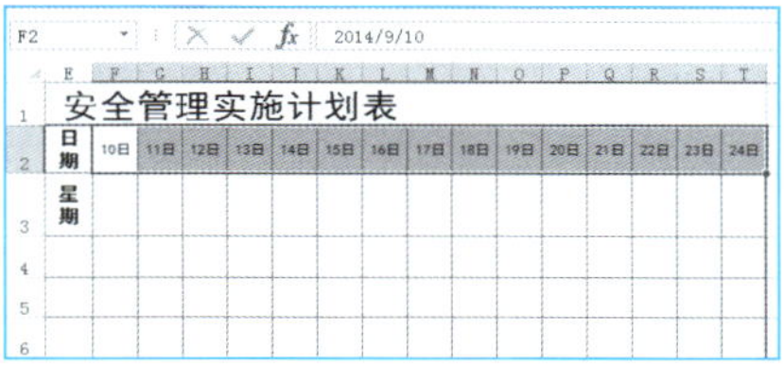

图19-25

步骤2：自动调整列宽

❶ 切换到“开始”选项卡，在“单元格”组中单击“格式”下拉按钮，在下拉菜单中单击“自动调整列宽”命令，如图19-26所示。

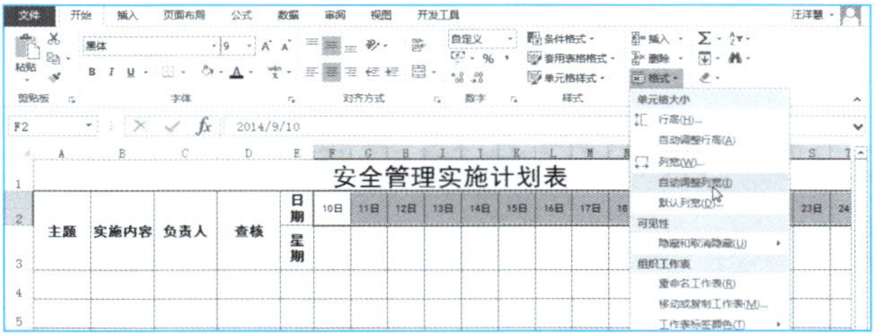

图19-26

❷ 单击“自动调整列宽”命令后，此时系统自动根据内容调整列宽，效果如图19-27所示。

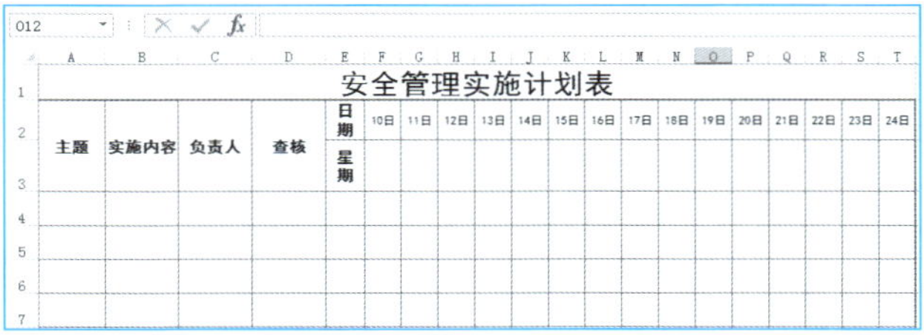

图19-27

步骤3：计算日期对应的星期数

❶ 选中F3单元格，在公式编辑栏中输入公式“=CHOOSE(WEEKDAY(F2,2),"一","二","三","四","五","六","日")”，按Enter键计算出10日对应的星期，如图19-28所示。

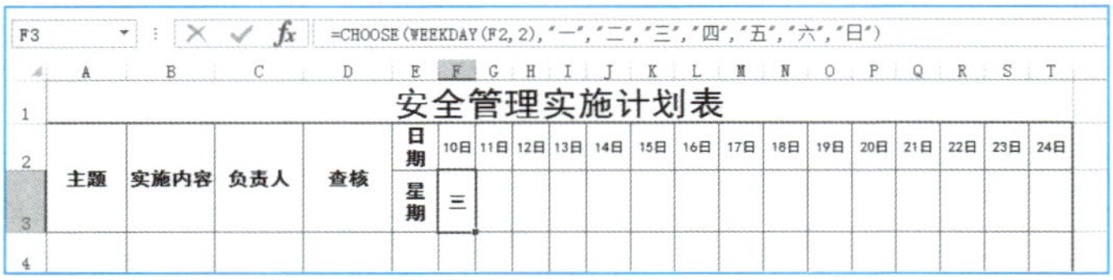

图19–28

❷ 选中F3单元格，拖动填充柄向右复制公式，即可计算出各个日期对应的星期数，如图19-29所示。

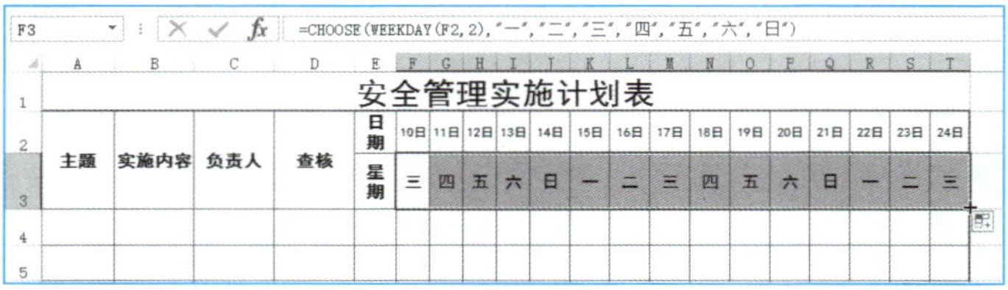

图19–29

文件238　用电安全检查表

用电安全检查表是用于记录企业生产设备或企业内部电路检查的表格，在其中列举了重要的检查项目、检查结果，以及检查员提出的改善意见等信息。

制作要点与设计效果图

- 检查文档
- 检查辅助功能
- 查看辅助功能信息
- 标记为最终状态

用电安全检查表

项次	检查项目	良好	不良	缺点事实	改善事项
1	电器设备及马达外壳是否接地				
2	电器设备是否有淋水或淋化学液				
3	电器设备配管配线是否破损				
4	电器设备配管及马达是否超载使用				
5	高压马达短路环、电器是否良好				
6	配电箱处是否堆积材料、工具或其他杂物				
7	导体露出部分是否容易接近、是否挂“危险”标示牌				
8	D. S及Bus Bar是否因接触不良而发红				
9	配电盘外壳及P. T. C. T二次线路是否接地				
10	转动部分是否有覆罩				
11	变电室灭火器是否良好				
12	临时线路的配置是否完全				
13	高压线路的绝缘支持物是否不洁或有脱落现象				
14	中间接线盒是否有积棉或其他物品				
15	现场配电盘是否确实关妥				
16	电器开关的保险丝是否符合规定				
17	避雷针是否有效				

部门主管：张宇

备注：本表由安全部门填写一式两份，一份送机电部门，一份存安全卫生部备查。

文件设计过程

步骤1：检查文档

❶ 打开“用电安全检查表”工作簿，单击“文件”标签（如图19-30所示），在左侧窗格单击“信息”，在右侧窗格单击“检查问题”下拉按钮，在下拉菜单中单击“检查文档”命令，如图19-31所示。

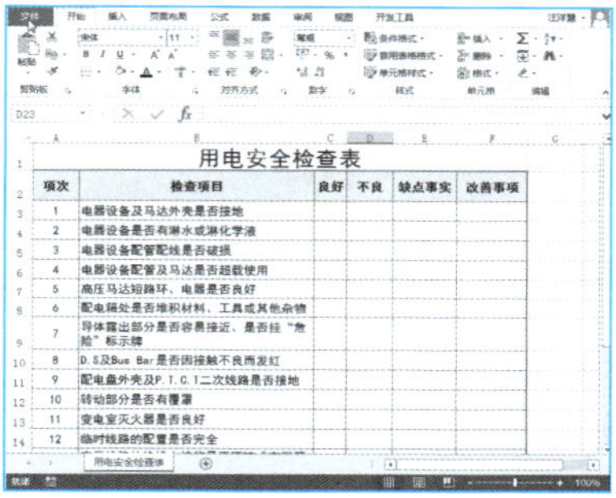

图19-30

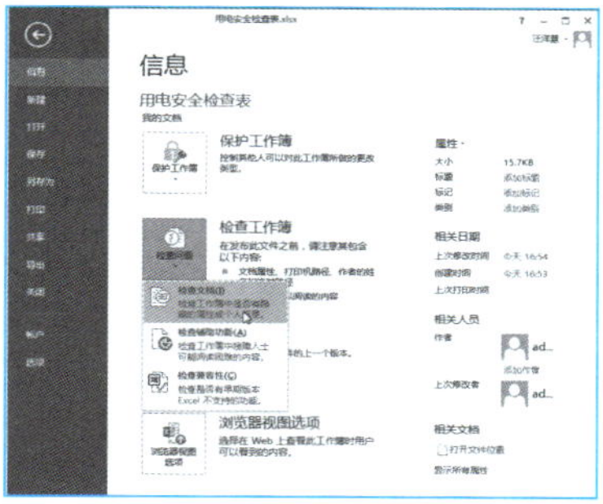

图19-31

❷ 弹出“Microsoft Excel”对话框，提示在检查之前确定保存了更改，单击“是”按钮（如图19-32所示），打开“文档检查器”对话框。

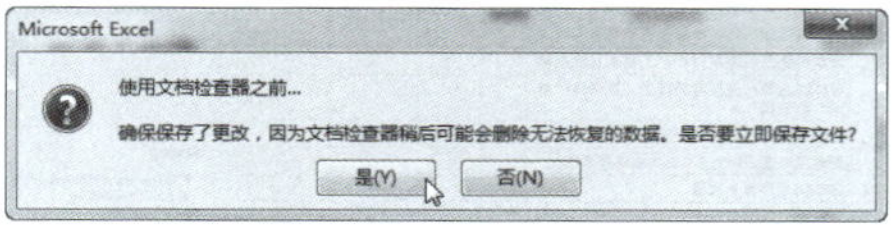

图19-32

❸ 依次选中要检查的复选框，单击“检查”按钮（如图19-33所示），检查结束后，在“审阅检查结果”区域单击“全部删除”按钮，删除文档的属性和个人信息，如图19-34所示。

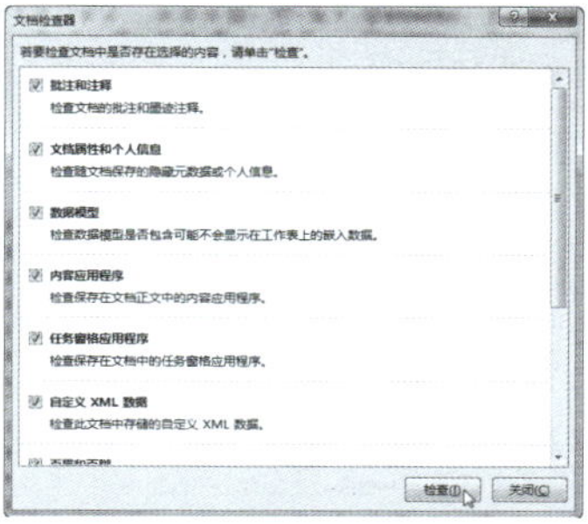

图19-33

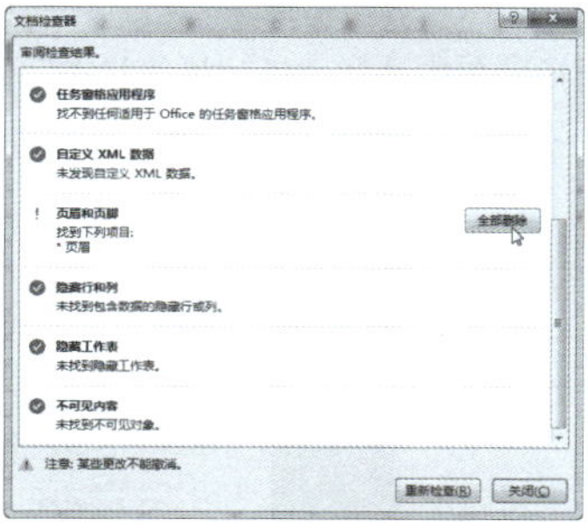

图19-34

步骤2：检查辅助功能

❶ 在左侧窗格单击“信息”，在右侧窗格单击“检查文档”下拉按钮，在下拉菜单中选择“检查辅助功能”命令，如图19-35所示。

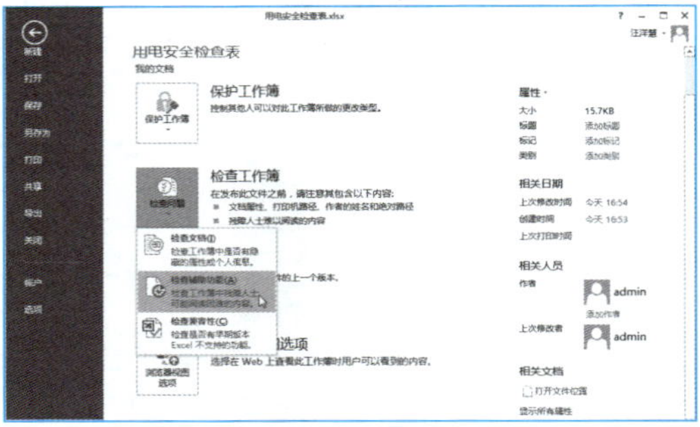

图19-35

❷ 返回工作表中，在“辅助器功能检查器”任务窗格中显示了检查结果，单击问题选项，即可在下方显示相应的附加信息，如图19-36所示。

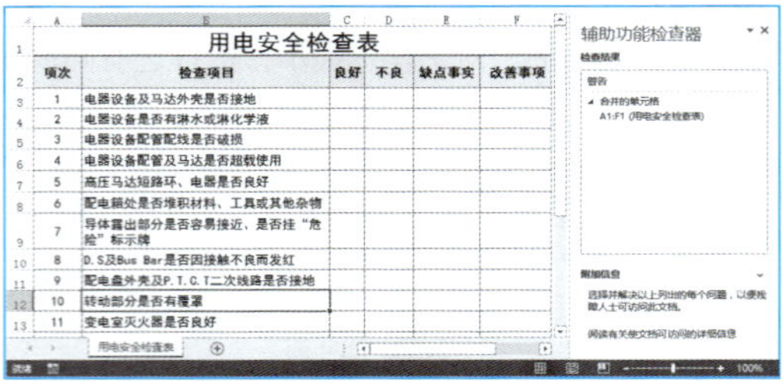

图19-36

步骤3：将工作簿标记为最终状态

❶ 在左侧窗格单击“信息”，在右侧窗格单击“保护工作簿”下拉按钮，在下拉菜单中选择“标记最终状态”命令，如图19-37所示。

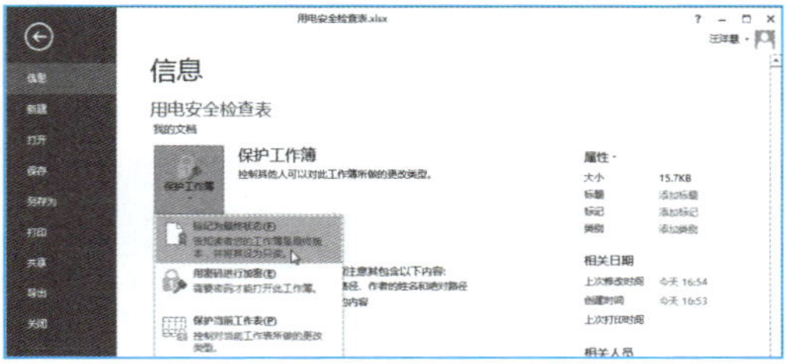

图19-37

❷ 弹出“Microsoft Excel”对话框，进行提示，单击“确定”按钮，如图19-38所示。

❸ 弹出“Microsoft Excel”对话框，提示此文档已经被标记为最终状态，表示已完成编辑，如图19-39所示。

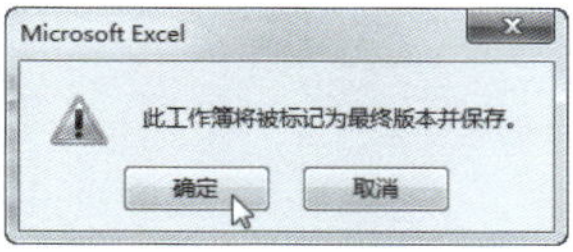

图19-38

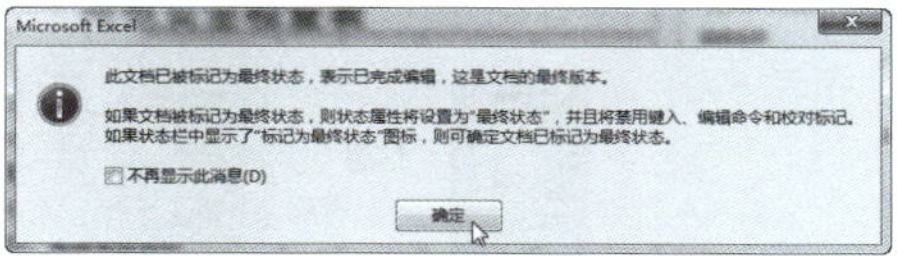

图19-39

❹ 单击“确定”按钮，返回工作表中，即可看到选项卡中的菜单显示为灰色，在选项卡下即可看到标记的提示栏，且文档已经保存为最终版本，如图19-40所示。

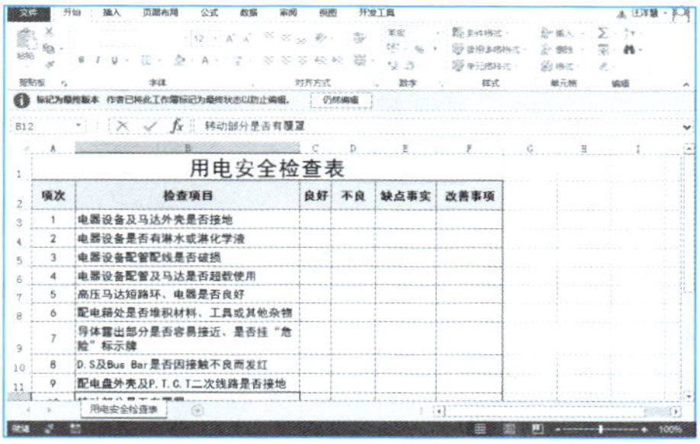

图19-40

文件239　安全日报表

安全日报表是用于记录每日安全情况的报表，其中记录了每日的工作安全情况，例如无意外事故的工作人员、工作时间，有意外事故的工作场所、事故发生人、事故发生原因及相应的处理情况等信息。

制作要点与设计效果图

- 设置密码保护文档
- 创建数字证书
- 添加数字证书

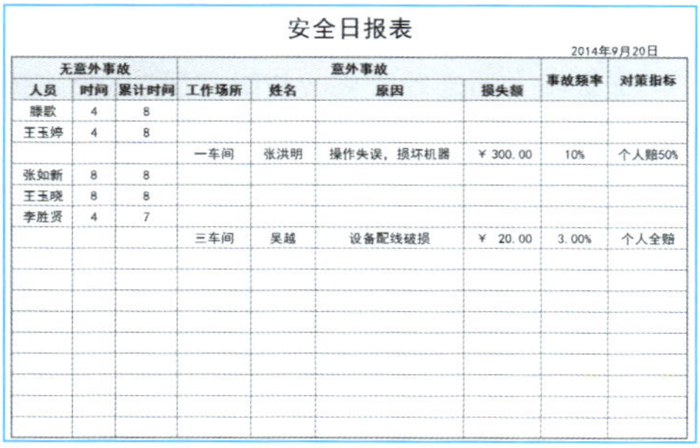

安全日报表

2014年9月20日

无意外事故			意外事故				事故频率	对策指标
人员	时间	累计时间	工作场所	姓名	原因	损失额		
滕欧	4	8						
王玉婷	4	8						
			一车间	张洪明	操作失误，损坏机器	¥ 300.00	10%	个人赔50%
张如新	8	8						
王玉晓	8	8						
李胜贤	4	7						
			三车间	吴越	设备配线破损	¥ 20.00	3.00%	个人全赔

文件设计过程

步骤1：保护工作簿

❶ 打开“安全日报表”工作簿，单击“文件”标签，在左侧窗格单击“另存为”（如图19-41所示），打开“另存为”对话框。

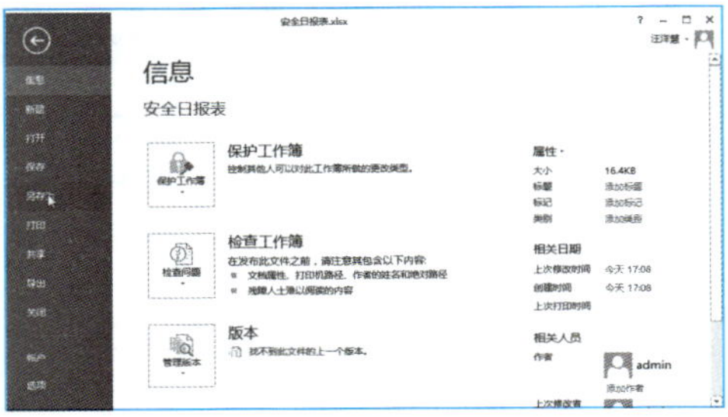

图19-41

❷ 单击“工具”右侧下拉按钮，在下拉菜单中选择“常规选项”命令（如图19-42所示），打开“常规选项”对话框。

❸ 分别在“打开权限密码”和“修改权限密码”文本框中输入“1234”、“4321”，单击“确定”按钮（如图19-43所示），打开“确定密码”对话框。

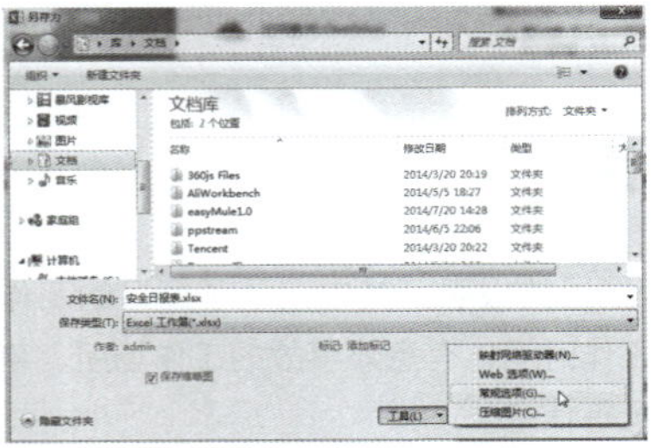

图19-42

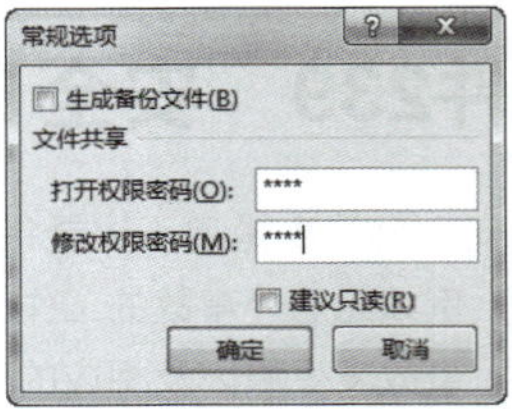

图19-43

❹ 在“重新输入密码”文本框中再次输入“1234”，单击“确定”按钮（如图19-44所示），打开“确认密码”对话框。

❺ 在“重新输入修改权限密码”文本框中再次输入“4321”，如图19-45所示。

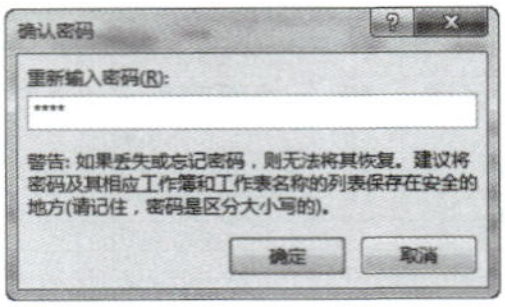

图19-44

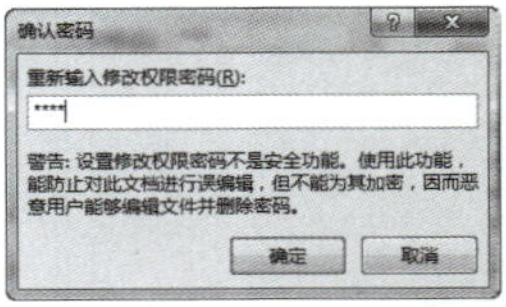

图19-45

6 单击“确定”按钮，返回另存为对话框，单击“保存”按钮，当关闭工作簿后，再次打开时系统先弹出“密码”对话框，提示有密码保护，如图19-46所示。

7 在“密码”文本框中输入正确密码后，提示需要输入修改密码，否则以“只读”方式显示，如图19-47所示。

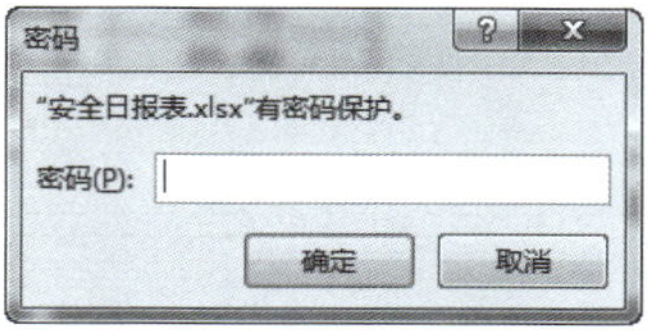

图19-46

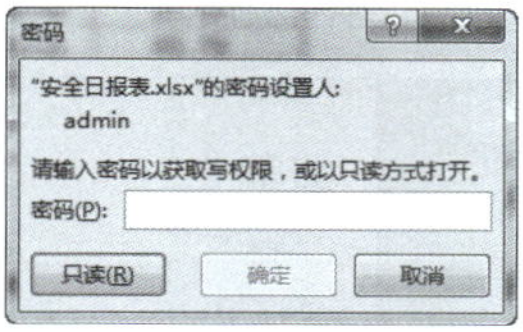

图19-47

步骤2：打印文件

1 切换到“页面布局”选项卡，在“页面设置”选项组单击“⌟”（页面设置）按钮（如图19-48所示），打开“页面设置”对话框。

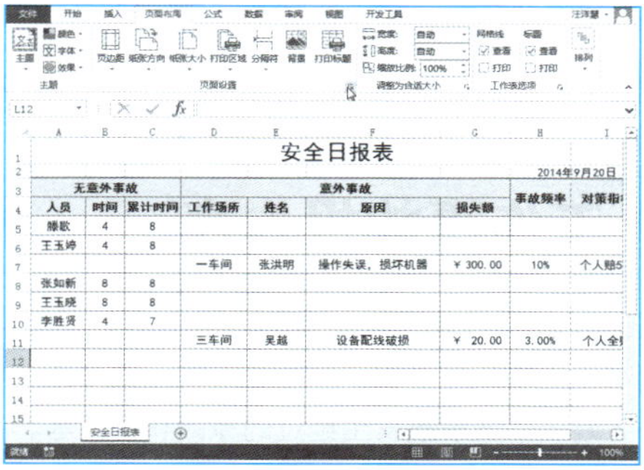

图19-48

2 单击“页面”标签，在“方向”区域单击“横向”单选项，如图19-49所示。

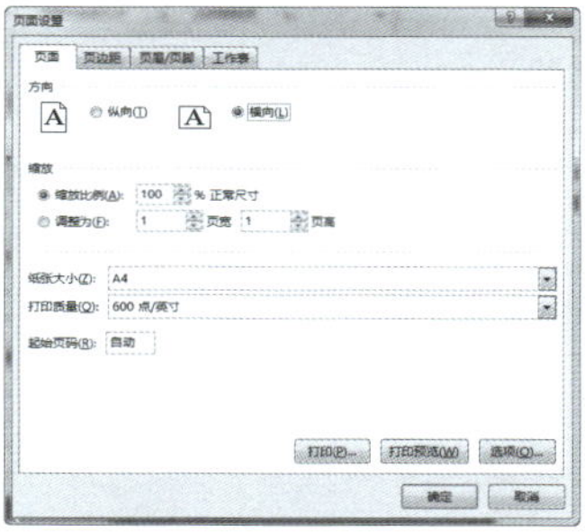

图19-49

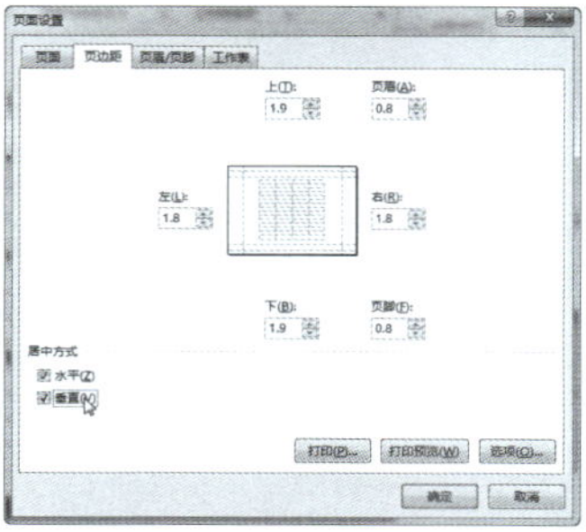

图19-50

3 单击“页边距”标签，在“居中方式”区域选中“水平”和“垂直”复选框，如图19-50所示。

4 单击“打印预览”按钮，进入“打印”界面，在“打印预览”区域可以预览打印情况，在“分数”文本框中输入要打印的分数，单击“打印”按钮即可进行打印，如图19-51所示。

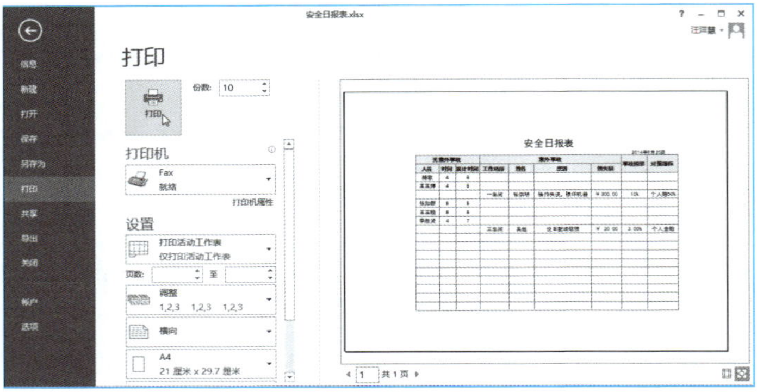

图19-51

文件240 工伤事故报告表

当员工在工作时间和工作场所内，因为工作原因和受到事故伤害时，该部门主管需要及时填写一份事故报告表，向企业报告此次事故发生的时间、地点、受伤害人数、受伤者姓名以及事故发生经过的原因和情况等。

制作要点与设计效果图

- 检查文档
- 全部删除个人信息
- 以全屏方式显示工作簿

工伤事故报告表

报告人姓名		性别		联系电话	
用人单位					
事故发生时间		发生地点		受伤害人数	
受伤害者姓名	1、	2、	3、	4、	5、
报告时间		报告形式		受理人	
事故发生经过和原因					
备　注					

文件241　工伤报告单

工伤报告单是一份记录受伤员工基本信息、发生时间和发生原因、职工受伤部位、需要的休假时间、工伤鉴定级别以及公司应负担的医疗费用等信息的表格。

制作要点与设计效果图

- 启用分页预览视图
- 调整分页符的位置
- 保存为PDF文件

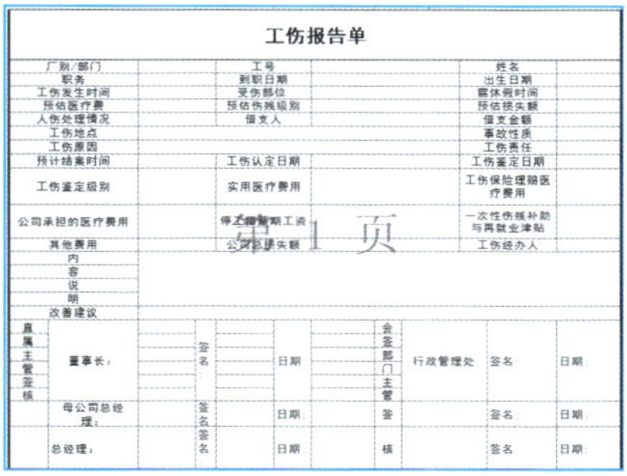

工伤报告单

厂别/部门		工号		姓名	
职务		到职日期		出生日期	
工伤发生时间		受伤部位		需休假时间	
预估医疗费		预估伤残级别		预估损失额	
人伤处理情况		借支人		借支金额	
工伤地点				事故性质	
工伤原因				工伤责任	
预计结案时间		工伤认定日期		工伤鉴定日期	
工伤鉴定级别		实用医疗费用		工伤保险理赔医疗费用	
公司承担的医疗费用		停工留薪期工资		一次性伤残补助与再就业津贴	
其他费用		公司总损失额		工伤经办人	
内容说明					
改善建议					

直属主管签核	董事长：		签名		日期	会签部门主管	行政管理处	签名	日期
	母公司总经理：		签名		日期	签		签名	日期
	总经理：		签名		日期	核		签名	日期

第1页

文件242　事故调查报告

企业接到部门人员上交的事故调查报告，会组织人员对此次事故发生的原因、受伤人员情况进行调查，然后将调查结果制作成事故调查报告表交到组织部，以评审此次事故企业应付的责任。

制作要点与设计效果图

- 导入文本文件
- 插入列
- 设置字体格式
- 隐藏网格线

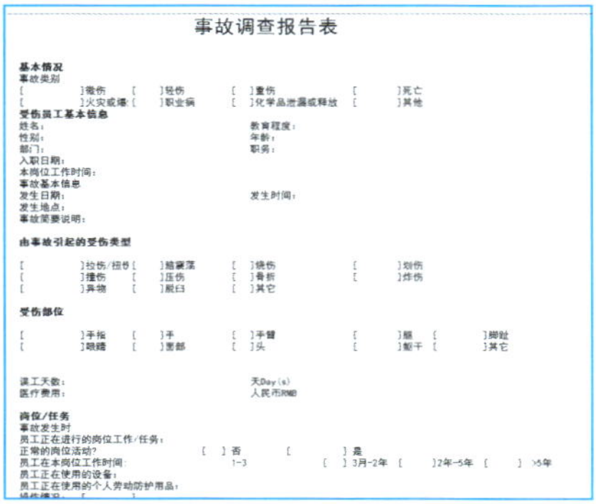

事故调查报告表

基本情况
事故类别
[ ]微伤 [ ]轻伤 [ ]重伤 [ ]死亡
[ ]火灾或爆 [ ]职业病 [ ]化学品泄漏或释放 [ ]其他
受伤员工基本信息
姓名：　教育程度：
性别：　年龄：
部门：　职务：
入职日期：
本岗位工作时间：
事故基本信息
发生日期：　发生时间：
发生地点：
事故简要说明：

由事故引起的受伤类型
[ ]拉伤/扭伤 [ ]踏空跌落 [ ]烧伤 [ ]划伤
[ ]撞伤 [ ]压伤 [ ]骨折 [ ]炸伤
[ ]异物 [ ]脱臼 [ ]其它

受伤部位
[ ]手指 [ ]手 [ ]手臂 [ ]腿 [ ]脚趾
[ ]眼睛 [ ]面部 [ ]头 [ ]躯干 [ ]其它

误工天数：　天Day(s)
医疗费用：　人民币RMB

岗位/任务
事故发生时
员工正在进行的岗位工作/任务：
正常的岗位活动？　[ ]否 [ ]是
员工在本岗位工作时间：　1-3 [ ]3月-2年 [ ]2年-5年 [ ] >5年
员工正在使用的设备：
员工正在使用的个人劳动防护用品：

文件243　赔偿处理调查报告书

企业在对受伤职工赔偿后，还需组织人员对赔偿的内容、对策、处理情况进行调查，然后将调查结果制作成赔偿处理调查报告书，以反馈给上级领导作为最终审核及存档。

制作要点与设计效果图

- 保护共享工作簿
- 突出显示修订
- 拒绝或接受修订

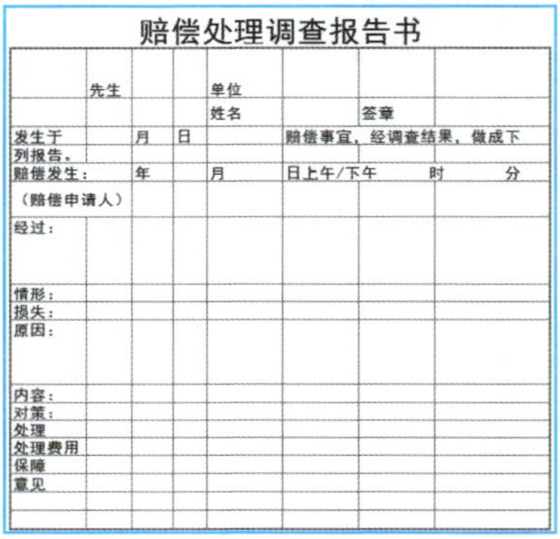

赔偿处理调查报告书

	先生			单位			
				姓名		签章	
发生于		月	日		赔偿事宜，经调查结果，做成下		
列报告。							
赔偿发生：		年		月	日上午/下午	时	分
（赔偿申请人）							
经过：							
情形：							
损失：							
原因：							
内容：							
对策：							
处理							
处理费用							
保障							
意见							

文件244　安全隐患整改通知单

安检人员在检查过程中发现安全问题时，会及时给相应部门发放安全隐患整改通知单，指明发现问题的部门、发现的安全问题以及相应的整改意见等。该部门在接到整改通知单后，应按照要求进行整改并将整改结果返回给安全部门。

制作要点与设计效果图

- 设置允许编辑区域
- 设置修改权限密码
- 保护工作簿

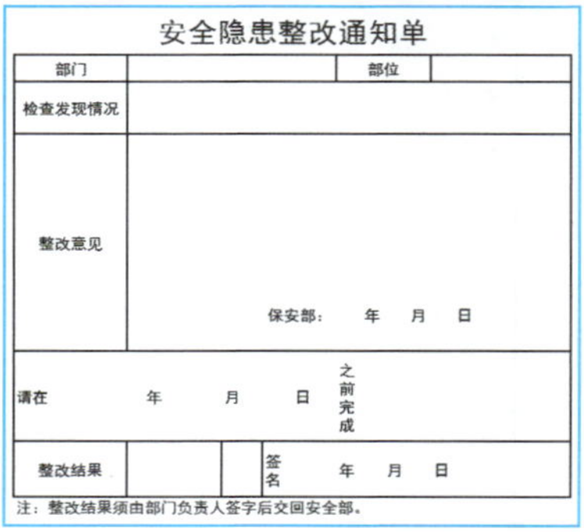

安全隐患整改通知单

部门		部位	
检查发现情况			
整改意见	保安部：　年　月　日		
请在　年　月　日　之前完成			
整改结果			签名　年　月　日

注：整改结果须由部门负责人签字后交回安全部。

文件245　员工安全管理合理化建议表

企业安全问题，人人有责，企业员工作为企业生产的直接参与者，最直接地接触企业的机械设备和企业环境，所有人力资源部门可以制作员工安全管理合理化建议表，调查员工对企业安全管理的意见。

制作要点与设计效果图

- 将所有列缩放至一行
- 设置允许编辑区域

员工安全管理合理化建议表

填表日期：　　年　　月　　日

合理化建议名称：建立安全激励方案	
建议人姓名：谭宗平	部门：财务处
合理化建议内容（含改进方案）：	
一直以来公司十分重视安全生产，目前公司的各项安全检查、安全培训、安全教育等也比较多，但是作为一名公司的普通员工，我觉得公司安全管理不仅仅只在公司层面上予以重视，安全工作的重点是"抓工段安全、班组安全、个人安全"，公司对安全工作的重视态度已经灌输到每个人心中，后期主要是在于执行，让公司的安全生产方针落到实处，可以采用激励措施，提高广大员工的积极性。要对每月未发生安全事故的工段、班组予以奖励，对发生安全事故的工段、班组予以考核，确保公司安全生产理念落到实处。	
合理化建议评审会意见：	
签字：	年　月　日
备注：	

文件246　员工食堂食品安全检查表

许多企业为员工设置了食堂，食品安全问题关系到员工的身体健康，所以企业需要定期对食堂安全进行检查，并填写员工食堂食品安全检查表，它主要包括对食品生产过程、餐饮具、个人卫生、采购和原料等进行检查。

制作要点与设计效果图

- 将所有列调整为一行
- 手动调整页边距

员工食堂食品安全检查表

受检食堂：　　　　检查人：　　　　日期：

序号	检查项目	主要内容	标准分数	检查得分	扣分原因
1	基础管理	建立健全卫生管理制度	2		
		有《餐饮服务许可证》，并悬挂醒目处	3		
		设有专兼职工作人员负责食堂管理	1		
		工作人员健康证有效，备案后方可上岗	3		
2	食品生产经营过程	加工用设施、设备工具清洁	2		
		盛放原料、半成品、成品用具清洁干净，不用时加盖保存，	1		
		食品原料、半成品、成品存放不存在交叉污染	2		
		食品或盛有食品的容器无着地放置	2		
		专人在操作间内进行熟食、冷食加工	2		
		操作用具、容器专用，使用前经有效消毒，并做好记录	3		
		操作间定时进行空气消毒，并做好记录	3		
		蔬菜、水果、原料未经清洗不进入操作间	3		
3	餐饮具直接入口食品容器	餐饮具清洗、消毒，按一洗、二刷、三冲、四消毒、五保洁程序进行	5		
		建立餐饮具消毒登记本、记录规范	3		
		餐具保洁柜定期清洗，并有书面记录	2		
		清洗消毒水池与其他用途水池分开	2		
		消毒后餐具贮存在专用保洁柜内	2		

读书笔记

Excel

第20章

员工健康管理表格

为提高企业的生产力并促进其可持续发展，员工的健康管理是一个不可缺少的内容。因为健康的员工才能给企业带来活力和动力，才能够保证企业正常的生产活动。

在日常工作中，常用的员工健康管理表格有健康档案登记表、健康体检流程图、员工健康体检表、员工健康状况一览表、企业员工健康检查汇总表、员工健康水平分布图等等。

编号	文件名称	对应的数据源	重要星级
文件247	健康档案登记表	第20章\文件247 健康档案登记表.xlsx	★★★★★
文件248	健康体检流程图	第20章\文件248 健康体检流程图.xlsx	★★★★
文件249	员工健康体检表	第20章\文件249 员工健康体检表.xlsx	★★★★★
文件250	员工健康状况一览表	第20章\文件250 员工健康状况一览表.xlsx	★★★★
文件251	员工健康与工作环境关系图	第20章\文件251 员工健康与工作环境关系图.xlsx	★★★★
文件252	员工心理健康档案卡	第20章\文件252 员工心理健康档案卡.xlsx	★★★
文件253	员工健康水平分布图	第20章\文件253 员工健康水平分布图.xlsx	★★★
文件254	企业员工健康检查汇总表	第20章\文件254 企业员工健康检查汇总表.xlsx	★★★
文件255	员工健康与个人习惯关系图	第20章\文件255 员工健康与个人习惯关系图.xlsx	★★★
文件256	员工健康与晨运关系图	第20章\文件256 员工健康与晨运关系图.xlsx	★★★
文件257	入职体检表	第20章\文件257 入职体检表.xlsx	★★★

文件247　健康档案登记表

健康档案登记表是用于登记企业员工身体健康的一个表格，主要包括被登记人的姓名、性别、年卡、健康证编号、检查日期和检查结果等。

制作要点与设计效果图

- 突出显示不等于某值的单元格
- 选择性粘贴单元格格式
- 分页预览视图
- 自定义视图

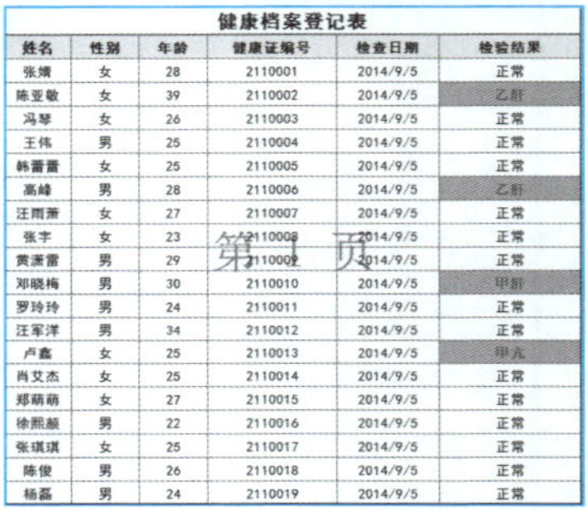
健康档案登记表

姓名	性别	年龄	健康证编号	检查日期	检验结果
张婧	女	28	2110001	2014/9/5	正常
陈亚敏	女	39	2110002	2014/9/5	乙肝
冯琴	女	26	2110003	2014/9/5	正常
王伟	男	25	2110004	2014/9/5	正常
韩蕾蕾	女	25	2110005	2014/9/5	正常
高峰	男	28	2110006	2014/9/5	乙肝
汪雨萧	女	27	2110007	2014/9/5	正常
张宇	女	23	2110008	2014/9/5	正常
黄潇雷	男	29	2110009	2014/9/5	正常
邓晓梅	男	30	2110010	2014/9/5	甲肝
罗玲玲	男	24	2110011	2014/9/5	正常
汪军洋	男	34	2110012	2014/9/5	正常
卢鑫	女	25	2110013	2014/9/5	甲亢
肖艾杰	女	25	2110014	2014/9/5	正常
郑萌萌	女	27	2110015	2014/9/5	正常
徐熙颜	男	22	2110016	2014/9/5	正常
张琪琪	女	25	2110017	2014/9/5	正常
陈俊	男	26	2110018	2014/9/5	正常
杨磊	男	24	2110019	2014/9/5	正常

文件设计过程

步骤1：设置条件格式

❶ 打开“健康档案登记表”工作簿，选中F3:F21单元格区域，切换到“开始”选项卡，在“样式”组中单击“条件格式”下拉按钮（如图20-1所示），在下拉菜单中单击“突出显示单元格规则”命令，在子菜单中单击“其他规则”命令（如图20-2所示），打开“新建格式规则”对话框。

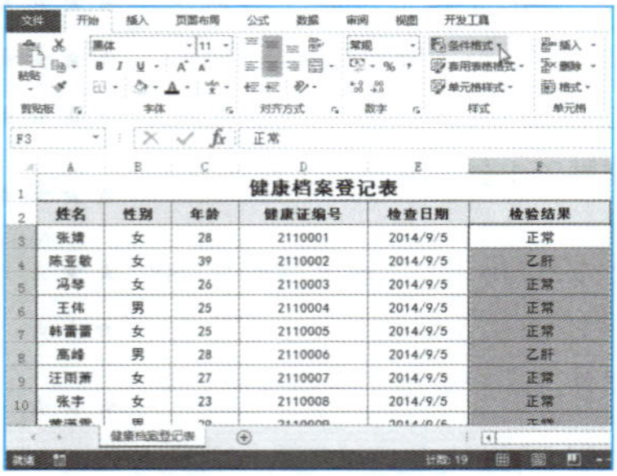

图20-1

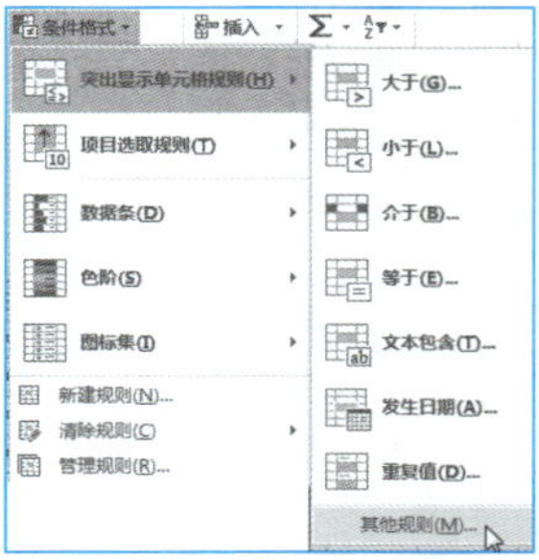

图20-2

❷ 在“选择规则类型”列表框中单击“只为包含以下内容的单元格设置格式”，单击“大于”下拉按钮，在下拉菜单中选择“不等于”，接着在文本框中输入“正常”，单击“格式”按钮（如图20-3所示），打开“设置单元格格式”对话框。

3 单击“字体”标签，在“字形”列表框中单击“加粗”，单击“颜色”下拉按钮，在下拉菜单中单击“红色”，如图20-4所示。

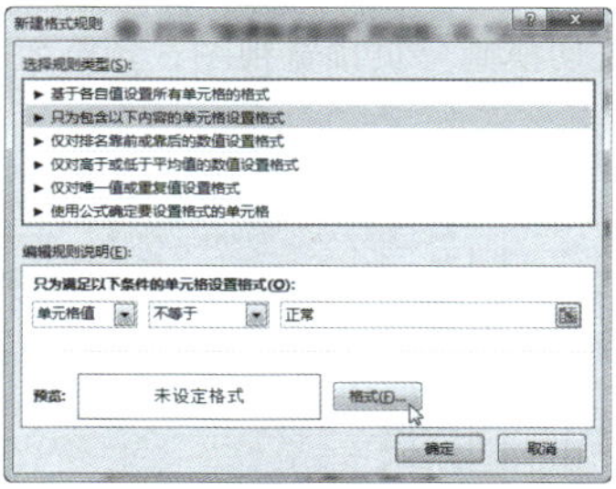

图20-3

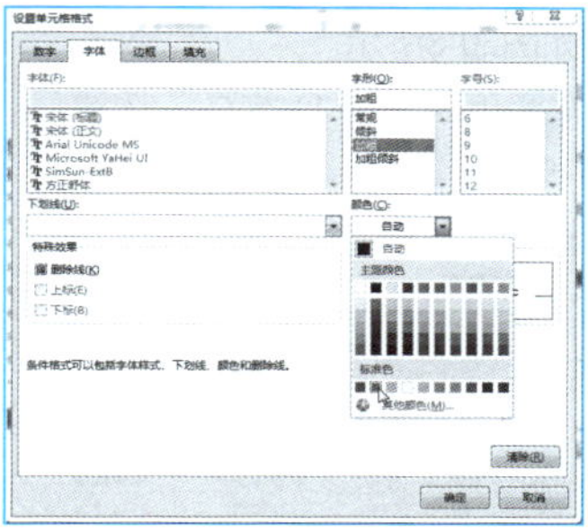

图20-4

4 单击“填充”标签，在“背景色”区域单击“浅绿”填充颜色，如图20-5所示。

5 单击“确定”按钮，返回 “新建格式规则”对话框，在“预览”区域显示设置的格式，如图20-6所示。

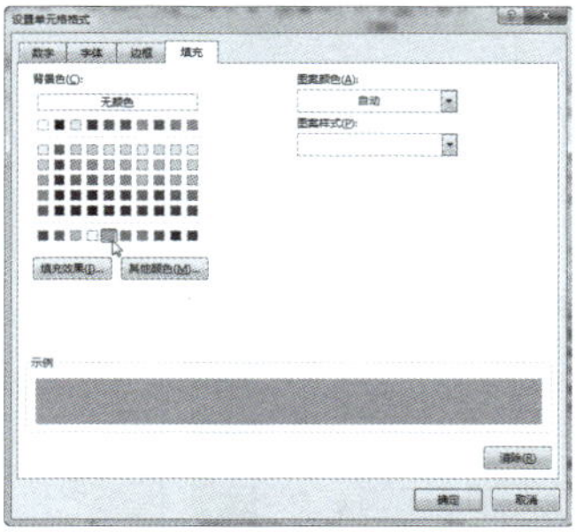

图20-5

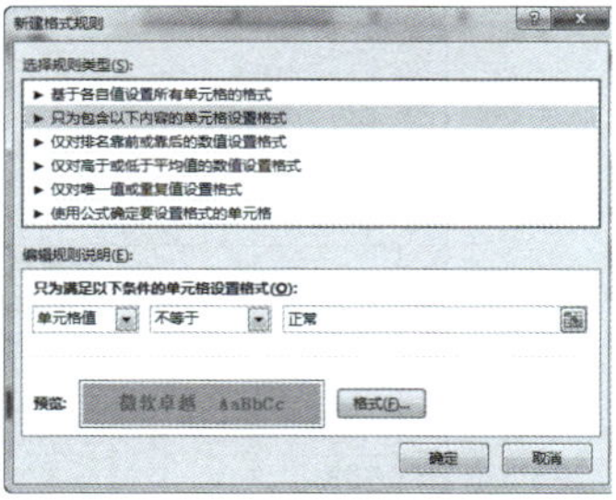

图20-6

6 单击“确定”按钮，返回工作表中，选中单元格区域满足条件的单元格以设定的形式显示出来，效果如图20-7所示。

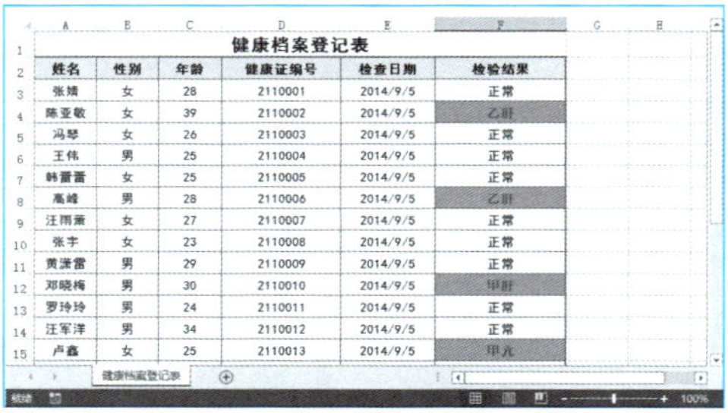

健康档案登记表

姓名	性别	年龄	健康证编号	检查日期	检验结果
张婧	女	28	2110001	2014/9/5	正常
陈亚敏	女	39	2110002	2014/9/5	乙肝
冯琴	女	26	2110003	2014/9/5	正常
王伟	男	25	2110004	2014/9/5	正常
韩蕾蕾	女	25	2110005	2014/9/5	正常
高峰	男	28	2110006	2014/9/5	乙肝
汪雨萧	女	27	2110007	2014/9/5	正常
张宇	女	23	2110008	2014/9/5	正常
黄潇雷	男	29	2110009	2014/9/5	正常
郑晓梅	男	30	2110010	2014/9/5	甲肝
罗玲玲	男	24	2110011	2014/9/5	正常
汪军洋	男	34	2110012	2014/9/5	正常
卢鑫	女	25	2110013	2014/9/5	甲亢

图20-7

步骤2：分页预览效果

❶ 切换到“布局”选项卡，在“工作簿视图”组中单击“分页预览”按钮，如图20-8所示。

❷ 单击“分页预览”按钮后，系统切换到分页预览视图，预览效果如图20-9所示。

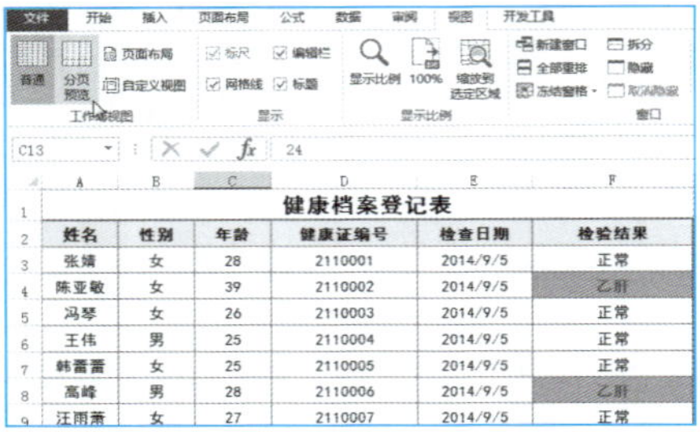

图20-8

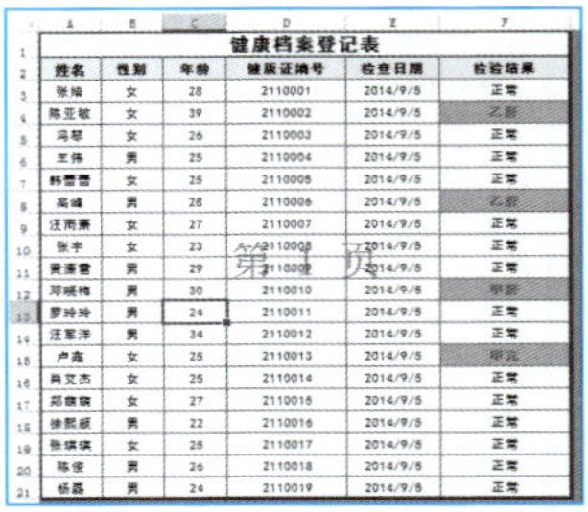

图20-9

❸ 如果想要将当前页面视图设置为自定义视图，可以在“工作簿视图”组中单击“自定义视图”按钮（如图20-10所示），打开“视图管理器”对话框。

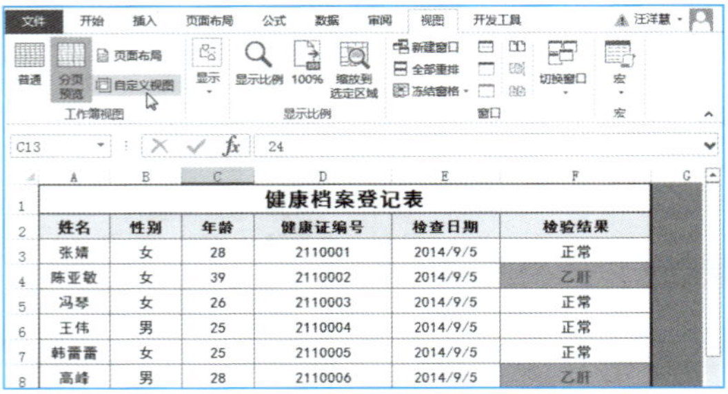

图20-10

❹ 单击“添加”按钮（如图20-11所示），打开“添加视图”对话框。

❺ 在“名称”文本框中输入视图名称，单击“确定”按钮，即可自定义视图，如图20-12所示。

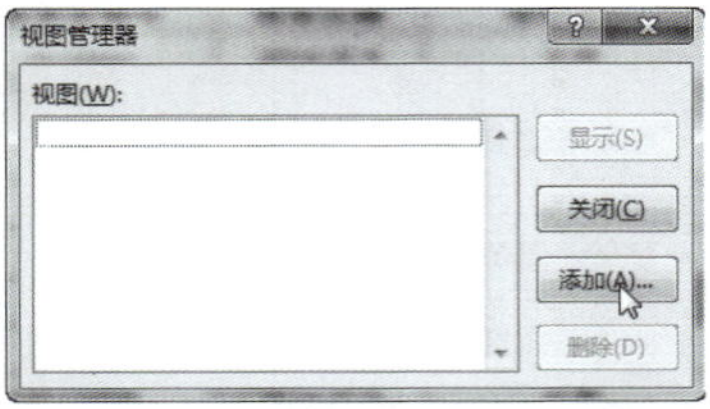

图20-11

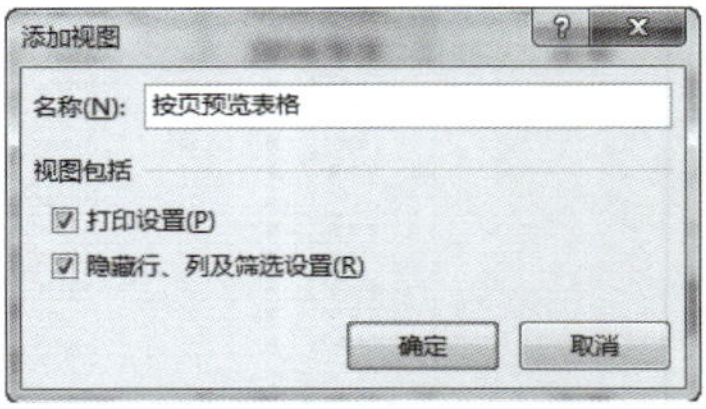

图20-12

提 示

如果在工作簿中已经创建“自定义视图”，可以在“普通视图”的“视图”选项组单击“自定义视图”选项，在打开的“视图管理器”对话框中选择要显示的视图选项，单击“显示”按钮，即可快速切换至自定义视图下。

文件248　健康体检流程图

企业组织员工到相关医院体检时，会根据医院给定的流程指示依次到不同的科室进行体检。在制作健康体检流程图时，可以使用Excel中的SmartArt图形来快速制作。

制作要点与设计效果图

- 插入SmatrArt图形
- 更改颜色
- 应用SmatrArt样式

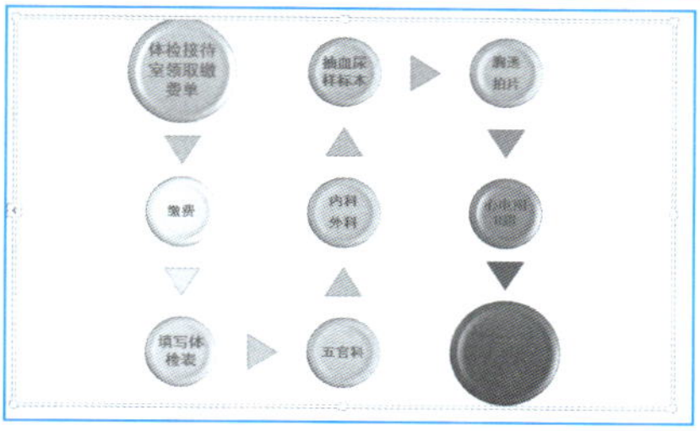

文件设计过程

步骤1：插入SmartArt图形

❶ 新建工作簿，切换到“视图”选项卡，在“显示”组中取消选中“网格线”复选框，即可隐藏表格中的网格线，如图20-13所示。

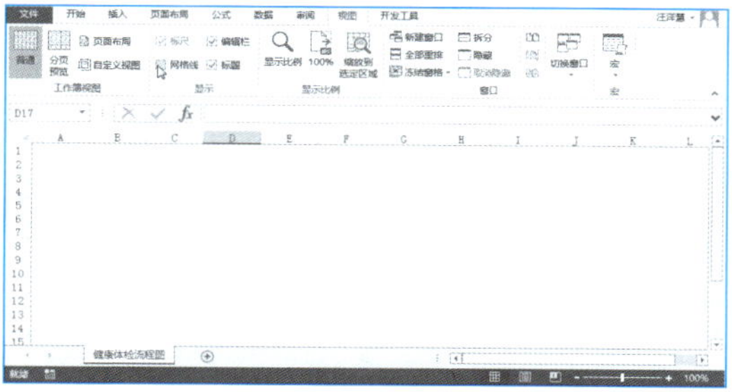

图20-13

❷ 切换到“插入”选项卡，在“插图”组中单击“SmartArt”按钮，打开

“选择SmartArt图形”对话框。在左侧窗格单击“流程”选项卡，在右侧单击“环状蛇形流程”图形样式，如图20-14所示。

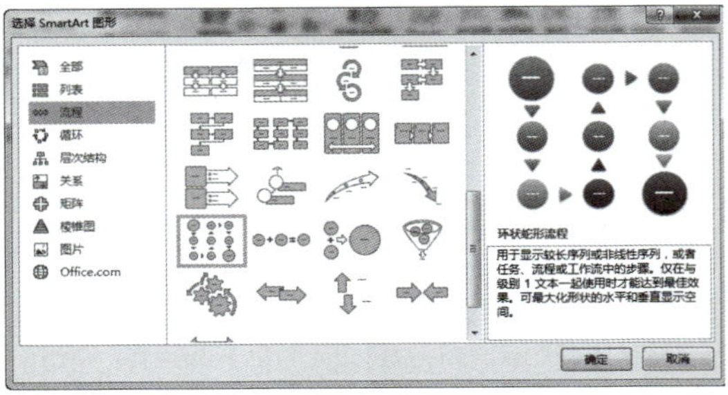

图20-14

3 单击“确定”按钮，返回工作表中，在工作表中插入默认样式为垂直流程的SmartArt图形，如图20-15所示。

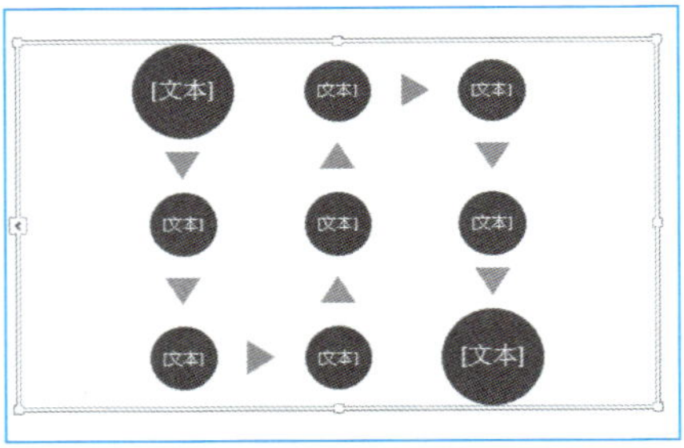

图20-15

步骤2：输入文本

1 选中图形，单击“<”按钮，弹出“文本窗格”，如图20-16所示。

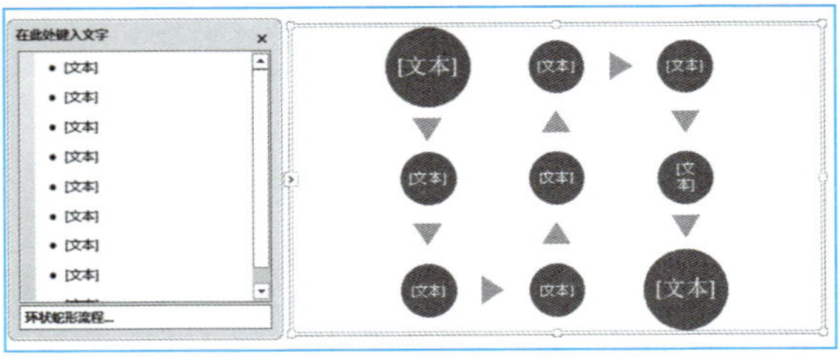

图20-16

2 在“文本窗格”中单击项目符号，在其中输入需要添加的文本，即可在SmartArt图形中添加需要的文本，如图20-17所示。

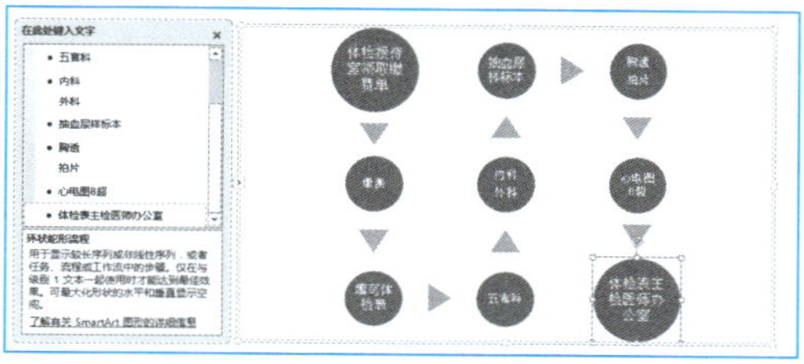

图20-17

步骤3：更改SmartArt图形颜色

❶ 切换到“SMART工具-设计”选项卡，在“SmartArt样式”组中单击“更改颜色”下拉按钮，在下拉菜单中单击适合的颜色，如“彩色范围，着色4-5”，如图20-18所示。

❷ 单击 “彩色范围，着色4-5”颜色后，SmartArt图形应用了指定的颜色样式，如图20-19所示。

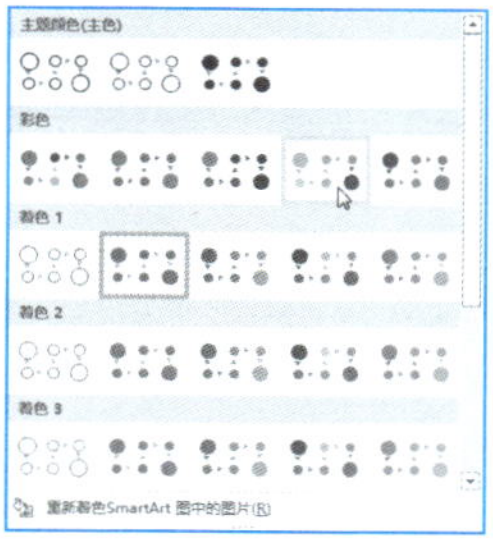

图20-18

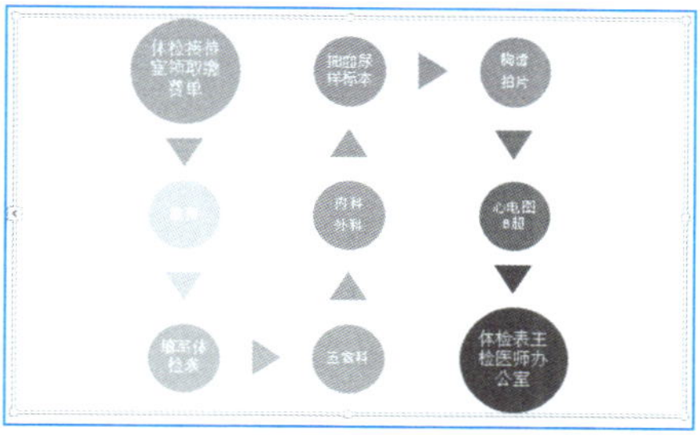

图20-19

步骤4：更改SmartArt样式

❶ 切换到“SMART工具-设计”选项卡，在“SmartArt样式”组中单击“▾”（其他）按钮，在下拉菜单中单击适合的样式，如“嵌入”，如图20-20所示。

❷ 单击 “嵌入”样式后， SmartArt图形应用了指定的样式，如图20-21所示。

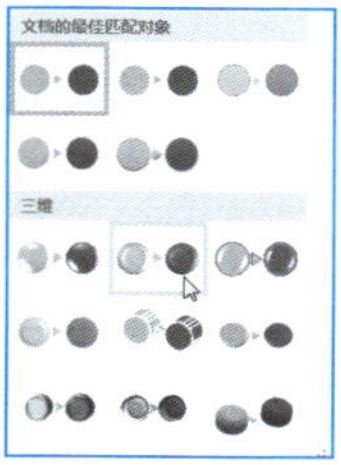

图20-20

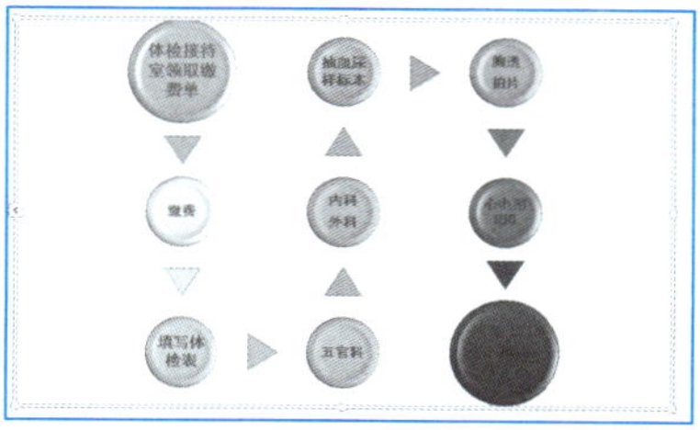

图20-21

文件249　员工健康体检表

员工健康体检表是一份详细的体检报告，包括员工的各项检查项目及相关检查结果。如果在Word文档中创建好健康检查表，用户想将其引用到Excel中，可以使用插入对象功能，以超链接方式将文本添加到Excel表格中。

制作要点与设计效果图

- 插入Word对象
- 以图标方式显示
- 链接文件
- 编辑插入的对象

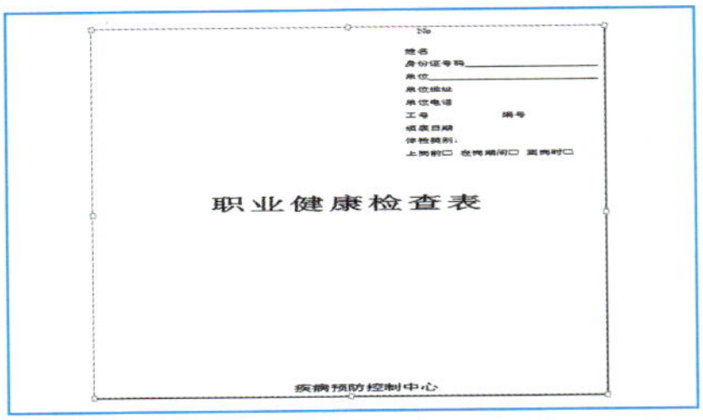

文件设计过程

步骤1：插入对象

❶ 新建工作簿，切换到“插入”选项卡，在“文本框”组中单击“对象”按钮，打开“对象”对话框。

❷ 在“由文件创建”标签下单击“浏览”按钮（如图20-22所示），打开“浏览”对话框。

❸ 在“查找范围”下拉菜单中选择要保存的文件夹，选中要插入的文档，单击“插入”按钮，如图20-23所示。

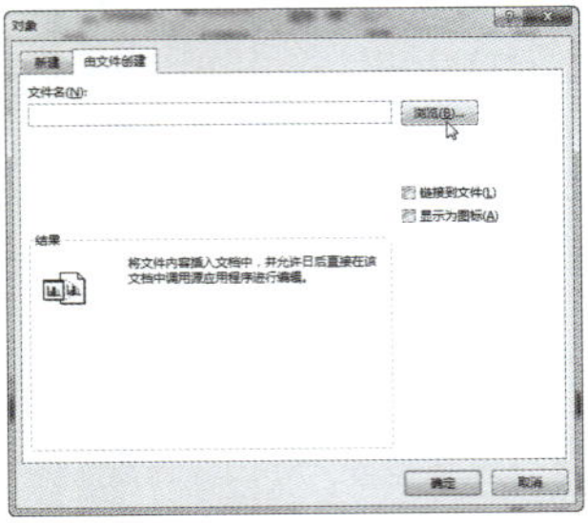

图20-22

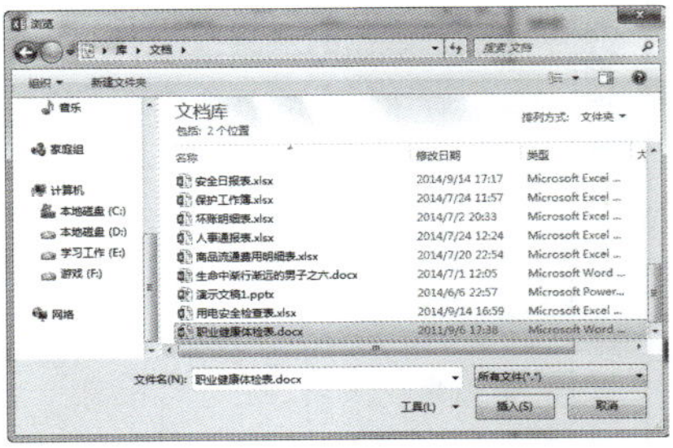

图20-23

❹ 返回“对象”对话框，可以看到插入的文档引用地址，选中“链接到文件”和“显示为图标”复选框，单击“更改图标”按钮（如图20-24所示），打开“更改图标”对话框。

5 在“图标”列表框中选中要应用的图标，如图20-25所示。

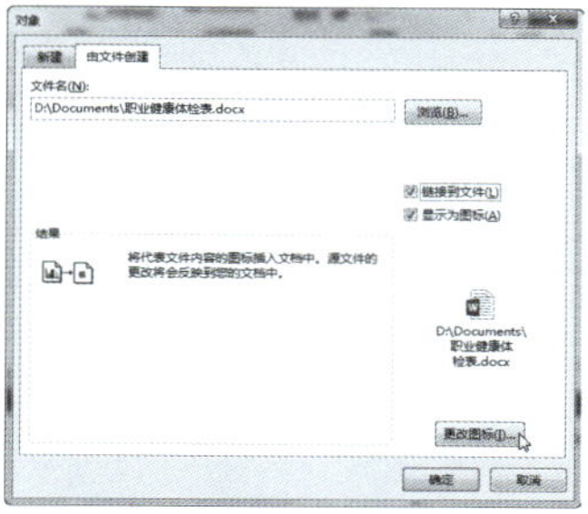

图20-24

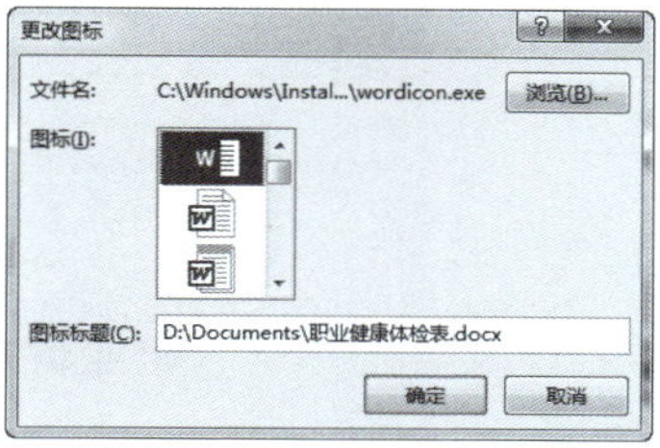

图20-25

步骤2：调整对象图标大小

1 单击“确定”按钮，返回工作表中，此时在当前工作表中以图标形式插入了Word文档对象，如图20-26所示。

2 将光标指针置于对象图标右下角的控制点，按住鼠标左键向右下拖动，即可按比例放大图标，如图20-27所示。

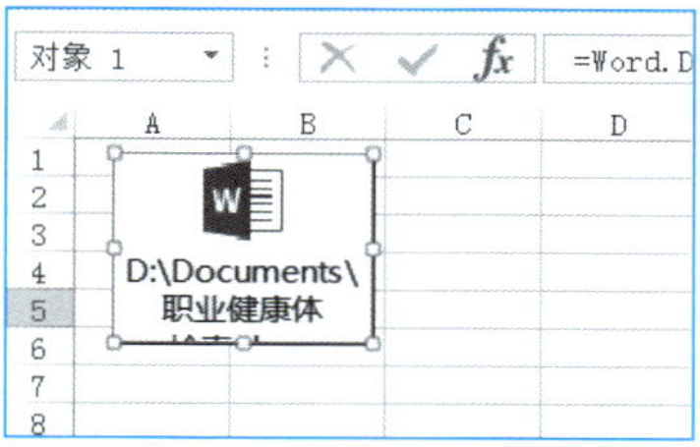

图20-26

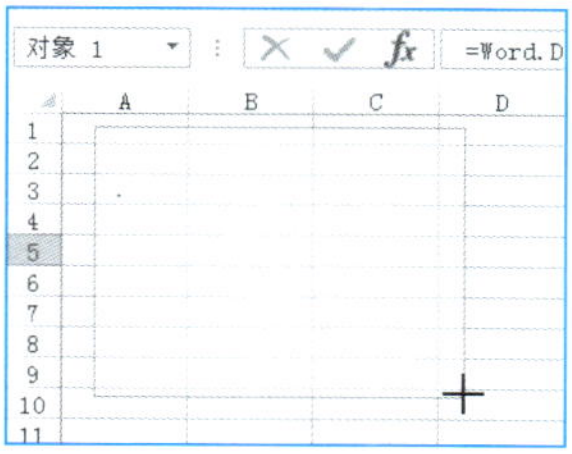

图20-27

步骤3：编辑Word文档

1 选中图标，单击鼠标右键，在弹出的菜单中单击“文档 对象”命令，在弹出的子菜单中单击“编辑”命令，如图20-28所示。

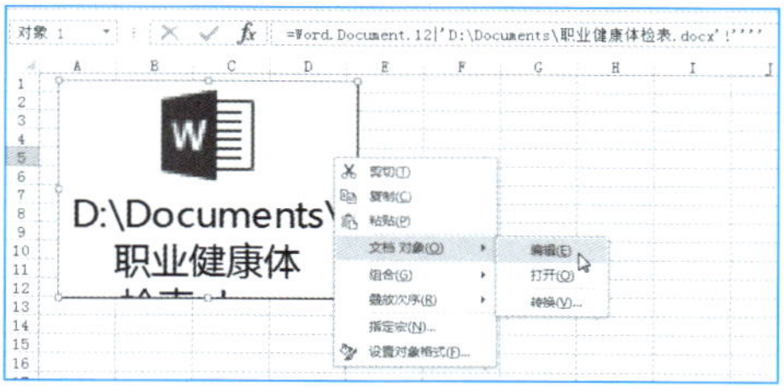

图20-28

❷ 系统自动启动Word 2013 程序，并打开该图标链接的Word文档，进行编辑，如图20-29所示。

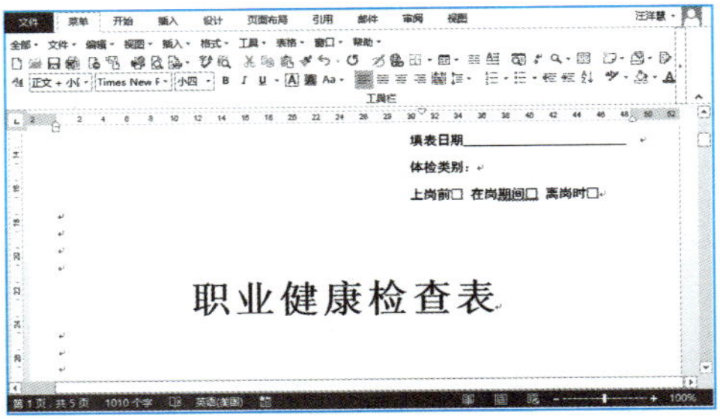

图20-29

步骤4：转换对象类型

❶ 选中图标，单数鼠标右键，在弹出的菜单中单击“文档 对象”命令，在弹出的子菜单中单击“转换”命令（如图20-30所示），打开“类型转换”对话框。

❷ 取消选中“显示为图标”复选框，如图20-31所示。

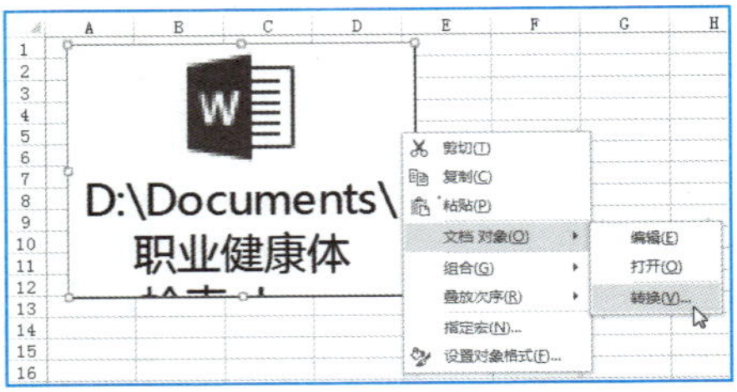

图20-30

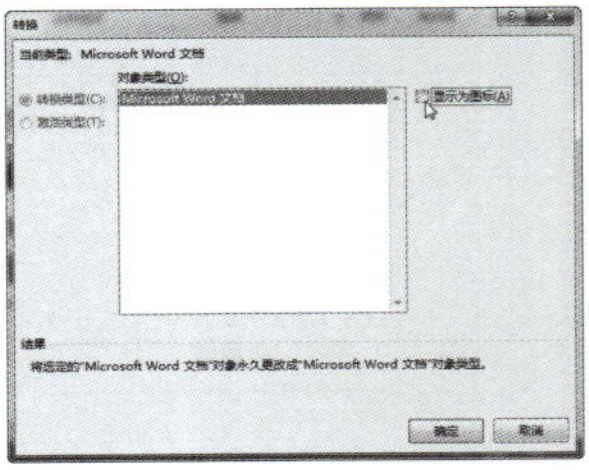

图20-31

❸ 单击“确定”按钮，返回工作表中，调整对象大小，将文档首页显示在工作表中，如图20-32所示。

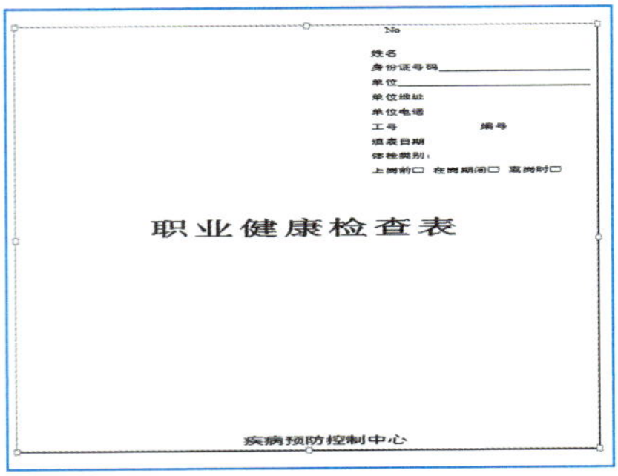

图20-32

文件250　员工健康状况一览表

当员工完成健康体检后，人力资源部门还会根据员工上交的体检报告，制作一份员工健康状况一览表。方便各部门主管了解员工的健康状态。在创建该表格时，用户可以利用插入表格功能来快速创建表格并设置表格样式。

制作要点与设计效果图

- 插入表格
- 应用表格样式
- 调整表格大小

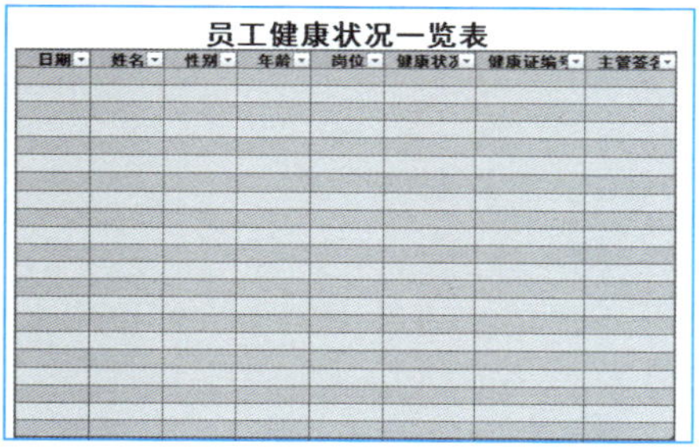

文件设计过程

步骤1：插入表格

❶ 打开“员工健康状况一览表”工作簿，选中A2:H32单元格区域，切换到“插入”选项卡，在“表格”组中单击“表格”按钮（如图20-33所示），打开“创建表”对话框。

❷ 选中“表包含标题”复选框，如图20-34所示。

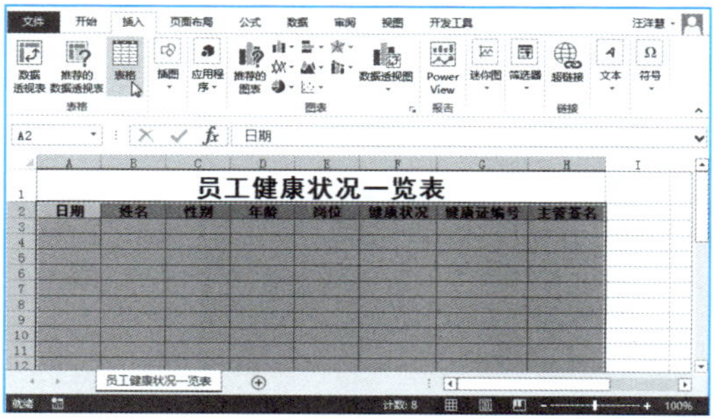

图20-33

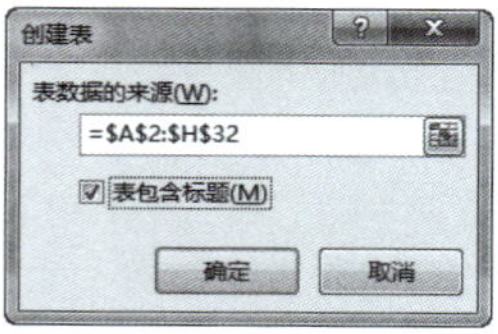

图20-34

❸ 单击“确定”按钮，返回工作表中，此时所选单元格区域创建为表格，并且应用了默认的表格样式，如图20-35所示。

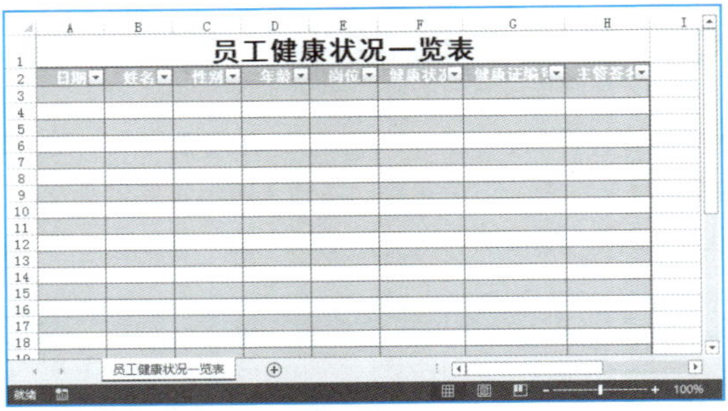

图20-35

步骤2：应用表格样式

❶ 切换到“表格工具-设计”选项卡，在“表格样式”组中单击“⊽”（其他）下拉按钮。在展开的下拉菜单中单击适合的表格样式，如“表样式中等深浅25”样式，如图20-36所示。

❷ 单击“表样式中等深浅25”表样式后，此时表格应用了选定的表样式，如图20-37所示。

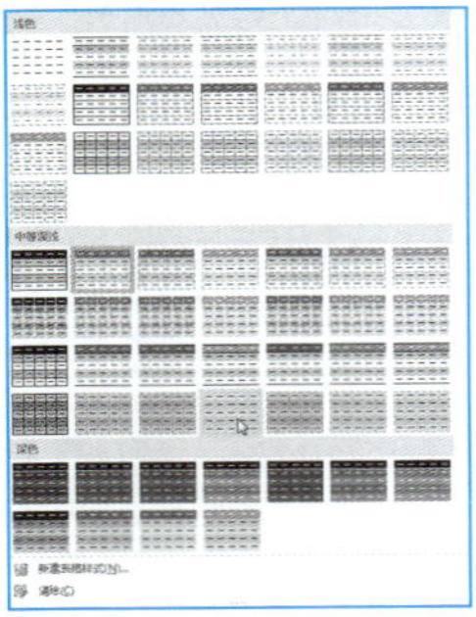

图20-36

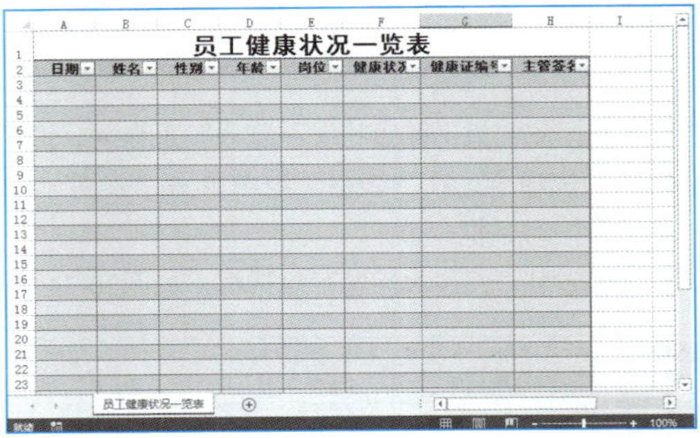

图20-37

步骤3：调整表格大小

❶ 在“表格工具-设计”选项卡的“属性”组中单击“调整表格大小”按钮（如图20-38所示），打开“调整表格大小”对话框。

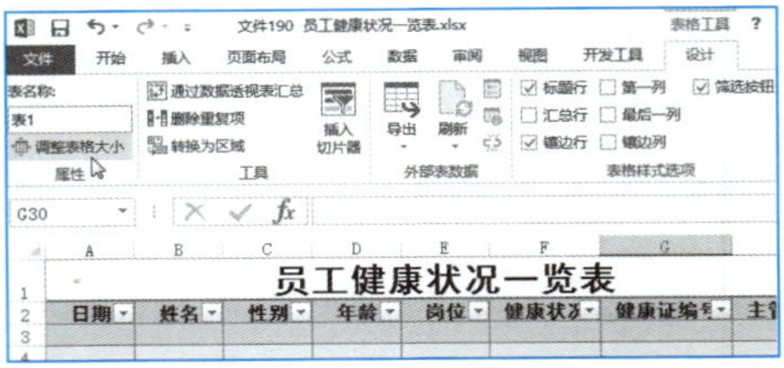

图20-38

❷ 在“为表选择新的数据区域”文本框中输入

"=$A$2:$H$23"，如图20-39所示。

❸ 单击"确定"按钮，返回工作表中，此时表格包括的单元格区域进行了重新设置，完成"员工健康状况一览表"工作表的制作，如图20-40所示。

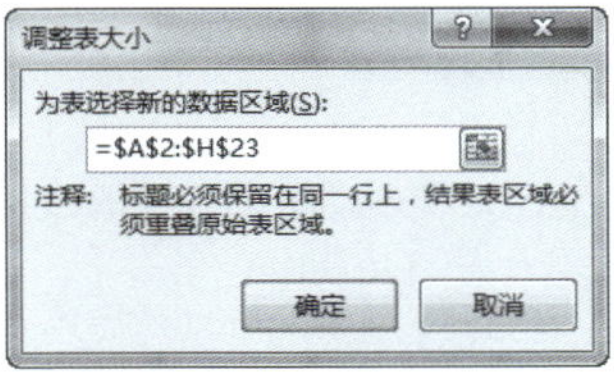

图20-39

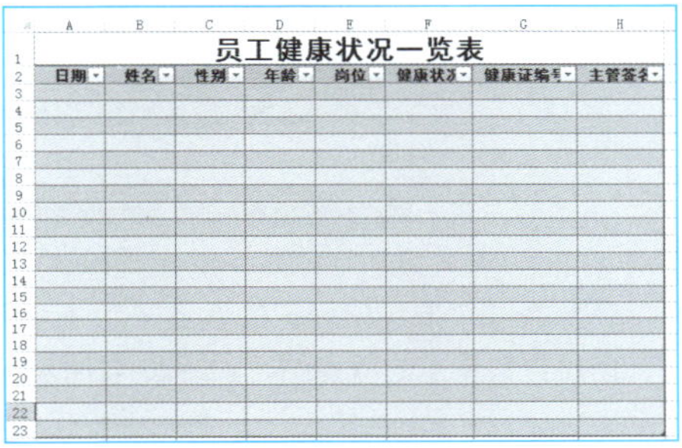

图20-40

文件251　员工健康与工作环境关系图

员工的身体健康与其所在的工作环境有关，想要了解工作环境对员工身体健康的影响，用户可以用散点图来表现调查得到的员工健康与工作环境关系。

制作要点与设计效果图

- 创建散点图
- 调整图例位置
- 添加坐标轴标题
- 插入文本框

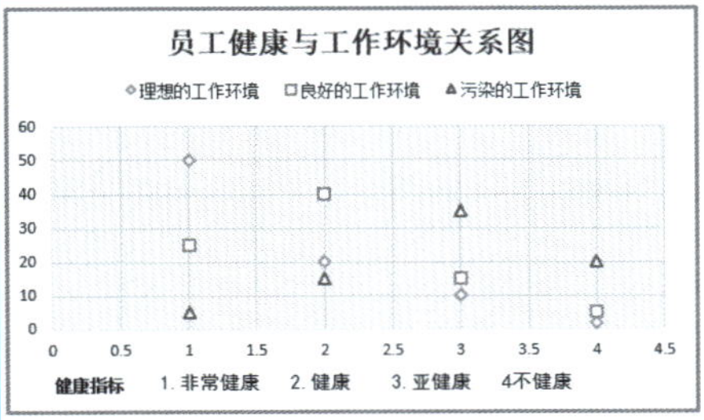

文件设计过程

步骤1：创建散点图

❶ 打开"员工健康与工作环境关系图"工作簿，选中B2:F5单元格区域，切换到"插入"选项卡，在"图表"组中单击"插入散点图（x，y）或气泡图"下拉按钮，在下拉菜单中单击"带数据标记的散点图"子图表类型，如图20-41所示。

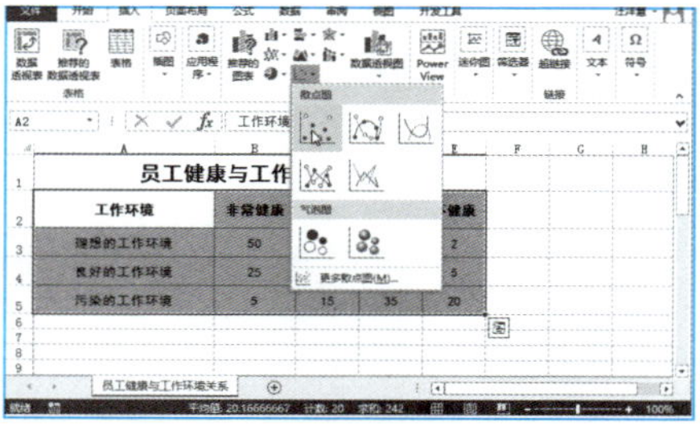

图20-41

2 单击“带数据标记的散点图”子图表类型，系统自动根据选择的数据源，创建带数据点的散点图，如图20-42所示。

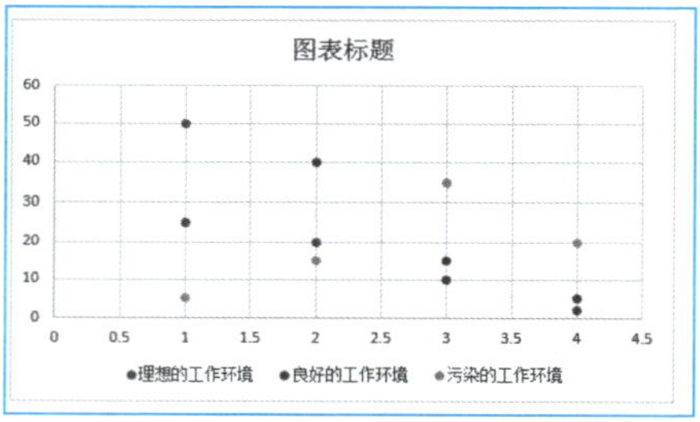

图20-42

步骤2：美化图表

1 将图表标题更改为“员工健康与工作环境关系图”，单击“✎”（图表样式）按钮，在下拉菜单中单击“样式”标签，接着单击适合的样式，如“样式10”（如图20-43所示），即可为图表应用样式。

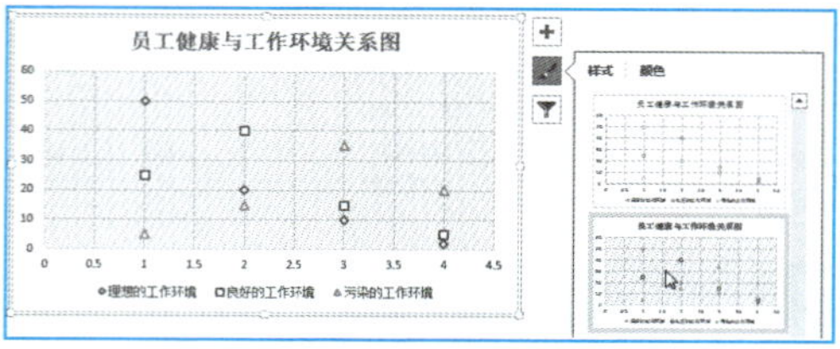

图20-43

2 单击“✎”（图表样式）按钮，在下拉菜单中单击“颜色”标签，接着单击适合的样式，如“颜色4”（如图20-44所示），即可为图表应用该颜色。

3 单击“+”（图表元素）按钮，在下拉菜单中单击“图例”右侧的“▸”按钮，在弹出的子菜单中单击“顶部”（如图20-45所示），即可将图例调整到图表顶部。

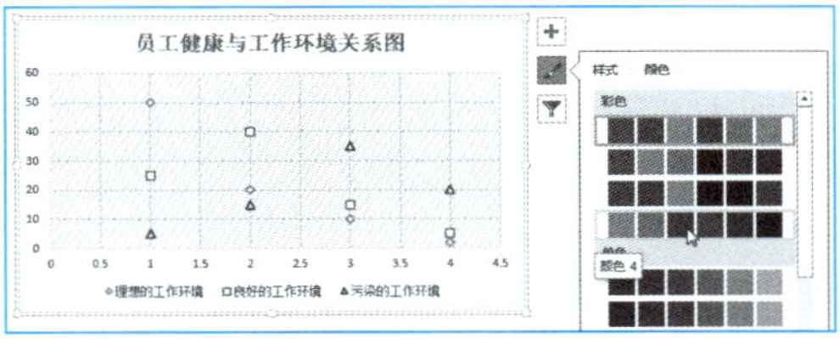

图20-44

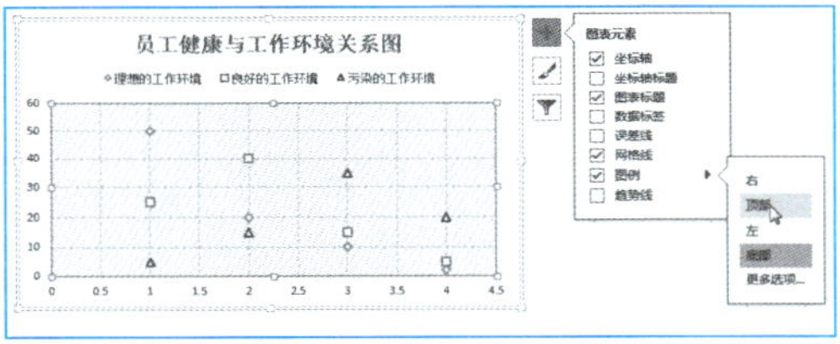

图20-45

步骤4：添加水平轴坐标标题

❶ 单击“+”（图表元素）按钮，在下拉菜单中单击“坐标轴标题”右侧的“▸”按钮，在弹出的子菜单中单击“主要横坐标轴”（如图20-46所示），即可为图表添加水平坐标轴。

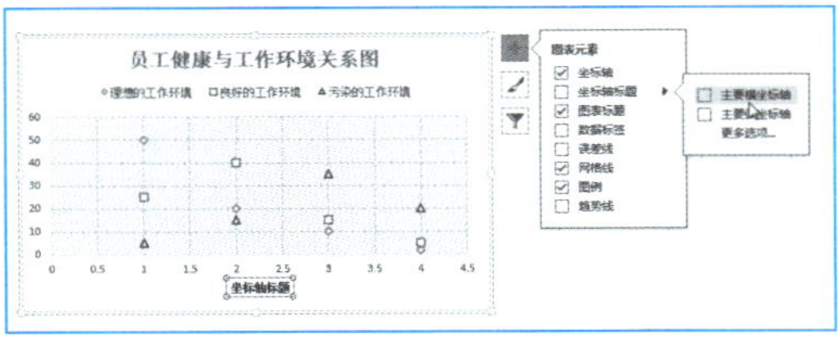

图20-46

❷ 将坐标轴标题更改为“健康指标”并移动到左侧，如图20-47所示。

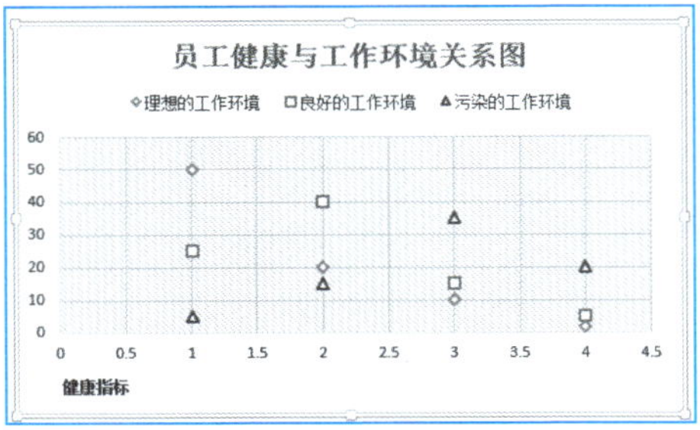

图20-47

步骤5：添绘横排文本框

❶ 切换到“图表工具-格式”选项卡，在“插入形状”组中单击“文本框”下拉按钮，在下拉菜单中选择“横排文本框”选项，如图20-48所示。

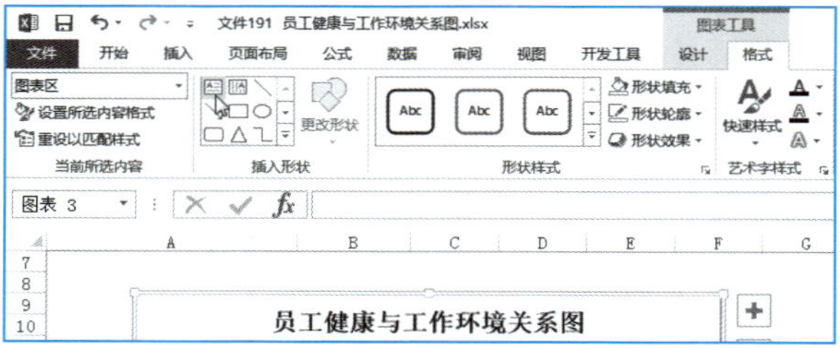

图20-48

❷ 鼠标指针变为十字箭头，在图表适当位置绘制横排文本框，如图20-49所示。

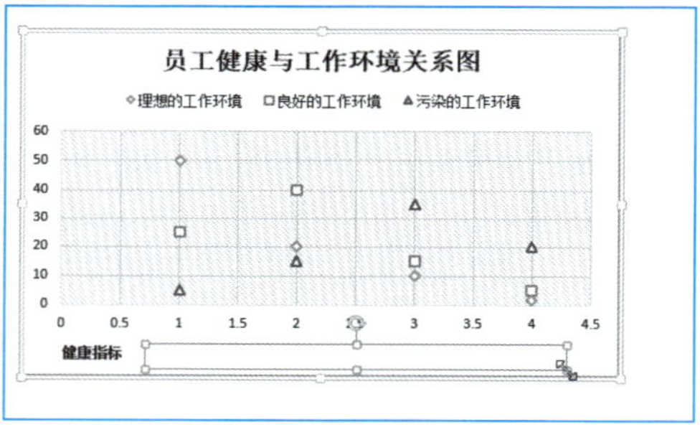

图20-49

❸ 绘制完成后，在文本框中输入文本，完成图表的最后操作，设置后效果如图20-50所示。

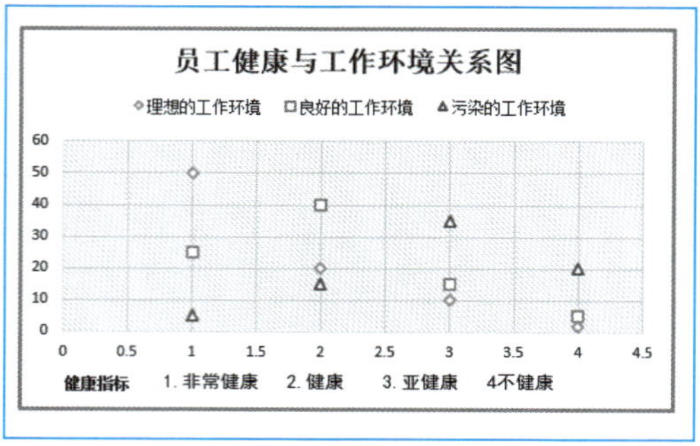

图20-50

文件252　员工心理健康档案卡

员工心理健康档案卡用于记录员工定期心理健康培训内容、培训效果和心理健康测评内容、自我评价情况，以及心理的约谈情况，方便管理者从中发现员工的心理健康问题，给予员工最恰当的帮助。

制作要点与设计效果图

- 设置打印区域
- 设置纸张大小
- 设置纸张方向
- 加密工作簿

职 工 心 理 健 康 档 案 卡

编　号：

姓名		性别		出生年月		学历		参加工作时间			
政治面貌		工作单位及职务						健康状况			
心理健康培训情况				心理健康测评情况				心理健康约谈情况			
时间	培训内容	培训效果	指导意见	时间	测评内容	自我评价	指导意见	时间	约谈事由	指导意见	谈话人
需要关注帮助的需求											
人生重大事件等											
其他事项											

注：此表一式两份，单位存档一份，个人留存一份。

文件253　员工健康水平分布图

如果要了解企业员工的健康状态，可以根据员工的健康检查结果，统计各类健康状态指标的出现频数，以便分析企业员工的健康水平。

制作要点与设计效果图

- 加载数据分析工具
- 使用直方图工具
- 更改图表坐标轴标题
- 应用图表样式

员工健康水平分布图

序号	档案编号	姓名	健康状态	状态代码
1	HY02101	张云	非常健康	1
2	HY02102	蔡静	健康	2
3	HY02103	陈媛	亚健康	3
4	HY02104	王密	不健康	4
5	HY02105	吕芬芬	亚健康	3
6	HY02106	路高泽	非常健康	1
7	HY02107	陈山	亚健康	3
8	HY02108	廖晓	健康	2
9	HY02109	张丽君	非常健康	1
10	HY02110	吴华波	亚健康	3
11	HY02111	黄孝铭	非常健康	1
12	HY02112	丁锐	不健康	4
13	HY02113	庄霞	健康	2
14	HY02114	黄鹏	亚健康	3
15	HY02115	张点点	非常健康	1
16	HY02116	干青青	亚健康	3
17	HY02117	邓兰兰	非常健康	1
18	HY02118	罗羽	健康	2

健康状态	上限值
非常健康	1
健康	2
亚健康	3
不健康	4

接收	频率
1	6
2	4
3	6
4	2
其他	0

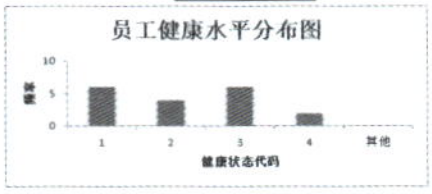

文件254　企业员工健康检查汇总表

健康体检完毕后，人力资源部门还会根据员工检查报告制作健康检查汇总表，统计此次参与检查人数、检查项目、检查结果，以及针对不同检查结果采取的不同处理措施。

制作要点与设计效果图

- 插入超链接
- 设置连接到目标位置
- 更改屏幕提示文本

企业员工健康检查汇总表

编号：

企业员工总数		20		应接受体检人数		20	实际接受体检人数	18
序号	档案编号	姓名	体检机构	体检时间	检查项目	检查结果	采取措施	备注
1	EP001201	刘扬	A市宏一医院	2014/10/15	内科、皮肤科、常规检查	无异常		
2	EP001202	陈亚	A市宏一医院	2014/10/16	内科、皮肤科、常规检查	弱视	就医	
3	EP001203	刘浩	A市宏一医院	2014/10/17	内科、皮肤科、常规检查	脂肪肝	补助、就医	
4	EP001204	王明	A市宏一医院	2014/10/18	内科、皮肤科、常规检查	腰腿疼	定时体操	
5	EP001205	何兰	A市宏一医院	2014/10/19	内科、皮肤科、常规检查	无异常		
6	EP001206	陈蕊	A市宏一医院	2014/10/20	内科、皮肤科、常规检查	无异常		
7	EP001207	郝明	A市宏一医院	2014/10/21	内科、皮肤科、常规检查	腰腿疼	定时体操	
8	EP001208	谢敏	A市宏一医院	2014/10/22	内科、皮肤科、常规检查	无异常		
9	EP001209	王琴	A市宏一医院	2014/10/23	内科、皮肤科、常规检查	无异常		
10	EP001210	陈瑞	A市宏一医院	2014/10/24	内科、皮肤科、常规检查	弱视	就医	
11	EP001211	杨欣	A市宏一医院	2014/10/25	内科、皮肤科、常规检查	严重贫血	停职休养	
12	EP001212	王浩	A市宏一医院	2014/10/26	内科、皮肤科、常规检查	无异常		
13	EP001213	陈飞	A市宏一医院	2014/10/27	内科、皮肤科、常规检查	严重贫血	停职休养	
14	EP001214	刘昊	A市宏一医院	2014/10/28	内科、皮肤科、常规检查	无异常		
15	EP001215	陈哲	A市宏一医院	2014/10/29	内科、皮肤科、常规检查	无异常		
16	EP001216	何久	A市宏一医院	2014/10/30	内科、皮肤科、常规检查	腰腿疼	定时体操	
17	EP001217	刘熙	A市宏一医院	2014/10/31	内科、皮肤科、常规检查	无异常		
18	EP001218	李雨	A市宏一医院	2014/11/1	内科、皮肤科、常规检查	腰腿疼	定时体操	

文件255　员工健康与个人习惯关系图

员工的健康与其个人习惯有关，想要了解员工健康与个人习惯之间的关系，管理者可以借助折线图根据员工健康与个人习惯调查结果，创建员工健康与个人习惯关系图来进行直观分析。

制作要点与设计效果图

- 创建折线图
- 设置横坐标轴格式
- 设置数据标记选项及填充

员工健康与个人习惯关系

个人习惯	非常健康	健康	亚健康	不健康
经常熬夜、加班	20	30	45	50
偶尔熬夜、加班	30	45	38	30
按时作息	40	50	22	12

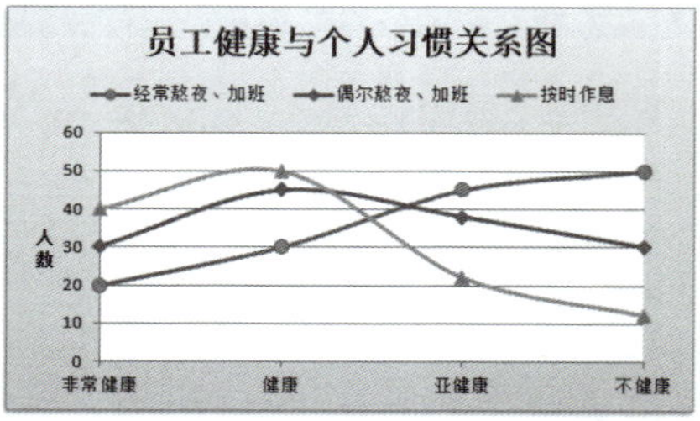

文件256　员工健康与晨运关系图

个人健康与参加的一些运动相关，如果企业想了解员工健康与晨运的关系，可以根据已统计出健康与晨运的关系创建气泡图，以直观的图形来展示两者间的关系。

制作要点与设计效果图

- 创建气泡图
- 添加数据系列
- 添加坐标轴标题

员工健康调查结果

健康状态	每天晨运	偶尔运动（人）	不运动（人）
非常健康	40	20	10
健康	30	30	20
亚健康	10	50	30
不健康	5	12	50

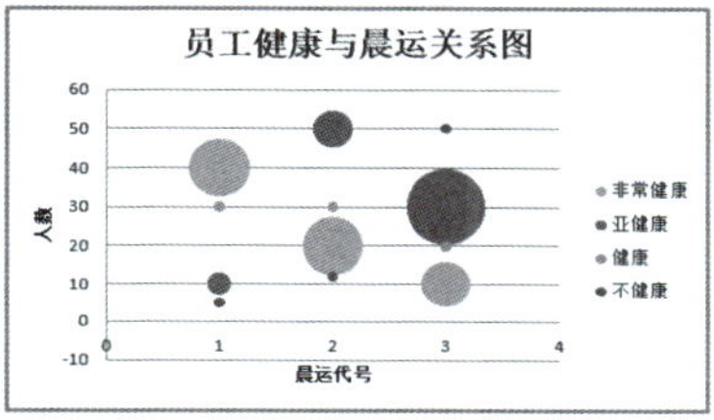

文件257　入职体检表

很多企业在员工入职时，要求员工先去医院进行体检，或组织新员工去指定医院体检，经过体检符合健康条件，才开始办理入职手续，入职体检表是医院对员工身体健康进行检查证明的表格，它能体现员工的身体健康状况。

制作要点与设计效果图

- 设置日期格式
- 打印预览
- 将所有列缩放到一页

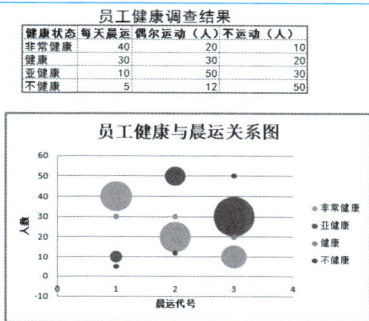

入职体检表

姓名		性别	出生日期			近期二寸免冠正面半身彩色照片
出生地		民族		婚否		
眼	视力	左		右		
	眼疾					
耳鼻喉	听力					
	耳疾					
	鼻及鼻窦					
内科	呼吸　次/分		脉搏　次/分		血压　/　mmHg	
	发育及营养					医师意见：
	心肺功能					
	肝、脾					
	腹部					签名：
外科	甲状腺			脊椎		医师意见：
	淋　巴			四肢		
	肛　门			关节		
	泌尿生殖器					
	其　它					签名：
辅助检查结果	胸　透					医师签名：
	肝肾功能					检验师签名：
	血常规			血型		
结论						
主检医师		送检单位				

文件258　员工心理调查问卷

通过对员工发放心理调查问卷，能够了解员工近一阶段心理变化情况，并根据调查问卷找到员工最近表现好坏的根源所在，通过问卷调查，及时发现员工存在的心理问题，对其进行疏导。

制作要点与设计效果图

- 设置单元格添加颜色
- 绘制分组框控件
- 绘制选项按钮窗体控件

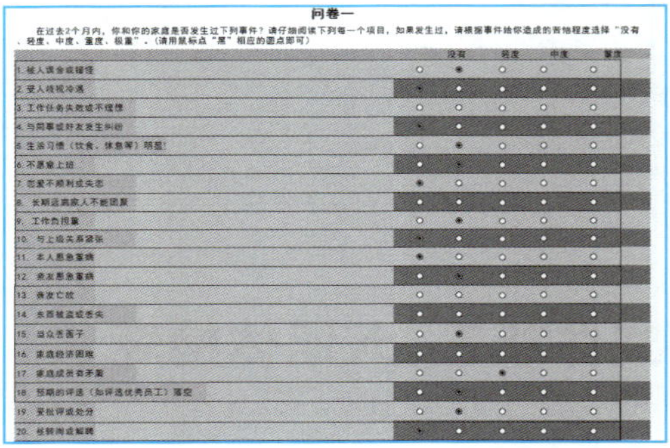

Excel

第 21 章

人才测评管理表格

为更好地了解企业员工的素质情况，越来越多的企业采用了人员测评技术对员工个人素质进行测评，但这些人员测评结果一般是一大堆数据，想要在这些数据中找出规律，做出有效的人事决策，人力资源管理部门要借助表格、图表等工具对人才测评进行管理和分析。

目前，人才测评中常用的测评管理表格中有个性品质测评、工作动力测评、创建能力测评、心理健康测评、职业适应性测评等。

编号	文件名称	对应的数据源	重要星级
文件259	个性品质测评	第21章\文件259 个性品质测评.xlsx	★★★★
文件260	员工工作动力测试	第21章\文件260 员工工作动力测试.xlsx	★★★★
文件261	创新能力测评	第21章\文件261 创新能力测评.xlsx	★★★★★
文件262	心理健康测评成绩分析	第21章\文件262 心理健康测评成绩分析.xlsx	★★★★★
文件263	职业适应性测评	第21章\文件263 职业适应性测评.xlsx	★★★★★
文件264	解决问题风格测评	第21章\文件264 解决问题风格测评.xlsx	★★★
文件265	事业驱策力测评	第21章\文件265 事业驱策力测评.xlsx	★★★
文件266	职业性格测评	第21章\文件266 职业性格测评.xlsx	★★★
文件267	领导能力结构测评	第21章\文件267 领导能力结构测评.xlsx	★★★
文件268	人才综合素质测评表格	第21章\文件268 人才综合素质测评表格.xlsx	★★★

文件259　个性品质测评

个性反映了一个人的行为方式和思维特点，因为个人某些方面的工作绩效与某个性品质有关，所以人力资源部门在为员工分配工作时，可以事先对员工个性品质进行相关测试，从而使员工的工作性质与品质相匹配。

制作要点与设计效果图

- 录制宏
- 编辑宏
- 设置宏的快捷键
- 执行宏

你的进取品质如何？

1. 和同条件的人相比，你能作出比他们更大的成绩吗？
A 完全不同意　B、部分不同意　C、不能确定　D、部分同意　E、完全同意
2. 你能积极参加能表现自己能力和价值的任何活动而不谦让吗？
A、完全不同意　B、部分不同意　C、不能确定　D、部分同意　E、完全同意
3. 别人时刻想超过你，你相信他们有时会采用一些不正当的手段吗？
A、完全不同意　B、部分不同意　C、不能确定　D、部分同意　E、完全同意
4. 当你知道和你条件相当的人做出成就时，你有不服气的感觉，并也想做点事试i
A、完全不同意　B、部分不同意　C、不能确定　D、部分同意　E、完全同意
5. 你认为，人生就是一场竞争，适者自下而上，优胜劣汰吗？
A、完全不同意　B、部分不同意　C、不能确定　D、部分同意　E、完全同意
6、你十分乐意选择一定困难、意义重大的工作吗？
A、完全不同意　B、部分不同意　C、不能确定　D、部分同意　E、完全同意
7、你好像不被人接受，即使你出于好心？
A、完全不同意　B、部分不同意　C、不能确定　D、部分同意　E、完全同意

文件设计过程

步骤1：录制宏

❶ 打开“个性品质测评”工作簿，切换到“视图”选项卡，在“宏”组中单击“宏”下拉按钮，在下拉菜单中单击“录制宏”命令（如图21-1所示），打开“录制新宏”对话框。

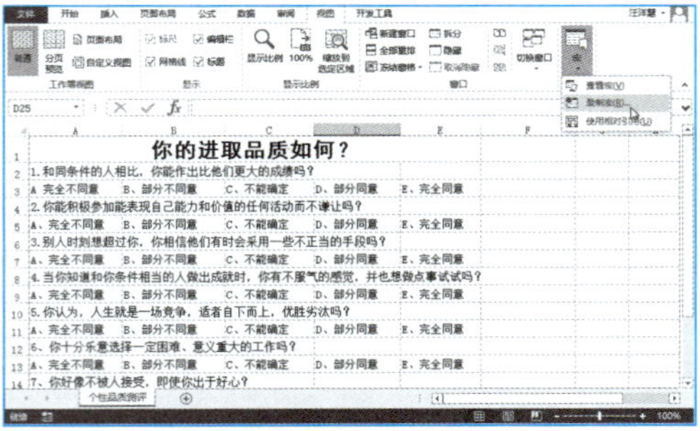

图21-1

❷ 在“宏名”文本框中输入宏名“设置字符格式”，如图21-2所示。

❸ 单击“确定”按钮，返回工作表中，选中A2:E2单元格区域，设置字体为“黑体”、“12”号，在“对齐方式”组中单击“合并后居中”下拉按钮，在下拉菜单中单击“合并单元格”命令，如图21-3所示。

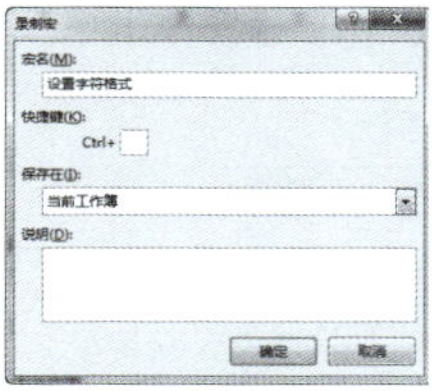

图21-2

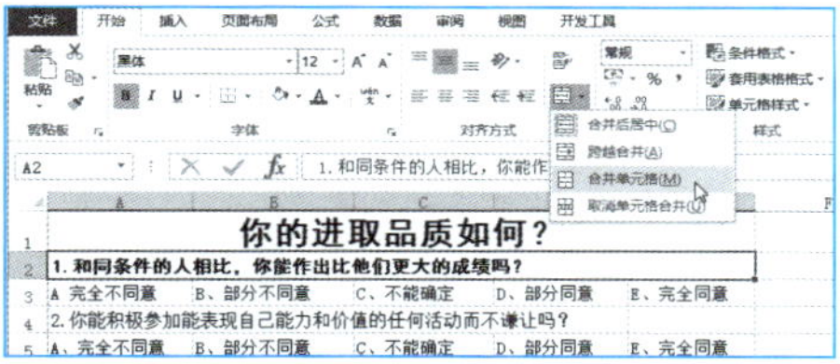

图21-3

步骤2：停止录制宏

❶ 完成要重复执行的操作设置后，再次单击“宏”下拉按钮，在下拉菜单中单击“停止录制”命令，如图21-4所示。

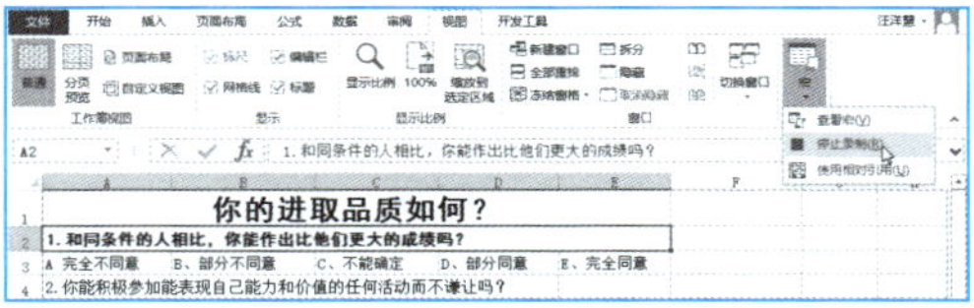

图21-4

❷ 再次单击“宏”下拉按钮，在下拉菜单中单击“查看宏”命令（如图21-5所示），打开“宏”对话框。

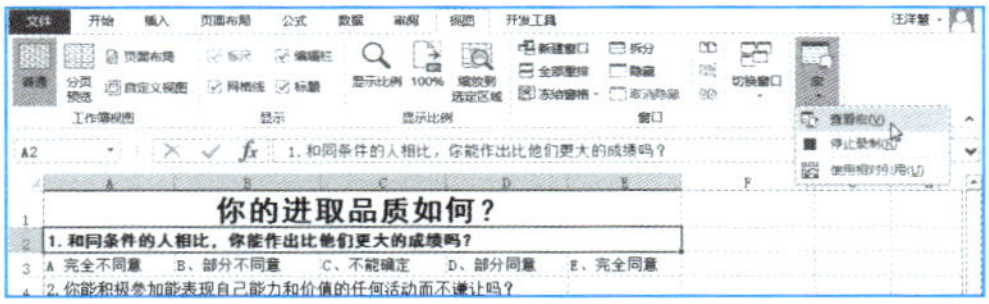

图21-5

步骤3：编辑宏

❶ 在“宏名”列表框中单击“设置字符格式”，单击“编辑”按钮，如图21-6所示。

❷ 系统自动进入VisualBasic编辑窗口，在代码段中选择要清楚的代码，按Delete键即可清除代码语句，完成代码段编辑，如图21-7所示。

图21-6

图21-7

③ 若要返回Excel视图，单击“文件”下拉按钮，在下拉菜单中单击“关闭并返回MicrosoftExcel”命令，如图21-8所示。

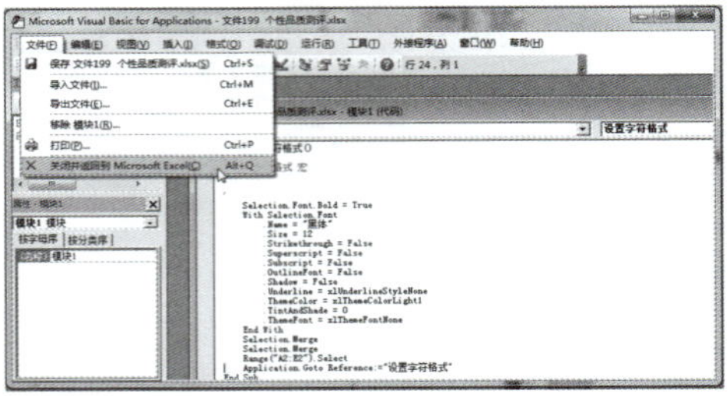

图21-8

步骤4：设置宏快捷键

① 返回工作表中，选中A4:E4单元格区域，单击“宏”下拉按钮，在下拉菜单中单击“查看宏”命令（如图21-9所示），打开“宏”对话框。

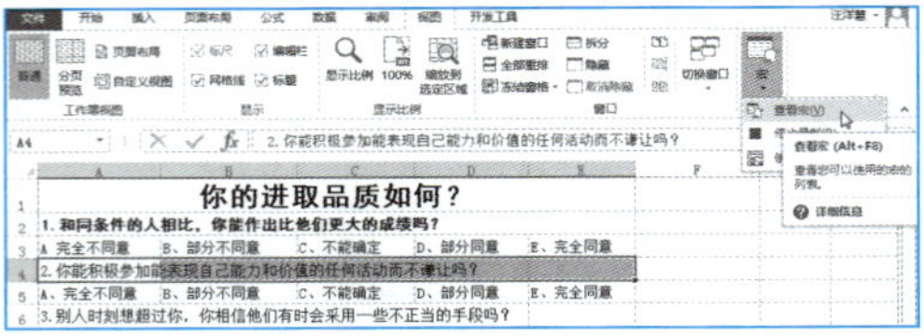

图21-9

② 在“宏名”列表框中单击“设置字符格式”，单击“选项”按钮（如图21-10所示），打开“宏选项”对话框。

③ 设置快捷键为“Crtl+Shift+Q”，如图21-11所示。

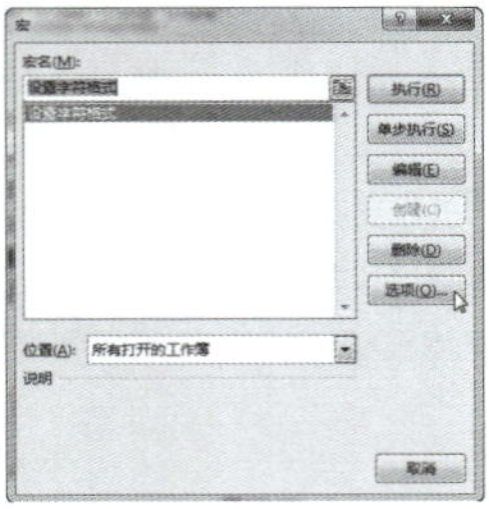

图21-10

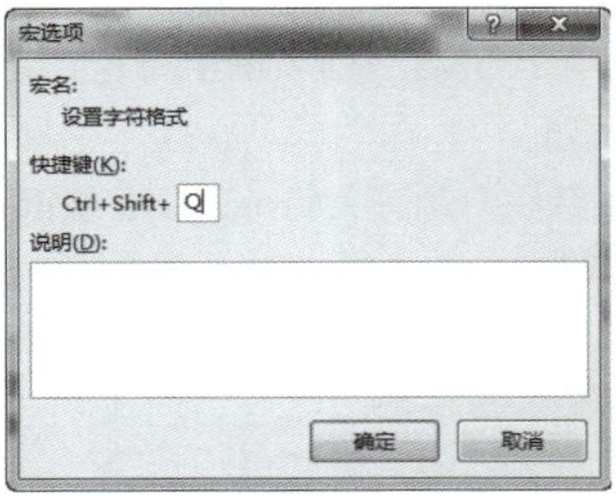

图21-11

④ 单击“确定”按钮，返回工作表中，按“Crtl+Shift+Q”组合键，自动执行录制的“设置字符格式”宏代码，快速设置所选单元格格式，如图21-12所示。

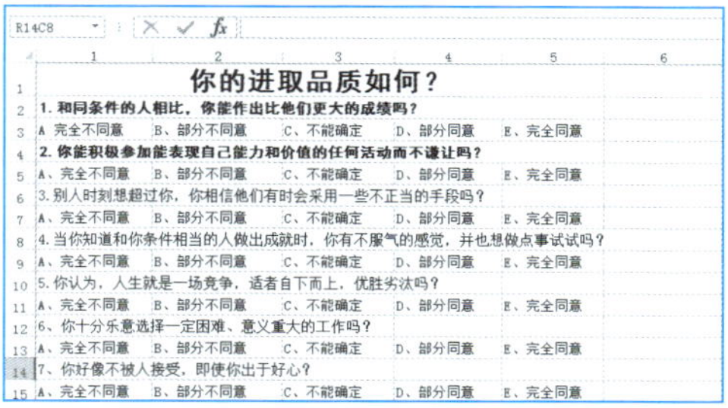

图21–12

5 用相同的方法设置其他问题的单元格格式，然后根据需要调整列宽，如图21-13所示。

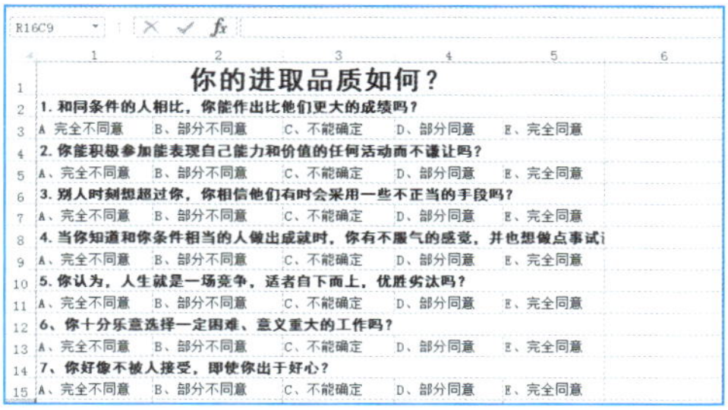

图21–13

文件260　员工工作动力测试

员工工作动力测评是针对企事业单位员工对工作满意度、个人心态以及自我管理等方面的测评，使用这类测评可以深入、准确、科学地测评员工内在需要的满足程度与待满足情况，从而掌握员工心理预期需求。

制作要点与设计效果图

- 添加数据调节按钮控件
- 设置数值调节按钮的值范围
- 使用组合框控件设置下拉列表
- 设置组合框控件的值范围

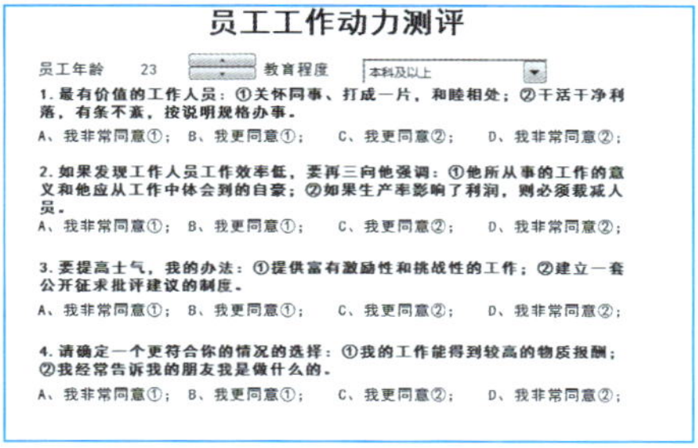

文件设计过程

步骤1：绘制数值调节钮控件

❶ 打开“员工工作动力测试”工作簿表，切换到“开发工具”选项卡，在“控件”组中单击“插入”下拉按钮，在下拉菜单中单击“数值调节钮”窗体控件，如图21-14所示。

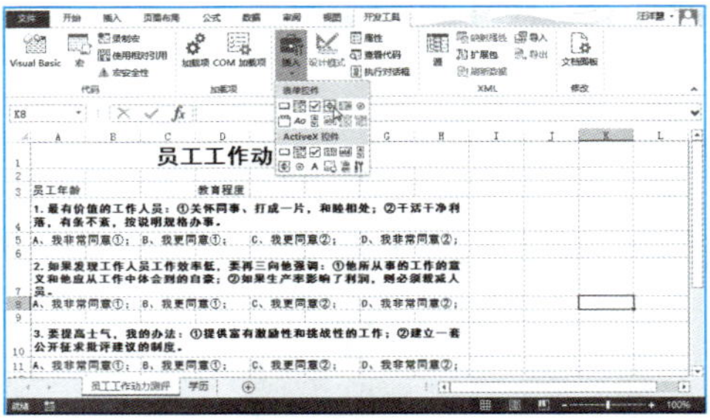

图21-14

❷ 在C2单元格中拖动鼠标绘制控件，绘制后效果如图21-15所示。

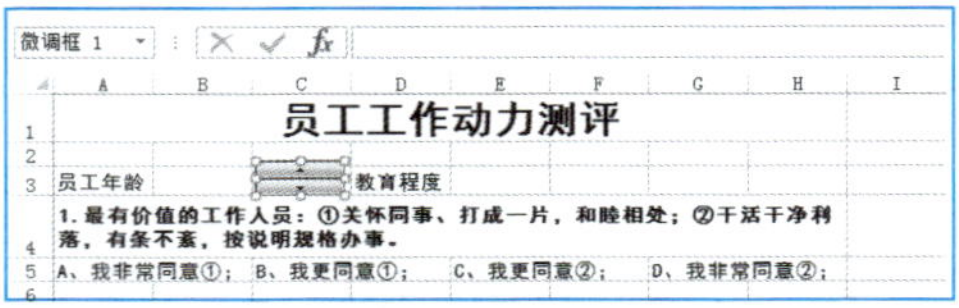

图21-15

❸ 选中“数值调节钮”控件，单击鼠标右键，在弹出的菜单中单击“设置控件格式”命令（如图21-16所示），打开“设置控件格式”对话框。

❹ 在“当前值”输入“22”，在“最小值”文本框输入“20”，在“最大值”输入“50”，在“步长值”文本框输入“1”，在“单元格链接”文本框输入“$B$3”，选中“三维阴影”复选框，如图21-17所示。

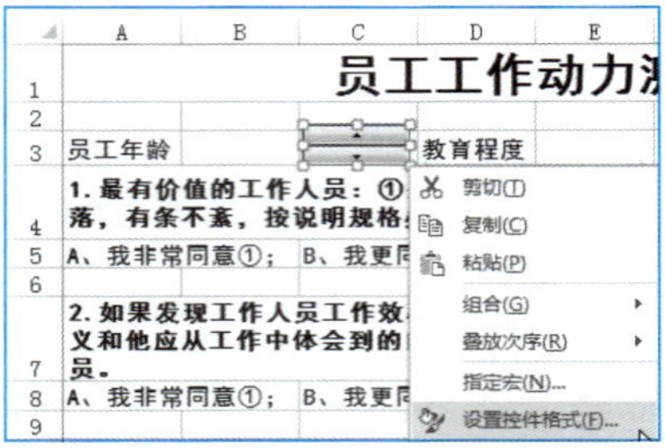

图21-16

图21-17

5 单击“确定”按钮，返回到工作表中，即可看到B3单元格中显示出当前值“22”如图21-18所示。

6 单击“数值调节钮”的上箭头，员工年龄自动在现有数字基础上加1，如图21-19所示。

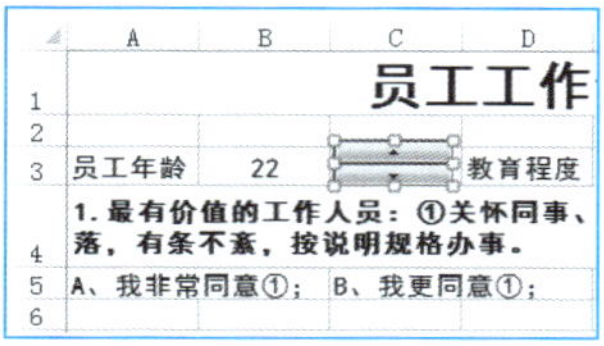

图21-18

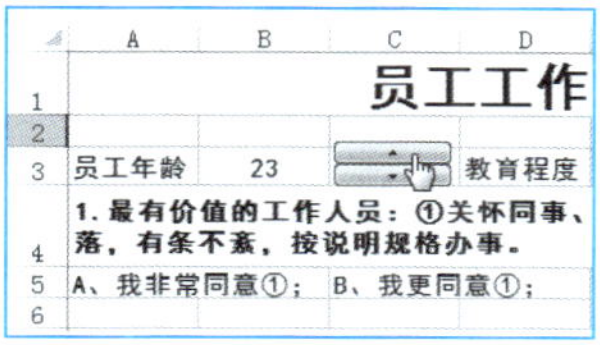

图21-19

步骤2：绘制组合框控件

1 在“控件”组中单击“插入”下拉按钮，在下拉菜单中单击“组合框”窗体控件，如图21-20所示。

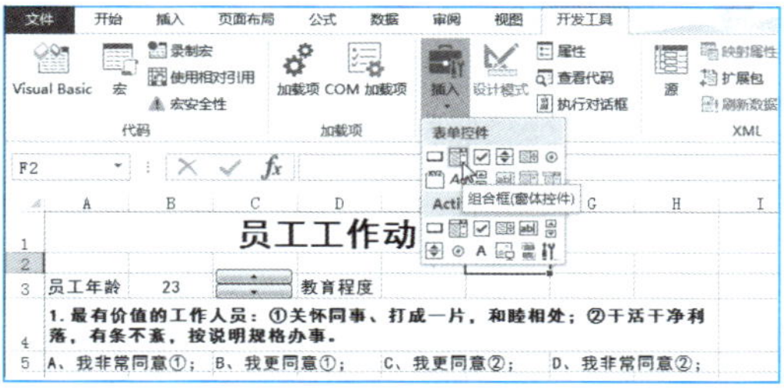

图21-20

2 在适当位置拖动鼠标绘制组合框控件，绘制后效果如图21-21所示。

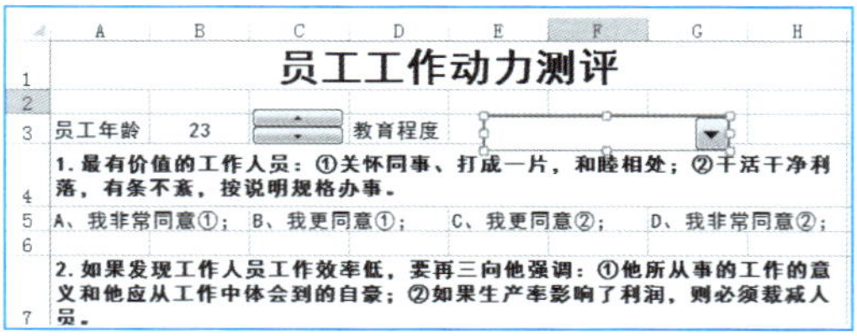

图21-21

3 选中“数值调节钮”控件，单击鼠标右键，在弹出的菜单中单击“设置控件格式”命令（如图21-22所示），打开“设置对象格式”对话框。

4 单击“控制”标签，将鼠标定位到“数据源区域”文本框中，在“学历”工作表中选中B2:C5单元格区域，选中“三维阴影”复选框，如图21-23所示。

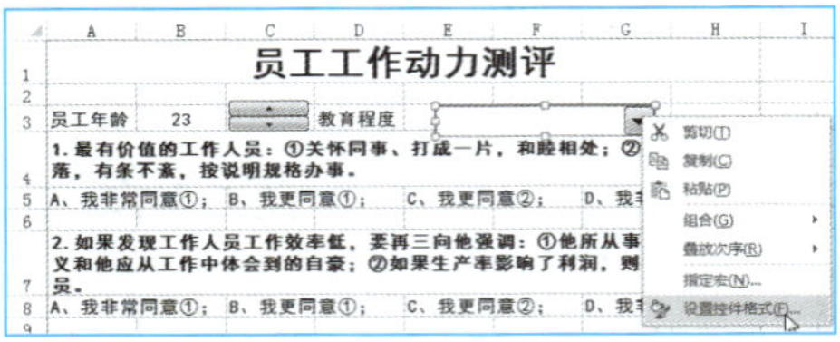

图21–22

图21–23

5 单击“确定”按钮，返回工作表中，单击“组合框”控件，在展开的下拉列表中选择需要的数据项，如“本科及以上”，即可显示数据项，如图21-24所示。

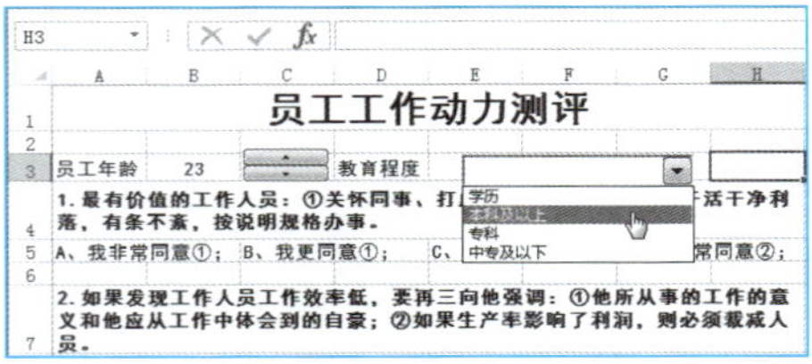

图21–24

文件261 创新能力测评

创新能力测评主要用来测评一个人的冒险性、好奇心、想象力和挑战性，通过这类测评可以有效确定受测者的创新能力结构和创新能力水平，方便管理者更好地为员工分配合适的工作岗位，提高劳动生产力。

制作要点与设计效果图

- 添加列表框框控件
- 设置列表框控件值范围
- 添加复选框
- 设置复选框控件格式

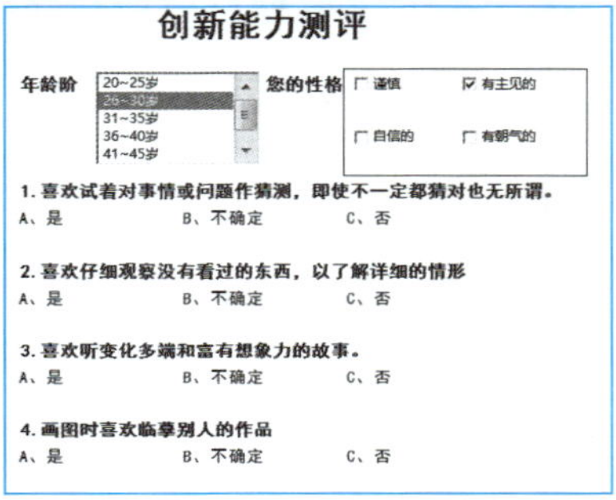
创新能力测评
年龄阶
20~25岁
26~30岁
31~35岁
36~40岁
41~45岁
您的性格
谨慎
有主见的
自信的
有朝气的
1. 喜欢试着对事情或问题作猜测，即使不一定都猜对也无所谓。
A、是 B、不确定 C、否
2. 喜欢仔细观察没有看过的东西，以了解详细的情形
A、是 B、不确定 C、否
3. 喜欢听变化多端和富有想象力的故事。
A、是 B、不确定 C、否
4. 画图时喜欢临摹别人的作品
A、是 B、不确定 C、否

文件设计过程

步骤1：绘制列表框空控件

❶ 打开“创新能力测评”工作簿，切换到“开发工具”选项卡，在“控件”组中单击“插入”下拉按钮，在下拉菜单中单击“列表框”窗体控件，如图21-25所示。

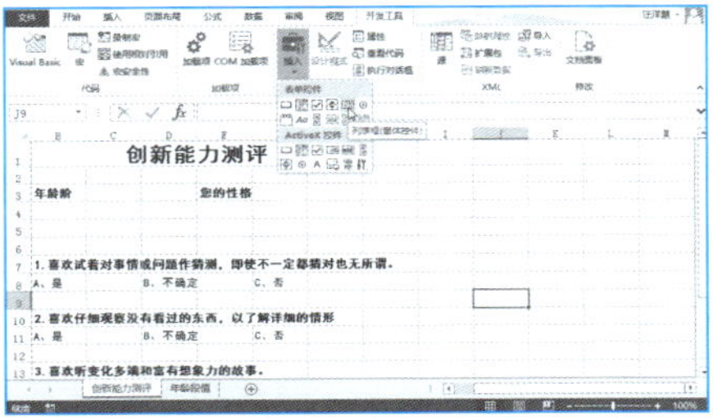

图21-25

❷ 在适当位置拖动鼠标绘制列表框控件，如图21-26所示。

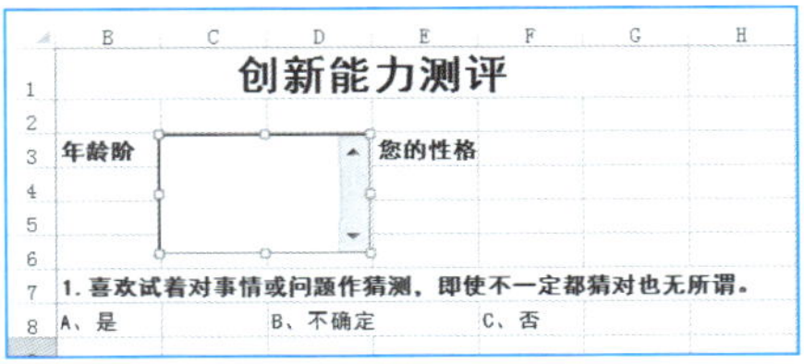

图21-26

❸ 右选中“列表框”控件，单击鼠标右键，在弹出的菜单中单击“设置控件格式”命令（如图21-27所示），打开“设置对象格式”对话框。

❹ 单击“控制”标签，将鼠标定位到“数据源区域”文本框，在“年龄段值”工作表中选中“A2:A7”单元格区域，选中“三维阴影”复选框，如图21-28所示。

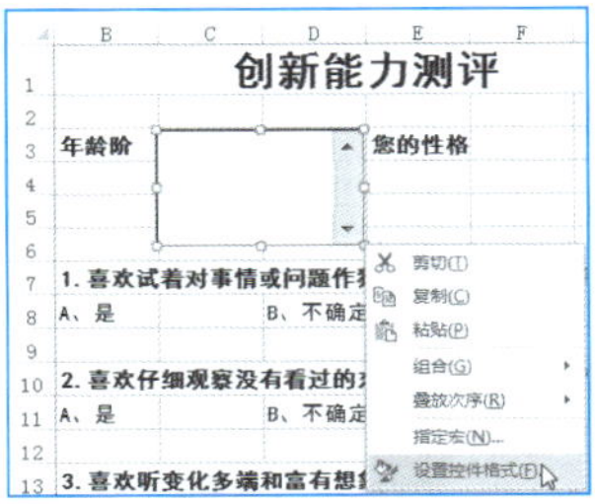

图21-27

图21-28

5 在列表框中显示数据项，选择需要的数据项，如单击“26-30岁”，如图21-29所示。

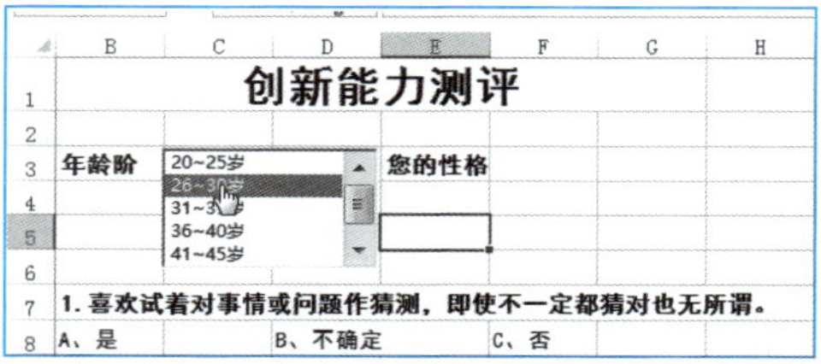

图21–29

步骤2：绘制分组框窗体控件

1 在“控件”组中单击“插入”下拉按钮，在下拉菜单中单击“分组框”窗体控件，如图21-30所示。

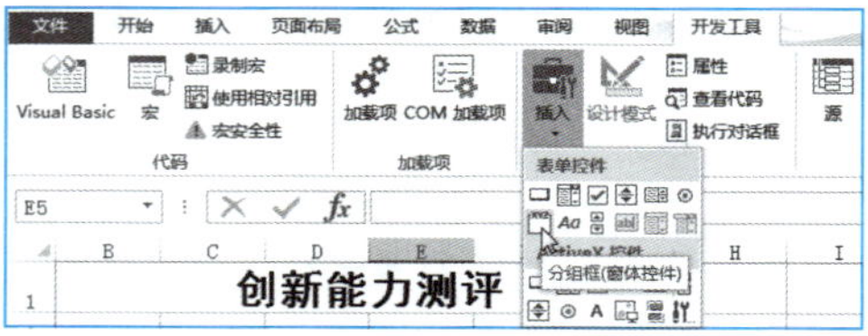

图21–30

2 在适当位置拖动鼠标绘制分组框控件，如图21-31所示。

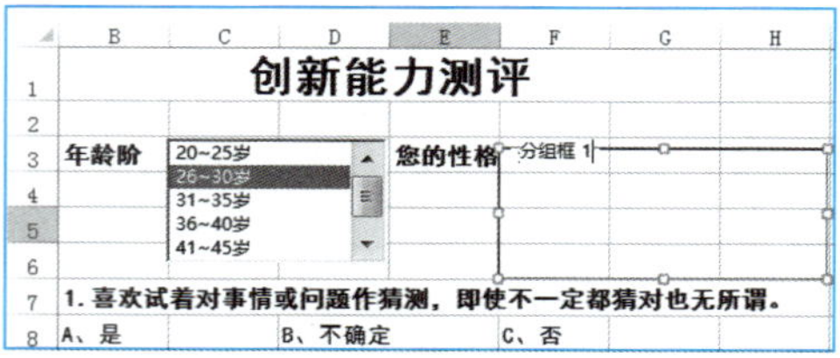

图21–31

3 使用Delete键删除分组框控件上的文本，删除后效果如图21-32所示。

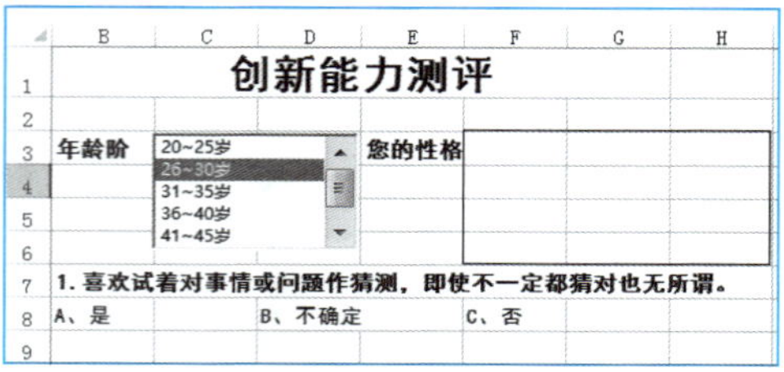

图21–32

步骤3：绘制复选框窗体控件

❶ 在“控件”组中单击“插入”下拉按钮，在下拉菜单中单击“复选框”窗体控件，如图21-33所示。

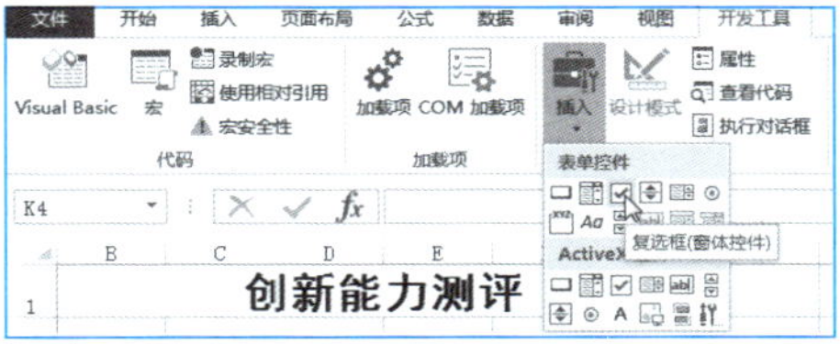

图21-33

❷ 在适当位置拖动鼠标绘制复选框控件，如图21-34所示。

❸ 将复选框控件上的文本更改为“谨慎”，如图21-35所示。

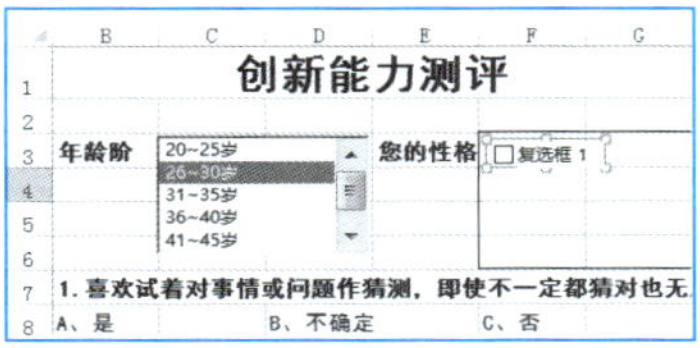

图21-34

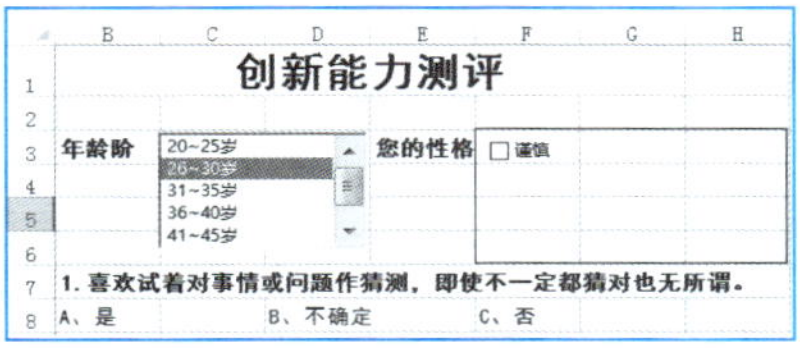

图21-35

❹ 复制3份复选框控件，然后分别将文本更改为“有主见的”、“自信的”、“有朝气的”，如图21-36所示。

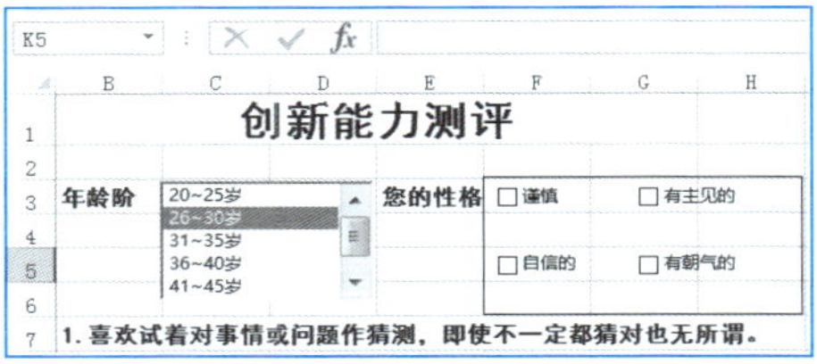

图21-36

步骤4：设置控件格式

❶ 选中“谨慎”复选框控件，单击鼠标右键，在弹出的菜单中单击“设置控件格式”命令（如图21-37所示），打开“设置控件格式”对话框。

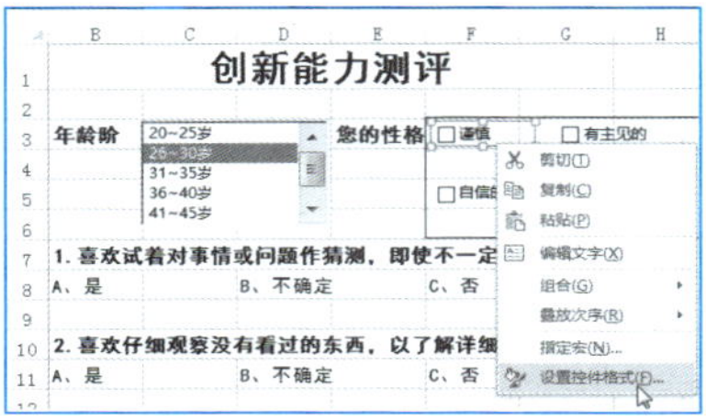

图21-37

❷ 在“控制”标签下选中

“三维阴影”复选框，如图21-38所示。

③ 单击“确定”按钮，按相同的方法设置其他复选框控件的格式，单击要选择数据项前的复选框，如单击“有主见的”复选框，即可选择数据项，如图21-39所示。

图21-38

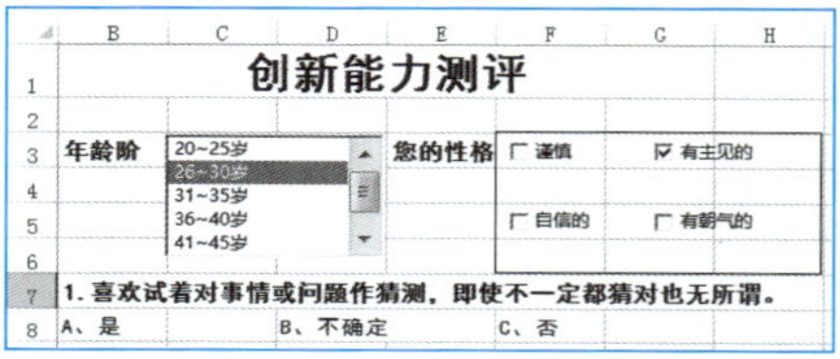

图21-39

文件262　心理健康测评成绩分析

由于不同的社会背景、经济水平、价值观念等影响，每个人的心理健康标准也是有差异的，在此以智力正常、情绪健康、意志健全、人格完整、人际关系和谐等心理行为符合年龄特征和角色特征七个方面来测评员工心理健康状况。

制作要点与设计效果图

- 自动求和
- 新建条件规则突出显示单元格

心理健康测评成绩分析

被测人	智力正常	情绪健全	意志健全	人格完整	人际关系和谐	与社会协调一致	心理行为符合年龄特征和角色特征	合计
吕芬芬	8.8	9.7	8.5	7.8	7.5	7.5	9.5	59.3
路高泽	9.5	8.5	8.9	9.8	7.9	9.8	7.8	62.2
陈山	9.5	8.9	9.8	8.8	9.6	8.5	9.5	64.6
廖晓	9	9.8	7.8	9.5	9.8	8.8	8.5	63.2
张丽君	8.8	7.8	9.5	9.5	8.5	8.7	9.6	62.4
吴华波	9.5	9.5	7.8	9	9.8	7.8	7.8	61.2
黄孝铭	8.8	7.8	7.7	8.8	8.8	8.5	7.7	58.1
丁锐	9.6	9.5	8	9.5	7.8	8.9	8	61.3
庄霞	8.9	8.8	7.6	9	9.8	9.5	7.6	61.2
黄鹂	8.7	9.6	9.6	8	7.8	7.8	9.6	61.1
侯娟娟	9.8	8.9	9.8	8	9.5	8.9	9.8	64.7
王福鑫	9.5	8.7	7.8	9.8	7.9	8.6	7.8	60.1
王琪	9.5	9.8	9.8	7.8	9.8	8.8	9.8	65.3
陈潇	7.5	8	7.8	8.4	9.9	9.5	9.5	60.6

文件设计过程

步骤1：自动求和

① 打开“心理健康测评成绩分析”工作簿，选中I3:I16单元格区域，切换到“公式”选项卡，在“函数库”组中单击“自动求和”按钮，如图21-40所示。

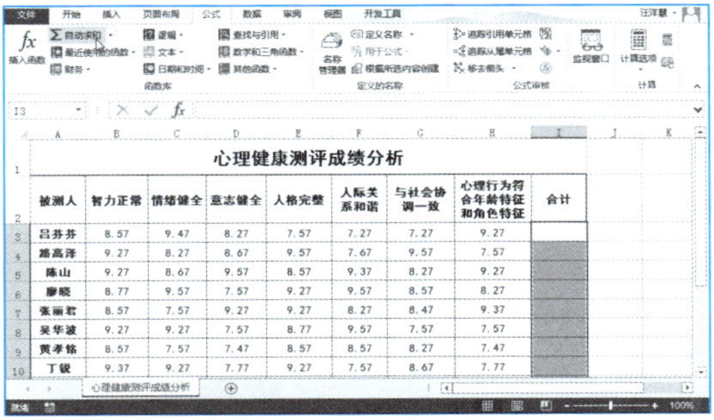

图21-40

提 示

用户可以直接在“开始”选项卡的“编辑”组中直接单击“Σ·”（自动求和）按钮即可。

❷ 单击“自动求和”按钮后，在选中的单元格区域中显示了左侧数字求和的结果，如图21-41所示。

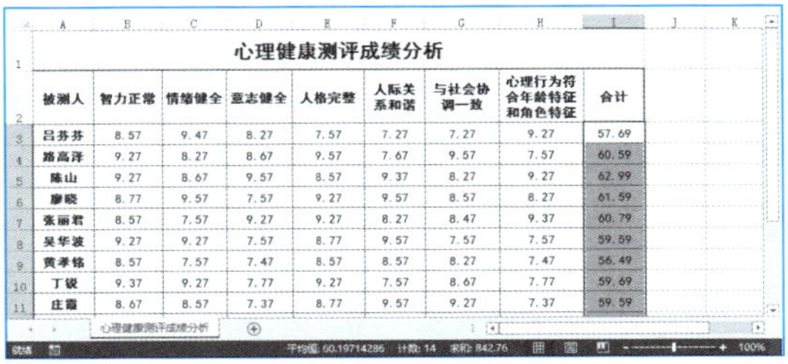

图21-41

步骤2：设置条件格式

❶ 切换到“开始”选项卡“样式”组中单击“条件格式”下拉按钮（如图21-42所示），在下拉菜单单击“突出显示单元格规则”命令，在弹出的子菜单中单击“小于”命令（如图21-43所示），打开“小于”对话框。

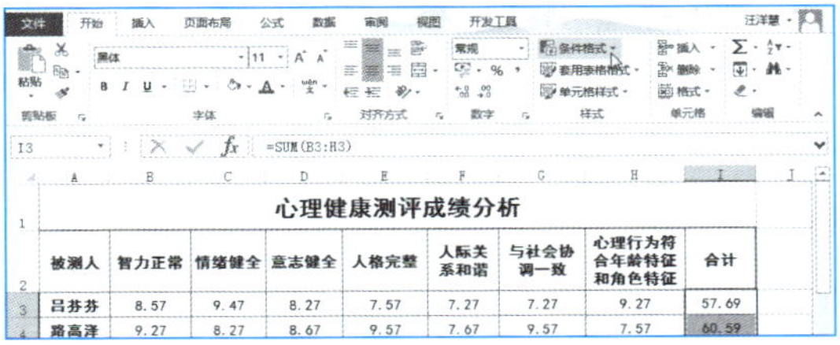

图21-42

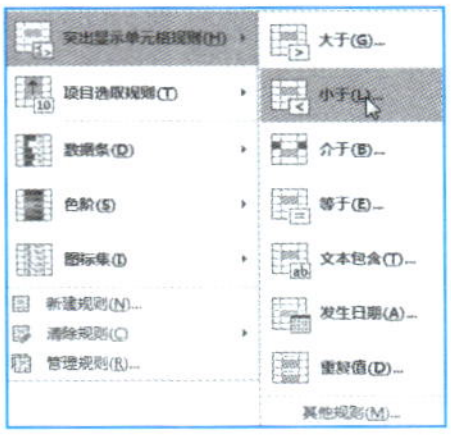

图21-43

2 在“为小于以下值的单元格设置格式”文本框中输入“60”，单击“设置为”下拉按钮，在下拉菜单中单击“自定义格式”选命令（如图21-44所示），打开“设置单元格格式”对话框。

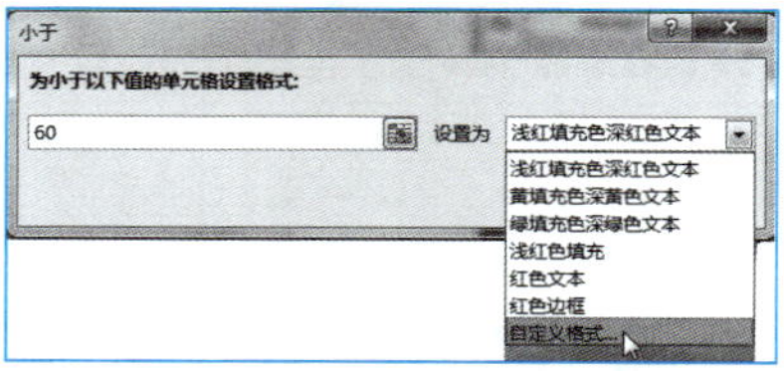

图21-44

3 单击“字体”标签，在“字号”列表框中单击“粗体”，单击“颜色”下拉按钮，在下拉菜单中单击“红色”，如图21-45所示。

4 单击“填充”标签，在“背景色”区域选择要填充的颜色，如图21-46所示。

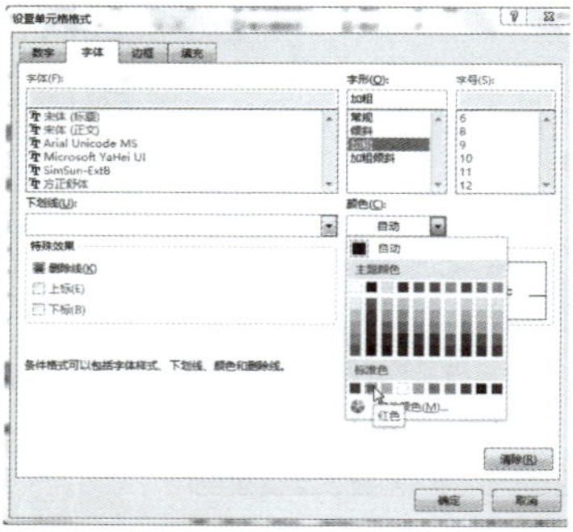

图21-45

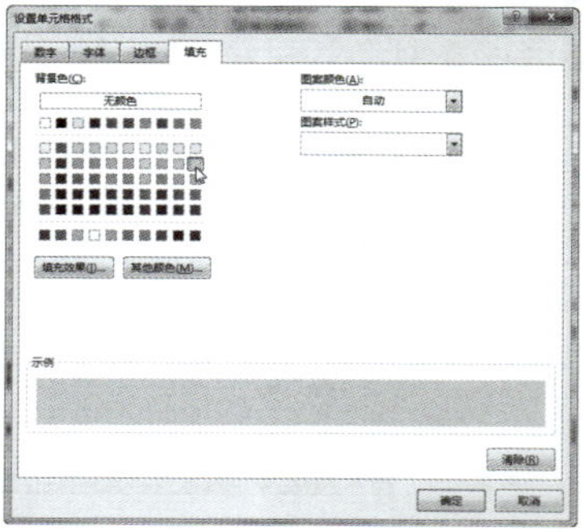

图21-46

5 单击“确定”按钮，返回工作表中，所选单元格符合条件的以指定格式显示，如图21-47所示。

心理健康测评成绩分析

被测人	智力正常	情绪健全	意志健全	人格完整	人际关系和谐	与社会协调一致	心理行为符合年龄特征和角色特征	合计
吕芬芬	8.57	9.47	8.27	7.57	7.27	7.27	9.27	57.69
路高洋	9.27	8.27	8.67	9.57	7.67	9.57	7.57	60.59
陈山	9.27	8.67	9.57	8.57	9.37	8.27	9.27	62.99
廖晓	8.77	9.57	7.57	9.27	9.57	8.57	8.27	61.59
张丽君	8.57	7.57	9.27	9.27	8.27	8.47	9.37	60.79
吴华波	9.27	9.27	7.57	8.77	9.57	7.57	7.57	59.59
黄孝铭	8.57	7.57	7.47	8.57	8.57	8.27	7.47	56.49
丁锐	9.37	9.27	7.77	9.27	7.57	8.67	7.77	59.69
庄霞	8.67	8.57	7.37	8.77	9.57	9.27	7.37	59.59
黄鹏	8.47	9.37	9.37	7.77	7.57	7.57	9.37	59.49
侯娟娟	9.57	8.67	9.57	7.77	9.27	8.67	9.57	63.09
王福鑫	9.27	8.47	7.57	9.57	7.67	8.37	7.57	58.49
王琪	9.27	9.57	9.57	7.57	9.57	8.57	9.57	63.69
陈潇	7.27	7.77	7.57	8.17	9.67	9.27	9.27	58.99

图21-47

步骤3：将工作簿保存到Web中

❶ 单击“文件”标签，在左侧窗格单击“共享”，在“共享”区域单击“邀请他人”按钮，在“邀请他人”区域单击“保存到云”按钮，如图21-48所示。

图21-48

❷ 跳转到“另存为”界面，在“另存为”区域单击“OneDrive-个人”在“OneDrive-个人”区域单击“汪洋慧的OneDrive”按钮（如图21-49所示），打开“另存为”对话框。

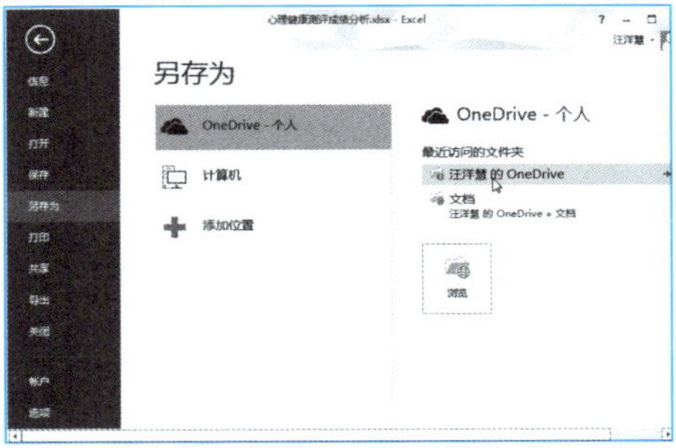

图21-49

❸ 保存默认设置，单击“保存”按钮，如图21-50所示。

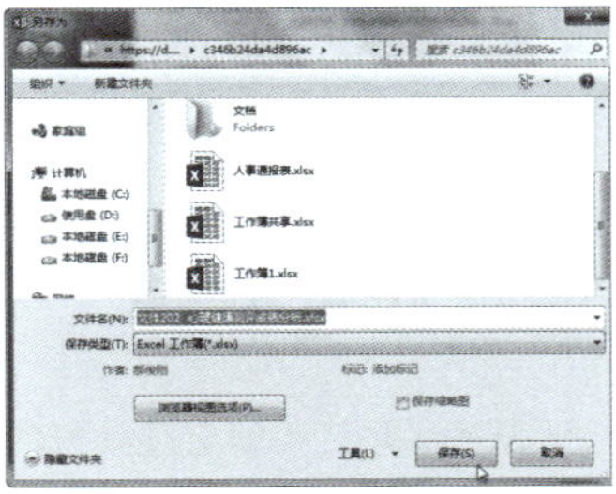

图21-50

4 切换到“共享”界面，可以看到已经保存到“汪洋慧的OneDrive”区域中，在“共享”区域单击“获取共享链接”，在“获取共享链接”单击“查看链接”后的“创建链接”按钮，如图21-51所示。

图21-51

5 单击“查看链接”后的“创建链接”按钮，即可获得链接地址（如图21-52所示），复制该链接发送给他人，即可在打开的链接中看到上传到OneDrive中。

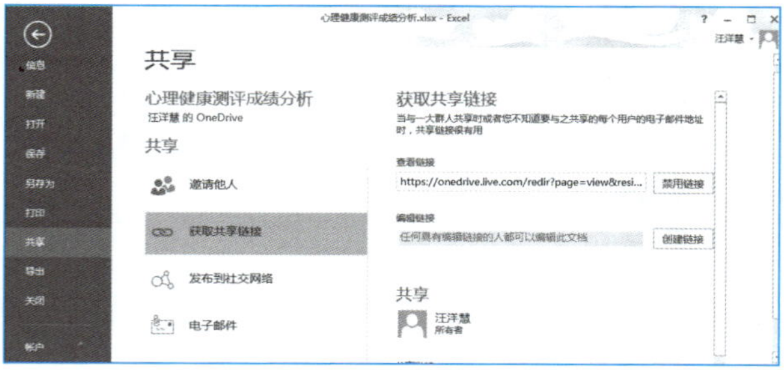

图21-52

提 示

用户在共享之前，需要在OneDrive上创建自己的账号，才可以共享到网页上。

文件263　职业适应性测评

职业适应性是指一个人从事某项工作时必须具备的生理、心理素质特征。它包括很多内容，但由于场合不同，可能会有不同的强调要点、工作重心等。因此在选择员工时，企业会根据自身要求对员工的职业适应性进行测评。

制作要点与设计效果图

- 插入文本框控件
- 设置文本框控件属性
- 使用软键盘舒服符号
- 切换软键盘符号类型

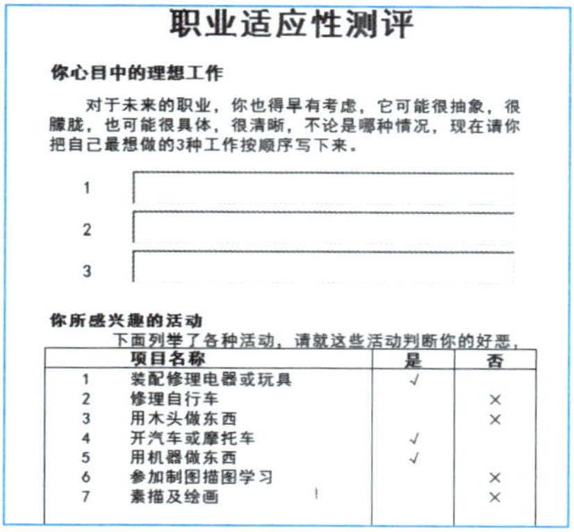

职业适应性测评

你心目中的理想工作

对于未来的职业，你也得早有考虑，它可能很抽象，很朦胧，也可能很具体，很清晰，不论是哪种情况，现在请你把自己最想做的3种工作按顺序写下来。

1

2

3

你所感兴趣的活动

下面列举了各种活动，请就这些活动判断你的好恶。

	项目名称	是	否
1	装配修理电器或玩具	√	
2	修理自行车		×
3	用木头做东西		×
4	开汽车或摩托车	√	
5	用机器做东西	√	
6	参加制图描图学习		×
7	素描及绘画		×

文件设计过程

步骤1：绘制文本框控件

❶ 打开“职业适应性测试”工作簿，切换到“开发工具”选项卡，在“控件”组中单击“插入”下拉按钮，在下拉菜单中单击“文本框”控件，如图21-53所示。

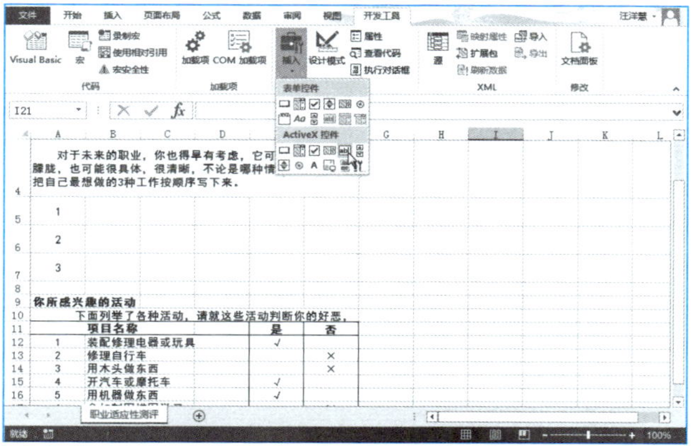

图21–53

❷ 在工作表中适当的位置拖动鼠标绘制文本框控件，绘制后效果如图21-54所示。

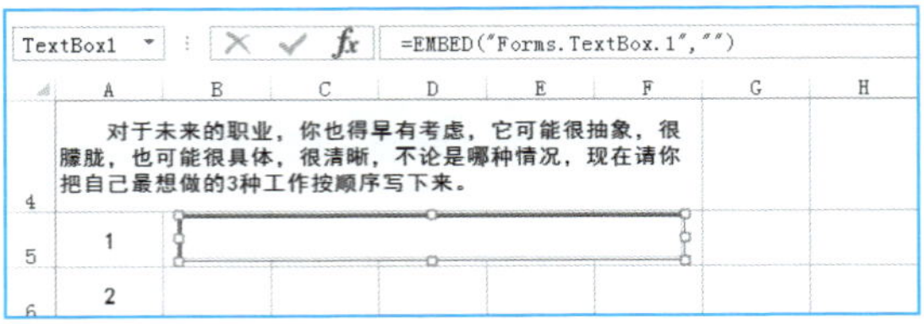

图21-54

3 选中文本框控件，单击鼠标右键，在弹出的菜单中选择“属性”选项（如图21-55所示），打开“属性”对话框。

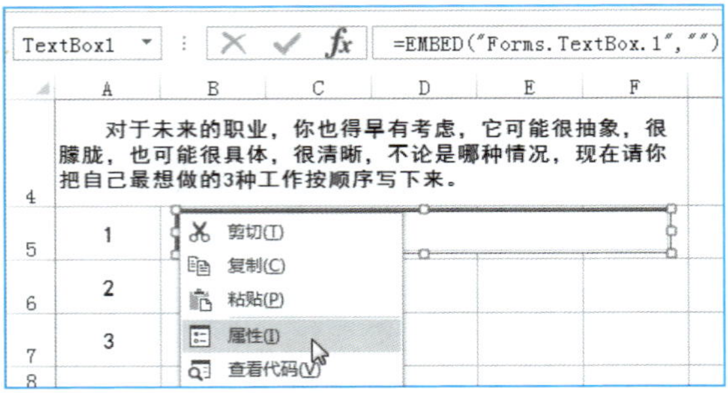

图21-55

4 在“名称”文本框中输入“First”，接着单击“Backcolor”右侧的下拉按钮，在下拉菜单中单击“按钮亮阴影”命令，如图21-56所示。

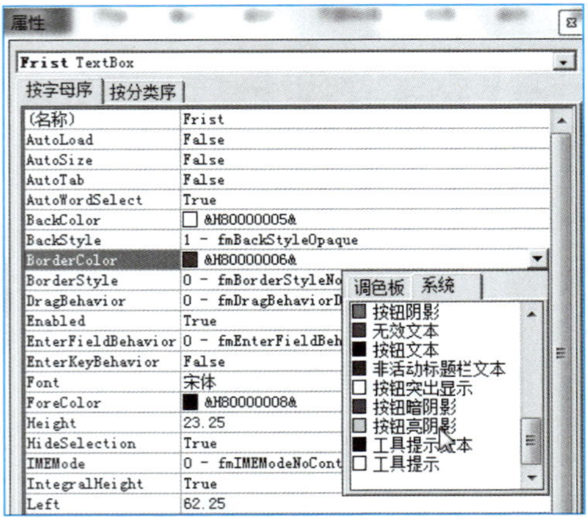

图21-56

5 关闭“属性”对话框，复制两份文本框控件，并分别在“属性”对话框中将“名称”改为“Second”和“Third”，效果如图21-57所示。

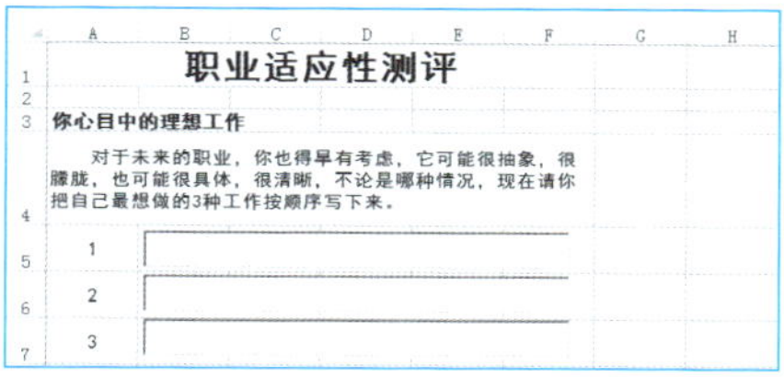

图21-57

步骤2：使用软键盘输入符号

❶ 右键单击“搜狗拼音法”图标，在弹出的菜单中单击“软件盘”命令，在弹出的子菜单中单击“数学符号”命令，如图21-58所示。

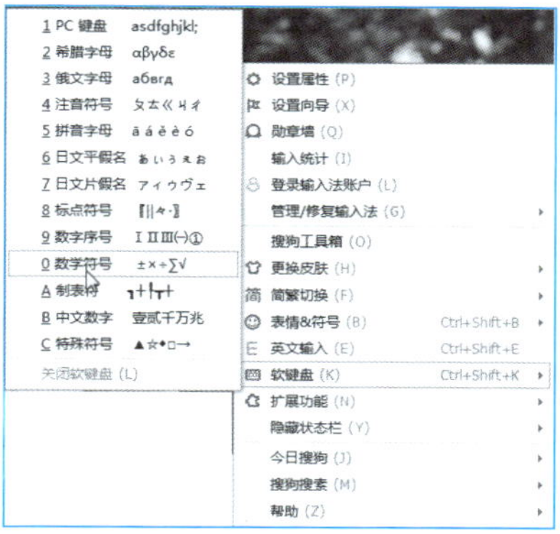

图21-58

❷ 将光标定位到E12单元格，在软件盘上单击要插入的符号，如“√”，如图21-59所示。

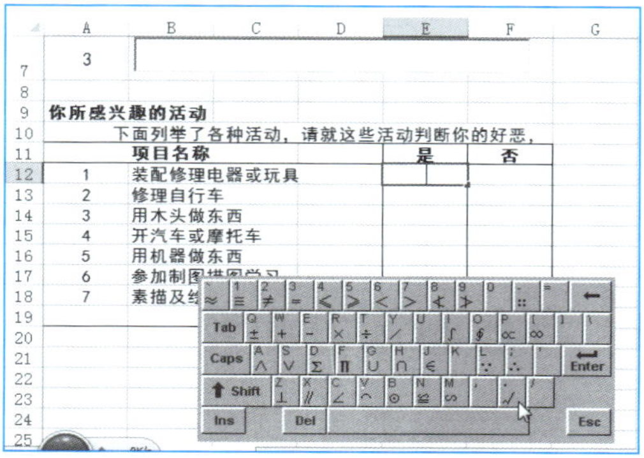

图21-59

3 将光标插入点置于要插入符号的新位置，在软键盘中单击要插入的符号即可快速插入符号，如图21-60所示。

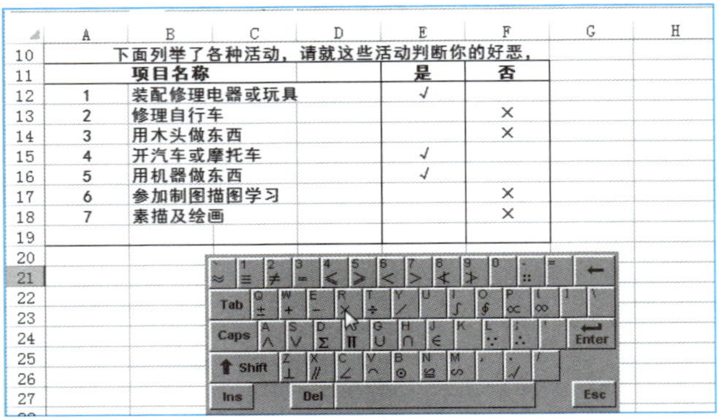

图21-60

文件264　解决问题风格测评

解决问题风格测评主要用于了解受测者的个人特点、潜在特质、待人处事风格、职业适应性及发展前景等，这类测评主要以解决问题的形式进行。

制作要点与设计效果图

- 添加下框线
- 绘制分组框控件
- 编辑控件上的文本
- 绘制选项按钮控件

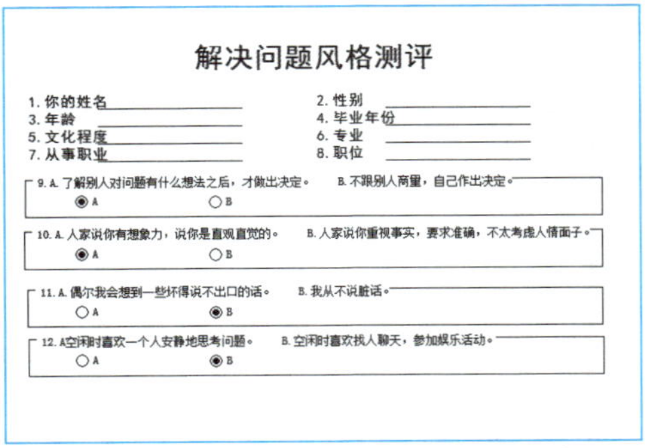
解决问题风格测评

1. 你的姓名　　2. 性别
3. 年龄　　4. 毕业年份
5. 文化程度　　6. 专业
7. 从事职业　　8. 职位

9. A. 了解别人对问题有什么想法之后，才做出决定。　B. 不跟别人商量，自己作出决定。
◉A　○B

10. A. 人家说你有想象力，说你是直观直觉的。　B. 人家说你重视事实，要求准确，不太考虑人情面子。
◉A　○B

11. A. 偶尔我会想到一些坏得说不出口的话。　B. 我从不说脏话。
○A　◉B

12. A空闲时喜欢一个人安静地思考问题。　B. 空闲时喜欢找人聊天，参加娱乐活动。
○A　◉B

文件265　事业驱策力测评

事业驱策力是一股内在的力量，它决定人们对自己职业生涯的期望和要求，企业只有客观、准确地了解员工内在驱动力，才能用好人才、激励人才和留住人才。

制作要点与设计效果图

- 录制宏
- 编辑宏
- 执行宏

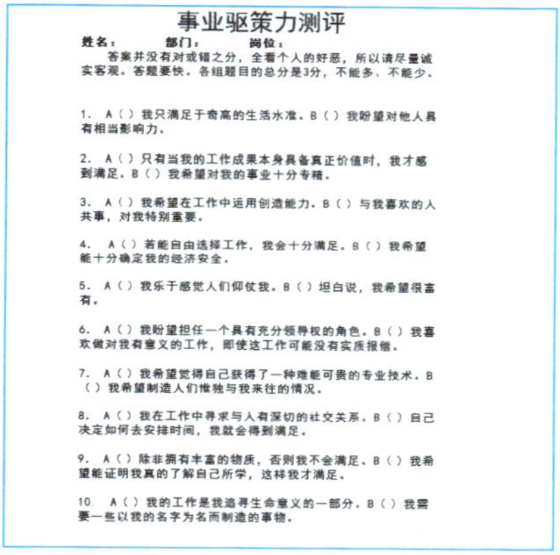
事业驱策力测评

姓名：　　部门：　　岗位：

答案并没有对或错之分，全看个人的好恶，所以请尽量诚实客观。答题要快。各组题目的总分是3分，不能多、不能少。

1. A（）我只满足于奇高的生活水准。B（）我盼望对他人具有相当影响力。

2. A（）只有当我的工作成果本身具备真正价值时，我才感到满足。B（）我希望对我的事业十分专精。

3. A（）我希望在工作中运用创造能力。B（）与我喜欢的人共事，对我特别重要。

4. A（）若能自由选择工作，我会十分满足。B（）我希望能十分确定我的经济安全。

5. A（）我乐于感觉人们仰仗我。B（）坦白说，我希望很富有。

6. A（）我盼望担任一个具有充分领导权的角色。B（）我喜欢做对我有意义的工作，即使这工作可能没有实质报偿。

7. A（）我希望觉得自己获得了一种难能可贵的专业技术。B（）我希望制造人们惟独与我来往的情况。

8. A（）我在工作中寻求与人有深切的社交关系。B（）自己决定如何去安排时间，我就会得到满足。

9. A（）除非拥有丰富的物质，否则我不会满足。B（）我希望能证明我真的了解自己所学，这样我才满足。

10. A（）我的工作是我追寻生命意义的一部分。B（）我需要一些以我的名字为名而制造的事物。

文件266　职业性格测评

如果想了解员工的个性是否适合当前的工作，可以做一套职业性格测评题，然后根据测评结果进行相关性分析，这样做可以真正了解员工的性格特征，以及该类个性员工适合从事的职务。

制作要点与设计效果图

- 使用格式刷复制单元格格式
- 企业分页符预览
- 调整分页符位置

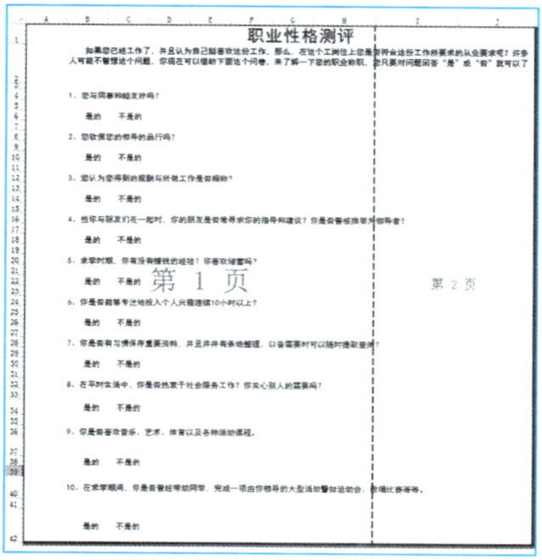
职业性格测评

如果您已经工作了，并且认为自己能喜欢这份工作，那么，在这个工岗位上您是否符合这份工作所要求的从业要求呢？许多人可能不曾想过这个问题，你现在可以借助下面这个问卷，来了解一下您的职业称职，您只要对问题回答“是”或“否”就可以了

1、您与同事和睦友好吗？

是的　不是的

2、您钦佩您的领导的品行吗？

是的　不是的

3、您认为您得到的报酬与所做工作是否相称？

是的　不是的

4、当你与朋友们在一起时，你的朋友是否常寻求你的指导和建议？你是否曾被推举为领导者？

是的　不是的

5、求学时期，你有没有赚钱的经验？你喜欢储蓄吗？

是的　不是的

6、你是否能够专注地投入个人兴趣连续10小时以上？

是的　不是的

7、你是否有习惯保存重要资料，并且井井有条地整理，以备需要时可以随时提取查阅？

是的　不是的

8、在平时生活中，你是否热衷于社会服务工作？你关心别人的需要吗？

是的　不是的

9、你是否喜欢音乐、艺术、体育以及各种活动课程。

是的　不是的

10、在求学期间，你是否曾经带动同学，完成一项由你领导的大型活动譬如运动会、歌唱比赛等等。

是的　不是的

文件267　领导能力结构测评

领导能力测评是依照国内及国外公认的管理者能力标准中所列的十四项指标编制而成，这些指标包括尽职能力、计划组织能力、口头表达能力、决策能力等。

制作要点与设计效果图

- INDEX函数
- 绘制滚动条控件
- 设置滚动条控制值

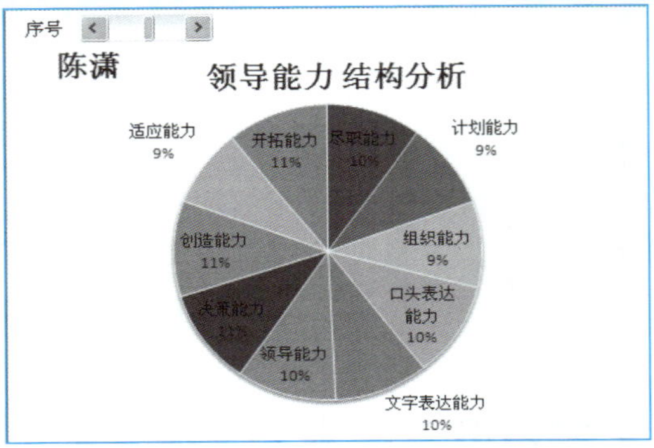

文件268　人才综合素质测评表格

人才综合素质测评是从员工的能力、个性、心理素质、为人处事风格、职业价值观、职业兴趣等多个方面对职工个人进行综合评价，通过这些项目的评分，可以更好地筛选出综合素质较高的职工。

制作要点与设计效果图

- 自动求和
- 按字段进行降序排列
- 应用图标集

人才综合素质测评评分表

职工姓名	组织管理能力				人际沟通能力			个人内在能力					总分
	统筹规划能力	判断决策能力	组织指挥能力	管理风格	沟通表达能力	影响力	沟通风格	生理素质	专业知识与技能	相关经验	心理素质	创新能力	
张丽君	9.8	9.5	9.5	79.8	7.8	9.5	7.6	7.8	8.7	7.8	8.7	8.4	↑174.9
吴华波	7.8	7.8	6.8	8.9	9.8	8.7	8.5	9.6	8.5	8.7	9.6	8.4	↓103.1
黄孝铭	8.8	8.8	8.8	7.8	9.8	8.5	7.8	7.8	9.6	8.5	8.5	8.3	↓103
丁锐	9.6	7.8	7.5	7.9	7.8	9.8	8.4	8.3	8.7	8.5	7.9	8.7	↓100.9
庄霞	6.8	7.8	7.8	9.6	9.5	7.9	8.8	8.7	8.7	8.7	7.8	8.7	↓100.8
黄鹏	8.9	7.8	5.8	9.6	8.8	9.5	8.2	8.5	8.5	7.9	8.7	7.9	↓100.1
侯娟娟	7.5	6.8	9.8	8.8	9.5	7.8	8.1	8.7	8.7	7.8	8.3	8.3	↓100.1
陈潇	8.5	8.9	7.8	7.8	7.6	7.8	8.7	8.7	9.6	7.8	7.8	8.7	↓99.7
杨浪	5.5	8.9	9.8	8.8	7.8	8.5	8.6	7.8	7.9	8.7	7.8	8.5	↓98.6
张点点	7.8	8.8	8.6	7.8	7.8	8.8	6.8	8.7	7.8	7.8	7.9	8.3	↓96.9
于青青	6.8	7.8	8.7	9.8	5.8	7.5	8.5	7.9	8.5	7.8	9.6	7.8	↓96.5
邓兰兰	5.8	8.9	8.3	8.8	7.8	6.8	7.8	7.9	7.8	8.5	7.9	8.4	↓94.7

第22章

员工信息中的函数范例应用

Excel

函数1 判断员工身份证号码位数

判断员工身份证号码位数是否正确，可以使用TRUE函数来实现。

① 选中F2单元格，在公式编辑栏中输入公式：=IF(OR(LEN(B2)=15,LEN(B2)=18),TRUE,FALSE)，按回车键即可判断输入的员工身份证号码位数是否正确。如果正确，显示为“TRUE”；反之，显示为“FALSE”，如图22-1所示。

F2 =IF(OR(LEN(B2)=15,LEN(B2)=18),TRUE,FALSE)

	B	C	D	E	F	G
1	身份证号码	性别	学历	职务	身份证号码是否正确	
2	34280158022811302	女	本科	经理	FALSE	
3	34082047104163375	男	本科	会计		
4	342607197803170540	女	本科	部门主管		
5	3421041972042602130	男	本科	部门主管		
6	342205197610160527	女	专科	职员		
7	342604198206100224	女	本科	职员		
8	342104198110220126	女	专科	职员		
9						

图22-1

② 将光标移到F2单元格的右下角，光标变成十字形状后，按住鼠标左键向下拖动进行公式填充，即可判断其他输入的员工身份证号码位数是否正确，如图22-2所示。

F2 =IF(OR(LEN(B2)=15,LEN(B2)=18),TRUE,FALSE)

	B	C	D	E	F	G
1	身份证号码	性别	学历	职务	身份证号码是否正确	
2	34280158022811302	女	本科	经理	FALSE	
3	34082047104163375	男	本科	会计	FALSE	
4	342607197803170540	女	本科	部门主管	TRUE	
5	3421041972042602130	男	本科	部门主管	FALSE	
6	342205197610160527	女	专科	职员	TRUE	
7	342604198206100224	女	本科	职员	TRUE	
8	342104198110220126	女	专科	职员	TRUE	
9						

图22-2

函数2 查找员工职务和工龄

在使用VLOOKUP进行数据查找时，配合FALSE进行精确查找。

① 选中C11单元格，在公式编辑栏中输入公式：=VLOOKUP(B11,A2:F8,4,FALSE)，按回车键根据员工姓名精确查找出对应的员工职务，如图22-3所示。

② 选中D11单元格，在公式编辑栏中输入公式：=VLOOKUP(B11,A2:F8,6,FALSE)，按回车键根据员工姓名精确查找出对应的员工工龄，如图22-4所示。

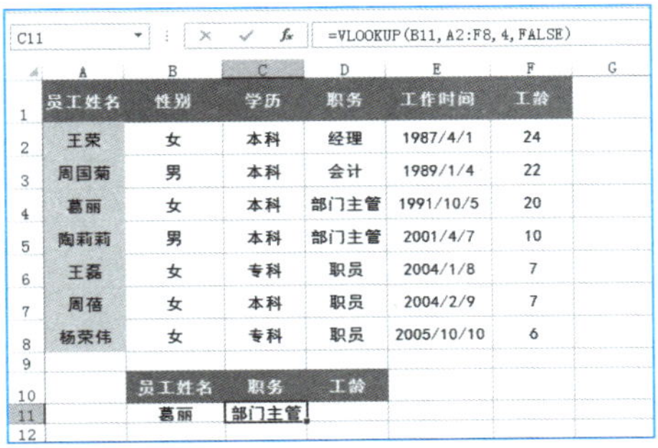

C11　=VLOOKUP(B11,A2:F8,4,FALSE)

员工姓名	性别	学历	职务	工作时间	工龄
王荣	女	本科	经理	1987/4/1	24
周国菊	男	本科	会计	1989/1/4	22
葛丽	女	本科	部门主管	1991/10/5	20
陶莉莉	男	本科	部门主管	2001/4/7	10
王磊	女	专科	职员	2004/1/8	7
周蓓	女	本科	职员	2004/2/9	7
杨荣伟	女	专科	职员	2005/10/10	6

员工姓名	职务	工龄
葛丽	部门主管	

图22-3

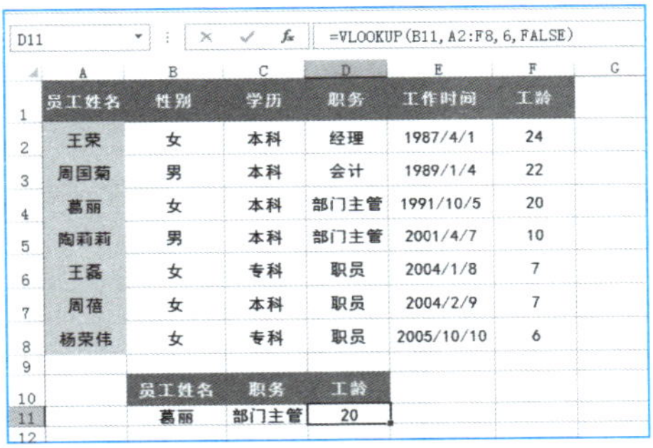

D11　=VLOOKUP(B11,A2:F8,6,FALSE)

员工姓名	性别	学历	职务	工作时间	工龄
王荣	女	本科	经理	1987/4/1	24
周国菊	男	本科	会计	1989/1/4	22
葛丽	女	本科	部门主管	1991/10/5	20
陶莉莉	男	本科	部门主管	2001/4/7	10
王磊	女	专科	职员	2004/1/8	7
周蓓	女	本科	职员	2004/2/9	7
杨荣伟	女	专科	职员	2005/10/10	6

员工姓名	职务	工龄
葛丽	部门主管	20

图22-4

函数3　计算员工虚岁年龄

要计算员工虚岁年龄，可以使用DATEDIF函数配合TODAY函数来实现。

❶ 选中D2单元格，在公式编辑栏中输入公式：=DATEDIF(B2,TODAY(),"Y")，按回车键即可根据员工的出生日期得到员工虚岁年龄，如图22-5所示。

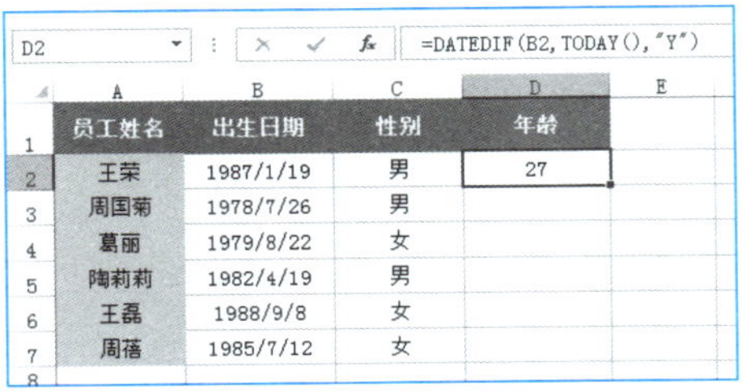

D2　=DATEDIF(B2,TODAY(),"Y")

员工姓名	出生日期	性别	年龄
王荣	1987/1/19	男	27
周国菊	1978/7/26	男	
葛丽	1979/8/22	女	
陶莉莉	1982/4/19	男	
王磊	1988/9/8	女	
周蓓	1985/7/12	女	

图22-5

❷ 将光标移到D2单元格的右下角，光标变成十字形状后，按住鼠标左键

向下拖动进行公式填充，即可根据其他员工的出生日期得到员工虚岁年龄，如图22-6所示。

员工姓名	出生日期	性别	年龄
王荣	1987/1/19	男	27
周国菊	1978/7/26	男	36
葛丽	1979/8/22	女	35
陶莉莉	1982/4/19	男	32
王磊	1988/9/8	女	26
周蓓	1985/7/12	女	29

图22-6

函数4 计算出员工年龄

当得知员工的出生日期之后，使用YEAR与TODAY函数可以计算出员工年龄。

❶ 选中E2单元格，在公式编辑栏中输入公式：=YEAR(TODAY())-YEAR(C2)，按回车键返回日期值，如图22-7所示。

E2 =YEAR(TODAY())-YEAR(C2)

编号	姓名	出生日期	入公司日期	年龄
NL001	唐敏	1987/5/2	2010/5/13	1900/1/27
RL002	许普庆	1988/8/9	2010/8/19	
RL003	周伟	1987/5/12	2010/11/2	
RL004	殷玉琪	1987/5/20	2010/12/5	
RL005	王涛	1986/12/3	2011/2/17	

图22-7

❷ 将光标移到E2单元格的右下角，光标变成十字形状后，按住鼠标左键向下拖动进行公式填充，如图22-8所示。

编号	姓名	出生日期	入公司日期	年龄
NL001	唐敏	1987/5/2	2010/5/13	1900/1/27
RL002	许普庆	1988/8/9	2010/8/19	1900/1/26
RL003	周伟	1987/5/12	2010/11/2	1900/1/27
RL004	殷玉琪	1987/5/20	2010/12/5	1900/1/27
RL005	王涛	1986/12/3	2011/2/17	1900/1/28

图22-8

3 选中“年龄”列函数返回的日期值，重新设置其单元格格式为“常规”格式，即可以根据出生日期返回员工年龄，如图22-9所示。

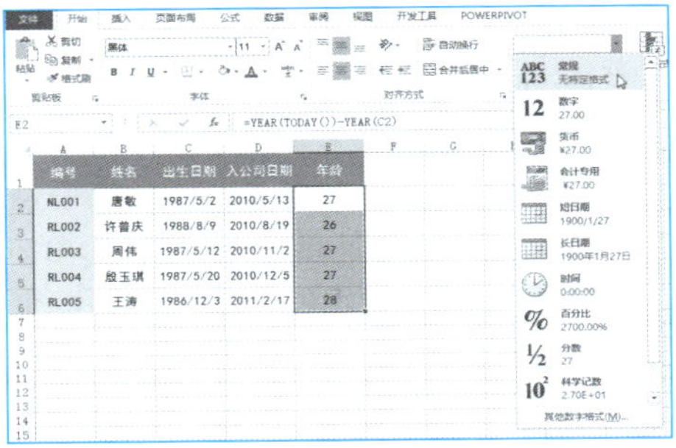

编号	姓名	出生日期	入公司日期	年龄
NL001	唐敏	1987/5/2	2010/5/13	27
RL002	许普庆	1988/8/9	2010/8/19	26
RL003	周伟	1987/5/12	2010/11/2	27
RL004	殷玉琪	1987/5/20	2010/12/5	27
RL005	王涛	1986/12/3	2011/2/17	28

图22-9

函数5　从员工身份证号码中提取出生年份

由于身份证号码有15位和18位之分，因此要使用MID函数可以从身份证号码中提取出生年份，需要配合IF函数与LEN函数来实现。

1 选中C2单元格，在公式编辑栏中输入公式：=IF(LEN(B2)=15,"19"&MID(B2,7,2),MID(B2,7,4))，按回车键即可从身份证号码中提取员工“王荣”的出生年份，如图22-10所示。

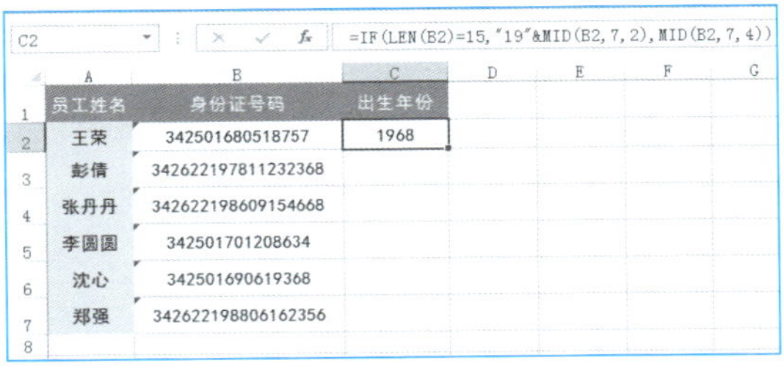

员工姓名	身份证号码	出生年份
王荣	342501680518757	1968
彭倩	342622197811232368	
张丹丹	342622198609154668	
李圆圆	342501701208634	
沈心	342501690619368	
郑强	342622198806162356	

图22-10

2 将光标移到C2单元格的右下角，光标变成十字形状后，按住鼠标左键向下拖动进行公式填充，即可从员工身份证号码中提取所有员工的出生年份，如图22-11所示。

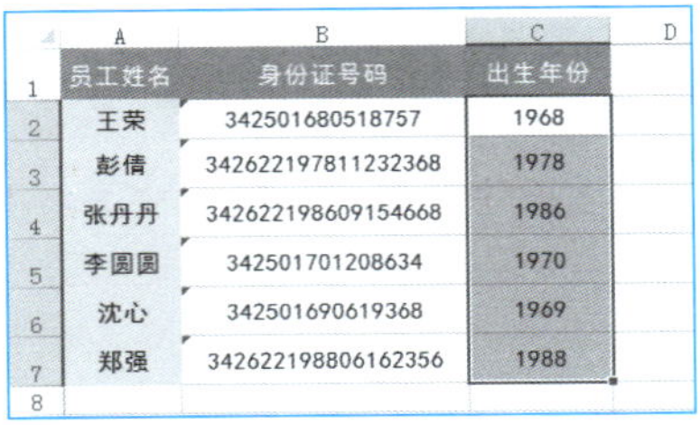

员工姓名	身份证号码	出生年份
王荣	342501680518757	1968
彭倩	342622197811232368	1978
张丹丹	342622198609154668	1986
李圆圆	342501701208634	1970
沈心	342501690619368	1969
郑强	342622198806162356	1988

图22-11

函数6 从身份证号码中提取完整的出生日期

从身份证号码中可以提取完整的出生日期，但需要配合多个函数来实现，分别是IF函数、LEN函数、CONCATENATE函数和MID函来。

① 选中C2单元格，在公式编辑栏中输入公式：=IF(LEN(B2)=15,CONCATENATE("19",MID(B2,7,2),"年",MID(B2,9,2),"月",MID(B2,11,2),"日"),CONCATENATE(MID(B2,7,4),"年",MID(B2,11,2),"月",MID(B2,13,2),"日"))，按回车键即可从身份证号码中提取员工“王荣”的出生日期，如图22-12所示。

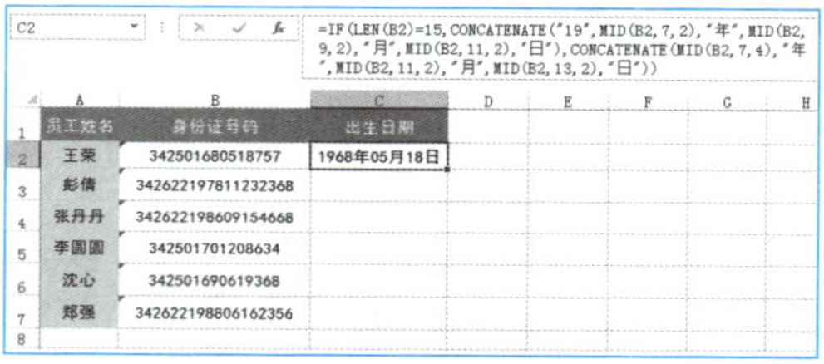
C2 =IF(LEN(B2)=15,CONCATENATE("19",MID(B2,7,2),"年",MID(B2,9,2),"月",MID(B2,11,2),"日"),CONCATENATE(MID(B2,7,4),"年",MID(B2,11,2),"月",MID(B2,13,2),"日"))

员工姓名	身份证号码	出生日期
王荣	342501680518757	1968年05月18日
彭倩	342622197811232368	
张丹丹	342622198609154668	
李圆圆	342501701208634	
沈心	342501690619368	
郑强	342622198806162356	

图22-12

② 将光标移到C2单元格的右下角，光标变成十字形状后，按住鼠标左键向下拖动进行公式填充，即可从员工身份证号码中提取所有员工的完整出生日期，如图22-13所示。

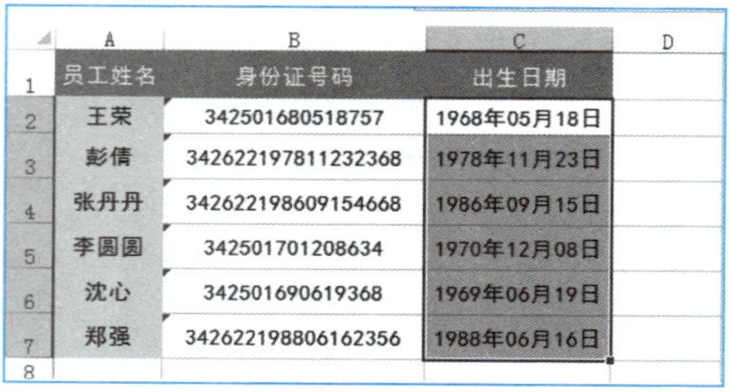

员工姓名	身份证号码	出生日期
王荣	342501680518757	1968年05月18日
彭倩	342622197811232368	1978年11月23日
张丹丹	342622198609154668	1986年09月15日
李圆圆	342501701208634	1970年12月08日
沈心	342501690619368	1969年06月19日
郑强	342622198806162356	1988年06月16日

图22-13

函数7 从身份证号码中判别性别

从身份证号码中也包含特证人的性别信息，要想从身份证号码中返回性别，同样也需要配合多个函数来实现，分别是IF函数、LEN函数、MOD函数和MID函数。具体操作如下。

① 选中D2单元格，在公式编辑栏中输入公式：=IF(LEN(B2)=15,IF(MOD(MID(B2,15,1),2)=1,"男","女"),IF(MOD(MID(B2,17,1),2)=1,"男","女"))，按回车键

即可从身份证号码中获取员工“王荣”的性别，如图22-14所示。

D2　=IF(LEN(B2)=15,IF(MOD(MID(B2,15,1),2)=1,"男","女"),IF(MOD(MID(B2,17,1),2)=1,"男","女"))

员工姓名	身份证号码	出生日期	性别
王荣	342501680518757	1968年05月18日	男
彭倩	342622197811232368	1978年11月23日	
张丹丹	342622198609154668	1986年09月15日	
李圆圆	342501701208634	1970年12月08日	
沈心	342501690619368	1969年06月19日	
郑强	342622198806162356	1988年06月16日	

图22-14

2 将光标移到D2单元格的右下角，光标变成十字形状后，按住鼠标左键向下拖动进行公式填充，即可从员工身份证号码中获取所有员工的性别，如图22-15所示。

员工姓名	身份证号码	出生日期	性别
王荣	342501680518757	1968年05月18日	男
彭倩	342622197811232368	1978年11月23日	女
张丹丹	342622198609154668	1986年09月15日	女
李圆圆	342501701208634	1970年12月08日	女
沈心	342501690619368	1969年06月19日	女
郑强	342622198806162356	1988年06月16日	男

图22-15

函数8　验证员工身份证号码的位数

目前身份使用的身份证号码一般为15位和18位，为了检验表格中身份证号码的位数，可以用LEN函数来实现。

1 选中C2单元格，在公式编辑栏中输入公式：=LEN(B2)，按回车键即可检验出第一位人员的身份证号码的位数，如图22-16所示。

2 将光标移到C2单元格的右下角，光标变成十字形状后，按住鼠标左键向下拖动进行公式填充，即可检验出其他人员的身份证号码的位数，如图22-17所示。

C2　=LEN(B2)

员工姓名	身份证号码	位数
王荣	342501680518757	15
彭倩	342622197811232368	
张丹丹	342622198609154668	
李圆圆	342501701208634	
沈心	342501690619368	
郑强	342622198806162356	

图22-16

员工姓名	身份证号码	位数
王荣	342501680518757	15
彭倩	342622197811232368	18
张丹丹	342622198609154668	18
李圆圆	342501701208634	15
沈心	342501690619368	15
郑强	342622198806162356	18

图22-17

函数9　根据员工姓名自动提取其姓

在员工信息管理报表中，根据员工姓名自动提取其姓。

❶ 选中B2单元格，在公式编辑栏中输入公式：=LEFTB(A2,2)，按回车键即可根据员工“王荣”姓名提取出“姓”为“王”，如图22-18所示。

❷ 将光标移到B2单元格的右下角，光标变成十字形状后，按住鼠标左键向下拖动进行公式填充，即可快速提取其他员工姓，如图22-19所示。

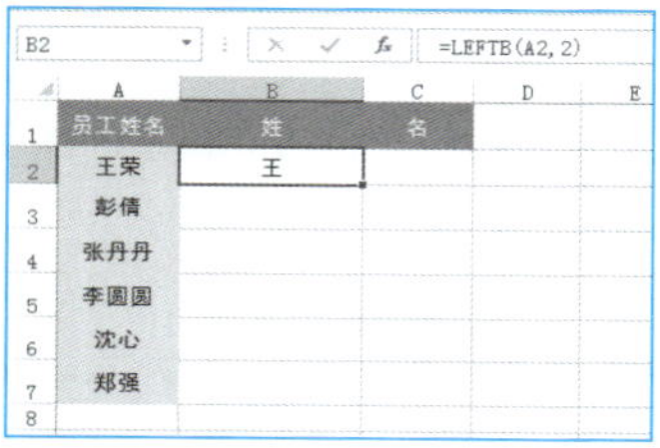

B2 =LEFTB(A2,2)

员工姓名	姓	名
王荣	王	
彭倩		
张丹丹		
李圆圆		
沈心		
郑强		

图22-18

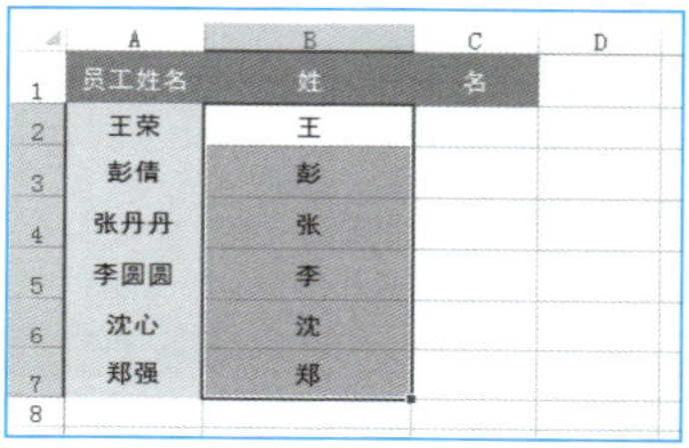

员工姓名	姓	名
王荣	王	
彭倩	彭	
张丹丹	张	
李圆圆	李	
沈心	沈	
郑强	郑	

图22-19

函数10　统计出男性或女性员工的人数

在员工基本信息报表中，根据员工性别统计出男性或女性员的人数。

❶ 选中C10单元格，在编辑栏中输入公式：=COUNTIF(B2:B8,"男")，按回车键即可统计出男性员工人数为“2”，如图22-20所示。

❷ 选中C11单元格，在编辑栏中输入公式：=COUNTIF(B2:B10,"女")，按回车键即可统计出女性员工人数为“5”，如图22-21所示。

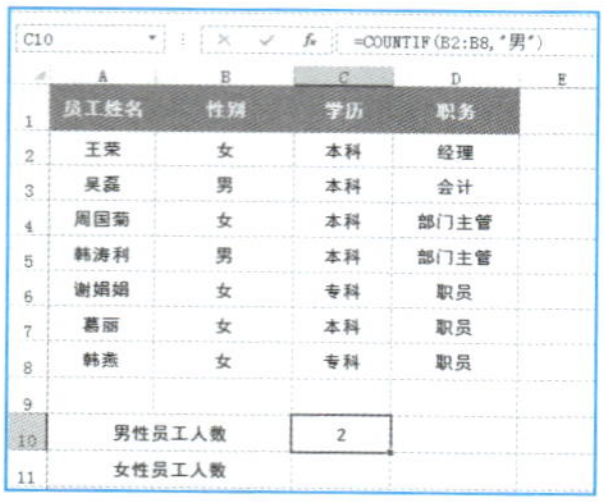

C10 =COUNTIF(B2:B8,"男")

员工姓名	性别	学历	职务
王荣	女	本科	经理
吴磊	男	本科	会计
周国菊	女	本科	部门主管
韩涛利	男	本科	部门主管
谢娟娟	女	专科	职员
葛丽	女	本科	职员
韩燕	女	专科	职员
男性员工人数		2	
女性员工人数			

图22-20

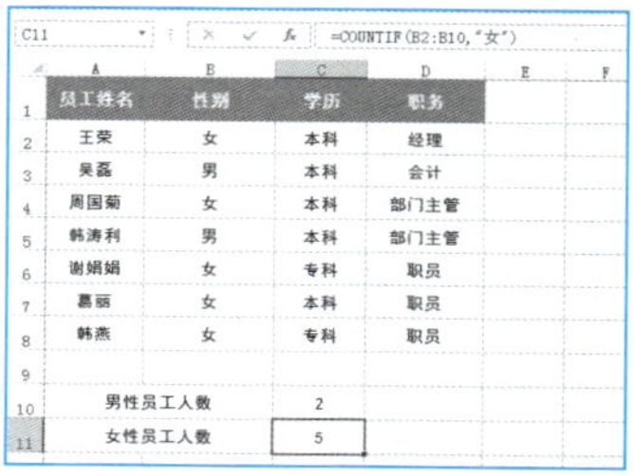

C11 =COUNTIF(B2:B10,"女")

员工姓名	性别	学历	职务
王荣	女	本科	经理
吴磊	男	本科	会计
周国菊	女	本科	部门主管
韩涛利	男	本科	部门主管
谢娟娟	女	专科	职员
葛丽	女	本科	职员
韩燕	女	专科	职员
男性员工人数		2	
女性员工人数		5	

图22-21

函数11　员工生日到期提醒

通过Excel函数可以设置员工生日自动提醒，不过生日的不提醒，让繁琐的工作变得智能化。

❶ 选中H3单元格，在编辑栏中输入公式：=IF(TODAY()=DATE(YEAR(TODAY()),MONTH(E3),DAY(E3)),"生日到期",""），按下回车键，如果有当天的员工生日，则会显示“生日到期”，如果不是，则不显示任何值，如图22-22所示。

H3 =IF(TODAY()=DATE(YEAR(TODAY()),MONTH(E3),DAY(E3)),"生日到期","")

员工档案信息管理表								
序号	员工编号	员工姓名	身份证号	出生日期	性别	年龄	生日到期	备注
1	YG001	鲍亮	341226198109062000	1981-09-06	女	33		
2	YG002	张明	341226198210202092	1982-10-20	男	32		
3	YG003	江洋	341226198109072071	1981-09-07	男	33		
4	YG004	何国明	341226811105203	1981-11-05	男	33		
5	YG005	王晓雯	341226198408152061	1984-08-15	女	30		
6	YG006	乔蕾	341226198103272041	1981-03-27	女	33		
7	YG007	李林	341226198109062051	1981-09-06	男	33		
8	YG008	朱华颖	341226198110202031	1981-10-20	男	33		
9	YG009	李先标	341226198012132011	1980-12-13	男	34		
10	YG010	邓珂	341226810321202	1981-03-21	女	33		

图22-22

❷ 将光标移到H3单元格的右下角，光标变成十字形状后，按住鼠标左键向下拖动进行公式填充，完成所有员工生日自动提醒的设置，如图22-23所示。

员工档案信息管理表								
序号	员工编号	员工姓名	身份证号	出生日期	性别	年龄	生日到期	备注
1	YG001	鲍亮	341226198109062000	1981-09-06	女	33		
2	YG002	张明	341226198210202092	1982-10-20	男	32	生日到期	
3	YG003	江洋	341226198109072071	1981-09-07	男	33		
4	YG004	何国明	341226811105203	1981-11-05	男	33		
5	YG005	王晓雯	341226198408152061	1984-08-15	女	30		
6	YG006	乔蕾	341226198103272041	1981-03-27	女	33		
7	YG007	李林	341226198109062051	1981-09-06	男	33		
8	YG008	朱华颖	341226198110202031	1981-10-20	男	33	生日到期	
9	YG009	李先标	341226198012132011	1980-12-13	男	34		
10	YG010	邓珂	341226810321202	1981-03-21	女	33		

图22-23

函数12　员工合同到期提醒

企业员工合同到期，企业需要考虑是否与员工续签合同。为了方便在诸多的信息中查看到合同到期的员工，同样可以设置合同到期提醒。

❶ 选中J3单元格，在编辑栏中输入公式：=IF(H3="3年",IF(TODAY()=DATE(YEAR(D3)+3,MONTH(D3),DAY(D3)),"合同到期",""),"")，按下回车键，则会得到相应的返回结果，如图22-24所示。

❷ 将光标移到J3单元格的右下角，光标变成十字形状后，按住鼠标左键向下拖动进行公式填充，完成所有员工合同到期自动提醒的设置，如图22-25所示。

J3 =IF(E3="3年",IF(TODAY()=DATE(YEAR(D3)+3,MONTH(D3),DAY(D3)),"合同到期",""),"")

员工档案信息管理表										
序号	员工编号	员工姓名	签订合同日期	合同期限	身份证号	出生日期	性别	年龄	合同到期	备注
1	YG001	鲍亮	2007/9/30	3年	341226198104152011	1981-04-15	男	33		
2	YG002	张明	2008/8/12	3年	341226198210102092	1982-10-10	男	32		
3	YG003	江洋	2009/9/6	3年	341226198104122071	1981-04-12	男	33		
4	YG004	何国明	2011/10/20	3年	341226811105203	1981-11-05	男	33		
5	YG005	王晓雯	2007/5/6	3年	341226198408152061	1984-08-15	女	30		
6	YG006	乔蕾	2009/4/12	3年	341226198103272041	1981-03-27	女	33		
7	YG007	李林	2009/8/24	3年	341226198106122051	1981-06-12	男	33		
8	YG008	朱华颖	2007/8/23	3年	341226198101172031	1981-01-17	男	33		
9	YG009	李先标	无	无	341226198012132011	1980-12-13	男	34		
10	YG010	郑珂	2009/6/26	3年	341226810321202	1981-03-21	女	33		
11	YG011	王彬	2009/9/6	3年	341226198211152012	1982-11-15	男	32		
12	YG012	刘清	2008/8/30	3年	341226810413204	1981-04-13	女	33		
13	YG013	何娟	2009/3/1	3年	341226198410151221	1984-10-15	女	30		
14	YG014	王倩	2011/10/20	3年	341226830815206	1983-08-15	女	31		
15	YG015	周磊	2009/9/30	3年	341226810912001	1981-09-12	男	33		

图22-24

员工档案信息管理表										
序号	员工编号	员工姓名	签订合同日期	合同期限	身份证号	出生日期	性别	年龄	合同到期	备注
1	YG001	鲍亮	2007/9/30	3年	341226198104152011	1981-04-15	男	33		
2	YG002	张明	2008/8/12	3年	341226198210102092	1982-10-10	男	32		
3	YG003	江洋	2009/9/6	3年	341226198104122071	1981-04-12	男	33		
4	YG004	何国明	2011/10/20	3年	341226811105203	1981-11-05	男	33		
5	YG005	王晓雯	2007/5/6	3年	341226198408152061	1984-08-15	女	30		
6	YG006	乔蕾	2009/4/12	3年	341226198103272041	1981-03-27	女	33		
7	YG007	李林	2009/8/24	3年	341226198106122051	1981-06-12	男	33		
8	YG008	朱华颖	2007/8/23	3年	341226198101172031	1981-01-17	男	33		
9	YG009	李先标	无	无	341226198012132011	1980-12-13	男	34		
10	YG010	郑珂	2009/6/26	3年	341226810321202	1981-03-21	女	33		
11	YG011	王彬	2009/9/6	3年	341226198211152012	1982-11-15	男	32		
12	YG012	刘清	2008/8/30	3年	341226810413204	1981-04-13	女	33		
13	YG013	何娟	2009/3/1	3年	341226198410151221	1984-10-15	女	30		
14	YG014	王倩	2011/10/20	3年	341226830815206	1983-08-15	女	31		
15	YG015	周磊	2009/9/30	3年	341226810912001	1981-09-12	男	33		

图22-25

函数13　根据员工年龄判断是否退休

对员工信息进行统计记录后，需要根据年龄判断职工退休与否，这里可以使用OR结合AND函数来实现。

❶ 选中D2单元格，在公式编辑栏中输入公式：=OR(AND(B2="男",C2>60),AND(B2="女",C2>55))，按回车键即可根据第1位职工的年龄判断其是否退休，如果是，显求TRUE；反之，则FALSE，如图22-26所示。

❷ 将光标移到D2单元格的右下角，光标变成十字形状后，按住鼠标左键向下拖动进行公式填充，即可快速判断其他职工是否退休，如图22-27所示。

D2 =OR(AND(B2="男",C2>60),AND(B2="女",C2>55))

员工姓名	性别	年龄	退休与否
王荣	女	55	FALSE
吴磊	男	65	
周国菊	女	59	
韩涛利	男	57	
谢娟娟	女	53	
葛丽	女	54	
韩燕	女	46	
孙文胜	男	48	

图22-26

员工姓名	性别	年龄	退休与否
王荣	女	55	FALSE
吴磊	男	65	TRUE
周国菊	女	59	TRUE
韩涛利	男	57	FALSE
谢娟娟	女	53	FALSE
葛丽	女	54	FALSE
韩燕	女	46	FALSE
孙文胜	男	48	FALSE

图22-27

函数14　根据职工性别和职务判断退休年龄

某公司规定，男职工退休年龄为60岁，女职工退休年龄为55岁，如果是领导班子成员（总经理和副总经理），退休年龄可以延迟5岁，如何根据职工性别和职务判断退休年龄?

❶ 选中E2单元格，在公式编辑栏中输入公式：=IF(C2="男",60,55)+IF(OR(D2="总经理",D2="副总经理"),5,0)，按回车键即可计算出第一个人员的退休年龄，如图22-28所示。

❷ 将光标移到E2单元格的右下角，光标变成十字形状后，按住鼠标左键向下拖动进行公式填充，即可快速计算出其他人员的退休年龄，如图22-29所示。

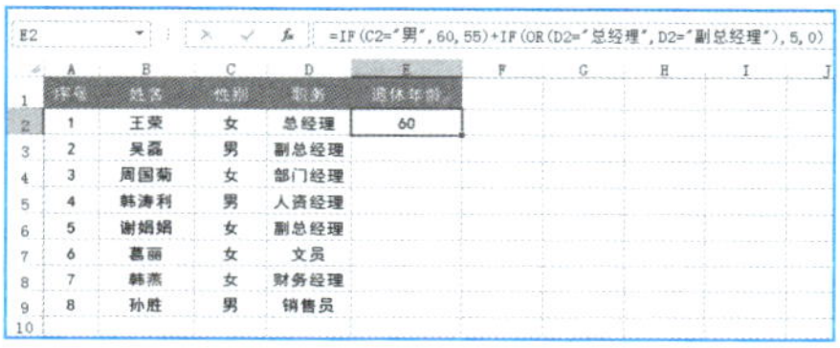
E2 =IF(C2="男",60,55)+IF(OR(D2="总经理",D2="副总经理"),5,0)

序号	姓名	性别	职务	退休年龄
1	王荣	女	总经理	60
2	吴磊	男	副总经理	
3	周国菊	女	部门经理	
4	韩涛利	男	人资经理	
5	谢娟娟	女	副总经理	
6	葛丽	女	文员	
7	韩燕	女	财务经理	
8	孙胜	男	销售员	

图22-28

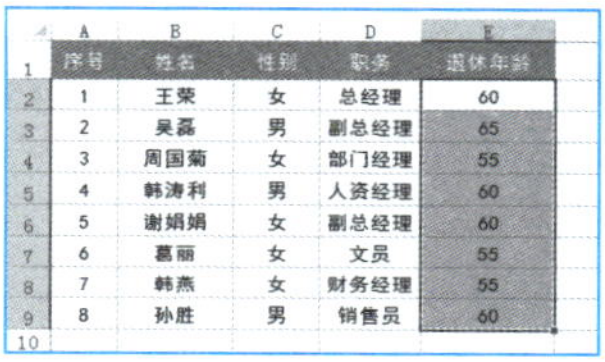

序号	姓名	性别	职务	退休年龄
1	王荣	女	总经理	60
2	吴磊	男	副总经理	65
3	周国菊	女	部门经理	55
4	韩涛利	男	人资经理	60
5	谢娟娟	女	副总经理	60
6	葛丽	女	文员	55
7	韩燕	女	财务经理	55
8	孙胜	男	销售员	60

图22-29

函数15　统计员工试用期到期的人数

计算员工试用期已到期的人数，其中试用期为2个月，即60天。

❶ 选中F2单元格，在公式编辑栏中输入公式：=COUNTIF(C2:C10,"<"&TODAY()-60)，按回车键即可统计员工试用期到期的人数，如图22-30所示。

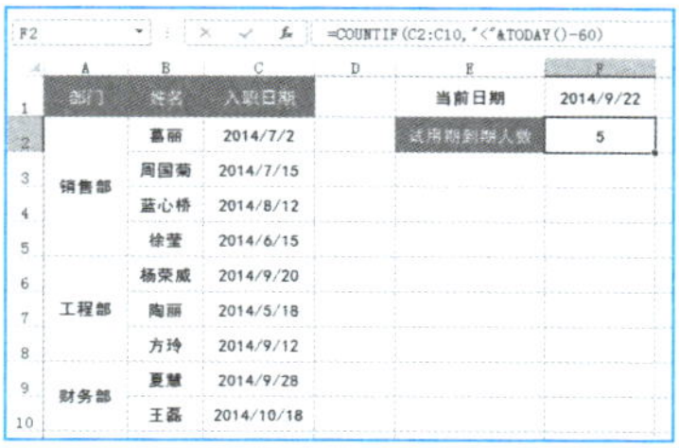
F2 =COUNTIF(C2:C10,"<"&TODAY()-60)

部门	姓名	入职日期		当前日期	2014/9/22
销售部	葛丽	2014/7/2		试用期到期人数	5
	周国菊	2014/7/15			
	蓝心桥	2014/8/12			
	徐莹	2014/6/15			
工程部	杨荣威	2014/9/20			
	陶丽	2014/5/18			
	方玲	2014/9/12			
财务部	夏慧	2014/9/28			
	王磊	2014/10/18			

图22-30

函数16　统计指定部门、指定职务的员工人数

若要在档案中统计出指定部门、指定职务的员工人数，可以使用SUMPRODUCT函数来实现。

❶ 选中G5单元格，在公式编辑栏中输入公式：=SUMPRODUCT(($B$2:$B$12=E5)*($C$2:$C$12=F5))，按回车键即可从档案中统计出所属部门为“业务部”且职务为“职员”的人数，如图22-31所示。

❷ 将光标移到G5单元格的右下角，光标变成十字形状后，按住鼠标左键向下拖动进行公式填充，即可快速统计出指定部门、指定职务的员工人数，如图22-32所示。

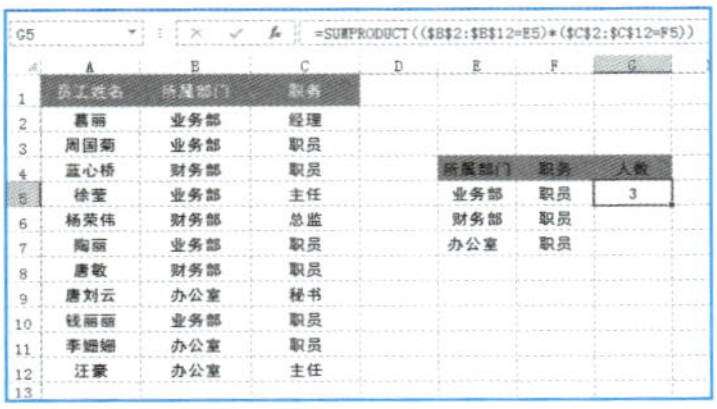

图22-31

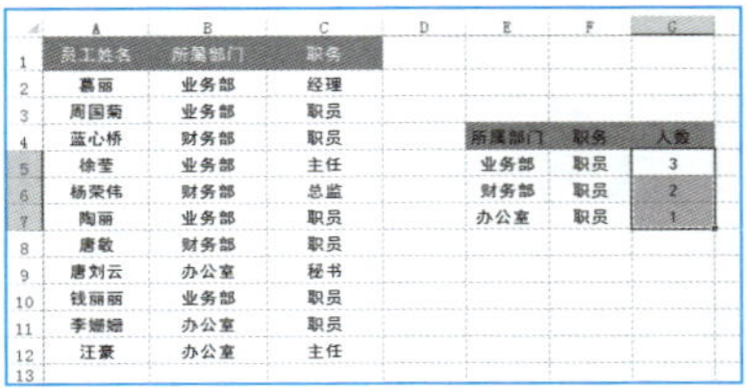

图22-32

函数17　计算生产部门人数和运输部门人数

返回生产部门人数和运输部门人数。

❶ 选中F2单元格，在公式编辑栏中输入公式：=SUM(NOT(ISERR(FIND("车间",B2:B12)))*C2:D12)，按“Ctrl+Shift+Enter”组合键，即可计算出生产部的人数，如图22-33所示。

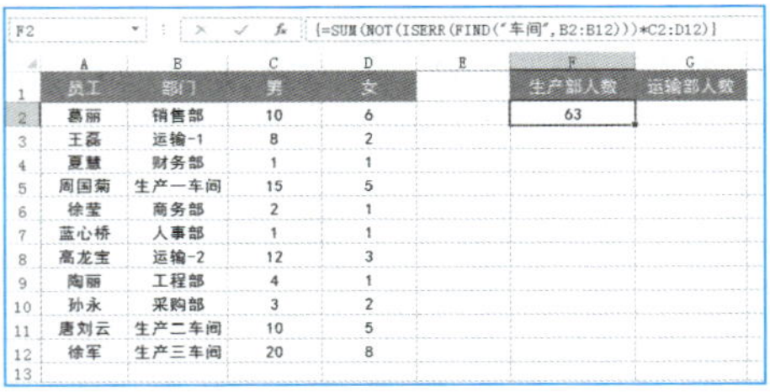

图22-33

❷ 选中G2单元格，在公式编辑栏中输入公式：=SUM(NOT(ISERR(FIND("运输',B2:B12)))*C2:D12)，按“Ctrl+Shift+Enter”组合键，即可计算出运输部的人数，如图22-34所示。

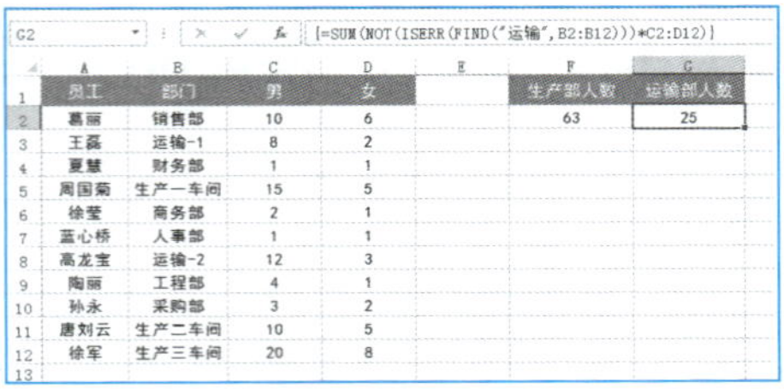

图22-34

函数18　从员工E-mail地址中提取账号

由于E-mail地址有位数之分，因此要使用MID函数从地址中提取账号需要配合IF函数与LEN函数来实现。

❶ 选中C2单元格，在公式编辑栏中输入公式：=IF(LEN(B2)=16,MID(B2,1,7),MID(B2,1,4))，按回车键即可得到第一位人员的账号，如图22-35所示。

C2　=IF(LEN(B2)=16,MID(B2,1,7),MID(B2,1,4))

员工姓名	E-mail地址	账号
王水	3568123@sohu.com	3568123
彭倩	peng521@sina.com	
张丹丹	zhan@sina.com	
李圆圆	2356@sina.com	
沈心	xin5841@sohu.com	
郑强	zheng13@sohu.com	

图22-35

❷ 将光标移到C2单元格的右下角，光标变成十字形状后，按住鼠标左键向下拖动进行公式填充，即可快速得到其他人员的账号，如图22-36所示。

员工姓名	E-mail地址	账号
王水	3568123@sohu.com	3568123
彭倩	peng521@sina.com	peng521
张丹丹	zhan@sina.com	zhan
李圆圆	2356@sina.com	2356
沈心	xin5841@sohu.com	xin5841
郑强	zheng13@sohu.com	zheng13

图22-36

函数19　根据员工代码返回部门名称

当用户需要知道部门代码对应的具体部门时，可以使用IF函数来实现。有时候，如果我们想提取单元格里第几个字符时，通常会用LEFT函数来实现。

❶ 选中D2单元格，在公式编辑栏中输入公式：=IF(LEFT(A2,4) ="TC01","技术部",IF(LEFT(A2,4)="TC02","工程部",IF(LEFT(A2,4)="TC03","财务部",""))),按回车键即可根据部门代码得出相应的部门名称，如图22-37所示。

❷ 将光标移到D2单元格的右下角，光标变成十字形状后，按住鼠标左键向下拖动进行公式填充，即可得出其他员工所属的部门名称，如图22-38所示。

D2　=IF(LEFT(A2,4)="TC01","技术部",IF(LEFT(A2,4)="TC02","工程部",IF(LEFT(A2,4)="TC03","财务部","")))

	A	B	C	D
1	部门代码	员工姓名	职位	部门名称
2	TC01	周国菊	经理	技术部
3	TC03	蓝心桥	职员	
4	TC02	徐莹	主管	
5	TC03	杨荣伟	职员	
6	TC01	江大河	职员	

图22-37

	A	B	C	D
1	部门代码	员工姓名	职位	部门名称
2	TC01	周国菊	经理	技术部
3	TC03	蓝心桥	职员	财务部
4	TC02	徐莹	主管	工程部
5	TC03	杨荣伟	职员	财务部
6	TC01	江大河	职员	技术部

图22-38

函数20　汇总车间女性人数

利用公式汇总车间女性人数。

选中E2单元格，在公式编辑栏中输入公式：=SUMIFS(C2:C11,A2:A11, "*车间",B2:B11,"女")，按回车键即可返回车间女性人数，如图22-39所示。

E2　=SUMIFS(C2:C11,A2:A11,"*车间",B2:B11,"女")

	A	B	C	D	E
1	部门	性别	人数		车间女性统计
2	销售部	女	6		17
3	销售部	男	12		
4	财务部	女	2		
5	财务部	男	1		
6	生产一车间	女	2		
7	生产一车间	男	28		
8	运输部	男	13		
9	运输部	女	2		
10	生产二车间	女	15		
11	生产三车间	男	18		

图22-39

函数21　计算车间男性与女性员工的差

利用公式计算车间男性与女性员工的差。

选中E2单元格，在公式编辑栏中输入公式：=SUM(SUMIFS(C2:C11, B2:B11,{"女","男"},A2:A11,"*车间")*{−1,1})，按回车键即可返回车间男性与女性员工的差，如图22-40所示。

E2　=SUM(SUMIFS(C2:C11,B2:B11,{"女","男"},A2:A11,"*车间")*{-1,1})

	A	B	C	D	E
1	部门	性别	人数		男性与女性员工人数的差
2	销售部	女	6		29
3	销售部	男	12		
4	财务部	女	2		
5	财务部	男	1		
6	生产一车间	女	2		
7	生产一车间	男	28		
8	运输部	男	13		
9	运输部	女	2		
10	生产二车间	女	15		
11	生产三车间	男	18		

图22-40

函数22　计算员工参保人数

利用SUMPRODUCT函数设置公式计算员工参保人数。

选中F2单元格，在公式编辑栏中输入公式：=SUMPRODUCT((D2:D12="是")*1)，按回车键即可计算员工参保人数，如图22-41所示。

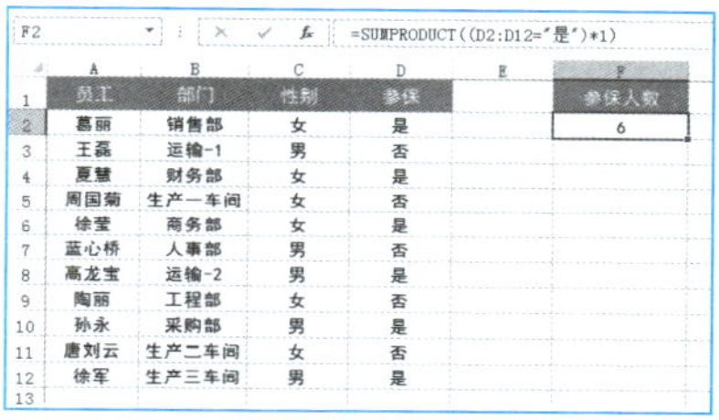
F2　=SUMPRODUCT((D2:D12="是")*1)

	A	B	C	D	E	F
1	员工	部门	性别	参保		参保人数
2	葛丽	销售部	女	是		6
3	王磊	运输-1	男	否		
4	夏慧	财务部	女	是		
5	周国菊	生产一车间	女	否		
6	徐莹	商务部	女	是		
7	蓝心桥	人事部	男	否		
8	高龙宝	运输-2	男	是		
9	陶丽	工程部	女	否		
10	孙永	采购部	男	是		
11	唐刘云	生产二车间	女	否		
12	徐军	生产三车间	男	是		
13						

图22-41

函数23　汇总生产一车间男性参保人数

利用SUMPRODUCT函数设置公式汇总生产一车间男性参保人数。

选中F2单元格，在公式编辑栏中输入公式：=SUMPRODUCT((B2:B12&C2:C12&D2:D12="生产一车间男是")*1)，按回车键即可汇总生产一车间男性参保人数，如图22-42所示。

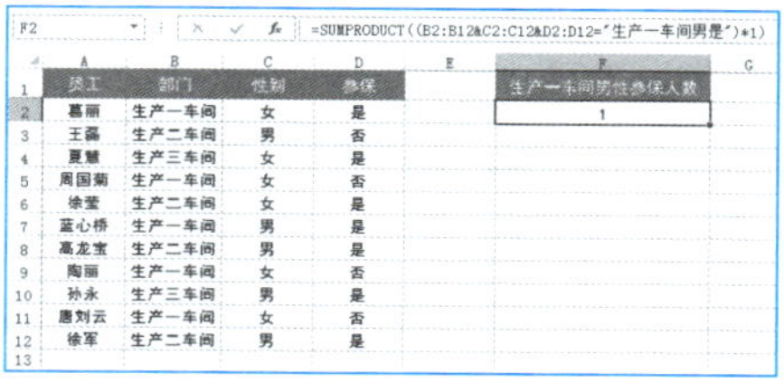
F2　=SUMPRODUCT((B2:B12&C2:C12&D2:D12="生产一车间男是")*1)

	A	B	C	D	E	F	G
1	员工	部门	性别	参保		生产一车间男性参保人数	
2	葛丽	生产一车间	女	是		1	
3	王磊	生产二车间	男	否			
4	夏慧	生产三车间	女	是			
5	周国菊	生产一车间	女	否			
6	徐莹	生产二车间	女	是			
7	蓝心桥	生产一车间	男	是			
8	高龙宝	生产二车间	男	是			
9	陶丽	生产一车间	女	否			
10	孙永	生产三车间	男	是			
11	唐刘云	生产一车间	女	否			
12	徐军	生产二车间	男	是			
13							

图22-42

函数24　根据员工身份证统计男性人数

利用RIGHT函数提取15位身份证号码的右边一位数和18位身份证号码的右边两位数，再用LEFT函数取左边一位数。

选中D2单元格，在公式编辑栏中输入公式：=SUM(MOD(LEFT(RIGHT(B2:B8,1+(LEN(B2:B8)=18))),2))，按Ctrl+Shift+Enter组合键，即可根据员工身份证统计男性人数，如图22-43所示。

第21章
第22章
第23章
第24章
第25章

D2 {=SUM(MOD(LEFT(RIGHT(B2:B8,1+(LEN(B2:B8)=18))),2))}

员工姓名	身份证号码		男性人数
王荣	342501680518757		3
彭倩	342622197811232368		
张丹丹	342622198609154668		
李圆圆	342501701208634		
沈心	342501690619366		
郑强	342622198806162356		
王宝磊	340822198811231810		

图22-43

函数25 计算女员工最大年龄

本来利用MAX函数设置公式计算女员工最大年龄。

选中E2单元格，在公式编辑栏中输入公式：=MAX((B2:B12="女") *C2:C12)，按“Ctrl+Shift+Enter”组合键，即可计算女员工最大年龄，如图22-44所示。

E2 {=MAX((B2:B12="女")*C2:C12)}

员工	性别	年龄		女员工最大年龄
葛丽	女	27		38
王磊	男	24		
夏慧	女	25		
周国菊	女	26		
徐莹	女	25		
蓝心桥	男	30		
高龙宝	男	27		
陶丽	女	38		
孙永	男	42		
唐刘云	女	34		
徐军	男	37		

图22-44

函数26 从身份证号码中提取出生日期

根据员工身份证号码提取其中的出生年月日，并转换为日期值，不能以文本的形式存在，可以通过下面设置公式来实现。

❶ 选中C2单元格，在公式编辑栏中输入公式：=DATE(MID(B2,7,2+(LEN(B2)=18)*2),MID(B2,9+(LEN(B2)=18)*2,2),MID(B2,11+(LEN(B2)=18)*2,2))，按回车键即可将第一位员工身份证号码转换为出生日期序号，如图22-45所示。

C2 =DATE(MID(B2,7,2+(LEN(B2)=18)*2),MID(B2,9+(LEN(B2)=18)*2,2),MID(B2,11+(LEN(B2)=18)*2,2))

员工姓名	身份证号码	出生日期序列号
王荣	342501680518757	1968/5/18
彭倩	342622197811232368	
张丹丹	342622198609154668	
李圆圆	342501701208634	
沈心	342501690619366	
郑强	342622198806162356	
王宝磊	340822198811231810	

图22-45

❷ 将光标移到C2单元格的右下角，光标变成十字形状后，按住鼠标左键向下拖动进行公式填充，即可将其他员工身份证号码转换为出生日期序号，如图22-46所示。

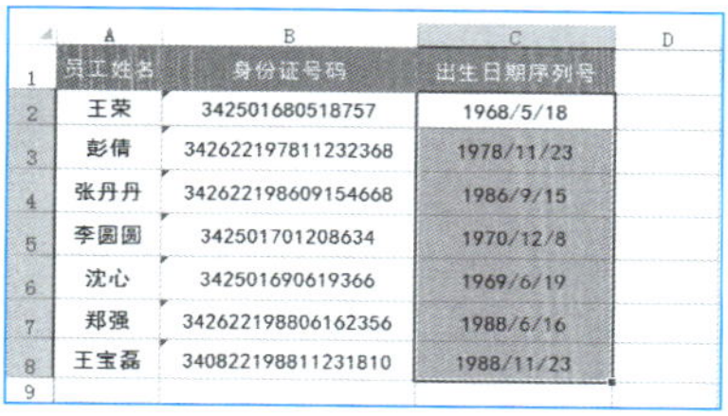

	A	B	C	D
1	员工姓名	身份证号码	出生日期序列号	
2	王荣	342501680518757	1968/5/18	
3	彭倩	342622197811232368	1978/11/23	
4	张丹丹	342622198609154668	1986/9/15	
5	李圆圆	342501701208634	1970/12/8	
6	沈心	342501690619366	1969/6/19	
7	郑强	342622198806162356	1988/6/16	
8	王宝磊	340822198811231810	1988/11/23	
9				

图22-46

函数27　计算员工转正时间

公司规定，员工进公司三个月试用期，每月从16日开始计算，到下月15日算一个月，如果本月16日之前进公司，那么到下个月15日就算一个月，如果本月15日之后进厂，那么从下个月16日才开始计算，现在需要统计每个员工的转正日期。

❶ 选中C2单元格，在公式编辑栏中输入公式：=DATE(YEAR(B2),MONTH(B2)+3+(DAY(B2)>15),16)，按回车键即可将第一位员工的转正日期，如图22-47所示。

❷ 将光标移到C2单元格的右下角，光标变成十字形状后，按住鼠标左键向下拖动进行公式填充，即可将其他员工的转正日期计算出来，如图22-48所示。

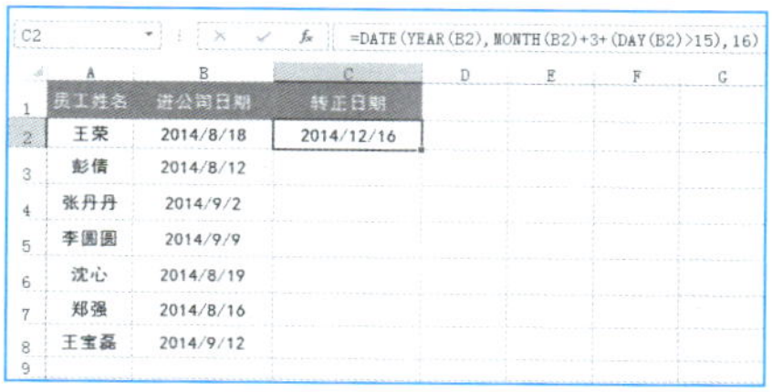

C2　=DATE(YEAR(B2),MONTH(B2)+3+(DAY(B2)>15),16)

	A	B	C	D	E	F	G
1	员工姓名	进公司日期	转正日期				
2	王荣	2014/8/18	2014/12/16				
3	彭倩	2014/8/12					
4	张丹丹	2014/9/2					
5	李圆圆	2014/9/9					
6	沈心	2014/8/19					
7	郑强	2014/8/16					
8	王宝磊	2014/9/12					
9							

图22-47

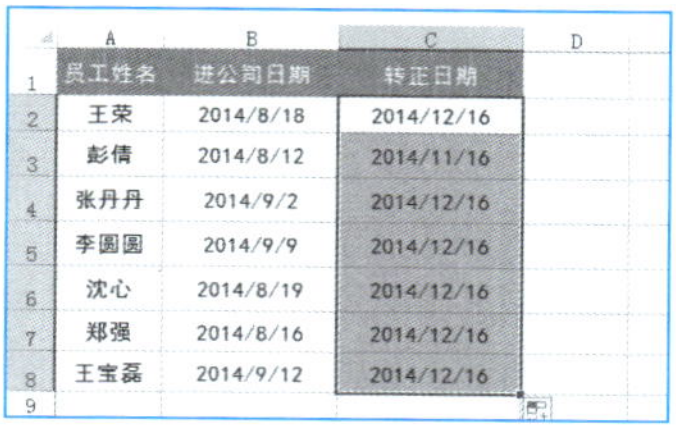

	A	B	C	D
1	员工姓名	进公司日期	转正日期	
2	王荣	2014/8/18	2014/12/16	
3	彭倩	2014/8/12	2014/11/16	
4	张丹丹	2014/9/2	2014/12/16	
5	李圆圆	2014/9/9	2014/12/16	
6	沈心	2014/8/19	2014/12/16	
7	郑强	2014/8/16	2014/12/16	
8	王宝磊	2014/9/12	2014/12/16	
9				

图22-48

函数28　提示员工合同续约

不同员工签的合同时间不一样，现在需要利用公式计算合同是否过期，以及到期前10天提示“即将到期”。

❶ 选中D2单元格，在公式编辑栏中输入公式：=TEXT(EDATE(B2,C2*12)-TODAY(),"[<0]合同过期;[<=10]即将到期;;")，按回车键如果离合同到期日超过10天则显示空白，如果在10天内则显示“即将到期”，如果已经超过合同的到期日，则显示“合同过期”，如图22-49所示。

D2 =TEXT(EDATE(B2,C2*12)-TODAY(),"[<0]合同过期;[<=10]即将到期;;")

	A	B	C	D
1	员工姓名	进公司日期	合同时间（年）	合同续约提示
2	王荣	2011/9/11	3	合同过期
3	彭倩	2012/12/12	3	
4	张丹丹	2010/1/19	2.5	
5	李圆圆	2013/9/10	2	
6	沈心	2010/5/18	2	
7	郑强	2012/8/12	2.5	
8	王宝磊	2007/4/14	5	

图22-49

② 将光标移到D2单元格的右下角，光标变成十字形状后，按住鼠标左键向下拖动进行公式填充，即可将提示其他员工合同续约，如图22-50所示。

	A	B	C	D
1	员工姓名	进公司日期	合同时间（年）	合同续约提示
2	王荣	2011/9/11	3	合同过期
3	彭倩	2012/12/12	3	
4	张丹丹	2010/1/19	2.5	合同过期
5	李圆圆	2013/9/10	2	
6	沈心	2010/5/18	2	合同过期
7	郑强	2012/8/12	2.5	
8	王宝磊	2007/4/14	5	合同过期

图22-50

函数29　计算员工可休假天数

公司规定，员工工作时间在6个月以内可享有带薪假3天，工作时间半年到1年者可享有带薪假5天，然后每增加一年加2天休假时间，上限为15天。现在需要计算每个员工的休假天数。

① 选中C2单元格，在公式编辑栏中输入公式：=MIN(IF(DATEDIF(B2,TODAY(),"M")<6,0,IF(DATEDIF(B2,TODAY(),"M")<=12,3,3+2*(DATEDIF(B2,TODAY(),"Y")))),15)，按回车键，即可计算第一位员工可休假天数，如图22-51所示。

② 将光标移到D2单元格的右下角，光标变成十字形状后，按住鼠标左键向下拖动进行公式填充，即可将提示其他员工可休假天数，如图22-52所示。

C2 =MIN(IF(DATEDIF(B2,TODAY(),"M")<6,0,IF(DATEDIF(B2,TODAY(),"M")<=12,3,3+2*(DATEDIF(B2,TODAY(),"Y")))),15)

	A	B	C
1	员工姓名	进公司日期	年假天数
2	王荣	2009/9/11	13
3	彭倩	2010/12/12	
4	张丹丹	2010/1/19	
5	李圆圆	2010/9/10	
6	沈心	2010/5/18	
7	郑强	2012/8/12	
8	王宝磊	2007/4/14	

图22-51

	A	B	C
1	员工姓名	进公司日期	年假天数
2	王荣	2009/9/11	13
3	彭倩	2010/12/12	9
4	张丹丹	2010/1/19	11
5	李圆圆	2010/9/10	11
6	沈心	2010/5/18	11
7	郑强	2012/8/12	7
8	王宝磊	2007/4/14	15

图22-52

函数30　根据员工姓名查找身份证号码

工作表中A列是姓名，B列是员工身份证号码，资料以姓名升序排列。现在需要查找姓名对应的身份证号码。

选中F4单元格，在公式编辑栏中输入公式：=LOOKUP(F2,A2:A9,B2:B9)，按回车键，即可根据员工姓名查找身份证号码，如图22-53所示。

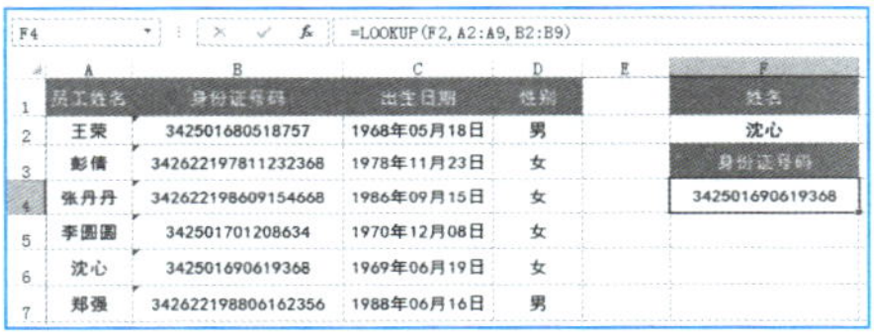
F4　=LOOKUP(F2,A2:A9,B2:B9)

	A	B	C	D	E	F
1	员工姓名	身份证号码	出生日期	性别		姓名
2	王荣	342501680518757	1968年05月18日	男		沈心
3	彭倩	342622197811232368	1978年11月23日	女		身份证号码
4	张丹丹	342622198609154668	1986年09月15日	女		342501690619368
5	李圆圆	342501701208634	1970年12月08日	女		
6	沈心	342501690619368	1969年06月19日	女		
7	郑强	342622198806162356	1988年06月16日	男		

图22-53

函数31　计算生产部人数和非生产部人数

利用公式计算生产部人数和非生产部人数。

❶ 选中F2单元格，在公式编辑栏中输入公式：=SUM(NOT(ISERR(FIND("车间",B2:B12)))*C2:D12)，按“Ctrl+Shift+Enter”组合键，即可计算出生产部的人数，如图22-54所示。

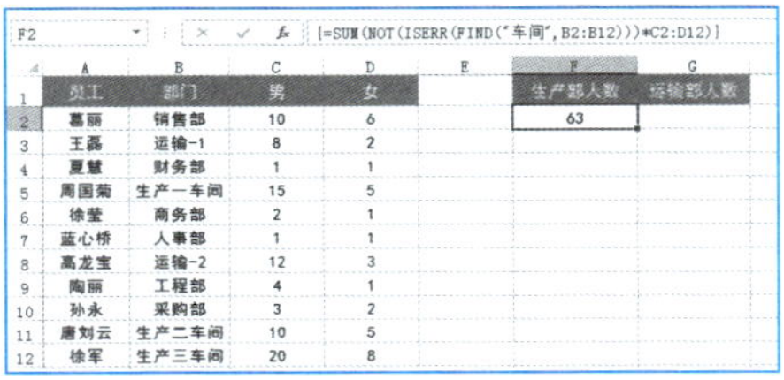
F2　{=SUM(NOT(ISERR(FIND("车间",B2:B12)))*C2:D12)}

	A	B	C	D	E	F	G
1	员工	部门	男	女		生产部人数	运输部人数
2	葛丽	销售部	10	6		63	
3	王磊	运输-1	8	2			
4	夏慧	财务部	1	1			
5	周国菊	生产一车间	15	5			
6	徐莹	商务部	2	1			
7	蓝心桥	人事部	1	1			
8	高龙宝	运输-2	12	3			
9	陶丽	工程部	4	1			
10	孙永	采购部	3	2			
11	唐刘云	生产二车间	10	5			
12	徐军	生产三车间	20	8			

图22-54

❷ 选中G2单元格，在公式编辑栏中输入公式：=SUM((ISERR(FIND("车间",B2:B12)))*C2:D12)，按“Ctrl+Shift+Enter”组合键，即可计算出生产部人数，如图22-55所示。

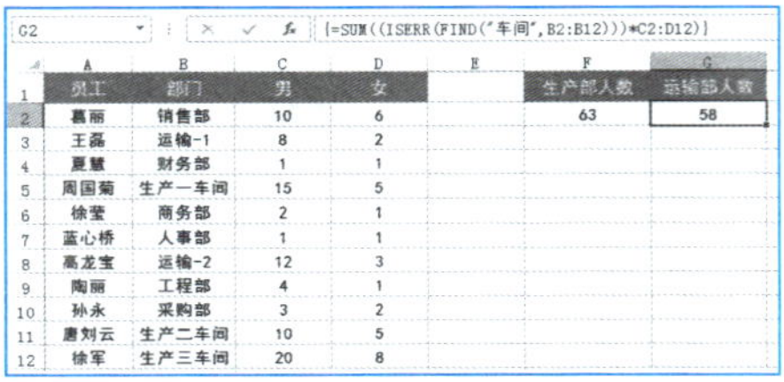
G2　{=SUM((ISERR(FIND("车间",B2:B12)))*C2:D12)}

	A	B	C	D	E	F	G
1	员工	部门	男	女		生产部人数	运输部人数
2	葛丽	销售部	10	6		63	58
3	王磊	运输-1	8	2			
4	夏慧	财务部	1	1			
5	周国菊	生产一车间	15	5			
6	徐莹	商务部	2	1			
7	蓝心桥	人事部	1	1			
8	高龙宝	运输-2	12	3			
9	陶丽	工程部	4	1			
10	孙永	采购部	3	2			
11	唐刘云	生产二车间	10	5			
12	徐军	生产三车间	20	8			

图22-55

函数32 根据身份证号码汇总男、女员工人数

根据员工身份证号码，利用函数设置公式汇总男、女员工人数。

❶ 选中F2单元格，在公式编辑栏中输入公式：{=SUM(--ISODD(MID(B2:B13,15,3)))}，按“Ctrl+Shift+Enter”组合键，即可根据员工身份证号码汇总男员工人数，如图22-56所示。

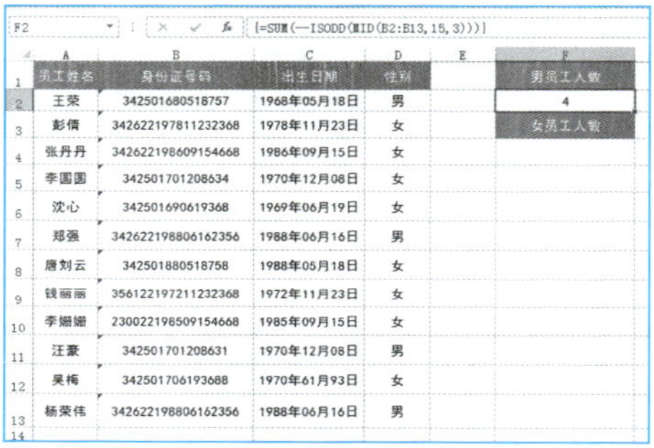
F2 {=SUM(--ISODD(MID(B2:B13,15,3)))}

	A	B	C	D	E	F
1	员工姓名	身份证号码	出生日期	性别		男员工人数
2	王荣	342501680518757	1968年05月18日	男		4
3	彭倩	342622197811232368	1978年11月23日	女		女员工人数
4	张丹丹	342622198609154668	1986年09月15日	女		
5	李圆圆	342501701208634	1970年12月08日	女		
6	沈心	342501690619368	1969年06月19日	女		
7	郑强	342622198806162356	1988年06月16日	男		
8	唐刘云	342501880518758	1988年05月18日	女		
9	钱丽丽	356122197211232368	1972年11月23日	女		
10	李姗姗	230022198509154668	1985年09月15日	女		
11	汪豪	342501701208631	1970年12月08日	男		
12	吴梅	342501706193688	1970年61月93日	女		
13	杨荣伟	342622198806162356	1988年06月16日	男		

图22-56

❷ 选中F4单元格，在公式编辑栏中输入公式：={SUM(--ISEVEN(MID(B2:B13,15,3)))}，按“Ctrl+Shift+Enter”组合键，即可根据员工身份证号码汇总女员工人数，如图22-57所示。

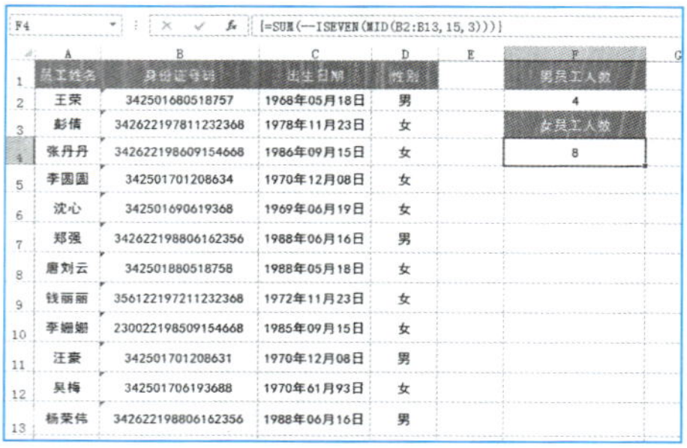
F4 {=SUM(--ISEVEN(MID(B2:B13,15,3)))}

	A	B	C	D	E	F
1	员工姓名	身份证号码	出生日期	性别		男员工人数
2	王荣	342501680518757	1968年05月18日	男		4
3	彭倩	342622197811232368	1978年11月23日	女		女员工人数
4	张丹丹	342622198609154668	1986年09月15日	女		8
5	李圆圆	342501701208634	1970年12月08日	女		
6	沈心	342501690619368	1969年06月19日	女		
7	郑强	342622198806162356	1988年06月16日	男		
8	唐刘云	342501880518758	1988年05月18日	女		
9	钱丽丽	356122197211232368	1972年11月23日	女		
10	李姗姗	230022198509154668	1985年09月15日	女		
11	汪豪	342501701208631	1970年12月08日	男		
12	吴梅	342501706193688	1970年61月93日	女		
13	杨荣伟	342622198806162356	1988年06月16日	男		

图22-57

函数33 计算出员工工龄

当得知员工进入公司的日期后，使用YEAR和ODAY函数可以计算出员工工龄。

❶ 选中E2单元格，在公式编辑栏中输入公式：=YEAR(TODAY())-YEAR(D2)，按回车键返回日期值，如图22-58所示。

❷ 将光标移到E2单元格的右下角，光标变成十字形状后，按住鼠标左键向下拖动进行公式填充，即可返回其他日期值，如图22-59所示。

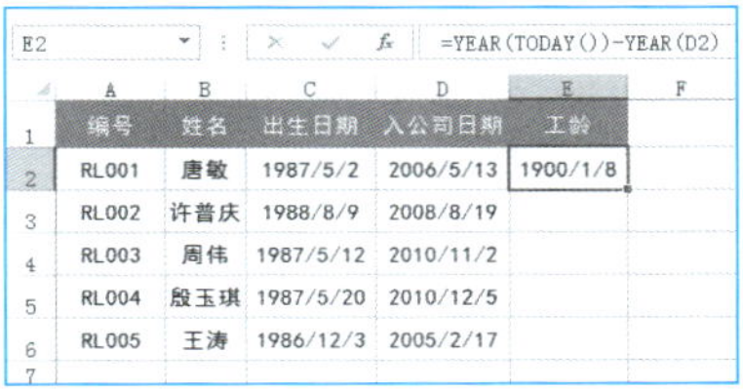

E2　=YEAR(TODAY())-YEAR(D2)

编号	姓名	出生日期	入公司日期	工龄
RL001	唐敏	1987/5/2	2006/5/13	1900/1/8
RL002	许普庆	1988/8/9	2008/8/19	
RL003	周伟	1987/5/12	2010/11/2	
RL004	殷玉琪	1987/5/20	2010/12/5	
RL005	王涛	1986/12/3	2005/2/17	

图22-58

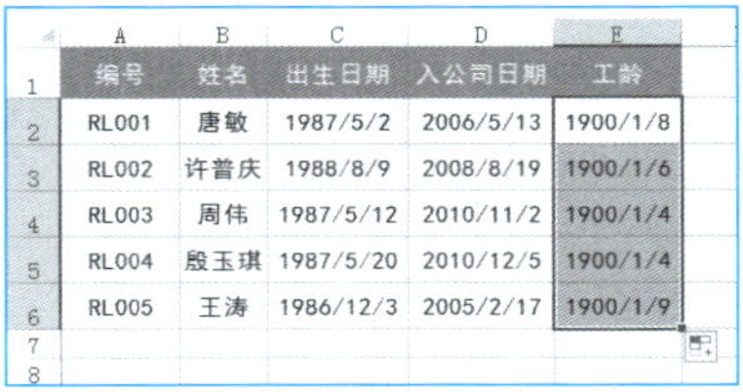

编号	姓名	出生日期	入公司日期	工龄
RL001	唐敏	1987/5/2	2006/5/13	1900/1/8
RL002	许普庆	1988/8/9	2008/8/19	1900/1/6
RL003	周伟	1987/5/12	2010/11/2	1900/1/4
RL004	殷玉琪	1987/5/20	2010/12/5	1900/1/4
RL005	王涛	1986/12/3	2005/2/17	1900/1/9

图22-59

❸ 选中“工龄”列函数返回的日期值，设置其单元格格式为“常规”，即可以根据入公司日期返回员工工龄，如图22-60所示。

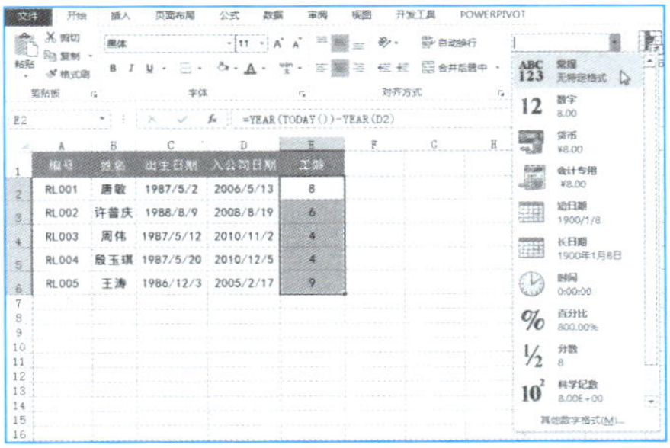

E2　=YEAR(TODAY())-YEAR(D2)

编号	姓名	出生日期	入公司日期	工龄
RL001	唐敏	1987/5/2	2006/5/13	8
RL002	许普庆	1988/8/9	2008/8/19	6
RL003	周伟	1987/5/12	2010/11/2	4
RL004	殷玉琪	1987/5/20	2010/12/5	4
RL005	王涛	1986/12/3	2005/2/17	9

图22-60

函数34　计算年假占全年工作日的百分比

当企业员工在休年假时，可以根据休假的起始日、结束日来计算休假日期占全年工作日的百分比。

❶ 选中D2单元格，在公式编辑栏中输入公式：=NETWORKDAYS(B2,C2)/NETWORKDAYS("2012-01-01","2013-01-01")，按回车键即可计算出第一位员工休假天数占全年工作日的百分比，如图22-61所示。

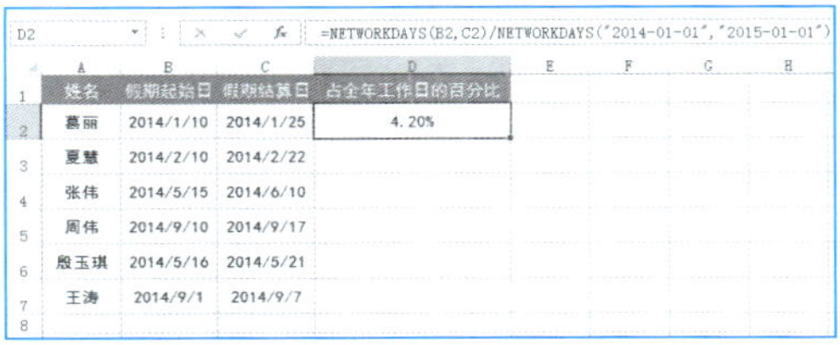

D2　=NETWORKDAYS(B2,C2)/NETWORKDAYS("2014-01-01","2015-01-01")

姓名	假期起始日	假期结算日	占全年工作日的百分比
葛丽	2014/1/10	2014/1/25	4.20%
夏慧	2014/2/10	2014/2/22	
张伟	2014/5/15	2014/6/10	
周伟	2014/9/10	2014/9/17	
殷玉琪	2014/5/16	2014/5/21	
王涛	2014/9/1	2014/9/7	

图22-61

❷ 将光标移到D2单元格的右下角，光标变成十字形状后，按住鼠标左键向下拖动进行公式填充，即可计算出其他员工休年假天数占全年工作日的百分比，如图22-62所示。

姓名	假期起始日	假期结算日	占全年工作日的百分比
葛丽	2014/1/10	2014/1/25	4.20%
夏慧	2014/2/10	2014/2/22	3.82%
张伟	2014/5/15	2014/6/10	7.25%
周伟	2014/9/10	2014/9/17	2.29%
殷玉琪	2014/5/16	2014/5/21	1.53%
王涛	2014/9/1	2014/9/7	1.91%

图22-62

函数35　求25岁以上男性人数

利用SUMPRODUCT函数设置公式求25岁以上男性人数。

选中F2单元格，在公式编辑栏中输入公式：=SUMPRODUCT((C2:C10="男")*1,(D2:D10>25)*1)，按回车键即可求出25岁以上男性人数，如图22-63所示。

F2　=SUMPRODUCT((C2:C10="男")*1,(D2:D10>25)*1)

员工	部门	性别	年龄		25以上男性人数
葛丽	销售部	女	28		3
王磊	销售部	男	45		
夏慧	财务部	女	29		
徐莹	商务部	女	20		
蓝心桥	人事部	男	23		
高龙宝	销售部	男	22		
陶丽	工程部	女	27		
孙永	采购部	男	35		
徐军	销售部	男	28		

图22-63

函数36　汇总销售部男性参保人数

利用SUMPRODUCT函数设置公式汇总销售部男性参保人数。

选中E2单元格，在公式编辑栏中输入公式：=SUMPRODUCT((B2:B12&C2:C12&D2:D12="销售部男是")*1)，按回车键即可汇总销售部男性参保人数，如图22-64所示。

F2　=SUMPRODUCT((B2:B12&C2:C12&D2:D12="销售部男是")*1)

员工	部门	性别	参保		销售部男性参保人数
葛丽	销售部	女	是		2
王磊	销售部	男	否		
夏慧	财务部	女	是		
周国菊	销售部	女	否		
徐莹	商务部	女	是		
蓝心桥	人事部	男	否		
高龙宝	销售部	男	是		
陶丽	工程部	女	否		
孙永	采购部	男	是		
唐刘云	销售部	女	否		
徐军	销售部	男	是		

图22-64

函数37 标注出需要核查的项目

企业每年都需要在不同的岗位上招聘一些新的人才，通过招聘会或网上发布招聘信息后，一份应聘名单就整理出来了。现在要从招聘名单中筛选掉“25岁以上”的应聘人员，这里可以利用NOT函数来实现。

❶ 选中E2单元格，在公式编辑栏中输入公式：=NOT(B2<25)，按回车键后，如果是“25岁以下”的应聘人员，显示为“FALSE”；反之，显示为“TRUE”。

❷ 将光标移到E2单元格的右下角，光标变成十字形状后，按住鼠标左键向下拖动进行公式填充，即可筛选出其他应聘人员是否满足条件，如图22-65所示。

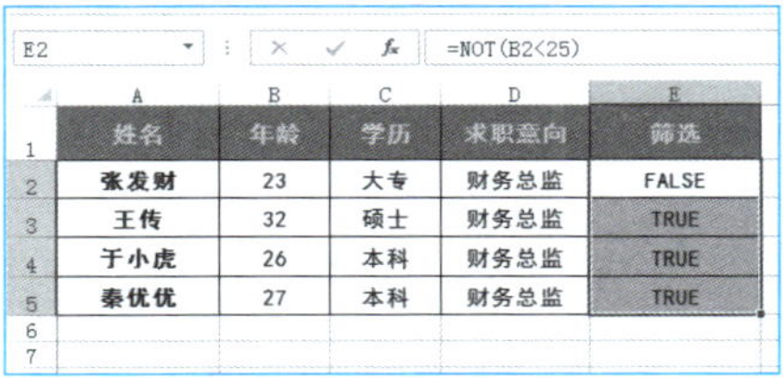

姓名	年龄	学历	求职意向	筛选
张发财	23	大专	财务总监	FALSE
王传	32	硕士	财务总监	TRUE
于小虎	26	本科	财务总监	TRUE
秦优优	27	本科	财务总监	TRUE

图22-65

函数38 使用VLOOKUP函数查找员工学历和年龄

在员工信息管理报表中，根据员工姓名自动获取员工学历与年龄。

❶ 选中C14单元格，在公式编辑栏中输入公式：=VLOOKUP(B14,A2:E10,4,FALSE)，按回车键根据员工姓名精确查找出对应的员工学历，如图22-66所示。

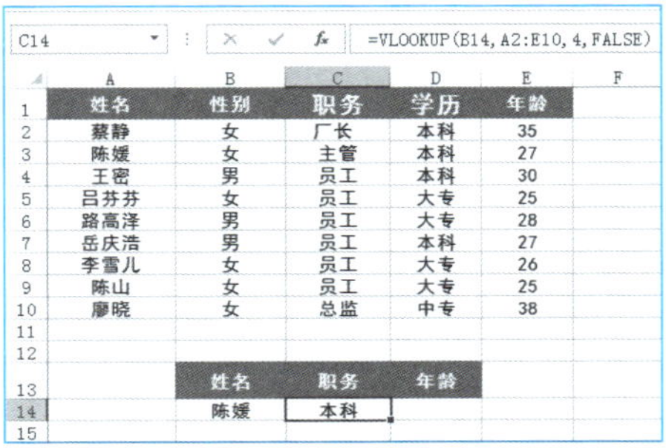

姓名	性别	职务	学历	年龄
蔡静	女	厂长	本科	35
陈媛	女	主管	本科	27
王密	男	员工	本科	30
吕芬芬	女	员工	大专	25
路高泽	男	员工	大专	28
岳庆浩	男	员工	本科	27
李雪儿	女	员工	大专	26
陈山	女	员工	大专	25
廖晓	女	总监	中专	38

姓名	职务	年龄
陈媛	本科	

图22-66

❷ 选中D14单元格，在公式编辑栏中输入公式：=VLOOKUP(B14,A2:E10,5,FALSE)，按回车键根据员工姓名精确查找出对应的员工年龄，如图22-67所示。

D14　=VLOOKUP(B14,A2:E10,5,FALSE)

姓名	性别	职务	学历	年龄
蔡静	女	厂长	本科	35
陈媛	女	主管	本科	27
王密	男	员工	本科	30
吕芬芬	女	员工	大专	25
路高泽	男	员工	大专	28
岳庆浩	男	员工	本科	27
李雪儿	女	员工	大专	26
陈山	女	员工	大专	25
廖晓	女	总监	中专	38

姓名	职务	年龄
陈媛	本科	27

图22-67

函数39　使用ISEVEN函数从身份证号码中获取性别

根据身份证号码判断其性别。在15位和18位身份证中，前者后一位表示性别，后者第17位表示性别，这里以15位身份证号码判断其性别。

❶ 选中C2单元格，在公式编辑栏中输入公式：=IF(ISEVEN(RIGHT(B2,1)),"女","男")，按回车键即可根据B2单元格中的身份证号码判断出性别。

❷ 将光标移到C2单元格的右下角，光标变成十字形状后，按住鼠标左键向下拖动进行公式填充，即可对其他身份证号码判断出性别，如图22-68所示。

C2　=IF(ISEVEN(RIGHT(B2,1)),"女","男")

姓名	身份证号	年龄
蔡静	340025197605162522	女
陈媛	342001198011202528	女
王密	340001198203088452	女
吕芬芬	340025198311043224	女
路高泽	340025197902281235	男
岳庆浩	342025760612321	男
李雪儿	340025780314952	女
陈山	340031198303026285	男
廖晓	340025840312056	女
张丽君	340025198502138578	女

图22-68

函数40　求数值区域的K百分比数值点

根据员工的身高数据，统计出90%处的身高值。

选中B13单元格，在公式编辑栏中输入公式：=PERCENTILE.

INC(D2:D11,0.9)，按回车键，即可求出从最低到最高算起，90%位置处所处对应的身高值，如图22-69所示。

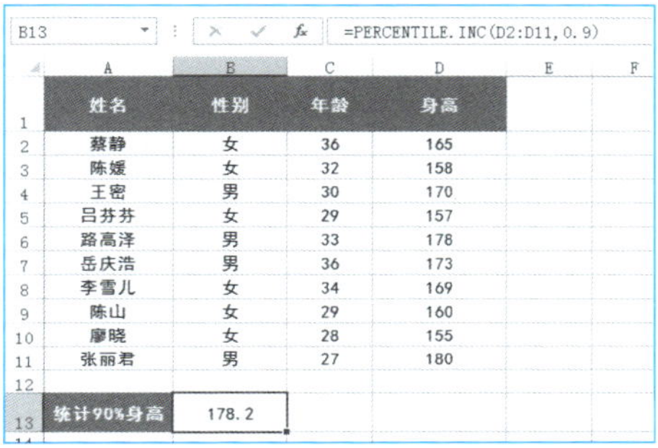

B13 =PERCENTILE.INC(D2:D11,0.9)

姓名	性别	年龄	身高
蔡静	女	36	165
陈媛	女	32	158
王密	男	30	170
吕芬芬	女	29	157
路高泽	男	33	178
岳庆浩	男	36	173
李雪儿	女	34	169
陈山	女	29	160
廖晓	女	28	155
张丽君	男	27	180
统计90%身高	178.2		

图22-69

函数41　按条件返回数值区域的K百分比数值点

根据员工的身高数据，统计女生90%处的身高值，可以使用PERCENTILE.INC函数设置数组公式来求取。

选中B14单元格，在公式编辑栏中输入公式：=PERCENTILE.INC(IF(B2:B11="女",D2:D11),0.9)，按“Ctrl+Shift+Enter”组合键，即可计算出女生中90%位置处的身高值，如图22-70所示。

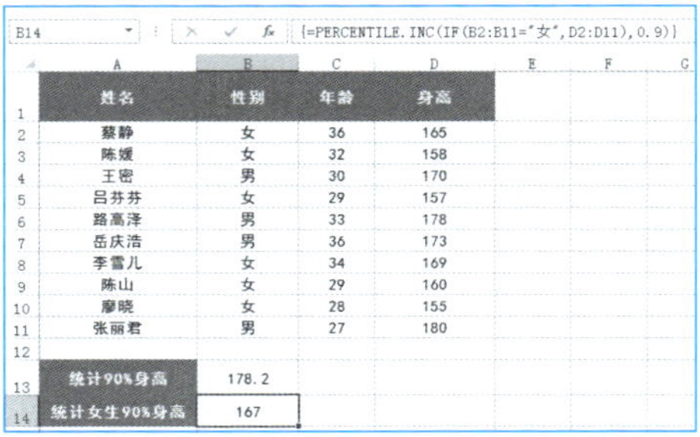

B14 {=PERCENTILE.INC(IF(B2:B11="女",D2:D11),0.9)}

姓名	性别	年龄	身高
蔡静	女	36	165
陈媛	女	32	158
王密	男	30	170
吕芬芬	女	29	157
路高泽	男	33	178
岳庆浩	男	36	173
李雪儿	女	34	169
陈山	女	29	160
廖晓	女	28	155
张丽君	男	27	180
统计90%身高	178.2		
统计女生90%身高	167		

图22-70

函数42　按条件返回数值区域的中位数

根据员工的身高数据，统计出身高值的中位数，需要使用MEDIAN函数来实现。

选中B13单元格，在公式编辑栏中输入公式：=MEDIAN(D2:D11)，按回车键，即可计算出身高数值集合的中位数，如图22-71所示。

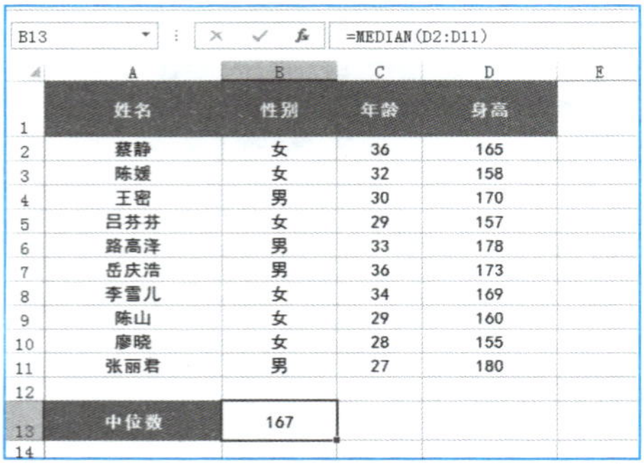
B13　=MEDIAN(D2:D11)

姓名	性别	年龄	身高
蔡静	女	36	165
陈媛	女	32	158
王密	男	30	170
吕芬芬	女	29	157
路高泽	男	33	178
岳庆浩	男	36	173
李雪儿	女	34	169
陈山	女	29	160
廖晓	女	28	155
张丽君	男	27	180
中位数	167		

图22-71

函数43　用QUARTILE.EXC函数求取四分位数

根据员工的身高数据，现在要求四分位数，需要使用QUARTILE.EXC函数来实现。

选中G6单元格，在公式编辑栏中输入公式：=QUARTILE.EXC(D2:D11,1)，按回车键，即可计算出指定数组中的25%处的值，分别在G7、G8单元格中输入公式：=QUARTILE.EXC(D2:D11,2), =QUARTILE.EXC(D2:D11,3)，可分别计算出其他几个分位的数值，如图22-72所示。

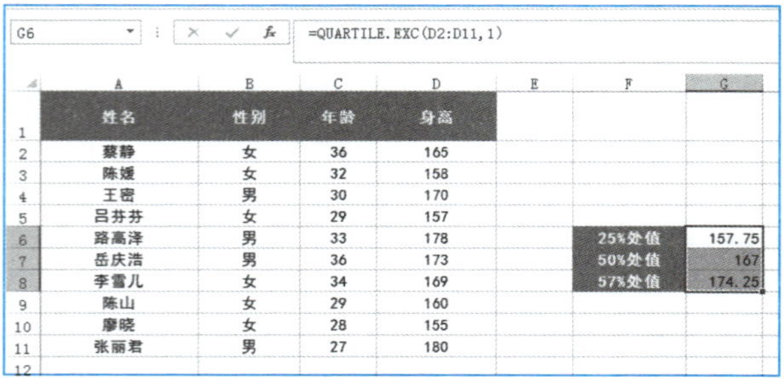
G6　=QUARTILE.EXC(D2:D11,1)

姓名	性别	年龄	身高			
蔡静	女	36	165			
陈媛	女	32	158			
王密	男	30	170			
吕芬芬	女	29	157			
路高泽	男	33	178		25%处值	157.75
岳庆浩	男	36	173		50%处值	167
李雪儿	女	34	169		57%处值	174.25
陈山	女	29	160			
廖晓	女	28	155			
张丽君	男	27	180			

图22-72

函数44　替换员工姓名

用正确的“姓”与“名”转换输入错误的“姓”与“名”。

1 选中C2单元格，在公式编辑栏中输入公式：=REPLACEB(A2,5,2,B2),

按回车键即可用“京”替换输入错误的“静”，并返回正确的姓名为“蔡京”，如图22-73所示。

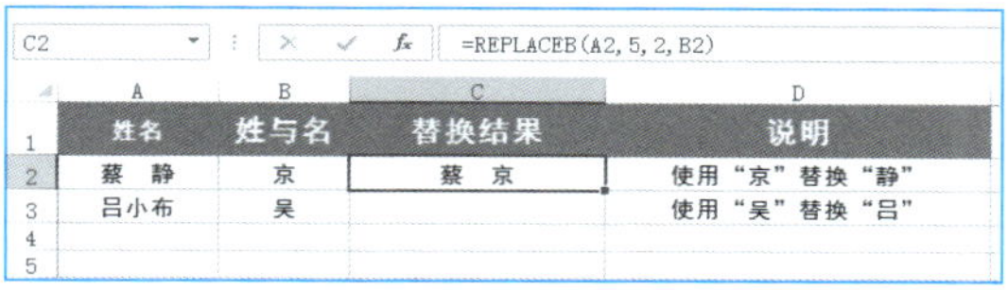
C2 =REPLACEB(A2,5,2,B2)

姓名	姓与名	替换结果	说明
蔡　静	京	蔡　京	使用“京”替换“静”
吕小布	吴		使用“吴”替换“吕”

图22-73

2 选中C3单元格，在公式编辑栏中输入公式：=REPLACEB(A3,1,2,B3)，按回车键即可用“吴”替换输入错误的“吕”，并返回正确的姓名为“吴小布”，如图22-74所示。

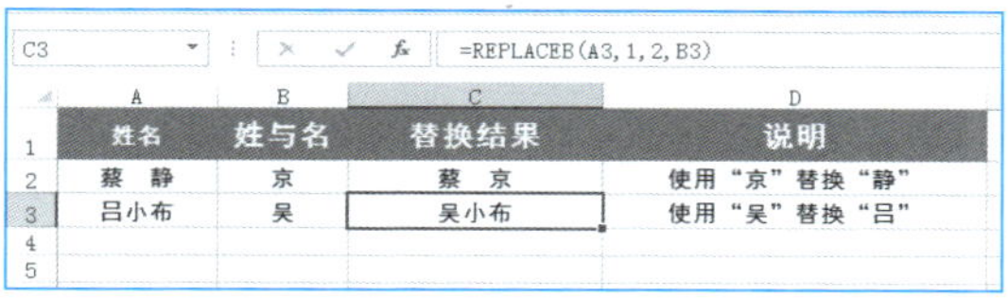
C3 =REPLACEB(A3,1,2,B3)

姓名	姓与名	替换结果	说明
蔡　静	京	蔡　京	使用“京”替换“静”
吕小布	吴	吴小布	使用“吴”替换“吕”

图22-74

函数45　统计某一出生日期区间中指定性别的人数

在人事信息管理表中统计出出生日期在指定区间的女性员工人数，可以使用SUMPRODUCT函数来实现。

选中H5单元格，在公式编辑栏中输入公式：=SUMPRODUCT((C2:C11>=19800101)*(C2:C11<=19891231)*(B2:B11="女"))，按回车键即可统计出所有出生年月在19800101-19891231之间性别为“女”的员工人数，如图22-75所示。

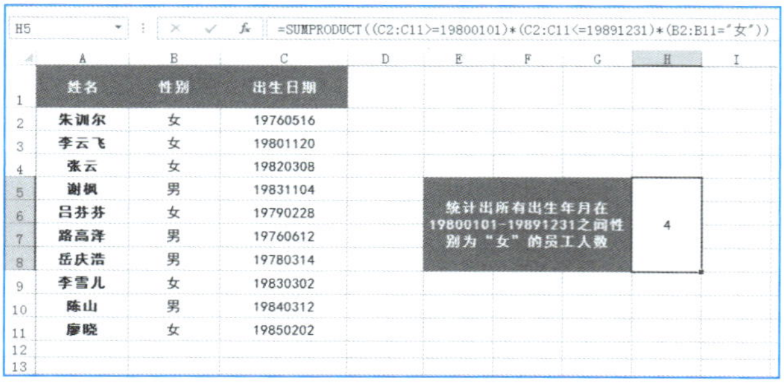
H5 =SUMPRODUCT((C2:C11>=19800101)*(C2:C11<=19891231)*(B2:B11="女"))

姓名	性别	出生日期
朱训尔	女	19760516
李云飞	女	19801120
张云	女	19820308
谢枫	男	19831104
吕芬芬	女	19790228
路高泽	男	19760612
岳庆浩	男	19780314
李雪儿	女	19830302
陈山	男	19840312
廖晓	女	19850202

统计出所有出生年月在19800101-19891231之间性别为“女”的员工人数	4

图22-75

函数46　计算员工在职天数

在企业员工在离职情况统计表中，可以使用ROUND函数配合IF函数统计出员工的在职天数。

① 选中D2单元格，在公式编辑栏中输入公式：=ROUND(IF(D2<>"",D2-C2,NOW()-C2),0)，按回车键，即可计算出第一位员工的在职天数。

② 将光标移到D2单元格的右下角，光标变成十字形状后，按住鼠标左键向下拖动进行公式填充，即可快速计算其他员工的在职天数，如图15-76所示。

E2　=ROUND(IF(D2<>"",D2-C2,NOW()-C2),0)

所属部门	姓名	入职时间	离职时间	在职天数
生产部	蔡静	2011/7/2		1207
生产部	陈媛	2012/7/8		835
生产部	王密	2009/8/5	2012/3/31	969
技术部	吕芬芬	2014/7/15		98
技术部	路高泽	2013/7/15	2014/7/31	381
技术部	岳庆浩	2010/7/1		1573
生产部	李雪儿	2012/7/1		842

图22-76

函数47　统计销售部女员工人数

当前表格中显示了员工姓名、所属部门及性别，现在需要统计出销售部女员工的人数。

选中E2单元格，在编辑栏中输入公式：=SUM((B2:B14="销售部")*(C2:C14="女"))，按“Ctrl+Shift+Enter”键（数组公式必须按此组合键才能得到正确结果），即可统计销售部女员工的人数，如图22-77所示。

E2　{=SUM((B2:B14="销售部")*(C2:C14="女"))}

姓名	部门	性别		销售部女员工人数
邓毅成	销售部	男		1
许德先	企划部	男		
陈杰雨	销售部	女		
林伟华	企划部	女		
黄珏晓	研发部	男		
韩伟	企划部	男		
胡佳欣	研发部	女		
刘辉贤	企划部	男		
邓敏杰	研发部	女		
仲成	销售部	男		
李平	销售部	男		
卢惠萍	研发部	女		
黄晓军	销售部	男		

图22-77

函数48　从员工完整编号中提取部门信息

本例表格中显示各编号员工的完整编码，现在需要从完整编码中提取部门信息。

❶ 选中C2单元格，在编辑栏中输入公式：“=LEFT(B2,FIND("-",B2)-1)”，按回车键根据B2单元格的值得到部门名称，如图22-78所示。

❷ 将光标移到C2单元格的右下角，光标变成十字形状后，按住鼠标左键向下拖动进行公式填充，即可返回其他部门名称，如图22-79所示。

C2　fx　=LEFT(B2,FIND("-",B2)-1)

序号	完整编码	部门
001	行政部-1023	行政部
002	人事部-0003	
003	财务部-1006	
004	行政部-0006	
005	行政班-0232	
006	采购部-0082	
007	行政部-0037	
008	人事部-0003	

图22-78

序号	完整编码	部门
001	行政部-1023	行政部
002	人事部-0003	人事部
003	财务部-1006	财务部
004	行政部-0006	行政部
005	行政班-0232	行政班
006	采购部-0082	采购部
007	行政部-0037	行政部
008	人事部-0003	人事部

图22-79

函数49　将一列数据前加上统一的文字

现在要求在“车间”列前加上“一车间”字样，形成完整的车间名称。

❶ 选中C2单元格，在编辑栏中输入公式：“=CONCATENATE("一车间",B2,)”，按回车键即可返回第一个车间全称，如图22-80所示。

❷ 将光标移到C2单元格的右下角，光标变成十字形状后，按住鼠标左键向下拖动进行公式填充，即可返回其他的车间全称，如图22-81所示。

C2　fx　=CONCATENATE("一车间",B2,)

姓名	车间	车间
李玲	（1）组	一车间（1）组
王元元	（2）组	
周斌薇	（1）组	
吴茜	（4）组	
李秀	（1）组	
王倩倩	（2）组	
周薪	（3）组	

图22-80

姓名	车间	车间
李玲	（1）组	一车间（1）组
王元元	（2）组	一车间（2）组
周斌薇	（1）组	一车间（1）组
吴茜	（4）组	一车间（4）组
李秀	（1）组	一车间（1）组
王倩倩	（2）组	一车间（2）组
周薪	（3）组	一车间（3）组

图22-81

函数50　从员工完整编号中提取员工编号

本例表格中显示各编号员工的完整编码，现在需要从完整编码中提取员工编号。

❶ 选中C2单元格，在编辑栏中输入公式：=MID(B2,FIND("-",B2)+1,5)，按回车键根据B2单元格的值得到第一位员工编号，如图22-82所示。

C2　=MID(B2,FIND("-",B2)+1,5)

	A	B	C	D	E
1	序号	完整编码	员工编号		
2	001	行政部-1023	1023		
3	002	人事部-0003			
4	003	财务部-1006			
5	004	行政部-0006			
6	005	行政班-0232			
7	006	采购部-0082			
8	007	行政部-0037			
9	008	人事部-0003			
10					

图22-82

❷ 将光标移到C2单元格的右下角，光标变成十字形状后，按住鼠标左键向下拖动进行公式填充，即可返回其他员工编号，如图22-83所示。

	A	B	C	D
1	序号	完整编码	员工编号	
2	001	行政部-1023	1023	
3	002	人事部-0003	0003	
4	003	财务部-1006	1006	
5	004	行政部-0006	0006	
6	005	行政班-0232	0232	
7	006	采购部-0082	0082	
8	007	行政部-0037	0037	
9	008	人事部-0003	0003	
10				
11				

图22-83

函数51　一次性输入多个相同符号

要想一次性输入身份证号码的填写框，可以利用REPT函数来实现。

选中B3单元格，在公式编辑栏中输入公式（如图3-22所示）：=REPT（“□”,18)，按回车键，即可一次性输入18个“□”，如图22-84所示。

B3　=REPT("□",18)

	A	B
1	姓名	孙丽丽
2	性别	女
3	身份证号码	□□□□□□□□□□□□□□□□□□□□□□
4		
5		

图22-84

函数52　统计员工年龄值的中位数

当前数据表中统计了员工的年龄，现在要统计出年龄值的中位数，需要使用MEDIAN函数来计算。

选中C11单元格，在公式编辑栏中输入公式：=MEDIAN(C2:C9)，按回车键，即可计算出年龄数值集合的中位数，如图22-85所示。

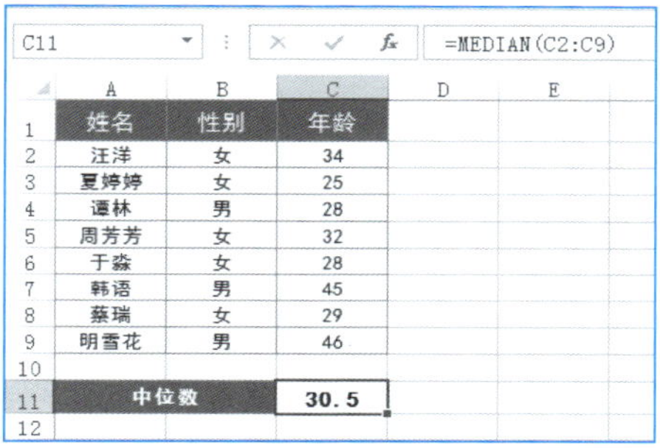

	A	B	C
1	姓名	性别	年龄
2	汪洋	女	34
3	夏婷婷	女	25
4	谭林	男	28
5	周芳芳	女	32
6	于淼	女	28
7	韩语	男	45
8	蔡瑞	女	29
9	明雪花	男	46
10			
11	中位数		30.5

图22-85

函数53　插入空行分割数据

表格中包含了员工的姓名、工号以及性别，现在将其另起行并使得每个员工信息之间间隔一个空格显示。

❶ 选中E1单元格，在公式编辑栏中输入公式：=IF(MOD(ROW(),3)>0,INDEX(A:A,ROW(A2)*2/3),"")，按回车键后返回引用区域的第一个单元格数据，将公式填充至E1:G2区域如图22-86所示。

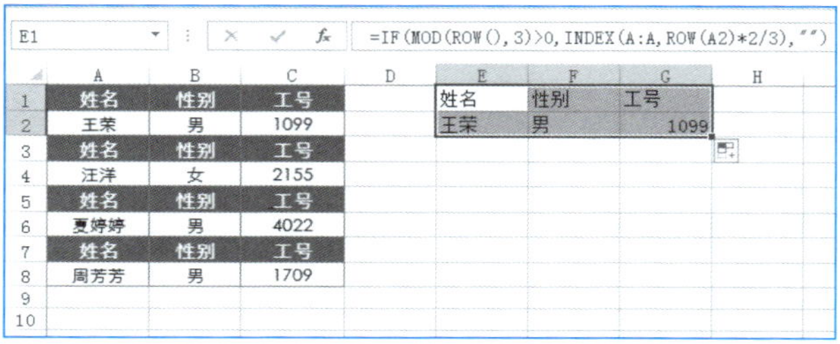

	A	B	C	D	E	F	G
1	姓名	性别	工号		姓名	性别	工号
2	王荣	男	1099		王荣	男	1099
3	姓名	性别	工号				
4	汪洋	女	2155				
5	姓名	性别	工号				
6	夏婷婷	男	4022				
7	姓名	性别	工号				
8	周芳芳	男	1709				
9							
10							

图22-86

❷ 保持单元格的填充状态，继续拖动右下角的填充柄至G11单元格，最后对其进行边框底纹设置，即可完成在每个员工信息后插入空行，如图22-87所示。

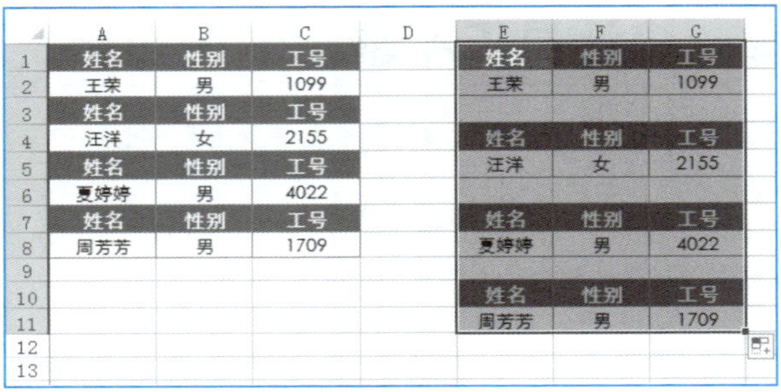

图22-87

函数54　填补表格的空白区域

已知表格统计了各个不同销售分部的销售员姓名，现在需要将空白部分单元格自动填充和上方相同的内容。

❶ 选中C2单元格，在公式编辑栏中输入公式：=LOOKUP(1,0/($A$2:A2<>""),A$2:A2)，按回车键即可显示表格中空白处的内容如图22-88所示。

❷ 将光标移到C2单元格的右下角，光标变成十字形状后，按住鼠标左键向下拖动进行公式填充，即可显示其他相同部门的空白处内容，如图22-89所示。

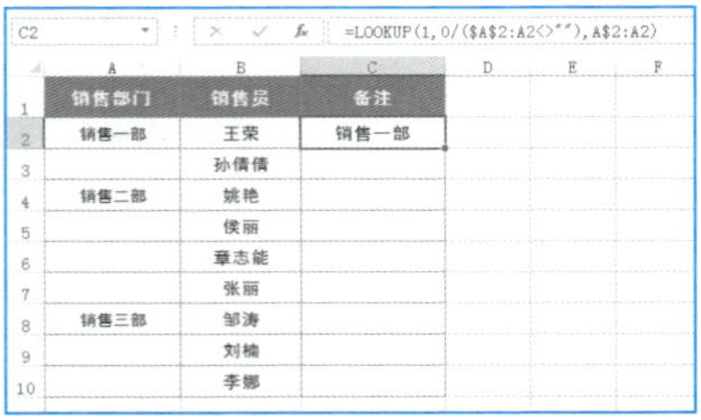

图22-88

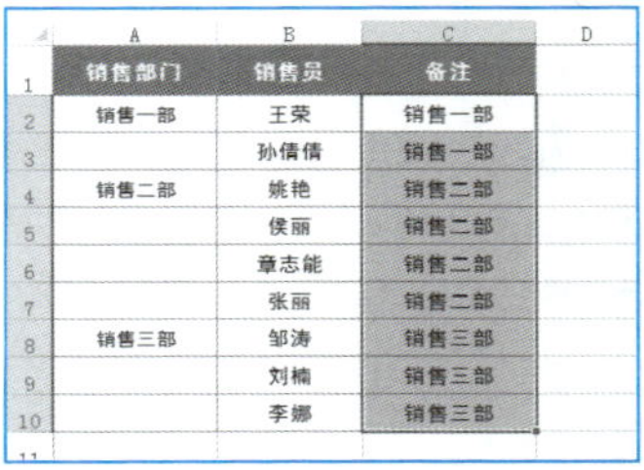

图22-89

函数55　检查员工信息是否完整

在表格的前4列中分别填写了员工的编号、姓名、性别和年龄，当其中有一项没有填写时就可以判断其信息不完整，当4项全部填写时即判断其填写完整。

❶ 选中E2单元格，在公式编辑栏中输入公式：=IF(COUNTA($A2:$D2)=4,"完整","")，按回车键即可判断出单元格中的信息填写是否完整。

❷ 将光标移到E2单元格的右下角，光标变成十字形状后，按住鼠标左键向

下拖动进行公式填充，即可快速得到其他员工的信息填写是否完整，如图22-90所示。

E2　=IF(COUNTA($A2:$D2)=4,"完整","")

员工姓名	性别	学历	职务	判断信息是否完整
王荣	女		经理	
周国菊	男	本科	会计	完整
葛丽	女	本科	部门主管	完整
陶莉莉	男	本科		
王磊		专科	职员	
周蓓	女	本科	职员	完整
杨荣伟	女	专科	职员	完整

图22-90

函数56　从房号数据中提取单元号

当前表格A列中显示了完整的房号（包括栋数、单元号，房号等）。现在要求从A列数据中提取出单元号，即得到C列中的数据。

1 选中C2单元格，在公式编辑栏中输入公式：=MIDB(B2,FIND("-",B2)+2,5)，按回车键即可提取出第一条记录的单元号。

2 选中C2单元格，拖动右下角的填充柄向下复制公式，即可批量提取单元号数据，如图22-91所示。

C2　=MIDB(B2,FIND("-",B2)+2,5)

员工	房号	单元号
王荣	2栋-2单元-902	2单元
孙倩倩	9栋-1单元-802	1单元
姚艳	7栋-3单元-801	3单元
侯丽	22栋-2单元-702	2单元
章志能	23栋-1单元-701	1单元
张丽	10栋-1单元-602	1单元
邹涛	7栋-3单元-601	3单元
刘楠	6栋-1单元-502	1单元

图22-91

函数57　随机获取编号

表格统计了所有员工的姓名，这里需要在1到100位数字中进行随机编号，以便公正地确定每一位人员的顺序。

❶ 选中D2单元格，在公式编辑栏中输入公式：=COUNTBLANK(B2:B12)&"人"，按回车键即可统计出缺考人数为“5人”，如图22-92所示。

B2 =ROUND(RAND()*99+1,0)

	A	B	C	D	E
1	姓名	随机编号			
2	王荣	77			
3	韩燕飞				
4	周薇				
5	吴茜				
6	李文秀				
7	王倩倩				
8	林芝				
9					

图22-92

❷ 选中B2单元格，拖动右下角的填充柄向下复制公式，即可得到所有的随机编号，如图22-93所示。

	A	B	C
1	姓名	随机编号	
2	王荣	76	
3	韩燕飞	63	
4	周薇	44	
5	吴茜	21	
6	李文秀	42	
7	王倩倩	36	
8	林芝	20	
9			

图22-93

第23章

培训考核中的函数范例应用

Excel

函数58　判断员工考核成绩是否合格

在员工考核成绩统计报表中，对员工成绩进行考评，总成绩大于等于120分显示为合格、小于120分显示为不合格。可以使用CHOOSE函数来设置公式。

① 选中F2单元格，在公式编辑栏中输入公式：=CHOOSE(IF(E2>=120,1,2),"合格","不合格")，按回车键，即可判断员工“张扬”的总成绩是否合格。

② 将光标移到F2单元格的右下角，光标变成十字形状后，按住鼠标左键向下拖动进行公式填充，即可考评其他员工的总成绩是否全部合格，如图23-1所示。

F2　=CHOOSE(IF(E2>=120,1,2),"合格","不合格")

序号	姓名	课程成绩	教师评分	综合成绩	考评结果
1	张扬	70	80	150	合格
2	李依依	75	80	155	合格
3	赵明明	50	69	119	不合格
4	滕飞宇	60	70	130	合格
5	魏玉文	65	45	110	不合格
6	赵鑫	60	80	140	合格
7	王媛媛	70	80	150	合格
8	盛强	75	34	109	不合格
9	李丽华	70	70	140	合格
10	楚明宇	73	56	129	合格
11	张凡	75	75	150	合格
12	林凤玉	60	65	125	合格
13	刘彤彤	60	55	115	不合格

图23-1

函数59　使用IF函数建立单元格条件格式

对员工本月的销售量进行统计后，作为主管人员可以对员工的销量业绩进行业绩考核。

① 选中E2单元格，在公式编辑栏中输入公式：=IF(D2>120,"达标","没有达标")，按回车键，即可对员工的业绩进行考核。

② 将光标移到E2单元格的右下角，光标变成十字形状后，按住鼠标左键向下拖动进行公式填充，即可得出其他员工业绩考核结果，如图23-2所示。

E2　=IF(D2>120,"达标","没有达标")

员工姓名	操作考核	笔试考核	总成绩	考评结果
赵鑫	78	58	160	达标
王媛媛	56	60	138	达标
盛强	72	66	135	达标
李丽华	78	52	119	没有达标

图23-2

函数60　使用AND函数配合IF函数进行成绩考评

AND函数用于当所有的条件均为“真”（TRUE）时，返回的运算结果为“真”（TRUE）；反之，返回的运算结果为“假”（FALSE），使用AND函数配合IF函数对员工考核成绩进行考评。

❶ 选中E2单元格，在公式编辑栏中输入公式：=IF(AND(A2>=70,B2>=70,C2>=70)=TRUE,"合格"，按回车键，即可根据员工考核成绩判断是否合格。

❷ 将光标移到E2单元格的右下角，光标变成十字形状后，按住鼠标左键向下拖动进行公式填充，即可考评其他学生考试成绩是否合格，如图23-3所示。

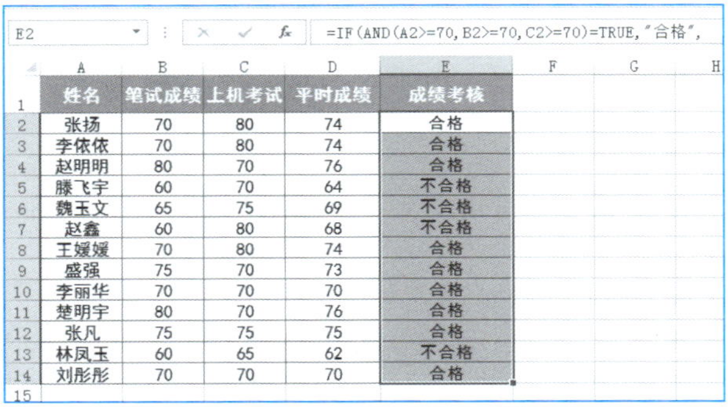

E2　=IF(AND(A2>=70,B2>=70,C2>=70)=TRUE,"合格",

姓名	笔试成绩	上机考试	平时成绩	成绩考核
张扬	70	80	74	合格
李依依	70	80	74	合格
赵明明	80	70	76	合格
滕飞宇	60	70	64	不合格
魏玉文	65	75	69	不合格
赵鑫	60	80	68	不合格
王媛媛	70	80	74	合格
盛强	75	70	73	合格
李丽华	70	70	70	合格
楚明宇	80	70	76	合格
张凡	75	75	75	合格
林凤玉	60	65	62	不合格
刘彤彤	70	70	70	合格

图23-3

函数61　用OR函数对员工的考核成绩进行综合评定

作为公司的业务主管，每年年底都需要对员工进行技能考核，当考核成绩下来后,要检查哪些员工每项技能都没有达标，这时可以使用OR函数来实现。

❶ 选中E2单元格，在公式编辑栏中输入公式：=OR(B2>=70,C2>=70,D2>=70)，按回车键，即可判断出员工每项技能考核是否都没有达标。都没有显示为FALSE；反之，显示为TRUE。

❷ 将光标移到D2单元格的右下角，光标变成十字形状后，按住鼠标左键向下拖动进行公式填充，即可判断其他员工的每项技能考核是否都没有达标，如图23-4所示。

E2　=OR(B2>=70,C2>=70,D2>=70)

	A	B	C	D	E
1	姓名	笔试成绩	上机考试	平均成绩	综合考评
2	张扬	70	80	75	TRUE
3	李依依	70	80	75	TRUE
4	赵明明	80	70	75	TRUE
5	李丽华	70	70	70	TRUE
6	楚明宇	80	70	75	TRUE
7	张凡	75	75	75	TRUE
8	林凤玉	60	65	62.5	FALSE
9	刘彤彤	70	70	70	TRUE

图23-4

函数62　OR函数配合AND函数对考核成绩进行综合评定

在对员工成绩考核后，考评那些员工笔试和操作技能的考核是否全部达标或平均成绩是否达标，这时可以使用OR函数配合AND函数来实现。

❶ 选中E2单元格，在公式编辑栏中输入公式：=OR(AND(B2>=60,C2>=60,D2>=60)，按回车键，即可根据员工笔试和上操作成绩来判断是否全部达标或平均成绩是否达标，如果两者中有一项达标的显示为“TRUE”；均不达标的显示为“FALSE”。

❷ 将光标移到E2单元格的右下角，光标变成十字形状后，按住鼠标左键向下拖动进行公式填充，即可显示其他员工的综合评定结果，如图23-5所示。

E2　=OR(AND(B2>=60,C2>=60,D2>=60))

	A	B	C	D	E
1	员工姓名	操作考核	笔试考核	平均成绩	考评结果
2	赵鑫	78	58	68	FALSE
3	王媛媛	56	60	58	FALSE
4	盛强	72	66	69	TRUE
5	李丽华	78	52	65	FALSE

图23-5

函数63　计算员工总成绩

计算出员工培训的总成绩。

❶ 选中F2单元格，在公式编辑栏中输入公式：=SUM(C2:E2)，按回车键即可返回第一个员工的总成绩。

❷ 将光标移到F2单元格的右下角，光标变成十字形状后，按住鼠标左键向下拖动进行公式填充，即可获取其他员工的总成绩，如图23-6所示。

F2　=SUM(C2:E2)

序号	姓名	笔试	上机操作	教师评分	总成绩
1	张扬	70	80	65	215
2	李依依	75	80	67	222
3	赵明明	50	69	55	174
4	滕飞宇	60	70	70	200
5	魏玉文	65	45	78	188
6	赵鑫	60	80	65	205

图23-6

函数64　计算员工总平均成绩

根据各项成绩计算出员工培训的总成绩。

❶ 选中G2单元格，在公式编辑栏中输入公式：=AVERAGEA(C2:E2)，按回车键即可根据第一个员工的平均成绩。

❷ 将光标移到G2单元格的右下角，光标变成十字形状后，按住鼠标左键向下拖动进行公式填充，即可获取其他员工的总平均成绩，如图23-7所示。

G2　=AVERAGEA(C2:E2)

序号	姓名	笔试	上机操作	教师评分	总成绩	平均成绩
1	张扬	70	80	65	215	71.67
2	李依依	75	80	67	222	74.00
3	赵明明	50	69	55	174	58.00
4	滕飞宇	60	70	70	200	66.67
5	魏玉文	65	45	78	188	62.67
6	赵鑫	60	80	65	205	68.33

图23-7

函数65　查找指定条件的考试成绩

在员工培训成绩统计报表中，查找指定条件的考试成绩。

❶ 选中D9单元格，在公式编辑栏中输入公式：=INDEX((A2:E8,A2:F8),3,5,1)，按回车键,即可从第一个引用区域中查找到员工“张扬”3门课程的总成绩，如图23-8所示。

D9　=INDEX((A2:E8,A2:F8),3,5,1)

姓名	笔试	上机操作	教师评分	总成绩	平均成绩
张扬	70	80	65	215	71.67
李依依	75	80	67	222	74.00
赵明明	50	69	55	174	58.00
滕飞宇	60	70	70	200	66.67
魏玉文	65	45	78	188	62.67
赵鑫	60	80	65	205	68.33
张扬的总成绩			174		
赵明明的总成绩					

图23-8

❷ 选中D10单元格，在公式编辑栏中输入公式：=INDEX((A2:E8,A2:F8),4,6,2)，按回车键,即可从第二个引用区域中查找到员工“赵明明”3门课程的平均考试成绩，如图23-9所示。

D10 =INDEX((A2:E8,A2:F8),4,6,2)

	A	B	C	D	E	F
1	姓名	笔试	上机操作	教师评分	总成绩	平均成绩
2	张扬	70	80	65	215	71.67
3	李依依	75	80	67	222	74.00
4	赵明明	50	69	55	174	58.00
5	滕飞宇	60	70	70	200	66.67
6	魏玉文	65	45	78	188	62.67
7	赵鑫	60	80	65	205	68.33
8						
9	张扬的总成绩			174		
10	赵明明的总成绩			66.67		
11						

图23-9

函数66　查询最高总分对应的员工编号

根据员工各科目成绩，现在要查询出最高总分对应的员工编号。可以使用INDEX与MATCH函数配合来设置公式。

选中E9单元格，在公式编辑栏中输入公式：=INDEX(A2:A7,MATCH(MAX(F2:F7),F2:F7,))，按回车键即可得到最高总分对应的学号，如图23-10所示。

E9 =INDEX(A2:A7,MATCH(MAX(F2:F7),F2:F7,))

	A	B	C	D	E	F	G
1	员工编号	姓名	笔试	上机操作	教师评分	总成绩	平均成绩
2	HY101	张扬	70	80	65	215	71.67
3	HY102	李依依	75	80	67	222	74.00
4	HY103	赵明明	50	69	55	174	58.00
5	HY104	滕飞宇	60	70	70	200	66.67
6	HY105	魏玉文	65	45	78	188	62.67
7	HY106	赵鑫	60	80	65	205	68.33
8							
9	查询总分最高的员工编号				HY102		
10							

图23-10

函数67　计算员工最高成绩在哪一个单元格

根据B列中8个员工的成绩，计算最高成绩在哪一个单元格。如果两人并列第一，取最后一个地址。

选中F2单元格，在公式编辑栏中输入公式：=ADDRESS(MAX(IF(C2:C7=MAX(C2:C7),ROW(2:7))),3)，按“Ctrl+Shift+Enter”组合键，即可返回B2:B9区域中最大值的地址，如图23-11所示。

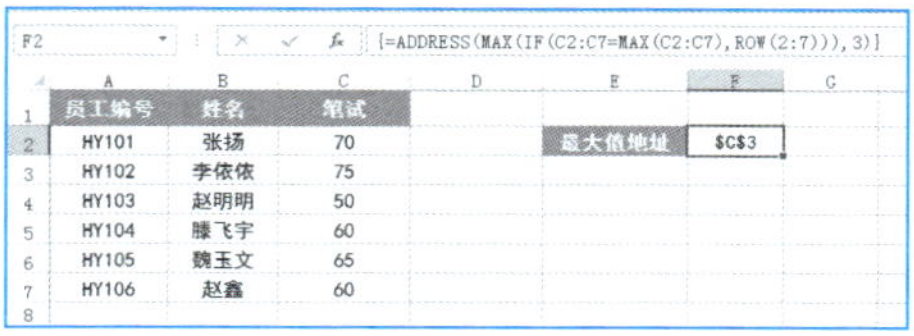

图23-11

函数68　求最小值时忽略0值

当参与运算的区域中包含0值时（统计区域中都为正数），使用MIN函数统计最小值，得到的结果则为0。现在想忽略0值统计出最小值，可以按如下方法来设置公式。

选中F5单元格，在公式编辑栏中输入公式：{=MIN(IF(C2:C14<>0,C2:C14))}，按“Ctrl+Shift+Enter”组合键，即可忽略0值统计出C2:C14单元格区域中的最小值，如图23-12所示。

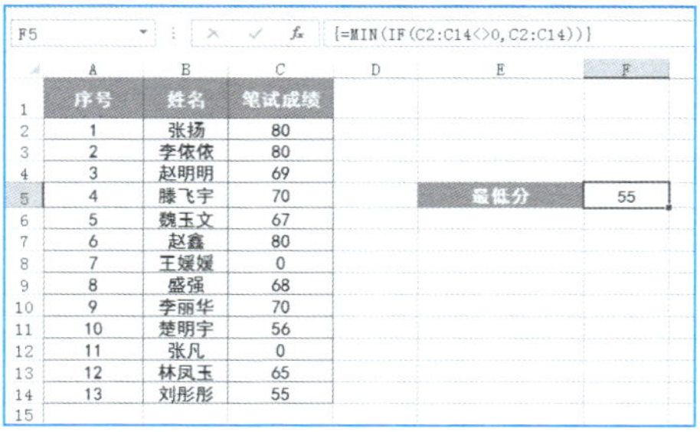

图23-12

函数69　使用ISBLANK函数检测考生是否有缺考科目

在员工培训成绩统计报表中，检测员工是否有缺考科目。

❶ 选中E2单元格，在公式编辑栏中输入公式：=IF(OR(ISBLANK(B2),ISBLANK(C2),ISBLANK(D2)),"有缺考科目",SUM(B2:D2))，按回车键，如果B2:D2单元格区域中出现任意一个空值，都会显示“有缺考科目”文字，否则计算B2:D2单元格区域数值之和。

❷ 将光标移到E2单元格的右下角，光标变成十字形状后，按住鼠标左键向下拖动进行公式填充，可以看到当列A与列B中单元格只要有一个为空值，则会

显示“有缺考科目”文字，如图23-13所示。

E2 =IF(OR(ISBLANK(B2),ISBLANK(C2),ISBLANK(D2)),"有缺考科目",SUM(B2:D2))

员工编号	姓名	笔试	上机操作	总成绩
HY101	张扬	70	80	150
HY102	李依依		80	有缺考科目
HY103	赵明明	50	69	119
HY104	滕飞宇	60		有缺考科目
HY105	魏玉文		45	有缺考科目
HY106	赵鑫	60	80	140

图23-13

函数70　求平均值时忽略计算区域中的0值

当需要求平均值的单元格区域中包含0值时，它们也将参与求平均值的运算。如果想排除运算区域中的0值，可以按如下方法设置公式。

选中F4单元格，在编辑栏中输入公式：=AVERAGE(IF(C2:C7<>0,C2:C7))，同时按“Ctrl+Shift+Enter”组合键，即可忽略0值求平均值，如图23-14所示。

F4 {=AVERAGE(IF(C2:C7<>0,C2:C7))}

序号	姓名	平均成绩		E	F
1	张扬	65			
2	李依依	67			
3	赵明明	0		平均分数	66.75
4	滕飞宇	70			
5	魏玉文	0			
6	赵鑫	65			

图23-14

函数71　同时满足多个条件求平均值

表格中统计了员工的分数。现在利用AVERAGE函数统计出每个部门中不包含0值的平均值。

在工作表中输入数据并建立好求解标识。选中G5单元格，在公式编辑栏中输入公式：=AVERAGE(IF(($C$2:$C$14="生产部")*(D$2:D$14<>0),D$2:D$14))，按“Ctrl+Shift+Enter”组合键，即可计算出“生产部”不包括0值的平均分数，如图23-15所示。

G5 {=AVERAGE(IF(($C$2:$C$14="生产部")*(D$2:D$14<>0),D$2:D$14))}

序号	姓名	部门	平均成绩		F	G
1	张扬	生产部	80			
2	李依依	生产部	80			
3	赵明明	生产部	69			
4	滕飞宇	生产部	70		生产部平均成绩	74.75
5	魏玉文	生产部	0			
6	赵鑫	销售部	80			
7	王媛媛	销售部	80			
8	盛强	销售部	0			
9	李丽华	销售部	70			
10	楚明宇	销售部	56			
11	张凡	财务部	0			
12	林凤玉	财务部	65			
13	刘彤彤	财务部	55			

图23-15

函数72　计算平均成绩

将所有人的成绩计算出平均值，结果保持两位小数，忽略其中的缺考人员。

选中G5单元格，在公式编辑栏中输入公式：=ROUND(AVERAGE(D2:D14),2)，按回车键，即可计算出所有人员平均分，如图23-16所示。

G5　=ROUND(AVERAGE(D2:D14),2)

序号	姓名	部门	笔试成绩			
1	张扬	生产部	80			
2	李依依	生产部	80			
3	赵明明	生产部	69			
4	滕飞宇	生产部	70		平均成绩	70.50
5	魏玉文	生产部	缺考			
6	赵鑫	销售部	80			
7	王媛媛	销售部	80			
8	盛强	销售部	缺考			
9	李丽华	销售部	70			
10	楚明宇	销售部	56			
11	张凡	财务部	缺考			
12	林凤玉	财务部	65			
13	刘彤彤	财务部	55			

图23-16

函数73　使用AVERAGEA函数求包含文本值的平均值

在包含文本值的单元格区域计算出员工考核的平均成绩。

❶ 选中F2单元格，在公式编辑栏中输入公式：=AVERAGEA(B2:D2)，按回车键即可计算出员工“张扬”的平均成绩为“71.67”分。

❷ 将光标移到F2单元格的右下角，光标变成十字形状后，按住鼠标左键向下拖动进行公式填充，即可计算出其他员工的平均成绩。如员工没有及时参加考试，也会参与具体的求平均成绩的计算，如图23-17所示。

F2　=AVERAGEA(B2:D2)

姓名	笔试	上机操作	教师评分	平均成绩 AVERAGE	平均成绩 AVERAGEA
张扬	70	80	65	71.67	71.67
李依依	75	80	67	74.00	74.00
赵明明	78	没有参加	54	66.00	44.00
滕飞宇	60	70	70	66.67	66.67
魏玉文	65	45	78	62.67	62.67
赵鑫	60	80	65	68.33	68.33

图23-17

函数74　数据去除头尾数值后的平均值

在进行技能比赛中，10位评委分别为进入决赛的3名选手进行打分，通过10位的打分结果计算出3名选手的最后得分。

❶ 选中B13单元格，在编辑栏中输入公式：=TRIMMEAN(B2:B11,0.2)，按回车键即可计算出选手“张扬”的最后技能得分为“6.6625”分。

❷ 将光标移到B13单元格的右下角，光标变成十字形状后，按住鼠标左键向右拖动进行公式填充，即可计算出其他2名选手的最后得分，如图23-18所示。

B13　=TRIMMEAN(B2:B11,0.2)

	A	B	C	D	E	F
1		张扬	李依依	赵明明		
2	评委1	7	8	6.9		
3	评委2	7	8	7		
4	评委3	5	6.9	4.5		
5	评委4	6	7	8		
6	评委5	6	4.5	7		
7	评委6	6	8	7		
8	评委7	7	8	5		
9	评委8	7.5	7.5	6		
10	评委9	7	7	7		
11	评委10	7.3	5.6	7.5		
12						
13	最后得分	6.6625	7.25	6.675		
14						

图23-18

函数75　使用COUNTA函数统计包含文本值的单元格数

在2014年夏季训练成员名单中，统计参加训练的人数。

选中C5单元格，在公式编辑栏中输入公式：=COUNTA(A2:G3)，按回车键即可统计出参加夏季训练成员的人数为“18”名，如图23-19所示。

C5　=COUNTA(A2:G3)

	A	B	C	D	E	F	G
1	销售部						
2	张扬	李依依	赵明明	滕飞宇	魏玉文	赵鑫	王媛媛
3	盛强	李丽华	楚明宇	张凡	林凤玉	刘彤彤	
4							
5	参加训练的人数		13				
6							
7							

图23-19

函数76　使用COUNTBLANK函数统计空白单元格的数目

在员工培训成绩统计报表中，根据统计数据统计出员工缺考人数。

选中H7单元格，在公式编辑栏中输入公式：=COUNTBLANK(E2:E14)，按回车键即可统计出员工缺考的人数为“4”名，如图23-20所示。

H7　=COUNTBLANK(E2:E14)

序号	姓名	笔试成绩	上机考试	总分			
1	张扬	70	80	150			
2	李依依	75	80	155			
3	赵明明					应考人数	13
4	滕飞宇	60	70	130			
5	魏玉文	65	75	140			
6	赵鑫					缺考人数	4
7	王媛媛	70	80	150			
8	盛强						
9	李丽华	70	70	140			
10	楚明宇						
11	张凡	75	75	150			
12	林凤玉	60	65	125			
13	刘彤彤	70	70	140			

图23-20

函数77　利用COUNTIF函数统计出某一数据区间的数目

在员工成绩统计表中，要统计出550分~600分之间的人生，可以使用COUNTIF函数来实现。

选中J5单元格，在公式编辑栏中输入公式：=COUNTIF(F2:F14,">200")-COUNTIF(F2:F14,">250")，按回车键即可统计出200分~250分之间的人数，如图23-21所示。

J5　=COUNTIF(F2:F14,">200")-COUNTIF(F2:F14,">250")

姓名	岗位名称	笔试成绩	上机考试	教师评分	总成绩		
张扬	销售经理	70	80	74	224		
李依依	销售经理	75	80	77	232		
赵明明	销售经理	80	70	76	226		
滕飞宇	销售经理	60	70	64	194	200-250之间的分数	11
魏玉文	质检员	65	75	69	209		
赵鑫	质检员	60	80	68	208		
王媛媛	质检员	70	80	74	224		
盛强	质检员	75	70	73	218		
李丽华	质检员	70	70	70	210		
楚明宇	会计师	80	70	76	226		
张凡	会计师	75	75	75	225		
林凤玉	会计师	60	65	62	187		
刘彤彤	会计师	70	70	70	210		

图23-21

第21章　第22章　第23章　第24章　第25章

函数78　统计数据表中前5名的平均值

数据表中统计了员工成绩，现在要计算前5名的平均成绩，可以使用LARGE函数配合AVERAGE函数来实现。

选中H4单元格，在公式编辑栏中输入公式：=AVERAGE(LARGE(D2:D14,{1,2,3,4,5}))，按回车键，即可统计出D2:D14单元格区域中排名前5位的数据的平均值，如图23-22所示。

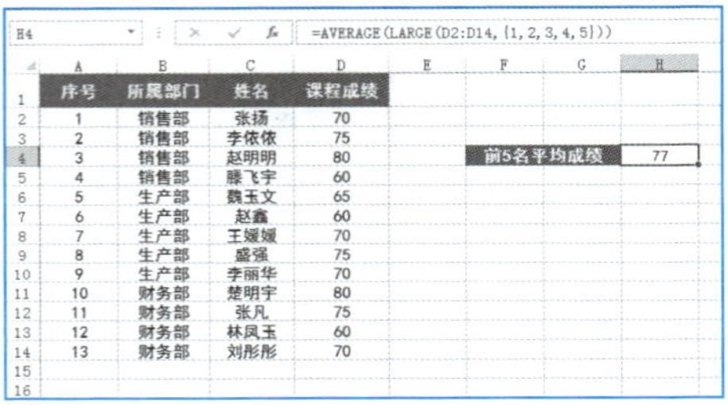

H4　=AVERAGE(LARGE(D2:D14,{1,2,3,4,5}))

序号	所属部门	姓名	课程成绩
1	销售部	张扬	70
2	销售部	李依依	75
3	销售部	赵明明	80
4	销售部	滕飞宇	60
5	生产部	魏玉文	65
6	生产部	赵鑫	60
7	生产部	王媛媛	70
8	生产部	盛强	75
9	生产部	李丽华	70
10	财务部	楚明宇	80
11	财务部	张凡	75
12	财务部	林凤玉	60
13	财务部	刘彤彤	70

前5名平均成绩　77

图23-22

函数79　计算员工培训成绩排名

计算员工综合成绩的排名。

选中H2单元格，在公式编辑栏中输入公式：=RANK(G2,$G$2:$G$14)，按Enter键，向下复制公式，即可计算出所有员工的综合成绩排名情况，如图23-23所示。

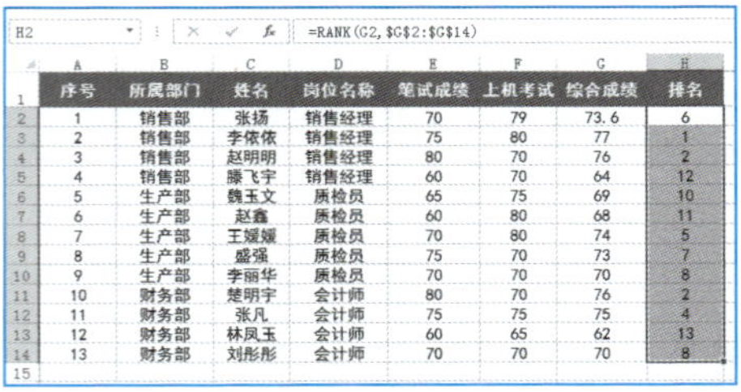

H2　=RANK(G2,$G$2:$G$14)

序号	所属部门	姓名	岗位名称	笔试成绩	上机考试	综合成绩	排名
1	销售部	张扬	销售经理	70	79	73.6	6
2	销售部	李依依	销售经理	75	80	77	1
3	销售部	赵明明	销售经理	80	70	76	2
4	销售部	滕飞宇	销售经理	60	70	64	12
5	生产部	魏玉文	质检员	65	75	69	10
6	生产部	赵鑫	质检员	60	80	68	11
7	生产部	王媛媛	质检员	70	80	74	5
8	生产部	盛强	质检员	75	70	73	7
9	生产部	李丽华	质检员	70	70	70	8
10	财务部	楚明宇	会计师	80	70	76	2
11	财务部	张凡	会计师	75	75	75	4
12	财务部	林凤玉	会计师	60	65	62	13
13	财务部	刘彤彤	会计师	70	70	70	8

图23-23

函数80　解决当出现相同名次时缺省名次数的问题

使用RANK.EQ函数进行排位时，当出现相同名次时，则会少一个名次。例如出现两个第5名，则会自动省去名次6，可以按如下方法设置公式来解决这一问题。

❶ 在F列中可以看到出现了两个第4名，而少了第5名。

❷ 选中G2单元格，在编辑栏中输入公式：=RANK.EQ(E2,$E$2:$E$14)+COUNTIF($E$2:E2,E2)-1。按回车键，然后向下复制公式。可以看到出现相同名次时，先出现的排在前，后出现的排在后，如图23-24所示。

G2　=RANK.EQ(E2,$E$2:$E$14)+COUNTIF($E$2:E2,E2)-

序号	姓名	笔试成绩	上机考试	综合成绩	排名	优化排名
1	张扬	70	80	74	4	4
2	李依依	70	80	74	4	5
3	赵明明	80	75	78	1	1
4	滕飞宇	60	70	64	11	11
5	魏玉文	65	75	69	9	9
6	赵鑫	60	80	68	10	10
7	王媛媛	70	85	58	13	13
8	盛强	75	70	73	6	6
9	李丽华	70	70	70	8	8
10	楚明宇	80	70	76	2	2
11	张凡	75	75	75	3	3
12	林凤玉	60	65	62	12	12
13	刘彤彤	70	70	71	7	7

图23-24

函数81　实现排位时出现相同名次时序号相同，并且序号还能依次排列

采用上一例中介绍的技巧设置公式进行排位时，如果出现非常多相同的名称，该方法则会存在一些弊端。那么如果想实现出现相同名次时排位相同，并且序号依然能够依次排列，可以按如下方法来设置公式。

选中H2单元格，在公式编辑栏中输入公式：=SUM(IF($E$2:$E$14<=E2,"",1/(COUNTIF($E$2:$E$14,$E$2:$E$14))))+1，按“Ctrl+Shift+Enter”组合键，向下复制公式，可以看到，结果出现两个第5名，序号都显示为3，而且依然有第4名，如图23-25所示。

H2　{=SUM(IF($E$2:$E$14<=E2,"",1/(COUNTIF($E$2:$E$14,$E$2:$E$14))))+1}

序号	姓名	笔试成绩	上机考试	综合成绩	排名	优化排名	最优排名
1	张扬	70	80	74	4	4	4
2	李依依	70	80	74	4	5	4
3	赵明明	80	75	78	1	1	1
4	滕飞宇	60	70	64	11	11	10
5	魏玉文	65	75	69	9	9	8
6	赵鑫	60	80	68	10	10	9
7	王媛媛	70	85	58	13	13	12
8	盛强	75	70	73	6	6	5
9	李丽华	70	70	70	8	8	7
10	楚明宇	80	70	76	2	2	2
11	张凡	75	75	75	3	3	3
12	林凤玉	60	65	62	12	12	11
13	刘彤彤	70	70	71	7	7	6

图23-25

函数82　LARGE函数中按指定条件返回第一名数据

根据数据中员工成绩，统计各班级中的最高分。

❶ 选中G6单元格，在公式编辑栏中输入公式：=LARGE(IF($C$2:$C$14=F6,$D$2:$D$14),1)，按“Ctrl+Shift+Enter”组合键，返回“生产部”最高分。

❷ 将光标移到G6单元格的右下角，光标变成十字形状后，按住鼠标左键向下拖动进行公式填充，即可快速返回“销售部”最高分，如图23-26所示。

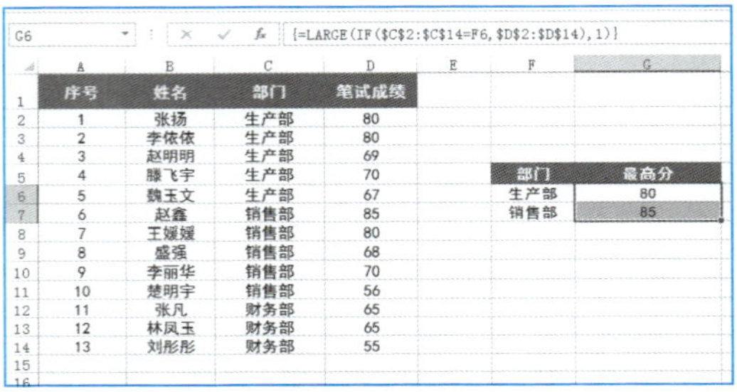
G6　{=LARGE(IF($C$2:$C$14=F6,$D$2:$D$14),1)}

序号	姓名	部门	笔试成绩
1	张扬	生产部	80
2	李依依	生产部	80
3	赵明明	生产部	69
4	滕飞宇	生产部	70
5	魏玉文	生产部	67
6	赵鑫	销售部	85
7	王媛媛	销售部	80
8	盛强	销售部	68
9	李丽华	销售部	70
10	楚明宇	销售部	56
11	张凡	财务部	65
12	林凤玉	财务部	65
13	刘彤彤	财务部	55

部门	最高分
生产部	80
销售部	85

图23-26

函数83　LARGE函数中按指定条件返回前3名平均值

根据数据中员工成绩，统计各部门中前3名的平均分数。

选中G6单元格，在公式编辑栏中输入公式：=AVERAGE(LARGE(IF($C$2:$C$14=F6,$D$2:$D$14),{1,2,3}))，按“Ctrl+Shift+Enter”组合键，返回“生产部”前3名的平均分，如图23-27所示。

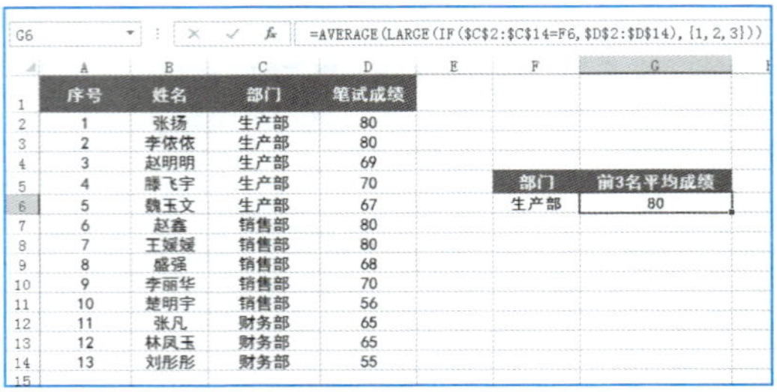
G6　=AVERAGE(LARGE(IF($C$2:$C$14=F6,$D$2:$D$14),{1,2,3}))

序号	姓名	部门	笔试成绩
1	张扬	生产部	80
2	李依依	生产部	80
3	赵明明	生产部	69
4	滕飞宇	生产部	70
5	魏玉文	生产部	67
6	赵鑫	销售部	80
7	王媛媛	销售部	80
8	盛强	销售部	68
9	李丽华	销售部	70
10	楚明宇	销售部	56
11	张凡	财务部	65
12	林凤玉	财务部	65
13	刘彤彤	财务部	55

部门	前3名平均成绩
生产部	80

图23-27

函数84　统计数据表中后5名的平均成绩

根据数据中员工成绩，统计最后5名的平均成绩。

选中F5单元格，在公式编辑栏中输入公式：=AVERAGE(SMALL(C2:C14,{1,2,3,4,5}))，按回车键，即可返回最后5名员工的平均分，如图23-28所示。

F5　=AVERAGE(SMALL(C2:C14,{1,2,3,4,5}))

	A	B	C	D	E	F
1	序号	姓名	笔试成绩			
2	1	张扬	80			
3	2	李依依	80			
4	3	赵明明	69			
5	4	滕飞宇	70		最后5名平均成绩	61.6
6	5	魏玉文	67			
7	6	赵鑫	80			
8	7	王媛媛	80			
9	8	盛强	68			
10	9	李丽华	70			
11	10	楚明宇	56			
12	11	张凡	65			
13	12	林凤玉	65			
14	13	刘彤彤	55			

图23-28

函数85　求挑选男女员工的组合数

从9个员工（4男、5女）中挑选出7个，要求有2个男生和5个女生，求有多少种组合方法。可以使用COMBIN函数来得出具体的组合数。

选中D2单元格，在公式编辑栏中输入公式：=COMBIN(A2,2)*COMBIN(B2,5)，按回车键即可计算出组合数为6，如图23-29所示。

D2　=COMBIN(A2,2)*COMBIN(B2,5)

	A	B	C	D
1	男员工	女员工	挑选要求	组合数
2	4	5	2男5女	6

图23-29

函数86　恰好选中11名男生的概率

员工总人数为200人，其中男生125人，选出25名员工参加技术比赛。在选出的25名员工中，恰好选出11名男生概率是多少。

选中E2单元格，在编辑栏中输入公式：=HYPGEOMDIST(D2,C2,B2,A2)，按回车键即可选出12名男生的概率为“0.022991848”，如图23-30所示。

E2 =HYPGEOMDIST(D2,C2,B2,A2)

员工人数	男生人数	选出人数	选出人数中的男生人数	恰好选出11名男生的概率
200	125	25	11	0.022991848

图23-30

函数87　计算各项课程的实际参加人数

根据B列中统计出各个课程的实际参加人数，从而与预订人数进行比较。

❶ 选中D2单元格，在编辑栏中输入公式：=LEN(B2)-LEN(SUBSTITUTE(B2,",",""))+1，按回车键即可计算出B2单元格中人员数量。

❷ 向下复制公式，可快速统计出D列中其他课程实际参加人员的数量，如图23-31所示。

D2 =LEN(B2)-LEN(SUBSTITUTE(B2,",",""))+1

课程	人员	预订人数	实际人数
安全教育	徐明,张小虎,胡敏,刘辉,张毅,冯逢,萧雨	10	6
健康教育	朱静,朱君,曾兰,张宇,徐子珊	5	5

图23-31

函数88　求F检验的结果

对两位员工进行成绩测试，通过两位员工的成绩测试结果返回类两位员工的成绩差别程度。

选中B15单元格区域，在编辑栏中输入公式：=F.TEST(A2:A14,B2:B14)，按回车键，即可返回两位员工的成绩差别程序为“0.288261409”，如图23-32所示。

B15 =F.TEST(A2:A14,B2:B14)

张扬员工的成绩	王伟员工的成绩
70	80
75	80
80	70
60	70
65	75
60	80
70	80
75	70
70	70
80	70
75	75
60	65
70	70
测试两位员工成绩差别	0.288261409

图23-32

函数89　求z检验的单尾概率值

根据员工培训成绩和检验值，计算出员工培训成绩的单尾概率值。

❶ 选中D4单元格，在编辑栏中输入公式：=Z.TEST($A$2:$A$11,B2)，按回车键，即可计算出员工培训成绩以“80”分为检验值的单尾概率值为“0.985561804”，如图23-33所示。

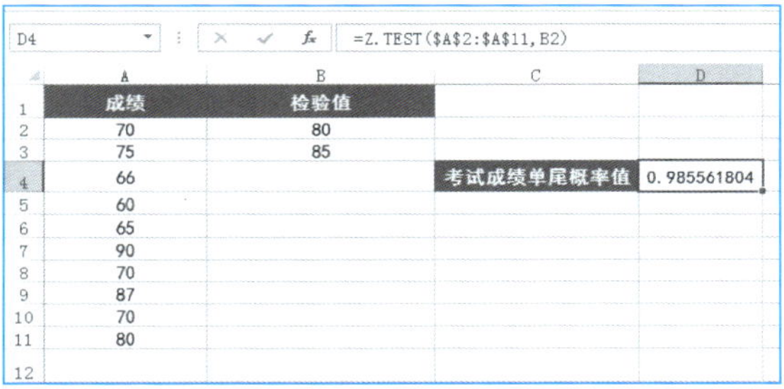

D4　=Z.TEST($A$2:$A$11,B2)

	A	B	C	D
1	成绩	检验值		
2	70	80		
3	75	85		
4	66		考试成绩单尾概率值	0.985561804
5	60			
6	65			
7	90			
8	70			
9	87			
10	70			
11	80			
12				

图23-33

❷ 选中D5单元格，在编辑栏中输入公式：=Z.TEST($A$2:$A$11,B3))，按回车键，即可计算出员工培训成绩以“85”分为检验值的单尾概率值为“0.999932155”，如图23-34所示。

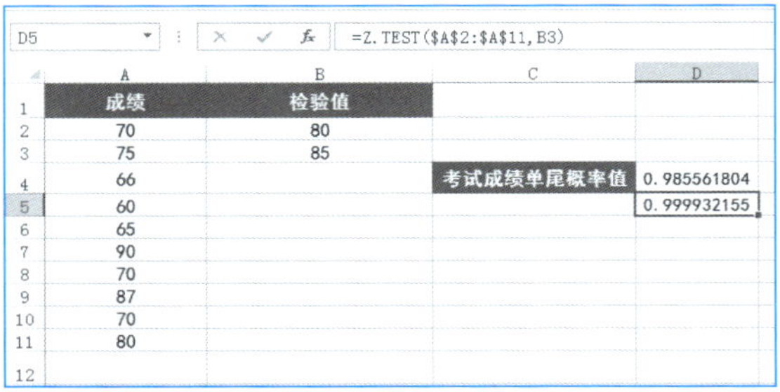

D5　=Z.TEST($A$2:$A$11,B3)

	A	B	C	D
1	成绩	检验值		
2	70	80		
3	75	85		
4	66		考试成绩单尾概率值	0.985561804
5	60			0.999932155
6	65			
7	90			
8	70			
9	87			
10	70			
11	80			
12				

图23-34

函数90　求总体协方差

某位员工两期培训的成绩统计表中，根据上下期培训的成绩返回上下期培训成绩的总体协方差。

选中B10单元格，在编辑栏中输入公式：=COVARIANCE.P(A2:A9,B2:B9)，按回车键，即可返回某位员工上下期培训成绩的总体协方差为“14.453125”，如图23-35所示。

B10 =COVARIANCE.P(A2:A9,B2:B9)

第一期培训成绩	第二期培训成绩
70	80
75	80
80	70
60	70
65	75
75	75
60	65
70	70
上下期培训成绩回归协方	14.453125

图23-35

函数91　计算员工工作品行考核总分

在对员工进行工作品行考核后，作为行政主管人员可以对员工的各项考核成绩进行合计。

❶ 选中J2单元格，在公式编辑栏中输入公式：=SUM(B2:I2)，按回车键即可计算出第一位员工工作品行考核总分，如图23-36所示。

J2 =SUM(B2:I2)

员工姓名	工作积极性	工作热情	责任感	纪律性	积极学习	忠诚公司	财务明净	工作服从	得分合计
葛丽	9	7.5	8.5	7.5	8.5	7.5	8.5	8	65
王磊	8.5	9.5	9	7.5	7.5	6.5	8.5	9.5	
夏慧	8.5	7.5	8.5	7.5	7.5	8.5	7.5	9	
周国菊	9	9	7.5	8.5	8.5	8.5	7.5	8.5	
徐莹	8	8.5	8.5	8.5	8.5	8.5	8.5	8.5	
蓝心桥	8.5	8.5	8.5	9.5	9	7.5	7.5	9	
高龙宝	7.5	7.5	7.5	8.5	7.5	8.5	7.5	9.5	
陶丽	8	8.5	8.5	8	8.5	8	8.5	8.5	
孙永	8.5	9	7.5	7.5	7.5	7.5	9	8.5	
唐刘云	7.5	7.5	7.5	8.5	8.5	7.5	9.5	7.5	
徐军	8.5	8	8.5	9	7.5	6.5	6.5	8.5	
陈怡	8.5	6	7.5	8	6.5	7.5	8.5	8.5	

图23-36

❷ 将光标移到J2单元格的右下角，光标变成十字形状后，按住鼠标左键向下拖动进行公式填充，即可判断其他员工的员工工作品行考核总分，如图23-37所示。

员工姓名	工作积极性	工作热情	责任感	纪律性	积极学习	忠诚公司	财务明净	工作服从	得分合计
葛丽	9	7.5	8.5	7.5	8.5	7.5	8.5	8	65
王磊	8.5	9.5	9	7.5	7.5	6.5	8.5	9.5	66.5
夏慧	8.5	7.5	8.5	7.5	7.5	8.5	7.5	9	64.5
周国菊	9	9	7.5	8.5	8.5	8.5	7.5	8.5	67
徐莹	8	8.5	8.5	8.5	8.5	8.5	8.5	8.5	67.5
蓝心桥	8.5	8.5	8.5	9.5	9	7.5	7.5	9	68
高龙宝	7.5	7.5	7.5	8.5	7.5	8.5	7.5	9.5	64
陶丽	8	8.5	8.5	8	8.5	8	8.5	8.5	66.5
孙永	8.5	9	7.5	7.5	7.5	7.5	9	8.5	65
唐刘云	7.5	7.5	7.5	8.5	8.5	7.5	9.5	7.5	64
徐军	8.5	8	8.5	9	7.5	6.5	6.5	8.5	63
陈怡	8.5	6	7.5	8	6.5	7.5	8.5	8.5	61

图23-37

函数92　对员工的技能考核进行星级评定

在对员工进行技能考核后，作为主管人员可以对员工的考核成绩进行星级评定，例如，如果平均成绩>=80，评定为☆☆☆☆；如果平均成绩>=70，评定为☆☆☆；如果平均成绩>=60,评定为☆☆。

1 选中F2单元格，在公式编辑栏中输入公式：=IF(E2>=80,"☆☆☆☆", IF(E2>=70,"☆☆☆",IF(E2>=60,”☆☆”)))，按回车键即可根据员工的平均成绩对考核星级进行判断，如图23-38所示。

F2　=IF(E2>=80,"☆☆☆☆",IF(E2>=70,"☆☆☆",IF(E2>=60,"☆☆")))

员工姓名	答卷考核	操作考核	面试考核	平均成绩	考核星级
王荣	87	76	80	81	☆☆☆☆
吴磊	65	76	66	69	
周国菊	65	55	63	61	
韩涛利	68	70	75	71	
谢娟娟	50	65	71	62	

图23-38

2 将光标移到F2单元格的右下角，光标变成十字形状后，按住鼠标左键向下拖动进行公式填充，即可判断其他员工的考核星级，如图23-39所示。

员工姓名	答卷考核	操作考核	面试考核	平均成绩	考核星级
王荣	87	76	80	81	☆☆☆☆
吴磊	65	76	66	69	☆☆
周国菊	65	55	63	61	☆☆
韩涛利	68	70	75	71	☆☆☆
谢娟娟	50	65	71	62	☆☆

图23-39

函数93　对员工考核成绩进行名次排名

统计出每位新进员工的培训考核总成绩，就可以使用RANK函数求得每位员工考核成绩在所有员工培训考核成绩的名次排名。

1 选中L3单元格，在公式编辑栏中输入公式：=RANK(J3,$J$3:$J$15)，按回车键，即可计算出第一位员工的总考核成绩在所有员工总考核成绩的名次排名，如图23-40所示。

2 将光标移动L3单元格右下角，当光标变成十字形状后，按住鼠标左键向下拖动，进行公式填充，即可计算出其他员工的总考核成绩在所有员工总考核成绩的名次排名，如图23-41所示。

L3 =RANK(J3,$J$3:$J$15)

基本资料			科目得分						统计分析		
编号	姓名	性别	企业文化	市场分析	法律知识	电脑应用	商务英语	技能操作	总成绩	平均成绩	名次
WL850001	蓝心桥	男	90	87	91	96	78	87	529	88.17	1
WL850002	徐莹	女	92	80	86	93	80	85	516	86.00	
WL850003	杨棠伟	女	85	77	77	86	89	89	503	83.83	
WL850004	陶丽	男	86	78	86	83	81	88	502	83.67	
WL850005	唐敏	男	83	79	81	83	91	87	504	84.00	
WL850006	唐刘云	男	80	78	78	84	85	96	501	83.50	
WL850007	钱丽丽	男	85	80	86	87	85	78	501	83.50	
WL850008	李姗姗	女	83	84	84	94	85	70	500	83.33	
WL850009	汪豪	女	87	78	81	82	83	87	498	83.00	
WL850010	吴梅	女	89	83	78	84	78	87	499	83.17	
WL850011	邓建	男	86	77	83	89	80	82	497	82.83	
WL850012	陈伟	男	87	75	92	80	84	76	494	82.33	
WL850013	杨明	男	84	80	81	77	89	83	494	82.33	

图23-40

基本资料			科目得分						统计分析		
编号	姓名	性别	企业文化	市场分析	法律知识	电脑应用	商务英语	技能操作	总成绩	平均成绩	名次
WL850001	蓝心桥	男	90	87	91	96	78	87	529	88.17	1
WL850002	徐莹	女	92	80	86	93	80	85	516	86.00	2
WL850003	杨棠伟	女	85	77	77	86	89	89	503	83.83	4
WL850004	陶丽	男	86	78	86	83	81	88	502	83.67	5
WL850005	唐敏	男	83	79	81	83	91	87	504	84.00	3
WL850006	唐刘云	男	80	78	78	84	85	96	501	83.50	6
WL850007	钱丽丽	男	85	80	86	87	85	78	501	83.50	6
WL850008	李姗姗	女	83	84	84	94	85	70	500	83.33	8
WL850009	汪豪	女	87	78	81	82	83	87	498	83.00	10
WL850010	吴梅	女	89	83	78	84	78	87	499	83.17	9
WL850011	邓建	男	86	77	83	89	80	82	497	82.83	11
WL850012	陈伟	男	87	75	92	80	84	76	494	82.33	12
WL850013	杨明	男	84	80	81	77	89	83	494	82.33	12

图23-41

函数94 同时满足多个条件求员工考核平均成绩

表格中统计了员工的考核的分数。现在利用AVERAGE函数统计出每组中不包含0值的平均成绩。

在工作表中输入数据并建立好求解标识。选中E4单元格，在公式编辑栏中输入公式：=AVERAGE(IF(($A$2:$A$11=1)*(C$2:C$11<>0),C$2:C$11))，按“Ctrl+Shift+Enter”组合键，即可计算出“1”组不包括0值的平均分数，如图23-42所示。

E4 {=AVERAGE(IF(($A$2:$A$11=1)*(C$2:C$11<>0),C$2:C$11))}

班级	姓名	分数		
1	葛丽	480		
2	夏慧	561		1组平均分数
1	王磊	0		522
2	周金玲	485		
1	方玲	541		
2	周国菊	500		
1	王成丽	0		
2	晏菲	418		
2	齐丽丽	600		
1	陆伟	545		

图23-42

函数95 隔列来计算各员工的平均考核成绩

公司对员工全年的工作能力和表现进行考核，在全年员工考核统计报表中，通过隔列来计算各员工的平均考核成绩。

选中R2单元格，在公式编辑栏中输入公式：=AVERAGE(IF(MOD(COLUMN($B2:$Q2),4)=0,IF($B2:$Q2>0,$B2:$Q2)))，按“Ctrl+Shift+Enter”组合键，即可计算出第一位员工的月平均成绩，将光标移到R2单元格的右下角，光标变成十字形状后，按住鼠标左键向下拖动进行公式填充，即可计算出其他员工的月平均成绩，如图23-43所示。

R2　{=AVERAGE(IF(MOD(COLUMN($B2:$Q2),4)=0,IF($B2:$Q2>0,$B2:$Q2)))}

销售员	1月	2月	3月	平均值	4月	5月	6月	平均值	7月	8月	9月	平均值	10月	11月	12月	平均值	全年平均值
韩燕	45	40	46	43.67	42	47	45	44.67	46	49	42	45.67	45	42	52	46.33	46.25
谢娟	41	46	41	42.67	41	48	45	44.67	41	42	49	44	48	42	45	45	46.25
吴云飞	48	41	45	44.67	48	42	48	46	41	41	42	41.33	52	48	49	49.67	46.25
齐丽丽	43	41	45	43	43	42	52	45.67	42	48	41	43.67	47	43	42	44	46.25
方嘉	41	42	48	43.67	46	49	47	47.33	48	42	48	46	48	48	41	45.67	46.25
朱文珍	42	48	45	45	48	42	48	46	48	45	43	45.33	42	42	48	44	46.25
王青	45	48	47	46.67	51	41	42	44.67	51	41	48	46.67	48	45	43	45.33	46.25
丁进利	45	51	48	48	52	48	48	49.33	51	48	43	47.33	41	40	57	46	46.25
李伟	51	49	42	47.33	49	43	43	45	42	43	41	42	48	48	46	47.33	46.25
柏家国	58	48	42	49.33	46	46	41	44.33	47	41	42	43.33	52	43	48	47.67	46.25
周美芳	47	41	49	45.67	42	41	51	44.67	42	42	45	43	44	40	45	43	46.25

图23-43

函数96 使用“★”为考评结果标明等级

若要对销售量用“★”标明等级，可以使用REPT函数来实现。

❶ 选中C3单元格，在公式编辑栏中输入公式：=IF(B3<5,REPT($C$1,3),IF(B3<10,REPT($C$1,5),REPT($C$1,8)))，按回车键即可根据B3单元格中的销售额自动返回指定数目的“★”号，如图23-44所示。

C3　=IF(B3<5,REPT($C$1,3),IF(B3<10,REPT($C$1,5),REPT($C$1,8)))

姓名	销售额（万元）	等级
		★
王水	4.6	★★★
彭倩	9.15	
张丹丹	14.2	
李圆圆	13.7	
沈心	7.8	
郑强	6.3	

图23-44

❷ 将光标移到C3单元格的右下角，光标变成十字形状后，按住鼠标左键向下拖动进行公式填充，即可根据B列中的销售额自动返回指定数目的“★”号，如图23-45所示。

	A	B	C
1			★
2	姓名	销售额（万元）	等级
3	王水	4.6	★★★
4	彭倩	9.15	★★★★★
5	张丹丹	14.2	★★★★★★★★
6	李圆圆	13.7	★★★★★★★★
7	沈心	7.8	★★★★★
8	郑强	6.3	★★★★★

图23-45

函数97　考评销售员的销售等级

在产品销售统计报表中，考评销售员的销售等级。约定当总销售额大于200000时，销售等级为“四等销售员”；当总销售量在180000~200000时，销售等级为“三等销售员”；当总销售量在150000~180000时，销售等级为“二等销售员”；当总销售量小于150000时，销售等级为“一等销售员”。

❶ 选中E2单元格，在公式编辑栏中输入公式：=CHOOSE(IF(D2>200000,1,IF(D2>=180000,2,IF(D2>=150000,3,4))),"四等销售员","三等销售员","二等销售员","一等销售员")，按回车键即可评定销售员“王涛”等级为“二等销售员”，如图23-46所示。

❷ 将光标移到E2单元格的右下角，光标变成十字形状后，按住鼠标左键向下拖动进行公式填充，即可判断其他销售员的等级，如图23-47所示。

E2　=CHOOSE(IF(D2>200000,1,IF(D2>=180000,2,IF(D2>=150000,3,4))),"四等销售员","三等销售员","二等销售员","一等

	A	B	C	D	E
1	销售员	销售量	销售单价	销售金额	销售等级
2	王荣	817	210	171570	二等销售员
3	吴磊	921	210	193410	
4	葛丽	886	210	186060	
5	唐刘云	1008	210	211680	
6	晏菲	635	210	133350	
7	方玲	978	210	205380	

图23-46

	A	B	C	D	E
1	销售员	销售量	销售单价	销售金额	销售等级
2	王荣	817	210	171570	二等销售员
3	吴磊	921	210	193410	三等销售员
4	葛丽	886	210	186060	三等销售员
5	唐刘云	1008	210	211680	四等销售员
6	晏菲	635	210	133350	一等销售员
7	方玲	978	210	205380	四等销售员

图23-47

函数98　统计特定考评平均分

在统计了各部门员工各考核成绩（为方便显示，只列举部分记录），现在要统计某一特定部门指定考核的平均分，可以使用DAVERAGE函数来实现。

❶ 在A11:A12单元格区域中设置条件，其中包括列标识，部门名称为“财务部”，如图23-48所示。

	A	B	C	D	E
1	班级	员工姓名	答卷考核	操作考核	面试考核
2	业务部	葛丽	60	59	62
3	业务部	周国菊	56	73	60
4	财务部	蓝心桥	62	59	69
5	业务部	徐莹	63	60	60
6	财务部	杨荣伟	59	59	60
7	业务部	陶丽	62	60	97
8	财务部	唐敏	94	62	60
9	办公室	唐刘云	80	97	58
10					
11	班级	平均分（面试考核）			
12	财务部				

图23-48

2 选中B12单元格，在公式编辑栏中输入公式：=DAVERAGE(A1:E9,5,A11:A12)，按回车键即可统计出部门为“财务部”的面试考核平均分，如图23-49所示。

B12　=DAVERAGE(A1:E9,5,A11:A12)

	A	B	C	D	E	F
1	班级	员工姓名	答卷考核	操作考核	面试考核	
2	业务部	葛丽	60	59	62	
3	业务部	周国菊	56	73	60	
4	财务部	蓝心桥	62	59	69	
5	业务部	徐莹	63	60	60	
6	财务部	杨荣伟	59	59	60	
7	业务部	陶丽	62	60	97	
8	财务部	唐敏	94	62	60	
9	办公室	唐刘云	80	97	58	
10						
11	班级	平均分（面试考核）				
12	财务部	63				

图23-49

函数99　根据员工的销售量进行业绩考核

对员工本月的销售量进行统计后,作为主管人员可以对员工的销量业绩进行考核。

1 选中F2单元格，在公式编辑栏中输入公式：=IF(E2<=5,"差",IF(E2>5,"良","")),按回车键即可对员工的业绩进行考核，如图23-50所示。

F2　=IF(E2<=5,"差",IF(E2>5,"良",""))

	A	B	C	D	E	F
1	销售员	计算机销售量	摄像头销售量	GPRS销售量	总销售量	业绩考核
2	王荣	2	1	0	3	差
3	吴磊	3	6	4	13	
4	周国菊	1	0	4	5	
5	韩涛利	6	8	4	18	
6	谢娟娟	3	5	1	9	

图23-50

❷ 将光标移到F2单元格的右下角，光标变成十字形状后，按住鼠标左键向下拖动进行公式填充，即可得出其他员工业绩考核结果，如图23-51所示。

销售员	计算机销售量	摄像头销售量	GPRS销售量	总销售量	业绩考核
王荣	2	1	0	3	差
吴磊	3	6	4	13	良
周国菊	1	0	4	5	差
韩涛利	6	8	4	18	良
谢娟娟	3	5	1	9	良

图23-51

函数100　统计前5名员工的平均成绩

数据表中统计了员工的考核成绩，现在要计算前5名的平均成绩，可以使用LARGE函数配合AVERAGE函数来实现。

选中F4单元格，在公式编辑栏中输入公式：=AVERAGE(LARGE(C2:C10,{1,2,3,4,5}))，按回车键，即可统计出C2:C10单元格区域中排名前5位数据的平均值，如图23-52所示。

F4　=AVERAGE(LARGE(C2:C10,{1,2,3,4,5}))

部门	员工姓名	成绩			
销售部	夏慧	85			
运输-1	王磊	90			
财务部	高龙宝	81		前5名平均分	106
生产一车间	葛丽	65			
商务部	周国菊	120			
人事部	徐莹	113			
运输-2	方玲	77			
工程部	晏菲	82			
采购部	唐刘云	122			

图23-52

函数101　通过下拉菜单查询任意科目的成绩

表格中统计了学生各科目成绩，现在想建立一个查询表，查询指定培训科目的成绩。

❶ 在工作表中建立查询表（也可以在其他工作表中建立），如图23-53所示。

❷ 选中J3单元格，在编辑栏中输入公式：=HLOOKUP($J$1,$C$1:$F$10,ROW(A2),FALSE)，按回车键，即可根据J1单元格的科目返回第一个成绩，如图23-54所示。

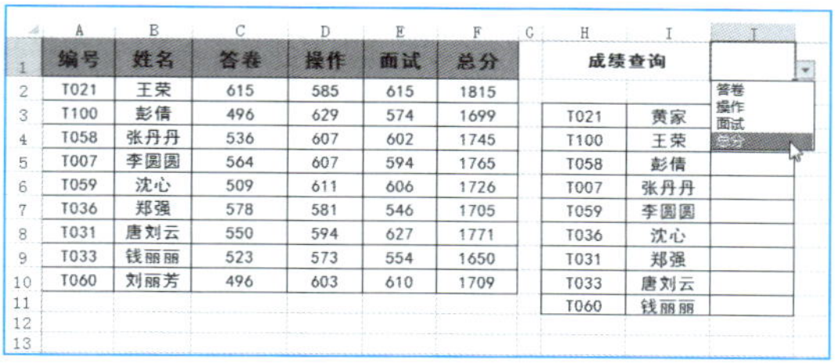

	A	B	C	D	E	F	G	H	I	J
1	编号	姓名	答卷	操作	面试	总分		成绩查询		
2	T021	王荣	615	585	615	1815				
3	T100	彭倩	496	629	574	1699		T021	黄家	
4	T058	张丹丹	536	607	602	1745		T100	王荣	
5	T007	李圆圆	564	607	594	1765		T058	彭倩	
6	T059	沈心	509	611	606	1726		T007	张丹丹	
7	T036	郑强	578	581	546	1705		T059	李圆圆	
8	T031	唐刘云	550	594	627	1771		T036	沈心	
9	T033	钱丽丽	523	573	554	1650		T031	郑强	
10	T060	刘丽芳	496	603	610	1709		T033	唐刘云	
11								T060	钱丽丽	
12										
13										

图23-53

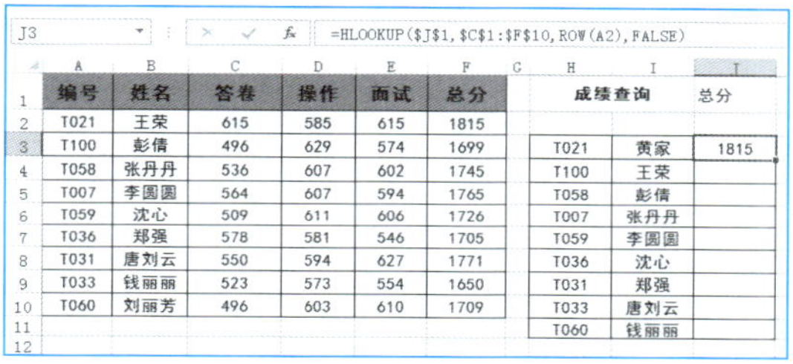

J3　=HLOOKUP($J$1,$C$1:$F$10,ROW(A2),FALSE)

	A	B	C	D	E	F	G	H	I	J
1	编号	姓名	答卷	操作	面试	总分		成绩查询		总分
2	T021	王荣	615	585	615	1815				
3	T100	彭倩	496	629	574	1699		T021	黄家	1815
4	T058	张丹丹	536	607	602	1745		T100	王荣	
5	T007	李圆圆	564	607	594	1765		T058	彭倩	
6	T059	沈心	509	611	606	1726		T007	张丹丹	
7	T036	郑强	578	581	546	1705		T059	李圆圆	
8	T031	唐刘云	550	594	627	1771		T036	沈心	
9	T033	钱丽丽	523	573	554	1650		T031	郑强	
10	T060	刘丽芳	496	603	610	1709		T033	唐刘云	
11								T060	钱丽丽	
12										

图23-54

3 将光标移到J3单元格的右下角，光标变成十字形状后，按住鼠标左键向下拖动进行公式填充，即可得到其他学生成绩，如图23-55所示。

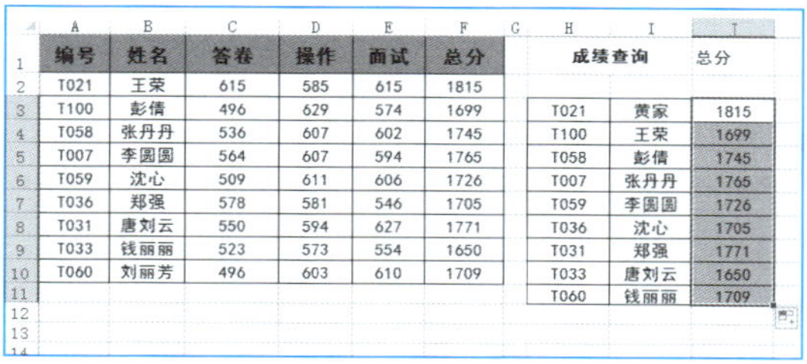

	A	B	C	D	E	F	G	H	I	J
1	编号	姓名	答卷	操作	面试	总分		成绩查询		总分
2	T021	王荣	615	585	615	1815				
3	T100	彭倩	496	629	574	1699		T021	黄家	1815
4	T058	张丹丹	536	607	602	1745		T100	王荣	1699
5	T007	李圆圆	564	607	594	1765		T058	彭倩	1745
6	T059	沈心	509	611	606	1726		T007	张丹丹	1765
7	T036	郑强	578	581	546	1705		T059	李圆圆	1726
8	T031	唐刘云	550	594	627	1771		T036	沈心	1705
9	T033	钱丽丽	523	573	554	1650		T031	郑强	1771
10	T060	刘丽芳	496	603	610	1709		T033	唐刘云	1650
11								T060	钱丽丽	1709
12										
13										

图23-55

4 当需要查询其他科目成绩时，只需要在J1单元格中选择其他科目即可自动显示，如图23-56所示。

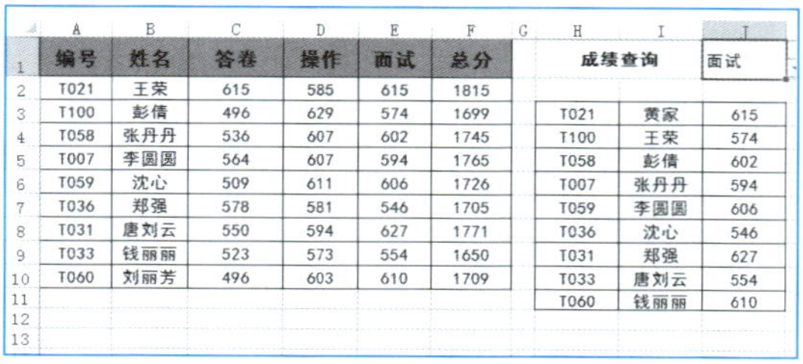

	A	B	C	D	E	F	G	H	I	J
1	编号	姓名	答卷	操作	面试	总分		成绩查询		面试
2	T021	王荣	615	585	615	1815				
3	T100	彭倩	496	629	574	1699		T021	黄家	615
4	T058	张丹丹	536	607	602	1745		T100	王荣	574
5	T007	李圆圆	564	607	594	1765		T058	彭倩	602
6	T059	沈心	509	611	606	1726		T007	张丹丹	594
7	T036	郑强	578	581	546	1705		T059	李圆圆	606
8	T031	唐刘云	550	594	627	1771		T036	沈心	546
9	T033	钱丽丽	523	573	554	1650		T031	郑强	627
10	T060	刘丽芳	496	603	610	1709		T033	唐刘云	554
11								T060	钱丽丽	610
12										
13										

图23-56

函数102 返回最接近某个值的所在位置

表格的B列为不同产品的销量，要求找到员工成绩最接近500的数字所在的位置。

选中D2单元格，在编辑栏中输入公式：=MATCH(500,B2:B6,1)，按回车键返回最接近500的数字，即499所在的位置为第3行，因此返回数字3，如图23-57所示。

D2 =MATCH(500, B2:B6, 1)

	A	B	C	D
1	员工编号	培训成绩		最接近的位置
2	001	490		3
3	002	790		
4	003	499		
5	004	505		
6	005	493		

图23-57

函数103 求指定部门的平均分（忽略0值）

表格中统计了各个部门员工的培训成绩（其中包含0值），现在要计算指定部门的平均成绩且忽略0值。

❶ 选中F2单元格，在编辑栏中输入公式：=AVERAGEIFS($C$2:$C$11,$A$2:$A$11,E2,$C$2:$C$11,"<>0")，按回车键，即可计算出班级为“采购部”的平均成绩且忽略0值。

❷ 将光标移到F2单元格的右下角，光标变成十字形状后，按住鼠标左键向下拖动进行公式填充，即可计算出部门为“销售部”的平均成绩，如图23-58所示。

F2 =AVERAGEIFS($C$2:$C$11, $A$2:$A$11, E2, $C$2:$C$11, "<>0")

	A	B	C	D	E	F
1	班级	姓名	成绩		班级	平均分
2	采购部	宋燕玲	0		采购部	548.25
3	销售部	郑芸	494		销售部	540
4	采购部	黄嘉俐	536			
5	销售部	区菲娅	564			
6	采购部	江小丽	509			
7	采购部	麦子聪	550			
8	销售部	叶雯静	523			
9	销售部	钟琛	0			
10	采购部	陆穗平	598			
11	销售部	李玉琢	579			

图23-58

函数104　统计出大于平均分数的培训员工人数

表格中统计了每位员工的分数，现在要统计出大于平均值的记录数。

选中D2单元格，在编辑栏中输入公式：=COUNTIF(B2:B11,">"&AVERAGE(B2:B11))，按回车键，即可统计出大于平均值的记录条数，如图23-59所示。

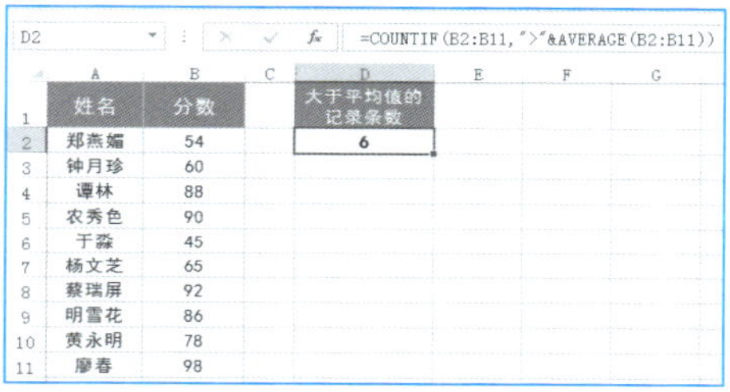
D2　=COUNTIF(B2:B11,">"&AVERAGE(B2:B11))

	A	B	C	D
1	姓名	分数		大于平均值的记录条数
2	郑燕媚	54		6
3	钟月珍	60		
4	谭林	88		
5	农秀色	90		
6	于淼	45		
7	杨文芝	65		
8	蔡瑞屏	92		
9	明雪花	86		
10	黄永明	78		
11	廖春	98		

图23-59

函数105　提取指定员工的培训成绩

本例的员工培训成绩统计表中，可以将部分员工的成绩提取出来以生成一个新的统计表。

选中E2:E6单元格区域，在公式编辑栏中输入公式：{=N(OFFSET($B$2,{1;3;5;7;9},0))}，按“Ctrl+Shift+Enter”组合键，即可一次性返回指定学生的成绩表，如图23-60所示。

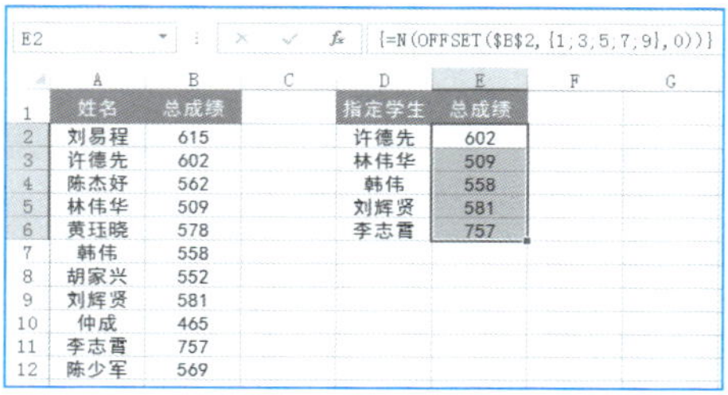
E2　{=N(OFFSET($B$2,{1;3;5;7;9},0))}

	A	B	C	D	E
1	姓名	总成绩		指定学生	总成绩
2	刘易程	615		许德先	602
3	许德先	602		林伟华	509
4	陈杰妤	562		韩伟	558
5	林伟华	509		刘辉贤	581
6	黄珏晓	578		李志霄	757
7	韩伟	558			
8	胡家兴	552			
9	刘辉贤	581			
10	仲成	465			
11	李志霄	757			
12	陈少军	569			

图23-60

函数106　标注出缺考员工

下面利用IF函数和ISBLANK函数，可以返回员工缺考信息。

1 选中C2单元格，在公式编辑栏中输入公式：= IF(ISBLANK(B2),"缺考",""), 按Enter键即可根据判断结果是否加上“缺考”标注字样。

2 将光标移到C2单元格的右下角，光标变成十字形状后，按住鼠标左键向下拖动进行公式填充，即可根据B列是否为空值从而返回“缺考”文字，如图23-61所示。

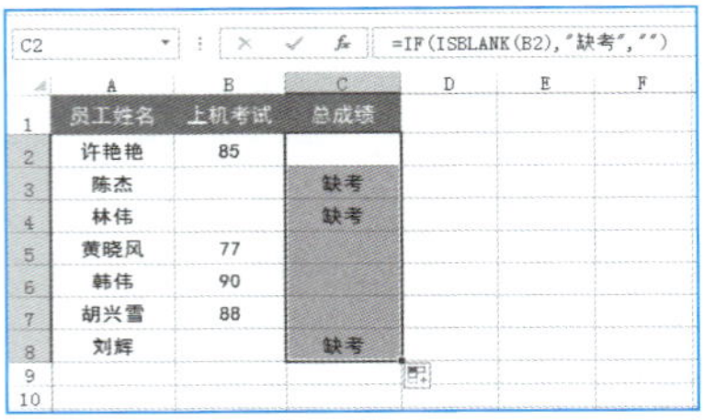

	A	B	C
1	员工姓名	上机考试	总成绩
2	许艳艳	85	
3	陈杰		缺考
4	林伟		缺考
5	黄晓风	77	
6	韩伟	90	
7	胡兴雪	88	
8	刘辉		缺考

图23-61

函数107　根据培训开始日期计算各月培训天数

企业制定了半年的培训计划，从每月的15号开始某培训，到本月月底结束。此时可以使用EOMONTH函数来返回各月培训的天数。

1 选中B2单元格，在公式编辑栏中输入公式：=EOMONTH(A2,0)-A2，按回车键，返回日期值。将光标移到B2单元格的右下角，向下复制公式，即可计算出指定日期到月末的天数（默认返回日期值），如图23-62所示。

2 选中返回的结果，重新设置其单元格格式为“常规”，显示出天数，如图23-63所示。

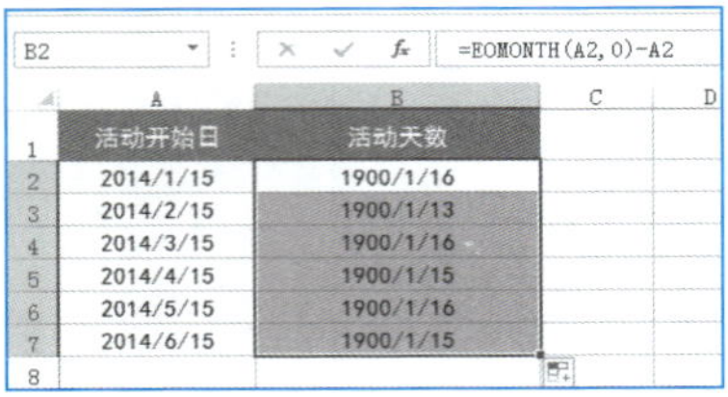

	A	B
1	活动开始日	活动天数
2	2014/1/15	1900/1/16
3	2014/2/15	1900/1/13
4	2014/3/15	1900/1/16
5	2014/4/15	1900/1/15
6	2014/5/15	1900/1/16
7	2014/6/15	1900/1/15

图23-62

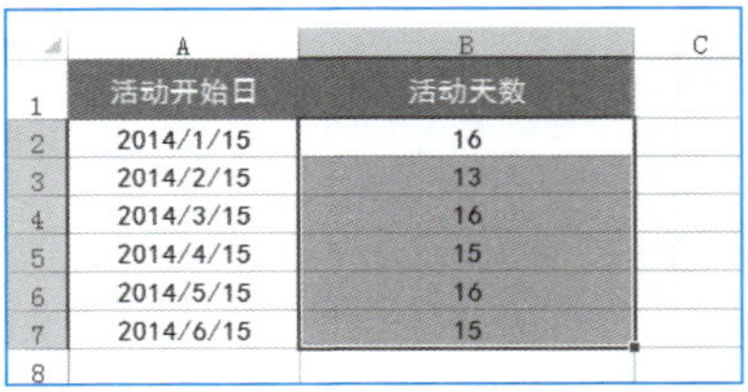

	A	B
1	活动开始日	活动天数
2	2014/1/15	16
3	2014/2/15	13
4	2014/3/15	16
5	2014/4/15	15
6	2014/5/15	16
7	2014/6/15	15

图23-63

函数108　求一组数据的绝对偏差的平均值

通过对员工成绩进行3次测试后，求这组数据与其均值的绝对偏差的平均值，可以使用AVEDEV函数来实现。

❶ 选中E2单元格，在编辑栏中输入公式：=AVEDEV(B2:D2)，按回车键，即可计算出第一位员工成绩的绝对偏差平均值，如图23-64所示。

E2　=AVEDEV(B2:D2)

	A	B	C	D	E
1	学生姓名	第1次测试	第2次测试	第3次测试	绝对偏差平均值
2	葛丽	85	95	84	4.666666667
3	徐莹	85	91	84	
4	唐柳云	94	85	68	
5	周国菊	85	84	92	
6					

图23-64

❷ 将光标移到E2单元格的右下角，光标变成十字形状后，向下复制公式，即可计算其他员工成绩的绝对偏差平均值，如图23-65所示。

	A	B	C	D	E
1	学生姓名	第1次测试	第2次测试	第3次测试	绝对偏差平均值
2	葛丽	85	95	84	4.666666667
3	徐莹	85	91	84	2.888888889
4	唐柳云	94	85	68	9.555555556
5	周国菊	85	84	92	3.333333333
6					

图23-65

函数109　统计员工培训成绩及格率

当前表格中统计了员工的培训成绩，按如下方法设置公式可以统计出所有员工本次培训的及格率（大于60分为及格）。

选中D2单元格，在编辑栏中输入公式：=TEXT(COUNT(0/(B2:B11>=60))/COUNT(B2:B11),"0.00%")，按“Ctrl+Shift+Enter”组合键，即可统计出本次考试的及格率，如图23-66所示。

D2　{=TEXT(COUNT(0/(B2:B11>=60))/COUNT(B2:B11),"0.00%")}

	A	B	C	D
1	姓名	成绩		统计及格率
2	王洋洋	65		70.00%
3	郑芸	94		
4	黄嘉	56		
5	王娅	64		
6	江小丽	59		
7	李子峰	88		
8	叶雯静	97		
9	钟琛	54		
10	陆平	98		
11	李玉	100		
12				

图23-66

函数110　统计参与培训的总人数

当前表格中统计了各个培训课程的参加名单，由于单元格中显示的是文本数据，因此需要使用COUNTA函数来实现。

选中D1单元格，在编辑栏中输入公式：="共计"&COUNTA(A3:C11)&"人"，按回车键即可统计A3:C11单元格区域中包文本值的数目，即统计了参加培训课程的总人数，如图23-67所示。

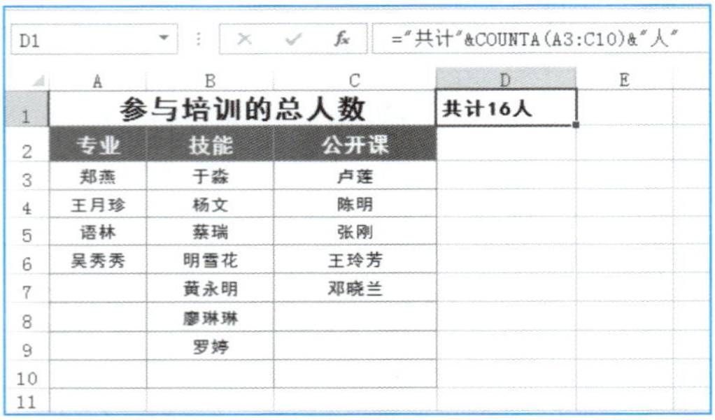
D1　="共计"&COUNTA(A3:C10)&"人"

参与培训的总人数			共计16人
专业	技能	公开课	
郑燕	于淼	卢莲	
王月珍	杨文	陈明	
语林	蔡瑞	张刚	
吴秀秀	明雪花	王玲芳	
	黄永明	邓晓兰	
	廖琳琳		
	罗婷		

图23-67

函数111　统计连续3次考核都进入前10名的人数

当前表格中统计了不同的员工所报的培训，现在要统计出某两项培训的报名人数。

选中F2单元格，在编辑栏中输入公式：=SUM(COUNTIF(D2:D11,IF(COUNTIF(B2:B11,C2:C11),C2:C11)))，按回车键即可统计出3次都出现在B、C、D列中的姓名，即连续3次培训都进入前10名的人数，如图23-68所示。

F2　{=SUM(COUNTIF(D2:D11,IF(COUNTIF(B2:B11,C2:C11),C2:C11)))}

名次	一次模底	二次模底	三次模底		连续3次考试都进入前10名的人数
1	郝明	张金童	王淑媛		4
2	张刚	张刚	邓晓兰		
3	王强	蔡雪华	罗婷		
4	邓晓兰	王艳	王艳		
5	罗婷	邓晓兰	周芳芳		
6	杨增	黄永明	阳明文		
7	周芳芳	王强	张刚		
8	刘金辉	罗婷	郝春		
9	王艳	丁瑞	曾利		
10	钟月珍	曾利	蔡雪华		

图23-68

函数112 显示出培训成绩最高的员工姓名

当前表格统计的是员工的培训成绩，通过如下方法设置公式可以实现返回培训成绩最高的员工的姓名。

选中D2单元格，在公式编辑栏中输入公式：=INDEX(A2:A11,MATCH(MAX(B2:B11),B2:B11,))，按回车键即可判断出哪位员工的培训成绩最高，并返回其姓名，如图23-69所示。

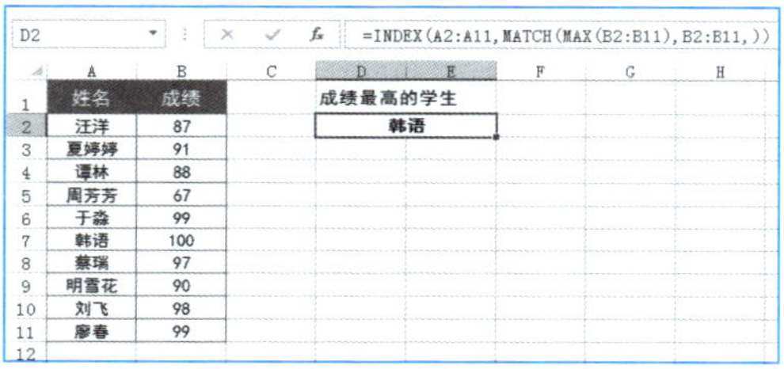

	A	B	C	D
1	姓名	成绩		成绩最高的学生
2	汪洋	87		韩语
3	夏婷婷	91		
4	谭林	88		
5	周芳芳	67		
6	于淼	99		
7	韩语	100		
8	蔡瑞	97		
9	明雪花	90		
10	刘飞	98		
11	廖春	99		

图23-69

函数113 忽略0值求最低分数

当参与运算的区域中包含0值时，使用MIN函数统计最小值，得到的结果则为0。现在想忽略0值统计出最小值，可以按如下方法来设置公式。

选中C10单元格，在公式编辑栏中输入公式：=MIN(IF(B2:B8<>0,B2:B8))，按"Ctrl+Shift+Enter"组合键，即可忽略0值统计出C2:C8单元格区域中的最小值，如图23-70所示。

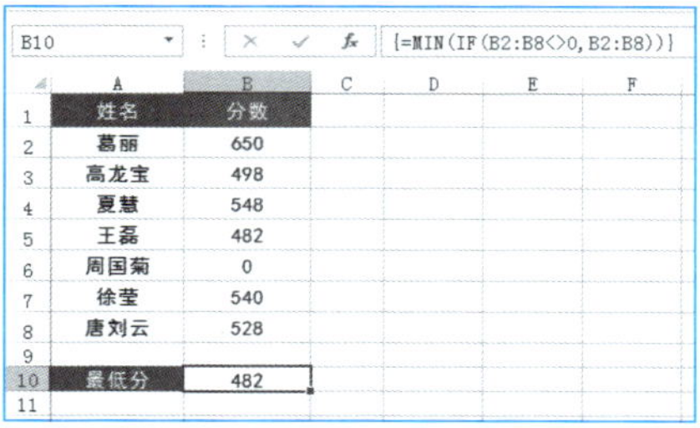

	A	B
1	姓名	分数
2	葛丽	650
3	高龙宝	498
4	夏慧	548
5	王磊	482
6	周国菊	0
7	徐莹	540
8	唐刘云	528
9		
10	最低分	482

图23-70

函数114 根据三项业务的完成率计算综合完成率

表格中记录了每位员工对三项业务的完成率情况。要求通过设置公式计算出每位员工的综合完成率。具体要求如下。

如果3项业务都有成绩，则综合完成率为：主业务*50%+附属业务1*30%+附属业务2*20%；如果主业务没有成绩，则综合完成率为：（附属业务1+附属业务2）*50；如果主业务有成绩，两项附属业务有任意一项没有成绩时，则综合完成率为：主业务*60%+（附属业务1+附属业务2）*40%；如果有只主业务有成绩，则综合完成率为主业务的完成率。

❶ 选中E2单元格，在公式编辑栏中输入公式：=IF(AND(B2>0,C2>0,D2>0),B2*50%+C2*30%+D2*20%,IF(AND(B2=0,C2>0,D2>0),(C2+D2)*50%,IF(AND(B2>0,OR(C2>0,D2>0)),B2*60%+(C2+D2)*40%,B2)))，按回车键得出第一位员工的综合完成率，如图23-71所示。

E2 =IF(AND(B2>0,C2>0,D2>0),B2*50%+C2*30%+D2*20%,IF(AND(B2=0,C2>0,D2>0),(C2+D2)*50%,IF(AND(B2>0,OR(C2>0,D2>0)),B2*60%+(C2+D2)*40%,B2)))

姓名	主业务	附属业务1	附属业务2	综合完成率
王荣		83%	88%	85.5%
孙倩倩	80%		79%	
姚艳	79%	79%	68%	
侯丽	90%	60%		
章志能	95%			
张丽	89%	75%	80%	
邹涛	90%		79%	

图23-71

❷ 将光标移到E2单元格的右下角，光标变成十字形状后，向下复制公式，即可计算出每一位员工的综合完成率，如图23-72所示。

姓名	主业务	附属业务1	附属业务2	综合完成率
王荣		83%	88%	85.5%
孙倩倩	80%		79%	79.6%
姚艳	79%	79%	68%	76.8%
侯丽	90%	60%		78.0%
章志能	95%			95.0%
张丽	89%	75%	80%	83.0%
邹涛	90%		79%	85.6%

图23-72

函数115　求介于某一区间内的平均值

表格中规定了某员工考核的有效值范围与8次考核的结果（其中包括无效的考核成绩）。要求排除无效考核成绩计算出有效考核的平均值。

选中B12单元格，在公式编辑栏中输入公式：=AVERAGEIFS(B3:B10,B3:B10,">=2.0",B3:B10,"<=3.0")，按回车键得出介于有效范围内的平均值如图23-73所示。

`B12` `=AVERAGEIFS(B3:B10,">=2.0",B3:B10,"<=3.0")`

有效范围	2.0~3.0
次数	考核结果
1	1.69
2	2.43
3	2.21
4	1.62
5	3.33
6	2.25
7	3
8	2.45
平均值	2.468

图23-73

函数116　比较员工考核成绩

在员工考核成绩表中，比较2014上半年和2014下半年员工考核成绩的上升或下滑关系。

选中D2单元格，在编辑栏中输入公式：=IF(C2>B2,"上升","下滑")&ABS(C2-B2)，按回车键即可返回员工“王荣”2014上半年和2014下半年考核成绩的比较值，向下复制公式，即可返回其他员工2014上半年和2014下半年考核成绩的比较值，如图23-74所示。

`D2` `=IF(C2>B2,"上升","下滑")&ABS(C2-B2)`

员工姓名	2014年上半年考核成绩	2014年下半年考核成绩	比较结果
王荣	89	87	下滑2
周国菊	46	67	上升21
陶丽	88	95	上升7
周蓓	98	113	上升15
王涛	45	76	上升31
葛丽	85	88	上升3
黄寅	75	98	上升23

图23-74

函数117　计算培训的月份有几个

为了增加员工的业务能力，需要不定期地对员工进行培训。现需要计算培训的月份有几个。

选中D2单元格，在公式编辑栏中输入公式：=COUNT(0/FREQUENCY(MONTH(B2:B11),MONTH(B2:B11))),按回车键，即可计算需要培训的月份有5个，如图23-75所示。

D2 {=COUNT(0/FREQUENCY(MONTH(B2:B11),MONTH(B2:B11)))}

序列	培训日期		需要培训的月份有几个
1	2014/7/18		5
2	2014/8/12		
3	2014/8/15		
4	2014/9/15		
5	2014/9/28		
6	2014/10/5		
7	2014/10/8		
8	2014/11/1		
9	2014/11/8		
10	2014/11/10		

图23-75

函数118　统计其中一项得满分的人数

表格中统计了11位员工的专业成绩和技能成绩，本例需要统计出其中一项得满分的学生人数。

选中E2单元格，在公式编辑栏中输入公式：=COUNT(0/((B2:B12=100)+(C2:C12=100)))，按“Ctrl+Shift+Enter”组合键，即可统计出“专业”和“技能”其中一项为满分的人数，如图23-76所示。

E2 {=COUNT(0/((B2:B12=100)+(C2:C12=100)))}

姓名	语文	数学		其中一科为满分
李凯	99	100		5
周薇薇	68	77		
王荣	49	62		
孙倩倩	100	89		
姚艳	76	90		
侯丽	80	49		
章志能	92	100		
张丽	100	90		
邹涛	50	77		
苏丹冰	42	100		
张丽清	68	65		

图23-76

函数119　检验原始分数与查卷结果是否一致

已知表格对培训人员的原始分数和查卷后的结果进行了统计，现在需要重新建立一列数据来直观地比较原始分数与查卷分数是否一致。

1 选中D2单元格，在公式编辑栏中输入公式：=EXACT(B2,C2)，按回车键即可比较出B2、C2单元格的分数是否一致，如果一致则返回TRUE，否则返回FALSE。

2 将光标移到D2单元格的右下角，拖动填充柄向下复制公式，即可快速比较出其他参考人员的原始分数与查卷分数是否一致，如图23-77所示。

D2　=EXACT(B2,C2)

姓名	原始分数	核对后	比较结果
王荣	98	98	TRUE
韩燕飞	69	76	FALSE
周薇	66	66	TRUE
吴茜	49	49	TRUE
李文秀	59	60	FALSE
王倩倩	55	63	FALSE
周玉梅	90	90	TRUE

图23-77

函数120　统计出缺考人数合计

成绩表中统计了员工的培训考核分数，某些单元格中包含空值，表示缺考人员。现在需要根据空格统计出缺考人数合计。

选中D2单元格，在公式编辑栏中输入公式：=COUNTBLANK(B2:B12)&”人”，按回车键即可统计出缺考人数为“5人”，如图23-78所示。

D2　=COUNTBLANK(B2:B12)&"人"

姓名	分数		缺考人数
王荣			5人
韩燕飞	85		
周薇	59		
吴茜			
李文秀	48		
王倩倩			
周涛涛	99		
李欣			
王	65		
杜海	72		
费琴			

图23-78

读书笔记

第 24 章

函数在工资统计中的应用

Excel

函数121 计算员工奖金总额

公司规定业务成绩大于100000元者给奖金2000元，否则给奖金1000元。现统计业务员总共需要多发放多少奖金。

选中D2单元格，在公式编辑栏中输入公式：=SUM(IF(B2:B9>100000,2000,1000))，按回车键即可计算出需要发放多少奖金，如图24-1所示。

D2　=SUM(IF(B2:B9>100000,2000,1000))

	A	B	C	D	E	F	G
1	姓名	业绩		奖金			
2	王荣	76389		1000			
3	吴磊	96532					
4	周国菊	100356					
5	韩涛利	113564					
6	谢娟娟	56134					
7	何南	66257					
8	吴亚军	109876					
9	孙胜	96547					

图24-1

函数122 对工资额排名

本例中统计每位员工的总工资额，现在需要用RANK.AVG函数对工资额排名。

1 选中C2单元格，在公式编辑栏中输入公式：=RANK.AVG(B2,$B$2:$B$10,0)，按回车键，即可返回第一位员工的总工资额排名。

2 将光标移到C2单元格的右下角，光标变成十字形状后，按住鼠标左键向下拖动进行公式填充，即可快速求出其他员工的总工资额排名，如图24-2所示。

C2　=RANK.AVG(B2,$B$2:$B$10,0)

	A	B	C	D	E	F
1	姓名	总工资额（万元）	名次			
2	唐敏	48.5	5			
3	韩燕	45.82	8			
4	柏家国	46	6.5			
5	金靖	78.5	1			
6	谢娟	77.2	2			
7	姚金年	55.45	4			
8	陈建	32.2	9			
9	王磊	46	6.5			
10	夏慧	62.8	3			

图24-2

函数123 百分比排位

例如要计算每位员工的总工资额在所有员工总工资额中的百分比排位，需要使用PERCENTRANK函数来实现。

❶ 选中C2单元格，在公式编辑栏中输入公式：=PERCENTRANK.INC($B$2:$B$11,B2,3)，按回车键，即可计算出第一位员工的总工资额在所有员工总工资额中的百分比排位（因为数据集中有一个数小于35.25，有8个数大于35.25，因此其结果应该为1/(1+8)，其结果为11.1%）。

❷ 选中C2单元格，向下复制公式，即可快速求出其他员工的总工资额在所有员工总工资额中的百分比排位，如图24-3所示。

C2　=PERCENTRANK.INC($B$2:$B$11,B2,3)

姓名	总工资额(万元)	百分比排位
汪洋	35.25	11.1%
夏婷婷	51.50	33.3%
谭林	75.81	88.8%
周芳芳	62.22	77.7%
于淼	55.51	44.4%
韩语	32.20	0.0%
蔡瑞	60.45	66.6%
明雪花	77.90	100.0%
刘飞	41.55	22.2%
廖春	55.51	44.4%

图24-3

函数124　统计指定部门获取奖金的人数

若要统计出指定部门获取奖金的人数，可以使用SUMPRODUCT函数来实现（去除空值）。

❶ 选中F5单元格，在公式编辑栏中输入公式：=SUMPRODUCT(($B$2:$B$12=E5)*(C$2:C$12<>""))，按回车键即可统计出所属部门为“业务部”获取奖金的人数。

❷ 将光标移到F5单元格的右下角，光标变成十字形状后，按住鼠标左键向下拖动进行公式填充，即可快速统计出指定部门获取奖金的人数，如图24-4所示。

F5　=SUMPRODUCT(($B$2:$B$12=E5)*(C$2:C$12<>""))

员工姓名	所属部门	奖金
葛丽	业务部	800
周国菊	业务部	500
蓝心桥	财务部	
徐莹	业务部	300
杨荣伟	财务部	200
陶丽	业务部	100
唐敏	财务部	300
唐刘云	办公室	500
钱丽丽	业务部	
李姗姗	办公室	100
汪豪	办公室	100

所属部门	获取奖金人数
业务部	4
财务部	2
办公室	3

图24-4

函数125　统计出指定部门奖金大于200的人数

若要统计出指定部门获取奖金的人数，可以使用SUMPRODUCT函数来实现。

1 选中F5单元格，在公式编辑栏中输入公式：=SUMPRODUCT((B$2:B$12=E5)*(C$2:C$12>1000))，按回车键即可统计出所属部门为“业务部”奖金额大于1000的人数。

2 将光标移到F5单元格的右下角，光标变成十字形状后，按住鼠标左键向下拖动进行公式填充，即可快速统计出指定部门奖金额大于1000的人数，如图24-5所示。

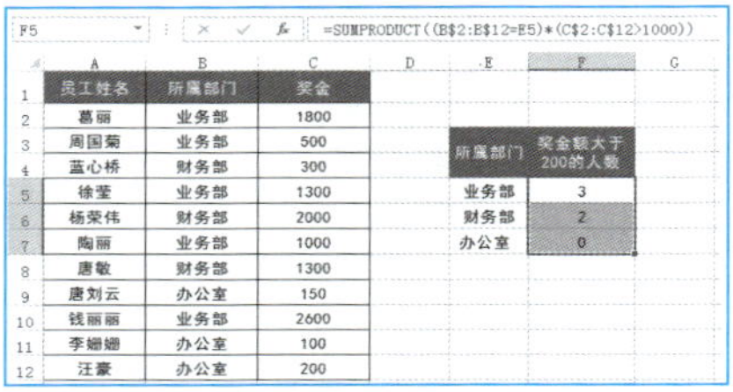
F5　=SUMPRODUCT((B$2:B$12=E5)*(C$2:C$12>1000))

员工姓名	所属部门	奖金
葛丽	业务部	1800
周国菊	业务部	500
蓝心桥	财务部	300
徐莹	业务部	1300
杨荣伟	财务部	2000
陶丽	业务部	1000
唐敏	财务部	1300
唐刘云	办公室	150
钱丽丽	业务部	2600
李姗姗	办公室	100
汪豪	办公室	200

所属部门	奖金额大于200的人数
业务部	3
财务部	2
办公室	0

图24-5

函数126　计算周末奖金补贴

某公司以前星期六和星期日常常加班，且未按加班方式计算工资，从2010年10月开始，对所有人进行补贴。现在要求对工作表中所有离职人员的补贴进行计算。从进公司开始到离职日结束，每个星期六和星期日补贴10元。

1 选中D2单元格，在公式编辑栏中输入公式：=SUMPRODUCT(N(WEEKDAY(ROW(INDIRECT(B2&":"&C2))-1,2)>5))*10，按回车键即可返回第一个员工的补贴额。

2 将光标移到D2单元格的右下角，光标变成十字形状后，按住鼠标左键向下拖动进行公式填充，即可快速返回其他员工的补贴额，如图24-6所示。

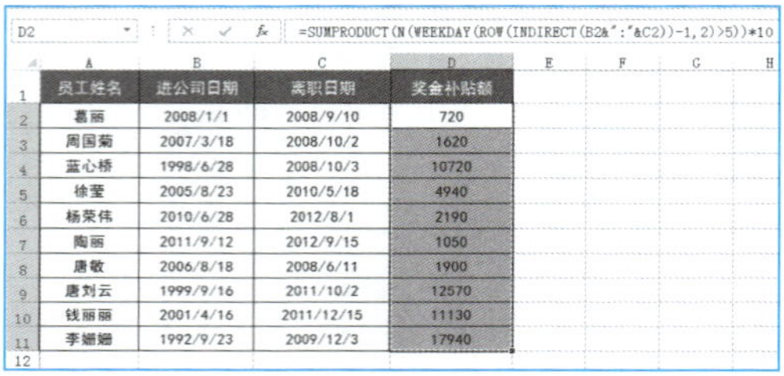
D2　=SUMPRODUCT(N(WEEKDAY(ROW(INDIRECT(B2&":"&C2))-1,2)>5))*10

员工姓名	进公司日期	离职日期	奖金补贴额
葛丽	2008/1/1	2008/9/10	720
周国菊	2007/3/18	2008/10/2	1620
蓝心桥	1998/6/28	2008/10/3	10720
徐莹	2005/8/23	2010/5/18	4940
杨荣伟	2010/6/28	2012/8/1	2190
陶丽	2011/9/12	2012/9/15	1050
唐敏	2006/8/18	2008/6/11	1900
唐刘云	1999/9/16	2011/10/2	12570
钱丽丽	2001/4/16	2011/12/15	11130
李姗姗	1992/9/23	2009/12/3	17940

图24-6

函数127　判断是否为员工发放奖金

表格中统计的是销售部门员工的业绩和工龄，要求对于工龄达到2年，业绩达到2000以上才能发放奖金。

❶ 选中D2单元格，在编辑栏中输入公式：=AND(B2>=2,C2>=2000)，按回车键即可得出第一个员工是否符合发放奖金的要求。

❷ 将光标移到D2单元格的右下角，光标变成十字形状后，按住鼠标左键向下拖动进行公式填充，即可快速统计出其他员工是否符合发放奖金的要求，如图24-7所示。

D2　=AND(B2>=2,C2>=2000)

员工姓名	工龄	销售业绩	是否发放奖金
张海燕	2	1180	FALSE
张仪	3	3500	TRUE
何丽	3	2300	TRUE
李凝	1	2100	FALSE
陈华	1	1600	FALSE
周逸	4	2890	TRUE
于宝强	4	3270	TRUE
程建	3	1940	FALSE

图24-7

函数128　根据值班日期自动返回工资标准

表格中列出了不同的值班类别所对应的值班工资标准，现在要根据当前的值班统计表中的值班类别自动返回应计的值班工资。

❶ 选中E7单元格，在编辑栏中输入公式：=HLOOKUP(D7,$A$3:$G$4,2,0)*C7，按回车键，即可根据日期类别返回对应的工资金额。

❷ 将光标移到E7单元格的右下角，光标变成十字形状后，按住鼠标左键向下拖动进行公式填充，即可根据其他员工加班类别得到对应的工资金额，如图24-8所示。

E7　=HLOOKUP(D7,$A$3:$F$4,2,0)*C7

值班工资标准

值班日期	双休日	1月2日-3日	10月1日-2日	10月3日-7日	2013/1/1
日期类型	双休日	长假后期	长假开始初	长假后期	长假开始初
每日工资	150	200	320	200	320

姓名	值班日期	值班天数	日期类别	工资金额
韩伟	2013/1/2	1	长假后期	200
胡佳欣	2013/1/3	1	长假后期	200
刘辉贤	2013/1/12	1	双休日	150
邓敏杰	2013/1/13	1	双休日	150
仲成	2013/10/1-10/2	2	长假开始初	640
李平	2013/10/4-10/7	4	长假后期	800

图24-8

函数129 同时查询两个标准计算年终奖

表格中根据员工的工龄及职位对年终奖金设置了发放规则，现在需要根据当前员工的工龄来自动判断该员工应获得的年终奖。

❶ 选中D2单元格，在编辑栏中输入公式：=VLOOKUP(B2,IF(C2<=5,$F$2:$G$4,$F$7:$G$9),2,FALSE)，按回车键，即可根据B2单元格的职位与C2单元格的工龄自动判断该员工应获得的年终奖。

❷ 将光标移到D2单元格的右下角，光标变成十字形状后，按住鼠标左键向下拖动进行公式填充，即可快速判断出每位员工应获得的年终奖，如图24-9所示。

D2 =VLOOKUP(B2, IF(C2<=5, $F$2:$G$4, $F$7:$G$9), 2, FALSE)

姓名	职位	工龄	年终奖
韩伟	职员	2	1000
胡佳欣	高级职员	4	2000
刘辉贤	部门经理	5	5000
邓敏杰	高级职员	10	5000
仲成	职员	2	1000
李志霄	职员	1	1000
陶龙华	部门经理	6	10000
李晓	高级职员	12	5000
刘纪鹏	职员	2	1000
李梅	职员	8	2000

5年或以下工龄	
职员	1000
高级职员	2000
部门经理	5000

5年以上工龄	
职员	2000
高级职员	5000
部门经理	10000

图24-9

函数130 统计行政部员工获奖次数

公司举办年终抽奖活动，现在需要汇总行政部员工获奖次数。

选中E2单元格，在公式编辑栏中输入公式：=SUMPRODUCT((B2:B12="行政部")*C2:C12)，按回车键，即可返回行政部人员获奖次数，如图24-10所示。

E2 =SUMPRODUCT((B2:B12="行政部")*C2:C12)

员工	部门	获奖次数		行政部人数
葛丽	销售部	6		13
王磊	行政部	2		
夏慧	财务部	1		
周国菊	生产一车间	5		
徐莹	商务部	1		
蓝心桥	人事部	1		
高龙宝	行政部	3		
陶丽	工程部	1		
孙永	采购部	2		
唐刘云	生产二车间	5		
徐军	行政部	8		

图24-10

函数131　计算员工年终奖

公司规定工作时间长于3年者年终奖为1500元，长于1年者年终奖为1000元，1年及以下者为500元。现在需要求所有员工的年终奖。

❶ 选中C2单元格，在公式编辑栏中输入公式：=TEXT(B2,"[>3]15!0!0;[>1]1!0!0!0;5!0!0;")，按回车键即可计算出第一个员工的年终奖。

❷ 将光标移到C2单元格的右下角，光标变成十字形状后，按住鼠标左键向下拖动进行公式填充，即可快速返回其他员工的年终奖，如图24-11所示。

C2　=TEXT(B2,"[>3]15!0!0;[>1]1!0!0!0;5!0!0;")

	A	B	C
1	员工	工作时间	年终奖
2	葛丽	6	1500
3	王磊	2	1000
4	夏慧	1	500
5	周国菊	5	1500
6	徐莹	1	500
7	蓝心桥	停薪留职	
8	高龙宝	3	1000
9	陶丽	1	500
10	孙永	2	1000
11	唐刘云	5	1500
12	徐军	停薪留职	
13			

图24-11

函数132　根据达标率计算员工奖金

公司规定，达标率小于80%，奖金只有200元，达标率在80%到90%之间奖金有250元，在90%到100%之间奖金有300元，在100%到105%之间奖金有450元，高于105%则有奖金550元。现在需要计算每个员工的奖金。

❶ 选中C2单元格，在公式编辑栏中输入公式：=MAX((B2>{0,0.8,0.9,1,1.05})*{200,250,300,450,550})，按回车键即可计算出第一个员工的奖金。

❷ 将光标移到C2单元格的右下角，光标变成十字形状后，按住鼠标左键向下拖动进行公式填充，即可快速返回其他员工的奖金，如图24-12所示。

C2　=MAX((B2>{0,0.8,0.9,1,1.05})*{200,250,300,450,550})

	A	B	C
1	员工	达标率	奖金
2	葛丽	58%	200
3	王磊	92.80%	300
4	夏慧	68.20%	200
5	周国菊	73.50%	200
6	徐莹	56.23%	200
7	蓝心桥	108.12%	550
8	高龙宝	98.23%	300
9	陶丽	78.65%	200
10	孙永	80.23%	250
11	唐刘云	95.98%	300
12	徐军	58.68%	200
13			

图24-12

函数133　以1个百分点为单位计算奖金或扣款

当前表格中统计了各员工销售的完成量（B1单元格中给出了达标值）。要求通过设置公式实现根据完成量自动计算奖金与扣款。具体要求如下：当完成量大于等于目标值一个百分点时，给于500元奖励（向上累加），大于1个百分点按2个百分点算，大于2个百分点按3个百分点算，依次类推；当完成量小于目标值一个百分点扣除400元（向上累加），大于1个百分点按2个百分点算，大于2个百分点按3个百分点算，依次类推。

❶ 选中C2单元格，在公式编辑栏中输入公式：=IF(B3>=$B$1,ROUND(B3-$B$1,2)*100*500,ROUND(B3-$B$1,2)*100*400)，按回车键得出第一位员工的奖金或扣款。

❷ 将光标移到C2单元格的右下角，光标变成十字形状后，按住鼠标左键向右拖动进行公式填充，即可批量得出其他员工的奖金或扣款，如图24-13所示。

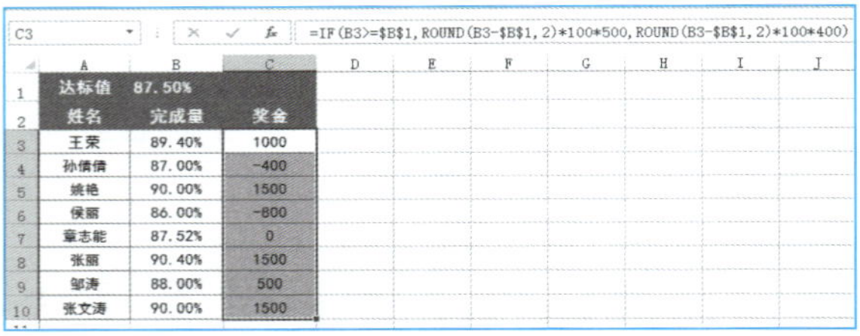

C3 =IF(B3>=$B$1,ROUND(B3-$B$1,2)*100*500,ROUND(B3-$B$1,2)*100*400)

达标值	87.50%	
姓名	完成量	奖金
王荣	89.40%	1000
孙倩倩	87.00%	-400
姚艳	90.00%	1500
侯丽	86.00%	-800
章志能	87.52%	0
张丽	90.40%	1500
邹涛	88.00%	500
张文涛	90.00%	1500

图24-13

函数134　计算生产部所有人员的平均获奖率

计算生产部所有人员的平均获奖率，结果以百分比显示，保留两位小数。

选中C11单元格，在公式编辑栏中输入公式：=TEXT(AVERAGEA(IF(LEFT(A2:A9,3)="生产部",B2:B9/C2:C9)),"0.00%")，按回车键即可计算出生产部所有人员的平均获奖率，如图24-14所示。

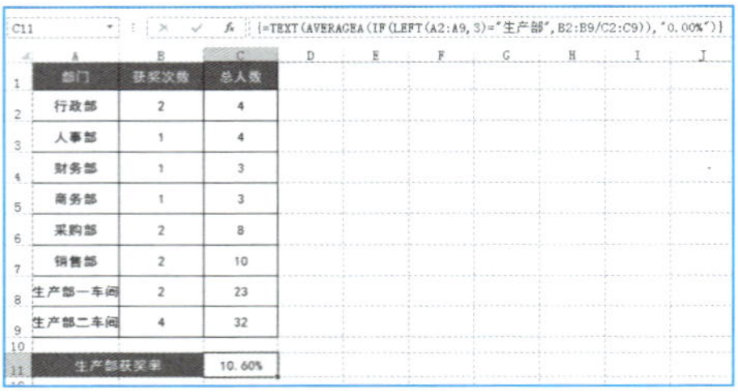

C11 {=TEXT(AVERAGEA(IF(LEFT(A2:A9,3)="生产部",B2:B9/C2:C9)),"0.00%")}

部门	获奖次数	总人数
行政部	2	4
人事部	1	4
财务部	1	3
商务部	1	3
采购部	2	8
销售部	2	10
生产部一车间	2	23
生产部二车间	4	32
生产部获奖率		10.60%

图24-14

函数135　统计出大于指定工资金额的人数

当前表格中统计了每位员工人员的工资金额，现在要统计出工资金额大于5000元的人数。

选中D5单元格，在公式编辑栏中输入公式：=COUNTIF(B2:B11,">=5000")，按回车键统计出B2:B11单元格区域中金额大于5000的人数，如图24-15所示。

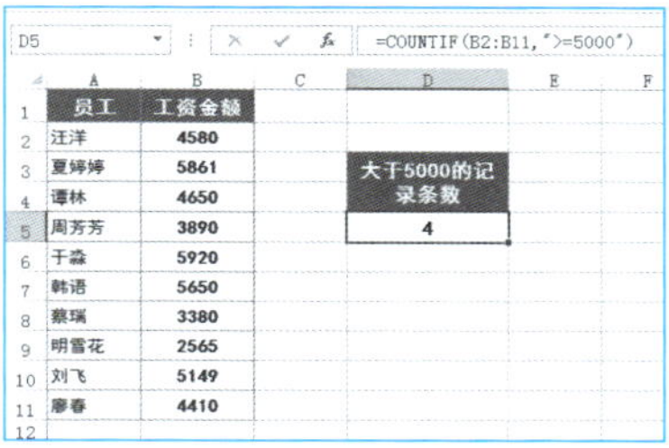
D5　=COUNTIF(B2:B11,">=5000")

	A	B	C	D
1	员工	工资金额		
2	汪洋	4580		
3	夏婷婷	5861		大于5000的记录条数
4	谭林	4650		
5	周芳芳	3890		4
6	于淼	5920		
7	韩语	5650		
8	蔡瑞	3380		
9	明雪花	2565		
10	刘飞	5149		
11	廖春	4410		

图24-15

函数136　计算超产奖

公司规定产量标准是700，如果高于700，每超产80就给奖金50元，不足80则四舍五入，即超产39忽略，超产40则进位，按超产80计算，反之产量小于700时也可以以同样方式扣奖金。现在需要计算1日至10日中需要奖还是惩，金额是多少。

选中D2单元格，在公式编辑栏中输入公式：=SUM(MROUND(B2:B11-700,80*IF(B2:B11>=700,1,-1)))/80*50，按回车键即可返回奖惩金额，如图24-16所示。

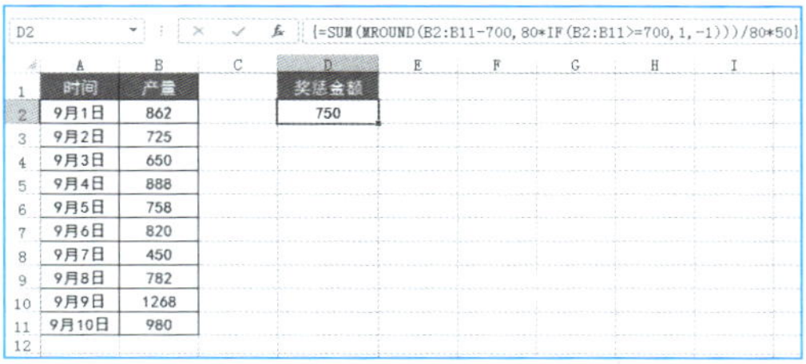
D2　{=SUM(MROUND(B2:B11-700,80*IF(B2:B11>=700,1,-1)))/80*50}

	A	B	C	D
1	时间	产量		奖惩金额
2	9月1日	862		750
3	9月2日	725		
4	9月3日	650		
5	9月4日	888		
6	9月5日	758		
7	9月6日	820		
8	9月7日	450		
9	9月8日	782		
10	9月9日	1268		
11	9月10日	980		

图24-16

函数137　统计前5名的工资平均值

本例数据表中统计了员工工资，现在要计算前5名的平均值，可以使用

LARGE函数配合AVERAGE函数来实现。

选中D2单元格，在公式编辑栏中输入公式：=AVERAGE(LARGE(B2:B12,{1,2,3,4,5}))，按回车键即可统计出B2:B12单元格区域中排名前5位数据的平均值，如图24-17所示。

D2 =AVERAGE(LARGE(B2:B12,{1,2,3,4,5}))

	A	B	C	D	E	F
1	姓名	工资金额		前5名平均值		
2	汪洋	8500		9170		
3	夏婷婷	1200				
4	谭林	9500				
5	周芳芳	1120				
6	于淼	1450				
7	韩语	4132				
8	蔡瑞	2260				
9	明雪花	7700				
10	刘飞	12100				
11	廖春	8050				
12	周成	6122				
13						

图24-17

函数138　统计后5名的工资平均值

本例数据表中统计了员工工资，现在要计算后5名的平均值，可以使用LARGE函数配合AVERAGE函数来实现。

选中D2单元格，在公式编辑栏中输入公式：=AVERAGE(SMALL(B2:B12,{1,2,3,4,5}))，按回车键即可统计出B2:B12单元格区域中排名后5位数据的平均值，如图24-18所示。

D2 =AVERAGE(SMALL(B2:B12,{1,2,3,4,5}))

	A	B	C	D	E	F
1	姓名	工资金额		后5名平均值		
2	汪洋	8500		2032.4		
3	夏婷婷	1200				
4	谭林	9500				
5	周芳芳	1120				
6	于淼	1450				
7	韩语	4132				
8	蔡瑞	2260				
9	明雪花	7700				
10	刘飞	12100				
11	廖春	8050				
12	周成	6122				
13						

图24-18

函数139　根据工程的难度系数计算奖金

公司规定，每个人的工程难度系数不同，按照难度系数发放奖金。如果难度系数大于等于1，奖金按500元计算，如果难度系数小于1，则用500元乘以该难度系数得到奖金数。

❶ 选中B2单元格，在公式编辑栏中输入公式：=MIN(A2*500,500)，按回车键即可返回第一个职工的奖金。

❷ 将光标移到B2单元格的右下角，光标变成十字形状后，按住鼠标左键向下拖动进行公式填充，即可快速返回其他员工的奖金，如图24-19所示。

B2　=MIN(A2*500,500)

	A	B
1	难度系数	奖金
2	0.6	300
3	1.21	500
4	1.38	500
5	0.8	400
6	0.55	275
7	1.28	500
8	0.55	275
9	1.16	500
10	0.8	400

图24–19

函数140　计算员工的工龄工资

当统计了员工进入公司的日期后，使用YEAR和TODAY函数可以计算出员工的工龄，接着可以根据公司制度计算出员工的工龄工资，假设工龄超过10年的工龄工资为400，工龄在6到10年之间的为200,工龄在4到6年之间为150，工龄在2到4年的为100，工龄1年的为50。

❶ 选中G2单元格，在公式编辑栏中输入公式：=IF(F2>10,400,IF(F2>=6,200,IF(F2>=4,150,IF(F2>=2,100,IF(F2>=1,50,0)))))，按回车键即可计算出第一位员工的工龄工资。

❷ 将光标移到G2单元格的右下角，光标变成十字形状后，按住鼠标左键向下拖动进行公式填充，即可计算出每位员工的工龄工资，如图24-20所示。

G2　=IF(F2>10,400,IF(F2>=6,200,IF(F2>=4,150,IF(F2>=2,100,IF(F2>=1,50,0)))))

	A	B	C	D	E	F	G
1	姓名	所在部门	基本工资	出生年月	入职时间	工龄	工龄工资
2	李明	技术部	3000	1975/2/1	2003/8/1	11	400
3	张诚	技术部	2500	1976/2/1	2003/8/1	11	400
4	何佳	技术部	2800	1974/1/1	2004/5/1	10	200
5	李明诚	技术部	2200	1980/5/1	2005/4/1	9	200
6	李涛	客户部	2600	1966/2/1	2008/8/1	6	200
7	张晓群	客户部	2100	1979/7/1	2009/1/1	5	150
8	邓捷	客户部	2600	1965/2/1	2003/10/1	11	400
9	舒小英	客户部	1500	1979/2/1	2004/12/1	10	200
10	李军	生产部	2400	1970/2/1	2007/8/1	7	200
11	何明天	生产部	2100	1971/1/1	2006/8/1	8	200

图24–20

函数141　自动追加工龄工资

在计算工龄工资时通常是以其工作年限来计算，如本例中实现根据入职年龄，每满一年，工龄工资自动增加100元。

❶ 选中C2单元格，在公式编辑栏中输入公式：=DATEDIF(B2,TODAY(),"y")*100,”按回车键返回日期值，按住鼠标左键向下拖动进行公式填充，如图24-21所示。

❷ 选中“工种工龄”列函数返回的日期值，重新设置其单元格格式为“常规”即可以根据入职时间自动显示工龄工资，如图24-22所示。

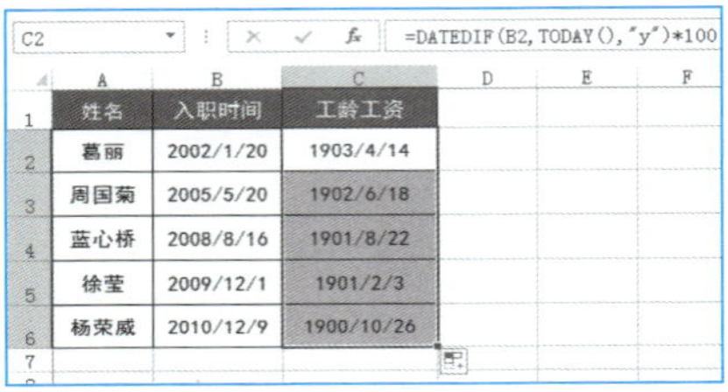
=DATEDIF(B2,TODAY(),"y")*100

姓名	入职时间	工龄工资
葛丽	2002/1/20	1903/4/14
周国菊	2005/5/20	1902/6/18
蓝心桥	2008/8/16	1901/8/22
徐莹	2009/12/1	1901/2/3
杨荣威	2010/12/9	1900/10/26

图24-21

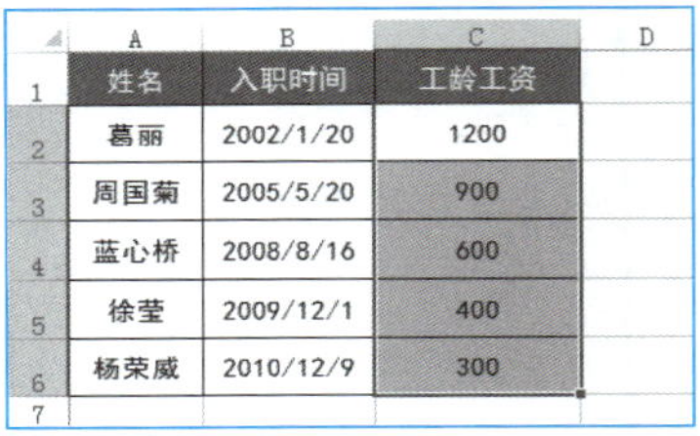

姓名	入职时间	工龄工资
葛丽	2002/1/20	1200
周国菊	2005/5/20	900
蓝心桥	2008/8/16	600
徐莹	2009/12/1	400
杨荣威	2010/12/9	300

图24-22

函数142　统计出大于平均工资的员工人数

当前表格中统计了每位员工的工资。现在要统计出大于平均工资的记录数。

选中D5单元格，在编辑栏中输入公式：=COUNTIF(B2:B11,">"&AVERAGE(B2:B11))，按回车键统计出大于平均值的记录条数，如图24-23所示。

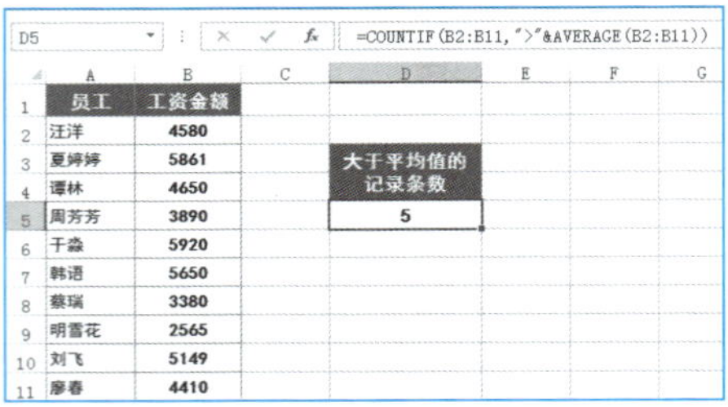
=COUNTIF(B2:B11,">"&AVERAGE(B2:B11))

员工	工资金额
汪洋	4580
夏婷婷	5861
谭林	4650
周芳芳	3890
于淼	5920
韩语	5650
蔡瑞	3380
明雪花	2565
刘飞	5149
廖春	4410

大于平均值的记录条数
5

图24-23

函数143　统计年终工资

公司规定工作时间1年以下者给200元年终奖，1到3年者600元，3到5年者

1000元，5到10年者1400元。现需统计年终月份每人工资加年终奖的合计。

❶ 选中D2单元格，在公式编辑栏中输入公式：=C2+SUM(IF(B2>{0,1,3,5,10},{200,400,400,400,400}))，按回车键即可计算出第一个人员12月的工资。

❷ 将光标移到D2单元格的右下角，光标变成十字形状后，按住鼠标左键向下拖动进行公式填充，即可快速计算出其他人员12月的工资，如图24-24所示。

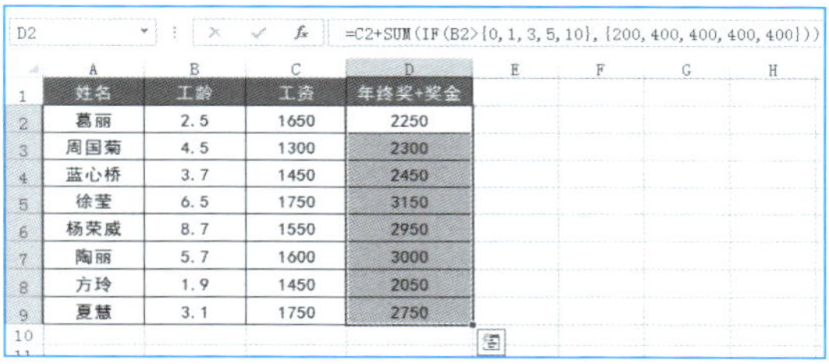
D2 =C2+SUM(IF(B2>{0,1,3,5,10},{200,400,400,400,400}))

姓名	工龄	工资	年终奖+奖金
葛丽	2.5	1650	2250
周国菊	4.5	1300	2300
蓝心桥	3.7	1450	2450
徐莹	6.5	1750	3150
杨荣威	8.7	1550	2950
陶丽	5.7	1600	3000
方玲	1.9	1450	2050
夏慧	3.1	1750	2750

图24-24

函数144　显示出工资最高的员工姓名

当前表格统计的是员工的工资，通过如下方法设置公式可以实现返回工资最高的员工的姓名。

选中D2单元格，在公式编辑栏中输入公式：=INDEX(A2:A11,MATCH(MAX(B2:B11),B2:B11,))，按回车键即可判断出哪位员工的工资最高，并返回其姓名，如图24-25所示。

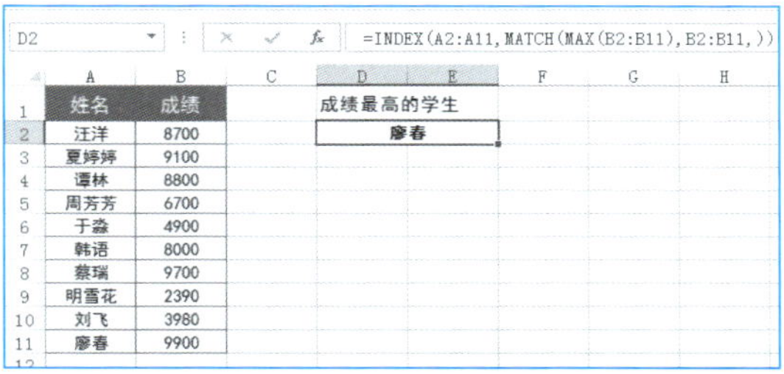
D2 =INDEX(A2:A11,MATCH(MAX(B2:B11),B2:B11,))

姓名	成绩
汪洋	8700
夏婷婷	9100
谭林	8800
周芳芳	6700
于淼	4900
韩语	8000
蔡瑞	9700
明雪花	2390
刘飞	3980
廖春	9900

成绩最高的学生
廖春

图24-25

函数145　计算每日工时工资

员工上星期一至星期五正班8小时的工时工资是5元/小时。8小时以外则按1.5倍计算，星期六上班的话每个小时按1.5倍计算，现需计算某职工每日的工时工资。

1 选中C2单元格，在公式编辑栏中输入公式：=8*5*IF(WEEKDAY(A2,2)<6,1,1.5)+(B2-8)*5*1.5，按回车键，即可返回1日的工时工资。

2 将光标移到C2单元格的右下角，光标变成十字形状后，按住鼠标左键向下拖动进行公式填充，即可快速返回其他日期的工时工资，如图24-26所示。

C2 =8*5*IF(WEEKDAY(A2,2)<6,1,1.5)+(B2-8)*5*1.5

日期	工时	本日计时工资
9月1日	8	40
9月2日	9	47.5
9月3日	8.5	43.75
9月4日	10	55
9月5日	8	40
9月6日	9	67.5
9月7日	9	67.5
9月9日	9.5	51.25
9月9日	12	70
9月10日	10	55

图24-26

函数146 计算本日工时工资

学生放假来公司实习，实习期间公司计算工资是计时工资。即每天8点上班，17点下班，去除午餐1小时，每日8小时，每小时6元工资。如果早上迟到，不足1小时扣6元，不足2小时扣12元。下午如果工作完成，可以提前下班，对于提前下班的时间，按实际分钟扣除工资。

1 选中D2单元格，在公式编辑栏中输入公式：=(HOUR(C2-TIMEVALUE("8:00"))-1-ROUNDUP(B2-TIMEVALUE("8:00"),0))*6，按回车键即可获取第一位学生的本日工资。

2 将光标移到D2单元格的右下角，光标变成十字形状后，按住鼠标左键向下拖动进行公式填充，即可获取其他学生本日工资，如图24-27所示。

D2 =(HOUR(C2-TIMEVALUE("8:00"))-1-ROUNDUP(B2-TIMEVALUE("8:00"),0))*6

姓名	上班时间	下班时间	工资
葛丽	8:00	17:00	48
周国菊	8:00	18:00	54
蓝心桥	8:00	17:00	54
徐莹	8:30	17:00	42
杨荣伟	8:00	17:00	54
陶丽	9:00	15:00	30
唐敏	8:00	17:00	54
唐刘云	9:00	17:00	42
钱丽丽	8:00	17:00	54

图24-27

函数147　统计各销售部门销售员的总奖金额

在员工奖金报表中，可以使用SUM函数按部门统计出总奖金额。

❶ 选中C10单元格，在编辑栏中输入公式：=SUMIF(B2:B8,"销售一部",C2:C8)，按回车键即可统计出“销售一部”员工的总奖金额，如图24-28所示。

❷ 选中C11单元格，在编辑栏中输入公式：=SUMIF(B2:B8,"销售二部",C2:C8)，按回车键即可统计出“销售二部”员工的总奖金额，如图24-29所示。

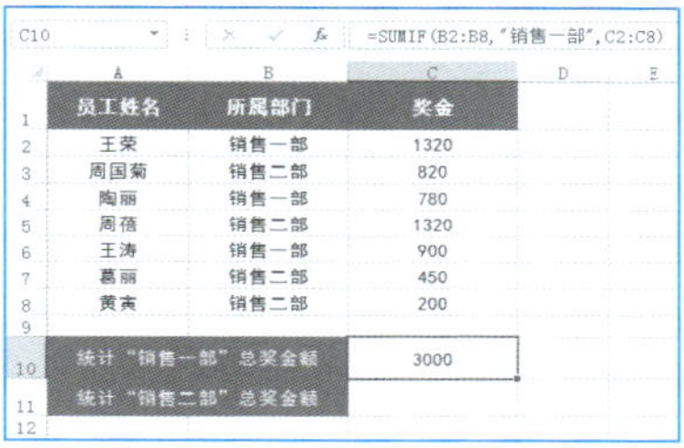

C10　=SUMIF(B2:B8,"销售一部",C2:C8)

员工姓名	所属部门	奖金
王荣	销售一部	1320
周国菊	销售二部	820
陶丽	销售一部	780
周蓓	销售二部	1320
王涛	销售一部	900
葛丽	销售二部	450
黄寅	销售二部	200
统计“销售一部”总奖金额		3000
统计“销售二部”总奖金额		

图24-28

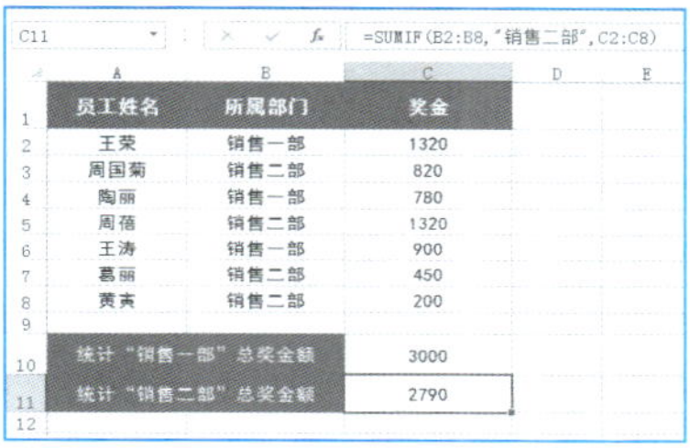

C11　=SUMIF(B2:B8,"销售二部",C2:C8)

员工姓名	所属部门	奖金
王荣	销售一部	1320
周国菊	销售二部	820
陶丽	销售一部	780
周蓓	销售二部	1320
王涛	销售一部	900
葛丽	销售二部	450
黄寅	销售二部	200
统计“销售一部”总奖金额		3000
统计“销售二部”总奖金额		2790

图24-29

函数148　统计销售部门销售员总奖金额

在员工奖金报表中，统计出“销售一部”和“销售二部”员工的总奖金额。

选中C10单元格，在编辑栏中输入公式：=SUM(SUMIF(B2:B8,{"销售一部","销售二部"},C2:C8))，按回车键即可统计出两个部门员工的奖金额之和，如图24-30所示。

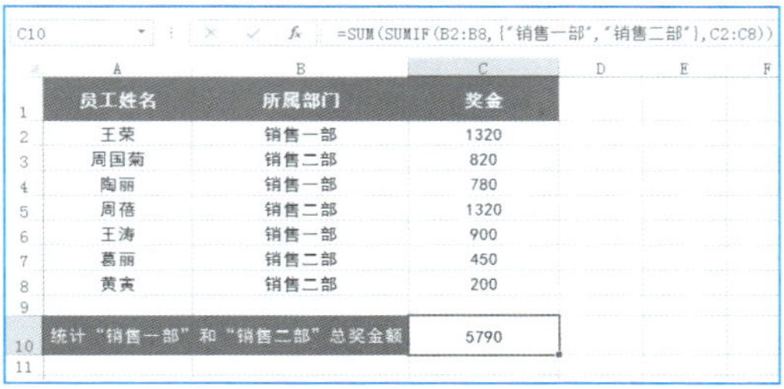

C10　=SUM(SUMIF(B2:B8,{"销售一部","销售二部"},C2:C8))

员工姓名	所属部门	奖金
王荣	销售一部	1320
周国菊	销售二部	820
陶丽	销售一部	780
周蓓	销售二部	1320
王涛	销售一部	900
葛丽	销售二部	450
黄寅	销售二部	200
统计“销售一部”和“销售二部”总奖金额		5790

图24-30

函数149　计算员工应缴纳的各项保险金额

根据员工的基本工资和各项保险扣款比例，来计算员工应缴纳的各项保险金额。

❶ 选中D2单元格，在公式编辑栏中输入公式：=ROUND(C2:C9*$J$4,2)，按回车键即可统计出第一位员工应缴的养老保险，将光标移到D2单元格的右下角，光标变成十字形状后，按住鼠标左键向下拖动进行公式填充，即可快速统计算出其他员工应缴纳的养老保险金额，如图24-31所示。

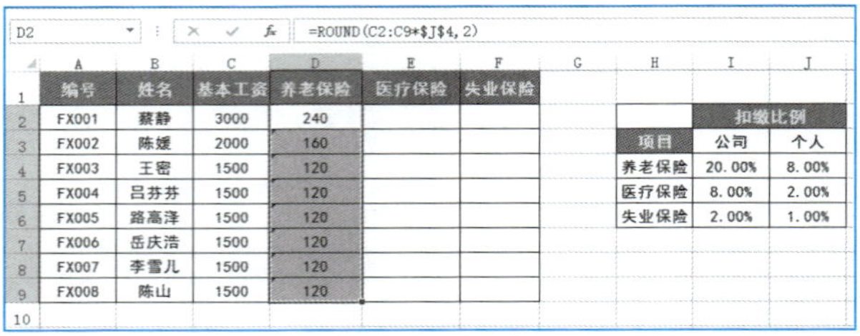
D2 =ROUND(C2:C9*$J$4,2)

编号	姓名	基本工资	养老保险	医疗保险	失业保险
FX001	蔡静	3000	240		
FX002	陈媛	2000	160		
FX003	王密	1500	120		
FX004	吕芬芬	1500	120		
FX005	路高泽	1500	120		
FX006	岳庆浩	1500	120		
FX007	李雪儿	1500	120		
FX008	陈山	1500	120		

	扣缴比例	
项目	公司	个人
养老保险	20.00%	8.00%
医疗保险	8.00%	2.00%
失业保险	2.00%	1.00%

图24-31

❷ 选中E2单元格，在公式编辑栏中输入公式：=ROUND(C2:C9*$J$5,2)，按回车键即可统计出第一位员工应缴的医疗保险，将光标移到D2单元格的右下角，光标变成十字形状后，按住鼠标左键向下拖动进行公式填充，即可快速统计算出其他员工应缴纳的医疗保险金额，如图24-32所示。

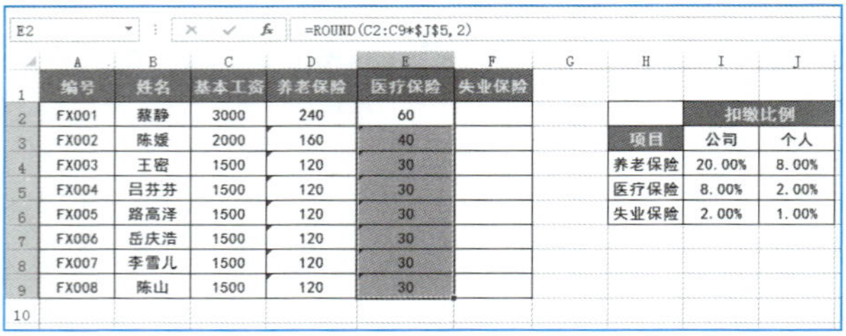
E2 =ROUND(C2:C9*$J$5,2)

编号	姓名	基本工资	养老保险	医疗保险	失业保险
FX001	蔡静	3000	240	60	
FX002	陈媛	2000	160	40	
FX003	王密	1500	120	30	
FX004	吕芬芬	1500	120	30	
FX005	路高泽	1500	120	30	
FX006	岳庆浩	1500	120	30	
FX007	李雪儿	1500	120	30	
FX008	陈山	1500	120	30	

	扣缴比例	
项目	公司	个人
养老保险	20.00%	8.00%
医疗保险	8.00%	2.00%
失业保险	2.00%	1.00%

图24-32

❸ 选中F2单元格，在公式编辑栏中输入公式：=ROUND(C2:C9*$J$6,2)，按回车键即可统计出第一位员工应缴的医疗保险，将光标移到D2单元格的右下角，光标变成十字形状后，按住鼠标左键向下拖动进行公式填充，即可快速统计算出其他员工应缴纳的医疗保险金额，如图24-33所示。

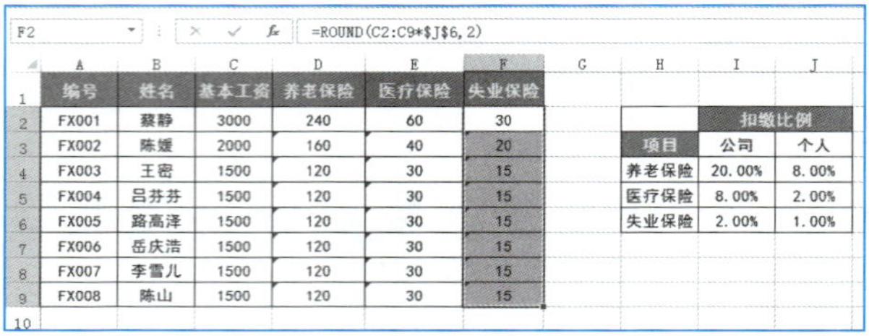
F2 =ROUND(C2:C9*$J$6,2)

编号	姓名	基本工资	养老保险	医疗保险	失业保险
FX001	蔡静	3000	240	60	30
FX002	陈媛	2000	160	40	20
FX003	王密	1500	120	30	15
FX004	吕芬芬	1500	120	30	15
FX005	路高泽	1500	120	30	15
FX006	岳庆浩	1500	120	30	15
FX007	李雪儿	1500	120	30	15
FX008	陈山	1500	120	30	15

	扣缴比例	
项目	公司	个人
养老保险	20.00%	8.00%
医疗保险	8.00%	2.00%
失业保险	2.00%	1.00%

图24-33

函数150　查找员工基本工资

表格A列为员工姓名，D列为员工的基本工资，使用LOOKUP函数可以单独查找出指定员工的基本工资。

首先在G1单元格中输入需要查找的员工姓名，然后选中G2单元格，在公式编辑栏中输入公式：=LOOKUP(G1,A1:D10)，按回车键，即可返回所需查找员工对应的基本工资如图24-34所示。

G2　=LOOKUP(G1,A1:D10)

	A	B	C	D	E	F	G
1	姓名	性别	部门	基本工资		姓名	张伟
2	王荣	男	财务部	1600		基本工资	1800
3	孙倩倩	女	行政部	1500			
4	姚艳	女	销售部	2000			
5	侯丽	女	人力部	1800			
6	章志能	男	行政部	1700			
7	张丽	男	销售部	2200			
8	邹涛	男	设计部	1600			
9	刘楠	女	人力部	1900			
10	李娜	女	财务部	1700			
11							

图24-34

函数151　统计各部门工资总额

如果要按照部门统计工资总额，可以使用SUMIF函数来实现。

❶ 选中C10单元格，在公式编辑栏中输入公式：=SUMIF(B2:B8,"业务部",C2:C8)，按回车键即可统计出“业务部”的工资总额，如图24-35所示。

C10　=SUMIF(B2:B8,"业务部",C2:C8)

	A	B	C	D	E	F
1	员工姓名	所属部门	工资			
2	葛丽	业务部	2000			
3	周国菊	业务部	2200			
4	蓝心桥	财务部	2600			
5	徐莹	业务部	2400			
6	杨荣伟	财务部	2000			
7	陶丽	业务部	3800			
8	唐敏	财务部	1500			
9						
10	统计“业务部”工资总额		10400			
11	统计“财务部”工资总额					
12						

图24-35

❷ 选中C11单元格，在公式编辑栏中输入公式：=SUMIF(B3:B9,"财务部",C3:C9)，按回车键即可统计出“财务部”的工资总额，如图24-36所示。

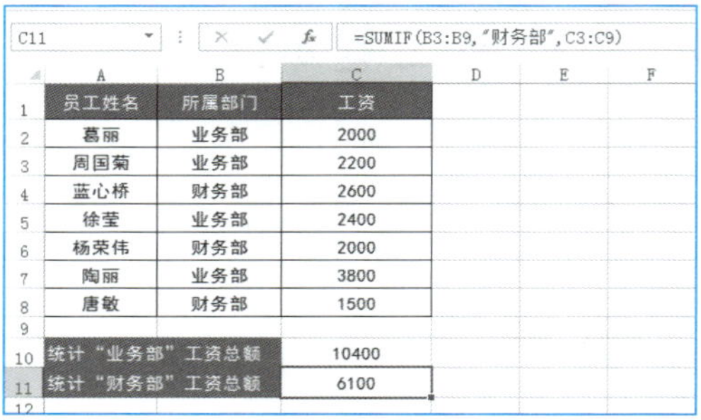

C11 =SUMIF(B3:B9,"财务部",C3:C9)

员工姓名	所属部门	工资
葛丽	业务部	2000
周国菊	业务部	2200
蓝心桥	财务部	2600
徐莹	业务部	2400
杨荣伟	财务部	2000
陶丽	业务部	3800
唐敏	财务部	1500
统计"业务部"工资总额		10400
统计"财务部"工资总额		6100

图24-36

函数152　计算一车间女职工的平均工资

工作表中有三个部门的工资，现要求统计一车间女职工的平均工资。

选中C11单元格，在公式编辑栏中输入公式：=AVERAGE(IF((B2:B9="一车间")*(C2:C9="女"),D2:D9))，按"Ctrl+Shift+Enter"组合键，即可计算出一车间女职工的平均工资，如图24-37所示。

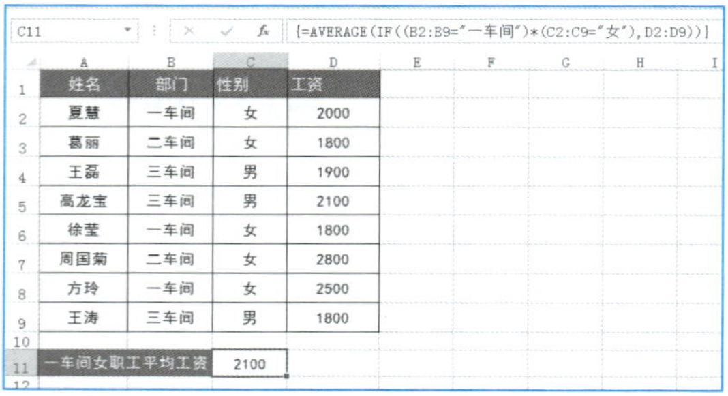

C11 {=AVERAGE(IF((B2:B9="一车间")*(C2:C9="女"),D2:D9))}

姓名	部门	性别	工资
夏慧	一车间	女	2000
葛丽	二车间	女	1800
王磊	三车间	男	1900
高龙宝	三车间	男	2100
徐莹	一车间	女	1800
周国菊	二车间	女	2800
方玲	一车间	女	2500
王涛	三车间	男	1800
一车间女职工平均工资		2100	

图24-37

函数153　计算一车间和三车间女职工的平均工资

工作表中有三个部门的工资，现要求统计一车间和三车间女职工的平均工资。

选中D11单元格，在公式编辑栏中输入公式：=AVERAGE(IF((B2:B9="一车间")+(B2:B9="三车间")*(C2:C9="女"),D2:D9))，按Ctrl+Shift+Enter组合键，即可计算出一车间和三车间女职工的平均工资，如图24-38所示。

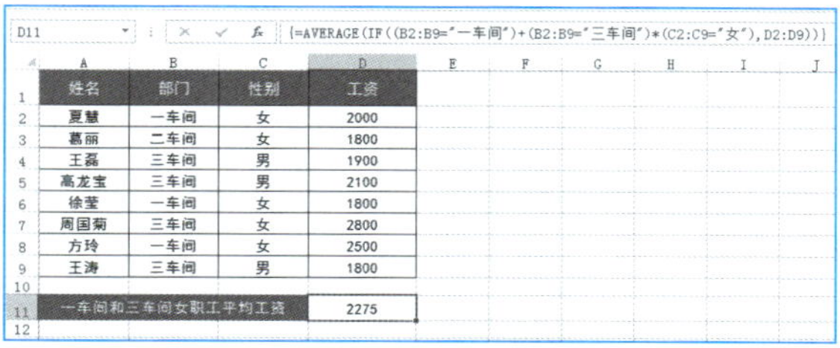

D11　{=AVERAGE(IF((B2:B9="一车间")+(B2:B9="三车间")*(C2:C9="女"),D2:D9))}

姓名	部门	性别	工资
夏慧	一车间	女	2000
葛丽	二车间	女	1800
王磊	三车间	男	1900
高龙宝	三车间	男	2100
徐莹	一车间	女	1800
周国菊	三车间	女	2800
方玲	一车间	女	2500
王涛	三车间	男	1800
一车间和三车间女职工平均工资			2275

图24-38

函数154　生成工资结算日期

员工离职可以是任意日期，但公司规定工资结算必须等次月1日结算，现需要计算工作表中每个离职员工的工资结算日期。

❶ 选中C2单元格，在公式编辑栏中输入公式：=TEXT(EOMONTH(B2,0)+1,"e年M月D日")，按回车键，即可返回员工工资结算日期。

❷ 将光标移到C2单元格的右下角，光标变成十字形状后，按住鼠标左键向下拖动进行公式填充，即可返回其他员工工资结算日期，如图24-39所示。

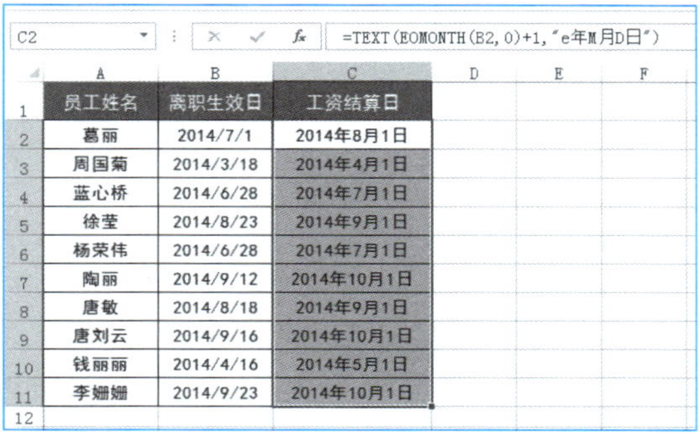

C2　=TEXT(EOMONTH(B2,0)+1,"e年M月D日")

员工姓名	离职生效日	工资结算日
葛丽	2014/7/1	2014年8月1日
周国菊	2014/3/18	2014年4月1日
蓝心桥	2014/6/28	2014年7月1日
徐莹	2014/8/23	2014年9月1日
杨荣伟	2014/6/28	2014年7月1日
陶丽	2014/9/12	2014年10月1日
唐敏	2014/8/18	2014年9月1日
唐刘云	2014/9/16	2014年10月1日
钱丽丽	2014/4/16	2014年5月1日
李姗姗	2014/9/23	2014年10月1日

图24-39

函数155　计算员工年资

公司规定：员工进入公司日期满1年者享有10元工龄工资，每增加一年工龄工资加10元，累积超过150元后，每年加5元，现需要计算每个员工的年资。

❶ 选中C2单元格，在公式编辑栏中输入公式：=10*MIN(DATEDIF(B2,TODAY(),"y"),15)+MAX(DATEDIF(B2,TODAY(),"y")-15,0)*5，按回车键，即可计算员工的年资。

2 将光标移到C2单元格的右下角，光标变成十字形状后，按住鼠标左键向下拖动进行公式填充，即可返回其他计算员工的年资，如图24-40所示。

C2 =10*MIN(DATEDIF(B2,TODAY(),"y"),15)+MAX(DATEDIF(B2,TODAY(),"y")-15,0)*5

员工姓名	进公司日期	年资
葛丽	2008/7/1	60
周国菊	2007/3/18	70
蓝心桥	1998/6/28	155
徐莹	2005/8/23	90
杨荣伟	2010/6/28	40
陶丽	2011/9/12	30
唐敏	2006/8/18	80
唐刘云	1999/9/16	150
钱丽丽	2001/4/16	130
李姗姗	1992/9/23	185

图24-40

函数156　自动查询指定编号员工各项工资明细金额

当前表格中按编号统计了各员工的工资记录，包括基本工资、工龄工资、个人所得税、实发工资等各项明细金额（本例中为求解方便，只列举有限条数的记录）。现在要根据编号实现自动查询指定员工的工资明细金额。

1 建立相应查询列标识，并输入要查询的编号。

2 选中B11单元格，在公式编辑栏中输入公式：=LOOKUP($A$11,$A$2:$A$8,B$2:B$8)，按回车键，即可得到编号为“JX005”员工的姓名，如图24-41所示。

B11 =LOOKUP($A$11,$A$2:$A$8,B$2:B$8)

编号	姓名	所属部门	基本工资	工龄工资	提成或奖金	福利补贴	保险\公积金扣款	个人所得税	实发工资
JX001	王荣	销售部	800	80	2600	350	215.4	194.5	3420.1
JX002	孙倩倩	行销企划部	1500	80		200	391.4	73	1315.6
JX003	姚艳	财务部	1500	880		200	831.4	409.55	1339.05
JX004	侯丽	网络安全部	2200	400		200	633.6	226	1940.4
JX005	章志能	销售部	800	160	1250	350	233.2	148.55	2178.25
JX007	张丽	行销企划部	1500	240	500	200	426.8	173.36	1839.84
JX009	邹涛	销售部	800	240	1500	350	250.8	173.5	2465.7
编号	姓名	所属部门	基本工资	工龄工资	提成或奖金	福利补贴	保险\公积金扣款	个人所得税	实发工资
JX005	章志能								

图24-41

3 选中B11单元格，向右复制公式到J11单元格中，可以得到编号为“JX005”员工的各项工资明细金额，如图24-42所示。

4 当需要查询其他员工的工资明细情况时，只需要在A11单元格中重新输入查询的编号，按回车键即可查询，如图24-43所示。

编号	姓名	所属部门	基本工资	工龄工资	提成或奖金	福利补贴	保险\公积金扣款	个人所得税	实发工资
JX001	王荣	销售部	800	80	2600	350	215.4	194.5	3420.1
JX002	孙倩倩	行销企划部	1500	80		200	391.4	73	1315.6
JX003	姚艳	财务部	1500	880		200	831.4	409.55	1339.05
JX004	侯丽	网络安全部	2200	400		200	633.6	226	1940.4
JX005	章志能	销售部	800	160	1250	350	233.2	148.55	2178.25
JX007	张丽	行销企划部	1500	240	500	200	426.8	173.36	1839.84
JX009	邹涛	销售部	800	240	1500	350	250.8	173.5	2465.7
编号	姓名	所属部门	基本工资	工龄工资	提成或奖金	福利补贴	保险\公积金扣款	个人所得税	实发工资
JX005	章志能	销售部	800	160	1250	350	233.2	148.6	2178.25

图24-42

编号	姓名	所属部门	基本工资	工龄工资	提成或奖金	福利补贴	保险\公积金扣款	个人所得税	实发工资
JX001	王荣	销售部	800	80	2600	350	215.4	194.5	3420.1
JX002	孙倩倩	行销企划部	1500	80		200	391.4	73	1315.6
JX003	姚艳	财务部	1500	880		200	831.4	409.55	1339.05
JX004	侯丽	网络安全部	2200	400		200	633.6	226	1940.4
JX005	章志能	销售部	800	160	1250	350	233.2	148.55	2178.25
JX007	张丽	行销企划部	1500	240	500	200	426.8	173.36	1839.84
JX009	邹涛	销售部	800	240	1500	350	250.8	173.5	2465.7
编号	姓名	所属部门	基本工资	工龄工资	提成或奖金	福利补贴	保险\公积金扣款	个人所得税	实发工资
JX002	孙倩倩	行销企划	1500	80		200	391.4	73	1315.6

图24-43

函数157　计算所有员工的基本工资合计额

利用公式计算员工的基本工资合计额。

❶ 选中F2单元格，在公式编辑栏中输入公式：=SUM(D2:E2)，按回车键，即可计算第一位员工的基本工资合计额。

❷ 将光标移到F2单元格的右下角，光标变成十字形状后，按住鼠标左键向下拖动进行公式填充，即可返回其他计算员工的基本工资合计额，如图24-44所示。

F2　=SUM(D2:E2)

编　号	姓　名	部　门	基本工资（元）	岗位工资（元）	工资合计（元）
WL_0001	蓝心桥	办公室	2000	1000	3000
WL_0002	徐莹	办公室	1500	800	2300
WL_0003	杨荣伟	销售部	1200	800	2000
WL_0004	陶丽	销售部	1400	800	2200
WL_0005	唐敏	销售部	1300	800	2100
WL_0006	唐刘云	后勤部	1700	800	2500
WL_0007	钱丽丽	后勤部	1000	600	1600
WL_0008	李姗姗	制造部	1300	1000	2300
WL_0009	汪豪	制造部	1600	1000	2600
WL_0010	吴梅	制造部	1500	600	2100
WL_0011	王雪峰	制造部	1300	600	1900

图24-44

函数158 按两位小数位数取整

表格A 列中显示了员工的工资额，使用FIXED函数可以为B 列的数据添加千分位分隔符并保留两位小数。

❶ 选中B2单元格，在公式编辑栏中输入公式：=FIXED(A2,2,FALSE)，按回车键即可为第一个数值添加分隔符并自动保留两位小数。

❷ 将光标移到B2单元格的右下角，拖动填充柄向下复制公式，即可将其他数据按两位小数位数取整，如图24-45所示。

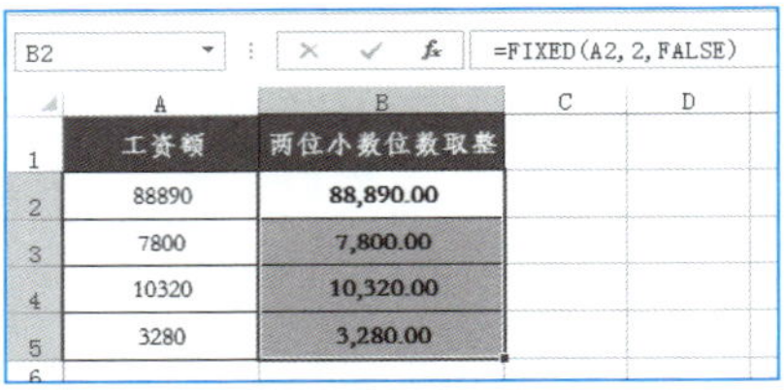

B2 =FIXED(A2, 2, FALSE)

工资额	两位小数位数取整
88890	88,890.00
7800	7,800.00
10320	10,320.00
3280	3,280.00

图24-45

函数159 对销售部男性员工的工资求和

利用公式对销售部男性员工的工资求和。

选中F2单元格，在公式编辑栏中输入公式：=SUM((B2:B12="销售部")*(C2:C12="男")*D2:D12)，按“Ctrl+Shift+Enter”组合键，即可显示计算结果，如图24-46所示。

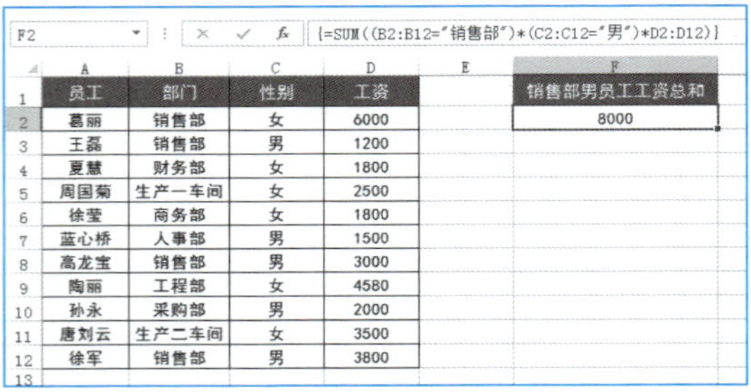

F2 {=SUM((B2:B12="销售部")*(C2:C12="男")*D2:D12)}

员工	部门	性别	工资		销售部男员工工资总和
葛丽	销售部	女	6000		8000
王磊	销售部	男	1200		
夏慧	财务部	女	1800		
周国菊	生产一车间	女	2500		
徐莹	商务部	女	1800		
蓝心桥	人事部	男	1500		
高龙宝	销售部	男	3000		
陶丽	工程部	女	4580		
孙永	采购部	男	2000		
唐刘云	生产二车间	女	3500		
徐军	销售部	男	3800		

图24-46

函数160 对2000到3000之间的工资求和

在工资统计表中，利用公式对2000到3000之间的工资求和。

选中F2单元格，在公式编辑栏中输入公式：=SUM(SUMIF(D2:D12,"<="&{2000,3000})*{-1,1})，按【Ctrl+Shift+Enter】组合键，即可返回工资数在2000到3000之间的总和，如图24-47所示。

F2　{=SUM(SUMIF(D2:D12,"<="&{2000,3000})*{-1,1})}

	A	B	C	D	E	F
1	员工	部门	性别	工资		2000到3000之间的工资总计
2	葛丽	销售部	女	6000		7680
3	王磊	销售部	男	1200		
4	夏慧	财务部	女	1800		
5	周国菊	生产一车间	女	2500		
6	徐莹	商务部	女	1800		
7	蓝心桥	人事部	男	1500		
8	高龙宝	销售部	男	3000		
9	陶丽	工程部	女	4580		
10	孙永	采购部	男	2000		
11	唐刘云	生产二车间	女	2180		
12	徐军	销售部	男	3800		
13						

图24-47

函数161　求前三名和后三名的工资之和

本例中使用SUMIF 函数设置公式，求前三名和后三名的工资之和。

选中F2单元格，在公式编辑栏中输入公式：=SUMIF(D2:D12,">"&LARGE(D2:D12,4))+SUMIF(D2:D12,"<"&SMALL(D2:D12,4))，按回车键，即可返回前三名和后三名的工资之和，如图24-48所示。

F2　=SUMIF(D2:D12,">"&LARGE(D2:D12,4))+SUMIF(D2:D12,"<"&SMALL(D2:D12,4))

	A	B	C	D	E	F	G	H
1	员工	部门	性别	工资		前后三名工资总计		
2	葛丽	销售部	女	6000		17080		
3	王磊	销售部	男	1200				
4	夏慧	财务部	女	1800				
5	周国菊	生产一车间	女	2500				
6	徐莹	商务部	女	1800				
7	蓝心桥	人事部	男	1500				
8	高龙宝	销售部	男	3000				
9	陶丽	工程部	女	4580				
10	孙永	采购部	男	2000				
11	唐刘云	生产二车间	女	2180				
12	徐军	销售部	男	3800				
13								

图24-48

函数162　对所有车间员工的工资求和

设置公式，对所有车间员工的工资进行求和。

选中F2单元格，在公式编辑栏中输入公式：=SUMIF(B2:B12,"？？？车间",D2)，按回车键，即可对所有车间员工的工资求和，如图24-49所示。

F2 =SUMIF(B2:B12,"???车间",D2)

	A	B	C	D	E	F
1	员工	部门	性别	工资		车间人员工资和
2	葛丽	销售部	女	6000		4680
3	王磊	销售部	男	1200		
4	夏慧	财务部	女	1800		
5	周国菊	生产一车间	女	2500		
6	徐莹	商务部	女	1800		
7	蓝心桥	人事部	男	1500		
8	高龙宝	销售部	男	3000		
9	陶丽	工程部	女	4580		
10	孙永	采购部	男	2000		
11	唐刘云	生产二车间	女	2180		
12	徐军	销售部	男	3800		
13						

图24-49

函数163　计算平均工资

计算所有员工的平均工资，请假、工伤等无薪人员也计算在内，平均工资保留两位小数，第三位四舍五入。

选中F2单元格，在公式编辑栏中输入公式：=ROUND(AVERAGEA(D2:D12),2)，按回车键，即可返回员工的平均工资，如图24-50所示。

F2 =ROUND(AVERAGEA(D2:D12),2)

	A	B	C	D	E	F
1	员工	部门	性别	工资		平均工资
2	葛丽	销售部	女	6000		2514.55
3	王磊	销售部	男	工伤		
4	夏慧	财务部	女	1800		
5	周国菊	生产一车间	女	2500		
6	徐莹	商务部	女	1800		
7	蓝心桥	人事部	男	请假		
8	高龙宝	销售部	男	3000		
9	陶丽	工程部	女	4580		
10	孙永	采购部	男	2000		
11	唐刘云	生产二车间	女	2180		
12	徐军	销售部	男	3800		
13						

图24-50

函数164　根据员工工龄计算年资

公司规定，员工工作时间不满一年则没有年资，超过一年时按每年30元年资计算，对于整年以外不足一年的年资也都按30元计算。

❶ 选中D2单元格，在公式编辑栏中输入公式：=+C2+CEILING(B2*30,30)*(INT(B2)>0)，按回车键，即可计算第一位员工的实发工资。

❷ 将光标移到D2单元格的右下角，光标变成十字形状后，按住鼠标左键向下拖动进行公式填充，即可返回其他员工的实发工资，如图24-51所示。

D2　=+C2+CEILING(B2*30,30)*(INT(B2)>0)

员工姓名	工龄	基本工资	实发工资
葛丽	5.8	1800	1980
周国菊	2.2	2500	2590
蓝心桥	4.8	2500	2650
徐莹	5.5	1800	1980
杨荣伟	0.6	2500	2500
陶丽	2.8	2500	2590
唐敏	0.2	1800	1800
唐刘云	3.2	2500	2620
钱丽丽	0.8	1800	1800
李姗姗	1.9	2500	2560

图24-51

函数165　统计两倍工资的加班小时数

工作表中全是本月新员工资料，公司中因进度问题，每周六必须加班8小时，但工资以两倍计算，现在需要所有新员工本月的加班时间是多少。

❶ 选中C2单元格，在公式编辑栏中输入公式：=SUMPRODUCT(--(TEXT(ROW(INDIRECT(B2&":"&EOMONTH(B2,0))),"AAA")="六"))*8，按回车键，即可返回加班时间，单位为小时。

❷ 将光标移到D2单元格的右下角，光标变成十字形状后，按住鼠标左键向下拖动进行公式填充，即可返回其他员工的加班时间，如图24-52所示。

C2　=SUMPRODUCT(--(TEXT(ROW(INDIRECT(B2&":"&EOMONTH(B2,0))),"AAA")="六"))*8

员工姓名	进公司日期	本月两倍工资加班时间（小时）
王荣	2012/9/11	24
彭倩	2012/9/12	24
张丹丹	2012/9/2	32
李圆圆	2012/9/10	24
沈心	2012/9/18	16
郑强	2012/9/5	32
王宝磊	2010/9/3	32

图24-52

函数166　计算个人所得税

根据员工的工资利用函数设置公式计算员工的个人所得税。

❶ 选中G2单元格，在公式编辑栏中输入公式：=IF(SUM(C2:E2)-F2-3500<1500,(SUM(C2:E2)-F2)*0.03,IF(SUM(C2:E2)-F2<4500,(SUM(C2:E2)-F2)*0.1+105,IF(SUM(C2:E2)-F2<9000,(SUM(C2:E2)-F2)*0.2+555,IF(SUM(C2:E2)-F2<35000,(SUM(C2:E2)-F2)*0.25+1005,IF(SUM(C2:E2)-F2<55000,(SUM(C2:E2)-F2)*0.3+2755,IF(SUM(C2:E2)-F2<80000,(SUM(C2:E2)-F2)*0.35+5505,(SUM(C2:-

E2)-F2)*0.45+13505)))))），按回车键，即可计算出第一位员工的个人所得税。

❷ 将光标移到G2单元格的右下角，光标变成十字形状后，按住鼠标左键向下拖动进行公式填充，即可返回其他员工的个人所得税，如图24-53所示。

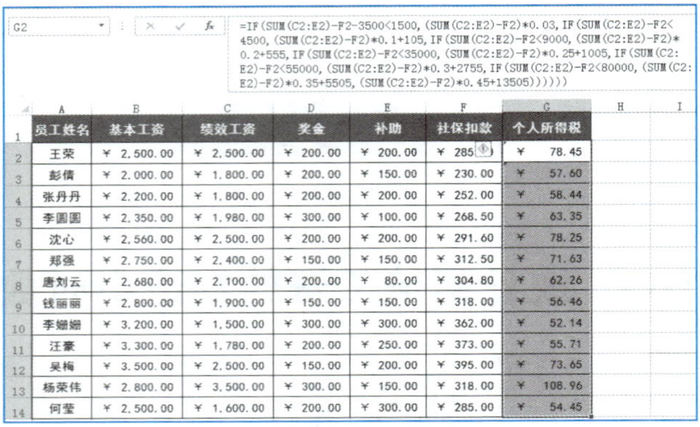
G2 =IF(SUM(C2:E2)-F2-3500<1500,(SUM(C2:E2)-F2)*0.03,IF(SUM(C2:E2)-F2<4500,(SUM(C2:E2)-F2)*0.1+105,IF(SUM(C2:E2)-F2<9000,(SUM(C2:E2)-F2)*0.2+555,IF(SUM(C2:E2)-F2<35000,(SUM(C2:E2)-F2)*0.25+1005,IF(SUM(C2:E2)-F2<55000,(SUM(C2:E2)-F2)*0.3+2755,IF(SUM(C2:E2)-F2<80000,(SUM(C2:E2)-F2)*0.35+5505,(SUM(C2:E2)-F2)*0.45+13505))))))

员工姓名	基本工资	绩效工资	奖金	补助	社保扣款	个人所得税
王荣	¥ 2,500.00	¥ 2,500.00	¥ 200.00	¥ 200.00	¥ 285	¥ 78.45
彭倩	¥ 2,000.00	¥ 1,800.00	¥ 200.00	¥ 150.00	¥ 230.00	¥ 57.60
张丹丹	¥ 2,200.00	¥ 1,800.00	¥ 200.00	¥ 200.00	¥ 252.00	¥ 58.44
李圆圆	¥ 2,350.00	¥ 1,980.00	¥ 300.00	¥ 100.00	¥ 268.50	¥ 63.35
沈心	¥ 2,560.00	¥ 2,500.00	¥ 200.00	¥ 200.00	¥ 291.60	¥ 78.25
郑强	¥ 2,750.00	¥ 2,400.00	¥ 150.00	¥ 150.00	¥ 312.50	¥ 71.63
唐刘云	¥ 2,680.00	¥ 2,100.00	¥ 200.00	¥ 80.00	¥ 304.80	¥ 62.26
钱丽丽	¥ 2,800.00	¥ 1,900.00	¥ 150.00	¥ 150.00	¥ 318.00	¥ 56.46
李姗姗	¥ 3,200.00	¥ 1,500.00	¥ 300.00	¥ 300.00	¥ 362.00	¥ 52.14
汪豪	¥ 3,300.00	¥ 1,780.00	¥ 200.00	¥ 250.00	¥ 373.00	¥ 55.71
吴梅	¥ 3,500.00	¥ 2,500.00	¥ 150.00	¥ 200.00	¥ 395.00	¥ 73.65
杨荣伟	¥ 2,800.00	¥ 3,500.00	¥ 300.00	¥ 150.00	¥ 318.00	¥ 108.96
何莹	¥ 2,500.00	¥ 1,600.00	¥ 200.00	¥ 300.00	¥ 285.00	¥ 54.45

图24-53

函数167　在工资条中返回员工信息

在工资条工作表中可以使用VLOOKUP函数快速返回员工的基本信息。

❶ 选中D2单元格，在公式编辑栏中输入公式：=VLOOKUP(B2,工资明细表,2)，按回车键即返回“工资名称表”中编号对应的员工的姓名，如图24-54所示。

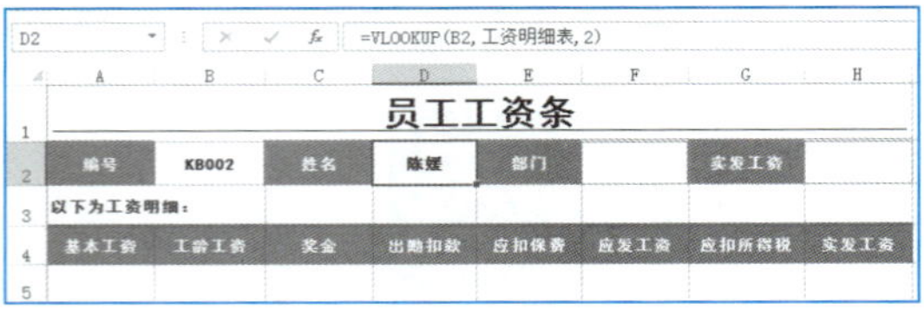
D2 =VLOOKUP(B2,工资明细表,2)

员工工资条

编号	KB002	姓名	陈媛	部门		实发工资	
以下为工资明细：							
基本工资	工龄工资	奖金	出勤扣款	应扣保费	应发工资	应扣所得税	实发工资

图24-54

❷ 按照类似的方法可以返回员工所在部门，实发工资情况，如图24-55所示为使用VLOOKUP返回所在部门。

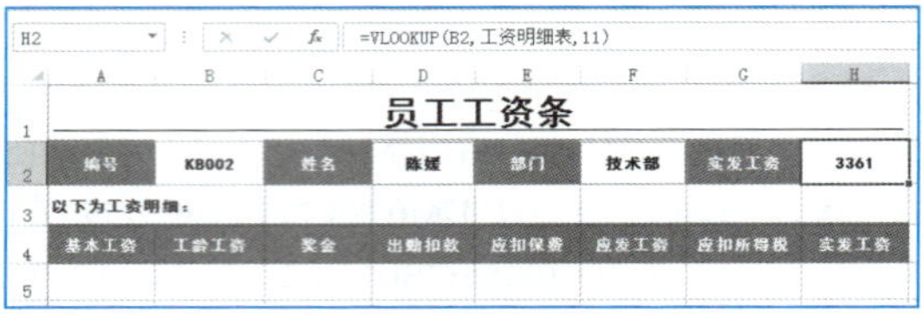
H2 =VLOOKUP(B2,工资明细表,11)

员工工资条

编号	KB002	姓名	陈媛	部门	技术部	实发工资	3361
以下为工资明细：							
基本工资	工龄工资	奖金	出勤扣款	应扣保费	应发工资	应扣所得税	实发工资

图24-55

函数168　快速返回员工工资明细

在工资明细表中可以使用VLOOKUP函数结合COLUMN函数快速返回员工工资明细情况。

❶ 选中A4单元格，在公式编辑栏中输入公式：=VLOOKUP($B2,工资明细表,COLUMN(D1)，按回车键即可返回员工的基本工资。

❷ 将光标移到A4单元格的右下角，光标变成十字形状后，按住鼠标左键向右拖动进行公式填充，即可返回员工工资明细，如图24-56所示。

A5　=VLOOKUP($B2,工资明细表,COLUMN(D1))

	A	B	C	D	E	F	G	H
1	员工工资条							
2	编号	KB002	姓名	陈媛	部门	技术部	实发工资	3361
3	以下为工资明细：							
4	基本工资	工龄工资	奖金	出勤扣款	应扣保费	应发工资	应扣所得税	实发工资
5	2900	800	0	20	319	3361	0	3361
6								

图24-56

函数169　计算员工具体领取人民币面值张数

员工实领工资报表中，计算员工具体领取人民币面值的张数。

❶ 选中C3单元格，在编辑栏中输入公式：=INT(B3/$C$2)，按回车键即可以返回第一位员工实领工资人民币面值为100元的张数，向下复制公式，即可返回其他员工实领工资人民币面值为100元的张数，如图24-57所示。

C3　=INT(B3/$C$2)

	A	B	C	D	E	F	G	H
1	姓名	实发工资	领取人民币面值张数					
2			100	50	20	10	5	1
3	蔡静	3909	39					
4	陈媛	2970	29					
5	王密	2341	23					
6	陈山	2568	25					
7	廖晓	6846	68					
8	张丽君	5887	58					
9	吴华波	3131	31					
10								

图24-57

❷ 选中D3单元格，在编辑栏中输入公式：=INT(MOD(B3,$C$2)/$D$2)，按回车键即可以返回第一位员工实领工资人民币面值为50元的张数，向下复制公式，即可返回其他员工实领工资人民币面值为50元的张数，如图24-58所示。

D3 =INT(MOD(B3,$C$2)/$D$2)

姓名	实发工资	领取人民币面值张数					
		100	50	20	10	5	1
蔡静	3909	39	0				
陈媛	2970	29	1				
王密	2341	23	0				
陈山	2568	25	1				
廖晓	6846	68	0				
张丽君	5887	58	1				
吴华波	3131	31	0				

图24-58

❸ 选中E3单元格，在编辑栏中输入公式：=INT(MOD(MOD(B3,$C$2),$D$2)/$E$2)，按回车键即可返回第一位员工实领工资人民币面值为20元的张数，向下复制公式，即可返回其他员工实领工资人民币面值为20元的张数，如图24-59所示。

E3 =INT(MOD(MOD(B3,$C$2),$D$2)/$E$2)

姓名	实发工资	领取人民币面值张数					
		100	50	20	10	5	1
蔡静	3909	39	0	0			
陈媛	2970	29	1	1			
王密	2341	23	0	2			
陈山	2568	25	1	0			
廖晓	6846	68	0	2			
张丽君	5887	58	1	1			
吴华波	3131	31	0	1			

图24-59

❹ 选中F3单元格，在编辑栏中输入公式：=INT(MOD(MOD(MOD(B3,$C$2),$D$2),$E$2)/$F$2)，按回车键即可以返回第一位员工实领工资人民币面值为10元的张数，向下复制公式，即可返回其他员工实领工资人民币面值为10元的张数，如图24-60所示。

F3 =INT(MOD(MOD(MOD(B3,$C$2),$D$2),$E$2)/$F$2)

姓名	实发工资	领取人民币面值张数					
		100	50	20	10	5	1
蔡静	3909	39	0	0	0		
陈媛	2970	29	1	1	0		
王密	2341	23	0	2	0		
陈山	2568	25	1	0	1		
廖晓	6846	68	0	2	0		
张丽君	5887	58	1	1	1		
吴华波	3131	31	0	1	1		

图24-60

❺ 选中G3单元格，在编辑栏中输入公式：=INT(MOD(MOD(MOD(MOD(B3,$C$2),$D$2),$E$2),$F$2)/$G$2)，按回车键即可以返回第一位员工实领工资人民币面值为5元的张数，向下复制公式，即可返回其他员工实领工资人民币面值

为5元的张数，如图24-61所示。

G3 =INT(MOD(MOD(MOD(MOD(B3,$C$2),$D$2),$E$2),$F$2)/$G$2)

姓名	实发工资	领取人民币面值张数					
		100	50	20	10	5	1
蔡静	3909	39	0	0	0	1	
陈媛	2970	29	1	1	0	0	
王密	2341	23	0	2	0	0	
陈山	2568	25	1	0	1	1	
廖晓	6846	68	0	2	0	1	
张丽君	5887	58	1	1	1	1	
吴华波	3131	31	0	1	1	0	

图24-61

6 选中H3单元格，在编辑栏中输入公式：=INT(MOD(MOD(MOD(MOD(MOD(B3,$C$2),$D$2),$E$2),$F$2),$G$2)/$H$2)，按回车键即可以返回员工第一位员工实领工资人民币面值为1元的张数，向下复制公式，即可返回其他员工实领工资人民币面值为1元的张数，如图24-62所示。

H3 =INT(MOD(MOD(MOD(MOD(MOD(B3,$C$2),$D$2),$E$2),$F$2),$G$2)/$H$2)

姓名	实发工资	领取人民币面值张数					
		100	50	20	10	5	1
蔡静	3909	39	0	0	0	1	4
陈媛	2970	29	1	1	0	0	0
王密	2341	23	0	2	0	0	1
陈山	2568	25	1	0	1	1	3
廖晓	6846	68	0	2	0	1	1
张丽君	5887	58	1	1	1	1	2
吴华波	3131	31	0	1	1	0	1

图24-62

函数170　根据职位与工龄调整工资

本例中统计了员工的职位、工龄以及基本工资。下面要求根据条件设置公式计算出员工加薪后的工资是多少，具体要求为：只对“技术员”进行加薪，其他职位员工的工资保持不变；工龄大于等于5年的工资上调500元，其他的上调200元。

1 选中E2单元格，在编辑栏中输入公式：=IF(NOT(LEFT(B2,3)="技术员"),"不变",IF(AND(LEFT(B2,3)="技术员",NOT(C2<=5)),D2+500,D2+200))，按回车键计算出第一位员工加薪后的工资。

2 将光标移到E2单元格的右下角，光标变成十字形状后，按住鼠标左键向下拖动进行公式填充，即可快速统计出其他员工加薪后的工资，如图24-63所示。

E2 =IF(NOT(LEFT(B2,3)="技术员"),"不变",IF(AND(LEFT(B2,3)="技术员",NOT(C2<=5)),D2+500,D2+200))

员工	职位	工龄	基本工资	加薪后
许萌南	技术员AP	1	2500	2700
李欣	职员	11	1500	不变
王振	技术员DP	9	3200	3700
刘蒙蒙	调查员	1	3000	不变
李瑶	技术员GP	3	1900	2100
张端倪	技术员HP	7	2200	2700
刘志	研究员	2	4500	不变

图24-63

函数171　根据值班日期自动返回工资标准

本例中列出了不同的值班类别所对应的值班工资标准，现在要根据当前的值班统计表中的值班类别自动返回应计的值班工资。

❶ 选中E7单元格，在编辑栏中输入公式：=HLOOKUP(D7,$A$3:$G$4,2,0)*C7，按回车键，即可根据日期类别返回对应的工资金额。

❷ 向下填充E7单元格的公式，即可根据其他员工加班类别得到对应的工资金额，如图24-64所示。

E7 =HLOOKUP(D7,$A$3:$G$4,2,0)*C7

值班工资标准

值班日期	双休日	1月2日-3日	10月1日-2日	10月3日-7日	2014/1/1
日期类型	双休日	长假后期	长假开始初	长假后期	长假开始初
每日工资	150	200	320	200	320

姓名	值班日期	值班天数	日期类别	工资金额
韩伟	2014/1/2	1	长假后期	200
胡佳欣	2014/1/3	1	长假后期	200
刘辉贤	2014/1/12	1	双休日	150
邓敏杰	2014/1/13	1	双休日	150
仲成	2014/10/1-10/2	2	长假开始初	640
李平	2014/10/4-10/7	4	长假后期	800

图24-64

函数172　同时查询两个标准计算年终奖

表格中根据员工的工龄及职位对年终奖金设置了发放规则，现在需要根据当前员工的工龄来自动判断该员工应获得的年终奖。

❶ 选中D2单元格，在编辑栏中输入公式：=VLOOKUP(B2,IF(C2<=5,$F$2:$G$4,$F$7:$G$9),2,FALSE)，按回车键，即可根据B2单元格的职位与C2单元格的工龄自动判断该员工应获得的年终奖。

2 向下填充D2单元格的公式，即可快速判断出每位员工应获得的年终奖，如图24-65所示。

D2 =VLOOKUP(B2,IF(C2<=5,$F$2:$G$4,$F$7:$G$9),2,FALSE)

姓名	职位	工龄	年终奖
韩伟	职员	2	1000
胡佳欣	高级职员	4	2000
刘辉贤	部门经理	5	5000
邓敏杰	高级职员	10	5000
仲成	职员	2	1000
李志霄	职员	1	1000
陶龙华	部门经理	6	10000
李晓	高级职员	12	5000
刘纪鹏	职员	2	1000
李梅	职员	8	2000

5年或以下工龄	
职员	1000
高级职员	2000
部门经理	5000

5年以上工龄	
职员	2000
高级职员	5000
部门经理	10000

图24-65

函数173　计算员工满勤奖

在考勤管理表中，根据应出勤天数和实际出勤天数，计算出员工本月是否能拿到满勤奖。

1 选中E2单元格，在公式编辑栏中输入公式：“=IF(D2>=C2,200,0)”，按回车键，即可计算出第一位员工是否取得满勤奖。

2 将光标移到E2单元格的右下角，光标变成十字形状后，按住鼠标左键向下拖动进行公式填充，即可计算出其他员工是否取得满勤奖，如图24-66所示。

E2 =IF(D2>=C2,200,0)

序号	姓名	应出勤天数	实际出勤天数	满勤奖
1	路高泽	23	23	200
2	岳庆浩	23	21	0
3	李雪儿	23	23	200
4	张远	23	22	0
5	何南	23	23	200

图24-66

读书笔记

第25章

考勤管理中的函数范例应用

Excel

函数174　自动返回考勤表标题

利用公式根据当前年份与月份自动返回日期数。

选中A1单元格，在公式编辑栏中输入公式：=MONTH(TODAY())&"月 份 考 勤 表"，按回车键，即可返回考勤表标题，如图25-1所示。

A1 　=MONTH(TODAY())&"月 份 考 勤 表"

	A	B	C	D	E	F	G
1	10月 份 考 勤 表						
2							
3							
4							
5							
6							
7							
8							

图25-1

函数175　从卡机数据提取员工打卡时间

B列是出勤表中提取的数据，其编号规则是：前5位是持卡人编号，之后10位数是年月日小时分钟，最后3位数表示部门编号，如果打卡时间以8:30为准，计算哪些人迟到。

❶ 选中C2单元格，在公式编辑栏中输入公式：=830>--MID(B2,14,4)，按回车键，即可判断第一个员工是否迟到，如图25-2所示。

C2 　=830>--MID(B2, 14, 4)

	A	B	C	D
1	员工姓名	卡机数据	是否迟到	
2	蓝心桥	100012012102000831001	FALSE	
3	徐莹	100012012102000821009		
4	杨荣伟	100012012102000745011		
5	陶丽	100012012102000756008		
6	唐敏	100012012102000835012		
7	唐刘云	100012012102000836009		
8	钱丽丽	100012012102000750014		
9	李姗姗	100012012102000753003		
10	汪豪	100012012102000824016		
11	吴梅	100012012102000812002		
12				

图25-2

❷ 将光标移到C2单元格的右下角，光标变成十字形状后，按住鼠标左键向下拖动进行公式填充，即可判断其他员工是否迟到，如图25-3所示。

C2　=830>--MID(B2,14,4)

员工姓名	卡机数据	是否迟到
蓝心桥	1000120121020083100 1	FALSE
徐莹	10001201210200821009	TRUE
杨荣伟	10001201210200745011	TRUE
陶丽	10001201210200756008	TRUE
唐敏	10001201210200835012	FALSE
唐刘云	10001201210200836009	FALSE
钱丽丽	10001201210200750014	TRUE
李姗姗	10001201210200753003	TRUE
汪豪	10001201210200824016	TRUE
吴梅	10001201210200812002	TRUE

图25-3

函数176　根据卡机数据判断员工部门

卡机数据的编码规则与前面的实例是一致的，其中最后三个编号001是生产部，038为业务部，014为总务部，011为人事部，008为食堂，021为保卫部，043为采购部，009为送货部，028为财务部。要求根据打卡机的实际判断员工的所属部门。

❶ 选中C2单元格，在公式编辑栏中输入公式：=CHOOSE(MATCH(--RIGHT(B2,3),{1,38,14,11,8,21,43,9,28},0),"生产部","业务部","总务部","人事部","食堂","保卫部","采购部","送货部","财务部")，按回车键，即可判断第一个员工的所在部门，如图25-4所示。

C2　=CHOOSE(MATCH(--RIGHT(B2,3),{1,38,14,11,8,21,43,9,28},0),"生产部","业务部","总务部","人事部","食堂","保卫部","采购部","送货部","财务部")

员工姓名	卡机数据	员工部门
蓝心桥	10001201210200831001	生产部
徐莹	10001201210200821011	
杨荣伟	10001201210200745011	
陶丽	10001201210200756038	
唐敏	10001201210200835014	
唐刘云	10001201210200836008	
钱丽丽	10001201210200750014	
李姗姗	10001201210200753043	
汪豪	10001201210200824028	
吴梅	10001201210200812009	

图25-4

❷ 将光标移到C2单元格的右下角，光标变成十字形状后，按住鼠标左键向下拖动进行公式填充，即可判断其他员工所在部门，如图25-5所示。

员工姓名	卡机数据	员工部门
蓝心桥	10001201210200831001	生产部
徐莹	10001201210200821011	人事部
杨荣伟	10001201210200745011	人事部
陶丽	10001201210200756038	业务部
唐敏	10001201210200835014	总务部
唐刘云	10001201210200836008	食堂
钱丽丽	10001201210200750014	总务部
李姗姗	10001201210200753043	采购部
汪豪	10001201210200824028	财务部
吴梅	10001201210200812009	送货部

图25-5

函数177　计算员工出勤天数

根据年份和与月份，计算出本月员工应出勤天数。

❶ 选中C2单元格，在公式编辑栏中输入公式：=NETWORKDAYS(DATE($A2,$B2,1),EOMONTH(DATE($A2,$B2,1),0)),按回车键即可计算出5月应出勤天数。

❷ 将光标移到C2单元格的右下角，光标变成十字形状后，按住鼠标左键向下拖动进行公式填充，即可计算月份应出勤天数，如图25-6所示。

C2　=NETWORKDAYS(DATE($A2,$B2,1),EOMONTH(DATE($A2,$B2,1),0))

年份	月份	应出勤天数
2014	5	22
2014	6	21
2014	7	23
2014	8	21
2014	9	22

图25-6

函数178　在考勤表中自动返回各月天数

在考勤记录表中，按日期对员工情况进行记录，根据当前月份计算出本月天数。

❶ 选中A4单元格，在公式编辑栏中输入公式：=IF(ROW(A1)<=DAY(EOMONTH($B$1,0)),DAY(DATE(YEAR($B$1),MONTH($B$1),ROW(A1))),"")，按回车键即可返回本月底第1天的序号，如图25-7所示。

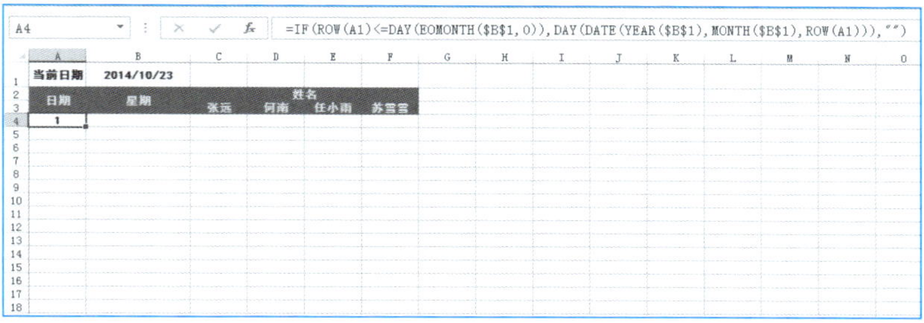

图25-7

2 将光标移到A4单元格的右下角，光标变成十字形状后，按住鼠标左键向下拖动进行公式填充，即可自动获取本月对应的所有天数，如图25-8所示。

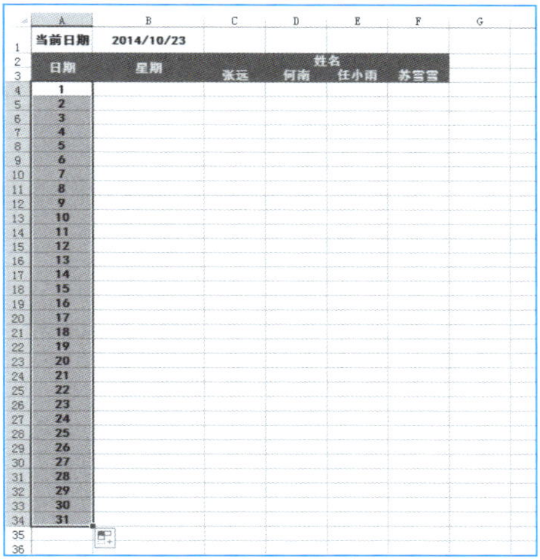

图25-8

函数179　在考勤表中自动返回各日期对应的星期数

在考勤记录表中，除了需要根据当前月份自动返回对应的日期，同时还需要返回各日期对应的星期数。

1 选中B4单元格，在公式编辑栏中输入公式：=IF(ROW(A1)<=DAY(EOMONTH($B$1,0)),WEEKDAY(DATE(YEAR($B$1),MONTH($B$1),ROW(A1))),""),按回车键即可返回本月底第1天对应的星期数，如图25-9所示。

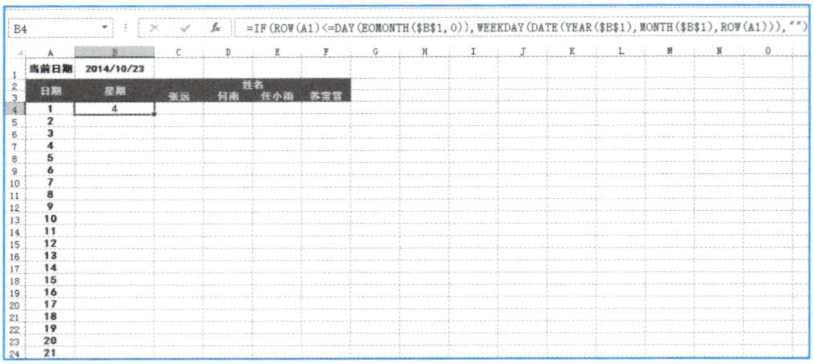

图25-9

2 选中B4单元格，打开“设置单元格格式”对话框，在“分类”文本框中选择“日期”选项，并选择“周三”类型，如图25-10所示。

3 将光标移到B4单元格的右下角，光标变成十字形状后，按住鼠标左键向下拖动进行公式填充，即可自动获取本月对应的所有天数对应的星期数，如图25-11所示。

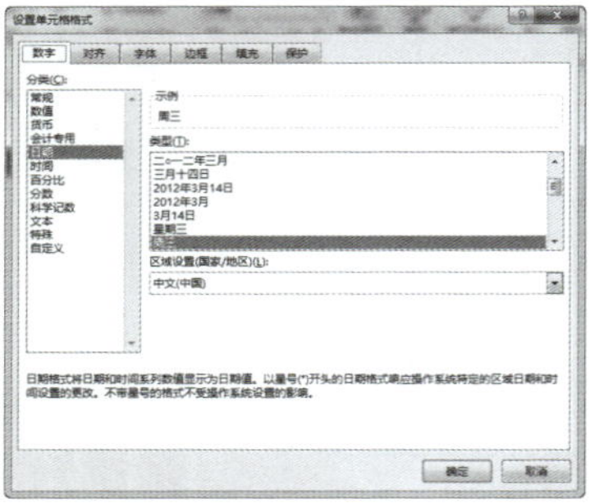

图25-10

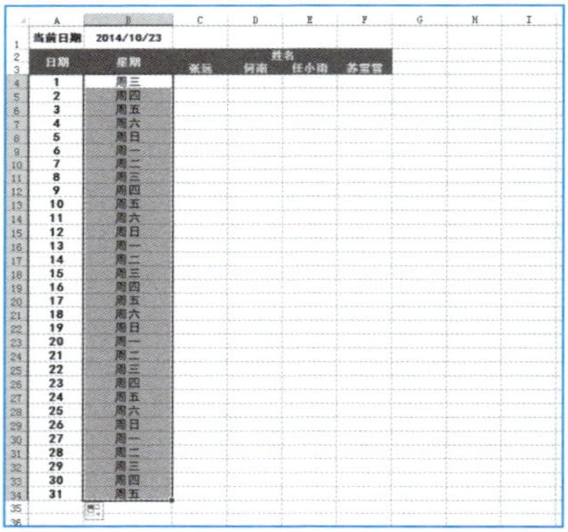

图25-11

函数180 在考勤表中计算员工实到考勤情况

在考勤记录表中，根据员工每日考勤情况计算出员工考勤情况。

1 选中I7单元格，在公式编辑栏中输入公式：=COUNTIF(C4:C33,"√")，按回车键即可计算出张远本月实到天数，如图25-12所示。

2 选中J7单元格，在公式编辑栏中输入公式：=COUNTIF(C2:C33,"○")+COUNTIF(C2:C33,"◎")/2，按回车键即可计算出张远本月请假天数，如图25-13所示。

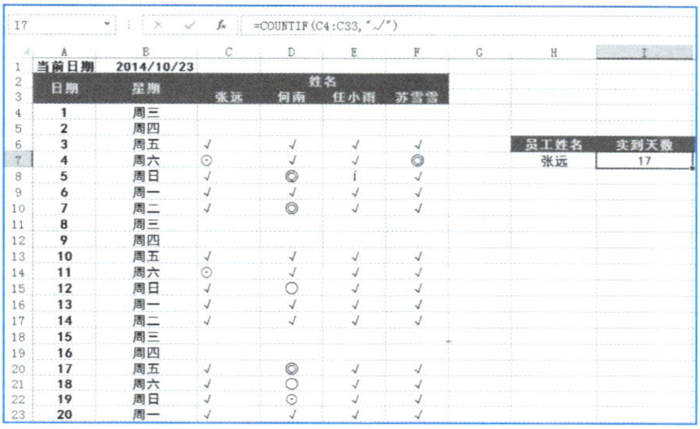

图25-12

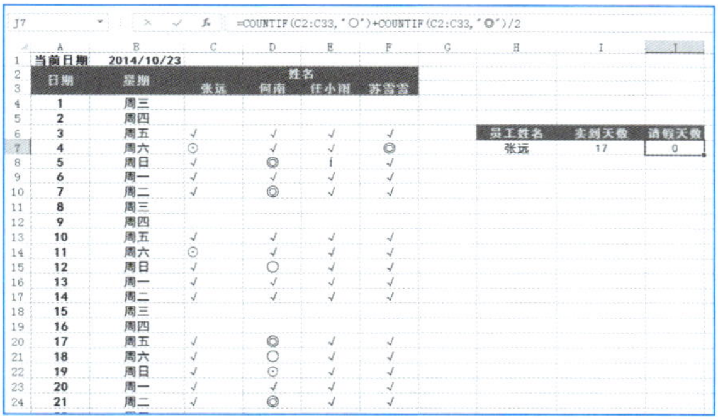

图25-13

函数181　使用COUNTIF函数统计出空白单元格的个数

在员工出勤统计报表中，根据员工出勤情况统计请假人数。

选中F7单元格，在公式编辑栏中输入公式：=COUNTIF(C2:C15,"")，按回车键即可统计出请假员工人数为“6”，如图25-14所示。

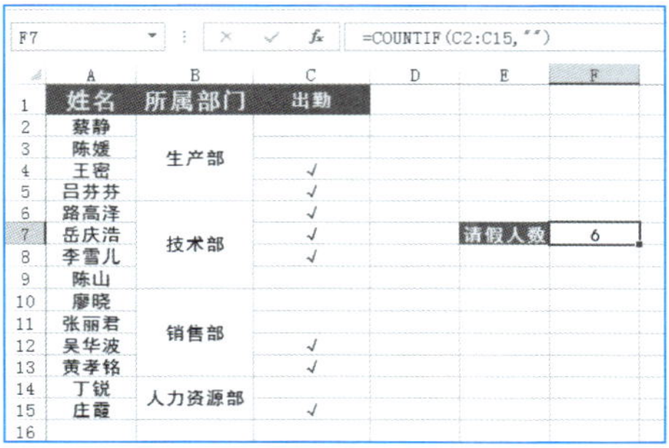

图25-14

函数182 计算连续日期之间天数占全年天数年百分比

计算员工请假天数占全年天数的百分比。

① 选中D2单元格，在公式编辑栏中输入公式：=YEARFRAC(B2,C2,3)，按回车键即可根据员工请假日期和请假结束日期计算出请假天数占全年天数的百分比。

② 将光标移到D2单元格的右下角，光标变成十字形状后，按住鼠标左键向下拖动进行公式填充，即可根据其他员工请假日期和请假结束日期计算出请假天数占全年天数的百分比，如图25-15所示。

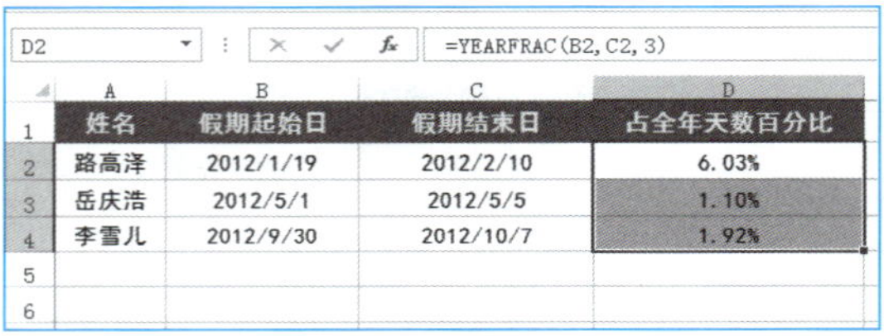
D2 =YEARFRAC(B2,C2,3)

	A	B	C	D
1	姓名	假期起始日	假期结束日	占全年天数百分比
2	路高泽	2012/1/19	2012/2/10	6.03%
3	岳庆浩	2012/5/1	2012/5/5	1.10%
4	李雪儿	2012/9/30	2012/10/7	1.92%
5				
6				

图25-15

函数183 根据工龄计算员工年假天数

根据员工的工龄，使用IF函数计算出员工本年度应休年假天数。

① 选中C2单元格，在公式编辑栏中输入公式：=IF(B2<3,5,10)，按回车键即可计算出谢鹏飞本年应休年假天数。

② 将光标移到C2单元格的右下角，光标变成十字形状后，按住鼠标左键向下拖动进行公式填充，即可计算其他员工应修年假天数，如图25-16所示。

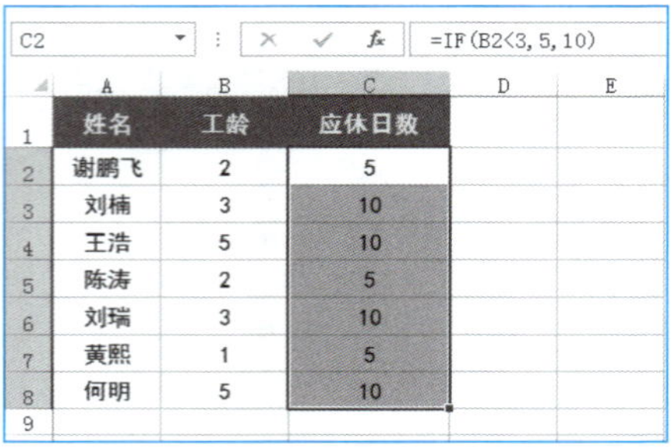
C2 =IF(B2<3,5,10)

	A	B	C	D	E
1	姓名	工龄	应休日数		
2	谢鹏飞	2	5		
3	刘楠	3	10		
4	王浩	5	10		
5	陈涛	2	5		
6	刘瑞	3	10		
7	黄熙	1	5		
8	何明	5	10		
9					

图25-16

函数184　使用DAYS360函数计算员工已休年假天数

根据员工的工龄，使用IF函数计算出员工本年度应休年假天数。

❶ 选中F3单元格，在公式编辑栏中输入公式：=DAYS360(D3,E3)，按回车键即可计算出“谢鹏飞”本年已休年假天数。

❷ 将光标移到F3单元格的右下角，光标变成十字形状后，按住鼠标左键向下拖动进行公式填充，即可计算其他员工已休年假天数，如图25-17所示。

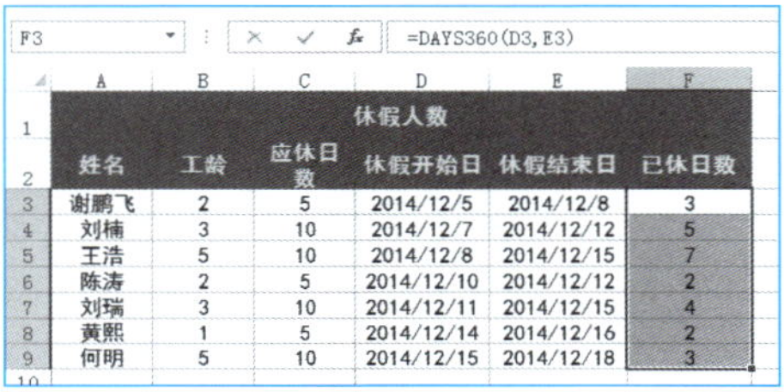
F3 =DAYS360(D3,E3)

休假人数					
姓名	工龄	应休日数	休假开始日	休假结束日	已休日数
谢鹏飞	2	5	2014/12/5	2014/12/8	3
刘楠	3	10	2014/12/7	2014/12/12	5
王浩	5	10	2014/12/8	2014/12/15	7
陈涛	2	5	2014/12/10	2014/12/12	2
刘瑞	3	10	2014/12/11	2014/12/15	4
黄熙	1	5	2014/12/14	2014/12/16	2
何明	5	10	2014/12/15	2014/12/18	3

图25–17

函数185　使用ISTEXT函数判断员工是否已签到

判断员工是否已签到。

❶ 选中D2单元格，在公式编辑栏中输入公式：=IF(ISTEXT(C2),"已签到","未签到")，按回车键，即可判断第一位员工已签到。

❷ 将光标移到D2单元格的右下角，光标变成十字形状后，按住鼠标左键向下拖动进行公式填充，即可判断其他员工是否已签到，如图25-18所示。

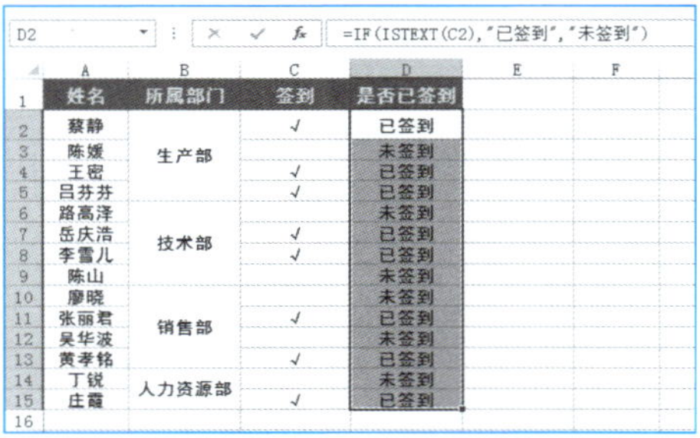
D2 =IF(ISTEXT(C2),"已签到","未签到")

姓名	所属部门	签到	是否已签到
蔡静	生产部	√	已签到
陈媛			未签到
王密		√	已签到
吕芬芬		√	已签到
路高泽	技术部		未签到
岳庆浩		√	已签到
李雪儿		√	已签到
陈山			未签到
廖晓	销售部		未签到
张丽君		√	已签到
吴华波			未签到
黄孝铭		√	已签到
丁锐	人力资源部		未签到
庄霞		√	已签到

图25–18

函数186　使用ISNONTEXT函数判断员工是否已签到

判断员工是否已签到。

❶ 选中D2单元格，在公式编辑栏中输入公式：=IF(ISNONTEXT(C2),”未签到”,”已签到”)，按回车键，即可判断第一位员工已签到。

❷ 将光标移到D2单元格的右下角，光标变成十字形状后，按住鼠标左键向下拖动进行公式填充，即可判断其他员工是否已签到，如图25-19所示。

D2　=IF(ISNONTEXT(C6),"未签到","已签到")

	A	B	C	D
1	姓名	所属部门	签到	是否已签到
2	蔡静	生产部		已签到
3	陈媛			已签到
4	王密		√	已签到
5	吕芬芬		√	未签到
6	路高泽	技术部	√	未签到
7	岳庆浩		√	未签到
8	李雪儿		√	已签到
9	陈山			已签到
10	廖晓	销售部		未签到
11	张丽君			已签到
12	吴华波		√	未签到
13	黄孝铭		√	未签到
14	丁锐	人力资源部		未签到
15	庄霞		√	未签到

图25-19

函数187　累积员工每日得分

公司9月份开始对职工的产量计算得分，作为年终奖的依凭。每个员工底分为5分，然后逐日加上每天的得分。如果当日有扣分，则从底分中扣除改分，如果当日扣分，则累加0.1分。现需要计算某员工每日得分。

❶ 选中C2单元格，在公式编辑栏中输入公式：=(N(C1)=0)*5+N(C1)+IF(B2>0,-B2,0.1)，按回车键，即可计算出第一天的得分。

❷ 将光标移到B2单元格的右下角，光标变成十字形状后，按住鼠标左键向下拖动进行公式填充，即可计算出其他天的得分，如图25-20所示。

C2　=(N(C1)=0)*5+N(C1)+IF(B2>0,-B2,0.1)

	A	B	C
1	日期	扣分	得分
2	2014/9/1		5.1
3	2014/9/2		5.2
4	2014/9/3		5.3
5	2014/9/4	0.2	5.1
6	2014/9/5		5.2
7	2014/9/6	0.1	5.1
8	2014/9/7		5.2
9	2014/9/8		5.3
10	2014/9/9	0.1	5.2
11	2014/9/10		5.3
12	2014/9/11		5.4
13	2014/9/12		5.5
14	2014/9/13		5.6
15	2014/9/14		5.7

图25-20

函数188　计算员工满勤奖

在考勤管理表中，根据应出勤天数和实际出勤天数，计算出员工本月是否能拿到满勤奖。

❶ 选中E2单元格，在公式编辑栏中输入公式：=IF(D2>=C2,200,0)，按回车键，即可计算出第一位员工是否取得满勤奖。

❷ 将光标移到E2单元格的右下角，光标变成十字形状后，按住鼠标左键向下拖动进行公式填充，即可计算出其他员工是否取得满勤奖，如图25-21所示。

E2　=IF(D2>=C2, 200, 0)

	A	B	C	D	E
1	序号	姓名	应出勤天数	实际出勤天数	满勤奖
2	1	路高泽	23	23	200
3	2	岳庆浩	23	21	0
4	3	李雪儿	23	23	200
5	4	张远	23	22	0
6	5	何南	23	23	200
7					
8					

图25-21

函数189　查询员工考勤情况

根据员工“出勤统计”工作表中的内容使用VLOOKUP函数查询员工考勤情况。

❶ 选中B3单元格，在公式编辑栏中输入公式：=VLOOKUP(B1,出勤统计!B5:AC29,24,FALSE)，按回车键，即可查询黄明本月应到天数。

❷ 按照类似的方法查询员工黄明本月实到天数、请假天数和迟到天数以及旷工天数，如图25-22所示。

B3　=VLOOKUP(B1, 出勤统计!B5:AC29, 24, FALSE)

	A	B	C	D	E	F	G	H
1	员工姓名	黄明						
2								
3	应到天数	22	实到天数	21				
4	请假天数	1	迟到次数	0				
5	旷工次数		0					
6								
7								

图25-22

函数190 将年月日分列显示的日期转换为规则日期

现在要求将表格中三列的不规则的日期转换为程序能识别的规则日期格式。

① 选中E2单元格，在编辑栏中输入公式：=TEXT(CONCATENATE(A2,"-",B2,"-",C2),"yyyy-mm-dd")，按回车键即可合并A2、B2、C2单元格数据，并转换为正确格式日期，如图25-23所示。

E2 =TEXT(CONCATENATE(A2,"-",B2,"-",C2),"yyyy-mm-dd")

	A	B	C	D	E	F	G	H
1	日期			实到人数				
2	2014	12	2	21	2014-12-02			
3	2014	12	3	22				
4	2014	12	4	22				
5	2014	12	5	20				
6	2014	12	6	22				
7	2014	12	9	22				
8	2014	12	10	22				
9								
10								

图25-23

② 将光标移到E2单元格的右下角，光标变成十字形状后，按住鼠标左键向下拖动进行公式填充，即可将其他单元格数据转换为正确格式日期，如图25-24所示。

	A	B	C	D	E	F
1	日期			实到人数		
2	2014	12	2	21	2014-12-02	
3	2014	12	3	22	2014-12-03	
4	2014	12	4	22	2014-12-04	
5	2014	12	5	20	2014-12-05	
6	2014	12	6	22	2014-12-06	
7	2014	12	9	22	2014-12-09	
8	2014	12	10	22	2014-12-10	
9						
10						

图25-24

函数191 统计出勤总人数

表格中统计了某日的员工出勤情况（只选取了部分数据）。“1”表示确认出勤，“– –”表示未出勤，现在要求统计出勤人数。

选中E2单元格，在编辑栏中输入公式：=COUNT(C2:C9)，按回车键，即可根据C2:C9单元格中显示数字的个数来统计出勤人数，如图25-25所示。

E2 =COUNT(C2:C9)

	A	B	C	D	E
1	员工编号	姓名	是否出勤		出勤人数
2	TL1	张海燕	1		6
3	TL2	张仪	1		
4	TL3	何丽	1		
5	TL4	李凝	--		
6	TL5	陈华	1		
7	TL6	周逸	1		
8	TL7	于宝强	--		
9	TL8	于娜	1		
10					

图25-25

函数192　根据休假天数自动显示出休假结束日期

表格中显示了休假开始日期与休假的天数。要求通过设置公式自动显示出休假的结束日期。

1 选中D2单元格，在公式编辑栏中输入公式：=WORKDAY(B2,C2)，按Enter键得出结果（默认是一个日期序列号），将D2单元格的单元格格式设置为日期值，如图25-26所示。

D2 =WORKDAY(B2,C2)

	A	B	C	D
1	姓名	休假开始日期	休假天数	休假结束日期
2	闫绍红	2014/12/10	22	2015/1/9
3	罗婷	2014/12/2	15	
4	杨增	2015/2/1	30	
5	王倩	2014/2/22	40	
6	姚磊	2014/3/1	8	

图25-26

2 将光标移到D2单元格的右下角，光标变成十字形状后，按住鼠标左键向下拖动进行公式填充，即可批量得出结果，如图25-27所示。

	A	B	C	D
1	姓名	休假开始日期	休假天数	休假结束日期
2	闫绍红	2014/12/10	22	2015/1/9
3	罗婷	2014/12/2	15	2014/12/23
4	杨增	2015/2/1	30	2015/3/13
5	王倩	2014/2/22	40	2014/4/18
6	姚磊	2014/3/1	8	2014/3/12

图25-27

函数193　根据休假起始日期和结束日期计算休假天数

根据本例中的数据表，如果想计算出休假员工的休假天数，可以按如下方法来设置公式。

❶ 选中H3单元格，在公式编辑栏中输入公式：=DATEVALUE(E3&F3&G3)-DATEVALUE(B3&C3&D3)，按回车键即可根据休假起始日期和休假结束日期得到具体的休假天数，如图25-28所示。

H3　=DATEVALUE(E3&F3&G3)-DATEVALUE(B3&C3&D3)

	A	B	C	D	E	F	G	H
1	员工编号	休假起始日			休假结束日期			休假天数
2		年	月	日	年	月	日	
3	1001	2014年	1月	1日	2014年	4月	1日	90
4	1013	2014年	2月	10日	2014年	3月	10日	
5	1021	2014年	2月	20日	2014年	3月	15日	
6	1027	2014年	3月	8日	2014年	5月	1日	
7								
8								

图25-28

❷ 将光标移到H3单元格的右下角，光标变成十字形状后，按住鼠标左键向下拖动进行公式填充，即可批量得出结果，如图25-29所示。

	A	B	C	D	E	F	G	H
1	员工编号	休假起始日			休假结束日期			休假天数
2		年	月	日	年	月	日	
3	1001	2014年	1月	1日	2014年	4月	1日	90
4	1013	2014年	2月	10日	2014年	3月	10日	28
5	1021	2014年	2月	20日	2014年	3月	15日	23
6	1027	2014年	3月	8日	2014年	5月	1日	54
7								
8								

图25-29

函数194　查找迟到次数最多的员工

表格中统计了各个日期对应的迟到员工的名单，现在要查找出迟到最多的员工姓名。

选中D2单元格，在编辑栏中输入公式：=INDEX(B2:B12,MODE(MATCH(B2:B12,B2:B12,0)))，按回车键即查找出迟到最多的员工姓名，如图25-30所示。

D2　=INDEX(B2:B12,MODE(MATCH(B2:B12,B2:B12,0)))

	A	B	C	D	E	F
1	日期	迟到学生		迟到次数最多的学生		
2	2015/2/1	叶依琳		周春江		
3	2015/2/2	周春江				
4	2015/2/3	吴玉				
5	2015/2/4	刘丽				
6	2015/2/7	苏彤彤				
7	2015/2/8	张佩珊				
8	2015/2/9	李梅				
9	2015/2/10	周春江				
10	2015/2/11	刘丽				
11	2015/2/14	苗雨辰				
12	2015/2/15	周春江				
13						

图25-30

函数195　统计迟到早退人员的合计值

当前表格记录了当月员工的出勤状况，主要包括早退、迟到以及事假和矿工。这里需要统计出年度当月迟到和早退的人数合计值，使用SUM函数配合SUMIF函数来设置公式就可以实现统计。

选中E2单元格，在公式编辑栏中输入公式：=SUM(SUMIF(B2:B12,{"早退","迟到"},C2:C12))，按回车键即可统计出“早退”与“迟到”员工人数的合计值，如图25-31所示。

E2　=SUM(SUMIF(B2:B12,{"早退","迟到"},C2:C12))

	A	B	C	D	E	F
1	出勤日期	出勤状况	人数		迟到早退人数合计	
2	2014/8/5	早退	1		15	
3	2014/8/6	事假	5			
4	2014/8/9	早退	2			
5	2014/8/11	迟到	1			
6	2014/8/13	矿工	1			
7	2014/8/14	事假	2			
8	2014/8/15	迟到	2			
9	2014/8/18	事假	4			
10	2014/8/20	迟到	3			
11	2014/8/22	早退	2			
12	2014/8/28	早退	4			
13						

图25-31

读书笔记

第26章

加班值班管理中的函数范例应用

Excel

函数196　返回值班安排表中日期对应的星期数

计算值班安排中日期对应的星期数，可以使用WEEKDAY函数来实现。

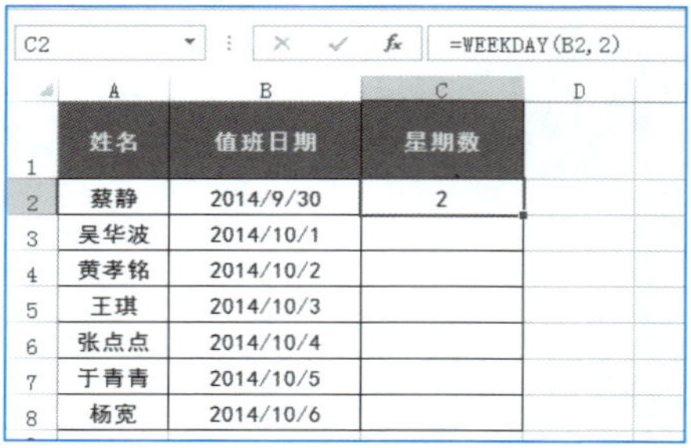

图26-1

❶ 选中C2单元格，在公式编辑栏中输入公式：=WEEKDAY(B2,2)，按回车键，返回第一个值班日期对应的星期数，如图26-1所示。

❷ 选中C2单元格，打开“设置单元格格式”对话框，在“分类”类别中选择“日期”，接着选中“星期三”样式，如图26-2所示。

❸ 将光标移到C2单元格的右下角，光标变成十字形状后，按住鼠标左键向下拖动进行公式填充，即可快速返回其他值班日期对应的星期数，如图26-3所示。

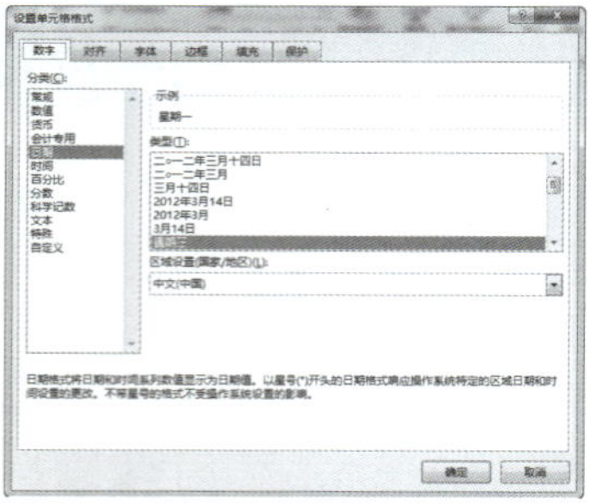

图26-2

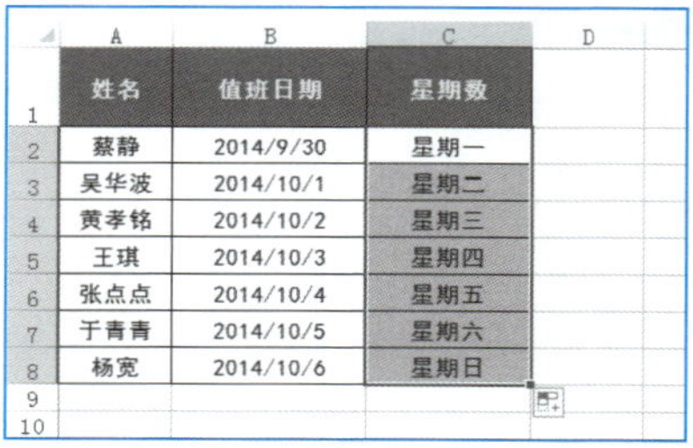

图26-3

函数197　返回值班日期对应的星期数（中文星期数）

如果想让返回的星期数以中文文字显示，可以按如下方法设置公式。

❶ 选中C2单元格，在公式编辑栏中输入公式：=TEXT(WEEKDAY(B2,1),"aaaa")，按回车键，返回第一个值班日期对应的中文星期数。

❶ 将光标移到C2单元格的右下角，光标变成十字形状后，按住鼠标左

键向下拖动进行公式填充，即可快速返回其他值班日期对应的中文星期数，如图26-4所示。

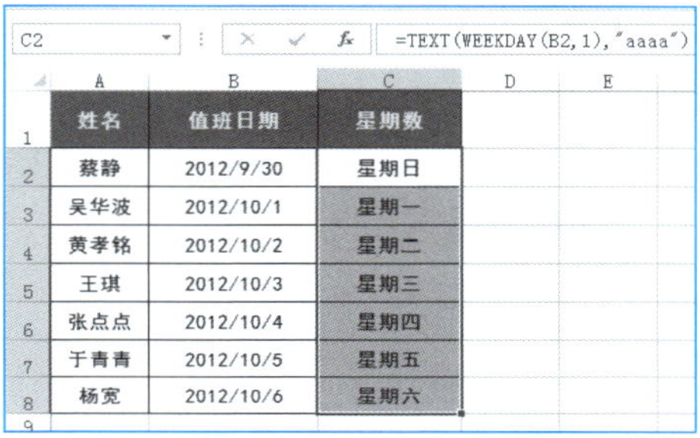

C2　=TEXT(WEEKDAY(B2,1),"aaaa")

姓名	值班日期	星期数
蔡静	2012/9/30	星期日
吴华波	2012/10/1	星期一
黄孝铭	2012/10/2	星期二
王琪	2012/10/3	星期三
张点点	2012/10/4	星期四
于青青	2012/10/5	星期五
杨宽	2012/10/6	星期六

图26-4

函数198　判断值班人员是否重复

当前表格显示的是员工值班安排表，其中有些员工的值班次数不止一次，现在利用如下公式可以判断值班人员是否重复。

❶ 选中C2单元格，在公式编辑栏中输入公式：=IF(MATCH(A2,$A$2:$A$10,0)<>ROWS(A$2:A2),"重复","不重复")，按回车键，得出判断结果。

❷ 将光标移到C2单元格的右下角，光标变成十字形状后，按住鼠标左键向下拖动进行公式填充，即可快速判断值班人员是否重复，如图26-5所示。

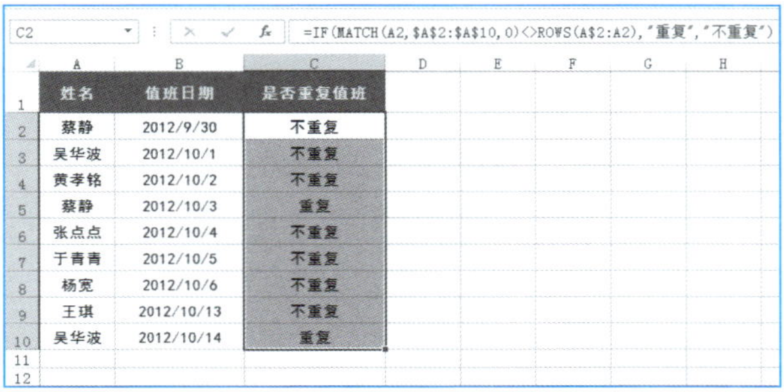

C2　=IF(MATCH(A2,$A$2:$A$10,0)<>ROWS(A$2:A2),"重复","不重复")

姓名	值班日期	是否重复值班
蔡静	2012/9/30	不重复
吴华波	2012/10/1	不重复
黄孝铭	2012/10/2	不重复
蔡静	2012/10/3	重复
张点点	2012/10/4	不重复
于青青	2012/10/5	不重复
杨宽	2012/10/6	不重复
王琪	2012/10/13	不重复
吴华波	2012/10/14	重复

图26-5

函数199　将“20141001”格式转换为“2014-10-01”格式

要将“20141001”格式转换为“2014-10-01”格式，具体操作如下。

❶ 选中B2单元格，在公式编辑栏中输入公式：=TEXT(A2,"0-00-00")，按回车键即可转换格式。

❷ 将光标移到B2单元格的右下角，光标变成十字形状后，按住鼠标左键向下拖动进行公式填充，即可转换其他日期的格式，如图26-6所示。

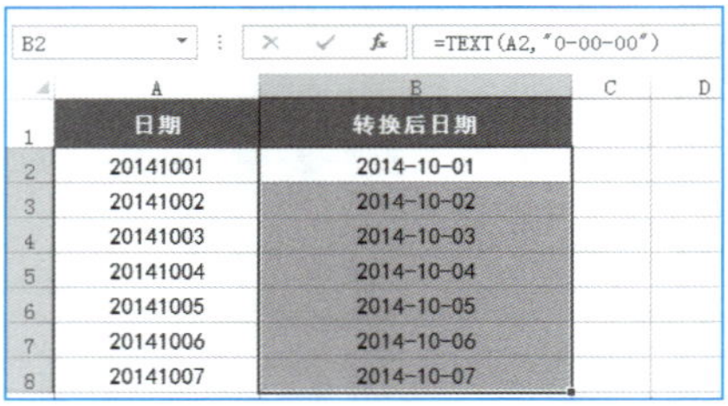

	A	B
1	日期	转换后日期
2	20141001	2014-10-01
3	20141002	2014-10-02
4	20141003	2014-10-03
5	20141004	2014-10-04
6	20141005	2014-10-05
7	20141006	2014-10-06
8	20141007	2014-10-07

图26-6

函数200　将“20141001”格式转换为“2014年10月01日”格式

要将“20141001”格式转换为“2014年10月01日”格式，具体操作如下。

❶ 选中B2单元格，在公式编辑栏中输入公式：=TEXT(A2,"0年00月00日")，按回车键即可转换格式。

❷ 将光标移到B2单元格的右下角，光标变成十字形状后，按住鼠标左键向下拖动进行公式填充，即可转换其他日期的格式，如图26-7所示。

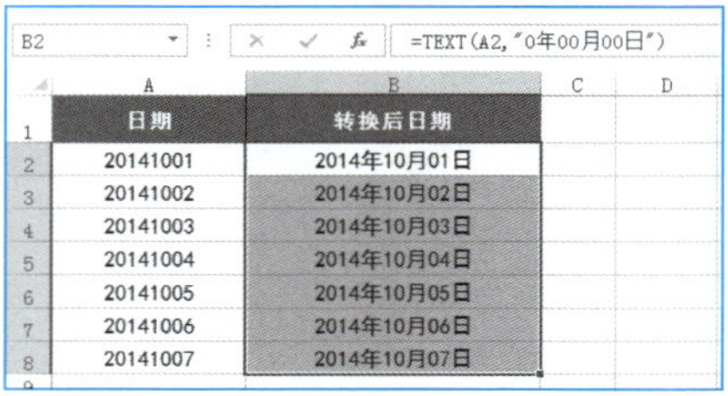

	A	B
1	日期	转换后日期
2	20141001	2014年10月01日
3	20141002	2014年10月02日
4	20141003	2014年10月03日
5	20141004	2014年10月04日
6	20141005	2014年10月05日
7	20141006	2014年10月06日
8	20141007	2014年10月07日

图26-7

函数201　计算加班小时数

在加班记录表中根据加班开始和结束时间计算加班小时数。

❶ 选中D2单元格，在公式编辑栏中输入公式：=(HOUR(C2)+MINUTE(C2)/60)-(HOUR(B2)+MINUTE(B2)/60)，按回车键，返回第一个员工加班小时数。

❷ 将光标移到D2单元格的右下角，光标变成十字形状后，按住鼠标左键向下拖动进行公式填充，即可快速计算出其他员工的加班时长，如图26-8所示。

加班小时数　=(HOUR(C2)+MINUTE(C2)/60)-(HOUR(B2)+MINUTE(B2)/60)

加班人	开始时间	结束时间	加班小时数
刘佳	2014/9/10	2014/9/10	5.5
王敏	2014/9/10	2014/9/10	5.5
陈菲	2014/9/10	2014/9/10	5.5
刘艳	2014/9/10	2014/9/10	5.5
何浩	2014/9/10	2014/9/10	5.5
赵涛	2014/9/10	2014/9/10	5.5
王洪	2014/9/15	2014/9/15	4
刘欣	2014/9/15	2014/9/15	4
刘浮	2014/9/15	2014/9/15	4
王浩	2014/9/15	2014/9/15	4
陈怡	2014/9/15	2014/9/15	4

图26-8

函数202　计算员工的总加班时间

根据员工加班记录表来计算员工的总加班时间。

❶ 选中F2单元格，在公式编辑栏中输入：=SUM(C2：E2)，按回车键，F4单元格中就会显示该员工的总加班时间，如图26-9所示。

F2　=SUM(C2:E2)

员工编号	员工姓名	工作日加班(小时)	双休日加班(小时)	节假日加班(小时)	总加班时间(小时)
NL001	葛丽	10	8		18
NL002	周国菊	6			
NL003	蓝心桥			4	
NL004	徐莹	4			
NL005	杨荣伟	20			
NL006	陶丽		4		
NL007	唐敏				
NL008	唐刘云	4		8	
NL009	钱丽丽	6			
NL010	李姗姗	5		1	

图26-9

❷ 将光标移到F2单元格的右下角，光标变成十字形状后，按住鼠标左键向下拖动进行公式填充，即可将计算出其他员工的总加班时间，如图26-10所示。

F2　=SUM(C2:E2)

员工编号	员工姓名	工作日加班(小时)	双休日加班(小时)	节假日加班(小时)	总加班时间(小时)
NL001	葛丽	10	8		18
NL002	周国菊	6			6
NL003	蓝心桥			4	4
NL004	徐莹	4			4
NL005	杨荣伟	20			20
NL006	陶丽		4		4
NL007	唐敏				0
NL008	唐刘云	4		8	12
NL009	钱丽丽	6			6
NL010	李姗姗	5		1	6

图26-10

函数203　计算员工的加班时长

当前表格中记录了每位员工的加班时候的上班时间和下班时间，想要计算出每位员工的加班时长，可以使用MOD函数来实现。

1 选中D2单元格，在公式编辑栏中输入公式：=TEXT(MOD(C2-B2,1),”h小时mm分”)，按回车键即可计算出第一位员工的加班时长。

2 将光标移到D2单元格的右下角，光标变成十字形状后，按住鼠标左键向下拖动进行公式填充，即可计算出各个员工的加班时长，如图26-11所示。

D2　=TEXT(MOD(C2-B2,1),"h小时mm分")

	A	B	C	D	E	F
1	加班人	开始时间	结束时间	加班小时数		
2	刘佳	2014/9/10	2014/9/10	5小时30分		
3	王敏	2014/9/10	2014/9/10	5小时30分		
4	陈菲	2014/9/10	2014/9/10	5小时30分		
5	刘艳	2014/9/10	2014/9/10	5小时30分		
6	何浩	2014/9/10	2014/9/10	5小时30分		
7	赵涛	2014/9/10	2014/9/10	5小时30分		
8	王洪	2014/9/15	2014/9/15	4小时00分		
9	刘艳	2014/9/15	2014/9/15	4小时00分		
10	刘浮	2014/9/15	2014/9/15	4小时00分		
11	刘佳	2014/9/15	2014/9/15	4小时00分		
12	陈菲	2014/9/15	2014/9/15	4小时00分		

图26-11

函数204　返回某位员工加班小时工资

员工在休息日加班和节假日加班的加班小时工资是不一样的，使用IF函数判断员工的加班性质，并计算出员工的加班小时工资。

1 选中E2单元格，在公式编辑栏中输入公式：=IF(E2="节假日班次",D2*3,D2*2)，按回车键即可计算出该员工的总计加班小时工资。

2 将光标移到E2单元格的右下角，光标变成十字形状后，按住鼠标左键向下拖动进行公式填充，即可计算出各个员工的加班小时工资，如图26-12所示。

E2　=IF(B2="节假日班次",D2*3,D2*2)

	A	B	C	D	E
1	姓名	班次类别	核算加班时数	基本小时工资	加班小时工资
2	刘毅	节假日班次	9	18.75	56.25
3	王明	节假日班次	8.5	23	69
4	刘小艳	休息日班次	8.5	18.75	37.5
5	陈秋明	节假日班次	8	25	75
6					

图26-12

函数205　返回某位员工加班金额费用

根据员工的加班小时和加班小时工资计算出员工的加班费金额。

❶ 选中F2单元格，在公式编辑栏中输入公式：=PRODUCT(C2,E2)，按回车键即可计算出第一位员工的加班费金额。

❷ 将光标移到F2单元格的右下角，光标变成十字形状后，按住鼠标左键向下拖动进行公式填充，即可快速求出各个员工的加班费金额，如图26-13所示。

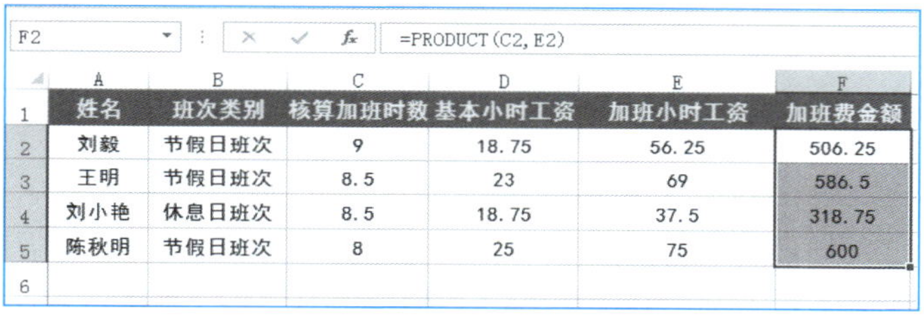

F2　=PRODUCT(C2,E2)

姓名	班次类别	核算加班时数	基本小时工资	加班小时工资	加班费金额
刘毅	节假日班次	9	18.75	56.25	506.25
王明	节假日班次	8.5	23	69	586.5
刘小艳	休息日班次	8.5	18.75	37.5	318.75
陈秋明	节假日班次	8	25	75	600

图26-13

函数206　罗列值班日期

某员工每个月的第一个星期日值班，现在需要罗列出2012年度该员工的所有值班日期。

❶ 选中B2单元格，在公式编辑栏中输入公式：=MIN(IF(WEEKDAY(DATE(2012,ROW(),ROW($1:$31)),2)=7,DATE(2012,ROW(),ROW($1:$31))))，按“Ctrl+Shift+Enter”组合键，返回第一个值班日期的序列值，再将单元格设置为日期格式，如图26-14所示。

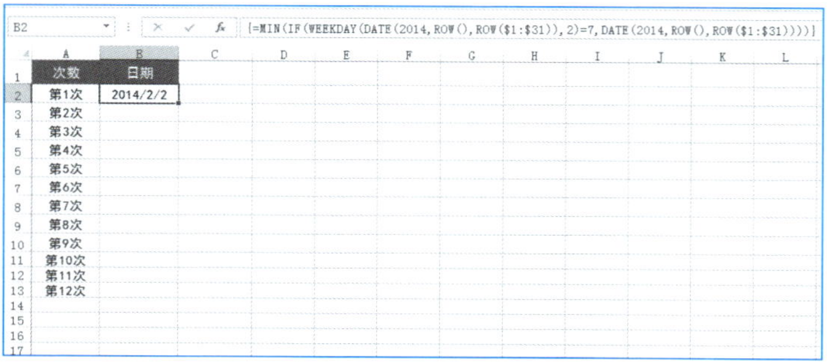

B2　{=MIN(IF(WEEKDAY(DATE(2014,ROW(),ROW($1:$31)),2)=7,DATE(2014,ROW(),ROW($1:$31))))}

次数	日期
第1次	2014/2/2
第2次	
第3次	
第4次	
第5次	
第6次	
第7次	
第8次	
第9次	
第10次	
第11次	
第12次	

图26-14

② 将光标移到B2单元格的右下角，光标变成十字形状后，按住鼠标左键向下拖动进行公式填充，即可快速返回其他值班日期对应的序列值，如图26-15所示。

次数	日期
第1次	2014/2/2
第2次	2014/3/2
第3次	2014/4/6
第4次	2014/5/4
第5次	2014/6/1
第6次	2014/7/6
第7次	2014/8/3
第8次	2014/9/7
第9次	2014/10/5
第10次	2014/11/2
第11次	2014/12/7
第12次	2015/1/4

图26-15

函数207 判断值班日期是平时加班还是双休日加班

表格的A列中显示了加班日期。要求根据A列中的加班日期判断是双休日加班还是平时加班。

① 选中E2单元格，在公式编辑栏中输入公式：=IF(OR(WEEKDAY(A2,2)=6,WEEKDAY(A2,2)=7),"双休日加班","平时加班")按Enter键得出加班类型，如图26-16所示。

E2 =IF(OR(WEEKDAY(A2,2)=6,WEEKDAY(A2,2)=7),"双休日加班","平时加班")

加班日期	员工工号	员工姓名	加班时数	加班类型
2015/1/12	NN295	侯淑媛	5	平时加班
2015/1/12	NN297	李平	6	
2015/1/13	NN560	张文涛	8	
2015/1/15	NN860	苏敏	2	
2015/1/15	NN560	张文涛	2	
2015/1/18	NN295	侯淑媛	2	
2015/1/18	NN297	李平	2	
2015/1/20	NN291	孙丽萍	5	
2015/1/20	NN560	张文涛	5	

图26-16

② 将光标移到E2单元格的右下角，光标变成十字形状后，按住鼠标左键向下拖动进行公式填充，即可批量根据加班日期得出加班类型，如图26-17所示。

	A	B	C	D	E
1	加班日期	员工工号	员工姓名	加班时数	加班类型
2	2015/1/12	NN295	侯淑媛	5	平时加班
3	2015/1/12	NN297	李平	6	平时加班
4	2015/1/13	NN560	张文涛	8	平时加班
5	2015/1/15	NN860	苏敏	2	平时加班
6	2015/1/15	NN560	张文涛	2	平时加班
7	2015/1/18	NN295	侯淑媛	2	双休日加班
8	2015/1/18	NN297	李平	2	双休日加班
9	2015/1/20	NN291	孙丽萍	5	平时加班
10	2015/1/20	NN560	张文涛	5	平时加班
11					

图26-17

函数208　根据值班日期获取对应一年中的第几周

表格中显示员工值班日期，现在需要根据指定日期获取对应一年中的第几周。

❶ 选中B2单元格，在公式编辑栏中输入公式：="第"& WEEKNUM(A2)& "周"，按回车键即可根据指定值班日期获取对应一年中的第几周，如图26-18所示。

B2　fx　="第"& WEEKNUM(A2)&"周"

	A	B	C	D
1	日期	对应一年中的第几周		
2	2014/8/8	第32周		
3	2014/3/6			
4	2014/10/5			
5				

图26-18

❷ 将光标移到B2单元格的右下角，光标变成十字形状后，按住鼠标左键向下拖动进行公式填充，即可根据其他指定的日期获取对应一年中的第几周，如图26-19所示。

	A	B
1	日期	对应一年中的第几周
2	2014/8/8	第32周
3	2014/3/6	第10周
4	2014/10/5	第41周
5		

图26-19

读书笔记

第 27 章

日常工作中其他函数范例应用

Excel

函数209 DATE函数将文本转换为标准日期

在Excel中输入数据的时候，如果输入了不规范日期，则可以配合DATE和MID函数转化为标准日期数据。

❶ 选中D2单元格，在编辑栏中输入公式：=DATE(MID(A2,1,4),MID(A2,5,2),MID(A2,7,2))，按回车键即可将D2单元格中的日期转换为标准日期，如图27-1所示。

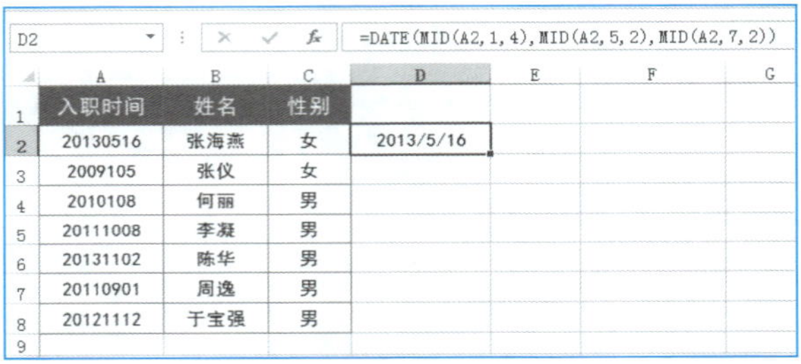

	A	B	C	D	E	F	G
1	入职时间	姓名	性别				
2	20130516	张海燕	女	2013/5/16			
3	2009105	张仪	女				
4	2010108	何丽	男				
5	20111008	李凝	男				
6	20131102	陈华	男				
7	20110901	周逸	男				
8	20121112	于宝强	男				
9							

图27-1

❷ 将光标移到D2单元格的右下角，光标变成十字形状后，按住鼠标左键向下拖动进行公式填充，即可将其他单元格中的日期转换为标准日期，如图27-2所示。

	A	B	C	D	E
1	入职时间	姓名	性别		
2	20130516	张海燕	女	2013/5/16	
3	2009105	张仪	女	2009/10/5	
4	2010108	何丽	男	2010/10/8	
5	20111008	李凝	男	2011/10/8	
6	20131102	陈华	男	2013/11/2	
7	20110901	周逸	男	2011/9/1	
8	20121112	于宝强	男	2012/11/12	
9					
10					

图27-2

❸ 将D列中公式得到的数据转换为数值，然后删除原A列数据并设置为日期格式，将D标准日期复制到A列中即可。

函数210 筛选掉小于某一年龄的应聘人员

表格中统计了应聘的部分人员，要从招聘名单中筛选掉“25岁以下”的应聘人员，可以利用NOT函数来进行判断。

❶ 选中E2单元格，在编辑栏中输入公式：=NOT(B2<25)，按回车键即可

判断第一个员工年龄是否合格，如图27-3所示。

E2　=NOT(B2<25)

员工姓名	年龄	学历	求职意向	是否合格
刘鹏	26	大专	会计	TRUE
杨俊	27	本科	软件工程师	
王蓉	22	大专	会计	
张扬	24	本科	软件工程师	
姜和	30	硕士	财务总监	

图27-3

❷ 将光标移到E2单元格的右下角，光标变成十字形状后，按住鼠标左键向下拖动进行公式填充，即可判断其他员工年龄是否合格，如图27-4所示。

员工姓名	年龄	学历	求职意向	是否合格
刘鹏	26	大专	会计	TRUE
杨俊	27	本科	软件工程师	TRUE
王蓉	22	大专	会计	FALSE
张扬	24	本科	软件工程师	FALSE
姜和	30	硕士	财务总监	TRUE

图27-4

函数211　判断是否录取面试人员

在招聘规则中规定：当面试人员在三位面试官中的成绩都为合格时，才能予以录取。使用AND函数可以筛选出同时满足三个条件的记录，如果满足即显示TRUE，否则返回DALSE。

❶ 选中E2单元格，在公式编辑栏中输入公式：=AND(B2:D2="合格")，按“Ctrl+Shift+Enter”组合键即可根据面试官的评定结果判断第一位面试人员是否给予录取，如图27-5所示。

E2　{=AND(B2:D2="合格")}

姓名	面试官1	面试官2	面试官3	录取结果
王荣	合格	合格	合格	TRUE
韩燕飞	合格	不合格	合格	
周薇	合格	不合格	不合格	
吴茜	合格	不合格	合格	
李文秀	合格	合格	合格	
王倩倩	合格	不合格	合格	

图27-5

❷ 将光标移到E2单元格的右下角，拖动填充柄向下复制公式，即可判断其他面试人员是否被录取，如图27-6所示。

	A	B	C	D	E
1	姓名	面试官1	面试官2	面试官3	录取结果
2	王荣	合格	合格	合格	TRUE
3	韩燕飞	合格	不合格	合格	FALSE
4	周薇	合格	不合格	不合格	FALSE
5	吴茜	合格	不合格	合格	FALSE
6	李文秀	合格	合格	合格	TRUE
7	王倩倩	合格	不合格	合格	FALSE
8					

图27-6

函数212　计算来访签到时间的区间

表格的B列中记录了来访时间。要求统计出1季度的销售额合计值在4个季度销售额中的排名要求根据来访时间显示时间区间。

❶ 选中C2单元格，在公式编辑栏中输入公式：=HOUR(B2)&":00-"&HOUR(B2)+1&":00"，按回车键得出结果如图27-7所示。

C2　=HOUR(B2)&":00-"&HOUR(B2)+1&":00"

	A	B	C	D	E	F
1	序号	来访时间	时间区间			
2	1	8:15:20	8:00-9:00			
3	2	8:18:12				
4	3	8:38:56				
5	4	8:42:10				
6	5	9:05:20				
7	6	10:21:20				
8						

图27-7

❷ 将光标移到C2单元格的右下角，光标变成十字形状后，按住鼠标左键向下拖动进行公式填充，即可批量得出结果，如图27-8所示。

	A	B	C	D
1	序号	来访时间	时间区间	
2	1	8:15:20	8:00-9:00	
3	2	8:18:12	8:00-9:00	
4	3	8:38:56	8:00-9:00	
5	4	8:42:10	8:00-9:00	
6	5	9:05:20	9:00-10:00	
7	6	10:21:20	10:00-11:00	
8				
9				

图27-8

函数213　计算员工出差天数

在员工出差出发和到达记录报表中，计算各员工的出差天数（不计双休日）。

❶ 选中D2单元格，在编辑栏中输入公式：=SUMPRODUCT(--(MOD(ROW(INDIRECT(A2&":"&B2-1)),7)>1))，按回车键即可计算出第一位员工的出差天数（不计双休日），如图27-9所示。

D2　=SUMPRODUCT(--(MOD(ROW(INDIRECT(A2&":"&B2-1)),7)>1))

	A	B	C	D
1	出发日期	到达日期	花费天数	花费天数（不计双休日）
2	2014/8/1	2014/8/4	3	1
3	2014/8/1	2014/8/5	4	
4	2014/8/3	2014/8/8	5	
5	2014/8/5	2014/8/12	7	

图27-9

❷ 将光标移到D2单元格的右下角，光标变成十字形状后，按住鼠标左键向下拖动进行公式填充，即可计算出其他员工的出差天数，如图27-10所示。

	A	B	C	D
1	出发日期	到达日期	花费天数	花费天数（不计双休日）
2	2014/8/1	2014/8/4	3	1
3	2014/8/1	2014/8/5	4	2
4	2014/8/3	2014/8/8	5	4
5	2014/8/5	2014/8/12	7	5

图27-10

函数214　计算参加某活动的每组人数

根据员工的总人数，计算出分成6组和11组时，每组的人数。

❶ 选中C2单元格，在编辑栏中输入公式：=QUOTIENT(A2,B2)，按回车键，即可计算出分成6组时每组的人数为“83”人，如图27-11所示。

C2　=QUOTIENT(A2,B2)

	A	B	C
1	总人数	分组数	每组人数
2	500	6	83
3	500	11	

图27-11

❷ 将光标移到C2单元格的右下角，光标变成十字形状后，按住鼠标左键向下拖动进行公式填充，即可计算出分成11组时每组的人数为“45”人，如图27-12所示。

	A	B	C
1	总人数	分组数	每组人数
2	500	6	83
3	500	11	45
4			

图27-12

函数215　嵌套使用SUBSTITUTE函数返回公司名称简称

对A列中的公司名称进行替换，满足要求如下：要将公司名称中以“天津”、“天津市”开头的名称，省略掉前面内容，其他开头的则保留；不论前面如何开头，只要最后以“有限公司”结尾的，将“有限公司”替换成“(有)。

❶ 选中B2单元格，在公式编辑栏中输入公式：=SUBSTITUTE(SUBSTITUTE(SUBSTITUTE(A2,"天津市",""),"天津",""),"有限公司","(有)")，按回车键，根据设定的条件返回替换后的名称，如图27-13所示。

B2　=SUBSTITUTE(SUBSTITUTE(SUBSTITUTE(A2,"天津市",""),"天津",""),"有限公司","(有)")

	A	B	C	D	E	F	G
1	公司名称	替换后的名称					
2	天津市万达科技有限公司	万达科技(有)					
3	天津0078餐饮有限公司						
4	浙江杭州百大百货有限公司						
5	河北石家庄百盛百货						
6							

图27-13

❷ 将光标移到B2单元格的右下角，光标变成十字形状后，按住鼠标左键向下拖动进行公式填充，即可快速根据B列显示的公司名称，返回替换后的名称，如图27-14所示。

	A	B
1	公司名称	替换后的名称
2	天津市万达科技有限公司	万达科技(有)
3	天津0078餐饮有限公司	0078餐饮(有)
4	浙江杭州百大百货有限公司	浙江杭州百大百货(有)
5	河北石家庄百盛百货	河北石家庄百盛百货
6		

图27-14

函数216　计算各项课程的实际参加人数

根据B列中的数据统计出各个课程的实际参加人数，从而与预订人数进行比较。

❶ 选中D2单元格，在公式编辑栏中输入公式：=LEN(B2)-LEN(SUBSTITUTE(B2,",",""))+1，按回车键，可统计出B2单元格中人员的数量，如图27-15所示。

D2　=LEN(B2)-LEN(SUBSTITUTE(B2,",",""))+1

	A	B	C	D
1	课程	人员	预订人数	实际人数
2	传统瑜珈	王荣，廖菲，朱旭，胡天，钟雷，严志敏，胡琦，刘北	8	8
3	静园瑜珈	朱静，周国句，徐紫沁，曾斯斯，张兰	6	
4	动感单车	曾洁，王涛，龚梦莹，何莉莉	5	
5				

图27-15

❷ 将光标移到B2单元格的右下角，光标变成十字形状后，按住鼠标左键向下拖动进行公式填充，即可快速统计出B列中人员的数量，如图27-16所示。

	A	B	C	D
1	课程	人员	预订人数	实际人数
2	传统瑜珈	王荣，廖菲，朱旭，胡天，钟雷，严志敏，胡琦，刘北	8	8
3	静园瑜珈	朱静，周国句，徐紫沁，曾斯斯，张兰	6	5
4	动感单车	曾洁，王涛，龚梦莹，何莉莉	5	4
5				
6				

图27-16

函数217　通过10位评委打分计算选手的最后得分

在进行面试人员技能比赛中，10位评委分别为进入决赛的3名选手进行打分，通过10位的打分结果计算出3名员工的最后得分。

❶ 选中B13单元格，在编辑栏中输入公式：=TRIMMEAN(B2:B11,0.2)，按回车键即可实现在10个数据中去除2个数据点后再进行求平均值计算，如图27-17所示。

❷ 将光标移到B13单元格的右下角，光标变成十字形状后，按住鼠标左键向右拖动进行公式填充，即可计算出其他选手的最后得分，如图27-18所示。

B13 =TRIMMEAN(B2:B11,0.2)

	A	B	C	D	E
1		周倩倩	王涛	孙丽萍	
2	评委1	9.65	8.95	9.35	
3	评委2	9.10	8.78	9.25	
4	评委3	10.00	8.35	9.47	
5	评委4	8.35	8.95	9.04	
6	评委5	8.95	9.15	8.71	
7	评委6	8.78	9.35	8.85	
8	评委7	9.25	9.65	8.75	
9	评委8	9.45	8.93	8.95	
10	评委9	9.15	8.15	9.05	
11	评委10	9.25	8.35	9.15	
12					
13	最后得分	9.20			
14					

图27-17

	A	B	C	D
1		周倩倩	王涛	孙丽萍
2	评委1	9.65	8.95	9.35
3	评委2	9.10	8.78	9.25
4	评委3	10.00	8.35	9.47
5	评委4	8.35	8.95	9.04
6	评委5	8.95	9.15	8.71
7	评委6	8.78	9.35	8.85
8	评委7	9.25	9.65	8.75
9	评委8	9.45	8.93	8.95
10	评委9	9.15	8.15	9.05
11	评委10	9.25	8.35	9.15
12				
13	最后得分	9.20	8.85	9.05
14				

图27-18

函数218　统计辞职的部门数

根据本例中统计的各部门辞职人数，可以使用COUNT函数来统计出辞职的部门数。

选中F2单元格，在编辑栏中输入公式：=COUNT(B2:B7)，按回车键即可根据B2:B7单元格中显示数字的个数来判断出辞职部门数，如图27-19所示。

D2 =COUNT(B2:B7)

	A	B	C	D
1	部门	辞职人数		辞职部门数
2	行政部	1		3
3	人事部	—		
4	财务部	—		
5	采购部	2		
6	销售部	—		
7	仓储部	1		
8				

图27-19

函数219　在一行中快速输入月份

在日常人力资源工作中制作表格时经常需要输入月份，通过下面实现在一行中快速输入月份。

选中A1单元格，在编辑栏中输入公式：=TEXT(COLUMN(),"0月")，按回车键，选中A1单元格，将光标定位到该单元格右下角，向右复制公式，即可返回如图27-20所示的结果。

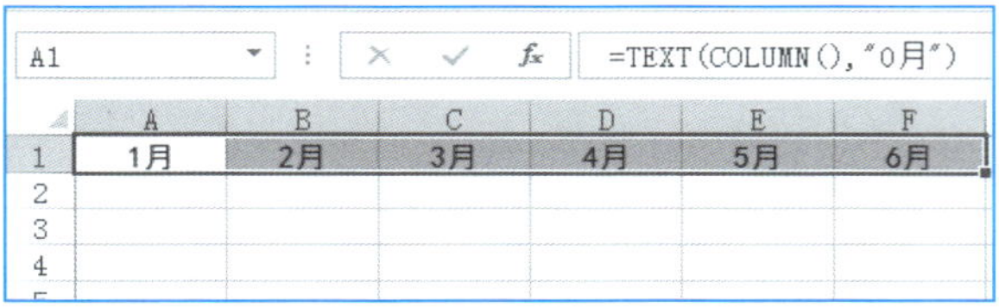

图27-20

函数220　计算会议召开了几个小时

计算会议召开使用了多少小时，可以使用HOUR函数来实现。

选中C2单元格，在公式编辑栏中输入公式：=HOUR(B2-A2)，按回车键即可获取会议召开使用了2个小时，如图27-21所示。

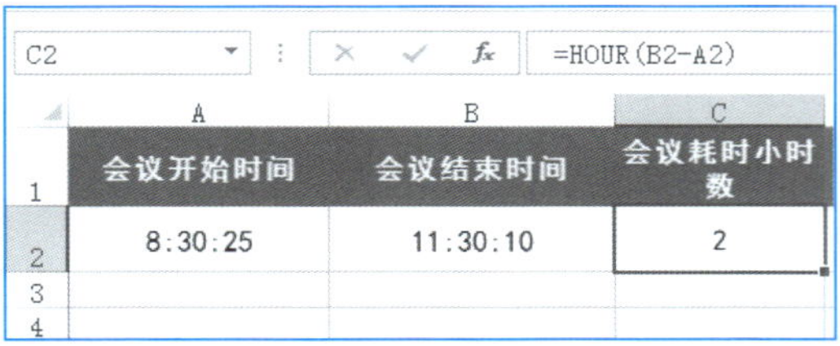

图27-21

函数221　计算会议耗时分钟数

计算会议召开使用了多少分钟，可以使用MINUTE函数来实现。

选中D2单元格，在公式编辑栏中输入公式：=MINUTE(B2-A2)，按回车键即可根据会议的开始时间和结束时间计算出会议耗时分钟数，如图27-22所示。

D2 =MINUTE(B2-A2)

	A	B	C	D
1	会议开始时间	会议结束时间	会议耗时小时数	会议耗时分钟数
2	8:30:25	11:30:10	2	59
3				

图27-22

函数222　计算会议耗时秒数

计算会议召开使用了多少分钟，可以使用SECOND函数来实现。

选中E2单元格，在公式编辑栏中输入公式：=SECOND(B2-A2)，按回车键即可根据会议的开始时间和结束时间计算出会议耗时秒数，如图27-23所示。

E2 =SECOND(B2-A2)

	A	B	C	D	E
1	会议开始时间	会议结束时间	会议耗时小时数	会议耗时分钟数	会议耗时秒数
2	8:30:25	11:30:10	2	59	45
3					
4					

图27-23

函数223　从E-mail地址中提取账号

由于E-mail地址有位数之分，因此要使用MID函数从地址中提取账号需要配合IF函数与LEN函数来实现。

❶ 选中C2单元格，在公式编辑栏中输入公式：=IF(LEN（B2，FIND（"@"，B2）-1），按回车键即可得到第一位人员的账号。

❷ 将光标移到C2单元格的右下角，光标变成十字形状后，按住鼠标左键向下拖动进行公式填充，即可快速得到其他人员的账号，如图27-24所示。

C2 =LEFT(B2,FIND("@",B2)-1)

	A	B	C
1	姓名	E-mail	账号
2	张芳	zhangfang@yuntong.com.cn	zhangfang
3	孙丽莉	sunlili@yuntong.com.cn	sunlili
4	张敏	zhangmin@yuntong.com.cn	zhangmin
5	何义	heyi@yuntong.com.cn	heyi
6			
7			

图27-24

函数224　判断数据是否存在重复现象

下表中B列为邮件地址数据，如何使用公式判断第二次及以后出现的邮件地址为重复？

❶ 选中C2单元格，在公式编辑栏中输入公式：=IF(COUNTIF(B$2:B2,B2)>1,"重复","")，按回车键即可判断B2中数据是否存在重复现象，如果出现次数超过1次则标识为“重复”。

❷ 将光标移到C2单元格的右下角，光标变成十字形状后，按住鼠标左键向下拖动进行公式填充，即可快速判断其他数据是否存在重复现象，如图27-25所示。

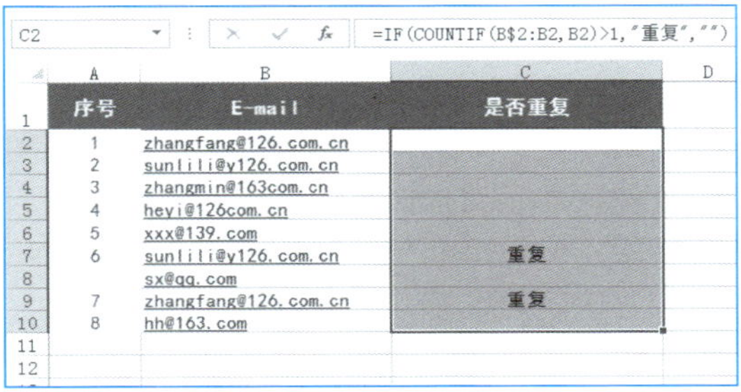
C2　=IF(COUNTIF(B$2:B2,B2)>1,"重复","")

序号	E-mail	是否重复
1	zhangfang@126.com.cn	
2	sunlili@y126.com.cn	
3	zhangmin@163com.cn	
4	heyi@126com.cn	
5	xxx@139.com	
6	sunlili@y126.com.cn	重复
	sx@qq.com	
7	zhangfang@126.com.cn	重复
8	hh@163.com	

图27-25

函数225　创建客户的E-mail电子邮件链接地址

在企业客户信息管理表格中，创建客户的E-Mail电子邮件链接地址。

❶ 选中D2单元格，在公式编辑栏中输入公式：=HYPERLINK("mailto:zhangdm@guohua.com?subject=Hello","发送E-Mail")，按回车键即可为“中铁七局”负责人创建“发送E-Mail”超链接，如图27-26所示。

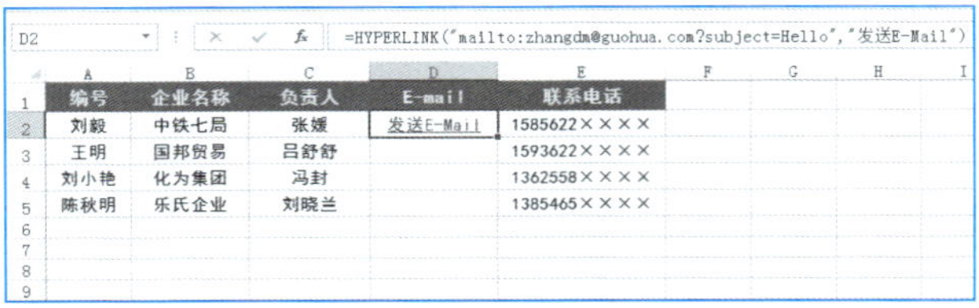
D2　=HYPERLINK("mailto:zhangdm@guohua.com?subject=Hello","发送E-Mail")

编号	企业名称	负责人	E-mail	联系电话
刘毅	中铁七局	张媛	发送E-Mail	1585622××××
王明	国邦贸易	吕舒舒		1593622××××
刘小艳	化为集团	冯封		1362558××××
陈秋明	乐氏企业	刘晓兰		1385465××××

图27-26

2 接着在D3、D4和D5单元格中，分别输入公式为：=HYPERLINK("mailto:liwf@xindadi.com?subject=Hello","发送E-Mail")、=HYPERLINK("mailto:yangmj@huaguang.com?subject=Hello","发送E-Mail")和=HYPERLINK("mailto:guomd@sike.com?subject=Hello","发送E-Mail")。输入完成后，即可逐一创建各企业客户项目经理的邮件地址超链接，如图27-27所示。

D5 =HYPERLINK("mailto:guomd@sike.com?subject=Hello","发送E-Mail")

	A	B	C	D	E	F	G	H
1	编号	企业名称	负责人	E-mail	联系电话			
2	刘毅	中铁七局	张媛	发送E-Mail	1585622××××			
3	王明	国邦贸易	吕舒舒	发送E-Mail	1593622××××			
4	刘小艳	化为集团	冯封	发送E-Mail	1362558××××			
5	陈秋明	乐氏企业	刘晓兰	发送E-Mail	1385465××××			
6								
7								

图27-27

函数226 自动生成E-mail地址

通过员工账号信息，自动生成其E-mail地址。

1 选中C2单元格，在公式编辑栏中输入公式：=CONCATENATE(B2,"@163.com")，按回车键即可在B2单元格账号后添加固定字符“163.com”。

2 将光标移到C2单元格的右下角，光标变成十字形状后，按住鼠标左键向下拖动进行公式填充，可以实现为所有账号后添加固定字符形成完整的E-mail地址，如图27-28所示。

C2 =CONCATENATE(B2,"@163.com")

	A	B	C
1	姓名	账号	E-mali
2	刘毅	liuyi	liuyi@163.com
3	王明	wming	wming@163.com
4	刘小艳	lxy	lxy@163.com
5	陈秋明	cqium	cqium@163.com
6			
7			

图27-28

函数227 快速生成对客户的称呼

公司接待员每天都需要记录来访人员的姓名、性别、所在单位等信息，当需要在来访记录表中获取各来访人员的具体称呼时，可以使用LEFT函数来实现。

1 选中D2单元格，在公式编辑栏中输入公式：=C2&LEFT(A2,1)&IF(B2="男","先生","女士")，按回车键即可自动生成对第一位来访人员的称呼“司法局刘女士”。

❷ 将光标移到D2单元格的右下角，光标变成十字形状后，按住鼠标左键向下拖动进行公式填充，即可自动生成其他来访人员的具体称呼，如图27-29所示。

D2　=C2&LEFT(A2,1)&IF(B2="男","先生","女士")

姓名	性别	所在单位	称呼
刘佳	女	司法局	司法局刘女士
王敏	女	庐阳区法院	庐阳区法院王女士
陈菲	女	蜀山街道	蜀山街道陈女士
刘艳	女	中铁司局	中铁司局刘女士
何浩	男	中国电信	中国电信何先生
赵涛	男	华为集团	华为集团赵先生
王洪	男	科创电子	科创电子王先生

图27-29

函数228　对数据进行取整

例如，有200人参加植树活，要求将这200人分为7组或者15组，求分组后的每组人数。因为无论分为7组还是15组都会产生小数位，这时可以使用QUOTIENT函数来直接提取整数部分的数值，即得到每组人数。

❶ 选中C2单元格，在公式编辑栏中输入公式：=QUOTIENT(A2,B2)，按回车键即可计算出将200人分为7组后的每组人数为28人。

❷ 将光标移到C2单元格的右下角，光标变成十字形状后，按住鼠标左键向下拖动进行公式填充，即可计算出将200人分为15组后的每组人数为13人，如图27-30所示。

C2　=QUOTIENT(A2,B2)

总人数	分组数	每组人数
200	7	28
200	15	13

图27-30

函数229　从最左侧提取出长地址中的省市名称

A列中为员工的具体收件地址，包括所属省市名称以及具体的街道，路牌号等信息，现在需要新建一列区域提取出收件地址中的省市名称。

❶ 选中C2单元格，在公式编辑栏中输入公式：=LEFT(A2,FIND({"市","省"},A2))，按回车键即可自动提取出第一位员工的所属省市，如图27-31所示。

C2 =LEFT(A2,FIND({"市","省"},A2))

	A	B	C
1	具体地址	收件人	提取省市
2	安徽省合肥市天时大厦	王荣	安徽省合肥市
3	上海市南京路238号	陶博	
4	北京市朝阳区梧桐小区	韩燕飞	
5	丽江市花园路	刘威葳	

图27-31

❷ 将光标移到C2单元格的右下角，拖动填充柄向下复制公式，即可自动生成其他员工的所属省市名称，如图27-32所示。

	A	B	C
1	具体地址	收件人	提取省市
2	安徽省合肥市天时大厦	王荣	安徽省合肥市
3	上海市南京路238号	陶博	上海市
4	北京市朝阳区梧桐小区	韩燕飞	北京市
5	丽江市花园路	刘威葳	丽江市

图27-32

函数230 设置客户类型

在这里客户类型将按照该公司的注册资金来划分，假设注册资金在200万以上的将它定义为“大客户”，注册资金在50万以上200万以下的将它定义为“中客户”，注册资金在50万以下的为“小客户”。

❶ 选中H2单元格，在公式编辑栏中输入公式：=IF(G2>=200,"大客户",IF(G2>=50,"中客户","小客户"))，按回车键，即可计算出当前客户的客户类型为“大客户”，如图27-33所示。

H2 =IF(G2>=200,"大客户",IF(G2>=50,"中客户","小客户"))

	A	B	C	D	E	F	G	H
1	编号	客户名称	公司地址	联系人	电话与传真	经营范围	注册资金（万）	客户类型
2	KH_KH001	湛江市春洋贸易	合肥市 莲花路 58号	葛丽	(T) 0759-	冰箱	500	大客户
3	KH_KH002	无锡美华百货	南京市 天华路 108号	周国菊	(T) 0510-	空调	380	
4	KH_KH003	杭州市百大百货	常州市 美菱大道 115号	蓝心桥	(T) 0571-	热水器	20	
5	KH_KH004	合肥市邱比特商场	合肥市 长江路 108号	徐莹	0551-5632101 (T) 0551-5632102 (F)	数码	50	
6	KH_KH005	杭州市欣欣百货	常州市 美菱大道 45号	杨荣伟	(T) 0571-	数码	120	
7	KH_KH006	芜湖市鼓楼商场	芜湖市 长江东路 28号	陶丽	0553-5361201 (T) 0553-5361202 (F)	传真机	15	
8	KH_KH007	合肥市瑞景商厦	合肥市 望江路 168号	唐敏	0551-3856108 (T) 0551-3856109 (F)	打印机	30	
9	KH_KH008	上海市维恩特商场	上海市 南京路 125号	唐刘云	021-56915885 (T) 021-56915886 (F)	彩电	400	
10	KH_KH009	南京市乐百华商场	南京市 梅南路 110号	钱丽丽	025-52961556 (T) 025-52961557 (F)	空调	350	
11	KH_KH010	芜湖市魅力商场	芜湖市 长江东路 28号	李姗姗	0553-7085925 (T) 0553-7085926 (F)	健身器材	40	
12	KH_KH011	无锡市怡然商场	无锡市 泊井路 58号	汪豪	(T) 0510-	美容	10	
13	KH_KH012	绍兴市百家商场	绍兴市 太极大道 58号	吴梅	(T) 0575-	电脑	700	

图27-33

❷ 将光标移到H2单元格的右下角，光标变成十字形状后，按住鼠标左键向下拖动进行公式填充，即可计算出其他客户的客户类型，如图27-34所示。

编号	客户名称	公司地址	联系人	电话与传真	经营范围	注册资金（万）	客户类型
KH_KH001	湛江市春洋贸易	合肥市 莲花路 58号	葛丽	0759-56964211（T）0759-	冰箱	500	大客户
KH_KH002	无锡美华百货	南京市 天华路 108号	周国菊	0510-23651444（T）0510-	空调	380	大客户
KH_KH003	杭州市百大百货	常州市 美菱大道 115号	蓝心桥	0571-45621355（T）0571-	热水器	20	小客户
KH_KH004	合肥市邱比特商场	合肥市 长江路 108号	徐莹	0551-5632101（T）0551-5632102（F）	数码	50	中客户
KH_KH005	杭州市欣欣百货	常州市 美菱大道 45号	杨荣伟	0571-56321555（T）0571-	数码	120	中客户
KH_KH006	芜湖市鼓楼商场	芜湖市 长江东路 28号	陶丽	0553-5361201（T）0553-5361202（F）	传真机	15	小客户
KH_KH007	合肥市瑞景商厦	合肥市 望江路 168号	唐敏	0551-3856108（T）0551-3856109（F）	打印机	30	小客户
KH_KH008	上海市维思特商场	上海市 南京路 125号	唐刘云	021-56915885（T）021-56915886（F）	彩电	400	大客户
KH_KH009	南京市乐百华商场	南京市 梅南路 110号	钱丽丽	025-52961556（T）025-52961557（F）	空调	350	大客户
KH_KH010	芜湖市魅力商场	芜湖市 长江东路 28号	李姗姗	0553-7085925（T）0553-7085926（F）	健身器材	40	小客户
KH_KH011	无锡市怡然商场	无锡市 沿井路 58号	汪豪	0510-63956200（T）0510-	美容	10	小客户
KH_KH012	绍兴市百家商场	绍兴市 太极大道 58号	吴梅	0575-45621355（T）0575-	电脑	700	大客户

图27-34

函数231 划分客户受信等级

按照客户的大、中、小类型再将客户的受信等级依次分为“1级”、“2级”、“3级”。

❶ 选中I2单元格，在公式编辑栏中输入公式：=IF(H2="大客户","1级",IF(H2="中客户","2级","3级"))，按回车键，即可计算出当前客户的受信等级为“1级”，如图27-35所示。

I2 =IF(H2="大客户","1级",IF(H2="中客户","2级","3级"))

编号	客户名称	公司地址	联系人	电话与传真	经营范围	注册资金（万）	客户类型	受信等级
KH_KH001	湛江市春洋贸易	合肥市 莲花路 58号	葛丽	0759-56964211（T）0759-	冰箱	500	大客户	1级
KH_KH002	无锡美华百货	南京市 天华路 108号	周国菊	0510-23651444（T）0510-	空调	380	大客户	
KH_KH003	杭州市百大百货	常州市 美菱大道 115号	蓝心桥	0571-45621355（T）0571-	热水器	20	小客户	
KH_KH004	合肥市邱比特商场	合肥市 长江路 108号	徐莹	0551-5632101（T）0551-5632102（F）	数码	50	中客户	
KH_KH005	杭州市欣欣百货	常州市 美菱大道 45号	杨荣伟	0571-56321555（T）0571-	数码	120	中客户	
KH_KH006	芜湖市鼓楼商场	芜湖市 长江东路 28号	陶丽	0553-5361201（T）0553-5361202（F）	传真机	15	小客户	
KH_KH007	合肥市瑞景商厦	合肥市 望江路 168号	唐敏	0551-3856108（T）0551-3856109（F）	打印机	30	小客户	
KH_KH008	上海市维思特商场	上海市 南京路 125号	唐刘云	021-56915885（T）021-56915886（F）	彩电	400	大客户	
KH_KH009	南京市乐百华商场	南京市 梅南路 110号	钱丽丽	025-52961556（T）025-52961557（F）	空调	350	大客户	
KH_KH010	芜湖市魅力商场	芜湖市 长江东路 28号	李姗姗	0553-7085925（T）0553-7085926（F）	健身器材	40	小客户	
KH_KH011	无锡市怡然商场	无锡市 沿井路 58号	汪豪	0510-63956200（T）0510-	美容	10	小客户	
KH_KH012	绍兴市百家商场	绍兴市 太极大道 58号	吴梅	0575-45621355（T）0575-	电脑	700	大客户	

图27-35

❷ 将光标移到I2单元格的右下角，光标变成十字形状后，按住鼠标左键向下拖动进行公式填充，即可计算出其他客户的受信等级，如图27-36所示。

编号	客户名称	公司地址	联系人	电话与传真	经营范围	注册资金（万）	客户类型	受信等级
KH_KH001	湛江市春洋贸易	合肥市 莲花路 58号	葛丽	[illegible] （T）0759-[illegible]	冰箱	500	大客户	1级
KH_KH002	无锡美华百货	南京市 天华路 108号	周国菊	[illegible] （T）0510-[illegible]	空调	380	大客户	1级
KH_KH003	杭州市百大百货	常州市 美菱大道 115号	蓝心桥	[illegible] （T）0571-[illegible]	热水器	20	小客户	3级
KH_KH004	合肥市邱比特商场	合肥市 长江路 108号	徐莹	0551-5632101（T）0551-5632102（F）	数码	50	中客户	2级
KH_KH005	杭州市欣欣百货	常州市 美菱大道 45号	杨荣伟	[illegible] （T）0571-[illegible]	数码	120	中客户	2级
KH_KH006	芜湖市鼓楼商场	芜湖市 长江东路 28号	陶丽	0553-5361201（T）0553-5361202（F）	传真机	15	小客户	3级
KH_KH007	合肥市瑞景商厦	合肥市 望江路 168号	唐敏	0551-3856108（T）0551-3856109（F）	打印机	30	小客户	3级
KH_KH008	上海市维思特商场	上海市 南京路 125号	唐刘云	021-56915885（T）021-56915886（F）	彩电	400	大客户	1级
KH_KH009	南京市乐百华商场	南京市 梅南路 110号	钱丽丽	025-52961556（T）025-52961557（F）	空调	350	大客户	1级
KH_KH010	芜湖市魅力商场	芜湖市 长江东路 28号	李姗姗	0553-7085925（T）0553-7085926（F）	健身器材	40	小客户	3级
KH_KH011	无锡市怡然商场	无锡市 沿井路 58号	汪豪	[illegible] （T）0510-[illegible]	美容	10	小客户	3级
KH_KH012	绍兴市百家商场	绍兴市 太极大道 58号	吴梅	[illegible] （T）0575-[illegible]	电脑	700	大客户	1级

图27-36

函数232　更改客户公司名称

在企业大客户统计报表中，将公司名称前面所在省（或地区）字符去掉，并且将公司名称结尾的“有限公司”替换为“（有）”。如：将公司名称“合肥市新科贸易有限公司”转换为“新科贸易（有）”。

❶ 选中B2单元格，在公式编辑栏中输入公式：=SUBSTITUTE(SUBSTITUTE(SUBSTITUTE(A2,"上海市",""),"上海",""),”有限公司”,”(有)”)，按回车键根据设定的条件返回替换后的公司名称，如图27-37所示。

B2 =SUBSTITUTE(SUBSTITUTE(SUBSTITUTE(A2,"上海市",""),"上海",""),"有限公司","(有)")

公司名称	替换后的名称
合肥市新科贸易有限公司	合肥市新科贸易(有)
北京乐普生商贸有限公司	
南昌市中能科技有限公司	
南京市薇薇新娘	
北京美化邮箱公司	

图27-37

❷ 将光标移到B2单元格的右下角，光标变成十字形状后，按住鼠标左键向下拖动进行公式填充，即可快速生成其他公司的称呼，如图27-38所示。

公司名称	替换后的名称
合肥市新科贸易有限公司	合肥市新科贸易(有)
北京乐普生商贸有限公司	北京乐普生商贸(有)
南昌市中能科技有限公司	南昌市中能科技(有)
南京市薇薇新娘	南京市薇薇新娘
北京美化邮箱公司	北京美化邮箱公司

图27-38

函数233　区分客户联系区号与号码

在企业客户联系号码信息报表中，分离出区号与号码两部分。

❶ 选中B2单元格，在公式编辑栏中输入公式：=IF(LEN(A2)=12,LEFT(A2,3),LEFT(A2,4))，按回车键先判断电话号码是否为12位。如果是12位，则提取A2单元格中的电话号码的前3位区号；反之，提取电话号码的前4位。向下复制公式，即可提取其他电话号码的区号部分，如图27-39所示。

C2　=RIGHT(A2,8)

	A	B	C
1	电话号码	区号	号码
2	0510-85232352	0510	85232352
3	010-36327531	010	
4	022-23232352	022	
5	0571-80232312	0571	
6	0574-52232356	0574	
7	0556-26582357	0556	
8			

图27-39

❷ 选中C2单元格，在公式编辑栏中输入公式：=RIGHT(A2,8)，按回车键提取A2单元格中的电话号码右起8个字符，即号码部分。向下复制公式，即可提取其他电话号码的号码部分，如图27-40所示。

	A	B	C
1	电话号码	区号	号码
2	0510-85232352	0510	85232352
3	010-36327531	010	36327531
4	022-23232352	022	23232352
5	0571-80232312	0571	80232312
6	0574-52232356	0574	52232356
7	0556-26582357	0556	26582357
8			

图27-40

函数234　从客户编码中提取合同号

本例工作表A列中的编码包含合同号，合同号以A开头，长度不等，此时想从编码中提取合同号，可以配合使用RIGHT、LEN、SEARCH几个函数来设置公式。

❶ 选中B2单元格，在公式编辑栏中输入公式：=RIGHT(A2,LEN(A2)-SEARCH("B",A2,8)+1)，按回车键可以提取A2单元格内编码中的合同号，如

图27-41所示。

B2　=RIGHT(A2,LEN(A2)-SEARCH("B",A2,8)+1)

	A	B
1	编码	合同号
2	AQR***客户B001	B001
3	AQR***客户B002	
4	PIR***客户B0332	
5	TIR***客户B03	

图27-41

2 选中B2单元格的右下角，光标变成十字形状后，按住鼠标左键向下拖动进行公式填充，即可快速从其他编码中提取合同号，且在合同号位数不同时也能准确提取，如图27-42所示。

	A	B
1	编码	合同号
2	AQR***客户B001	B001
3	AQR***客户B002	B002
4	PIR***客户B0332	B0332
5	TIR***客户B03	B03

图27-42

函数235　返回客户订单编号

在客户销售订单报表中，将产品的签订日期对应的序号再加上特定编码来作为客户订单编码。

1 选中B2单元格，在编辑栏中输入公式：=N(C2)&CELL("row",B2)，按回车键即可将C列中的签单日期转换为序列号再加上行号（从B1单元格的行号开始）成为本次产品单订编码，如图27-43所示。

B2　=N(C2)&CELL("row",B2)

	A	B	C	D	E
1	客户名称	订单编码	签单日期	数量	总金额
2	佳美集团	411542	2012/9/2	150	478500
3	中能科技		2012/9/3	1180	1200000
4	叶氏商贸		2012/9/10	100	115500
5	北大集团		2012/9/15	200	496000
6	函行科技		2012/9/21	50	612500

图27-43

② 选中B2单元格的右下角，光标变成十字形状后，按住鼠标左键向下拖动进行公式填充，即可根据其他签单日期得到对应的签单编码，如图27-44所示。

客户名称	订单编码	签单日期	数量	总金额
佳美集团	411542	2012/9/2	150	478500
中能科技	411553	2012/9/3	1180	1200000
叶氏商贸	411624	2012/9/10	100	115500
北大集团	411675	2012/9/15	200	496000
函行科技	411736	2012/9/21	50	612500

图27-44

函数236　找出消费次数最多的客户

根据客户的记录表，现在需要找出消费次数最多的客户。

选中D2单元格，在公式编辑栏中输入公式：=INDEX(B:B,MIN(IF(MAX(COUNTIF(B2:B8,B2:B8))=COUNTIF(B2:B8,B2:B8),ROW(2:8))))，按“Ctrl+Shift+Enter”组合键即可计算出消费次数最多的客户是“王荣”，如图27-45所示。

D2 =INDEX(B:B,MIN(IF(MAX(COUNTIF(B2:B8,B2:B8))=COUNTIF(B2:B8,B2:B8),ROW(2:8))))

消费记录	客户		消费次数做多的客户
12200	谢娟娟		谢娟娟
800	周国菊		
2100	李丽丽		
6800	李远		
812	吴贝贝		
860	孙浩		
780	吴健		

图27-45

函数237　统计客户会员卡到期的人数

计算客户会员卡到期的人数，其中试用期为1年，即365天。

选中E2单元格，在公式编辑栏中输入公式：=COUNTIF(B2:B10,"<"&TODAY()-365)，按回车键即可统计客户会员卡到期的人数，如图27-46所示。

E2 =COUNTIF(B2:B10,"<"&TODAY()-365)

	A	B	C	D	E
1	客户	办卡日期		当前日期	2014/9/12
2	周国菊	2013/1/18		会员卡到期人数	6
3	蓝心桥	2013/5/10			
4	徐莹	2013/3/12			
5	杨荣伟	2013/3/15			
6	陶丽	2013/7/20			
7	唐敏	2013/8/18			
8	唐刘云	2014/1/12			
9	钱丽丽	2014/1/28			
10	李姗姗	2014/1/18			
11					

图27-46

函数238　统计来访公司或部门代表的总人数

若要统计某一来访公司中所有部门的人数或统计所有来访公司中同一部门的人数，可以使用DCOUNTA函数来实现。

❶ 在D1:D2单元格区域中设置条件，即公司与部门以“百大”开头，因此使用了“百大”条件。

❷ 选中E2单元格，在公式编辑栏中输入公式：=DCOUNTA(A1:B12,2,D1:D2)，按回车键即可统计出“万达”公司来访代表的总人数，如图27-47所示。

E2 =DCOUNTA(A1:B12,2,D1:D2)

	A	B	C	D	E
1	来访者姓名	来访公司与部门		来访公司与部门	来访人数
2	葛丽	万达_销售部		万达*	5
3	周国菊	万达_研发部			
4	蓝心桥	万达_人事部			
5	徐莹	万达_销售部		来访公司与部门	来访人数
6	杨荣伟	万达_人事部		*销售部	
7	陶丽	鹏飞_销售部			
8	唐敏	鹏飞_研发部			
9	唐刘云	鹏飞_人事部			
10	钱丽丽	鹏飞_销售部			
11	李姗姗	兴旺_销售部			
12	汪豪	兴旺_研发部			
13					

图27-47

❸ 在D5:D6单元格区域中设置条件，即公司与部门以“销售部”结尾，因此使用了“销售部”条件。

❹ 选中E6单元格，在公式编辑栏中输入公式：=DCOUNTA(A1:B12,2,D5:D6)，按回车键即可统计出来访人员是各公司“销售部”代表的总人数，如图27-48所示。

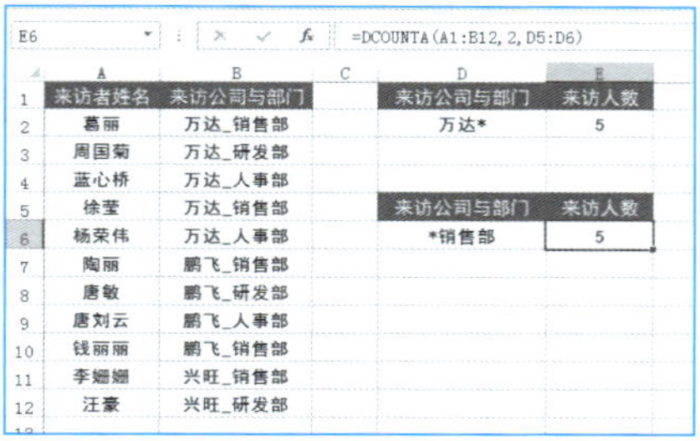
E6　=DCOUNTA(A1:B12,2,D5:D6)

	A	B	C	D	E
1	来访者姓名	来访公司与部门		来访公司与部门	来访人数
2	葛丽	万达_销售部		万达*	5
3	周国菊	万达_研发部			
4	蓝心桥	万达_人事部			
5	徐莹	万达_销售部		来访公司与部门	来访人数
6	杨荣伟	万达_人事部		*销售部	5
7	陶丽	鹏飞_销售部			
8	唐敏	鹏飞_研发部			
9	唐刘云	鹏飞_人事部			
10	钱丽丽	鹏飞_销售部			
11	李姗姗	兴旺_销售部			
12	汪豪	兴旺_研发部			

图27-48

函数239　给金卡和银卡客户按消费额派发赠品

某商场元旦促销活动的规则为：凡当月消费满2888、3888、8888元，金卡会员可获赠电饭煲、电磁炉、微波炉，银卡会员可获赠雨伞、夜间灯、摄像头。如何设置公式使其根据销售记录派发赠品。

❶ 选中D2单元格，在公式编辑栏中输入公式：=IF(OR(B2="",C2<2888),"",IF(B2="金卡",IF(C2<2888,”电饭煲”,IF(C2<3888,"电磁炉","微波炉")),IF(C2<2888,"雨伞",IF(C2<3888,"夜间灯","摄像头")))),按回车键即可得出第一个人员派发的赠品为“电磁炉”，如图27-49所示。

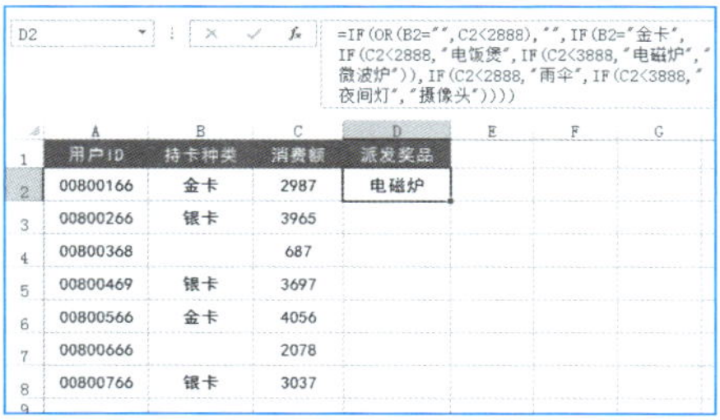
D2　=IF(OR(B2="",C2<2888),"",IF(B2="金卡",IF(C2<2888,"电饭煲",IF(C2<3888,"电磁炉","微波炉")),IF(C2<2888,"雨伞",IF(C2<3888,"夜间灯","摄像头"))))

	A	B	C	D	E	F	G
1	用户ID	持卡种类	消费额	派发奖品			
2	00800166	金卡	2987	电磁炉			
3	00800266	银卡	3965				
4	00800368		687				
5	00800469	银卡	3697				
6	00800566	金卡	4056				
7	00800666		2078				
8	00800766	银卡	3037				

图27-49

❷ 选中D2单元格的右下角，光标变成十字形状后，按住鼠标左键向下拖动进行公式填充，即可快速得出其他客户派发的赠品，如图27-50所示。

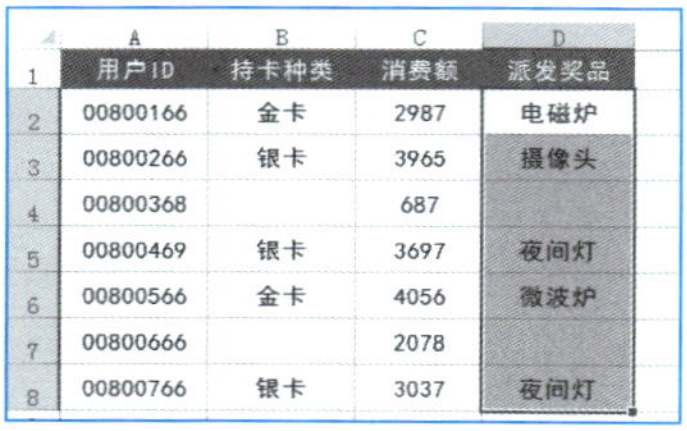

	A	B	C	D
1	用户ID	持卡种类	消费额	派发奖品
2	00800166	金卡	2987	电磁炉
3	00800266	银卡	3965	摄像头
4	00800368		687	
5	00800469	银卡	3697	夜间灯
6	00800566	金卡	4056	微波炉
7	00800666		2078	
8	00800766	银卡	3037	夜间灯

图27-50

函数240　对客户销售额进行排名

本例中统计每位客户的总销售额，现在需要对他们的销售额进行排名，可以使用RANK函数来实现。

1 选中C2单元格，在公式编辑栏中输入公式：=RANK (B2,$B$2:$B$7,0)，按回车键，即可返回B2:B7单元格区域中的排名，如图27-51所示。

C2　fx　=RANK(B2, $B$2:$B$7, 0)

客户	总销售额（万元）	名次
万达科技	485	4
函行集团	458.2	
鹏飞集团	460	
生源贸易	785	
锦华外贸	772	
美洁科技	554.5	

图27-51

2 选中C2单元格的右下角，光标变成十字形状后，按住鼠标左键向下拖动进行公式填充，即可快速求出其他客户的总销售额在B2:B7单元格区域的排名，如图27-52所示。

客户	总销售额（万元）	名次
万达科技	485	4
函行集团	458.2	6
鹏飞集团	460	5
生源贸易	785	1
锦华外贸	772	2
美洁科技	554.5	3

图27-52

函数241　统计哪位客服人员被投诉次数最多

表格中统计了1月份客服人员被投诉的情况，现在需要查找出1月份被投诉次数最多的客服人员编号。

选中B13单元格，在编辑栏中输入公式：=MODE(B2:B11)，按回车键，即可统计出B2:B11单元格区域中出现最多的编号，这里被投诉最多的客服编号为1502，如图27-53所示。

B13　=MODE(B2:B11)

投诉日期	客服编号	投诉原因
2015/1/2	1502	……
2015/1/4	1502	……
2015/1/6	1501	……
2015/1/9	1503	
2015/1/16	1502	
2015/1/19	1501	
2015/1/22	1502	
2015/1/28	1502	
2015/1/28	1503	
2015/1/31	1501	
被投诉次数最多的客服编号	1502	

图27-53

函数242　根据业务处理量判断员工业务水平

表格中记录了各业务员的业务处理量通过设置公式根据业务处理量来自动判断员工业务水平。

1 选中D2单元格，在公式编辑栏中输入公式：=IF(OR(AND(B2>20, C2>20), (C2>30)),"好","一般"),按回车键得出结果，如图27-54所示。

D2　=IF(OR(AND(B2>20, C2>20), (C2>30)),"好","一般")

姓名	电话处理量	邮件处理量	业务水平
郑立媛	12	22	一般
艾羽	22	21	
章晔	7	31	
钟文	22	45	
朱安婷	15	16	
钟武	12	35	
梅香菱	16	22	
李霞	22	17	
苏海涛	15	32	

图27-54

2 将光标移到D2单元格的右下角，光标变成十字形状后，按住鼠标左键向下拖动进行公式填充，即可根据B列与C列中的数量批量判断业务水平，如图27-55所示。

姓名	电话处理量	邮件处理量	业务水平
郑立媛	12	22	一般
艾羽	22	21	好
章晔	7	31	好
钟文	22	45	好
朱安婷	15	16	一般
钟武	12	35	好
梅香菱	16	22	一般
李霞	22	17	一般
苏海涛	15	32	好

图27-55

函数243 标注出需要核查的项目

企业每年都需要在不同的岗位上招聘一些新的人才，通过招聘会或网上发布招聘信息后，一份应聘名单就整理出来了。现在要从招聘名单中筛选掉“25岁以上”的应聘人员，这里可以利用NOT函数来实现。

❶ 选中E2单元格，在公式编辑栏中输入公式：=NOT(B2<25)，按回车键后，如果是“25岁以下”的应聘人员，显示为“FALSE”；反之，显示为“TRUE”。

❷ 将光标移到E2单元格的右下角，光标变成十字形状后，按住鼠标左键向下拖动进行公式填充，即可筛选出其他应聘人员是否满足条件，如图27-56所示。

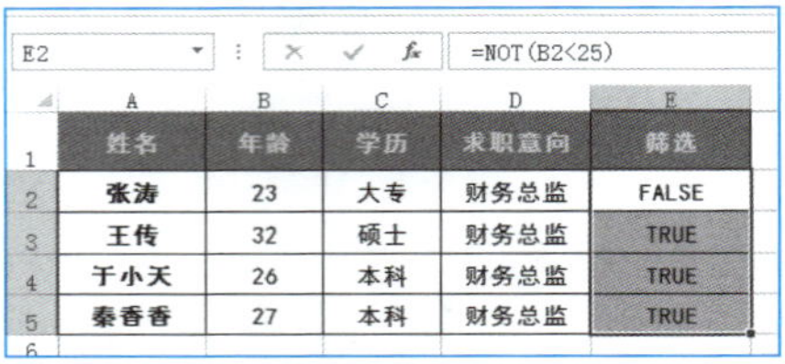
E2 =NOT(B2<25)

姓名	年龄	学历	求职意向	筛选
张涛	23	大专	财务总监	FALSE
王传	32	硕士	财务总监	TRUE
于小天	26	本科	财务总监	TRUE
秦香香	27	本科	财务总监	TRUE

图27-56

函数244 计算春节到五一劳动节之间的工作日

表格中给出了2015年春节日期和2015年五一劳动节日期。要求计算出这两个日期间的工作日。

选中C2单元格，在公式编辑栏中输入公式：=NETWORKDAYS(A2,B2,B5:B7)，按回车键得出给定的两个日期间的工作日并且去除指定的放假日期，如图27-57所示。

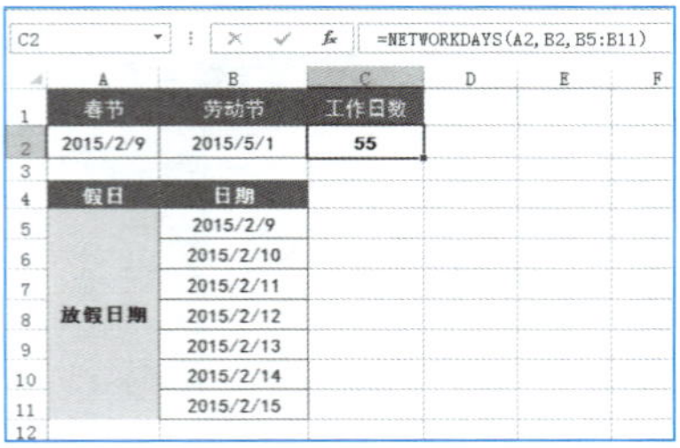
C2 =NETWORKDAYS(A2,B2,B5:B11)

春节	劳动节	工作日数
2015/2/9	2015/5/1	55

假日	日期
放假日期	2015/2/9
	2015/2/10
	2015/2/11
	2015/2/12
	2015/2/13
	2015/2/14
	2015/2/15

图27-57

函数245 将客户手机号码后4位替换为特定符号

企业在举行回馈客户的抽奖活动时会屏蔽中奖号码的后几位数，此时可以使用REPLACE函数实现该效果。

选中C2单元格，在公式编辑栏中输入公式：=REPLACE(B2,8,4,"****")，按回车键即可得到第一个屏敝后的手机号码。向下复制公式，即可快速得到多个屏敝后的手机号码，如图27-58所示。

C2 =REPLACE(B2,8,4,"****")

客户姓名	手机号码	屏蔽号码
王荣	13926334564	1392633****
孙倩倩	13856963271	1385696****
姚艳	13855693489	1385569****
侯丽	13924735614	1392473****
章志能	13866764561	1386676****
张丽	13965625214	1396562****

图27-58

函数246 计算招聘预算费用

根据招聘员工的项目预算费用，使用SUM函数进行总费用的统计。

选中F9单元格，在公式编辑栏中输入公式：=SUM(F2:F7)，按回车键，即可计算招聘预算的总费用，如图22-75所示。

F9 =SUM(F2:F7)

序号	项目	预算金额
1	企业宣传海报及广告制费	¥ 1,200.00
2	招聘场地租用费	¥ 3,200.00
3	会议室租用费	¥ 400.00
4	交通费	¥ 100.00
5	食宿费	¥ 300.00
6	招聘资料打印复印费	¥ 70.00
	总计	¥ 5,270.00

图22-75

函数247　建立倒计时牌

为了建立当日距离人员招聘截止的天数，可以利用DATE和TODAY函数来设置公式。

选中B4单元格，在公式编辑栏中输入公式：=DATE(2014,11,2)-TODAY()&"（天）"，按回车键得出倒计时天数，如图27-60所示。

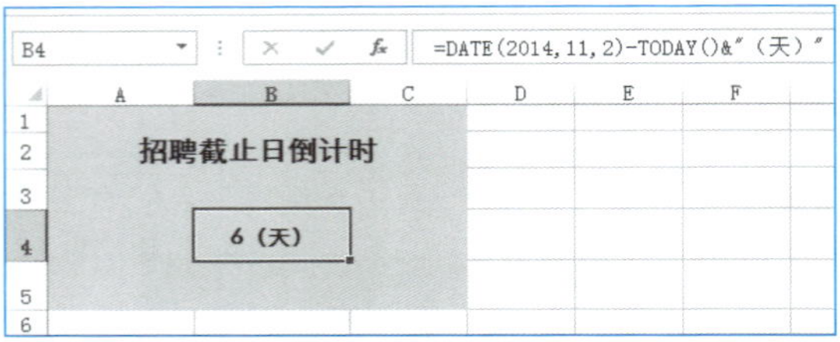

图27-60

函数248　如何处理文本中多余的空格

工作人员在表格中输入内容的时候，或者在其他路径中引用过来的数据。有时候会发现数据的显示并不是那么规范，其中会显示一些空格，就可以利用函数公式来处理，从而一次性删除多余的空格。

❶ 选中B2单元格，在公式编辑栏中输入公式：=SUBSTITUTE(A2," ","")，按回车键即可返回无空格文本显示。

❷ 将光标移到B2单元格的右下角，拖动填充柄向下复制公式，即可批量删除所有文本中的空格，如图27-61所示。

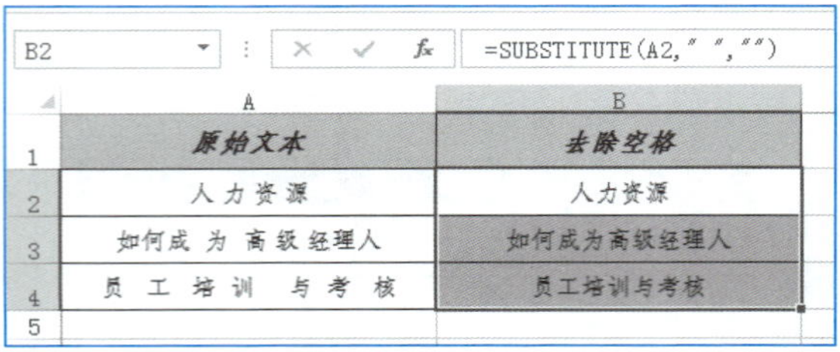

图27-61